中国建设英才年鉴

2011

主编　郭锡权　徐颂陶

中国人事出版社

图书在版编目(CIP)数据

中国建设英才年鉴. 2011/郭锡权，徐颂陶主编. —北京：中国人事出版社，2011
ISBN 978-7-5129-0095-0

Ⅰ.①中… Ⅱ.①郭…②徐… Ⅲ.①建筑业-先进工作者-生平事迹-中国-2011-年鉴 Ⅳ.①K826.16

中国版本图书馆 CIP 数据核字(2011)第 045765 号

中国人事出版社出版发行
(北京市惠新东街 1 号　邮政编码：100029)
出　版　人：张梦欣
*
新华书店经销
北京市艺辉印刷有限公司印刷装订
880 毫米×1230 毫米　16 开本　36.5 印张　彩插 2.5 印张　1441 千字
2011 年 3 月第 1 版　　2011 年 3 月第 1 次印刷
定价：480.00 元
读者服务部电话：010-84643933/64929211/64921644
发行部电话：010-64961894
出版社网址： http://www.renshipublish.com

《中国建设英才年鉴》2011
编委会成员名单

《中国建设英才年鉴》2011
编辑部成员名单

编辑说明

一、由住房和城乡建设部所属的中国建设教育协会、中国国际贸易促进委员会建设行业分会与中国人力资源和社会保障出版集团共同出版的《中国建设英才年鉴》2011，将于2011年3月正式向全国公开发行。

二、编纂出版《中国建设英才年鉴》，是为了积极响应胡锦涛总书记“必须坚持人才资源是第一资源的战略思想”的号召，认真贯彻落实中共中央、国务院《关于进一步加强人才工作的决定》以及住房和城乡建设部《全国建设人才工作会议》精神，全面推进我国建设行业人才科学管理、健康发展，加快建设行业创新型人才队伍培养进程，集中宣传在社会主义现代化建设实践中做出突出业绩和重大贡献的建设英才，弘扬他们爱国、爱岗、敬业、奉献精神，为建设行业打造更多高层次、高素质、创新型人才，鼓励广大建设工作者以英才为榜样，人人追求进步，个个竞相成才。

三、《中国建设英才年鉴》由住房和城乡建设部纪检组原组长郭锡权、人力资源和社会保障部原副部长徐颂陶共同担任主编。首部《中国建设英才年鉴》已于2007年11月17日在北京钓鱼台国宾馆举行了隆重的首发仪式，第九届全国人大常委会副委员长铁木尔·达瓦买提、住房和城乡建设部、人力资源和社会保障部的有关领导出席了首发仪式，并亲切接见莅会的入刊代表，铁木尔·达瓦买提副委员长与两位年鉴主编共同在首部《中国建设英才年鉴》上签名留念。

四、《中国建设英才年鉴》认真记录了上年度国务院、住房和城乡建设部等相关部门在推动我国建设行业发展中所制定的重要方针、政策和法规，充分展示了建设英才风采，集中反映建设英才在经营和管理上所取得的卓越成就，全面推进了建设行业人才队伍科学健康发展，极具可读性、实用性和珍藏性。

五、《中国建设英才年鉴》作为人物类年鉴，已成为我国建设行业人才信息工程的重要组成部分，也是各级政府、行业主管部门、行业协会（学会）、事业单位、大专院校、科研机构和企业领导们参阅、保存的重要工具书。

六、《中国建设英才年鉴》在编辑出版过程中得到了国家领导人、住建部领导、各地建设厅（局）、建设行业相关职能部门、中国人事出版社、各行业协会、各设计院（所）和入编建设英才及其所在单位的大力支持，在此，我们表示衷心的感谢！

七、《中国建设英才年鉴》2011的编辑出版工作时间较紧、任务很重、人手较少、经验不足、水平有限，难免有错误和不足之处，敬请读者指正。

《中国建设英才年鉴》编辑部

2011年2月10日

序

在2007年首部《中国建设英才年鉴》出版以后，我们盼望已久的第二部年鉴终于和大家见面了。这部新版的英才年鉴，是在实施国家中长期人才规划和“十二五”规划的开局之年面世的，显示了中国建设英才承前启后的重要意义。让我们展开双臂，在这明媚的春天，拥抱新“英才”的诞生。

建设行业是我国经济社会发展的重要支柱，人才则是振兴和发展建设行业的根本动力。我国建设行业的快速发展和取得的伟大成就，都是中国建设领域的人们在党中央、国务院的领导下，发挥聪明才智，艰苦奋斗，辛勤劳动的光辉结晶。

古人说，人才之于国家，犹如椽梁之于庙堂。房屋的坚固取决于椽梁，国家的兴旺有赖于人才。人才聚，事业兴；人才散，事业衰。人才资源是第一资源。把人才开发放在什么位置，关系到一个国家、一个地区、一个行业发展的大方向。正是从这个高度出发，胡锦涛总书记提出，要坚持人才资源开发的“四优先”原则，即要坚持人才资源开发相对于物质资源、环境资源以及其他资源开发的优先地位，人才投资要优先保证，人才制度要优先创新，人才层次结构、分布结构要优先调整，以适应和引领经济发展方式转变和产业结构的升级。我们要深刻领会人才开发“四优先”原则的精神实质，把建设人才强国的重大国家战略真正落到实处。

我们建设行业历来重视人才队伍建设，培养造就了一大批科技设计专家和精英人才，他们是建设行业最宝贵的财富和发展的动力源。但与发达国家相比，无论数量还是质量，都有一定的差距。同时与飞速发展的建设事业相比，还有不相适应的地方。因此，在制订和实施“十二五”建设发展规划的时候，一定要把行业发展规划和人才开发规划紧密结合，贯彻人才强国战略，坚持人才开发“四优先”原则，加快建设一支规模宏大、结构优化、布局合理、素质优良的人才队伍，促进建设事业质量、档次的提升，实现建设行业现代化。

《中国建设英才年鉴》作为我国建设行业杰出人才的年鉴，充分展示了建设英才们的风采，充分反映了建设英才在经营管理上取得的成就和经验，记录了国家建设行业发展的法律法规和政策措施，为建设行业的人才队伍建设提供了示范价值。希望第二部《中国建设英才年鉴》的出版，有助于推动“十二五”期间中国建设行业的人才队伍建设和现代化发展。

我曾多次主持过年鉴的编纂工作，深知编撰过程的艰辛和复杂。请允许我以年鉴主编的名义，向为年鉴编写和出版做了大量工作，付出艰辛劳动的中国建设教育协会、中国国际贸易促进委员会建设行业分会、中国人力资源和社会保障出版集团等单位和同志们表示诚挚的感谢和崇高的敬礼。期盼我们进一步携手并肩，为全面推进建设行业的人才开发和管理，加快建设行业的人才队伍建设而共同奋斗！

徐颂陶

2011年2月28日

建筑英才
展新姿

马通训
辛卯春日

非學無以廣才
非志無以成學

贺《中国建设英才年鉴》出版 陈之泉题

社会各界为《中国建设英才年鉴》题词

英才谱新篇
和諧促繁榮
朱元更書

賀《中國建設英才年鑒》出版

順其情則業成
違其衷則功棄

董修文題

社会各界为《中国建设英才年鉴》题词

英才汇聚

共鑄辉煌

李永霖

社会各界为《中国建设英才年鉴》题词

祝贺首都中国建设英才年鉴出版

技术人才是科技兴业第一要素

吴庆彤

社会各界为《中国建设英才年鉴》题词

为教育新
时代而努力

金利荣

社会各界为《中国建设英才年鉴》题词

社会各界为《中国建设英才年鉴》题词

真诚祝贺中國建设英才年鉴編寫成、功。順利出版。建设英才的輩出。裝飾環境。淨化空氣。賦予地球和人類以綠色。環保。健康。

有建设年鉴。有精英人才。我们的净化装飾。建筑行業。就會蒸蒸日上。職業長青。

方虹題

社会各界为《中国建设英才年鉴》题词

时代造就英才，
英才奉献时代；
与国共荣与民同乐，
乃当今英才之本与！

绵阳建筑装饰协会会长

写意建设领域辉煌
荟萃中国建设精英
弘扬奉献创新精神
打造科学技术英才

陈宏毅

目　　录

第一部分　文献部分

领导谈建设

温家宝：保持货币信贷合理充裕促进楼市健康发展 …………（3）
温家宝：研究完善促进房地产市场健康发展的政策措施　全面启动城市和国有工矿棚户区改造工作 …………（4）
温家宝：政府有责任管好房地产市场 …………（5）
温家宝：规范国企房地产投资行为 …………（5）
姜伟新：20年内房价上涨压力大 …………（6）
姜伟新：抑制高房价　多建保障性住房 …………（7）
姜伟新：中国城镇化率将很快超越50% …………（7）
仇保兴：研究部署城乡督察工作　保障城乡建设事业健康发展 …………（8）
陈大卫：完善稽查执法机制　提升稽查执法水平 …………（12）
齐　骥：进一步加强新形势下惩防体系建设和行风建设 …………（13）
郭允冲：认清形势　坚定信心　扎实做好建筑安全生产工作 …………（14）
杜　鹃：力争在反腐倡廉建设上取得新进展 …………（18）
李秉仁：转变城市交通发展模式已刻不容缓 …………（19）
唐　凯：扭转城市四面开花无序扩张局面 …………（20）

权威发布

2011年房地产调控继续加强　住建部将出台新政策 …………（21）
三部委联合发文提出四项要求　进一步加强房地产市场调控 …………（21）
住房和城乡建设部等三部门联合发出通知规范商业贷款二套房认定标准 …………（22）
住房和城乡建设部与各地方政府签订2010年住房保障工作目标责任书 …………（22）
住房和城乡建设部坚决贯彻落实国务院确保实现“十一五”节能减排目标的通知精神 …………（23）
住房和城乡建设部召开会议要求：进一步落实住房城乡建设领域“十一五”节能减排任务 …………（23）

国际风景园林师联合会第 47 届世界大会召开 …………（24）
解析经济适用房管理新规三大看点 …………（25）

法规篇

国务院

国有土地房屋征收与补偿条例 …………（26）
规划环境影响评价条例 …………（29）
房地产经纪管理办法 …………（31）
城市、镇控制性详细规划编制审批办法 …………（34）

住房和城乡建设部

关于印发《建设领域违法违规行为稽查工作管理办法》的通知 …………（35）
关于印发《城市轨道交通工程安全质量管理暂行办法》的通知 …………（37）
关于进一步加强房地产市场监管 完善商品住房预售制度有关问题的通知 …………（41）
关于加强经济适用住房管理有关问题的通知 …………（43）
关于加强廉租住房管理有关问题的通知 …………（44）
省域城镇体系规划编制审批办法 …………（46）
关于进一步强化住宅工程质量管理和责任的通知 …………（48）
关于印发《城市综合交通体系规划编制导则》的通知 …………（52）
关于规范商业性个人住房贷款中第二套住房认定标准的通知 …………（58）
城市照明管理规定 …………（59）
关于加快发展公共租赁住房的指导意见 …………（61）
关于切实加强政府办公和大型公共建筑节能管理工作的通知 …………（62）
关于做好住房保障规划编制工作的通知 …………（63）
关于切实加强城市照明节能管理严格控制景观照明的通知 …………（65）
关于加强城市轨道交通安防设施建设工作的指导意见 …………（66）
关于做好应对高温暴雨极端恶劣天气 保障城市市政公用设施安全运行的紧急通知 …（67）
关于对注册有效期满的一级建造师延续注册有关问题的通知 …………（68）
关于加强建筑市场资质资格动态监管完善企业和人员准入清出制度的指导意见 …………（69）
关于国家级风景名胜区数字化景区建设工作的指导意见 …………（72）
关于试行住房公积金督察员制度的意见 …………（73）
关于印发《住房公积金督察员管理暂行办法》的通知 …………（74）
关于进一步加强世界遗产保护管理工作的通知 …………（76）

关于加强金太阳示范工程和太阳能光电建筑应用示范工程建设管理的通知……（77）
关于进一步加强房地产用地和建设管理调控的通知……（78）
关于开展推动建材下乡试点的通知……（81）
关于调整房地产交易环节契税个人所得税优惠政策的通知……（82）
关于进一步贯彻落实国发〔2010〕10号文件的通知……（83）
关于开展2010年住房城乡建设领域节能减排专项监督检查的通知……（83）
关于贯彻落实《国务院关于进一步加强企业安全生产工作的通知》的实施意见……（85）
关于印发《物业承接查验办法》的通知……（87）
关于保障性安居工程资金使用管理有关问题的通知……（90）
关于规范住房公积金个人住房贷款政策有关问题的通知……（91）
关于进一步规范境外机构和个人购房管理的通知……（92）
注册建造师继续教育管理暂行办法……（93）
关于进一步加强建筑施工消防安全工作的通知……（95）
关于印发《全国绿色建筑创新奖实施细则》和《全国绿色建筑创新奖评审标准》的通知……（96）
关于调整住房公积金存贷款利率的通知……（99）

第二部分　人才部分

人才篇

房地产业……（103）
建筑工程……（154）
建筑材料……（217）
勘察设计……（238）
建筑装饰……（254）
城乡规划……（273）
风景园林……（279）
建设监理……（283）
建设咨询……（288）
建设教育……（297）
建设科技……（311）
建设管理……（326）

建设服务 …… (349)
综　　合 …… (366)

表彰篇

2010 年中国建筑工程鲁班奖获奖名单 …… (390)
关于公布第六批通过评审的“全国建筑业新技术应用示范工程”名单的通知 …… (398)
　附：第六批通过评审的“全国建筑业新技术应用示范工程”名单 …… (399)
中国土木工程詹天佑奖 2010 年获奖名单 …… (403)
全国建筑业科技进步与技术创新先进企业名单 …… (408)
全国建筑业科技进步与技术创新先进个人名单 …… (412)
关于公示 2010 年度 64 个“广厦奖”入围项目的通知 …… (419)
　附：2010 年度“广厦奖”入围项目及开发单位名单 …… (419)
2010 中国建设行业创新管理大会获奖人物名单 …… (421)
2010 年建筑工程装饰奖获奖工程及获奖单位公告 …… (422)
　附：2010 年全国建筑工程装饰奖获奖工程及获奖单位名单 …… (422)
2010 全国建筑工程装饰奖（2008 北京奥运会、第十一届全运会工程）获奖工程及获奖单位 …… (438)
2010 全国建筑工程装饰奖（上海世博）获奖工程及获奖单位 …… (438)
2010 年度“凯盛杯”全国建材行业技术革新奖获奖项目公告 …… (442)
关于“2010 年‘中国建研院 CABR 杯’华夏建设科学技术奖”获奖项目的公告 …… (454)
　附：2010 年“中国建研院 CABR 杯”华夏建设科学技术奖获奖项目名单 …… (454)
关于王卫星等 399 名同志专业技术职务任职资格的通知 …… (460)
关于贾娟娟等 20 名同志专业技术职务任职资格的通知 …… (461)
2010 年度建筑材料科学技术奖评审结果公示 …… (462)

第三部分　机构部分

住房和城乡建设部领导及下设机构 …… (467)

事业单位

中国城市规划设计研究院 …… (467)
中国建筑工业出版社 …… (471)
住房和城乡建设部标准定额研究所 …… (472)
中国城市出版社 …… (473)

住房和城乡建设部政策研究中心 …………………………………………………………………… (474)
住房和城乡建设部信息中心 ……………………………………………………………………… (474)
中国建筑文化中心 …………………………………………………………………………………… (475)
住房和城乡建设部科技发展促进中心 …………………………………………………………… (475)
全国白蚁防治中心 …………………………………………………………………………………… (477)
住房和城乡建设部机关服务中心 ………………………………………………………………… (477)
住房和城乡建设部干部学院 ……………………………………………………………………… (477)
住房和城乡建设部人力资源开发中心 …………………………………………………………… (478)
全国市长培训中心 …………………………………………………………………………………… (479)
住房和城乡建设部执业资格注册中心 …………………………………………………………… (480)
中国建设报社 ………………………………………………………………………………………… (481)
住房和城乡建设部住宅产业化促进中心 ………………………………………………………… (481)
建筑杂志社 …………………………………………………………………………………………… (483)
住房和城乡建设部城乡规划管理中心 …………………………………………………………… (483)
附：各省市建委、建设局联系方式 ………………………………………………………………… (484)

协会学会

中国市长协会 ………………………………………………………………………………………… (496)
中国房地产业协会 …………………………………………………………………………………… (496)
中国勘察设计协会 …………………………………………………………………………………… (497)
中国建设监理协会 …………………………………………………………………………………… (498)
中国建筑金属结构协会 ……………………………………………………………………………… (499)
中国出租汽车暨汽车租赁协会 ……………………………………………………………………… (500)
中国公园协会 ………………………………………………………………………………………… (500)
中国安装协会 ………………………………………………………………………………………… (501)
中国城市规划协会 …………………………………………………………………………………… (501)
中国市政工程协会 …………………………………………………………………………………… (502)
中国建设工程造价管理协会 ………………………………………………………………………… (503)
中国动物园协会 ……………………………………………………………………………………… (505)
中国工程建设标准化协会 …………………………………………………………………………… (506)
中国建筑装饰协会 …………………………………………………………………………………… (507)
中国城镇供热协会 …………………………………………………………………………………… (508)

中国城市公共交通协会 …………………………………………………………… (509)
中国城市环境卫生协会 …………………………………………………………… (509)
中国建设教育协会……………………………………………………………………… (510)
中国国际贸易促进委员会建设行业分会…………………………………………… (511)
中国建设文化艺术协会 …………………………………………………………… (512)
中国建设体育协会……………………………………………………………………… (512)
中国电梯协会 …………………………………………………………………………… (513)
中国风景名胜区协会 ……………………………………………………………… (514)
中国城市煤气协会……………………………………………………………………… (515)
中国城镇供水排水协会 …………………………………………………………… (516)
中国工程建设焊接协会 …………………………………………………………… (517)
中国建设劳动学会……………………………………………………………………… (517)
中国城市规划学会……………………………………………………………………… (518)
中国土木工程学会……………………………………………………………………… (518)
中国建筑学会 …………………………………………………………………………… (519)
中国房地产估价师与房地产经纪人学会…………………………………………… (520)

专家委员会

历史文化名城专家委员会………………………………………………………… (521)
城乡规划专家委员会 ……………………………………………………………… (522)
村镇建设专家委员会 ……………………………………………………………… (524)
住宅建设与产业现代化技术专家委员会…………………………………………… (525)

有关建筑院校及设计机构

中国建筑设计研究院 ……………………………………………………………… (527)
清华大学建筑设计研究院………………………………………………………… (528)
中国建筑西南设计研究院………………………………………………………… (528)
中国建筑东北设计研究院………………………………………………………… (529)
北京市建筑设计研究院 …………………………………………………………… (529)
北京市勘察设计研究院 …………………………………………………………… (530)
北京市市政专业设计院 …………………………………………………………… (530)
上海市房屋建筑设计院有限公司…………………………………………………… (531)
上海中建建筑设计院有限公司 …………………………………………………… (531)

上海中星志成建筑设计有限公司 …… (532)
天津市建筑设计院 …… (532)
广东省建筑设计研究院 …… (533)
东莞市建筑设计院 …… (533)
深圳市建筑设计研究总院第一设计院 …… (534)
中南勘察设计院 …… (534)
武汉市建筑设计院 …… (535)
成都市风景园林规划设计院 …… (536)
大卫国际建筑设计咨询有限公司 …… (536)
同济大学建筑设计研究院 …… (537)
山东建筑大学 …… (537)
沈阳建筑大学 …… (538)
沈阳建筑大学城市建设学院 …… (539)
西安建筑科技大学 …… (539)
浙江大学建筑设计研究院 …… (540)
东南大学建筑设计研究院 …… (541)
厦门大学建筑与土木工程学院 …… (541)
华南理工大学建筑学院 …… (542)
中国矿业大学建筑工程学院 …… (543)
河南省建筑工程学校 …… (543)

2010年建设行业大事记 …… (545)

建设英才（拼音排序索引） …… (546)

2011中国建设英才年鉴

第一部分

文献部分

领导谈建设

温家宝：保持货币信贷合理充裕 促进楼市健康发展

2010年1月19日，国务院总理温家宝在北京主持召开国务院第四次全体会议，讨论即将提请十一届全国人大三次会议审议的《政府工作报告（征求意见稿）》。

国务院总理温家宝19日上午主持召开国务院第四次全体会议，讨论即将提请十一届全国人大三次会议审议的《政府工作报告（征求意见稿）》。会议决定，将此稿发到各省区市和中央有关部门、单位征求意见，并采取多种形式广泛听取意见。温家宝在会上发表了讲话。他说，国务院向全国人民代表大会报告工作，是一项法定的重要职责，也是政府接受人民监督的重要形式。一定要以对人民高度负责的精神，认真修改好《报告》。要使《报告》稿征求意见和修改的过程，成为统一思想、科学决策、完善措施、狠抓落实的过程，成为发扬民主、反映民意、集中民智、凝聚民心的过程。

温家宝指出，过去一年，我们是在极其严峻复杂的形势下走过来的。受国际金融危机严重冲击，我国经济社会发展遇到严重困难。我们坚定信心、迎难而上、从容应对，把保持经济平稳较快发展作为经济工作的首要任务，实行积极的财政政策和适度宽松的货币政策，全面实施并不断丰富完善应对国际金融危机的“一揽子”计划。坚持运用市场机制和宏观调控两种手段，坚持处理好短期和长期两方面关系，坚持统筹国内国际两个大局，坚持改善民生与发展经济内在统一，坚持发挥中央和地方两个积极性，全面做好保增长、保民生、保稳定各项工作，在世界率先实现经济回升向好，改革开放和社会主义现代化建设取得新的重大成就。实践证明，中央应对国际金融危机的“一揽子”计划和政策措施是及时的、有力的、有效的，是完全正确的。

温家宝强调，今年要把保持经济平稳较快发展和加快转变发展方式有机统一起来，在发展中促转变，在转变中谋发展。必须深刻认识加快转变发展方式的重要性和紧迫性，增强自觉性和主动性，切实把加快转变经济发展方式的要求，贯穿到2010年政府工作的各个方面。加强和改善宏观调控，处理好保持经济平稳较快发展、调整经济结构和管理好通胀预期的关系，为转变发展方式创造良好的环境和条件。坚持扩大内需的方针，积极扩大居民消费需求，着力优化投资结构。继续推进重点产业调整振兴，大力培育战略性新兴产业，促进服务业加快发展，努力提高国民经济整体素质和竞争力，使转变经济发展方式取得实质性进展。全面实施科教兴国和人才强国战略，推进创新型国家建设，为转变发展方式提供科技和人才支撑。着力保障和改善民生，增强经济社会发展的协调性。深化重点领域和关键环节改革，加快形成有利于经济发展方式转变的体制机制。

1月19日，国务院总理温家宝在北京主持召开国务院第四次全体会议，讨论即将提请十一届全国人大三次会议审议的《政府工作报告（征求意见稿）》。

温家宝指出，做好一季度工作，对全年经济社会发展至关重要。要重点抓好以下工作：

（一）加强形势分析，搞好宏观调控。充分考虑2009年同期基数影响，加强对主要指标的环比分析，密切跟踪市场需求变化，准确判断形势，提高宏观经济政策的针对性和有效性。保持货币信贷合理充裕，着力优化信贷结构，把握好信贷投放节奏，防范金融风险，提高金融支持经济发展的可持续性。更好地发挥财政政策在扩大内需中的作用，尽快制定规范地方融资平台的措施，防范潜在财政风险。落实和完善稳定外需的政策措施，做好应对贸易摩擦的各项工作。

（二）抓好经济运行调节。要把缓解煤电气运供需矛盾作为当前经济运行调节的重点任务，努力增加电煤供应，加强运力调配，适当扩大进口调节；强化电力调度和区域协调，搞好需求管理，确保满足居民基本需要，压缩“两高”企业和产能过剩行业用能。做好春运各项工作，特别要保证农民工和学生安全、顺利回家过年。

（三）解决好群众生产生活问题。一季度劳动力流动规模较大、频率较高，是大学生和农民工找工作的关键时点。要认真落实好鼓励就业的各项政策，抓紧完善有针对性的就业服务，确保就业稳定，切实做好大学生和农民工就业工作。妥善安排城乡低收入和困难群众生活，重点解决好地震灾区还没有搬入新居群众的吃、穿、住和过冬取暖问题。做好节日期间工作，繁荣城乡市场，开展好文化科技卫生“三下乡”活动，让全国各族人民过上欢乐祥和的节日。

（四）促进房地产市场平稳健康发展。抓紧落实已经出台的各项政策，加快推进保障性安居工程，增加普通商品房供给，多渠道满足住房困难家庭居住需求；加强对市场需求的分类调控，抑制投机投资性购房；进一步规范房地产市场秩序。

（五）强化安全生产管理和维护社会稳定。全面排查和治理安全隐患，突出抓好重点行业安全监督，认真落实公共聚集地安全责任制，坚决遏制各类重特大事故发生。加强社会治安综合治理，积极化解各类社会矛盾。

（六）进一步做好农业农村工作。做好春耕备耕各项工作，稳定增加粮食和油料播种面积。保障农业生产资料供应，稳定价格。大力开展农田水利基本建设和植树造林。做好重大动物疫病防控和森林草原防火工作。近期一些地方遭受暴雪寒潮袭击，要加强防灾减灾工作，对灾区采取有力的帮扶措施，努力减少灾害损失。

温家宝最后说，2010年政府工作十分艰巨繁重。我们要在以胡锦涛同志为总书记的党中央领导下，紧紧依靠全国人民，开拓进取，扎实工作，全面完成“十一五”规划各项目标，努力实现经济社会又好又快发展。

国务院全体会议组成人员出席了会议，有关部门、单位负责人列席了会议。

温家宝：研究完善促进房地产市场健康发展的政策措施　全面启动城市和国有工矿棚户区改造工作

国务院总理温家宝2009年12月14日主持召开国务院常务会议，研究完善促进房地产市场健康发展的政策措施，全面启动城市和国有工矿棚户区改造工作。

会议认为，为应对国际金融危机，国家采取了一系列促进房地产市场健康发展的政策。这些政策对于提振信心、活跃市场、促进住房消费和投资，实现保增长、扩内需、惠民生的目标发挥了重要作用。2010年以来，新建商品住房成交面积有较大幅度增加，保障性住房建设速度加快，380多万户低收入家庭解决了住房困难问题。但是，随着房地产市场的回升，一些城市出现了房价上涨过快等问题，应当引起高度重视。

为保持房地产市场的平稳健康发展，会议要求，按照稳定完善政策、增加有效供给、加强市场监管、完善相关制度的原则，继续综合运用土地、金融、税收等手段，加强和改善对房地产市场的调控。重点是在保持政策连续性和稳定性的同时，加快保障性住房建设，加强市场监管，稳定市场预期，遏制部分城市房价过快上涨的势头。一要增加普通商品住房的有效供给。适当增加中低价位、中小套型普通商品住房和公共租赁房用地供应，提高土地供应和使用效率。在保证质量的前提下，加快普通商品住房建设。二要继续支持居民自住和改善型住房消费，抑制投资投机性购房。加大差别化信贷政策执行力度，切实防范各类住房按揭贷款风险。三要加强市场监管。继续整顿房地产市场秩序，加强房地产市场监测，完善土地招拍挂和商品房预售等制度。加强房地产信贷风险管理。四要继续大规模推进保障性安居工程建设。力争到2012年末，基本解决1 540万户低收入住房困难家庭的住房问题。

会议指出，随着经济持续快速发展，各地加大了对建筑质量差、设施简陋、居住密度高的棚户区的改造力度，大批居民住进新居，群众生活质量和城市环境得到明显改善。但目前我国一些城市和国有工矿及林区、垦区仍有近1 000万户家庭居住在棚户区。会议决定，用5年左右时间基本完成城市和国有工矿集中成片棚户区改造，有条件的地方争取用3年时间基本完成。中央财政对城市和国有工矿棚户区改造给予适当支持，省和市、县人民政府应切实加大资金投入。鼓励采取共建的方式改造国有工矿棚户区，引导社会资金积极参与。鼓励金融机构向符合条件的城市和国有工矿棚户区改造项目提供贷款。免征相关改造项目的城市基础设施配套费等行政事业性收费和政府性基金，优先安排土地供应。继续按现有政策推进国有林区、垦区和中央下放地方煤矿的棚户区改造。

会议要求，地方各级政府要切实负起责任，结合当地具体情况，采取针对性措施，促进房地产市场健康发展。

温家宝：政府有责任管好房地产市场

中共中央政治局常委、国务院总理温家宝2010年2月27日下午3时接受中国政府网、新华网联合专访，与广大网友在线交流。在谈到网友关心的房价问题时，温家宝说，政府有责任管好房地产市场，有决心在本届政府任期内使房价能够保持在一个合理的价位。

有网友问，房价成了2009年最牵动人心的话题之一，尽管中央采取了一系列抑制房价上涨过快的措施，但房价仍然涨得有些离谱。总理您觉得2010年高房价的问题会缓解吗，中国的房地产市场到底应该怎么调控？

温家宝表示，群众的心情我非常理解，我也知道所谓"蜗居"的滋味。因为我从小学到离开家的时候，全家五口人只有9平方米的住房。当然，时代不同了，我们应当按现在的条件来改善群众的住房。其实，如果说改革开放30年来，城乡居民的住房都有相当的改善，大概是城镇人均住房面积增长了5倍，农村人均住房面积增长了3倍。

但是由于我们国家人口多，土地面积又少，所以住房成了人们生活当中的一个困难问题。应对金融危机以后，房地产市场有了很大的发展。但是与此同时，一部分城市房价上涨过快，造成群众的不满。为此，中央曾两度采取了4条和11条措施。概括起来是四个方面：第一，增加保障性用房。我们原来制定了一个规划，2009年到2011年，用三年的时间想把保障性用房建成750万套，现在看来，我们能够超额完成这个任务。2009年，我们已经完成了200万套。2010年我们将完成500万套，这样已经提前一年完成我们原来的计划。与此同时，我们还要加快建设廉租房和普通租赁房，因为大家知道，住有其居并不一定都能做到住有其屋，我们这个屋是指自己的房屋。因此，还有相当一部分人要住公用的租赁房，还有相当一部分低收入者，包括农民工要租用廉租房。我们还要对棚户区进行改造，2009年棚户区改造大约完成了130万套，2010年棚户区改造我们要完成200万套。我知道，在矿区，矿区发展的城市、林区、垦区，还有相当多的人居住在棚户区，有的房子还是抗战时期的房子。所有这些都是政府的责任，也就是说我们这次解决房屋问题，首先要增加供给；第二，我们要鼓励和支持人们购买自住房和改善性用房。在这里我要特别强调，由于我们的国情，我们把重点应该放在低价位和小套型。现在有些大城市已经成片地建设了这样的房子供给群众来选用，当然这主要靠市场，但政府的责任主要是在土地以及金融和财税上给予支持；第三，要抑制投机性和投资性的住房，主要是采取经济和法律手段；第四，要管好市场。政府有责任管好房地产市场，就是依法对那些圈地不用、捂盘惜售、哄抬房价的违法违规行为进行惩处。大家也许问，这些措施管用吗？正像网友"风海"所提到的，2010年楼市频出重拳，但是我还担心拉不住这匹脱缰的野马。我觉得他说的有一定道理，从供需平衡的角度，从市场来满足群众多样化的角度，从运用法律和经济的手段管理市场的角度，都需要花费一定的精力和一定的时间。但是我有决心，本届政府任期内能把这件事情管好，使房地产市场健康发展，使房价能够保持在一个合理的价位。

温家宝：规范国企房地产投资行为

2010年11月24日国务院总理温家宝在国务院第三次廉政工作会议上的讲话指出，要加强国有企业和国有金融机构反腐倡廉建设，规范国有企业在房地产领域的投资行为。

温家宝指出，国有企业和国有金融机构反腐倡廉，一要落实国有企业负责人薪酬管理相关规定，合理确定国有企业负责人和高层管理人员基本年薪，进一步规范企业负责人补充保险和职务消费。一要建立健全国有企业、国有金融机构领导人员和高层管理人员收入公开制度。二要严格执行《国有企业领导人员廉洁从业若干规定》，进一步完善国有企业和国有金融机构领导人员报告个人有关事项等制度。三要加强对国有企业和国有金融机构主要负责人的监督管理，强化经济责任审计。温家宝指出，国有企业和国有金融机构要带头执行中央的方针政策，集中精力搞好主业，收缩一般竞争性领域投资，加大战略性新兴产业研发投入，努力占领经济科技发展的制高点。有关部门要深入研究、完善政策，规范国有企业在房地产领域的投资行为。

姜伟新：20年内房价上涨压力大

十一届全国人大三次会议上住建部部长姜伟新说出了对未来房价走势的预测，“中国未来20年房价上涨的压力仍然是很大”。但他同时强调，中央政府抑制房价过快上涨的决心更大。对于2010年的房价走势，姜伟新表示，2010年的房市应该是一个比较平稳发展的状况。

用经济手段调控二套房

面对2009年迅猛增长的房价，记者将第一个问题“如何控制高房价”抛给了素来奉行“少说多做”的住建部部长姜伟新。姜伟新回应称，部分城市房价过高、房价上涨过快，最主要的原因可能还是供给、需求和管理上的问题。

对于下一步怎么抑制高房价，姜伟新表示，首先是要全方位的增加供给，要加快普通商品住房的建设，增加普通商品住房的供应。另外，要加快经济适用住房、限价房的建设，扩大它们的供应范围。还要加大公共租赁住房的建设速度。

对于抑制不合理的需求，姜伟新解释为“还是要抑制投机性的需求。”他说，目前恐怕要对第二套房的消费有一些经济的办法，进行一些控制。

2010年房市预计平稳发展

除了增加土地总量供应、加快土地开发、解决捂盘惜售的问题外，姜伟新透露，中央已经给各个地方下达了任务，地方有加快保障性住房建设的任务和解决房价过高、过快上涨的责任。

姜伟新说，2010年整个资金的供给，包括新增银行贷款，国家计划比2009年要有所减少，这也在一定程度上对住房的需求产生一定的影响。

“由于中央政府和地方政府对房价过高、过快上涨采取了一系列的政策措施，我相信2010年的房地产市场应该是一个比较平稳发展的状况。”姜伟新表示。

对于未来的房市走势，姜伟新说：“我个人的看法，未来20年房价上涨的压力仍然是很大。”此言一出，现场记者发出惊讶之声。

对于提出20年的原因，姜伟新解释说，由于未来20年是中国城镇化、工业化的快速发展时期，需求较大，而土地供应是有限的，房价上涨的压力仍然是很大，“但中央政府抑制房价过快上涨的决心更大”。

看点

土地财政

房价过高会引发地方社会不稳

有记者问，地方市长靠土地增加财政收入，房价高、地价高，他们很高兴，又如何能把房价降下来呢？

对此，姜伟新坦言，不能否认土地价格的上涨和房价的上涨，确实会给地方财政增加很多收入。但是，一定还要看到另一个问题，就是房价过高过快上涨会引起不稳定，这是（地方政府）的任务、责任非常重的。

姜伟新说，作为地方，特别是城市的政府，既要保持经济发展，保持社会稳定，同时它也确实面对房价或者是土地价格上涨，“不是说（他）就高兴地价上涨、房价上涨，我认为应该客观全面地来看这个问题。”

如何采取措施改变“土地和房价上涨的状况”，姜伟新说，中央政府采取了一系列的措施，要地方政府加快保障性住房建设和抑制房价过快上涨，这是地方的一个很重要的任务，“必须完成”。

房屋空置

捂盘惜售、待价而沽？不行！

在一些成熟的小区，总能看到有些房屋常年黑灯。对于这种房屋空置的问题，姜伟新表示要分情况而定，但“捂盘惜售、待价而沽，不行！”

姜伟新分析，房屋空置的一种情况是，开发商把房子建好了不卖。对于这种情况，他明确表示，住建部正在着力加强管理。空置率比例不能太高，“捂盘惜售、待价而沽，等着什么时候价高了再卖，我们正在努力地在市场管理方面采取一些措施（抑制这种行为）。”

姜伟新说，实事求是地讲，待价而沽在完全市场经济条件下是一个很正常的行为，但“中国目前的情况，就是不能允许你长时间地空着，待价而沽、捂盘惜售，这恐怕不行。”

造成空置的另一种情况，姜伟新分析说，房主可能拥有两三套房，对此，“有关部门也在研究这样的问题，正在加紧研究类似的问题。”

最后，对于刚建成的小区，姜伟新表示，应允许空置现象存在。

住房保障

“开奔驰住经适房”零容忍

住在经济适用房的小区里，却开着奔驰车，经适房甚至成了“福利”。姜伟新承认，确有一些地方把经适房分配给中等收入甚至高收入的人。但他说，这不是多数，只是少数，但这也不能容忍。

姜伟新透露，住建部正在会同各省抓紧治理。“你不能说开着奔驰到这儿来领经济适用住房，这是绝对不能够允许的，肯定是腐败问题。”对于如何杜绝这一情况，姜伟新说，下一步将对经济适用住房公示，公开家庭收入、住房情况等。

另外，姜伟新说，住建部鼓励一些地方，把经济适用住房和限价房往中等偏下收入、住房困难的家庭逐步过渡。

姜伟新：抑制高房价　多建保障性住房

2010年7月17日，住房和城乡建设部部长姜伟新在哈尔滨出席“2010中国市长论坛”时表示，要坚定不移地继续坚决贯彻落实好国务院《关于坚决遏制部分城市房价过快上涨的通知》，加快保障性住房建设，做好利用住房公积金贷款支持保障性住房的试点工作。

姜伟新称，按照国务院相关文件要求，今后仍坚决抑制部分城市房价过快上涨，稳定住房价格。通过各地方城市的努力，调控政策效果初步显现，但从整个市场来看，观望气息很浓，部分地区担心影响城市收入。还有消费者的观望情绪也较重。需要明确的是，这个政策必须坚定不移地贯彻，否则一旦放松，房价会强力反弹，调控政策毁于一旦，政府也会失信于民。

姜伟新解释，保障性住房，包括廉租房、经济适用住房、限价房、公共租赁住房和各类棚户区改造之后的安置房。2010年国家确定保障性和改造棚户区建设住房580万套的任务已和各地签订协议。从8月10日开始，中央将对各地的保障性住房任务开工建设情况，进行一次全面的督促检查。

姜伟新：中国城镇化率将很快超越50%

住房和城乡建设部部长、中国市长协会执行会长姜伟新在最新发布的《中国城市发展报告》中提出，按照目前的增长速度，中国城镇化率将很快超越50%，城镇化以量的增长为主将转向量的积累和质的提高并重。

中国已经进入城镇化快速增长时期，城镇化水平从2005年42.99%提高到2009年的46.59%，年均增加0.9个百分点。城镇化已成为中国推进新型工业化、解决就业、扩大内需的重要举措。

中国工程院院士、中国社会科学院学部委员李京文在报告中提出，在城市化进程中，一些城市过分注重数量和规模，忽视质量与效率，只要速度和规模，不要质量和效益，不顾成本。有的城市人口过度聚集，超过了城市资源与环境的承载能力，造成了极大的浪费。

李京文提出，在城市化道路的选择上，根据中国国情，必须走集约型城市化的模式，坚持以大城市为主导，大、中城市为主体，小城市和小城镇为基础，走布局集中、城镇密集、用地节约的城市化之路。因此，中国的城市化要加强大城市、特大城市的培养与发展，建成大、中、小城市和小城镇相结合的城市体系，特别是目前，一些大城市和特大城市，资源环境已经不堪重负，今后城市化的重点应放在中小城市和小城镇上。

姜伟新说，中国人口多，底子薄，区域差异大，城乡二元结构难以在短期内根本改变。要适应城市型社会的管理要求，逐步破除长期制约城镇化健康发展的制度障碍，为中国城镇化长远的可持续发展奠定基础。

姜伟新说，积极稳妥地推进城镇化，要提高城乡规划水平。继续把住房工作作为重中之重认真做好。要完善政策，增加有效供给，继续综合运用土地、信贷、税收等手段，加强和改善对房地产市场的调控。重点是加快保障性住房建设，加强市场监管，稳定市场预期，遏制部分城市房价过快上涨。同时要研究促进中长期房地产市场稳定发展的政策。继续推进建筑节能和城镇减排，提高发展质量和效益。

住房和城乡建设部城乡规划司副司长张勤日前表示，中国快速城镇化的趋势将保持15～20年的时间，未来5年间，中国城镇化水平将达到并超过50%，进入城市化社会。

由中国市长协会主办、国际欧亚科学院中国科学中心承办的《中国城市发展报告（2009）》11日在北京举行了首发式。

仇保兴：研究部署城乡督察工作
保障城乡建设事业健康发展

2010年5月4日，住房和城乡建设部副部长仇保兴在全国城乡规划督察会议上作重要讲话。

同志们：

我们今天的会议主要议题是贯彻十七届三中、四中全会和中央经济工作会议精神，提高对新形势下做好城乡规划工作的认识，研究部署城乡规划督察工作，保障城乡建设事业健康发展。下面，我讲几点意见。

一、建立城乡规划督察制度是顺应经济社会发展历史趋势的必然要求

（一）当前形势对城乡规划工作的要求越来越高

改革开放30多年来，我国经济社会快速发展、城镇化水平迅速提高。但在推进城镇化的进程中，我国也面临着人口众多、能耗过大、资源紧缺、环境脆弱、收入不均、地区发展不平衡等困难条件。最近，中央领导在省部级领导干部培训班讲话中指出：我国长期形成的主要依靠物质投入的传统经济发展方式与资源环境的矛盾日益突出，部分地区资源环境承载能力接近极限，外延型扩张模式难以为继。在这个特殊阶段，人们将对城市的地位和作用重新认识，对城乡规划管理工作的要求也将越来越高。具体表现在以下五个方面：

一是对社会公正提出了严格要求。我国前30年改革开放，极大地解放了生产力。在已初步建立起社会主义市场经济体制的条件下，后30年要更多地关注社会公正，要在快速城镇化过程中十分注意城市空间资源的有限性，确保稀缺资源得到合理分配。例如，城乡规划要通过合理配置空间资源，给城市低收入群体，包括进城务工农民，对城市作出贡献的外来移民公平地提供空间资源，并遏制房价过快上涨与资产泡沫化。

二是对城市节能减排提出了严格要求。现在不少城市中心区因为缺乏绿地，到了夏天城内城外温度相差4～5℃甚至更高。由于室内使用了大量空调，加剧了室外公共空间的升温，对节能减排带来了不利影响。因此，要大力倡导城市节能减排，减少热岛效应、能源消耗，减少对自然生态系统的干扰。这就要通过城乡规划对城市建设的各项节能减排措施进行合理部署和安排，例如城市和建筑群通风廊道、公共空间、江河湖泊、避难场所、公园绿地以及污水垃圾处理场所等。

三是对优化人居环境提出了严格要求。城市对于人类不仅仅是生产和消费的场所，而且是生活消遣的空间。人类规划建设城市不仅仅是追求规模经济和商业贸易，说到底是满足人们日益增长的物质文化生活需求及人类自身的居住尊严。这就要求城乡规划要统筹布局交通、景观、居住、生产、商业贸易、文化娱乐等功能，使城市更加美丽，更适宜人居。

四是对保护城市个性提出了严格要求。城市是一个文化容器，是历史积淀的产物，应该尊重当地历史文化及建筑风格，努力保持城市历史文脉的延续。这就要求城乡规划要用法定形式保护历史文化街区、保护历史文物古迹和自然遗产，以体现城市独特的风貌，增加城市的文化感召力和市民群众的归属感和自豪感。

五是对城市空间合理利用提出了严格要求。我国的城镇化与机动化并行。在机动化时代，城市将面临日益严重的交通拥堵、空气污染、空间质量恶化和能耗的急剧上升。这就需要充分发挥城乡规划科学合理分配城市空间资源的作用，合理利用城市空间，统筹配置地上、地下基础设施和机动与非机动交通，把城市交通设施建设得更加高效、便捷、充满活力和节能环保可持续。

以上五方面是城乡规划工作面临的新挑战。在这样的形势下，城市规划管理的难度和复杂性也越来越高。这就给我们提出了一个命题：必须转变目前粗放型的城镇化发展模式，坚持城乡统筹，区域统筹，把握城镇化的规模、速度和节奏；必须立足于区域整体来统筹资源利用、环境保护、产业布局和重大项目建设，以最小的资源环境影响来获取最大的城镇化收益；必须在快速城镇化过程中十分注重保护历史文化与自然遗产、山川河流和生物多样性等事关可持续发展的核心资源；必须提高认识，加强和改善城乡规划的综合调控作用，从而为引导城乡建设作出更加科学和理性的判断。这样一来，就必须通过建立一种科学的规划实施监督机制，保证规划过程的公平与合理，避免犯历史性的错误。

（二）国外城乡规划督察制度提供了有益借鉴

欧洲在战后重建阶段推行的城乡规划督察制度为我们提供了有益借鉴。当时，英国、法国、德国、意大利都相继向地方派驻了国家规划师或督察员，代表中央政府进行城市规划实施的事前事中监督。当前，虽然英国城镇化过程已经结束，但是还有约 1 000 人在从事城乡规划督察工作，法国也有约 800 人在从事城乡规划督察工作，其中 360 人是国家规划师和建筑师，其余为行政管理人员。欧洲规划督察员的工作方式是派驻到地方、驻扎在城市，与当地规划部门一起工作。其职责包括五个方面：一是参与对城市规划建筑设计质量进行审查。确保城市建设和规划在环保、文化遗产保护等方面协调一致。二是参与对规划建筑方案进行审查，对涉及历史文化遗产保护、自然遗产保护的新建建筑的影响评估。三是参与对城市环境影响比较重要的工程的审查。如道路、高架桥、高速路、铁路、地铁、飞机场、火车站、垃圾处理场、污水处理场等重大基础设施的选址安排等。四是参与对历史建筑的保护、修缮、周边环境的控制和整治提出审查意见。五是听取社会各方面对城市规划建设的意见。更重要的是审查有争议的城市规划项目许可证，必要时就地召开听证会等。

实践证明，正是因为有了城乡规划督察作为制度保证，欧洲国家的城市特色十分明显，城乡发展也较为协调。如法国连续 5 年被评为全球最适宜居住的国家，英国大大小小的城市尽管传统工业所占比例明显缩小了，但由于仍保存着丰富的历史文化遗产，保存着与现代城市交相辉映的历史文脉，世界各地的游客源源不断，保证和创造了充足的就业岗位，并使城乡的能耗与污染明显下降。而且在整个快速城镇化的历史阶段，规划决策失误较少，城市呈现出一种可持续发展的状态，从而为我国提供了有益借鉴。

（三）美国城镇化发展模式的教训

形成鲜明对照的是，美国采取低密度蔓延的城镇化发展模式。人们一出门就需要小汽车，城市基础设施投资很大。根据测算，一个美国人消耗的汽油是欧盟人消耗汽油的 5 倍以上，一个美国人消耗的资源是欧盟人消耗资源的 4 倍以上。美国的著名经济学家莱斯特 · R · 布朗先生指出，美国城镇化模式是一个引导世界走向没落、崩溃的模式。而且这种由城乡规划决策失误带来的空间结构问题是刚性的，后人无法解决的。按照哈佛大学设计学院院长的说法，美国这种城市发展模式是所有发展中国家都必须引以为戒的惨痛教训。另一方面，美国是一个建国历史很短的国家，因此在城镇化发展中的历史文化资源损失并不大。而中国的文明史长达五千多年，我们要非常谨慎地和非常负责地把历史文化资源保护好。所以，中国绝不能学习美国这种低密度、高耗能的城市发展模式。

我们必须充分借鉴西方发达国家城镇化历程的经验和教训，结合我国的实际，坚持城乡规划管理体制的创新，强化城乡规划的综合调控作用，解决和避免城镇化过程中已经出现或将会出现的一系列问题，促进城镇化健康有序可持续发展。在这个关键时刻，城乡规划督察制度应运而生。所以说，这项制度顺应了我国经济社会发展的必然趋势。

二、城乡规划督察制度在保障城乡建设科学发展方面具有不可替代的重要意义

为强化城乡规划实施监督，切实发挥城乡规划的引导和调控作用，我国借鉴国外经验，建立了城乡规划督察制度。城乡规划督察制度的核心内容是通过上级政府向下级政府派出城乡规划督察员，依据国家有关城乡规划的法律、法规、部门规章和相关政策，以及经过国务院、省政府批准的城市总体规划、历史文化名城保护规划、国家级风景名胜区规划和相关国家强制性标准，对城乡规划的编制、审批、实施管理工作进行事前和事中的监督，及时发现、制止和查处违法违规行为，保证城乡规划和有关法律法规的有效实施。这项制度具有层级督察、实时监督、专家咨询三大优势：第一，上级政府派驻的督察员与派驻城市政府没有直接的隶属关系，比较超脱和公正，体现了层级监督的优势。第二，督察员常驻地方，可以做到平时收集积累情况、遇事快速反应，实现了见微知著、防患于未然，体现了实时监督的优势。第三，督察员具有丰富的规划管理经验，能够较准确地把握规划编制与实施过程的关键环节，及时发现城市规划建设中存在的问题，体现了专家咨询的优势。因此，这项制度对于在城乡规划建设领域落实科学发展观，加快生态文明建设，实现健康的城镇化都具有不可替代的重要意义，具体表现在以下五个方面：

（一）有利于保障城镇化健康有序发展

未来 30 年，我国城镇化仍将会以较快速度发展，对土地、资源、环境等都将带来巨大压力。实践表明，由于城乡建设是刚性的，规划失控的城镇化必然会造成无法挽回和补救的遗憾。在这方面历史上曾经有过深刻教训。因此，我们有必要通过完善城乡规划的调控机制，保障城镇化过程健康有序进行。城镇化就像一个蕴涵巨大动力的火车头，一旦启动并高速运转，最紧迫的课题就是不能让其出轨。规划编制和管理工作好比是铺设轨道，通过科学民主编制规划、严格规划审批程序进一步提高规划编制和管理水平，使这条轨道刚性和可靠性更好。而城乡规划督察工作则好比列车运行期间的监视器，一旦发现问题就及时纠正。通过城乡规划督察，可以强化城乡规划实施工作，推动规范城乡规划编制和管理工作程序，维护规划实施的科学性和法制化，切实保证用规划来实现节约空间和土地资源、减少环境污染，以及避免建设浪费的目的。由此可见，加强城乡规划督察已经成为贯彻城乡统筹方针，促进我国城镇化健康有序发展不可或缺的重要手段。

（二）有利于维护政府公信力和权威性

城乡规划本身承担着政府基于人民的根本利益和可持续发展的原则对城市空间资源的公平分配和管制重任。政府的公信力在相当程度上体现在能否实现对城市空间合理开发利用和管理。政府的权威性也体现在对城市空间和规划建设的管理方面是否有章可循，公平合理，科学有效。所以说，有了城乡规划的权威性才会有政府的权威性。如果任何人都可以随便乱搭乱建，在绿地公园或风景名胜区建房，侵占公共利益，不仅政府失去威信，而且其公信力和管理调控能力也会下降，社会的公平机制和可持续发展的能力就受到破坏。因此，城乡规划督察制度表面上看是督察员代表中央政府或省政府督促地方政府严格按照国务院或省政府审批的城市总体规划来进行规划建设和管理，实际上是帮助地方政府树立公信力和权威性。

（三）有利于科学编制和严格实施规划

城乡规划是一个协调各方利益的过程。城乡规划代表的是人民群众的整体公众利益和国民的长远利益。如果科学合理的城乡规划得不到认真执行，就会后患无穷，这方面教训是非常深的。如某市在古建筑群保护范围内盖塔楼，对历史文化景观造成重大破坏，后来拆除起来代价非常大。某市在与杭州西湖齐名的市中心湖景附近造高架桥，高架桥穿过湖的一部分，就像在脸上刻了一道伤疤。现在高架桥还在那里，受到游客和市民的一致抨击。再举一个正面的典型。武汉市东湖是国家级风景名胜区，原拟建的高速铁路违反城市总体规划和风景名胜区规划，要从部分湖面上穿过，一旦建成，将使风景区的整体性遭到破坏。结果省市领导及时发现，要求必须保护好风景名胜资源。后来，该市政府花了15亿元的代价，才把铁路线路调整过来。所以，城乡规划从编制到实施整个过程都不能出任何差错，否则会酿成重大损失。城乡规划督察，通过对城乡规划全过程的监督，协助地方规范规划行政权力运行，减少擅自修改规划和违规审批项目的机率；协同强化公众和舆论监督，及时发现违法行为苗头，制止违法违规行为，为科学编制和严格实施规划在制度上提供了可靠保证。

（四）有利于促进依法行政

近年来，我国城乡规划建设领域出现了不少矛盾和问题。一些地方不顾资源和环境条件盲目扩大城市规模，随意对历史街区大拆大建，违规在风景名胜区核心区内破土动工，使资源环境蒙受重大损失；一些城市决策者“以言代法、违法干预、擅改规划”，或者迫于多方压力或利益集团的诱惑被动违规，使城乡不可再生资源受到破坏。事实证明，许多侵害公共利益的违法建设背后往往都有权钱交易的影响或盲目无知急功近利的冲动在起作用。至今，城乡规划已经成为公众投诉的一个热点领域。我们经常说要维护城乡规划的科学性、严肃性和权威性，核心问题是要强化城乡规划严格执行。首先要严格按照国务院或省政府批准的城乡规划去认真实施。其次要严格遵守法定的规划程序。如果确实需要修改经批准的规划，就要按照法定程序来修改，这是一个很重要的法治原则。即“实体法”必须依靠“程序法”的严格实施来保障。城乡规划督察员，通过强化上级对下级的层级督察，构成一个封闭的规划行政管理体系，是制约以人代法、以权代法的必要措施，可以保证城乡规划的贯彻落实，防止因利益集团插手或缺乏经验急功近利、随意修改规划的现象，减少盲目扩大规模、大拆大建等行为的消极影响和损失。有利于解决人民群众关心的难点和热点问题，也有利于化解社会矛盾、维护社会和谐稳定，保障市民长远利益和公共利益，维护社会公平正义。

（五）有利于事前事中避免损失

城乡规划编制和实施的具体问题一般都非常复杂。对城乡建设格局、产业布局和重大工程项目选址等方面的错误决策，往往会对当前甚至下一代民众的生活质量造成无法挽回的影响。有许多问题只有及时发现才能纠正，否则就会木已成舟，于事无补。所以，城乡规划必须要建立快速检查反馈，及时处置纠正的督察机制。这方面的教训也非常深刻。如某城市一个重要的革命历史会议旧址原来处在许多居民旧住宅的包围之中，但当地政府把会议旧址周围的房屋都拆掉了，使得该旧址像纪念碑一样凸出出来，再配以灯光，这不仅破坏了众多原住民长期的生活环境，还使得历史性建筑失去了原真性、整体性，而这种原真性、整体性一旦消失就无法恢复了。因此，在规划实施过程中只有事前监督、事中介入才能有效避免既成事实造成损失，这是一个很重要的原则。城乡规划督察，通过对城市总体规划、风景名胜区总体规划、历史文化名城保护规划的实施进行全过程实时监督，可以及时发现和纠正违法违规行为，把矛盾化解在萌芽，解决在基层，做到将多数违法违规行为制止于初期，将可能的损失消除在事前和事中，防止对历史名城的整体格局、不可再生的历史文化和自然遗产造成破坏。

三、基层迫切需要建立城乡规划督察制度

基层对建立城乡规划督察制度有紧迫性的需求，表现在五个方面：

（一）地方政府建立专家咨询机制的迫切需要

在当前快速城镇化对城市发展质量和速度要求并重的大背景下，地方政府极需要精通专业的城市总规划师来帮助咨询决策。我们南方有些城市已向国内外招聘总规划师，有些年薪达到100万元，但是很难找到合格的总规划师。因为总规划师作为城市规划建设的总指导师或者顾问这个角色，需要具备丰富的实践经验、拥有成功的经验与失败的教训，深厚的规划专业积淀，精通现行城乡规划法律法规。有的从国外回来、哪怕是名校毕业的博士也难以胜任，因为缺乏对中国传统文化的理解和管理实践。在这种情况下，要想聘请一个合格的城市总规划师，是难上加难。著名的历史文化名城绍兴市要以60万元年薪聘请一位城市总规划师，到现在都没有选到；上海浦东在国内外招聘总规划师也没有成功。而住房和城乡建设部和省政府在这方面有人才优势，可以把退休的注册城市规划师、分管城建的副市长和规划局长招拢返聘回来，赋予国家或省派规划督察员的地位和权力。城乡规划督察制度的实施，从地方政府角度讲，是不花钱找了个顾问。督察员们凭着多年积累的业务知识和管理经验，可以帮助地方政府在城镇化高速发展的历史进程中，处理好绿地和河湖水系等生态资源保护和开发利用的关系，保护好不可再生的历史文化遗产和风景名胜资源，确保城乡建设长期持续、健康、有序发展。这是许多地方政府想做但是很难做到的事。

（二）地方政府保护历史文化与自然遗产的迫切需要

目前，我国正处在城镇化快速发展的时期，这个时期是我国城乡建设力度最大的时期，每年新建建筑量几乎比世界上发达国家的建筑量总和还多，世界的建筑市场有一半在中国。同时，这个时期也是我国消耗资源、能源量最大的时期。这个时期，如果把不该挖的山挖掉了，把资源破坏掉了，我们就将愧对下一代、愧对我们的民族。正如丘吉尔所讲的一样，所有的政治家都有欲望在地球上留下自己的功绩。每个城市的市长、书记在3～4年的任期之内，究竟是为后人留下建设的功绩还是破坏的耻辱，需要内行人把关。如某县城是国家级历史文化名城，拥有明清建筑50多幢。有位领导打算重建明清一条街，把600米的古街从头到尾全部拆了重建。后经查处，是这位领导亲戚的房地产公司所为，查处了县领导、建设局和规划局领导等一共二十多人。但是，整个历史街区的风貌已经荡然无存，无法挽救。前几年，《无极》剧组在国家级风景名胜区保护范围内打桩，在湖边建起巨大的钢筋混凝土建筑，美丽的湖景风光遭到破坏。后来，剧组被处以最高罚款，县长被撤职。当时，网上有一百万人发帖子支持依法处理。由此可见，在城市快速发展过程中，必须要有内行人以超脱的立场，独立、公正地对城乡规划编制与实施提出督察建议和意见，监督地方政府按照既定的总体规划不折不扣地加以落实，保护那些不可再生的资源。

（三）地方政府协调建设与规划矛盾冲突的迫切需要

众所周知，每一个城市都有很多中央或省直属企业、学校、部队、机关等单位。按照城乡规划法，这些单位的建设行为只要处在城市规划区内，都应归地方政府统一管辖。但是，在当前城市发展建设中，一些上级机关单位自恃单位的级别高或项目的特殊性，不接受市一级政府的规划管理，违反规划擅自进行建设的行为时有发生，这已成为规划管理工作中的难点问题。地方政府对这类问题往往很难处理，迫切需要有人来代表国家利益，协调地方政府与有关单位在规划上的冲突问题。住房和城乡建设部或省政府派驻的规划督察员可以代表中央和省级政府，严格要求各单位遵守国务院或省政府批准的城市总体规划，接受地方政府和地方规划局的规划管理，保障城市发展的长远利益和人民群众的整体利益。

（四）地方政府提升自身规划管理水平的迫切需要

当前，中央明确了以加快推进城镇化来扩大内需的方针。可以预见，今后一段时间，城乡建设将会进入新一轮快速发展的阶段，这就对城乡规划工作提出了新的要求。在这个关键的历史阶段，国务院高度重视城乡规划调控作用，目前已将国务院审批城市总体规划的范围由86个城市扩大到106个城市。国务院审批城市总体规划的城市，按现行标准就是大城市，这意味着这些城市的经济社会地位十分重要，意味着这些城市对国家区域发展和自然文化遗产保护起着举足轻重的作用，也意味着这些城市政府更要对区域发展负责，对整体利益负责、对长远利益负责。督察员常驻地方工作，是不花钱请来的顾问，可以从督促地方政府加快规划编制进度，规范规划审批行政行为，提高规划审批效率等方面发挥作用，促进基层提升自身规划管理水平。

（五）地方政府避免规划决策失误的迫切需要

目前，历史文化名城名镇名村有保护条例，风景名胜区有保护条例，城乡规划有法律法规。城乡规划的业务内容很多，新法律法规也在不断出台，任何一个书记、市长都不可能掌握所有法规。城乡规划实施一旦出现差错，就是触犯了法律，是要受到制裁和处理的。另一方面，城乡建设是刚性的，一旦出现决策失误，后人很难纠正。即使纠正，代价也十分巨大。而有些损失则是不可挽回的。这方面的教训非常深刻。例如，某市曾经违反规划在长江大堤上修建5万平方米的住宅，严重危及城市防洪安全。结果国务院下令，由建设部部长带队把违法建筑全部炸掉，并责成市政府、规划局和水利局三个单位赔偿2亿元，损失非常巨大。所以，在当前城镇化从追求数量向追求质量的发展过程中，非常需要督察员在政府的决策过程中提供建议，纠正即将作出的错误决策，提高决策的科学化和民主化水平，避免因一时失误，触犯党纪国法，也为子孙后代留下遗憾。

四、进一步推进城乡规划督察工作的五要点

经过近年来的努力，我国城乡规划督察制度虽然取得了长足进步，但是与国外先进国家的规划督察制度相比较，此项制度还存在明显不足。我国城乡规划督察的总体原则是寓监督于服务之中，这就要求我们的督察员要当好城市总规划师，起到为地方政府主要领导提供专家咨询的作用，又可代表上级政府来提醒督促地方政府实施好国务院或省政府批准的城乡规划。下一步，要在充分发挥城乡规划督察员作用方面下工夫，进一步完善督察工作。就此，我谈几点具体要求：

（一）要创新优化信息采集途径

通过规划督察员专用网站实时传递工作信息，建立督察员之间，以及督察员与地方政府分管领导之间的交流沟通平台。

（二）要建立规划督察专题论坛

针对规划督察中发现的理论性、学术性较强的共性问题，建立规划专题历史案例库，使督察员和地方政府领导根据已有案例进行学习借鉴，以利减少争议、统一思想，提高办事效率，减少对不可再生资源的破坏。

（三）要全面推广利用卫星遥感技术辅助规划督察工作

通过定期采集地理图像和分析卫星遥感影像，建立规划实施立体式监管系统，辅助督察员拓展信息渠道，客观准确地掌握城市规划执行中存在的问题和违规搭建的建筑位置，及时纠正和拆除违法建筑。

（四）加大对督察员培训的工作力度

随着城乡规划学科的迅速发展，城乡规划的理论、技术和方法日新月异，对督察员的要求也越来越高，需要通过不间断的培训，提高督察员的业务水平，使其掌握、熟悉和钻研新出台的法律法规，提高面对新知识、新形势和新情况的分析判断能力，成为当之无愧的“智囊和权威”。

（五）做好督察员服务和后勤保障工作

英国、法国等国的国家规划督察员有庞大的后勤机构保障经费、器材、办公用品等方面提供支持。另外，还在首都设有专家咨询委员会，一旦出现敏感复杂问题，就集体讨论，及时做出分析，协助督察员妥善解决。督察员派出单位作为督察员服务和后勤保障机构，要逐步完善管理机制，切实做好保障工作，为督察员顺利开展工作提供有力支持。

总之，以上所讲的观点和内容是根据基层同志们提供的资料提炼而成的。此次会议的工作报告已在会前印发，主要阐述当前城乡规划督察工作的经验、做法和问题以及下一步工作打算。希望大家在这次会上就做好城乡规划督察工作多提宝贵意见，以利于今后把这项工作开展得更好。下面，请大家听姜部长作指示，会后按照姜部长指示进一步做好工作。

陈大卫：完善稽查执法机制 提升稽查执法水平

2010年1月29日，全国住房和城乡建设稽查执法工作座谈会在北京召开。本次会议旨在贯彻落实全国住房和城乡建设工作会议精神，总结2009年重点稽查执法工作情况，交流工作经验，分析存在的问题，紧紧围绕住房和城乡建设中心任务，研究部署2010年稽查执法工作，完善稽查执法机制，提升稽查执法水平，推动建设活动主体行为纳入法制化轨道，促进住房城乡建设事业科学发展。会上，住房和城乡建设部党组成员、副部长陈大卫全面总结了2009年稽查执法工作，并对2010年稽查执法工作进行了部署。

陈大卫表示，2009年，各级住房城乡建设主管部门深入贯彻落实科学发展观，紧紧围绕中心任务，转变观念，开拓创新，真抓实干，推动稽查执法工作体制机制建设，加大对违法违规问题的查处力度，促进了扩内需\保民生政策措施贯彻落实，规范了建设各方主体行为和行政权力运行，稽查执法各项工作取得积极成效。但同时，各地主管部门也应意识到，当前稽查执法工作发展不平衡，部分地区稽查执法体制机制建设亟待加强，个别省份稽查执法工作责任尚待落实。

陈大卫指出，加强稽查执法工作，对保障住房城乡建设中心任务顺利完成，促进政策落实、优化发展环境、规范权力运行、维护社会公共利益和群众合法权益具有重要意义。各级住房城乡建设部门要提高认识，突出重点，加大力度，切实做好住房城乡建设稽查执法工作。

陈大卫强调，稽查执法工作原则是：实事求是，依法稽查；惩防并举，注重预防；服务大局，促进发展。稽查执法工作目标是：遏制违法违规行为，促使建设活动主体行为纳入法制化轨道，推动住房城乡建设事业科学发展，促进经济社会又好又快发展。

陈大卫指出，2010年稽查执法工作的总体思路是：深入贯彻落实科学发展观，紧紧围绕住房城乡建设中心任务，进一步转变稽查执法理念，突出工作重点，加强体制机制建设，强化事前预防和事中监督，注重事后纠偏，依法打击违法违规行为，稳步提升稽查执法水平和效能。

一是进一步完善稽查执法工作体制机制。要按照《关于加强稽查执法工作的若干意见》的要求，继续完善包括协同预防机制，协同联动机制、集体研判制度、警示震慑机制、预警预报制度在内的稽查执法各项制度，畅通稽查执法信息渠道，形成科学、规范的工作体制机制。

二是围绕中心任务进一步做好重点稽查执法工作。继续突出重点，制定工作方案，下大力气做好保障性安居工程监督检查、房地产市场秩序整顿、住房公积金监督检查、城乡规划实施和基础设施建设督察、建筑节能和城镇减排监督检查、建筑市场秩序监督检查、工程建设质量安全和强制性标准检查等工作。

三是进一步提升稽查执法工作效能。坚持惩防并举，强化过程监管，从单纯的案件事后查处，向事前预防、事中监督、事后纠偏转变。对侵害群众利益、性质恶劣、影响极坏的案件要一查到底，依法严肃惩戒。坚持城乡统筹，将稽查执法工作覆盖到住房城乡建设全部业务范围，并与行政监管紧密衔接，规范行政执法自由裁量权，实现案件查处到位，惩处有力，专项检查不走过场。

四是进一步加强对稽查执法工作的组织领导。目前尚未建立稽查执法制度的省份要切实增强紧迫感和责任感，争取尽早建立稽查执法制度。要明确承担稽查执法任务的具体部门，将工作责任落到实处。要继续加强稽查执法队伍建设，确保稽查执法队伍的战斗力，适应新形势下工作的需要上级要继续加强对下级的指导，形成分工负责、协调一致的稽查执法工作体系。

陈大卫强调，住房城乡建设稽查执法工作事关全局，责任重大。各级住房城乡建设主管部门要把稽查执法工作摆在更加突出的位置，列入重要议事日程。要按照部的统一部署，围绕中心任务，振奋精神，坚定信心，齐心协力，扎实工作，为住房城乡建设事业科学发展服务。

齐骥：进一步加强新形势下惩防体系建设和行风建设

住房城乡建设系统惩防体系建设暨行风建设经验交流会2010年6月10日在山东省日照市召开。住房和城乡建设部党组成员、副部长齐骥出席会议并讲话。山东、上海、北京、湖南四省（市）住房城乡建设部门和山东省日照市规划建设委介绍了惩防体系建设和政风行风建设经验。与会代表实地考察了日照市住房城乡建设系统行风建设以及城市规划建设情况。

齐骥指出，惩防体系建设和政风行风建设始终同党和国家反腐倡廉建设形势、住房城乡建设工作实际紧密联系在一起。近年来，各级住房城乡建设部门和纪检监察机构认真贯彻落实《建立健全教育、制度、监督并重的惩治和预防腐败体系实施纲要》和《建立健全惩治和预防腐败体系2008—2010年工作规划》，稳步推进惩防体系建设，政风行风建设不断深化，有力地推动了住房城乡建设系统的党风廉政建设和反腐败工作。召开这次会议是为进一步贯彻落实党中央、国务院反腐倡廉工作部署，总结交流惩防体系建设和政风行风建设成效和经验，认清形势，做好下一步工作。当前，推进城乡统筹和新农村建设、落实中央扩内需促增长政策、加强保障性住房建设、促进房地产市场平稳健康发展、建筑节能降耗减排、地震灾后重建等任务十分艰巨，改善民生和维护群众利益的工作千头万绪，城镇建设粗放式发展方式亟待改变，使住房城乡建设事业发展面临新挑战。惩防体系建设和政风行风建设任务重、头绪多、要求高、压力大，各级住房城乡建设部门要按照中央纪委、监察部和住房城乡建设部党组的部署要求，锐意进取、真抓实干，确保各项工作深入开展。

齐骥要求，要从加强廉洁从政教育和领导干部廉洁自律、加大查办违纪违法案件工作力度、推进反腐倡廉制度创新、深化重要领域和关键环节改革四个方面全面协调地推进惩防体系建设。要坚持不懈抓好政风行风建设，力求工作取得新成效。要加强领导干部和机关作风建设，进一步加强民主评议工作，做好住房公积金专项治理，坚决纠正城镇房屋拆迁中侵害群众利益的行为，继续开展房地产市场秩序专项整治，加强工程建设领域的专项治理，强化对社团和市场中介组织的监管。

齐骥强调，深化惩防体系建设和政风行风建设，既是一项长期艰巨的历史任务，也是紧迫的现实工作。住房城乡建设系统各部门要增强责任感和使命感，紧紧围绕中心工作，努力提高惩防体系建设和政风行风建设的科学化、制度化、规范化水平，为推进住房城乡建设事业又好又快发展作出新的更大的贡献。

中央纪委驻住房和城乡建设部纪检组副组长、监察局局长田思明主持会议，山东省纪委常务副书记、监察厅厅长王维新，山东省住房城乡建设厅党组书记、厅长杨焕彩，以及日照市市委、市政府领导出席会议。来自全国各省（区、市）住房城乡建设部门纪检监察机构的负责同志和分管行风建设工作的负责同志，以及新疆生产建设兵团建设局的有关同志参加了会议。

郭允冲：认清形势　坚定信心　扎实做好建筑安全生产工作

2010年1月29日，住房和城乡建设部副部长郭允冲在全国建设安全生产电视电话会议上作重要讲话。

同志们：

今天，我们召开电视电话会议的主要任务是，贯彻落实党的十七届四中全会和中央经济工作会议精神，按照全国住房城乡建设工作会议和全国安全生产电视电话会议的工作要求，认真总结2009年建筑安全生产工作，深入分析建筑安全生产面临的形势，研究部署2010年建筑安全生产工作，进一步认清形势，坚定信心，推动工作，促进建筑安全生产形势的持续稳定好转。刚才，北京市住房城乡建设委和浙江省住房城乡建设厅的同志介绍了他们的建筑安全生产工作情况和经验，希望各地认真学习借鉴。下面，我讲三方面的意见。

一、2009年建筑安全生产工作情况

过去的一年，是新世纪以来我国经济发展最为困难的一年，在党中央、国务院的正确领导下，我们取得了成功应对国际金融危机的重大成就，经济形势稳定好转。全国住房城乡建设系统认真贯彻落实党中央、国务院的决策部署，扎实工作，较好地完成了工作任务。建筑安全生产工作也取得了很大成绩。据统计，2009年全国房屋建筑及市政工程生产安全事故起数同比减少88起、死亡人数同比减少121人，分别下降11.27%和12.51%，与前几年下降的幅度相比，这个下降幅度是比较大的；其中，较大及以上生产安全事故起数同比减少19起、死亡人数同比减少90人，分别下降45.24%和48.13%，这个下降幅度也很大；全年没有发生重大及以上生产安全事故。在建设规模逐年扩大，建筑生产安全事故连续多年下降的情况下，去年全国建筑生产安全事故起数和死亡人数两个指标均低于控制数10%以上，取得这样的成绩实属不易。这是党中央、国务院高度重视和正确领导的结果，是全国住房城乡建设系统认真实践科学发展观，坚持安全发展理念，贯彻“安全第一、预防为主、综合治理”方针，不懈努力、共同奋斗的结果。在此，我谨代表住房城乡建设部向大家的辛勤工作表示衷心的感谢！

2009年，全国有16个地区建筑生产安全事故起数和死亡人数同比下降，按事故起数下降量大小顺序排列，依次是辽宁（下降24起、减少30人）、浙江（下降22起、减少35人）、江苏（下降19起、减少26人）、河南（下降12起、减少13人）、上海（下降12起、减少11人）、云南（下降9起、减少15人）、北京（下降9起、减少8人）、重庆（下降7起、减少7人）、内蒙古（下降5起、减少6人）、贵州（下降4起、减少5人）、安徽（下降4起、减少4人）、湖北（下降2起、减少6人）、山东（下降2起、减少4人）、新疆（下降2起、减少2人）、陕西（下降1起、减少5人）、天津（下降1起、减少4人）；全国有17个地区没有发生较大及以上建筑生产安全事故（2008年只有10个地区没有发生较大及以上事故），分别是北京、天津、内蒙古、辽宁、黑龙江、福建、江西、湖北、广西、海南、四川、云南、贵州、陕西、甘肃、宁夏、新疆。但成绩只能说明过去，不能代表明天，更不能代表后天。安全生产是永恒的话题，今天不出事故不等于明天不出事故，明天不出事故不等于后天不出事故。因此，希望上述地区再接再厉、不断巩固提高，更进一步做好工作；也希望其他地区，能够积极学习借鉴，改进加强建筑安全生产工作，共同推动全国建筑安全生产水平迈上新的台阶。回顾2009年，建筑安全生产主要做了以下几个方面工作：

（一）积极开展“安全生产年”各项工作

按照国务院安委会“安全生产年”的工作部署，我部结合住房城乡建设系统实际，及时下发建筑安全生产“三项行动”和“三项建设”实施意见，并认真做好对各地区的监督检查工作。2009年，住房城乡建设系统共开展安全执法行动21 805起，涉及企业182 569家在建工程74 845个；共排查治理隐患1 095 587项，其中一般隐患1 077 975项、重大隐患17 612项；共组织宣传教育活动22 432次，参与人数3 463 944人。各地住房城乡建设主管部门高度重视，扎实推进“三项行动”和“三项建设”各项工作。如江苏省积极开展建筑安全生产执法行动，严厉查处不办理施工许可和质量安全报监手续、无安全生产许可证从事施工、瞒报迟报漏报安全事故、拒不整改安全隐患、无证人员擅自上岗等行为，累计达2 285起；江西省通过开发应用“江西省危险性较大的部分项工程安全监管信息系统”，对危险性较大部分项工程实施了全过程的动态监管。建筑安全生产“三项行动”和“三项建设”工作的开展，有力地推动了建筑安全生产管理水平的提高，促进了建筑安全生产形势的稳定好转。

（二）加强建筑安全生产长效机制建设

一是完善管理制度。我部制定印发了《危险性较大的

分部分项工程安全管理办法》、《建设工程高大模板支撑系统施工安全监督管理导则》和《城市轨道交通工程安全质量管理暂行办法》，组织编制了《建筑施工企业安全生产管理规范》和《施工安全生产技术统一规范》。二是加强教育培训工作，提高建筑从业人员的技能素质。组织编写了建筑施工企业“三类人员”、特种作业人员的安全培训教材，为地方培训师资人员680多人，加强了对安全生产关键岗位人员的培训教育和资格考核。为发挥事故的警示教育作用，组织专家编写了《建筑施工安全事故案例分析》。三是积极开展课题研究，探索加强建筑安全生产管理的有效途径。结合建筑行业特点和工程项目实际，从创新管理思路和监管手段入手，进行了“加强在建项目建设安全生产管理能力”、“完善建筑安全生产监督管理机制”等研究。各地区住房城乡建设主管部门和建筑施工企业也从工作实际出发，注重加强建筑安全生产长效机制建设。如中国铁道建筑总公司牢固树立“细节决定成败、素质决定行为、规范决定安全”理念，始终重视安全生产基础工作，2009年共培训三类人员2 254人、专职安全员2 895人、特殊作业人员2 860人，员工参加安全生产教育培训达31万人次；中建一局制定了安全三项硬措施，即在工程项目实施责任死亡事故项目经理无条件撤换、责任死亡事故责任工长无条件辞退、责任安全事故个人经济责任连带等制度，起到了很好的效果。

（三）推进建筑施工安全质量标准化工作

建筑施工安全质量标准化，有利于强化安全生产过程管理，是做好建筑安全生产工作的重要抓手。自2005年以来，全国已累计创建省级建筑施工安全质量标准化示范工地24 000多个。2009年11月，在宁波召开了全国建筑施工安全质量标准化现场会，总结了几年来建筑施工安全质量标准化工作，交流学习了一些地区好的经验与做法，并与全国总工会联合表彰了一批建筑施工安全质量标准化工作先进集体、先进个人及示范工地，对建筑安全生产工作起到了积极的推动作用。各地区多年来积极推行建筑施工安全质量标准化，取得了很大的成效。如陕西省从1997年起开展创建文明工地活动，13年共创省级文明工地2 122个，改变了施工现场“脏、乱、差”状况，生产安全事故得到有效控制，全省的建筑安全管理水平得到明显提升；黑龙江省先后印发《建筑施工安全质量标准化实施标准》、《创建标准化工地的指导意见》等文件，并建立了工作月报制度，不断完善安全质量标准化工作的各项管理措施。建筑施工安全质量标准化工作的开展，既促进了住房城乡建设主管部门安全监管水平的提高，也促进了建筑施工企业安全生产水平的提高。

（四）加大建筑生产安全事故处理力度

生产安全事故的调查处理，是安全生产的重要环节。2009年，在统计分析基础上，我部印发了《关于2008年全国房屋建筑和市政工程安全生产事故处罚情况的通报》和《关于进一步做好建筑生产安全事故处理工作的通知》，要求各地住房城乡建设主管部门要高度重视事故处理工作，及时上报事故有关情况，积极做好事故调查，加强事故结案和报送，依法依规做好事故处罚工作，完善事故分析和通报制度。各地住房城乡建设主管部门根据实际情况，采取有效措施，全面加强了生产安全事故处理工作。如北京市住房城乡建设委联合安全生产监督管理部门下发了《北京市建设工程生产安全事故责任认定若干规定》、《北京市建设工程施工现场生产安全事故及重大隐患处理规定》等文件，进一步规范了事故处理工作，与安全生产部门在事故调查的同时根据已确认的事实，及时进行相应处罚，而不是待安全生产部门事故调查结束后再处罚，做到事故的快速高效处理；安徽省住房城乡建设厅全年依法暂扣了25家建筑施工企业安全生产许可证，向外省住房城乡建设主管部门发函通报事故企业16次，同时对有关项目经理、项目总监、安全员等安全事故责任人员进行了严厉处罚，起到了惩戒警示作用。

二、正确认识当前建筑安全生产形势

在肯定成绩的同时，我们也必须清醒地看到，当前的建筑安全生产工作中，仍然存在着一些问题和薄弱环节。意识上的稍微松懈，工作中的稍微疏忽，都会引起建筑安全生产形势的波动，甚至反弹。当前的建筑安全生产形势依然不容乐观：

一是事故总量仍然比较大，较大事故还时有发生。据统计，全国有7个地区的事故起数和死亡人数同比上升，按事故起数上升量大小顺序排列，依次是山西（上升7起、增加19人）、吉林（上升5起、增加9人）、江西（上升4起、增加5人）、甘肃（上升4起、增加2人）、海南（上升3起、增加2人）、广东（上升2起、增加10人）、黑龙江（上升1起、增加1人）；全国有13个地区发生了较大事故，按事故多少顺序排列，依次是山西（4起）、广东（4起）、江苏（3起）、浙江（2起）、安徽（2起）、湖南（1起）、青海（1起）、山东（1起）、河北（1起）、上海（1起）、吉林（1起）、河南（1起）、重庆（1起）。其中湖南株洲“5·17”事故、青海西宁“3·19”事故、浙江台州“9·9”事故、广东深圳“12·28”事故四起事故，分别造成9人、8人、7人、6人死亡的严重后果，给人民生命财产带来了重大损失，也产生了很不好的社会影响。

在这里，还要对2009年连续发生3起以上建筑生产安全事故的建筑施工企业进行通报：浙江实事集团建设工程有限公司发生4起一般生产安全事故，造成4人死亡；浙江精工钢结构有限公司、上海名华工程建筑有限公司、上海建工（集团）总公司各发生3起一般生产安全事故，分别造成3人死亡。

二是建筑市场秩序有待进一步规范。当前的建筑市场还存在着一些需要认真研究解决的问题。从建筑市场运行的角度看，有市场交易、市场秩序不公平、不公正、不规范的问题，有围标、串标等招投标领域的问题，有违法违规、不认真执行工程建设强制性标准的问题；从建筑企业经营的角度看，由于市场过度竞争，或者业主的明示、暗示，企业竞相压价、降低标准等问题突出，有的企业由于利润空间小，偷工减料，安全生产的投入比较少。这些违法违规行为，都为建筑安全生产埋下了隐患。因此，必须整顿规范建筑市场。

三是安全生产管理基础还不牢固。政府部门安全监管水平需要进一步提高。一些地区对建筑安全监管的重视性不够，没有正确处理安全、效益、发展之间的关系，不重视甚至忽视安全生产；一些地区建筑安全监管的专业性不够，没有认真了解、研究、掌握本地区安全生产的突出问题和薄弱环节；一些地区建筑安全监管的实效性不够，只重视事前的行政审批，而忽视事后的动态监管。部分建设单位不具备工程项目管理能力，忽视安全生产管理，不及时拨付安全生产费用，任意压缩工程造价和合理工期。2009年2月23日，河南省荥阳市广武镇“清华·忆江南”二期5区地下车库工程，发生死亡3人的较大事故，该工程建设单位郑州清华园房地产开发有限公司不办理任何相关建设手续，为压缩造价和工期，擅自进行工程发包。部分施工单位安全生产投入不足，安全防护措施不到位，施工现场管理混乱，缺乏有效的施工组织；部分监理单位不能熟练掌握法律法规和规范标准，对现场事故隐患不能及时进行处理。建筑施工一线作业人员整体素质仍然不高，有的安全意识淡薄，自我防护能力较差，安全生产知识欠缺，违章作业和冒险蛮干的现象还时有发生。

四是安全生产执法监督检查不到位。虽然各地都在加强执法监督检查上下了不少工夫，也取得了一些成效。但与违法违规必究、执法执规必严的要求相比，还有很多工作要做。比如，每年建筑安全生产事故有几百起，但究竟有多少责任单位和人员受到了处罚？根据我们对2008年全国房屋建筑和市政工程安全生产事故处罚情况的统计，仍有62起事故没有结案，只有13个地区结案率达到100%；处罚的力度也远远不够，在745起事故中，只有5家企业被降低资质，252名资格人员被停止执业，经济处罚方式偏多，处罚的震慑警示作用还不够。对流了血、死了人的安全生产事故，若处罚太轻，就起不到“吸取血的教训”的警示作用。

2010年还不到一个月，已经发生了4起较大事故，比2009年同期多了3起。这些事故不仅给国家和人民生命财产造成了重大损失，也造成了十分不好的社会影响。

2010年1月3日，云南昆明新机场配套引桥工程施工现场，施工人员在浇筑桥梁混凝土时，模板支撑体系发生坍塌，造成施工作业人员7人死亡、8人重伤。该工程建设单位为云南新机场建设集团，施工单位为云南建工市政建设有限公司，监理单位为云南城市建设监理有限公司，劳务分包单位为吉林松原市宁江区诚信劳务有限公司。事故暴露出该工程在施工过程中存在安全生产主体责任不落实、施工现场隐患排查治理不到位、安全监管不力等问题。

2010年1月9日，江苏扬州邗江区彩弘苑7＃楼工程施工现场，卸料平台发生坍塌，造成施工作业人员3人死亡。该工程建设单位为扬州金阳光房地产开发有限公司，施工单位为南通华硕建设发展有限公司，监理单位为江苏润扬监理公司。经初步调查分析，事故是由于操作不当，利用卸料平台自11层向14层转运支撑模板的钢管时，堆积钢管超载，发生平台倾覆坍塌所致。

2010年1月12日，安徽芜湖华强文化科技产业园配送中心工程施工现场，施工人员在浇筑混凝土时，发生坍塌事故，造成现场作业人员8人死亡，3人受伤。该工程建设单位为芜湖华强文化科技产业有限公司，施工单位为芜湖恒达建筑安装有限责任公司，监理单位为芜湖市芜建建设监理有限责任公司。经初步调查分析，这是一起因施工单位为抢工期违规操作、冒险作业造成的责任事故。该工程建筑面积只有5 580.06平方米，造价只有853.65万元，却造成了这么巨大的损失，令人痛心，教训十分深刻。

2010年1月24日，河北石家庄市北城国际B-10号楼工地一塔吊在维修过程中发生倾覆，造成维修塔吊的3名作业人员死亡。该工程建设单位是石家庄盈佳房地产开发有限公司，施工单位是江苏江中集团有限公司，监理单位是河北冀通工程建设监理有限公司。事故原因正在调查中。

虽然今天是安全生产电视电话会，但还要通报近期两起市政桥梁工程的质量问题。一是因为质量安全本来不分家；二是这两起桥梁工程质量事件影响很坏。

2009年12月8日，江苏南京市汉中门桥工程出现质量问题。主要问题是南侧主桥人行道39根栏杆、北侧主桥人行道5根栏杆和北侧引桥11根栏杆立柱根部开裂，施工单位擅自采用建筑胶对裂缝进行处理。该工程建设单位是南京建设工程项目投资管理有限公司，设计单位是南京市市政设计研究院有限公司，施工单位是中铁十五局集团有限公司，监理单位是南京第一建设事务所有限责任公司。据说，该工程事前还得了设计二等奖，虽然后来撤销了，真是啼笑皆非。

2009年12月28日，上海市苏州河河南路桥改建工程出现质量问题。主要问题是外挂GRC饰板有明显变形裂缝，饰板外挂构件背面与结构空隙违规使用编织袋等杂物填充作为空腔内膜。该工程建设单位是上海市黄浦江大桥建设有限公司，总体设计单位是上海市城市建设设计研究院，监理单位是上海市新光工程咨询有限公司，桥梁结构施工单位是上海市基础工程有限公司，装饰设计和施工单位是上海市建筑装饰工程有限公司。

以上问题暴露出一些地区和企业对建筑安全生产及工程质量重视还远不够，质量安全意识、法制观念淡薄，安全发展理念不牢固；质量安全工作落实不到位，工作措施不得力，没有真正担负起相应责任。对此，我们一定要引起高度重视，认真反思工作的不足，采取切实有效的措施，把建筑安全生产及工程质量工作真正抓实抓好。

三、2010年建筑安全生产工作任务

胡锦涛总书记在2009年的中央经济工作会议上明确

指出："要牢固树立安全发展的理念，健全和落实各项安全生产制度，强化安全监管责任，有效防范和坚决遏制重特大安全事故。"总书记的重要指示，为我们做好2010年的建筑安全生产工作指明了方向。2010年建筑安全生产工作的总体要求是：认真贯彻落实党中央、国务院关于安全生产工作的决策部署和指示精神，按照全国住房城乡建设工作会议和全国安全生产电视电话会议的要求，深入学习实践科学发展观，坚持安全发展理念，坚持"安全第一、质量第一"，继续深入开展"安全生产年"活动，进一步强化建筑安全生产监管力度，全面落实安全生产责任制，努力实现建筑安全生产形势持续稳定好转，为经济社会平稳较快发展提供良好的发展环境和有力支持。2010年建筑安全生产的工作目标是：房屋建筑及市政工程生产安全事故起数和死亡人数继续保持下降，较大及以上生产安全事故得到有效控制，全国建筑安全生产形势进一步稳定好转。要重点做好以下工作：

（一）继续深入开展"安全生产年"活动

要按照国务院的统一部署，结合住房城乡建设系统实际，继续深入开展"安全生产年"活动，抓好"三个突出"，做到"三个加强"，即突出预防为主，突出加强监管，突出落实责任，加强宣传教育和队伍建设，加强安全基础工作，加强协作联动。一是要根据建筑行业特点，继续开展以防范深基坑、高支模、脚手架和建筑起重机械设备等为重点的建筑安全专项治理工作；二是加强层级督查，组织开展全国建筑安全生产大检查，重点督察形势严峻和事故多发的地区；三是全面推进建筑施工安全质量标准化工作，督促建筑施工企业增强安全生产意识，认真履行安全生产责任，确保各项安全管理制度和措施真正落实到工程项目；四是加大城市轨道交通等重大工程安全质量监管力度，认真贯彻落实《关于加强重大工程安全质量保障措施的通知》和《城市轨道交通工程安全质量管理暂行办法》。各地住房城乡建设主管部门要进一步完善建筑安全生产管理制度，强化安全生产检查工作，深入开展建筑安全生产专项治理，促进安全生产管理水平提高，切实遏制和防范建筑生产安全事故的发生。

（二）积极推进建筑安全生产长效机制建设

建筑安全生产长效机制建设是一项基础性工作，有利于安全生产长期稳定好转，必须高度重视。一是健全完善法律法规和标准规范体系。研究起草《建筑施工企业主要负责人、项目负责人和专职安全生产管理人员安全生产考核管理规定》，推动《建筑施工企业安全生产管理规范》、《施工安全生产技术统一规范》等技术标准的制定颁发。二是要切实加强安全培训教育工作。加强对建筑安全监管人员的教育培训，提高安全监管人员监管水平和业务素质；加强对企业"三类人员"和建筑施工特种作业人员的安全生产教育培训和考核，促使其熟练掌握关键岗位的安全技能；督促指导建筑施工企业加强对农民工的安全教育培训，切实提高其安全生产意识和安全生产技能；进一步加强在建地铁工程监理人员质量安全培训，提高其风险防范意识和能力。三是加强建筑安全监管机构和队伍建设。建筑安全生产监管队伍的素质对于提高建筑安全生产管理水平至关重要。要稳定并进一步加强安全监管队伍的建设，切实提高人员业务素质和依法行政水平，促进建筑安全生产监管体系完善，以适应我国投资规模持续扩大、经济快速发展的需要。四是要加大建筑安全生产费用的保障力度，增加安全生产投入，加强安全生产科技研究，充分运用高科技信息化手段，提高安全监管效能，提升安全生产管理水平。在2009年7月召开的全国建筑工程质量安全电视电话会上，我说过，江苏、浙江、广东是经济大省、科技大省、建筑大省，但也是事故大省，你们有能力、有基础，也应当加强建筑安全科技研究，加大建筑安全投入，把建筑安全生产工作做得更好一些。

（三）构建市场现场联动的安全监管机制

建筑安全生产监管机制要从实际出发，大胆进行改革创新。建筑市场监管和施工现场监管都是确保安全生产的重要环节，要积极探索构建市场现场联动的安全监管机制，树立协同治理的理念。一是要严格市场准入，强化"源头"管理，从工程招投标、资质审批、施工许可等多个管理节点上加以把关，将安全生产作为建筑企业的一项重要指标，确保只有真正符合安全条件的企业才能进入市场，不符合安全生产要求的企业坚决不允许进入建筑市场。二是要加大市场清出力度，做到市场准入管理与市场清出管理并重，加强资质资格审批的后续管理，做到资质资格审批管理与后续管理并重，要对企业落实法律法规规定的安全生产责任情况进行严格监督，对企业和执业人员的违法违规行为及时进行处理，对不符合安全生产条件的企业和执业人员要依法依规坚决查处，或者降低资质资格，或者吊销资质资格，或者清理出建筑市场。三是要研究完善动态监管，研究建立企业资质审批及审批后企业运行情况、个人执业资格审批及审批后情况、工程项目管理情况的动态数据库，将企业或个人的安全生产情况、违法违规行为录入数据库，引导建设单位在招投标、承发包中选用遵纪守法、重视质量安全的企业，不用那些有违法违规行为、老出安全事故的企业。通过信息公开、舆论监督，建立公平、公正、合法竞争的建筑市场秩序，构建良好的建筑安全生产环境。

（四）依法依规严肃查处生产安全事故

虽然各地对安全生产事故都作了一些查处，但还存在着处理不够规范、处理周期过长及与其他部门沟通不够等问题。各地住房城乡建设主管部门要进一步加强建筑生产安全事故处理工作。一是要高度重视事故处理工作。各地住房城乡建设主管部门要认真学习和掌握有关法律法规，认真分析研究事故处理工作中存在的问题，改进加强各项措施，切实做到所有事故都要依法查处。二是要积极做好事故调查工作。各地住房城乡建设主管部门要按照有关规定，在当地人民政府的统一领导下，认真组织或积极参与事故的调查工作，做好与其他部门的沟通协调，切实履行职责，充分发挥作用。三是要加大事故处罚力度，要真正按照“四不放过”的原则和依法依规、实事求是的要求，严肃追究事故责任单位和责任人员的责任，依法加大对企业资质和从业人员执业资格的处罚力度。

各地区住房城乡建设主管部门和建筑企业要学习借鉴北京市住房城乡建设委实行的与安全生产部门事故调查同步进行处罚的方式，以及中建一局建设发展公司执行的事故相关人员无条件撤换、辞退、经济责任连带的制度，认真研究做好事故处理工作。我部将从 2010 年起建立“建筑生产安全事故处理统计通报制度”，对事故处理工作做得好的地区予以表扬，对事故处理不及时、工作不到位的地区进行通报。对较大以上建筑生产安全事故和事故处理情况，要进行定期或不定期通报。希望各地对发生的每一起建筑生产安全事故都要进行认真处理、对责任企业和责任人员都要进行依法严厉处罚，每一起事故都要有明确的交代，尤其是对引起社会广泛关注的典型事故。2008 年杭州“11·15”地铁事故，已经过去一年多时间，到现在仍然没有明确的查处结果。这个问题一定要引起我们的重视。

另外，近日在调研中了解到，一些地区和企业在控制安全生产工作目标时，有些目标似乎偏低，如“年度责任事故死亡人数控制在百亿元产值 2 人以内”。2008 年全国建筑业百亿元产值死亡率为 1.56，2009 年为 1.14 左右。各地区和企业一定要对建筑安全生产工作高标准、严要求，制定好安全生产工作目标。特别是安全生产工作基础较好的地方和企业，要尽可能低于全国平均数。

建筑安全生产和工程质量是一个整体。因此，我还要简单讲一下工程质量监管问题。随着经济社会的快速发展和工程建设规模的日益扩大，全社会对工程质量的关注度和人民群众对工程质量的要求越来越高，工程质量工作面临着严峻的形势和挑战，绝不能掉以轻心。我们必须以对党、对人民、对历史负责的态度，切实增强忧患意识，加大工作力度，确保工程质量稳步提升。一是要切实加大工程质量监督执法力度。进一步完善工程质量检查制度，持续开展各类综合检查和专项督查，依法严肃查处质量事故和质量问题，始终保持对违法违规行为的震慑力。同时强化不良记录管理和信用惩戒，充分发挥市场对工程质量行为的约束作用。二是要建立健全质量责任追究制度。进一步强化对各方主体质量责任的追究，特别是要加大对建设单位质量责任的追究，和对有关领导责任的追究，严格落实质量责任终身制。同时要规范和加强对工程质量监管机构和人员的问责制。三是要认真开展工程建设领域突出问题专项治理工作。按照中央统一要求，继续采取切实有效措施，着重解决工程建设项目标后监管薄弱、转包和违法分包、不认真履行监理责任、建设质量低劣和质量责任不落实等突出问题。四是要加强重点领域工程质量管理。集中力量加强住宅特别是保障性住房质量管理，加大监督检查力度，强化质量通病治理，全面推行住宅质量分户验收制度。尤其 2010 年保障性安居工程规模扩大，任务很重，千万不能在保障性安居工程中出现质量问题。对于城市轨道交通工程和重要市政基础设施工程，要着力完善风险评估制度，加强设计和施工方案论证，确保质量安全。

最后，我还要强调一下春节和“两会”期间的建筑安全生产工作。重大节假日是事故易发、多发的重点时段。各地住房城乡建设主管部门要高度重视，认真做好春节和“两会”期间的建筑安全生产工作。要切实担负起政府安全生产监管主体责任，认真履行安全生产监管职责。要督促指导建设、施工、监理单位等工程建设的各方安全生产责任主体，认真履行安全生产管理职责。要加强对在建工程项目的安全生产监督检查，确保各项安全管理措施落实到位，预防和控制建筑生产安全事故发生，为广大人民群众欢度春节、确保全国“两会”顺利召开创造安全稳定的社会环境。

同志们，安全生产事关人民群众的生命财产安全，责任重于泰山。我们一定要认清形势、牢记责任、不辱使命，在党中央、国务院的统一领导下，深入贯彻落实科学发展观，真抓实干，扎实做好建筑安全生产各项工作，促进建筑安全生产形势的持续稳定好转，为经济社会平稳较快发展作出新的贡献。

杜鹃：力争在反腐倡廉建设上取得新进展

2010 年 12 月 29 日，在全国住房和城乡建设工作会议暨党风廉政、精神文明建设工作会议上，住房和城乡建设部党组成员、中央纪委驻部纪检组组长杜鹃对 2010 年住房城乡建设系统党风廉政建设和反腐败工作进行了总结，并对 2011 年的工作进行了部署。杜鹃强调，各级住房城乡建设部门要突出重点、整体推进，不断取得党风廉政建设和反腐败工作新成效。

杜鹃指出，2010 年，各级住房城乡建设部门按照中央纪委监察部、住房城乡建设部和地方各级党委、政府的部署和要求，紧紧围绕中心工作，扎实推进党风廉政建设和反腐败工作深入开展，保证了住房城乡建设事业科学发展。一是切实维护党的政治纪律，确保中央重大决策部署的贯彻落实。二是积极开展专项治理，解决群众反映强烈的突出问题。三是认真落实《工作规划》，不断推进惩治和预防腐败体系建设。四是继续保持查办案件力度，严肃惩治违纪违法行为。五是深入开展“创先争优”活动，纪检监察干部队伍素质不断提高。

杜鹃强调，当前反腐倡廉形势依然严峻，任务依然艰巨，住房城乡建设系统党风廉政建设和反腐败工作还存在一些差距和问题，我们必须高度重视，采取有效措施，切实加以解决。

杜鹃对2011年党风廉政建设和反腐败工作任务提出了要求：全面贯彻党的十七大、十七届五中全会精神，按照将要召开的十七届中央纪委第六次全会、国务院廉政工作会议和全国纠风工作会议的安排部署，紧密联系住房城乡建设系统实际，着力加强对中央重大决策部署执行情况的监督检查，着力解决人民群众反映强烈的突出问题，着力规范领导干部廉洁从政行为，着力加强惩治和预防腐败体系建设，围绕中心、服务大局，突出重点、整体推进，不断取得党风廉政建设和反腐败工作新成效，为促进住房城乡建设事业健康发展、保持干部队伍纯洁提供有力的政治和纪律保证。

杜鹃要求，要着力加强对中央重大决策部署执行情况的监督检查，确保中央政令畅通。按照党中央、国务院的部署，重点加强对保障性安居工程建设情况的监督检查，加强对房地产市场调控政策落实情况的监督检查，加强对建筑节能和城镇减排执行情况的监督检查，确保中央政令畅通。要着力解决群众反映强烈的突出问题，深入开展专项治理。切实抓好中央纪委分工由住房城乡建设部牵头的工作，深入开展工程建设领域突出问题专项治理，深入开展住房公积金专项治理，深入开展治理商业贿赂工作，切实纠正损害群众利益的不正之风，解决群众反映强烈的突出问题。要着力规范领导干部廉洁从政行为，加强对权力运行的监督。坚持党要管党、从严治党的方针，加强党员干部作风培养，开展对领导干部廉洁自律突出问题的治理，强化对重点领域和关键岗位干部的监督，巩固党政机关厉行节约工作成果，督促干部正确行使权力。要着力加强惩治和预防腐败体系建设，深化治本抓源头工作。以坚决惩治和有效预防腐败为重点，坚决查办违纪违法案件，提高反腐倡廉教育的针对性，按行业开展廉政风险排查和防范工作，推进制度创新，深化政策措施，遏制腐败案件易发多发势头。要着力加强对反腐倡廉建设的领导，努力形成工作合力。认真贯彻党风廉政建设责任制，针对重点行业开展调研，加强纪检监察干部队伍自身建设，力争在解决重点问题上取得新突破，在提高反腐倡廉建设成效上取得新进展。

李秉仁：转变城市交通发展模式已刻不容缓

2010年9月10日，住房和城乡建设部新闻办公室召开2010年中国城市无车日活动新闻发布会，住房和城乡建设部总经济师李秉仁同志出席并作重要讲话，办公厅副主任张志新主持会议，城建司副司长刘贺明参加会议，并回答记者提问，人民日报、新华社、经济日报、光明日报、中央电视台、中央人民广播电台等50多家媒体参加了会议。

一、提高认识，增强开展无车日活动的自觉性

李秉仁同志指出中国城市无车日活动是一项公益性的工作，其目的主要是推进步行、自行车、公共交通等绿色交通系统的建设，提升公众绿色出行理念，要从倡导、发展绿色交通的角度，提高对无车日活动的认识，增强开展无车日活动的自觉性。

李秉仁同志指出随着小汽车保有量的迅猛增长，很多城市的交通拥堵状况日趋严重，但我们的城市无论在土地容量还是环境容量方面，都无法承受小汽车无节制的发展，针对我国城市高密度发展的现实和趋势，转变城市交通发展模式已刻不容缓。开展中国城市无车日活动，是我部积极倡导绿色交通，推动城市交通领域的节能减排、城市交通发展模式转变的重要举措。

李秉仁同志强调各城市要充分认识开展无车日活动的重要意义，增强开展无车日活动的自觉性，站在落实国家发展战略和促进城市可持续发展的高度做好无车日活动的组织和宣传工作。

二、2010年中国无车日活动的主题和主要内容

（一）活动的主题

2010年中国城市无车日活动的主题为：绿色交通，低碳生活。这个主题一方面强调绿色交通的环境友好型和资源节约型特点，使绿色交通出行方式得到应有的保护和重视。绿色交通是对环境影响较小的交通方式，本次活动进一步强调其低能耗、低污染、低排放的特点，建立并保护这些低能耗、节省空间、促进健康生活方式的城市交通系

统。另一方面，强调交通出行是日常生活的重要组成部分，在国家发展低碳经济、居民倡导低碳、健康生活的大背景下，要从日常出行开始，要从绿色交通开始。

（二）活动的主要内容

无车日活动包括规定活动内容和参考活动内容两大部分。2010 年在规定活动内容方面只保留了承诺书包含的三项内容，即宣传活动主题、制定长效机制和划定无小汽车区域，与以往相比，任务更加明确，重点更加突出。在参考活动内容方面，总共设计了近 40 项丰富多彩的参考活动内容，涉及城市政府、企事业单位、媒体、学校、街道社区等组织活动的主要机构，城市可以根据需要和适应性自行选择。进行这些调整的目的是既保持无车日活动开展的统一性，又给予城市更多的灵活性，以增强活动的吸引力和公众的参与深度。要使民众有深度的参与感，仅由政府规划系列活动是不够的，因此，通过政府部门、民间组织、企事业单位、学校、社区等多方参与的活动计划，才能让无车日活动形式更加丰富多彩。

三、目前开展的工作及下一步打算

2010 年 8 月 9 日，住房和城乡建设部印发了《关于做好 2010 年中国城市无车日活动有关工作的通知》（建办城函〔2010〕606 号），对无车日活动做了具体部署，正式启动了 2010 年的无车日活动的相关工作。

为了做好 2010 年的无车日活动，住房和城乡建设部着重加强了如下两方面工作：一是扩大参与无车日活动的城市数量，推动更多城市创建以低碳为特征的绿色交通体系。今年要求已获得或新申报“中国人居环境奖”和“国家园林城市”的城市，签署“中国城市无车日活动承诺书”，开展无车日活动，并将开展活动情况作为“中国人居环境奖”和“国家园林城市”复查内容或评选考核内容，并鼓励其他未签署中国城市无车日活动承诺书的城市组织开展无车日活动。二是加大宣传力度，提供丰富的宣传材料，以多种方式阐释无车日的活动主题。为了做好活动的宣传，住房和城乡建设部专门制作了 2010 年中国城市无车日活动公益广告片，活动期间，将在中央电视台以及各有关地方电视台播放，还设计和制作了本次活动的宣传海报、发给市民的宣传材料以及 2007—2009 年无车日活动的画册，供城市参考使用，做好宣传。

李秉仁同志最后强调，城镇化和机动化的快速发展是不可阻挡的，但其发展模式是可以选择和引导的。我们应该清醒地认识到，在当前小汽车交通、尤其是私人小汽车交通快速发展的阶段，转变城市交通发展模式，已经刻不容缓，需要我们尽快采取措施，抓住时机，大力发展绿色交通。

唐凯：扭转城市四面开花无序扩张局面

住房和城乡建设部总规划师唐凯 2010 年 10 月 15 日表示，要改进城市拓展模式，扭转“四面开花”无序扩张局面。唐凯说，要依法加强对城市总体布局的控制，处理好新区拓展和旧城更新的关系。城市新区建设要严格依据规划，居住区、商业区与产业区布局要注意融合发展；既要注重节约用地也要注重环境优良；要转变城市发展方式，重视旧城更新，充分挖掘现有建设用地潜力，利用闲置土地。加强各类区域性交通系统与城市交通系统的衔接，促进各类交通系统集成。

唐凯表示，今后住房城乡建设部将继续组织各地对相关行政许可文件进行清理；制定完善控制性详细规划编制、修改管理制度，修订出台《违反城乡规划规定行为处分办法》等规定；完善规划编制、修改、审批公开和征求公众意见等制度。同时，完善城乡规划工作向公众公示的具体办法和程序。

中国城市规划年会是全国城市规划行业规模最大、水平最高的学术盛会。从 2001 年开始，每年举办一次，先后已在北京、广州、大连、天津等城市举办。2010 中国城市规划年会的主题是“规划创新”，由中国城市规划学会、重庆市人民政府共同举办。年会期间还将举行以城市规划管理、小城镇与村庄规划、历史文化保护与城市更新、住房建设与社区规划、城市工程规划与防灾减灾、城市道路与交通规划等专题学术交流。

权威发布

2011 年房地产调控继续加强 住建部将出台新政策

住房和城乡建设部部长姜伟新 2010 年 12 月 29 日表示，2011 年要继续坚定不移地加强房地产市场调控，进一步强化各项调控措施的贯彻落实，住房和城乡建设部将会同有关部门储备调控政策。姜伟新在此间举行的全国住房和城乡建设工作会议上作出表示。

姜伟新说，今年国家加大了对房地产市场的调控力度，房地产市场投机性需求得到一定抑制，调控取得一定成果。2011 年在支持自住性、改善性住房需求的同时，抑制投资投机性购房，遏制房价过快上涨。

据姜伟新介绍，住房城乡建设部还将适时会同监察部对省、市人民政府稳定房价工作进行考核，对政策落实不到位、工作不得力的，进行约谈直至追究责任。增加住房有效供给，配合国土部门在增加保障性住房供地的同时，切实保障普通商品住房的用地供应。继续大力规范和监管房地产市场秩序，维护消费者合法权益。

此外，住房城乡建设部还将加强住房公积金管理。完善住房公积金缴存、提取、使用、管理和监督制度，确保资金安全和运行规范，同时强化对住房公积金支持保障性住房建设试点的监管。

2011 年将楼市调控进行到底

姜伟新的表态无疑传递出这样的信号：2011 年要继续保持房地产市场调控方向不动摇、调控力度不放松。

坚定不移地加强房地产市场调控，意味着考核问责一定会落实。在楼市调控中，国务院明确稳定房价和住房保障工作实行省级人民政府负总责、城市人民政府抓落实的工作责任制。

坚定不移地加强房地产市场调控，意味着抑制投资投机性购房，遏制房价过快上涨的调控目标不会改变。

当前，由于一些热点城市实行限购政策，部分投资投机性需求转移到周边城市和中西部城市，带来了这些区域房价的波动。在通胀压力加大和流动性充裕的情况下，不少投机性需求正伺机入市。

为了防止部分热点城市房价再次反弹，并演变为全国范围内的房价过快上涨，姜伟新明确表示："进一步强化各项调控措施的贯彻落实，在支持自住性、改善性住房需求的同时焦点装修家居网，抑制投资投机性购房，遏制房价过快上涨。"

坚定不移地加强房地产市场调控，意味着各项调控措施的贯彻落实将得到进一步强化。据姜伟新介绍，2011 年住房城乡建设部将配合国土部门在增加保障性住房供地的同时，切实保障普通商品住房的用地供应。继续大力规范和监管房地产市场秩序，维护消费者合法权益。

值得关注的是，近期住房成交面积仍保持较高水平，房价水平仍在高位波动，市场走势和政策效果仍需进一步观察。

三部委联合发文提出四项要求 进一步加强房地产市场调控

2010 年 9 月，为进一步贯彻落实《国务院关于坚决遏制部分城市房价过快上涨的通知》、巩固房地产调控成果、促进房地产市场健康发展，住房城乡建设部、国土资源部、监察部日前发出通知，要求各地立即研究制定贯彻落实该文件的实施细则。房价过高、上涨过快、供应紧张的城市，要在一定时间内限定居民家庭购房套数。住房城乡建设部、监察部等部门将对省级人民政府稳定房价和住房保障工作进行考核与问责，对政策落实不到位、工作不得力的，要进行约谈，直至追究责任。

三部委要求，各地要切实增加住房有效供给，全力加快保障性安居工程建设。严格住房用地供应和住房建设年度计划的管理，加大对各地 2010 年住房建设计划和用地供应计划实际完成情况的督查考核力度，切实落实中小套型普通商品住房和保障性住房建设计划和供地计划。房价上涨过快的城市，要增加居住用地的供应总量。各地要全面落实保障性安居工程建设资金，加快建设进度，强化工程质量和施工安全管理，全面完成保障性安居工程建设任务。

各地要进一步加强市场监管，严肃查处违法违规行为。加大住房交易市场检查力度，依法查处经纪机构炒买炒卖、哄抬房价、怂恿客户签订"阴阳合同"等行为。对房地产开发企业土地闲置、改变土地用途和性质、拖延开竣工时间、捂盘惜售等违法违规行为，要继续加大曝光和处罚力度。对有上述违法违规记录的房地产开发企业，要暂停其新购置土地。要加快房地产市场和个人住房信息系统建设，为群众住房消费和加强房地产市场管理提供全面、及时、准确的信息。

住房和城乡建设部等三部门联合发出通知规范商业贷款二套房认定标准

2010 年 6 月 4 日，为贯彻落实《国务院关于坚决遏制部分城市房价过快上涨的通知》(国发〔2010〕10 号)，住房和城乡建设部、中国人民银行、中国银行业监督管理委员会近日联合发出通知，对商业性个人住房贷款中贷款申请人（以下简称借款人）第二套住房认定标准进行规范。

通知提出，商业性个人住房贷款中居民家庭住房套数，应依据拟购房家庭（包括借款人、配偶及未成年子女）成员名下实际拥有的成套住房数量进行认定。应借款人的申请或授权，直辖市、计划单列市、省会（首府）城市及其他具备查询条件的城市房地产主管部门应通过房屋登记信息系统进行借款人家庭住房登记记录查询，并出具书面查询结果。如因当地暂不具备查询条件而不能提供家庭住房登记查询结果的，借款人应向贷款人提交家庭住房实有套数书面诚信保证。贷款人查实诚信保证不实的，应将其记作不良记录。

通知明确，对本地居民以及能提供 1 年以上当地纳税证明或社会保险缴纳证明的非本地居民申请住房贷款的，如有以下三种情形之一的，贷款人应对借款人执行第二套（及以上）差别化住房信贷政策：一是借款人首次申请利用贷款购买住房，如在拟购房所在地房屋登记信息系统（含预售合同登记备案系统）中其家庭已登记有一套（及以上）成套住房的；二是借款人已利用贷款购买过一套（及以上）住房，又申请贷款购买住房的；三是贷款人通过查询征信记录、面测、面谈（必要时居访）等形式的尽责调查，确信借款人家庭已有一套（及以上）住房的。

通知同时明确，对于不能提供 1 年以上当地纳税证明或社会保险缴纳证明的非本地居民申请住房贷款的，贷款人按第二套（及以上）的差别化住房信贷政策执行；商品住房价格过高、上涨过快、供应紧张的地区，商业银行可根据风险状况和地方政府有关政策规定，对其暂停发放住房贷款。

通知要求，各地要把城市房屋登记信息系统建设作为落实国发〔2010〕10 号文件的一项重要工作抓紧抓好。数据不完备的城市要进一步完善系统，尚未建立房屋登记系统的城市要加快建设。2010 年年底前各设区城市要基本建立房屋登记信息系统。同时，要加强住房信息查询管理工作。房地产主管部门应严格按照《房屋权属登记信息查询暂行办法》及《房屋登记簿管理试行办法》进行查询，并出具书面查询结果。对提供虚假查询信息的，按有关规定严肃处理。

住房和城乡建设部与各地方政府签订 2010 年住房保障工作目标责任书

住房和城乡建设部 2010 年 5 月 19 日与各省、自治区、直辖市人民政府以及新疆生产建设兵团签订 2010 年住房保障工作目标责任书，要求确保完成 2010 年工作任务。

住房和城乡建设部部长姜伟新在此间举行的签字仪式

上说，各省、自治区、直辖市要认真落实党中央、国务院关于加快保障性安居工程建设的决策部署，把落实责任书明确的保障性安居工程任务列入政府重要的工作日程，加强对各市县的监督检查，切实落实资金、土地、税费政策，抓紧项目开工建设，保证工程进度和工程质量，确保完成目标责任书确定的2010年工作任务。

据姜伟新介绍，保障性安居工程协调小组将适时对各地落实责任书的情况进行督促检查，年底将组织验收住房保障工作目标责任书的完成情况，纳入住房城乡建设部、监察部对各省、自治区、直辖市住房保障工作的考核和问责内容。

按照要求，2010年全国共建设各类保障性住房和棚户区改造住房580万套，改造农村危房120万户，均比2009年有较大幅度增加。

住房和城乡建设部坚决贯彻落实国务院确保实现“十一五”节能减排目标的通知精神

2010年5月10日，住房和城乡建设部召开部党组扩大会议，传达了《国务院关于进一步加大工作力度，确保实现十一五节能减排目标的通知》和国务院节能减排电视电话会议的精神。住房和城乡建设部党组书记、部长姜伟新主持会议并就住房和城乡建设系统进一步开展节能减排相关工作提出要求。部党组成员、副部长仇保兴，部党组成员、中央纪委驻部纪检组组长龙新南，部党组成员、副部长齐骥、郭允冲出席会议。建筑节能与科技司、城市建设司、办公厅、部机关服务中心负责同志分别就节能减排相关工作进展情况、计划和措施等作了汇报。部机关处以上干部和直属单位主要负责人参加会议。

姜伟新指出，节能减排工作事关人民群众的切身利益和中华民族的生存与发展，住房和城乡建设系统全体同志要统一思想，充分认识确保实现“十一五”节能减排目标的重要性和紧迫性。

姜伟新强调，开展节能减排工作的关键在于落实，按照国务院通知及电视电话会议精神，“十一五”节能减排目标中，由住房和城乡建设部负责组织完成的任务主要有三项：一是到2010年底全国城镇要完成新建建筑执行节能强制性标准的比例达到95%以上、完成北方采暖地区居住建筑供热计量及节能改造5 000万平方米的任务，确保全面完成“十一五”期间改造1.5亿平方米的任务，争取实现所有完成供热计量改造的既有建筑全部按用热量计价收费；二是2010年新增污水日处理能力1 500万吨，垃圾日处理能力6万吨，到2010年底全国城镇污水处理率达到70%，城市生活垃圾无害化处理率达到72%，加大城市节能照明的管理力度；三是要加大部机关及各直属单位的节能减排的管理力度；2010年部机关要在去年的基础上降低能耗5%；部属单位也要积极行动起来，把本单位涉及节能减排工作任务及自身的节能减排任务完成好。这三项节能减排任务很艰巨，必须坚决完成。要细化各项落实措施、确定目标和时间节点，并每月向部党组汇报工作进展情况，保证按时完成任务。

姜伟新要求，对由我部提出的节能减排措施和要求，机关各司局和部属各单位要全力以赴确保完成。住房和城乡建设系统全体干部职工要严格按照国务院通知及电视电话会议精神要求，自觉树立节能减排的意识，增强使命感和责任感，确保“十一五”节能减排目标的实现。

住房和城乡建设部召开会议要求：进一步落实住房城乡建设领域“十一五”节能减排任务

2010年6月24日，住房和城乡建设部召开会议，按照国务院节能减排工作电视电话会议精神，进一步部署落实了部各相关司局贯彻落实节能减排目标的具体任务。部党组书记、部长姜伟新主持会议并讲话；部党组成员、副部长齐骥，部党组成员、中央纪委驻部纪检组组长杜鹃出席会议。建筑节能与科技司、城市建设司、村镇建设司、建筑市场监管司、工程质量安全监管司、机关服务中心相关负责人按照党中央、国务院的要求和住房城乡建设部分配的任务，介绍了住房和城乡建设领域贯彻落实节能减排的各项任务和下一步的安排。

姜伟新指出，住房城乡建设领域作为全社会节能减排的重点领域，任务艰巨，责任重大。全系统一定要充分认识到做好节能减排工作的紧迫性和重要性，坚决贯彻党中央、国务院关于“十一五”节能减排目标的有关部署，绝不动摇，切实做好节能减排工作。

姜伟新要求，各相关司局要按照党中央、国务院和部党组的统一部署，着重做好7个方面的工作：要进一步加强全国城镇新建建筑执行建筑节能强制性标准的管理，进一步加大北方采暖地区供热计量及采暖改造工作力度，加强对公共场所空调温度的检查和管理，推进国家机关办公建筑和大型公共建筑节能监管体系建设和节约型示范高校试点建设任务，加强大型公共建筑照明和城市照明的节能改造管理，加大淘汰落后产能和高耗能建设项目的力度，进一步加强住房和城乡建设领域关于节能减排相关法规条例的制定和完善工作。

姜伟新强调，国务院对2010年各部门机关能源消耗提出了明确的要求，部机关全体人员要高度重视，从小事做起，从自身做起，从细节做起。要把部机关的节能减排任务目标分解、落实，从分解制度、监督检查、任务落实、加强宣传等方面认真做好节能减排工作。

国际风景园林师联合会第47届世界大会召开

2010年5月28日，由住房城乡建设部、国际风景园林师联合会共同主办，中国建筑文化中心协办的国际风景园林师联合会（IFLA）第47届世界大会在苏州召开。全国政协副主席王志珍，住房和城乡建设部副部长仇保兴，江苏省委常委、苏州市委书记蒋宏坤，江苏省副省长何权，IFLA主要负责人等出席了开幕式。本次大会的主题为“和谐共荣——传统的继承与可持续发展”，旨在讨论经济全球化、快速城镇化背景下如何传承发展传统的风景园林文化艺术，如何兼顾保护和发展，实现人与自然和谐共处，促进城市健康可持续发展。

开幕式上，仇保兴表示，国际风景园林师联合会作为全球风景园林行业最富影响力的专业组织，在成立至今的半个多世纪发展过程中，一直致力于促进风景园林行业的国际交流与合作，推动全球风景园林行业发展，提升风景园林艺术在世界各国的社会认知度和影响力，促进风景园林专业教育和学科开展，对全球自然环境和历史文化遗产资源的保护，对人居生态的改善和人们生活质量的提高等都作出了卓越贡献。国际风景园林师联合会世界大会作为一项重要专业学术活动，为全世界的风景园林行业技术与管理人员搭建了良好的交流平台，对促进行业发展、专业水平的提高以及风景园林文化艺术的广泛交流与互动发展具有巨大的、不可替代的作用。

仇保兴指出，新中国成立以来，风景园林作为社会公益性事业和城市重要的基础设施，历届政府都高度重视，其建设与管养的投入不断加大，全国风景名胜区保护规划管理体系及动态监测体系已基本建成，城市绿地面积、绿化覆盖率和人均公园绿地面积持续增长，城市绿地系统布局日趋合理、功能不断完善，人居生态环境明显改善。风景园林作为生态文明建设的一项重要内容，已成为中国构建和谐社会的重要基础。

仇保兴强调，当前，中国正处于快速城镇化的发展时期，在追求生活质量提升的同时，保护自然生态环境并不断改善城乡生态环境、实现人与自然和谐共存，是时代赋予我们的神圣使命，也是中国风景园林行业发展面临的一项巨大挑战。因此，需要全体风景园林行业的工作者齐心协力，积极进取。要在借鉴历史、总结过去的基础上，广泛交流学习，吸取国外同行在风景园林规划、建设和管理方面的先进经验，大胆创新，传承发展，为中国传统园林文化艺术的发扬光大、为全球的可持续发展不懈努力。

大会期间，还举行了2009年中国国家园林城市、县城和城镇授牌仪式，向重庆市等41个国家园林城市、重庆市荣昌县等31个国家园林县城、江苏省江阴市新桥镇等5个国家园林城镇授牌。这是中国城市园林绿化建设成果的一次现场展示。

大会还同期举行了地方交流介绍，分别由苏州市、上海市、江苏省、广东省介绍风景园林建设与管理情况。中国风景园林展开幕式及一系列有关中国及国际的风景园林教育、设计、成就方面的展览及学术交流论坛与大会同期举行。

主办方表示，本届大会不仅展示了我国风景园林行业的发展成就，更是全面宣传中国政府注重环境建设、关注人居环境、保护自然文化景观、迈向生态文明的政策和行动的良好平台，对促进风景园林行业的国际交流与合作，推动全球风景园林行业发展，提升风景园林行业在世界各国的社会认知度和影响力，促进风景园林专业教育和学科发展，对全球自然环境和历史文化遗产资源的保护，对人居生态的改善和人们生活质量的提高等都是意义重大的。

解析经济适用房管理新规三大看点

住房城乡建设部2010年4月26日对外公布《关于加强经济适用住房管理有关问题的通知》，针对部分地方经济适用住房存在的准入退出管理机制不完善、日常监管和服务不到位等问题，做出了有关规定。

这份文件有严格建设和准入管理、强化使用过程的监督和加强上市交易管理三大看点。

严格建设和准入管理

与兴建商品房相比，部分地方政府和开发企业对于建设经济适用房的热情始终不高。为此，《通知》提出，经济适用住房的建设规模，由各地结合当地居民收入、住房状况等实际情况确定。商品住房价格过高、上涨过快的城市，要大幅度增加经济适用住房供应，并适当扩大供应范围。

经济适用房作为保障性住房的一种，严格准入标准尤为重要。《通知》要求，经济适用住房申请人应当如实申报家庭收入、财产和住房状况，并对申报信息的真实性负责。购买经济适用住房后，如有与其申报收入明显不符的高消费行为时，应当主动向住房保障部门作出说明，并配合对其资产进行核查、公示。

对以虚假资料骗购经济适用住房的，一经查实，立即责令退还，对不作出说明或不配合资产核查、公示，或不能作出合理解释的，视同以虚假资料骗购经济适用住房。

《通知》还要求，市、县住房保障管理部门要会同有关部门建立健全经济适用住房申请、审核、公示、轮候制度和工作机制，积极推动部门信息共享，并主动接受社会监督。

强化使用过程的监督

经济适用房主要保障对象是低收入群体，是为了解决居民的住房困难问题。因此，《通知》规定，经济适用住房购房人在取得完全产权以前，只能用于自住，不得出售、出租、闲置、出借，也不得擅自改变住房用途。

对违规出售、出租、闲置、出借经济适用住房，或者擅自改变住房用途且拒不整改的，按照有关规定或者合同约定收回，并取消其在5年内再次申请购买或租赁各类政策性、保障性住房的资格。

《通知》还规定，已经享受经济适用住房保障的家庭，再购买其他住房的，必须办理退出手续或补交相关价款取得完全产权。

《通知》要求，市、县住房保障管理部门应当定期或不定期对经济适用住房使用情况进行检查，也可委托经济适用住房管理单位定期对上述情况进行调查。

加强上市交易管理

按照规定，经济适用住房上市交易，必须符合有关政策规定并取得完全产权。为此，《通知》要求，住房保障部门应当对个人是否已缴纳相应土地收益等价款取得完全产权、成交价格是否符合正常交易、政府是否行使优先购买权等情况出具书面意见。房屋登记、租赁管理机构办理房屋权属登记、租赁备案登记时，要比对住房保障部门提供的有关信息。

对已购经济适用住房的家庭，不能提供住房保障部门出具的书面意见的，任何中介机构不得代理买卖、出租其经济适用住房；房屋租赁备案管理机构应当暂停办理其经济适用住房的租赁备案，房屋登记机构应当暂停办理该家庭购买其他房屋的权属登记，并及时通报住房保障部门。

《通知》还要求，住房保障部门应当会同有关部门结合各地段普通商品住房交易指导价格，定期制订经济适用住房上市补交土地收益等价款的标准。经济适用住房交易价格低于同地段、同类普通商品住房交易指导价格的，依指导价格缴纳相应的土地收益等价款。

《通知》提出，各地要结合实际情况完善经济适用住房上市交易分配机制。在量化政府出资额的基础上，按照配售经济适用住房时承购人与政府的出资比例，确定上市所得价款的分配比例、政府优先购买权等管理事项。

法　规　篇

国务院

中华人民共和国国务院令

第590号

《国有土地房屋征收与补偿条例》已经2011年1月19日国务院第141次常务会议通过，现予公布，自公布之日起施行。

总理　温家宝

二〇一一年一月二十一日

国有土地房屋征收与补偿条例

第一章　总　　则

第一条　为了规范国有土地上房屋征收与补偿活动，维护公共利益，保障被征收房屋所有权人的合法权益，制定本条例。

第二条　为了公共利益的需要，征收国有土地上单位、个人的房屋，应当对被征收房屋所有权人（以下称被征收人）给予公平补偿。

第三条　房屋征收与补偿应当遵循决策民主、程序正当、结果公开的原则。

第四条　市、县级人民政府负责本行政区域的房屋征收与补偿工作。

市、县级人民政府确定的房屋征收部门（以下简称房屋征收部门）组织实施本行政区域的房屋征收与补偿工作。

市、县级人民政府有关部门应当依照本条例的规定和本级人民政府规定的职责分工，互相配合，保障房屋征收与补偿工作的顺利进行。

第五条　房屋征收部门可以委托房屋征收实施单位，承担房屋征收与补偿的具体工作。房屋征收实施单位不得以营利为目的。

房屋征收部门对房屋征收实施单位在委托范围内实施的房屋征收与补偿行为负责监督，并对其行为后果承担法律责任。

第六条　上级人民政府应当加强对下级人民政府房屋征收与补偿工作的监督。

国务院住房城乡建设主管部门和省、自治区、直辖市人民政府住房城乡建设主管部门应当会同同级财政、国土资源、发展改革等有关部门，加强对房屋征收与补偿实施工作的指导。

第七条　任何组织和个人对违反本条例规定的行为，都有权向有关人民政府、房屋征收部门和其他有关部门举报。接到举报的有关人民政府、房屋征收部门和其他有关部门对举报应当及时核实、处理。

监察机关应当加强对参与房屋征收与补偿工作的政府和有关部门或者单位及其工作人员的监察。

第二章　征收决定

第八条　为了保障国家安全、促进国民经济和社会发展等公共利益的需要，有下列情形之一，确需征收房屋的，由市、县级人民政府作出房屋征收决定：

（一）国防和外交的需要；

（二）由政府组织实施的能源、交通、水利等基础设施建设的需要；

（三）由政府组织实施的科技、教育、文化、卫生、体育、环境和资源保护、防灾减灾、文物保护、社会福利、市政公用等公共事业的需要；

（四）由政府组织实施的保障性安居工程建设的需要；

（五）由政府依照城乡规划法有关规定组织实施的对危房集中、基础设施落后等地段进行旧城区改建的需要；

（六）法律、行政法规规定的其他公共利益的需要。

第九条　依照本条例第八条规定，确需征收房屋的各项建设活动，应当符合国民经济和社会发展规划、土地利用总体规划、城乡规划和专项规划。保障性安居工程建设、旧城区改建，应当纳入市、县级国民经济和社会发展年度计划。

制定国民经济和社会发展规划、土地利用总体规划、城乡规划和专项规划，应当广泛征求社会公众意见，经过科学论证。

第十条　房屋征收部门拟定征收补偿方案，报市、县级人民政府。

市、县级人民政府应当组织有关部门对征收补偿方案进行论证并予以公布，征求公众意见。征求意见期限不得少于30日。

第十一条　市、县级人民政府应当将征求意见情况和根据公众意见修改的情况及时公布。

因旧城区改建需要征收房屋，多数被征收人认为征收补偿方案不符合本条例规定的，市、县级人民政府应当组织由被征收人和公众代表参加的听证会，并根据听证会情况修改方案。

第十二条　市、县级人民政府作出房屋征收决定前，应当按照有关规定进行社会稳定风险评估；房屋征收决定涉及被征收人数量较多的，应当经政府常务会议讨论决定。

作出房屋征收决定前，征收补偿费用应当足额到位、专户存储、专款专用。

第十三条　市、县级人民政府作出房屋征收决定后应当及时公告。公告应当载明征收补偿方案和行政复议、行政诉讼权利等事项。

市、县级人民政府及房屋征收部门应当做好房屋征收与补偿的宣传、解释工作。

房屋被依法征收的，国有土地使用权同时收回。

第十四条　被征收人对市、县级人民政府作出的房屋征收决定不服的，可以依法申请行政复议，也可以依法提起行政诉讼。

第十五条　房屋征收部门应当对房屋征收范围内房屋的权属、区位、用途、建筑面积等情况组织调查登记，被征收人应当予以配合。调查结果应当在房屋征收范围内向被征收人公布。

第十六条　房屋征收范围确定后，不得在房屋征收范围内实施新建、扩建、改建房屋和改变房屋用途等不当增加补偿费用的行为；违反规定实施的，不予补偿。

房屋征收部门应当将前款所列事项书面通知有关部门暂停办理相关手续。暂停办理相关手续的书面通知应当载明暂停期限。暂停期限最长不得超过1年。

第三章　补　　偿

第十七条　作出房屋征收决定的市、县级人民政府对被征收人给予的补偿包括：

（一）被征收房屋价值的补偿；

（二）因征收房屋造成的搬迁、临时安置的补偿；

（三）因征收房屋造成的停产停业损失的补偿。

市、县级人民政府应当制定补助和奖励办法，对被征收人给予补助和奖励。

第十八条　征收个人住宅，被征收人符合住房保障条件的，作出房屋征收决定的市、县级人民政府应当优先给予住房保障。具体办法由省、自治区、直辖市制定。

第十九条　对被征收房屋价值的补偿，不得低于房屋征收决定公告之日被征收房屋类似房地产的市场价格。被征收房屋的价值，由具有相应资质的房地产价格评估机构按照房屋征收评估办法评估确定。

对评估确定的被征收房屋价值有异议的，可以向房地产价格评估机构申请复核评估。对复核结果有异议的，可以向房地产价格评估专家委员会申请鉴定。

房屋征收评估办法由国务院住房城乡建设主管部门制定，制定过程中，应当向社会公开征求意见。

第二十条　房地产价格评估机构由被征收人协商选定；协商不成的，通过多数决定、随机选定等方式确定，具体办法由省、自治区、直辖市制定。

房地产价格评估机构应当独立、客观、公正地开展房屋征收评估工作，任何单位和个人不得干预。

第二十一条　被征收人可以选择货币补偿，也可以选择房屋产权调换。

被征收人选择房屋产权调换的，市、县级人民政府应当提供用于产权调换的房屋，并与被征收人计算、结清被征收房屋价值与用于产权调换房屋价值的差价。

因旧城区改建征收个人住宅，被征收人选择在改建地段进行房屋产权调换的，作出房屋征收决定的市、县级人民政府应当提供改建地段或者就近地段的房屋。

第二十二条　因征收房屋造成搬迁的，房屋征收部门应当向被征收人支付搬迁费；选择房屋产权调换的，产权调换房屋交付前，房屋征收部门应当向被征收人支付临时安置费或者提供周转用房。

第二十三条　对因征收房屋造成停产停业损失的补偿，根据房屋被征收前的效益、停产停业期限等因素确定。具体办法由省、自治区、直辖市制定。

第二十四条　市、县级人民政府及其有关部门应当依法加强对建设活动的监督管理，对违反城乡规划进行建设的，依法予以处理。

市、县级人民政府作出房屋征收决定前，应当组织有关部门依法对征收范围内未经登记的建筑进行调查、认定和处理。对认定为合法建筑和未超过批准期限的临时建筑的，应当给予补偿；对认定为违法建筑和超过批准期限的临时建筑的，不予补偿。

第二十五条 房屋征收部门与被征收人依照本条例的规定，就补偿方式、补偿金额和支付期限、用于产权调换房屋的地点和面积、搬迁费、临时安置费或者周转用房、停产停业损失、搬迁期限、过渡方式和过渡期限等事项，订立补偿协议。

补偿协议订立后，一方当事人不履行补偿协议约定的义务的，另一方当事人可以依法提起诉讼。

第二十六条 房屋征收部门与被征收人在征收补偿方案确定的签约期限内达不成补偿协议，或者被征收房屋所有权人不明确的，由房屋征收部门报请作出房屋征收决定的市、县级人民政府依照本条例的规定，按照征收补偿方案作出补偿决定，并在房屋征收范围内予以公告。

补偿决定应当公平，包括本条例第二十五条第一款规定的有关补偿协议的事项。

被征收人对补偿决定不服的，可以依法申请行政复议，也可以依法提起行政诉讼。

第二十七条 实施房屋征收应当先补偿、后搬迁。

作出房屋征收决定的市、县级人民政府对被征收人给予补偿后，被征收人应当在补偿协议约定或者补偿决定确定的搬迁期限内完成搬迁。

任何单位和个人不得采取暴力、威胁或者违反规定中断供水、供热、供气、供电和道路通行等非法方式迫使被征收人搬迁。禁止建设单位参与搬迁活动。

第二十八条 被征收人在法定期限内不申请行政复议或者不提起行政诉讼，在补偿决定规定的期限内又不搬迁的，由作出房屋征收决定的市、县级人民政府依法申请人民法院强制执行。

强制执行申请书应当附具补偿金额和专户存储账号、产权调换房屋和周转用房的地点和面积等材料。

第二十九条 房屋征收部门应当依法建立房屋征收补偿档案，并将分户补偿情况在房屋征收范围内向被征收人公布。

审计机关应当加强对征收补偿费用管理和使用情况的监督，并公布审计结果。

第四章 法律责任

第三十条 市、县级人民政府及房屋征收部门的工作人员在房屋征收与补偿工作中不履行本条例规定的职责，或者滥用职权、玩忽职守、徇私舞弊的，由上级人民政府或者本级人民政府责令改正，通报批评；造成损失的，依法承担赔偿责任；对直接负责的主管人员和其他直接责任人员，依法给予处分；构成犯罪的，依法追究刑事责任。

第三十一条 采取暴力、威胁或者违反规定中断供水、供热、供气、供电和道路通行等非法方式迫使被征收人搬迁，造成损失的，依法承担赔偿责任；对直接负责的主管人员和其他直接责任人员，构成犯罪的，依法追究刑事责任；尚不构成犯罪的，依法给予处分；构成违反治安管理行为的，依法给予治安管理处罚。

第三十二条 采取暴力、威胁等方法阻碍依法进行的房屋征收与补偿工作，构成犯罪的，依法追究刑事责任；构成违反治安管理行为的，依法给予治安管理处罚。

第三十三条 贪污、挪用、私分、截留、拖欠征收补偿费用的，责令改正，追回有关款项，限期退还违法所得，对有关责任单位通报批评、给予警告；造成损失的，依法承担赔偿责任；对直接负责的主管人员和其他直接责任人员，构成犯罪的，依法追究刑事责任；尚不构成犯罪的，依法给予处分。

第三十四条 房地产价格评估机构或者房地产估价师出具虚假或者有重大差错的评估报告的，由发证机关责令限期改正，给予警告，对房地产价格评估机构并处5万元以上20万元以下罚款，对房地产估价师并处1万元以上3万元以下罚款，并记入信用档案；情节严重的，吊销资质证书、注册证书；造成损失的，依法承担赔偿责任；构成犯罪的，依法追究刑事责任。

第五章 附　　则

第三十五条 本条例自公布之日起施行。2001年6月13日国务院公布的《城市房屋拆迁管理条例》同时废止。本条例施行前已依法取得房屋拆迁许可证的项目，继续沿用原有的规定办理，但政府不得责成有关部门强制拆迁。

中华人民共和国国务院令

第559号

《规划环境影响评价条例》已经2009年8月12日国务院第76次常务会议通过，现予公布，自2009年10月1日起施行。

总理　温家宝

二〇〇九年八月十七日

规划环境影响评价条例

第一章　总　　则

第一条　为了加强对规划的环境影响评价工作，提高规划的科学性，从源头预防环境污染和生态破坏，促进经济、社会和环境的全面协调可持续发展，根据《中华人民共和国环境影响评价法》，制定本条例。

第二条　国务院有关部门、设区的市级以上地方人民政府及其有关部门，对其组织编制的土地利用的有关规划和区域、流域、海域的建设、开发利用规划（以下简称综合性规划），以及工业、农业、畜牧业、林业、能源、水利、交通、城市建设、旅游、自然资源开发的有关专项规划（以下简称专项规划），应当进行环境影响评价。

依照本条第一款规定应当进行环境影响评价的规划的具体范围，由国务院环境保护主管部门会同国务院有关部门拟订，报国务院批准后执行。

第三条　对规划进行环境影响评价，应当遵循客观、公开、公正的原则。

第四条　国家建立规划环境影响评价信息共享制度。

县级以上人民政府及其有关部门应当对规划环境影响评价所需资料实行信息共享。

第五条　规划环境影响评价所需的费用应当按照预算管理的规定纳入财政预算，严格支出管理，接受审计监督。

第六条　任何单位和个人对违反本条例规定的行为或者对规划实施过程中产生的重大不良环境影响，有权向规划审批机关、规划编制机关或者环境保护主管部门举报。有关部门接到举报后，应当依法调查处理。

第二章　评　　价

第七条　规划编制机关应当在规划编制过程中对规划组织进行环境影响评价。

第八条　对规划进行环境影响评价，应当分析、预测和评估以下内容：

（一）规划实施可能对相关区域、流域、海域生态系统产生的整体影响；

（二）规划实施可能对环境和人群健康产生的长远影响；

（三）规划实施的经济效益、社会效益与环境效益之间以及当前利益与长远利益之间的关系。

第九条　对规划进行环境影响评价，应当遵守有关环境保护标准以及环境影响评价技术导则和技术规范。

规划环境影响评价技术导则由国务院环境保护主管部门会同国务院有关部门制定；规划环境影响评价技术规范由国务院有关部门根据规划环境影响评价技术导则制定，并抄送国务院环境保护主管部门备案。

第十条　编制综合性规划，应当根据规划实施后可能对环境造成的影响，编写环境影响篇章或者说明。

编制专项规划，应当在规划草案报送审批前编制环境影响报告书。编制专项规划中的指导性规划，应当依照本条第一款规定编写环境影响篇章或者说明。

本条第二款所称指导性规划是指以发展战略为主要内容的专项规划。

第十一条　环境影响篇章或者说明应当包括下列内容：

（一）规划实施对环境可能造成影响的分析、预测和评估。主要包括资源环境承载能力分析、不良环境影响的分析和预测以及与相关规划的环境协调性分析。

（二）预防或者减轻不良环境影响的对策和措施。主要包括预防或者减轻不良环境影响的政策、管理或者技术等措施。

环境影响报告书除包括上述内容外，还应当包括环境影响评价结论。主要包括规划草案的环境合理性和可行性，预防或者减轻不良环境影响的对策和措施的合理性和有效性，以及规划草案的调整建议。

第十二条　环境影响篇章或者说明、环境影响报告书（以下简称环境影响评价文件），由规划编制机关编制或者组织规划环境影响评价技术机构编制。规划编制机关应当对环境影响评价文件的质量负责。

第十三条　规划编制机关对可能造成不良环境影响并直接涉及公众环境权益的专项规划，应当在规划草案报送审批前，采取调查问卷、座谈会、论证会、听证会等形式，公开征求有关单位、专家和公众对环境影响报告书的意见。但是，依法需要保密的除外。

有关单位、专家和公众的意见与环境影响评价结论有重大分歧的，规划编制机关应当采取论证会、听证会等形式进一步论证。

规划编制机关应当在报送审查的环境影响报告书中附具对公众意见采纳与不采纳情况及其理由的说明。

第十四条　对已经批准的规划在实施范围、适用期限、规模、结构和布局等方面进行重大调整或者修订的，规划编制机关应当依照本条例的规定重新或者补充进行环境影响评价。

第三章　审　　查

第十五条　规划编制机关在报送审批综合性规划草案和专项规划中的指导性规划草案时，应当将环境影响篇章或者说明作为规划草案的组成部分一并报送规划审批机关。未编写环境影响篇章或者说明的，规划审批机关应当要求其补充；未补充的，规划审批机关不予审批。

第十六条　规划编制机关在报送审批专项规划草案时，应当将环境影响报告书一并附送规划审批机关审查；未附送环境影响报告书的，规划审批机关应当要求其补充；未补充的，规划审批机关不予审批。

第十七条 设区的市级以上人民政府审批的专项规划，在审批前由其环境保护主管部门召集有关部门代表和专家组成审查小组，对环境影响报告书进行审查。审查小组应当提交书面审查意见。

省级以上人民政府有关部门审批的专项规划，其环境影响报告书的审查办法，由国务院环境保护主管部门会同国务院有关部门制定。

第十八条 审查小组的专家应当从依法设立的专家库内相关专业的专家名单中随机抽取。但是，参与环境影响报告书编制的专家，不得作为该环境影响报告书审查小组的成员。

审查小组中专家人数不得少于审查小组总人数的二分之一；少于二分之一的，审查小组的审查意见无效。

第十九条 审查小组的成员应当客观、公正、独立地对环境影响报告书提出书面审查意见，规划审批机关、规划编制机关、审查小组的召集部门不得干预。

审查意见应当包括下列内容：

（一）基础资料、数据的真实性；

（二）评价方法的适当性；

（三）环境影响分析、预测和评估的可靠性；

（四）预防或者减轻不良环境影响的对策和措施的合理性和有效性；

（五）公众意见采纳与不采纳情况及其理由的说明的合理性；

（六）环境影响评价结论的科学性。

审查意见应当经审查小组四分之三以上成员签字同意。审查小组成员有不同意见的，应当如实记录和反映。

第二十条 有下列情形之一的，审查小组应当提出对环境影响报告书进行修改并重新审查的意见：

（一）基础资料、数据失实的；

（二）评价方法选择不当的；

（三）对不良环境影响的分析、预测和评估不准确、不深入，需要进一步论证的；

（四）预防或者减轻不良环境影响的对策和措施存在严重缺陷的；

（五）环境影响评价结论不明确、不合理或者错误的；

（六）未附具对公众意见采纳与不采纳情况及其理由的说明，或者不采纳公众意见的理由明显不合理的；

（七）内容存在其他重大缺陷或者遗漏的。

第二十一条 有下列情形之一的，审查小组应当提出不予通过环境影响报告书的意见：

（一）依据现有知识水平和技术条件，对规划实施可能产生的不良环境影响的程度或者范围不能作出科学判断的；

（二）规划实施可能造成重大不良环境影响，并且无法提出切实可行的预防或者减轻对策和措施的。

第二十二条 规划审批机关在审批专项规划草案时，应当将环境影响报告书结论以及审查意见作为决策的重要依据。

规划审批机关对环境影响报告书结论以及审查意见不予采纳的，应当逐项就不予采纳的理由作出书面说明，并存档备查。有关单位、专家和公众可以申请查阅；但是，依法需要保密的除外。

第二十三条 已经进行环境影响评价的规划包含具体建设项目的，规划的环境影响评价结论应当作为建设项目环境影响评价的重要依据，建设项目环境影响评价的内容可以根据规划环境影响评价的分析论证情况予以简化。

第四章 跟踪评价

第二十四条 对环境有重大影响的规划实施后，规划编制机关应当及时组织规划环境影响的跟踪评价，将评价结果报告规划审批机关，并通报环境保护等有关部门。

第二十五条 规划环境影响的跟踪评价应当包括下列内容：

（一）规划实施后实际产生的环境影响与环境影响评价文件预测可能产生的环境影响之间的比较分析和评估；

（二）规划实施中所采取的预防或者减轻不良环境影响的对策和措施有效性的分析和评估；

（三）公众对规划实施所产生的环境影响的意见；

（四）跟踪评价的结论。

第二十六条 规划编制机关对规划环境影响进行跟踪评价，应当采取调查问卷、现场走访、座谈会等形式征求有关单位、专家和公众的意见。

第二十七条 规划实施过程中产生重大不良环境影响的，规划编制机关应当及时提出改进措施，向规划审批机关报告，并通报环境保护等有关部门。

第二十八条 环境保护主管部门发现规划实施过程中产生重大不良环境影响的，应当及时进行核查。经核查属实的，向规划审批机关提出采取改进措施或者修订规划的建议。

第二十九条 规划审批机关在接到规划编制机关的报告或者环境保护主管部门的建议后，应当及时组织论证，并根据论证结果采取改进措施或者对规划进行修订。

第三十条 规划实施区域的重点污染物排放总量超过国家或者地方规定的总量控制指标的，应当暂停审批该规划实施区域内新增该重点污染物排放总量的建设项目的环境影响评价文件。

第五章 法律责任

第三十一条 规划编制机关在组织环境影响评价时弄虚作假或者有失职行为，造成环境影响评价严重失实的，对直接负责的主管人员和其他直接责任人员，依法给予处分。

第三十二条 规划审批机关有下列行为之一的，对直接负责的主管人员和其他直接责任人员，依法给予处分：

（一）对依法应当编写而未编写环境影响篇章或者说明的综合性规划草案和专项规划中的指导性规划草案，予以批准的；

（二）对依法应当附送而未附送环境影响报告书的专项规划草案，或者对环境影响报告书未经审查小组审查的专项规划草案，予以批准的。

第三十三条 审查小组的召集部门在组织环境影响报告书审查时弄虚作假或者滥用职权，造成环境影响评价严重失实的，对直接负责的主管人员和其他直接责任人员，依法给予处分。

审查小组的专家在环境影响报告书审查中弄虚作假或者有失职行为，造成环境影响评价严重失实的，由设立专家库的环境保护主管部门取消其入选专家库的资格并予以公告；审查小组的部门代表有上述行为的，依法给予处分。

第三十四条 规划环境影响评价技术机构弄虚作假或者有失职行为，造成环境影响评价文件严重失实的，由国务院环境保护主管部门予以通报，处所收费用1倍以上3倍以下的罚款；构成犯罪的，依法追究刑事责任。

第六章 附 则

第三十五条 省、自治区、直辖市人民政府可以根据本地的实际情况，要求本行政区域内的县级人民政府对其组织编制的规划进行环境影响评价。具体办法由省、自治区、直辖市参照《中华人民共和国环境影响评价法》和本条例的规定制定。

第三十六条 本条例自2009年10月1日起施行。

中华人民共和国住房和城乡建设部 中华人民共和国国家发展和改革委员会 中华人民共和国人力资源和社会保障部 令

第8号

《房地产经纪管理办法》已经2010年10月27日住房和城乡建设部第65次部常务会议审议通过，并经国家发展和改革委员会、人力资源和社会保障部同意，现予发布，自2011年4月1日起施行。

住房和城乡建设部部长 姜伟新
国家发展改革委主任 张 平
人力资源和社会保障部部长 尹蔚民
二〇一一年一月二十日

房地产经纪管理办法

第一章 总 则

第一条 为了规范房地产经纪活动，保护房地产交易及经纪活动当事人的合法权益，促进房地产市场健康发展，根据《中华人民共和国城市房地产管理法》、《中华人民共和国合同法》等法律法规，制定本办法。

第二条 在中华人民共和国境内从事房地产经纪活动，应当遵守本办法。

第三条 本办法所称房地产经纪，是指房地产经纪机构和房地产经纪人员为促成房地产交易，向委托人提供房地产居间、代理等服务并收取佣金的行为。

第四条 从事房地产经纪活动应当遵循自愿、平等、公平和诚实信用的原则，遵守职业规范，恪守职业道德。

第五条 县级以上人民政府建设（房地产）主管部门、价格主管部门、人力资源和社会保障主管部门应当按照职责分工，分别负责房地产经纪活动的监督和管理。

第六条 房地产经纪行业组织应当按照章程实行自律管理，向有关部门反映行业发展的意见和建议，促进房地产经纪行业发展和人员素质提高。

第二章 房地产经纪机构和人员

第七条 本办法所称房地产经纪机构，是指依法设立，从事房地产经纪活动的中介服务机构。

房地产经纪机构可以设立分支机构。

第八条 设立房地产经纪机构和分支机构，应当具有足够数量的房地产经纪人员。

本办法所称房地产经纪人员，是指从事房地产经纪活动的房地产经纪人和房地产经纪人协理。

房地产经纪机构和分支机构与其招用的房地产经纪人员，应当按照《中华人民共和国劳动合同法》的规定签订劳动合同。

第九条 国家对房地产经纪人员实行职业资格制度，

纳入全国专业技术人员职业资格制度统一规划和管理。

第十条 房地产经纪人实行全国统一大纲、统一命题、统一组织的考试制度，由国务院住房和城乡建设主管部门、人力资源和社会保障主管部门共同组织实施，原则上每年举行一次。

房地产经纪人协理实行全国统一大纲，由各省、自治区、直辖市人民政府建设（房地产）主管部门、人力资源和社会保障主管部门命题并组织考试的制度，每年的考试次数根据行业发展需要确定。

第十一条 房地产经纪机构及其分支机构应当自领取营业执照之日起30日内，到所在直辖市、市、县人民政府建设（房地产）主管部门备案。

第十二条 直辖市、市、县人民政府建设（房地产）主管部门应当将房地产经纪机构及其分支机构的名称、住所、法定代表人（执行合伙人）或者负责人、注册资本、房地产经纪人员等备案信息向社会公示。

第十三条 房地产经纪机构及其分支机构变更或者终止的，应当自变更或者终止之日起30日内，办理备案变更或者注销手续。

第三章　房地产经纪活动

第十四条 房地产经纪业务应当由房地产经纪机构统一承接，服务报酬由房地产经纪机构统一收取。分支机构应当以设立该分支机构的房地产经纪机构名义承揽业务。

房地产经纪人员不得以个人名义承接房地产经纪业务和收取费用。

第十五条 房地产经纪机构及其分支机构应当在其经营场所醒目位置公示下列内容：

（一）营业执照和备案证明文件；

（二）服务项目、内容、标准；

（三）业务流程；

（四）收费项目、依据、标准；

（五）交易资金监管方式；

（六）信用档案查询方式、投诉电话及12358价格举报电话；

（七）政府主管部门或者行业组织制定的房地产经纪服务合同、房屋买卖合同、房屋租赁合同示范文本；

（八）法律、法规、规章规定的其他事项。

分支机构还应当公示设立该分支机构的房地产经纪机构的经营地址及联系方式。

房地产经纪机构代理销售商品房项目的，还应当在销售现场明显位置明示商品房销售委托书和批准销售商品房的有关证明文件。

第十六条 房地产经纪机构接受委托提供房地产信息、实地看房、代拟合同等房地产经纪服务的，应当与委托人签订书面房地产经纪服务合同。

房地产经纪服务合同应当包含下列内容：

（一）房地产经纪服务双方当事人的姓名（名称）、住所等情况和从事业务的房地产经纪人员情况；

（二）房地产经纪服务的项目、内容、要求以及完成的标准；

（三）服务费用及其支付方式；

（四）合同当事人的权利和义务；

（五）违约责任和纠纷解决方式。

建设（房地产）主管部门或者房地产经纪行业组织可以制定房地产经纪服务合同示范文本，供当事人选用。

第十七条 房地产经纪机构提供代办贷款、代办房地产登记等其他服务的，应当向委托人说明服务内容、收费标准等情况，经委托人同意后，另行签订合同。

第十八条 房地产经纪服务实行明码标价制度。房地产经纪机构应当遵守价格法律、法规和规章规定，在经营场所醒目位置标明房地产经纪服务项目、服务内容、收费标准以及相关房地产价格和信息。

房地产经纪机构不得收取任何未予标明的费用；不得利用虚假或者使人误解的标价内容和标价方式进行价格欺诈；一项服务可以分解为多个项目和标准的，应当明确标示每一个项目和标准，不得混合标价、捆绑标价。

第十九条 房地产经纪机构未完成房地产经纪服务合同约定事项，或者服务未达到房地产经纪服务合同约定标准的，不得收取佣金。

两家或者两家以上房地产经纪机构合作开展同一宗房地产经纪业务的，只能按照一宗业务收取佣金，不得向委托人增加收费。

第二十条 房地产经纪机构签订的房地产经纪服务合同，应当加盖房地产经纪机构印章，并由从事该业务的一名房地产经纪人或者两名房地产经纪人协理签名。

第二十一条 房地产经纪机构签订房地产经纪服务合同前，应当向委托人说明房地产经纪服务合同和房屋买卖合同或者房屋租赁合同的相关内容，并书面告知下列事项：

（一）是否与委托房屋有利害关系；

（二）应当由委托人协助的事宜、提供的资料；

（三）委托房屋的市场参考价格；

（四）房屋交易的一般程序及可能存在的风险；

（五）房屋交易涉及的税费；

（六）经纪服务的内容及完成标准；

（七）经纪服务收费标准和支付时间；

（八）其他需要告知的事项。

房地产经纪机构根据交易当事人需要提供房地产经纪服务以外的其他服务的，应当事先经当事人书面同意并告知服务内容及收费标准。书面告知材料应当经委托人签名（盖章）确认。

第二十二条 房地产经纪机构与委托人签订房屋出售、出租经纪服务合同，应当查看委托出售、出租的房屋及房屋权属证书，委托人的身份证明等有关资料，并应当编制房屋状况说明书。经委托人书面同意后，方可以对外发布相应的房源信息。

房地产经纪机构与委托人签订房屋承购、承租经纪服务合同，应当查看委托人身份证明等有关资料。

第二十三条　委托人与房地产经纪机构签订房地产经纪服务合同，应当向房地产经纪机构提供真实有效的身份证明。委托出售、出租房屋的，还应当向房地产经纪机构提供真实有效的房屋权属证书。委托人未提供规定资料或者提供资料与实际不符的，房地产经纪机构应当拒绝接受委托。

第二十四条　房地产交易当事人约定由房地产经纪机构代收代付交易资金的，应当通过房地产经纪机构在银行开设的客户交易结算资金专用存款账户划转交易资金。

交易资金的划转应当经过房地产交易资金支付方和房地产经纪机构的签字和盖章。

第二十五条　房地产经纪机构和房地产经纪人员不得有下列行为：

（一）捏造散布涨价信息，或者与房地产开发经营单位串通捂盘惜售、炒卖房号，操纵市场价格；

（二）对交易当事人隐瞒真实的房屋交易信息，低价收进高价卖（租）出房屋赚取差价；

（三）以隐瞒、欺诈、胁迫、贿赂等不正当手段招揽业务，诱骗消费者交易或者强制交易；

（四）泄露或者不当使用委托人的个人信息或者商业秘密，谋取不正当利益；

（五）为交易当事人规避房屋交易税费等非法目的，就同一房屋签订不同交易价款的合同提供便利；

（六）改变房屋内部结构分割出租；

（七）侵占、挪用房地产交易资金；

（八）承购、承租自己提供经纪服务的房屋；

（九）为不符合交易条件的保障性住房和禁止交易的房屋提供经纪服务；

（十）法律、法规禁止的其他行为。

第二十六条　房地产经纪机构应当建立业务记录制度，如实记录业务情况。

房地产经纪机构应当保存房地产经纪服务合同，保存期不少于5年。

第二十七条　房地产经纪行业组织应当制定房地产经纪从业规程，逐步建立并完善资信评价体系和房地产经纪房源、客源信息共享系统。

第四章　监督管理

第二十八条　建设（房地产）主管部门、价格主管部门应当通过现场巡查、合同抽查、投诉受理等方式，采取约谈、记入信用档案、媒体曝光等措施，对房地产经纪机构和房地产经纪人员进行监督。

房地产经纪机构违反人力资源和社会保障法律法规的行为，由人力资源和社会保障主管部门依法予以查处。

被检查的房地产经纪机构和房地产经纪人员应当予以配合，并根据要求提供检查所需的资料。

第二十九条　建设（房地产）主管部门、价格主管部门、人力资源和社会保障主管部门应当建立房地产经纪机构和房地产经纪人员信息共享制度。建设（房地产）主管部门应当定期将备案的房地产经纪机构情况通报同级价格主管部门、人力资源和社会保障主管部门。

第三十条　直辖市、市、县人民政府建设（房地产）主管部门应当构建统一的房地产经纪网上管理和服务平台，为备案的房地产经纪机构提供下列服务：

（一）房地产经纪机构备案信息公示；

（二）房地产交易与登记信息查询；

（三）房地产交易合同网上签订；

（四）房地产经纪信用档案公示；

（五）法律、法规和规章规定的其他事项。

经备案的房地产经纪机构可以取得网上签约资格。

第三十一条　县级以上人民政府建设（房地产）主管部门应当建立房地产经纪信用档案，并向社会公示。

县级以上人民政府建设（房地产）主管部门应当将在日常监督检查中发现的房地产经纪机构和房地产经纪人员的违法违规行为、经查证属实的被投诉举报记录等情况，作为不良信用记录记入其信用档案。

第三十二条　房地产经纪机构和房地产经纪人员应当按照规定提供真实、完整的信用档案信息。

第五章　法律责任

第三十三条　违反本办法，有下列行为之一的，由县级以上地方人民政府建设（房地产）主管部门责令限期改正，记入信用档案；对房地产经纪人员处以1万元罚款；对房地产经纪机构处以1万元以上3万元以下罚款：

（一）房地产经纪人员以个人名义承接房地产经纪业务和收取费用的；

（二）房地产经纪机构提供代办贷款、代办房地产登记等其他服务，未向委托人说明服务内容、收费标准等情况，并未经委托人同意的；

（三）房地产经纪服务合同未由从事该业务的一名房地产经纪人或者两名房地产经纪人协理签名的；

（四）房地产经纪机构签订房地产经纪服务合同前，不向交易当事人说明和书面告知规定事项的；

（五）房地产经纪机构未按照规定如实记录业务情况或者保存房地产经纪服务合同的。

第三十四条　违反本办法第十八条、第十九条、第二十五条第（一）项、第（二）项，构成价格违法行为的，由县级以上人民政府价格主管部门按照价格法律、法规和规章的规定，责令改正、没收违法所得、依法处以罚款；情节严重的，依法给予停业整顿等行政处罚。

第三十五条　违反本办法第二十二条，房地产经纪机构擅自对外发布房源信息的，由县级以上地方人民政府建设（房地产）主管部门责令限期改正，记入信用档案，取消网上签约资格，并处以1万元以上3万元以下罚款。

第三十六条　违反本办法第二十四条，房地产经纪机构擅自划转客户交易结算资金的，由县级以上地方人民政府建设（房地产）主管部门责令限期改正，取消网上签约资格，处以 3 万元罚款。

第三十七条 违反本办法第二十五条第（三）项、第（四）项、第（五）项、第（六）项、第（七）项、第（八）项、第（九）项、第（十）项的，由县级以上地方人民政府建设（房地产）主管部门责令限期改正，记入信用档案；对房地产经纪人员处以 1 万元罚款；对房地产经纪机构，取消网上签约资格，处以 3 万元罚款。

第三十八条 县级以上人民政府建设（房地产）主管部门、价格主管部门、人力资源和社会保障主管部门的工作人员在房地产经纪监督管理工作中，玩忽职守、徇私舞弊、滥用职权的，依法给予处分；构成犯罪的，依法追究刑事责任。

第六章 附 则

第三十九条 各地可以依据本办法制定实施细则。

第四十条 本办法自 2011 年 4 月 1 日起施行。

中华人民共和国住房和城乡建设部令

第 7 号

《城市、镇控制性详细规划编制审批办法》已经第 64 次部常务会议审议通过，现予发布，自 2011 年 1 月 1 日起施行。

住房和城乡建设部部长 姜伟新

二〇一〇年十二月一日

城市、镇控制性详细规划编制审批办法

第一章 总 则

第一条 为了规范城市、镇控制性详细规划编制和审批工作，根据《中华人民共和国城乡规划法》，制定本办法。

第二条 控制性详细规划的编制和审批，适用本办法。

第三条 控制性详细规划是城乡规划主管部门作出规划行政许可、实施规划管理的依据。

国有土地使用权的划拨、出让应当符合控制性详细规划。

第四条 控制性详细规划的编制和管理经费应当按照《城乡规划法》第六条的规定执行。

第五条 任何单位和个人都应当遵守经依法批准并公布的控制性详细规划，服从规划管理，并有权就涉及其利害关系的建设活动是否符合控制性详细规划的要求向城乡规划主管部门查询。

任何单位和个人都有权向城乡规划主管部门或者其他有关部门举报或者控告违反控制性详细规划的行为。

第二章 城市、镇控制性详细规划的编制

第六条 城市、县人民政府城乡规划主管部门组织编制城市、县人民政府所在地镇的控制性详细规划；其他镇的控制性详细规划由镇人民政府组织编制。

第七条 城市、县人民政府城乡规划主管部门、镇人民政府（以下统称控制性详细规划组织编制机关）应当委托具备相应资质等级的规划编制单位承担控制性详细规划的具体编制工作。

第八条 编制控制性详细规划，应当综合考虑当地资源条件、环境状况、历史文化遗产、公共安全以及土地权属等因素，满足城市地下空间利用的需要，妥善处理近期与长远、局部与整体、发展与保护的关系。

第九条 编制控制性详细规划，应当依据经批准的城市、镇总体规划，遵守国家有关标准和技术规范，采用符合国家有关规定的基础资料。

第十条 控制性详细规划应当包括下列基本内容：

（一）土地使用性质及其兼容性等用地功能控制要求；

（二）容积率、建筑高度、建筑密度、绿地率等用地指标；

（三）基础设施、公共服务设施、公共安全设施的用地规模、范围及具体控制要求，地下管线控制要求；

（四）基础设施用地的控制界线（黄线）、各类绿地范围的控制线（绿线）、历史文化街区和历史建筑的保护范围界线（紫线）、地表水体保护和控制的地域界线（蓝线）等“四线”及控制要求。

第十一条 编制大城市和特大城市的控制性详细规划，可以根据本地实际情况，结合城市空间布局、规划管理要求，以及社区边界、城乡建设要求等，将建设地区划分为若干规划控制单元，组织编制单元规划。

镇控制性详细规划可以根据实际情况，适当调整或者减少控制要求和指标。规模较小的建制镇的控制性详细规划，可以与镇总体规划编制相结合，提出规划控制要求和指标。

第十二条 控制性详细规划草案编制完成后，控制性

详细规划组织编制机关应当依法将控制性详细规划草案予以公告，并采取论证会、听证会或者其他方式征求专家和公众的意见。

公告的时间不得少于30日。公告的时间、地点及公众提交意见的期限、方式，应当在政府信息网站以及当地主要新闻媒体上公告。

第十三条　控制性详细规划组织编制机关应当制订控制性详细规划编制工作计划，分期、分批地编制控制性详细规划。

中心区、旧城改造地区、近期建设地区，以及拟进行土地储备或者土地出让的地区，应当优先编制控制性详细规划。

第十四条　控制性详细规划编制成果由文本、图表、说明书以及各种必要的技术研究资料构成。文本和图表的内容应当一致，并作为规划管理的法定依据。

第三章　城市、镇控制性详细规划的审批

第十五条　城市的控制性详细规划经本级人民政府批准后，报本级人民代表大会常务委员会和上一级人民政府备案。

县人民政府所在地镇的控制性详细规划，经县人民政府批准后，报本级人民代表大会常务委员会和上一级人民政府备案。其他镇的控制性详细规划由镇人民政府报上一级人民政府审批。

城市的控制性详细规划成果应当采用纸质及电子文档形式备案。

第十六条　控制性详细规划组织编制机关应当组织召开由有关部门和专家参加的审查会。审查通过后，组织编制机关应当将控制性详细规划草案、审查意见、公众意见及处理结果报审批机关。

第十七条　控制性详细规划应当自批准之日起20个工作日内，通过政府信息网站以及当地主要新闻媒体等便于公众知晓的方式公布。

第十八条　控制性详细规划组织编制机关应当建立控制性详细规划档案管理制度，逐步建立控制性详细规划数字化信息管理平台。

第十九条　控制性详细规划组织编制机关应当建立规划动态维护制度，有计划、有组织地对控制性详细规划进行评估和维护。

第二十条　经批准后的控制性详细规划具有法定效力，任何单位和个人不得随意修改；确需修改的，应当按照下列程序进行：

（一）控制性详细规划组织编制机关应当组织对控制性详细规划修改的必要性进行专题论证；

（二）控制性详细规划组织编制机关应当采用多种方式征求规划地段内利害关系人的意见，必要时应当组织听证；

（三）控制性详细规划组织编制机关提出修改控制性详细规划的建议，并向原审批机关提出专题报告，经原审批机关同意后，方可组织编制修改方案；

（四）修改后应当按法定程序审查报批。报批材料中应当附具规划地段内利害关系人意见及处理结果。

控制性详细规划修改涉及城市总体规划、镇总体规划强制性内容的，应当先修改总体规划。

第四章　附　　则

第二十一条　各地可以根据本办法制定实施细则和编制技术规定。

第二十二条　本办法自2011年1月1日起施行。

住房和城乡建设部

关于印发《建设领域违法违规行为稽查工作管理办法》的通知

建稽〔2010〕4号

各省、自治区住房和城乡建设厅，直辖市建委及有关部门，新疆生产建设兵团建设局：

现将《建设领域违法违规行为稽查工作管理办法》印发给你们，自印发之日起施行。

中华人民共和国住房和城乡建设部

二○一○年一月七日

建设领域违法违规行为稽查工作管理办法

第一条 为加强对建设领域的法律、法规和规章等执行情况的监督检查，有效查处违法违规行为，规范住房和城乡建设部稽查工作，制定本办法。

第二条 本办法所称稽查工作，是指对住房保障、城乡规划、标准定额、房地产市场、建筑市场、城市建设、村镇建设、工程质量安全、建筑节能、住房公积金、历史文化名城和风景名胜区等方面的违法违规行为进行立案、调查、取证，核实情况并提出处理建议的活动。

第三条 住房和城乡建设部稽查办公室（以下简称部稽查办）负责建设领域违法违规行为的稽查工作。

第四条 稽查工作应坚持以事实为依据，以法律为准绳、客观公正以及重大案件集体研判的原则。

第五条 部稽查办在稽查工作中，应履行下列职责：

（一）受理公民、法人或其他组织对违法违规行为的举报；

（二）按照规定权限对建设活动进行检查，依法制止违法违规行为；

（三）查清违法违规事实、分析原因、及时报告稽查情况，提出处理意见、建议；

（四）督促省级住房和城乡建设主管部门落实转发的稽查报告提出的处理意见；

（五）及时制止稽查工作中发现的有可能危及公共安全等违法违规行为，并责成当地住房和城乡建设主管部门处理；

（六）接受省级住房和城乡建设主管部门申请，对其交送的重要违法违规线索直接进行稽查；

（七）依法或根据授权履行的其他职责。

第六条 稽查人员依法履行职责受法律保护。任何单位和个人不得阻挠和干涉。

稽查人员执行公务应遵守回避原则。

第七条 稽查工作一般应按照立案前研究分析、立案、稽查、撰写稽查报告、督办、结案和归档等程序开展。

第八条 部稽查办可通过受理公民、法人或其他组织的举报、直接检查、部有关业务司局以及相关单位移送等途径，发现违法违规线索，认为有必要查处的，报经部领导批准后，开展稽查工作。

对部领导的批办件应直接稽查，或转省级住房和城乡建设主管部门稽查，部稽查办跟踪督办。

第九条 开展稽查工作前，应分析案情，并与部有关单位沟通情况，制定工作方案，明确稽查重点、时间、地点、方式和程序等。

对于案情复杂，涉及其他相关部门的，应主动与其沟通协调。也可根据需要确定是否商请有关部门参加或邀请相关专家参与稽查工作，建立联合查处机制。

第十条 开展稽查工作应当全面调查并收集有关证据等，客观、公正地反映案件情况，分析问题，提出处理意见。

第十一条 稽查人员在稽查工作中，有权采取下列方式或措施：

（一）约谈被稽查对象，召开与稽查有关的会议，参加被稽查单位与稽查事项有关的会议；向被稽查单位及有关人员调查询问有关情况，并制作调查笔录；

（二）查阅、复制和摄录与案件有关的资料，要求被稽查单位提供与稽查有关的资料并做出说明；

（三）踏勘现场，调查、核实情况；

（四）依法责令违法当事人停止违法行为，对施工现场的建筑材料抽样检查等；

（五）依法先行登记保存证据；

（六）法律、法规和规章规定的其他措施。

第十二条 稽查人员依法履行稽查职责，有关单位和个人应当予以配合，如实反映情况，提供与稽查事项有关的文件、合同、协议、报表等资料。不得拒绝、隐匿和伪报。

第十三条 被稽查单位有下列行为之一的，稽查人员应当及时报告，并提出处理建议：

（一）阻挠稽查人员依法履行职责的；

（二）拒绝或拖延向稽查人员提供与稽查工作有关情况和资料的；

（三）销毁、隐匿、涂改有关文件、资料或提供虚假资料的；

（四）阻碍稽查人员进入现场调查取证、封存有关证据、物件的；

（五）其他妨碍稽查人员依法履行职责的行为。

第十四条 稽查工作结束后，一般应在10个工作日内完成稽查报告（附必要的稽查取证材料）。稽查报告一般包括案件基本情况、调查核实情况（包括存在问题和发现的其他情况）、调查结论和处理建议以及其他需要说明的问题等方面内容。

第十五条 重大案件的稽查报告应集体研判。

第十六条 稽查报告以部办公厅函转发给省级住房和城乡建设主管部门。

第十七条 稽查报告转发给省级住房和城乡建设主管部门后，部稽查办应要求其做好处理意见的落实工作，按照规定的时间回复处理结果。

第十八条 部稽查办转由省级住房和城乡建设主管部门查办的案件，原则上要求在收到转办函之日起30个工作日内，回复调查处理意见。特殊情况可提前或适当延长。

第十九条 对于稽查报告中有明确处理意见的案件，应将督办情况和处理意见落实情况报部领导批准后，方可结案。

第二十条　结案后，稽查人员应将稽查的线索、立案材料、取证材料、凭证、稽查报告、督办结果等材料，根据档案管理规定，分类整理、立卷、归档和保存。

第二十一条　对被稽查对象的处罚和处分，实行分工负责制度和处罚结果报告制度。

法律、法规规定由住房和城乡建设部做出行政处罚和行政处分决定的，由住房和城乡建设部实施。

法律、法规规定由地方人民政府住房和城乡建设主管部门及其有关部门做出行政处罚和行政处分决定的，由地方人民政府住房和城乡建设主管部门及其有关部门实施，并将处理结果报告上级住房和城乡建设主管部门。

涉及国务院其他有关部门和地方人民政府职责的问题，移交国务院有关部门和地方人民政府处理。

第二十二条　稽查人员有下列行为之一的，视其情节轻重，给予批评或行政处分；构成犯罪的，移交司法机关处理：

（一）对被稽查单位的重大违法违规问题隐匿不报的；

（二）与被稽查单位串通编造虚假稽查报告的；

（三）违法干预被稽查单位日常业务活动和经营管理活动，致使其合法权益受到损害的；

（四）其他影响稽查工作和公正执法的行为。

第二十三条　稽查人员在履行职责中，有其他违反法律、法规和规章行为，应当承担纪律责任的，依照《行政机关公务员处分条例》处理。

第二十四条　省、自治区、直辖市人民政府住房和城乡建设主管部门可结合本地区实际，参照本办法制定稽查工作管理办法。

第二十五条　本办法由住房和城乡建设部负责解释。

第二十六条　本办法自发布之日起施行。本办法施行前建设部发布的有关文件与本办法规定不一致的，以本办法为准。

关于印发《城市轨道交通工程安全质量管理暂行办法》的通知

建质〔2010〕5号

各省、自治区住房城乡建设厅，直辖市建委（建设交通委），新疆生产建设兵团建设局：

现将《城市轨道交通工程安全质量管理暂行办法》印发给你们，请结合本地区实际，认真贯彻执行。贯彻执行中的有关问题和情况及时反馈住房和城乡建设部。

中华人民共和国住房和城乡建设部

二〇一〇年一月八日

城市轨道交通工程安全质量管理暂行办法

第一章　总　　则

第一条　为了加强城市轨道交通工程安全质量管理，保障人民群众生命财产安全，制定本办法。

第二条　在中华人民共和国境内从事城市轨道交通新建、扩建、改建等有关活动及实施对城市轨道交通工程安全质量的监督管理，必须遵守本办法。

第三条　从事城市轨道交通工程建设活动必须坚持先勘察、后设计、再施工的原则，严格执行基本建设程序，保证各阶段合理的工期和造价，加强全过程安全质量风险管理。

第四条　国务院住房和城乡建设主管部门负责全国城市轨道交通工程安全质量的监督管理。

县级以上地方人民政府承担城市轨道交通工程安全质量监督管理职责的主管部门（以下称建设主管部门）负责本行政区域内城市轨道交通工程安全质量的监督管理。

第二章　建设单位安全质量责任

第五条　建设单位对工程项目管理负总责。

建设单位必须建立健全安全质量责任制和管理制度，设置安全质量管理机构，配备与建设规模相适应的安全质量管理人员，对勘察、设计、施工、监理、监测等单位进行安全质量履约管理。

第六条　建设单位应当在初步设计阶段组织开展城市轨道交通工程安全质量风险评估（含建设工期、造价对工程安全质量影响性评估）并组织专家论证，同时按照有关规定组织专家进行抗震、抗风等专项论证。

建设单位在报送初步设计文件审查时，应当提交经专家论证的安全质量风险评估报告。

第七条　建设单位应当向设计、施工、监理、监测等单位提供气象水文和地形地貌资料，工程地质和水文地质资料，施工现场及毗邻区域内的建筑物和构筑物、地下管线、桥梁、隧道、道路、轨道交通设施等（以下简称工程周边环境）资料。

建设单位因工程需要，组织调查前款相关资料时，有关部门或单位应当支持配合。

第八条 工程周边环境严重影响工程实施或因工程施工可能造成其严重损害的，建设单位应当在确定线路规划方案时尽可能予以避让。无法避让且因条件所限不能进行拆除、迁移的，建设单位应当根据设计要求和工程实际，组织开展现状评估，并将现状评估报告提供给设计、施工、监理、监测等单位。

第九条 建设单位应当依法将施工图设计文件（含勘察文件）报送经认定具有资格的施工图审查机构进行审查。

施工图设计文件未经审查或审查不合格的，不得使用。

第十条 建设单位应当按规定办理安全、质量监督手续。

第十一条 建设单位应当及时组织勘察单位向设计单位进行勘察文件交底，在施工前组织勘察、设计单位向施工、监理、监测等单位进行勘察、设计文件交底。

勘察、设计文件交底应当重点说明勘察、设计文件中涉及工程安全质量的内容，并形成文字记录，由各方签字并盖章。

第十二条 建设单位应当委托工程监测单位和质量检测单位进行第三方监测和质量检测。

第十三条 建设单位在编制工程概算时，应当包括安全质量风险评估费、工程监测费、工程周边环境调查费及现状评估费等保障工程安全质量所需的费用。

第十四条 建设单位在施工招标前，应当组织专家对施工工期和造价进行论证，论证时应充分考虑工程的复杂程度及其周边环境拆除、迁移等对施工工期和造价的影响。

专家论证报告作为招标文件编制的依据。

第十五条 建设单位应当依法执行国家有关勘察设计费、监理费等管理规定，不得明示或暗示勘察、设计、施工、监理、监测等单位以低于成本的价格或政府指导价竞标。

建设单位应当科学确定勘察、设计、施工等各阶段工期，不得任意压缩合同约定的工期。

迫使承包方以低于成本的价格或政府指导价竞标，或任意压缩合同约定工期导致发生安全质量事故的，建设单位应当承担相应责任。

第十六条 建设单位在编制工程量清单时，应当将安全措施费用单列，施工单位竞标时不得删减。

建设单位与施工单位应当在施工合同中明确安全措施费用，以及费用预付、支付计划，使用要求及调整方式等条款。

建设单位应当按合同约定及时将安全措施费用拨付给施工单位。

第十七条 建设单位应当在施工前组织地下管线产权单位或管理单位向施工单位进行现场交底，并形成文字记录，由各方签字并盖章。

第十八条 建设单位应当在工程完工后组织不载客试运行调试，试运行调试三个月后，方可按有关规定进行工程竣工验收并办理工程竣工验收备案手续。

第三章 勘察、设计单位安全质量责任

第十九条 勘察、设计单位从事城市轨道交通工程勘察、设计业务，必须具有相应资质，不得转包或者违法分包所承揽的工程勘察、设计业务。

第二十条 勘察、设计单位对工程项目的安全质量承担勘察、设计责任。

勘察、设计单位的主要负责人对本单位勘察、设计安全质量工作全面负责。

项目负责人应当具有相应执业资格和城市轨道交通工程勘察、设计工作经验。项目负责人对所承担工程项目的勘察、设计安全质量负责。

从事工程勘察、设计的执业人员应当对其签字的勘察、设计文件负责。

第二十一条 勘察、设计单位必须建立健全安全质量责任制和管理制度，设置或明确安全质量管理机构，对工程勘察、设计的安全质量实施管理。

勘察外业工作应当严格执行勘察方案、操作规程和安全生产有关规定，并采取措施保护勘察作业范围内的地下管线和地下构筑物等，保证外业安全质量。

勘探孔应当按规定及时回填，避免对工程施工等造成影响。

第二十二条 勘察单位进行勘察时，对尚不具备现场勘察条件的，应当书面通知建设单位，并在勘察文件中说明情况，提出合理建议。在具备现场勘察条件后，应当及时进行勘察。

工程设计、施工条件发生变化的，建设单位应当及时委托勘察单位进行补充勘察。

第二十三条 勘察单位提交的勘察文件应当真实、准确、可靠，符合国家规定的勘察深度要求，满足设计、施工的需要，并结合工程特点明确说明地质条件可能造成的工程风险，必要时针对特殊地质条件提出专项勘察建议。

第二十四条 设计单位提交的设计文件应当符合国家规定的设计深度要求，并应根据工程周边环境的现状评估报告提出设计处理措施，必要时进行专项设计。

设计文件中应当注明涉及工程安全质量的重点部位和环节，并提出保障工程安全质量的设计处理措施。

施工图设计应当包括工程及其周边环境的监测要求和监测控制标准等内容。

第二十五条 设计单位应当对安全质量风险评估确定的高风险工程的设计方案、工程周边环境的监测控制标准

等组织专家论证。

第二十六条　工程设计条件发生变化的，设计单位应当及时变更施工图设计。施工图设计发生重大变更的，应当按有关规定重新报审。

第二十七条　勘察、设计单位应当将勘察、设计文件和原始资料归档保存。

第二十八条　勘察、设计单位应当委派专业技术人员配合施工单位及时解决与勘察、设计工作有关的问题。

第四章　施工单位安全质量责任

第二十九条　施工单位从事城市轨道交通工程施工活动，必须具备相应资质，依法取得安全生产许可证，不得转包或者违法分包。

第三十条　施工单位对工程项目的施工安全质量负责。

施工单位主要负责人对本单位施工安全质量工作全面负责，项目负责人对所承担工程项目的施工安全质量负责。

施工单位主要负责人、项目负责人和专职安全生产管理人员应当依法取得安全生产考核合格证书。项目负责人应当具有相应执业资格和城市轨道交通工程施工管理工作经验。建筑施工特种作业人员应当持证上岗。

第三十一条　施工单位必须建立健全安全质量责任制和管理制度，加强对施工现场项目管理机构的管理。

项目安全质量管理人员专业、数量应当符合相关规定，并满足项目管理需要。

第三十二条　施工单位项目负责人原则上在一个工程项目任职，如确需在其他项目兼任的，应当征得建设单位书面同意。

第三十三条　施工总承包单位对施工现场安全生产负总责。

总承包单位依法将工程分包给专业分包单位的，专业分包合同应当明确各自的安全责任。总承包单位和专业分包单位对专业分包工程的安全生产承担连带责任。

总承包单位和专业分包单位依法进行劳务分包的，总承包单位和专业分包单位应当对劳务作业进行管理。

第三十四条　施工单位应当按照合同约定的工期要求编制合理的施工进度计划，不得盲目抢进度、赶工期。

施工单位不得以低于成本的价格竞标。

第三十五条　施工单位应将安全措施费用用于施工安全防护用具及设施的采购和更新、安全施工措施的落实、安全生产条件的改善等，不得挪作他用。

第三十六条　施工单位应当对工程周边环境进行核查。工程周边环境现状与建设单位提供的资料不一致的，建设单位应当组织有关单位及时补充完善。

第三十七条　施工单位应当按照有关规定对危险性较大分部分项工程（含可能对工程周边环境造成严重损害的分部分项工程，下同）编制专项施工方案。对超过一定规模的危险性较大分部分项工程专项施工方案应当组织专家论证。

专项施工方案应当根据设计处理措施、专项设计和工程实际情况编制，并经施工单位技术负责人和总监理工程师签字后实施，不得随意变更。

第三十八条　工程施工前，施工单位项目技术人员应当就有关施工安全质量的技术要求向施工作业班组、作业人员作详细说明，并由双方签字确认。

第三十九条　施工单位应当指定专人保护施工现场地下管线及地下构筑物等，在施工前将地下管线、地下构筑物等基本情况、相应保护及应急措施等向施工作业班组和作业人员作详细说明，并在现场设置明显标识。

第四十条　施工单位应当对工程支护结构、围岩以及工程周边环境等进行施工监测、安全巡视和综合分析，及时向设计、监理单位反馈监测数据和巡视信息。发现异常时，及时通知建设、设计、监理等单位，并采取应对措施。

施工单位应当按照设计要求和工程实际编制施工监测方案，并经监理单位审查后实施。

第四十一条　施工单位应当按照施工图设计文件和施工技术标准施工，落实设计文件中提出的保障工程安全质量的设计处理措施，不得擅自修改工程设计，不得偷工减料。

施工单位应当按照规定和合同约定对建筑材料、建筑构配件、设备等进行检验。未经检验或检验不合格的，不得使用。

对涉及结构安全的试块、试件及有关材料，施工单位应当在监理单位见证下，按规定进行现场取样，并送有相应资质的质量检测单位进行质量检测。

第四十二条　建筑起重机械安装完成后，施工单位应当委托具有相应资质的检测检验机构进行检验，经检验合格并经验收合格后方可使用。

施工单位应当按规定向工程所在地建设主管部门办理建筑起重机械使用登记手续。

第四十三条　施工单位应当按照有关规定对管理人员和作业人员进行安全质量教育培训，教育培训情况记入个人工作档案。教育培训考核不合格的人员，不得上岗。

第四十四条　施工单位应当按规定做好安全质量资料的收集、整理和归档，保证安全质量文件真实、完整。

第四十五条　施工单位在提交工程竣工验收报告时，应当向建设单位出具质量保修书，明确保修范围、保修期限和保修责任等。保修范围、保修期限应当符合国家有关规定。

第五章　监理单位安全质量责任

第四十六条　监理单位从事城市轨道交通工程监理业务，必须具备相应资质，不得转让所承担的工程监理业务。

监理单位不得与被监理工程的施工单位以及建筑材料、建筑构配件和设备供应单位有隶属关系或者其他利害关系。

第四十七条 监理单位对工程项目的安全质量承担监理责任。监理单位主要负责人对本单位监理工作全面负责。项目总监理工程师对所承担工程项目的安全质量监理工作负责。

项目总监理工程师应当具有相应专业的注册监理工程师执业资格和城市轨道交通工程监理工作经验。

第四十八条 监理单位必须建立健全安全质量责任制和管理制度，加强对施工现场项目监理机构的管理。

项目监理人员专业、数量应当满足监理工作的需要。

第四十九条 项目总监理工程师原则上在一个工程项目任职，如确需在其他项目兼任的，应当征得建设单位书面同意。

第五十条 监理单位应当编制包括工程安全质量监理内容的项目监理规划，对超过一定规模的危险性较大工程编制专项安全生产监理实施细则。

第五十一条 监理单位应当审查施工组织设计中安全技术措施、专项施工方案及施工监测方案是否符合工程建设强制性标准和设计文件要求。

第五十二条 建筑材料、建筑构配件和设备未经注册监理工程师签字，不得在工程上使用或安装，施工单位不得进行下一道工序的施工。

第五十三条 监理单位应当会同有关单位按照施工技术标准规范和有关规定进行隐蔽工程和分部分项工程验收，并对工程重要部位和环节进行施工前条件验收。

第五十四条 监理单位应当检查施工监测点的布置和保护情况，比对、分析施工监测和第三方监测数据及巡视信息。发现异常时，及时向建设、施工单位反馈，并督促施工单位采取应对措施。

第五十五条 监理单位在实施监理过程中，发现施工单位有下列情况之一的，应当要求施工单位立即整改。情况严重的，应当要求施工单位暂时停止施工，并及时报告建设单位。

（一）工程施工不符合工程设计和标准规范要求的；

（二）不按批准的施工组织设计、专项施工方案或施工监测方案组织施工或监测的；

（三）未落实安全措施费用的；

（四）施工现场存在安全质量隐患的；

（五）项目主要管理人员不到位或资格、数量不符合要求的。

（六）其他违法违规行为。

施工单位拒不整改或者不停止施工的，监理单位应当及时向建设单位报告，建设单位应当责令施工单位整改或停止施工，施工单位仍不整改或不停止施工的，建设单位应当向工程所在地建设主管部门报告。

第五十六条 监理单位应当按规定对监理人员进行安全质量培训。

第五十七条 监理单位应当按照规定将工程监理资料立卷归档。

第六章 工程监测、质量检测单位安全质量责任

第五十八条 从事城市轨道交通工程第三方监测业务的工程监测单位（以下简称监测单位），应当具有相应工程勘察资质，并向工程所在地建设主管部门办理备案手续。

监测单位不得转包监测业务，不得与所监测工程的施工单位有隶属关系或者其他利害关系。

第五十九条 从事城市轨道交通工程质量检测业务的质量检测单位，应当具备相应资质。

质量检测单位不得转包检测业务，不得与所检测工程项目相关的设计单位、施工单位、监理单位有隶属关系或者其他利害关系。

第六十条 监测单位对工程项目的安全质量承担监测责任。监测单位主要负责人应当对本单位监测工作全面负责。项目监测负责人对所承担工程项目的安全质量监测工作负责。

项目监测负责人应当具有相应执业资格和城市轨道交通工程监测工作经验。

第六十一条 监测单位必须建立健全安全质量责任制和管理制度，加强对施工现场项目监测机构的管理。

项目监测人员专业、数量应当满足监测工作的需要。

第六十二条 监测单位应当根据勘察设计文件、安全质量风险评估报告、监测合同及有关资料编制第三方监测方案，经专家论证并经监测单位主要负责人签字后实施。

监测单位应当按照第三方监测方案开展监测和巡视工作，及时向建设、监理、设计单位提供监测报告。发现异常时，立即向建设单位反馈。

第六十三条 质量检测机构应当按照工程建设标准和国家有关规定进行质量检测。在检测过程中发现有结构安全检测结果不合格、严重影响使用功能等情况，应当及时向建设、监理单位反馈。

第六十四条 监测、质量检测单位出具的监测、检测报告应当经监测、检测人员签字，监测、质量检测单位法定代表人或其授权签字人签署，并加盖公章后方可生效。质量检测单位出具的见证取样检测报告中应当注明见证人单位及姓名。

监测、质量检测单位应当对监测、检测报告的真实性和准确性负责。

第六十五条 监测、质量检测单位应当按规定对监测、检测人员进行安全质量培训，培训考核合格后方可上岗。

第六十六条 监测、质量检测单位应当按照规定将工程监测、质量检测资料立卷归档。

第七章 安全质量事故应急处置

第六十七条 城市轨道交通工程所在地县级以上地方人民政府建设主管部门、建设单位、施工单位应当编制城

市轨道交通工程安全质量事故应急预案，建立健全安全生产预警和应急协调保障机制。

建设单位、施工单位应当将编制的应急预案报工程所在地建设主管部门备案，并组织定期演练。

第六十八条　城市轨道交通工程安全质量事故发生后，施工单位应当立即采取防止事故危害扩大的必要措施，并按有关规定向工程所在地建设主管部门报告。工程所在地建设主管部门接到报告后，应当按照规定逐级上报上级建设主管部门。

工程所在地建设主管部门应当在当地人民政府的统一领导下，针对事故危害程度，启动相应应急预案，可以采取以下应急处置措施：

（一）组织制定抢险救援方案；

（二）组织应急抢险队伍参加抢险救援工作；

（三）拆除、迁移妨碍应急处置和抢险救援的设施、设备或者其他障碍物等；

（四）采取防止发生次生、衍生灾害的其他必要措施。

第六十九条　应急抢险结束后，建设单位应当组织设计、施工等单位制定工程恢复方案，必要时经专家论证后实施。

第七十条　鼓励建设、施工等单位参加工程保险，采用现代化信息技术加强施工现场监控管理，提高风险防范能力。

第八章　监督管理

第七十一条　城市轨道交通工程所在地县级以上地方人民政府建设主管部门应当对城市轨道交通工程安全质量相关法律、法规以及强制性标准的执行情况实施监督检查。

第七十二条　城市轨道交通工程所在地县级以上地方人民政府建设主管部门可以委托建设工程安全质量监督机构（以下简称监督机构）具体实施对城市轨道交通工程安全质量的监督检查。

监督机构应当根据城市轨道交通工程规模，配备城市轨道交通工程相关专业监督人员。

第七十三条　城市轨道交通工程所在地县级以上地方人民政府建设主管部门或其委托的监督机构履行监督检查职责时，有权采取下列措施：

（一）要求被检查单位提供工程安全质量的文件和资料；

（二）进入被检查单位的施工现场或工作场所进行检查；

（三）对检查中发现的安全质量隐患，责令立即整改；对于重大安全质量隐患，责令暂时停止施工。

第七十四条　城市轨道交通工程所在地县级以上人民政府建设主管部门应当建立、公布并及时更新城市轨道交通工程专家库，并制定相应管理制度。

第七十五条　城市轨道交通工程安全质量情况实行逐级报送制度。城市轨道交通工程所在地县级以上地方人民政府建设主管部门应当每季度向上级建设主管部门上报上季度本行政区域内城市轨道交通工程安全质量情况。发生安全质量事故的，应当及时报送事故调查处理情况。

城市轨道交通工程所在地县级以上地方人民政府建设主管部门应当定期公布建设、勘察、设计、施工、监理、监测、质量检测等单位安全质量信息。

第七十六条　建设、勘察、设计、施工、监理、监测、质量检测等单位有违反建设法律法规规章行为的，由县级以上人民政府建设主管部门按照管理权限依法予以罚款、停业整顿、降低资质等级、吊销资质证书等行政处罚；构成犯罪的，依法追究刑事责任。

第九章　附　　则

第七十七条　本办法由国务院住房和城乡建设主管部门负责解释。

第七十八条　本办法自公布之日起施行。

关于进一步加强房地产市场监管完善商品住房预售制度有关问题的通知

建房〔2010〕53号

各省、自治区住房和城乡建设厅，直辖市建委（房地局），新疆生产建设兵团建设局：

为贯彻落实《国务院办公厅关于促进房地产市场平稳健康发展的通知》（国办发〔2010〕4号）要求，进一步加强房地产市场监管，完善商品住房预售制度，整顿和规范房地产市场秩序，维护住房消费者合法权益，现就有关问题通知如下：

一、进一步加强房地产市场监管

（一）加强商品住房预售行为监管。未取得预售许可的商品住房项目，房地产开发企业不得进行预售，不得以认购、预订、排号、发放VIP卡等方式向买受人收取或变相收取定金、预定款等性质的费用，不得参加任何展销活动。取得预售许可的商品住房项目，房地产开发企业要在10日内一次性公开全部准售房源及每套房屋价格，并严格按照申报价格，明码标价对外销售。房地产开发企业不得将企业自留房屋在房屋所有权初始登记前对外销售，不得采取返本销售、售后包租的方式预售商品住房，不得进行虚假交易。

（二）严肃查处捂盘惜售等违法违规行为。各地要加大对捂盘惜售、哄抬房价等违法违规行为的查处力度。对已经取得预售许可，但未在规定时间内对外公开销售或未将全部准售房源对外公开销售，以及故意采取畸高价格销售或通过签订虚假商品住房买卖合同等方式人为制造房源紧张的行为，要严肃查处。

（三）加强房地产销售代理和房地产经纪监管。实行代理销售商品住房的，应当委托在房地产主管部门备案的房地产经纪机构代理。房地产经纪机构应当将经纪服务项目、服务内容和收费标准在显著位置公示；额外提供的延伸服务项目，需事先向当事人说明，并在委托合同中明确约定，不得分解收费项目和强制收取代书费、银行按揭服务费等费用。房地产经纪机构和执业人员不得炒卖房号，不得在代理过程中赚取差价，不得通过签订"阴阳合同"违规交易，不得发布虚假信息和未经核实的信息，不得采取内部认购、雇人排队等手段制造销售旺盛的虚假氛围。

（四）加强商品住房买卖合同管理。各地要完善商品住房买卖合同示范文本，积极推行商品住房买卖合同网上签订和备案制度。商品住房买卖合同示范文本应对商品住房质量性能，物业会所、车位等设施归属，交付使用条件及其违约责任做出明确约定，并将《住宅质量保证书》、《住宅使用说明书》作为合同附件。房地产开发企业应当将商品住房买卖合同在合同订立前向购房人明示。

（五）健全房地产信息公开机制。各地要加强和完善房地产市场信息系统建设，及时准确地向社会公布市场信息。市、县房地产主管部门要及时将批准的预售信息、可售楼盘及房源信息、违法违规行为查处情况等向社会公开。房地产开发企业应将预售许可情况、商品住房预售方案、开发建设单位资质、代理销售的房地产经纪机构备案情况等信息，在销售现场清晰明示。

（六）鼓励推行商品住房现售试点。各地可结合当地实际，制定商品住房现售管理办法，鼓励和引导房地产开发企业现售商品住房。实行现售的商品住房，应符合《商品房销售管理办法》规定的现售条件；在商品住房现售前，房地产开发企业应当将符合现售条件的有关证明文件和房地产开发项目手册报送房地产开发主管部门备案。

二、完善商品住房预售制度

（七）严格商品住房预售许可管理。各地要结合当地实际，合理确定商品住房项目预售许可的最低规模和工程形象进度要求，预售许可的最低规模不得小于栋，不得分层、分单元办理预售许可。住房供应不足的地区，要建立商品住房预售许可绿色通道，提高行政办事效率，支持具备预售条件的商品住房项目尽快办理预售许可。

（八）强化商品住房预售方案管理。房地产开发企业应当按照商品住房预售方案销售商品住房。预售方案应当包括项目基本情况、建设进度安排、预售房屋套数、面积预测及分摊情况、公共部位和公共设施的具体范围、预售价格及变动幅度、预售资金监管落实情况、住房质量责任承担主体和承担方式、住房能源消耗指标和节能措施等。预售方案中主要内容发生变更的，应当报主管部门备案并公示。

（九）完善预售资金监管机制。各地要加快完善商品住房预售资金监管制度。尚未建立监管制度的地方，要加快制定本地区商品住房预售资金监管办法。商品住房预售资金要全部纳入监管账户，由监管机构负责监管，确保预售资金用于商品住房项目工程建设；预售资金可按建设进度进行核拨，但必须留有足够的资金保证建设工程竣工交付。

（十）严格预售商品住房退房管理。商品住房严格实行购房实名制，认购后不得擅自更改购房者姓名。各地要规范商品住房预订行为，对可售房源预订次数做出限制规定。购房人预订商品住房后，未在规定时间内签订预售合同的，预订应予以解除，解除的房源应当公开销售。已签订商品住房买卖合同并网上备案、经双方协商一致需解除合同的，双方应递交申请并说明理由，所退房源应当公开销售。

三、加强预售商品住房交付和质量管理

（十一）明确商品住房交付使用条件。各地要依据法律法规及有关建设标准，制定本地商品住房交付使用条件。商品住房交付使用条件应包括工程经竣工验收合格并在当地主管部门备案、配套基础设施和公共设施已建成并满足使用要求、北方地区住宅分户热计量装置安装符合设计要求、住宅质量保证书和住宅使用说明书制度已落实、商品住房质量责任承担主体已明确、前期物业管理已落实。房地产开发企业在商品住房交付使用时，应当向购房人出示上述相关证明资料。

（十二）完善商品住房交付使用制度。各地要建立健全商品住房交付使用管理制度，确保商品住房项目单体工程质量、节能环保性能、配套基础设施和公共设施符合交付使用的基本要求。有条件的地方可借鉴上海、山东等地经验，通过地方立法，完善新建商品住房交付使用制度。各地要加强商品住房竣工验收管理，积极推行商品住房工程质量分户验收制度。北方地区要加强商品住房分户热计量装置安装的验收管理。

（十三）落实预售商品住房质量责任。房地产开发企业应当对其开发建设的商品住房质量承担首要责任，勘察、设计、施工、监理等单位应当依据有关法律、法规的规定或者合同的约定承担相应责任。房地产开发企业、勘察、设计、施工、监理等单位的法定代表人、工程项目负责人、工程技术负责人、注册执业人员按各自职责承担相应责任。预售商品住房存在质量问题的，购房人有权依照法律、法规及合同约定要求房地产开发企业承担责任并赔偿相应损失。房地产开发企业承担责任后，有权向造成质量问题的相关单位和个人追责。

（十四）强化预售商品住房质量保证机制。暂定资质的房地产开发企业在申请商品住房预售许可时提交的预售方案，应当明确企业破产、解散等清算情况发生后的商品住房质量责任承担主体，由质量责任承担主体提供担保函。质量责任承担主体必须具备独立的法人资格和相应的赔偿能力。各地要将房地产开发企业是否建立商品住房质量保证制度作为企业资质管理的重要内容。各地要鼓励推行预售商品住房质量保证金制度，研究建立专业化维修制度。

四、健全房地产市场监督管理机制

（十五）全面开展预售商品住房项目清理。各地近期要对所有在建的商品住房项目进行一次清理和整治。对已取得预售许可的商品住房项目逐一排查，准确掌握已预售的商品住房数量、正在预售的商品住房数量和尚未开盘的商品住房数量等情况，并将清理情况向社会公开；对尚未开盘的商品住房项目，要责成房地产开发企业限期公开销售。直辖市、省会城市（自治区首府城市）、计划单列市要将清理结果于今年6月底前报住房城乡建设部。

（十六）加大对违法违规行为的查处力度。各地要通过房地产信息网络公开、设立举报投诉电话、现场巡查等措施，加强房地产市场行为监管，加大对违法违规行为的查处力度。对退房率高、价格异常以及消费者投诉集中的项目，要重点核查。对存在违法违规行为的，要责令限期整改，记入房地产信用档案，并可暂停商品住房网上签约；对拒不整改的，要依法从严查处，直至取消其开发企业资质，并将有关信息通报土地、税收、金融、工商等相关部门，限制其参加土地购置、金融信贷等活动。

（十七）加强房地产信用管理。各地要积极拓展房地产信用档案功能和覆盖面，发挥信用档案作用，将销售行为、住房质量、交付使用、信息公开等方面内容纳入房地产信用体系，信用档案应当作为考核企业资质的依据。对违法违规销售、存在较为严重的质量问题、将不符合交付条件的住房交付使用、信息公开不及时不准确等行为，应当记入房地产开发企业信用档案，公开予以曝光。

（十八）严格相关人员责任追究制度。各地要加强对违法违规企业相关责任人的责任追究。对造成重大工程质量事故的房地产开发企业法定代表人、负责人，无论其在何职何岗，身居何处，都要依法追究相应责任。对在预售商品住房管理中工作不力、失职渎职的有关工作人员，要依法追究行政责任；对以权谋私、玩忽职守的，依法依规追究有关责任人的行政和法律责任。

（十九）落实监督检查责任制度。各地要强化房地产主管部门管理职能，加强房地产市场执法队伍建设。省级住房和城乡建设主管部门要加强对市、县（区）房地产市场监管工作的指导和检查。市、县（区）房地产主管部门要建立商品住房市场动态监管制度，加强销售现场巡查；建设、规划等部门要按照各自职责加强监管。各部门要加强协作、沟通和配合，建立健全信息共享、情况通报以及违法违规行为的联合查处机制。各地要畅通举报投诉渠道，重视和支持舆论监督，积极妥善处理矛盾纠纷，并及时公布处理结果。

其他商品房的市场监管参照本通知执行。

中华人民共和国住房和城乡建设部

二〇一〇年四月十三日

关于加强经济适用住房管理有关问题的通知

建保〔2010〕59号

各省、自治区住房城乡建设厅，直辖市建委（住房保障和房屋管理局、房地局），新疆生产建设兵团建设局：

根据《国务院关于解决城市低收入家庭住房困难的若干意见》（国发〔2007〕24号）、《国务院办公厅关于促进房地产市场平稳健康发展的通知》（国办发〔2010〕4号）、《国务院关于坚决遏制部分城市房价过快上涨的通知》（国发〔2010〕10号）和《经济适用住房管理办法》（建住房〔2007〕258号）的有关规定，为加强经济适用住房管理，现就有关问题通知如下：

一、严格建设管理

（一）经济适用住房建设项目必须严格按照有关规划建设管理的规定程序报批、建设，不得变更批准的项目规模、套型结构和用途。要严格执行施工图审查、工程招标、施工许可、质量监督、工程监理、竣工验收备案等建设程序，严格执行国家有关保障性住房建设的技术标准和强制性条文。

（二）严格执行经济适用住房单套建筑面积标准控制在60平方米左右的要求。住房供需矛盾突出的城市，可适当减小套型建筑面积，以增加供应套数。委托房地产开发企业建设的经济适用住房项目，住房保障部门要明确套型面积等控制性要求，作为项目法人招标的前置条件。

（三）各地可结合当地居民收入、住房状况等实际情况，自行确定经济适用住房的建设规模。商品住房价格过高、上涨过快的城市，要大幅度增加经济适用住房供应。

二、规范准入审核

（四）经济适用住房供应对象为城市低收入住房困难家庭。商品住房价格较高的城市，可以适当扩大经济适用住房的供应范围。

（五）经济适用住房申请人应当如实申报家庭收入、财产和住房状况，并对申报信息的真实性负责。

（六）市、县住房保障部门要会同有关部门建立健全经济适用住房申请、审核、公示、轮候制度和工作机制，认真履行审核责任，确保配售过程公开透明，配售结果公平公正，主动接受社会监督。严禁委托开发企业、中介机构和其他组织、个人代理购房资格审核和房源分配等政府职责。

三、强化使用监督

（七）市、县住房保障部门应当定期或不定期对经济适用住房使用情况（包括自住、闲置、出租、出借、出售以及住房用途等）进行检查，也可委托经济适用住房管理单位定期对上述情况进行调查。新建经济适用住房小区（包括配建经济适用住房）进行前期物业管理招投标时，可以将相关委托内容作为招标条件，并在临时管理规约和前期物业服务合同中明示。

（八）在取得完全产权前，经济适用住房购房人只能用于自住，不得出售、出租、闲置、出借，也不得擅自改变住房用途。

（九）在取得完全产权前，经济适用住房购房人有与其申报收入明显不符的高消费行为时，应当主动向住房保障部门作出说明，并配合对其资产进行核查、公示。

（十）已购买经济适用住房的家庭，再购买其他住房的，必须办理经济适用住房退出手续，或者通过补交土地收益等价款取得已购经济适用住房的完全产权。

四、加强交易管理

（十一）经济适用住房上市交易，必须符合有关政策规定并取得完全产权。住房保障部门应当对个人是否已缴纳相应土地收益等价款取得完全产权、成交价格是否符合正常交易、政府是否行使优先购买权等情况出具书面意见。

房屋登记、租赁管理机构办理房屋权属登记、租赁备案登记时，要比对住房保障部门提供的有关信息。对已购经济适用住房的家庭，不能提供住房保障部门出具的书面意见的，任何中介机构不得代理买卖、出租其经济适用住房；房屋租赁备案管理机构应当暂停办理其经济适用住房的租赁备案，房屋登记机构应当暂停办理该家庭购买其他房屋的权属登记，并及时通报住房保障部门。

（十二）住房保障部门应当会同有关部门结合各地段普通商品住房交易指导价格，定期制订经济适用住房上市补交土地收益等价款的标准，报经市、县人民政府同意后公布实施。

经济适用住房交易价格低于政府公布的同地段、同类普通商品住房交易指导价格的，依指导价格缴纳相应的土地收益等价款。

（十三）各地要结合实际情况完善经济适用住房上市交易分配机制，健全上市交易管理办法。要按照配售经济适用住房时承购人与政府的出资比例，确定上市所得价款的分配比例、政府优先购买权等管理事项。其中，政府出资额为土地出让金减让、税费减免等政策优惠额之和。

五、完善监督机制

（十四）市、县住房保障部门要依法履行监督管理职责，建立经济适用住房管理信息系统，积极推动建立住房保障、房地产、民政、公安、金融等部门的信息共享机制，增强审核工作的准确性，提高监管工作效率。同时，要设立并公布举报电话、信箱、电子邮箱等，采取多种方式接受群众举报、投诉，加强社会监督。

（十五）经济适用住房管理的相关内容纳入住房保障规范化管理考核范围。省级住房城乡建设部门要督促各市、县完善经济适用住房管理制度，健全住房保障实施机构，配备专门力量负责经济适用住房使用情况的监督检查，并对市、县经济适用住房管理情况进行定期检查。

（十六）购房人违反本通知第（五）条规定，以虚假资料骗购经济适用住房的，一经查实，立即责令退还；违反本通知第（八）条规定，违规出售、出租、闲置、出借经济适用住房，或者擅自改变住房用途且拒不整改的，按照有关规定或者合同约定收回；违反本通知第（九）条规定，对其高消费行为不作出说明，不配合资产核查、公示，或不能作出合理解释的，视同以虚假资料骗购经济适用住房。

对有上述情形的购房人，取消其在 5 年内再次申请购买或租赁各类政策性、保障性住房的资格。

（十七）经济适用住房建设单位、中介机构和其他组织、个人有违法违规行为的，要依法依规予以处理，并记入诚信档案。

国家机关工作人员在经济适用住房建设、管理过程中滥用职权、玩忽职守、徇私舞弊的，依法依纪追究责任；涉嫌犯罪的，移送司法机关处理。

（十八）各地要根据本通知要求，完善经济适用住房管理办法，并制订经济适用住房配售合同示范文本。

（十九）本通知自印发之日起施行。

中华人民共和国住房和城乡建设部

二〇一〇年四月二十二日

关于加强廉租住房管理有关问题的通知

建保〔2010〕62 号

各省、自治区住房和城乡建设厅、民政厅、财政厅，直辖市建委（房地局、住房保障房屋管理局）、民政局、财政局，新疆生产建设兵团建设局、民政局、财务局：

为加强廉租住房管理，确保廉租住房公平配租和有效使用，根据《国务院关于解决城镇低收入家庭住房困难的若干意见》（国发〔2007〕24号）和住房城乡建设部等九部委《廉租住房保障办法》（建设部令第162号）等有关规定，现就有关问题通知如下：

一、严格建设和准入管理

（一）各地区要通过新建、改建、购置、租赁等方式多渠道筹集廉租住房房源。新建廉租住房坚持集中建设和在经济适用住房、商品住房、棚户区改造项目中配建相结合，以配建为主。新建廉租住房项目要尽可能安排在交通便利、公共设施较为齐全的区域，同步做好小区内外市政配套设施建设，方便低收入家庭生活、就业、就医和子女入学。

（二）严格执行廉租住房单套建筑面积控制在50平方米以内的规定。要根据低收入家庭人口结构情况，合理安排不同套型面积住房的比例。对房地产开发企业承建的配建廉租住房，住房保障部门要提出套型面积等控制要求，作为项目法人招标的前置条件。

（三）优化廉租住房户型设计，加大建筑节能技术的推广应用，力求在较小的户型内满足基本居住需要，努力做到功能齐全、布局合理、节能环保和经济适用。

（四）各市、县人民政府要落实经国务院同意印发的《城市低收入家庭认定办法》（民发〔2008〕156号）的有关规定，明确廉租住房保障申请人的收入和资产申报义务，抓紧建立住房保障、公安（车辆和户籍管理）、人力资源和社会保障（社会保险）、房地产、金融、工商、税务、住房公积金等部门和机构的信息共享机制，着力提高廉租住房保障资格审核工作的准确性。

（五）各市、县住房保障部门要会同有关部门完善廉租住房申请、审核、公示、轮候、配租程序，确保廉租住房配租过程公开透明，配租结果公平公正。

二、强化租赁管理和服务

（六）各市、县住房保障部门要切实履行廉租住房产权人的权利和义务，加强廉租住房合同管理，明确承租对象的权利和义务，载明租金水平、租赁期限、转借或转租的处罚以及其他违反使用规定的责任等事项。

（七）集中建设的廉租住房小区的管理和服务，可由租户自我管理、自我服务，也可以选择专业化的物业服务企业或原公有住房管理机构承担。在其他项目中配建的廉租住房管理和服务，要纳入项目统一的物业管理。

（八）强化廉租住房租金管理，提高廉租住房租金和服务收费的缴交率。对不按合同约定缴纳租金并经催交无效的，可以通报承租人所在单位并从承租人工资收入中直接划扣。

（九）廉租住房租金要严格执行“收支两条线”管理，全额用于廉租住房及配套设施的维修养护和管理，不足部分由市、县财政预算安排。按规定落实对低保家庭的供暖费补贴、水电气开户费减免政策。

（十）完善廉租住房租赁补贴发放和管理制度，确保补贴资金专款用于改善居住条件。

（十一）正在享受实物配租廉租住房或领取廉租住房租赁补贴的家庭，再购买其他住房的，应当办理廉租住房保障退出手续。

（十二）房屋登记机构办理房屋权属登记时，应根据住房保障部门提供的信息，比对申请登记人家庭成员是否正在享受廉租住房保障的信息。

三、切实落实监管责任

（十三）解决城市低收入家庭住房困难是政府公共服务的重要职责，市、县人民政府住房保障部门是廉租住房管理的责任主体。要健全管理机制和实施机构，充实人员，落实工作经费，切实履行政府资产管理和对低收入家庭公共服务的职责。

（十四）市、县住房保障部门要通过定期入户调查等方式，及时了解保障对象家庭成员变动情况及廉租住房使用情况。住房保障部门可以通过政府购买服务的方式，委托廉租住房物业服务企业承担廉租住房使用情况的检查等工作。

（十五）对骗取廉租住房保障、恶意欠租、无正当理由长期闲置，违规转租、出借、调换和转让廉租住房等行为，市、县住房保障部门要按照有关规定或合同约定责令限期退回；逾期未退回的，可以按照合同约定，采取调整租金等方式处理，直至收回廉租住房，并取消该家庭再次申请廉租住房保障的资格；对拒不执行处理决定的，市、县住房保障部门可向当地人民法院申请强制执行。

（十六）充分发挥社会监督作用，畅通投诉举报渠道。通过各种形式主动接受媒体和公众的监督。对社会各界举报投诉的骗取廉租住房保障及违规使用廉租住房的行为，要及时处理，并公布结果。

（十七）国家机关工作人员在廉租住房建设、管理过程中滥用职权、玩忽职守、徇私舞弊的，依法依纪追究责任；涉嫌犯罪的，移送司法机关处理。

（十八）本通知自印发之日起施行。

中华人民共和国住房和城乡建设部
中华人民共和国民政部
中华人民共和国财政部
二〇一〇年四月二十三日

中华人民共和国住房和城乡建设部令

住建部令第3号

《省域城镇体系规划编制审批办法》已经第55次部常务会议审议通过，现予发布，自2010年7月1日起施行。

中华人民共和国住房和城乡建设部部长　姜伟新

二〇一〇年四月二十五日

省域城镇体系规划编制审批办法

第一章　总　则

第一条　为了规范省域城镇体系规划编制和审批工作，提高规划的科学性，根据《中华人民共和国城乡规划法》，制定本办法。

第二条　省域城镇体系规划的编制和审批，适用本办法。

第三条　省域城镇体系规划是省、自治区人民政府实施城乡规划管理，合理配置省域空间资源，优化城乡空间布局，统筹基础设施和公共设施建设的基本依据，是落实全国城镇体系规划，引导本省、自治区城镇化和城镇发展，指导下层次规划编制的公共政策。

第四条　编制省域城镇体系规划，应当以科学发展观为指导，坚持城乡统筹规划，促进区域协调发展；坚持因地制宜，分类指导；坚持走有中国特色的城镇化道路，节约集约利用资源、能源，保护自然人文资源和生态环境。

第五条　编制省域城镇体系规划，应当遵守国家有关法律、行政法规，并与有关规划相协调。

第六条　省域城镇体系规划的编制和管理经费应当纳入省级财政预算。

第七条　经依法批准的省域城镇体系规划应当及时向社会公布，但法律、行政法规规定不得公开的内容除外。

第二章　省域城镇体系规划的制定和修改

第八条　省、自治区人民政府负责组织编制省域城镇体系规划。省、自治区人民政府城乡规划主管部门负责省域城镇体系规划组织编制的具体工作。

第九条　省、自治区人民政府城乡规划主管部门应当委托具有城乡规划甲级资质证书的单位承担省域城镇体系规划的具体编制工作。

第十条　省域城镇体系规划编制工作一般分为编制省域城镇体系规划纲要（以下简称规划纲要）和编制省域城镇体系规划成果（以下简称规划成果）两个阶段。

第十一条　编制规划纲要的目的是综合评价省、自治区城镇化发展条件及对城乡空间布局的基本要求，分析研究省域相关规划和重大项目布局对城乡空间的影响，明确规划编制的原则和重点，研究提出城镇化目标和拟采取的对策和措施，为编制规划成果提供基础。

编制规划纲要时，应当对影响本省、自治区城镇化和城镇发展的重大问题进行专题研究。

第十二条　省、自治区人民政府城乡规划主管部门应当对规划纲要和规划成果进行充分论证，并征求同级人民政府有关部门和下一级人民政府的意见。

第十三条　国务院城乡规划主管部门应当加强对省域城镇体系规划编制工作的指导。

在规划纲要编制和规划成果编制阶段，国务院城乡规划主管部门应当分别组织对规划纲要和规划成果进行审查，并出具审查意见。

第十四条　省、自治区人民政府城乡规划主管部门向国务院城乡规划主管部门提交审查规划纲要和规划成果时，应当附专题研究报告、规划协调论证的说明和对各方面意见的采纳情况。

第十五条　省域城镇体系规划由省、自治区人民政府报国务院审批。

第十六条　省域城镇体系规划报送审批前，省、自治区人民政府应当将规划成果予以公告，并征求专家和公众的意见。公告时间不得少于三十日。

第十七条　省、自治区人民政府在省域城镇体系规划报国务院审批前，应当将规划成果提请省、自治区人民代表大会常务委员会审议。

第十八条　上报国务院的规划成果应当附具省域城镇体系规划说明书、规划编制工作的说明、征求意见和意见采纳的情况、人大常务委员会组成人员的审议意见和根据审议意见修改规划的情况等。

第十九条　省域城镇体系规划成果应当包括规划文本、图纸，以书面和电子文件两种形式表达。

规划成果的表达应当清晰、规范，符合城乡规划有关的技术标准和技术规范。

第二十条　修改省域城镇体系规划，应当符合《中华人民共和国城乡规划法》的相关规定。

修改省域城镇体系规划向国务院报告前，省、自治区人民政府城乡规划主管部门应当结合对省域城镇体系规划实施情况的评估，提出规划修改的必要性、修改规划的基本思路和重点，经省、自治区人民政府同意后，向国务院城乡规划主管部门报告。

第二十一条　修改省域城镇体系规划，应当符合本办法规定的省域城镇体系规划的编制审批程序。

第二十二条　根据实施省域城镇体系规划的需要，省、自治区人民政府城乡规划主管部门可以依据经批准的省域城镇体系规划，会同有关部门组织编制省域范围内的区域性专项规划和跨下一级行政单元的规划，落实省域城镇体系规划的要求。

第二十三条　省域范围内的区域性专项规划和跨下一级行政单元的规划，报省、自治区人民政府审批。

第三章　省域城镇体系规划的内容和成果要求

第二十四条　规划纲要应当包括下列内容：

（一）分析评价现行省域城镇体系规划实施情况，明确规划编制原则、重点和应当解决的主要问题。

（二）按照全国城镇体系规划的要求，提出本省、自治区在国家城镇化与区域协调发展中的地位和作用。

（三）综合评价土地资源、水资源、能源、生态环境承载能力等城镇发展支撑条件和制约因素，提出城镇化进程中重要资源、能源合理利用与保护、生态环境保护和防灾减灾的要求。

（四）综合分析经济社会发展目标和产业发展趋势、城乡人口流动和人口分布趋势、省域内城镇化和城镇发展的区域差异等影响本省、自治区城镇发展的主要因素，提出城镇化的目标、任务及要求。

（五）按照城乡区域全面协调可持续发展的要求，综合考虑经济社会发展与人口资源环境条件，提出优化城乡空间格局的规划要求，包括省域城乡空间布局，城乡居民点体系和优化农村居民点布局的要求；提出省域综合交通和重大市政基础设施、公共设施布局的建议；提出需要从省域层面重点协调、引导的地区，以及需要与相邻省（自治区、直辖市）共同协调解决的重大基础设施布局等相关问题。

（六）按照保护资源、生态环境和优化省域城乡空间布局的综合要求，研究提出适宜建设区、限制建设区、禁止建设区的划定原则和划定依据，明确限制建设区、禁止建设区的基本类型。

第二十五条　规划成果应当包括下列内容：

（一）明确全省、自治区城乡统筹发展的总体要求。包括城镇化目标和战略，城镇化发展质量目标及相关指标，城镇化途径和相应的城镇协调发展政策和策略；城乡统筹发展目标、城乡结构变化趋势和规划策略；根据省、自治区内的区域差异提出分类指导的城镇化政策。

（二）明确资源利用与资源生态环境保护的目标、要求和措施。包括土地资源、水资源、能源等的合理利用与保护，历史文化遗产的保护，地域传统文化特色的体现，生态环境保护。

（三）明确省域城乡空间和规模控制要求。包括中心城市等级体系和空间布局；需要从省域层面重点协调、引导地区的定位及协调、引导措施；优化农村居民点布局的目标、原则和规划要求。

（四）明确与城乡空间布局相协调的区域综合交通体系。包括省域综合交通发展目标、策略及综合交通设施与城乡空间布局协调的原则，省域综合交通网络和重要交通设施布局，综合交通枢纽城市及其规划要求。

（五）明确城乡基础设施支撑体系。包括统筹城乡的区域重大基础设施和公共设施布局原则和规划要求，中心镇基础设施和基本公共设施的配置要求；农村居民点建设和环境综合整治的总体要求；综合防灾与重大公共安全保障体系的规划要求等。

（六）明确空间开发管制要求。包括限制建设区、禁止建设区的区位和范围，提出管制要求和实现空间管制的措施，为省域内各市（县）在城市总体规划中划定“四线”等规划控制线提供依据。

（七）明确对下层次城乡规划编制的要求。结合本省、自治区的实际情况，综合提出对各地区在城镇协调发展、城乡空间布局、资源生态环境保护、交通和基础设施布局、空间开发管制等方面的规划要求。

（八）明确规划实施的政策措施。包括城乡统筹和城镇协调发展的政策；需要进一步深化落实的规划内容；规划实施的制度保障，规划实施的方法。

省、自治区人民政府城乡规划主管部门根据本省、自治区实际，可以在省域城镇体系规划中提出与相邻省、自治区、直辖市的协调事项，近期行动计划等规划内容。必要时可以将本省、自治区分成若干区，深化和细化规划要求。

第二十六条　限制建设区、禁止建设区的管制要求，重要资源和生态环境保护目标，省域内区域性重大基础设施布局等，应当作为省域城镇体系规划的强制性内容。

第二十七条　省域城镇体系规划的规划期限一般为二十年，还可以对资源生态环境保护和城乡空间布局等重大问题作出更长远的预测性安排。

第四章　附　　则

第二十八条　省域范围内的区域性专项规划和跨下一级行政单元规划内容和编制审批的具体要求，由各地参照本办法确定。

第二十九条　本办法自2010年7月1日起施行。1994年8月15日建设部发布的《城镇体系规划编制审批办法》（建设部令第36号）同时废止。

关于进一步强化住宅工程质量管理和责任的通知

建市〔2010〕68号

各省、自治区住房和城乡建设厅，直辖市建委（建设交通委），北京市规划委，总后基建营房工程局：

住宅工程质量，关系到人民群众的切身利益和生命财产安全，关系到住有所居、安居乐业政策的有效落实。近几年来，住宅工程质量总体上是好的，但在一些住宅工程中，违反建设程序、降低质量标准、违规违章操作、执法监督不力等现象依然存在，重大质量事故仍有发生。为进一步加强质量管理，强化质量责任，切实保证住宅工程质量，现将有关问题通知如下：

一、强化住宅工程质量责任，规范建设各方主体行为

（一）建设单位的责任。建设单位要严格履行项目用地许可、规划许可、招投标、施工图审查、施工许可、委托监理、质量安全监督、工程竣工验收、工程技术档案移交、工程质量保修等法定职责，依法承担住宅工程质量的全面管理责任。建设单位要落实项目法人责任制，设立质量管理机构并配备专职人员，高度重视项目前期的技术论证，及时提供住宅工程所需的基础资料，统一协调安排住宅工程建设各相关方的工作；要加强对勘察、设计、采购和施工质量的过程控制和验收管理，不得将住宅工程发包给不具有相应资质等级的勘察、设计、施工、监理等单位，不得将住宅工程肢解发包，不得违规指定分包单位，不得以任何明示或暗示的方式要求勘察、设计、施工、监理等单位违反法律、法规、工程建设标准和任意更改相关工作的成果及结论；要严格按照基本建设程序进行住宅工程建设，不得以任何名义不履行法定建设程序或擅自简化建设程序；要保证合理的工期和造价，严格执行有关工程建设标准，确保住宅工程质量。

（二）勘察单位的责任。勘察单位要严格按照法律、法规、工程建设标准进行勘察，对住宅工程的勘察质量依法承担责任。勘察单位要建立健全质量管理体系，全面加强对现场踏勘、勘察纲要编制、现场作业、土水试验和成果资料审核等关键环节的管理，确保勘察工作内容满足国家法律、法规、工程建设标准和工程设计与施工的需要；要强化质量责任制，落实注册土木工程师（岩土）执业制度，加强对钻探描述（记录）员、机长、观测员、试验员等作业人员的岗位培训；要增强勘察从业人员的质量责任意识，及时整理、核对勘察过程中的各类原始记录，不得虚假勘察，不得离开现场进行追记、补记和修改记录，保证地质、测量、水文等勘察成果资料的真实性和准确性。

（三）设计单位的责任。设计单位要严格按照法律、法规、工程建设标准、规划许可条件和勘察成果文件进行设计，对住宅工程的设计质量依法承担责任。设计单位要建立健全质量管理体系，加强设计过程的质量控制，保证设计质量符合工程建设标准和设计深度的要求；要依法设计、精心设计，坚持以人为本，对容易产生质量通病的部位和环节，实施优化及细化设计；要配备足够数量和符合资格的设计人员做好住宅工程设计和现场服务工作，严禁采用未按规定审定的可能影响住宅工程质量和安全的技术和材料；要进一步强化注册建筑师、勘察设计注册工程师等执业人员的责任意识，加强文件审查，对不符合要求的设计文件不得签字认可，确保所签章的设计文件能够满足住宅工程对安全、抗震、节能、防火、环保、无障碍设计、公共卫生和居住方便等结构安全和使用功能的需要，并在设计使用年限内有足够的可靠性。

（四）施工单位的责任。施工单位要严格按照经审查合格的施工图设计文件和施工技术标准进行施工，对住宅工程的施工质量依法承担责任。施工单位要建立健全质量管理体系，强化质量责任制，确定符合规定并满足施工需要的项目管理机构和项目经理、技术负责人等主要管理人员，不得转包和违法分包，不得擅自修改设计文件，不得偷工减料；要建立健全教育培训制度，所有施工管理和作业人员必须经过教育培训且考核合格后方可上岗；要按照工程设计要求、施工技术标准和合同约定，对建筑材料、建筑构配件、设备和商品混凝土进行检验，未经检验或者检验不合格的，不得使用；要健全施工过程的质量检验检测制度，做好工程重要结构部位和隐蔽工程的质量检查和记录，隐蔽工程在隐蔽前，要按规定通知有关单位验收；要对施工或者竣工验收中出现质量问题的住宅工程负责返修，对已竣工验收合格并交付使用的住宅工程要按规定承担保修责任。

（五）监理单位的责任。监理单位要严格依照法律、法规以及有关技术标准、设计文件和建设工程承包合同进行监理，对住宅工程的施工质量依法承担监理责任。监理单位因不按照监理合同约定履行监理职责，给建设单位造成损失的，要承担违约赔偿责任；因监理单位弄虚作假，降低工程质量标准，造成工程质量事故的，要依法承担相应法律责任。监理单位要建立健全质量管理体系，落实项目总监负责制，建立适宜的组织机构，配备足够的、专业配套的合格监理人员，严格按照监理规划和规定的监理程序开展监理工作，不得转让工程监理业务，不得与被监理的住宅工程的施工单位以及建筑材料、建筑构配件和设备供应单位有隶属关系或其他利害关系。监理人员要按规定采取旁站、巡视、平行检验等多种形式，及时到位进行监督检查，对达不到规定要求的材料、设备、工程以及不符合要求的施工组织设计、施工方案不得签字放行，并按规定及时向建设单位和有关部门报告，确保监理工作质量。

（六）有关专业机构的责任。工程质量检测机构依法对其检测数据和检测报告的真实性和准确性负责，因违反国家有关规定给他人造成损失的，要依法承担相应赔偿责任及其他法律责任。工程质量检测机构要建立健全质量管理体系，严格依据法律、法规、工程建设标准和批准的资质范围实施质量检测，不得转包检测业务，不得与承接工程项目建设的各方有隶属关系或其他利害关系；要加强检测工程的质量监控，保证检测报告真实有效、结论明确，并要将检测过程中发现的建设、监理、施工等单位违反国家有关规定以及涉及结构安全检测结果的不合格情况，及时按规定向有关部门报告。施工图审查机构要依法对施工图设计文件（含勘察文件，下同）质量承担审查责任。施工图设计文件经审查合格后，仍有违反法律、法规和工程建设强制性标准的问题，给建设单位造成损失的，要依法承担相应赔偿责任。施工图审查机构要建立健全内部质量管理制度，配备合格、专业配套的审查人员，严格按照国家有关规定和认定范围进行审查，不得降低标准或虚假审查，并要按规定将审查过程中发现的建设、勘察、设计单位和注册执业人员的违法违规行为向有关部门报告。

二、加强住宅工程质量管理，严格执行法定基本制度

（七）加强市场准入清出管理。住宅工程要严格执行房地产开发、招标代理、勘察、设计、施工、监理等企业资质管理制度，严禁企业无资质或超越资质等级和业务范围承揽业务。要健全关键岗位个人注册执业签章制度，严禁执业人员出租、出借执业证书和印章，从事非法执业活动。对不满足资质标准、存在违法违规行为，以及出租、出借、重复注册、不履行执业责任等行为的企业和执业人员，要依法进行处罚。对发生重大质量事故的，要依法降低资质等级、吊销资质证书、吊销执业资格并追究其他法律责任。

（八）加强工程招标投标管理。住宅工程要依法执行招标投标制度。严禁围标、串标，严禁招标代理机构串通招标人或投标人操纵招标投标。要加强评标专家管理，建立培训、考核、评价制度，规范评标专家行为，健全评标专家退出机制；要完善评标方法和标准，坚决制止不经评审的最低价中标的做法。对存在围标、串标的企业以及不正确履行职责的招标代理机构、评标专家要依法进行处罚；对情节严重的，要依法降低资质等级、吊销资质证书、取消评标专家资格并追究其他法律责任。

（九）加强合同管理。住宅工程的工程总承包、施工总承包、专业承包、劳务分包以及勘察、设计、施工、监理、项目管理等都要依法订立书面合同。各类合同都应有明确的承包范围、质量要求以及违约责任等内容。对于违反合同的单位，要依法追究违约责任。发生合同争议时，合同各方应积极协商解决，协商不成的，要及时通过仲裁或诉讼妥善解决，维护合法权益。各地要加强合同备案管理制度，及时掌握合同履约情况，减少合同争议的发生。对因合同争议而引发群体性事件或突发性事件，损害房屋所有人、使用人以及施工作业人员合法权益，以及存在转包、挂靠、违法分包、签订阴阳合同等违法违规行为的单位，要依法进行处罚，并追究单位法定代表人的责任。

（十）加强施工许可管理。住宅工程要严格执行施工许可制度。依法必须申请领取施工许可证的住宅工程未取得施工许可手续的，不得擅自开工建设。任何单位和个人不得将应该申请领取施工许可证的工程项目分解为若干限额以下的工程项目，规避申请领取施工许可证。各地要切实加强施工许可证的发放管理，严格依法审查住宅工程用地、规划、设计等前置条件，不符合法定条件的不得颁发施工许可证。对存在违法开工行为的单位和个人，要依法进行处罚，并追究建设单位和施工单位法定代表人的责任。对于不按规定颁发施工许可证的有关部门和个人，要依法追究法律责任。

（十一）加强施工图审查管理。建设单位要严格执行施工图设计文件审查制度，及时将住宅工程施工图设计文件报有关机构审查；要先行将勘察文件报审，不得将勘察文件和设计文件同时报审，未经审查合格的勘察文件不得作为设计依据。施工图审查机构要重点对住宅工程的地基基础和主体结构的安全性，防火、抗震、节能、环保以及厨房、卫生间等关键场所的设计质量是否符合工程建设强制性标准进行审查，任何单位和个人不得擅自修改已审查合格的施工图设计文件。确需修改的，建设单位要按有关规定将修改后的施工图设计文件送原审查机构审查。凡出具虚假审查合格书或未尽审查职责的审查机构和审查人员要依法承担相应责任。

（十二）加强总承包责任管理。住宅工程实行总承包的要严格执行国家有关法律、法规，总承包单位分包工程要取得建设单位书面认可。严禁总承包单位将承接工程转包或将其主体工程分包，严禁分包单位将分包工程再分包。对转包和违法分包的单位，要依法停业整顿，降低资质等级，情节严重的要依法吊销资质证书。要认真落实总承包单位负责制，总承包单位要按照合同约定加强对分包单位的组织协调和管理，并对所承接工程质量负总责。对因分包单位责任导致工程质量事故的，总承包单位要承担连带责任。

（十三）加强建筑节能管理。建设单位要严格遵守国家建筑节能的有关法律法规，按照相应的建筑节能标准和技术要求委托住宅工程项目的规划设计、开工建设、组织竣工验收，不得以任何理由要求设计、施工等单位擅自修改经审查合格的节能设计文件，降低建筑节能标准。勘察、设计、施工、监理单位及其注册执业人员，要严格按照建筑节能强制性标准开展工作，加强节能管理，提高能源利用效率和可再生能源利用水平，保证住宅工程建筑节能质量。对违反国家有关节能规定，降低建设节能标准的有关单位和个人，要依法追究法律责任。

（十四）加强工期和造价管理。合理工期和造价是保证住宅工程质量的重要前提。建设单位要从保证住宅工程安全和质量的角度出发，科学确定住宅工程合理工期以及勘察、设计和施工等各阶段的合理时间；要在住宅工程合同中明确合理工期要求，并严格约定工期调整的前提和条件。建设、勘察、设计和施工等单位要严格执行住宅工程合同，任何单位和个人不得任意压缩合理工期，不得不顾客观规律随意调整工期。建设单位要严格执行国家有关工程造价计价办法和计价标准，不得任意降低住宅工程质量标准，不得要求承包方以低于成本的价格竞标。勘察、设计、施工和监理等单位要严格执行国家有关收费标准，坚持质量第一，严禁恶意压价竞争。对违反国家有关规定，任意压缩合理工期或降低工程造价造成工程质量事故的有关单位和个人，要依法追究法律责任。

（十五）加强施工现场组织管理。施工单位要建立施工现场管理责任制，全面负责施工过程中的现场管理。住宅工程实行总承包的，由总包方负责施工现场的统一管理，分包方在总包方的统一管理下，在其分包范围内实施施工现场管理。施工单位要按规定编制施工组织设计和专项施工方案并组织实施。任何单位和个人不得擅自修改已批准的施工组织设计和施工方案。建设单位要指定施工现场总代表人，全面负责协调施工现场的组织管理。建设单位要根据事先确定的设计、施工方案，定期对住宅工程项目实施情况进行检查，督促施工现场的设计、施工、监理等单位加强现场管理，并及时处理和解决有关问题，切实保证住宅工程建设及原有地下管线、地下建筑和周边建筑、构筑物的质量安全。设计单位要加强住宅工程项目实施过程中的驻场设计服务，及时解决与设计有关的各种问题。要加强与建设、施工单位的沟通，不断优化设计方案，保证工程质量。监理单位要加强对施工现场的巡查，认真履行对重大质量问题和事故的督促整改和报告的责任。对于因建设、设计、施工和监理单位未正确履行现场组织管理职责，造成工程质量事故的，要依法进行处罚，并追究单位法定代表人的责任。

（十六）加强竣工验收管理。住宅工程建成后，建设单位要组织勘察、设计、施工、监理等有关单位严格按照规定的组织形式、验收程序和验收标准进行竣工验收，并及时将有关验收文件报有关住房和城乡建设主管部门备案。各地要加强对住宅工程竣工验收备案的管理，将竣工验收备案情况及时向社会公布。未经验收或验收不合格的住宅工程不得交付使用。住宅工程经竣工验收备案后，方可办理房屋所有权证。对发现建设单位在竣工验收过程中有违反国家有关建设工程质量管理规定以及建筑节能强制性标准行为的，或采用虚假证明文件办理工程竣工验收备案的住宅工程项目，要限期整改，重新组织竣工验收，并依法追究建设单位及其法定代表人的责任。

有条件的地区，在住宅工程竣工验收前，要积极推行由建设单位组织实施的分户验收。若住房地基基础和主体结构质量经法定检测不符合验收质量标准或全装修住房的装饰装修标准不符合合同约定的，购房人有权按照合同约定向建设单位索赔。

（十七）加强工程质量保修管理。建设单位要按照国家有关工程质量保修规定和住宅质量保证书承诺的内容承担相应法律责任。施工单位要按照国家有关工程质量保修规定和工程质量保修书的要求，对住宅工程竣工验收后在保修期限内出现的质量缺陷予以修复。在保修期内，因住宅工程质量缺陷造成房屋所有人、使用人或者第三方人身、财产损害的，房屋所有人、使用人或者第三方可以向建设单位提出赔偿要求，建设单位可以向造成房屋建筑工程质量缺陷的责任方追偿。对因不履行保修义务或保修不及时、不到位，造成工程质量事故的建设单位和施工单位，要依法追究法律责任。建设单位要逐步推进质量安全保险机制，在住宅工程项目中实行工程质量保险，为用户在工程竣工一定时期内出现的质量缺陷提供保险。

（十八）加强工程质量报告工作。各地要建立住宅工程质量报告制度。建设单位要按工程进度及时向工程项目所在地住房和城乡建设主管部门报送工程质量报告。质量报告要如实反映工程质量情况，工程质量负责人和监理负责人要对填报的内容签字负责。住宅工程发生重大质量事故，事故发生单位要依法向工程项目所在地住房和城乡建设主管部门及有关部门报告。对弄虚作假和隐瞒不报的，要依法追究有关单位责任人和建设单位法定代表人的责任。

（十九）加强城市建设档案管理。住宅工程要按照《城市建设档案管理规定》有关要求，建立健全项目档案管理制度。建设单位要组织勘察、设计、施工、监理等有关单位严格按照规定收集、整理、归档从项目决策立项到工程竣工验收各环节的全部文件资料及竣工图，并在规定时限内向城市建设档案管理机构报送。城市建设档案管理机构和档案管理人员要严格履行职责，认真做好档案的登记、验收、保管和保护工作。对未按照规定移交建设工程档案的建设单位以及在档案管理中失职的有关单位和人员，要依法严肃处理。

（二十）加强应急救援管理。建设单位要建立健全应急抢险组织，充分考虑住宅工程施工过程中可能出现的紧急情况，制定施工应急救援预案，并开展应急救援预案的演练。施工单位要根据住宅工程施工特点制定切实可行的应急救援预案，配备相应装备和人员，并按有关规定进行演练。监理单位要审查应急救援预案并督促落实各项应急准备措施。住宅工程施工现场各有关单位要重视应急救援管理，共同建立起与政府应急体系的联动机制，确保应急救援反应灵敏、行动迅速、处置得力。

三、强化工程质量负责制，落实住宅工程质量责任

（二十一）强化建设单位法定代表人责任制。建设单位是住宅工程的主要质量责任主体，要依法对所建设的商品住房、保障性安居工程等住宅工程在设计使用年限内的质量负全面责任。建设单位的法定代表人要对所建设的住宅工程质量负主要领导责任。住宅工程发生工程质量事故的，除依法追究建设单位及有关责任人的法律责任以外，还要追究建设单位法定代表人的领导责任。对政府部门作为建设单位直接负责组织建设的保障性安居工程发生工程质量事故的，除依法追究有关责任人外，还要追究政府部门相关负责人的领导责任。

（二十二）强化参建单位法定代表人责任制。勘察、设计、施工、监理等单位按照法律规定和合同约定对所承接的住宅工程承担相应法律责任。勘察、设计、施工、监理等单位的法定代表人，对所承接的住宅工程项目的工程质量负领导责任。因参建单位责任导致工程质量事故的，除追究直接责任人的责任外，还要追究参建单位法定代表人的领导责任。

（二十三）强化关键岗位执业人员负责制。住宅工程项目要严格执行国家规定的注册执业管理制度。注册建筑师、勘察设计注册工程师、注册监理工程师、注册建造师等注册执业人员应对其法定义务内的工作和签章文件负责。因注册执业人员的过错造成工程质量事故的，要依法追究注册执业人员的责任。

（二十四）强化工程质量终身负责制。住宅工程的建设、勘察、设计、施工、监理等单位的法定代表人、工程项目负责人、工程技术负责人、注册执业人员要按各自职责对所承担的住宅工程项目在设计使用年限内的质量负终身责任。违反国家有关建设工程质量管理规定，造成重大工程质量事故的，无论其在何职何岗，身居何处，都要依法追究相应责任。

四、加强政府监管和社会监督，健全住宅工程质量监督体系

（二十五）加强政府监管。各级住房城乡建设主管部门要加强对建设、勘察、设计、施工、监理以及质量检测、施工图审查等有关单位执行建设工程质量管理规定和工程建设标准情况的监督检查。要加大对住宅工程质量的监管力度，特别要加大对保障性安居工程质量的监管力度。要充分发挥工程质量监督机构的作用，严格按照工程建设标准，依法对住宅工程实行强制性工程质量监督检查，对在监督检查中发现的问题，各有关单位要及时处理和整改。对检查中发现问题较多的住宅工程，要加大检查频次，并将其列入企业的不良记录。对检查中发现有重大工程质量问题的项目，要及时发出整改通知，限期进行整改，对违法违规行为要依法予以查处。要加强质量监管队伍建设，充实监管人员，提供必要的工作条件和经费；要严格质量监督机构和人员的考核，进一步加强监管人员培训教育，提高监管机构和监管人员执法能力，保障住宅工程质量监管水平。

地方政府要切实负起农房建设质量安全的监管责任，采取多种形式加强对农房建设质量安全的监督管理工作，加大对农民自建低层住宅的技术服务和指导。实施统建的，要参照本文件进行管理，并严格执行有关质量管理规定。

（二十六）加强社会监督。建设单位要在住宅工程施工现场的显著部位，将建设、勘察、设计、施工、监理等单位的名称、联系电话、主要责任人姓名和工程基本情况挂牌公示。住宅工程建成后，建设单位须在每栋建筑物明显部位永久标注建设、勘察、设计、施工、监理单位的名称及主要责任人的姓名，接受社会监督。各地和有关单位要公布质量举报电话，建立质量投诉渠道，完善投诉处理制度。要进一步加强信息公开制度，及时向社会公布住宅建筑工程质量的相关信息，切实发挥媒体与公众的监督作用。所有单位、个人和新闻媒体都有权举报和揭发工程质量问题。各有关单位要及时处理在社会监督中发现的问题，对于不能及时处理有关问题的单位和个人，要依法进行处罚。

（二十七）加强组织领导。各地要高度重视，加强领导，认真贯彻“百年大计，质量第一”的方针，充分认识保证住宅工程质量的重要性，要把强化质量责任，保证住宅工程质量摆在重要位置。要认真贯彻中共中央办公厅、国务院办公厅《关于实行党政领导干部问责的暂行规定》，严格落实党政领导干部问责制，对发生住宅工程质量事故的，除按有关法律法规追究有关单位和个人的责任外，还要严格按照规定的问责内容、问责程序，对有关党政领导干部进行问责。各地要结合本地区住宅工程质量实际情况，切实采取有效措施，进一步做好宣传和教育工作，增强各单位及从业人员的责任意识，切实将住宅工程质量责任落实到位，真正确保住宅工程质量。

中华人民共和国住房和城乡建设部

二〇一〇年五月四日

关于印发《城市综合交通体系规划编制导则》的通知

建城〔2010〕80号

各省、自治区住房和城乡建设厅，北京市交通委员会、规划委员会，天津、上海市城乡建设和交通委员会、重庆市城乡建设委员会、市政管理委员会、规划局：

为了指导各城市做好城市综合交通体系规划编制工作，我部制定了《城市综合交通体系规划编制导则》，现印发给你们，请遵照执行。

中华人民共和国住房和城乡建设部

二〇一〇年五月二十六日

城市综合交通体系规划编制导则

序　　言

为了规范城市综合交通体系规划编制工作，2010 年 2 月住房和城乡建设部印发了《城市综合交通体系规划编制办法》，明确了城市综合交通体系规划的定位及作用，规定了编制的基本要求、主要编制内容、规划成果组成，以及编制管理与审查制度。为了指导各城市做好城市综合交通体系规划编制工作，特制定《城市综合交通体系规划编制导则》。

本《导则》提出了城市综合交通体系规划编制的目的、原则、主要内容、技术要点及编制程序，并明确了规划成果形式和要求。

1　总则

1.1　目的

城市综合交通体系规划旨在科学配置交通资源，发展绿色交通，合理安排城市交通各子系统关系，统筹城市内外、客货、近远期交通发展，形成支撑城市可持续发展的综合交通体系。

1.2　作用

1.2.1　城市综合交通体系规划是城市总体规划的重要组成部分，是指导城市综合交通发展的战略性规划。

1.2.2　城市综合交通体系规划是编制城市交通各子系统规划的依据，对外交通、道路、公共交通、步行与自行车交通、交通枢纽、停车、交通管理、交通信息化建设等子系统规划及近期规划应符合城市综合交通体系规划。

1.3　编制原则

1.3.1　应以建设集约化城市和节约型社会为目标，贯彻科学发展观，促进资源节约、环境友好、社会公平、城乡协调发展、保护自然与文化资源。

1.3.2　应贯彻落实优先发展城市公共交通的战略，优化交通模式与土地使用的关系，统筹各交通子系统协调发展。

1.3.3　应遵循定量分析与定性分析相结合的原则，在交通需求分析的基础上，科学判断城市交通的发展趋势，合理制定城市综合交通体系规划方案。

1.3.4　应统筹兼顾城市规模和发展阶段，结合主要交通问题和发展需求，处理好长远发展与近期建设的关系。规划方案应有针对性、前瞻性和可实施性，且满足城市防灾减灾、应急救援的交通要求。

1.4　规划范围与期限

1.4.1　城市综合交通体系规划范围应当与城市总体规划相一致。

1.4.2　城市综合交通体系规划期限应当与城市总体规划相一致。

1.4.3　城市重大交通基础设施规划布局应考虑城市远景发展要求。

2　工作阶段与要求

2.1　工作阶段

2.1.1　编制城市综合交通体系规划的工作过程，一般可划分为现状调研、专题研究、纲要成果、规划成果四个阶段。

2.1.2　纲要成果编制应与城市总体规划纲要成果编制相衔接。

2.1.3　规划成果编制应与城市总体规划成果编制相衔接。

2.2　工作要求

2.2.1　现状调研阶段。通过多种方式收集城市经济社会发展的现状和规划资料，听取相关部门规划设想和建议；分析城市发展中存在的主要交通问题；根据规划需要开展相应的交通调查。

2.2.2　专题研究阶段。在现状调研基础上，对影响城市综合交通体系发展的重大问题组织开展专题研究，一般应包括交通发展趋势、城市交通发展战略与政策、重大交通基础设施布局等。

2.2.3　纲要成果阶段。重点评价和分析城市综合交通体系现状存在的主要问题；论证城市综合交通发展趋势和需求、交通发展战略和交通资源配置策略，提出城市综合交通体系框架；确定城市综合交通体系总体发展目标和交通各子系统规划目标；提出城市综合交通体系的布局原则。

2.2.4　规划成果阶段。确定城市综合交通发展战略、政策和保障措施；确定城市交通设施布局方案、控制性规划指标和强制性内容；提出对城市交通各子系统规划的指导性技术要求；提出近期规划的策略与方案。

3　规划内容

3.1　交通发展战略

3.1.1　根据城市社会经济发展和城市发展目标，优化选择交通发展模式，确定交通发展与市域城镇布局、城市土地使用的关系，制定综合交通体系发展目标、分区发展目标、交通方式结构，提出交通发展政策和策略。

3.1.2　主要内容：

（1）确定城市综合交通体系总体发展方向和目标。

（2）确定各交通子系统发展定位和发展目标。

（3）确定城市交通方式结构。

（4）确定交通资源分配利用原则和策略。

（5）提出城市综合交通体系发展政策和措施。

3.2　综合交通体系组织

3.2.1　依据城市综合交通体系总体发展目标和交通资源配置策略，统筹城市综合交通体系功能组织，提出规划布局原则和要求。

3.2.2　主要内容：

（1）研究对外交通系统构成，以及城市内外交通的衔接关系，论证大型对外交通设施选址和布局原则。

（2）研究客运交通分布，确定客运交通走廊、客运交通枢纽的功能、等级和规模，提出客运系统总体布局框架。

（3）论证公共交通系统构成和功能等级，分析城市轨道交通和大运量快速公共交通系统规划建设的必要性、可行性。

（4）研究城市道路干路网组成和功能等级，研究城市防灾减灾和应急救援运输通道，提出规划布局原则。

（5）研究货运交通分布，确定货运交通走廊。论证货运交通通道的交通组织模式和管理策略。

（6）研究步行、自行车交通组织模式，确定城市不同地域步行、自行车交通的功能定位，提出步行、自行车交通系统的总体布局原则。

（7）研究提出城市停车设施的供给策略和总体布局原则。

（8）研究提出交通信息化建设与交通管理的基本策略。

3.3　对外交通系统

3.3.1　依据城市具体情况研究对外交通系统网络和区域交通设施布局，处理好与相关专业规划的关系。

3.3.2　主要内容：

（1）确定干线公路网规划布局，规划入城公路与城市道路系统的衔接方案。确定公路客货运场站的功能、等级、规划布局，提出公路客货运场站设施用地规模控制建议。

（2）论证铁路线路走廊规划布局，确定铁路客货运场站布局及功能定位，提出铁路场站设施用地规模控制建议，提出铁路客运站交通集散组织模式和设施配置要求，规划铁路货运站集疏运通道。

（3）确定不同类型港口、码头功能及规划布局，提出设施用地规模控制建议，规划港口货运集疏运方式和集疏运通道。

（4）确定航空港功能、等级规模和规划布局，规划航空港与市区的快速交通集散系统。

3.4　城市道路系统

3.4.1　按照与道路交通需求基本适应、与城市空间形态和土地使用布局相互协调、有利公共交通发展、内外交通系统有机衔接的要求，合理规划道路功能、等级与布局。

3.4.2　主要内容：

（1）优化配置城市干路网结构，规划城市干路网布局方案，提出支路网规划控制密度和建设标准。

（2）提出城市各级道路红线宽度指标和典型道路断面形式。

（3）确定主要交叉口、广场的用地控制要求。

（4）确定城市防灾减灾、应急救援、大型装备运输的道路网络方案。

3.5　公共交通系统

3.5.1　依据城市公共交通系统构成和客运系统总体布局框架，统筹规划公共交通系统设施安排和网络布局。

3.5.2　主要内容：

（1）确定城市轨道交通网络和车辆基地的布局原则及控制要求。

（2）确定大运量快速公共汽车（BRT）网络，提出线位控制原则及控制要求，以及停车场、保养场规划布局和用地规模控制标准。

（3）确定公共汽（电）车停车场、保养场规划布局和用地控制规模标准，提出首末站规划布局原则。

（4）确定公共交通专用道设置原则和技术要求，规划公共交通专用道网络布局方案，提出港湾式公交站点的设置原则和规划建议。

（5）提出出租汽车发展策略和出租汽车驻车站规划布局原则。

3.6　步行与自行车系统

3.6.1　按照安全、方便、通畅的原则，结合城市功能布局，合理规划步行与自行车系统。

3.6.2 主要内容：

(1) 确定步行、自行车交通系统网络布局框架及规划指标。

(2) 提出行人、自行车过街设施布局基本要求。

(3) 提出步行街区布局和范围。

(4) 确定城市自行车停车设施规划布局原则。

(5) 提出无障碍设施的规划原则和基本要求。

3.7 客运枢纽

3.7.1 按照人性化、一体化、节约用地的原则，优化布局客运枢纽，统筹各种交通方式的衔接。

3.7.2 主要内容：

(1) 确定客运枢纽的规划布局和用地规模控制标准。

(2) 提出相应的配套设施规划建设要求。

3.8 城市停车系统

3.8.1 遵循城市停车设施的供给策略，综合利用城市土地资源和地下空间，确定各类机动车停车设施规划建设基本要求。

3.8.2 主要内容：

(1) 确定城市机动车停车分区和不同类别停车需求的供给目标。

(2) 提出城市配建停车指标建议及管理对策。

(3) 提出城市机动车公共停车场规划布局原则。

3.9 货运系统

3.9.1 依据城市功能布局，合理规划货运交通系统。

3.9.2 主要内容：

(1) 确定城市货运枢纽、场站的规划布局、规模和用地控制指标。

(2) 确定城市货运道路网络和管理对策。

3.10 交通管理与交通信息化

3.10.1 按照人性化管理、信息资源共享的要求，合理确定交通管理和交通信息化发展对策及设施规划原则。

3.10.2 交通管理主要内容：

(1) 确定交通系统管理基础设施规划布局原则和建设要求。

(2) 提出交通需求管理的对策。

3.10.3 交通信息化主要内容：

(1) 提出交通信息化的发展模式和系统框架。

(2) 提出交通信息共享机制和共享信息类别。

3.11 近期规划

3.11.1 依据城市近期发展目标和城市财政能力，制定近期交通发展策略，提出近期交通基础设施安排和实施措施。

3.11.2 主要内容：

(1) 提出近期交通发展政策与措施。

(2) 提出近期城市交通系统规划方案。

(3) 确定近期建设的交通项目和建设时序。

(4) 估算近期交通建设投资。

3.12 规划实施保障措施

3.12.1 遵循有利于促进规划实施和管理的原则，提出规划的实施策略和措施。

3.12.2 主要内容：

(1) 提出规划实施的管理机制和对策。

(2) 提出保障规划实施的技术经济政策和对策。

4 技术要点

4.1 现状调研

4.1.1 资料收集要求

(1) 收集的基础资料应包括统计数据、政府文件、调查成果、相关规划文本与图纸等。

(2) 反映现状的数据资料宜采用规划起始年的前一年资料，特殊情况下可采用前两年的资料。

(3) 反映发展历程的数据资料不宜少于5年，且最近的年份不宜早于规划起始年的前两年。

(4) 相关规划资料应收集最新批复的规划成果和在编的各项规划草案。

(5) 5年之内的居民出行调查等起讫点交通调查资料可以应用于现状与发展趋势分析，5年以上的调查资料可作为参考，需要经过补充调查修正后方可应用。

4.1.2 资料收集内容

(1) 主要包括：城市社会经济、城市土地使用、交通工具、交通设施、交通运行与管理、公共交通、对外交通、交通政策与法规、交通投资、交通环境、交通研究成果及相关规划等。

(2) 资料收集一览表。

资料分类	主要内容
1. 城市社会经济	城市概况、行政区划、人口及用地规模，城市经济总量、产业结构与产业布局，城市布局形态、建成区规模、用地分布，城市社会经济发展规划、城市总体规划、控制性详细规划及相关专项规划，城市统计资料等
2. 城市土地使用	城市土地使用、人口及就业岗位分布等
3. 城市道路交通设施	各级道路现状及规划资料，停车设施现状及配建停车标准等
4. 城市交通运行	交通工具拥有量，交通出行特征，道路交通量状况，停车管理，交通管理设施，交通信息化建设，货运交通管理等

续表

资料分类	主要内容
5. 对外交通	对外交通线网以及场站布局、功能、等级规模，客货运量，专项发展规划、近期重大项目建设计划等
6. 公共交通	公共交通规模、设施布局、票制票价、运行管理模式等
6. 交通政策与法规	交通建设投资规模、各类设施投资比例，现行地方性交通法规、标准，相关交通发展策略研究等
7. 图件及报告资料	城市现状及规划用地图、现状及规划道路交通设施图、现状及规划对外交通系统图，相关规划及报告文字资料
8. 其他	旅游设施分布和旅游交通现状，环境保护、车辆排放管理、各类保护区现状，重点地区地质情况评价报告等

4.2　交通调查

4.2.1　交通调查一般包括：居民出行、车辆出行、道路交通运行、公交运行、出入境交通、停车、吸引点、货运等调查项目。

4.2.2　应根据城市基础资料状况，结合规划编制要求确定具体交通调查内容。

4.2.3　通常情况下，主要交通调查项目及内容如下：

调查项目	调查内容	调查范围	主要调查信息
1. 居民出行调查	城市居民出行 流动人口出行	规划编制范围	出行率、出行目的与方式、出行时间与距离、出行时空分布、出行意愿等
2. 车辆出行调查	机动车出行	规划编制范围	出行率、出行时间与距离、出行空间分布、载货状况等
3. 公交运行调查	常规公共交通	线网覆盖范围	线路客运量、断面客流量、主要上下站量、客流流向、满载率、公交车通过量、公交乘客特征等
	轨道交通	线网覆盖范围	客运量、断面客流量、主要上下站量、换乘量、乘距、站间OD，换乘站布局等
	出租汽车	注册运营出租汽车	载客次数、平均载客人次、平均距离、行驶里程、载客率等
4. 道路交通运行调查	路段交通流量	现状建成区范围	断面机动车、非机动车、步行交通特征
	道路交叉口流量	现状建成区范围	进出交叉口机动车、非机动车、步行交通特征
	机动车行程车速	现状建成区范围	各级道路行程车速等
5. 出入境调查	出入口道路交通	现状市区范围	进出境机动车流量、流向、车辆构成等
6. 停车调查	公共停车场	现状建成区范围	停车规模、停放时间、停车特征、泊位周转率等
7. 吸引点调查	主要公共设施	现状建成区范围	吸引规模、方式、分布、吸引强度等
8. 交通信息化调查	电子票用IC卡	现状应用领域	电子票种类、发行数量、应用领域和规模
9. 货运调查	货物运输	现状市区范围	主要货物种类及重要集散点分布、货运组织模式等

4.2.4　按照交通调查项目不同以及拟获取的调查信息内容和精度要求，可以采用全样调查、抽样调查、典型调查等方式。

（1）居民出行调查通常采用抽样调查方式，抽样率需根据城市人口规模计算确定。一般情况下，100万人口以上城市的最小抽样率不低于1%，50～100万人口城市不低于2%，20～50万人口城市不低于3%，20万人口以下城市不低于5%。补充调查的抽样率应满足修正交通模型的精度要求。暂住人口与流动人口的抽样率可根据交通出行特征确定。

（2）车辆出行调查通常采用抽样调查，抽样率按照车辆属性及规模分别确定。

（3）出入境调查宜采用抽样调查，抽样率一般在15%～20%。

（4）公交运行调查可采用抽样调查。当线路条数较少时，宜采用全样调查。

(5) 停车调查应按照调查目的确定调查规模。一般情况下，停车设施使用信息可采用抽样调查。

(6) 吸引点调查一般选取具有代表性的地点进行典型调查。

(7) 校核线调查一般不少于 12 小时，有条件的城市可利用交通监控系统自动采集数据。

4.2.5 交通小区是研究分析居民、车辆出行及分布的空间最小单元。应结合城市交通调查和交通分析将规划范围内的地域划分为若干交通小区，交通小区划分应保持延续性。

4.3 现状分析

4.3.1 以调查数据和相关资料为基础，切实反映城市综合交通体系的现状特征和存在问题，提出发展思路。

4.3.2 现状分析应包括以下主要方面：

(1) 城市概况。包括：城市区位、自然地理、历史文化、城市功能定位、现状城市人口与用地规模等基本状况。

(2) 城市经济与产业。包括：城市经济发展规模、水平与增长态势、城市产业结构、城市财政能力、基础设施投资规模与结构比例、存在问题等。

(3) 城市空间结构与土地使用。包括；现状城市空间结构特征、城市功能布局及土地使用特点、城市发展与交通系统的关系等。

(4) 城市交通需求。包括：居民出行特征、典型走廊和城市断面的交通分布特征，各类交通工具的规模、增长情况、使用特点以及影响因素，城市重要集散点的交通吸引特征，城市主要货源点分布及货运交通集散特征等。

(5) 城市对外交通。包括：各种对外交通的客货运输规模和增长情况，货物运输的主要种类，对外交通系统布局、场站设置与城市规划建设的关系，与城市交通衔接存在的突出矛盾等。

(6) 城市道路交通。包括：现状城市道路网络规模、结构、布局特点，道路功能与土地使用的相互关系，现状道路服务水平，主要道路、交叉口交通流状况等。

(7) 公共交通。包括：各种公交方式发展水平、线网规模、布局及场站设施，各类公交方式运营组织模式及服务水平，优先发展公交的保障措施，公交专用道、港湾公交站、公交优先信号设置状况，公交发展存在的主要问题等。

(8) 步行、自行车交通。包括：步行、自行车交通的分布及主要交通特征，步行街区布局及管理，步行、自行车交通设施和运行管理现状，以及存在问题等。

(9) 城市停车。包括：公共停车规模、布局，配建停车状况，路内停车状况，不同地区停车供求状况，停车设施使用状况及运营管理等。

(10) 交通管理。包括：交通管理设施、交通组织等基本状况，以及存在的主要问题等。

(11) 交通信息化。包括：交通信息化建设、交通信息共享需求等基本状况，以及存在的主要问题等。

(12) 城市综合交通体系总体评价。归纳城市交通存在的关键问题及其症结，分析交通发展内外部制约因素，评价城市交通与经济、资源、环境、城市建设的协调关系，提出城市综合交通体系的发展思路。

4.4 需求分析

4.4.1 应综合运用交通调查数据、统计数据、相关规划定量指标，建立交通分析模型，形成科学地交通需求分析方法。

4.4.2 需求分析中常用的基础数据包括：

(1) 人口。包括基于交通小区的人口规模、构成、分布等。

(2) 就业、就学岗位。包括就业、就学岗位总量和交通小区分布，就业岗位应按照行业及交通特征划分。

(3) 车辆保有量数据。包括机动车、非机动车的规模、分类，通常要用到 5 年以上的历史数据。

(4) 交通基础设施相关数据。包括道路、公共交通、枢纽、停车等。

(5) 客货运输数据。包括各种交通方式的客货运量、客货周转量、交通节点的交通集散量。

(6) 交通运行数据。包括主要道路的交通量、行程车速、交通延误等。

4.4.3 需求分析的主要内容及模型：

(1) 出行生成。包括各交通小区的人员、车辆出行生成，一般可采用回归分析模型、生成率模型、聚类分析模型等进行测算。

(2) 出行分布。包括人员出行分布和车辆出行分布，一般可采用增长率模型、重力模型、介入机会模型等进行测算。

(3) 出行方式。包括各种交通方式的构成比例和分布，一般可采用转移曲线模型、Logit 模型、重力转换型模型等进行测算。

(4) 出行分配。包括各种交通方式反映在道路网络上的交通量和客运网络上的运输量，按照需求分析目的不同，一般可采用平衡分配模型、最短路分配模型、多路径概率模型、容量限制模型等进行测算。

(5) 利用通用的交通分析软件进行交通需求分析时，应对交通模型参数进行重新标定。

(6) 交通需求分析时，可以根据技术条件和模型技术发展趋势，采用组合交通模型或其他形式模型。

4.4.4 规划方案测试的主要内容：

(1) 城市机动车发展规模。

(2) 交通方式构成与交通政策影响。

(3) 城市道路网络总体容量和各级道路服务水平。

(4) 城市道路关键走廊与断面容量和服务水平。

(5) 交通换乘枢纽及重要交通集散点的服务水平。

(6) 城市重要地点的交通可达性。

(7) 停车需求规模及停车设施供需关系。

(8) 公共交通服务水平分析。

4.5　方案制定

4.5.1　规划方案应以交通发展需求预测为基础，结合城市地形、地貌和规划的城市空间形态及功能布局进行编制。

4.5.2　规划方案应体现城市综合交通体系发展的总体目标和相关要求。

4.5.3　交通网络布局、重大交通基础设施布局应进行多方案比较。

4.5.4　重大交通基础设施选址应避让环境敏感点、地质灾害地区、历史文化保护区和风景名胜区，规划布局方案需满足专业技术规定的要求。

4.5.5　方案形成过程中，应采取多种方式征求相关部门和公众意见。

4.6　方案评价

4.6.1　规划方案评价应采用定量与定性相结合的方法，评价内容需包括经济、社会、环境、交通运行效果等方面。

4.6.2　方案评价应包括以下主要要素：

(1) 交通运行预期效果及与规划目标的吻合程度。

(2) 对城市规划布局的引导和支撑作用。

(3) 对城市用地资源的占用程度。

(4) 对城市生态和环境的影响程度。

(5) 对城市历史文化、文物古迹和各类保护区的影响。

(6) 地质灾害影响程度。

(7) 规划的工程规模与投资。

4.7　强制性内容

4.7.1　应包括城市总体规划的强制性内容：城市干路系统网络、城市轨道交通网络、交通枢纽布局。

4.7.2　指导各交通子系统规划的控制性指标应列入强制性内容。

4.7.3　可以根据城市的具体情况，增加强制性规划内容。一般情况下，对外交通设施和交通场站规划宜列为强制性内容。

5　成果要求

5.1　成果形式

5.1.1　规划成果由规划文本、规划说明书、规划图纸、基础资料汇编组成。

5.1.2　成果形式为纸质文档和电子文档。

(1) 纸质文档采用 A4 幅面竖开本装订，其中规划图集宜采用 A3 幅面印制并折页装订。

(2) 电子文档采用通用的文件存储格式。其中文本可采用 WPS、DOC、PDF 等文本格式或图形格式，图纸文件应采用 CAD、GIS 等矢量文件格式存储。

(3) 电子文档应包括交通调查原始数据、模型数据等数据文件，采用数据库格式存储。

5.2　规划文本

5.2.1　规划文本应当以条文方式表述规划结论，内容明确简练，具有指导性和可操作性。

5.2.2　强制性规划内容采用与其他规划内容有明显区别的字体或格式进行表述。

5.2.3　规划成果文本编写大纲

一、总则。主要包括：编制依据，指导思想，规划原则，规划范围，规划期限等。

二、规划目标。主要包括：近远期综合交通体系总体发展目标，城市交通方式结构，各交通子系统的发展目标等。

三、交通发展战略。主要包括：城市综合交通体系发展与城市发展的关系，交通资源配置的原则和策略，各交通子系统的功能定位、相互关系和发展策略，重大交通发展政策等。

四、综合交通体系组织。主要包括：城市综合交通体系构成，城市内外交通衔接关系，客货交通组织模式和总体布局框架，城市干路系统组成，城市应急救援、防灾减灾道路规划布局原则，城市客运枢纽结构，自行车、步行交通系统总体布局框架，城市停车供给策略，交通信息化建设与交通管理的基本策略等。

五、对外交通系统规划。主要包括：各种对外交通方式的网络布局，场站功能、等级和用地规模控制指标等。

六、城市道路网络规划。主要包括：城市干道网络布局，各级道路规划指标，城市应急救援、防灾减灾、大型装备运输道路组织等，规划道路、交叉口、广场列表。

七、公共交通系统规划。主要包括：公共交通系统构成，各种公共交通方式的场站设施功能、布局和用地控制指标，公共交通网络重要控制点规划布局，公共交通专用道布局，公共交通线网和站点规划建设要求等，规划城市轨道交通线网和公共交通场站列表。

八、步行与自行车交通规划。主要包括：步行、自行车交通系统网络规划指标，行人、自行车过街设施布局基本要求，步行街区布局和范围，自行车停车设施布局原则等。

九、客运枢纽规划。主要包括：客运枢纽规划布局、功能、等级和用地规模控制标准，配套设施安排等。

十、城市停车系统规划。主要包括：停车分区和规划供给指标，城市配建停车标准，机动车公共停车场设施规模和布局原则，设置路内停车位的基本原则和控制标准等。

十一、货运系统规划。主要包括：城市货运枢纽、场站规划布局、规模和用地控制指标，货运道路安排等。

十二、交通管理与交通信息化规划。主要包括：交通管理设施布局原则和要求，交通需求管理系统框架，城市交通信息化发展模式，交通信息化系统框架，交通信息共享机制和共享信息类别等。

十三、近期规划。主要包括：近期建设目标和建设策略，交通设施建设安排与投资规模，重点地区交通改善对策与方案等。

十四、规划实施保障措施。主要包括：规划实施的管理机制，技术经济政策，对城市交通各子系统规划的指导性技术要求等。

5.3 **规划说明书**

5.3.1 规划说明书由正文和附录两部分组成。

5.3.2 规划说明书正文应当与规划文本的条文相对应，对规划文本条文做出详细说明。

5.3.3 规划说明书附录主要包括以下主要内容：

（1）现状分析评价报告。

（2）交通调查分析报告。

（3）交通模型报告。

（4）其他专题研究报告。

（5）相关部门建议。

（6）公众意见。

5.4 **规划图纸**

5.4.1 规划图纸所表达的内容应当清晰、准确，与规划文本内容相符。

5.4.2 现状图、规划图和分析图应保持图例一致。

5.4.3 规划图集应按现状图、规划图、分析图的顺序排列。

5.4.4 规划图纸比例一般采用：大中城市为1/10 000～1/25 000，小城市为1/5 000～1/10 000。

5.4.5 主要现状图、规划图如下：

（1）市域交通现状图。

（2）城市综合交通体系现状图。

（3）市域交通规划图。

（4）城市综合交通体系规划图。

（5）对外交通规划图。

（6）城市道路系统规划图。

（7）城市公共交通系统规划图。

（8）自行车、步行系统规划图。

（9）城市客运枢纽规划图。

（10）停车系统规划图。

（11）货运系统规划图。

（12）近期规划图。

5.4.6 分析图视需要进行绘制。

5.5 **基础资料汇编**

5.5.1 基础资料汇编应当包括规划涉及的相关基础资料、参考资料及文件。

5.5.2 基础资料汇编按下列顺序进行编排。

（1）文件。

（2）基础资料。

（3）参考资料。

关于规范商业性个人住房贷款中第二套住房认定标准的通知

建房〔2010〕83号

各省、自治区、直辖市、计划单列市和省会（首府）城市住房城乡建设厅（建委、房地局），人民银行上海总部，各分行、营业管理部、省会（首府）城市中心支行、副省级城市中心支行，各银监局，各国有商业银行、股份制商业银行，中国邮政储蓄银行：

为贯彻落实《国务院关于坚决遏制部分城市房价过快上涨的通知》（国发〔2010〕10号），规范商业性个人住房贷款中贷款申请人（以下简称借款人）第二套住房认定标准，现就有关事项通知如下：

一、商业性个人住房贷款中居民家庭住房套数，应依据拟购房家庭（包括借款人、配偶及未成年子女，下同）成员名下实际拥有的成套住房数量进行认定。

二、应借款人的申请或授权，直辖市、计划单列市、省会（首府）城市及其他具备查询条件的城市房地产主管部门应通过房屋登记信息系统进行借款人家庭住房登记记录查询，并出具书面查询结果。

如因当地暂不具备查询条件而不能提供家庭住房登记查询结果的，借款人应向贷款人提交家庭住房实有套数书面诚信保证。贷款人查实诚信保证不实的，应将其记作不良记录。

三、有下列情形之一的，贷款人应对借款人执行第二套（及以上）差别化住房信贷政策：

（一）借款人首次申请利用贷款购买住房，如在拟购房所在地房屋登记信息系统（含预售合同登记备案系统，下同）中其家庭已登记有一套（及以上）成套住房的；

（二）借款人已利用贷款购买过一套（及以上）住房，又申请贷款购买住房的；

（三）贷款人通过查询征信记录、面测、面谈（必要时居访）等形式的尽责调查，确信借款人家庭已有一套（及以上）住房的。

四、对能提供1年以上当地纳税证明或社会保险缴纳证明的非本地居民申请住房贷款的，贷款人按本通知第三条执行差别化住房信贷政策。

对不能提供1年以上当地纳税证明或社会保险缴纳证明的非本地居民申请住房贷款的，贷款人按第二套（及以上）的差别化住房信贷政策执行；商品住房价格过高、上涨过快、供应紧张的地区，商业银行可根据风险状况和地方政府有关政策规定，对其暂停发放住房贷款。

五、各地要把城市房屋登记信息系统建设作为落实国发〔2010〕10号文件的一项重要工作抓紧抓好。数据不完备的城市，要进一步完善系统；尚未建立房屋登记系统的城市，要加快建设。2010年年底前各设区城市要基本建立房屋登记信息系统。

要加强住房信息查询管理工作。房地产主管部门应严格按照《房屋权属登记信息查询暂行办法》（建住房〔2006〕244号）及《房屋登记簿管理试行办法》（建住房〔2008〕84号）进行查询，并出具书面查询结果。对提供虚假查询信息的，按有关规定严肃处理。

中华人民共和国住房和城乡建设部
中国人民银行
中国银行业监督管理委员会
二○一○年五月二十六日

中华人民共和国住房和城乡建设部令

住建部令第4号

《城市照明管理规定》已经第55次部常务会议审议通过，现予发布，自2010年7月1日起施行。

中华人民共和国住房和城乡建设部部长　姜伟新
二○一○年五月二十七日

城市照明管理规定

第一章　总　　则

第一条　为了加强城市照明管理，促进能源节约，改善城市照明环境，制定本规定。

第二条　城市照明的规划、建设、维护和监督管理，适用本规定。

第三条　城市照明工作应当遵循以人为本、经济适用、节能环保、美化环境的原则，严格控制公用设施和大型建筑物装饰性景观照明能耗。

第四条　国务院住房和城乡建设主管部门指导全国的城市照明工作。

省、自治区人民政府住房和城乡建设主管部门对本行政区域内城市照明实施监督管理。

城市人民政府确定的城市照明主管部门负责本行政区域内城市照明管理的具体工作。

第五条　城市照明主管部门应当对在城市照明节能工作中做出显著成绩的单位和个人给予表彰或者奖励。

第二章　规划和建设

第六条　城市照明主管部门应当会同有关部门，依据城市总体规划，组织编制城市照明专项规划，报本级人民政府批准后组织实施。

第七条　城市照明主管部门应当委托具备相应资质的单位承担城市照明专项规划的编制工作。

编制城市照明专项规划，应当根据城市经济社会发展水平，结合城市自然地理环境、人文条件，按照城市总体规划确定的城市功能分区，对不同区域的照明效果提出要求。

第八条　从事城市照明工程勘察、设计、施工、监理的单位应当具备相应的资质；相关专业技术人员应当依法取得相应的执业资格。

第九条　城市照明主管部门应当依据城市照明专项规划，组织制定城市照明设施建设年度计划，报同级人民政府批准后实施。

第十条　新建、改建城市照明设施，应当根据城市照明专项规划确定各类区域照明的亮度、能耗标准，并符合国家有关标准规范。

第十一条　政府投资的城市照明设施的建设经费，应当纳入城市建设资金计划。

国家鼓励社会资金用于城市照明设施的建设和维护。

第十二条　新建、改建城市道路项目的功能照明装灯率应当达到100％。

与城市道路、住宅区及重要建（构）筑物配套的城市照明设施，应当按照城市照明规划建设，与主体工程同步设计、施工、验收和使用。

第十三条　对符合城市照明设施安装条件的建（构）筑物和支撑物，可以在不影响其功能和周边环境的前提下，安装照明设施。

第三章　节约能源

第十四条　国家支持城市照明科学技术研究，推广使用节能、环保的照明新技术、新产品，开展绿色照明活动，提高城市照明的科学技术水平。

第十五条　国家鼓励在城市照明设施建设和改造中

安装和使用太阳能等可再生能源利用系统。

第十六条 城市照明主管部门应当依据城市照明规划，制定城市照明节能计划和节能技术措施，优先发展和建设功能照明，严格控制景观照明的范围、亮度和能耗密度，并依据国家有关规定，限时全部淘汰低效照明产品。

第十七条 城市照明主管部门应当定期开展节能教育和岗位节能培训，提高城市照明维护单位的节能水平。

第十八条 城市照明主管部门应当建立城市照明能耗考核制度，定期对城市景观照明能耗等情况进行检查。

第十九条 城市照明维护单位应当建立和完善分区、分时、分级的照明节能控制措施，严禁使用高耗能灯具，积极采用高效的光源和照明灯具、节能型的镇流器和控制电器以及先进的灯控方式，优先选择通过认证的高效节能产品。

任何单位不得在城市景观照明中有过度照明等超能耗标准的行为。

第二十条 城市照明可以采取合同能源管理的方式，选择专业性能源管理公司管理城市照明设施。

第四章 管理和维护

第二十一条 城市照明主管部门应当建立健全各项规章制度，加强对城市照明设施的监管，保证城市照明设施的完好和正常运行。

第二十二条 城市照明设施的管理和维护，应当符合有关标准规范。

第二十三条 城市照明主管部门可以采取招标投标的方式确定城市照明设施维护单位，具体负责政府投资的城市照明设施的维护工作。

第二十四条 非政府投资建设的城市照明设施由建设单位负责维护；符合下列条件的，办理资产移交手续后，可以移交城市照明主管部门管理：

（一）符合城市照明专项规划及有关标准；

（二）提供必要的维护、运行条件；

（三）提供完整的竣工验收资料；

（四）城市人民政府规定的其他条件和范围。

第二十五条 政府预算安排的城市照明设施运行维护费用应当专款专用，保证城市照明设施的正常运行。

第二十六条 城市照明设施维护单位应当定期对照明灯具进行清扫，改善照明效果，并可以采取精确等量分时照明等节能措施。

第二十七条 因自然生长而不符合安全距离标准的树木，由城市照明主管部门通知有关单位及时修剪；因不可抗力致使树木严重危及城市照明设施安全运行的，城市照明维护单位可以采取紧急措施进行修剪，并及时报告城市园林绿化主管部门。

第二十八条 任何单位和个人都应当保护城市照明设施，不得实施下列行为：

（一）在城市照明设施上刻划、涂污；

（二）在城市照明设施安全距离内，擅自植树、挖坑取土或者设置其他物体，或者倾倒含酸、碱、盐等腐蚀物或者具有腐蚀性的废渣、废液；

（三）擅自在城市照明设施上张贴、悬挂、设置宣传品、广告；

（四）擅自在城市照明设施上架设线缆、安置其他设施或者接用电源；

（五）擅自迁移、拆除、利用城市照明设施；

（六）其他可能影响城市照明设施正常运行的行为。

第二十九条 损坏城市照明设施的单位和个人，应当立即保护事故现场，防止事故扩大，并通知城市照明主管部门。

第五章 法律责任

第三十条 不具备相应资质的单位和不具备相应执业资格证书的专业技术人员从事城市照明工程勘察、设计、施工、监理的，依照有关法律、法规和规章予以处罚。

第三十一条 违反本规定，在城市景观照明中有过度照明等超能耗标准行为的，由城市照明主管部门责令限期改正；逾期未改正的，处以 1 000 元以上 3 万元以下的罚款。

第三十二条 违反本规定，有第二十八条规定行为之一的，由城市照明主管部门责令限期改正，对个人处以 200 元以上 1 000 元以下的罚款；对单位处以 1 000 元以上 3 万元以下的罚款；造成损失的，依法赔偿损失。

第三十三条 城市照明主管部门工作人员玩忽职守、滥用职权、徇私舞弊的，依法给予行政处分；构成犯罪的，依法追究刑事责任。

第六章 附 则

第三十四条 本规定下列用语的含义是：

（一）城市照明是指在城市规划区内城市道路、隧道、广场、公园、公共绿地、名胜古迹以及其他建（构）筑物的功能照明或者景观照明。

（二）功能照明是指通过人工光以保障人们出行和户外活动安全为目的的照明。

（三）景观照明是指在户外通过人工光以装饰和造景为目的的照明。

（四）城市照明设施是指用于城市照明的照明器具以及配电、监控、节能等系统的设备和附属设施等。

第三十五条 镇、乡和未设镇建制工矿区的照明管理，可以参照本规定执行。

各地可以根据本办法制定实施细则。

第三十六条 本规定自 2010 年 7 月 1 日起施行，《城市道路照明设施管理规定》（建设部令第 21 号）、《建设部关于修改〈城市道路照明设施管理规定〉的决定》（建设部令第 104 号）同时废止。

关于加快发展公共租赁住房的指导意见

建保〔2010〕87号

各省、自治区、直辖市人民政府，国务院各有关部门：

根据《国务院关于坚决遏制部分城市房价过快上涨的通知》（国发〔2010〕10号）和《国务院办公厅关于促进房地产市场平稳健康发展的通知》（国办发〔2010〕4号）精神，为加快发展公共租赁住房，经国务院同意，现提出以下意见：

一、加快发展公共租赁住房的重要意义

近年来，随着廉租住房、经济适用住房建设和棚户区改造力度的逐步加大，城市低收入家庭的住房条件得到较大改善。但是，由于有的地区住房保障政策覆盖范围比较小，部分大中城市商品住房价格较高、上涨过快、可供出租的小户型住房供应不足等原因，一些中等偏下收入住房困难家庭无力通过市场租赁或购买住房的问题比较突出。同时，随着城镇化快速推进，新职工的阶段性住房支付能力不足矛盾日益显现，外来务工人员居住条件也亟须改善。大力发展公共租赁住房，是完善住房供应体系，培育住房租赁市场，满足城市中等偏下收入家庭基本住房需求的重要举措，是引导城镇居民合理住房消费，调整房地产市场供应结构的必然要求。各地区、各部门要统一思想，提高认识，精心组织，加大投入，积极稳妥地推进公共租赁住房建设。

二、基本原则

（一）政府组织，社会参与。各地区在加大政府对公共租赁住房投入的同时，要切实采取土地、财税、金融等支持政策，充分调动各类企业和其他机构投资和经营公共租赁住房的积极性。

（二）因地制宜，分别决策。各地区要根据当地经济发展水平和市场小户型租赁住房供需情况等因素，合理确定公共租赁住房的供应规模和供应对象。商品住房价格较高、小户型租赁住房供应紧张的城市，应加大公共租赁住房建设力度。

（三）统筹规划，分步实施。各地区要制订公共租赁住房发展规划和年度计划，并纳入2010—2012年保障性住房建设规划和“十二五”住房保障规划，分年度组织实施。

三、租赁管理

（一）公共租赁住房供应对象主要是城市中等偏下收入住房困难家庭。有条件的地区，可以将新就业职工和有稳定职业并在城市居住一定年限的外来务工人员纳入供应范围。公共租赁住房的供应范围和供应对象的收入线标准、住房困难条件，由市、县人民政府确定。已享受廉租住房实物配租和经济适用住房政策的家庭，不得承租公共租赁住房。

（二）公共租赁住房租金水平，由市、县人民政府统筹考虑住房市场租金水平和供应对象的支付能力等因素合理确定，并按年度实行动态调整。符合廉租住房保障条件的家庭承租公共租赁住房的，可以申请廉租住房租赁补贴。

（三）公共租赁住房出租人与承租人应当签订书面租赁合同。公共租赁住房租赁合同期限一般为3至5年，合同示范文本由省、自治区、直辖市住房城乡建设（住房保障）部门制订。承租人应当按照合同约定合理使用住房，及时缴纳租金和其他费用。租赁合同期满后承租人仍符合规定条件的，可以申请续租。

（四）公共租赁住房只能用于承租人自住，不得出借、转租或闲置，也不得用于从事其他经营活动。承租人违反规定使用公共租赁住房的，应当责令退出。承租人购买、受赠、继承或者租赁其他住房的，应当退出。对承租人拖欠租金和其他费用的，可以通报其所在单位，从其工资收入中直接划扣。

四、房源筹集

（一）公共租赁住房房源通过新建、改建、收购、在市场上长期租赁住房等方式多渠道筹集。新建公共租赁住房以配建为主，也可以相对集中建设。要科学规划，合理布局，尽可能安排在交通便利、公共设施较为齐全的区域，同步做好小区内外市政配套设施建设。

（二）在外来务工人员集中的开发区和工业园区，市、县人民政府应当按照集约用地的原则，统筹规划，引导各类投资主体建设公共租赁住房，面向用工单位或园区就业人员出租。

（三）新建公共租赁住房主要满足基本居住需求，应符合安全卫生标准和节能环保要求，确保工程质量安全。成套建设的公共租赁住房，单套建筑面积要严格控制在60平方米以下。以集体宿舍形式建设的公共租赁住房，应认真落实宿舍建筑设计规范的有关规定。

五、政策支持

（一）各地要把公共租赁住房建设用地纳入年度土地供应计划，予以重点保障。面向经济适用住房对象供应的公共租赁住房，建设用地实行划拨供应。其他方式投资的公共租赁住房，建设用地可以采用出让、租赁或作价入股等方式有偿使用，并将所建公共租赁住房的租金水平、套型结构、建设标准和设施条件等作为土地供应的前置条件，所建住房只能租赁，不得出售。

（二）市、县人民政府要通过直接投资、资本金注入、投资补助、贷款贴息等方式，加大对公共租赁住房建设和运营的投入。省、自治区人民政府要给予资金支持。中央以适当方式给予资金补助。

（三）对公共租赁住房的建设和运营给予税收优惠，具体办法由财政部、税务总局制订。公共租赁住房建设涉及的行政事业性收费和政府性基金，按照经济适用住房的相关政策执行。

（四）鼓励金融机构发放公共租赁住房中长期贷款，具体办法由人民银行、银监会制订。支持符合条件的企业通过发行中长期债券等方式筹集资金，专项用于公共租赁住房建设和运营。探索运用保险资金、信托资金和房地产信托投资基金拓展公共租赁住房融资渠道。政府投资建设的公共租赁住房，纳入住房公积金贷款支持保障性住房建设试点范围。

（五）公共租赁住房建设实行“谁投资、谁所有”，投资者权益可依法转让。

六、监督管理

（一）发展公共租赁住房实行省级人民政府负总责、市县人民政府抓落实的责任制。各级住房城乡建设（住房保障）部门负责公共租赁住房的行政管理工作，发展改革、监察、财政、国土资源、规划等有关部门按照各自职责负责相关工作。地方各级人民政府要加强组织领导，明确工作责任，健全住房保障管理机制和工作机构，落实人员和经费，确保公共租赁住房工作顺利实施。

（二）市、县人民政府要建立健全公共租赁住房申请、审核、公示、轮候、配租和租后管理制度。住房保障部门要按照规定的程序严格准入审批，加强对公共租赁住房运营的监督管理，做到配租过程公开透明、配租结果公平公正。对存在滥用职权、玩忽职守、徇私舞弊等违法违规行为的，要依法依纪严肃追究相关单位和人员的责任。

（三）政府投资建设公共租赁住房的租金收入，应按照政府非税收入管理的规定缴入同级国库，实行“收支两条线”管理。租金收入专项用于偿还公共租赁住房贷款，以及公共租赁住房的维护、管理和投资补助。

（四）各地可根据本意见，制订具体实施办法。各地已经出台的政策性租赁住房、租赁型经济适用住房、经济租赁住房、农民工公寓（集体宿舍）等政策，统一按本意见规定进行调整。

中华人民共和国住房和城乡建设部
中华人民共和国国家发展和改革委员会
中华人民共和国财政部
中华人民共和国国土资源部
中国人民银行
国家税务总局
中国银行业监督管理委员会
二〇一〇年六月八日

关于切实加强政府办公和大型公共建筑节能管理工作的通知

建科〔2010〕90 号

各省、自治区住房和城乡建设厅、直辖市、计划单列市建委及有关部门，新疆生产建设兵团建设局：

为贯彻落实《国务院关于进一步加大工作力度确保实现“十一五”节能减排目标的通知》（国办发〔2010〕12 号）要求，切实加强公共建筑节能管理，确保完成公共建筑“十一五”节能减排任务，现通知如下：

各地住房城乡建设行政主管部门要严格按照《国务院关于印发节能减排综合性工作方案的通知》（国发〔2007〕15 号）、《国务院办公厅关于严格执行公共建筑空调温度控制标准的通知》（国办发〔2007〕42 号）要求，依据《民用建筑节能条例》、《公共建筑空调温度控制管理办法》和《关于加强国家机关办公建筑和大型公共建筑节能管理工作的实施意见》的规定，会同有关部门切实做好公共建筑的节能管理工作。

一、明确目标，落实责任

（一）各地住房城乡建设行政主管部门必须将公共建筑节能管理工作和 2010 年公共机构能源消耗指标在去年基础上降低 5%的目标，纳入本部门“十一五”节能减排工作目标；

（二）明确责任，层层分解，落实分工，并建立问责制，把公共建筑节能工作作为主要领导干部评价考核指标。

二、突出重点，狠抓落实

（三）要结合本地区的实际情况，深入推进国家机关办公建筑和大型公共建筑能耗监测体系建设，抓紧建立健全政府办公建筑和公共建筑室温监控及空调系统节能运行管理体系，积极探索建立公共建筑节能运行管理激励制度。

（四）各地住房城乡建设主管部门应会同有关部门，加强对辖区内政府办公建筑和公共建筑空调温度控制执行情况的管理，督促建筑所有权人或使用人，严格执行空调温度控制规定，合理设置空调温度，建立相应的工作制度并切实实行。

（五）要继续深入做好国家机关办公建筑和大型公共建筑能耗统计、能源审计及能效公示等工作，并在此基础上选择重点建筑安装用能分项计量装置，推进能耗监测平台建设，为既有建筑节能改造，建立能耗定额和超定额加价制度奠定基础。

（六）北京、天津、深圳等第一批国家机关办公建筑和大型公共建筑能耗监测平台建设试点城市，要进一步完善监测平台功能，在现有基础上，扩大监测范围，增加动态监测建筑数量。其中北京、天津、深圳今年分别新增动态监测315栋、165栋和250栋国家机关办公建筑和大型公共建筑。

（七）江苏、重庆、内蒙古等第二批国家机关办公建筑和大型公共建筑能耗监测平台建设试点城市，2010年内应完成监测平台的建设，并通过验收。第三批试点城市要深化实施方案，尽快组织落实，启动平台建设。

三、采取有效措施，加强监督检查

（八）各地住房城乡建设主管部门要加强对新建公共建筑空调系统设计、施工、验收、审查等阶段的监督检查。在今年空调系统正常运行期间，市县一级住房城乡建设主管部门要采用随机抽查和重点督查相结合的方式，对辖区内的政府办公建筑和公共建筑执行空调温度控制情况至少进行一次专项检查，对不符合《公共建筑节能设计标准》（GB50189—2005）和《公共建筑空调温度控制管理办法》规定的要责令其整改，并向社会公布检查结果。省住房城乡建设主管部门要加强对所辖市县执行情况的监督检查，并于今年10月底前，将本年度本省（自治区、直辖市）公共建筑空调温度控制情况进行总结报我部。

（九）在建筑节能专项检查工作中，要把国家机关办公建筑和大型公共建筑能耗分项计量装置的安装、监测平台建设和功能定位作为重点内容，检查当地推进国家机关办公建筑和大型公共建筑节能监管体系建设的目标、任务是否明确。

四、加强制度建设，创新机制

（十）北京、天津、深圳以及江苏、重庆、内蒙古等第一批和第二批国家机关办公建筑和大型公共建筑能耗监测平台建设试点省市，应综合分析能耗监测平台数据，提出公共建筑年度能耗分析报告。

（十一）要根据关于加快推行合同能源管理促进节能服务产业发展的有关规定，积极探索合同能源管理等节能服务机制，并开展试点，推进公共建筑节能改造。北京、天津、深圳等第一批国家机关办公建筑和大型公共建筑能耗监测平台建设试点城市，应研究提出推动合同能源管理的实施方案，明确合同能源管理在建筑节能领域的模式、内容。

（十二）在能耗动态监测的基础上，各地要结合本地实际，研究制定当地国家机关办公建筑和大型公共建筑的用能标准、能耗定额，逐步建立超定额加价制度。

五、加强能力建设，树立节能意识

（十三）要定期开展节能运行管理技术培训，加强能力建设，提高国家机关办公建筑和大型公共建筑的节能运行管理能力和技术水平。

（十四）深入开展公共建筑节能运行宣传，树立节能意识，营造良好的社会氛围，促进全社会的节能行动健康有序发展。

各地要把公共建筑节能管理工作中的有关情况及时报告我部。

中华人民共和国住房和城乡建设部

二〇一〇年六月十日

关于做好住房保障规划编制工作的通知

建保〔2010〕91号

各省、自治区、直辖市住房城乡建设厅（城乡建设委、住房保障房屋管理局、国土资源房管局）、发展改革委、财政厅、国土资源厅、农垦总局（局、办、内蒙古海拉尔农场管理局、大兴安岭农场管理局）、林业厅（局，内蒙古、龙江、大兴安岭森工集团公司），新疆生产建设兵团建设局、发展改革委、财务局、国土资源局、农业局、林业局：

为贯彻落实《国务院关于坚决遏制部分城市房价过快上涨的通知》（国发〔2010〕10号）、《国务院办公厅关于促进房地产市场平稳健康发展的通知》（国办发〔2010〕4号）精神，指导各地做好2010—2012年保障性住房建设规划和“十二五”住房保障规划编制工作，现就有关事项通知如下：

一、指导思想和基本原则

（一）指导思想

以邓小平理论和“三个代表”重要思想为指导，深入贯彻落实科学发展观，以全面建设小康社会、实现全体人民“住有所居”为宗旨，适应国民经济和社会发展的客观需要，加快解决快速城镇化带来的住房新问题，建立健全基本住房保障制度，逐步扩大保障范围，加快保障性住房建设，积极推进棚户区改造，切实解决中低收入家庭住房困难，逐步改善城镇居民基本居住条件。

（二）基本原则

1. 目标合理，标准适度。各地要坚持以满足基本住房需要为原则，统筹考虑社会经济发展水平、城镇化进程、家庭人口结构、住房支付能力以及土地资源禀赋等约束条件，综合平衡政府财力和各项公共支出，尽力而为，量力而行，科学制定住房保障目标，合理确定住房保障方式和保障标准。

2. 因地制宜，统筹协调。要统筹兼顾城乡差别，区别对待区域差异，着力解决住房方面的突出矛盾和问题。要针对不同收入群体，采取不同措施，实行分层次住房保障。要注意做好同住房建设规划等相关规划的衔接协调，统筹考虑各类保障性住房、各类保障群体之间的关系，做好目标任务、投资安排和政策手段的有机衔接，充分体现规划的可操作性。

3. 突出重点，分步实施。要统筹考虑改善危旧住房群众的居住条件和解决新增家庭的住房困难，加快各类棚户区改造，积极发展公共租赁住房。常住人口住房问题突出的，要结合实际，有重点地加以解决。要区分轻重缓急，区别建设和发展时序，优先安排群众需求迫切的项目，优先解决群众反映强烈的问题，有计划有步骤地组织实施。

4. 政府主导，创新机制。要着眼于体制和机制创新，落实好土地、金融与财税等支持政策，加强住房保障组织机构、技术支撑体系建设。要充分发挥政府支持和引导作用，建立以政府为主导、社会力量广泛参与的长效机制。

二、规划重点和基本目标

（一）着力解决低收入家庭住房困难问题。规划期内，各地要通过城市棚户区改造和新建、改建、政府购置、租赁等方式增加廉租住房和经济适用住房房源，加大租赁住房补贴力度，着力解决城市低收入家庭的住房困难。力争到2012年末，基本解决1540万户低收入住房困难家庭的住房问题，2013—2015年各地要结合实际，稳步扩大制度覆盖面，适当提高保障标准，力争到规划期末，人均住房建筑面积13平方米以下低收入住房困难家庭基本得到保障。

（二）努力解决中等偏下收入家庭住房困难。规划期内，要加快建设公共租赁住房、限价商品住房，解决中等偏下收入家庭的住房困难。各级政府要加大政策支持力度，加快发展公共租赁住房，解决城市中等偏下收入包括符合条件的新就业职工、进城务工人员的住房问题。商品住房价格过高、上涨过快的城市，要大幅度增加公共租赁住房、经济适用住房和限价商品住房的供应。

（三）推进各类棚户区改造和旧住宅区综合整治。全面启动城市和国有工矿棚户区改造工作，继续推进中央下放地方煤矿棚户区改造、国有林区棚户区和国有林场危旧房改造、国有垦区危房改造。到2013年末，基本完成集中成片城市和国有工矿棚户区改造；有条件的地区争取到2011年末基本完成。2014—2015年，稳步推进非成片棚户区和零星危旧房改造，稳步推进旧住宅区综合整治，完善基础设施配套，改善居住环境；有条件的地区2012年开始加快改造、整治。

（四）建立和完善住房保障政策、技术支撑体系。要加快住房保障立法，依法强化各级政府的住房保障责任，健全组织机构、政策、技术支撑体系，实施住房保障关键技术研究及应用示范，加快推进信息化建设。力争到2012年末，所有县、市健全住房保障管理机构和具体实施机构，实现住房保障业务系统全国互联互通，到2015年末，基本建立全国住房保障基础信息管理平台。

三、规划编制的主要内容

（一）规划编制期限

保障性住房建设规划（包括各类棚户区改造、政策性住房建设）的规划期限为2010—2012年，基期年为2009年。“十二五”住房保障规划的规划期限为2011—2015年，基期年为2010年，可展望到2020年。两个规划要保持有机衔接。

（二）规划组成、层级、编制单位和范围

1. 规划组成。本次规划除廉租住房、经济适用住房保障规划外，还包括公共租赁住房、限价商品住房、城市和国有工矿棚户区改造、国有林区棚户区和国有林场危旧房改造、国有垦区危房改造、中央下放地方煤矿棚户区改造（只包括东北三省、中西部地区中央下放地方煤矿棚户区，含河北、新疆生产建设兵团和江苏徐矿集团）等内容。各级规划编制单位可根据实际需要，确定专项规划编制内容。

2. 规划层级。规划分国家、省、市（地、州、盟）、县四级，逐级汇总编制。

3. 编制单位。省级以下（含省级）住房保障部门会同有关部门编制廉租住房保障、经济适用住房、公共租赁住房、限价商品住房、城市和国有工矿棚户区改造等方面的规划。省级以下（含省级）发展改革、农垦、林业部门分别会同有关部门编制中央下放地方煤矿棚户区、国有垦区危房、国有林区棚户区和国有林场危旧房改造规划，送同级住房保障部门汇总。

4. 编制范围。各级规划的编制范围按行政区划确定。

（三）重点指标和规划文本

规划重点指标（见附件）作为规划文本的附件。规划重点指标有规划期目标指标和辅助指标。辅助指标主要用于评估规划期目标指标的实施效果。各种渠道解决低收入和中偏下收入家庭住房困难户数、保障性（政策性）住房建设和各类棚户区改造的套数（户数）为约束性指标。文本应包括三部分：

第一部分：规划正文。主要包括：

1. 规划编制依据、范围和期限。

2. 总体目标和年度目标。分年度明确各类项目保障户数，以及各类建设项目计划投资、土地需求、开工和竣工等数量。

3. 空间布局指引。按照行政区划分年度明确区域各类住房规划建设数量，依据城市总体规划、土地利用总体规划、住房建设规划要求，结合城市基础设施配套状况和发展趋势，做好各类保障性住房项目的空间布局。

4. 配套政策措施。要落实规定的资金渠道和税费政策，确保各项资金落实到位；落实土地供应计划，依法保障项目及时落地；强化工程质量监管，规范住房保障管理，提高管理服务水平；健全管理机构和实施机构，落实工作经费。

5. 规划组织实施。明确部门职责分工，建立健全推进实施机制，保证规划实施。

第二部分：规划主要指标（见附件）和相关图件。主要指标要体现在2005—2009年住房保障情况、2010—2015年住房保障目标任务和2010—2015年住房保障规划实施预测。

第三部分：规划编制说明。主要包括：

1. “十一五”期间住房保障情况。总结、评估“十一五”住房保障工作，查找突出问题和主要矛盾。

2. 规划期内住房保障面临的基本形势。依据住房状况调查和相关统计资料，做好各类住房保障对象数量和状况分析、政府保障能力分析，明确规划定位，提出解决思路、指导思想和基本原则。

3. 规划实施预测。依据规划期间住宅供应数量和空间布局，对住房保障规划实施效果进行分析、预测，稳定居民住房消费预期。

四、规划编制的基本要求

（一）深入调查研究，广泛征求意见。各市（地、州、盟）、县规划编制单位要会同有关部门采取抽样调查、普查等方式摸清当地住房现状、住房保障对象底数和各类棚户区改造对象底数。要围绕居民住房方面存在的突出问题，开展全局性、战略性重大问题研究，对规划重点内容和关键指标，进行专题研究。要从实际出发，采取实地调研、部门访谈、专家座谈等方式，广泛征求社会各界的意见，增强工作透明度和公众参与度。各级住房保障规划一经批准即向社会公布，接受公众监督。

（二）规范编制程序，明确时限要求。编制工作按照前期调研、专题研究、文本编制、论证与征求意见、成果形成五个阶段进行。实行规划逐级上报、逐级审查制度，上级规划编制部门要会同有关部门对下级规划进行审查，加强对规划编制工作的监督指导。省级2010—2012年保障性住房建设规划要确保于2010年6月30日前上报住房城乡建设部、国家发展改革委、财政部、国土资源部、农业部、国家林业局，住房城乡建设部会同有关部门于2010年7月15前完成审查。县、市（地、州、盟）级规划上报、审查时限由各省（自治区、直辖市）确定。各级2010—2012年保障性住房建设规划要确保于2010年7月底前向社会公布。各级“十二五”住房保障规划要确保于2010年9月底前编制完成。为提高效率，便于各级规划数据汇总和报备，住房城乡建设部负责建立住房保障规划数据汇总系统。各级规划编制单位要会同有关部门，加大督促检查力度，定期通报进展情况。

（三）加强组织领导，做好协调配合。住房保障规划是各地国民经济和社会发展规划的重要内容，是指导规划期内住房保障事业改革和发展的重要文件。各级各部门要充分认识编制规划的重要意义，统一思想，提高认识，加强领导，落实责任，各司其职，密切配合，把规划编制工作纳入重要议事日程。要尽量吸收各地区、各部门已有的工作成果和各类统计数据，实现资源共享，加快规划编制。各级规划编制所需工作经费由同级财政预算安排。

中华人民共和国住房和城乡建设部
中华人民共和国国家发展和改革委员会
中华人民共和国财政部
中华人民共和国国土资源部
中华人民共和国农业部
国家林业局
二〇一〇年六月十一日

关于切实加强城市照明节能管理严格控制景观照明的通知

建城〔2010〕92号

各省、自治区住房城乡建设厅、发展改革委、经贸委（经委、经信委），北京市市政市容委、发展改革委，天津市市容委、发展改革委、经信委，上海市城乡建设交通委、发展改革委，重庆市市政管委、发展改革委、经信委，新疆生产建设兵团建设局、发展改革委：

为落实《国务院关于进一步加大工作力度确保实现“十一五”节能减排目标的通知》（国发〔2010〕12号）中关于城市照明节能管理的要求，确保完成城市照明“十一五”节能减排任务，现将有关要求通知如下：

一、提高认识，切实加强城市照明节能管理

（一）“十一五”期间，我国城市照明发展很快，对完善城市功能、改善城市环境、提高人民生活水平的作用显著。但是，城市照明，特别是景观照明的过快发展，加大了能源的需求，一些城市建设超标准、超豪华的景观照明工程，使用低效照明产品，浪费严重，造成供用电紧张。各地住房城乡建设（城市照明）主管部门要充分认识城市照明节能面临的严峻形势和艰巨任务，增强紧迫感，积极会同节能主管部门切实加强对城市照明节能工作的管理。

当前，各地要严格控制公用设施和大型建筑物等景观照明能耗，严格控制景观照明建设规模，坚决淘汰低效照明产品，落实工作责任，果断采取强有力、见效快的措施，确保完成“十一五”城市照明节能减排任务。

二、加大力度，确保主要工作任务按时完成

（二）各地要依据城市照明专项规划，严格控制景观照明范围和规模。按照《城市夜景照明设计规范》（JGJ/T163—2008）的规定，严格控制公用设施和大型建筑等景观照明能耗，严禁建设亮度、能耗超标的景观照明工程，严禁在景观照明中使用强力探照灯、大功率泛光灯、大面积霓虹灯等高亮度、高能耗灯具。严格执行《城市道路照明设计标准》（CJJ45—2006）的规定，停止在城区干道上大范围建设多光源装饰性灯具和无控光器灯具的照明设施。

（三）加快淘汰低效照明产品。东中部地区和有条件的西部地区，要严格按照国发〔2010〕12号文件的要求，全部淘汰城市道路照明使用的白炽灯、高压汞灯、能效指标未达到国家标准的高压钠灯、金属卤化物灯等光源产品和镇流器产品。

三、建立健全城市照明节能管理的长效管理机制

（四）各地住房城乡建设（城市照明）主管部门要依据《城市照明管理规定》和相关法律法规，结合本地区、本城市的实际情况，抓紧制定和完善配套的办法，建立和完善城市照明管理体系。加强城市照明节能管理，建立城市照明节电目标责任制，制定并落实节能计划和节能技术措施，降低能源消耗。

（五）加强城市照明专项规划管理。各地要按照当前节能减排的要求，修订完善城市照明专项规划。进一步核查城市照明专项规划中有关照明节能的要求和措施，对不符合节能要求的城市照明专项规划，要抓紧修改。要加强规划管理，从源头上把好节能关。

（六）加强城市照明工程建设监管。城市照明工程建设的立项、设计、施工、监理、验收等环节，要认真落实《城市夜景照明设计规范》（JGJ/T163—2008）和《城市道路照明设计标准》（CJJ45—2006）的相关规定，保证现有节能标准的执行。

（七）加强城市照明设施节能的运行管理。各地要制定城市照明设施节能管理规定，采取节能计量考核措施；实施城市照明集中管理、集中控制和分时控制模式，科学合理安排照明开关时间；在用电紧张时要确保城市道路、广场等功能照明的正常运行，严格控制景观照明。要积极推广合同能源管理方式，选择合适的区域、路段对城市照明节能改造项目进行合同能源管理试点。

（八）各地要采取积极措施，深入开展城市照明节电宣传，树立照明节能意识，普及相关知识。积极推广使用照明节能新产品、新技术，在条件适合的地区鼓励使用可再生能源技术，全面推动城市照明节能改造工作。

四、加大监督检查力度

（九）各地城市住房城乡建设（城市照明）主管部门要会同同级节能主管部门，依照本通知要求，从2010年7月开始，对城市景观照明已建、在建和待建项目和城市道路照明中使用的低效照明产品情况进行专项检查，对不符合城市照明专项规划要求，景观照明能耗、亮度超标的项目，限期采取措施进行整改；抓紧完成“十一五”期间全部淘汰城市道路照明低效照明产品任务的计划，下更大决心，花更大力气，稳步实施。

（十）省级住房城乡建设主管部门要会同同级节能主管部门对本地区城市照明节能任务落实情况进行监督检查。各地要依照《城市道路照明设计标准》（CJJ45—2006）和《城市夜景照明设计规范》（JGJ/T163—2008）和国家有关城市照明节能的要求，对城市景观过度照明情况进行检查，对超标准、超能耗的景观照明坚决予以制止，并通报批评。各地要在10月底之前将检查结果上报住房城乡建设部和国家发展改革委。今年底前我们将对直辖市、计划单列市、省会城市的景观照明进行专项检查。

中华人民共和国住房和城乡建设部
中华人民共和国国家发展和改革委员会
二〇一〇年六月十七日

关于加强城市轨道交通安防设施建设工作的指导意见

建城〔2010〕94号

各省、自治区住房和城乡建设厅，北京市住房和城乡建设委员会、规划委员会、交通委员会，天津市、上海市城乡建设和交通委员会，重庆市城乡建设委员会、交通委员会、规划局：

当前，我国正处于城市轨道交通快速发展时期，为提高城市轨道交通应对突发事件的能力，确保城市轨道交通持续、稳定和健康发展，现就加强城市轨道交通安防设施建设工作提出以下意见：

一、充分认识加强城市轨道交通安防设施建设工作的重要性

城市轨道交通安防设施是城市轨道交通工程的重要组成部分，是城市轨道交通安全运营的重要保障之一。城市轨道交通，特别是地下线路，环境相对封闭、人员密集、流量大，人员疏散受到很大限制，抗风险能力较弱，安防工作难度较大，一旦发生突发事件，可能造成重大人员伤亡和财产损失，产生不良的社会影响，必须予以高度重视。各地要充分认识城市轨道交通安防工作的重要性、特殊性和复杂性，把安防工作作为一项长期工作任务，从城市轨道交通规划、设计、施工的各个阶段重视安防体系构建，全面提高城市轨道交通从业人员和广大乘客的安全意识，防范城市轨道交通事故的发生，确保人民生命财产安全。

二、注重规划，提升城市轨道交通网络整体安防水平

拟建城市轨道交通的城市，必须依据城市总体规划和城市综合交通体系规划编制城市轨道交通线网规划，科学合理地选择轨道交通模式，搞好城市轨道交通的用地控制，确保城市轨道交通运营有安全便捷的换乘条件和足够的疏散能力。在线路选线过程中注重结合城市空间布局，合理选择系统模式和建设方式，处理好与城市重点建筑、桥梁、江河等环境的关系，处理好与综合交通枢纽以及人流密集场所的关系，注重线路的衔接配合，把城市轨道交通安防体系纳入城市整体安防体系，统筹规划、统筹安排。要做好突发事件对城市轨道交通网络运营可靠性的影响或损害程度评估，进而优化线网结构和安防体系，提高城市轨道交通网络的安全防范能力，确保城市轨道交通安防体系完整、有效。要从整个城市交通的角度，统筹城市轨道交通与其他交通方式的关系，增强其他交通方式对轨道交通的应急救援能力。

三、优化设计，全面提升城市轨道交通设施安防水平

在城市轨道交通可行性研究、初步设计、施工图设计等各个环节，要根据国家有关法规和标准要求，优化安防设施的设计，预留安全检查设备的接口，合理设置监控系统、危险品处置设施、安防办公用房等安防设施。要结合城市轨道交通客流特征，合理设置车站出入口，科学设计乘客流线，尽可能避免人流过度集中或交叉。在地下线路隧道区间，合理设置联络通道或疏散通道、紧急疏散导向标志。在车站内外和通风设施的布设选址方面，要结合周边建筑情况，合理设计，确保周边空气流通良好。

初步设计是落实城市轨道交通工程建设项目安防要求的重要环节。初步设计文件应当包括安防设施设计的内容，并设置安防设计专篇。各级城市轨道交通规划建设主管部门要会同有关部门加强对初步设计中安防设施设计的审查和指导工作。施工图设计必须按照批准的初步设计进行，对于涉及安防设施的重大设计变更，建设单位应报原初步设计审批部门批准。

四、落实资金，确保安防设施与轨道交通设施同步建设、同步使用

城市轨道交通安防设施建设所需资金，要纳入城市轨道交通建设项目投资概预算，确保资金投入。在城市轨道交通建设过程中，要严格按照国家有关标准，同步建设有关安防设施。对安防设施未与城市轨道交通工程同步设计、同步建设或不符合有关法律法规和强制性标准规定的城市轨道交通建设项目，不予验收。

各地要确保已投入运营的城市轨道交通工程安防设施改建资金的落实，按照相关标准要求，逐步改建安防设施。

五、建立和完善安防标准体系，加大科技投入，提升城市轨道交通安防设施规划建设水平

各地要加强交流，总结经验，进一步建立和完善城市轨道交通相关安防设施规划建设标准体系，使城市轨道交通安防设施规划建设工作规范化、制度化。同时，注重加大科技投入，建立安全可靠的信息系统，研发适用、经济、高效的安防设施及相应的装备、技术，提高安防设施的科技水平。

六、加强领导，落实责任

城市轨道交通建设、设计、施工等单位要明确职责，加强领导、各司其职、各负其责、协调配合，切实落实安防设施规划建设责任。各级城市轨道交通规划建设主管部门要恪尽职守，健全制度，加强对城市轨道交通安防设施规划建设的监督检查，确保城市轨道交通安防设施规划建设工作落到实处，促进城市轨道交通健康发展。

中华人民共和国住房和城乡建设部

二〇一〇年六月二十八日

关于做好应对高温暴雨极端恶劣天气保障城市市政公用设施安全运行的紧急通知

建城综函〔2010〕101号

各省、自治区住房和城乡建设厅，北京市市政市容委、交通委、水务局、园林绿化局，上海市建设交通委、绿化市容局、水务局，天津市建设交通委、市容园林委，重庆市城乡建设委、市政管委、交通委，新疆生产建设兵团建设局：

入夏以来，我国出现了高温、暴雨等极端恶劣天气，严重影响到正常的生产生活，预计这类天气仍将持续。为做好城建行业应对高温、暴雨等极端恶劣天气工作，确保城市运行安全，现紧急通知如下：

一、切实加强组织领导。各级城建主管部门要高度重视应对工作，结合供排水、供气、环卫、风景园林等各行业实际情况，加强组织领导，深入生产、生活一线，了解实际情况，采取有效措施，强化责任落实，加强协调配合，把恶劣天气的影响减少到最低限度，确保城市市政公用设施安全运行和社会和谐稳定。

二、切实提高排涝能力，确保城市安全度汛。加强城市排水系统维护，及时清淤管渠，检修维护泵站，确保设施完好，排水排涝通畅；做好重点部位的排查，特别是城市立交桥下、地下构筑物、城乡结合部的棚户区、危旧房等重点区域的设施检查和维护，若有隐患要及时采取措施；完善应急预案，强化应急措施，坚持 24 小时值班制度，做到及时快速响应。

三、加强供水水质安全监测。增加对水源、出厂水的水质监测项目和频率，根据原水水质变化及时调整药剂投加量，严格防范急性传染性疾病发生。做好供水机电设备运行维护，确保高温条件下设备运行正常。落实应急预案，做好应急水源调配、备用电力设备储备工作，切实保障城市用水安全。

四、加强供气安全检查。加强对各类供气设施的安全巡查，特别是消防水池、消防泵、喷淋管线的使用状况和安全阀、放散管、压力表的工作情况，高温天气下要根据设施情况增加喷淋次数。要重点检查清理供气管道占压、供气管线被暴雨侵蚀等情况，防范因高温暴雨恶劣天气导致的燃气安全事故。严禁销售使用充装超期未检、过量充装等不合格的液化石油气钢瓶。

五、加强对污水和垃圾处理设施的检查。要及时清掏污水处理厂进水格栅，避免由于暴雨冲刷夹带的垃圾杂物堵塞管道、阀门和水泵等；加强污水处理厂进水量及各处理构筑物的液位与水质监控；加大高温天气下重点设施安全生产监控，确保污泥消化池避雷措施有效，严防发生爆炸事故。生活垃圾收集、转运和处理设施的油泵房、油库、油箱、垃圾坑等要做好防爆、防高温、防火措施。加强垃圾填埋场安全检查，确保坝体安全，防止因暴雨引起坍塌事故，防范渗沥液外溢渗透引发水体污染事故。

六、加强道桥和公交场站建设维护。要加强对城市道路、桥梁等设施的巡查和检修，及时排除故障和隐患，确保道路安全畅通。在公交车站建设候车亭，并加强现有候车亭的维护，发挥其防晒防雨功能。协调道路绿化与公交车站建设，发挥行道树的遮阳降温作用。重点做好公共交通场站、轨道交通车站出入口、地下通道等部位应对暴雨水淹的处置方案和应急物资储备。

七、加强公园、景区管理，保障游客人身安全。公园、景区要设置防暑降温服务站，做好高温防暑提示警示，并加强医疗、应急救援服务。山岳型景区要防范暴雨引发山体滑坡、滚石和泥石流对游人安全造成影响。夏季公园要适当延长开放时间，为居民提供消暑纳凉服务。动物园要做好高温天气下动物防暑降温工作，密切观察动物异常情况，一旦发现，及时救治。

八、加强后勤保障，保证作业人员人身安全。各单位要合理安排作业计划，适当调整作业时间，按时发放劳保用品和高温补贴，加强防暑降温后勤保障工作，切实保障环卫工人等一线工作人员安全健康。

中华人民共和国住房和城乡建设部城市建设司

二〇一〇年七月十三日

关于对注册有效期满的一级建造师延续注册有关问题的通知

建市施函〔2010〕80 号

各省、自治区住房和城乡建设厅，直辖市住房和城乡建设委员会，国务院各有关部门建设司，总后基建营房部：

一级建造师注册工作于 2007 年启动，建造师注册证书和执业印章的有效期为 3 年，初始注册人员的注册证书和印章将陆续到期。鉴于继续教育工作尚未开展，本着简化、高效的原则，从方便个人、企业和基层考虑，经研究，决定暂不开展延续注册工作，原注册证书和印章继续有效，待继续教育工作实施后再行规定有关事宜。

各省级建设行政主管部门要自即日起至 2010 年 10 月底开展一级建造师执业情况检查工作。建造师注册企业要将本企业一级注册建造师有关情况报省级建设行政主管部门（格式见附表），各省级建设行政主管部门汇总一级建造师执业情况，与工程建设监督管理过程中查处的违法违规行为进行比对，发现有以下行为的，要依法进行处理，直至吊销注册证书和印章：

（一）担任项目经理期间，所负责项目发生过重大质量和安全事故的；

（二）有违法违规行为，受到刑事处罚的；

（三）在执业过程中，索贿、受贿或者谋取合同约定费用外的其他利益的或实施商业贿赂的；

（四）同时在两个或以上单位受聘的；

（五）允许他人以自己的名义从事执业活动或涂改、

倒卖、出租、出借等形式非法转让注册证书和印章的；

（六）超出执业范围和聘用单位业务范围内从事执业活动的；

（七）年龄超过 65 周岁的，要注销其注册证书和印章。

各省级建设行政主管部门要立即布置该项工作，并于 2010 年 10 月 31 日前及时将汇总情况（格式见附表）的书面文件和电子表格，以及处理的一级注册建造师情况报我司，记入建筑市场诚信信息平台。我司将对有关工作进行抽查。

中华人民共和国住房和城乡建设部建筑市场监管司

二〇一〇年八月十二日

关于加强建筑市场资质资格动态监管完善企业和人员准入清出制度的指导意见

建市〔2010〕128 号

进入新世纪以来，我国建筑市场开放程度不断提高，推动了建筑业持续发展，为促进国民经济发展发挥了重要作用。据统计，2009 年我国全社会固定资产投资 224 846 亿元，建筑业总产值 75 864 亿元，占固定资产投资的 33.7%；建筑业增加值 22 333 亿元，比上年增长 18.2%。目前，全国建筑业企业及其分支机构总量已达到 23 万家，从业人员约 3 400 万人；工程勘察、工程设计、工程监理、工程招标代理等工程咨询服务企业近 3 万家，从业人员已超过 200 万人。

但是，当前建筑市场仍存在一些不容忽视的问题：建筑业企业数量过多，建筑业产业结构不尽合理，特别是房屋建筑和市政基础设施工程类企业“供大于求”矛盾比较突出；各类注册人员分布不均衡，部分地区注册人员与企业数量、建设规模不匹配；工程转包、违法分包、工程结算纠纷、拖欠农民工工资以及质量安全事故等问题屡有发生；建筑市场监管体系不健全，市场清出机制不完善，“重准入、轻监管”的现象依然存在。这些问题严重影响了建筑市场秩序和建筑业的健康发展，必须下大力气认真解决。

为解决建筑市场中存在的问题，以开展工程建设领域突出问题专项治理为契机，加快完善我国建筑市场监管体系；严格市场准入，着力解决企业、从业人员市场清出机制不健全的问题；实行市场准入清出与工程质量安全、诚信体系建设相结合，形成各部门监管合力；实现资质资格许可、动态监管、信用管理等各环节的联动；保障建设工程质量安全，维护统一、规范、公开、有序的建筑市场秩序，促进建筑业健康协调可持续发展，特制定本指导意见。

一、强化质量安全事故“一票否决制”

各级住房城乡建设主管部门应当依据《建设工程质量管理条例》、《建设工程安全生产管理条例》等法规规定，将工程质量安全作为建筑市场资质资格动态监管的重要内容，认真落实质量安全事故“一票否决制”。

质量安全事故发生后，在依法进行事故报告和调查处理的同时，事故发生地县级以上住房城乡建设主管部门应当在事故发生之日起 3 个工作日内将事故情况、与事故有关的企业以及注册人员简要情况上报省级住房城乡建设主管部门；对非本省市的企业和注册人员，事故发生地省级住房城乡建设主管部门接到报告后，应当在 3 个工作日内通报其注册所在地省级住房城乡建设主管部门。企业和注册人员注册所在地省级住房城乡建设主管部门，应当在接到报告或通报之日起 3 个工作日内，做出在事故调查处理期间暂停其资质升级、增项，资格认定、注册等事项的处理。

属于住房城乡建设部审批资质资格的企业和注册人员，其注册所在地省级住房城乡建设主管部门应当在接到事故调查报告或批复后 7 个工作日内，将事故调查报告或批复以及处理建议上报住房城乡建设部。

根据事故调查报告或批复，应当降低或吊销有关责任企业和注册人员资质资格的，原发证机关应当在做出行政处罚决定后 7 个工作日内，将其证书注销，并向社会公布。同时在 15 个工作日内监督企业或注册人员将资质、资格证书交回。住房城乡建设部负责审批的企业和注册人员资质、资格证书，由其注册所在地省级住房城乡建设主管部门负责在规定时间内监督企业或注册人员交回，并及时将资质、资格证书交住房城乡建设部。

对事故负有责任但未给予降低或吊销资质处罚的企业，一年内不得申请资质升级、增项。

事故调查报告或者负责组织事故调查的人民政府对事故调查报告的批复认定与事故有关的企业和注册人员无过错责任的，其注册所在地省级住房城乡建设主管部门应当在接到事故调查报告或批复后 3 个工作日内恢复其资质升级、增项，资格认定、注册等事项。

住房城乡建设部将抓紧开展规范工程建设领域行政处罚自由裁量权的相关工作，依法研究制定规范工程建设行政处罚自由裁量权实施办法和裁量基准。

二、加大对资质资格申报弄虚作假查处力度

住房城乡建设部将制定《建设工程企业资质弄虚作假处理办法》，明确资质核查及处理的主体、程序、具体措施以及责任追究等制度。各资质审查部门应实行申报企业注册人员、工程业绩等公示制度。对于申报材料有弄虚作假嫌疑或被举报的企业和个人，要及时开展核查。经核查确实存在弄虚作假行为的，对其申请事项不给予行政许可，在一年内不受理其资质升级和增项申请，在住房城乡建设主管部门网站和各级有形建筑市场予以通报，并记入企业和个人信用档案；对于存在伪造印章等严重违法行为的，移交公安或司法部门处理。

需要核查非本省市工程业绩的，由受理申请的省级住房城乡建设主管部门商请工程所在地省级住房城乡建设主管部门协助核查。工程所在地省级住房城乡建设主管部门应当给予配合，在接到协助核查函后7个工作日内书面反馈核查情况。

各级住房城乡建设主管部门应当加强对下级资质、资格审批情况的监督管理。我部将定期对省级资质、资格审批情况进行抽查并向全国通报抽查结果。省级住房城乡建设主管部门要对所属设区市住房城乡建设主管部门资质、资格审批情况开展检查、抽查。严禁违规下放审批权限，对违规下放审批权限的，要责令限期收回，撤销行政许可，并给予通报批评。

三、加强建筑市场动态监管

住房城乡建设部将尽快出台《企业资质和注册人员动态核查办法》。各级住房城乡建设主管部门应当充分利用信息化等手段，对企业取得资质后是否继续符合资质标准进行动态核查。一是核查企业的工程业绩和主要技术指标情况；二是核查企业的主要管理和技术、经济注册人员变动情况；三是核查包括企业资本金在内的有关财务指标变动等情况；四是重点核查企业工程质量和安全生产管理的各项制度、措施落实情况，是否发生工程质量、安全生产事故，或者存在质量安全隐患；五是核查企业是否存在其他违法违规行为。

在核查企业时，要对注册在该企业的人员一并进行核查。重点核查其注册和在岗情况，以及是否存在出租、出借、倒卖或以其他形式非法转让执业资格证书、注册证书和执业印章，不履行执业责任，超越执业范围执业等违法违规行为。

省级住房城乡建设主管部门每年动态核查的比例应不低于在本地区注册企业总数的5%。对经核查认定已不符合相应资质标准的企业，应当撤回其资质；对存在违法违规行为的注册人员，应当给予相应的行政处罚。

省级住房城乡建设主管部门应当对在本地区从事经营活动的企业和注册人员招标投标、合同订立及履约、质量安全管理、劳务管理等市场行为实施动态监管，建立和完善动态监管制度，加大对依法诚信经营企业和注册人员的表彰宣传力度，可采取在有关管理事项中给予绿色通道服务等措施，发挥动态监管的激励作用。

对问题比较突出的企业和注册人员，可以采用预警提示或约谈等措施，督促其限期改正。逾期不改的，要采取进一步措施予以处理。其企业资质或个人执业资格由省级以下住房城乡建设主管部门负责审批的，省级以上住房城乡建设主管部门应当对其资质或执业资格条件进行核查，经核查已不符合相应资质、执业资格标准的，应当撤回其资质、资格许可。对外省市企业和注册人员，应当通报其注册所在地省级住房城乡建设主管部门进行核查、处理。其注册所在地省级住房城乡建设主管部门应当及时将核查、处理结果反馈工程所在地省级住房城乡建设主管部门。企业资质或执业资格由住房城乡建设部负责审批的，其注册所在地省级住房城乡建设主管部门核查后，应当将处理建议报住房城乡建设部。

省级住房城乡建设主管部门应当规范和完善外省市企业和注册人员进入本地区的告知性备案管理制度。不得擅自设立审批性备案和借用备案等名义违法、违规收取费用，不得强行要求企业和注册人员注册所在地省级住房城乡建设行政主管部门或其上级集团公司出具证明其资质、资格、诚信行为、合同履约、质量安全等情况的文件。企业和注册人员办理备案后，省级住房城乡建设主管部门应当将备案信息及时通报本地区各级住房城乡建设主管部门。企业或注册人员在备案时提供虚假资料的，省级住房城乡建设主管部门不予备案，并作为不良行为记录向社会公布。除省级住房城乡建设主管部门外，设区市和县（市）级住房城乡建设主管部门均不得设置外省市企业和注册人员进入本地区的备案管理制度。

四、加快建立完善基础数据库

加快建立和完善建设工程企业、注册人员、工程项目和质量安全事故基础数据库。最大限度利用各地现有信息化建设成果，健全数据采集、报送、发布制度，统一数据标准，实现注册人员、企业、工程项目和质量安全事故数据库之间的动态关联，实行住房城乡建设部数据库与省级住房城乡建设主管部门数据库数据信息的同步共享。要为监管机构对建设工程企业、注册人员市场准入和清出提供全面、准确、动态的基础数据；为政府部门制定政策提供科学、客观的依据；为社会公众提供真实、便捷的信息查询服务。

住房城乡建设部负责建立注册人员、企业和工程项目的中央数据库，制定统一的数据标准、数据交换标准，统一数据信息采集、报送标准，制定数据库运行、维护的相关管理制度，建立相关管理程序。

省级住房城乡建设主管部门应当建立和完善本地区统一的注册人员、企业、工程项目和质量安全事故数据库，按照住房城乡建设部的工作部署和要求，采集、报送各类数据信息，实现与全国中央数据库对接，及省际数据库之间互通共享。

人员数据库

2011年6月前，住房城乡建设部负责制定统一的注册人员数据标准，完善现有的一级注册建筑师、勘察设计注册工程师（二级注册结构工程师除外）、注册监理工程师、一级注册建造师、注册造价工程师等相关注册人员数据库，建立全国注册人员中央数据库，公布与各地的接口标准；省级住房城乡建设主管部门负责按照统一的数据标准，完善本地区二级注册建筑师、二级注册结构工程师和二级注册建造师数据库，实现与全国注册人员中央数据库对接，实时上传数据。

2012年6月前，在部分有条件的省市开展将企业主要技术人员和管理人员纳入人员数据库的试点工作。

从2010年起开展农民工实名制管理试点工作，加强农民工输出地和输入地之间的联动管理，逐步建立包括农民工基本信息、技能培训、工作简历等基本数据系统和制发实名电子信息卡。通过农民工实名制管理，保护农民工合法权益，开展农民工基本技能培训，提高建设工程质量，促进城乡一体化的发展。

企业数据库

住房城乡建设部负责制定统一的企业数据标准，以2007年启用的资质证书管理信息系统为基础，完善现有工程招标代理机构、工程设计企业、工程监理企业数据库，尽快整合工程勘察企业、建筑业企业数据库，建立全国建设工程企业中央数据库。

2010年前，完成各地资质证书管理系统使用情况检查，并向全国通报。督促未将本地管理系统与全国建设工程企业数据库对接的省市尽快对接，实现企业数据实时共享。

《工程勘察资质标准》和《建筑业企业资质等级标准》修订颁布后，住房城乡建设部将启动工程勘察和建筑业企业资质证书管理系统。2011年底前建立实时联网共享的全国建设工程企业中央数据库。

2011年6月前，实现全国建设工程企业数据库与注册人员数据库的互联互通，实时监控企业中的注册人员是否能够满足企业资质条件。

强化企业资质证书管理，企业资质证书必须通过证书管理系统订购，对证书使用量与证书订购量有明显偏差的地区，要求其说明情况后，再予以批准发放。

工程项目数据库

2012年6月底前，住房城乡建设部充分依托各地已有工程项目数据资源和信息系统，研究制定统一的工程项目数据标准、数据交换标准，明确信息采集、数据上报的管理模式，构建覆盖工程项目招标投标、合同备案、施工图审查、施工许可、质量监督、安全生产监督、竣工验收备案各主要环节，包括工程规模、工程造价、参建企业以及与项目有关的主要管理、技术人员等信息的全国工程项目中央数据库。

2012年底前，各省级住房城乡建设主管部门负责建立本地区工程项目数据库，并根据统一的数据标准和数据交换标准实现与全国工程项目中央数据库对接。

2013年6月底前，建立建筑市场监管的指标数据库、信息发布与共享数据库和数据分析及应用模型，实现基础数据库的整合、统计、分析、评价及发布，做到建筑市场的立法与执法并重、市场准入管理与清出管理并重、资质资格审批管理与后续动态管理并重，为建筑市场与工程质量安全监管工作提供系统、科学的技术支撑与保障。

五、加强建筑市场诚信体系建设

在建立健全全国建筑市场诚信平台以及注册人员、企业、工程项目和质量安全事故数据库的基础上，完善各类企业和注册人员诚信行为标准，健全诚信信息采集、报送制度，实现各地诚信信息互通、互用和互认，建立有效的诚信激励和失信惩戒机制。

各级住房城乡建设主管部门应当按照规定做好企业和注册人员诚信信息的采集、发布和报送工作。住房城乡建设部将定期统计、公布各地报送情况，对存在不按期报送、瞒报等问题的地区通报批评。

省级住房城乡建设主管部门应当在开展资质、资格动态监管的基础上，及时将企业和注册人员在合同履约、招标投标、工程质量管理、安全生产管理等方面的良好行为信息和不良行为信息记入诚信档案，可以通过有形建筑市场、新闻媒体公布信誉良好的企业和注册人员，引导市场各方主体依法诚信经营；将发生不良行为较多的企业和注册人员列为重点监管对象，加强动态监管。

省级住房城乡建设主管部门应当建立和完善本地区建筑市场诚信行为公示制度，对发生较大及以上质量安全事故、拖欠劳务费或农民工工资、以讨要工资为名扰乱正常生产生活秩序、转包工程、违法分包工程等违法违规行为的企业和注册人员要及时向社会公布，引导市场各方主体重视诚信记录，选择守法诚信的合作者，同时加强与有关部门的信息互通，加大对违法失信企业和注册人员的信用惩戒。

2011年底前，住房城乡建设部出台工程建设领域不良信息分级发布标准，建立部、省两级分级发布的信息平台。

六、加强与有关部门的联动

加强与铁道、交通、水利、工业与信息化等部门的配合，加快建立与工商等部门的工作协调机制，完善沟通渠道，健全信息共享、联动执法等制度，形成建筑市场监管合力。尽快实现与工商部门信息共享，对企业虚报、抽逃注册资本金等行为进行治理；将被吊销或伪造资质、资格证书，以及发生严重违法违规行为的企业和注册人员名单提供给工商部门。以此为基础，逐步与相关部门开展联动，及时准确地了解企业营业状况和纳税、社会保险缴纳等情况，以便更好地实施动态监管；对发生重大违法行为或拒不执行法院判决的企业和注册人员纳入重点监管范围，并作为不良行为记入诚信档案，对其实施资质、资格条件核查、信用惩戒等动态监管。

中华人民共和国住房和城乡建设部

二〇一〇年八月十三日

关于国家级风景名胜区数字化景区建设工作的指导意见

建城函〔2010〕226号

各省、自治区住房和城乡建设厅，直辖市建委（园林局），各国家级风景名胜区管理机构：

为积极推进风景名胜区信息化建设，稳步开展国家级风景名胜区（以下简称“风景名胜区”）数字化景区建设工作，提高风景名胜区现代化、信息化管理水平，实现风景名胜区事业又好又快发展，结合五年来风景名胜区数字化景区建设试点经验，现就做好风景名胜区数字化景区建设工作，提出以下指导意见。

一、指导思想和基本原则

（一）指导思想

风景名胜区数字化景区建设是风景名胜区在总结监管信息系统建设经验基础上开展的一项信息化建设工作。建设风景名胜区数字化景区，要综合运用现代信息技术，以信息化基础设施为支撑，以业务应用系统为纽带，以数据中心和指挥调度中心为核心，整合景区管理资源，实现信息共享，推进风景名胜区信息化建设。通过数字化景区建设，提高风景名胜区在资源环境保护、规划建设管理、游览组织管理与公共服务、游客安全保障、防灾减灾、应对突发事件等方面的管理和服务能力，改进管理方法，降低管理成本，提高管理效率。

（二）基本原则

1. 需求主导，突出重点。风景名胜区要结合自身条件和管理需要，按照数字化景区建设的特点和要求，积极组织开展数字化景区建设工作。工作中要量力而行，突出重点，以需求为导向，以管理应用和优化服务为重点，优先建设景区资源保护、规划、利用和管理需求迫切的项目。

2. 因地制宜，分类指导。风景名胜区的类型不同，数字化景区建设的需求和管理模式存在差异。要根据景区的类型和特点，实行分类指导，因地制宜建立符合风景名胜区特点的数字化管理模式。

3. 总体规划，分步实施。风景名胜区要深入研究数字化景区建设的具体需要，统筹兼顾，科学论证，编制数字化景区建设规划，合理确定规划目标、建设内容和实施步骤，分步实施建设规划。

4. 实用节约，安全高效。风景名胜区要在满足数字化景区建设功能要求的前提下，增强成本效益意识，合理控制建设运行成本，优先选择业务流程稳定、管理效益明显、信息密集、实时性强、实用节约的项目，应用技术做到适度先进。要构筑完善的信息化安全防范体系，做到效率与安全并重。

二、主要任务

（一）编制数字化景区建设规划。数字化景区建设规划是开展信息化建设的基本依据。风景名胜区要按照国家以及住房城乡建设领域信息化建设的有关要求和技术规范，结合自身实际，以实际需求为导向，编制数字化景区建设规划，明确数字化建设的基本思路、总体目标、总体框架、建设内容、重点任务和实施方案等，确定分期建设目标和实施保障措施，经过专家论证通过，有计划有步骤地实施。

（二）建立健全数字化基础设施。基础设施是信息化建设的基础和前提。风景名胜区要按照数字化景区建设要求，逐步配备和完善计算机设备、网络设备、服务器设备、数据存储设备、安全设备、机房及配套等设施，构建结构合理、覆盖面广、容量充足、性能稳定的基础网络体系，为数字化建设提供保障。

（三）建立统一的数据中心。基础数据库和共享机制建设是信息化建设的关键。风景名胜区要以信息资源共享为突破口，提高基础数据的质量，统一数据标准，整合信息资源，建设统一的数据中心，从技术上和管理上建立一套有效的共享机制，为实现地理信息、规划建设、资源环境本底、遥感监测等基础数据与业务数据的互联共享以及不同系统互通互联、数据共享和系统集成奠定基础，实现信息资源集中、高效、便捷的管理和应用。

（四）建设统一高效的综合指挥调度中心。要通过建立风景名胜区综合指挥调度中心，改进传统管理模式，改善管理部门之间信息不畅、调度不良的问题。通过采用功能集成、网络集成、软件界面集成等多种集成技术，实现互通互联和交互操作，充分发挥集成应用的协同效应，实现对各个集成设备和系统的集中高效应用和对相关管理部门的统一协调和组织，构建统一指挥、快速反应的管理体系。

（五）加强应用系统建设。风景名胜区数字化景区建设，除风景名胜区监管信息系统等必备应用系统外，可以根据业务工作信息化管理的需要，全部或者有选择地建设视频监控（含森林防火）、应急救援、车辆运行监控调度、人员巡检监控调度、资源环境监测、规划建设管理、景区门禁票务、电子政务、电子商务、多媒体展示等应用系统，也可以自行开发建设其他应用系统，提高信息化管理水平。

（六）构筑安全防范体系。风景名胜区要按照国家信息安全有关要求，加强信息安全管理，采取技术与管理相结合的综合性保障措施，建立包括物理安全、网络安全、数据安全、系统安全、应用安全等内容的安全保障体系，制定并严格执行安全管理制度，确保设备和系统有效安全运行。

三、工作要求

（一）加强组织领导。各级风景名胜区管理部门要加强领导，积极稳步推进风景名胜区数字化景区建设。住房城乡建设部负责全国风景名胜区数字化景区建设的总体指导和监督实施，制订有关技术标准规范，并成立专家小组提供技术指导和服务。省级住房城乡建设（或风景名胜区）主管部门负责本辖区风景名胜区数字化景区建设的指导协调和监督实施。风景名胜区管理机构要设立专门工作机构，落实专业技术人员，稳步扎实推进数字化景区建设的各项工作。

（二）规范有序建设。风景名胜区数字化景区建设要遵循国家和住房城乡建设领域信息化建设的有关要求和技术规范，做到标准统一、网络互连、数据共享，推进信息资源共享，提高信息资源效益。要充分利用和整合现有基础设施、应用系统和信息资源，避免自成体系、重复建设等问题，促进景区内部以及景区与外部业务系统的互通互联。

（三）加强制度建设。风景名胜区要建立健全数字化景区建设的规章制度，制定包括规划立项、招标采购、设计施工、调试运行、项目验收、业务操作、日常运行、管理维护、文档管理、安全管理、应急管理、部门协作、绩效评估以及硬件、软件、人员、信息、数据等各方面的程序规范与管理制度，推进风景名胜区数字化建设与管理的规范化、制度化。

（四）搞好人才培养。风景名胜区要加强数字化景区人才队伍建设，在积极引进专业人才和技术支持协作单位同时，加大对现有干部职工的培训力度，积极开展信息化建设有关政策法规、技术规范、专业知识的培训辅导，努力提高现有管理人员专业技术能力，适应数字化景区建设的需要。

（五）加大资金投入。风景名胜区数字化景区建设需要一定的资金投入和保障。要积极拓宽融资渠道，加大资金支持力度，在充分利用自有资金的同时，积极争取财政资金、科研立项、银行贷款、社会投资等多方面的资金支持，为数字化景区建设提供可靠稳定的资金保障。

各地在实际工作中遇到的具体问题，请及时与我部风景名胜区管理办公室联系。

中华人民共和国住房和城乡建设部

二〇一〇年八月二十五日

关于试行住房公积金督察员制度的意见

建稽〔2010〕102号

有关省、自治区、直辖市住房城乡建设厅（建委、房地局）、财政厅（局）、发展改革委，中国人民银行有关分行、营业管理部、省会（首府）城市中心支行、副省级城市中心支行，有关省、自治区、直辖市审计厅（局）、银监局，直辖市住房公积金管理委员会、住房公积金管理中心：

为加强住房公积金监管，确保资金安全和有效使用，根据《住房公积金管理条例》，住房城乡建设部、财政部、发展改革委、人民银行、审计署、银监会决定试行住房公积金督察员（以下简称督察员）制度，现提出如下意见。

一、充分认识试行督察员制度的重要意义

（一）试行督察员制度是加强住房公积金监管的必要手段。住房公积金制度是解决城镇居民基本住房问题的重要制度之一。近年来，住房城乡建设部会同有关部门和单位加强住房公积金监管，在改善职工住房条件、促进房地产市场健康发展等方面发挥了重要作用。但是，一些地区违反住房公积金法规和政策、挤占挪用和骗提骗贷等问题时有发生，损害了缴存职工的合法权益，必须充实监管力量，强化监管措施，加强监管工作。试行督察员制度十分必要。

（二）试行督察员制度是加强住房公积金行政监督的重要内容。督察员承担住房公积金督察任务，依据相关法律法规和政策规定，对住房公积金决策、管理、运作、监管活动进行过程监督，及时发现和依法制止违法违规问题，不干预省级住房公积金监管部门的日常监管工作，不干预有关设区城市住房公积金决策、管理和运作活动。

（三）试行督察员制度是实现住房公积金全过程监管的有效保障。试行督察员制度，有利于形成决策科学、执行顺畅、监督有力的管理和监督体制，确保法规政策落到实处；有利于加强事前和事中监督，实现全过程监管，减少违法违规问题带来的损失；有利于保障资金安全和有效使用，维护职工合法权益；有利于强化对权力的制约和监督，维护社会和谐稳定，促进实现“住有所居”目标。

二、试行督察员制度的主要内容

（四）试行范围。督察员由住房城乡建设部商财政部、发展改革委、人民银行、审计署、银监会后聘任。试行期间，督察员在利用住房公积金贷款支持保障性住房建设试点城市（以下简称试点城市）进行督察。

（五）工作任务。督察员主要围绕住房公积金政策执行和资金安全情况，按照统一部署开展督察工作。督察员主要对下列内容进行督察：

1. 住房公积金制度建立情况；

2. 住房公积金管理委员会决策情况；

3. 住房公积金管理中心运行管理情况；

4. 挤占挪用和骗提骗贷等违法违规苗头和行为；

5. 利用住房公积金贷款支持保障性住房建设试点情况；

6. 法律法规规定和领导交办的其他方面。

（六）工作原则。督察员应坚持客观公正、实事求是、廉洁高效的原则，依法依规开展督察工作。督察员开展工作必须同时两人以上。实行回避制度，不派往原工作单位所在城市开展督察工作。

（七）工作方式。督察员不派驻试点城市，根据试点工作需要，按照统一部署，采用巡查方式，通过列席会议、查阅有关文件和财务报表、召开专题会议、调查访谈等形式开展工作。督察员应及时了解住房公积金决策、管理、运作、监管以及试点工作等情况，发现违法违规问题应及时依法制止，报告住房城乡建设部，并按规定程序提出督察意见和建议。

（八）聘任管理。住房公积金督察工作政策性强，涉及住房保障、金融、财务、项目开发建设等多个领域。督察员应具备履行职责所需要的政策理论水平，熟悉住房公积金有关法律法规和政策制度，具有较强的原则性、组织性和纪律性。督察员管理办法和工作规程由住房城乡建设部制定。

三、保障督察员制度有效试行

（九）相关部门和单位要积极配合督察员开展工作。试点城市所在省（自治区）住房城乡建设、财政、发展改革、人民银行、审计、银监等部门和单位，以及试点城市人民政府及相关主管部门和单位，应为督察员开展工作创造条件。对督察员提出的督察意见，相关部门或单位应认真研究，按要求向督察员反馈整改情况。

（十）切实加强对督察员的管理和指导。住房城乡建设部、财政部、发展改革委、人民银行、审计署、银监会要加强对督察员的管理和指导，确保督察员制度顺利试行，保障住房公积金安全和有效使用。

中华人民共和国住房和城乡建设部
中华人民共和国财政部
中华人民共和国国家发展和改革委员会
中国人民银行
中华人民共和国审计署
中国银行业监督管理委员会
二〇一〇年六月二十八

关于印发《住房公积金督察员管理暂行办法》的通知

建稽〔2010〕139 号

各住房公积金督察员，有关省、自治区住房城乡建设厅，直辖市住房公积金管理委员会、住房公积金管理中心：

为加强对住房公积金督察员的管理，保障住房公积金督察员制度顺利试行，我部制定了《住房公积金督察员管理暂行办法》，现印发给你们，请遵照执行。

中华人民共和国住房和城乡建设部
二〇一〇年九月七日

住房公积金督察员管理暂行办法

第一章 总 则

第一条 为加强对住房公积金督察员管理，规范督察工作行为，保障督察工作质量，根据《住房公积金管理条例》、《住房公积金行政监督办法》（建金管〔2004〕34号）、《关于试行住房公积金督察员制度的意见》（建稽〔2010〕102 号）、《关于加强稽查执法工作的若干意见》（建稽〔2009〕60 号）等规定，制定本办法。

第二条 本办法适用于对住房公积金督察员的管理。

本办法所称住房公积金督察员（以下简称督察员），是指由住房城乡建设部商财政部、发展改革委、人民银行、审计署、银监会后聘任，承担住房公积金督察任务的工作人员。

第三条 住房城乡建设稽查办公室（以下简称稽查办）会同住房公积金监管司（以下简称公积金司）负责督察员的日常管理及有关服务工作。

第四条 督察员应当坚持客观公正、实事求是、廉洁高效的原则，依法开展督察工作。

第五条　有关省级住房公积金监管部门和设区城市人民政府住房公积金决策及管理机构应当积极有效协助督察员开展督察工作。

第二章　遴选条件

第六条　督察员应当具备下列条件：

（一）具有履行职责所需要的政策理论水平，熟悉住房公积金有关法律法规和政策；

（二）从事住房公积金、财政、金融、审计、项目管理等相关专业领域工作满8年，并具有高级技术经济职称或同等专业水平，年龄在65周岁以内；

（三）具有较强的原则性、组织性和纪律性，能够客观、公正、诚实、廉洁地履行职责；

（四）身体健康，能够适应经常性出差工作需要。

第七条　督察员遴选采取单位推荐和个人自荐方式。

实行单位推荐的，由有关部门、省级住房公积金监管机构和直辖市、新疆生产建设兵团住房公积金管理委员会在辖区内推荐人选，并事先征得被推荐人的同意；实行个人自荐的，应当提供符合本办法第六条规定条件的证明材料。

第三章　聘任与培训

第八条　督察员按下列程序进行聘任：

（一）稽查办会同公积金司商推荐人选所在单位同意后，考察确定拟聘任的督察员人选；

（二）住房城乡建设部就拟聘任督察员人选商财政部、发展改革委、人民银行、审计署、银监会后，按程序聘任。

第九条　督察员每届聘期为三年，聘期届满后，稽查办会同公积金司根据本办法和工作需要，商有关部门后决定是否继续聘任。督察员年满65周岁的，原则上不再续聘。

第十条　督察员开展工作必须同时两人以上，并实行回避制度，原则上不派往原工作单位所在的城市工作，不对其曾经管辖、工作过的单位或者其近亲属担任高级管理人员的单位执行督察任务。

第十一条　督察员在任职前应接受有关住房公积金督察的法律法规和业务知识培训，任职期间还应当接受与住房公积金督察工作相关的培训。

第十二条　被聘任的督察员由住房城乡建设部统一颁发聘书和《住房公积金督察员证》。

第四章　职责与任务

第十三条　督察员主要围绕住房公积金政策执行和资金安全情况，按照统一部署开展督察工作。主要对下列内容进行督察：

（一）住房公积金制度建立情况；

（二）住房公积金管理委员会决策情况；

（三）住房公积金管理中心运行管理情况；

（四）挤占挪用、骗提骗贷等违法违规苗头和行为；

（五）利用住房公积金贷款支持保障性住房建设试点情况；

（六）法律法规规定和领导交办的其他方面。

第十四条　督察员开展工作应依照相关部门关于督察工作的组织和程序要求进行，对被督察单位的处理和整改情况应进行跟踪督办。

第十五条　督察员开展督察工作，有权采取下列措施：

（一）根据需要列席有关城市住房公积金管理委员会和住房公积金管理中心的会议；

（二）听取被督察单位与督察工作有关的汇报，参加与督察工作有关的会议；

（三）查阅或者复制被督察单位有关财务报告、会计凭证、会计账簿等财务资料以及其他有关资料；

（四）查阅或者复制与督察工作有关的会议纪要、审批文件以及其他资料；

（五）检查与督察工作有关的银行账户；

（六）向有关单位和个人进行调查，要求就督察工作涉及的问题做出解释和说明，并取得有关证明材料；

（七）进入与督察事项有关的现场进行查验；

（八）组织召开与督察事项有关的专题会议；

（九）相关部门授权的其他措施。

第十六条　督察期间发现下列行为的，督察员有权责令有关单位、个人立即停止和予以纠正，并及时报告稽查办和公积金司：

（一）拒绝、阻挠督察工作的；

（二）故意拖延提供与督察工作有关的文件和资料的；

（三）隐瞒事实真相、出具伪证或者隐匿、转移、篡改、毁灭证据的；

（四）拒绝就督察员所提问题做出解释和说明的；

（五）妨碍督察员依法履行职责的其他行为的。

第十七条　督察过程中，被督察单位、人员有权向督察员进行陈述和申辩。

第五章　督察工作文书

第十八条　督察员发现涉及督察事项的违法违规行为或线索时，应及时报告稽查办和公积金司，并发出相关督察工作文书：

（一）对违法违规行为情节较轻的，应起草《住房公积金督察员督察建议书》，报稽查办和公积金司同意后，由督察员加盖印章并签字，向有关住房公积金决策、管理机构发出并抄送上级住房公积金监管部门。

（二）对违法违规行为情节较重的，应起草《住房公积金督察员督察意见书》，报稽查办和公积金司。稽查办和公积金司报部领导批准后，由督察员加盖印章并签字，向有关住房公积金决策、管理机构发出并抄送上级住房公积金监管部门。《住房公积金督察员督察意见书》须明确要求被督察单位在10个工作日内向督察员反馈意见。

（三）对违法违规行为情节严重、需由住房城乡建设部或联合相关部门直接查处的，督察员应及时向稽查办和公积金司提交书面报告，转入稽查程序。

第十九条 督察工作文书的跟踪督办：

（一）《住房公积金督察员督察意见书》必须跟踪督办，《住房公积金督察员督察建议书》视情况决定是否跟踪督办。

（二）对列入督办范围的督察工作文书，应密切跟踪并及时收集有关情况向稽查办和公积金司报告。

第六章 档案管理

第二十条 督察员在实施督察过程中应当编写督察日志。督察员应当真实、完整地记录督察日志，不得遗漏、虚构、隐匿、毁弃，其他人不得删改。

第二十一条 督察工作结束后，督察员应及时将下列文件资料交稽查办归档：

（一）住房城乡建设部及地方人民政府相关部门提供的法律、法规、督察背景材料；

（二）督察员在工作中取得的原始资料、谈话笔录、形成的调查报告；

（三）督察员的督察日志、督察报告；

（四）督察员联系工作收发的传真、电话记录等应归档保存的材料。

督察员对其提供文件资料内容的真实性、完整性负责。

第七章 纪律与考核

第二十二条 督察员在日常工作中应遵守下列规定：

（一）遵纪守法、忠于职守、秉公督察、廉洁自律，自觉接受社会监督；

（二）严格执行督察工作的各项政策制度，服从安排；

（三）不得干预住房公积金监管部门的日常行政监管工作，以及有关设区城市住房公积金决策、管理、运作活动；

（四）严格执行相关保密规定，不得泄露涉密信息及督察对象的情况；

（五）不得利用职务之便为个人或者他人谋取利益，不得接受督察对象的馈赠、报酬等，不得向督察对象报销任何费用。

第二十三条 督察员违反本办法第二十二条之规定的，由稽查办会同公积金司给予批评教育；情节严重的，报经部领导批准并商相关部门后免去其督察员资格；构成犯罪的，移交司法机关处理。

第二十四条 督察员每年 12 月 31 日前将年度工作总结报稽查办和公积金司。稽查办会同公积金司对督察员工作情况进行考核。

第八章 离任与交接

第二十五条 督察员在任期内主动提出辞职或因工作关系变动、身体健康等原因不能履行督察职责时，应及时报告稽查办和公积金司；稽查办和公积金司报部领导审定同意后，终止对不能履职督察员的聘任，收回其证件，并通报相关部门。

督察员任期届满，本人不再申请续聘的，应向稽查办交回证件。

第二十六条 督察员离任前应以书面形式总结和报告任期内的主要工作情况，并交回任期内有关督察工作的全部档案文件及有关资产。

第九章 附 则

第二十七条 本办法由稽查办会同公积金司负责解释。

第二十八条 本办法自印发之日起施行。

附件：督察工作文书的说明（略）

关于进一步加强世界遗产保护管理工作的通知

建城函〔2010〕240 号

各省、自治区住房和城乡建设厅，北京市园林绿化局，天津市城乡建设和交通委员会，重庆市园林事业管理局：

自 1985 年我国政府加入《保护世界文化和自然遗产公约》以来，在党中央、国务院的正确领导下，我国世界遗产保护管理工作取得了显著成绩，有效保护了世界遗产资源，提高了遗产地的知名度，带动了遗产所在地经济发展。但在世界遗产保护管理工作中也出现一些问题，有的地方不切实际，缺乏研究，存在“申遗”过热的倾向；有的地方“重申报、轻管理”，“重开发、轻保护”的现象也很突出。为进一步加强世界自然遗产、自然与文化双遗产等相关世界遗产保护管理工作，现通知如下：

一、深刻认识保护世界遗产的重要意义。我国现有各类世界遗产 40 处，位列全世界第三，已成为世界遗产大国。世界遗产是不可再生的珍贵资源，既代表一个国家的荣誉，更体现一个国家的责任。设立世界遗产的目的，就是为了保护和传承全人类共同的自然与文化遗产，促进世界遗产的永续利用，为人类社会的可持续发展作出贡献。目前，全球范围内世界遗产保护的压力越来越大，其保护状况将越来越受到更广泛的关注。要深入学习《保护世界文化和自然遗产公约》的精神，深刻领会保护世界遗产的重要意义，始终把世界遗产保护放在首位。要用科学和理性的态度，从全局出发，提高认识，端正目的，进一步增强世界遗产保护的责任感和使命感，加强世界遗产的科学保护。

二、科学推进申报工作。目前，我国正处于旅游经济快速发展时期，一些地方对世界遗产申报工作热情空前高涨。与此同时，世界遗产评选标准更趋严格，审议程序更为规范，批准通过的项目比例逐年降低，世界遗产申报工作难度也越来越大。因此，要深入了解世界遗产申报工作面临的新形势，认真学习有关世界遗产规则和国际惯例，加强与有关国际组织在世界遗产法规、信息、技术等方面的沟通和交流，参与有关世界遗产的国际交流活动，形成良性互动、协调推进的工作局面。要进一步加强世界遗产申报管理，有序开展世界遗产申报工作，实事求是，量力而行，科学推进，防止作为政绩工程一哄而上。

三、依法开展保护工作。要认真贯彻落实《城乡规划法》、《风景名胜区条例》、《城市绿化条例》等法律法规以及国家关于风景名胜区、历史文化名城（名镇、名村）和城市园林的有关保护管理规定，通过法制、行政和技术等多种手段，加大对世界遗产保护监管的力度，增强履约意识，提高履约能力，切实维护世界遗产的真实性和完整性。要探索完善世界遗产保护管理体制机制，依法制定和落实各项保护措施，严格规划建设管理，加强生物多样性、生态环境和文化景观的保护。要注意保护遗产地居民和其他利益相关者的合法权益。要结合世界遗产地定期报告工作的开展，提升世界遗产保护管理水平，实现世界遗产资源严格保护和可持续利用。

四、加大宣传力度。要正确引导新闻媒体对世界遗产保护管理工作的有关报道，积极宣传世界遗产保护管理工作的成果。世界遗产的宣传报道要做到客观公正，对恶意炒作、虚假报道的，要采取有力措施，坚决予以纠正。要积极宣传和倡导正确的世界遗产保护理念，引导全社会理性认识世界遗产，动员群众积极参与世界遗产保护管理，形成有利于世界遗产保护管理工作的良好舆论氛围。

五、加强能力建设。各级主管部门和遗产地管理机构要认真履行工作职责，加强机构建设，完善各项规章制度，规范门票管理，多渠道争取世界遗产保护资金，加大有关世界遗产科学研究、科普教育和培训工作，提高管理人员工作水平和素质，全面改进世界遗产保护管理工作，推进我国世界遗产保护事业健康发展。

中华人民共和国住房和城乡建设部

二〇一〇年九月七日

关于加强金太阳示范工程和太阳能光电建筑应用示范工程建设管理的通知

财建〔2010〕662号

各省、自治区、直辖市、计划单列市财政厅（局）、科技厅（委、局）、建设厅（委、局）、能源主管部门，新疆生产建设兵团财务局、科技局、建设局、发展改革委，国家电网公司、南方电网公司：

金太阳示范工程和太阳能光电建筑应用示范工程（以下简称“示范工程”）实施以来，各地财政、科技、建设、能源部门高度重视，认真组织实施，取得了一定进展。为加强示范工程建设管理，进一步扩大国内光伏发电应用规模，降低光伏发电成本，促进战略性新兴产业发展，现决定对《财政部，科技部，国家能源局关于实施金太阳示范工程的通知》（财建〔2009〕397号）和《财政部关于印发太阳能光电建筑应用财政补助资金管理暂行办法的通知》（财建〔2009〕129号）中有关政策内容进行相应调整，具体事项通知如下：

一、关于关键设备招标

（一）示范工程采用的晶体硅光伏组件、并网逆变器以及储能铅酸蓄电池等关键设备由财政部会同有关部门统一招标确定。财政部、科技部、住房城乡建设部和国家能源局共同制定招标方案并委托招标代理机构组织招标，确定中标企业、中标产品及其中标协议供货价格。

（二）项目业主单位与中标企业以招标确定的设备型号、协议供货价格、质量和性能等为基础签订商业合同，中标企业必须按照招标文件规定的技术条件、服务条款供货和提供售后服务。

（三）光伏组件生产企业作为项目业主单位的，采用的关键设备性能不低于国家统一招标规定的条件，价格不高于国家统一招标确定的中标协议供货价格。

二、关于示范项目选择和调整

（一）示范工程重点支持大型工矿、商业企业以及公益性事业单位利用既有建筑等条件建设的用户侧光伏发电项目和在偏远无电地区建设的独立光伏发电项目。大型并网光伏电站原则上通过特许权招标等方式给予支持。

（二）已纳入示范工程名单但尚未实施的项目，应按本通知要求选用关键设备。确实无法实施的项目，应申请取消，并可相应增加符合条件的项目。

（三）选择部分可利用建筑面积充裕、电网接入条件较好、电力负荷较大的经济技术开发区、高新技术产业开发区、工业园区、产业园区等，进行用户侧光伏发电项目集中连片建设试点，统筹规划，整体推进，规划装机总容量原则上不低于 20 兆瓦，一期装机容量不低于 10 兆瓦。各省（区、市）可结合本地条件选择 1～2 个开发区、园区进行示范，抓紧编制切实可行的实施方案（具体要求见附件 1，本书略），省级能源主管部门负责督促电网企业落实电网接入等建设条件。财政部、科技部、住房城乡建设部、国家能源局共同组织进行论证，确定示范区域和示范项目。

（四）建材型、构件型等太阳能光电建筑一体化项目由各省（区、市）财政、建设部门组织论证并单独上报，具体要求由财政部、住房城乡建设部另行制定。

（五）在偏远地区建设的独立光伏发电项目要以县（及以上）为单位编制整体实施方案（具体要求见附件 2，本书略），其中独立户用系统的实施地区重点为青海、西藏、新疆三省（区）。

三、关于补贴标准

（一）中央财政对示范项目建设所用关键设备，按中标协议供货价格的一定比例给予补贴。其中，2010 年用户侧光伏发电项目补贴比例暂定为 50%，偏远无电地区的独立光伏发电项目为 70%。车用动力电池（不含铅酸电池）回收用于示范项目储能设施的，参照储能铅酸蓄电池补贴标准给予支持。

（二）示范项目建设的其他费用采取定额补贴。2010 年补贴标准暂定为：用户侧光伏发电项目 4 元/瓦（其中建材型和构件型光电建筑一体化项目为 6 元/瓦），偏远无电地区独立光伏发电项目 10 元/瓦（其中户用独立系统为 6 元/瓦）。

四、关于资金申请和下达

（一）省级财政、科技、建设、能源主管部门负责组织示范项目补贴资金的申请工作。

（二）项目业主单位与中标企业签订合同后，由项目业主单位统一申请补贴资金。财政部核定补贴金额，并将关键设备补贴资金和项目建设其他费用补贴分别下达给中标企业和项目业主单位，地方财政部门按照国库管理制度等有关规定进行拨付。

五、关于项目监督管理

（一）示范项目建设周期原则上不超过一年，地方财政、科技、建设、能源主管部门要建立沟通协调机制，加强监督管理，督促示范项目加快实施。项目完工后，要及时按规定进行竣工验收。对建设周期超过一年的项目，要查找原因，及时上报。

（二）利用新建建筑实施光电建筑一体化的项目，建筑施工、验收要与项目建设同步进行。

（三）地方能源主管部门按项目投资管理有关规定，负责示范项目审批、核准或备案，并会同财政、科技、建设部门，加强对项目设计、施工、验收等环节的监督检查和指导。并网发电项目申请审批时，须提供电网企业出具的接入意见，制定数据采集和实时监控系统配置方案，建立项目评估和跟踪机制，确保项目长期稳定运行。

（四）财政部、科技部、住房城乡建设部、国家能源局组织开展专项检查，对项目进度快、示范效果好的地区，在示范规模上给予支持；对实施进度缓慢的地区，将暂停该地区项目申报。

六、关于示范项目并网

（一）电网企业要积极支持示范项目在用户侧并网，进一步规范和简化并网程序，完善相关技术标准和管理制度，为项目单位提供便利的并网条件。

（二）用户侧光伏发电项目所发电量原则上自发自用，富余电量按国家核定的当地脱硫燃煤机组标杆上网电价全额收购。

（三）结合开发区、园区等集中连片建设的示范工程，支持智能电网示范建设，以及微电网建设和运行管理试点。鼓励业主单位利用储能技术平抑电压波动，提高电网对光伏发电的接纳能力。

各省财政、科技、建设、能源等主管部门要依据本通知及有关文件规定，按照职责分工，抓紧编制示范工程实施方案、示范项目调整方案以及示范项目财政补助资金申请报告，于 2010 年 10 月 30 日前报财政部、科技部、住房城乡建设部和国家能源局。同时，将已安排示范项目的建设进展情况和电网接入情况一并上报。

中华人民共和国财政部
中华人民共和国科技部
中华人民共和国住房城乡建设部
中华人民共和国国家能源局
二〇一〇年九月二十一日

关于进一步加强房地产用地和建设管理调控的通知

国土资发〔2010〕151 号

各省、自治区、直辖市国土资源厅（国土环境资源厅、国土资源局、国土资源和房屋管理局、规划和国土资源管理局）、住房城乡建设厅（建委、房地局、规划局），副省级城市国土资源行政主管部门、住房城乡建设（房地产、规划）行政主管部门，新疆生产建设兵团国土资源局、建设局，各派驻地方的国家土地督察局：

为贯彻落实《国务院关于坚决遏制部分城市房价过快上涨的通知》（国发〔2010〕10号，以下简称“国发10号文件”）确定的工作任务，进一步加强房地产用地和建设的管理调控，积极促进房地产市场继续向好发展，现就有关工作通知如下：

一、统一思想，加强部门协调配合

地方各级国土资源、住房城乡建设（房地产、规划、住房保障）主管部门要深入学习领会国发10号文件的指导思想、任务要求和政策规定，充分认识进一步加强房地产用地和建设的管理调控，是坚决贯彻落实国发10号文件政策、继续抑制房价上涨、促进房价地价合理调整的重要任务，是增加群众住房有效供给、维护群众切身利益的迫切需要，是促进城市建设节约用地、科学发展的重要举措。各级国土资源、住房城乡建设（房地产、规划、住房保障）主管部门要统一思想认识，明确工作职责和任务，在政府统一领导下，加强协作、形成合力，从当地房地产市场实际出发，在严格执行法规政策、加强管理监督、认真查处违法违规行为等各项工作中主动协调配合，落实各部门责任，努力开展工作，促进房地产市场持续向好发展。

二、强化住房用地和住房建设的年度计划管理

地方各级住房城乡建设（房地产、规划、住房保障）、国土资源主管部门要按照住房建设规划和编制计划的要求，共同商定城市住房供地和建设的年度计划，并根据年度计划实行宗地供应预安排，共同商定将确定的保障性住房、棚户区改造住房、公共租赁住房和中小套型普通商品住房年度建设任务落实到地块。省级市和市县国土资源主管部门应及时向社会公布供地计划、供地时序、宗地情况和供地条件，接受社会公众监督，正确引导市场预期。要根据住房建设计划落实情况，及时合理调整供地计划。要在确保保障性住房、棚户区改造住房和中小套型普通商品住房用地不低于住房用地供应总量70%的基础上，结合各地实际，选择地块，探索以划拨和出让方式加大公共租赁住房供地建房、逐步与廉租住房并轨、简化并实施租赁住房分类保障的途径。在房价高的地区，应增加中小套型限价住房建设供地数量。要在盘活利用存量土地的同时，对依法收回的闲置土地和具备“净地”供应的储备土地以及农转用计划指标，应优先确保以保障性住房为主的上述各类住房用地的供应。没有完成上述住房供地计划的地方，不得向大户型高档住房建设供地。

三、加快推进住房用地供应和建设项目的审批

（一）加强保障性住房用地监管。省级住房城乡建设主管部门要监督市、县按确定的保障性住房、政策性住房的建设任务，尽快编制建设项目、落实资金。省级国土资源主管部门要督促市、县依据项目确定和资金落实情况，及时办理供地手续。对已供应的保障性住房建设用地，市、县住房城乡建设（房地产、规划、住房保障）等部门要督促建设单位抓紧做好开工前期工作，促其按期开工建设。要加强对保障性住房项目建筑设计方案的审查，严格落实国家关于保障性住房的建筑面积控制标准，严格按照规划要求同步建设公共配套设施。

对已供应的各类保障性住房用地，不得改变土地性质和土地用途，不得提高建设标准、增加套型面积。对改变上述内容的保障性住房建设项目，有关主管部门不得办理相关手续，已作为商品住房销售的，要依法没收违法所得并处以罚款。

（二）加快住房建设项目的行政审批。市、县国土资源、住房城乡建设（房地产、规划）主管部门要共同建立保障性住房、棚户区改造住房、公共租赁住房、中小套型普通商品住房建设项目行政审批快速通道，规划主管部门要在受理后10天内核发建设用地规划许可证，国土资源主管部门要在受理后10天内核发国有土地使用证，规划主管部门要在受理后60天内核发建设工程规划许可证，建设主管部门应当要求限时进行施工图审查和核发施工许可证，房地产主管部门要严格按规定及时核发商品房预售许可证。各部门要及时互通办理结果，主动衔接，提高行政办事效率，加快住房项目的供地、建设和上市，尽快形成住房的有效供应。

四、严格住房建设用地出让管理

（一）规范编制拟供地块出让方案。市、县国土资源主管部门要会同住房城乡建设（房地产、规划、住房保障）主管部门，依据土地利用规划和城镇控制性详细规划协调拟定住房用地出让方案。对具备供地条件的地块，规划、房地产主管部门要在接到国土资源主管部门书面函件后30日内分别提出规划和建设条件。拟出让宗地规划条件出具的时间逾期一年的，国土资源主管部门应当重新征求相关部门意见，并完善出让方案。

土地出让必须以宗地为单位提供规划条件、建设条件和土地使用标准，严格执行商品住房用地单宗出让面积规定，不得将两宗以上地块捆绑出让，不得“毛地”出让。拟出让地块要依法进行土地调查和确权登记，确保地类清楚、面积准确、权属合法，没有纠纷。

（二）严格制定土地出让的规划和建设条件。市、县规划主管部门应当会同国土资源主管部门，严格依据经批准的控制性详细规划和节约集约用地要求，确定拟出让地块的位置、使用性质、开发强度、住宅建筑套数、套型建筑面积等套型结构比例条件，作为土地出让的规划条件，列入出让合同。对于中小套型普通商品住房建设项目，要明确提出平均套型建筑面积的控制标准，并制定相应的套型结构比例条件。要严格限制低密度大户型住宅项目的开发建设，住宅用地的容积率指标必须大于1。

市、县住房城乡建设（房地产、住房保障）主管部门要提出限价商品住房的控制性销售价位，商品住房建设项目中保障性住房的配建比例、配建套数、套型面积、设施条件和项目开竣工时间及建设周期等建设条件，作为土地出让的依据，并纳入出让合同。

土地出让后，任何单位和个人无权擅自更改规划和建设条件。因非企业原因确需调整的，必须依据《城乡规划法》规定的公开程序进行。由开发建设单位提出申请调整规划建设条件而不按期开工的，必须收回土地使用权，重新按招标拍卖挂牌方式出让土地。

（三）严格土地竞买人资格审查。国土资源主管部门对竞买人参加招拍挂出让土地时，除应要求提供有效身份证明文件、缴纳竞买（投标）保证金外，还应提交竞买（投标）保证金不属于银行贷款、股东借款、转贷和募集资金的承诺书及商业金融机构的资信证明。

根据国发10号文件规定，对发现并核实竞买人存在下列违法违规违约行为的，在结案和问题查处整改到位前，国土资源主管部门必须禁止竞买人及其控股股东参加土地竞买活动：

1. 存在伪造公文骗取用地和非法倒卖土地等犯罪行为的；

2. 存在非法转让土地使用权等违法行为的；

3. 因企业原因造成土地闲置一年以上的；

4. 开发建设企业违背出让合同约定条件开发利用土地的。

各级国土资源主管部门必须严格执行国发10号文件有关规定和上述规定，要及时将发现并核实有违法违规违约企业的名单、问题和查处结果入网上传到国土资源部门户网站的中国土地市场网页，不执行或弄虚作假的，按有关法规纪律规定严肃追究有关人员责任。

（四）严格划拨决定书和出让合同管理。各类住房建设项目应当在划拨决定书和出让合同中约定土地交付之日起一年内开工建设，自开工之日起三年内竣工。综合用地的，必须在合同中分别载明商业、住房等规划、建设及各相关条件。市、县国土资源主管部门要会同住房城乡建设（房地产、规划、住房保障）主管部门，研究制定违反土地划拨决定书和出让合同应约定的条件、规定和要求的违约责任及处罚条款，连同土地受让人对上述内容的承诺一并写入土地划拨决定书和出让合同，确保以保障性为重点的各类住房用地、建设和销售等按照国家政策落实到位。

五、加强对住房用地供地和建设的监管

（一）加强房地产用地供应监管。各省（区、市）国土资源主管部门要加强对住房用地出让公告和合同约定内容的适时监管，对市、县发布的公告中存在捆绑出让、超用地规模、“毛地”出让、超三年开发周期出让土地的，要责令立即撤销公告，调整出让方案重新出让。土地出让成交后，要协商规范合同约定内容，统一电子配号后方可签订合同。市、县国土资源主管部门要严格执行房地产用地开竣工申报制度，依托土地市场动态监测和监管系统，及时清理开工、竣工的房地产项目，定期对已供房地产用地的开竣工、开发建设条件执行等情况进行实地巡查，发现有违法违规问题的，必须依法依纪追究责任。

（二）加强住房建设项目开发过程的动态监管。市、县国土资源、住房城乡建设（房地产、规划、住房保障）主管部门要加强对房地产开发企业在土地开发利用、住房建设和销售的全程动态监管。应按照各自职责，认真审核审批，发现有违法违规违约行为的，必须终止企业相关行为、停办相关手续，及时通告并由业务主管部门负责，共同依法依规查处。房地产开发项目竣工验收时，住房城乡建设主管部门要会同国土资源主管部门对开发企业及建设项目履行用地合同约定的各类条件及承诺情况进行核查。

市、县住房城乡建设主管部门要全面加强对住宅工程、特别是保障性安居工程的质量监管，重点对勘察、设计、施工、监理等参建单位执行工程建设强制性标准的情况进行监督检查，强化住宅工程质量责任落实。在工程质量监管中发现的问题，要及时查处，并告知国土资源主管部门。

六、加大违法违规行为清理查处力度

（一）严格查处囤地炒地闲置土地行为。省级国土资源主管部门要采取得力措施，督促市、县国土资源主管部门加快查清处理闲置土地。对企业自身原因造成土地闲置的，必须依法坚决查处。对政府及部门原因造成土地闲置的，住房城乡建设部门要积极配合国土资源主管部门，联合限期查办。对未达到法律法规规定的土地转让条件转让房地产用地等囤地炒地的行为，要及时依法依规严肃查处，应当依法没收违法所得，并处罚款。对违规违法办理相关用地手续的部门和人员，省级国土资源主管部门要按有关规定追究责任人责任。

（二）严格查处擅自调整容积率行为。市、县规划主管部门应会同国土资源主管部门，严格按照已确定的容积率指标对开发宗地进行规划许可和建设项目竣工核验。对已供土地分期开发的建设项目，应统一规划设计，各期建设工程规划许可确定的建筑面积的总和，必须符合容积率指标要求。坚决制止擅自调整容积率等问题，严肃查处国家机关工作人员在建设用地规划变更、容积率调整中玩忽职守、权钱交易等违纪违法行为。

（三）严格查处商品住房建设和销售的违法违规行为。市、县住房城乡建设（房地产、规划、住房保障）主管部门要依据法律法规，对房地产开发企业擅自突破住房套型结构比例、不按要求配建保障性住房、无故拖延开竣工时间、违反预销售时限和方式要求等行为进行处罚，并及时向国土资源、价格、金融等主管部门通报违法违约企业名单。房地产主管部门要会同有关部门建立市场动态监管制度，开展商品住房销售现场的日常巡查和实地检查，在商品住房预售环节及时发现并严肃查处捂盘惜售、囤积房源、虚假宣传、哄抬房价等违法违约行为。

市、县国土资源主管部门要联合住房城乡建设主管等部门，及时查处违反规定向别墅项目供地和未经批准改变项目规划建设条件建设别墅的行为。

（四）加大违法违规房地产用地信息公开。省（区、市）国土资源主管部门要按季度将发现和查处违法违规房地产用地的情况，在当地媒体和国土资源部门户网站的中国土地市场网页上向社会公布，接受公众监督，同时将有违法违规行为的房地产企业名单，及时抄送住房城乡建设、国有资产、工商、金融及监管、证券等部门，配合相关部门认真落实国发10号文件有关规定。每季度末，各省（区、市）国土资源主管部门要将有关情况报国土资源部，由国土资源部统一向社会通报。

国土资源部、住房和城乡建设部将按照国发10号文件的要求，对本通知贯彻落实情况进行指导监督和检查。

中华人民共和国国土资源部
中华人民共和国住房和城乡建设部
二〇一〇年九月二十一日

关于开展推动建材下乡试点的通知

建村〔2010〕154号

山东省、宁夏回族自治区住房城乡建设厅、财政厅、发展改革委、工业信息化厅（经济信息委）、国土资源厅、商务厅：

为贯彻落实《国务院办公厅关于落实中共中央、国务院关于加大统筹城乡发展力度进一步夯实农业农村发展基础的若干意见有关政策措施分工的通知》（国办函〔2010〕31号）中关于"采取有效措施推动建材下乡，鼓励有条件的地方通过多种形式支持农民依法依规建设自用住房"的工作部署，现将开展推动建材下乡试点工作的有关要求通知如下：

一、工作目标

（一）探索工作办法。在山东省、宁夏回族自治区（以下称试点省区）开展推动建材下乡试点，探索各类推动建材下乡的具体措施、操作办法和工作模式，为制定建材下乡政策提供经验。

（二）支持建材下乡。试点省区可结合本省实际情况制定政策，支持农户依法依规建设自用住房，有效推动建材下乡，并由地方财政承担相关支出。

（三）检验政策效果。通过试点，检验推动建材下乡、支持农民依法依规建设自用住房对提高土地利用和资源配置效率、改善农民住房条件、扩大农村内需、抑制落后产能在农村的扩散、促进建材行业结构调整等方面的效果。

二、试点内容

（一）推动水泥产品下乡。现阶段，推动建材下乡主要是推动农房建设所需的大宗建材下乡。为保证试点工作效果，在试点期间，建材下乡以推动水泥产品下乡为主。试点省区应鼓励使用散装水泥和预拌混凝土，同时积极探索节能、抗震等其他建材下乡的可行性，积累经验。

（二）提出建材选用要求。试点省区住房城乡建设部门要会同发展改革、工业和信息化部门按照产业发展政策、行业准入条件以及国家相关规定，提出有利于建材行业结构调整、严防落后产能向农村市场扩散的要求。建材下乡严禁采用按产业发展政策应予淘汰的产品。

（三）制定试点实施方案。试点省区住房城乡建设部门要牵头组织编制开展推动建材下乡试点实施方案，明确试点范围、对象、目标、年度计划任务及分解。实施建材补贴的地区，还要制定补贴兑付等具体操作办法。实施方案10月底以前报住房和城乡建设部、财政部、国家发展改革委、工业和信息化部、国土资源部、商务部。

（四）确定建材下乡企业。试点省区住房城乡建设部门要会同省级工业和信息化、商务主管部门制定下乡建材（水泥）生产经营企业资格、产品标准、流通渠道覆盖率、经销网点条件等具体要求，招标确定建材下乡企业，并向社会公告。中标企业应制定代储代存、保证质量、及时供货的具体方案，实行水泥直接配送到户。水泥直接配送流程要实行闭合管理，以便于检查核对。

（五）严格经销网点管理。建材下乡经销网点实行备案制。中标建材（水泥）企业的经销网点必须报试点省区相应商务主管部门备案，原则上不得变更。已备案经销网点应张贴明显标志，醒目公示产品价格，接受公众监督。

（六）公开建材下乡信息。试点省区要积极推动建材下乡信息公开，采取建立信息发布平台等方式，通过多种渠道宣传建材（水泥）下乡政策，方便试点区域农户及时了解建材下乡政策，引导农户按照科学统一的规划建设自用住房，改善居住条件，拉动和扩大农村消费，提高土地使用效率。

（七）总结评估试点经验。试点省区住房城乡建设部门要会同有关部门及时总结建立工作机制、确定下乡建材、制定工作方案、推行招标管理、实行经销网点备案、建立农户档案、加强村庄规划、农民宅基地和农房建设管理等方面的经验，并对推动建材下乡具体措施的政策效果进行评估。有关结果要形成报告报住房和城乡建设部、财政部、国家发展改革委、工业和信息化部、国土资源部、商务部。

三、加强试点实施保障

（一）建立工作协调机制。试点省区住房城乡建设部门要主动会同财政、发展改革、工业和信息化、国土资源、商务等部门，建立建材下乡部门工作协调机制，制定和落实建材下乡试点方案，协同推进试点工作。

（二）加强农村宅基地管理。试点省区要切实依法保障农民住宅建设合理用地需求。建材下乡政策措施支持范围内的建房农户必须严格按照土地利用总体规划、村庄规划和宅基地管理有关规定进行建设，需要新增宅基地的，要履行申请、审批程序，依法办理用地手续。

（三）加强农房规划建设指导。试点省区要认真研究本地农民建房需求，编制科学合理的村庄建设规划，切实防止大拆大建。通过为农民提供适用、合理的住房设计图集，加强对农村建筑工匠的管理和培训，完善农房技术标准和规范，做好农房规划和建设指导工作。

（四）强化监督检查。试点省区住房城乡建设部门要会同财政、发展改革、工业和信息化、国土资源、商务等有关部门，加强对建材下乡监督检查，要对试点省区县级人民政府提出建材下乡政策支持的农户档案、供货招标档案及中标水泥生产经营企业和产品价格、水泥产品质量检验和抽查情况等报省级主管部门备案的要求。除水泥下乡各个环节外，还要加强农村建筑用钢材及其他结构材料、主要装修材料等建材产品质量监管，建立建材下乡工作考核机制。

中华人民共和国住房和城乡建设部

中华人民共和国财政部

中华人民共和国国家发展和改革委员会

中华人民共和国工业和信息化部

中华人民共和国国土资源部

中华人民共和国商务部

二〇一〇年九月二十九日

关于调整房地产交易环节契税个人所得税优惠政策的通知

财税〔2010〕94号

各省、自治区、直辖市、计划单列市财政厅（局）、地方税务局、住房城乡建设厅（建委、房地局），西藏、宁夏、青海省（自治区）国税局，新疆生产建设兵团财务局、建设局：

经国务院批准，现就调整房地产交易环节契税、个人所得税有关优惠政策通知如下：

一、关于契税政策

（一）对个人购买普通住房，且该住房属于家庭（成员范围包括购房人、配偶以及未成年子女，下同）唯一住房的，减半征收契税。对个人购买 90 平方米及以下普通住房，且该住房属于家庭唯一住房的，减按 1%税率征收契税。

征收机关应查询纳税人契税纳税记录；无记录或有记录但有疑义的，根据纳税人的申请或授权，由房地产主管部门通过房屋登记信息系统查询纳税人家庭住房登记记录，并出具书面查询结果。如因当地暂不具备查询条件而不能提供家庭住房登记查询结果的，纳税人应向征收机关提交家庭住房实有套数书面诚信保证。诚信保证不实的，属于虚假纳税申报，按照《中华人民共和国税收征收管理法》的有关规定处理。

具体操作办法由各省、自治区、直辖市财政、税务、房地产主管部门共同制定。

（二）个人购买的普通住房，凡不符合上述规定的，不得享受上述优惠政策。

二、关于个人所得税政策

对出售自有住房并在 1 年内重新购房的纳税人不再减免个人所得税。

本通知自 2010 年 10 月 1 日起执行。《财政部、国家税务总局关于调整房地产市场若干税收政策的通知》（财税字〔1999〕210 号）第一条有关契税的规定、《财政部、国家税务总局关于调整房地产交易环节税收政策的通知》（财税〔2008〕137 号）第一条、《财政部、国家税务总局、建设部关于个人出售住房所得征收个人所得税有关问题的通知》（财税字〔1999〕278 号）第三条同时废止。

特此通知。

中华人民共和国财政部

中华人民共和国国家税务总局

中华人民共和国住房和城乡建设部

二〇一〇年九月二十九日

关于进一步贯彻落实国发〔2010〕10号文件的通知

建房〔2010〕155号

各省、自治区、直辖市住房城乡建设厅（建委、房地局）、国土资源厅（国土资源环境厅、国土资源局）、监察厅（局）：

《国务院关于坚决遏制部分城市房价过快上涨的通知》（国发〔2010〕10号，以下简称“10号文件”）印发后，房地产市场出现了积极的变化。为巩固房地产市场调控成果，促进房地产市场健康发展，现就进一步深入贯彻落实10号文件的有关问题通知如下：

一、加大各项政策措施的落实力度，严格实行问责制

各地要结合本地区房地产市场实际，立即研究制定贯彻落实国发〔2010〕10号文件的实施细则，加大各项政策措施的落实力度。已印发实施细则的地区，要根据最近国家有关部委出台的政策措施进行调整和完善。房价过高、上涨过快、供应紧张的城市，要在一定时间内限定居民家庭购房套数。住房城乡建设部、监察部等部门将对省级人民政府稳定房价和住房保障工作进行考核与问责。对政策落实不到位、工作不得力的，要进行约谈，直至追究责任。

二、完善房地产税收政策，加强税收征管

加强对土地增值税征管情况的监督和检查，重点对定价明显超过周边房价水平的房地产开发项目进行土地增值税的清算和稽查。利用房地产价格评估等手段强化税收征管，加强对二手房交易中订立“阴阳合同”等偷逃税款行为的查处。加快推进房产税改革试点工作，并逐步扩大到全国。

三、切实增加住房有效供给，全力加快保障性安居工程建设

严格住房用地供应和住房建设年度计划的管理，加大对各地2010年住房建设计划和用地供应计划实际完成情况的督查考核力度，切实落实中小套型普通商品住房和保障性住房建设计划和供地计划。房价上涨过快的城市，要增加居住用地的供应总量。各地要全面落实保障性安居工程建设资金，加快建设进度，强化工程质量和施工安全管理，全面完成保障性安居工程建设任务。认真落实支持公共租赁住房建设的税收优惠政策。

四、进一步加强市场监管，严肃查处违法违规行为

加大住房交易市场检查力度，依法查处经纪机构炒买炒卖、哄抬房价、怂恿客户签订“阴阳合同”等行为。对房地产开发企业土地闲置、改变土地用途和性质、拖延开竣工时间、捂盘惜售等违法违规行为，要继续加大曝光和处罚力度。对有上述违法违规记录的房地产开发企业，要暂停其发行股票、公司债券和新购置土地。

五、加快信息系统建设，加强舆论正面引导

各地要加快房地产市场和个人住房信息系统建设，为群众住房消费和加强房地产市场管理提供全面、及时、准确的信息。要积极引导新闻媒体加强对房地产市场调控政策、保障性住房建设、符合国情的住房消费观念和打击违法投机等方面的宣传报道，合理引导市场预期。

中华人民共和国住房和城乡建设部
中华人民共和国国土资源部
中华人民共和国监察部
二〇一〇年九月三十日

关于开展2010年住房城乡建设领域节能减排专项监督检查的通知

建办科函〔2010〕905号

各省、自治区住房和城乡建设厅，直辖市、计划单列市建委（建设局），新疆生产建设兵团建设局：

为贯彻落实《节约能源法》、《民用建筑节能条例》和《国务院关于印发节能减排综合性工作方案的通知》（国发〔2007〕15号）、《国务院关于进一步加大工作力度确保实现“十一五”节能减排目标的通知》（国发〔2010〕12号），进一步推进住房城乡建设领域节能减排工作，我部定于今年12月中旬开展专项监督检查。现将有关事项通知如下：

一、检查目的

（一）检查各地贯彻落实《节约能源法》、《民用建筑节能条例》及国家建筑节能有关规定情况。

（二）检查各地住房城乡建设领域 2010 年度节能减排工作进展情况及“十一五”节能减排任务完成情况。

（三）总结推广各地推进节能减排工作的经验和做法，查找工作中的不足并提出改进措施。

二、检查内容

根据国务院明确的住房城乡建设领域节能减排任务，检查建筑节能、供热计量改革、城市照明节能及城镇污水处理、生活垃圾处理设施建设运行管理方面的情况。

（一）建筑节能检查内容

1. 贯彻落实《节约能源法》、《民用建筑节能条例》各项规定及有关配套政策措施情况。

2. 各地完成国务院确定的建筑节能“十一五”工作任务情况，重点检查新建建筑工程执行建筑节能强制性标准情况、北方采暖地区既有居住建筑供热计量及节能改造任务完成情况、国家机关办公建筑和大型公共建筑节能监管体系建设情况、可再生能源建筑应用推广情况等。

3. 对 2009 年专项检查中发现的问题和下发执法告知书的工程的整改情况进行复查。

（二）供热计量改革检查内容

1. 贯彻落实《节约能源法》、《民用建筑节能条例》、《关于进一步推进供热计量改革工作的意见》（建城〔2010〕14 号）以及供热计量改革工作会情况。

2. 贯彻执行《建筑节能工程施工质量验收规范》、《供热计量技术规程》中的有关供热计量强制性条款情况。

3. 供热计量价格及收费办法制定和执行情况，并请受检省（自治区）建设主管部门（供热主管部门）提供辖区内全部地级以上城市有关热计量价格文件并负责汇总。

4. 新建建筑（含公建、居住）按用热量计价收费工作进展情况。

5. 既有建筑（含公建、居住）实施供热计量改造并实行按用热量计价收费工作进展情况。

6. 供热单位负责选型、采购、管理计量和温控装置工作落实情况。

7. 可再生能源示范城市供热计量收费情况。

8. 采暖费补贴“暗补”变“明补”改革的完成情况。目前尚未实行此项改革的城市要写出专题报告说明情况，请省（自治区）的建设主管部门（供热主管部门）负责汇总。

9. 低收入困难群体采暖保障情况。

10. 供热安全保障情况（具体措施、突发事件的应急预案及燃料储备情况等）。

（三）城市照明节能检查内容

1. 贯彻执行住房城乡建设部、国家发展改革委《关于切实加强城市照明节能管理严格控制景观照明的通知》、《城市照明管理规定》以及住房城乡建设部下发有关城市照明文件落实情况。

2. 贯彻执行《城市夜景照明设计规范》、《城市道路照明设计标准》中有关能耗、照明技术指标规定和节能措施的情况。

3. 城市道路照明淘汰低效照明产品的情况。

4. 直辖市、计划单列市、省会城市严格控制公用设施和大型建筑物等景观照明能耗的情况。

5. 直辖市、计划单列市、省会城市严格控制景观照明建设规模的情况。

（四）城镇污水处理检查内容

1. 各地城镇污水处理的总体情况。

2. 污水处理厂、配套管网、污泥处理处置、再生水利用设施 2010 年建设情况，《全国城镇污水处理及再生利用设施“十一五”建设规划》完成情况，《关于加强城镇污水处理设施在建项目管理确保按时完成 2010 年建设任务的通知》执行情况。

3. 污水处理厂、污泥处理设施、再生水设施运行情况。

4. 污水处理费征收标准、收缴和使用情况。

5.“全国城镇污水处理管理信息系统”的数据上报情况。

6. 对 2010 年度全国城镇污水处理设施建设和运行情况季度通报中存在问题的项目进行重点检查。

（五）生活垃圾处理设施运行管理检查内容

1.《全国城市生活垃圾无害化处理设施建设“十一五”规划》、《全国城镇环境卫生“十一五”规划》、《城市生活垃圾管理办法》等有关垃圾处理规划、配套政策措施、技术标准的贯彻落实和执行情况。

2. 生活垃圾处理设施基本情况、实际运行情况及垃圾处理收费情况，重点是全国第二次生活垃圾填埋场无害化等级评定复核中未达标设施整改情况。

三、检查时间及组织方式

（一）检查时间：2010 年 12 月中旬。

（二）检查地区：北京、天津、上海、重庆、河北、山西、内蒙古、黑龙江、吉林、辽宁、山东、安徽、福建、江西、河南、湖北、湖南、广东、广西、海南、云南、贵州、四川、陕西、宁夏、新疆 26 个省（自治区、直辖市）及新疆生产建设兵团。每个省（自治区）检查省会（自治区首府）城市以及抽查 1 个地级市、1 个县，直辖市抽查市本级及 1 个区（县）。

没有列入到本次检查的省（自治区），应根据本次建筑节能检查的重点内容，对本地区建筑节能 2010 年度工作进展情况及“十一五”期间建筑节能工作总体进展情况进行总结，并将书面材料于 12 月 31 日前报我部建筑节能与科技司。

（三）组织方式：本次专项监督检查共分 9 个检查组，每组检查 2～3 个省（自治区、直辖市）。各省（自治区、直辖市）受检地级城市及县（区）由检查组确定，并于 12 月 6 日前通知相关省、自治区住房城乡建设主管部门。

每个检查组的具体日程安排另行通知。

四、有关要求

（一）建筑节能专项检查

1. 受检省（自治区）和城市住房城乡建设主管部门向

检查组汇报本地区贯彻落实国家建筑节能有关政策法规及推进建筑节能工作的情况，贯彻执行建筑节能标准的情况，并提供相关书面材料。

2. 受检城市提供2010年通过施工图审查的项目清单及施工进度满足检查要求的在建项目清单，由检查组抽查。地级以上城市检查6个项目（其中：4个公建项目，2个居住项目）的施工图设计文件和6个项目（其中：4个公建项目，2个居住项目）的施工现场；县级城市检查3个项目（其中：1个公建项目，2个居住项目）的施工图设计文件和3个项目（其中：1个公建项目，2个居住项目）的施工现场。

3. 省级住房城乡建设主管部门认真组织填写《建筑节能基本情况统计表》，并于12月31日前报我部建筑节能与科技司。

（二）供热计量改革专项检查

1. 受检省（自治区）和城市住房城乡建设主管部门（供热主管部门）根据检查内容向检查组汇报本地区供热计量改革工作情况，并提供书面汇报材料。

2. 请各受检城市提供2010年竣工验收的新建建筑工程项目清单，由检查组随机抽查。地级以上城市现场检查3个项目（其中：1个公建项目，2个居住项目）的热计量及温控装置安装和热计量收费情况。

3. 请受检省（自治区）和城市住房城乡建设主管部门（供热主管部门）分别认真填写供热计量改革专项检查表，于12月10日前报我部城市建设司。

（三）城市照明专项检查

1. 请受检城市的城市照明主管部门根据检查内容向检查组汇报城市照明节能情况，并提供书面汇报材料。

2. 请受检城市的城市照明主管部门提供2010年竣工验收的城市照明工程项目清单，由检查组抽查。检查大型公建、公园广场、商业步行街项目各1个，城市道路2～3条。

3. 请受检城市的城市照明主管部门认真填写城市照明节能专项检查表，于12月10日前报我部城市建设司。

（四）城镇污水处理专项检查

1. 贯彻落实国家污染物减排有关要求及工作推进情况，并提供相关书面汇报材料。

2. 依据我部《城镇污水处理工作考核暂行办法》（建城函〔2010〕166号）的自查情况。

3. 现场考核项目，地级及以上城市检查3个项目（其中：1个在建项目，2个运行项目），县级市或县城检查2个项目（其中：1个在建项目，1个运行项目），项目不足的，可酌情进行调整。

4. 对于在建项目，应提供基本建设程序、建设进度和工程质量等相关材料；对于运行项目，应对照运行数据原始记录、化验记录、运行报表等相关材料核实“全国城镇污水处理管理信息系统”上报数据。

（五）生活垃圾处理设施运行管理专项检查

1. 受检省（自治区）和城市住房城乡建设（环卫）主管部门向检查组汇报本地区贯彻落实垃圾处理有关规划、配套政策措施及推进垃圾无害化处理工作情况，贯彻执行垃圾处理技术标准情况，落实垃圾处理设施运行管理经费到账和垃圾处理收费情况，实际运行中的垃圾处理设施及整改评定复核中未达标设施的情况，并提供相关材料。

2. 请地级以上城市环卫主管部门填写《生活垃圾处理设施基本情况表》，省级住房城乡建设（环卫）部门汇总各城市情况并认真填写《生活垃圾处理设施情况汇总表》，并由省级住房城乡建设（环卫）主管部门于2010年12月10日前将《生活垃圾处理设施基本情况表》、《生活垃圾处理设施情况汇总表》上报我部城建司。

五、检查结果处理方式

（一）对检查情况进行反馈。

（二）对检查中发现的问题，要求提出整改措施，并跟踪督导。对违反《节约能源法》、《民用建筑节能条例》及有关标准中强制性条文的工程项目，下发执法告知书。

（三）建筑节能、供热计量改革专项检查将针对主管部门工作情况进行评分，并由高到低排序。

中华人民共和国住房和城乡建设部

二〇一〇年十月二日

关于贯彻落实《国务院关于进一步加强企业安全生产工作的通知》的实施意见

建质〔2010〕164号

各省、自治区住房和城乡建设厅，直辖市建委（建交委），新疆生产建设兵团建设局：

为贯彻落实《国务院关于进一步加强企业安全生产工作的通知》（国发〔2010〕23号，以下简称《通知》）精神，严格落实企业安全生产责任，全面提高建筑施工安全管理水平，现提出以下实施意见：

一、充分认识《通知》的重要意义

（一）《通知》是继2004年《国务院关于进一步加强安全生产工作的决定》之后的又一重要文件，充分体现了党中央、国务院对安全生产工作的高度重视。《通知》进一步明确了现阶段安全生产工作的总体要求和目标任务，提出了新形势下加强安全生产工作的一系列政策措施，是指导全国安全生产工作的纲领性文件。各地住房城乡建设部门要充分认识《通知》的重要意义，从深入贯彻落实科学发展观，加快推进经济发展方式转变的高度，进一步增强做好安全生产工作的紧迫感、责任感和使命感。要根据建筑施工特点和实际情况，坚定不移抓好各项政策措施的贯彻落实，努力推动全国建筑安全生产形势的持续稳定好转。

二、严格落实企业安全生产责任

（二）规范企业生产经营行为。企业是安全生产的主体，要健全和完善严格的安全生产制度，坚持不安全不生产。施工企业要设立独立的安全生产管理机构，配备足够的专职安全生产管理人员，取得安全生产许可证后方可从事建筑施工活动。建设单位要依法履行安全责任，不得压缩工程项目的合理工期、合理造价，及时支付安全生产费用。监理企业要熟练掌握建筑安全生产方面的法律法规和标准规范，严格实施施工现场的安全监理。

（三）强化施工过程管理的领导责任。企业要加强工程项目施工过程的日常安全管理。工程项目要有施工企业负责人或项目负责人、监理企业负责人或项目监理负责人在现场带班，并与工人同时上班、同时下班。对无负责人带班或该带班而未带班的，对有关负责人按擅离职守处理，同时给予规定上限的经济处罚。发生事故而没有负责人现场带班的，对企业给予规定上限的经济处罚，并依法从重追究企业主要负责人的责任。

（四）认真排查治理施工安全隐患。企业要经常性开展安全隐患排查，切实做到整改措施、责任、资金、时限和预案“五到位”。要对在建工程项目涉及的深基坑、高大模板、脚手架、建筑起重机械设备等施工部位和环节进行重点检查和治理，并及时消除隐患。对重大隐患，企业负责人要现场监督整改，确保隐患消除后再继续施工。省级住房城乡建设部门要对重大隐患治理实行挂牌督办，住房城乡建设部将加强督促检查。对不执行政府及有关部门下达的安全隐患整改通知，不认真进行隐患整改以及对隐患整改不力造成事故的，要依法从重追究企业和相关负责人的责任。

（五）加强安全生产教育培训。企业主要负责人、项目负责人、专职安全生产管理人员必须参加安全生产教育培训，按有关规定取得安全生产考核合格证书。工程项目的特种作业人员，必须经安全教育培训，取得特种作业人员考核合格证书后方可上岗。要加强对施工现场一线操作人员尤其是农民工的安全教育培训，使其掌握安全操作基本技能和安全防护救护知识。对新入场和进入新岗位的作业人员，必须进行安全培训教育，没有经过培训的不得上岗。企业每年要对所有人员至少进行一次安全教育培训。对存在无证上岗、不经培训上岗等问题的企业，要依法进行处罚。

（六）推进建筑施工安全标准化。企业要深入开展以施工现场安全防护标准化为主要内容的建筑施工安全标准化活动，提高施工安全管理的精细化、规范化程度。要健全建筑施工安全标准化的各项内容和制度，从工程项目涉及的脚手架、模板工程、施工用电和建筑起重机械设备等主要环节入手，作出详细的规定和要求，并细化和量化相应的检查标准。对建筑施工安全标准化不达标，不具备安全生产条件的企业，要依法暂扣其安全生产许可证。

三、加强安全生产保障体系建设

（七）完善安全技术保障体系。企业要加强安全生产技术管理，强化技术管理机构的安全职能，按规定配备安全技术人员。要确保必要的安全研发经费投入，推动安全生产科技水平不断提高。要积极推进信息化建设，充分应用高科技手段，工程项目的起重机械设备等重点部位要安装安全监控管理系统。要强制推行先进适用的安全技术装备，逐步淘汰人工挖孔桩等落后的生产技术、工艺和设备。因安全技术问题不解决产生重大隐患的，要对企业主要负责人、主要技术负责人和有关人员给予处罚，发生事故的，依法追究责任。

（八）完善安全预警应急机制。企业要建立完善安全生产动态监控及预警预报体系，对所属工程项目定期进行安全隐患和风险的排查分析。要加强对深基坑等危险性较大的分部分项工程的监测，并增加安全隐患和风险排查分析的频次。发现事故征兆要立即发布预警信息，落实防范和应急处置措施。对工程建设中的重大危险源和重大隐患，要及时采取措施，并报工程所在地的住房城乡建设部门进行备案。企业要制定完善的应急救援预案，有专门机构和人员负责，配备必要的应急救援器材和设备，并定期组织演练，提高应急救援能力。企业应急预案要与当地政府应急预案相衔接。鼓励有条件的企业，加强专业救援力量的建设。

（九）加大安全生产专项投入。企业要加强对安全生产费用的管理，确保安全生产费用足额投入。工程项目的建设单位要严格按照有关规定，提供安全生产费用，不得扣减。施工企业必须将安全生产费用全部用于安全生产方面，不得挪作他用。要加强对建筑企业安全生产费用提取和使用管理的监督检查，确保安全生产费用的落实。

四、加大安全生产监督管理力度

（十）严厉打击违法违规行为。要严厉查处不办理施工许可、质量安全监督等法定建设手续，擅自从事施工活动的行为。严厉查处建筑施工企业无施工资质证书、无安全生产许可证，企业“三类”人员（企业主要负责人、项目负责人、专职安全生产管理人员）无安全生产考核合格证书、特种作业人员无操作资格证书进行施工活动的行为。严厉查处拒不执行政府有关部门下达的停工整改通知的行为。对违法违规造成人员伤亡的，以及有瞒报事故、事故逃逸等恶劣情节的，要依法从重处罚。对打击违法违规行为不力的地方，要严肃追究有关领导的责任。

（十一）加强建筑市场监督管理。要认真整顿规范建筑市场秩序，认真落实质量安全事故“一票否决制”，将工程质量安全作为建筑市场资质资格动态监管的重要内容。强化建筑市场准入管理，在企业资质审批、工程招投标、项目施工许可等环节上严格把关，将安全生产条件作为一项重要的审核指标，确保只有真正符合条件的企业才能进入市场。加大市场清出力度，对企业落实安全责任情况进行监督检查，不符合安全生产条件的企业要坚决取消市场准入资格。对在建筑施工活动中随意降低安全生产条件，工程项目建设中存在违法分包、转包等违法违规行为的，要依法责令停业整顿，并依法追究项目建设方、承包方等各方责任。

（十二）严肃查处生产安全事故。要依法严格事故查处，按照“四不放过”的原则，严肃追究事故责任者的责任。除依法追究刑事、党纪、政纪责任外，还要依法加大对事故责任企业的资质和责任人员的执业资格的处罚力度。对事故责任企业，该吊销资质证书的吊销资质证书，该降低资质等级的降低资质等级，该暂扣吊销安全生产许可证的暂扣吊销安全生产许可证，该责令停业整顿的责令停业整顿，该罚款的罚款。对事故责任人员，该吊销执业资格证书的吊销执业资格证书，该责令停止执业的责令停止执业，该吊销岗位证书的吊销岗位证书，该罚款的罚款。要建立生产安全事故查处督办制度，重大事故查处由住房城乡建设部负责督办，较大及以下事故查处由省级住房城乡建设部门负责督办。事故查处情况要在媒体上予以公告，接受社会监督。对发生较大及以上事故的企业及其负责人，由住房城乡建设部向社会公告；发生其他事故的企业及其负责人由省级住房城乡建设部门向社会公告，进行通报批评。对重大、特别重大生产安全事故负有主要责任的企业，其主要负责人终身不得担任本行业企业负责人。

（十三）加强社会和舆论监督。充分发挥新闻媒体作用，大力宣传建筑安全生产法律法规和方针政策，以及安全生产工作的先进经验和典型。对忽视建筑安全生产，导致事故发生的企业和人员，要予以曝光。要依法维护和落实企业职工对安全生产的参与权与监督权，鼓励职工监督举报各类安全隐患，对举报者予以奖励。要进一步畅通社会监督渠道，设立举报箱、公开举报电话，接受人民群众的公开监督。要加大对安全生产的宣传教育，形成全社会共同重视建筑安全生产的局面。

五、注重安全生产长效机制建设

（十四）完善安全生产法规体系。住房城乡建设部将制定修订《建筑施工企业主要负责人、项目负责人及专职安全生产管理人员管理规定》等部门规章及规范性文件，制定颁布《建筑施工企业安全生产管理规范》等标准规范。各地住房城乡建设部门要结合本地实际，制定和完善地方建筑安全生产法规及标准规范，及时修改与有关法律法规不相符的内容。

（十五）加强建筑安全科技研究。安全生产科技进步是提高建筑安全生产水平的有效途径，要不断推进安全生产科技进步。要加强科研和技术开发工作，组织高等院校、科研机构、生产企业、社会团体等安全生产科研资源，共同推动建筑安全生产科技进步。要注重政府引导与市场导向相结合，研究建立安全生产激励机制，鼓励企业加大安全生产科技投入。要结合安全生产实际，推广安全适用、先进可靠的生产工艺和技术装备，限制和强制淘汰落后的生产技术、工艺和设备。

（十六）加强安全监管队伍建设。建立健全建筑安全生产监督管理机构，根据建设工程规模不断扩大的实际情况，配备满足工作需要的人员，并有效解决工作经费来源。加强对建筑安全监督执法人员的安全生产法律法规和业务能力的教育培训，建立完善考核持证上岗制度，切实提高监督执法人员的服务意识和依法监督的行政管理水平。

各地住房城乡建设部门要按照《通知》精神和本实施意见的要求，结合本地实际，制定具体的实施办法，并认真组织实施。

中华人民共和国住房和城乡建设部

二〇一〇年十月十三日

关于印发《物业承接查验办法》的通知

建房〔2010〕165号

各省、自治区住房和城乡建设厅，直辖市房地局（建委），新疆生产建设兵团建设局：

为了规范物业承接查验行为，加强前期物业管理活动的指导和监督，维护业主的合法权益，根据《中华人民共和国物权法》、《中华人民共和国合同法》和《物业管理条例》等法律法规的规定，我部制定了《物业承接查验办法》，现印发给你们，请贯彻执行。执行中的情况，请及时告知我部房地产市场监管司。

中华人民共和国住房和城乡建设部

二〇一〇年十月十四日

物业承接查验办法

第一条 为了规范物业承接查验行为，加强前期物业管理活动的指导和监督，维护业主的合法权益，根据《中华人民共和国物权法》、《中华人民共和国合同法》和《物业管理条例》等法律法规的规定，制定本办法。

第二条 本办法所称物业承接查验，是指承接新建物业前，物业服务企业和建设单位按照国家有关规定和前期物业服务合同的约定，共同对物业共用部位、共用设施设备进行检查和验收的活动。

第三条 物业承接查验应当遵循诚实信用、客观公正、权责分明以及保护业主共有财产的原则。

第四条 鼓励物业服务企业通过参与建设工程的设计、施工、分户验收和竣工验收等活动，向建设单位提供有关物业管理的建议，为实施物业承接查验创造有利条件。

第五条 国务院住房和城乡建设主管部门负责全国物业承接查验活动的指导和监督工作。

县级以上地方人民政府房地产行政主管部门负责本行政区域内物业承接查验活动的指导和监督工作。

第六条 建设单位与物业买受人签订的物业买卖合同，应当约定其所交付物业的共用部位、共用设施设备的配置和建设标准。

第七条 建设单位制定的临时管理规约，应当对全体业主同意授权物业服务企业代为查验物业共用部位、共用设施设备的事项作出约定。

第八条 建设单位与物业服务企业签订的前期物业服务合同，应当包含物业承接查验的内容。

前期物业服务合同就物业承接查验的内容没有约定或者约定不明确的，建设单位与物业服务企业可以协议补充。

不能达成补充协议的，按照国家标准、行业标准履行；没有国家标准、行业标准的，按照通常标准或者符合合同目的的特定标准履行。

第九条 建设单位应当按照国家有关规定和物业买卖合同的约定，移交权属明确、资料完整、质量合格、功能完备、配套齐全的物业。

第十条 建设单位应当在物业交付使用15日前，与选聘的物业服务企业完成物业共用部位、共用设施设备的承接查验工作。

第十一条 实施承接查验的物业，应当具备以下条件：

（一）建设工程竣工验收合格，取得规划、消防、环保等主管部门出具的认可或者准许使用文件，并经建设行政主管部门备案；

（二）供水、排水、供电、供气、供热、通信、公共照明、有线电视等市政公用设施设备按规划设计要求建成，供水、供电、供气、供热已安装独立计量表具；

（三）教育、邮政、医疗卫生、文化体育、环卫、社区服务等公共服务设施已按规划设计要求建成；

（四）道路、绿地和物业服务用房等公共配套设施按规划设计要求建成，并满足使用功能要求；

（五）电梯、二次供水、高压供电、消防设施、压力容器、电子监控系统等共用设施设备取得使用合格证书；

（六）物业使用、维护和管理的相关技术资料完整齐全；

（七）法律、法规规定的其他条件。

第十二条 实施物业承接查验，主要依据下列文件：

（一）物业买卖合同；

（二）临时管理规约；

（三）前期物业服务合同；

（四）物业规划设计方案；

（五）建设单位移交的图纸资料；

（六）建设工程质量法规、政策、标准和规范。

第十三条 物业承接查验按照下列程序进行：

（一）确定物业承接查验方案；

（二）移交有关图纸资料；

（三）查验共用部位、共用设施设备；

（四）解决查验发现的问题；

（五）确认现场查验结果；

（六）签订物业承接查验协议；

（七）办理物业交接手续。

第十四条 现场查验20日前，建设单位应当向物业服务企业移交下列资料：

（一）竣工总平面图，单体建筑、结构、设备竣工图，配套设施、地下管网工程竣工图等竣工验收资料；

（二）共用设施设备清单及其安装、使用和维护保养等技术资料；

（三）供水、供电、供气、供热、通信、有线电视等准许使用文件；

（四）物业质量保修文件和物业使用说明文件；

（五）承接查验所必需的其他资料。

未能全部移交前款所列资料的，建设单位应当列出未移交资料的详细清单并书面承诺补交的具体时限。

第十五条 物业服务企业应当对建设单位移交的资料进行清点和核查，重点核查共用设施设备出厂、安装、试验和运行的合格证明文件。

第十六条 物业服务企业应当对下列物业共用部位、共用设施设备进行现场检查和验收：

（一）共用部位：一般包括建筑物的基础、承重墙体、柱、梁、楼板、屋顶以及外墙、门厅、楼梯间、走廊、楼道、扶手、护栏、电梯井道、架空层及设备间等；

（二）共用设备：一般包括电梯、水泵、水箱、避雷设施、消防设备、楼道灯、电视天线、发电机、变配电设备、给排水管线、电线、供暖及空调设备等；

（三）共用设施：一般包括道路、绿地、人造景观、围墙、大门、信报箱、宣传栏、路灯、排水沟、渠、池、污水井、化粪池、垃圾容器、污水处理设施、机动车（非机动车）停车设施、休闲娱乐设施、消防设施、安防监控设施、人防设施、垃圾转运设施以及物业服务用房等。

第十七条　建设单位应当依法移交有关单位的供水、供电、供气、供热、通信和有线电视等共用设施设备，不作为物业服务企业现场检查和验收的内容。

第十八条　现场查验应当综合运用核对、观察、使用、检测和试验等方法，重点查验物业共用部位、共用设施设备的配置标准、外观质量和使用功能。

第十九条　现场查验应当形成书面记录。查验记录应当包括查验时间、项目名称、查验范围、查验方法、存在问题、修复情况以及查验结论等内容，查验记录应当由建设单位和物业服务企业参加查验的人员签字确认。

第二十条　现场查验中，物业服务企业应当将物业共用部位、共用设施设备的数量和质量不符合约定或者规定的情形，书面通知建设单位，建设单位应当及时解决并组织物业服务企业复验。

第二十一条　建设单位应当委派专业人员参与现场查验，与物业服务企业共同确认现场查验的结果，签订物业承接查验协议。

第二十二条　物业承接查验协议应当对物业承接查验基本情况、存在问题、解决方法及其时限、双方权利义务、违约责任等事项作出明确约定。

第二十三条　物业承接查验协议作为前期物业服务合同的补充协议，与前期物业服务合同具有同等法律效力。

第二十四条　建设单位应当在物业承接查验协议签订后10日内办理物业交接手续，向物业服务企业移交物业服务用房以及其他物业共用部位、共用设施设备。

第二十五条　物业承接查验协议生效后，当事人一方不履行协议约定的交接义务，导致前期物业服务合同无法履行的，应当承担违约责任。

第二十六条　交接工作应当形成书面记录。交接记录应当包括移交资料明细、物业共用部位、共用设施设备明细、交接时间、交接方式等内容。交接记录应当由建设单位和物业服务企业共同签章确认。

第二十七条　分期开发建设的物业项目，可以根据开发进度，对符合交付使用条件的物业分期承接查验。建设单位与物业服务企业应当在承接最后一期物业时，办理物业项目整体交接手续。

第二十八条　物业承接查验费用的承担，由建设单位和物业服务企业在前期物业服务合同中约定。没有约定或者约定不明确的，由建设单位承担。

第二十九条　物业服务企业应当自物业交接后30日内，持下列文件向物业所在地的区、县（市）房地产行政主管部门办理备案手续：

（一）前期物业服务合同；

（二）临时管理规约；

（三）物业承接查验协议；

（四）建设单位移交资料清单；

（五）查验记录；

（六）交接记录；

（七）其他承接查验有关的文件。

第三十条　建设单位和物业服务企业应当将物业承接查验备案情况书面告知业主。

第三十一条　物业承接查验可以邀请业主代表以及物业所在地房地产行政主管部门参加，可以聘请相关专业机构协助进行，物业承接查验的过程和结果可以公证。

第三十二条　物业交接后，建设单位未能按照物业承接查验协议的约定，及时解决物业共用部位、共用设施设备存在的问题，导致业主人身、财产安全受到损害的，应当依法承担相应的法律责任。

第三十三条　物业交接后，发现隐蔽工程质量问题，影响房屋结构安全和正常使用的，建设单位应当负责修复；给业主造成经济损失的，建设单位应当依法承担赔偿责任。

第三十四条　自物业交接之日起，物业服务企业应当全面履行前期物业服务合同约定的、法律法规规定的以及行业规范确定的维修、养护和管理义务，承担因管理服务不当致使物业共用部位、共用设施设备毁损或者灭失的责任。

第三十五条　物业服务企业应当将承接查验有关的文件、资料和记录建立档案并妥善保管。

物业承接查验档案属于全体业主所有。前期物业服务合同终止，业主大会选聘新的物业服务企业的，原物业服务企业应当在前期物业服务合同终止之日起10日内，向业主委员会移交物业承接查验档案。

第三十六条　建设单位应当按照国家规定的保修期限和保修范围，承担物业共用部位、共用设施设备的保修责任。

建设单位可以委托物业服务企业提供物业共用部位、共用设施设备的保修服务，服务内容和费用由双方约定。

第三十七条　建设单位不得凭借关联关系滥用股东权利，在物业承接查验中免除自身责任，加重物业服务企业的责任，损害物业买受人的权益。

第三十八条　建设单位不得以物业交付期限届满为由，要求物业服务企业承接不符合交用条件或者未经查验的物业。

第三十九条　物业服务企业擅自承接未经查验的物业，因物业共用部位、共用设施设备缺陷给业主造成损害的，物业服务企业应当承担相应的赔偿责任。

第四十条　建设单位与物业服务企业恶意串通、弄虚作假，在物业承接查验活动中共同侵害业主利益的，双方应当共同承担赔偿责任。

第四十一条　物业承接查验活动，业主享有知情权和监督权。物业所在地房地产行政主管部门应当及时处理业主对建设单位和物业服务企业承接查验行为的投诉。

第四十二条 建设单位、物业服务企业未按本办法履行承接查验义务的，由物业所在地房地产行政主管部门责令限期改正；逾期仍不改正的，作为不良经营行为记入企业信用档案，并予以通报。

第四十三条 建设单位不移交有关承接查验资料的，由物业所在地房地产行政主管部门责令限期改正；逾期仍不移交的，对建设单位予以通报，并按照《物业管理条例》第五十九条的规定处罚。

第四十四条 物业承接查验中发生的争议，可以申请物业所在地房地产行政主管部门调解，也可以委托有关行业协会调解。

第四十五条 前期物业服务合同终止后，业主委员会与业主大会选聘的物业服务企业之间的承接查验活动，可以参照执行本办法。

第四十六条 省、自治区、直辖市人民政府住房和城乡建设主管部门可以依据本办法，制定实施细则。

第四十七条 本办法由国务院住房和城乡建设主管部门负责解释。

第四十八条 本办法自 2011 年 1 月 1 日起施行。

关于保障性安居工程资金使用管理有关问题的通知

财综〔2010〕95 号

各省、自治区、直辖市人民政府，国务院有关部门：

根据国务院关于加快保障性安居工程建设工作部署和近期目标要求，为进一步加快保障性安居工程建设进度，经国务院同意，现就有关资金使用管理问题通知如下：

一、切实落实各类保障性安居工程资金

按照现行规定，保障性安居工程实行“省级负总责，市县抓落实”。截至目前，2010 年中央安排的各类保障性安居工程补助资金，均已下达相关省、自治区、直辖市、计划单列市和新疆生产建设兵团（以下简称有关地区）。同时，今年中央财政已追加下达保障性安居工程补助资金，重点用于公共租赁住房等保障性安居工程建设。有关地区要将中央和省级财政安排的各类保障性安居工程补助资金尽快分配下达到市、县或师、团场。各市、县或师、团场要严格按照国家规定的资金来源渠道，切实落实各类保障性安居工程资金，将中央保障性安居工程补助资金与省级保障性安居工程补助资金，以及市、县或师、团场保障性安居工程资金统筹安排，尽快落实到保障性安居工程项目和符合保障性安居工程条件的家庭，确保不因资金不落实、不到位而影响各类保障性安居工程建设进度。

二、允许土地出让净收益用于发展公共租赁住房

为切实解决城市中等偏下收入家庭住房困难，从 2010 年起，各地在确保完成当年廉租住房保障任务的前提下，可将现行从土地出让净收益中安排不低于 10%的廉租住房保障资金，统筹用于发展公共租赁住房，包括购买、新建、改建、租赁公共租赁住房，贷款贴息，向承租公共租赁住房的廉租住房保障家庭发放租赁补贴。从土地出让净收益安排资金用于发展公共租赁住房支出时，填列《政府收支分类科目》212 类“城乡社区事务”08 款“国有土地使用权出让收入安排的支出”11 项“公共租赁住房支出”科目。

三、允许住房公积金增值收益中计提的廉租住房保障资金用于发展公共租赁住房

按照《住房公积金管理条例》（国务院令第 350 号）的规定，住房公积金的增值收益扣除计提住房公积金贷款风险准备金、住房公积金管理中心的管理费用后，作为建设廉租住房的补充资金。从 2010 年起，各地在完成当年廉租住房保障任务的前提下，可以将住房公积金增值收益中计提的廉租住房保障资金，统筹用于发展公共租赁住房。各地从住房公积金增值收益中安排资金用于发展公共租赁住房支出时，填列《政府收支分类科目》212 类“城乡社区事务”07 款“政府住房基金支出”04 项“公共租赁住房支出”科目。

四、提高中央财政廉租住房保障专项补助资金使用效率

按照现行规定，中央财政廉租住房保障专项补助资金在优先满足发放租赁补贴的前提下，可用于购买、改建或租赁廉租住房支出。其中，购买廉租住房可以购买旧房，也可以购买新房。为了进一步提高中央财政廉租住房保障专项补助资金使用效率，省级财政、住房城乡建设部门要进一步明确本地区年度购买、改建或租赁廉租住房任务。2010 年各地购买、改建或租赁廉租住房任务数，为当年省级人民政府同住房城乡建设部签订的目标责任书确认的新增廉租住房套数，扣除中央预算内投资补助下达新建廉租住房套数之后的套数。2010 年中央财政补助相关地区购买、改建、租赁廉租住房具体任务数详见附件。省级财政、住房城乡建设部门要及时将 2010 年购买、改建、租赁廉租住房任务数分解下达到市、县或师、团场，并加强督促检查，确保按期完成购买、改建、租赁廉租住房任务。从 2011 年开始，财政部、住房城乡建设部在分配下达有关地区中央财政廉租住房保障专项补助资金时，不仅要考虑该地区当年租赁补贴任务完成情况，还要考虑该地区当年购买、改建、租赁廉租住房任务完成情况。在完成当年廉租住房保障任务的前提下，经同级财政部门批准，可以将中央财政廉租住房保障专项补助资金用于购买、新建、改建、租赁公共租赁住房。

五、利用贷款贴息引导社会发展公共租赁住房

为充分调动市场主体和社会机构投资购买、新建、改建、租赁和运营公共租赁住房的积极性，降低社会资金投资公共租赁住房的融资成本，各地可以采取贴息方式，支持市场主体和社会机构从商业银行融资用于发展公共租赁住房。各级人民政府安排的公共租赁住房资金，包括中央补助公共租赁住房资金，均可用于公共租赁住房项目贷款贴息。公共租赁住房贷款贴息幅度、年限等管理办法由省级财政部门会同发展改革、住房城乡建设部门制定，报财政部、国家发展改革委、住房城乡建设部备案。

六、加强政府投资建设的公共租赁住房租金“收支两条线”管理

政府投资建设公共租赁住房取得的租金收入，应按照政府非税收入管理的规定缴入同级国库，实行“收支两条线”管理。租金收入专项用于偿还公共租赁住房贷款，以及公共租赁住房的维护、管理等支出。公共租赁住房租金收入缴库时，填列《政府收支分类科目》103类“非税收入”01款“政府性基金收入”43项“政府住房基金收入”04目“公共租赁住房租金收入”科目；使用公共租赁住房租金收入时，填列《政府收支分类科目》212类“城乡社区事务”07款“政府住房基金支出”04项“公共租赁住房租金支出”科目。政府投资建设公共租赁住房租金收入具体缴库办法，按照地方财政部门的有关规定执行。市县财政部门要加强政府投资建设的公共租赁住房租金“收支两条线”管理，确保租金收入及时足额缴库，并严格按照规定用途使用。

七、加快保障性安居工程资金预算执行进度

各地要按照签订的保障性安居工程目标责任书，积极开展各项工作，切实落实保障性安居工程建设用地，加快保障性安居工程项目审批，尽快开工建设并形成实物工作量，根据工作进度及时拨付保障性安居工程资金。要在核实底数的基础上，尽快将租赁补贴资金发放到符合条件的廉租住房保障家庭。同时，要加快保障性安居工程预算执行进度，提高保障性安居工程建设项目投资完成率，确保当年本地区保障性安居工程任务如期完成。对于超计划完成当年保障性安居工程任务的地区，中央在分配下达下一年度相关保障性安居工程补助资金时，将给予适当的资金倾斜和奖励。各地要确保保障性安居工程资金按规定用途使用，不得挤占和挪作他用。

中华人民共和国财政部
中华人民共和国发展和改革委员会
中华人民共和国住房城乡建设部
二〇一〇年十月二十六日

关于规范住房公积金个人住房贷款政策有关问题的通知

建金〔2010〕179号

各省、自治区、直辖市人民政府，国务院各有关部门，新疆生产建设兵团：

为规范住房公积金个人住房贷款政策，根据《住房公积金管理条例》和《国务院关于坚决遏制部分城市房价过快上涨的通知》（国发〔2010〕10号）的有关规定，经国务院同意，现就有关问题通知如下：

一、住房公积金个人住房贷款只能用于缴存职工购买、建造、翻建、大修普通自住房，以支持基本住房需求。严禁使用住房公积金个人住房贷款进行投机性购房。

二、保持缴存职工家庭（包括借款人、配偶及未成年子女，下同）使用住房公积金个人住房贷款购买首套普通自住房政策的连续性和稳定性。使用住房公积金个人住房贷款购买首套普通自住房，套型建筑面积在90平方米（含）以下的，贷款首付款比例不得低于20%；套型建筑面积在90平方米以上的，贷款首付款比例不得低于30%。

三、第二套住房公积金个人住房贷款的发放对象，仅限于现有人均住房建筑面积低于当地平均水平的缴存职工家庭，且贷款用途仅限于购买改善居住条件的普通自住房。第二套住房公积金个人住房贷款首付款比例不得低于50%，贷款利率不得低于同期首套住房公积金个人住房贷款利率的1.1倍。

四、停止向购买第三套及以上住房的缴存职工家庭发放住房公积金个人住房贷款。

五、城市住房公积金管理委员会要根据当地住房价格、人均住房建筑面积和住房公积金业务发展状况，以支持缴存职工购买普通自住房的贷款需求为原则，合理确定住房公积金个人住房贷款最高额度，并报省级住房城乡建设、财政、人民银行、银监部门备案。直辖市、新疆生产建设兵团住房公积金个人住房贷款最高额度报住房城乡建设部、财政部、人民银行和银监会备案。

六、城市住房公积金管理中心和受委托银行要采取有效措施，加强住房公积金个人住房贷款的调查、审核、抵押、发放、回收等工作，切实加强贷款风险管理，保障资金安全。住房公积金管理中心要会同有关主管部门，抓紧建立信息共享机制，防范骗取住房公积金个人住房贷款等行为。同时，要简化办理手续，提高服务水平。

城市人民政府要结合当地实际，抓紧制定落实本通知精神的具体措施，积极做好政策解释工作。各省、自治区、直辖市人民政府和新疆生产建设兵团有关部门要加强工作指导，加大监督检查力度。政策执行中有关问题，及时报住房城乡建设部、财政部、人民银行和银监会。

中华人民共和国住房和城乡建设部
中华人民共和国财政部
中国人民银行
中国银行业监督管理委员会
二〇一〇年十一月二日

关于进一步规范境外机构和个人购房管理的通知

建房〔2010〕186号

各省、自治区住房和城乡建设厅、直辖市建委（房地局）；国家外汇管理局各省、自治区、直辖市分局，外汇管理部，深圳、大连、青岛、厦门、宁波市分局；各中资外汇指定银行总行：

为落实国务院《关于坚决遏制部分城市房价过快上涨的通知》（国发〔2010〕10号），现就加强《关于规范房地产市场外资准入和管理的意见》（建住房〔2006〕171号）的实施监管，进一步规范境外机构和个人购房管理通知如下：

一、境外个人在境内只能购买一套用于自住的住房。在境内设立分支、代表机构的境外机构只能在注册城市购买办公所需的非住宅房屋。法律法规另有规定的除外。

二、各地房地产主管部门在办理境外个人的商品房预售合同备案和房屋产权登记时，除应当查验《城市商品房预售管理办法》、《房屋登记办法》规定的材料及验证购房人持有房屋情况外，还应当查验：

1. 有关部门出具的境外个人（不含港澳台居民和华侨）在境内工作超过一年的证明；港澳台居民和华侨在境内工作、学习和居留的证明。

2. 境外个人名下在境内无其他住房的书面承诺。

三、各地房地产主管部门在办理境外机构的商品房预售合同备案和房屋产权登记时，除应当查验《城市商品房预售管理办法》、《房屋登记办法》规定的材料及验证购房人持有房屋情况外，还应当查验：

1. 有关部门出具的在境内设立分支、代表机构的批准文件和注册证明。

2. 境外机构所购房屋是实际办公所需的书面承诺。

四、境外机构和个人申请购房结汇，应当严格按照《关于规范房地产市场外汇管理有关问题的通知》（汇发〔2006〕47号）办理。

外汇指定银行在为申请人办理购房结汇时，应当严格审核境外机构和个人提交的申请材料，对于符合规定的，外汇指定银行在为申请人办理购房结汇手续后，应当严格按照相关规定，在外汇局直接投资外汇管理信息系统办理即时备案登记。

五、各地房地产主管部门、外汇管理部门应当加强相关法律、法规和政策宣传，督促房地产销售机构、房地产经纪机构和人员对购房的境外机构、个人做好法律、法规和政策的告知，并做必要风险提示。

六、各省、自治区住房和城乡建设厅、直辖市建委（房地局）、国家外汇管理局各分局、外汇管理部、各外汇指定银行收到本通知后，应尽快转发，并指导监督落实。各地房地产主管部门、外汇管理部门应当加强协调配合，及时交换境外机构和个人购房、结汇等方面的信息，形成监管合力，进一步严格和规范境外机构和个人购房管理。

中华人民共和国住房和城乡建设部
国家外汇管理局
二〇一〇年十一月四日

注册建造师继续教育管理暂行办法

建市〔2010〕192号

各省、自治区住房城乡建设厅，直辖市建委（建设交通委），国务院有关部门建设司，总后基建营房部：

为进一步提高注册建造师职业素质，根据《注册建造师管理规定》（建设部令第153号），我们组织制定了《注册建造师继续教育管理暂行办法》。现印发给你们，请遵照执行。

中华人民共和国住房和城乡建设部

二〇一〇年十一月十五日

注册建造师继续教育管理暂行办法

第一章　总　　则

第一条　为进一步提高注册建造师职业素质，提高建设工程项目管理水平，保证工程质量安全，促进建筑行业发展，根据《注册建造师管理规定》制定本办法。

第二条　注册建造师应通过继续教育，掌握工程建设有关法律法规、标准规范，增强职业道德和诚信守法意识，熟悉工程建设项目管理新方法、新技术，总结工作中的经验教训，不断提高综合素质和执业能力。

第三条　注册建造师按规定参加继续教育，是申请初始注册、延续注册、增项注册和重新注册（以下统称注册）的必要条件。

第二章　继续教育的组织管理

第四条　国务院住房城乡建设主管部门对全国注册建造师的继续教育工作实施统一监督管理，国务院有关部门负责本专业注册建造师继续教育工作的监督管理，省级住房城乡建设主管部门负责本地区注册建造师继续教育工作的监督管理。

第五条　注册建造师参加继续教育的组织工作采取分级与分专业相结合的原则。国务院住房城乡建设、铁路、交通、水利、工业信息化、民航等部门或其委托的行业协会（以下统称为专业牵头部门），组织本专业一级注册建造师参加继续教育，各省级住房城乡建设主管部门组织二级注册建造师参加继续教育。

第六条　各专业牵头部门按要求推荐一级注册建造师继续教育培训单位并报国务院住房城乡建设主管部门审核，各省级住房城乡建设主管部门审核二级注册建造师继续教育培训单位，并报国务院住房城乡建设主管部门备案。培训单位的培训规模与该年度应参加继续教育的建造师数量应基本平衡。

第七条　各专业牵头部门负责一级注册建造师继续教育培训单位专职授课教师的培训，各省级住房城乡建设主管部门负责二级注册建造师继续教育培训单位专职授课教师的培训，培训合格的教师可按规定从事注册建造师继续教育的授课工作。

第八条　国务院住房城乡建设主管部门在中国建造师网（网址：www.coc.gov.cn）上公布培训单位名单。

第三章　继续教育的教学体系

第九条　国务院住房城乡建设主管部门会同国务院有关部门组织制定注册建造师继续教育教学大纲，并组织必修课教材的编写。

第十条　各专业牵头部门负责本专业一级建造师选修课教材的编写，各省级住房城乡建设主管部门负责二级建造师选修课教材的编写。

第十一条　必修课包括以下内容：

（一）工程建设相关的法律法规和有关政策。

（二）注册建造师职业道德和诚信制度。

（三）建设工程项目管理的新理论、新方法、新技术和新工艺。

（四）建设工程项目管理案例分析。

选修课内容为：各专业牵头部门认为一级建造师需要补充的与建设工程项目管理有关的知识；各省级住房城乡建设主管部门认为二级建造师需要补充的与建设工程项目管理有关的知识。

第十二条　国务院住房城乡建设主管部门负责一级建造师继续教育必修课课程安排的编制，各专业牵头部门负责本专业一级注册建造师继续教育选修课课程安排的编制并报国务院住房城乡建设主管部门汇总，各省级住房城乡建设主管部门负责本行政区域内的二级建造师继续教育课程安排的编制并报国务院住房城乡建设主管部门备案。课程安排由国务院住房城乡建设主管部门在中国建造师网上公布。

第四章　培训单位的职责

第十三条　培训单位应当具有职业教育经验或大学专

科以上专业教育经验，且具有办学许可证、收费许可证，有固定教学场所，专职授课教师不少于5人。

第十四条 专职授课教师应满足以下条件：

（一）大学及以上学历，从事建筑行业相关工作5年以上。

（二）从事建筑行业培训工作2年以上。

（三）具有丰富的实践经验或较高的理论水平。

（四）近5年没有违法违规行为和不良信用记录。

（五）经专业牵头部门或省级住房城乡建设主管部门培训合格。

第十五条 培训单位对培训质量负直接责任。培训单位应当遵照国务院住房城乡建设主管部门公布的继续教育课程安排，使用规定的教材，按照国家有关规定收取费用，不得乱收费或变相摊派。培训单位必须确保教学质量，并负责记录学习情况，对学习情况进行测试。测试可采取考试、考核、案例分析、撰写论文、提交报告或参加实际操作等方式。

第十六条 对于完成规定学时并测试合格的，培训单位报各专业牵头部门或各省级住房城乡建设主管部门确认后，发放统一式样的《注册建造师继续教育证书》，加盖培训单位印章。

第十七条 培训单位应及时将注册建造师继续教育培训学员名单、培训内容、学时、测试成绩等情况以书面和电子信息管理系统的形式，报各专业牵头部门或各省级住房城乡建设主管部门。各专业牵头部门或各省级住房城乡建设主管部门确认后送国务院住房城乡建设主管部门备案。

第五章 继续教育的方式

第十八条 注册建造师应在企业注册所在地选择中国建造师网公布的培训单位接受继续教育。在企业注册所在地外担任项目负责人的一级注册建造师，报专业牵头部门备案后可在工程所在地接受继续教育。个别专业的一级注册建造师可在专业牵头部门的统一安排下，跨地区参加继续教育。注册建造师在每一注册有效期内可根据工作需要集中或分年度安排继续教育的学时。

第十九条 注册一个专业的建造师在每一注册有效期内应参加继续教育不少于120学时，其中必修课60学时，选修课60学时。注册两个及以上专业的，每增加一个专业还应参加所增加专业60学时的继续教育，其中必修课30学时，选修课30学时。

第二十条 注册建造师在每一注册有效期内从事以下工作并取得相应证明的，可充抵继续教育选修课部分学时。每一注册有效期内，充抵继续教育选修课学时累计不得超过60学时。

（一）参加全国建造师执业资格考试大纲编写及命题工作，每次计20学时。

（二）从事注册建造师继续教育教材编写工作，每次计20学时。

（三）在公开发行的省部级期刊上发表有关建设工程项目管理的学术论文的，第一作者每篇计10学时；公开出版5万字以上专著、教材的，第一、二作者每人计20学时。

（四）参加建造师继续教育授课工作的按授课学时计算。

一级注册建造师继续教育学时的充抵认定，由各专业牵头部门负责；二级注册建造师继续教育学时的充抵认定，由各省级住房城乡建设主管部门负责。

第二十一条 注册建造师继续教育以集中面授为主。同时探索网络教育方式，拟采取网络教育的专业牵头部门或省级住房城乡建设主管部门，应将管理办法和工作方案报国务院住房城乡建设主管部门审核，并对网络教育的培训质量负责。

第二十二条 完成规定学时并测试合格后取得的《注册建造师继续教育证书》是建造师申请注册的重要依据。

第六章 监督管理和法律责任

第二十三条 各专业牵头部门、省级住房城乡建设主管部门对培训单位实行动态监督管理，包括对培训单位的投诉举报情况进行调查处理，并对培训单位的培训质量负监管责任。

第二十四条 各专业牵头部门、省级住房城乡建设主管部门应对培训单位进行定期和不定期的检查，并于每年年底将检查情况书面报送国务院住房城乡建设主管部门备案。国务院住房城乡建设主管部门对培训单位的培训情况进行抽查。

第二十五条 培训单位有以下行为之一的，由各专业牵头部门、省级住房城乡建设主管部门提出警告直至取消培训资格，并报国务院住房城乡建设主管部门统一公布。取消培训资格的，在五年内不允许其开展注册建造师继续教育工作。

（一）未严格执行注册建造师继续教育培训有关制度。

（二）未使用统一编写的培训教材，课程内容的设置、培训时间的安排等不符合相关规定。

（三）不具备独立培训能力，无法承担正常培训任务。

（四）组织管理混乱，培训质量难以保证。

（五）无办学许可证或收费许可证。

（六）无固定的教学场所。

（七）专职授课教师或师资数量、水平不符合要求。

（八）无正常财务管理制度，乱收费或变相摊派。

（九）出卖、出租、出借或以其他形式非法转让培训资格。

（十）通过弄虚作假、伪造欺骗、营私舞弊等不法手段开具《注册建造师继续教育证书》或修改培训信息。

（十一）不及时上报继续教育培训学员名单、培训内容、学时、测试成绩等情况。

（十二）其他不宜开展继续教育活动的情形。

第二十六条 注册建造师应按规定参加继续教育，接受培训测试，不参加继续教育或继续教育不合格的不予注册。

第二十七条　对于采取弄虚作假等手段取得《注册建造师继续教育证书》的，一经发现，立即取消其继续教育记录，并记入不良信用记录，对社会公布。

第二十八条　各专业牵头部门、省级住房城乡建设主管部门及其工作人员，在注册建造师继续教育管理工作中，有下列情形之一的，由其上级机关或者监察机关责令改正，对直接负责的主管人员和其他直接责任人员依法给予处分；构成犯罪的，依法追究刑事责任：

（一）同意不符合培训条件的单位开展继续教育培训工作的。

（二）不履行应承担的工作，造成继续教育工作开展不力的。

（三）利用职务上的便利，收受他人财物或者其他好处的。

（四）不履行监督管理职责或者监督不力，造成严重后果的。

第七章　附　　则

第二十九条　注册建造师在参加继续教育期间享有国家规定的工资、保险、福利待遇。建筑业企业及勘察、设计、监理、招标代理、造价咨询等用人单位应重视注册建造师继续教育工作，督促其按期接受继续教育。其中建筑业企业应为从事在建工程项目管理工作的注册建造师提供经费和时间支持。

第三十条　各专业牵头部门、省级住房城乡建设主管部门可依据本办法，细化本专业一级建造师、本行政区域内二级建造师继续教育管理的具体事项，包括培训单位推荐程序、编写选修课教材、编制课程安排、认定学时充抵、培训专职授课教师、确认合格人员名单、实行动态监管等内容。

第三十一条　本办法由国务院住房城乡建设主管部门负责解释。

第三十二条　本办法自发布之日施行。

关于进一步加强建筑施工消防安全工作的通知

建质电〔2010〕53号

各省、自治区住房城乡建设厅，北京市住房城乡建设委，上海市、天津市城乡建设交通委，重庆市城乡建设委，新疆生产建设兵团建设局：

2010年11月13日，全国重点文物保护单位、清华大学清华学堂发生火灾，过火面积约800平方米；11月15日，上海市静安区一高层居民住宅楼发生特大火灾，造成53人死亡、70人受伤。上述两起事故均发生在既有建筑装修改造阶段。近日，国务院办公厅下发了《关于进一步做好消防工作坚决遏制重特大火灾事故的通知》（国办发明电〔2010〕35号，以下简称《通知》），对部分地区接连发生的重特大火灾事故进行了通报，并对加强消防安全工作提出了要求。为认真贯彻落实国务院办公厅《通知》精神，积极预防和有效遏制建筑施工消防事故的发生，现就有关事项通知如下：

一、高度重视建筑施工消防安全工作各地要牢固树立“安全第一、以人为本”的理念，从落实科学发展观、保障和改善民生的高度，进一步提高对做好建筑施工消防工作重要性的认识，增强责任感、紧迫感。要按照公安部和我部联合下发的《关于进一步加强建设工程施工现场消防安全工作的通知》（公消〔2009〕131号）确定的职责分工，切实加强建筑施工消防安全工作。要针对本地区建筑施工消防安全工作存在的薄弱环节，制定完善各项建筑施工消防安全管理制度，督促指导建筑施工企业认真落实消防安全责任制。建筑施工企业的主要负责人要对本企业消防安全工作负总责，确保企业的相关各项制度措施真正落实到在建工程项目上，确保建筑施工消防安全。

二、认真组织开展建筑施工火灾隐患排查整改工作各地要结合本地实际，立即组织开展对在建工程项目，特别是对既有建筑的改、扩建项目施工消防隐患排查治理工作。要重点检查以下几方面：一是企业和在建项目消防安全责任制、节假日期间治安防火值班制度等各项安全生产制度及落实情况；二是施工现场消防器材、消防设施的配备和消防通道的设置情况；三是建筑电工、焊工等特种作业人员的消防安全教育培训及持证上岗情况；四是施工现场动火作业是否符合相应的操作规程和标准规范要求，并采取相应的防火措施；五是施工现场生活区宿舍用电是否严格按照临时用电规范，是否存在违规使用大功率照明、取暖、电加热器具等方面的情况；六是对于建筑外保温系统及外墙装饰工程，是否按照公安部和我部联合下发的《民用建筑外保温系统及外墙装饰防火暂行规定》（公通字〔2009〕46号）的要求进行防火设计、施工。

对排查发现的隐患，要督促企业立即整改。对发现的重大隐患，省级住房城乡建设部门要挂牌督办。对不执行政府及有关部门下达的安全隐患整改通知，不认真进行隐患整改以及对隐患整改不力造成事故的，要依法从重追究相关责任人员，尤其是企业负责人的责任。

三、严厉打击建筑施工违法违规行为各地要按照《关于集中开展严厉打击建筑施工非法违法行为专项行动的通知》要求，继续深入开展严厉打击建筑施工非法违法行为的专项行动。要严厉打击不办理施工许可等法定建设手续，擅自从事建筑施工活动的行为，以及违法分包、转包、挂靠的行为，建筑施工企业无施工资质证书、无安全生产许可证，特种作业人员无操作资格证书进行施工活动的行为，拒不执行政府有关部门下达停工整改通知等行为。对于发生建筑施工火灾事故的，要加大责任追究力度，做到事故原因不查清不放过、事故责任者得不到处理不放过、整改措施不落实不放过、教训不吸取不放过。对发生建筑施工火灾事故的，除追究在建项目负责人和直接责任人责任外，还要追究企业主要负责人的责任。

四、加强消防安全宣传教育和培训各地要结合本地实际，重点从消除建筑施工火灾隐患、组织扑救初起火灾、组织人员疏散逃生等方面，指导督促建筑施工企业有针对性地开展施工消防安全知识的宣传教育培训和演练等。要切实加强对施工现场一线操作人员，特别是电工、焊工等特种作业人员的消防安全知识培训，进一步提高安全意识和自防自救的能力。

目前各地已陆续进入冬季施工期，这也是火灾、煤气中毒等事故高发的时段。各地住房城乡建设主管部门要高度重视，切实履行职责，督促指导建设、设计、施工、监理等企业，认真落实安全生产主体责任，有效防范和坚决遏制建筑生产安全事故，确保冬季尤其是元旦、春节期间的建筑施工安全，为进一步促进建筑生产安全形势持续稳定好转而不懈努力。

中华人民共和国住房和城乡建设部

二〇一〇年十一月十八日

关于印发《全国绿色建筑创新奖实施细则》和《全国绿色建筑创新奖评审标准》的通知

建科〔2010〕216号

各省、自治区住房城乡建设厅，直辖市、计划单列市建委（建设局），新疆生产建设兵团建设局：

为做好全国绿色建筑创新奖的管理及评审工作，引导我国绿色建筑健康发展，根据《全国绿色建筑创新奖管理办法》（建科函〔2004〕183号），我部重新制定了《全国绿色建筑创新奖实施细则》和《全国绿色建筑创新奖评审标准》。现印发你们，请遵照执行。

附件：1. 全国绿色建筑创新奖实施细则

2. 全国绿色建筑创新奖评审标准

中华人民共和国住房和城乡建设部

二〇一〇年十二月二十三日

附件1：

全国绿色建筑创新奖实施细则

第一章 总 则

第一条 为做好全国绿色建筑创新奖（以下简称“创新奖”）的管理，根据《全国绿色建筑创新奖管理办法》制定本细则。

第二条 本细则适用于创新奖评审的组织管理。

第三条 创新奖设一等奖、二等奖、三等奖三个等级，每两年评选一次。

第四条 创新奖的奖励对象为，在住房城乡建设领域节约资源、保护环境，推进绿色建筑发展具有创新性和明显示范作用的工程项目，以及在绿色建筑技术研究开发和推广应用方面做出重要贡献的单位和个人。

第五条 推动绿色建筑发展的创新性包括，符合气候地域特征的先进适用的技术集成和创新、建筑艺术与绿色建筑技术的有机结合、采用绿色施工与运行管理保障措施的实施效果。

第六条 住房城乡建设部归口管理创新奖。住房城乡建设部建筑节能与科技司负责创新奖的日常管理。

各省、自治区、直辖市、计划单列市住房城乡建设行政主管部门负责组织本地区创新奖的申报、初审和推荐上报。

第二章 申报条件

第七条 申报创新奖的项目应符合以下基本条件：

（一）在保护自然资源和生态环境、节地、节能、节水、节材、减少环境污染等方面，综合效果显著的公共建筑和住宅建筑等工程项目。

（二）符合国家基本建设程序和管理规定，以及有关的技术标准规范。

（三）因地制宜地采用适宜的绿色建筑技术、工艺与产品，运营管理水平较高，实现社会、环境、经济效益的统一。

（四）取得绿色建筑评价标识。

（五）项目无工程质量安全事故和隐患。

第八条　创新奖申报单位原则上由工程项目建设、规划设计、施工总承包、技术咨询等主要参建单位联合申报；也可经建设单位同意后，由设计、施工总承包单位联合申报或其中一家单独申报。其他参建单位可随主要参建单位申报。

第三章　申报资料及申报程序

第九条　申报单位应提交《全国绿色建筑创新奖申报书》和工程总结报告。

（一）《申报书》纸质文件一式10份、电子版1份；

（二）工程项目总结报告包括，工程项目概况、工程项目创新性说明、取得的绿色建筑评价标识证书及工程项目总结报告。纸质文件一式2份、电子版1份。具体内容和要求如下：

1. 工程项目概况。

2. 工程项目创新性说明。对照《全国绿色建筑创新奖评审标准》，在绿色建筑评价标识申报材料的基础上，按节地与室外环境、节能与能源利用、节水与水资源利用和保护、节材与材料资源、室内环境质量和运营管理六类指标归纳和总结，重点对具有创新性和示范推广价值，以及技术措施的实施情况和效益等内容进行总结说明。

3. 相关证明资料，如设计文件、图纸、过程控制资料、运行报告及相关数据等。如在取得绿色建筑标识后，发生重大的技术变更，还应提交相关变更资料，包括设计说明、图纸、计算书、设计变更等。

4. 绿色建筑标识证书复印件和评价报告。

第十条　申报程序

（一）申报单位向省、自治区、直辖市、计划单列市住房城乡建设行政主管部门提交申报资料，并对申报材料的真实性负责；

（二）省、自治区、直辖市、计划单列市住房城乡建设行政主管部门，对申报材料进行初审，对初审合格的项目签署推荐意见并盖章后报送住房城乡建设部建筑节能与科技司；

（三）住房城乡建设部建筑节能与科技司负责对申报资料进行形式审查。

第四章　评　　审

第十一条　住房城乡建设部建筑节能与科技司负责组织创新奖的评审工作。评审专家委员会由部绿色建筑评价标识专家委员会成员组成。

第十二条　评审专家委员会依据《全国绿色建筑创新奖评审标准》，审查申报材料，通过质询、讨论和评议，进行评审，确定拟获奖项目及等级。

第十三条　住房城乡建设部建筑节能与科技司根据具体情况可组织核查小组对需要实地核查的申报项目进行现场核查。核查小组由4～7名专家组成，被核查项目所在省、自治区、直辖市、计划单列市住房城乡建设行政主管部门应派人参与核查工作。核查的内容和要求如下：

（一）听取申报单位对项目规划、设计、施工及运行情况的介绍。

（二）实地查验工程系统功能及运行情况。凡核查小组要求查看的工程内容和文件资料，申报单位应积极配合，不得以任何理由回避或拒绝。

（三）听取业主及监理单位对项目的评价意见。核查小组向业主及监理单位咨询情况时，申报单位的有关人员应当回避。

（四）查阅工程的有关文件与技术、质量以及管理资料等。

（五）核查小组应向评审专家委员会提交书面核查报告。

第五章　公示与公布

第十四条　住房城乡建设部建筑节能与科技司对通过专家评审的项目在住房城乡建设部网站上（网址：www.mohurd.gov.cn）公示，公示期30天。

第十五条　任何单位或个人对公示的项目持有异议，均可在公示期内以署实名的书面形式提出异议，并提供必要的证明材料。

第十六条　异议分为技术性异议和非技术性异议。凡对公示项目的创新性、先进性、实用性，以及申报资料的真实性提出的异议为技术性异议；对公示项目单位的有关情况及人员排序的异议为非技术性异议。审定等级不在异议范围内。

第十七条　技术性异议由住房城乡建设部建筑节能与科技司负责协调解决，必要时可组织评审委员进行调查，提出处理意见。非技术性异议由项目所在省、自治区、直辖市、计划单列市建设行政主管部门负责协调解决，并将结果报住房城乡建设部建筑节能与科技司。

第十八条　无异议或有异议已妥善解决的公示项目经审定后公布。

第六章　纪　　律

第十九条　申报创新奖的单位不得弄虚作假，违者将取消申报或获奖资格。

第二十条　评审委员必须参加评审会议，不得委派代表出席或写出书面意见委托他人到评审会上代读。

第二十一条　评审委员和现场核查小组人员必须秉公办事，廉洁自律。违者将视情节轻重给予批评教育直至取消评审或核查资格，情节严重的，取消部专家委员会专家资格，并将违纪行为通知本人所在单位。

第七章　奖　　励

第二十二条　创新奖每个获奖项目授奖单位和个人数量不应超过以下规定：一等奖授奖单位8个、个人20个；二等奖授奖单位6个、个人15个；三等奖授奖单位4个、个人10人。

第二十三条　住房城乡建设部向获得创新奖的项目、单位和个人颁发证书和证牌。

第二十四条　有关部门、地区和获奖单位可根据本部门、本地区和本单位的实际情况，对获奖单位和人员给予奖励。

第八章　附　　则

第二十五条　本细则自发布之日起施行。

第二十六条　本细则由住房城乡建设部负责解释。

附件2：

全国绿色建筑创新奖评审标准

第一条　为贯彻落实科学发展观，加快推进绿色建筑，引导绿色建筑健康发展，促进实现住房城乡建设领域节约资源、保护环境的目标，特制定本标准。

第二条　本标准适用于指导全国绿色建筑创新奖的申报和评审。

第三条　申报全国绿色建筑创新奖的项目应在建筑全寿命周期内，在节能、节地、节水、节材、减少环境污染等方面符合绿色建筑相关标准的要求，并取得绿色建筑评价标识。

第四条　申报绿色建筑创新奖的项目应在设计、技术和施工及运营管理等方面具有突出的创新性。包括：

（一）绿色建筑的技术选择和采取的措施具有创新性，有利于解决绿色建筑发展中的热点、难点和关键问题。

（二）绿色建筑不同技术之间有很好的协调和衔接，综合效果和总体技术水平、技术经济指标达到领先水平。

（三）对推动绿色建筑技术进步，引导绿色建筑健康发展具有较强的示范作用和推广应用价值。

（四）建筑艺术与节能、节水、通风设计、生态环境等绿色建筑技术能很好地结合，具有良好的建筑艺术形式，能够推动绿色建筑在艺术形式上的创新发展。

（五）具有较好的经济效益、社会效益和环境效益。

第五条　全国绿色建筑创新奖按照绿色建筑相关评价标准确定的评价指标体系，从节地与室外环境、节能与能源利用、节水与水资源利用、节材与材料资源利用、室内环境质量、运营管理六个方面进行评审。

第六条　全国绿色建筑创新奖的评审专家根据申报项目提交的包括工程项目总结、绿色建筑技术措施和申报书等，按照第四条规定的内容进行评审。

第七条　评审采取实名独立打分和投票制。按照节地与室外环境、节能与能源利用、节水与水资源利用、节材与材料资源利用、室内环境质量、运营管理六类指标，根据各指标的创新性要求逐项评分，每类指标满分为100分。

第八条　为体现不同类型建筑六类指标之间的相对重要性，住宅建筑和办公建筑分别设置权值。

第九条　绿色建筑创新奖总得分满分为100分。

$$总得分=\sum 指标得分\times 相应指标的权值$$

第十条　节地与室外环境评审。

（一）场地的规划设计。应合理保护、利用与修复原有场地的生态资源；在绿地规划、景观设计、雨水利用等方面提高场地对周边环境改善的贡献率，使场地的生态效益最大化；保护周边人文环境、培养社区和谐氛围、塑造良好公共空间。

（二）建筑外部环境。在建筑布局与形体设计中采用被动式设计及其他相应的新技术措施，改善外部声环境、光环境、风环境、热环境等质量。

（三）节地与空间高效利用。通过采取各类设施共享、完善建筑设计、注重地下空间利用等措施，采用废弃地利用、旧建筑改造等新技术，提高空间利用效率。

（四）建筑设计。高效利用建筑空间，使建筑的平面与空间体量体现紧凑和集约的理念。

（五）其他节约或提高土地使用效率、改善室外环境质量，实现生态效应的创新技术或设计理念。

（六）建筑技术与建筑艺术达到完美结合。

第十一条　节能与能源利用评审。

（一）被动式节能技术应用。建筑平面、空间布局与当地的气候特征相适应，采取被动式太阳能技术，采用因地制宜的保温隔热方式，充分利用自然通风、自然采光、地道风等，通过外遮阳及建筑一体化等措施提高采光、遮阳效果。

（二）适合气候特点的保温及结构一体化技术体系。

（三）节能空调形式选择。采用适合当地气候、灵活可控的采暖空调系统、采用温湿度独立控制的空调系统等。

（四）可再生能源利用。采用高效的与建筑一体化的太阳能热水系统、太阳能光电系统等，以及其他高效的可再生能源技术等。

（五）分类分项计量。合理安装分项计量装置，并根据能源利用特点满足分类分区监测、控制要求。

（六）合理采用高效创新的绿色照明、电梯等设备的节能技术。

（七）其他创新技术、措施和设计理念。

第十二条　节水与水资源利用和保护评审。

（一）统筹综合利用各种水资源。结合地域特点合理使用市政再生水、建筑中水、雨水、海水等。

（二）采用节水器具、设备和系统。采用节水效果更优的卫生器具、节水绿化灌溉系统、节水冷却系统。

（三）其他能有效减少用水量、提高用水效率的创新技术措施和设计理念。

第十三条　节材与材料资源利用评审。

（一）高效利用材料资源。高效合理利用已有建筑物、构筑物；在保证安全的前提下，优化设计，使得主要材料用量指标低于当地同类建筑；采用资源消耗少的建筑结构体系。

（二）废弃物再生利用。合理使用可再循环利用的材料；选用资源消耗少的非结构构件；使用以废弃物为原料生产的建筑材料。

（三）采用能耗低的建筑材料。

（四）其他节材和高效利用材料资源的创新技术、措施和设计理念。

第十四条　室内环境质量评审。

（一）声环境改善。合理采取创新措施，优化空间平面布置，改善室内声环境。

（二）光环境改善。采用遮光、反光、控制眩光的材料、技术或措施。

（三）热环境改善。采用可有效改善太阳辐射、长波辐射的围护结构技术措施；空调系统采用合理的气流组织形式，改善室内热舒适性的创新设计措施；合理区分不同功能空间的室内热环境设计标准，如适宜的温度设计条件及新风标准等。

（四）空气品质改善。创新的新风系统设计、室内空气品质监测措施；创新的材料产品、装修污染预评估及辅助优化设计等。

（五）其他改善室内环境质量的创新技术措施和设计理念。

第十五条　运行管理评审。

（一）运行管理制度的制定与实施。采用建筑全寿命周期的理论及分析方法，制定绿色建筑运营管理策略与目标，在规划设计阶段考虑并制定运行管理方案等；制定并实施节能、节水、节材、保护环境的管理和激励制度；实施垃圾减量化、资源化管理，分类收集、处理与利用生活垃圾；运用网络化管理平台实施运营管理；通过技术与管理创新，提升物业管理效率与水平；利用分项计量系统，实现节约管理。

（二）智能化系统建设及运行。智能化系统完善、定位合理，能实时监控设备设施的运行状况；技术先进实用，能采集和分析资源消耗数据，为管理的不断改进提供支持；应用系统集成技术，有效提高管理和服务效率。

（三）其他节约资源、降低成本、营造和谐环境、提高管理效率、改善物业服务质量的创新技术措施和设计理念。

关于调整住房公积金存贷款利率的通知

建金〔2010〕169号

各省、自治区住房和城乡建设厅，各直辖市、新疆生产建设兵团住房公积金管理委员会、住房公积金管理中心：

根据2010年12月24日《中国人民银行关于上调金融机构人民币存贷款基准利率和人民银行对金融机构再贷款（再贴现）利率的通知》（银发〔2010〕359号），现就住房公积金存贷款利率调整的有关事项通知如下：

一、从2010年12月26日起，上年结转的个人住房公积金存款利率上调0.34个百分点，由现行的1.91%调整为2.25%。当年归集的个人住房公积金存款利率保持不变。

二、从2010年12月26日起，上调个人住房公积金贷款利率。五年期以下（含五年）及五年期以上个人住房公积金贷款利率均上调0.25个百分点。五年期以下（含五年）从3.50%调整为3.75%，五年期以上从4.05%调整为4.30%。

三、从2010年12月26日起，开展住房公积金支持保障性住房建设项目贷款试点的城市，贷款利率按照五年期以上个人住房公积金贷款利率上浮10%执行，并随个人住房公积金贷款利率变动做相应调整。

请各省、自治区住房和城乡建设厅立即将本通知转发各住房公积金管理委员会、住房公积金管理中心执行。对利率调整后各方面的反映及出现的新情况、新问题要及时处理并上报我部。

附表：住房公积金存贷款利率调整表

中华人民共和国住房和城乡建设部

二〇一〇年十二月二十五日

附表：

住房公积金存贷款利率调整表

单位：%

项　　目	调整前利率	调整后利率
一、个人住房公积金存款		
当年缴存	0.36	0.36
上年结转	1.91	2.25
二、个人住房公积金贷款		
五年以下（含五年）	3.50	3.75
五年以上	4.05	4.30
三、试点项目贷款	按五年以上个人住房公积金贷款利率上浮10%	同前

第二部分

人才部分

人 才 篇

房地产业

B

毕宏波，男，汉族，商南住宅开发公司董事长，1992—2000年，他主持完成商南东岗住宅小区开发建设工作，建成住宅楼16栋，总建筑面积5.66万平方米，上交税金180多万元；2000—2001年，他任县建筑有限责任公司总经理，通过招标建设18个大型建筑工程项目，使企业扭亏为盈，并被评为县企业纳税大户；2001年至今，任县住宅开发公司经理，他锐意进取，以竞标方式一举拿下商南县最大的房地产综合运营项目"滨河·世纪新城"的开发建设工程。该项目占地7.85万平方米，建设规模10万平方米，总投资1.2亿元，可实现税收上千万元。他所在单位连续五年被评为"纳税大户"、"五强企业"，他个人连年被评为优秀董事长（经理），并荣获2005年度杰出青年创业成就奖。2006年被团省委授予"新长征突击手"荣誉称号。商南住宅开发公司连续五年被评为全县"纳税大户"、"五强企业"；2005年毕宏波被中国策划学会、中国策划学院授予高级房地产策划师、工程师资格；同年荣获团县委"杰出青年创业成就奖"；他个人连年被评为优秀董事长（经理）；2006年被团省委授予商洛市唯一"新长征突击手"称号；2008年被团市委授予"感动商洛十大青年"称号；2009年被市工商局评为"消费者满意单位"和"重合同、守信誉诚信企业"。

边华才，男，浙江绍兴人，中共党员。现任上海中凯企业集团有限公司董事长。同时担任"中国房地产协会常务理事"、"浙江省企业联合会、浙江省企业家协会副会长"、"美国麻省理工大学房地产研究中心会员"、"中国社会工作协会第四届理事会理事"、"复旦大学校董"等社会职务；曾荣获"浙江省商业劳动模范"、"浙江省优秀创业企业家"、"第三届最具社会责任感企业家"等荣誉称号。中凯企业集团是以上海中凯企业集团有限公司为核心企业，致力于成为受社会尊重的企业、拥有16家成员企业的大型企业集团。集团立足房地产开发，不断探索和开创有中凯特色的运营模式和可持续发展之路，经营地域从杭州先后拓展至上海、海口、郑州、南昌、重庆、长沙、安徽等省市，并成功根植上海，连续两届获"上海房地产企业50强"。

C

蔡恒星，男，1959年12月生人，云南曲靖人，汉族，大学学历。现任昆明云峰公路建设投资开发有限公司董事长，中国国际贸易促进委员会建设行业分会常务理事。1959年12月6日生于云南省保山市昌宁县，1966年9月至1974年6月云南省昌宁县城关小学读书，1974年9月至1979年6月云南省昌宁县一中读书，1979年9月至1983年6月重庆西南师大中文系读书，1983年7月至1997年10月云南蓝箭汽车制造厂子弟学校教书，历任教导主任、副校长、校长，1998年11月至2003年3月云南经营促进会副秘书长、《云南资源》编委会办公室主任，2003年4月至今，中央国家机关老干部科学健康协作组织副秘书长、驻云南工作联络处主任（兼）、昆明云峰公路建设投资开发有限公司董事长。昆明云峰公路建设投资开发有限公司系中央国家机关老干部科学健康协作组织云南联络处在云南设立的实体单位，其目的在于充分利用中央老干协的人力资源关系为地方建设提供服务，在各地所设立的实体单位是以老干事业为主。主要承接高速公路、矿产开发和基础建设项目。

蔡穗声，男，1951年2月生人，汉族，无党派。经济学副研究员，高级经济师，房地产估价师。现任广东省房地产协会会长，《南方房地产》杂志社社长。1982—1993年在广州市社会科学院工作，任助理研究员，副研究员，研究方向是住房制度改革，房地产市场和城市管理。1994—2000年任广东省建设信息中心副主任，主任，广东省房地产咨询公司总经理。2001年起在广东省房地产业协会工作。期中，1993—1998年任广州市第八届政协委员。1997年起，连续被香港大学城市规划与环境管理研究中心聘为名誉研究员（Honorary Resarch Fellow），任期至2009年。2001年至今，任中国房地产业协会常务理事。2004年，应邀任瑞典乌普萨拉大学住房与城市发展研究做访问学者。2006年10月起，任建设部住房政策专家委员会委员。1984年以来在各类报刊、出版物上发表约200篇有关房地产市场、住宅政策、城市建设与管理论文和评论。著有《香港城市建设与管理》(合著广东人民出版社1992年2月版香港中华剧局1992年7月版)、《诗书街志》(主编,广东人民出版社1993年版)等著作。

曹建军,出生于1971年。衡阳恒冠房地产开发有限公司董事长、总经理。1994年,毕业回乡后,他勇敢地承建了县城迎宾路的一栋住宅楼;1995年组建了“衡东县华丰建筑公司”。2003年11月,把“衡东县华丰建筑房地产开发有限公司”更名为“衡阳恒冠房地产开发有限公司”。在衡阳房地产界,恒冠公司是一个后起之秀。先后开发了“飞鸿大厦”、“望江楼”、衡阳“石鼓江山景园”、“衡东步行街恒冠大市场”等十多个项目。为衡东的城市建设、小区开发、拉动本地经济作出了积极贡献。自2002年,企业连续四年被省工商行政管理局评为“重合同守信用单位”;2003年被省银行协会评为“守信用企业”;2004—2005年被衡东县消费者协会评为“消费者信得过”单位;多次被县评为“先进集体”、“纳税先进单位”。开发的“富丽华”小区被市建设系统评为“十佳楼盘”;“衡东步行街恒冠大市场”被市建设局、衡阳日报联合评为“最具升值潜力”楼盘之一;“富丽华花园”被评为“衡阳十佳楼盘”;“恒冠大市场”被评为“最具升值潜力楼盘”之一。他个人也先后被为衡阳市“十大杰出青年”、“衡阳市五四青年奖章”、衡东县“优秀农民企业家”和衡东县“纳税先进个人”等。

曹天,男,汉族,大学学历,现任河南风雅颂置业有限公司总裁。2005年,中国经济改革十大杰出青年,同时被中国作协评为当代百位最具影响力的作家,2006年首届“河南十大文化新闻人物”,出个人随笔集《天下英雄》他倡导的“做人要老实,盖房要结实”的企业理念已成为中国房地产业及建筑业的标志性口号。在河南首家实行业主“无理由退房”,成为诚信维权的一面旗帜。他与业主多次公开平等对话。被《大河报》两次整版报道。他被誉为“河南最具浪漫情怀与平民意识的开发商”。河南风雅颂置业有限公司是一家专业从事房地产开发、经营的现代化企业,前身为河南千万间置业有限公司,成立于1999年,几年来,在公司全体员工的共同努力下,先后成功开发建设了“柳林温泉公寓”、“柳林温泉小区”等项目,以优美的环境、低廉的价格、信得过的质量,深得社会各界和广大业主的赞誉。2005年风雅颂置业有限公司被推举为“河南省住宅产业商会理事单位”;文化家园被授予“河南2005年绿化建设示范小区”。

岑伟栋,男,广东江门市人,汉族,中共党员,优秀企业家,江门市人大代表。现任澳林苑房地产开发有限公司董事长、江门市房地产协会副会长。曾荣获“广东省优秀民营企业家”、“广东省劳动模范”、“首届江门市十大杰出青年民营企业家”、“江门市特级劳动模范”等多项荣誉称号。澳林苑房地产开发有限公司开发项目——君堂澳林苑占地面积3 600平方米、规划建设两幢11层的具有电梯的商住楼,建有80套住房和一千多平方米的大型超市,总建筑面积达12 800平方米,将建成君堂地区首个具有电梯、物业管理的高级商住小区。先后荣获“广东省优秀民营企业家”、“广东省劳动模范”、“首届江门市十大杰出青年民营企业家”、“江门市特级劳动模范”等多项荣誉称号。2009年荣获广东“2009地产年度贡献人物奖”。

常贵,男,汉族,1998年创立甘肃常安置业有限责任公司。企业现下辖甘肃薇乐会所餐饮娱乐有限责任公司、甘肃常正物业管理有限责任公司、甘肃常安生态工程有限责任公司、甘肃常安网球俱乐部等独立经营实体。多年来,常安公司参与了兰州市国家级安居示范小区“雁滩安居小区”及“五环大厦”的开发建设。在甘肃房地产界,他率先提出构建“和谐社区”的理念;2000年,在兰州“西部房地产高峰论坛”上,提出“以自然为本”的绿色生态理论。从2001年至今,笔耕不辍,先后在《中国建设报》、《中国房地产报》等国家权威行业媒体上发表了10余篇倡导绿色生态理念的纯理论性的文章。系统地提出了“生态住宅是新世纪房地产开发的主流理念”、“以自然为本是生态建筑的本质特征”、“建筑必须找准其文化坐标和地域坐标”、“文化是房地产企业的核心竞争力”等观点。常安公司新开发的薇乐花园项目,是兰州地区唯一的绿色生态别墅住区。2006年省环保局、省民政厅授予薇乐花园省级“绿色社区”的荣誉称号。2007年,国家环保总局授予薇乐花园全国“绿色社区”荣誉称号,他也被国家环保总局授予“全国‘绿色社区’创建活动先进个人”的光荣称号。2007年,作为全国地产行业的唯一代表也是甘肃省唯一受邀的发起单位,参加了第十二届“绿色中国论坛”暨首届《中国名企创建绿色企业宣言》活动,和与会企业共同发表了《中国名企创建绿色企业宣言》,并跻身全国首批69家绿色企业行列,开创了甘肃省创建绿色企业的先河。

常开华,男,1979年6月生,现任贵州黔业房地产开发有限公司董事长兼任法人代表。2002年毕业于贵州工业学院采矿专业,毕业后到贵州平坝县大山煤矿实习一年。2002年在大山煤矿工作,后担任总矿长。2009年担任贵州黔业房地产开发有限公司总经理。贵州黔业房地产开发有限责任公司目前坐落于素有“黔之腹”之称的平坝县城南大街平交口处。公司成立于2009年7月,自成立以来依托便利的交通条件和优越的地理环境,注重人才资金的引进,采用高级工程师,中级以上职称以及相关专业管理人才相结合的管理模式,逐步优化管理内部机制建设,通过内引外联,已经与县属大山煤矿,上海大同一钢建筑设计院等多家企业单位联手合作,在资金和技术力量等方面为公司奠定了良好的发展空间。

陈定杰,男,汉族,中共党员,现任湖南聚鑫源房地产开发有限公司董事长。1983年加入中国共产党。2003年7月当选长沙温州经济促进会党支部书记兼常务副会长。1984—1996年担任家乡村党支部书记,期间大力开展农村经济改革,带领全村群众劳动致富,人均收入由1984

年的360元升到1996年的11 200元，1996年带领部分群众分赴福建创业，开创外贸业务；四年内给温州筹集了大量资金，加快了温州的经济建设，迅速地完成原始积累。陈定杰独具慧眼，温州宇州的科技电器有限公司的外贸生产稳步增长，贸易额达6 000多万元，与此同时将大部分精力和资金转投长沙市场。在创造良好的经济效益时，不忘回报社会，于2003年8月捐赠20万元给湘西贫困大学生。湖南聚鑫源房地产开发有限公司是一家专门从事房地产开发和经营的中型企业。

陈丰跃，男，江西上饶市人，大学学历，优秀企业家。现任江西丰跃集团董事长，系上饶市房地产业协会会长，上饶市城乡规划协会副理事长。江西丰跃实业集团有限公司位于道教圣地三清山风景区和武夷山自然保护区之间的上饶市城西，是浙、赣、闽、皖四省交界的中心城市，紧靠311高速公路和320国道及浙赣铁路复线，交通便捷、地理位置优越，人力资源丰富，实属兴办企业和商贸，发展经济的风水宝地。江西丰跃集团是一家从事多元化经营的民营企业，至今拥有下属公司六家：江西华跃房地产开发有限公司、江西丰跃房地产开发有限公司（丰跃·香港名城）、江西丰跃商业投资管理有限公司、江西华跃牧科生物科技有限公司、鄱阳县飞跃市场经营管理有限公司、鄱阳县华跃大酒店有限公司和丰跃集团上饶分公司，具有国家二级消防资质。总资产逾3亿元，公司成立以来，以“锐意进取、务实创新”，以“重合同、守信用”为宗旨的企业单位。先后被评为“优秀中国特色社会主义事业建设者”、“市十大杰出青年企业家”、“市十大成功企业家”等荣誉称号，2009年当选为上饶市房地产业协会会长，江西省十大责任地产人物之一。

陈淮军，男，现任淮南市金大地建筑装饰有限公司总经理、安徽省金大地房屋开发有限公司总经理。1982年6月至1984年6月，于安徽省医药技校毕业；1984—1996年，在安徽省华恩制药有限公司历任业务员、销售科长；1997年至今，任淮南金大地房屋开发有限公司总经理；2000年6月至今，任淮南市金大地建筑装饰有限公司总经理、安徽省金大地房屋开发有限公司总经理。安徽省金大地房屋开发有限公司成立于1998年，为一家具有独立法人资格和二级开发资质的房地产开发企业，现具有房地产相关专业及经济管理专业技术人员占全员75%，中级职称以上人员占全员的58%。经过多年的发展，已经建立健全了科学、合理、高效的管理制度和企业文化，形成工程开发、营销策划、市场经营、行政管理、财务管理等科学管理体系。相继开发的金地宾馆、人寿保险公司办公楼、润丰宾馆、锦绣广场、香格里拉小区、金色大地、世纪云顶、金地·国际城、金地·龙湖路一号等一系列口碑卓著的房地产项目。其中金地·国际城于2005年、2006年相继获得安徽唯一“中国住交会‘中国名盘’”大奖，金地·龙湖路一号于2007年荣膺“中国住交会‘安徽名盘’”大奖。2005年，陈淮军获得“CIHAF中国名人”奖。

陈继军，男，汉族，柳州市锦业房地产开发有限公司董事长，柳州市人民政府第十二届人大代表，柳南区人民政府第九、十届人大代表，柳州市房地产业协会理事，柳州市城区秦俑合作联社理事会理事，柳州市湖南商会常务副会长等职务。2005年以后，陈继军为社会公益事业捐款累计53.9万元。柳州市锦业房地产开发有限公司多年来，在激烈的市场竞争中，始终恪守“规范经营、诚信为本”原则，积极拓展业务，提高盈利水平。公司先后荣获柳州市鱼峰区人民政府“纳税诚信企业”奖，柳南区人民政府“突出贡献”奖，中国建设银行广西区分行“个贷超亿元企业”奖，柳南区人民政府“经济税收贡献奖”，中国农业银行广西分行“AAA诚信企业”奖。

陈建铭，男，1956年4月生人，浙江人，大学本科学历。现任上海三盛宏业投资集团董事长，同时担任了全国工商联房地产商会副会长、中国建设部所属人居环境委员会副主任等职务。1992年前在浙江省委党校经济教研室任教及在政府机构工作。1992年从商，陆续创办了中昌海运有限公司、杭州三盛房地产有限公司、上海三盛房地产有限公司等企业。2002年创办上海三盛宏业投资集团，任董事长。2005年、2006年集团连续两年被国务院发展研究中心评为中国房地产百强开发企业，集团拥有注册房产品牌“颐景园”屡获殊荣，并被国务院发展研究中心评为中国房地产园林地产领先品牌。陈建铭先生被中华环境保护基金会人居环境专项基金与中国房地产及住宅研究会人居环境委员会联合授予“2005年度中国人居环境杰出贡献人物”荣誉称号。

陈力，男，湖南岳阳人，汉族，中共党员，工商管理硕士。现任重庆融科智地房地产开发有限公司总经理。2003年，公司正式进入住宅开发领域，各地分公司相继成立，几年来，融科智地保持了高速与稳定的发展态势，形成了北京、天津、重庆、武汉、长沙、合肥、宜兴、江西等多个城市的全国性战略布局，开发产品包括公寓、花园洋房、别墅等多种类型，产品深受好评，获得多项奖。融科智地是联想控股旗下专业从事房地产行业的投资、开发与经营的全资子公司，也是联想控股有限公司旗下独立运作的五家主要子公司之一，于2001年6月成立，并正式迈进房地产写字楼和住宅开发领域。公司立足北京，目前已成功进入深圳、重庆、武汉、长沙、天津共五座城市。融科智地凭借联想控股强大的品牌优势、管理优势和财务优势，立志在房地产行业长期健康发展，对客户负责，对社会和城市发展作贡献，成为实力雄厚、品牌一流、基业长青的房地产企业。重庆融科智地房地产开发有限公司是融科智地在重庆的分公司，成立于2004年3月5日，注册资金为3亿元人民币，目前正在开发建设位于重庆市北部新区1 000余亩的住宅项目——融科城、海阔天空和橡树澜湾。

陈丽，男，汉族，现任益阳市大通湖区美嘉房地产开发有限公司总经理。2000年注册成立了大通湖第一家独资房地产企业——美嘉房地产公司。公司挂牌后，看到大通湖没有一家像模像样的酒店，接待水平很低，便着手兴建全区第一家标准酒店，改变大通湖的对外形象。为此，她三下广州、深圳、珠海等地，请人设计酒店最佳方案，挑选宾馆设施、培训员工，并亲自监工。当年年底，一座建筑面积达3 000平方米、投资340万元的大酒店——郁香宾馆拔地而起，耸立在河坝新城，成为当时的标志性建筑。1980—2000年，在株洲从事服装生意；2000—2007年，在大通湖区从事房地产开发；2007年至现在，在益阳城区从事房地产开发。益阳市大通湖区美嘉房地产开发有限公司成立于2000年3月，注册资金200万，并取得益阳经纪公司甲级资质，是益阳市具实力的专门从事房地产综合服务连锁机构。截至2009年底，已拥有8家直营店，及公司直属金融担保部，68位高素质员工，其中已有27位员工获得房地产管理局颁发的经纪人资格证。

陈亮，男，汉族，1965年8月出生，河南省郑州市人，现任郑州天河置业有限公司董事长。1997年加入民建，中南财经大学经济管理专业毕业，政协常委会委员，“天河龙城”项目——坐落与郑州市的后花园惠济区中心位置，黄河游览区景观大道江山路与天河路交汇处，连霍高速下道口的开通使本项目极具便利，惠济区区政府离“天河龙城”仅一步之遥，距四季同达生态园一路之隔。借优越的地理位置，用以打造高品质地产项目，该项目的建筑总面积近一百万平方米。凭借超前的开发理念、实力雄厚的企业品牌，公司高度契合郑州市积极进取的步调，锐意为郑州发展蓝图增添缤纷璀璨的一笔。郑州天河置业有限公司成立于2006年，是以房地产开发为主营项目的专业公司。

陈岭，男，现任山东火炬集团董事长兼总经理。上海经济学院研究生毕业，硕士学位，2001年又在清华大学MBA进修毕业。1989年参加工作，现在任济宁市政协委员、济宁市青年企业家常务理事、济宁市十大杰出青年、山东省儒商协会常务理事、山东省十大杰出青年，是济宁市民营企业的标兵。1992年荣获了共青团济宁市委、济宁市经委颁发的“争夺八·五先锋杯”活动“青年立功”光荣称号；1993年荣获了共青团山东省委授予的“青年立功”三等功；1997年荣获了共青团济宁市委授予的“新长征突击手”荣誉称号；2002年荣获济宁市高新技术产业开发区优秀企业家称号。山东火炬集团开发建设了济宁市中区鼓手营小区、济宁科苑小区、济宁财政局宿舍、济宁越河南市场、济宁市红星新苑小区、济宁市江南春美食南街、济宁市竹溪·雅居别墅小区、济宁市高新区1365工程重点项目53万平方米的长虹小区开发建设，目前正着手兖州市90万平方米的火炬九州新城区的开发建设。

陈毛银，男，汉族，中共党员，现任浙江绍兴银球实业公司董事长，上海天旺置业有限公司董事长，赣州永德泰置业有限公司董事长兼总经理，兼任赣州市浙江商会会长、江西省浙江总商会常务副会长、赣州市工商联副主席，赣州市政协委员。赣州永德泰置业有限公司是以浙江籍客商为主体，合资组建的房地产开发股份制企业，注册资金5 000万元，国家二级开发资质，公司成立于2003年5月。赣州永德泰公司在赣州的开山之笔，是率先在章江新城区投资3.15亿元开发建设“黄金时代”住宅小区，“黄金时代”项目总建筑面积20万平方米，总户数1 108户，是目前赣州新城中心区规模最大、档次最高、品质最好的高档住宅小区。入选《中国现代建筑集成》库书，为赣州的城市建设赢得了荣誉，引领赣州房地产跨入“品质地产”新时代，并先后荣获“中国最具居住价值的楼盘”“中国人居文化典型楼盘”“中国建筑文化典型楼盘”“江西地产十年优秀楼盘”“中国房地产诚信企业”等荣誉称号。2009年又获中国房地产行业综合大奖“广厦”奖。赣州永德泰公司是赣州市“慈善明星企业”。赣州市浙江商会会长、江西省浙江总商会常务副会长、赣州市工商联副主席，赣州市政协委员。2010年被评为“江西十大杰出外商”。

陈明朗，男，1956年2月出生，湖南省益阳市安化县乐安镇人，汉族，大专文化、经济师。现任安化县富康房地产开发有限责任公司董事长，1973年10月参加工作，先后在安化县木材总公司下属的仙溪、云台分公司、县木材总公司等单位任经理、总经理；1998年开始下海经商办企业，任湖南柘溪电电力发展有限公司金属硅厂厂长；2003年创办安化县富康房地产开发有限责任公司。他呕心沥血、精心策划、善谋实干，创出了辉煌的业绩。1973—1984年安化县木材公司工作，1985—1992年安化县木材总公司云台分公司经理，1992—1996年安化县木材总公司经理，1998—2002年湖南柘溪电力发展有限公司——柘溪金属硅厂厂长，2003年至今任安化县富康房地产开发有限责任公司董事长。成立于2003年8月，公司注册资本2 000万元人民币，主要从事房地产投资开发、物业管理、商业投资等，并具有城市综合二级开发资质，公司坚持以科学管理求效益，以优质品牌求发展的经营方针，脚踏实地，不断进取，实现了跨越式发展。目前公司拥有固定资产1.2亿元人民币。公司实施人才战略，实现了资产优化组合，以“规范、创新、管理”为基础，正向更高、更快、更优的方向发展。

陈清华，男，汉族，大学学历，优秀企业家，人大代表，现任成都万贯集团董事长。从战略高度上确定市场定位，制定相关营销策略，实施有效的招商举措，打造专业的强大团队，陈清华正在将万贯五金机电城建设成机电行业的西部龙头市场。2010年，根据政府经济发展战略要求，万贯集团计划用100亩左右土地，投资30亿元资金建设中国第一个“全程电子商务生态链”园区及全国第一幢五金机电电子商务大厦，并以此为依托，吸引全程电子商务核心企业总部落户，吸引、聚集国内外电子商务关联企业入驻。成都万贯（集团）实业有限公司成立于1986年，经过20多年的务实创新、锐意进取，已经发展成为一家以旅游和商业地产开发运营为主导，集专业市场运营、酒店、物业管理、电子商务等于一体的集团化企业。

陈荣岁，男，1965年2月生人，研究生。现任武汉青澳置业有限公司董事长兼总经理。在其领导期间，公司先后完成了钢城大楼、青澳公寓、成功花园、武汉市农产品批发中心、金龙花园（一期）等近20万平方米的开发建设。武汉青澳置业有限公司黄石市大冶分公司始建于2003年，是一家港、澳、台独资企业，主要经营房地产开发及销售。目前公司总资产已达8 000万元，净资产3 000万元，总销售收入9 000万元，上缴国家税收550万元。仅在1996年、1998年两次特大抗洪斗争中积极投入抗洪救灾，不仅亲自上堤而且还积极捐款捐物，两次都被评为抗洪救灾先进个人；每年还为教育事业捐款捐物数万元。先后荣获青年杰出实业家称号、首届中国杰出管理人才称号、武汉市十大优秀民营青年实业家、武汉市新长征突击手、武汉地区第四、五届优秀青年企业家等荣誉。

陈顽强，男，汉族，法律本科学位。现任河南宏益华房地产开发有限公司任总经理。公司自1987年创立第一家企业以来，坚持规模化经营道路，先后成立了11家子公司，涉及实业、房地产及工业区开发行业。宏益华集团于2004年设立河南宏益华房地产开发有限公司以来，在郑州市开发投资两个项目，即投资15亿人民币、总建45万平方米的杜岭街和投资6亿人民币、总建近30万平方米的优胜北路岗杜城中村改造。宏益华·香港城，位于郑州繁华的中心城区——南阳路与优胜北路交会处。总建筑面积约30万平方米，10余栋高层住宅及商业交相辉映。宏益华携手中国建筑北京设计院等一流团队，精雕细琢，反复论证，继承港派豪宅精神，改良居住的空间差异，以精细化，高尚化为特色的港派经典打造郑州精品社区。

陈维辉，男，1957年3月生人，高级经济师，工商管理硕士。现任福建三木集团股份有限公司副董事长、公司总裁。福州市人大代表，福建省优秀企业家，福州市房地产业协会会长，1984年10月，福建三木集团股份有限公司的前身福州开发区建设总公司，陈维辉曾任开发区建总总经理。1992年12月，三木集团成功改制为股份制企业，陈维辉经选举担任公司董事，并出任公司副董事长、总裁，连任至今。陈维辉非常热心社会公益事业，积极履行企业社会责任，至今三木已捐建希望小学9所，还在马尾区慈善总会下设立了300万元的“三木集团慈善基金”，另外还捐助大学、中学，经常性地赞助教育文化事业等，体现出回报社会的崇高理念，因长期捐助希望小学，三木集团被福州团市委、市希望办授予“希望工程”贡献奖。2008年初的冰雪灾害，集团向马尾区及长沙拨付款项用于赈灾；2008年5月四川汶川大地震之后，集团马上向灾区捐款139万余元，体现了强烈的社会责任意识。三木集团现已成长为以房地产开发和进出口贸易为两大主营业务的大型企业集团、上市公司。资产数亿，旗下拥有控股、参股企业十多家，房地产业务分布在福州、长沙、安徽六安、武夷山等地，国际贸易遍及世界几十个国家和地区。近年来，三木被评为“国家一级房地产开发企业”、“中国外贸进出口企业500强”、“福建企业100大”、“福建纳税300强”、“福建省最佳形象企业”、“福建房地产公司品牌价值TOP10”、“福建省房地产开发诚信企业”等。

陈伟峰，男，1961年7月生人，大专文化，现任上海瀛通（集团）有限公司董事长。陈伟峰荣获崇明县经济建设功臣、上海市建设功臣称号，被选为镇、县、市三级人民代表、崇明县工商联副会长、崇明县私协副会长；2001年作为上海市首批知名企业家选送到中共中央党校深造，2002年被市总工会评为上海市优秀员工之友；2010年“五一”前夕，荣获全国五一劳动奖章。陈伟峰带领瀛通人经过10余年的拼搏，使瀛通由一家海岛小企业迅速发展成为集房地产开发一级资质的集团公司，总资产由数万元增至16亿元人民币。对社会的贡献越来越大。2003年实现产销值14亿元，利税超过2亿元。名列上海市房地产开发企业50强第8位、上海百强私营企业第11位，连续多年被评为市、县先进企业。

陈兴汉，女，1946年生人，浙江宁波人，汉族，中共党员，教授，高级工程师。1977年9月毕业于南京工学院（东南大学前身）土木工程系工民建专业。现任南京栖霞建设集团有限公司董事长、南京栖霞建设股份有限公司董事长兼总经理，历任栖霞区建筑公司生产技术副经理、栖霞区建筑设计所所长、南京栖霞建设（集团）公司党委书记、总裁。建设部高等教育工程管理专业评估委员会委员中国房地产业协会常务理事、东南大学兼职教授、南京大学MBA校外兼职指导教师、江苏省房地产业协会会长、江苏省台属联谊会副会长、江苏省黄埔军校亲属联谊会副会长、南京市第十二、十三届人大代表。由于贡献突出，陈兴汉女士曾获得全国“三八”红旗手、“全国侨联先进个人”、“建设部全国工程建设管理先进个人”、“中国房地产十大风云人物”、“中国房地产企业十大功勋人物”、“全国工程管理特殊贡献奖”等国家级荣誉（称号）8项，“江苏省劳动模范”、江苏省“三八”红旗手、“南京市劳动模范”、“建设南京有功共产党员”、“建设新南京有功个人”等省、市级荣誉（称号）18项。2003年4月，陈兴汉女士又被中华全国总工会授予全国“五一”劳动奖章。陈兴汉女士是我国房地产界在企业管理中全面成功导入CIS和实行标准化管理的企业家之一，是我国“新城市主义”开发理念的积极倡导者和成功实践者，是一位专家型的企业家。撰写发表了《中国房地产企业的“两轮驱动”发展战略》、《论中国房地产业的“智力”与“体力”》等数十篇学术论文，主持编撰了《房地产投资决策与风险防范完全手册》、《星叶灿烂》、《电视广告美学》等多部专业著作，共获得国内外学术奖励10余项。

陈玉民，男，汉族，现任河南盛煌实业发展有限公司董事长。他不仅是个成功的企业家，还在理论研究上颇有建树，他不仅自学完成了本科学业，还取得了中央党校的硕士学位。陈玉民的论文《房地产低迷期营销策略与影响因素分析》，以其思路开阔、思想敏锐、知识渊博、理念成熟、分析透彻，在房产界引起了不小的震撼，该论文被《中国改革发展论文集》、《理论研究创新优秀学术成果选粹》等多家国家大型理论文献收录。为了树立河南形象，增进同胞情谊，他为“世界客属第十八届恳亲大会”一次性捐款就达 10 万元。公司已开发的盛煌嘉园之怡馨苑被评为郑州市住宅小区价格指标样板房；五环村被评为“2002 年多层住宅郑州市十大畅销楼盘”；燕归园在全国人居经典住宅小区及商务建筑规划设计方案竞赛中获河南赛区综合大奖，并且被郑州市房管局授予“郑州市十大环境最美小区”，被郑州市建设委员会评为郑州市房地产开发建设“名优小区”；南溪瑶台获得《东方家庭报》报社及郑州市房产交易中心委员会等单位授予的 2003 年郑州市最具投资潜力楼盘、2005 年省政府颁发的“绿色家园”等众多荣誉；2006 年紫藤嘉园被中国工程建设管理委员会授予“中国—绿色、健康明星楼盘”。公司连年被房管局授予“消费者信得过单位”；被中国保护消费者基金会授予“消费者信赖的质量服务放心单位”。还曾被河南省经济贸易委员会、河南省工商联、河南省企业调查队、河南省报业集团联名授予“河南省贯彻实施‘诚信经营’先进单位”；被中国市场研究中心授予“中国质量服务·信誉 AAA 级企业”、“中国质量服务信誉三保障企业”；被中国房地产市场管理委员会认定为“百姓放心房地产开发企业”诚信单位；从 2002 年至今被中国工商银行、建设银行连续三年评为“AA”级信誉等级。

陈岳林，男，浙江绍兴上虞人，汉族，赣州市越秀房地产开发有限公司董事长，1989 年成上虞新型建筑材料公司，并与其他企业联营又投资了上虞马赛克厂。于 1998 年进入房地产开发领域，在浙江成功开发了上虞市越秀花苑和绍兴市越秀花苑。赣州市越秀房地产开发有限公司，于 2002 年 12 月进入赣州，注册资金 3 000 万元，现有员工 66 余人，隶属于浙江省上虞市越秀房地产开发有限公司控股的集团企业，荣获“中国房地产优秀企业”、“中国最具居住价值楼盘”、“江西省精品楼盘”、“江西诚信和谐地产企业”、“赣州市房地产开发十佳企业”、“赣州市优良结构工程奖”、“江西省房产面积信得过十佳楼盘”称号。开发的“越秀花苑”项目曾被评为“赣州市十大热销楼盘”，“国际时代广场”项目被授予“最具文化魅力国际社区”；公司 2008 年度被国家建设部评为“中国房地产优秀企业”，被国家统计局评为“国家统计局先进企业”；2009 年度公司被中国房地产协会评为“最具投资潜力商业地产”，被赣州报业集团评为“赣州房企十强”。公司现今倾心打造的“国际时代广场”项目，总投资 11 亿元，占地 216 亩，总建筑面积 45 万平方米，住宅 2 188 套，是拥有 10 万平方米商业面积的大型都市综合体。该项目于 2007 年 10 月开工建设，一期项目已全部交付使用，二期项目正火热建设中。“国际时代广场”以低密度、低容积、高绿化、架空层休闲广场及江南独特的建筑设计风格打动每一个进驻者的心。

陈志贵，男，高级经济师，现任奇台县方正建安有限公司党支部书记、董事长、总经理，方正房地产开发有限公司董事长、总经理，方正石材开发有限公司董事长。多年来他以“务实创新”为座右铭，在工作中锐意改革，积极进取，以自己的一言一行向人们展示着一名共产党人忘我的敬业精神和高尚的人格魅力。陈志贵先后被州、县两级党委、政府命名为“优秀基层党组织”、“重合同、守信用企业”、“先进职工之家”、“文明单位”等。2003 年获“自治区文明单位”称号。昌吉回族自治州“双爱双评”先进集体称号。他本人也被昌吉回族自治州党委授予“民族团结进步先进个人”、“五一劳动奖章”等，并多次被县委、县经贸党委评为“优秀党务工作者”、“优秀共产党员”。2004 年获得昌吉回族自治州“五四青年奖章”和昌吉回族自治州“优秀施工企业家”称号，2005 年获昌吉回族自治州劳动模范称号、昌吉回族自治州“优秀施工企业家”。

程宏，男，1966 年生人，安徽霍邱人，汉族，本科学历，毕业于安徽建筑工业学院，高级工程师，现任安徽省恒泰房地产开发有限责任公司董事长，兼安徽恒泰集团公司董事会主席，合肥泰利美术装饰有限公司董事长，铜陵茂源投资有限公司董事长，徽商银行监事。曾任安徽建筑工业学院教师，深圳泰利美术装饰有限公司副总经理。恒泰集团公司自 1992 年成立第一家公司至今，已走过 18 年的发展历程。现总注册资金 12 亿元，总资产 100 亿元。以房地产开发和金融资本运作为主导产业，同时投资开发经营现代服务业、矿产业，以及医疗管理、文化传媒业等。恒泰房地产开发公司现开发项目主要为具有意大利风情的阿奎利亚大城。该项目占地 2 000 亩，规划建筑面积 260 万平方米。自 2005 年开始建设，已竣工销售面积 40 多万平方米，现在建面积 50 多万平方米。集团公司现有员工 600 多人，其中具有专业技术职称的 80 多人。多年来，集团公司阿奎利亚项目先后获得金牌户型楼盘、最佳性价比楼盘奖、最佳生态人居奖、最值得期待楼盘投资价值奖等。近年来，在建立“科学发展、管理规范、运作高效、经营稳健”的集团化公司这一战略目标的指引下，恒泰地产现已成为安徽省本土房地产开发龙头企业，持续三年保持成倍的发展速度。伴随着 2010 年世纪十年的到来，恒泰集团高瞻远瞩、科学求实，作出了新一轮跨越式发展战略蓝图：未来五年，立足本地，跨步全国，创新品牌，做大做强。产业导向仍以房地产业为主导产业：一面向本省各地市渗透，实施二、三线城市发展战略；一面向国内南北两翼扩张，致力于打造西南重庆和京辽地区两个发展中心，实现资产总值达 300 亿元。

程孝义，男，先后在成中投资集团任施工员、项目经理、经营副总经理、副总裁，现任成中投资集团副董事长兼总裁，四川宜宾成中房地产开发集团有限公司董事长。成中集团及下属的成中房产公司近几年取得了突飞猛进的发展，2010 年实现产值 15 亿多元，利税突破 1 亿元。2008 年到 2010 年，成中房产公司开发面积近 200 万平方米，其中“春江盛景”项目荣获“2010 中国土木工程詹天佑奖”，“春江盛景 A 区”和“天福南苑 A 区”获得“天府杯”。金凤凰花园获得“全国和谐人居经典项目奖”，多个项目被评为省级结构优质工程和文明施工标准化工地。成中房产公司连续 12 年荣获省级“守合同重信用企业”称号，获得了“四川省房地产开发先进企业”等多项荣誉，程孝义获得“中国青年五四奖章”、“四川房地产优秀企业家”等数项殊荣。成中投资集团股份有限公司（简称成中集团）总部设在万里长江第一城宜宾，地处川、滇、黔三省边界地区。创建于1992年，经国家工商行政管理总局核准，登记为无行政区划企业名称，属国家房屋建筑总承包一级资质企业、房地产开发一级资质企业，是全国“重合同守信用企业”、“全国建设系统企业文化建设先进单位”，获得“中国AAA级诚信房地产企业”称号。

崔书君，女，1955年出生于河北省元氏县，清华大学MBA硕士毕业，中国伊斯兰经济贸易协会副会长；邢台凯龙汽车贸易有限公司董事长；北京海纳百川国际文化交流中心董事长；河北金大地房地产开发有限公司副董事长；中国国际贸易促进委员会建设行业分会理事。1987年进入河北省邢台汽车厂工作。1995年5月18日，创立了邢台市汽车租赁有限公司，任董事长兼总经理。旗下有沙河分公司、临城分公司、元氏分公司。2000年创立河北金大地房地产开发有限公司。2002年创建了邢台市诺克旅行社有限公司。2007年创立邢台凯龙汽车贸易有限公司，任董事长兼总经理，公司旗下经营有东南三菱4S店。2009年任中国伊斯兰经济贸易协会副会长，北京海纳百川国际文化交流中心，任董事长。河北金大地房地产开发有限公司成立于2000年2月1日，注册资本4 600万元人民币，公司位于河北省邢台市迎宾路北侧，是一家集房地产、地热能源开发的综合性公司。公司目前正着力开发由国家顶级设计单位——国家建设部综合勘察设计院和国家风景园林研究规划设计中心联合设计的“世纪名都”项目。该项目占地1 270亩，总建筑面积100万平方米，总投资12.47亿元。已被评为“国家康居示范工程”、“中国绿色生态文化楼盘”、“河北省重点建设项目”，还被评为“河北省第六届消费者信得过单位”。

崔占钦，男，1954年生人，邯郸鸡泽县人，现任河北滨河房地产开发股份有限公司董事长。现系河北省住宅与房地产业协会副会长、邢台市第十二、十三届人大代表、邢台市房地产企业家协会会长、邢台市工经联副会长、邢台市桥西区政协常委。其连续荣获邢台市“高开区优秀共产党员”、“邢台市优秀共产党员”、河北省人事厅授予的“非公有制经济组织优秀人才”、“邢台市优秀人大代表”、“邢台市桥西区专业技术拔尖人才”、“邢台市城市建设先进个人”、“全国群众体育先进个人”等荣誉称号。1994年，崔占钦凭着自己曾做过基建工作的经验，自筹资金成立了邢台市第一家股份制房地产开发企业。由其开发的滨苑小区被评为省文明优秀小区、园林式居住小区、物业管理优秀住宅小区；滨河青青家园被河北省建设厅评为“河北省十佳节能优秀楼盘”、被中国建设银行河北省分行授予“优质楼盘称心房”荣誉称号。公司连年被评为省、市重合同守信用企业、优秀房地产开发企业、中国建设行业AAA级信用单位、河北省省级信用优良企业、河北省诚信企业等荣誉称号。1999年，在邢台市兴建“新世纪广场”形象工程中，投资60多万支持广场的建设；在“民心工程”建设中，带头为小黄河治理捐资、出力、出物达100余万元；2003年，投资1 000万元顺利完成了公园东街北延工程的开通，此项工程被省建设厅评为“2004年度河北省市政优质工程”，该路段排水工程荣获“2003年邢台市政优质工程”；2006年公司投资800万元修建永康街。2008年4月为南宫市职教中心捐资助教300万元。

D

戴国圣，男，1967年8月出生，研究生学历，1989年参加工作，宝应南方花园置业投资有限公司总经理，先后任职于国家外汇管理局江苏分局、江苏证券交易中心、华泰证券，但他毅然放弃优越的工作，2002年来到宝应，投资南方花园置业投资有限公司、县第二人民医院，开发的“南方凤凰苑”项目已开工面积15万平方米。现任宝应南方花园置业投资有限公司总经理。宝应南方花园置业投资有限公司，是一家由台商合资，包含多种经营项目的综合型发展企业，现已投入运营或已涉入的投资项目有——餐饮服务业、食品生产与销售、房产开发、物业管理、汽车销售、花木租摆与销售、宾馆各类布件洗涤、旅游景点开发等多种项目。

丁生义，男，汉族，湖北丹江口市人，优秀民营企业家、中共党员，市政协委员，丹江口市人大代表，大学本科学历，高级工程师、高级经济师。现任丹江口市生亿房地产开发有限公司董事长，同时兼任丹江口市工商业联合会副会长。丹江口市生亿房地产开发有限公司是一家从事房地产开发、商品房销售业务的四级资质的开发企业。公司现有员工9人，其中有中、高级职称的工程技术、经济管理、营销策划人员9人。公司注册资金509万元，固守资产占200万元。拥有技术、管理、销售等完善的工作体系，可承担建筑面积在4万平方米以下的开发建筑项目。

董奇，男，汉族，毕业于山东大学，江西翠林房地产开发有限公司董事长，江西省山东商会会长。上海德颢投资管理有限公司、江西德颢矿业投资管理有限公司、江西翠林房地产开发有限公司、江西嘉洪科技有限公司董事长。江西翠林房地产开发有限公司于2002年6月26日成立。于2002年9月获批房地产开发经营资质证书。江西翠林房地产开发有限公司于2002年10月申请在江西银三角开发区内开发立项，2002年11月获得银三角开放开发区管理委员会的立项批准，立项批复文号为：赣银开管字（2002）第28号。该项目名称为“时代庄园”，项目占地面积2 866.81平方米，建设规模为13 378.7平方米，项目于2002年12月开工，2003年9月主体完工。2003年12月全面竣工。公司正在筹备的项目有位于南昌银三角立交桥以南，江西翠林高尔夫度假酒店以北的“翠林山庄”，该项目占地面积1 200亩，主要用于低容积率商品房开发。公司经营宗旨：多建精品、树立形象、发展自己、回报社会。江西翠林房地产开发有限公司质量方针：严格按照设计标准进行施工、不折不扣、施工到位、监督到位。我们公司的全体员工都将牢记公司的经营宗旨，积极地按照公司的质量方针努力工作，使公司所开发的每一个项目都能够让自己满意、业主满意、社会满意。江西省山东商会会长，2010年被评为“江西十大杰出外商”。

董廷之，现任山东省南郊集团聊城三庆置业有限公司副董事长。1985—1988年在山东大学攻读中国近代经济史硕士研究生，北京大学21世纪中国房地产总裁黄埔班四期在读学员。1970—1978年在聊城市豫剧团、聊城县文化局职员、1978—1982年在山东师范大学学习，获学士学位、1982—1985年在山东师范大学历史系教师、1985—1988年在山东大学攻读中国近代经济史硕士研究生、1988—1991年任中共山东省农工部、省农委、省府办公厅科长、1991—1995年任中共山东省委办公厅科长、副处长、省委副书记秘书、1995—1997年任邹平县政府副县长、1997—2004年任山东省南郊集团经营管理处处长、2004—2006年任山东省南郊集团副总经理山东省南郊集团聊城三庆置业有限公司副董事长、2007年1月兼任城市主人项目总经理。专业职称：2007年9月中国房地产高级职业经理人资格（CCMC）、2007年9月中国职业经理人联合会高级会员、2008年6月获国家劳动和社会保障部颁发房地产策划师职业资格证书、2006年4月获建设部全国城建培训中心颁发的全国物业管理企业经理岗位证书。

杜葆华，男，汉族，现任河南姿华房地产开发有限公司董事长，1947年8月，1982—1992年在河南省水泥公司工作，1992至今任河南姿华房地产公司董事长。河南姿华房地产开发有限公司创立于1992年，是以房地产开发为主的中外合资企业，二级资质，十余年来我公司先后开发了“关虎屯小区”、“幸福花园”、“文雅小区”、“丰产路小区”、“东文雅小区”、“文馨花园”、“文雅别墅区”及正在兴建的总建筑面积31万平方米的“文雅新世界”大型社区，总开发面积达65万平方米，竣工面积为38万平方米，为郑州市房地产行业作出了贡献。历年来公司多次荣获省市有关部门及领导的嘉奖，连年被评为全省房地产界综合实力50强企业。10年来，姿华地产在大型房地产开发中积累了宝贵的经验，在规划设计、建筑施工、市场营销、物业管理等方面建立了一整套现代开发模式。同时，在金融、财务管理等方面也形成了自我优势，并为新项目储备了一大批高素质的专业人才。

杜宏图，男，汉族，大学文化，人大代表，现任河南新东方地产发展有限公司董事长。河南新东方地产发展有限公司成立于2001年，是一家专业化的股份制民营房地产开发企业。公司位于惠济区迎宾路10号征地325亩，开发大河龙城项目，该项目总规划建筑面积约25万平方米，一期“郑州森林”（别墅）、二期“流水独院”（别墅）已售罄，三期“华亭溪谷”（别墅）热销即将售馨，四期住宅项目规划建设11万余平方米，同步迎宾路商业地产项目正在积极筹划中。企业使命：为社会提供高品质的建筑产品；企业愿景：成为中国地产标杆企业；企业核心价值观：员工与企业共同成长，利益共享；经营理念：以人为本，务实创新，以市场为导向，以客户为中心；企业信念：创新创造未来；企业精神：坦诚、团结、拼搏、健康、快乐、富有。

段红焦，女，汉族，现任焦作市银地房地产公司董事长。焦作市银地房地产公司成立于1996年6月，注册资金4 600万元，是经建设部批准的国家二级房地产综合开发企业，主要从事城镇高档商品房开发与经营。成立之初，公司董事会就确定了：不求效益最大化，追求社会效益和经济效益合理化。为国家提供利税，为改善城市面貌，改善人民居住环境作出贡献，做本地区诚信、专业的房地产企业公司的经营宗旨。

F

范广臣，1947年12月生人，大专文化，中共党员，高级工程师、大连市人大代表。现任大连金广建设集团董事局主席，总裁。曾连续多年被评为全国、省，市优秀企业家，并荣获辽宁省市和大连市劳动模范、特等劳动模范光荣称号。大连金广建设集团有限公司（原金州一建）创建于1972年。经过近30年的发展壮大，如今已经成为一个集建筑施工，房地产开发、装饰装修、机电安装、房屋租赁、物业管理，商贸等多元化经营为一体的大型现代化企业集团。先后承建了大连广电中心、大连希尔顿酒店、香港新世纪集团投资的大连曼哈顿广场、国家粮食储备库立简仓等数以千计的各类工业与民用建筑，创造了在大连高层建筑中“四者建其一”的光辉业绩，并创建了百余项国家、省市级优质样板工程，多次荣获国家建设部颁发的建筑行业最高奖项——“金屋奖”与“鲁班奖”。在大连开发建设了“金福小区”、“金河花园”、“弘基·书香园”和“泉水金色阳光花园”等住宅小区项目。同时，独资兴建的锦辉商城、大世界家居广场等商业大厦，并与法国家乐福公司、北京华联超市建立了融洽的商贸联系。集团在董事长范广臣的率领下，从建筑到开发，金广成就大连传奇。

范恒超，男，汉族，1968年9月生于合肥，中共党员，本科学历。现任合肥包河置业发展公司总经理，毕业于合肥学院经济管理系，有着夯实的理论基础，多年从事建筑工作，经验丰富。历任科长，局长助理，副局长，副董事长，总经理等职，工作踏实认真，为合肥做出了巨大的贡献。合肥包河置业发展公司前身合肥郊区地产开发公司，成立于1992年11月。公司隶属于合肥滨湖投资控股集团公司，属房地产开发三级资质企业。公司主营房地产开发，兼营建筑安装、装饰装修、销售代理等多种业务。多年来，公司始终谨记“用心建造、真心服务”的宗旨，在实践中探索，在探索中求创新，在创新中求发展，取得了辉煌业绩、展示了一流的形象。截至2007年，公司累计开发多类房产面积50多万平方米，总投资达8亿多元，累计完成利税近2亿元。各类工程建筑验收合格率达100%。1996年获合肥市先进工作者，2000年获合肥市郊区优秀党员称号，2003年获合肥市包河区先进个人称号。

范茂胜，男，1975年8月生人，湖北蔡甸人，汉族。现任武汉天下置业集团有限公司前期部经理。1998年10

月至2001年5月武汉天下咨询策划有限公司办公室主任，2001年5月至2004年6月武汉天下财富广告策划有限公司行政部、人事部经理，2004年6月至今武汉天下置业集团有限公司前期部经理。武汉天下置业集团有限公司是一家集房地产开发、销售、广告、影视文化、装饰工程、投资等业务的综合性民营集团公司，注册资金4 200万元，企业总资产近5亿元，净资产2亿元，实力雄厚。下辖湖北天下企业投资有限公司、武汉天下财富广告策划有限公司、武汉英豪地产营销策划有限公司、武汉天下装饰工程有限公司、武汉诚成财富有限公司；控股企业有武汉九通置业有限公司、湖北仙桃天下地产开发有限公司和武汉华创房地产开发有限公司；是湖北民营经济研究院副院长单位和武汉工商联（总商会）文化产业协会副会长单位。几年来，公司多次被市、区工商局授予“守合同、重信用”企业，并被评为“诚信企业”。集团公司成立伊始便成功开发了“天下名苑”商住小区项目，总建筑面积近4万平方米。一期近万平方米于2001年8月动工并在短期内销售一空，于2002年8月交付使用。超前的建筑设计、方正实用合理的户型以及优质的建筑质量和完善的物业服务得到了购房者的赞誉。

方明，男，汉族，现任英利国际置业股份有限公司董事长。重庆市政协委员，提起解放碑“纽约·纽约”和观音桥的“未来国际”两座建筑，在重庆几乎无人不晓。这两座造型独特的现代化高端商务楼宇与“解放碑”、“人民大礼堂”等一起被全国网友评为最能代表重庆的“十大地标建筑”。1993他年创建了重庆英利房地产开发有限公司，经过15年的努力打拼，公司从最初的经营单一的地产开发公司，发展成多元化、多功能的大型公司。在2008年，他连连做出了几件令人意想不到的大手笔：汶川大地震英利捐款1 000万元，成为重庆捐款最多的企业；10月24日英利在新加坡成功借壳上市，成为重庆首家在新加坡成功上市的房地产企业。12月初，投资11亿元在解放碑兴建318米的解放碑最高楼。英利国际置业股份有限公司成立于1993年，已成功开发了“民生商厦”、“邹容广场”、“南国丽景”、“纽约纽约”、“未来国际”等颇具影响力的大型综合房地产项目，近年开发建设的商业大厦“纽约纽约”和“未来国际”，被全国网民评选为重庆市的标志性建筑。2008年，英利公司在新加坡成功上市，成为第一也是唯一在新加坡上市的重庆房地产企业。

冯晖，男，汉族，现任正信集团董事长，“俊城·浅水湾”作为天津唯一一个以7万平方米休闲运动公园为主题的人文居住区就是冯晖对美好生活进行诠释的一个作品。地处西南运动板块的区位优势、合理的户型设计、近乎苛刻的施工质量要求已是不言自明的硬件前提。但“俊城·浅水湾”的真正灵魂在于她的休闲运动主题。冯晖认为美好生活是需要休闲和运动的。休闲和运动不仅是时尚生活的元素，更是千百年来人们对于健康美好生活的主要诉求点。冯晖正是敏锐地洞察了人们对人居环境的这一诉求，并且这种诉求本身就是他本人所认同和共鸣的。帮助和他有着共同追求和理想的人建造理想的房子，倡导并分享健康美好的生活方式就是他开发“俊城·浅水湾”的原动力。

G

甘鹏，男，广西南宁市人，汉族，中共党员，优秀企业家，全国劳动模范。现任广西恒大企业集团有限公司总裁，广西民营企业家协会常务副会长。曾荣获“中国企业成功企业家履行企业社会责任终身荣誉奖”提名。现任广西恒大企业集团有限公司总裁，广西民营企业家协会常务副会长。广西恒大企业集团有限公司成立于1995年，系国家房地产开发一级资质企业，以住宅开发为龙头，逐步涉猎建筑安装、物业管理、装饰装潢、餐饮旅业、商贸、广告等多领域的综合性企业。“心恒致远，大爱成城”，广西恒大企业集团在15年的发展历程中，不仅再度实现了历史性跨越，也赢得了社会良好的声誉，企业及所开发的项目相继摘取“中国房地产成功开发经营模式典范”、“泛珠区域房地产开发品牌企业”、“中国值得尊敬的房地产品牌企业”、“中国规划环境双金奖”等诸多奖项先后荣获“广西省优秀企业家”、“广西省优秀中国特色社会主义事业建设者”、“南宁市五一劳动奖章”、“南宁市劳动模范”等荣誉称号。荣获“中国企业成功企业家履行企业社会责任终身荣誉奖”提名。

皋玉凤，女，汉族，硕士研究生学历，高级经济师，现任上海地产集团有限公司董事长、党委书记。曾任上海市建设委员会副主任，上海市公积金管理中心主任。在地产开发、经营管理方面大局观强，经验丰富。上海地产集团在她的领导下，在地产开发和土地储备等方面取得了突出的成绩，为上海地产业的发展和社会经济的发展作出了较大的贡献。上海地产（集团）有限公司成立于2002年11月，是经市委、市政府批准成立的国有多元投资集团公司，注册资金42亿元人民币。2004年，根据《上海市土地储备办法》，原“上海市土地发展中心”更名为“上海市土地储备中心”。市土地储备中心是市政府土地储备机构，事业单位，它的职能是收购储备土地；地产集团作为国有企业，定位为土地储备市场运作载体，受土地储备中心委托，进行土地前期开发、滩涂造地建设管理和成陆土地的管理，承担大量实务工作。

高冲平，男，1963年生人，北京人，汉族，大学本科学历，双学位。拥有高级经济师、高级工程师职称，现任中国房地产开发集团董事长。1984年7至1989年6月，任南京工业大学建工系党总支副书记；1989年7月至2003年7月，历任南通市房屋建设开发公司计划经营科科长、施工技术科科长、总经理助理、副总经理、总经理；2003年7月至今，任中国房地产开发集团南通有限公司董事长、总经理，同时兼任江苏鼎鸿创业投资有限公司董事长，江苏鼎桥创业投资管理有限公司董事。中国房地产开发集团南通有限公司创立于2003年7月28日，系中房集团的成员企业。其前身为成立于1976年“南通市民用住宅统一建设领导小组办公室”及成立于1984年全民事业单位——南通市房屋建设开发公司（俗称“大开发”）。经过30年的艰苦创业、奋力拼搏，跻身江苏省房地产开发企业30强。现今已成为具有国家城市综合开发一级资质，荣获“江苏省住宅商品房综合质量信得过单位”，并取得“全国诚信企业”等诸多荣誉，连续多年保持“一级资信企业”和“重合同、守信用”3A企业殊荣的优秀企业。

高国安，男，汉族，河南亚星置业集团董事长，郑州市第十二届人民代表大会代表。他所领导的河南亚星房地产开发有限公司近年来在上街、郑州等地开发面积达近二百万平方米，合格率百分之百。郑州市及河南省总工会“五一”劳动奖章获得者，河南省房地产开发企业十大功勋人物之一，并获得中华人民共和国农业部授予的第四届、第五届优秀乡镇企业家，郑州市及上街区优秀企业家等荣誉称号。目前亚星集团公司房地产开发国家一级资质、建筑安装公司建筑安装国家一级资质、物业管理国家一级资质正在上报审批中，预计2010年亚星集团全面实现集团一级资质企业。2002年4月中国资信评价中心、中国调查统计事务所授予“中国建设系统AAA级单位”；2003年7月被中国企业信用协会授予“诚信明星房地产开发企业”；2003年9月被河南省统计局、河南省建设厅授予“河南房地产开发综合实力50强单位第14名”；2004年2月被郑州市建委评为“郑州市房地产先进单位”；2005年3月被郑州市建委评为“郑州市房地产开发企业‘五十强’”、“郑州市房地产开发‘十佳’企业”；2006年8月被河南省企业信用等级评价委员会授予“河南企业信用四星级单位”；2007年1月被郑州市建委评为“郑州市房地产开发先进单位”；同年2月被河南省人民政府评为“河南省优秀民营企业”；2007年1月公司开发的亚星盛世广场被中国主流媒体房地产联盟、大河报社、中国住交会联盟、河南报业媒体联盟联合授予“时代中原·中原地产最佳品质楼”称号，同年11月，被郑州市建委、郑州市房管局、郑州市规划局、郑州日报社联合评为“2007郑州房地产品牌企业20强”；2008年5月被全国楼市指数研究中心建筑业课题组中国建筑业百强企业发展峰会评为“2008年建筑业综合实力100强”，荣登2008年中国建筑风云榜。2009年被河南房地产商会评为“最优秀房地产开发企业”，河南省内仅四家开发企业获此殊荣。2009年公司开发的郑州亚星盛世家园楼盘，相继被评为“国家级物业管理示范小区”、“广厦奖”，这两个奖项分别为物业管理和房地产开发界最高荣誉和奖项。

高会臣，男，汉族，研究生学历，现任石家庄联邦房地产开发有限公司总经理。联邦伟业房地产集团拥有黑龙江省双鸭山市金融实业公司、北京分公司、海南分公司、联邦伟业房地产集团、物业公司、装修公司、监理公司、房产经纪公司、销售公司等经营实体，总资产近40亿元，业务范围涉及房地产开发经营、物业管理和租赁、矿产和酒店的开发经营等领域，其投资和开发的项目遍及北京、深圳、海南、黑龙江、河北等经济发达、人口众多的大中城市，是同类企业中的佼佼者。其中，联邦伟业房地产集团注册资金5 000万元，资质等级为一级。先后获得河北省“二十佳企业”、河北省“十大公信力企业”、河北省“重质量守信誉示范单位”、河北省“投资建设先进单位”、河北省“消费者信得过单位”等荣誉称号。“联邦名都”小区先后被评为“明星楼盘”、“畅销楼盘”、“优质楼盘”、“业主满意楼盘”、“优质规划设计楼盘”、“优质生态环境楼盘”，2004年11月被评为“中国名盘”。联邦·东方明珠获2006年中国住交会“中国名盘”、“中国商业地产国际大奖”、第三届香港·中国国际地产周“中国国际住宅大奖”、“2005中国最具投资潜力商业广场”、“河北最具公信力楼盘”、“省会宜看宜居房地产项目推介品牌”、“2006中国住交会河北区精品楼盘奖”和“最佳商业地产奖”等。

高昆，男，大学学历，现任北京森林花园旅游娱乐中心有限公司总经理、北京宣颐房地产开发有限公司董事长。1992年开发绿茵别墅，为京南大型综合性自然生态别墅代表项目。1994年潜心赴美国做房地产调研工作，并进行房地产专业的深造与研究工作。1998年回国考察江南传统园林建筑与江南民居生活形态研究，并为江南园林建筑引入北京地产做前期准备。2000年投资开发宣颐家园，正式将江南园林建筑引入北京，为将宣颐家园建成北京首家大型江南园林庭院主题社区，其间数十次下江南考察。

耿建明，男，汉族，1962年9月生人，民建成员，工商管理硕士。现任荣盛控股股份有限公司董事长，省工商联常委、廊坊市工商联副会长、中国企业家协会理事，省政协委员，十届全国人大代表。省劳动模范，省五一劳动奖章获得者。2007年6月任省工商业联合会第十届执委会副会长。所属企业是具有国家建筑总承包一级资质、国家房地产开发一级资质的房地产企业。荣盛发展在紧紧围绕京津冀和长江三角洲两大经济圈的基础上，立足中等城市，稳步涉足风险较小的大城市，有选择地兼顾发展较快的小城市进行商品住宅的规模开发。2007年，荣盛发展实现主营业务收入17.44亿元，净利润2.84亿元。耿建明直接或间接持有荣盛发展53.62%的股权。

顾云昌，1944年4月生人，现任中国房地产业协会副会长兼秘书长。20世纪80年代初着手住宅商品化研究，1985年开始研究土地问题，1998年进入中房协工作，曾多次参与国家房改政策的研究和制订，是国家房改方案的主要起草人之一。90年代参与2000年国家小康住宅科技项目，任产业政策组组长。主持完成了“跨世纪中国住宅产业政策的研究”、“完善经济适用住房政策的研究”等重要课题。两次获得国家科技进步一等奖。

郭丛拔，男，汉族，现任河南国信房地产有限公司董事长。河南国信房地产有限公司，成立于1986年，是有着20年房地产开发历史的二级资质企业。是河南房地产行业中最早成立的公司之一，已累计建造74万平方米，总投资达10亿人民币。多次被评为河南省及郑州市的房地产开发综合实力30强，成为在河南省尤其是郑州市信誉卓著的房地产开发企业。国信公司现有员工40多人，其中各类专业技术人员30多人，占职工总数的90%以上，是一支资历深厚、蓬勃向上、稳定协作的人才队伍。公司“以人为本”，司龄超过10年的老员工占88%。前期开发了多处商业和住宅项目，如“关虎屯小区、中州都会广场、英特大厦、海特大厦、金国大厦”等。先后荣获“房地产开发企业综合实力三十强”、“河南省房地产开发先进企业”、“房地产市场经营销售信得过单位”、“跨越式杰出贡献企业”等荣誉。

郭大宏，男，汉族，现任开封建业大宏总经理。开封建业大宏住宅建设有限责任公司成立于2006年10月，是河南地产领袖企业建业住宅集团（中国）有限公司与开封地产龙头企业开封市大宏房地产开发有限公司联合在开封成立的有限责任公司，注册资本金壹亿伍仟万元人民币。在中原崛起的时代背景和河南“郑汴融城”发展战略的框架下，开封建业大宏公司将积极参与开封水系工程建设、汴西新区开发建设、旅游文化地产开发及经济适用房建设，致力于促进开封城市形象的提升和城市经济的发展，加速七朝古都在新世纪的复兴。公司在开封总投资逾30亿元，土地储备近3 000亩，预计分建业大宏·城市花园、郑开·森林半岛、水系二期周边工程、西北湖旅游度假村四个项目进行开发。由于有着亚洲最大的房地产上市公司——新加坡凯德置地这样的国际投资背景介入，又有众多国际顶级设计机构和国际大师的参与，建业大宏公司在开封的成立，在行业内对开封房地产行业开发理念和开发水平的提升有着里程碑式的意义，在社会上对开封的城市复兴和“郑汴一体化”的产业化实施都起着关键性的作用。

郭浩，男，汉族，大学学历。现任意大利格拉姆国际投资集团郑州公司总经理。毕业于解放军理工大学，从房地产公司一名专业工程师做起，负责过工程、研发、销售等多个领域。作为格拉姆国际投资集团在中国投资地产的首席之座，打造精品，树立标杆是一定要做到的，设计理念是打造国际境界的艺术天堂。意大利格拉姆国际投资企业于1981年成立于意大利托斯坎那省，是意大利政府和国际银行参股的以房地产、贸易为主的享有国际盛誉的跨国企业，下属11家分公司。苏霞（郑州）房地产开发有限公司是其在意大利之外（中国）成立的第一家分公司。以集团名字命名的“格拉姆国际中心”，作为集团在中国的首个投资项目，集团将不遗余力地将之打造为具有时代特色与国际精神的高端地标性、高度代表性的精品。格拉姆国际中心，是一个5A高端商务办公写字楼项目，33层双子座哥特式建筑。该项目将引进意大利普拉达、古奇等国际品牌，同时开设意大利画廊、餐厅、艺术品博物馆。格拉姆国际中心是意大利格拉姆国际投资集团在中国投资地产的首席之座，中心聘请世界著名的英国UKLA太平洋远景全面进行规划设计，旨在郑东新区建造出最具代表性的高端商务写字楼群。

郭佳峰，男，汉族，中共党员，现任湖南绿城投资置业有限公司董事长。1981年毕业于浙江省建工学校，曾在浙江省舟山市定海县和区里多个经济部门工作。1999年加盟绿城集团，任绿城集团杭州桃花源房地产开发有限公司常务副董事长，其主持开发的绿城·杭州桃花源别墅区已成为全国别墅经典之作。2003年11月起兼任湖南绿城投资置业有限公司董事长。绿城集团是中国最大的民营房地产集团之一，专注于开发优质的系列城市住宅产品，同时涉足教育、体育（足球）、酒店、医院等领域。2004年，房产销售额达46亿元人民币。产品形态涵盖别墅、多层公寓、高层公寓、酒店式高级服务公寓等产品系列。“真诚、善意、精致、完美”是绿城集团的核心价值观，“为员工创造平台，为客户创造价值，为城市创造美丽，为社会创造财富”则是绿城集团的企业使命。湖南绿城投资置业有限公司是绿城房地产集团的控股公司，成立于2003年11月，注册资本8 000万元人民币。长沙是绿城房产集团继北京、上海、合肥等地之后，又一向外拓展的重要战略中心，湖南绿城投资置业有限公司作为绿城房产集团在长沙的区域公司，将以先进的经营管理理念和一流的产品品质，力争在3—5年内，成为长沙近年来，绿城集团先后荣获“中国十大城市运营商”、“中国建筑艺术奖（集团贡献奖）”、“2004中国10大最具价值房地产公司品牌”、“2005年中国房地产百强开发企业——综合实力前10名”等荣誉。

郭树理，男，生于1963年8月，陕西人，中共党员，大学学历，现任陕西悦邦置业投资有限责任公司、西安中技建筑工程有限公司董事长，兼任西安市工商联榆林商会常务理事，省经济发展促进会陕商理事会副会长等社会职务。陕西悦邦置业投资有限责任公司董事长。陕西悦邦置业投资有限责任公司、西安中技建筑工程有限公司董事长。1985—1995年先后在神木县平板玻璃厂、神木县政府信访局、县政府办公室工作，历任厂团委书记、科长等职。1985年8月至2003年先后在神木县红碱淖旅游区管委会和神木县旅游局任主任和副局长职务。1995年开始至今一直从事煤炭产业的开发、加工等多项生产经营活动。现在神木县有煤矿生产企业一处，年产30万吨，产值18 000万元左右；煤炭深加工企业一处，生产能力9万吨，产值8 000万元左右。

H

韩德明，凯德置地（中国）投资有限公司成都总经理，负责凯德置地集团在成都的房地产开发和管理，同时任凯德置地与成都置信实业之合资公司四川置信凯德实业有限公司总经理。主建成都新地标来福士广场、凯德、风尚住宅项目、国色天乡乐园二期、鹭湖宫别墅等大型项目。韩德明先生毕业于新加坡国立大学土木工程硕士。1994年加入新加坡常熟兴华发展公司，担任总经理，在苏州工业园7年，在上海工作2年，之后加入迪拜伊马房地产发展公司，担任项目总监，负责迪拜塔片区的项目。于2007年7月加入凯德置地担任成都总经理，及置信凯德总经理。作为一名杰出的外资地产公司总经理，在2008年3月1日举行的“2007（中国）成都楼市总评榜”盛典中，韩德明荣获由成都传媒集团颁发的“2007年成都楼市新锐人物”大奖。2008 年 4 月，搜房网 2008 年第三届中国商业地产及写字楼年会中，荣获“2008 中国最具历史文化价值项目推动人物大奖”。

韩恺，大学学历，清华经管学院高经班，新加坡南洋理工大学 MBA，现任和昌地产集团董事长。多年房地产企业管理经验和大型企业运作经验，累积运作项目建筑面积达 450 余万平方米，先后荣获“河南青年创业风云人物”、“中原地产十大金牌职业经理人”、“中原地产十大营销精英”、“中原地产十大职业操盘手”、“郑州楼市 100 位金牌地产职业经理人”、“河南地产影响力人物”、“中原地产十大领袖人物”、“CIHAF 中国地产百杰”、“河南地产开发先进个人”、“中原地产十大榜样经理人”、“中原地产榜中榜年度贡献人物”、“中原地产十大榜样经理人”、“影响中国的优秀房地产企业家”、“中国百名优秀房地产企业家”、“郑州市房地产开发先进个人”、“中原地产发展功勋人物”、“中国地产最具价值 CEO”、“2009 CIHAF 中国房地产十大新领军人物”等诸多殊荣。

郝建秀，男，汉族。现任山西建峰实业集团董事长。全国政协委员、山西省政协常委、中国扶贫协会常务理事、中国光彩事业促进会常务理事、山西建峰实业集团董事长。1987 年，他创办了太原市第一家美容院，积累资金之后开始涉足新的行业，办起了美峰汽车修配厂和山西大型机械工程公司。1992 年 4 月，他创建了山西建峰实业集团，注册资金 3 000 万元。1997 年，开始涉足电力工程，投资 2 000 余万元成立了山西电力工程配套集团公司。1998 年 1 月投资 1 360 万元兼并山西国营代县金红石矿。山西建峰实业集团创建于 20 世纪 80 年代，经过多年的发展，现在是一家集矿产、房地产开发、酒店服务、投资咨询、大型商厦、装饰设计、资源综合利用开发等多元化生产、开发经营为一体的大型民营企业。集团与社会和谐发展，大力回报社会，得到了各级政府和社会人士的赞扬，多年来被中共山西省委、省政府、山西省委统战部、山西省工商联等授予“先进民营企业”、“非公有制企业思想政治工作先进单位”、“纳税先进单位”、“太原市精神文明单位”、抗非典献爱心优秀企业、光彩之星等称号，被山西省工商银行、山西省农行评定为“AAA”级信用企业。2003 年被中国光彩协会授予“中国光彩事业奖章”，2009 年荣获“中国慈善突出贡献奖”。

何建材，男，汉族，现任湖北万佳房地产开发有限公司总经理。湖北万佳房地产开发有限公司是一家具有三级房地产开发资质的民营企业。公司注册资本 1 000 万元，主要经营范围：房地产开发销售、房屋租赁、物业管理。现有中高级职称人员 20 余人，分设工程部、开发前期部、财务部、营销策划部和物业管理部。公司本着创新、务实、合作、诚信的精神，在保证观念超前、管理科学、服务周到的基础上积极投身于房地产业，不断为鄂州创造社会效益和经济效益。被授予“市文明单位”、“市文明诚信市场”、“守合同重信用企业”、“市消费者满意单位”、“湖北省文明诚信市场”、“湖北省工商联优秀会员单位”，2006 年 6 月“万佳凯旋城”项目被评为“最佳阳光户型奖”、“最佳水景住宅奖”；2007 年 12 月“万佳凯旋城”被评为“鄂州人最喜爱的一百品牌”；2008 年 7 月何建材同志荣获首届“鄂州青年五四奖章”，2009 年被评为“鄂州市现代服务业十强企业”。

何玉云，男，1958 年 10 月生人，云南昆明人，汉族，大学学历。现任昆明云峰公路建设投资开发有限公司总经理，中国国际贸易促进委员会建设行业分会常务理事。1981—1983 年在东川设计院任设计师，1983—1990 年在东川第一建筑公司任经理，1990—1996 年任东川建委书记、主任，1996—2004 年在云南省劳动建安总公司任总经理，2004—2007 年在铁道部隧道工程局任主任，2007—2008 年在昆明云峰公路建设投资开发有限公司任总经理，昆明云峰公路建设投资开发有限公司系中央国家机关老干部科学健康协作组织云南联络处在云南设立的实体单位，其目的在于充分利用中央老干协的人力资源关系为地方建设提供服务，在各地所设立的实体单位是以老干事业为主。主要承接高速公路、矿产开发和基础建设项目。

洪刚，男，汉族。现任观澜湖地产总经理，观澜湖高尔夫球会、骏豪地产集团有限公司副总经理。1995—1998 年任职深圳国际企业服务公司；2002 年至今：观澜湖高尔夫球会、骏豪地产集团有限公司。资深房地产专家，观澜湖市场营销及品牌负责人，负责观澜湖地产市场全面的营销及品牌推广工作，在豪宅品牌推广方面极具品位与创新眼光。观澜湖地产，致力于打造中国顶级别墅地产。观澜湖地产隶属于骏豪集团，包括深圳观澜湖房地产开发有限公司和东莞骏豪房地产开发有限公司。骏豪集团是总部位于香港，专业投资体育休闲产业的多元跨国经营实体，投资领域包括体育产业（观澜湖体育实业有限公司）、工商业（观澜湖高尔夫球会有限公司〈深圳/东莞〉）、酒店业（深圳骏豪酒店有限公司）、房地产业（深圳观澜湖房地产开发有限公司/深圳骏高物业管理有限公司/东莞骏豪房地产开发有限公司）。主营业务是开拓与发展中国体育休闲产业及相关产业，旗下拥有世界最大的 216 洞观澜湖高尔夫球会、全亚洲规模最大的拥有 51 片网球场的观澜湖乡村俱乐部、国际专业之体育赛事策划公司、国际著名的大卫利百特高尔夫学院、国际网球运动学院和培训基地、五星级骏豪酒店以及高尔夫专业房地产开发商。

胡葆森，男，汉族，1956 年 6 月生于河南省濮阳市，大学学历。现任建业住宅集团（中国）有限公司董事长。1979 年 11 月，毕业于郑州大学外文系英语专业。1979 年 12 月至 1982 年 7 月，中国纺织品进出口公司河南分公司，服装科副科长，副经理。1982 年 7 月，被河南省外经贸厅派往香港工作。1985 年 3 月，任中原国际经济贸易公司副总经理。1986 年 11 月至 1988 年 6 月，中原国贸驻港国光实业有限公司董事长兼总经理。1991 年，辞去公职，创建港资独资企 1992 年，他在河南走上了创业之路。1992 年，正是海南地产热，沿海地区也开始尝试把“步子迈得再大一点”。然而，胡却反其道而行，北上中原，回到郑州，开始了他的区域房地产深耕，这一耕就是十八年。其间，他曾两次登上《福布斯》中国富豪榜，并于今年掌舵中国企业家俱乐部，任新一届理事长。在郑州，胡葆森创建的建业地产创造了一串有意思的数字：十八年坚守河南省，做到净资产20余亿元，35个地产项目面积360万平方米，盘子不算最大，却和王石、冯仑被并称为“中国房产三君子”。

胡越高，男，汉族，现任东方神马集团总裁，美国中国旅美科技协会名誉理事，长期从事资本、商业和地产的经营，历来重视战略的前瞻性和战术的务实性，首创体育赛马、旅游、商业和地产的互动发展模式，具备丰富的跨国公司管理经验和国际市场营销经验，是中国改革开放后第一批回中国内地投资的企业家。东方神马集团是一家投资控股型企业，总部位于香港，在国内外拥有10多家子公司，投资项目涉及赛马事业、通信科技、地产投资、广告传媒等产业。集团拥有丰富的社会资源和良好的投资信誉，深谙国际资本营运和投资管理模式，并对中国内地投资环境及项目开发有深刻的认识，各子公司互动共赢，不断寻求经济增长点。随着中国改革进程及经济发展的加速，集团更看好中国国内市场前景。1999年，集团在中国武汉兴建了集体育赛马、旅游、商业、地产于一体的大型综合性项目“东方马城”，如今已成为武汉的城市名片和经济地标，赛马事业成为集团最重要的产业之一。

黄昌平，男，汉族，大学学历。现任四川煌歌房地产开发有限公司总经理。1992年入伍，1996年8月毕业于空军某飞行学院。1996年10月至1998年2月任四川省达川市外贸电子有限公司业务科科长、川东电视机厂销售科业务经理。1998年3月组建力丰实业有限公司，任董事长；4月任雪丹广告装饰有限公司董事长。2002年11月至今，任四川煌歌房地产开发有限公司总经理。2002年12月至今，任四川煌歌集团有限公司副董事长兼副总经理。四川煌歌房地产开发有限公司现有员工118人，各类专业人才配备齐全，在同行业、本地区一直处于先进行列，被中国工程建设协会授予“全国重质量、守诚信、讲信誉百家优秀房地产企业”，被中华当代文学学会等授予“发扬企业文化全国先进单位”，被四川省教育厅、四川日报社授予“尊师重教先进集体”等荣誉称号。

黄光权，新疆一龙房地产开发有限公司董事长。新疆一龙房地产开发有限公司为新疆一龙投资（集团）有限公司全资子公司，以房地产开发、销售、物管及城市运营为主业，注册资金2 000万元，国家三级房地产开发资质。公司自成立以来，秉持“高尚、典雅、自然、健康”的开发理念，专注于优质住房产品的开发，经营发展的战略为：“只开发具有文化底蕴的中高档住宅”，产品类型涵盖高层公寓、花园洋房、田园别墅等多种优质住宅，致力于为社会创造文明、和谐、温馨、优雅的人文居住环境，为城市和历史留下优秀的作品。多年来，一龙房产成功开发了“一龙尚座”、“绿城玫瑰园别墅”（与绿城集团合作开发）等优质楼盘，并储备了过万亩的发展地段土地，建立了完善的人力资源管理制度，形成了良性竞争的人才激励机制和完善的人才培训体系，拥有一支高素质的专业团队，开发项目获得新疆“最佳规划设计奖”、“最佳别墅奖”、“最佳人居奖”、2007年新疆房地产高峰论坛“最佳户型奖”、“2007新疆风尚品牌”、“住宅科技进步奖”、“2006新疆最佳楼盘”、“房产创新力奖”、“城市地标百万读者评选活动标志性别墅”、“2006年中国名盘”、“最佳建筑规划奖”、“最佳别墅奖”、“优秀企业奖”、“首府最具人性化的住宅”、“细节性地产”、“乌市最适宜居住的住宅”、“乌鲁木齐市优秀绿化企业”等多种荣誉。

黄红云，男，涪陵区义和镇人。重庆市金科实业（集团）有限公司董事长。2008年胡润百富榜显示，黄红云2008年财富达60亿元，而2007年，财富数字是30亿元。按照85亿元计算，不到3年内，其个人财富至少增长55亿元。目前，黄红云位列2008年胡润房地产富豪榜第35名，2008年胡润百富榜第103名。2009年6月4日，ST东源停牌70多天后发布重组预案：拟以5.18元/股发行不超过9.21亿股，吸收合并金科集团47.70亿元资产，让后者实现整体上市。黄红云在建筑工地当过学徒，做过乡镇企业总经理，1998年开始进军主城房地产市场，因在当时还属“不毛之地”的黄泥塝建起金科花园而一举成名。全球房地产的最新理念，不出几个月就会体现在金科的楼盘中，而且还在原有的基础上突破创新。不断地突破创新使金科在短短的8年间，成长为一家国内一线开发企业。总资产达到20多亿元，综合实力排全国房地产百强企业第37位，年开发竣工能力100万平方米。金科集团确立了2008年两大新的发展战略：一是“依托大重庆，扩大中西部，挺进长三角，开拓环渤海，发展中等城市”的全国化战略，二是IPO上市的融资战略。

黄怒波，男，出生于甘肃兰州黄怒波，笔名骆英。生于兰州，长在宁夏银川，现工作生活在北京。中国诗歌界的骆英；中国新一代儒商代表，他是一个“十个指头能按住十五只跳蚤”的人。1977—1981年，在北京大学中文系学习，取得文学学士学位；1996—1998年，在中欧国际工商学院学习并毕业，获EMBA学位。1956年生于兰州，1973年中学毕业后，在宁夏回族自治区农村插队1976—1981年，在北京大学中文系学习1981—1990年，先后在中宣部干部局、外宣局工作，任处长、部党委委员1990年至今，在建设部中国市长协会工作，曾任协会所属中国城市出版社常务副社长、中国市长协会副秘书长，现任会长助理1995年4月，创建北京中坤投资集团，任董事长1996—1998年，在中欧国际工商学院学习，获EMBA学位2008年5月4日，在北京大学110周年校庆之际，与雷洁琼、任继愈、吴阶平、胡亚美、王忠诚、于敏、周光召、钟南山、樊锦诗、邓朴方共同被授予“北京大学杰出校友”称号。福布斯中国富豪榜第130位（个人财富67亿元）。

黄全，男，1959年4月1日生人陕商理事会副会长，大专学历，毕业于哈尔滨金融专科学院，陕西省经济发展促进会副会长。1977年高中毕业后，响应国家号召上山下乡，接受贫下中农再教育达两年之久。1979 年参加工作，分配到西安市人民银行工作。1979—1991 年在西安市人民银行工作期间，曾担任西安市人民银行同城票据值算所所长，主要负责西安市各金融机构的票据交换工作。1991—2001 年期间，调入西安市证券公司工作，在此工作期间，参加过全国首批证券交易员资格培训，取得首批“红马甲”交易员资格证书。曾担任债券部、证券业务部等多个部门经理。1997 年任西安证券公司副总经理。2001—2004 年，西安证券公司经重组更名为华鑫证券公司。曾担任华鑫证券公司西安管理总部负责人，主要负责西安管理总部的业务及日常管理工作。2004 年至今，从事房地产开发事业，曾开发的项目有西安印象高档商住小区。现任陕西隆成房地产开发有限公司董事长。

黄世再，男，出生于广东惠来，祖籍广东潮州，现担任大中华国际集团董事局主席，同时担任世界华人基金协会常务副会长、中国企业家协会成员、广东省文化学会副会长、深圳市工业经济联合会副会长。集团旗下拥有大中华国际交易广场、深圳喜来登酒店、汇通天下基金管理公司等一大批企业，在国内投资超过 200 亿元，形成集金融、房地产、商业、酒店、能源、港口等多元化经营的布局。“敢为天下先”，是黄世再先生的座右铭，也是大中华国际集团的司训。他在龙珠花园项目中首创“购房入户”概念而被誉为农村城市化第一人；他在汇展阁项目中发展“深港一体化、口岸物业”，被称为“外销概念”第一人和酒店式公寓第一人：他以领先历史 10 年的眼光慧眼识珠，凭借大中华国际交易广场，被称为“进军中心区第一人”。

黄天泓，男，中共党员，大学文化，优秀企业家，现任湖南天泓房地产开发有限公司董事长。湖南天泓房地产开发有限公司于 2006 年 8 月经湖南省建设厅批准成立，注册资金为人民币 1 000 万元。公司拥有一批技术全面、懂得经营管理的技术人才和管理人才，是一家以房地产开发为主业，多种经营共同发展，管理科学规范，资金和技术力量雄厚的现代企业。公司下设行政部、财务部、营销部、策划部、物业管理部和工程部六个部门。以“团结、创新、高效、奉献”为企业精神，秉承“诚信天下，泓泽万家”的经营宗旨，在董事长黄天泓的带领下，公司视质量如生命，在开发出一流产品的同时，讲求信誉，打造良好的企业形象，以科学规范的管理，用雄厚的资金和技术优势作支撑，天泓地产一定会展现出蓬勃生机，创造更加美好的未来。目前，公司正致力于怀化大厦国际名品城项目的开发，该项目总建筑面积 61 101 平方米，投资总额 1.9 亿元人民币。

黄文仔，男，1953 年 7 月出生，广东番禺人，汉族，研究生学历。现任广州宏宇集团有限公司董事长、全国政协委员、省工商联副会长、广州市海珠区政协副主席、广州市海珠区工商联会长、广州市私营企业商会主席。1993 年创办广州市宏宇集团，主要从事商贸活动、房地产开发、物业管理、工业制造业及教育事业，目前拥有国内外企业十多家，职工 2 000 多人。集团连续多年被评为纳税大户和“重合同、守信用”单位，2002 年 7 月和 2003 年 2 月分别被广州市委、市政府和广东省政府授予“优秀民营企业”称号。2006 年排名 123 名；2007 胡润房地产富豪榜 17 名；2007 胡润百富榜：第 25 名。广州宏宇集团组建于 1994 年，1996 年成为广州市第一家私营股份制企业集团，主要从事商贸活动、房地产开发，物业管理及工业制造业，注册资本 7.3 亿元，现有资产 21.9 亿元，2003 年荣获广东省优秀民营企业称号。累计捐资扶贫、捐助社会公益事业 3 000 多万元。

黄玉蛟，男，现任成都蛟龙经济开发有限公司总经理，双流县工商联副主席。积极参与特色工业园区建设，所建立的双流蛟龙工业港、青羊蛟龙港 2007 年、2008 年销售总额 77 亿元，纳税 2.2 亿元。园区企业员工 70 000 人，其中招收新员工 50 000 人，城乡失业人数 5 000 人，并依法缴纳社会保险。积极参加光彩事业和社会公益事业，累计捐款捐物 1 327 余万元。公司建有党组织和工会组织。个人获“2008 四川十大财经风云人物”等荣誉。成都蛟龙工业港是“成都市工业集中发展示范区”，工业港由香港蛟龙集团投资开发，经过六年多时间的发展，蛟龙工业港现已在成都建成了两个园区——蛟龙工业港成都青羊园区和蛟龙工业港成都双流园区。截止到 2007 年 12 月，园区总投资达 46 亿元，工业港现已成功引进入驻企业 800 多家，年利税超过 3 亿元，常住人口达 10 万人。未来四至五年时间，成都蛟龙工业港将打造成为一个预计年产值实现 500 亿元，利税突破 10 亿至 15 亿元，解决 10 万人以上就业的资源节约型、环境友好型、统筹兼顾城乡经济发展的和谐园区。

黄祖渊，男，福建省福清市人，汉族，1973 年毕业于福建经济管理学院，现任融汇集团副董事长、融晖置业（江西）有限公司董事长、江西巨成实业发展有限公司董事长、江西国贸广场有限公司总经理、江西省闽商投资有限公司董事长、江西省福建商会会长南昌市侨商国际联合会会长、江西省政协常委等职务。10 年来企业已累计纳税 4 000 多万元，安排就业人口及提供就业岗位上万人次，2004 年江西巨成实业发展有限公司被江西省人民政府评为“全省明星侨资企业”、被南昌市青云谱区委、区人民政府评为“2006 年十佳纳税大户”，“2007 年十佳民营企业”、“2008 年十佳民营企业”。在赣 10 年，热衷社会公益事业，累计捐款、捐物超过 500 多万元人民币，2004 年被南昌市人民政府授予“荣誉市民”称号，并当选为江西省第十届政协常委。2010 年被评为“江西十大杰出外商”。

霍得立，男，汉族，经济学副教授，现任郑州未来房产公司总经理，他领导开发郑州期货城未来大厦、未来大酒店、未来公寓等项目，每个项目都在郑州城市建设和房地产发展史上留下了里程碑式的印记。在十余年的发展历程中，未来房产公司凭借强大实力和未来人的坚定理想、信念，在省会郑州房地产界发起了一次次强力冲击，塑造了一个个精典物业：未来广场（含未来大厦、未来公寓、未来大酒店）、未来花园、广发大厦、未来国际、未来商务公寓……2006年，公司正式实施省域化发展战略，逐步进入省内各目标地市。围绕“省域化发展”和“有质量的快速增长”战略，以“规范内部运作，加快工程进度，开展全方位营销”为指导方针，先后开发了开封未来·美好家园项目、濮阳未来花园，均热销目标地市，斩获多项殊荣。2009年公司加快开发速度，启动鹤壁未来·凤凰城、许昌未来花园、商丘未来·英伦印象、开封未来花园……“未来”品牌传奇将在中原城市里被不断续写、演绎！未来房产，缔造未来美好生活，引领未来居住品质！在中原，“未来房产”品牌已成为高品质物业、美好生活愿景的代名词。

J

季顶天，男，汉族，现任湖南省山水投资置业有限公司，浙江省丽水市政协委员，浙江省丽水市旅游协会副会长，第四届“丽水十大杰出青年”、湖南浙江商会常务副会长。他积极参与商会及省外的各项活动，支援家乡和湖南建设，在全体会员的共同努力下，湖南浙江商会力创品牌，扎实工作，谋求更快发展，取得了一定成绩。并热心参与社会公益和慈善事业。2003年至今，在湖南已捐献25万元建设希望小学等其他社会公益事业。四川汶川大地震，在第一时间捐款22万元，为和谐社会建设作出贡献。湖南省山水投资置业有限公成立于2003年11月，注册资金4 000万元，公司主营房地产开发和经营，基础设施建设投资等，是浙江纳爱斯集团和浙江山水旅游集团共同出资组建的一家房地产开发公司。

贾云植，男，汉族，1962年10月出生，阳高县人，研究生学历。现任山西云馨物业管理有限责任公司总经理，大同市政协委员，大同市城区政协常委，大同市工商联执委，中国物业管理协会常务理事，山西省房地产协会常务理事，山西省光彩事业促进会理事，大同市物业管理协会副会长。山西云馨物业管理有限责任公司创立于1997年7月，注册资金670万元。为国家二级资质物业管理企业。是以物业管理为主导，以工业、民用设施设备安装、室内装饰装修为支柱，以房屋中介、家政服务、保洁服务、老年公寓等为辅助的向着规模化、多元化、综合性的物业旗舰公司，现为中国物业管理协会首批常务理事单位，全国物业管理行业“文明服务示范窗口”单位，全国建设系统企业文化建设“先进单位”。拥有物业管理知名服务品牌“馨万家”。是一家跨地域经营的专业化物业管理企业。通过全体员工的共同努力，近两年先后荣获山西省“五一”劳动竞赛集体劳模奖，山西省“农行AA诚信单位”称号。凭借超前的经营管理理念，细致入微的服务和广纳人才的优势，云馨物业已发展成为业界知名的品牌物管企业之一。

姜芳，女，汉族，大学学历。现任河南省索克实业有限公司董事长。1994年，她从公务员成为一名私企员工，应聘成为河南润华实业有限公司董事长助理。2000年，她加入索克，成为河南省索克实业有限公司的总经理。现任河南索克物业发展有限公司董事长，郑州物业与房地产协会副会长。河南省索克实业有限公司创立于1996年，是专业的商业地产运营管理机构，旗下拥有六家独立法人企业，并和上海上实公司、永煤集团、阳光控股等上市公司建立了战略合作伙伴关系，和众多开发企业建立了顾问合作关系。是一家集房地产投资、酒店管理、物业管理、顾问咨询、房屋租赁以及写字楼、景区、商业底铺、市场经营与管理为一体的专业商业地产运营综合性企业。

姜仕，男，汉族，现任湖南省兴盛置业发展有限公司董事长，他在创办企业的过程中，始终把企业的社会价值放在重要位置，成绩显著。据不完全统计，从1996年到2008年，他在邵东县境内累计缴税逾7 200多万元。多年来累计纳税居邵阳市非公有制企业的第一，同时为社会解决了1 500余人的就业。公司起始于1994年，原为收购牛马司镇办兴业煤矿，接收后更名为邵东县兴盛煤矿，煤矿有员工三百余人，在董事长姜仕同志的带领下，通过一年多努力走出困境，1996年为国家创税一百多万元，被评为邵东县民营优秀企业、邵阳市民营十佳企业。2000年公司又收购邵东县保钢煤矿，现改名为兴隆煤矿，年产原煤五万多吨，有员工700多人，资产4 000多万元。随着企业发展需要，于2000年公司正式成立，命名为湖南省兴盛发展有限公司，拥有一个煤矿、两个房地产开发项目。

姜照柏，男，江苏省南通市通州人，他创办的上海鹏欣（集团）有限公司是以房地产开发为主，基础设施投资、金融和高科技开发等多元并进，高速发展的大型民营企业集团。集团现有全资、控股子公司10多家，资产达10多亿元。集团于2000年12月顺利通过了ISO9002质量体系认证。姜照柏坚持“以诚为本，造福民众，奉献社会，共创辉煌”的企业宗旨和“探索中求发展，开拓中创效益，竞争中树品牌，挑战中争一流”的企业精神，突出优势，加强管理，励精图治，奋发进取，各项产业都取得了喜人的业绩。集团连续数年跻身上海房地产开发企业的十强，上海鹏欣建筑安装工程有限公司作为沪上建筑业前30强，铁军威名天下扬。上海鹏欣（集团）有限公司是一家集房地产开发、基础设施建设、实业投资和高新科技研发于一体的大型民营企业集团。旗下拥有全资、控股子公司二十余个，总资产达百十亿元。公司本着“稳健·创新”的发展思路，突出优势，强化管理，励精图治，奋发进取，各项产业都取得了喜人的业绩。自创建至今，鹏欣已成功开发了“创世纪花园”、“奥玎豪园”、“城市经典”及“白金府邸”等一批享誉沪上的知名楼盘。

蒋志红，男，汉族，大学文化，人大代表，优秀企业家，现任燕都集团董事长。他认为“建精品楼盘、树燕都品牌”是燕都的创业根基；“以诚信待人”是燕都的服务准则；“引领生活理念”是燕都不断创新的动力。河北燕都房地产开发集团公司董事长。河北燕都房地产开发集团公司成立于1998年，2004年实现了集团化运作，是省会屈指可数的二级资质房地产开发企业之一。目前已发展成以房地产开发为主，下辖邢台金后盾房地产开发公司、润达装饰、燕都物业、精诚门窗、奇宏贸易等多个公司，员工二百多人，储备土地上千亩。燕都集团秉承“诚信为本，服务至上”、“建精品楼盘，树燕都品牌”的经营理念，做事稳健，讲求信誉，在业界和市民之中有良好口碑。目前，省会幼教优秀品牌——“未来强者”已落户金地城。公司多次被市政府命名为“重合同、守信用单位”；2002 年 4 月被石家庄高新区地方税务局评为“诚信纳税先进单位”；2003 年“石家庄市规范和整顿房地产市场秩序大检查”受表彰单位、2003 年度墙改节能先进单位。燕都花园曾荣获“2001 年度市级优秀住宅小区”、“2002 年度河北省物业管理优秀住宅小区”、“2002 年度园林式居住小区”的荣誉。

金惠明，男，1953 年 6 月生，汉族，中共党员。现任大华集团总裁，中共上海市第八次党代会代表、上海市第十二届人民代表大会代表、上海市宝山区政协委员、上海市工商联住宅产业商会执行会长、上海市房地产行业协会副会长。1969 年毕业于上海行知中学，1994 年任宝山区大场镇副镇长、大场房地产开发经营公司（大华集团前身）总经理，1984 年任上海申新实业公司董事长、上海新华村党总支书记，1994 年兼任大场房地产开发经营公司总经理，1998 年大场房地产开发经营公司改组为大华集团后，任大华集团总裁、大华（集团）有限公司董事长、总经理至今。大华集团初创于 1988 年，是一家以房地产开发为主，兼及投资置业、物业管理、建筑施工及装潢、商业贸易、市政工程、酒店餐饮、工业仓储等产业的多元化经营的大型企业集团。是国家一级资质的房地产开发企业，名列中国企业 500 强。经过 21 年的发展，形成了以大华（集团）有限公司为主体，以 40 余家控股、参股子公司、分公司为骨干，20 余家关联企业密切协作的房地产规模化经营的专业体系。2001 年 9 月 1 日，以大华集团为主要投资方的、与上海交通大学附属中学等单位联办的上海民办交华中学招生开学。大华（集团）有限公司已成功改制为股份制企业。

金利华，男，河北人，汉族，现任河北金城房地产开发有限公司董事长。1980 年 11 月至 1992 年 5 月任乐清市万家乡政府主任；1992 年 6 月至 1998 年 9 月任乐清市北白象镇政府主任；1998 年 10 月至 2000 年 9 月任乐清市防汛指挥部防汛办公室主任；2000 年 10 月至 2007 年 12 月出任中国金龙控股集团有限公司副集团总裁；河北金城房地产开发有限公司成立于 2003 年 7 月，是由中国金龙控股集团公司投资组建的大型股份制企业，注册资金 3 000 万元，企业机制灵活，资金实力雄厚，具有一支开拓进取的员工队伍。河北金城房地产开发有限公司斥巨资 39 亿元打造南花园商贸区“金世界”精品项目，该项目位于中华大街以东、站前街以西、自强路以南、裕华路以北，地理位置优越、交通便利，经济氛围活跃，具有较大的发展潜力，该项目占地 381 亩，建筑面积 100 多万平方米，是集购物、休闲、餐饮、娱乐、办公、旅游于一体的 CBD 商务商贸中心，它的建成提升了石家庄的城市品位，成为省会新地标。

K

孔繁昌，1943 年 9 月生人，1969 年毕业于华东理工大学无机化工学本科专业。1991 年又取得“工业与民用建筑”专业的第二学历，精通英语和日语；拥有高级工程师、高级经济师和房地产估价师等专业职称；现任天津经济技术开发区建设集团有限公司董事长兼总经理。先后参加过“国际经济技术”、“基建工程招、投标”、“房地产经营、管理与开发”等基础理论知识和专业技术的培训，取得了国内外等权威专业技术机构的认证和证书。先后在开发区工业投资公司、开发区产业服务公司、开发区房地产开发公司、开发区金泰实业发展有限公司、开发区总公司市政公司工作；历任公司副经理、经理和总经理等职。先后在《中国房地产》和《天津房地产》等期刊上连续发表论文。由他主导研究的“卵形结构及护壁合一逆作法”、“冬季大体积混凝土施工及水化热处理”、“高 Cl/COD 比值条件 FCODcr 的测定方法”等发明获得了国家和天津市科学技术成果奖。

邝正平，男，汉族，中共党员，本科学历，现任重庆商社（集团）公司董事长。他领导下的商社新世纪百货、商社重庆百货、商社电器是重庆商贸流通领域知名品牌，位列中国连锁企业百强第 11 名。重庆商社（集团）有限公司党委书记、董事长。重庆商社（集团）有限公司成立于 1996 年，是中国西部最大的商贸流通集团，国家重点扶持的现代大型流通企业之一。商社集团在重庆市委、市政府及市国资委领导下，抢抓机遇，改革创新，形成了以百货（含电器）、汽车贸易等为核心，覆盖化工原料、进出口贸易、农业生产资料、物流、房地产开发、酒店等领域的经营格局，业态涉及综合商场、连锁超市、便利店、专业店等。旗下有“商社新世纪百货”、“重庆百货”、“商社电器”、“商社汽贸”、“商社化工”等知名品牌企业。2009 年，商社集团销售收入突破 300.5 亿元，实现税利突破 10 亿元，总资产 121 亿元，网点 313 个，经营面积 138 万平方米，从业人员 9 万人。连续多年跻身中国企业 500 强、零售企业百强、连锁企业百强，位列 2010 年中国企业 500 强第 244 名（商业零售业第 3 名）。曾荣获“中国商业名牌企业”、“全国五一劳动奖状”、“国企贡献奖”、“重庆十强企业”等称号。

L

赖海民，男，广东普宁人，现任深圳市鸿荣源实业有限公司董事长。1998 年，赖海民成立深圳市鸿荣源实业有限公司，旗下有深圳市鸿荣源房地产开发有限公司、深圳市鸿荣轩建设工程有限公司、深圳市鸿荣源物业管理有限公司、深圳市多多乐百货有限公司四家控股公司。2001 年御景台项目用新思维演绎传统建造园林手法，在现代园林中糅合中西园艺精华，设计了 20 000 平方米的超大型生态园林，在销售面积、销售均价、销售金额上均取得年度宝安第一的好成绩。2002 年丽景城项目在市场上推出错层户型，夺得建设部评定的年度“中国新新人家经典错层户型奖”，2002 年鸿荣源房地产开发有限公司荣获“深圳市房地产开发十强”，2003年2月董事长赖海民先生被评为“广东省优秀民营企业家”。2003年熙园项目把人本精神融入设计中，处处体现人性化理念，被中国住交会组委会评为2003年度中国名盘。2003年被国家税务总局评为“2003民营企业纳税百强32名”、2004年纳税7 000万元，2005年，实现纳税1.2亿元，2006年纳税额达到1.5亿元。2007年被推选为深圳宝安慈善会名誉会长，近几年捐出慈善款达2 000多万元。

蓝春，男，1966年1月出生于福建省武夷山市，汉族，1989年毕业于清华大学建筑学院，建筑学学士、城市规划硕士学位。就职福建省建筑设计研究院9年，国家一级注册建筑师。现任英才企业集团总裁。1990—1999年，任福建省建筑设计研究院担任设计一所所长。1999年起担任厦门英才学校副董事长、校长，厦门国际学校副董事长。2007年4月，担任北京市新英才学校董事长、校长。现任英才企业集团总裁。被授予“中国儿童慈善家”称号、“中国红十字奖章”，“中国教育管理改革三十年——全国创新管理改革杰出校长”、第五届“中国十大民办教育家”、“中国教育慈善家”。英才企业始创于1994年，经过十五年辛勤的努力和拼搏，现已发展成为一个集“房地产、教育、生物制药”于一体的综合性集团公司。下辖北京英才房地产、北京英诚房地产、厦门英才房地产、厦门英才学校、厦门国际学校、厦门特宝生物、北京新英才学校等企业。1997年9月10日厦门国际学院创办。北京英才房地产开发有限公司成立。

黎光德，男，汉族。1965年1月出生于四川双流，现为四川瑞升集团公司董事长，中国国际贸易促进委员会建设行业分会副会长。1984年3月至1986年7月重庆建筑大学工民建专业学生，1986年10月至1989年双流农行会计，1989—1996年双流县籍田建筑公司副经理，1996年至今成都天力建筑集团有限公司总经理、董事长，四川瑞升集团董事长，1997年3月至1999年5月四川大学管理学研究生，1999年10月至2001年7月四川大学工商管理学院硕士研究生，2003年3月至2004年5月西南交通大学首届中国CEO（总裁）领导力高级研修班学习，2004年12月至2006年6月清华大学“全球化城市与地产运营商”——国际UEO班学习。四川瑞升实业集团有限公司是一家在成都市武侯区注册成立的大型综合企业。公司注册资本金10 883万元。公司倡导“以人为本”的理念，坚持“诚信经营”原则，以“多元化发展战略”为方向，建立了灵活、高效、科学的管理体制，形成了以房地产开发和天然气经营为主导，其他产业并举的蓬勃发展的模式。经过发展，集团公司现累计资产达人民币20亿元，年创税利能力逾亿元。集团以房地产开发与建设、建筑材料经营、天然气开发与销售、物业管理、酒店服务业等为主要经营范围，业务覆盖不同的领域和地区，集团下辖十个全资子公司，集团总注册资本金达3亿元。

李爱萍，女，汉族，现任亚繁集团总经理。具有20年职业管理生涯，积累了丰富的管理经验，曾经分别有外商投资企业、非银行金融机构、大型集团公司等职业背景，担任财务总监、董事总经理、执行总裁等职务。具有双学位MBA、英国国际会计师（ACCA）、中国会计师（CPA）等高等教育背景。擅长于将现代企业管理理念与企业实际相结合，精通集团公司资本运作与投、融资管理，成功操作过多种企业的大型并购项目，并创造和实现了较大的资产价值和企业价值。亚繁集团公司总部坐落于上海延安东路175号旺角广场22层，地处外滩、比肩著名的外滩中心，与中国改革开放成就的象征——浦东陆家嘴核心区隔窗相望，曾被温岭市委书记称为“温岭的骄傲”亚繁集团的基础产业——亚繁石材幕墙装饰工程公司，数十年坚持“以质量打造品牌、以诚信赢得市场、以服务塑造形象”，依托强大的技术力量、精湛的加工技艺、优秀的施工队伍，承接并完成了众多重大的建设工程项目，连年获得全国建材石材行业金石奖、上海市建筑工程白玉兰奖、上海市市政金奖等多项荣誉，年均产值近2亿元，公司经营规模和产值已列入“中国石材工程二十强企业”。其中标志性项目有：金茂大厦、南京路步行街、外滩改造、浦发银行总部、中国银行总部、明天广场、上海博物馆以及黄浦区政府、松江区政府、浦东新区政府大楼、浦东邮政大厦、东郊国宾馆、檀宫别墅等，项目遍布全市各区域政府大楼、商务办公楼、宾馆酒店、高级住宅以及顶级楼盘。亚繁集团从2000年开始涉足商业房产开发、酒店投资管理业务（现已成为亚繁集团的主导产业）。

李春光，男，汉族，优秀企业家，中共党员，高级经济师，山西省人民代表大会代表。现任山西阳光实业集团有限公司董事长兼总裁。山西阳光实业集团有限公司成立于1997年，注册资金99 500元。以太原的新商业经济圈——亲贤街为圆心，阳光集团致力于打造属于“阳光品牌社区”的优质产品，为营造“和谐地产”、创新“城市格局”、投身“社会责任”作出自己应有的贡献。阳光集团下属企业有：山西阳光房地产开发有限公司、山西阳光物业管理有限公司、山西精韵广告有限公司。此外在装潢施工、装饰设计、进出口贸易等领域也有多家子公司。集团并多次为本省文化事业捐款，被中共太原市宣传部、太原市商业联合会授予“文化扶贫先进民营企业”的荣誉称号。集团从“寇庄安居工程”起步，到目前的“阳光国际五星级酒店”，先后开发兴建了“阳光小区”、“阳光大厦”、“阳光地带CLD中央生活社区”、“阳光花园”等一系列“阳光品牌”的优质产品。先后荣获“山西省优秀民营企业家”、“山西省经济结构调整优秀青年领头人”、“首届太原市十大杰出青年民营企业家”、“太原市特级劳动模范”等多项荣誉称号。荣获山西“2009地产年度贡献人物奖”。

李存财，男，汉族，现任湖南方泰投资开发有限公司董事长，先后担任青联常委、省工商联执委、长沙市天心区政协常委、长沙市天心区工商联副会长、长沙温州商会常务副会长等社会职务。1996年被选评为“长沙市优秀青年企业家”，2006年获得“2005湖南省工商界百位诚信人物”的荣誉称号。多年来，他共为希望工程、光彩事业、抗洪救灾、扶贫帮困、福利慈善事业捐资捐物数百万元。奋斗了近30年，先后开办了湖南方泰出租车有限公司、湖南方泰机电设备有限公司、长沙方泰医院、长沙方泰汽车自选大市场、长沙超人广告公司、长沙申泰出租车有限公司、常德申泰出租车公司、常德申泰渣土车运输公司、岳阳阳光出租车公司、平江方泰出租车公司、乐清天祥远洋捕捞公司、湖南方泰投资开发有限公司、湖南温州小商品批发大市场、中国·中部鞋城等十多家经济实体，资产逾两亿元。湖南方泰投资开发有限公司主要经营的范围包括：商铺、营业房其他雕刻工艺品玻璃工艺品纪念品、收藏品宗教工艺品广告促销礼品装饰盒工艺礼品代理加盟。

李德福，男，汉族，1958年11月生于天津市，中共党员。自1978—1982年2月就读于南开大学历史系，获得学士学位。1998—2000年在中国科学院研究生院投资管理专业学习，研究生班毕业。2003年9月至2005年6月在南开大学金融工程管理学院攻读高级工商管理专业，获硕士学位。1982年2月至1993年2月在中央天津市委史资料征集委员会工作。1987年任天津市委史资料征集委员会编辑出版处副处长。1988—1993年2月任天津市委史资料征集委员会办公室主任，兼任编辑出版处处长，兼任《史资料与研究》杂志主编。2004年9月当选为天津房地产商会会长。先后开发了红磡花园，红磡标志大厦、红磡向阳居、红磡广林园、红磡广泰园、红磡国风园、红磡梅江玉水园、红磡梅江香水园、红磡名仕达花园、红磡领世郡等超过180万平方米的物业，实现了项目综合品质相对较高，但销售价格相对较低，让消费者满意的夙愿。包括危改先进集体、百强私营企业、房地产开发企业20强、天津市开发企业信誉度AAA级、多家银行企业信用等级AA+级、承诺放心房企业等荣誉称号。2004年，红磡领世郡项目荣获建设部颁发的“2004年中国十大名盘”奖项。曾参与编著出版了《思想者产业》等12部专著。

李德文，大学本科，高级经济师，中共党员。现任福建金帝集团有限公司董事局主席、福建省企业与企业家联合会副会长。1971年9月至1976年11月在部队服役，1976年12月至1983年6月在三明兵工厂工作，1983年8月至1990年7月在泉州市政府工作1990年8月至1994年6月在河南财经学院学习，1994年8月至今在福建金帝集团有限公司工作。2003年3月24日，中国企业联合会、中国企业家协会表彰了53位第三届全国优秀创业企业家，福建省有5位企业家名列其中，包括李德文。李德文在泉州创立了金帝房地产公司。福建金帝集团有限公司成立于1994年，注册资本32 168万元。经过近10年的发展，现已形成以房地产开发和教育投资为两大支柱产业的集团化公司。金帝集团2003年获国家一级开发资质，2005年被评为“中国优秀民营企业”，目前集团下辖18家子公司，开发项目分布泉州、厦门、福州、上海、武汉、香港等地，年开发量80万平方米。金帝集团也担负着应有的社会责任，每年都被税务部门评定为“纳税大户”、“纳税先进单位”，并多次捐资助学、奖教奖学，为慈善事业和各种救助活动捐资近亿元。

李峰，男，出生于1975年9月。现任辽宁鸿利集团总经理。1990年初中毕业后，应征入伍。1994年退伍后就职于辽宁省丹东市环卫处，后调入市商业银行。1998年，毅然辞去工作下海经商。2000年初，走上了辽宁鸿利集团总经理的领导岗位。集团房地产开发为主，下属鸿利物业有限公司，鸿利仓储有限公司，鸿利家居装饰材料有限公司和鸿利新型墙体建筑材料有限公司、丹东市利峰房地产开发有限公司、鸿利综合市场六个子公司，使鸿利集团累计投资2亿多元，上缴利税千万元。期间，他光荣地加入了中国共产党，先后当选为丹东市振兴区人大代表、丹东市青联委员、丹东市政协委员，丹东市物业协会副会长、元宝区房地产开发建筑行业协会名誉会长等职。被评选为丹东市保护消费者权益工作先进个人，成为丹东市“十大杰出青年”、辽宁省“房地产十大风云人物”。企业先后被授予丹东市“纳税先进单位”、“重合同、守信用”单位、“明星民营企业”；被评为全国重质量、守诚信房地产开发企业；被辽宁省工商局评为“守合同、重信用企业”；被评为“辽宁省十佳房地产开发商”。

李贵灵，男，1975年8月出生，江西信丰县人，汉族，中共党员，大专毕业，现任赣州贵灵房地产开发有限公司董事长。1987—1993年，江西赣州一中初、高中就学。1993—1995年，江西冶金学院工民建大专就学。1995—2001年，江西赣州市赣江建筑安装工程公司副总经理。2002—2007年，江西赣州市贵灵房地产开发有限公司董事长。2007年3月为赣州市章贡区政协委员。李贵灵常年支持父亲李仰东的公益事业。2005年10月29日李仰东同志在北京人民大会堂受到党和国家领导人的接见，授予“促进中国公益事业发展成就奖”“热心公益杰出人物”荣誉证书，并授予“中国杰出人物”勋章。2006年6月25日政府推荐李仰东同志出席北京人民大会堂“公益事业表彰会”授予“中华慈善之星”奖牌。2007年赣江建筑公司被中国企业联合会审核入选“中国优秀企业”，李仰东、李贵灵二位同志被中国企业家协会审核入选“中国优秀企业家”并授予奖牌和荣誉证书，并在“中企联合网”和《中国企业报》宣传报道。2007年建设部“中国建设英才年鉴”李贵灵评为“中国建设英才”。1983年4月1日，原赣江建筑队改组升级，成立“赣州市赣江建筑工程公司”李仰东同志任总经理，卢明章同志任党支部书记。1994年，经省政府黄智全省长批准，与东方红水泥厂参股200万元，组建了“江西省东方红实业股份有限公司”。2002年，根据建设部企业做大做强的指示，在市建设局及章贡区委，区政府的全力支持下，赣江建筑公司兼并了赣州市南外、水西、湖边、城东（沙河）沙石、金源六大建筑公司，成立了赣江建筑集团公司，企业连续三年评为省先进企业，三次载入国家建筑史册，公司经理李仰东同志评为全区优秀经理，江西省优秀建筑企业家。

李桂新，男，生于1958年8月，大学本科学历，毕业于重庆建筑工程学院工业与民用建筑专业，高级工程师。现任广西梧州港泰投资建设集团董事长，同时担任梧州市政协委员、长洲区人大常委、市工商联和市总商会副会长、梧州市房地产协会副会长、长洲区工商联会长等职。曾荣获全国第二批中国特色社会主义事业杰出贡献者候选人、广西壮族自治区第二批优秀社会主义事业建设者、2006年度全国“创建绿色环保社区先进个人”梧州市2005年、2006年、2007年度纳税先进个人、长洲区先进人大代表等名誉称号。集团公司业务发展迅猛，社会效益和经济效益不断提高，几年来，公司在李桂新同志领导下累计向国家上缴税金高达6 000多万元，其中上缴的企业所得税800多万元，是梧州市缴交企业所得税全市最多的企业之一。公司先后荣获“广西壮族自治区2006年度50强私营企业”、“2006—2007年度梧州民营企业10强”、“梧州市现代农业龙头企业”等光荣称号，并连续五年被评为“守合同、重信用”企业。他还连续多年参加市共青团组织的“金秋助学、大学生圆梦”活动，帮助贫困大学生顺利完成学业。几年来，各项公益捐款累计近300万元。

李海煜，女，汉族，研究生学历，优秀企业家。现任麟凯集团董事长，石家庄市麟凯房地产开发有限公司成立于2001年9月29日，是经石家庄市工商行政管理局依法登记注册的专业从事房地产开发经营的有限责任公司。公司拥有一批人品修养好、思想水平高、业务能力强的领导骨干和具有团队精神的高素质管理职员，其中大专以上学历职员占总人数的80%以上，并建立完善的科学管理体系和各项规章制度。公司从成立伊始就确立了较高的发展定位，走质量兴企的道路，创高素质的精品楼盘，曾参与建设了石家庄信息工程学院、石家庄市工程学院、石家庄市中医院、柏乡政府大楼等项目，累计开发面积约30万平方米，取得了良好经济和社会效益。目前公司开发建设“麟凯·江山墅”10万平方米高档别墅及酒店式公寓住宅项目，整体定位为“石家庄市首席自然生态顶级山水别墅社区”。

李明，男，1963年9月出生，湖北荆门人，硕士研究生，EMBA，高级工程师。毕业于吉林大学汽车工程系、中国社会科学院研究生院和中欧国际工商学院。现任远洋地产执行董事，北京市第十届政协委员，北京市朝阳区第十三届人大代表，中国房地产业协会常务理事。远洋地产创立于1993年，并于2007年9月28日在香港联合交易所主板上市，为内地在港上市房地产公司十强。公司业务范围涉及中高端住宅、高级写字楼、零售物业、酒店式公寓开发、房地产销售及相关业务、物业管理、酒店及会所经营等。2004年1月至2007年12月期间，在北京出售的总建筑面积排名北京第一，是北京最大开发商之一。公司将继续稳健增加土地储备，以保持未来持续开发。同时积极参与重要城市的土地一级开发，以策略性地支持公司获取土地资源。远洋地产在中高端住宅、高级写字楼、零售物业、酒店式公寓及酒店等多种物业类型的开发方面拥有丰富经验和领先能力。2002年，李明先生被各类媒体评选为“中国房地产卓越贡献100人”；2003年被评选为“北京房地产10大创新人物”、“中国房地产10大品牌人物”、“北京地产10大影响力人物”等；2004年，被评为“中国地产十大英雄”、“北京地产先锋人物”、“北京楼市2004年度影响力人物”、“2004年度地产风云人物”、“2004北京地产年度影响力人物”等。

李清溢，女，汉族，毕业于上海复旦大学，经济学硕士学历。现任紫阳溢城投资顾问有限公司总裁。1994年7月份毕业并被分配至广州市人民政府外国专家局工作，2004年12月，出任香港紫阳溢城国际集团投资顾问有限公司总裁，负责其国内所有房地产项目的策划、营销代理等全面工作。先后运作了裕华名品商城、阳光金街、西苑美世界，邯郸国贸名品、河北鑫港国际商贸中心等项目，并取得了骄人的业绩。2005年，荣获“中国最具价值职业经理人”称号。2004年12月，出任香港紫阳溢城国际集团投资顾问有限公司总裁。阳溢城顾问于1998年正式成立，总部设于香港，主要开展城市发展规划、房地产、招商引资等领域的专业策划顾问服务。2004年11月，紫阳溢城正式登陆中国内地，并在北京设立紫阳溢城国际集团（中国）投资顾问有限公司，负责国内所有项目的房地产咨询、策划、代理以及投资、融资工作。在短短的一年时间内，公司先后成功策划了多个商业、住宅及复合型业态的大型地产项目，涉及商业街、主题式商场、专业市场、大型SHOPPING MALL、旧城改造等方面。我们走全国化发展战略，目前公司业务主要在河北及山东等地。

李特，男，汉族，现任福州骊特房产董事长、福州房地产中介协会会长、福州市鼓楼区两级人大代表、省房协常委。福州房地产中介特许经营第一人，骊特房产创办人，骊特（中国）不动产机构董事长，福州市经纪人协会房地产分会会长，福州市鼓楼区人民代表大会代表、人大城环工委会委员；全国首位发表“如实经纪有利于稳定房价”的企业家，全国首次提出“住房消费恐惧症”现象的学者；其率先提出的“如实经纪”服务模式为营造诚信和谐的福州房地产市场并对稳定房价作出了贡献。福建骊特房地产综合服务有限公司采取直营加特许加盟的连锁经营方式，十二年创业已成为福建省最大的房地产综合服务商，业务遍及福州、泉州、南昌、澳门和珠海。公司先后获得“中国经纪十大创业企业”、“中国地产经纪金牌企业”、“福州市房地产中介诚信奖”、“福州市知名商标”等多项荣誉。

李伟，男，汉族，现任郑州市永威置业有限公司董事长。他是新密市第四届人大代表，带领企业将现代经营管理理念与现代科技手段相融合，通过“第一管理模式”，使企业规模不断扩大，由原来的单一建材生产发展成为拥有多种经营项目的集团式企业。2006年6月，李伟被第二届“河南财智榜”评委会评为“2006年度全球新豫商100人”，永威置业也荣膺“2006年度河南最具长成性的100家标杆企业”，充分肯定了他对中原地产的贡献。郑州市永威置业有限公司成立于2005年8月，目前，永威置业已成功开发了“中强国际花园”、“永威·鑫城”等大型住宅项目，开发面积逾20万平方米，企业品牌也推陈出新、精益求精，于2007年全新打造的人文经典住宅项目——“永威·翰林居”，以无可比拟的非凡气质、涵养丰富的文化底蕴、卓尔不群的人居品质，筹就聚揽中原睿智人士的传世臻品。2008年，公司首次实现三案并举，公司将继续秉承“营造城市居住新价值”的企业理念，不断开拓创新，提高永威置业在房地产市场所占份额，进一步巩固其在郑州市场的地位。永威·鑫城项目也被评为“2006年度郑州十大精工楼盘”。同年永威置业被评为“河南最具成长性的100家标杆企业”。

李县民，男，大专学历，工程师。现任咸阳鑫源惠普房地产开发有限公司董事长、总经理。作为一名端着“铁饭碗”的国家正式职工，思想活跃，敢吃螃蟹。不听劝说辞职下海艰苦创业，并以创业带动了就业。多年来，李县民坚持“责任为重，诚信为本，管理为先，服务为主”的经营理念，秉承“以房地产住宅建设为重点，以创建系列生态园林小区和改善宜居环境为目标，以实施全方位高品位的物业管理为基础，全力满足住户需求”的企业宗旨。公司先后独立开发了咸阳三普住宅小区，咸阳如意住宅小区，惠普紫薇苑小区，惠普枫叶苑小区，总建筑面积达156 000平方米，其中斥资1.2亿元建设的惠普紫薇苑小区，已成为咸阳东郊生态化园林小区的地表建筑。在坚持艰苦创业的同时，李县民同志致富思源，富而思进。以关注民生，扶困济危为己任，多次为贫困地区、地震灾区和学校捐助达15余万元，受到了社会各界的高度赞誉。由于社会贡献突出，李县民先后当选为咸阳市政协委员、陕西省工商联执行委员，并荣获咸阳市“2008年度社会捐资助学先进个人”荣誉称号。

李晓明，男，出生于1968年，祖籍湖北，1990年毕业于中南财经大学经济法专业。现任湖北人信房地产开发有限公司董事长兼总经理。他领导的湖北人信房地产开发有限公司成立于1998年。经过多年的市场打拼和风雨磨砺，已经成长为一家实力雄厚的华中地区知名大型房地产业开发企业。凭借良好的信誉、职业化的团队、规范的管理、优质的服务，先后在华中地区打造了“人信·奥林苑”、“人信·奥林花园”、“人信·城市花园”、“人信·千年美丽”、“人信·假日威尼斯”等知名楼盘精品，以其现代的设计风格、完美的配套享誉华中，企业也跻身于华中地产界的前沿。2003年，“人信·奥林花园”被评为“武汉市十大畅销楼盘”、“国家级健康住区”。公司也因此荣膺“2003年度武汉市房地产开发十强企业”。人信·千年美丽项目凭借其优良的品质，获得“2004年度武汉最受欢迎景观社区”奖、“2005年度最具投资价值住宅”奖、“2005年度最具投资别墅”奖、2005第七届中国住交会“中国名盘”、2007年武汉春季房地产交易会最具人气楼盘奖等。2003年，李晓明获“武汉地产十大风云人物”、“武汉地区第五届优秀青年企业家”等殊荣。在2004年中国住交会上，被评为“中国房地产百杰”。

李鑫东，男，汉族，现任河北天成投资顾问有限公司董事长，著名城市运营专家，著名房地产工程市场化运作专家，生于70年代的优秀企业家，著名城市运营专家，著名房地产工程市场化运作专家，著名策划人，著名撰稿人，专栏作家，在《中国房地产报》、《燕赵晚报》、《燕赵都市报》等各主流媒体发表过诸多的专业性文章。他坚持真理又发展真理，直面竞争又领导潮流，致力于房地产产业链上下游资源的整合，成功打造了国内首家房地产全程运营管理领域的企业集团，现在集团旗下拥有33家连锁加盟企业。目前，公司所运作的项目遍及国内各个省市。现任香港天成国际投资集团（中国）控股有限公司总裁，河北天成投资顾问有限公司董事长，河北鑫东工程项目管理有限公司董事长。天成企业随着历史的进程走过了辉煌的2005年、2006年、2007年、2008年这一系列不平凡的年份，在伟大的2009年新春伊始之际，我们即将和全国人民一起迎来伟大的祖国60岁华诞，同时也是中国伟大的改革开放30周年，在这伟大的年份里，天成企业将继续坚持全面落实科学发展观，紧密围绕中共石家庄市委八届四中全会精神，努力保增长，保增收，使天成企业成长为石家庄市增长速度最快的工程管理类企业，坚持高起点谋划，高标准要求，使天成企业的工作在2008年原有的基础上做的更快、更好。

李燕，女，汉族，现任枫华（郑州）置业总裁，加拿大华人协会副会长和枫华置业公司总裁，作为一个协会的领导者和一个企业的掌门人，我们仅从她的一张名片就可以感知她“深厚”的背景。枫华（郑州）置业有限公司，是加拿大华人企业协会2005年9月为郑州项目成立的投资公司。加拿大华人企业协会拥有在欧美、东南亚、国内沿海地区坚实的产业基础；雄厚的资本实力，良好的国际化背景，是项目成功作运的坚实后盾。枫华（郑州）置业有限公司将和加拿大中华文化研究院等加国机构携手，利用各自优势在未来5至10年的郑东新区建起一系列有中加文化特征的地标性建筑群，力争成为中加文化与经济合作的象征和标志。枫华置业以拳拳爱国之心报国之志逐鹿中原。项目总占地近300亩，总建筑面积30万平方米。温哥华山庄是温哥华广场的住宅部分，位于郑东新区龙湖南区绝版地段，CBD核心区域，设计师引进了加拿大优秀的建筑形体与文化景观，源自英国的都铎式建筑风格在细节上充分演绎北美风情。温哥华时代广场作为商业部分立足中高档消费群体，全面融进了以人为本的理念，建成后将成为郑州对外开放的窗口，成为郑州现代商业的代表象征。温哥华大厦是一座现代化甲级智能楼宇，定位于酒店式公寓和公寓式写字楼。

李勇，男，汉族，现任永恒控股集团董事长。永恒投资控股集团有限公司创建于1997年，集团总部设于郑州，是一家追求卓越、专注品质和细节的综合性房地产公司，资产总额逾65亿元人民币，现有员工1 000多人。历经十多年的积淀与拓展，产业经营与资本运营并举发展，形成了房地产主业突出，实业投资、高尔夫休闲、酒店、商业、家具、物业服务等相关产业联动发展，全过程运作、系统、高效、多业态综合开发的多元化发展战略格局。目前，永恒集团在全国范围内拥有香港永恒国际投资控股有限公司、北京森林假日体育休闲有限公司、海南永恒房地产有限公司、郑州永恒置业有限公司、郑州未来远大置业有限公司、河南永恒凯悦地产开发有限公司、河南立鑫置业有限公司、郑州永恒万通置业有限公司、郑州凯旋物业管理有限公司、郑州欧凯龙家具广场有限公司等10家全资子公司。集团凭借自身在产品开发理念、规划设计、环境营造、工程施工、配套设置、销售服务、物业管理等方面的综合优势，先后开发了嘉佰丽园、紫南花园、永恒尚东、远大理想城、新乡理想城等十多个项目。先后多次荣获中国房地产品牌企业、河南地产最具竞争力企业、中原地产最具社会责任企业、中原地产榜中榜知名品牌企业、中原地产最具品牌企业等荣誉称号。荣获全国绿色健康住宅典范、全国健康住宅生态小区、全国人居经典楼盘、推动河南地产之十二盘、2007年中原最具投资价值楼盘、2007年中原地产榜中榜十大热销楼盘等多项殊荣。

李政，男，汉族，研究生学历，现任郑州鸿运置业有限公司总经理。他领导公司的鸿运水木清华作为鸿运集团进军中牟的开山之作，以其得天独厚的地理优势，美丽、自然的都市园林生活以及高品质的楼盘质量吸引了大批郑州市民的眼球，其社区内规划的20 000平方米的独立街区型商业，在满足了社区内部业主购物休闲的需求之外，还将带动整个新区的商业发展与繁荣。郑州鸿运置业有限公司是一家以房地产开发经营为主体的股份制企业公司。下设综合管理部、财务部、工程部、开发部、营销部、成本控制部、物业部等职能部门。公司现有员工五十余人，具有本科以上学历占90%以上。公司尊重人才，唯才是举，重视发挥人才作用的环境和条件，正因为鸿运公司有着一个和谐而富有激情的工作环境，所以这里聚集了一批高层次管理人才，是公司不断向前发展的源泉和动力，“为员工和社会共同创造价值”是企业的基本宗旨。鸿运·水木清华是郑州鸿运置业与香港大洋集团（投资商）在郑东中牟新城区的开山力作，项目尊踞新区新核心，坐落于商都大道与宝峰街交汇处南200米处，公司整合优势资源，强强联合长宇国际（设计单位）、浙江中宇建筑集团、河南五建等一线实力机构，全力打造中牟首家高品质、高绿化、低密度水木庭院社区。项目总建筑面积约30万平方米，项目由小高层、酒店公寓和连体别墅组成，项目还规划了40 000平方米的独立街区型商业，不仅满足了社区内部业主的购物休闲需求，也是将来整个区域的一站式消费热点，将带动整个新区的商业发展与繁荣。

郦铁飞，男，现任长沙湘越房地产开发有限公司总经理。1997年10月至1980年1月浙江诸暨绢纺织厂工人。1980年2月至1983年8月中国纺织大学读书。1983年9月至2000年诸暨绢纺织厂车间主任、厂长助理。2000年至2004年6月浙江耀江建设集团股份有限公司综合部副经理。长沙湘越房地产开发有限公司于2003年5月21日在长沙高桥办事处。公司成立之初主要经营房地产开发，建筑材料，注册员工人数为30人，注册资本800万元人民币。

梁开亮，男，广东人，汉族，阳江市基业房地产开发有限公司董事长、市人大代表、市企业家商会会长，2009年度“广东省五一劳动奖章”称号获得者。阳江市基业房地产开发有限公司董事长、市人大代表、市企业家商会会长，2009年度“广东省五一劳动奖章”称号获得者。从2003年开始，坚持每年拿出资金联合民主党派医生开展送医送药下乡活动，惠及阳江边远贫困山区群众3万多人次。2008年，拿出自有的2.8万平方米土地，在省、市的支持下，建成5万余平方米的安居房——帆映雅居，让数百户世代漂泊在漠阳江上的贫困渔民、水上居民和低收入家庭过上了安定的生活。四川汶川特大地震、青海玉树地震发生后，作为商会会长，积极倡导商会会员企业奉献爱心并得到社会各界的积极响应。

梁鹏，男，复旦大学毕业，西安高山流水房地产开发有限公司总经理。他当年曾以涪陵地区（今包括黔江、涪陵、万州三区市）高考状元的身份考入复旦大学；硕士毕业后，放弃保送博士的机会，到某直辖市委党校任教，曾任教务处长。高山流水集团是一家专业的房地产开发管理企业。旗下有西安愿景房地产开发有限公司，西安高山流水房地产开发有限公司，西安高山流水实业有限公司，知音文化投资管理有限公司，西安愿景物业管理有限公司等。其龙头企业西安愿景房地产开发有限公司成立于2000年10月，是具有国家二级开发资质的专业房地产开发公司。曾先后荣获了国家建设部、文化部颁发的“全国景观环境示范楼盘”、“中国名盘50强”、“第三届全国城市雕塑建设成就展览特别奖”、“中国文化地产经典楼盘”及“2002十大畅销楼盘”、“2002十大经典楼盘”“2004中国十大山水别墅金奖”、“2004年中国西部经典生态别墅”等诸多殊荣。据权威机构2005年评估，“高山流水”品牌价值达到4.23亿元人民币。

廖建国，男，现任新疆呈信房地产开发有限公司董事长、总经理，新疆维吾尔自治区浙江企业联合会（商会）常务副会长。1973—1981年，任浙江瑞安市大酒店厨师长；1981—1992年，任浙江瑞安市乡镇工业局经理；1992年至今，在乌鲁木齐创建廖师傅烤鸡店，任业主；2000年至今，创建乌鲁木齐红旗商贸有限公司，任董事长；2002年至今，创建新疆呈信房地产开发有限公司任董事长、总经理。新疆呈信房地产开发公司，主要从事房地产开发项目投资、商品房销售、出租、综合性商场经营及柜台租赁等。成立之初以承债方式整体兼并了新疆奎屯市老字号企业——红旗商场，并投资300余万元将其内外装修一新，为消费者创造更加舒适、放心的购物环境。在新疆奎屯市树立了国有企业兼并改制的成功典范。2003年，自筹资金3 300万元重点改建红旗市场工程项目，建成姊妹楼建筑面积17 000多平方米的现代化综合商业楼——红旗商厦，创造了当年开工，当年竣工的佳绩。2005—2006年，相继开发了奎屯市乌尔迈克小区，总建筑面积 56 000 多平方米，成为新疆奎屯市第一家开发成片小区的典范。

林宝明，男，福建人，汉族，现任上海融锦投资集团董事长。曾在武警公安边防部队任过要职，先后任北京永信集团常务副总裁，融侨集团西安地产公司董事、总经理。1980—2002 年期间，服役于武警公安边防部队。1998 年 9 月公安部授予个人二等功；1983 年 1 月至 1997 年 3 月期间，还先后五次荣立个人三等功；多次被评为优秀共产党员、“严打斗争先进个人”等。2003—2005 年期间，在第二次就业时他选择了北京永信国际投资集团有限公司，任常务副总裁。任西安地产公司董事、总经理期间，为融侨品牌在西安的树立和企业的效益做出了巨大的贡献。取得业绩得到了社会各界的认可，先后获得“2006 陕西十大经济风云人物”、“2007 陕西地产十大风云人物”、“陕西地产 15 年杰出贡献人物”、“2008 西安地产十大影响力人物”、“2008 陕西地产风云人物”、“陕西省改革开放三十年‘时代新闻’人物”以及“陕西地产十大杰出诚信人物”等十余项荣誉称号。上海融锦投资集团有限公司由旅居巴西华侨林宝明先生等人于 2009 年初投资兴办，是一家立足于闽、赣、陕，面向全国的以房地产开发，建设工程及矿业、商业贸易、物业服务等多元化经营的现代企业集团。现拥有西安融锦房地产开发有限公司、西安融锦物业服务有限公司、江西融锦建设有限公司、厦门融锦商贸有限公司、矿业公司、巴西 DE FENG 贸易有限公司、巴西 NEW AIR 贸易有限公司、香港融锦集团有限公司等全资、控股、参股企业十余家，目前拥有一支“忠诚、专业、高效、和谐”的中高层管理人员及专业技术人员一百余人的精英管理团队。集团于 2010 年获“中国优秀民营企业荣誉称号”。

林起昌，福建福清市海口镇人，现任襄樊艺苑房地产开发有限公司董事长。1982 年来到湖北襄樊市创业，他从工民用建筑施工管理者，到项目经理、襄樊市建筑总公司第一项目部经理，一步步成长为远近闻名的民营企业家，拥有清华大学 CEO（项目首席执行官）资格证书。他本人也荣获省市两级“优秀项目经理”，2004—2005 年被襄樊市政府授予“优秀中国特色社会主义事业建设者”荣誉称号，2006 年作为襄樊市唯一的一名房地产总经理被襄樊市建委聘为执法监督员和市规划局行风监督员。现任襄樊市政协委员、襄樊市工商联（总商会）副会长、襄樊市福清商会首任会长、襄樊市房地产协会副会长、襄樊市见义勇为促进会常务理事、福清市第十三届、十四届人大代表湖北省侨联委员，曾荣获省市两级“优秀项目经理”，2004—2005 年被襄樊市政府授予“优秀中国特色社会主义事业建设者”荣誉称号，2006 年作为襄樊市唯一的一名房地产总经理被襄樊市建委聘为执法监督员和市规划局行风监督员。

林玉潮，男，汉族，广东人，现任珠海潮商会主席，珠海美球集团董事长。他的企业继成功开发建设了“翠玉苑”、“翠桦花园”等多个高尚住宅小区之后，正加紧规划建设一栋高层商住大楼。珠海市美球（集团）有限公司位于环境优美广东省珠海市香洲区，成立于 2000 年；已有九年历史。珠海市美球（集团）有限公司主要经营项目投资、实业投资；国内贸易（除国家专项限制规定之外）。注册资金为 1 亿 2 千万元人民币，主营产品：房地产、项目投资、实业投资。

林哲生，男，汉族，福州旺福房地产有限公司董事长，早年在家乡福清历经磨炼，20 世纪 80 年代赴港定居，林哲生自小心灵手巧，极具艺术天赋，特别是对美术与手工十分感兴趣。福州旺福房地产有限公司成立于 1993 年 6 月 25 日，为福建省的外资企业，在历经了 14 年的稳步发展，公司积累了大量的开发经验以及本地的市场资讯，坚持“稳健、务实、高效、创新”的企业团体精神，不断探索创新企业管理模式，搭建科学化、规范化、专业化的管理平台，建设了一支战斗力过硬、过强的专业化团队，公司重视人才，培养人才。

刘承玮，男，1949 年生人，云南人，研究生学历，高级工程师，现任云南官房土地房屋开发经营有限公司董事长，云南官房企业集团总裁。主要从事房地产、建筑业、经济管理。作为一名优秀的企业家、高级建筑工程师，十多年来，他带领员工创造了一个又一个的辉煌，使企业发展成为以建筑业为主，房地产开发为龙头，集勘察设计、装饰装潢、建材生产、电子工程技术、酒店经营、物业管理为一体的大型企业集团。刘承玮思想解放、具有开拓创新精神，在他带领下，云南官房企业集团在房地产等行业取得了瞩目的经营成绩，获得了多项科技成果奖。官房集团开发建设的丽江官房大酒店工程、金康园小区工程，昆明官房大厦工程分别获 1999 年度、2000 年度、2001 年度中国建筑工程最高质量奖——“鲁班奖”。刘承玮连年受到上级有关部门的嘉奖。1992 年被评为全国集体建筑企业优秀企业家；1994 年被评为昆明市特等劳动模范；1995 年被评为云南省劳动模范；1996 年度获省房地产先进工作者称号，被授予全国五一劳动奖章；1999 年荣获中华人民共和国科学技术部、建设部表彰，并获金康园环境质量优秀奖。

刘道锋，男，江西鹰潭市人，汉族，高级工程师。现任重庆渝北新城枫林置业有限公司、上海城开集团重庆德普置业有限公司总经理。重庆渝北新城枫林置业公司，简称枫林置业，是由上海德普和钱江集团共同出资在重庆设立的项目公司。上海德普一贯以产品和服务为导向，坚持走品牌路线，精心整合国内外的优秀设计、工程营造、材料设备供应、物业管理等资源，公司拥有一流的房地产专业人才且资金实力雄厚，其已开发和现正开发的有近二十个房地产开发项目，均获得极大成功。刘道锋总经理先后在杭州绿城集团、上海南都集团等重要管理岗位任职，在担任绿城集团副总工程师职务期间分管杭州九溪玫瑰园、杭州桃花源、杭州春江花月等项目的开发。项目概况 · 天江常青藤将完美演绎出一个“低密度高档纯别墅生态住区”。2009 年 10 月 20 日被评为“为国争光 60 名杰出赣商”。

刘军，男，汉族，山西太原市人，大学学历，中共党员，高级经济师，太原市人大代表。现任太原富力城房地产开发有限公司总经理、太原房地产协会副会长。富力地产始创于1994年，注册资金7.6亿元人民币，集房地产设计、开发、工程监理、销售、物业管理、房地产中介等业务为一体，拥有国家建设部颁发的一级开发资质、甲级设计资质、一级物业管理资质及一级房地产中介资质，旗下拥有多家子公司。2005年7月14日在香港交易所主板成功上市。2006年集团销售额突破110亿元。据国家统计局最新数据统计，2005年、2006年富力地产蝉联全国房地产行业综合实力第一名。太原富力城房地产开发有限公司于2007年8月成立，开发面积约280多万平方米，旨在为客户提供高品质的住宅和服务。本公司秉承“以人为本”的宗旨，为员工提供极具竞争力的薪酬，完善的福利体系以及广阔的发展空间。

刘升东，男，汉族，MBA硕士，工程师。现任重庆市尚赏居物业发展（集团）有限公司董事长、尚赏居集团总裁、重庆市工商联（总商会）常委、重庆市经济学会常务理事、重庆市华商会常务理事、重庆市经商会常务理事、重庆市青年联合会委员、铜梁县政协常委、铜梁县工商联（商会）副会长、铜梁县慈善会副会长。1995年从重庆工业学校毕业后，他如愿以偿在市住宅建设总公司当了一名普普通通的施工员。2003年，成立了重庆市尚赏居物业发展有限公司，开始了他的房地产开发之路。坚持学习是他工作之余的大事，他从2000年开始，先后到重庆大学、澳门公开大学、西南大学、北京大学等高校学习深造，并获得MBA硕士学位。2007年他从北京大学中国房地产总裁研修班学习结业后又立即赶赴马来西亚科技大学工商管理博士班学习。不断充电使他对集团的管理驾轻就熟。重庆市尚赏居物业发展（集团）有限公司成立于2003年，是一家集房地产开发、建筑施工和物业服务于一体的企业集团。公司注册资金10 005万元，具有房地产二级开发资质，良好的信誉多年被金融单位授予信用等级，通过ISO9001质量体系认证。被中共重庆市委组织部授予“弘扬红岩精神和志愿者学雷锋先进集体”荣誉。

刘诗来，男，汉族，北京景鸿投资有限公司董事长，唐人艺术中心投资人。作为唯一一个在国际马球协会注册的中国马球手，2008年他带领球队在美国马球公开赛4级比赛中问鼎总冠军。他创办了国内最早的高端会所，本人亦是国内知名会所及美国棕榈滩国际马球会所资深会员。景鸿投资有限公司，于2003年注册成立，注册资金人民币1 000万元，经营范围为投资管理和投资项目的服务。投资项目涉及房地产业、建筑业、商业流通业、医疗保健业、餐饮娱乐业、下辖北京地业房地产、广州加怡房地产、恒信钻石机构、美京酒家餐饮集团、MIX俱乐部、广东海富建设有限公司（北京分公司）、美高仕科技发展有限公司、北京德瑞堂中医。景鸿投资有限公司在经营中运用国际先进的管理理念，实现了网络化模式的管理架构，并实行各级经理负责制，极大地优化了管理程序，使董事会能及时。有效地控制公司各项地经营管理工作。

刘世军，男，1971年4月出生，山东滨州人，汉族，中共党员，大学学历，高级工程师。现任山东海通地产有限责任公司常务副总经理，海通地产党支部书记。1995年7月毕业于武汉理工大学船舶机械工程系；1995年7月至2000年4月就职山东海通集团公司任人事部经理，管理部经理；2000年4月至今就职于山东海通地产有限责任公司任副总经理。成功操作东营海丽园，东营明月豪庭，东营海通骏景、滨州海通时代花园、东营海通时代康桥等地产项目。2003年3月东营市建委表彰为2002年度全市房地产开发先进个人。2003年8月《东营明月豪庭住宅区规划》获2003年度全市优秀城市规划设计评选一等奖。2003年9月由中国策划研究院批准授予策划师资格，同时授予国际统一的策划标志ESPERO使用权利；授予中国房地产经营策划师资质。2006年元月，被《东营日报》、《胜利日报》、《齐鲁晚报》联合评为“2005东营地产风云人物”。2007年元月，被《东营日报》、《胜利日报》、《齐鲁晚报》再次联合评为“2007东营地产风云人物”。2003年9月由中国策划研究院批准授予策划师资格，同时授予国际统一的策划标志ESPERO使用权利；授予中国房地产经营策划师资质。

刘述振，男，汉族，大业兴房地产营销策划有限公司董事长，大业兴不动产董事长。转战进入郑州二手房行业，此时他还是开封知名广播器材厂的厂长。大业兴房产是郑州本土发展起来的快速成长类企业，于2007年底成立，目前已拥有8家直营分公司。专注直营，做强做大是我们的理念。两年的时间拥有8家直营店，目前我们是郑州市东部市场运用现代经纪管理方式运营的最大的中介公司。专注经营花园路、紫荆山路以东的郑州东部市场，这也是郑州市目前的高端市场，用两到三年的时间，在此区域内发展，稳扎稳打，发展25～30家分公司，拥有此区域30％的市场份额，形成真正的霸主地位。

刘文武，男，现任云南江东房地产集团有限公司总经理。多次荣获省级、市级优秀企业家荣誉称号。1994年，成立龙泉土地房屋项目开发公司。1996年，公司更名为官渡区房地产经营公司龙泉分公司。1998年，组建云南龙泉房地产开发经营有限公司。2004年，正式更名为云南江东房地产集团有限公司。2000年，被评为云南省房地产综合实力20强企业。2002年，江东花园系列小区荣获“中国西部十佳生态化社区”、“康居住宅成功开发模式”、“中国云南房地产著名楼盘”。企业曾被授予“优秀乡镇企业”、“房地产开发经营先进企业”、“中国云南房地产著名企业”、云南省房地产开发评比十佳企业。2004年，被评为“中国城市运营商50强”（云南省唯一获奖者）。

刘小波，男，汉族，中共党员，本科学历，中国人民大学MBA毕业，现任湖南盛大投资有限公司董事长。1997—2009年从事房地产策划、物业管理、房地产开发、资本运作、矿产开发、高新科技环保等行业的经营。同时先后担任湖南省青年委员、长沙市工商联执委、湖南省非公有制研究员，他个人对社会的部分善捐善行：2000—2009年扶助了不同地区孤儿及学生，先后积极参与了新邵太芝庙善捐、新邵冰灾等善捐活动、湖南地区善捐及四川赈灾善捐等活动数百万。同时以湖南省邵东经济现象研究会秘书长的名义出面解决了大小治安问题数百宗，为区域安定与社会和谐作出了一定的贡献。现任湖南盛大投资有限公司董事长，湖南美地置业投资有限公司董事长，湖南祥瑞科技环保有限公司总经理，湖南新华新投资担保股份有限公司副董事长，湖南中顺置业投资有限公司副董事长，湖南长沙邵东经济现象研究会秘书长，湖南湘商常务理事，湖南邵商联盟副秘书长，邵阳商会副会长兼秘书长。湖南盛大投资有限公司是一家以房地产开发、投资为主，涉及公司收购兼并、资本运作、货物进出口、建筑材料等领域的现代民营企业。

刘晓齐，男，现任成都齐力房地产开发有限责任公司董事长。他所带领的企业成立于1998年，是成都市“重点纳税企业”，以打造精品房，让老百姓买得起房著称。企业被授予四川“2000年综合实力100强”称号、四川房地产开发企业“最大市场占有份额30强”、四川100家“最大（佳）房地产开发企业”、“AAA企业”、“诚信企业”、“四川首届房地产核心影响力推介年会十大核心名企”、“2004成都最值得信赖房地产开发商”、“贡献突出民营企业”称号。开发建设的齐力花园获得“成都优秀住宅”奖、“2002诚信楼盘”、“绿色生态住宅评估”奖、“成都人居经典入围”奖。

刘新生，1952年出生，江苏南京人，中共党员，硕士文化，高级经济师、高级工程师。现任南京栖霞房地产开发有限公司董事长兼总经理。先后曾在农村插队、在栖霞区房产经营公司工作、在栖霞区房产经营公司修缮队任队长、任南京市栖霞区城镇建设综合开发公司旧房改造办公室主任、任南京市栖霞区城镇综合开发公司一处经理、任南京市栖霞区房地产综合开发总公司总经理、改制后任南京栖霞房地产开发有限公司董事长兼总经理1995年5月：被栖霞区政府授予区劳动模范称号。1996年3月：被南京市政府授予“1995年度南京市城市建设先进个人”称号。1996年2月：被中共南京市委授予“1994—1995年度精神文明先进个人”称号。2000年2月：被栖霞区政府评为“1999年度完成国民经济和社会发展奋斗目标先进个人”。2000年4月：市政府授予南京市劳动模范称号。2001年：被区机关工委评为“机关先进党务工作者”。2001年：南京房地产开发十大创新杰出人物金奖。2002年12月：被《中国房地产报》授予“中国房地产卓越贡献100人”荣誉称号。2003年3月：被《经济观察报》评为2002年中国经济贡献年度新闻人物。2005年被评为中国优秀企业家。

刘尧，男，汉族，1964年生，北京人，研究生毕业，主修财经，精于财务，高级会计师；后就读于清华大学MBA班，主攻管理科学与艺术。现任茂华控股集团有限公司董事、总裁。曾获“京城十三新锐”、“地产主流人物”、“中国城建与房地产科学发展观50位突出贡献人物”等多项荣誉。刘尧先生是公司创始人，1997年至今担任茂华控股集团有限公司总裁、法定代表人，倡导以中国优秀传统文化为基础打造现代企业文化，为公司的发展与壮大作出了卓越贡献。茂华集团前身为北京广华轩房地产开发有限责任公司，始立于1997年，2005年以房地产价值链为纽带整合上下游产业组建集团公司。2000年、2001年连年被评为宣武区两个文明建设贡献突出单位，更已连续三年被评为“重合同守信用企业（守信企业）”；在“2003北京地产年度风云榜”评选中，茂华被评为“北京最具成长力地产公司”；2008年，茂华接连获得“中国房地产20年20强”、“2008中国地产新视角品牌地产企业”、“北京履行责任十佳房企”等多项殊荣；2010年茂华又荣膺2010中国最具影响力地产企业大奖。

刘耀文，男，重庆人，汉族。共青团员，硕士。现任重庆耀文建设（集团）有限公司总经理。重庆耀文建设（集团）公司始创于1979年，是重庆一家集建筑工程施工、房地产开发、装饰工程、广告传媒、建筑材料、设备租赁、酒店餐饮、金融商贸、旅游度假、苗木园艺、物业管理为一体的大型民营企业集团。现公司资质为房屋建筑工程施工总承包一级，市政公用工程施工总承包二级、土石方工程专业承包三级、地基与基础工程专业承包三级、园林古建筑工程专业承包三级、公路工程施工总承包三级，建筑装饰装修工程专业承包三级、钢结构工程专业承包三级。目前“耀文地产”在重庆渝北区、九龙坡区、江津区等地拥有土地储备面积超过20万平方米，已完成和计划投入房地产投资额超过人民币20亿元，开发总量（含已建成、在建和即将开发的）超过50万平方米。多年以来，集团踊跃参与各种赈灾及公益捐款，积极支持老年公益事业，并在江津兴办了艾坪山老年公寓。集团连续多年被农业银行重庆市分行评定为“资信AA级企业”，先后获得重庆市委宣传部和重庆市工商行政管理局授予的“2003—2004年诚信私营企业”，重庆市北部新区工商行政管理分局授予的“重合同守信用企业”，重庆市北部新区地税局、北部新区国家税务局授予的“A级纳税信用等级企业”等荣誉。

刘禹川，男，高级工程师。现任沈阳亿达房地产有限公司总经理，辽宁省土木工程学会常务理事、沈阳市房地产开发协会副会长。毕业于美国俄克拉何马中部州立大学，获工程应用物理硕士学位。1999年赴美国哈佛大学进修金融管理，2000年赴日本研修房地产开发与管理。1992年，担任沈阳玛丽蓝实业公司常务副总裁。1996年，赴哈尔滨主持了太阳岛美式别墅罗马花园的建设。1998年，调任沈阳东宇集团担任执行总裁。2000年，在沈阳最具学术氛围的高新产业区策划并实施了国家康居工程智能化系统示范小区——亚泰国际花园。该项目获得了建设部的最高奖项。2003年，调任沈阳亿达房地产有限公司任总经理。负责策划和开发“唯美品格”小区，他提出了“BLOCK”

方式规划布局的理念，通过折线形的楼体形成平行四边形的围合庭园，打破了行列式排列的传统布局，并将朝向的弱势改变成为宽敞的园林绿化。丰富了国内住宅产品的园林景观风格，对国内房地产项目的景观设计也起到了先导和推动作用。凭借十多年的实战经验和深厚的文化底蕴，他逐渐成为沈阳房地产界的代表人物。被沈阳媒体称之"海归派的专家型职业经理人"。2002 年，获得《辽沈晚报》第一批"沈阳房地产专家顾问团成员"的称号；2004 年，被沈阳日报报业集团评为"沈阳地产十大领军人物之一"；CIHAF2005 年度"中国房地产百杰"和"2007 中国值得尊敬的房地产杰出人物"等荣誉。

刘云江，男，汉族，山东青州人，毕业于山东商校，后进修人民大学，取得 EMBA 学历，高级经济师。现任山东世纪泰华集团有限公司董事长。曾任潍坊百货总经理，擅长商业＋房产模式运作，被誉为潍坊的商业奇才，并在省内具有较高的知名度。山东世纪泰华集团有限公司创立于 2000 年 10 月，目前公司下辖世纪泰华广场、泰华新天地、福乐多超市、鸢飞大酒店、鸢飞宾悦快捷连锁酒店、山东大墉置业有限公司、山东中鼎置业有限公司、潍坊世纪泰华物业管理有限公司、潍坊世纪惠泽广告有限公司等子公司和分支机构，是一家集商业零售、房地产、酒店、餐饮、物业管理于一体，业态互补、资源共享的综合性企业集团。

鲁鸿宙，男，汉族，1969 年出生，高中学历。现任百益集团董事长，中国国际贸易促进委员会建设行业分会常务理事。1992 年进入西藏拉萨市开始创业。1994 年创设经营拉萨百货大楼家电部。1996 年创立西藏百益商贸有限公司。1997 年创办西藏百益电器有限公司，成为西藏市场唯一的国际国内各大电器品牌的独家代理商，年交易额达 1 500 余万元。2002 年开办拉百超市（百益集团连锁超市前身）标志着向连锁超市行业迈出了第一步。百益集团创建于 1992 年，在集团董事长的领导下，百益集团始终秉承"开拓市场求生存，抢抓机遇促发展"的经营思路，现已发展包括百益百货、连锁超市、商务国际会所、地产、物流、酒店等实体在内的多元化产业集团。现集团旗下共有西藏百益商贸有限公司，西藏百益房地产开发有限公司，西藏百益物流有限公司，四川百益超市管理有限公司，拉萨百益百货和林芝百益商贸有限公司共六家分公司。集团公司先后荣获 2006 年度、2007 年度、2008 年度、2009 年度及 2010 年度"西藏自治区商务系统先进集体"称号。2007 年被国家商务部评为"全国商务系统先进集体"称号，董事长鲁鸿宙本人于 2008 年 10 月被评为"第八届全国创业之星"受到党和国家领导人的亲切会见。

吕剑，男，重庆涪陵人，汉族，大专学历，一级建筑师。现任重庆市涪陵建业房地产开发有限公司董事长，涪陵区政协委员。重庆市涪陵建业房地产开发有限公司拥有多名高专业素质的员工，注册资金为 200（万元）人民币，主要经营房地产。重庆市涪陵建业房地产开发有限公司地处人杰地灵重庆市涪陵区，重庆市涪陵建业房地产开发有限公司一贯以"质量第一，服务至上，科技创新，诚信为本"的宗旨，竭诚为客户提供高质量的产品、优质的服务，愿为贵公司赢得更广阔的市场，作出更大的贡献。

栾世平，女，汉族，现任郑州市振兴房地产开发有限公司总经理。从科技绿苑小区、郑州科技大厦，到富田丽景花园、富田陇海花园，再到富田大厦、富田太阳城，她领导振兴公司完成了一个又一个优质项目，为中原地产作出了杰出贡献。1981—1990 年在中国有色金属总公司第六建设公司郑州一公司行政处工作；1990—1993 年就读于郑州大学新闻专业；1993 年进入郑州市振兴房地产开发有限公司担任开发部主任职务；1995—1997 年担任振兴公司副总经理职务，分管财务工作，并兼任公司下属的豪克大酒店总经理职务；1999 年至今担任振兴公司总经理职务。郑州市振兴房地产开发有限公司成立于 1993 年，是国家建设部审核批准的房地产开发资质一级企业，先进的管理理念，雄厚的经济实力，良好的建筑品质以及卓著的开发业绩，受到社会各界的一致赞誉。被相关单位分别授予"中原地产最信赖的品牌公司"、"诚信单位"、"消费者信得过单位"、"河南十大最受尊敬企业"等荣誉，2005 年在上海举行的 CCPE 中国地产博览会上一举荣获"中国房地产品牌企业"等多项荣誉称号，2006 年 9 月在"中国房地产业诚信建设大会"上，被中国房地产诚信建设大会选为河南省的诚信企业代表，捧回了"中国房地产诚信企业"国家级大奖。2008 年又荣获建设部、中国房地产协会联合颁发中国首届"广厦奖"。

罗建忠，男，1967 年 9 月生人，四川人，中共党员，毕业于南通工学院，于 2002 年取得北京大学高级管理人员工商管理（EMBA）硕士学位，现任大庆巨豪房地产开发有限公司董事长，中国国际贸易促进委员会建设行业分会常务理事。1986—1988 年，毕业后分配到黑龙江投资总公司企业部；1989 年调到大庆市直属机关，同年任大庆市局直属机关保温材料厂厂长；1995 年任大庆中大建筑安装公司总经理；1997 年任大庆阳光化工工厂厂长；1999 年任大庆巨豪房地产开发公司董事长兼总经理。1995 年获黑龙江省青年企业家称号；1999 年被中国企业家协会评定为优秀企业称号；2003 年获黑龙江省建筑开发行业企业家称号。大庆巨豪房地产开发有限公司成立于 1999 年 7 月，注册资金 3 000 万元人民币，位于中国最大的石油基地黑龙江省大庆市。企业在册人员总数 78 人，具有职称的专业管理人员 25 人，资质等级为二级。公司开发建设的代表性项目是 2004 年在重庆市开发建设的"巨豪・香溪美林"住宅小区，开发总面积约 30 万平方米，计划总投资约 6 亿元；现已竣工部分各项指标合格率为 100%，用户满意率为 100%。

罗欣桂，男，现任林兴进实业有限责任公司总经理。1994 年 9 月被团中央派往日本福冈市学习，1995 年 9 月至 1997 年 3 月在桂林市振华房地产公司任总经理。1997 年 3 月，罗欣桂白手起家，创办了桂林市兴进实业有限责任公司。近十年来，罗欣桂带领企业团队先后成功开发了怡嘉华庭、女人世界、秀峰翠苑、兴进数码城、先锋天地、兴进·嘉园、兴进·上城、兴进·曦镇、兴进·中央尊馆等一批在桂林颇具影响力的房产项目。公司旗下已经拥有多家经济实体，曾荣获“广西房协先进企业”、“桂林市纳税光荣诚信单位”、“百姓信赖房地产开发企业”、“桂林市品牌企业”等多项荣誉，2006年跻身“广西私营企业50强”和“桂林房地产企业前三甲”行列。桂林市兴进实业有限责任公司成立于1997年，下辖兴进物业服务有限责任公司、贵客0773酒店等经济实体，为中国企业联合会、中国企业家协会会员。公司先后成功开发了：怡嘉华庭、女人世界、秀峰翠苑、兴进数码城、先锋天地、兴进嘉园、兴进上城、兴进曦镇、兴进中央尊馆等商业及住宅项目，开发总面积约38平方米。兴进实业在取得成就的同时，始终站在企业公民的高度，不断关注民生，回馈社会。十年来，公司各类慈善捐赠遍及文教、敬老、扶贫、环保等多个领域，受到了社会的广泛尊敬。

M

毛学明，男，汉族，中共党员，大学本科学历，经济师。现任河南豪德天下置业有限公司董事长。1969年12月至1979年12月在中国人民解放军西藏军区服役，1972年加入中国共产党。部队转业后，积极投身教育事业，1985—1998年创办开封警校与沁园春学校。1997年毕业于河南财经学院经济管理专业。1999年涉足房地产，于2003年12月创办河南豪德天下置业有限公司，任公司董事长。2006年，公司强势入住郑州首家城中村——北陈伍寨村改造开发，鼎力打造豪德·天下府邸——农业路大型高尚湖景生活城。项目雄踞郑州西区核心烫金版图，毗邻86万平方公里的西流湖，扼守地铁1号线，以住宅、商业等多业态综合体恢宏开篇，开创郑州都市化湖景公园时代，同时衔接秦岭路、棉纺路黄金干线，以大都市视野，国际性眼界，引领中原城市进化方向。2007年当选开封市金明区人大代表，同年，他领导的企业被河南省评为“全省安置就业明星企业”，2008年他被首推参加“中部六省企业领袖年会”。

孟华，男，汉族，中共党员。现任广西博聚房地产开发有限公司法人代表、董事长。于1976年3月入伍，1981年12月从部队转业后分配在上饶地区社队企业管理局，工作期间积极要求进步、学习努力、勇于开拓、事业心强，很快被上饶地委组织部作为优秀青年干部，任命为上饶地区社队企业供销公司经理，任职期间成绩显著，1989年起连续三年被授于全省乡镇企业供销系统先进单位。1993年离职下海，走上创业道路。1993年离职下海，组建江西昌龙房地产公司并担任总经理；1998年从昌龙房地产公司撤资，另行组建了上饶市扬帆房地产开发有限公司并担任总经理。2005年后加盟上饶市吉阳实业集团有限公司任集团公司副总经理，2006年根据集团公司安排组建广西博聚房地产开发有限公司。广西博聚房地产开发有限公司成立于2006年7月3日，注册资金为500万美金，拥有一支专业齐全、业务熟悉、技术精湛的干部职工队伍，汇集了房地产开发建设方面的一批高级工程技术专家、高级经济师、会计师、营销专家和投资专家，具有丰富的房地产开发建设经验。2006年荣获“优秀企业家”称号，2009年10月20日被评为“为国争光60名杰出赣商”，2010年被评为“江西十大杰出企业家”和“投资江西十大风云人物”。

N

倪建达，男，出生于1963年10月，江苏海门人，汉族，工程师，1991年3月加入中国共产党。现任上海城开（集团）有限公司党委副书记、总经理。上海市第十三届人民代表大会代表。1981年5月参加工作。现任上海城开（集团）有限公司党委副书记、总经理。中华全国青联委员、中国青年企业家协会理事、上海市青年联合会副主席，上海市青年企业家协会执行会长。1981—1984年，上海市徐汇区枫林房管所职工；1984—1987年，上海房地产管理学校学生；1987—1992年，徐汇枫林房管所三产经理、副所长；1992—1996年，徐汇区房产经营管理公司总经理；1996—1997年，上海城开（集团）有限公司总经理助理，副总经理；1997—1998年，中国华源集团有限公司房产部总经理；1998年7月起，任上海城开（集团）有限公司党委副书记、总经理。项目获得的相关奖项：“康健星辰”获第二届“上海市优秀住宅”评选“优秀房型奖”，2002年度上海市“四高”小区称号；“西雅图”荣获第三届“上海市优秀住宅”评选“住宅小区规划设计奖”，2003年度上海市商品住宅销售面积50强。他是一位出色的管理者，曾获得众多殊荣。其中主要有：上海市重点工程“优秀组织者”；上海市“建设功臣”称号；第七届“上海十大杰出青年”；全国25名最具改革理念的中国企业家之一；“中国百名杰出文化功勋人物”；“2005年度令人尊敬的上海房地产企业家”；“CCPE2005年度中国房地产行业影响力十大人物”称号。他所领导的企业获得的荣誉称号：上海市“重合同守信用”百家优秀企业；“首届对中国经济社会发展贡献突出企业1000强”；2005中国房地产专业领先品牌TOP10；“2005年度令人尊敬的上海房地产企业”。2007年，荣获“2007中国房地产核心城区运营专业领先品牌”；跻身“2007年中国商业科技100强企业”。

牛福朝，男，汉族，现任河南恒升房地产开发有限公司董事长。河南恒升房地产开发有限公司成立于1999年，注册资金1 000万元人民币，属于国家房地产三级资质开发企业。公司前身为经营汽车贸易、建筑材料制造、制版印刷、工业原料制造的多元化商贸实体。多年来，恒升地产精心打造了黄河雅居、恒升家园、恒升府第等多个楼盘，以独具特色的中式建筑风格和过硬的建筑品质获得社会各界的好评。2002年9月“恒升家园”被郑州市房地产管理局评为“郑州十大新星楼盘”，2003年3月恒升地产被花园口镇政府评为“2002年度发展经济先进单位”，2003年3月恒升地产被河南省消费者协会评为“商品房消费诚心联盟荣誉单位”，2003年8月“恒升家园”被郑州市房地产交易中心评为“健康社区中心”，2003年10月“恒升府第”被《东方家庭报》中原楼市评委会评为郑州市最佳园林景观小区，2003年10月“恒升府第”被东方家庭报中原楼市评委会评为“最具潜力楼盘”，2003年12月我公司在首届中原住房交易展示会上被评为“河南房地产名企20强”，2005年10月我公司被河南省公共关系协会评为“品牌形象单位”，2005年11月我公司被郑州市惠济区人民政府评为“发展非公有制先进企业”，2005年1月我公司被郑州市建设委员会评为“郑州市房地产开发先进单位”，2006年1月“恒升府第”被东方今报社评委会评为中原2005年度特色楼盘2006年4月“恒升府第”中原绿色建筑节能科技产品展览会特别贡献奖，2007年6月恒升党支部被中共林州市委评为“五个好外建企业党组织”。

O

欧阳祥山，汉族，湖北云梦人。现任深圳市美丽集团有限公司董事长兼总裁，中国国际贸易促进委员会建设行业分会常务理事，湖北省第九届政协委员，湖北省光彩促进会副会长，湖北省工商联常委，广东省湖北商会会长，深圳湖北企事业协会副会长。1978年3月至1994年8月在广东省军区、广东武警边防总队，1994年8月因家庭贫困转业，主动放弃公职，成为武警系统自谋职业第一人。转业十几年来，历任深圳梅林铸造厂厂长、深圳市银山实业有限公司总经理、香港丰润集团办公室主任、副总经理、香港鸥富集团总裁，现任深圳市美丽集团有限公司董事长兼总裁。欧阳祥山个人曾获得“华商之星”、“全国地产首脑”、“中国企业十大管理英才”、“深圳地产推动人物”、“中国房地产业突出人物奖”、“深港地产民营品牌人物”、“湖北光彩事业特别贡献奖”、“湖北驻深单位招商引资工作先进个人”等荣誉。不断为家乡和贫困地区的教育尽心尽力，捐资4 300多万元为家乡修建公路、改造电网、修建云梦公园和云梦博物馆，为服役过的部队捐资捐物近800万元，另外还为中华基金“育才图书室”工程向西藏、内蒙古100多所中小学送去8万册图书和数百台电脑。深圳市美丽集团有限公司，历经16年发展，实现了跨越式发展，逐步形成了集高科技产业投资、文化创意产业、大型商业服务、旅游商业经营、股权投资、物业管理、教育投资等于一体的综合性大型民营企业集团。目前集团经济实力雄厚，总资产达数十亿元，年均创利税过亿元，集团曾荣获过数十项全国性及省、市的各种表彰，连续获得“中国最具竞争力企业”、“深港地产民营品牌企业”、“深圳市最具成长性企业”等殊荣。2010年，美丽集团又荣获“深圳经济特区30周年杰出贡献企业”的称号，并入围“2010深圳企业100强”。

P

庞文剑，男，汉族，中共党员，人大代表，研究生学历。现任石家庄市华银基业房地产开发有限公司总经理。操盘项目：阳光河谷“单纯谈地产文化”的概念比较空洞，只有将文化落实到经济的主题上，文化建设才会成为有源之水。华银基业房地产开发有限公司成立于2003年，注册资金5 000万元人民币，三级房地产开发资质。公司成立以来在平山县温塘镇开发建设的“阳光河谷温泉生态旅游度假村及军事游乐园”项目规划占地面积720余亩，建筑面积43万平方米，总投资额5.3亿元人民币，是石家庄市最大的旅游房地产开发项目，被列为平山县2004年政府重点工程，得到了县委、县政府的大力支持。一、二期工程已开发完成，三期工程建设进展顺利，四期工程已完成规划设计。2007年我公司积极响应国家“大力发展环京津休闲旅游产业”的号召，开始打造第二力作——涞水县“天鹅湖金海岸度假村”，该项目是集养生居住、休闲度假、旅游观光、商务会议、健身娱乐为一体的、服务设施配套齐全的、风格独特的欧洲小城镇模式的旅游度假风景区，总投资16亿元。该项目先后获得2005年、2006年度中国住交会河北区“精品楼盘”，2005年、2006年度中国（石家庄）楼市总评榜最受欢迎的第二居所，2006年度石家庄市最佳生态人居奖，2006年中国十大典范旅游地产等荣誉和奖项。

Q

齐建湘，男，汉族，现任湘银房地产股份有限公司董事长，湖南省工商联（总商会）副会长、湖南省政协委员、省青联委员、省光彩事业协会理事、省不动产商会副会长、株洲高新区人大常委、株洲市青年企业家协会副会长、株洲市工商联副会长等。湖南省优秀青年民营企业家；株洲市优秀企业家；关爱员工优秀民营企业家；优秀中国特色社会主义建设者。2007年12月至今，任湘银房地产股份有限公司董事长兼总裁；2006年1月至2007年12月，任湖南湘银投资集团总裁；1998年5月至2005年12月任株洲湘银房地产开发有限公司董事长兼总经理；1994年1月至1998年5月任株洲庆云宾馆部门经理。湘银房地产股份有限公司的前身是株洲湘银房地产开发有限公司，成立于1998年5月，是一家拥有国家一级资质的以房地产开发为主业的控股企业集团。公司总部坐落于湖南长沙芙蓉中路二段200号新世纪花苑华侨国际大厦26楼。目前，公司下辖株洲湘银投资置业有限公司、株洲湘誉房地产开发有限公司、湘潭湘银房地产开发有限公司、张家界湘银置业有限公司、株洲湘银物业管理有限责任公司、株洲博翰商业物业管理有限公司、株洲湘银园林绿化工程有限公司、株洲天元区银丰小额贷款有限公司等八家子公司。先后荣获株洲市优秀企业、株洲市五十年“十佳”建设单位、湖南省消费者信得过企业、湖南省开发企业综合实力二十强、湖南省房地产十年风云榜最具价值的品牌企业、湖南省园林式单位、湖南省慈善奖、全国关爱员工优秀企业等光荣称号，所开发的“湘银小区”被评为“全国物业管理示范住宅小区”。公司多次被中国工商银行和中国建设银行评为AA信誉企业，被税务部门评为A类纳税企业、红旗纳税单位，迅速成长为区域房地产业的龙头企业，湘银商标被评为“湖南省著名商标”。

钱伟，男，汉族，湖北丹江口市人，优秀民营企业家、中共党员，市人大代表、市政协委员，丹江口市人大代表，大学本科学历，高级工程师、高级经济师。现任丹江口市龙苑房地产开发有限公司董事长，同时兼任丹江口市工商业联合会副会长。丹江口市龙苑房地产开发有限公司是经省建设厅批准的具有国家四级资质的房地产开发公司，成立于2005年6月，注册资本2 000万元。公司自成立以来，秉承“追求卓越、客户至上”的经营理念，先后成功开发了“电力小区55号楼”、“龙源新城”、“兴隆花园”、“金明小区”、“天宇温馨家园”、“舒馨苑”等10多个优质住宅小区，开发面积60余万平方米。公司近年来加快发展，同步运作“龙源世纪家园”、“龙源世纪花园”、“龙源花木园”等多个大型项目，开发规模180多万平方米，公司品牌全面升级，连续被评为“湖北省电力公司系统多种经营先进单位”，并被评为“湖北省房地产开发五十强企业”、“十堰市房地产开发先进单位”、“十堰市统计工作先进单位”、“十堰市住宅质量管理先进单位”、“十堰市放心购房承诺单位”等，并被破格选拔为十堰市房地产协会副理事长单位。

乔秋林，男，高级工程师，一级建造师，全国优秀项目经理。现任湖南建工集团项目经理。1981—1990年在湖南省第五工程公司工作。其间先后在“湖南省图书馆阅览楼”、“湖南大学图书馆”任工程队长（该工程荣获湖南省优质工程）、“浦沅工程机械厂多跨主厂房工程”、“国防科大3 000吨地下水池工程”等工程中任技术员、技术队长、工地主任（项目经理）等职。1990年调湖南省建筑工程集团总公司工作；1990—1998年7月，先后在上海清涧小区六街坊、长沙晓园大厦工程、天心城商住楼工程、湖南省建筑工程集团总公司综合楼工程等工程担任技术负责人和项目副经理；1999年4月至2000年4月，在湖南行政学院工程任项目经理。该工程荣获2000年度“湖南省施工现场综合考评样板工程”；2000年9月至2002年4月，在湖南华天大酒店贵宾楼工程任项目经理。该工程荣获国家最高质量奖——“鲁班奖”；2002年10月至2003年6月，在湖南东联房地产开发有限责任公司东联名园住宅楼工程任项目经理；2004年2月至今，在湘潭大学第四教学楼工程任项目经理。长期以来，他不断学习和总结建筑施工的理论知识，并把科学管理理论与项目施工管理实践相结合，成为卓有建树的优秀项目经理。

R

任金荣，男，汉族。安徽黄山市人，硕士学历，高级经济师，中共党员，黄山市人大代表，现任黄山永捷房地产开发有限公司董事长。在黄山开发首座Max-Mall——“新黄山市商业步行街”，该项目位于城市中心地段，坐落于跃进路东、西两侧，长干路北侧、规划的新园西路南侧，是黄山的核心区域，是人流、车流的交汇集中点，是黄山居民生活的核心区域，周边银行、证券、学校、车站、政府机关林立，是黄山市的行政中心、教育中心、经济中心、商业中心。总用地面积为83 701.71平方米，总建筑面积约13万平方米，街区总长约700米，现存明清年代的国家重点文物保护单位“程氏三宅”。

S

申仕禄，男，汉族，郑州市长城房屋开发集团有限公司董事长。在郑州市房地产界，他是毫无疑问的元老级人物。1988年，他自筹资金成立郑州长城房屋开发总公司，成为郑州仅有的18家房地产公司之一。长城有限公司于2004年升至为长城集团有限公司。郑州市长城房屋开发集团有限公司是一家以房地产开发为主，以百货零售商业为辅的大型民营企业，现有固定资产4亿元，下设有郑州市中原商贸城有限公司、长城物业公司、龙城广告公司、鑫行装饰公司等多家子公司。长城公司实行董事会领导下的总经理负责制，公司有员工420名，平均年龄27岁，其中90%具有大专学历，具有本科学历的有230人，有中级职称100人，高级职称36人。

沈玉兴，男，汉族，优秀企业家，人大代表。现任嘉兴市广源房地产开发有限公司董事长。20岁办厂，22岁组建皮革企业“托拉斯”，25岁成为当时桐乡最年轻的乡党委书记，26岁成为首个聘用制嘉兴市级机关局级干部，浙江佳源投资管理总部董事长、嘉兴市广源房地产开发有限公司董事长。嘉兴市广源房地产开发有限公司成立于2004年3月29日，是一家拥有1.8亿注册资金的房地产开发公司，其开发资质暂定为二级。该公司是由嘉兴足佳房地产开发有限公司与桐昆股份有限公司强强联合、共同投资组建而成。作为投资方之一的嘉兴足佳房地产开发有限公司拥有十年房产开发经验，并连续数年获得“嘉兴市消费者信赖的房地产公司”称号，其在嘉兴开发的月河公寓、越秀花园、加州长岛、名人国际花园、丁香花园、名典公寓等建筑形态不仅力开嘉兴房地产开发之先河，累计开发量达60万平方米，并且在嘉兴市民当中留下良好的口碑。另一投资方桐昆股份有限公司则拥有雄厚资金实力，并且被评为浙江省十大民营企业之一。

施纯贤，男，1958年7月生人，汉族，硕士，现任江苏扬州协盛房地产开发有限公司董事长，中国国际贸易促进委员会建设行业分会常务理事。1985—1991年，在福建石狮市日用工艺品厂任厂长；1991年至今，任石狮市协盛金属制品发展有限公司董事长；1998年至今，任江西瑞金协盛房地产（实业）有限公司董事长；2000年至今，任江西抚州南城协盛房地产开发有限公司董事长、任广西钦州协盛房地产开发有限公司董事长、任江苏扬州协盛房地产开发有限公司董事长。协盛地产创建于1997年，由菲律宾S.A集团在华投资成立。至今协盛地产主要在华项目：在上海成立上海协盛房地产开发有限公司，创建虹慏湾意和家园商住楼；在江西瑞金成立瑞金协盛房地产开发有限公司，创建瑞金饭店及红都商业城；在江西抚州成立南城协盛房地产开发有限公司，创建南城盱江商业街；2002年12月在广西钦州成立钦州市协盛房地产开发有限公司，创建钦州协盛商业广场，同时并成立钦州协盛百货有限公司（现在百货公司有600多名员工）。本公司已完成开发项目80多万平方米，目前协盛公司正在江苏扬州成立扬州协盛房地产开发有限责任公司，投资建设广陵区汤汪九龙园项目，开发面积达23万平方米。

施勇智，男，汉族，建筑规划设计专业毕业，现任湖南标志房地产开发有限公司总经理。标志性建筑，标志·麓谷坐标、标志·长沙商务中心、标志·浪漫满屋。京、粤、港数不胜数的外来开发商在长沙纵横捭阖之时，执著于一座完美城市建筑精神的求索，一种“豪布斯卡”生活方式业已萌发。湖南标志房地产开发有限公司于2004年8月成立，注册资金2 000万元，是一家致力于在湖南打造本土品牌的房地产投资型民营企业。目前公司处于品牌打造阶段，将通过对几个项目的成功运作，最终实现品牌效应。为此，公司前期通过与中国美院、中国华西设计院、长沙规划设计院等优秀的规划设计公司的合作，保证了开发项目设计理念和产品的先进性；中期与中建五局等一流施工企业合作，以湖南建筑最高奖——芙蓉奖，作为建筑品质的衡量标准，确保项目的工程质量；后期通过人性化的物业管理，延续产品和服务的品质，提升项目价值。

石峰，男，汉族，江西南昌市人，大学学历，优秀企业家，著名房地产开发商，江西省十大责任地产人物之一。现任江西亚洲城房地产开发有限公司总经理。江西亚洲城房地产开发有限公司是香港汎港地产集团的下属公司，成立于2003年7月3日，注册资金为500万美金，拥有一支专业齐全、业务熟悉、技术精湛的干部职工队伍，汇集了房地产开发建设方面的一批高级工程技术专家、高级经济师、会计师、营销专家和投资专家，具有丰富的房地产开发建设经验。先后被评为“优秀中国特色社会主义事业建设者”、“市十大杰出青年企业家”、“市十大成功企业家”等荣誉称号，2009年当选为南昌市房地产业协会会长，江西省十大责任地产人物之一。

石克荣，1957年10月出生，北京人，高中文化，三河市汇福房地产集团有限公司董事长、总裁。1975年11月任生产队保管、生产队长。1983年1月在高楼公社农机站工作。1983年12月任高楼镇砖厂厂长，1986年12月任高楼镇工商总公司总经理，1987年任高楼油脂厂厂长，使濒临破产的高楼油脂厂仅用一年时间便扭亏为盈。1995年3月筹建了廊坊华美粮油食品有限公司。1993年8月起先后任高楼镇党委副书记、书记，1996年12月被廊坊市委协商提名为三河市政协副主席，1997年3月当选为市政协第一届副主席，1998年2月当选为市政协第二届副主席，2003年1月任燕郊开发区顾问。从2005年开始，入围中国企业500强，中国制造企业500强，中国食品工业十强企业。他本人先后被共青团中央、农业部、河北省政府等授予“全国青年乡镇企业家”、“河北省明星企业家”、“河北省十大杰出青年”、“企业改革模范”、“中国特色社会主义建设者”等光荣称号，2005年被评为“全国劳动模范”。1997年荣获全国“五一”劳动奖章。2007年被评为“中国诚信企业家”，曾为河北省、廊坊市、三河市（县）三级人大代表。

史国民，男，生于1961年，山西省太原市亲贤村（现为亲贤社区，习惯上仍称作亲贤村）人，汉族，中共党员，大专文化程度。现任山西千禧投资集团有限公司董事长，平阳路街道亲贤社区副书记。曾被评为2000年太原市特级劳动模范、2001年太原市人大代表（农村工作委员会委员），1988年，下海经商开办了太原市兴华轧钢厂；1998年1月，以高票当选为亲贤村的村委会主任；山西千禧投资集团是以房地产开发为主营业务的大型企业，现拥有8家下属子公司，固定资产近30亿元，是“全国十佳小康示范村”山西省太原市亲贤社区集体经济蓬勃发展的集中代表。先后荣获山西省劳动模范、太原市“优秀企业家”、2000年太原市“特级劳动模范”、山西省首届魅力新农村评选“新农村建设十大新人物”。2009年3月14日荣膺“农村改革30周年功勋人物”。

史立香，男，1958年8月生人，北京人，汉族，中共党员，硕士，高级工程师、建设评审专家、国家一级建造师，现任北京百环房地产实业有限公司董事长。同时兼任中国国际贸易促进委员会建设行业分会常务理事、北京市建筑业联合会副会长、北京市果林协会副会长。1980年9月至1993年7月北京十三陵建设公司副总经理，1993年7月至1994年8月北京十三陵农场党委委员、副场长，1994年8月至1998年11月北京市十三陵建筑工程公司总经理。1999—2001年每年以50万元支持北京人大附中教育基金。北京交大附中15万元，北京市八中50万元人民币。2000—2001年捐助昌平区6名特困大学生，每人每年1万元，直至毕业。2001年以投资1 600万元人民币支持昌平十三陵镇政府建设12 000平方米镇政府办公楼、一座冷库、一栋宿舍及购置健身器材等。2002年先后资助昌平区一中16万元，二中16万元，昌平西部贫困山区18万元，实验中学10万元人民币。为河北满城老家建希望小学一所、修建村级公路、投资文化体育建设，总投资达110余万元人民币。任昌平区第一届、二届、三届人民代表。任昌平区第一届、二届、三届政协委员。2008年10月领导的北京百环房地产实业有限公司被评为昌平区十佳慈善企业。北京百环房地产实业有限公司由北京市建设委员会建筑业联合会于1993年7月8日创立，1997年12月8日改制为现代化的股份制企业。

史万奎，男，重庆南川市人，汉族，优秀企业家，重庆市劳动模范。现任重庆同邦房地产开发有限公司总经理，同邦房地产的掌舵人，2010年被评为2009年度重庆市房地产十大风云人物。重庆同邦房地产开发有限公司是一家集开发、建筑、物业管理、工业企业、农业发展为一体的大型集团公司。集团公司总注册资金人民币5 000余万元，净资产上亿元。先后荣获“重庆市优秀企业家”、“重庆市优秀中国特色社会主义事业建设者”、“重庆市优秀社会主义事业建设者”、“重庆市五一劳动奖章”、“重庆市劳动模范”等荣誉称号。2010年被评为2009年度重庆市房地产十大风云人物。

宋革委，男，汉族，河南省新郑市人，中共党员，西安交通大学工商管理硕士（MBA），现正攻读武汉大学博士。现任郑州新长城房地产有限公司总经理、河南长城饭店（四星级）董事长、河南新长城置业有限公司总经理，兼任河南省住宅产业商会常务理事、河南省青年企业家协会常务理事、郑州市第十二届人大代表等职务。2004 年 10 月在第五届住交会被评为“中国地产百杰”。被授予主要荣誉及承担的主要社会职务：2005 年被评为“中原地产十大领袖人物”；2004 年 10 月第五届住交会评为“中国地产百杰”。2004 年 10 月当选河南省住宅产业商会常务理事；2004 年 9 月当选河南省青年企业家协会常务理事；2004 年 3 月当选郑州市第十二届人大代表；2003 年 9 月当选河南省青年联合会常委、副秘书长；2003 年 4 月被河南省人民政府、河南省总工会授予河南省“五一”劳动奖章；2001 年被共青团河南省委授予河南省“新长城突击手”。1989 年 7 月—1998 年 8 月，中国长城铝业公司渑池铝矿技术员、车间主任、工程公司经理、副矿长；1998 年 8 月至今，郑州新长城房地产有限公司总经理、河南长城饭店（四星级）董事长、河南新长城置业有限公司总经理。郑州新长城房地产有限公司成立于 1998 年，隶属中国铝业公司所属中国长城铝业公司。2003 年 4 月被河南省人民政府、河南省总工会授予河南省“五一”劳动奖章；2001 年被共青团河南省委授予河南省“新长城突击手”。

苏波，男，北京人，汉族，现任珠江投资董事长。珠江投资股份有限公司是一家以房地产及相关业务为主业的企业集团。由广州迈向全国，投资版图已拓展到北京、上海、深圳、西安、成都、长沙等各主要中心城市，所开发的住宅、商业项目等也均成为当地的标志性楼盘，总资产超过 200 亿元，累计销售面积超过 300 万平方米，土地储备超过 1 400 万平方米，成为中国最具实力的房地产开发企业之一。北京珠江房地产开发有限公司是广东珠江投资有限公司的全资子公司，于 1999 年在京注册成立。1999 年，珠江地产带着成熟的生活方式，务实的产品经验，也带着南方特有的“以人为本”的细腻服务，凭借其敏锐的直觉和多年来丰富的地产经验，挥师进京。经过几年的磨合与发展，珠江地产联合合生创展已陆续开发了珠江骏景、珠江国际城、珠江帝景、珠江绿洲、珠江罗马嘉园等名盘。2005 年，珠江投资集团在继续发展房地产的基础上，倾力打造大型专业商贸物流港——创展商贸（现已启动创展家居和创展包装印刷等板块），通过技工贸一体化商贸物流平台、全方位经营服务支持、全国项目联动机制，整合产业链，简化渠道流程，创建产、供、销集约商贸模式。

苏玉霞，女，汉族，毕业于河南财经学院房地产经营管理系。现任郑州中实房地产开发有限公司总经理。被郑州市住宅与房地产业研究会和河南商报社授予“中原十年城市建设突出贡献奖”。在 2004 年度被郑州市房地产交易中心管理委员会、郑州晚报授予“郑州房地产营销精英”荣誉称号。郑州中实房地产开发有限公司成立于 1994 年 7 月主要经营房地产开发经营、建筑材料（批发、零售）；具备三级房地产开发资质。回首往昔，公司当之无愧的获得了一些荣誉。2001 年开发的百合花苑（一期）荣获郑州市房管局“2001 年郑房指数样本楼盘”；2002 年百合花苑（一期）荣获“环境最美小区”称号；2002 年 3 月中实房地产被河南省“3·15”组委会评为“诚信单位”（全市房地产仅此一家）；同年 9 月中实房地产被河南省消费者协会推荐为房地产界首家“先期赔偿单位”，以诚信创品牌；2003 年，中实房地产荣获“中原十年城市建设突出贡献企业奖”；2004 年，百合花苑（二期）——香滨桂府又荣获“郑州十大潜力楼盘”荣誉称号；2005 年百合花苑（二期）——香滨桂府被评为“郑州市十大名优小区”；2005 年公司被郑州市中小企业发展局评为“郑州市百家成长型企业”；被郑州市管城区政府评为“郑州市管城区非公有制先进企业”；被河南日报报业集团评为“诚信联盟会员单位”。

孙德明，男，北京人，汉族，硕士学位，高级工程师。现任北京震环房地产开发有限公司董事长，兼任中建一局集团公司副总经理。曾获北京市劳动模范、首都劳动奖章、全国建设系统先进个人、建设部劳动模范、全国优秀项目经理、全国住房城乡建设系统抗震救灾先进个人、北京市质量管理优秀企业家、北京市爱国立功标兵等荣誉称号。1970 年加入中建集团，历任中建一局三公司三处副书记、队长、副主任、第三经理部副经理、经理、第一工程处主任、青岛分公司常务副经理、第八经理部经理、中建一局集团公司北诚分公司副经理、中建一局三公司副总经理、总经理、董事长、中建一局集团公司总经理助理、中建一局房地产公司总经理等职务。2007 年 4 月至今任中建一局集团公司副总经理，2005 年起兼任北京震环房地产开发有限公司董事长。北京震环房地产开发有限公司是由中国建筑一局（集团）有限公司控股的有限责任公司，前身为中国建筑一局房地产开发公司和中国建筑一局第四建筑公司房地产事业部。中国建筑一局（集团）有限公司是具有工程建设总承包、房地产开发、国际贸易与合作、道桥修筑、建材生产经销等多元化经营能力的大型建筑企业集团，组建于 1953 年。

孙中占，男，汉族，现任名门地产（河南）有限公司总经理。发家于南阳，兴盛于郑州，如今图谋全省战略的他依旧用其稳健的“力道”推动着梦想前行。1998 年，他与几个合伙人组建了南阳市兴达房地产有限公司，从此步入房地产行业，仅用了 4 年时间便杀入南阳房地产三甲之列，完成了资本的原始积累。2006 年 10 月，“河南泰辰置业有限公司”更名为“名门地产（河南）有限公司”。名门地产（河南）有限公司初创于 1998 年，注册资本 5 000 万元，现拥有总资产约 50 亿元。历经十年的发展，名门地产已经由一个专业从事住宅地产开发商成长为一个综合性的地产投资、开发集团。2003 年开始，名门地产开始了跨越式发展，先后并购了河南省泰辰置业有限公司、河南嘉达置业有限公司、郑州发展置业有限公司等房地产企业，开发的物业类型从单一住宅涵盖到写字楼及商业地产，综合开发的总面积已达 200 万平方米，取得了宝贵的经验。2006年8月，名门地产实施跨行业扩张战略，收购了河南最大的棉纺企业——南阳棉纺集团。为公司的集团化战略发展再添一翼同时，完成了公司以地产投资与开发为“引擎”，以商业运营管理和纺织为“两翼”的战略发展部署。2008年名门地产在主营业务方面的项目有：郑州名门国际、洛阳名门盛世、南阳新华城市广场、驻马店风光城等商住项目，总建筑面积约66万平方米。

T

谭斌，男，中共党员，1969年出生于湖北。现任南京鸿信房地产开发有限公司总经理。1990年大学毕业后，进入中建系统工作，1998年进入江苏开元国际集团担任南京鸿信房地产开发有限公司总经理。1990年大学毕业后，进入中建系统工作，1998年进入江苏开元国际集团担任南京鸿信房地产开发有限公司总经理，2005年南京大学EMBA毕业。先后领导开发了5A级写字楼鸿信大厦、住宅项目鸿福苑、清新家园，别墅项目山河水，获得了市场的广泛认可。其中清新家园荣获“提升南京人居经典楼盘”称号，入围中国住交会江苏“名盘、名企、名人”行列，山河水荣获中国住交会年度别墅大奖、中国别墅节中国品牌别墅金奖等荣誉称号，优异的成绩奠定了鸿信地产品牌的坚实基础。获得了江苏省“五一劳动奖章”、“白下区先进个人”、“建设浦口先进个人”、中国住交会“中国地产百杰人物”、《南京日报》“南京地产年度人物”、《扬子晚报》“地产年度十大人物”、《现代快报》“影响南京地产发展英雄人物”、开元集团“先进工作者”、开元轻工“优秀经理人”等荣誉称号。南京鸿信房地产开发有限公司，隶属于江苏省最大的外贸企业江苏省汇鸿国际集团，在南京地产界耕耘十余年，成功开发多个品牌项目，为保障在建的别墅项目“山河水”、“云深处”顺利运行及为未来进一步发展。

谭承国，出生于1951年11月，土家族人，贵阳市白云腾发房地产有限公司董事长。谭承国以实际行动报效国家、造福桑梓的善举，赢得了社会各界的赞誉和尊重。他因此受到了全国残联领导的接见，并在2004年中国公益事业表彰会上，受到国家领导人的亲切接见与表扬，荣获“中国公益事业荣誉奖”，得到了国家有关部门及社会各界的充分肯定。2001年8月，他被中国经济科技开发国际交流协会聘为理事；2002年5月，被中国管理科学研究院聘为终身研究员。同时，腾发公司被人民日报《时代潮流》周刊理事会聘为常任理事单位；中国房地产市场管理委员会授予贵阳白云腾发房地产开发公司“消费者信得过、放心开发商”诚信企业称号。他还被中国西部发展研究中心评为“中国西部10大优秀民营企业家”、“国家西部大开发十大功勋人物”之一，并获商务部国际贸易经济合作研究院授予的“爱国企业家”荣誉称号，“中国百名行业创新杰出人物金像奖”、中国国际行业组织研究会授予的高级研究员证书。

谭晓春，现任北京城建集团总经理助理、国家体育场工程总承包部经理，2006年被授予全国“五一”劳动奖章和首都劳动奖章，被评为北京市经济技术创新标兵和北京国资委系统优秀共产党员等称号。在他的领衔下，目前国内乃至世界上最具影响力、挑战力的北京奥运会主会场项目——“鸟巢”，分别于8月31日、9月17日顺利实现了钢结构工程的合龙、卸载，主体钢结构仅用10个多月，安全、优质、按期完成了安装，创造了焊缝总长度达23万延米（耗焊条近2 000吨），且结构极为复杂的超大型钢结构工程吊装施工新纪录。11月30日，“鸟巢”钢结构吊装全部完成，标志着“鸟巢”主体结构工程施工全部完成，施工重点已转向膜结构、装饰装修、机电设备安装、室外工程施工、看台板吊装和演出工程。令谭晓春最感幸福的是，10月1日，胡锦涛总书记视察“鸟巢”时，他作为建设者的代言人向总书记详细汇报了工程情况，胡锦涛总书记高度评价道：“鸟巢”钢结构的成功卸载，谱写了中国建筑史上新的一页。

汤秋云，男，汉族，现任云南泰兴隆房地产开发有限公司董事长。1971—1980年在湖南省衡阳县建筑公司工作，任施工管理员；1981—1992年在云南省呈贡县建筑公司工作，任项目经理；1993—1997年在成都军区企业管理局西南交通工程公司七公司，任经理；2000年6月至今，任云南泰兴隆房地产开发有限公司董事长、总经理。2007年担任云南省湖南省会第一届副会长。云南泰兴隆房地产开发有限公司成立于2000年6月份，是以房地产开发经营为龙头的新型企业。公司成立以前是从事建筑安装行业，完成各类工业及民用建筑面积192 588平方米，累计完成施工产值近4亿元人民币。2006年被云南省建设厅、云南日报报业集团评为“最具创新能力房地产企业”。2006年第二届中国诚信企业名牌发展创新大会“人民大会堂纪念奖牌”。2008年云南省纪念“3·15”国际消费者权益日专题晚会“贡献奖”。2008年被云南红十字会评为“救助5·12地震灾区博爱捐助”。

唐光明，男，汉族，大专学历，高级经济师，现任上海申湖集团董事长。1999年8月至2001年8月兼任湖南省衡阳市人民政府驻沪办事处主任。上海申湖集团由他为法定代表人创建于1983年，下辖15个子公司，注册资金23 600万元人民币，形成了以房地产开发为龙头的多元化发展格局，投资涉及房地产、实业投资与管理、建筑装潢、物业管理、石油化工产品批发、宾馆业、纸业、酒业、高科技网络、国内外贸易等多个领域，是一家综合性的跨行业多门类的大型现代化企业集团。2000年7月，由国家建设部有关领导率领的建筑工程项目检查组来沪检查，上海从几千个小区中筛选出七个迎检，曹杨新苑二期被选定为迎检项目之一，工程项目受到国家建设部考察组的充分肯定和赞扬。上海市建管办和上海普陀区建设工程安全监督站相继向上海市和普陀区建筑行业发出表彰通报，将“新贵都曹杨新苑”第二期工程评定为“标准化工地”、“文明工地”、“安全工地”，二号楼获上海市“白玉兰”奖，一号楼被评为优质工程。自2001年以来，已开发的项目部分获得“白玉兰”奖，四高小区（高起点规划、高水平设计、高质量建设、高标准管理)，“住宅科技奖”，“小区规划设计奖”，“优秀房型奖”，“优秀结构工程奖”等多项大奖。集团决定从 2007 年起参入西部大开发，2 月 28 日与宁夏回族自治区有色能源交通化工总公司签订了合作开发“煤间接液化生产油品”特大型项目，为西部开发做贡献。申湖集团和衡阳回雁峰酿酒总厂联合开发的“神禹酒”2004 年获得了中国企业联合会、中国企业家协会联合颁发的“中国名优产品”称号。

唐绍钦，男，广西南宁市人，汉族，优秀企业家，中共党员。现任广西卓恒房地产有限公司董事长，广西民营企业家协会常务副会长。曾荣获“中国企业成功企业家履行企业社会责任终身荣誉奖”提名。广西卓恒房地产公司隶属于桂建企业，是一家子公司，公司成立于 2000 年，注册资金 1 500 万元，以房地产投资开发、工程建筑施工为主要业务，在多方面积累了丰富的经验。先后荣获“广西省优秀企业家”、“广西省优秀中国特色社会主义事业建设者”、“南宁市五一劳动奖章”、“南宁市劳动模范”等荣誉称号。荣获“中国企业成功企业家履行企业社会责任终身荣誉奖”提名。

田波，男，1959 年 9 月生，汉族，北京人，同济大学本科毕业，学士学位。现任上海绿地集团中原房地产事业部总经理，河南老街坊置业有限公司、河南绿地中原置业发展有限公司等四家公司董事长、总经理。1983 年 2 月参加工作，2005 年 11 月加入中国共产党。1983 年 2 月至 1992 年 5 月在就职上海市长宁区民防办公室，1992 年 5 月至 1997 年 5 月在上海市长宁区公房资产经营公司工作，1997 年 5 月至今在上海绿地集团工作。2004 年田波同志投身河南，参与郑东新区开发建设。2008 年先后开工建设绿地·原盛国际中心、绿地新里·卢浮公馆。在河南的六年里，田波同志先后获得“2004 中原地产先锋人物”、“2006 年度绿地集团优秀经营管理者”、“2006 年度河南省房地产开发先进”、“2007 年度突出贡献奖”、“2007 年郑东新区市容环境综合整治先进个人”、“2007、2008 年度郑州市房地产开发先进个人”等十多个荣誉称号，2008 年 1 月当选河南省第十一届人大代表。在企业发展的同时他仍不忘积极回报社会，几年来捐赠数额位居河南省各大捐赠企业前列。绿地集团是中国综合性地产领军企业，在 2009 年中国企业 500 强中位列第 169 位，在中国房地产企业中位居第 2 位，业务遍及全国 21 个省 42 个城市。

田华，男，汉族，现任河南裕华置业有限公司董事长，郑州市人大委员，惠济区人大代表、人大常委，市“五一”劳动奖章获得者，市开发建设先进个人。河南裕华置业有限公司成立于 2000 年，以房地产开发为核心业务，以城市建设发展为己任。裕华地产精品系列：裕华置业从 2000 年至今，已陆续开发了裕华文汇、裕华文清、裕华文锦、裕华美霖、裕华文苑、裕华·北方别墅、裕华文桂、裕华·天俊华庭、裕华·第九城市、裕华·水境怡园、裕华美欣、裕华美晨、裕华·天地山水涧等多个项目，涵盖经济适用房、廉租房、中高档住宅、别墅等各种类型，在住宅开发、建设方面有着丰富的经验。裕华置业目前已发展成为拥有裕华建筑安装工程有限公司、裕华资产管理有限公司、锦华物业管理有限公司以及裕华营销中心等机构组成的集团化专业地产公司。开发楼盘荣获了“郑州市十大环境最美小区”、“居有所值优秀小区”、“创新楼盘”、“全国人居经典综合大奖”等诸多荣誉称号，公司自 2002 年起连续七年被郑州市建委评为“先进企业”、2009 年被河南省信用建设促进会评为“AAA 信用模范企业”。

田清，女，汉族，现任河南振兴房地产（集团）有限公司总经理。在业内以精明强干，稳健练达著称，是一位活跃在郑州地产业界的优秀女性职业经理人。郑州市振兴房地产开发有限公司成立于 1993 年，是国家建设部审核批准的房地产开发资质一级企业，先进的管理理念，雄厚的经济实力，良好的建筑品质以及卓著的开发业绩，受到社会各界的一致赞誉。在郑州率先通过 ISO9001—2000 质量管理体系国际认证。并连续多年在河南省房地产开发综合实力 50 强排行榜中名列前茅。曾先后开发“科技绿苑小区”、“科技大厦”、“西站路住宅小区”、“富田花园”、“富田丽景花园”、“富田陇海花园”和“富田太阳城”等项目，其开发的小区分别位于郑州市的 4 个行政区域，形成七星耀中原的战略局面，为郑州城市建设做出了巨大的贡献。分别授予“中原地产最信赖的品牌公司”、“诚信单位”、“消费者信得过单位”、“河南十大最受尊敬企业”等荣誉，2005 年在上海举行的 CCPE 中国地产博览会上一举荣获“中国房地产品牌企业”等多项荣誉称号，2006 年 9 月在“中国房地产业诚信建设大会”上，被中国房地产诚信建设大会选为河南省的诚信企业代表，捧回了“中国房地产诚信企业”国家级奖。2008 年又荣获建设部、中国房地产协会联合颁发中国首届“广厦奖”。

田志友，男，汉族，现任郑州市振兴房地产开发有限公司董事长。郑州市振兴房地产开发有限公司成立于 1993 年，是国家建设部审核批准的房地产开发资质一级企业，先进的管理理念，雄厚的经济实力，良好的建筑品质以及卓著的开发业绩，受到社会各界的一致赞誉。在郑州率先通过 ISO9001—2000 质量管理体系国际认证。10 多年来，振兴房地产公司秉承“兢兢业业做事、实实在在做人”的原则，以城市开发建设为己任，开发建设精品住宅。曾先后开发“科技绿苑小区”、“科技大厦”、“西站路住宅小区”、“富田花园”、“富田丽景花园”、“富田陇海花园”和“富田太阳城”等项目，其开发的小区分别位于郑州市的 4 个行政区域，形成七星耀中原的战略局面，为郑州城市建设做出了巨大的贡献。连续多年在河南省房地产开发综合实力 50 强排行榜中名列前茅。被相关单位分别授予“中原地产最信赖的品牌公司”、“诚信单位”、“消费者信得过单位”、“河南十大最受尊敬企业”等荣誉，2005 年在上海举行的 CCPE 中国地产博览会上一举荣获“中国房地产品牌企业”等多项荣誉称号，2006 年 9 月在“中国房地产业诚信建设大会”上，被中国房地产诚信建设大会选为河南省的诚信企业代表，捧回了“中国房地产诚信企业”国家级大奖。2008年又荣获建设部、中国房地产协会联合颁发中国首届“广厦奖”。

涂玉水，出生于江西省上饶市玉山县，现任江西圣德房地产开发有限公司董事长，中外合资融汇（长沙）置业有限公司董事、总经理，系湖南省江西商会的常务副会长。1979年入伍，在福建某部机炮连服役，1985年退伍。融汇（长沙）置业有限公司是家中外合资经营的地产类公司，成立于2006年2月，公司注册资本为5000万人民币，主要经营房地产开发项目。外方为融汇国际投资控股有限公司，中方为江西圣德房地产开发有限公司。外方公司成立于1989年，投资国内的地产、化工、建材、酒店、贸易、物业、物流等产业。集团下属地产公司总投资已逾100亿人民币，总开发土地近6 000亩，总建筑面积已近400万平方米。中方公司成立于2003年，主要经营：房地产开发、销售、建材、物业管理。秉承“以德立信，铸造精品”的企业理念，在江西上饶、玉山、新余等地区已成功开发了“将军庙步行街”、“沿河路商住区”、“圣德时代广场”等一系列优质项目。2009年10月20日被评为“为国争光60名杰出赣商”。

W

万雯娟，女，汉族，注册房地产评估师，现任上海爱建房地产分公司总经理，上海徐汇区政协委员，民建上海市委委员，民建上海市委妇女委员会主任。从1993年正式涉足房地产业，经历过开发企业频频倒下的那段日子，她总是怀着强烈的忧患意识，这使她和爱建房地产至今不敢半分懈怠。她认为，市场竞争是楼市发展的根本推动力。正是市场竞争的深入，使得开发企业主动寻求的指导，主动适应市场需求的变化，不断推出更新更好的产品。1993年正式涉足房地产业，担任上海爱建房产公司总经理至今。曾获得了詹天佑土木工程大奖，名列全国60强企业。上海市外经贸三八红旗手，上海市十大巾帼企业家。

汪文有，男，汉族，湖北丹江口市人，大学本科学历，优秀民营企业家、中共党员，市政协委员，丹江口市人大代表，高级工程师、高级经济师。现任丹江口市源祥房地产开发公司总经理，同时兼任丹江口市工商业联合会副会长。丹江口市源祥房地产开发公司为四级建筑安装、三级房地产开发企业。公司自组建以来，在上级主管部门的大力支持关怀下，始终坚持以人为根本，以质量求生存，以市场为导向，以社会效益和经济效益为中心，以信誉促发展为企业宗旨，不断强化企业的基础管理和质量意识。在已经实施开发的项目中，取得了显著的成绩，得到了当地政府和社会各界人士广泛认同和赞成。公司从几把瓦刀起家，继往开来在党的政策以及各级主管部门支持与关怀通过企业内部严谨的科学管理自身的努力。发展成为今天的辉煌业绩。公司计划到2008年，用三年的时间建设完善浪河移民小区，完成建筑施工面积50 000平方米，预计总投资为2 500万元。该小区建成完工后，将成为鄂西北地区在所有乡镇范围内规模最大、基础设施最具完善的开发小区，建成的浪河移民小区，将会成为鄂西北地区的一大亮点。

王建，男，汉族，高级工程师，管理学硕士。现任河南同洲实业股份有限公司董事长，郑州市惠济区政协委员。1983年毕业于葛洲坝水电工程学院建筑工程系，主修结构设计；1997年被评为高级工程师；1999年河南财经学院企业管理硕士毕业。2000年，他创建了自己的同洲策划公司，2005年公司成功进行改制，成立了河南同洲实业股份有限公司。河南同洲实业股份业有限公司（前身河南同洲置业有限公司），成立于2002年5月20日，注册资本（人民币）5 000万元。2004年3月份，公司董事长兼总经理王建先生，代表公司向郑州市红十字会捐赠60 000元现金，为郑州市上百位贫困老年白内障患者恢复“光明”；2004年11月份，公司全体员工为“印度洋海啸”灾区捐款。2005年12月31日，经河南省人民政府批准，河南同洲置业有限公司完成股份改制，整体变更为河南同洲实业股份有限公司。2003年11月我公司在郑州市金城街15号开发总建筑面积6万平方米的“盈家美地”（“同洲花园”）项目。2004年度，公司荣获惠济区“十强企业”和“发展非公有制先进企业”；2005年度，公司获得河南消费诚信联盟颁发的“河南省诚信联盟会员单位”；2005年度，公司被郑州市工商行政管理局评为“守合同重信用企业”；2006年度，公司荣获惠济区“先进企业”。

王建树，男，河南省永城市人，汉族，中共党员，硕士研究生学历，现任郑州市人大代表、河南省工商联常委、河南豫商文化交流协会副会长、河南国际商会服装市场商会会长、河南豫发置业有限公司董事长兼总经理、中国国际贸易促进委员会建设行业分会副会长。1994年调入中共河南省委办公厅，2000年辞去公职，投资创立河南豫发置业有限公司，任董事长兼总经理至今。2002年，“第四届管城区十大杰出青年”、管城回族区第十三届人大代表；2003年，“郑州市首届精神文明先进个人”、管城区“光彩杯”年度先进个人；“中原地产十大实力人物”、“2003年度郑州房地产最具影响力新闻人物”；2004年，管城区“经济工作先进个人”；2005年，管城区“优秀人大代表”、郑州市第十二届人大代表；2006年，郑州市首届“优秀中国特色社会主义事业建设者”；2007年，“郑州市房地产开发先进个人”；2008年，“河南省服装产业杰出贡献奖”；2009年，郑州市第十三届人大代表。被评为河南地区房地产诚信建设突出贡献人物。河南豫发置业有限公司成立于2000年7月，注册资金20 000万元人民币，国家综合房地产开发一级资质。公司现拥有河南锦荣商贸有限公司、五指山裕发置业有限公司等9家分、子公司。

王健林，1954年生人，高级工程师，现任大连万达集团股份有限公司董事长、总裁。同时担任大连市政协常委，是国家人事部任命的西部地区开发顾问，是云南省经济社会发展咨询团副主席、中国企业联合会副会长、中国房地产业协会副会长、中国商业联合会副会长。1970年人伍，1986年毕业于辽宁大学，1986年7月进入大连市西岗区人民政府任办公室主任，1989年进入房地产行业，王健林担任许多重要社会职务。1993年担任大连万达集团股份有限公司董事长、总裁至今。经过19年发展，万达集团已成为以商业地产、住宅地产、文化产业、高级酒店为四大支柱产业的大型企业集团，总资产300亿元，年销售额200亿元，年纳税超过10亿元。截至2006年底，万达集团持有的租赁物业面积（包括开业和在建）约420万平方米。2006年，万达集团开发面积超过400万平方米，成为中国开发规模最大的房地产企业之一。由于在企业经营方面的杰出成就，2004年，王健林被《中国经营报》、新浪网评为“20年20位影响中国的本土企业家”；2005年，王健林被评为“2005CCTV中国经济年度人物”，是自2000年以来房地产界唯一入选该奖的企业家；2006年，王健林被《中国企业家》评为“2006年度最具影响力的25位企业领袖”。

王久方，男，浙江宁波市人，汉族，中共党员，大专学历，民进成员，优秀企业家，现任荣安集团股份有限公司董事长兼总经理，宁波市工商联党组成员、副主席，宁波市商会副会长。荣安集团始创于1999年4月，是以房地产为主业，集水泥、旅游、物业等为一体的跨区域、跨行业企业集团，拥有5个子公司，员工达200余人，总资产规模已逾8亿元人民币。房地产业是荣安集团的支柱产业，具有国家二级房地产开发资质，通过ISO9001：2000质量管理体系认证。本着“以人为本，缔造完美”的理念，成功完成了许多重大项目的开发，并逐步走向全省，得到了社会的关注与认可。集团积极探索多元化扩张，在大力发展房地产、建材、化工等重点支柱产业的同时，集团在旅游等行业寻求更大的发展空间。几年来，荣安集团“真诚回报社会，热心公益事业”，累计投入支持社会公益事业和光彩事业的资金已超过300万元。集团先后获得山东省“重合同守信用单位”、“山东省第六届消费者满意单位”、日照市“AAA级信用企业”、“优秀民营企业”等荣誉称号。

王君，男，山西太原市人，汉族，中共党员，优秀企业家，高级经济师，山西省、太原市两级人民代表大会代表。现任山西北方君威实业集团有限公司董事长兼总裁。先后荣获“山西省优秀民营企业家”、“山西省经济结构调整优秀青年领头人”、“首届太原市十大杰出青年民营企业家”、“太原市特级劳动模范”、“太原市优秀企业家”等多项荣誉称号。山西北方君威实业集团有限公司始创于1989年，集团涉及房地产开发、炭黑生产销售、轮胎贸易、汽车服务园区、汽车销售、投资担保、酒店经营等多个产业，至今已发展成为拥有十几个子公司、2 000余名员工、18亿总资产、年经营收入逾22亿元的跨省市、跨行业的大型集团化实业公司。澳林百和房地产开发有限公司是北方君威集团以石林房地产公司为核心于2008年进行组建的，澳林地产整合了集团房地产业板块的综合实力、全面实行项目公司化运营，也将缔造出省内房地产行业的龙头企业。2003年被省协评为“诚信单位”，2004年被中国房地产管理委员会认定为“承诺放心房”诚信单位。2009年成为山西省房协常务理事单位。已建及在建的“奥林花园”、“奥林礼顿”、“长风大厦”、“百年树人”等项目享誉全省、波及全国。山西北方君威集团愿与社会各界携手并进，共创辉煌！先后荣获“山西省优秀民营企业家”、“山西省经济结构调整优秀青年领头人”、“首届太原市十大杰出青年民营企业家”、“太原市特级劳动模范”、“太原市优秀企业家”等多项荣誉称号。

王立和，男，汉族，建筑学工学学士学位，高级工程师、国家注册监理工程师、建筑师，在北京大学国际MBA中高层管理人员研修班研读并结业。现任“合生创展”北京地区公司总经理助理兼北京合生国际花园项目公司总经理，负责北京合生国际花园全面开发及销售工作。在合生创展工作期间，历任北京地区公司规划设计部经理、珠江·合生北方投资决策委员会规划设计研究中心常务副主任、主任，合生创展北京地区公司总经理助理兼规划设计中心主任，期间负责北京地区公司规划设计管理工作，以及招投标技术标准的审定工作。他熟悉房地产开发流程，用前瞻的眼光进行规划设计、户型设计、园林设计、雕塑设计、建筑设计等，对房地产的开发理念具有独到的见解，在担任项目总经理期间，对项目开发的全过程，包括市场调研、产品定位、广告策划、市场推广、定价体系、经济分析、工程计划、成本控制等，均体现出卓越的理解、把握和控制能力。2006年，王立和提出了“亮剑精神”，率领合生国际花园团队在5月份成功举行盛大的开盘仪式，并创造了4小时销售8个亿的地产神话。

王清志，男，汉族，现任河南益通置业有限公司总经理。河南益通置业有限公司（以下简称“益通置业”），是经河南省工商行政管理局、河南省建设厅批准的，于1998年登记注册的国家二级房地产专业开发企业，公司注册资金3 060万元人民币，现有员工56人，其中高级职称3人，中级职称46人。“益通置业”成立近十年来，秉承“广筑博益，通纳万家”的战略发展方针，坚持“产品以质取胜、工作以效取胜、管理以人取胜、服务以诚取胜”的经营服务宗旨和“专业化、区域化、品牌化”的发展策略，公司不断地进行着“绩效考核制度＋人性化的管理措施”现代特色企业管理制度的完善和规范，努力提升“开发、营销、建设、物业服务”四位一体模式的运营水平，致力于精益求精的品质塑造和产品创新，逐步实现向专业化、品牌化的房地产开发公司的战略转型。历经房地产业的波澜起伏，公司肩负“服务客户、强大企业、富裕员工、回报社会”的企业使命，恪守“务实、创新、诚信、奉献”的企业精神，以“高度决定思路、思路决定细度、细度决定出路、出路实现高度”的工作作风，打造了一支“学习型、敬业型、专业型”的活力高效团队，结识了一批志同道合、同舟共济的战略合作伙伴，先后开发了天赐良园等一系列的品质优良、景观宜人的和谐社区；累计开发量达到40万平方米，实事求是、脚踏实地的稳步实现企业发展各个阶段的战略目标。操千曲而晓音，观千剑而识器。

王生坤，男，陕西人，汉族，中共党员，高级工程师，现任陕西金泰恒业房地产有限公司董事长。1968年在解放军总后勤部二建201团服役；1970年在解放军后勤高级专科学校地下建筑专业学习，毕业后留校任教；1973年在重庆建筑工程学院工业与民用建筑专业学习；1977—1987年在解放军后勤工程学院建筑工程系任教，担任教研室副主任。期间先后在清华大学、重庆建筑工程学院土木系进修两年。发表论文5篇、译文1篇，获学院教学质量二等奖。1988—2002年转业到西安市城市建设开发总公司工作。先后担任设计院院长，总公司副总经理兼总工程师。期间领导策划、设计和建设了菊花园综合大楼、煤航大厦、世纪广场、青龙小区、草阳小区等驾坡安居工程小区等。在工作实践中，开展了“房屋建筑节能”及“多层房屋底部滑移隔震”两个课题研究，获得了西安市科学技术进步二等奖、陕西省建设厅科学技术进步一等奖、陕西省科技成果二等奖。特别是在1997年担任西安市政府重点工程——西安联合大学新校园建设总指挥工作中，以超前的理念、娴熟的技能和敬业的精神，带领一班人创造了工程全部优良的业绩，使该项目的规划设计、工程质量及景观环境受到了国务院有关部委、省市领导及建筑专家的赞誉，2001年国务院在西安召开的全国高教会议上，西安联合大学新校园被列为示范工程供与会代表参观学习。王生坤先后荣获“陕西十大地产领袖人物”、“陕西十大地产杰出诚信人物”、“陕西地产诚信推动力人物”、“西安市首届环保大使”称号。2006年7月被中共陕西省国资委委员会授予“六好共产党”荣誉称号。2007年被西北大学聘为陕西文化产业研究院研究员。2008年荣获“首届十大风云陕商”。公司先后被评为“陕西十大地产旗舰开发商”、“陕西十大地产诚信开发商”、“陕西建设房地产行业十大品牌企业”、“陕西省质量服务信誉AAA级单位”、“西安市环保诚信十佳单位”、“2006—2007最受消费者尊敬企业”、“2006年度诚信单位”、“2006年度守合同、重信用企业”等。特别是2006年入选为“CIHAF2006中国房地产名企”、被国家统计局荣列“2005—2006年度中国大型房地产企业500强”之列（排名414位）。被集团公司授予“2006年度安全生产先进企业”。

王天也，男，河南人，汉族，现任建业地产股份有限公司总裁。他于1985年获得中国人民大学国际金融专业专修证书，于1996年获得Macquarie University应用金融学硕士学位，其后于2007年6月完成中欧国际工商学院的全球CEO课程。他于2004年11月加入建业集团，曾任建业住宅（建业集团的前控股公司）的董事及总经理。他于1980—1996年间任职中国银行。他于金融及投资行业具有逾20年经验，并于房地产业具有约十年经验。于1993—1996年出任中国银行澳大利亚悉尼分行副行长，亦曾任澳大利亚银行与金融学会高级理事；1998—2004年间于广东发展银行在香港成立的一家投资公司出任总经理。

王小荣，男，1962年出生，浙江温岭人，泰州市人大常委、泰州市工商联副主席、泰州市浙江商会会长、江苏省市场管理协会副会长。现任泰州市嘉诚经济发展有限公司董事长兼总经理、泰州市永兴包装有限公司董事长兼总经理、泰州中嘉商贸城有限公司执行董事兼总经理。2004年当选为泰州市浙江商会会长以后，成立了泰兴、姜堰两个分会，协助评选泰州为“浙商最佳投资城市”，宣传泰州、推介泰州，招引浙商来泰创业，使在泰浙商人数增加到6万人，总投资达到200亿元。十年间，他率商会先后数十次资助社会弱势群体，金额达百万元。先后资助了泰州市梅兰芳诞辰110周年活动、泰州长三角城市论坛，独家赞助了泰州首届梅兰芳艺术节，参与赞助了泰州首届国际旅游节。汶川地震发生后，王小荣个人捐助10多万元，企业捐助进20多万元，在泰浙商捐助400多万元用于灾区群众重建家园。嘉诚经济发展有限公司是海陵区一家大型私营企业，下辖嘉诚家具市场、嘉诚灯具市场和永兴包装有限公司，年产值达2亿元，上缴国家税收700多万元。

王永红，男，1972年1月出生，江西省宜丰县人，汉族，经济管理学士，经济师。现任北京中弘卓业有限责任公司董事长、北京中弘投资有限公司总裁，兼任中国工商理事会理事，中国贸促会建设行业分会常务理事。王永红同志自参加工作以来，一直从事企业经营管理工作。1993年，王永红同志创办北京中弘卓业有限公司，北京中弘商务花园的建设成功，将为北京的城市建设作出巨大贡献。王永红同志在经营企业获得成功后，成立“桑梓情”基金会，踊跃为家乡教育事业作贡献。王永红同志事迹先后被江西省、宜春市电视台、《江西日报》等新闻单位报道。中弘卓业集团有限公司于2004年11月成立，注册资本为人民币6亿元，是一家以实业项目投资和经营管理为主的企业集团，主要业务涉及房地产开发、金融投资、文化及矿业投资。中弘集团的核心业务为房地产开发，目前在北京拥有500万平方米的项目储备，已开发项目规模达65万平方米。在金融投资领域，集团在2006年底发起成立了领锐资产管理有限公司，公司注册于天津的滨海新区——金融改革试点区域，资本金19.3亿人民币。在资本运作领域，中弘集团已成功收购国内A股上市公司科苑集团（股票代码：000979）。同时拟将下属非中心及六佰本地产项目注入上市公司，由上市公司向我司增发4亿股作为上述资产的对价。上述方案已于2009年9月15日获得中国证监会有条件通过。

王宇，男，汉族，大学学历，现任郑州宝龙置业发展有限公司总经理。出道较早、成名却晚的宝龙集团而言，之所以近年来会在中国商业地产领域声名鹊起，得益于其与众不同的“城市广场”商业模式。宝龙集团的中原布局已初露端倪。宝龙城市广场在河南区域的三足鼎立，体现出来的是一种大企业思维的升级模式。从福州到郑州，只是地域文化的差异，宝龙更看重的是集团战略性开拓的一种调整。截至目前，宝龙城市广场已扩展至17个项目，分布在福建、河南、山东、江苏和安徽等地的14个城市。

同一种发展思维，这是一种内在的商业契约精神在延伸，最终形成的也必将是一种特别的“宝龙城市广场”商业模式。

王云，上海明泉企业（集团）董事长、总裁，上海市四川商会会长，国房地产企业家全国理事会副会长，上海市工商联住宅产业协会副会长。他领导的上海明泉企业（集团）有限公司（以下简称“明泉集团”）初创于1994年，前身是上海明泉房地产开发有限公司。2006年11月，明泉集团成立，集团下属6家全资或控股子公司，业务范围涉及房地产开发经营、资本运营、物业管理、实业投资、投资咨询、文化教育等多个领域，集团总资产逾二十亿元。先后开发明泉花园别墅、明泉公寓、明泉大酒店、锦绣江南家园、重庆星河城等房地产项目。其中，借鉴江南民居和上海花园里弄住宅建筑布局和细部设计手法，以“海韵华风”理念设计、开发的“锦绣江南家园”一举成为国内地产创新的典范，荣获“全国新世纪人居经典综合大奖”、“上海市十大典型新都市住宅楼盘”、“2004年上海‘最受欢迎楼盘’综合金奖”等多项荣誉。经十余年发展，明泉集团现已成为国家建设部一级房地产开发资质企业，系上海房地产十大民营企业、上海市房地产业协会常务理事单位，并先后被评为“上海房地产企业50强”、“中国房地产企业200强”。明泉集团热心社会慈善与公益事业，在四川蓬安地区捐资助学500余万元成立王云希望小学、出资300万元成立王云慈善基金、出资200万元成立上海阳光明泉社区青少年发展基金等。据不完全统计，明泉集团先后在社会重大慈善项目中的捐资总额已经超过1 000余万元。他个人也荣获上海房地产优秀青年企业家，上海房地产18年十大民营企业家称号。

王振安，男，汉族，现任居易国际城总经理。作为郑州第一个真正意义上的远郊大盘21世纪·国际城的操盘手，一贯低调因而知名度不高的他却是业界公认的远郊大盘第一人。居易·国际城是居易国际2006年度鼎力打造的国际化居住区，项目位于郑州市东南部龙湖经济区，坐落在双湖大道和郑新路南交叉口。从郑州中心有东西两条主干道到达居易·国际城，东线是从中州大道经郑新公路进入；西线是从大学南路经107国道进入。经测试，从居易·国际城到紫荆山公园有30～35分钟的车程；到绿城广场25～30分钟的车程。居易·国际城占地约2 000亩，项目区域地貌呈阶梯状分布，内有约10万平方米湖泊，自然资源十分丰富。其总体规划将由具有国际水平的规划大师领衔担纲，计划建成具有泛国际化特征、高品质的现代化居住区。

温继根，男，汉族，共产党员，河北经贸大学的硕士研究生导师，优秀企业家，人大代表，石家庄国大集团房地产开发有限公司董事长。他最常提到的两个字就是“责任”，他说国大集团作为国有公司，争取利益不是最终的目的，更重要的是要承担一些社会责任，质量、诚信是一家企业的生命线，这一点在国大全城的项目中得以很好体现。项目所在地为城市重点发展区域，交通便利，毗邻各大高校，人文气息浓重。附近大型景观公园散布，坐落城市绿肺中央。各项配套将随住宅的兴起而日益完善，地块发展潜力巨大。项目总占地365亩，将建设成省会超大体量的复合型社区。社区产品种类丰富，包括低密度叠拼住宅、带电梯花园洋房、板式小高层、板式高层等。全城社区将自建国际化小学、双语幼儿园，结合社区外众多知名学府，共同形成浓郁教育氛围，为培育孩子的美好未来添砖加瓦。社区配有独特的地热温泉会馆，五星级金牌物业，中西合璧大型园林和中心商业街等。

吴泉水，男，汉族，现任厦门泉舜集团董事长、总裁。2002年，泉舜集团组建，同年厦门泉舜纸塑容器有限公司、河南泉舜机电工程有限公司、洛阳泉舜房地产开发有限公司相继成立，房地产为主业、实业为支撑，深耕厦门、洛阳两地的战略格局初步形成。厦门泉舜集团是以厦门泉舜集团有限公司为核心企业组建的企业集团，成立于2002年，集团公司注册资本为5 600万元。泉舜集团以房地产开发为主营业务，同时从事综合贸易、污水处理、机电工程、纸制品制造、实业投资等业务。目前，泉舜集团旗下拥有八家紧密型企业，包括：厦门泉舜房地产有限公司、洛阳泉舜房地产开发有限公司、厦门泉舜生物科技有限公司、河南泉舜机电工程有限公司、厦门泉舜餐饮纸容器有限公司、厦门海晨特种水产饲料有限公司、厦门泉舜国医堂亚健康保健休闲公司、北京泉舜广恒科技有限公司。

X

肖浩燃，男，河南人，汉族，大学学历，现任郑州尚锦房地产有限公司总经理。他热爱本职工作，用一种严肃认真的态度对待自己的工作，勤勤恳恳、兢兢业业，忠于职守，尽职尽责的工作精神、工作作风。他在自己的岗位上勤勤恳恳、兢兢业业，忠于职守，尽职尽责，争作爱岗敬业的优秀员工，为企业、为社会贡献自己的力量，实现自己的人生价值。郑州尚锦房地产有限公司是一家具有实力和规模的大型房地产开发公司，公司注册资金2亿元，目前在郑州以建设高档住宅、公寓、写字楼、商业等多种形态的新项目的专业化公司。公司融合国际先进的规划设计理念，组合国内外一流专业团队精心锻造郑州市的标志性城市建筑群。

肖基成，男，湖北十堰市人，汉族，中共党员，大学学历，高级工程师，优秀企业家，市政协委员。现任十堰市阳光房地产开发有限公司董事长兼总经理、十堰市工商业联合会副主席。2007年4月27日被评为十堰市第二届“优秀中国特色社会主义事业建设者”；2008年5月荣获“十堰市十大杰出青年”荣誉称号。十堰市阳光房地产开发有限公司始建于1999年，具备二级房地产开发资质，公司依靠科学管理，以专业技术人才和复合型人才为支撑，建立科学而完善的企业管理体系和房地产开发程序。土石方工程专业承包一级、建筑幕墙、公路工程等专业承包二级具有综合施工能力的企业。曾荣获中国建筑工程“鲁班奖”两项，全国“建筑安全奖”一项，荣获重庆市和湖北省优质工程七十多项，连续十六年被重庆市和湖北省授予“重合同、守信用企业”、先进施工企业、全国先进施工企业等荣誉。

谢利卿，男，出生于河南省巩义市，汉族，中共党员，毕业于郑州工学院机械工程专业，大学学历，高级工程师，现任河南省城开集团总裁。集团已成功地开发了桃源洋房、金碧华居、香榭丽舍、开元丽城等多个精品住宅项目。1986—2001年曾先后任职于河南省中州煤矿机械厂、中国一拖中州工程机械厂，历任办公室主任、营销部部长、党委书记、厂长；2001年组织企业改制后调任河南省康城实业有限公司任总经理；2004年河南省康城实业有限公司与郑州开元房地产有限公司合并重组成立河南省城开集团，2005年出任河南省城开集团总裁。1998年投资开发的位于郑州市绿城广场兴华北街的“桃源洋房”系郑州市首座欧陆风格的花园社区，它的出现，在中原腹地掀起了久盛不衰的“欧陆风”，创下了郑州市西部房地产的数项第一，所建工程全部为优良工程；2004年开发的“香榭丽舍”一期项目，实现了当年开发、当年销售、当年清盘的骄人业绩，并在2004年底荣获“中原地产辉煌十年·最具潜力楼盘”的荣誉称号；位于南阳路的“林荫大道”小区，于2004年8月开盘，三个月内实现销售率80%，“大公园·自然派·生活家”的项目主题传遍中州，成为郑州当年的又一明星楼盘；多年来，集团公司以优秀的房屋质量、优美的居住环境、良好的销售业绩分别被省、市建设单位授予“房地产开发先进单位”、“房地产开发优秀企业”、郑州市首家“商品房面积计量信得过单位”、“郑州市1999年度商品房预（销）售信誉楼盘”、“郑房40指数样本楼盘”、“2000年郑州市十大明星楼盘”、“2001中国（河南）房地产成功经营模式典范”等荣誉称号。所建小区因物业管理规范，被市有关部门授予“物业管理优秀居民小区”、“绿化达标小区”、“卫生达标小区”、“河南省安居工程优秀住宅”、“郑州市十佳住宅小区”等荣誉称号。2006年，城开集团凭借雄厚的实力，良好的品牌形象，获得“2006CIHAF中国名企”。

谢铁牛，男，汉族，中共党员，大学文化，工程师。现任广州大鹏房地产有限公司董事长。曾任北京东风电视机厂技术员；在房地产方面，公司投资开发了六个重要的大型项目。广州大鹏房地产有限公司通过近八年的努力开拓，迅猛发展，不仅投资开发了许多重要的大型房地产项目，而且还涉足金融、工贸、高科技领域，成为一家实力雄厚、业务蓬勃、拥有资产四十余亿的多元化综合性企业。广州大鹏房地产有限公司是由广州威瑞投资发展有限公司（占股23.08%）、广州盛凯投资发展有限公司（占股12.82%）、广州君悦宫饮食娱乐有限公司（占股10.26%）、广州荣汉科技开发有限公司（占股12.82%）、广东大鹏集团有限公司（占股41.02%）共同投资组建，注册资金人民币1亿9千500万元整，于1994年8月11日经广州市工商行政管理局批准的一家有限责任公司。广州大鹏房地产有限公司经广州市城乡建设委员会审定为城市综合开发二级企业。公司的法定经营范围为：二级房地产综合开发、经营；室内外装饰、装修；信息中介服务。

谢振品，男，汉族，江西南昌市人，大学学历，优秀企业家，著名房地产开发商，江西省十大责任地产人物之一。现任银河城总经理，系南昌市房地产业协会会长。发展商“江西宏舜房地产开发有限公司”为浙江兴宏集团的子公司，实力雄厚，矢志将银河城打造成南昌市房地产界的航空母舰。为此，特聘请深圳建筑设计院和江西建筑设计总院为银河城全力打造，负责整体的规划设计，并聘请深圳万厦居业物业管理公司负责小区的物业管理。先后被评为“优秀中国特色社会主义事业建设者”、“市十大杰出青年企业家”、“市十大成功企业家”等荣誉称号，2009年当选为南昌市房地产业协会会长，江西省十大责任地产人物之一。

熊浩，男，重庆巴南区人，汉族，大专。现任重庆浩立地产（集团）有限公司董事长。1993年6月参加工作，1993年，他投身于当时并不热门的建筑行业，开始了艰苦的学习和摸索。2002年2月，他成立了重庆浩立建筑安装工程有限公司。5月，他又成立了重庆浩立物业管理有限公司。8月，成立重庆浩立房地产开发有限公司，开始了浩立地产的新纪元。2004年，公司整合资源，成立重庆浩立地产（集团）有限公司，重庆浩立集团是一家集开发、建筑、物业管理、工业企业、农业发展为一体的大型集团公司。拥有职工200余人，资产上亿元。实现年产值达3亿元以上，每年上缴税金人民币几百近千万元，年提供上千人次的就业机会。2006年，他被重庆市委、市政府评为“重庆市首届非公有制经济人士优秀社会主义事业建设者”；被巴南区委、区政府评为“自强不息、开拓开放”突出人物。现任重庆浩立地产（集团）有限公司董事长兼总经理、重庆市第三届人大代表、重庆市巴南区第16届人大代表、巴南区工商联副会长。先后被重庆市农村信用合作社联社评为AAA级信用客户，被中国质量检验协会评为全国行业质量诚信示范企业、全国用户质量满意企业，被重庆市中小企业局评为安全生产工作先进单位；连续几年被重庆城市建设综合开发协会评为重庆市房地产开发企业“诚信品牌企业”、“重合同守信用单位”、重庆市房地产诚信开发企业、重庆市非公有制经济促进会会员单位。

熊庆安，男，汉族，本科学历，经济管理专业。现任广西鑫凤置业投资有限公司董事长。1989年开始创办了南昌市郊区星火制线厂、星宇针织制衣厂，目前在江西办有江西瑞达纺织品有限公司。2008年荣获民进中央授予“民进全国抗震救灾优秀会员”。于2006年3月在广西成立了广西鑫凤置业投资有限公司，担任该公司董事长。同时担任民进广西区直科技经济支部组织委员，民进广西区委科技经济委员会委员以及江西赣商联合会副会长一职。1989年开始创办了南昌市郊区星火制线厂、星宇针织制衣厂，目前在江西办有江西瑞达纺织品有限公司。于2006年3月在广西成立了广西鑫凤置业投资有限公司，担任该公司董事长。广西鑫凤置业投资有限公司系江西鑫盛置业有限公司下属的房地产开发投资公司，成立于 2006 年 7 月。江西鑫盛公司在全国多个省会均有开发项目，鑫凤公司开发的项目有“天筑丽城”和“天筑米兰”。鑫凤公司以房地产开发为主要经营项目，资金实力雄厚，资产结构优质合理，办公设施完善，技术力量雄厚，拥有各种工程技术、经营管理等专业人员。2008 年荣获民进中央授予“民进全国抗震救灾优秀会员”。2009 年 10 月 20 日被评为“为国争光 60 名杰出赣商”。

熊泽英，女，1957 年 6 月 22 日生，祖籍沅陵县蚕忙乡，高中文化。现任湖南省雄鹰房地产开发有限责任公司董事长。1999 年组织了沅陵县五强溪建筑施工队，承包修建了张家界市天门山环山旅游公路工程。2001 年承包修建了沅陵县城滨江大道防洪大堤，并任张家界市金马投资有限责任公司副总经理。2004 年 6 月独立组建了沅陵县雄鹰房地产开发有限责任公司，出任董事长。湖南省雄鹰房地产有限责任公司成立于 2004 年，注册资金 1 000 万元，现有职工 32 人，其中高级职称 2 人，中级职称 5 人，初级职称 8 人，是一家以房地产开发为主，集工程承建，建筑材料经营，物业管理，旅游开发为一体的独资企业。2005 年建设部核定为三级房地产开发资质。被评为县级“劳动致富模范”。2005 年建设部核定为三级房地产开发资质。

徐朝军，男，1970 年生，浙江舟山人，硕士研究生学历。现任江苏弘辉房地产开发有限公司董事长，公司创始人。目前还担任江苏省浙江商会常务副会长和南京宁波商会常务副会长职务。1992 年毕业于东南大学工民建本科专业；2002—2004 年毕业于南京大学 EMBA，并取得工商管理专业硕士学位；2006 年 10 月参加长江商学院 EMBA 课程学习。他积极参与社会各项活动，保持企业多种渠道对外界的接触，公司主要经营房地产开发，商品房租赁，销售，物业管理，建筑材料，装饰材料，五金交电的销售，咨询服务，注册员工人数为 30 人，注册资本 2 000 万元人民币，在公司发展壮大的 12 年里，离不开客户朋友的支持。江苏弘辉房地产开发有限公司愿与社会各界同仁携手合作，谋求共同发展，继续为新老客户提供最优秀的产品和服务，以最大的热忱和积极乐观的态度迎接未来。

徐東萍，陕西西安新大陆集团董事长、西安雅荷房地产开发有限公司董事长兼总裁。1993 年将新大陆集团公司从海南移师西安，徐東萍总裁成为第一个入驻西安经济技术开发区的女企业家，先后在西安地区投资 30 亿元人民币，先后开发建设了“雅荷花园”、“雅荷度假山庄”、“雅荷城市花园”、“雅荷翠华大厦”、“雅荷智能家园”、“雅荷中环大厦”、“雅荷春天”等系列地产品牌项目，总建筑面积已超过 100 万平方米，深受广大消费者喜爱。先后被国家、省、市各级部门授予了几十项荣誉称号，成为陕西社会影响大、公益形象好、经济实力强、企业信誉高的优秀大型企业集团，为陕西经济建设做出了应有的贡献。

徐文忠，男，汉族，现任湖南标志房地产开发有限公司董事长。浙江商会副会长，湖南标志房地产开发有限公司董事长。湖南标志房地产开发有限公司于 2004 年 8 月成立，注册资金 2 000 万元，是一家致力于在湖南打造本土品牌的房地产投资型民营企业。目前公司处于品牌打造阶段，将通过对几个项目的成功运作，最终实现品牌效应。为此，公司前期通过与中国美院、中国华西设计院、长沙规划设计院等优秀的规划设计公司的合作，保证了开发项目设计理念和产品的先进性；中期与中建五局等一流施工企业合作，以湖南建筑最高奖——芙蓉奖，作为建筑品质的衡量标准，确保项目的工程质量；后期通过人性化的物业管理，延续产品和服务的品质，提升项目价值。

徐彦平，男，重庆市酉阳县人，汉族，现任西安高山流水集团董事长，陕西省政协委员，陕西省工商联川渝商会会长。陕西川渝商会会长。2009 年，陕西省工商联异地商会先进个人。当过铁道兵、诗人、媒体记者、编辑，后下海经商。2000 年从北京转战西安地产业，其旗下公司打造的“高山流水”品牌，被评为“中国文化地产经典品牌”。西安高山流水别墅项目，在 2004 年第三届全国城市雕塑成就展被建设部和文化部评为“特别贡献奖”，其高山流水品牌价值为 4.23 亿元人民币。2005 年 4 月，徐彦平倡议发起成立陕西工商联川渝商会，致力于促进陕川渝三省“市”经济发展，为增进“西（北）西（南）合作”架设桥梁。同时。高山流水集团是一家专业的房地产开发管理企业。旗下有西安愿景房地产开发有限公司，西安高山流水房地产开发有限公司，西安高山流水实业有限公司，知音文化投资管理有限公司，西安愿景物业管理有限公司等，其龙头企业西安愿景房地产开发有限公司成立于 2000 年 10 月，注册资金 5 000 万元人民币，是具有国家二级开发资质的专业房地产开发公司。

许家印，男，1958 年生人，原籍河南省周口市太康县，汉族，武汉科技大学冶金系毕业，美国西亚拉巴马州大学荣誉博士、管理学教授，第十一届全国政协委员、全国劳动模范，现任恒大地产集团董事局主席、党委书记。曾荣获“中国房地产十大风云人物”、“中国民营经济十大风云人物”、“推动中国城市化进程十大杰出贡献人物”、“优秀中国特色社会主义事业建设者”、“中国十大慈善家”等称号。2006 年胡润排行榜第 7 位。2009 年 10 月 10 日胡润百富榜许家印排名第一，身价达到 422 亿。2010 年，以 40 亿美元位居福布斯富豪排行榜第 212 位。2010 年 5 月 14 日，“2010 新财富 500 富人榜”，以 385.3 亿元资产排名第二。恒大地产集团集房地产规划设计、开发建设、物业管理于一体的现代化大型房地产综合企业。公司于 2009 年 11 月 5 日在香港联交所主板上市，是中国标准化运营的精品地产领导者，连续七年荣登中国房地产企业 10 强。集团拥有中国一级资质的房地产开发公司、中国甲级资质的建筑设计规划研究院、中国一级资质的建筑施工公司、中国一级资质的建筑监理公司、中国一级资质的物业管理公司。

许俊杰，男，1956 年 10 月出生，汉族，大学本科学历，现任辽宁省丹东市鑫利达房地产开发有限公司董事长兼总经理。2003年8月，承建2栋商住综合楼。2005年6月，许俊杰同志以执著追求、为民造福的志向，取得了位于东平大街棚户区改造项目。现筹措资金投入二期工程建设，许俊杰还筹资近30万元，积极参与支持社区建设和部队建设。深得大家好评。公司在2006年被振安区政府评为重大投资项目贡献单位。丹东市鑫利达房地产开发有限公司是以房地产开发、商品房销售为主的有限责任公司。本公司成立于2003年5月，注册资本金800万元人民币。为暂定资质。公司法人代表许俊杰为经济学在读研究生，具有丰富的房地产策划、开发、建设的操作经验。公司自成立至今近五年2003年8月份开发建设的东平大街综合楼建筑面积16 150平方米，2004年销售额814万元，实现利润163万元，2005年销售额1 707万元，实现利润318万元。2005年5月我公司取得了东平嘉苑棚户区改造项目的开发建设权。荣获2009中国建设行业百名管理英才奖。

许铭生，男，汉族，大学本科学历。现任湖南天翔房地产有限公司总经理，长沙市城市建设综合开发协会第三届理事会副会长。1984年在浙江省磐安县计委任科长，1990年在东阳市计委任副科长，1994任横店集团有色金属总厂厂长，2000年加入中天建设集团，任中天集团投资部副总经理，2002年10月任湖南天翔房地产有限公司总经理。湖南天翔房地产有限公司系全国500强企业之中天集团下属子公司，中天集团是一家以房屋建造、房产开发、交通路桥和新材料开发为主要经营业务，具有鲜明特色的现代大型企业集团。中天房产拥有杭州、上海、西安、长沙、烟台、东阳7家房产子公司，年开发商品房40万平方米以上。在房地产开发中，中天房产实践“精品化”战略，力求“同一地域、同一市场、同一价格、同一品种、同一阶段”的精品。湖南天翔房产公司作为中天房产在湖南的投资平台，致力于高端物业开发，走“精品”路线，目前正在长沙城市规划CBD核心区开发“中天广场”项目。全国质量管理奖单位、全国文明单位、全国500强大型企业、全国50强民营企业、中国十大慈善企业。

许忠勇，男，宁波市交通房地产有限公司总经理。中国房地产十佳创新人物。他领导的企业于1995年成立，2002年12月改制，是由宁波市交通投资开发公司、宁波海运集团有限公司、四十三位自然人股东及宁波西林投资有限公司共同出资组建的专业从事房地产开发经营的有限责任公司。目前是中国企业联合会会员单位、中国房地产协会会员单位、浙江省首批公众满意诚信单位、宁波市形象工程建设单位、银行信用AAA级资信单位，下设十个部门和宁波交投物资有限公司、宁波市常青藤物业管理有限公司两个控股子公司。总资产达10.56亿元人民币。曾开发中兴小区、中兴雅园、中兴新家园及常青藤·小城(一期)共计约40余万平方米优秀民用住宅。其中，中兴系列住宅获得“优秀住宅小区”、“涉外住宅小区”、“花园式住宅小区”、“建设部物业管理示范小区”、“十佳户型”和“优秀户型”等称号；以“学院式社区”为主题开发的大规模住宅社区——常青藤小城，被中国房协确认为“中国地产学区概念开发成功典范”，荣获2003年中国社区规划经典示范楼盘、21世纪中国绿色生态健康创新示范小区金奖、中国人居环境与新城镇发展金牌社区试点等国家级荣誉。他本人是浙江省房地产十大风云人物；2004年度CIHAF中国地产百杰及2004年中国住宅产业领军人物杰出奖获得者。

Y

闫作利，男，安徽人，汉族，现任山西大唐双喜置业有限公司总经理。1986年毕业于西南交通大学（工民建专业），在山西太原（中铁十二局）度过了一个工程师的理想与现实的磨合期，也完成了娶妻生子的过程。1992年，在邓小平南方讲话的感召下，已是而立之年的闫作利，义无反顾地随着满怀创业激情的滚滚人流，直奔热火朝天的海南特区，从此端起了“泥饭碗”。现任山西大唐双喜置业有限公司总经理、山西省房地产协会副会长。山西大唐双喜置业有限公司为昌盛中国地产与山西大唐房地产开发有限公司两强携手创建，是山西省著名的房地产投资企业，在山西太原成功开发高端项目：大唐四季花园、昌盛双喜城等项目。公司沿袭了高度的国际视野以及丰富的高端物业开发经验，致力于在太原打造一座48万平方米的地标性豪宅社区“昌盛双喜城”，意愿为世界晋商提供一处奢华与品位完美融合的传世府邸，成就值得城市永久铭记的高尚人居代表作品。荣获山西省劳动模范、太原市“优秀企业家”。2009年荣获山西“2009地产年度贡献人物奖”。荣获山西省劳动模范、太原市“优秀企业家”。2009年荣获山西“2009地产年度贡献人物奖”。

严信平，男，汉族，中共党员，工学硕士。现任武汉三江航天房地产开发有限公司董事、总经理兼党总支书记。2001年，荣获集团“优秀党务工作者”、“优秀干部”称号；2004年6月，荣获中国航天科工集团“优秀共产党员”称号；2005年2月，荣获“集团劳动模范”称号；2005年9月，被国务院批准为享受2004年度政府特殊津贴人员。2007年4月，被评为2005—2006年度湖北省优秀企业家。历任中国三江航天集团江北机械长党委书记、厂长，万峰无线电厂厂长，武汉三江航天房地产开发有限公司副董事长兼党总支书记，现任武汉三江航天房地产开发有限公司董事、总经理兼党总支书记。武汉三江航天房地产开发有限公司成立于1994年2月，是中国三江航天集团与民营企业合资组建，进行房地产开发，面向市场经营的第一个三产公司，2005年12月完成主辅分离辅业改制工作，2008年、2009年又分别进行了股权结构调整。公司注册资本金现为8 513万元，开发资质等级为二级。公司主要产品是房地产开发、物业管理和商业地产运营管理。他在2001年，荣获集团“优秀党务工作者”、“优秀干部”称号；2004年6月，荣获中国航天科工集团“优秀共产党员”称号；2005年2月，荣获“集团劳动模范”称号；2005年9月，被国务院批准为享受2004年度政府特殊津贴人员。2007 年 4 月，被评为 2005—2006 年度湖北省优秀企业家。

颜家伟，男，汉族，大学学历，毕业于英国诺丁汉大学，现任湖南德天投资（集团）有限公司总裁，怀化市第三届政协常委，怀化市房地产协会副会长，怀化市慈善总会常务理事。他被誉为“怀化民营经济第一人”、“市场奇人”，省招商引资优秀个人，省慈善奖获得者，怀化市建市 10 周年十大经济人物，怀化十佳知识型职工，怀化市第二届优秀中国特色社会主义事业建设者，怀化市 2008 年度建功立业优秀政协委员。湖南德天投资（集团）有限公司简介湖南德天投资集团是一家非公有制企业集团。集团以湖南德天投资（集团）有限公司为主体，下设德天建筑工程有限公司、桂林市德天房地产开发有限公司、德天旅游开发有限公司、广西德天房地产开发有限公司、德天物资贸易有限公司、德天物业管理有限公司、华德书苑有限公司、金土地典当有限公司 8 家子公司，广西融安分公司、广西融水分公司两个分公司。集团以房地产开发为主业，涉及工程建筑、物资贸易、旅游产业、文化艺术、物业管理、金融典当等七大领域。集团公司曾先后荣获全国商业质量效益型先进企业、中国商业质量管理小组活动优秀单位、中国消费者放心单位、湖南省优秀企业、湖南省私营企业双爱双评员工信得过企业、湖南省重质量守信誉企业、湖南省消费者信得过单位、怀化市消费者信得过单位等多种荣誉称号，连续三年被农业银行湖南省分行评为 AAA 级信用企业。

杨凡，男，汉族，研究生学历，优秀企业家。现任郑州中凯置业有限公司董事长。郑州中凯置业有限公司隶属于中凯企业集团。中凯企业集团——中国房地产品牌企业 50 强，是总部设在上海的一家国有性质的全国性大型房地产开发企业，致力成为受社会尊重的企业，中凯企业集团现已发展成为拥有 15 家控股子公司的集团性企业，其开发足迹遍及上海、郑州、杭州、海南、南昌、重庆……中凯企业集团秉承“顾客至上、诚信第一”的企业理念，于 2005 年在国内率先捐款 600 万元，成立“中国房地产业诚信基金”，推动和规范中国房地产业诚信建设。郑州中凯置业有限公司成立于 2000 年 6 月 1 日，始终坚持“共创、共享、共赢、回馈社会”企业使命，成功开发了“中凯城市之光——东西大街”项目与“海上香颂”项目。2006 中凯郑州年。五月，郑东新区 CBD 首席涉外别墅——中凯·铂宫项目激昂入市。

杨亳，男，成都置信实业（集团）有限公司董事长，成都市人大代表、四川省企业家协会副理事长。公司 2007 年、2008 年销售总额 40.9 亿元，纳税 5.2 亿元。公司员工 7 077 人，其中招收城乡失业人数 1 867 人，并依法缴纳社会保险。积极参加社会公益事业，累计捐款捐物 2 990 万元。公司建有党组织和工会组织。个人曾获“2008 年度成都房地产优秀企业家”等荣誉。成都置信实业（集团）有限公司是一家以房地产业为主的投资控股型集团公司，参股、控股 30 余家企业。公司成立于 1997 年 11 月 12 日，2004 年 6 月 1 日完成集团化改组，现有职员 6 000 余名。以“舍得、团队、创新、细节”等企业特色著称业界。成都置信集团成长于成都，布局全国，目前已形成了成都、重庆、上海三足鼎立格局，在绵阳、攀枝花、彭州、青城山等 10 余个区域进行产业运营和项目开发。置信定位于“成为中国最优秀的系统生活服务商”，坚持“股东、职员、消费者和社会利益完美结合”的核心价值理念，始终站在社会前沿，以高度的社会责任关注城市发展与建设。被全国媒体联盟三度评选为“中国值得尊敬的房地产品牌企业”。

杨建萍，男，汉族，中共党员，大学学历。现任萍乡市城北房地产有限公司董事长、党支部书记。出生普通农民家庭的他毕业于华东理工大学建筑系，并在清华大学企业管理 MBA 班深造。他艰苦创业，从一个建筑公司学徒，一步一个台阶，成为现在萍乡市房地产龙头企业的董事长，在几十年的创业道路上为党的事业和社会的进步作出了杰出的贡献。先后被评为“优秀中国特色社会主义事业建设者”、“市十大杰出青年企业家”、“市十大成功企业家”等荣誉称号，2009 年当选为萍乡市房地产业协会会长，萍乡市城乡规划协会副理事长。先后被评为“优秀中国特色社会主义事业建设者”、“市十大杰出青年企业家”、“市十大成功企业家”等荣誉称号，2009 年当选为萍乡市房地产业协会会长，萍乡市城乡规划协会副理事长。现任萍乡市城北房地产有限公司董事长、党支部书记。萍乡市城北房地产有限公司是 2001 年由萍乡市城北房地产总公司改制成立的企业，公司总部位于萍乡经济开发区公园中路 106 号，是一家集房地产开发、物业管理、房产中介为一体的房地产公司，注册资金 5 000 万元，具备二级开发资质。公司还多次荣获“全国物业管理先进单位”、“全省房地产开发先进企业”、“萍乡市房地产开发企业先进单位”、“十佳民营企业”、“民营企业纳税大户”、“诚信纳税单位”、“建设银行江西省分行 AA 级信用等级客户”、“AA 级重合同守信用企业”、“国家多层复式精品户型”等荣誉称号。尤其是去年，公司项目凤凰山庄还荣获中国房地产行业最高奖项“广厦奖”，该奖项在江西省内仅三家企业获得。

杨克藩，男，1942 年 9 月 18 日，中共党员，大专学历，高级工程师。现任重庆市搏赛房地产开发有限公司董事长兼总经理。1976—1995 年任重庆西彭建筑安装公司总经理，兼任党总支书记。1996—1997 年任重庆三峡建设工程承包总公司副总经理、总工程师。1998—1999 年任重庆赢丹（集团）公司总工程师、副总经理、党委委员。2000 年至今，同时担任重庆市搏赛房地产开发有限公司、重庆市石塔建筑安装公司董事长。1976—1995 年在重庆西彭建筑安装公司任总经理期间，曾获重庆市巴南区优秀共产党员；原四川省后重庆市省级优秀企业经理、优秀企业家称号。企业曾多次获得重庆市优良工程产品、省市级“重合同、守信用”企业称号。企业承建部分工程被评为优良工程和市级鲁班奖。荣获“2009 年中国建设行业百名管理英才”奖。2000年至今任重庆市搏赛房地产开发有限公司和重庆市石塔建筑安装公司董事长及总经理。期间企业每年都被评为直辖市、区级“重合同、守信用企业”。2009年被评为“重庆市首届最具成长型中小企业”及“重庆市2009年优质产品上榜企业”。重庆市搏赛房地产开发有限公司和重庆市石塔建筑安装公司是两块牌子一套班子的联合体。搏赛房地产开发公司成立于2000年5月，注册资金1 000万元人民币，属有限责任公司，具有三级开发资质。

杨秋，男，广东省电白县电城镇人，汉族。现任广州恒鑫集团有限公司董事长，广东叶剑英基金会副会长，茂名市政协常委。20世纪80年代初至90年代，曾先后担任茂名市建总广州四工区主任、茂名市建总广州工程处经理。1999年，由杨秋出任董事长的广州恒鑫集团有限公司正式成立。经营领域从原来的房地产开发和建筑业，扩展到高科技开发、金融、进出口贸易等方面，成为茂名籍人士在广州创业的典范。杨秋先生富而不忘乡梓，多次慷慨解囊资助家乡公益事业。他长期资助村中五保老人、困难群众，捐资近320万元建设了电城北门头大道、冼太夫人门阙等。据不完全统计，此前杨秋先生先后为各种社会公益事业捐款超过700万元，为家乡和社会作出了积极的贡献。杨秋先生的善举受到家乡人民和社会各界的赞扬，并在当地广为传颂。广州恒鑫集团有限公司经过二十多年的经营和发展，现已壮大成长为以房地产为主业，以建筑业、科技开发为两翼的综合性大型民营企业集团。企业现已拥有恒鑫实业、恒鑫建筑、恒鑫科技、恒鑫物业、恒鑫投资、恒鑫饮食六大全资公司。业务范围包括：房地产开发、建筑业、科技矿业开发、金融投资等领域，并在多个领域确立了产业优势。企业集团系广州市百强民营企业和广东省房地产最具发展潜力与前景的十强企业。恒鑫建筑被国家建设部评定为“建筑工程施工总承包一级资质”企业。

杨晓初，男，1969年12月生人，汉族，硕士研究生学历，工程师。现任四川蓝光和骏实业股份有限公司董事长。杨晓初先生任职以来，带领四川蓝光和骏实业股份有限公司连续三年占据四川省房地产开发企业年度开发量、销售额、市场占有率第一名，多次被四川省统计局授予“四川房地产开发企业综合实力首强”称号，并连年荣膺“中国房地产百强企业”大奖。由于业绩突出，杨晓初先生曾先后荣获“2007年成都地产年度人物”以及“杰出信息化领导者”等荣誉。公司着力打造的峨秀湖国际度假区项目证明蓝光并不满足于普通商业地产和住宅地产，现在的蓝光已经在大旅游地产项目的道路上渐行渐远。曾担任四川省房地产业协会副会长，四川省房地产业协会物业管理专委会副主任；他多次参加诸如“希望工程·牵手乡村教师”等社会公益活动，今年青海玉树大地震后，他亲赴北京代表公司向玉树灾区捐款1 000万元人民币，实现了蓝光“慈生我心，善行天下”的社会责任承诺。在学术研究上，杨晓初先生结合多年房地产领域实战经验，著有《商业地产之定位规划探讨》发表于国家一级刊物《城市开发杂志》；《多业权商业地产项目招商策略分享》入选中国物业管理协会论文集。

杨秀林，男，汉族，现任郑州中油置业有限公司总经理。2005年河南地产新锐企业、中原最具成长性企业、2006年河南最具潜力楼盘、建设部绿色生态文化楼盘就是证明其实力的最好佐证。火车跑得快，全凭车头带，我们有理由相信，在他追求卓越、认真务实态度的指引下，中油地产一定会再创佳绩，假以时日，理想将不再遥远。郑州中油置业有限公司，拥有一支由海归人才和国内精英共同组成的专业团队，其中英皇建筑协会、加拿大皇家建筑师协会更是被誉为行业翘楚。中油置业获得“河南地产新锐企业”、“中原地产综合实力十强企业”等多项荣誉。作为河南省会的郑州也得到了前所未有的发展机遇，尤其是郑东新区的恢弘规划与开发，使郑州房地产市场的前景更为广阔，郑州也必将跨入千亿配套城市的行列。郑州中油置业有限公司是一家新锐的房地产开发企业，始终以创造“卓越而健康的生活”为理念，建立了高效、健全的开发体系。并与澳大利亚 L. J. HOOKER 集团、日本 M. A. O 建筑士事务所、深圳中海物业管理有限公司以及加拿大皇家建筑师协会等跨国集团，建立了强大的战略联盟。中油置业将以高标准、高品质的国际化产品为中原精英阶层，营造一个享受生活与发展事业的双重平台。

杨越斌，男，浙江省浙江绍兴新昌县人，汉族，大学文化。政协代表。现任青岛市浙商联合会副会长，绍兴市恒达房地产开发有限公司董事长、总裁，青岛越嘉投资有限公司董事长。绍兴恒达房地产开发有限公司成立于2001年，现旗下有贸易、投资、建筑和建材生产多家公司，曾在绍兴开发多个物业，在新疆、广西、江苏均有开发项目。青岛越嘉投资有限公司是恒达公司于2003年投资成立的一家综合性投资公司，公司地址位于青岛市崂山区，主要经营高科技新产品开发投资、房地产投资。恒达房地产开发有限公司是绍兴地产界的后起之秀，公司位于袍江工业区百盛街112号。在未来的几年内，公司将秉承房地产开发为主，逐步向其他产业进军的发展战略，力争打造一个集地产开发、装饰装潢、化工建材批发以及其他实业投资为一体的多元化经营的集团公司。公司始终坚持“质量第一、诚信至上、服务优质、力求双赢”的宗旨，遵循“今天的质量是明天的市场，用户的满意是永恒市场”的理念，贯彻强内拓外的发展战略，愿与有志于房地产开发的同仁及海内外客商竭诚合作，共同发展房地产事业，为我市的城市建设作出更大的贡献。

殷能，男，重庆南川市人，汉族，优秀企业家，重庆市劳动模范。现任重庆鸟巢实业有限公司总经理，鸟巢房地产的掌舵人。重庆鸟巢实业（集团）有限公司是一家以地产开发为主，多种经营渠道为辅的综合企业；公司注册资金4 166万元人民币，规模较大、资金技术力量雄厚；公司旗下有45名优秀员工，各类相关专业技术人员30余名。公司正着手开发大型的公建项目，同时也积极寻求与各方人士、单位、公司合作开发住宅等地产项目，旨在形成大小结合、长短结合的开发模式，稳健的步入地产开发市场，实现多元营销、整合行销的实力集团，为积极响应双赢、多赢的经济局势，创造优良的经济效益和社会效益全力以赴。“鸟巢”将以“与时俱进、开拓创新”为引导思想，不断努力进取，不断发展壮大，以凤凰涅槃的勇气成功屹立于琳琅满目的中国地产浩瀚之林。先后荣获“重庆市优秀企业家”、“重庆市优秀中国特色社会主义事业建设者”、“重庆市优秀社会主义事业建设者”、“重庆市五一劳动奖章”、“重庆市劳动模范”等荣誉称号。2010 年被评为 2009 年度重庆市房地产十大风云人物。

银康，男，重庆铜梁人，汉族，大学学历。现任蒙自县康达实业公司董事长，蒙自县康达小额贷款有限责任公司董事长，红河州川渝商会会长。1980 年 8 月至 1982 年 2 月在铜梁盐业公司工作。1982 年 3 月至 1983 年在开远小龙潭电厂大火电公司建工处工作。红河州川渝商会是在红河州委、州政府、州工商联合会的支持下，经云南省工商联合会审核批准登记并备案的民间社团机构组织，于 2006 年 9 月 27 日正式挂牌成立，由红河州康达市政工程有限公司董事长银康，担任商会首届会长。川渝籍的工商人士们，红河州川渝商会的成长和发展，有助于在红河州川渝籍人士的合法权益的维护，有利于川渝籍人士间的沟通与联系，有利于川滇两地经济与文化的交流，并使所有在滇籍人士能够携起手来，共同角逐红河州市场，为富民兴滇及川滇两地的经济发展贡献一份力量。

尹建国，男，河南省郑州市人，汉族，中共党员，毕业于郑州大学法律系、武汉大学历史系，并获法学学士、历史学学士学位，具有高级律师职称。现任华林投资集团董事长。1973 年参加工作，曾任郑州市中级人民法院法官、郑州市中原区宣传部部长。华林投资集团十五年经营发展和企业文化积累历程，是一家综合性投资集团公司。郑州华林投资集团（原“郑州华丰投资集团”）是由郑州中原华丰投资中心有限公司、郑州华林投资发展有限公司、河南华林贸易有限公司、郑州华林物业管理有限公司、海南华丰实业投资有限公司、海南天衡置业有限公司、海南华之林置业有限公司、河南博云天律师事务所等单位组成的民营企业集团。集团企业最早成立于 1993 年 11 月，其经营范围涉及房地产开发、物业管理、国际国内贸易、大型零售、金融投资等多种行业，总注册资本超过一亿元。集团是北京万通实业股份有限公司、河南省中小企业投资担保公司、河南省黄河科技投资担保公司等企业的股东单位。2003 年集团十周年庆典之际，又郑重提出“华林房产——健康住宅升级年”新理念，并于 2004 年 2 月隆重推出“健康升级”的实践力作——华林都市家园三期·逸树人生项目，于 2005 年 3 月盛大推出华林都市家园四期·逸树走廊项目。

尤振宇，男，吉林人，汉族，现任长春市恒安建设开发有限公司总经理，创办了长春市恒安建设开发有限公司和恒安创伤医院。2005 年投入 6 000 万元，开发吊水壶国家森林公园。长春市恒安建设开发有限责任公司始创于 2005 年 5 月，原注册资本 56.18 万美元，现拥有固定资产 1 685.39 万美元，为股份制公司，现有员工 321 人，其中技术人员 70 人，下属有恒安创伤医院，长春市朝阳区振宇装潢材料厂及长春吊水壶国家森林公园开发有限公司。共安排社会剩余劳动力 150 人。当选为双阳区人大代表，并被民建中央授予“抗击非典优秀会员”光荣称号。

余春明，男，四川人，汉族，大学文化，优秀企业家。现任厦门明大集团董事长，福建省四川商会常务副会长。厦门明大置业投资集团公司（以下简称“明大集团”）正式成立于 2008 年，核心主体企业为厦门明大置业投资集团有限公司，注册资金 2 500 万元人民币，公司位于厦门市思明区后埭溪路 28 号皇达大厦 29 层。明大集团始创于 2006 年，前身为厦门东方明大置业投资有限公司，经过几年的发展和运营，目前已逐步形成涉及房地产开发、休闲娱乐、仓储物流、汽车租赁、餐饮等行业的多产业发展模式，明大集团始终秉承“诚信、务实、开拓、创新”的企业精神，秉持坚定、恒信、成长的价值观，以科学的人才培养方法、有效的激励机制、公平的竞争平台、广阔的事业发展空间广纳良才，不断提升企业经营管理水平，努力确保企业可持续发展的强劲动力和企业集团化发展的进程。

郁伟东，男，山东人，汉族，现任德州市南龙国际房地产开发有限公司、德州龙元投资有限公司总经理，德城区第十五届人大代表。德州南龙房地产开发有限公司是中国南龙集团于 2003 年在山东德州成立的全资子公司，德州南龙房地产开发有限公司于 2003 年 2 月 24 日在德州公司成立之初主要经营房地产开发，注册员工人数为 5 人，注册资本 1 500 万元人民币。目前在德州市区开发总建筑面积达 20 万平方米的南龙国际花园高尚住宅小区项目、德州新城区龙元世纪广场项目及待开发的济南、青岛、烟台等地房地产开发项目。

袁占和，男，内蒙古人，汉族，优秀企业家，人大代表。现任世创投资有限责任公司董事长。他十分注重领导企业履行社会义务，热心公益事业。在履行社会义务方面，帮助下岗职工再就业、帮困扶贫等。他表示，世创投资在未来的 3—10 年内，将集中精力做好集团的核心业务——生态农业，辅助发展房地产开发、建筑、钢材销售等，适度发展管理咨询、装饰装潢、水电暖安装、园林绿化、路桥等依附业务，努力成为内蒙古自治区农牧业深加工的大型企业，成为鄂尔多斯市颇具经济实力和社会影响力的大型企业集团。世创投资集团坐落于中国正北方美丽富饶的鄂尔多斯市。集团在袁占和董事长的领导下，从 2006 年成立轩赫商贸公司发展至今，现已拥有资产 10 亿元，在册员工 370 人，成为以世创投资有限责任公司为核心，联合世创煤炭公司、房地产公司、路桥公司、商贸公司、生态农业、旅游度假公司共同组建的专业化投资公司。世创投资集团秉持“人为业本、诚信立世、与时俱进、追求卓越”的经营理念，积极借助外脑，大力吸纳优秀人才，不断加强企业创新、增强企业竞争力，在企业合作及资产重组、产业整合方面积累了丰富的经验，取得了令人瞩目的业绩。

岳冰，女，北京人，汉族，研究生学历。现任北京市元亨利贞投资管理有限公司总经理。2000—2002年英国谢菲尔德大学理科硕士信息管理专业；2007年至今：对外经济贸易大学在职研究生，金融管理和风险投资专业。2002—2003年：香港新世界基建（传媒）有限公司技术服务部副经理；2003至2004年：北京市奥运会组委会技术部信息系统处项目主管；2004至2006年：元亨利贞公司总经理助理，兼任其下属分公司北京市鲁艺房地产开发有限公司策划部经理；2006至2007年元亨利贞公司执行董事，兼任其下属分公司中矿元亨（北京）矿业投资有限公司总经理；2007至今，任北京市元亨利贞投资管理有限公司总经理。北京元亨利贞投资管理有限公司创建于1985年，是一家致力于推崇中华民族文化产业（鲁迅文化园）及矿产业的民营企业集团。公司总部设在中国北京，坐落在北京海淀区风景优美的昆玉河畔，北临亚洲最大的商场“金源购物中心”。旗下共有两大核心业务板块——地产业和矿产业；一个配套、辅助产业——鲁迅书画社（首都书画艺术研究院）。

岳峰，男，出生于1963年12月。中共党员，政工师。现任中房集团淄博市城市建设综合开发公司党委成员，副董事长，总经理。在日益激烈的房地产市场竞争中，他注重企业长远发展，创新经营理念，进行细节管理、阳光操作，团结带领全员克服困难，使企业的发展不断迈上新的台阶，纳税额度居全市房地产企业前列，受到政府表彰。历年来，在开发建设中企业屡获殊荣。其中，庭兰园、紫荆园分别荣膺淄博市金牌小区桂冠；橙香村5＃楼被评定为山东省墙改与建筑节能示范工程；翡翠园荣获优秀电气设计典范楼盘；异地开发项目中房·蔚蓝海岸荣膺山东半岛十大创新楼盘奖；中房·翡翠园获得全国生态（园林）景观住宅示范项目奖。近年来，企业荣获“全国建设系统基层思想政治工作先进单位”、“全国建设系统企业文化建设先进单位”、“2006年度中国房地产业山东地区影响力十强综合开发实力企业”等荣誉称号。他被市建委授予“劳动模范”荣誉称号，荣获“2006年度中国房地产业山东地区影响力十强人物”。

Z

曾树云，男，江西宜春人，汉族。大学学历。现任河南省江西商会执行会长、江南置业有限公司董事长。毕业于天津大学工业和民用建筑专业，分配在建委部门工作，成为一名普通的公务人员。2005年6月，弃政下海，一举选定贵州六盘水市开发建设了近13万平方米的高品位商贸小区销售。又于2008年6月注资3 000万元人民币，注册成立了“河南江南置业有限公司”，任董事长。河南江南置业有限公司于2008年6月成立，注册资金3 000万元，是一家集房地产开发、建设、销售为一体的综合性大型房地产开发企业。公司秉持“诚信创新、筑造经典”的经营理念，以“做好一个项目，打响一个品牌，树立一面旗帜”为己任，多年来一直致力于国内本土房地产开发、建设与销售，在业内享有崇高美誉。公司董事长曾树云先生兼任河南省江西商会执行会长，毕业于天津大学工业与民用建筑专业，本科学历，高级工程师，从事房地产、市政绿化等行政管理工作近20年，具有丰富的城市开发建设与房地产市场运作管理经验。2009年6月被评为“江西省杰出赣商”；同年11月荣获“全国优秀民营企业家”称号。2009年6月评为“江西省杰出赣商”；同年11月荣获“全国优秀民营企业家”称号。

曾云枢，男，汉族，广东人，现任鸿隆地产集团有限公司董事长。鸿隆地产集团主要经营附属公司鸿隆地产集团有限公司之创始人，负责为集团制定发展策略、作出投资项目决策以及决定整体业务管理方向。于1981—1990年在兴宁市及梅州市政府部门工作。1991年起，任职于深圳石化工业集团股份有限公司。自1993年至今曾先生在物业开发及管理方面拥有17年的丰富经验。目前，彼亦是广东省梅州市政协常委、香港董事学会会员。鸿隆控股有限公司是一家专注于房地产开发和商业物业运营的中型房地产集团公司。公司于2007年2月成功在香港主板上市，股票代码是1383。鸿隆自成立以来，在深圳成功开发和运营港湾丽都、鸿隆·世纪广场、鸿隆高科技工业园、港隆城购物中心、港润商业广场、宝润装饰材料城多个住宅、商业项目。

张爱青，女，汉族，山西太原市人，优秀企业家，高级经济师，太原市人大代表。现任山西飞达房地产开发有限公司总经理，太原房地产协会副会长。山西飞达房地产开发有限公司在太原的主打项目——汾河外滩，以创造天人合一的人居环境为规划理念，设计风格现代、简约，将现代城市与自然景观、人工景观融为一体，以营造美观、实用、舒适、和谐、健康、生态节能的居住环境为己任，构建太原大户豪宅。汾河外滩对于太原来说不仅仅是第一豪宅那么简单，更重要的是它在太原地产业界树立起一个标准：豪宅的地点、建筑、户型、配套、景观所有方面都做到一流。地理位置优越、户型设计独特、建筑材料环保、大面积人造景观、智能化控制系统、时尚的私家会所……在此之上的是居住者对其产生极大的归属感和依赖感。

张辉，男，北京人，汉族，富力地产北京公司董事长。1993年，张辉考入华南理工大学，攻读建筑设计专业。1998年大学毕业时，由于成绩优异，受院系领导老师推荐，进入广州市设计院工作，从事建筑设计。2002年下半年，经过中间人撮合，张辉得以结识富力地产大老板之一的张力，被后者吸纳进入富力，担任其助理。2003年下半年，出任富力地产总工程师，主管设计研发中心，下辖总工室和设计院两部门。大约一年后，张辉升任集团副总经理兼任总工程师，负责一些前期开发工作以及商业地产等。2007年初，进入富力地产董事会，成为9名董事会成员之一。富力地产股份有限公司，成立于1994年。注册资金8.06亿人民币，集房地产设计、开发、工程监理、销售、物业管理、房地产中介等业务为一体，拥有国家建设部颁发的一级开发资质、甲级设计资质、甲级工程监理资质、一级物业管理资质及一级房地产中介资质，是中国综合实力最强的房地产企业之一。公司于 2005 年 7 月 14 日在香港联交所主板上市，为首家被纳入恒生中国企业指数的内地房地产企业，并荣登市值最高公司之一。公司在 2005—2009 年连续 5 年蝉联国家统计局评选及公布的中国房地产企业综合实力第一名。2008 年 10 月 11 日，荣获国家税务局计划统计司权威发布的中国纳税百强排行榜房地产行业第一名。

张剑东，男，中共党员，研究生学历，优秀企业家，作为全省招商引资的主要窗口和实施“走出去”战略的开路先锋，东恒国际集团是全省政府经济部门、企事业单位出访招商主要承办机构和驻外招商代表后援单位。集团每年承办境内外各类大型会展 100 多个，包括中法文化年“锦绣江苏”法国展、“南京大屠杀”赴美史事展、江苏省反腐倡廉成果展、中国国际物流科技博览会、APEC 博览会、广交会、华交会、南京金秋经贸洽谈会、江苏国际服装节以及江苏省赴美国、日本、欧盟国际商品展销会等。承办运作了超大型涉外国际性会展——国际奥委会奥林匹克珍藏品中国巡展，并成为了第四届世界城市论坛南京筹备办唯一策划服务和资源开发合作机构。江苏东恒国际集团有限公司是经江苏省人民政府批准，于 1999 年组建的大型国有独资企业，是江苏省第一家专业从事国际服务贸易的省级重点企业集团，也是全国成立较早、影响较大的国际服务贸易企业之一。目前，年服务贸易直接营业额近 30 亿元，年间接服务贸易总额超过 100 亿元。集团组建以来，以带动和促进江苏国际服务贸易发展为己任，坚持服务为本、立足江苏、辐射全国、面向全球，形成了以国际服务贸易为主业，国际会展、商务外包服务、房地产业、商品贸易四大板块同步驱动，协调发展的经营格局，经营区域已发展到 40 多个国家和地区。

张金林，男，汉族，现任河南甲天下置业有限公司总经理。河南甲天下置业有限公司成立于 2005 年 7 月，注册资金 2 000 万元人民币，公司成立以来就秉承“真诚做人，用心做事”的经营理念，以缔造优美的康居环境为宗旨，以“重诺守信、心系大众”为己任，为百姓建造理想的康居环境。甲天下非常重视企业文化和团队精神建设，力求能为员工提供一个良好的发展平台和广阔的发展空间，努力打造一个团结、富有凝聚力、有朝气、有创造力的团队。只有在这样的队伍里，才能更专注、更快乐地工作，个人能力才会得到最大的发挥；甲天下深信“人才是甲天下最大的资本”，公司以极具人性化的管理体制及独特的教育培训系统，为员工创造最好的职业平台，提供可持续发展的机会和空间。2008 年，公司开发大型地产项目——“甲天下 · 西湖新城”，该项目位于农业西路与秦岭路交汇处，占地近千亩。项目总体规划分四期开发，分组团管理，总建筑面积 80 万平方米。其景观设计秀丽旖旎、静谧优雅，大型水景园林式生活社区展现魅力新城灵动之美；楼宇外观美轮美奂、瑰丽雄奇，缔造着城市西区卓然非凡的气势，现一期已臻品竣工，业主入住，二期即将开工建设。

张敬国，男，汉族，现任正商地产总裁。毕业后，他在省直部门供职；20 世纪 90 年代初，他开始搞房地产。1979 年考入郑州大学物理系无线电专业，毕业后分配到省直部门供职，20 世纪 90 年代初期即进入房地产开发行业，现任正商地产总裁。正商地产于 1998 年在郑州成立，是集房地产开发、工程建设、物业管理为一体的集团式房地产企业。集团总部目前设在河南省郑州市，下设九家分（子）公司。其中河南正商置业有限公司、河南兴业房地产开发有限公司是经住房和城乡建设部批准的房地产开发一级资质企业，河南正商物业管理有限公司是住房和城乡建设部批准的物业服务一级资质企业，河南正阳建设工程有限公司是经住房和城乡建设部批准的建筑施工总承包一级资质企业。正商积极承担社会责任，投身教育、慈善等公益事业。自投 800 余万元修建了港湾路、香草路；投资 1 200 余万元兴建港湾路小学，无偿捐赠给政府；捐献 198 万元，改善郑州市第六十三中学教学条件，汶川地震累计捐款捐物 160 多万元。正商秉承“为优秀人群创造品质生活”的使命，以“做中国最具成长性的房地产企业”为愿景，以“诚实守信，勤奋敬业，结果导向，精益筑家，客户价值”为核心价值观，确定了立足郑州、布局全国、区域聚焦的发展战略。目前已在海南和青岛获取项目并设立子公司。2004 年起，连续被河南省建设厅评为“房地产开发优秀企业”；2005 年起，连续被河南省人民政府评为“年度诚信纳税大户”；2006 年起，连续被郑州市工商行政管理局评选为“守合同重信用企业”；2008 年，被国务院发展研究中心企业研究所等权威机构评为“中国房地产百强企业”；2009 年，销售面积 100 万平方米以上，销售额突破 40 亿元，新开工面积 130 多万平方米，三项数据均位居河南省第一名，并蝉联“中国房地产百强企业”。

张恺，男，山西太原市人，汉族，优秀企业家，现任山西双明房地产开发有限公司总经理。1996—1999 年毕业于天津商学院国际会计专业；1999—2002 年在北京英迪经贸学院学习企业管理专业，在此期间内曾在清华创业园 IT 网络创业团队中负责团队管理与风险融资工作。2001 年获得马来西亚英迪学院管理学学士学位，2002 年获得英国考文垂大学 MBA 学位，2003 年开始任山西双明房地产开发公司，全面负责公司工作。现任山西双明房地产开发有限公司总经理。山西双明房地产开发有限公司注册资金人民币 1 亿元，公司下设 17 个职能部门，办公室、董事办、财务部、策划部、前期部、资金部、工程部、采购部、工程部、总工室、造价部、预算部、售楼部、物业公司、装饰公司、担保公司、车队部。公司云集本市房地产界各种专业技术人员 66 人，其中资深高级人才 15 人，中级职称 21 人。主要从事房地产开发和物业管理业务。荣获“山西省优秀民营企业家”、“太原市特级劳动模范”。2009 年荣获山西“2009 地产年度贡献人物奖”。

张起运，男，汉族，现任河南新佳苑房地产有限公司总经理。“2008中原地产特殊贡献”人物奖；“2009中原地产影响力”人物奖。河南新佳苑房地产有限公司经河南省工商管理局批准于1999年8月成立。下属单位有河南新建苑建设工程有限公司、河南文苑物业管理有限公司，总资产3亿元，净资产近1.2亿元。河南新佳苑房地产有限公司的工程项目遍布郑州、林州、安阳、驻马店、许昌、义马等地。诚心的商业运作，良好的社会口碑，使得新佳苑地产先后被评为“2007—2008年优秀诚心企业”和“中原地产最具影响力企业”。2004年倾力打造的新佳苑·丰庆佳苑纯居住花园景观洋房的恢弘力作，更加演绎了中原星质量，星景观，星户型，星物业，星级配套的“五星品质住宅”经典。2007年，新佳苑·丰庆佳苑荣获“中原最具品质（畅销）楼盘”、“中原最值得期待楼盘”、“中国房地产最具投资价值楼盘”；2008年又荣获“中原最具社会责任企业”、“中原消费者首选楼盘”等殊荣。

张三货，男，汉族，山西太原市人，优秀企业家，高级经济师，山西省、太原市两级人民代表大会代表。现任山西昌通集团董事长兼总裁。他将能源产业演绎极致，缔造迎泽大街上两大标志性建筑，贡献城市创造力。先后荣获“山西省优秀民营企业家”、“山西省经济结构调整优秀青年领头人”、“首届太原市十大杰出青年民营企业家”、“太原市特级劳动模范”等多项荣誉称号。2009年荣获山西“2009地产年度贡献人物奖”。山西昌通集团成立于1992年，是一家能源开发、房地产、餐饮酒店、商贸等多种产业经营的大型民营企业集团。目前，山西昌通集团旗下设有“能源事业群”、“地产事业群”、“通路事业群”等多个事业群和多家子公司。昌通根植山西十几年，一直秉承开放进取、携手共创美好生活的理念，经过多年的努力，昌通的基业不断壮大，商誉卓越。今天，昌通已经形成了能源开发与销售、房地产开发与经营、商贸经营与管理三大事业板块和谐发展的产业格局。山西昌通集团已发展成为山西最具实力的多元化民营企业之一。

张四海，男，福建人，汉族，现任福建向荣建设集团有限公司董事长。福建向荣建设集团有限公司系福建向荣集团的核心企业，注册资金5 689万元，为国家房建总承包一级企业、漳州市建筑业骨干企业之一。公司的前身为“福建平和市政建筑工程总公司”，成立于1994年10月，经营范围包括房屋建筑一级、房地产开发二级、公路工程二级、市政工程二级、地基与基础二级、装饰装修二级、古建园林、钢结构工程三级，以及境外房屋建筑工程和境内国际招标工程承包等对外经济合作业务。已通过“ISO9001：2000质量体系认证”和“职业健康、安全管理体系认证”、“环境管理体系认证”。公司先后被评为“全国优秀施工企业”、“福建省建筑业先进企业”、“福建省房地产开发经营诚信企业”、“福建省建筑企业100强”、“福建省企业竞争力100强”、“福建省最佳形象企业”、“福建省地税纳税300强”、“漳州市守合同重信用单位”、“芗城区纳税大户”等荣誉称号。公司与市质监站联合完成的科研项目荣获市政府颁发的“漳州市科学技术进步奖二等奖”；公司在通过“ISO9001：2000质量体系认证”的基础上，又通过了“职业健康、安全管理体系认证”和“环境管理体系认证”。张四海同志也被授予“漳州市五四青年创业奖”、“福建省优秀建筑企业经理”、“芗城区经济建设功臣”。

张同生，男，天津人，汉族，中共党员，大专学历。现任西青区李七庄街宁家房子村党支部书记、宁发集团有限公司董事长兼总经理。曾荣获市级优秀党员、市劳动模范、市特等劳动模范、全国劳动模范、全国优秀农民企业家等荣誉称号。宁发房地产开发公司成为全市最有实力的房地产开发公司之一，集团连续三届被评为我市房地产开发20强企业。近几年，集团投资5.5亿多元，在张家界规划建设了7.5公里长世界一流的索道，开发了张家界风景区旅游项目。2005年天门山索道完工投入运营，2006年天门山国家森林公园实现销售收入6 000多万元。宁发集团有限公司凭借自身强大的实力，走出了津门，走向了全国。

张为耕，男，教授级高级建筑师，国家一级注册建筑师，2007年中国房地产影响力人物。现任重庆华宇集团总裁。1977年毕业于东南大学建筑系建筑学及城市规划专业。1984年毕业于重庆大学建筑城规学院建筑设计及理论专业，获工学硕士学位。20年的设计、研究经历，使他积累了丰富的理论与实践经验及管理经验。先后运作完成华宇名都城、华宇·金沙港湾、华宇·江南枫庭、华宇·林泉雅舍、华宇·渝州新都、华宇·西城丽景、华宇·北国风光、华宇·休闲度假中心共计9个楼盘项目。华宇名都城先后荣获“全国人居经典综合大奖楼盘”、“中国·重庆综合社区楼盘成功开发典范”、重庆市“第四届十佳住宅小区”等称号；金沙港湾项目荣获重庆2005年“最具人气奖楼盘”等称号；林泉雅舍项目荣获中国北京双年展“国际居住建筑艺术社区生态环境金奖”、渝州新都荣获重庆市“公务员最满意楼盘”等称号。他也屡获殊荣，曾经荣获“中国地产百杰”等称号。

张伟，男，河南人，汉族，现任河南伟业建设投资（集团）有限公司总裁。1990年步入房地产行业，也是当之无愧的地产先行者，在房地产大浪淘沙中他没有成为“先驱”。20世纪90年代末他在开发虹景嘉园时，郑州的媒体难见他的行踪，跨入新世纪除了听到或看到伟业一系列楼盘百花齐放的消息外，你还是很少听到他的声音。但在他的带领下，伟业成为河南著名的房地产企业之一。先后曾任河南省口岸实业公司总经理、河南丰华国际航空包机公司董事长。后来成立国际包机公司，开辟郑州至莫斯科国际货运航线。河南伟业建设投资集团有限公司总裁。河南伟业建设投资集团有限公司于1999年10月经河南省工商管理局批准成立，公司注册资金6 000万元。为郑州的经济建设和发展作出贡献。

张锡麟，男，1947年生人，上海人，大学学历，会计师。现任上海大众房地产开发经营公司董事长。历任大众交通（集团）股份有限公司董事、副总经理，上海九环汽车液化气发展股份有限公司董事长；上海市出租汽车公司财务科长、场长。上海大众房地产开发经营公司成立于1992年8月，是著名上市公司大众交通（集团）股份有限公司的全资子公司。公司注册资金8 500万人民币。公司成立至今，已先后开发建成大众公寓、大众大厦、大众花苑、大众家园等12个热销楼盘，已开发总量46万平方米。在建工程量100万平方米。2001年初，成功进军江苏和黑龙江市场，为实现公司"以上海为中心、拓展全国"的目标迈出了坚实的一步。面对激烈的市场竞争，公司将把握好房地产市场快速发展的机遇，利用资金实力和融资渠道加大土地储备和开发力度，树立大众房产精益求精的品牌形象。公司下属的大众物业管理公司是具有专业管理资质和先进管理理念的物业管理公司，受托管理沪昆两地10多个小区近70万平方米。类型包括普通民居、公寓、别墅、商务楼、校园物业。多次荣获上海市区级文明小区、优秀小区称号。

张晓盈，男，河南人，汉族，现任河南海联投资置业有限公司总经理。海外留学归侨，商业地产成功投资者，持有郑州市区内多个商业旺铺，在商业地产投资上有丰富的经验。现为河南索克物业发展有限公司董事、郑州市海外联谊会副会长。河南海联投资置业有限公司于2006年3月2日在河南省工商行政管理局注册成立，注册资金2 000万元人民币，经营房地产开发与经营、实业投资及管理、经营策划。2006年8月22日，我公司在郑州市国土资源局土地交易大厅竞得郑东新区A-25地块国有土地使用权。该地块拟建设"郑州海联国际交流中心大厦"，项目投资1.6亿元人民币，建筑总高度120米，分为地下3层、地上28层，其中地下1～3层设立体停车场，地面1～5层为商业用房，6～28层为办公写字楼，建筑面积61 884平方米，是一个集商业、金融、办公、休闲为一体的、多功能双5A级国际交流中心大厦。项目建成后，不仅将成为郑东新区的一个新亮点，更为重要的是，将充分发挥市委统战部主管的市海外联谊会、市归国华侨联合会、市台办、市工商业联合会等资源优势，使"郑州海联国际交流中心大厦"，为来郑投资的外商、港澳台侨胞，搭起又一座投资平台。

张信志，男，河南人，汉族，现任河南民安置地集团董事长。河南民安置地集团是一家集房地产开发、建筑安装施工、园林景观、物业管理服务等业务为一体的综合型企业。自2003年起从建筑业开端并高速发展，逐渐扩展至关联领域。2006年，内部进行资源整合，2007年3月在河南省注册并正式成立河南民安置地集团。集团下辖河南民安房地产开发有限公司、河南民安建材有限公司、河南三木园林绿化工程有限公司、河南民安物业管理有限公司四家子公司。河南民安置地集团以"信立于民，志在居安"为经营理念，以"承担责任，创造价值"为己任，坚持"务实高效，追求卓越，开拓创新"的企业精神，秉承"构建乐居生活"的企业宗旨，贯彻"打造可持续发展的品牌地产企业"的战略方针。合理布置，科学规划，全面发挥竞争优势。公司成立以来，多次荣获省"守合同重信用"企业、市级"优秀管理企业"、"安全质量管理先进企业"等称号。

张秀明，男，山西太原市人，汉族，中共党员，优秀企业家，高级经济师，山西省人民代表大会代表。现任山西明诚地产集团董事长。他以打造黄土高原上的海滨小镇，将国际元素与深厚的晋商文化融会贯通为己任。2009年荣获山西"2009地产年度贡献人物奖"。1983—1989年，任太原市汇通实业发展有限公司经理；1989—1993年任太原黄河开发公司总经理；1993—1999年任太原市明合实业发展有限公司总经理；1999—2002年任山西双明房地产开发有限公司总经；2002—2003年任太原市杏花岭区政治协商委员；2003年至今任山西明诚地产集团董事长。2009年12月12日荣获山西"2009地产年度贡献人物奖"。山西明诚地产集团注册资金人民币1亿元，公司下设17个职能部门，办公室、董事办、财务部、策划部、前期部、资金部、工程部、采购部、工程部、总工室、造价部、预算部、售楼部、物业公司、装饰公司、担保公司、车队部。公司云集本市房地产界各种专业技术人员66人，其中资深高级人才15人，中级职称21人。

张勇，男，北京人，汉族，中州大学工业与民用建筑专业本科毕业，清华大学经济管理学院EMBA硕士，高级工程师。郑州市第十二届人大代表、金水区第十届人大代表；中国民主建国会会员、民建郑州市委委员。现任鑫苑置业董事长，同时担任郑州市房地产协会副会长、郑州市商品房营销协会常务理事、河南省企业文化促进会常务理事。曾获"2006年河南省杰出青年企业家"、"2002年郑州市十大杰出青年"、中国民主建国会全国优秀会员、"中国房地产十大新锐人物"等诸多殊荣。发表作品：他著有《个人价值与组织价值实现模型》研究，《汲取传统文化的精华，正确处理市场经济中的各种关系》等论文。鑫苑公司先后获得了"河南省房地产开发企业综合实力50强"第一名，2006、2007年连续两年"河南省最佳雇主企业"，2006、2007年连续两年"中国房地产百强企业——百强之星"等殊荣。鑫苑（中国）置业有限公司始建于1997年。为中国地产开发企业五十强，是亚洲首家在美国纽约证券交易所上市的专业地产开发公司。先后荣膺"中国值得尊敬的房地产品牌企业"、"中国房地产20年20强"，"中国房地产海外上市标杆企业"、"改革三十年中国最具价值地产上市公司"、"2009年中国房地产企业品牌价值前20强"、"2009年中国房地产企业运营效率TOP10"等数十项殊荣。2007年5月，中共中央总书记、国家主席胡锦涛视察了鑫苑代表作鑫苑名家小区，对鑫苑的"民生地产、和谐社区"给予了高度评价，此后，还有中央政治局委员李源潮、河南省委卢展工书记等领导，莅临指导。

张志成，男，1957年1月生人，汉族，现任深圳市汇丰房地产交易有限公司总经理。"优秀职业经理人"，众多的专家评委异口同声地推荐坐上第一把交椅，这其中，不仅仅有对他在房地产业界影响力的肯定，更有对他诚信为人的赞扬。深圳市汇丰房地产交易有限公司深圳市汇丰房地产交易有限公司，经深圳市人民政府及有关部门的批准成立，自购营业面积150平方米，是一家专业的房地产顾问和中介服务机构，总部位于深圳市罗湖区文锦中路锦绣大厦A座19B室（罗湖区委旁）。公司秉承“以人为本，诚实守信，服务至上”的经营理念，为员工提供最好的培训和发展机会，与员工共同成就事业，把客户利益摆在首位，崇尚“创新、求实、合作、进取”的团队精神，敢为人先、挑战自我。

张子玖，男，河南人，汉族，现任郑州未来远大置业有限公司总经理。2000年毕业于河南财经学院房地产系，1999年9月就职于上海策源。郑州未来远大置业有限公司，是经郑州市工商局核准成立的大型房地产企业，成立于2001年6月。经过几年辛勤开拓，目前公司共有员工106人，其中管理人员40人，大专以上学历占80%，高级职称15人，中级职称46人。公司架构设有运营管理中心、工程管理中心、营销管理中心、财务管理中心、成本控制中心、项目发展中心六大管理中心，又设置了决策委员会、审计委员会两个委员会及品控小组、绩效考核小组、招标采购。

章家禄，男，1969年3月生人，浙江人，汉族，中共党员，大专学历。现任永靖县嘉龙房地产开发有限公司董事长兼总经理。2002年6月成立了永靖县嘉龙装饰工程有限公司，任总经理职务。2004年任永靖县工商联合会副会长至今。2007年当选为临夏回族自治州第十届政协委员。2008年当选为甘肃浙江商会副会长。2008年成立了永靖县嘉龙房地产开发有限公司，任公司董事长兼总经理。2009年3月成立了甘肃龙翔竹炭科技有限公司，任总经理。2010年8月26日成立了永靖县嘉龙房地产开发有限公司党支部，任党支部书记2011年1月1日成立了永靖县佳瑞物业管理有限公司。2008年投资1.5亿元建设了永靖嘉龙金河湾住宅小区。2009年投资2.1亿元开发建设永靖县金融之家住宅小区，为永靖的城市建设发挥了力量，得到了社会各界人士的好评。1998年在永靖县西部山区小学捐助课桌一批。2008年捐资支持甘肃省民勤县沙漠治理生态建设事业，荣获生态建设先进单位并颁发了荣誉证书。本人积极参与当地政府及商会发起的各地自然灾害的捐款活动，并给予高度评价。

章庆洪，男，江苏人，汉族，现任江苏永利投资发展有限公司董事长、南京图腾置业发展有限公司董事长、江苏国际文化交流中心理事、南京温州经济促进会荣誉会长。南京图腾置业发展有限公司成立于2003年10月，注册资本2 600万美元，房地产开发经营资质为国家二级资质，经营范围为商品房开发、建设、物业管理及相关配套服务。南京图腾置业有限公司由实力雄厚的香港正中发展有限公司、南京下关城市开发集团有限公司和江苏永利投资发展有限公司三家公司合资组建而成。香港正中发展有限公司其董事长林乃轩先生为印尼华侨，在上海、南京、长沙等地均有投资项目。南京下关城市开发集团有限公司为一级资质房地产开发公司，公司实力雄厚，是江苏省房地产开发综合实力排名前50强企业。江苏永利投资发展有限公司由温州商人章庆洪先生一手创办，投资项目有：南京温州商业街，永利购物中心，华东家具市场，南京米兰假日大酒店等。大观·天地MALL坐落于南京市下关区商业中心建宁路300号，为南京市十一五期间重点商贸项目之一，定位为“南京外滩五星级购物中心”。项目东面紧邻国家AAAA级景区“阅江楼”，以及市爱国主义教育基地——静海寺、妈祖文化重地——天妃宫以及拥有600年历史并保存完好的明城墙。项目占地3.6万平方米，总建筑面积10万平方米，地下2层，地上5层，未来将打造成以一站式家庭娱乐消费为核心的商业综合体。随着南京“长江时代”发展的不断推进，项目周边即将展开大规模人口置换，未来将导入大量高端人群。大观·天地MALL以传承历史文脉为已任，导入国际最先进的商业业态，坚持统一开发、统一建设、统一招商、统一运营，为南京市民打造出五星级的休闲购物中心。

赵明，男，江苏人，汉族，现任江苏武进创业房地产有限公司董事长、武进区政协委员。1982年大学毕业后，他被中国建筑工程总公司选中，和日本技术人员一起参与科威特炼油厂的建设。在两年中，他不仅学到了先进的工程技术，还学到了科学的管理经验。回国后，他先后担任武进第二建筑公司总经理、武进建设工程总公司总经理等职务。期间，他开创了武进建筑史上的三个“第一”：第一个承揽国际工程的总承包，第一个建设高层建筑，第一个涉外经营。1995年到2002年，他被委以重任，担任武进高新区管委会副主任、武进市经济技术开发总公司总经理。他以其杰出的管理能力和优秀的经营业绩多次被评为“常州市优秀董事长（总经理）”、“优秀企业家”。2008年，创业地产被常州市政府评为“五星级”企业，赵明也荣膺“明星企业家”称号。“企业的发展离不开社会各界的支持，离不开和谐的社会环境。企业家在创造经济价值的同时也应该回馈社会。”从2002年起，创业地产为国家上缴了2.38亿元的税收，连续多年被评为常州市“纳税大户”。2006年，他向武进慈善总会捐款500万元；同年，他设立“喜盈门花苑百万教育助学金”，帮助家庭经济困难的学生；还出资100万元设立“华英·创业奖”，奖励常武地区高考成绩优秀的学生，为家乡的教育事业奉献了一片赤诚之心。为推动地方文化事业发展，2007年，他出资200万元，协助武进区政府成功举办“淹城春秋晚会”；2008年，他又出资500万元，资助电视片《春秋淹城》的拍摄。2008年5月，他在出差途中获知四川汶川发生特大地震后，立即指示公司为灾区捐款，很快105万元善款就捐献给了灾区。据不完全统计，近年来，他已为贫困学生、慈善机构、体育事业等捐款达1 800多万元。公司成立于1997年1月，在发展的同时，公司更关注于对社会的贡献，比如公司设立的百万华英教学基金、希望小学等，同时公司还是中国慈善消费网、常州慈善消费扶贫基金的理事单位等。已连续多年被评为常州市“AAA”资信等级企业、常州市房地产开发企业综合实力十强企业、江苏省房地产开发企业综合实力五十强企业。

赵昱，男，出生于1960年9月，辽宁沈阳人，汉族。现任中房集团辽宁置业有限公司董事长。中国房地产及住宅研究会沈阳市房地产开发协会常务副会长、沈阳市房地产交易市场建设工作顾问、沈阳市房地产研究所兼职研究员。1983年毕业于沈阳建筑工程学院土木工程系本科，获工学学士学位。1983—1993年，于沈阳建筑工程学院任教，曾任系副主任，并成为当时辽宁省高校中最年轻的科研处长、副教授。期间攻读大连理工大学法学学士学位和南开大学工商管理专业硕士学位。1994—1999年，历任先达房产开发公司总工程师、副总经理、总经理职务，教授级高级工程师。1999年，组建中国房地产开发集团沈阳公司，任董事长。2004年，任中房集团辽宁置业有限公司董事长，中房集团东北联合体首任干事长。1995年，任先达房产开发公司总经理期间，领导开发的项目销售率均在95%以上，公司连续数年被沈阳市信用评级委员会评为“AAA级企业”，被沈阳市政府授予“沈阳市房地产开发十佳单位”。1999年，改制组建中房集团辽宁置业有限公司，出任董事长。短短几年的时间就运作了三个大型项目，开发量达到55万平方米左右，上市房源基本售罄，在沈阳市房地产销售排行榜上更是遥遥领先。所领导的企业被沈阳市房产局授予商品房销售“信得过单位”，被辽宁省人民政府授予“纳税大户”的光荣称号；被建设部授予“全国建设系统企业文化建设先进单位”的称号；同年又荣获“中国企业文化建设实践奖”；荣登“2006年度中国地产荣誉榜”。他个人获得2004年度CIHAF中国房地产百杰；首届中房房地产优秀企业家；沈阳房地产十大领袖人物；全国建设系统企业文化建设优秀论文、成果一等奖；全国企业文化建设个人贡献奖。曾主要发表文章论文有：建设部级研究课题《关于实行二、三级市场联动，健全住房市场体系的研究》、论文《中房集团沈阳公司企业文化建设模式——1＋10＝无穷大》、任《中国房地产辞典》副主编、发表《关于沈阳市房地产开发企业实行品牌战略的研究》、发表《沈阳市居民对住房融资方式需求调查报告》。

郑会伦，男，云南人，汉族，现任云南省宣威市会伦恒业发展有限公司董事长。资产总额达到15亿元，每年为国家纳税1 000多万元，为国家经济建设作出了积极贡献。2006—2007年度被宣威市政府授予先进优秀企业家称号。宣威市会伦恒业发展有限公司成立于2009年10月，注册资本金600万元人民币，现有在册职工共13人。宣威市会伦恒业发展有限公司是一支老、中、青相结合的队伍，并以中青年业务为骨干，形成专业配套齐全、具有实践经验的一支正在发展并壮大中的房地产开发队伍。

郑兴，男，1963年4月，福建省福州市人，汉族，现任福建省兴博实业投资有限公司董事长、西安兴正元集团总裁，陕商理事会副会长，陕西省政协十届委员，陕西省经济发展促进会副会长，陕商理事会副会长。1998年起，历任福州市政协九、十、十一届委员，福州市工商联常委，福建省金凤经济促进会副会长等职。2000年响应国家西部大开发号召，于西安钟楼之畔投资建设西安骡马市商业步行街·兴正元广场，该项目总投资23亿元人民币，总建筑面积26万平方米，已于2007年12月21日开街、开业。因其为国家西部大开发和西安城市营造作出重大贡献，2006年当选首届“陕西十大杰出品牌人物”，2007年荣膺“陕西十大杰出经济人物”、“陕西省十大诚信企业家”，2008年荣获“陕西十大杰出经济人物”等项殊荣。

钟华，男，浙江省杭州市人，汉族，生于1946年12月。本科学历，教授、高级工程师、国家级监理工程师。国家资深的房地产开发专家。现任协和地产集团公司副总经理。毕业于上海同济大学结构专业；后又攻读于清华大学城市规划与建筑专业。是中国第一代从事房地产开发的技术专家和高层管理人员。在国家基本建设战线和房地产开发领域从业三十多年。先后在深圳、上海、北京等地从事房地产开发工作20多年。亲自主持或参加国家级大中型项目建设十多项。成功主持、策划、管理、运作房地产开发项目数十项。曾先后出任国有大型房地产开发公司、中外合资房地产开发集团公司和大型房地产上市公司副总裁、总经理、总工程师等职。被多所高校聘请为客座教授，讲授房地产开发的理论课程和专业课程，编制了多门学科的教材和讲义。熟悉房地产开发的政策、法规和整个流程及各个环节，有较强的房地产开发项目的综合运作能力和综合管理开发公司的丰富经验。特别是对大中型房地产开发公司、在进行多项目异地运作时的综合计划管理方面有独到的见解和研究。

钟杰，男，广西南宁市人，汉族，优秀企业家，中共党员，现任广西天立房地产开发有限公司董事长，广西民营企业家协会副会长。曾荣获“广西省优秀企业家”、“广西省优秀中国特色社会主义事业建设者”、“南宁市五一劳动奖章”、“南宁市劳动模范”等荣誉称号。广西天立房地产开发有限公司成立于2002年12月9日，注册资金2 600万元人民币，公司主营房地产开发与经营，是一家具有独立法人资格，具有房地产开发企业资质证书的民营企业。广西天立公司作为一家颇具实力的房地产开发公司，由单一的房地产开发经营向多元化的不动产经营道路发展，以促进企业健康、快速地成长。先后荣获“广西省优秀企业家”、“广西省优秀中国特色社会主义事业建设者”、“南宁市五一劳动奖章”、“南宁市劳动模范”等荣誉称号。荣获“中国企业成功企业家履行企业社会责任终身荣誉奖”提名。

周洪丽，女，浙江人，汉族，现任玉宏房地产集团总裁。曾经赴英国商务管理进修，在香港理工大学攻读国际房地产管理获理学硕士学位。2000年9月—2001年9月任台州玉宏房地产开发有限公司总经理助理；2001年10月—2003年5月任浙江玉宏房地产开发有限公司总经理；香港理工大学理学国际房地产管理硕士；政协第十届浙江省委员会委员；中华全国青年联合会委员；浙江青年企业家协会副会长；台州工商业联合会副会长；台州市党外知识分子联谊会副会长；台州市青年联合会副主席。玉宏房地产集团有限公司，其前身为台州市玉宏房地产开发有限公司，始创于1993年，1998年进驻台州市发展。2002年10月批准更名为浙江玉宏房地产开发有限公司，2003年5月19日经浙江省工商行政管理局审定，同年6月9日报经国家工商行政管理总局核准，企业升格为玉宏房地产集团有限公司。玉宏集团公司已通过ISO9001/9002质量监督体系认证，历年来并相继获得浙江省农行（百家）最佳信用单位、浙江省农行省级优质房地产客户、浙江省“金承诺”信誉单位、台州市属企业“重合同、守信用”单位、银行信用等级AAA、台州市十佳诚信企业、台州市“重借款合同、守银行信用”企业、第四届台州市消费者信得过单位、浙江省工商企业信用AAA级“守合同、重信用”单位、台州市房地产开发十强企业、台州市2003年度免检企业等各项殊荣，在台州房地产业内信誉卓著。

周科，男，江苏连云港人，汉族，大专文化，民营企业家，美术设计师，现任江苏科源实业投资有限公司董事长，中国美协江苏分会会员，江苏美协创作基地副主任。改革开放之初，周科曾在连云港市纺工局从事专业美术设计工作。1987年，随着经济体制改革的深化，作为国家首批对外开放沿海城市之一的连云港，市场经济空前活跃，到处充满机遇与挑战，不甘于平庸的周科毅然辞职下海，立志用自己的聪明才智自主创业，服务社会，造福桑梓，实现自我人生价值。江苏科源实业投资有限公司是一家主要以房地产开发为主，辅以各类商品及技术的进出口业务、货运代理为一体的投资公司，注册资本2 000万元，固定资产近亿元。公司拥有三家下属公司——连云港华东宾馆、连云港广宇置业有限公司、货运代理公司。江苏科源实业投资有限公司以江苏连云港为基地，拥有跨区域、多元化的开发项目及实业投资组合。

周明森，男，河南人，汉族，现任河南物华实业有限责任公司董事长。河南物华实业集团有限公司成立于2000年5月。主营房地产的开发与销售。成立6年来公司始终以“超越自我，务实创新”为主导思想，团结拼搏，奋发努力，按照产业化、专业化的方式经营，按集团化、市场化方式运作管理，形成今天以房地产开发为龙头，以建筑材料、营销策划、生活配套为龙身，以物业管理为龙尾的一条龙开发格局。展望未来，物华公司正以矫健的步伐昂首向前，在河南房产界处于补缺位置，本着为百姓打造一切生活细节的理念，健康、持续发展，开创物华地产的新纪元。2001年叠翠园获“同力杯”户型金奖，2002年叠翠园被评为“居有所值”优秀住宅小区，2004年叠翠园获得郑州市物业管理十佳小区，2005年河南“3·15”诚信企业质量服务信誉承诺单位，2005年海棠园经建设部检查验收获：郑州市优质结构工程、优质文明施工项目双优奖。

周仕强，男，四川人，汉族，现任成都金强实业集团有限公司董事长，出任四川省法人代表权益保护中心理事会副理事长。他被授予省、市房地产“优秀企业家”；荣获“四川省优秀法人代表”称号、先进个人；抗震救灾先进个人等荣誉。成都金强实业集团有限公司系以房地产开发为主体，多元化经营，目前已发展成为集房地产开发，酒店经营，公共事业，建筑业，生物工程，餐饮娱乐业，物业管理，建筑材料生产和安装为一体的综合型集团企业。金强实业集团作为温江首屈一指的实力企业，长期以来致力于温江地区的城市规划与建设，1999年开发建起了温江最具特色的标志性建筑——金强广场电梯公寓、金强广场小区精品楼盘；2006年成功开发了极富现代气息，集绿化环保、休闲娱乐为一体，符合现代都市人居住的大型生态住宅区——“海峡新城”系列精品楼盘，并紧跟房地产发展脉搏，随后修建了荣获“2007年成都地产十大经典楼盘”的“金强大学城”；2008年成功筹建开发的“巨龙国际酒店”、“巨龙国际社区”即将成为金温江的新标志；在建的集旅游休闲、人文景观等为一体的“玉石国际休闲度假区”、“世界野生花卉生态园”也将进一步引领温江乃至成都市民的绿色消费观和生活观。他领导金强实业集团在经历了十多年的风雨后，凭借其雄厚的实力已一跃成为温江本土最大的民营企业之一。

周锡科，男，大专学历，原籍江苏省连云港市。1982—1987年，在连云港市第三毛纺厂设计室担任设计员；1988—2001年，在连云港市天宜房地产开发有限公司任总经理；2002年至今，担任连云港广宇置业有限公司董事长。他所带领的连云港广宇置业有限公司成立于2002年，是正由三级开发资质向二级开发资质升级的企业。在编人员32人，其中30%拥有各专业高级职称，中级职称人员占总人数的40%。近几年，一直致力于打造高端个性化楼盘建设，取得良好的成绩。企业已经进入涵盖商业、住宅及服务业等旅游综合项目开发行列。代表项目是“丹霞风景游览度假区”；丽都饭店综合楼及住宅楼项目，建筑面积15 000平方米，此项目注重物管建设和便捷的信息化服务建设，并于2006年6月售罄；华东宾馆项目，一期工程2007年已经全部竣工，建筑面积9 200平方米，为集客房、餐饮娱乐、商务活动于一体的多功能的三星级酒店。正在建设的华东宾馆二期工程已经通过规划部门审核，总建筑面积为27 000平方米，32层98米，为高层建筑。该企业正致力于将其打造成为以“海”为主题的纯精品写字楼。

周夏龙，男，浙江人，汉族，现任玉宏房地产集团董事局主席、董事长、台州市文联副主席、中共台州市纪委特邀监察员、中国民主建国会台州市直总支副主委、中国民族管弦乐学会理事、浙江省戏剧家协会顾问、浙江民族管弦乐学会常务理事、浙江省琵琶专业委员会副会长、台州市戏剧家协会主席、台州市民族管弦乐学会会长、台州市民乐团团长、台州市民间剧团工作者协会会长、台州市琵琶专业委员会会长。1986—1993年任玉环县鞍玉冷冻厂厂长；1994—1998年玉环宏业房地产开发事业公司董事长总经理；15年励精图治，玉宏从一个名不见经传的小型单项开发公司，快速发展成为集房地产开发经营、工程建筑装饰、物业管理、酒店开发等行业于一体，具有房地产开发一级资质的综合性民营经济集团企业。玉宏最早成立于1994年，2002年更名为浙江玉宏房地产开发有限公司，2003年6月经国家工商行政管理总局核准，升格为玉宏房地产集团有限公司，注册资金20 800万元。目前，它是台州最大的专业房地产开发企业之一。

周兴夫，男，河南人，汉族，现任河南国基家和万世置业有限公司总经理。1985年毕业于东北财经大学，获经济学学士、硕士学位，曾参与开发天津奥林匹克花园。2002年，进入上海上实发展股份有限公司，任助理总裁。2003年上实发展与河南国基正式联手。河南国基置业有限公司自1995年成立，总资产约2.5亿元，投资开发建设一批房地产项目，总占地面积700余亩，总建筑面积40.6万平方米，投资额6亿元人民币。现公司储备用地2 000余亩。是河南省房地产行业发展速度最快、起点高、有代表性的房地产企业。先后获得了中国房地产企业协会2001年中国（河南）房地产“大众精品开发模式”及建设部首届全国新世纪“人居经典综合大奖”称号，郑州市旅游局授予的“郑州城市之光”旅游观光社区。2001年、2002年度郑州十大明星楼盘、十大环境最美小区等称号。先后获得了郑州市建委授予的“房地产开发先进单位”，河南省统计局、河南省建设厅授予的河南省房地产开发企业五十强，金水区委“纳税二十强企业”等称号。

周岳勤，男，1954年1月26日生人，江苏人，现任江苏佳和置业有限公司总经理。江苏佳和置业有限公司是一家以房地产开发为主业，集金融投资、股权投资、商业运营、矿业开采等为一体的实业型多元化综合集团型公司。现下辖十余家子公司，已先后开发（完成或在建）的项目有琴湖城市广场、虞山天地、海虞商业中心、常熟佳和广场、泗洪佳和世纪城、西宁佳和广场、重庆国泰广场、佳和大厦、佳和水岸、佳和云筑、东海佳和项目等数十个商、住综合性项目。公司现拥有土地储备面积达300万平方米，在建项目面积达60万平方米，年销售额逾18亿元人民币。公司经过多年开发领域的积累，自2004年以来公司的发展战略重心从住宅地产开发转向商业地产开发，并逐渐形成了城市商业综合体、文化休闲商业街区、旅游地产三大商业系列，并成功进入酒店、百货、休闲商业后期经营。目前商业地产已成为江苏佳和置业有限公司最具规模的支柱产业，自2004年进入商业地产领域以来，在经历了第一代商住综合地产、第二代街区商业地产的发展模式的探索和总结的基础上，于2006年提出了城市商业综合体的全新商业地产发展模式，模式的总结成功和付诸实施使公司的商业地产开发步入了良性快速的发展轨道，精品迭出、屡获殊荣，赢得了政府和社会各界的广泛赞誉。

朱宝良，男，1962年5月26日出生，浙江人，汉族，高中文化，民建委员，杭州市下城区政协委员、常委，工商联副会长，现任浙江红楼旅游集团有限公司董事长、总经理，兼任上海宝良商务有限责任公司董事长、总经理，浙江富春江旅游股份有限公司董事长。2004年5月，经国家工商行政管理总局批准，公司正式更名为红楼集团有限公司。同时以红楼集团有限公司为核心，以红楼集团有限公司的五家控股企业为成员单位，组建了中国红楼集团。集团下属十一家控股企业：有全国首家转让国有股的浙江富春江旅游股份有限公司、西北地区最大的商贸领域的上市公司——兰州民百（集团）股份有限公司以及杭州环北小商品市场、浙江红楼国际饭店有限公司、桐庐宾馆有限公司、杭州红楼房地产开发有限公司、兰州红楼房地产开发有限公司、红楼集团有限公司南京分公司、南京宝良商贸有限公司（南京环北服装市场）、南京红楼餐饮管理有限公司、杭州永成旅游投资有限公司、杭州宝良广告制作有限公司、泰安红楼百货商厦有限公司等。集团总资产超过50亿元，公司自创立以来，多次荣获杭州市、区重点骨干企业、信用优良企业和纳税大户，2004年被评为浙江省百强民营企业。朱宝良先生多次被杭州市、区评为“送温暖工程”、“赈灾济贫”、“热心公益事业”的积极分子，2004年被杭州市委、市政府评为“先进社会主义事业建设者”。

朱华忠，男，四川人，汉族，现任四川欣通用建设集团有限责任公司董事长、成都市工商联副主席、中共四川省委统战部、四川省发展和改革委员会、四川省经济委员会、四川省人事厅、四川省工商局、四川省工商业联合会评为“四川省优秀中国特色社会主义事业建设者”；被中共锦江区委、锦江区政府评为热心公益事业十佳非公有制企业；被成都市总工会评为成都市先进职工之家。2008年4月被成都市总工会授予“工人先锋号”称号。公司2007年、2008年销售总额6.33亿元，纳税1 014万元。公司员工85人，其中招收城乡失业人数17人，并依法缴纳社会保险。积极参加光彩事业和社会公益事业，累计捐款捐物238万元。公司建有党组织和工会组织。2007年是欣通用集团具有转折性意义的一年，这一年企业出版了《四川欣通用集团制度汇编》，标志着企业在规范化管理上又跃上了一个台阶；这一年集团开展了耗时半年之久的文化兴企运动。四川欣通用建设集团成立于2004年6月，集团下属成都益华实业有限责任公司、成都科甲投资开发有限公司、成都金捷达装饰有限公司、成都欣通用建材租赁有限公司、成都名嘉百货有限责任公司。集团公司于2005年9月和7月分别成立了党组织和工会组织。集团公司自成立以来，本着“以人为本，服务社会，实现双赢”的宗旨，先后被锦江区评为重点企业；四川省市长协会单位会员；被中共四川省委统战部、四川省工业联合会、四川省总工会评为“四川省民营企业文化建设先进单位”。

朱新泉，男，1968年4月生人，辽宁人，汉族，民建会员，博士研究生学历。现任沈阳市城建房地产开发有限公司总经理、辽宁省青年企业家协会理事、辽宁省民主建国会企业家协会理事、沈阳市青年企业家协会理事、沈阳市房地产业协会副会长、沈阳市房地产开发协会理事、东陵区政协委员、东陵区人大代表。沈阳市十在杰出青年、2006年全面建设小康社会作贡献先进个人、辽宁省十大杰出青年、沈阳市劳动模范。他所领导的沈阳市城建房地产开发有限公司（简称城建地产），成立于1999年2月，是在政府提倡国有资产重组，发挥国有企业规模效益的大形势下，由市建委原下属的沈阳市居住区开发公司、沈阳金融商贸开发区房屋开发公司和沈阳市建设综合开发公司，按照“强强联合”的精神重组设立的国有独资法人企业，开发资质等级为国家一级。2000年通过了ISO9002质量体系认证，2003年又通过了2000版质量管理体系认证。先后开发建设了“滑翔居住区”、“五里河体育场”、“商务金融大厦”、“城中小区”、“城建明居园”、“城建安居园”、“鸿凯花园”、“北运河畔花园”、“棋盘山风景区望湖园宾馆”、“大连市旅顺口区白玉山庄别墅”、“城建花园”、“城建东逸花园”、“城建草仓公寓”、“同泽广场”、“东陵居民生活园”等一批新型时尚住宅小区和大型公建项目，竣工面积达300万平方米。先后获得了“中国城市运营商50强”、“中国房地产品牌企业”、“辽宁省文明单位”、“国际化品质典范楼盘”、“全国人居建筑规划设计方案竞赛建筑金奖”、“沈阳十大领军地产卓越成就企业奖”等近百种奖项。

朱元更，出生于1953年3月，浙江湖州人，中共党员，大专学历，高级工程师。现任浙江万隆房地产有限公司董事长、北京金鸿房地产开发有限公司董事长、浙江嘉鸿电子科技开发有限公司董事长、江苏省兴化市嘉鸿房地产开发有限公司董事长、浙江省书协副主席。湖州市政协委员、市书协主席、市商会副会长、市文联副主席。1986年8月至今任浙江万隆房地产有限公司董事长以来，一贯以实事求是的科学态度，从事房地产开发、经营、管理理论研究与实践，具有高度的超前意识和驾驭市场的能力及丰富的经营、管理、决策经验，公司各项业务蒸蒸日上，目前已拥有四家直属企业，资产达几亿的多元化企业，使企业成为省二级资质开发企业、市级纳税大户，多年来被评为先进集体、经济效益显著企业、湖州十大品牌房产。他个人也曾荣获中国优秀企业家、中国集体建筑企业家、浙江省乡镇建筑优秀企业家、优秀党员、市劳动模范和先进工作者。编撰“以质量为中心，视客户为第一”的论文刊登于《北京房地产开发报》、《中国建筑杂志》等全国性报刊上。书法作品曾多次在全国、省市获奖，出版了《当代书法家精品集》系列——朱元更卷，作品被日本、韩国、美国及港澳台地区的华侨友好人士收藏。浙江万隆房地产有限公司创建于1988年8月，具有省二级开发资质。公司多年来以稳定求发展，不断拓宽经营领域，1994年进入北京王府井路段开发的金隆基大厦，总投资为4.1亿元人民币，总面积达4.6万平方米，将该大厦打造成展现湖州房产实力的精品工程。1995年建起集办公、购物、餐饮、住宿、娱乐为一体的综合性大楼万隆大厦，开办了跨行业的三产服务行业。2001年建起的万隆公寓，以其独特的风格、完善的配套和颇具升值潜力的区位优势再一次赢得市场。公司连续多年被市政府命名为“重合同守信用单位”，1992—2003年获得信用AAA级企业、市级纳税大户、1994年获得全国首次三产普查最大服务企业和先进集体、2003年荣获湖州市十大品牌房产称号、2004年被中国企业家协会评为中国优秀企业。

诸一军，男，北京人，汉族，高级经济师，中国人民大学经济学博士。现任北京科技园置业股份有限公司总经理。曾负责全国高校财经学科的科研管理工作，从事经济学理论研究；参与上地信息产业基地开创时期的建设和管理，担任IT企业及生物医药企业的高级领导人。现为中关村写字楼商会会长。京科技园置业股份有限公司于1999年12月注册成立，注册资金2亿元人民币。北京科技园置业股份有限公司由极具实力的多家股东投资设立，具备雄厚的资本、一流的资质和良好的资信水平。北京科技园置业股份有限公司以中关村科技园区的开发建设为历史发展契机，以房地产开发为产业基石，充分整合丰富的内外部资源，拓展相关产业，最大限度地保证投资人的利益和回报。

邹丽华，女，出生于浙江舟山，汉族，大学学历。现任浙江新湖集团股份有限公司董事长。曾任浙江温州市检察院副检察长、党组副书记。1996年起任浙江新湖集团公司总经理、副董事长、董事长。中宝戴梦得股份有限公司副董事长。1996年起邹丽华担任浙江新湖集团公司领导职务。浙江新湖集团股份有限公司是一家按现代企业制度组建的股份制企业。公司注册资本1亿元人民币，企业信用等级连续5年AAA。2003年3月，浙江新湖集团旗下的浙江新湖房地产开发有限公司以2 090万元的“天价”买断磁浮冠名。浙江新湖集团股份有限公司是一家以金融、房地产、矿业、加工业为核心业务的大型企业集团，连年入选“中国百强民营企业”。公司成立于1994年，多年来新湖一直保持高速增长、良性发展的势头。业务布局到全国24个省（自治区、直辖市）。目前。旗下控股新湖中宝股份有限公司、哈尔滨高科技（集团）股份有限公司两家上市公司和大型券商湘财证券有限责任公司，具中新湖中宝总资产、净资产、总市值名列浙江上市公司和境内A股房地产上市公司前茅。先后获得“中国房地产最具竞争力企业”、“中国地产20年最具影响力企业”、“中国百佳著名房地产品牌企业”、“改革三十年中国最具价值地产上市公司”、“2009年中国最具价值地产上市公司”等称号。

邹锡昌，男，1963年4月生于广东梅州市梅县程江乡珠子坑村，汉族，香港知名爱国人士，现任香港昌盛集团有限公司董事长。该集团麾下有广州中华广场、广州市盈富创展投资有限公司、北京海晟房地产开发有限公司等。他身兼广东省政协委员、广东省青年联合会常委、香港嘉应商会会长、广东“见义勇为”基金会副会长、广州市公安干警基金会副会长、广州及梅州市荣誉市民、2006年度“中国十大慈善家”、2006年度“中国十大EMBA风云人物”等职务和荣誉称号荣誉称号。昌盛集团有限公司于

1992年注册成立于香港，主要从事房地产开发、兼营工业业务等。经过10年的迅猛发展，公司已经成为集地产、工业、金融投资、高新技术等多种行业、多种经营的多元化集团公司。目前，集团固定资产逾30亿元人民币，集团员工两千人，每年上缴国家各项税收达四五千万元人民币。集团由十五个子公司组成，分别设立于香港、北京、广州、深圳、梅州、汕头、江苏常熟等地，主要从事房地产开发项目，完成项目有天秀大厦、中华广场、云秀大厦、海晟名苑、龙津花园等。

建筑工程

A

安英，男，研究生学历，汉族，哈尔滨东方建设集团总裁。1976—1980年工作于哈市住宅五公司；1980—1982年，建筑工程学院学习；1982—1983年，哈市住宅五公司副科长；1983—1985年，哈市建委经济处；1985—1988年，东方建筑工程公司经理；1988—2003年，东方开发公司总经理、董事长；东方集团总裁；2003年至今，东方建设集团总裁。所获主要荣誉：曾获2001年度中国房地产精英五十杰；2002年度中国楼市推动力人物；2002年度中国房地产行业诚信创建企业家；2003年度中国房地产企业卓越贡献100人等荣誉称号。哈尔滨东方建设集团是以房地产开发、建筑施工为主，以房屋装饰、物业管理、旅游、国际贸易、信托投资为辅的大型多元化企业集团，银行信用等级AAA，在北京、香港、新西兰、韩国、朝鲜、莫斯科、海参崴、哈巴罗夫斯克等地设有分公司，是黑龙江省房地产开发建筑行业的龙头企业。集团下属的哈尔滨市东方城市建设综合开发有限责任公司是中国一级资质的房地产开发企业，是中国第一家公开发行上市股票的民营股份制企业。银行信誉等级AAA，中国建设系统AAA企业。主要从事房地产开发和基础设施项目，2005年又在俄罗斯开辟了新的开发领域。

B

卞圣洲，男，1971年11月生人，汉族，湖北枝江人，北京交通大学管理学硕士，高级审计师，一级建造师。现任中铁十一局集团第一工程有限公司董事长、总经理。自1991年参加工作以来，历任该公司会计师、公司审计科科长、副总会计师、项目经理、总会计师、副总经理兼总会计师、董事长、总经理等职。先后荣获全国总工会“五一劳动奖状”、“全国模范职工之家”称号，被湖北省总工会授予“省一级工会工作规范建设达标单位”；湖北省优秀企业“金鹤奖”、河南省高速公路建设优秀施工单位、襄樊市安全生产先进单位、湖北省建筑业先进企业等各种荣誉。中铁十一局集团有限公司是世界500强企业——中国铁建股份有限公司的成员企业，前身为中国人民解放军铁道兵第一师，诞生于1948年，1984年兵改工后改编为铁道部第十一工程局，1999年12月更名为中铁第十一工程局。2001年8月建立现代企业制度，改制为中铁十一局集团有限公司。2008年3月，随中国铁建整体上市。

C

蔡永太，男，汉族，福建省，硕士研究生，教授级高级工程师，厦门市建筑科学研究院集团股份有限公司董事长。1988年至今在厦门市建筑科学研究院集团股份有限公司任职，历任研发部主任、厦门市建筑科学研究所所长助理、副所长、厦门市建筑工程检测中心站主任，2001年起担任厦门市建筑科学研究院院长，2004年4月至今一直担任公司董事长兼总裁。其董事长任期为2007年9月23日至2010年9月22日。1988年至今在厦门市建筑科学研究院集团股份有限公司任职，历任研发部主任、厦门市建筑科学研究所所长助理、副所长、厦门市建筑工程检测中心站主任，2001年起担任厦门市建筑科学研究院院长，2004年4月至今一直担任公司董事长兼总裁。厦门市建筑科学研究院集团股份有限公司前身是成立于1980年1月22日的厦门市建筑科学研究所，于2004年4月9日整体改制为厦门市建筑科学研究院有限公司，并于2006年4月19日更名为厦门市建筑科学研究院（集团）有限公司。2007年10月8日，依法整体变更为“厦门市建筑科学研究院集团股份有限公司”，并于2007年10月8日向厦门市工商行政管理局领取了《企业法人营业执照》。

曹广晶，男，1964年生人，山东邹平人，汉族1991年6月加入中国共产党，1985年8月参加工作，教授级高级工程师。国务院三峡工程建设委员会副主任、中国长江三峡集团公司董事长、党组书记。1985年大学毕业后，分配到中国长江三峡工程开发总公司（筹建处）工作，历任中国三峡总公司（筹建处）工程技术组助理工程师、工程技术处工程师；中国三峡总公司工程技术部技术处副处长、处长；中国三峡总公司工程建设部厂坝项目部副主任；中国三峡总公司工程建设部副主任兼厂坝项目部主任；2002年1月—2010年1月，任中国三峡总公司（2009年9月更名为中国长江三峡集团公司）副总经理、党组成员。2010年1月任中国长江三峡集团公司董事长、党组书记。2001年获国务院颁发的政府特殊津贴，曾被评为2003年度十大科技新闻人物，获“第十四届全国十大杰出青年提名奖”。为建设三峡、开发长江，经国务院批准，中国长江三峡工程开发总公司于1993年9月27日成立，2009年9月27日更名为‘中国长江三峡集团公司’。

曹海华，乌鲁木齐洁净彩钢板有限公司董事长，新疆卓洋生态农业发展有限公司董事长。新疆维吾尔自治区浙江企业联合会（商会）常务副会长、常务副秘书长。所领导的乌鲁木齐洁净彩钢板有限公司是与浙江、上海多家合资、内资企业联合组建的股份制企业，拥有大批在建筑结构领域里的中外籍精英，设计凸显人性化，创意体现时代感。多年来，注重新产品开发、研制，实行科学管理。其产品彩钢夹芯板、H型钢、C型钢及轻钢房屋等多次荣获各级各类奖项和区、市领导的嘉奖。在乌市、库尔勒、阿克苏等地建有多个生产基地，产品远销东南亚、港、澳和独联体地区，获得了用户的高度评价。所带领的新疆卓洋生态农业发展有限公司投资兴建的戈壁春天生态园，总规划面积42万平方米，以绿色生态、循环经济为基本概念，集旅游、观光、餐饮、休闲、沙滩水疗、种植等功能为一体，在戈壁荒原中营造出盎然春天。

曹松林，男，1958年1月14日生人，江苏人，汉族，大专学历扬州市亚新石油化工建设有限公司董事长，自从公司创业至今已有二十多年的发展历程，始终保持着蓬勃活力，自从改制后保持年均50%以上的经济增长。曹松林毕业于江苏电大机电一体化专业，从事专业管理工作几十年。2005年曹松林同志被建设部中国建筑文化中心评为“中国建设系统优秀企业领导”、2006被江都市政府评为“优秀建筑企业家”。2007年被新疆建设厅管理处评为“先进个人”、2008年被中国工程建设监督管理协会评为“全国建筑业优秀企业家”称号、2010年被中国私营经济研究会评为“中国杰出创新型企业家”，现为世界杰出华商协会副理事长、江都市政协委员曹松林同志，那种视做强企业、回馈社会为天职的儒商风采，令人敬意由生。以人为本是身为企业家的光荣使命，更是一份沉甸甸的社会责任。为了不辜负全体员工的信任和期待，曹松林同志却始终如履薄冰、毫不懈怠。

曹晓峰，男，汉族，广东省，硕士研究生，高级工程师和高级经济师。1998年至今在广东省高速公路发展股份有限公司工作，历任常务副总经理、副董事长、总经理。董事长、党委书记。现任广佛高速公路公司董事长，广东广惠高速公路公司副董事长。1998年至今在广东省高速公路发展股份有限公司工作，历任常务副总经理、副董事长、总经理。董事长、党委书记。现任广佛高速公路公司董事长，广东广惠高速公路公司副董事长。广佛高速公路公司是由广东省高速公路公司（中方）与香港珠江船务有限公司（外方）于1988年7月共同出资人民币2.2亿元（中方占75%，外方占25%）组建的合资企业，主要经营广州至佛山段15.7 km高速公路的征费和养护等业务。广佛高速公路是广东省改革开放以来修建的第一条高速公路，是广州连接珠江三角洲的主干线之一。

曹晓岩，男，汉族，山东省，中共党员，党委书记，总经理。现任济南四建（集团）有限责任公司董事长，党委书记，总经理。济南四建集团是一家有50多年历史的企业，现在已经形成以建筑施工为主业，兼营房地产、国际工程、安装工程、装饰工程等建筑相关产业，年产值20亿元，年施工面积300万平方米，业务遍及济南、青岛、潍坊、淄博、日照、枣庄、东营、滨州、泰安、莱芜等地的现代化、跨地区的大型建筑企业集团。50多年的艰苦奋斗，我们先后参与者了1 500多项国家和省市重点工程建设，并远赴波兰、佛得角、蒙古、巴基斯坦等国承建大使馆工程。公司先后获得中国建筑工程质量最高奖——“鲁班奖”8个（其中1999年、2003年连续五年获得该奖），“泰山杯”工程奖16个，“泉城杯”工程奖48个。并先后获得中华质量信誉宝鼎、全国用户满意企业、全国优秀施工企业、全国守合同重信用企业、山东省文明单位等多项荣誉。

陈帮之，男，中共党员，汉族，四川电力建设三公司总经理。1984年7月至1990年12月，四川电力建设三公司预算合同科科员；1991年1月至1994年11月，四川电力建设三公司预算合同科副科长；1994年12月至1996年11月，四川电力建设三公司预算合处处长；1996年12月至1998年1月，四川电力建设三公司经营处处长兼公司副总经济师；1998年2月至2005年1月，四川电力建设三公司常务副经理；2005年1月至今，四川电力建设三公司总经理。主要论著有：《推进企业资产重组，加快国有企业改革》（论文）；《试论建筑企业施工合同风险管理》。公司先后荣获国家优质工程银质奖、全国守合同重信用企业、中国工程建设社会信用“AAA”级企业、全国用户满意施工企业、国家电网公司文明单位、四川省最佳文明单位、全国实施用户满意工程先进单位、全国质量服务诚信示范企业、全国质量信得过企业、四川省先进单位、四川省先进基层党组织、四川省建筑业最大市场占有份额20强和四川省建筑业综合实力30强等荣誉称号。

陈保勋，男，1972年6月生，中建三局股份公司工程总承包公司总经理。大学本科学历，中共党员，高级工程师，国家一级项目经理，一级建造师。1994年7月到中建三局工程总承包公司工作，历任项目施工工长、技术员、技术负责人、项目经理，2004年起任公司副总经理，并先后兼任公司路桥经理部总经理、武广客专武汉站项目总经理。2007年1月起任公司总经理，兼党委副书记。先后获得湖北省电力调度大楼获得国家建筑最高荣誉奖“鲁班奖”，武汉科技会展中心、武汉军械士官学校楼项目先后获得省、市及中国人民解放军总后部优质工程荣誉称号。该同志本人也多次获得中建三局优秀项目经理、武汉市建筑业企业优秀项目经理、湖北省青年岗位能手。湖北省建筑业企业优秀项目经理、中建总公司十佳项目经理和中建总公司优秀项目经理、中央企业知识型员工、中央企业青年岗位能手、全国“五一”劳动奖章等荣誉称号。

陈波，1959年出生，大专学历，曾担任中国人民银行三亚市支行资金计划科副科长、办公室副主任、外汇管理科副科长，海南高速公路股份有限公司资金证券部经理，现任海南高速公路股份有限公司副总经理。曾担任中国人民银行三亚市支行资金计划科副科长、办公室副主任、外汇管理科副科长，海南高速公路股份有限公司资金证券部经理，现任海南高速公路股份有限公司总经理。海南高速公路股份有限公司1991年7月，经海南省政府（1991）5号文批准，成立海南省东线高速公路建设工程指挥部办公室，其职能是负责东线高速公路的征地拆迁、施工管理和经营管理。1993年4月，经海南省证券委员会琼证字（1993）6号文批准，在海南省东线高速建设工程指挥部办公室的基础上，以定向募集方式设立了海南高速公路股份有限公司。经中国证监会批准，公司于1997年12月1日在深圳证券交易所上网定价发行了7 700万股A股，1998年1月23日公司股票挂牌上市。

陈鄂生，男，1957年10月出生，汉族，大学本科学历，教授级高级工程师、注册化工工程师、注册咨询工程师，现任中国海诚国际工程投资总院院长、党委副书记、中国海诚工程科技股份有限公司董事长。现任中国海诚国际工程投资总院院长、党委副书记、中国海诚工程科技股份有限公司董事长，兼任中国轻工业联合会副会长、中国工程咨询协会学术委员会委员、中国造纸学会常务理事、学术委员会委员、中国轻工勘察设计协会副理事长、中国国际工程咨询公司专家委员会委员、中冶科工集团专家委员会委员、陕西科技大学兼职教授、美国TAPPI会员。曾任中国轻工业长沙设计院（轻工业部长沙设计院）设计组副组长、组长、设计室副主任、主任、设计院副院长、院长兼党委书记；中国轻工业长沙工程有限公司董事长、总经理兼党委书记，其间兼任：中国海诚工程科技股份有限公司董事、副总裁，长沙长泰输送包装有限公司董事长。中国海诚工程科技股份有限公司（简称中国海诚股份），是隶属国务院国资委管理的中国轻工集团公司联合其他战略投资者，以其下属中国轻工业上海设计院整体改制设立的，中国海诚股份总部设在上海，在北京、广州、长沙、武汉、南宁、成都、西安等地拥有十一家控股子公司，是国内最大的提供工程咨询、设计、监理和采购、施工、培训、开车等工程总承包服务的综合性股份制工程科技上市公司之一。公司总资产近13.85亿元人民币。

陈飞，男，1963年生人，江苏南通人，1985年11月加入中国共产党，1986年7月参加工作，汉族，湖北省，高级工程师，中国长江三峡集团公司总经理陈飞。武汉水利电力学院水利水电工程建筑专业本科毕业，中国人民大学产业经济专业硕士毕业。国长江三峡集团公司董事、总经理、党组成员。历任葛洲坝工程局浇筑分局、三公司、一公司技术员、助理工程师、工程师；葛洲坝工程局办公室副科级、正科级秘书；葛洲坝工程局第一工程公司副经理、经理、第一工程公司三峡工程施工指挥部副指挥长、指挥长；中国葛洲坝水利水电工程集团公司副总经理、党委常委、党委副书记、三峡工程施工指挥部副指挥长、指挥长、党委书记、葛洲坝股份公司董事；广西龙滩水电开发有限公司总经理；云南省临沧地委副书记（挂职）；云南省计委副主任、党组成员（挂职）；2003年12月—2010年1月，任中国国电集团公司副总经理、党组成员，其中2006年10月—2008年2月兼任国电电力发展股份有限公司党组书记、总经理。2010年1月任中国长江三峡集团公司董事、总经理、党组成员。1999年获得第3届中国青年五四奖章标兵称号，曾获全国劳动模范、新世纪百千万人才工程国家级人选奖。为建设三峡、开发长江，经国务院批准，中国长江三峡工程开发总公司于1993年9月27日成立，2009年9月27日更名为‘中国长江三峡集团公司’。中国长江三峡集团公司为国有独资企业，注册资本金1 115.98亿元。

陈福生，男，1964年3月23日出生，浙江省金华市人，浙江伟业土石方工程有限公司董事长，浙江省棋类协会象棋分会副会长，磐安县棋类协会会长，2008年北京奥运圣火火炬手。他一直挚爱象棋事业，视象棋为终生情人，2009年“磐安伟业杯”全国象棋精英赛赞助商（汪洋夺冠），从1999年起赞助首届磐安县“伟业杯”象棋赛，现已有9届。此前，他曾获2008年“海天杯”浙江省首届企业家象棋争霸赛亚军，2009“北山杯”浙江省名人象棋快棋邀请赛亚军。浙江伟业土石方工程有限公司创建于1999年3月，本公司为有限责任制，实行独立核算，自主经营，自负盈亏。公司目前资质为土石方工程专业承包二级，土石方工程施工能力在浙江省地区同行中名列前茅。公司已取得ISO质量、职工健康安全、环境三合一体系认证证书，获浙江省“守合同、重信用A级单位”，银行资信AAA级单位。

陈刚，男，山东人，汉族，中共党员，研究生学历，高级经济师，山东鲁能建设集团有限公司历任山东电力管道工程公司副总经理、总经理。2005年12月至2007年12月任山东鲁能矿业集团有限公司总经理、党委副书记，自2007年12月至今任山东鲁能建设集团有限公司总经理。历任山东电力管道工程公司副总经理、总经理，2005年12月至2007年12月任山东鲁能矿业集团有限公司总经理、党委副书记，自2007年12月至今任山东鲁能建设集团有限公司总经理。鲁能建设集团成立于2003年4月，注册资本金2.58亿元（鲁能集团独资），是以港运物流、电站工程等基础设施投资、建设、运营和核电、火电、生物发电等项目建设总承包为主营业务的产业集团，是集团公司四大产业集团之一。
港运物流产业坚持以港电基地全面开发为依托，积极引进先进的运营管理理念，逐步形成具有一定规模实力的港运物流产业。

陈洪才，男，1955年4月生人，本科学历。现任苏州陈氏建设工程有限公司董事长。1970年12月—1978年3月参军，其间1972年3月—1974年12月在解放军装甲兵工程学院机械制造专业学习，毕业后在部队任技师，1978年3月—1978年12月滨海县第二农机厂技术员，1978年12月—1984年5月滨海县公安局干部，1984年5月—1989年4月盐城市公安局干部，1993年3月—2000年4月任盐城市东泰建筑安装工程公司主任、副总经理，2000年4月—2005年1月任太仓市陈氏搬运有限公司总经理，2005年1月至今任苏州陈氏建设工程有限公司董事长，2009年4月获全国质量管理优秀施工企业，2009年11月获中国优秀民营企业家，2010年1月获时代英模——共和国经济建设杰出贡献人物，2010年3月全国建设系统先进工作者公司是在原盐城市东泰建筑安装工程公司、太仓市陈氏搬运有限公司的基础上，于2005年1月28日新组建的专业经营市政建设、绿化工程、全面发展的综合性公司。原党和国家领导人华国锋、迟浩田等老首长曾多次关心、过问、指导公司的成长和发展。

陈华元，男，汉族，湖北省，中共党员，研究生学历，教授级高级工程师，国家一级注册建造师，现任中国建筑第三工程局有限公司总经理；曾荣获湖北省五一劳动奖章、全国优秀施工企业家、全国施工企业优秀项目管理者、全国优秀项目经理、武汉市质量贡献奖等殊荣。现任中国建筑第三工程局有限公司总经理。中国建筑第三工程局有限公司原为中国建筑第三工程局，是世界500强企业上市公司——中国建筑重要子公司，是具有多功能、集团化经营的国有大型建筑安装骨干企业。1965年7月经国务院批准成立；1993年经建设部批准为全国首批一级工程总承包和一级施工总承包资质；2002年核准为全国首批特级工程总承包资质。2004年4月，获准成为高新技术企业，2005年初，推行国有独资企业董事会制度；2007年12月，改制为中国建筑股份有限公司独家持股的一人有限责任公司。

陈继松，男，中共党员，高级工程师，汉族，浙江省交通投资集团有限公司董事长，历任杭州市市政工程处一队副队长、队长、党支部委员，市政工程公司副经理、经理、党委委员，杭州市城乡建设委员会副主任、党委委员兼杭州钱江外商台商投资区江北管委会副主任、党工委委员，杭州市城乡建设委员会副主任、党委委员，杭州市城乡建设委员会党委书记、主任，杭州市人民政府副市长兼市政法委副书记，中共杭州市第八届委员会委员；2000年起任浙江省建设厅厅长、党组书记；2005年至今任浙江省交通投资集团有限公司董事长、党委副书记、书记，中共浙江省第十一届委员会委员。浙江省交通投资集团有限公司是以原浙江省高等级公路投资有限公司为主体，吸纳省交通厅其4家直属企业组建而成的一家省级交通类国资营运机构，2001年12月29日正式登记注册，注册资金50亿元，主要经营高速公路投资、经营、维护、收费及配套服务，交通工程建设、施工、物资经营，远洋、沿海运输及高速公路客运等，现为浙江省人民政府国有资产监督管理委员会管理的大型企业集团。

陈建华，男，1963年5月出生，汉族，大学文化，工学学士，中共党员，现任福建省第一公路工程公司党委书记、总经理，教授级高级工程师，高级经济师。自1984年7月毕业分配到福建省第一公路工程公司以来，一直工作在环境艰苦，生活条件差的公路工程施工一线。1999年被授予了泉州市建筑业“优秀项目经理”称号；2005年被评为福建省建筑业路桥一级“优秀项目经理”，同年选为泉州市建筑行业专家委员会首届委员；这一年还通过了全国一级建造师公路专业的执业资格考试，2006年完成了国际工程经理人的学习，认证为建筑企业高级职业经理人，被福建交通职业技术学院聘为兼职教授。多次被授予泉州市优秀共产党员、市劳动模范称号。同时还在专业期刊上发表了多篇学术论文，并出版了个人专著《桥梁缆索吊装施工组织与示例》。2007年12月担任公司总经理至今，致力企业改革，创新管理，推行企业管理信息化。公司施工产值从2007年6.8亿元提高到目前的超20亿元，经济效益年年稳步上升。2009年被评为“中国工程建设优秀高级职业经理人（全国优秀施工企业家）”，2008年、2009年连续两年公司被评为“省建筑业先进企业”，个人连续两年被评为“省建筑业企业优秀经理”。公司连续六年获得了全国“安康杯”竞赛活动优胜企业荣誉称号，2009年被福建省建筑业协会授予“工程创优特别荣誉企业”。

陈景华，女，汉族，北京市人，北京国际商务学院大学本科毕业、高级经济师、民建会员。现任朝阳区人大代表、北京市华冉建设集团董事长兼总裁。曾被北京市总工会评为“爱国立功标兵”、“朝阳创业女明星”、“公益慈善之星”，并多次被评为区、乡先进个人。北京市华冉建设集团总部位于京杭大运河源头的朝阳区高碑店地区东南端，CBD商务圈东侧、西临四环、东傍五环、南依京沈高速路、北靠京通快速路，占地总面积66 000多平方米。北京市华冉建设集团是一个跨行业、跨部门、跨省市的综合性的经济实体企业，已由制造业逐步扩建为建设施工、技术研发、艺术传媒、文化收藏、酒店住宿、餐饮娱乐等综合类多领域的大型集团。以五大支柱企业隶属华冉集团：即北京市华冉建设集团有限公司、北京市华威锅炉有限责任公司、北京市鼎奇龙华膳园餐饮有限责任公司、鼎奇龙文化产业投资管理公司、北京鼎奇龙古典家具有限公司等。团以厚德载物的儒家理念聚集人才、技术雄厚、设备齐全而著称。1993年陈景华董事长创建了北京市华威厨房设备厂，也就是北京市华冉建设集团的前身，从一个十几个人的小厂发展至今，陈董事长和他的战友们奋力拼搏，不懈努力，刚开始主要生产燃气、燃油成套厨房设备，后来生产常压、承压热水锅炉。由于重视产品的质量，赢得了广大客户的满意，加大了市场的份额，使“华成”这个品牌家喻户晓。

陈九霖，男，1961年10月20日生人，汉族，湖北省，毕业于北京大学，现任中国葛洲坝集团国际工程有限公司总经理。1997年，中国航油母公司委派陈久霖到新加坡接管在当地的子公司——中国航油（新加坡）股份有限公司，他先后担任总经理、董事总经理、执行董事兼总裁2009年年末，任中国葛洲坝集团国际工程有限公司。前中国航油（新加坡）股份有限公司执行董事兼总裁。曾就职于航空公司，后获得中国政法大学国际法硕士学位。在他执掌中国航油期间，中国航油净资产由17.6万美元增至1.5亿美元，增幅852倍，市值超过11亿美元，是原始投资的5 022倍，缔造了一个商业传奇，因此被称为“航油大王”。三十多年来，集团公司先后在国内20多个省、市、自治区整体或部分承建了长江葛洲坝和三峡，金沙江溪洛渡、向家坝和金安桥，清江隔河岩和水布垭，澜沧江漫湾、大朝山、小湾和景洪，黄河公伯峡、拉西瓦等 100 余座大型水电站和核电、机场、路桥、堤防等工程近 3 000 项，是目前世界最大水电工程三峡工程的主承包商，也是目前世界最高面板堆石坝（水布垭）、最高碾压混凝土坝（龙滩）、最高拱坝（小湾）的承建者。集团公司引领着当今筑坝技术的新潮流，处于行业内领军地位，代表了中国水利水电工程施工的最高水准。

陈莉茜，女，汉族，湖北省，本科学历，高级工程师，武汉市优秀专家。武汉三镇实业控股股份有限公司董事长，曾任武汉市给排水工程规划设计院院长。现任武汉市水务集团有限公司董事，武汉三镇实业控股股份有限公司董事，武汉长江隧道建设有限公司董事长，武汉三镇实业房地产开发有限责任公司董事长。武汉三镇实业控股股份有限公司（以下简称公司）是 1997 年经武汉市人民政府武政（1997）75 号文批准筹建，由武汉三镇基建发展有限责任公司独家发起，以其所属的宗关水厂和后湖泵站的全部经营性资产投资，于 1998 年 3 月经中国证监会证监发字（1998）31 号、证监发字（1998）32 号文批准，向社会公开发行 A 股股票 8 500 万股，1998 年 4 月 17 日，股票发行成功公司正式设立，设立时的总股本为 34 000 万股。

陈庆梓，男，汉族，广东海丰人，高中文化。1960 年任海丰公平农业中学教师；1961 年回香港由当工厂工人至 1967 年自己创业，独资开设香港铜瓷制品厂，产品销售欧美；1978 年经销上海工艺品分公司的铜制产品。政协宁夏回族自治区第八届委员会委员，香港国际华海集团有限公司董事长、香港金伯爵集团有限公司董事长。华海国际（香港）设计有限公司是从事城市规划、建筑设计、景观设计、园林工程、房地产咨询及建设项目管理服务的专业设计机构。公司成立于香港，并在中国上海、杭州设立分支机构。公司由专业设计师组成，是具备较高建筑艺术修养与强烈工作责任心的创作团体。华海国际（HAK）自进入中国设计市场以来，凭借工程设计与项目服务相结合的业务优势，积极参与城市建设与商业房地产开发，将先进及独创性的设计理念融入所承担的项目，创造出众多具有独特人文地域特点，且能有效运作建造的项目，无论在政府业主还是私人投资商业主方面，华海国际（HAK）都赢得了良好的口碑。

陈书利，男，党员，汉族，出生于 1965 年 2 月，大专学历。现任郑州东风建筑工程有限公司总经理。1988—1993 年，在东风公司任技术员、施工员、工长、处长；1993—1996 年，任东风公司二分公司经理；1996—1997 年，于清华大学土木工程系学习深造；1996 年 6 月，在河南商校高等专科学校毕业；1998 年赴中央党校学习和研讨现代企业及管理；1986 年 7 月至 1996 年 12 月，郑州市东风建筑工程公司副经理；1997 年 3 月至 2000 年 3 月，郑州东风建设集团有限公司常务副总经理；2000 年 3 月至 2004 年 8 月，担任郑州市东风建筑工程公司总经理，法人代表；公司先后获得“全国工程建设管理先进单位”、“全国先进集体建筑企业”及全面质量管理最高荣誉“金屋奖”、“银屋奖”；中质协授予的“全国用户满意服务”企业；河南省集协授予的“河南省先进建筑施工企业”；郑州市建委授予的“施工先进企业”等荣誉称号；2003 年被河南省工商行政管理局授予“重合同守信用”企业，并获得“中国建筑系统企业信誉 AAA 级”单位。他本人连年被评为公司先进工作者。被授予郑州市“五一”劳动奖章；连续多年被区、市评为“优秀共产党员”；河南省劳动模范；“中国建设系统百位建筑功勋人物”；“中国建筑行业十大杰出经理人”；“中国经济优秀人物”等荣誉。

陈书明，男，1957 年 11 月 26 日生人，山东省乳山人，中共党员，大专学历，汉族威海环建工程集团有限公司。现任威海环建工程集团有限公司董事长、总经理兼党总支书记，威海市政协委员，威海市工商联常委，威海市商会副会长，乳山市政协常委，乳山市工商联副会长等职。被表彰为“山东省关爱职工优秀企业家”。2002 年，威海环建工程集团有限公司。现任威海环建工程集团有限公司董事长、兼党总支书记。威海环建工程集团有限公司位于山东省乳山市经济开发区，成立于 2002 年，是具有建筑工程资质、开发资质、钢结构资质各三级的集团公司。下设五个子公司，六个分公司。目前，拥有固定资产上亿元，年上缴税金过千万元；拥有职工 1 200 多人，其中工程技术人员 240 多人，管理人员 90%以上具有大专以上学历。

陈银生，男，1956 年 5 月生，河南修武人，汉族，宁夏建工集团 1981 年 9 月入党，1971 年 4 月参加工作，中央党校函授学院毕业，函授大学学历。现任宁夏建工集团党委书记、董事长，历任银川市第三建筑公司生产技术科科长；银川市第三建筑工程公司副经理、党总书记、经理；银川市建委党委委员、副主任、主任；银川市人防办党组书记、主任；银川市城市投资控股公司董事长；银川市建设局党委书记、局长；银川市政府副市长、党组成员等职。1971 年 4 月参加工作，现任宁夏建工集团党委书记、董事长，历任银川市第三建筑公司生产技术科科长；银川市第三建筑工程公司副经理、党总书记、经理；银川市建委党委委员、副主任、主任；银川市人防办党组书记、主任；银川市城市投资控股公司董事长；银川市建设局党委书记、局长；银川市政府副市长、党组成员等职。

陈永根，男，浙江人，汉族，中共党员，浙江中设建工集团有限公司董事长。1998 年 3 月、2003 年 3 月、2007 年 2 月当选为绍兴县第十一届、第十二届、第十三届人民代表大会常务委员会委员。历任建筑队工地负责人、副队长，镇工办副主任兼马鞍建筑工程队队长，马鞍建筑工程公司总经理，绍兴县第二建筑工程公司总经理、党委书记，浙江中设建工集团有限公司董事长、总经理、党委书记，高级工程师。浙江中设建工集团有限公司，是国家一级资质总承包施工企业。施工区域分布全国各地，直到境外，公司技术先进、装备精良、实力雄厚，在绍兴地区率先通过 Q/E/O 管理体系认证。产值、利润连年大幅度递增，名列全市前茅，是绍兴市建筑“二十强”之一。

陈兆喜，男，湖北人，汉族，现任通山县华南石材有限公司董事长。华南石材有限责任公司，于1992年在湖北通山创建，占地50 000平方米。公司本着“与时俱进，不断创新”的企业理念，经过十几载的打拼，从一个民间作坊逐步成长为一个集生产、加工、销售、进出口贸易为一体的综合性石材企业。目前，公司拥有各类管理、工程、技术人员500余人，已成为中国中部最大规模和实力的综合石材企业之一。在北京、上海、广东、韩国木浦均设有分公司，公司为湖北省十佳石材企业，湖北省石材工业协会大理石分会副会长单位。公司为湖北省十佳石材企业，湖北省石材工业协会大理石分会副会长单位。1992年1月1日华南石材有限责任公司在湖北通山创建。2000年1月1日陈兆喜成为“莎安娜”复合板全国专利发明人。

陈振江，男，1956年生人，汉族，浙江人，浙江省唯一出席中个协成立筹备会的代表，被选为常务理事。省、市劳模，连续两届当选为温州市人大代表。现任东厦建设集团董事长。东厦建设集团有限公司成立于1995年2月。现为城市一级房地产开发企业，中国房地产500强之一，注册资本3.7亿元，总资产10多亿元。公司现有技术管理人员75人，其中工程技术及经济，统计等高、中级职称有41人。公司成立以来，成功地开发了乐清市东浦综合菜市场、乐清市金雁商城、温州市火车站瓯江大厦、龙港东方大厦、乐清市新世纪花园、乐清市新世纪大厦、东方大楼、苍南东方景园、四星级东方大酒店余杭东港花苑、绍兴东厦·颐景苑、绍兴东厦·紫荆苑、绍兴东厦·滨海广场等项目、合计总开发量150万平方米，总投资额60亿元。2001至2005年度连续五年乐清市百强纳税企业（第4位）：2000年、2002年、2003年被省建行评为AAA级信用企业；2002年评为浙江省首批公众满意诚信单位；2003年、2004年、2005年被浙江省、温州市、乐清市宣传部、工商局、民营企业协会评为诚信民营企业：2006年8月通过ISO9001：2000质量管理体系认证。2006年10月被评为温州市地区20强房企前5位之一。2008年被建设部评为诚信房开企业（全国300家之一），2009年底被译为浙江省十佳诚信房企之一。1995年2月19日东厦建设集团有限公司成立。2005年9月19日以1.26亿元的注册资金联合六家相关企业成立东厦建设集团。

陈之洪，男，云南省第三建筑公司直管项目部经理。负责承建了石林大酒店、春苑小区、太平洋大厦、国联大厦等近20个工程项目，总建筑面积达40万平方米，不少工程获得云南省优质工程奖。他也被评为“云南省企业优秀项目经理”和“全国建筑业企业优秀项目经理”。他所在的云南三建直管项目部组建于1998年3月，曾经是云南建筑业中迅速崛起、风云一时的施工队伍。然而在2001年底至2002年初，项目部陷入困境，官司缠身，拖欠职工工资8个月，外债高达5 000多万元。2001年10月，云南三建对直管项目部领导班子进行了调整。他受命于危难之际，挑起了直管项目部经理这副重担。调整后的直管项目部迅速出击，2002年便承接到了云南省地矿局高层职工住宅工程。工程总建筑面积18 000平方米，25层，属全框架剪力墙结构。这是直管项目部命运的转折点。2004年4月，直管项目部又承接了昆明天保家园小区的部分施工任务，这成为直管项目部彻底摆脱困境，重新崛起的一个标志。他们仅用6个月，完成了总建筑面积3万平方米的施工任务。在经营市场的同时，直管项目部提出了经营人才的思想。每年他们投资20万元，作为职工的培训教育资金。目前直管项目部平均年龄约27岁，具有专科学历的占50%，具有本科学历的占30%以上。

陈志成，男，汉族，共产党员，福建省，厦门市政工程公司董事长。福建省发展散装水泥工作先进工作者，招商引资先进个人，福建省发展散装水泥工作先进工作者。厦门市政工程公司系市政施工总承包一级国有企业，作为厦门城市建设的主力军，主要从事城市道路、桥梁、给排水、污水处理厂等各种类型的市政工程、公路工程、房屋建筑及土石方工程施工。公司资金、技术力量雄厚，现拥有工程技术和经济管理人员250多人，拥有总资产2.67亿元，固定资产6 682万元，拥有技术先进的施工机械设备近300多台套，总功率1.14万千瓦，其中80设备技术装备达世界先进水平。公司还拥有商品砼生产基地与沥青混合料生产基地，并配有一级试验室；销售各种型号的商品混凝土、沥青混合料和水泥预制构件等产品。公司先后获得全国最佳经济效益建筑企业500强；全国铁路、公路、隧道、桥梁建筑业行业100家最佳经济效益企业；全国市政施工经济效益“十佳企业”；全国施工企业设备管理优秀单位；全国市政施工企业的先进单位；全国市政工程质量优秀企业等荣誉称号；并多年被评为福建省建筑规模暨效益排名前企业、省“重合同、守信用”先进单位、市科技先导企业等。公司现已通过ISO9001：2000国际质量体系换版认证。

谌万里，男，福建人，汉族，中共党员，现任四川华西集团有限公司厦门分公司董事长。厦门市生产资料协会副会长、厦门市劳动模范协会副会长。优秀党员干部。先后任昆明水泥厂，昆明水泥股份有限公司科员、主办科员、科长职务。现任四川华西集团有限公司厦门分公司董事长。四川华西集团有限公司成立于1950年5月，是四川省重要国有骨干企业、省政府重点培育的30家“迅速做强做大的大企业大集团”之一，持有国家建设部首批核准的房屋建筑施工总承包特级资质，享有外经、外贸经营权，拥有AAA企业资信等级。现集团总资产100亿元，年主营业务收入超过127亿元，年利税额5亿元以上。

程建平，男，湖南人，汉族，现任湖南双江建设工程有限公司董事长。公司创建于1968年元月，由原来的“宁乡县双江口镇建筑公司”和“宁乡县檀树湾建筑公司”在1997年6月合并成立“湖南长沙双檀建筑工程公司”，为工民建三级资质，于2002年晋升为房屋建筑工程施工总承包二级资质，公司于2008年2月4日进行所有制改制，成立新的责任有限公司，公司名称变更为“湖南双江建设工程有限公司”。并于2009年2月成功晋升为国家一级企业。公司“以诚信服务主业，以品牌开拓市场，以创新扩大优势，以效益壮大企业”。1978 年以来连续 30 多年被评为县建设局颁发的“先进企业”、“双文明”单位；湖南省建筑业协会评定为“全面质量管理先进企业”；连续多年被授予省级“重合同、守信用”单位，荣获省建设厅湖南省建筑工程“芙蓉杯”奖等；连续多年被省建设厅、市建委评为“先进企业”、“质量优胜企业”、“安全生产好企业”称号。1968 年湖南双江建设工程有限公司创建。1997 年由原来的“宁乡县双江口镇建筑公司”和“宁乡县檀树湾建筑公司”合并成立“湖南长沙双檀建筑工程公司”。

程俊祥，男，福建人，汉族，中共党员，现任福建三建工程有限公司董事长。多次被授予“优秀董事长”、“优秀院长”、“优秀党员”、“叱咤中国经济十大风云人物”、“中国古建筑十大杰出企业家”、“中华骄子”、“中国世纪专家”、“中华百业杰出人物”、“中华创新与发明人物”。古今建设集团董事局主席、浙江古今园林建筑研究院院长、温岭市古建筑工程公司董事长、政协温岭市委常委、市党代表、现任福建三建工程有限公司董事长。福建三建工程有限公司成立于 2004 年 3 月，是原创建于 1951 年 8 月的福建省第三建筑工程公司于改制而设立的民营企业。

程理财，男，汉族，1962 年 8 月生，湖北团风县人，高级工程师中共党员。2000 年毕业于华中科技大学建筑工程专业，2002 年清华大学创新管理 MIA。现任山河建设集团有限公司董事长。房建施工荣誉成就、第十一届全国人大代表、中国建筑业协会理事、湖北省第十届人大代表、湖北省建筑业协会副会长、武汉建筑业协会副会长、湖北省质量安全协会理事、湖北省企业信用促进协会理事。山河建设集团有限公司是具有房建施工总承包特级资质企业，拥有钢构、消防、地基基础、装饰装修、机电安装五个一级资质，市政总承包二级资质，拥有对外承包工程经营资格，是控股帝豪房产、山河市政、益鹏置业、东升建设、山河装饰、竹安设备、衡信检测、塑钢门窗、双升木业 9 家子公司的大型建设集团。成立于 1969 年 9 月，公司年产值超过 40 亿元，年施工能力超过 400 万平方米。拥有各类专业技术职称人员 860 人，项目经理 116 人。1969 年山河建设集团有限公司成立。2009 年公司在激烈的市场竞争中始终保持稳健发展的良好趋势，产值突破 40 亿元，区域市场发展势头迅猛。

程裕祥，男，1945 年 9 月出生于山西，大学本科学历，汉族。1964—1969 年山西省太谷县候城乡保管、出纳；1970—1975 年山西省太谷县候城中学教师；1975—1985 年太谷县水利机械凿井队机长；1986—1991 年太谷县东风打井队队长；1992—1998 年太谷县桩基公司总经理；1998—2005 年山西省裕祥基础工程有限公司董事长。1992 年太原市唐槐商厦 43 层高层基础灌注桩工程、QC 小组，获国家建设部二等奖；1995 年山西省建行基础灌注桩、支护桩、降水工程获国家鲁班奖。山西裕祥基础工程有限公司，是具有二十多年历史的建筑施工企业，是国家建设部批准的地基与基础工程施工一级企业，连续五年被省、市工商局评为“重合同、守信用”先进企业，享有较高的社会荣誉，并在全省同行业率先通过 ISO9001 质量体系认证。2003 年公司获得了山西省外商投资企业协会颁发的“经营管理先进企业”的光荣称号，2004 年被评为“晋中市建筑行业先进单位”。《太原市唐槐商厦超长桩、深基坑支护、降水施工难点及对策》，《钻孔灌注桩的施工技术和质量控制》

程占华，男，1952 年生人，汉族，北京城建四建设工程有限责任公司董事长。1969 年 2 月在北京市宣武区应征入伍，先后在陆军十四军、昆明军区任战士、参谋和处长。1986 年 4 月转业，先后在集团公司经理办公室任秘书，在城建四公司任党委副书记、书记、董事长。2003 年 2 月至今任公司董事长、党委书记、总经理。北京城建四建设工程有限责任公司最早成立于 1983 年 7 月 1 日，是由中国人民解放军基建工程兵北京指挥部集体转业改编而成。公司隶属于北京城建集团，是城建集团的核心企业之一。1995 年 10 月 10 日公司被城建集团确定为建立现代企业制度的内部试点单位。在北京市体改委、城建集团等各方面的领导和帮助下，按照“产权清晰、权责明确、政企分开、管理科学”的要求，于 1997 年 3 月 18 日，完成了对公司的改制工作，经北京市工商局批准将原国有独资的北京第四城市建设工程公司变更为多元投资的北京城建四建设工程有限责任公司（简称北京城建四公司），公司注册资本 6 055.6 万元。

崔凤祥，男，汉族，1971 年出生，中共党员。现任天津市建城地基基础工程有限公司总经理兼团支部书记。天津市建城地基基础工程有限公司创建于 1983 年，公司坐落于天津开发西区。历经二十多年的发展，由一个单一从事地基与基础施工的企业发展成为一个占地规模 14 万平方米，注册资金 2 266 万元，具有地基与基础工程施工专业承包一级资质和混凝土预制构件二级资质的综合性建筑施工企业。多年来广泛参与了天津市及其他省市的城乡建设和建筑改造工程，其中多项工程被评为“优质工程”和“鲁班奖”工程，在社会上享有很高的知名度。2001 年度被评为区级优秀团干部；2002 年度天津市优秀青年企业经营管理者荣誉称号；在东丽区第四届“五四青年节”活动中荣获奖章者；2003 年在我区防治“非典”工作中表现突出被评为优秀党员；2003 年被评为抗击“非典”青年突击手称号。

崔建跃，上海市第一市政工程有限公司党委书记、董事长，高级政工师。曾荣获全国城建设计系统政治思想工作研究会优秀工作者、市国资委党委系统优秀党务工作者等荣誉称号。他所领导的上海市第一市政工程有限公司隶属于上海城建（集团）公司，原名上海市市政工程公司、上海市第一市政工程公司，创立于 1953 年。1996 年 11 月，正式改制为有限责任公司——上海市第一市政工程有限公司。公司承建的工程多次荣获国家优质工程银质奖、詹天佑土木工程大奖、中国建筑工程鲁班奖、中国人居环境范例奖、中国市政工程金奖、金杯奖、金杯示范工程、全国用户满意建筑工程；还有60余项工程获得了上海市建设工程优质结构奖、白玉兰奖、市政工程金奖、市政工程金杯奖、金杯示范工程。多年被评为全国市政行业优秀企业、全国公路建设行业优秀企业、全国工程建设质量管理优秀企业、全国施工企业设备管理优秀单位。

崔树江，北京城建二建设工程有限公司董事长。历任工程处主任、经理助理、副总经理、总经理等职，曾主持北京正负电子对撞机、文化部办公楼等重点工程施工、荣获“全国优秀施工企业家”称号。北京城建二建设工程有限公司是1983年由中国人民解放军基本建设工程兵改编、组建的，原为北京市第二城市建设工程公司，1999年底完成国有企业改制，成为国有控股的有限责任公司。先后获得了全国500家最大建筑施工企业、全国用户满意企业等荣誉称号。自1995年起连年被北京市评为“重合同、守信用”单位。1996年以来取得ISO9002质量体系认证并复评换证，2000年加月又通过了ISO14001环境管理体系认证、OSHMS18001职业安全卫生管理体系认证，我公司从此成为全国第一家同时通过此三项国际认证的建筑施工企业。自1997年以来先后创建了国优鲁班奖七项，即文化部办公楼（鲁班奖）、新东安市场（鲁班奖）、首都机场新航站楼（鲁班奖）、北京卫星制造科研实验大楼（鲁班奖）、月坛大厦南座（国优银奖）、知春路综合大厦（国优银奖）、金宸公寓（钢结构金奖）。

D

戴捷崇，男，中共党员，汉族。现任汕头市建安（集团）公司党委书记、总经理。1968年2月至1971年1月在中国人民解放军8736部队服役；1971年2月至1973年8月在汕头地区松口水泥厂任统计劳工员；1973年9月至1976年8月在广州中山大学（中文系）读书；1976年9月至1979年1月在汕头地区松口水泥厂从事经济管理工作；1979年2月至1981年3月在汕头地区建委从事建筑经济管理工作；1981年4月至1983年8月，在汕头地委组织部干部科任干事；1983年9月至1992年9月在汕头市建委从事建筑工程经济管理工作任副科长、科长；1992年10月至1993年11月在汕头市建安（集团）公司任副总经理；1993年11月至今在汕头市建安（集团）公司任党委书记、总经理。汕头市建安（集团）公司，是建设部资审核准的房屋建筑工程施工总承包一级、市政公用工程施工总承包一级、机电设备安装工程专业承包一级企业，并具有建筑装修装饰工程、体育场地设施工程、地基与基础工程等专业承包资质。中国建筑业企业综合实力百强和广东省四大建筑集团之一。连续多年被评为中国500家最大经营规模建筑业企业、中国500家最佳经济效益建筑业企业、建设部系统25家最佳经济效益建筑业企业；被广东省安全委员会评为“安全生产先进单位”；连续16年被广东省工商行政管理局授予“守合同重信用单位”；1997年在粤东首家通过ISO9002国际质量体系认证，并于2004年实现ISO9001、ISO14001、GB/T28001“三位一体”的综合认证；2003年被评为中国建设系统资信AAA级单位；2004年被评为全国质量管理优秀企业；2005年被评为广东省诚信示范企业；“中国建筑500强”位列第32位。

戴康福，男，1958年10月生，江苏溧阳人，中共党员。香港财经学院MBA毕业，高级经济师。中国民营企业家协会副会长，中国光彩事业促进会理事，中国管理科学研究院企业管理创新研究所副所长，经济师杂志社特邀研究员，中国未来研究院研究员，中国建设行业管理英才大会副理事长，中国企业家管理思想国际俱乐部理事、中国对外承包工程商会会员，江苏省建筑行业协会会员，江苏省建设工程承包商协会理事，江苏省企业信用管理协会会员，江苏进出口商会会员，江苏省企业家协会会员，溧阳市工商联（总商会）执委，溧阳市政协委员，溧阳市光彩事业促进会副会长，常州陆军预备役通信团后勤处少校副处长。历任江苏省溧阳市余桥乡万昌圩村委党支部书记，溧阳余桥建筑安装工程公司书记、经理，溧阳市恒通建筑安装工程公司总经理、书记，溧阳市恒通建筑安装工程有限公司董事长、总经理、书记，现任江苏恒通建设工程有限公司董事长、总经理、书记，中国恒通建设工程纳米比亚有限公司、纳米比亚成功建设有限公司、纳米比亚金狮投资有限公司、哈萨克斯坦AR-HENGTONG有限公司、老挝建设集团有限公司、恒通集团（香港）国际有限公司董事长职务。荣获“当代中国杰出创业英才”、“中国优秀民营企业家”、中国十大杰出管理人物、中国时代十大影响力企业家、“全国建设行业百名管理英才”、江苏省建筑业“优秀企业家”、江苏省“五一劳动奖章”、江苏省建设系统“劳动模范”、2008年度苏商社会责任大奖、常州市“劳动模范”、常州市“优秀董事长”、溧阳市“优秀共产党员”、“先进政协委员”、中共溧阳市第五次、第七次党代表等荣誉称号。溧阳市恒通建筑安装工程公司成立于1993年5月，从1996年开始从事国际工程承包业务，于2001年3月改制为溧阳市恒通建筑安装工程有限公司，是首家商务部颁发的中华人民共和国对外经济合作经营权资格具有房屋建筑工程施工总承包二级资质的企业。

党培旺，男，汉族，陕西省，民主党派，高级工程师，榆林市宏达基建工程有限公司董事长，现任榆林市宏达基建工程有限公司董事长。1980年西北建筑工程学院中专部毕业，先后在陕西省机械化施工公司、榆林市建筑工程公司从事技术管理工作；1985年被调到榆林第二毛纺厂从事建筑工程施工技术管理；1986年被调到榆林毛纺厂，在出口毛毯技术改造项目中从事施工技术管理；1991年党培旺被调任榆林煤矿设计院，从事建筑结构设计工作。榆林市宏达基建工程有限公司成立于1994年，1996年前持五级资质参与市场活动，1996年4月经省建设厅审批为工民建四级施工企业。2000年经省建设厅审批为工民建三级施工企业，路基工程专业承包三级、园林古建筑专业承包三级。2004年公司经建设厅审批晋升为二级施工企业，2004年通过了GB/T19001—2000质量管理体系认证。2008年2月经省建设厅审批晋升为公路工程施工总承包二级。2009年3月经榆林市城乡规划局审批为市政公用工程三级、起重机械设备安装三级。2009 年 4 月经建设厅审批园林古建筑专业晋升为二级。

邓水根，男，南昌市人大代表，江西昌厦建设工程集团公司总经理。江西省及南昌市五一劳动奖章获得者和劳动模范，全国优秀企业家，全国优秀施工企业家。他所在的江西昌厦建设工程集团公司为国家一级建筑施工企业，成立于 1979 年，下属江西昌厦房地产开发公司、江西昌南质量检测有限公司、江西昌东汽车交易广场有限公司、江西星球实业开发有限公司、昌厦设备租赁公司、江西昌厦混凝土搅拦有限公司、向塘开发区砖瓦一厂、砖瓦二厂、彩板门窗厂九个企业，集团公司在省内各地市已设立工业与民用建筑施工分公司十六个。施工现场实施标准化管理，通过了 ISO9001—2000 国际质量体系认证，GB/T28001—2001 职业健康安全管理体系，ISO14001：2004 环境管理体系。被评定为江西省一级诚信企业及 2005 年度江西省地方税务局 A 级纳税信用企业。自 1998 年以来，工程一次性验收合格率 100%，工程优良率 90%，共创省、市、县优良工程 126 项、安全合格率 100%，创省、市文明施工安全达标样板工程 56 项，年建安量 20 亿元。1998 年以来，每年都被评为江西省先进施工企业及江西省工程建设质量管理先进企业；2005 年，被评为“全国优秀施工企业”称号和南昌市委、市政府授予的最佳效益奖杯。

董国峰，男，汉族，广东省，研究生，高级政工师。广东高速科技投资有限公司总经理，曾任广东省高速公路发展股份有限公司经营部副经理、经理，第三届监事会职工代表监事，现任广东省高速公路发展股份有限公司副总经理兼工会主席，广东高速科技投资有限公司总经理。广东高速科技投资有限公司于 2001 年 8 月成立，注册资金一亿元人民币，是广东省交通集团系统内唯一的一家专业于高新科技投资领域的公司。经营范围是以自有资金进行投资科技产业及提供相关咨询服务。公司股东其中广东省高速公路发展股份有限公司所占股份比例为 95%。公司先后投资了电子、生态农业、证券等行业的企业，并开发了风光互补供电系统，高速公路养护和广告业务等。2004 年被广州市科技局认定为“高新技术企业”。2004 年被广州市科技局认定为“高新技术企业”。

杜鹤鸣，男，浙江人，汉族，大专学历，工程师。2001 年 7 月至 2006 年 9 月任浙江广厦集团安徽置业有限公司董事长、总经理；2006 年 9 月至 2006 年 12 月任广厦房地产开发集团公司副总经理；2007 年 1 月至 2008 年 4 月任广厦控股创业投资有限公司总裁助理。2008 年 4 月 29 日至今任浙江广厦股份有限公司副总经理。2001 年 7 月至 2006 年 9 月任浙江广厦集团安徽置业有限公司董事长、总经理；2006 年 9 月至 2006 年 12 月任广厦房地产开发集团公司副总经理；2007 年 1 月至 2008 年 4 月任广厦控股创业投资有限公司总裁助理。公司前身浙江省东阳市第三建筑工程公司，成立于 1973 年，当时名称为浙江省东阳县城关修建社。1992 年以浙江东阳第三建筑公司为核心企业组建浙江广厦建筑企业集团公司（后更名为浙江广厦建筑集团公司）。

杜兴文，男，生于 1958 年 6 月。天津市滨涛混凝土有限公司总经理，政协委员。1992 年，任津宝建材公司负责人；2001 年，任滨涛混凝土有限公司总经理。他领导的企业成立于 2001 年，是按现代化企业制度建立的有限责任公司。主营预拌混凝土的研究、开发、生产、销售，并从事普通货物运输、建材、五金、民用钢材、汽车配件、交电等产品经营活动。为扩大生产规模，满足市场需求，2005 年天津市滨涛砼有限公司在武清区设立分公司。在短短几年时间里创造了砼生产量 100 万立方米的卓越成绩，2005 年企业产值 9 289.91 万元，上缴利税 583.69 万元，比 2004 年同期增长 10.7%，企业始终保持了优质、高速、稳定发展的势头。并为天津市十一经路立交桥、京津公路立交桥和南仓铁路大桥等天津市重点工程提供混凝土制品，成为天津地区水泥搅拌行业的领军企业。他也被评为天津市优秀乡镇企业家。

杜亚林，男，汉族，贵州人。上海德森建筑设计事务所董事长、总经理。上海市贵州商会副会长。上海德森建筑设计事务所是经国家建设部批准成立，具有建筑工程甲级设计资质的勘察设计企业。事务所前身是贵州省建筑设计研究院上海分院，事务所改制前后在上海勘察设计市场从事勘察设计 25 年，创作了一大批优秀的建筑作品，获得了广泛的社会赞誉。事务所拥有一批设计经验丰富的专业人才和设计专家，在上海等地行业竞争中练就成为一支理念创新、技术水平、职业道德、服务态度优秀的设计队伍。目前事务所拥有国家一级注册建筑师和国家一级注册结构工程师 9 名，高、中、初级设计人员 35 名。为了在市场竞争中不断发展，事务所全体设计人员将以开拓创新的设计理念，规范的质量管理，经济合理的设计成果，优质的服务和真诚的合作态度竭诚为新老业主作出贡献。上海德森建筑设计事务所（综合甲级）是一个驻沪甲级设计研究院改制后的上海设计公司，我们在上海已经有二十几年的发展历史，公司拥有良好的业务来源和长远发展目标，现在是一个以中青年设计师为主的设计事务所。

杜兆兴，男，山东鲁泰建工集团有限公司董事长、总经理。他所领导的企业原为肥城矿业集团鲁泰工程公司，始建于 1959 年，为国有大型综合性企业集团。以建筑业为主，集工业与民用建筑施工、机电与管道锅炉安装、建筑装修装饰、房地产开发、水泥建材、印刷包装、多种经营于一体，具有国家矿山工程施工总承包一级等资质。现有员工 2 000 多人，其中各类工程技术和管理人员 500 多人，企业固定资产 1.6 亿元，年产值在 3 亿元以上。企业下设 18 个土建和安装工区、26 个专业生产厂（点）、拥有国家二级实验室和若干直属项目部，从工程施工、装修装饰到竣工使用，逐步扩大产业链，实现多元化经营。2001 年通过了 ISO9001 质量体系认证。公司也先后获得矿井建设、房屋建筑、装饰装潢三个国家一级资质以及质量、环境、职业健康安全“三标一体”管理体系认证，山东省“重合同守信用”企业以及山东省工商局“AA”资信企业。杜兆兴也多次被授予“山东省建筑行业优秀经理”、“山东省建筑业优秀质量管理工作者”，连续三年被评为“全国煤炭行业优秀施工企业家”。

多吉罗布，男，藏族，党员，1997年8月参加工作，硕士研究生，高级工程师。西藏天路股份有限公司董事长曾任西藏自治区交通厅科研所技术员；西藏天路交通股份有限公司副总工程师。西藏天路交通股份有限公司党委委员、董事会秘书兼董事会办公室主任；现任西藏天路股份有限公司党委副书记、副董事长、总经理，西藏自治区青年企业协会第三届副会长，西藏自治区第七届青联常委。2009年1月20日由于公司董事长扎西江措辞职，经公司董事会同意，在本届董事会任职期间履行董事长职责。西藏天路股份有限公司于1999年3月29日正式挂牌成立，公司股票于2001年1月16日在上海证券交易所成功上市，实现了历史性发展，股票简称“西藏天路”，募集资金2.6亿元；2007年，公司通过非公开发行4 800万股股票实现了历史性的跨越，注册资本达22 800万元，资产总额从1999年的20 695万元达到2007年12月31日的196 360万元，净资产从1999年的8 602万元达到2007年12月31日的91 461万元，资产总额增长848.82%，净资产增长963.25%，共分配给各股东现金红利10 413万元，实现利润总额2.91亿元，上缴税金1.37亿元。

F

范喜哲，男，工程硕士研究生，高级工程师。现任吉林化建工程股份有限公司董事长。1997—1998年，任吉化集团公司建设公司ABS项目部经理；1998—1999年，任吉化集团公司建设公司长春项目部项目经理；1999—2000年吉化集团公司建设公司副经理；2000—2004年11月，任中油吉林化建工程股份有限公司董事、总经理；2004年11月，任中油吉林化建工程股份有限公司副董事长、总经理。他所领导的中油吉林化建工程股份有限公司是隶属于中国石油天然气集团公司的大型化工石油建设企业，组建于1950年，原为化工部第一建设公司，是中国最早从事化工、石油化工建设的大型综合类总承包企业，被誉为“中国化工建设第一军”。目前，拥有国家一、二级项目经理300多名，优秀工程技术及专业管理人员2 000余名。相继取得了众多的国家级荣誉。主要有：中国诚信单位、国家质量管理奖、全国五一劳动奖状、全国最佳施工企业、全国优秀施工企业、全国用户满意企业、中国建筑业领先企业、全国先进建筑施工企业等。2007年，又获得全国优秀施工企业等奖项。

方胜利，男，湖北浠水人，1971年生，中共党员，武汉理工大学工程硕士，高级工程师，获国家一级注册建造师、国家注册造价工程师执业资格。现任该公司党委书记兼总经理。曾任中建三局二公司项目经理、分公司经营经理、经理、公司副总经理等职，现任该公司党委书记兼总经理。中建三局第二建设工程有限责任公司（以下简称公司）于1954年4月成立于重庆市。公司伴随着共和国一同成长，为国家的经济建设作出了重要贡献。是世界500强企业——中国建筑工程总公司的重要成员。公司拥有三个一级总承包资质（房屋建筑工程施工总承包、机电安装工程施工总承包、市政公用工程施工总承包）和五个专业分包一级资质（钢结构、高耸建筑物、装饰装修、环保工程、地基与基础）。目前，公司业务遍布全国20多个省（市、自治区），并在印尼、也门、科威特等国家和地区承担工程建设、总包管理等业务。他先后获得局先进经营工作者、局优秀共产党员、局十大杰出青年、湖北省青年岗位能手、湖北省优秀项目经理、全国优秀项目经理等多项荣誉。

冯义，男，1959年7月出生，汉族，北京人，中共党员，大学学历。现任北京市设备安装工程公司经理、中国安装协会第五届理事会副会长、中国制冷协会第五专业委员会第五届委员、北京工程管理科学学会第六届理事会理事。全国优秀施工企业家、中国最具社会责任感企业家、全面建设小康社会十大经济人物、中国经济百名杰出人物、中国经济100诚信之星、北京市经济技术创新标兵、北京质量管理优秀企业家、首都防治非典工作先进个人、首都爱国立功竞赛标兵。主编《通风管道技术规程》。北京市设备安装工程公司（以下简称北安）创建于1954年，隶属于北京建工集团有限责任公司，企业注册资本金6 106万元，净资产19 356万元，具有机电安装工程施工总承包一级资质。获ISO9001国际质量体系认证、ISO14001国际环保体系认证、OHSAS18001职业健康安全管理体系认证。1994年位居全国500家最大建筑企业第54位，1995年被建设部评为“全国先进建筑施工企业”，1999年当选“全国五一劳动奖状先进单位”，2004年被中国安装协会评为“全国用户满意安装企业”，1997—2007年连续10次被评为首都文明单位标兵，2003—2007年入选北京市“百强企业”，是唯一一家入选的建筑安装企业。

付志凯，男，1962年8月出生，北京人，中共党员，研究生学历，满族，现任北京怀建集团有限公司董事长。曾当选怀柔区人大代表、怀柔区政协委员、怀柔区第九次党代会代表。中国建筑业协会董事；中国施工企业协会理事；怀柔区政协商贸旅游城建委员会主任。1990年2月至今，北京怀建集团有限公司，经理、总经理、董事长。2005年北京市劳动模范；2005年度全国优秀施工企业家；2005年度全国工程建设质量管理先进工作者；2005年度北京市优秀建筑企业家；2002—2003年度首都精神文明建设奖。参与《北京市集体建筑企业财务手册》编写工作；主持完成《网络计划与信息化相结合的工期优化管理》、《网络计划技术在施工管理中的应用》的课题研究北京怀建集团有限公司是一个以房屋建筑施工为主，1998年全国建筑系统综合业绩排名进入前50位，1999年被列为北京市重点建筑企业，企业档案管理达到国家二级标准。自1991年连续12年被评为“重合同、守信用”单位、企业资信等级AAA级单位，连续13年被评为首都精神文明建设先进单位、标兵单位，2003年被中央文明委授予全国精神文明建设先进单位称号，被北京市评为创建学习型企业先进单位，2004年10月被中国行业企业信息发布中心评为连续三年全国建筑业领先企业，被北京质量协会授予北京地区质量管理奖。2005年荣获全国优秀施工企业，质量资质等级AAA级。2006年荣获全国安康杯优胜单位，北京优秀施工企业，北京企业100强，北京市质量AAA级单位，质量卓越单位等光荣称号。

G

甘洪，男，汉族，研究生学历，高级工程师四川路桥建设股份有限公司总经理。历任四川公路桥梁建设集团公司大桥分公司副总经理、总经理，四川路桥建设股份有限公司副总经理、四川公路桥梁建设集团公司副总裁。现任四川公路桥梁建设集团有限公司董事、党委委员，我公司总经理。四川路桥建设股份有限公司系1999年12月17日经四川省人民政府以川府函〔1999〕341号文批准，由四川公路桥梁建设集团有限公司（以下简称“集团公司”）、四川九寨黄龙机场建设开发有限责任公司（现已更名为“四川九寨黄龙机场有限责任公司”）、四川嘉陵资产经营管理有限责任公司、北京科卓通讯设备有限公司（现已更名为“北京中经远通高速公路投资有限公司”）、成都贯通建设实业有限公司（现已更名为“四川贯通建设集团有限公司”）共同发起设立的股份有限公司。

高淳，男，汉族，四川雅西高速公路有限责任公司董事长，2006年2月24日，经过全体党员大会民主选举并经中国共产党四川高速公路建设开发总公司党委批准，中共四川雅西高速公路有限责任公司总支部委员会成立。在长达五年的建设周期内，公司将以“和谐、包容、团结、奋进”的精神，着力塑造员工“以公司为家”的中心观念，管理上“以人为本”，对外工作及宣传上“以诚为先”，配合交通部2005年度典型设计示范工程，加大科研工作力度，在质量、工期、安全、进度上力争将雅泸高速公路建成安全舒适之路、自然生态和谐之路、科学环保之路、民族经济发展之路；同时，为确保工程优良、干部优秀，公司将加大党风廉政建设教育、监督、检察工作力度，在省纪委、驻厅纪检组、各级检察院、公安机关共同组成的“双优工程”领导小组指导下，共同开展职务犯罪预防工作，努力做到“建一个工程、树一座丰碑”；精神文明建设上，公司将秉承四川交通人良好的职业道德和先进文化精髓，在企业文化建设、员工队伍建设、党建群团工作上力争有新的突破，在物质文明建设和精神文明建设上取得丰硕成果。

高红星，男，汉族，浙江省中科建设开发总公司上海分公司总经理。多项工程获得“鲁班奖”、“长城杯”、“金刚奖”、“白玉兰奖”、“浦江杯”及“优质结构工程奖”，以及获得“安全管理达标工程”和“安全文明工地”等称号。公司连续被评为工商企业信用“三A”级单位和企业信贷资信“三A”级单位。公司在上海、宁波、河南等省市设有分公司，上海分公司系总公司在沪设立的全资分支机构。中科建设开发总公司隶属中国科学院，现为中国科学院直属在国家工商总局注册登记的国有企业，注册资本金5 200万元。具有房屋建筑施工总承包一级、市政公用工程施工总承包一级、装饰装修专业承包一级、钢结构专业承包一级。企业在2005年8月通过了ISO9001：2000质量保证体系认证、ISO14001：1996环境管理体系认证、28001—2001职业健康安全管理体系认证。我公司具有高级专业技术职务评审资格和独立的人事权，公司人员结构比较简单，现有职工百余人，总公司没有离退休人员，无银行贷款和外债，2005年产值为7.8亿元，是一个具有一定管理水平和良好的社会资源的公司。本公司属于分公司主要承做雷克萨斯、奔驰、本田等进口汽车4S店的建筑及装修和百胜餐饮连锁店等高级装修工程。在全国多个城市都有我们承做的工程。

高志广，1965年出生，内蒙古包头市人，汉族，毕业于首都经贸大学，研究生学历，工程师，中国民主建国会成员，“第二届新世纪中国改革百名优秀人物”之一，“新世纪中国改革之星”，中国管理科学学会高级会员，中国管理科学研究院理事，全国人文社会科学名家，中华创业者，民政部社会福利中心“热心公益荣誉奖章”获得者。第二届新世纪中国改革百名优秀人物、全国人文社会科学名家、中华创业者称号、新时代中国改革之星。包头市房屋建筑安装工程有限责任公司，由原包头市房屋建筑工程处改制组建。多次受到国家建设部、自治区建设厅、市政府的嘉奖，多个施工现场被建设厅评为“建筑施工安全文明工地”，取得了良好的社会效益。近年，共有十几项工程被分别评为“金鹿杯”和优良工程。公司也曾先后获得“包头市先进施工企业”、“包头市建筑工程质量优胜企业”、“内蒙古质量诚信服务单位”“内蒙古包头市重合同、守信用单位”、“包头市青年文明号”等荣誉称号。公司在发展自身的同时不忘回报社会，多次慷慨解囊支持教育事业，支助孤寡老人，2003年为抗击非典捐款捐物，受到政府部门和社会各界的高度赞扬。

葛惠永，男，1958年10月生人，河北人，汉族，中共党员，大学学历，教授级高级工程师，中国工程建设高级职业经理人，现任中煤第一建设公司总经理。先后荣获全国煤炭行业优秀管理者、中国优秀企业家等荣誉称号公司先后荣获全国守合同重信用企业、中国工程建设社会信用AAA级企业、中国优秀企业、全国五一劳动奖状、全国优秀施工企业、全国煤炭工业优秀企业。中煤第一建设公司成立于1973年4月。30多年来，始终弘扬“勇争第一”的企业精神，坚持“建一项工程，树一块牌子，交一批朋友，赢一方市场”的施工宗旨，竭诚为业主服务，以一流的速度、一流的质量、一流的业绩赢得了业主赞誉，赢得了“第一”品牌。先后参加了全国20余个省（区）的矿井建设，所建煤矿年总产量超过3亿吨，为我国的煤炭建设事业作出了突出贡献。

葛涛，男，1962年出生于安徽，中共党员，硕士学历，汉族。现任安徽电力建设第二工程公司总经理。1982年参加工作，历任班组技术员、专业技术负责人、建筑分公司经理、公司副总经理、公司总经理职务连续三年

(2002—2004年）荣获上海市建设功臣；安徽省电力公司劳动模范。论文发表《论P3软件在工程建设中的应用》、《浅析员工报装的成因与对策》。企业在承担平圩发电厂我国自行设计制造的引进型2台60万千瓦机组建设中，荣获国家“七五科技攻关重大成果荣誉证书”、“技术装备成果表彰证书”和“焊接优秀工程奖”；承建的淮北发电厂等20万千瓦以上机组均获中国建设焊接协会颁发的“焊接优秀工程奖”；承建的田家庵电厂等30万千瓦以上机组均“达标投产”；在全国最大技改项目田家庵电厂技改工程30万千瓦机组中荣获国家电力公司颁发的“火电优质工程奖”。几年来荣获多项荣誉，其中1999年和2000年连续两年被上海市评为“优秀集体”，成为在上海市获此殊荣为数不多的外地建筑业企业之一。先后获“全国先进集体”、“全国五一劳动奖状”、“全国施工企业管理优秀奖”、“全国电力行业用户满意工程先进单位”、安徽省人民政府首次颁发的“安徽省重合同守信用先进单位”、“安徽省质量管理奖”、“安徽省文明单位”、“安徽省优秀建筑业企业”等荣誉称号。

耿冰，男，汉族，湖北省，中尧实业集团董事长兼总经理，高级工程师职称，研究生文化程度。政协武汉市洪山区六届委员、湖北省建筑业优秀企业家。湖北省企业发展促进会常务理事。多次被评为“湖北省建筑业优秀企业家”。中尧实业集团创建于1996年2月18日，是中国1994年《公司法》颁行后组建的第一批股份制企业。集团拥有资产总额2.37亿元，下属9家国内成员企业和海外事业部。拥有312人的管理团队（其中高中级职称152人），从业人员3 000余名。集团连续多年被湖北省人民政府授予“守合同重信用企业”、“湖北省建筑业优秀企业”、“AAA级资信企业”等荣誉称号。

宫克石，男，现任河北省邯郸市建工集团有限公司董事长、总经理，高级工程师，中国工程建设高级职业经理人，兼任邯郸市建筑业协会副会长、邯郸市人大常委会委员、河北省建筑业协会副会长、河北省工业经济联合会主席团主席等社会职务。曾先后荣获邯郸市劳动模范、邯郸市优秀共产党员、河北省优秀建筑企业经理、河北省建筑业优秀企业管理者、河北省优秀企业家、全国优秀施工企业家等荣誉称号。他所带领的邯郸建工集团有限公司始建于1953年，2002年完成企业改制。具有房屋建筑、公路、化工石油、市政公用、机电安装工程施工总承包一级资质和土石方、建筑装修装饰、钢结构工程专业承包一级资质，以及承包境外工业与民用建筑工程和境内国际招标工程资质。通过了ISO9001质量体系、ISO14001环境体系、OHSA28001职业安全健康体系认证。近几年，先后荣获河北省百强企业、先进建筑施工企业、质量管理先进企业、建设科技工作先进企业、AAA级信用企业、全国建筑业500家领先企业、全国优秀施工企业等荣誉称号。

巩向坤，男，汉族，山东人。山东益达建设有限公司“全国优秀项目经理”荣誉称号；2007年，被建设部授予“全国建筑业优秀企业家”荣誉称号获得者。山东益达建设有限公司董事长、总经理。2004—2005年，被滨州市政府授予“优秀企业家”荣誉称号；2006—2007年，被滨州市政府授予“十佳优秀企业家”荣誉称号；2007年，被建设部授予“全国优秀项目经理”荣誉称号；2007年，被建设部授予“全国建筑业优秀企业家”荣誉称号。1990年，任山东省博兴县永平建筑安装工程公司总经理；1992年，被山东省博兴县县委县府授予“博兴县优秀乡镇企业家”荣誉称号；1994年，被山东省滨州市政府授予“滨州市优秀企业家”荣誉称号；1994—1996年，在山东工业大学经济管理系学习；1999年，任山东省博兴县益达建筑安装工程有限责任公司总经理；2004年，任山东益达建设有限公司董事长、总经理；山东益达建设有限公司，成立于1972年，公司拥有固定资产4 600万元。

谷献生，男，1959年3月生人，临城县鸭鸽营乡南竹果村人，大专文化。汉族，河北省，河北邢台万福集团总裁。1977年参加工作，1979年12月加入中国共产党，现任河北邢台万福集团有限公司总裁，党支书记，兼临城县人民政府办公室副主任。现任河北邢台万福集团有限公司总载，党支书记，兼临城县人民政府办公室副主任。该集团公司是以河北邢台万福集团有限公司为母公司，个子公司和一个租赁企业的集约化经营集团。谷献生1996年至今曾在全县抗洪抢险工作中成绩突出，被邢台市政府、邢台军分区、市总工会授予二等功和“五一劳动奖章”，两次荣获市委宣传部思想政治工作创新奖，邢台市“劳动模范”，市散装水泥办公室散装水泥工作先进个人，被临城县委授予优秀共产党员称号，市建材局授予建材行业先进厂长，并被先为邢台市第十一届、临城县第十二届人大代表，获河北省优秀青年企业家荣誉称号。公司荣获“中国建材行业十大名牌产品”、“河北省优质产品”、“省级重合同守信用企业”、“市级A级质量信得过单位”等荣誉称号。另外，“普利”牌商标被评为“河北省著名商标”。

关鸿发，男，1954年9月出生，湖北省潜江市人，汉族，中专文化程度，高级工程师。现任潜江市人大常委委员、潜江市建设口党委委员、湖北中民建筑工程有限公司董事长兼总经理、党委书记、湖北中民建筑工程有限公司董事长兼总经理。关鸿发同志曾被评为建设部劳模，全国优秀建筑企业家、中国优秀企业家。湖北中民建筑工程有限公司是由原潜江建筑工程公司整体改制而成立的，2006年12月经湖北省工商行政管理局核准名称，2007年5月28日取得企业法人营业执照。公司设立了董事会和监事会，建立了产权清晰，权责明确，政企分开，管理科学的现代化企业制度。2006年12月1日湖北中民建筑工程有限公司成立。2007年5月28日取得企业法人营业执照。公司设立了董事会和监事会，建立了产权清晰，权责明确，政企分开，管理科学的现代化企业制度。

官家培，男，福建省工业设备安装有限公司总经理。他领导的企业于1958年创建于福州市，是一家注重务实、富于创新且稳健发展的企业，隶属于福建建工集团总公司。1997年4月，经国家建设部和福建省政府批准为首批建立现代企业制度的试点企业。已通过了GB/T19001—2000、GB/T24001—2004和GB/T28001—2001管理体系认证。曾获得中国建筑工程鲁班奖、国家优质工程奖、中国市政工程建设金杯奖、省用户满意工程、市优工程、省优工程等200余奖项，获得国家级工法、省级工法、中国安装科技进步奖、中国安装之星、中国安装科技成果奖、省科技进步奖以及数十项省、全国工程建设QC成果奖。1997年以来，连续多次被评为福建省重合同守信用单位、福建省AAA级信用等级企业、“全国守合同重信用企业”、“全国最佳施工企业”、“全国建筑业企业工程总承包先进企业”、“全国用户满意施工企业”、“全国工程建设质量管理先进企业”、“全国先进建筑施工企业”、“全国施工机械设备管理先进单位”、“福建省重合同守信用企业”、“福建省技术创新先进集体”、“福建省建筑企业先进企业”、“福建省建设系统质量优胜企业”、“福建省工程建设管理优秀企业”、省级“模范职工之家”等荣誉称号。他也获得诸多殊荣，曾荣获“福建省建筑业企业优秀经理”、“全国安装企业优秀项目经理”、“全国安装行业质量管理先进工作者”等荣誉称号。

郭秀春，男，中铁一局集团公司副总经理、京石铁路客运专线项目经理。1990年12月参加工作，历任队工会主席，段团委书记，新运处团委书记，新运处铺架二段党委书记、经理，株六复线铺架指挥长，青藏铁路铺架指挥长兼党工委书记，中铁一局新运工程公司党委副书记、总经理。2001年6月，青藏铁路全面开工，时任格尔木至安多段铺架工程指挥长兼党工委书记。他以身作则，带领队伍仅用三个月时间创建了国内一流的高原铺架基地、创新了高原高寒地区铺架施工的关键技术、创造了高原铺架施工新纪录，并在高原铺架施工中锻造了一支高素质的职工队伍。工程于2005年7月25日零时18分提前38天胜利会师唐古拉车站。2003年12月，被任命为新运工程公司总经理，主持公司全面工作。2005年对公司管理模式进行了创新，体制进行了改革，进一步优化了资源配置，增强了管理效能，提高了工效，激发了企业运行活力。

H

韩定海，男，1952年2月出生，汉族，陕西蓝田人，中共党员，高级工程师。陕西省交通建设集团公司董事长1980年毕业于长安大学（西安公路学院）。在他的带领下，实现了陕西交通集团创建三年来的“三连冠”，公路养护获省公路局“好路杯”银奖，养护、路政、治超目标责任考核均获第一名。大学毕业后分配到蓝田公路段工作，曾任机务股长、从事养护机械技术技术改造与管理工作。1985—1992年在西安公路管理总段工作，历任办公室主任、人劳科长、副总段长兼西安市路政稽查大队常务副大队长等职务；期间参加了西三高速公路调研与设计工作。1992年在陕西省公路局物资处、陕西省公路物资供销公司工作，任副处长兼副总经理、处长兼总经理、总经理兼党委副书记。曾任陕西省公路局副局长，现担任陕西省交通建设集团公司总经理、党委副书记。陕西省交通建设集团公司（简称陕西交通集团）是陕西省委、省政府调整全省高速公路建设与运营管理体制、加快高速公路建设而成立的国有大型企业集团，2006年4月挂牌成立。主要负责高速公路及非封闭式收费公路的项目建设、运营管理、公路相关产业的开发等。

韩风险，男，汉族，山东中铁十四局集团有限公司，中铁十四局集团有限公司董事长、党委书记。公司先后入选“中国各行业规模综合效益前200位企业”、“全国建筑系统经营业额前200位企业”、“全国优秀施工企业”、“全国思想政治工作优秀企业”、“全国模范职工之家”、“全国安康杯竞赛优秀企业”、“山东省省级重合同守信用企业”、“山东省特级（AAA）信用企业”、“山东省重点工程建设先进单位”、“山东省现场管理样板企业”以及“济南市纳税明星企业”等荣誉称号。中铁十四局集团有限公司是经国家建设部批准的具有综合施工能力的国有控股的铁路特级施工总承包企业。具有公路工程施工总承包一级；市政公用工程施工总承包一级；房屋建筑工程施工总承包一级；水利水电工程施工总承包二级；地基与基础工程专业承包一级；隧道工程专业承包一级；公路路面工程专业承包一级、机场场道工程专业承包一级、城市轨道交通工程专业承包和地质灾害防治工程施工甲级增项资质。

韩立君，男，汉族，河北人，河北建设勘察研究院有限公司董事长桂林冶金地质学院，1986年毕业于桂林冶金地质学院，岩土工程专业，正高级工程师，国家注册土木工程师（岩土）。中国勘察设计协会勘察分会理事、河北省勘察设计协会分会常务理事、中国公路学会桥梁和工程分会理事、全国大口径工程井施工技术协作网理事会副理事长、石家庄市长安区人大代表。2001年任河北建设勘察研究院副院长，2003年任河北建设勘察研究院有限公司总经理，2008年任董事长、党委书记。河北建设勘察研究院有限公司（原河北省建设勘察研究院）始建于1953年，是一所集勘察、测绘、设计、施工、咨询、科研以及机械制造为一体的综合性企业。2010年荣获“河北省五一劳动奖章”。获1项国家发明专利，荣获国家优秀工程勘察银质奖1项，国家优秀工程质量管理QC小组奖4项，省级科技进步奖2项，厅级科技进步奖3项，省优秀工程质量管理QC小组奖5项，省优秀工程奖6项，参加编著技术规范2项，论文若干篇。荣获全省勘察设计行业先进工作者，建设系统十佳青年技术明星等荣誉称号，被河北省建设厅列为省“双十双百双千”人才工程第二层次人选。

韩平元，男，1963年生人，汉族，广东省大专学历，高级工程师。1991—1993年，就读于深圳大学。2002—2004年，清华大学EMBA。中航三鑫股份有限公司总裁，中航三鑫股份有限公司，前身为“深圳市三鑫特种玻璃技术股份有限公司”，是中国航空工业集团、通飞公司、贵航集团投资的企业。公司创办于1995年6月，经过十几年的发展，于2007年8月在深圳证交所A股上市，股票代码：002163，股票简称：“中航三鑫”，是中国航空工业集团公司旗下二十二家上市公司之一，是中航工业集团材料板块的重点发展企业。

韩一彬，男，哈尔滨大东集团股份有限公司建筑三公司项目经理、党支部书记，道里区第九届政协委员。具有三十多年的工作实践中，所承建的31项、36万5 000余平方米的施工工程全部达到优良。在施工过程中，他坚持以“严、诚、信”为本，精心施工，并取得显著成绩。在工作中“严细管理”，对每一项工作都从PDCA四个环节进行监控。在2003年省老干部活动中心工程施工过程中，针对工程布局多样、层高错落不等，结构复杂，施工难度较大和图纸供应不全，边设计边施工的情况，与建设单位、设计单位通力协作，保证了工程顺利施工。他参加的工程施工项目文昌综合楼、医大基础教学楼和哈市科大豆蛋白综合楼工程等都获得了省金牌奖；市电信局先锋电信分局业务楼工程获省银牌奖；恒星外国语学院教学楼工程获省优质工程和省安全文明样板工地；另有其他5项工程获“沈、长、哈”三市优质样板工程奖；安埠AB栋住宅楼、光华103栋住宅楼、省老干部活动中心工程获省、市安全文明样板工地称号。他所领导的项目部于1999年和2002年荣获全国优秀质量管理QC小组奖，成为公司的质量标兵。自2000年以来，他连续荣获省、市优秀项目经理、安全生产文明施工管理先进个人和哈尔滨市质量管理先进个人称号；当选为哈尔滨市第二十九、三十届劳动模范；2004年，荣获全国建筑施工优秀项目经理称号。

郝克俭，男，汉族，河北路桥集团有限公司总经理，在他的领导下集团的质量管理体系符合GB/T19001—2008 idt ISO 9001：2008标准要求，环境管理体系符合GB/T24001—2004 idt ISO 14001：2004标准要求，职业健康安全管理体系符合GB/T28001—2001标准要求，三个管理体系先后获得中质协质量保证中心认证。河北路桥集团有限公司前身为河北省交通厅公路工程局，成立于1950年，是国有大型道路工程专业施工企业。集团的上级主管单位为河北省人民政府国有资产监督管理委员会。集团的注册资本金为3.1亿元。经河北省工商行政管理局批准，集团可承担各等级公路及其桥梁、隧道工程的施工。可承担各类桥梁工程的施工。可承担各级公路的各类路面和钢桥面工程的施工。可承担各级公路的土石方、中小桥涵、防护及排水、软基处理工程的施工。可承担各级公路的标志、标线、护栏、隔离栅、防眩板等工程施工及安装。可以承担大型、特大型桥梁和长、特长隧道以及特殊复杂结构的桥隧构造物的中修和大修工程。可以承担一级公路和高速公路及其以下等级的路基、路面、中小桥、涵洞、中短隧道、绿化及沿线设施（不含监控、通信、收费管理系统）等的中修、大修养护工程。

何国纯，男，汉族，高级会计师。1989年1月加入中国共产党。广西区广西五洲交通股份有限公司董事长1985年9月至1987年7月在西安公路学院公路运输财会专业大专班学习。曾在广西百色公路段和广西交通学校工作。1990年2月至今在广西区交通厅工作，先后任广西区交通厅财务处副主任科员、主任科员、副处长、处长。2008年7月任广西五洲交通股份有限公司董事长。公司经广西壮族自治区经济体制改革委员会桂体改股字〔1992〕27号文批准，于1992年12月31日采用定向募集方式设立。经中国证券监督管理委员会证监发行字〔2000〕158号文批准发行股票。本公司股票于2000年12月1日在上海证券交易所上网定价发行人民币普通股8 000万股，并于2000年12月21日在上海证券交易所挂牌交易。

何青春，男，出生于1970年1月，中共党员，四川省南部县人。山东省东营市河口区宏智安装工程有限责任公司土建一工区工段长。任职一年，就实现建筑施工产值500万元、利税30万元；至2000年底，实现产值2 000万元，利税120万元。几年来，工程质量合格率为100%，优良率为70%，安全管理成绩突出。曾两次获省级安全文明施工单位，6次获市级安全文明施工工程称号。所领导的工区市场占有份额由单一的区政府驻地普及胜利油田河口、仙河等地。他个人被评为东营市十佳职业道德建设标兵、山东省科技先进个人等称号；获山东省富民兴鲁劳动奖章。

何耀光，男，汉族，大专学历，经济师职称，海曙区人大代表，海达建设集团有限公司总经理、董事长。1992年起担任海达建设集团有限公司总经理、董事长。海达建设集团前身是宁波海曙海达建筑工程队，资产不超过50万元，自其任总经理以来十几年中，带领全体员工艰苦创业，使企业得到了飞速的发展，到2007年总资产达54 000万元，比2006年增长了180%，营业额收入达68 700万元，比2006年增长了217%，利润总额达3 550万元，比2006年增长了229%，税金2 308万元，比2006年增长了219%。海达建设集团有限公司创建于1992年10月，现为房屋建筑工程施工总承包一级资质企业、地基与基础工程专业承包一级、建筑装修装饰工程专业承包一级、市政公用工程施工总承包二级、机电设备安装工程专业承包二级、金属门窗工程专业承包二级，并且通过了ISO9001：2000质量管理体系认证。集团公司下辖有飞驰投资置业有限公司、连云港和盛置业有限公司、弗斯德国际贸易有限公司、永靖建筑材料有限公司、利申电气设备成套公司、麦克特节能建筑材料公司、正通仓储有限公司等子公司。

洪可柱，男，1943年生人，汉族，湖北省，中国建筑第三工程局局长，第十届全国人大代表。曾荣获全国劳动模范荣誉称号。1968年12月至1975年在建工部三局401公司工作。1975年8月至1981年2月任国家建委三局灯泡厂厂长。1983年3月至1984年9月任中建三局一公司一处主任、公司副经理。1984年10月至1987年3月任中建三局副局长、代局长。1987年3月至2010年任中建三局局长。中国建筑第三工程局有限公司（简称“中建三局”），是中国建筑股份有限公司的全资子公司，1965年7月经国务院批准成立。1993年经建设部批准为全国首批工程总承包企业和施工总承包一级资质；2002年核准为全国首批工程总承包特级资，是具有多功能、集团化经营的国有大型建筑装骨干企业。2002年底，中建三局控股的二级子公司都改制成为有限责任公司；2003年底，其控股的中建三局建设工程股份有限公司（以下简称“股份公司”）挂牌运营，并获准成为高新技术企业；2005年初，中建三局推行国有独资企业董事会制度。

侯义宏，男，汉族，1969年3月生人，上海人，大学本科，民建会员，现任上海宏安建设工程有限公司董事长。生于1969年3月，担任上海市绿化和市容环境卫生协会渣土管理专业委员会副主任、上海市道路、水路运输行业协会常务理事、上海市企业家协会常务理事等社会职务，并任中国企业家管理思想国际俱乐部常务副理事长。上海宏安建设工程有限公司成立于2001年，是一家集深基础开挖施工、陆路水路运输、港口航道疏浚、工程施工专业承包于一体的综合性工程建设企业。公司专业设施齐全，管理体系完善，服务质量过硬，先后投资数千万元进行技术、施工机械装备，拥有规范化的项目管理运营体系，连续七年荣获ISO9001：2000国际质量体系认证。上海宏安建设工程有限公司自成立以来，先后承接了450余项工程项目，其中国家重点建设工程、上海市政重大工程和外省市重大工程项目约占百分之二十以上。公司在重大项目实施中首推“项目管理制”，对项目建设进行全过程、全方位跟踪、安检的验收，取得出色成效。公司坚持“以诚信经营为本，以客户需求为先”，在行业内和客户中享有良好声誉，连续五年荣获上海市重合同守信用企业荣誉称号。

胡成高，男，成都市建筑企业优秀经理人。四川省邛崃市邛州建筑工程有限公司董事长。他所带领的企业始建于1980年，是国家建设部核定的施工总承包一级企业，具有中级以上职称人员107人（其中高级职称17人），拥有44个项目经理（其中一级项目经理12人），拥有一批技术精、经验足、素质高的施工队伍。近年来，完成修建工程近110万平方米。所建工程合格率为100%，优良工程率70%以上，重大安全事故率为零，所建工程获得了多项优质奖。取得了一系列国家级、省级、市级荣誉称号，曾获成都市“质量效益型企业”、“成都市先进集体”、“首届四川民营建筑企业最大规模10强”、成都市“明星企业”、成都市“重合同守信用企业”、四川省“工程质量信得过单位”以及“成都市建筑企业先进企业”、“全国质量服务诚信示范企业”等称号。

胡刚锋，男，汉族，广东省。广州欧瑞装饰工程设计有限公司董事长、广东浙商联合投资控股有限公司董事长、广州汇力投资有限公司董事长、浙江东阳建工集团有限公司广州分公司总经理、浙江新东阳建设集团第五建设分公司董事长。2003年，被国际设计协会授予理事职位。2006年，出版《学看钢结构施工图》。2006年，被推选为东阳商会执行会长。2006年，被东阳市政府授于优秀项目经理。2006年，被评为2006广东十大魅力浙商：创新之魅。2007年，与乐嘉龙万晓峰李喆共同出版《欧美别墅施工图集》。2007年，被推选为浙江商会常务副会长。2007年，被推选为浙江省企业发展研究会会长。2008年，被评选为浙江省杰出民营企业家。2008年，被评选为改革三十年30位杰出浙商。广州市欧瑞装饰设计工程有限公司成立于1999年3月12日，注册资金为两千万元。公司自成立十年以来，专注于室内外工装、精装工程的设计和施工，拥有设计乙级和施工乙级资质，正在申报设计和施工双甲级资质，现为广州市装修协会会员、国际装饰协会荣誉会员。

胡家定，男，汉族，中达建设集团股份有限公司董事长。中共党员，担任“十三届宁波市人大代表”、“浙江省建筑协会常务理事”、“浙江省建筑装饰行业协会常务理事”等社会职务。1993年创立宁波华厦建设公司，任总经理。中达建设集团股份有限公司创建于1980年，原为“象山二建”，于1999年后经整体改制、变更设立。公司拥有房屋建筑工程施工总承包特级、市政公用工程施工总承包一级、建筑装修装饰工程专业承包一级、地基与基础工程专业承包二级、机电安装工程施工专业承包和钢结构工程专业承包二级资质。现有高级职称40多人，中级职称500多人，初级职称1 000多人，一级项目经理100多人，二级项目经理80多人，三级项目经理100多人。公司本着诚信为本、质量第一、稳健经营的理念，努力创建“中达”品牌形象，已通过ISO9001：2000《质量管理体系》认证、ISO14001：1996《环境管理体系》认证和GB/T28001—2001《职业健康安全管理体系》认证。中达建设集团股份有限公司具有国家特级总承包资质和拥有外经、外贸经营权的浙江省骨干建筑业企业。现有常年施工人员近3万人，年施工能力达50亿元以上，施工机械2 000多台（套），资产总额达12多亿元。

胡黎明，男，1963年生人，汉族，上海市硕士研究生。现担任公司第一届董事会董事长、上海延华高科技有限公司董事长。2001年起担任延华有限公司董事长，现担任公司第一届董事会董事长、上海延华高科技有限公司董事长。中国建筑业协会智能建筑专业委员会副主任，上海工商联执行委员，上海市科技企业联合会副会长，上海市湖北商会常务副会长等职务。2001年11月18日，延华高科召开股东会，决议通过由延华高科、胡黎明和朱宏杰共同投资设立上海延华智能科技有限公司。延华有限公司注册资本500万元，各股东以货币出资，2001年12月4日，上海沪西会计师事务所有限公司对公司设立时各股东投入的资本进行了验证，并出具了沪西会验字（2001）第666号验资报告，延华有限公司在上海市工商行政管理局普陀分局注册成立，取得了3101072008714号企业法人营业执照。

胡依静，女，汉族，1975年8月出生于温州泰顺，毕业于东北财经大学土木工程管理系，现就读于浙江大学EMBA。现任中宇建设集团总经理。高中开始创业，泰顺县第十四届人大代表、温州市第九届政协委员。1995年，从一家公司的业务员做起，逐步学会管理技能，到2007年初，全面运作中宇建设集团股份有限公司。现任中宇建设集团总经理。公司建立并健全现代企业制度和运作管理机制，全面实施 ISO9001、ISO14001、OHSAS18001 三大管理体系。先后获得“中国建筑业 500 强企业”、“全国用户满意企业”、“浙江省首批公众满意诚信单位”、“民营经济研究基地”、“建筑业优秀企业”、“建筑业信誉企业”、“AAA 级守合同重信用单位”、“浙江省著名商标”、“工商免审企业”、“温州市创建诚信企业先进单位”、“信用建设先进单位”、“温州市文明单位”、“县重点骨干工业企业”、“县地税纳税大户”等荣誉称号。2007 年 8 月 18 日全面运作中宇建设集团股份有限公司。2008 年 8 月 18 日中宇集团公司在省城杭州召开年会，主持的第一个年会。

胡忆东，男，汉族，湖北人。现为武汉市城市规划设计研究院院长，正高职高级规划师、国家注册规划师。1992 年 7 月，毕业于北京大学城市与环境科学系经济地理与城乡区域规划专业，2009 年 6 月获华中科技大学建筑与城市规划学院城市规划专业硕士学位。1992 年 7 月至今，在武汉市规划院从事城市总体规划、土地利用规划、区域开发建设规划研究和详细规划设计等工作。自 2003 年 4 月任武汉市规划院院长以来，先后负责城市总体规划、分区规划、土地利用规划、新区规划等规划编制研究和新技术开发应用工作。胡忆东先后主持和参与了近百项关系到城市发展重大问题的规划和研究课题如《武汉市城市总体规划（2008—2020 年)》、《武汉城市圈空间规划》等，负责和参与起草了 20 余项城乡规划领域的重要文件，为武汉市长远发展贡献了一批较具创见的发展理念和观点，成为武汉市在城市规划和建设领域的学术带头人之一。先后入选武汉市第六批学术和技术带头人（“213”人才工程)、第二批“武汉市科技新秀”、武汉市第二届优秀留学回国人员称号和首届武汉青年科技奖，被推荐为建设部城市总体规划审查专家。

扈淮波，男，1954 年 5 月生，汉族，中专文化，高级工程师，信阳市政协委员，信阳市工商联执行委员，淮滨县工商联常务委员，淮滨县恒威建筑安装有限责任公司董事长。1972 年参加工作，1980 年任淮滨县乡镇企业局建筑公司副经理；1984 年任淮滨县二工局建筑公司经理；1996 年任淮滨县公安局蓝盾建筑公司经理；2001 年 10 月任淮滨县恒威建筑安装有限责任公司总经理。在从事建筑企业领导中，以高度的事业心和责任感，带领全体员工团结拼搏，锐意改革，开拓进取，求真务实，为淮滨县的建筑企业发展和经济腾飞做出了积极的贡献。先后承揽工程近 40 余项，施工建筑面积 16 万平方米，竣工工程一次性验收后合格率 100%，优良率达 43%，创市优良工程 16 项，文明工地 24 项，创利税 480 余万元。企业年年被市建委评为“先进施工企业”、“施工质量管理先进企业”、“施工安全管理先进企业”；被市县政府评为“重合同，守信用”企业；被市税务局评为 A 级诚信纳税先进企业，2003 年被市统战部授予“三增强、四热爱”先进个人，2004 年被评为信阳市统战部、工商联授予“信阳市优秀中国特色社会主义建设者”，被市建委授予建筑施工企业先进个人，被县建设局授予“建筑施工企业先进个人”。在 2004 年 9 月北京人民大会堂举办的“2004”企业经营管理实务论坛暨企业家成功经验交流会上获“企业经营管理成就奖”，提交的《质量管理与诚信经营》论文被评为优秀论文奖。2005 年元月被商务部国际贸易经济研究院等有关单位授予“爱国企业家”称号。

黄海年，男，中共党员，汉族。1971—1976 年在通州区梨园制砖厂任厂长；1977—1994 年在通州区梨园建筑公司任经理；1988—1990 年参加农业部教育宣传司组织的学习班并获得工业与民用建筑毕业证书；1993—1995 年参加北京农业工程大学的建筑管理工程学习班并获得毕业证书；2001—2003 年参加首都经贸大学的企业管理学习班，并获得硕士研究生证书；1995 年任通州区梨园镇政府副镇长兼建委主任；1997 年任北京市梨园建筑企业集团总经理至今。1988 年被中国建筑业联合会授予新时期集体建筑企业家光荣称号；1989 年被北京市人民政府授予北京市劳动模范称号；1990 年被北京市人民政府授予农村企业优秀经营者称号；1990 年被北京市人民政府农林办公室授予先进工作者称号。北京市梨园建筑企业集团成立于 1985 年，其前身是梨园建筑公司，1997 年被评为二级建筑施工企业，具有近 20 年的发展历史。本集团技术力量雄厚，经济实力较强，有着良好的社会声誉、可观的经济效益。以从事建筑为主，兼营房地产开发、建筑装饰、装修等。近十年来，单位工程竣工合格率 100%，优良率达到 40%以上，连续十年被评为通州区优秀企业称号。本集团现拥有固定资产 3 747.88 万元，注册资金 3 416.42 万元，集团现有职工 1 326 人，专业技术职称人员 157 人，一级项目经理 3 人，二级项目经理 10 人。集团由具有 38 年工作经验的高级工程师任总工程师，15 年财会工作经验的会计师担任总会计师，13 年工作经验的经济师担任总经济师。

黄怀宝，男，1951 年生人，汉族，陕西省，正高职高级工程师、高级政工师职称。先后担任省公路局干事、党委副书记、副局长；省高管局党委书记、副局长；省建筑工程总公司党委书记；中共陕西省第八次、十次、十一次党代会代表，陕西省第十一届人代会代表、省人大常委、财经委副主任。先后被国家人事部和建设部评为全国建设系统劳动模范，陕西省优秀创业企业家，陕西省社会信用体系建设十大领军人物。陕西建工集团总公司（涉外名称：华山国际工程公司)，房屋建筑工程施工总承包特级资质及多项一级专业资质，陕西省政府直属企业并授权经营集团企事业单位国有资产。具有承担各类建设工程勘察、设计，房建、市政、石化、公路、矿山、核电、装饰，钢结构、机电安装、古建园林工程施工以及科研、监理、房地产开发等综合能力。

黄小毛，男，1950 年 8 月生人，汉族，浙江人，中共党员，大学学历。2001 年 12 月至今，浙江中信建筑工程有限公司董事长、总经理、党支部书记。1983—1999 年连续当选镇、市两级人大代表；1994 年至今连续当选地（市、区）党代表。2000 年撤地设市当选丽水市莲都区、丽水市人大代表、任莲都区人大常委；丽水市工商联合会副会长；浙江省建材协会副会长；浙江省建筑业协会常务理事；丽水市建筑业协会副会长；丽水市质量协会副会长；丽水市检察院执法监督员。1994—2003 年连续多次评为市（区、镇）优秀（先进）共产党员；1993 年晋升为高级工程师；1994 年评为首届“丽水市优秀青年实业家”称号；1995 年度获“浙江省乡镇企业安全管理先进工作者”称号；2001 年度荣获“丽水市莲都区劳动模范”称号；2002 年度荣获“丽水市劳动模范”称号；2002 年度获“丽水市先进职工之友”称号；2002 年度荣获“浙江省建设材料管理协会第五届工作积极分子”称号；2002 年度荣获“丽水市建筑企业优秀经理”称号；2003 年度荣获“浙江省建筑企业优秀经理”称号。《中等城市的规模建筑业任重道远》编入《二十一世纪中国管理者名篇荟萃》由新疆人民出版社出版，获一等奖。

黄兆飞，男，汉族，中共党员，浙江建安实业集团股份有限公司董事长、总经理。“浙江省建筑行业协会常务理事”等社会职务；曾荣获“浙江省进沪施工优秀项目经理”、“浙江省进沪施工先进个人”等荣誉称号。浙江建安实业集团股份有限公司原为象山建筑安装实业公司，创建于 1984 年 10 月。1996 年 8 月改组为浙江建安实业集团股份有限公司。系一级工业与民建筑施工企业，是浙江省重点骨干企业、上海市进沪施工优秀企业（连续八年荣列前 30 强）、上海市用户满意企业。2002 年 4 月 15 日被批准为房屋总承包施工一级，增项为市政公用工程二级、消防设施工程二级、钢结构工程三级、机电设备安装工程二级。2005 年 4 月 13 日被批准建筑装修装饰工程专业承包一级、市政公用工程总承包一级、机电设备安装工程专业承包一级、钢结构工程二级、地基与基础二级。1999 年通过 ISO9002 质量体系认证，2001 年通过 ISO9000—2000 版认证，2005 年通过职业健康安全、环境、质量体系认证。“浙江省建筑行业协会常务理事”等社会职务；曾荣获“浙江省进沪施工优秀项目经理”、“浙江省进沪施工先进个人”等荣誉称号。

黄铮，男，汉族，本科学历，工学学士，教授级高级工程师。江苏省江西赣粤高速公路股份有限公司董事长。2000 年 9 月至 2007 年 12 月任江西方兴科技有限公司董事、总经理。2004 年 5 月至 2004 年 9 月任本公司常务副总经理。2004 年 9 月至今任本公司董事、总经理。2005 年 7 月当选本公司党委委员。2006 年 3 月起任本公司董事会召集人。2006 年 11 月起任本公司董事长。江西赣粤高速公路股份有限公司（以下简称“本公司”）于 1998 年 3 月经江西省股份制改革联审小组赣股〔1998〕1 号文批准设立，由江西高速公路投资发展（控股）有限公司作为主发起人，联合江西公路开发总公司、江西省交通物资供销总公司、江西运输开发公司和江西高等级公路实业发展有限公司（现更名为江西方兴科技有限公司），以发起方式设立。

J

吉忠达，男，1957 年 7 月生人，浙江慈溪人，高级工程师，2002 年度宁波市建筑业企业优秀项目经理。现任浙江东航建设集团董事长、宁波市人民公报常务理事，慈溪市建筑业协会副会长。吉忠达同志从事建筑业 30 多年，担任领导 10 余年。2006 年企业更名为浙江东航建设集团有限公司在浙江省建筑行业中享有较高的信誉，2005 年被评为浙江省优秀建筑业企业、2006 年被评为浙江省建筑业诚信企业。浙江东航建设集团有限公司先后获得省市级“钱江杯”“西湖杯”“甬江杯”“海山杯”数十余项荣誉。获得省市级创建文明标化工地数十余项。东航建设荣获“浙江省建筑先进企业”、“浙江省‘守合同、重信誉’单位”、“浙江省建筑业诚信企业”和银行资信“AAA”级企业。企业的生命在于质量，企业的活力在于人才，企业的希望在于信誉，企业的目标永远向前方。东航人一如既往地高举“今天的质量，明天的市场”的大旗，奉行“建造精品工程，提供满意服务”的质量方针，本着对人民负责，对历史负责的高度使命感和责任心，将继续走多元经营之路，全体东航人将用自己的才智和辛劳不息地开拓精神、勇于超越，追求卓越，再创东航新业绩。

季加铭，男，汉族，中国建筑一局（集团）有限公司董事、总经理、党委副书记，硕士学位，高级经济师。1980 年加入中建集团，历任中建一局四公司三处副主任、惠州分公司经理、广东分公司经理、中建一局四公司副总经济师、中建一局华南地区总经理、中建一局四公司总经理、中建一局建设发展公司董事长等职务。2001 年任中建一局集团公司董事、副总经理，2002 年至今任中建一局集团公司董事、总经理，2008 年起兼任中建市政建设有限公司董事长。先后荣获“全国优秀施工企业家”、“中建总公司十佳经营管理者”等荣誉称号。

贾树国，男，汉族，大专文化程度，中共党员，河北省，现任河北省第四建筑工程公司总经理。被授予“省级劳动模范”、“河北省优秀企业家”、获得“省级先进企业”、“河北省先进企事业单位”、“河北省机械工业技术进步先进单位”。公司被中国建筑业协会授予“创鲁班奖工程特别荣誉企业”，先后获得全国用户满意企业、河北省先进建筑企业、河北省建筑业诚信企业、河北省建筑业质量管理先进企业、河北省安全生产管理先进企业等多项荣誉。连续 12 年被省委、省政府命名为“文明单位”；被全国总工会授予“全国‘安康杯’竞赛优胜企业”、“全国模范职工之家”；被省总工会授予“河北省职代会星级企业”、“河北省五一奖状”；公司党委连年被省国资委评为“先进基层党组织”；公司领导班子被河北省委组织部、省国资委党委授予“四好”班子；连年被河北建工集团评为“先进单位”、“先进基层党组织”。

江建端，男，汉族，中国建筑第七工程第三建筑公司总经理，2006 年 3 月底，江建端同志担任公司党委书记，2006 年 7 月，担任公司党委书记兼总经理。中国建筑第七工程局第三建筑公司是在省内的建设部属建筑施工一级企业。前身为华东军政委员会公房工程处，1952 年创建于上海。1953 年改为华东第一建筑工程公司，隶属于建筑工程部，承建上海市的中苏友好大厦和其他房屋建筑、市政工程。1955年，由上海调西安，归属建筑工程部西北工程管理总局管辖，更名为西北第一建筑工程公司，1958年，公司调广东省韶关市，1960年，公司南迁广州，1961年改称中南工程管理局第二建筑公司。1960—1964年间，公司承建广州造船厂和8444工程等国防项目。1964年底，公司又由广州市调迁至四川重庆市，更名为建筑工程部第二工程局第三建筑公司，1983年初移驻福州，10月11日集体转业，改为中国建筑第七工程局第三建筑公司，委托省建设委员会和福州市城乡建设委员会代管，管理机构设在福州市五四北路思儿亭。公司荣获“全国厂务公开先进单位”、“2006年福建省先进建筑业企业”、“福建省总承包二十强企业”、“福建省第九届文明单位”、“福建省建设系统先进工会组织”、“福建省百家民主管理厂务公开示范单位”、“福州市首届十佳劳动关系和谐企业”等荣誉称号。江建端同志本人先后荣获七局“十大杰出青年”、“十佳经营管理者”、“优秀共产党员”、福州市“劳动模范”、中建总公司“青年才俊”等荣誉称号。

江津，硕士，高级会计师。女，汉族，重庆市，重庆路桥股份有限公司董事长。1984年8月起先后任北京市审计局宣武分局审计师、中国深圳彩电总公司进出口部会计师、中国电子器件深圳公司会计师、深圳市城市建设开发（集团）公司财务总监、深圳科技工业园有限公司财务总监；2009年至今任深圳市振业（集团）股份有限公司董事、财务总监，深圳世纪星源股份有限公司董事局副主席。重庆路桥股份有限公司（以下简称“公司”）经重庆市人民政府以重府函〔1997〕21号文批复同意，由重庆市大桥建设总公司独家发起采用募集方式成立，于1997年6月3日至6月5日通过上海证券交易所交易系统发行9，000万社会公众股。重庆市大桥建设总公司持有的股权由重庆市国有资产管理局持有。公司注册资本为31，000万元。同年6月18日，“重庆路桥”在上交所上市。

蒋清林，男，汉族，福建省，现任北京磊鑫建筑工程有限公司董事长。全国建筑装饰行业优秀企业家，中国建筑装饰协会专家，中国建筑装饰专家协会副会长，现任北京磊鑫建筑工程有限公司董事长。连续三年被北京市工商行政管理局评为“守信企业”；连续四年被北京市建筑业联合会评为“北京市建设行业诚信企业”；连续八年被中国建筑装饰协会幕墙工程委员会评为建筑幕墙制作安装推荐企业，2009年被评为全国建筑装饰行业信用等级AAA级企业。公司自成立以来已承接幕墙和内装修工程100多项，其中朝阳区政府新办公楼幕墙工程被评为“北京市2001年度建筑装饰优质工程”及“2003年首届全国建筑装饰行业科技奖”；凯旋大厦工程荣获“2002年全国建筑工程装饰奖”；中铁十八局职工活动中心幕墙工程被评为“海河杯”；国家保密局576工程获得“2004年度北京市优质工程奖”；天津职业技术师范学院工程获得“2005年度国家优质工程银质奖”；怡禾国际公寓（温莎大道）工程获得“2006年全国建筑工程装饰奖”；海格大厦工程获得“2005年度北京市优质工程奖”；宣武门大厦幕墙工程被评为“北京市二零零八年建筑装饰优质工程”；住总大厦办公楼幕墙工程被评为“北京市二零零九年建筑装饰优质工程”。中铁十八局职工活动中心幕墙工程被评为“海河杯”；国家保密局576工程获得“2004年度北京市优质工程奖”；天津职业技术师范学院工程获得“2005年度国家优质工程银质奖”；怡禾国际公寓（温莎大道）工程获得“2006年全国建筑工程装饰奖”；海格大厦工程获得·“2005年度北京市优质工程奖”；宣武门大厦幕墙工程被评为“北京市二零零八年建筑装饰优质工程”；住总大厦办公楼幕墙工程被评为“北京市二零零九年建筑装饰优质工程”。

蒋庆德，男，汉族，安徽人，现任安徽省外经建设（集团）有限公司总裁，公司先后被评为全国文明单位、全国外经贸先进企业、全国商务系统先进单位、全国优秀施工企业、省先进企业、省百强企业、省优秀建筑施工企业等。2010年获“全国劳动模范”称号。曾任安徽省建设厅办公室汽车队队长、省建设厅办公室副主任、省建设厅对外经济联络办公室主任等职，现任安徽省外经建设（集团）有限公司党委书记、总裁、高级经济师，并兼任中国国际经济合作学会常务理事、安徽省国际经济合作商会副会长等职。安徽省外经建设（集团）有限公司是以经营国内国际建筑工程施工、建筑设计、港口码头建设、房地产开发国际劳务合作、国际贸易、连锁超市、宾馆酒店、温泉旅游度假等业务为主的大型综合性企业，具有房屋建筑工程施工总承包和机电安装工程施工总承包一级，以及装修装饰专业承包一级、公路工程施工总承包二级等企业资质，并通过了ISO质量管理体系、环境管理体系和职业健康安全管理体系认证。

金普庆，男，1949年生人，汉族，北京人，中国铁道建筑总公司总经理。“全国劳动模范”。1998—2005年，他任中铁十二局集团有限公司董事长、总经理期间，十二局总资产增长了6.8亿元，净资产增长了14.4亿元，先后消化历史潜亏8.1亿元，偿还银行贷款2.3亿元，资产质量在总公司系统最好。在他的主导下，企业的经营规模强势增长，1997年全局承揽任务总额为25亿元，2005年飙升至178亿元。企业施工能力快速发展，在桥梁施工方面，先后六跨黄河，三跨长江，并在福建建起八尺门跨海大桥，在珠江上架起广州沙湾大桥等。在隧道施工方面，从改制前全局没有一项4公里以上长隧业绩，到现在承建的4公里以上长隧超过20座。中国铁建是中国乃至全球最具实力、最具规模的特大型综合建设集团之一，2009年《财富》“世界500强企业”排名第252位，“全球225家最大承包商”排名第4位，“中国企业500强”排名第14位，是中国最大的工程承包商，也是中国最大的海外工程承包商。企业自20世纪80年代以来，在工程承包、勘察设计咨询等领域获得了327项国家级奖项。其中，国家科技进步奖55项。国家勘察设计“四优”奖60项。詹天佑土木工程大奖36项。国家优质工程奖111项、中国建筑工程鲁班奖65项。

金宗明，男，出生于1954年11月，中共党员，工程师。1998年8月毕业于山东工业大学工民建专业。1974年8月任桓台县化肥厂筹建处瓦工班长、技术员；1983年1月起历任淄博马桥建工实业有限公司技术员、施工员、施工队长、质安科长、副经理。现任淄博马桥建工实业有限公司董事长兼总经理。从事建筑业近30年来，刻苦钻研，勤奋敬业，从一名瓦工匠成长为懂技术、精业务、会管理的科技型的建筑专业人才。他先后主持施工了济南国棉四厂前纺细纱车间（27 000平方米）、青岛国际商贸城（18 600平方米）、海尔药业车间（21 000平方米）等大型工业项目，创出7项省优工程，为企业的稳步健康发展发挥了重要作用。自1999年任公司董事长、总经理以来，坚持以市场为导向，以提高工程质量、安全生产为重点，以提高经济效益为中心，抢抓机遇，拓宽市场，不断深化企业的内部改革，使企业在激烈的市场竞争中保持良好的发展势头。工程优良率达到66%以上，使公司成为首批建筑综合承包二级资质企业，省级档案先进企业和淄博市建工系统综合实力20强企业。

K

康宝华，男，汉族，辽宁省沈阳远大企业集团董事长。辽宁大学毕业。1974年，先后在沈阳飞机制造公司任工人、销售员。1989年，建立沈阳强风集团，任董事长。1993年至今，任沈阳远大企业集团董事长。1993年，康宝华创建了这家以建筑幕墙和电梯制造为主导的大型多元化企业集团。1999年，被评为沈阳市劳动模范，2003年，被评为辽宁省劳动模范，同年当选辽宁省人大代表，2004年，评为沈阳市特等劳动模范、辽宁省创业企业家，“2008胡润百富榜”排名第91名。沈阳远大企业集团由沈阳远大铝业集团、沈阳博林特电梯集团、沈阳远大机电集团三大集团公司组成，是集建筑幕墙、电梯制造、机电装备、风力发电、集成门窗和环境工程为主导产业的大型国际化企业集团，总部坐落于中国装备制造业基地——沈阳市。自1993年成立以来，远大历经17年的卓越发展，分别在中国沈阳、上海、成都、佛山建立了四个大型生产制造基地。随着位于沈阳西部工业走廊总占地面积1.9平方公里的远大现代化工业园开始全面投入使用，标志着世界最大的幕墙生产制造基地和最大的电梯制造基地的诞生。沈阳远大企业集团先后开拓了以美国、日本为中心的高端市场，以新加坡为中心的东南亚市场，以英国、德国为中心的欧洲市场，以阿联酋为中心的中东市场，以阿尔及利亚为中心的北非市场，以莫斯科为中心的俄联邦市场，销售服务网络已经遍及世界六大洲，130多个国家和地区。

康承业，男，1964年生人，汉族，陕西省西安冶金建筑学院，现任中国十七冶集团有限公司董事长。中国十七冶集团有限公司董事长、党委书记。康承业董事长实践经验丰富，理论功底扎实，担任了上海市管理科学学会理事、上海市建筑行业专家委员会专家、上海市建设工程评标专家、中国建设工程造价管理协会冶金工作委员会暨中国冶金建设协会工程经济专业委员会副主任、中国冶金科工集团公司企业管理现代化创新成果审定工作委员会委员、中国冶金科工集团公司高级经济师任职资格评审委员会主任等多项学术职务。先后有多篇学术论文获得国家级、省部级专业技术成果一等奖。先后被复旦大学聘为MBA荣誉导师，复旦大学EMBA、MBA面试官，被天津大学聘为兼职教授和硕士生导师，被中国冶金科工集团与西安建筑科技大学联合举办的“中冶人才学院”聘为教授，2009年也先后被安徽工业大学和西安建筑科技大学聘为兼职教授。中国十七冶集团有限公司是我国基本建设战线上一支远近闻名的生力军，先后承担了多项国家主要钢铁工业的建设任务，同时活跃在交通、建材、能源、化工、轻纺、旅游、环保、有色、城市建设等多项行业和领域，为国民经济的快速发展做出了很大贡献。公司作为世界知名的承包商，积极开拓海外市场，施工足迹遍及世界几十个国家和地区，承建了一批影响较大、效益较好、质量较高的工程项目，受到项目所在国的普遍欢迎和赞誉。十七冶曾获得包括鲁班奖、中国詹天佑土木工程大奖、国家金质奖和全国优秀施工企业等各类奖项120余项。

孔小阳，男，汉族，经济师。现任天津市卓宝建筑工程有限公司董事长，兼任天津市卓宝防水材料有限公司董事长。曾在湖北公安县麻纺厂工作，创办湖北石首制绳厂、石首市美新家具制造有限公司任董事长。2003年加盟卓宝，任天津公司董事长，“卓宝科技”作为中国领先的建筑防水材料供应商，中国建筑防水材料工业协会副理事长单位，十余年来追求不懈，革命性地率先提出并切实践行“皮肤式”和“傻瓜式”的防水思想和防水系统化理论，解决了长期困扰产业界的难题。作为中国防水自粘卷材的代表品牌，持续十余年自粘卷材的市场占有率和销量稳居全国第一。卓宝科技的产品涵盖四大类、数十个品种，拥有20多项国家专利。

L

赖振元，男，1940年1月8日，汉族，浙江人，党员，大专学历。现任龙元建设集团股份有限公司党委书记、董事长。宁波市人大代表。中国建筑业协会常务理事；浙江建筑业协会；上海市施工行业协会；上海市公关协会；上海市建设机械行业协会等常务副会长。1956—1979年，工作于象山县建筑公司；1980—1983年，任象山二建副总经理；1984年10月，任象山二建分公司经理；1984—1992年，任象山二建经理；1993—1995年，任象山二建党委书记总经理；1995年6月至1998年，任象山二建集团股份有限公司董事长、总经理、党委书记；1998年3月至今，任龙元建设集团股份有限公司党委书记、董事长。1995年，宁波市优秀企业家；1995年9月，全国优秀集体建筑企业家；1996年，宁波市乡镇企业优秀企业家；1997年，上海市建设功臣；1997年，全国工程建设管理先进个人；1998年，象山县建筑功臣；1998年，全国优秀乡镇企业家；1999年，浙江省劳动模范。龙元建设集团始创于1980年，前身为浙江象山二建集团股份有限公司，1984年进入上海建筑市场，1993年集团总部迁址上海，

1995年正式改制为股份制企业，1998年更名为龙元建设集团股份有限公司。企业现为浙江省重点骨干企业、信誉AAA级企业、上海市优秀企业、上海市文明单位、上海市立功竞赛优秀公司、全国用户满意企业、全国质量效益型特别奖企业、全国优秀建筑企业。

冷双德，男，1968年3月生人，汉族，中共党员，大学本科学历。现任孝感市双德建筑工程有限责任公司任董事长、总经理。2003年12月，被建设部评为全国建设系统劳动模范；2003年7月，被北京市评为第四届“十佳进京创业青年”；2002年度，被团市委等部门评为“北京市青年岗位能手”；2002年度，被选举为政协孝感市第三届委员会委员；2001年度，冷双德青年突击队被评为“北京市优秀青年突击队标杆”；2001—2002年，被北京市总工会评为“经济技术创新”标兵；2000年度，被北京市总工会评为“爱国立功”标兵；2000年度，被团市委等部门评为“百优”外来务工青年；1999年、2000年、2001年度，被湖北省孝感市评为“有突出贡献”个人；2000—2002年，被湖北省建设厅驻京建管处评为优秀施工队；2000年7月、2002年9月，参加国际人才交流中心团体组织赴美国和欧洲考察。1988年，在孝感市第四建筑工程公司任技术员；1989—1993年，在孝感市远大建筑集团公司任施工队长；1994—1999年，在孝感市远大建筑集团公司六分公司任经理；2000—2001年，在孝感市建筑工程集团公司六分公司任经理；2002年至今，在孝感市双德建筑工程有限责任公司任董事长、总经理。

李安，男，汉族，中国华西企业有限公司董事长，深圳经济特区30年行业领军人物，中共党员，研究生，优秀企业家，中国华西企业有限公司于1982年8月在深圳特区注册成立，具有国家房屋建筑施工总承包特级资质，以建筑施工与房地产开发为主业，主要从事房屋建筑工程、市政公用工程、机电安装工程、钢结构工程、装饰装修工程、机场场道工程、预应力工程、起重设备、安装工程、特种作业、试验检验、对外经济技术合作、劳务合作等多元业务开拓经营，是业务涵盖国内国际市场的国有大型综合企业。公司已取得一批拥有自主知识产权的科研成果，申请国家专利14项；7项科技成果已通过省级鉴定，其中2项达到国内领先水平。《建筑用脚手架短钢管光电自动焊接技术》获国家科技进步创新成果奖；《平板玻璃钢圆柱模板施工工法》等12项成果获评国家或省级工法；《时代财富大厦》获评建设部新技术应用示范工程；170余项QC成果荣获国家、省市优秀成果奖。公司还制定颁布了《建筑工程施工工艺标准》、《工法》、《施工图集》、《现场CI图册》、《工程质量通病防治手册》等多项企业技术标准，是深圳市最早颁布企业标准的施工企业。公司多次被国家建设部授予“全国施工技术进步先进企业”等荣誉称号。

李宝元，男，1951年6月生人，河北省易县人，汉族，中共党员，现任河北建设集团有限公司党委书记、董事长、总裁，兼河北省第一建筑工程公司总经理。李宝元同志领导的河北建设集团有限公司，以雄厚的综合实力跻身于全国500家最大经营规模建筑业企业、全国建设工程管理先进单位、全国新技术应用先进集体、全国设备管理先进单位。被选为第九届全国人大代表，荣获全国工程建设管理先进个人、全国建筑业企业优秀经理、河北省劳动模范、2000年获全国劳模称号，河北省改革标兵、河北省建设系统先进工作者。李宝元同志富有锐意改革精神，1997年他成功组建了河北省建筑业两大“龙头”之一的河北建设集团，并紧紧抓住“提高结构优化效益”这一环节，以市场为导向，在发展壮大传统的土建专业的同时，发展起了具有省内最高资质的安装分公司、具有一级资质的装饰工程有限公司、路桥分公司，以及机运分公司和综合加工厂。

李保国，男，河南人，汉族，商丘市昌盛建筑安装有限公司总经理。睢阳区政协委员，区工商联副主席。在其领导下，公司已获得各种荣誉称号15项，多次被有关部门评为“重合同守信用”单位、“纳税先进单位”、“质量信得过单位”，被河南省经济技术协作企业联合会授予“省级明星企业单位”。本人被授予“特别贡献、十佳人物”，“首届商丘市青年企业之星”。现为商丘市昌盛建筑安装有限公司总经理。睢阳区政协委员，区工商联副主席。商丘市昌盛建筑安装有限公司位于河南省商丘市睢阳区城北凯旋南街，主要从事建筑安装工作，公司成立至今，已获得各种荣誉称号15项，多次被有关部门评为“重合同守信用”单位、“纳税先进单位”、“质量信得过单位”，被河南省经济技术协作企业联合会授予“省级明星企业单位”。公司成立至今，已获得各种荣誉称号15项，多次被有关部门评为“重合同守信用”单位、“纳税先进单位”、“质量信得过单位”，被河南省经济技术协作企业联合会授予“省级明星企业单位”。本人被授予“特别贡献、十佳人物”，“首届商丘市青年企业之星”。

李保琪，男，1957年9月，汉族，湖北人，中共党员，大专学历。现任武汉市十建集团有限公司总经理。武汉市建筑业协会理事，武汉市乡镇企业局理事，武汉市黄陂区建筑业协会副会长，装饰企业协会副会长。1975—1980年2月，从事建筑业；1980—1985年，任工程项目经理；1985—2001年，任武汉黄陂第十建筑公司副经理（兼项目经理）；2002至今，任武汉市十建集团有限公司董事长、总经理。2002—2004年，连获武汉市优秀企业家；2002—2004年，武汉市建筑业优秀经营者；2002—2004年，武汉市建筑业优秀企业经理；2004年，被湖北省人民政府授予行业十强企业经理。

李昌宇，1964年12月出于安徽，中共党员，大学本科学历。中煤第三建设（集团）有限责任公司董事长。主要论著有《青水大型构件振动模板施工要领》、《劲芯水泥组合桩施工工艺及质量控制》、《五措施强化住宅楼工程质量监管》。1985年9月至1990年9月，中煤第三十三处团委干事、团委副书记；1990年9月至1997年12月，中煤第三十三处二工区副书记、书记、主任；1997年12月至1998年3月，中煤三十三处四工区主任；1998年3月至

2002年11月，中煤三建公司山西分公司副经理、经理、中煤三建公司工程公司经理；2002年11月至今，中煤三建公司第三十三工程处董事长。中煤第三十三工程处是隶属于目前全国唯一的一家具有矿山工程施工特级资质和房屋建筑、市政公用、机电安装等一级总承包资质的大型企业集团中煤第三建设（集团）有限责任公司的一个全资子公司，是中煤第三集团公司下属五个工程处和一个机械制造总厂中的唯一一个以煤矿地面建筑、集工业与民用建筑、公路、铁路、市政、桥梁、安装、装饰、大型土石方施工为一体的专业土建工程处。多次获得国家、省、市级奖励；1998年被煤炭工业部评为1996—1997年度煤炭建筑施工企业优秀项目经理；2002年被淮北市建筑工程管理处评为2001年度淮北市优秀项目经理；由其本任项目经理负责承建丽淮北市博物馆工程在2004年被评为省级文明工地；2006年被评为安徽省2005年度工程。

李长建，男，汉族，郑州黄河公路大桥分公司总经理，他认真履行委员职责，积极参加工委活动，结合自身工作实际，开展调查研究，积极建言献策。河南中原高速公路股份有限公司郑州黄河公路大桥分公司于2005年4月30日正式注册成立，注册资金5 000万元。公司现有正式员工39人，其中高级职称9人，中级职称19人，助理2人；具有研究生学历3人，大学本科学历27人，大学专科学历7人。目前，公司设有综合处、财务处、工程处、质量监督处、合同计划处、设备材料处、协调处、工会、考核办等业务处室。所承担的主要工作任务是：建设郑州黄河公铁两用桥和公路引桥、引线部分，以及公司日常行政事务的管理等。连年圆满完成年度各项任务目标，所属收费站先后被命名为省级“青年文明号”、国家级“青年文明号”，并被授予全国“巾帼文明岗”荣誉称号，并连续三届被命名为省级文明单位。

李存虎，男，1958年生人，内蒙古人，汉族，中共党员，中专学历。1981年1月至1988年4月在内蒙古煤炭基建公司二处工作，任技术员、队长、处长助理。1988年4月至1992年2月在海勃湾矿务局二处工作，任副处长。1992年2月至1996年1月在海勃湾矿务局建安公司工作，任副经理。1996年1月至1998年6月在海勃湾矿务局建安公司工作，任经理、党委副书记。1998年6月至今在内蒙古华立建设工程有限公司工作，任董事长、总经理、党委书记供职机构，1998年，原海矿建安公司改制为内蒙古华立建设工程有限公司，成为一个私营企业。2000年11月被评为乌海市第二届“十大杰出青年企业家”，2000年12月被评为内蒙古自治区“建设安全先进个人”，2000年12月被评为第七届内蒙古自治区“振兴企业——优秀青年厂长（经理）”。

李德元，男，出生于1971年1月，汉族，辽宁铁岭人，中共党员，大学学历。中铁九局集团第三工程有限公司总经理。1992年8月至1993年8月，在沈铁吉林第四工程段做见习生；1993年8月至1994年12月，沈铁吉林第四工程段技术员；1995年1月至1995年12月，第四工程段第二工程队技术员；1996年1月至1996年11月，第四工程段第二工程队助理工程师；1996年11月至1999年12月，第四工程段技术室主任（助理工程师）；2000年1月至2001年4月，沈铁吉林建工线桥工程公司技术科科长（工程师）；2001年4月至2003年4月，吉林第二线桥工程公司经理（工程师）；2003年4月9月至2004年2月，吉林第一线桥公司副经理（工程师）；2004年2月至2005年3月，中铁九局二公司线桥公司经理（工程师）；2005年3月6日至2006年8月3日，中铁九局集团第二工程有限公司副总经理；2006年8月至今，中铁九局集团第三工程有限公司总经理、党委副书记。他所领导的中铁九局集团第三工程有限公司是始建于1974年，其前身是沈阳铁路局沈阳工程处第六工程段。

李国庆，男，湖北人，汉族，武汉市霞峰防火门窗有限公司董事长。武汉霞峰防火门窗有限公司位于汉口工农路额头湾经济工业园内，是专业生产各类建筑门窗的实体企业。其主导消防产品：木质、钢质防火门、复合钢质、水幕钢质特级、双轨双帘无机特级＞防火卷帘。经公安部中国消防产品质量认证委员会，国家防火建材质监检验中心检验合格，并颁发消防产品“生产许可证”及“型式认可证”。省消防局正式授牌“消防产品定点生产企业”。木质、钢质防火门、复合钢质、水幕钢质特级、双轨双帘无机特级、防火卷帘。中国质量检验协会授予“国家权威检测达标产品”及建材专业委员会授予“国家质量检测合格建材产品”、省农业厅授予“百强企业”、省商品质量协会授予“湖北市场信得过品牌”、省消费者协会授予“消费者满意单位”、省统计学会授予“湖北市场行业十佳”、市统计学会授予“AAA信用企业”、市技监局授予“红榜产品企业”、省市工商局连续五年授予“重合同、守信用”企业。本公司正式加入省消防协会会员及理事成员。

李洪仁，男，汉族，1959年12月生人，内蒙人，中共党员，大专学历。乌海市信誉装潢有限公司董事长。他连续当选为内蒙古乌海市第五届、第六届人大代表；现任乌海市人大常委会法制委员会委员。曾多次在国内、国外进行经济商务考察。1976年9月至1980年4月下乡，任农业技术员，1980年5月至1984年8月在内蒙古乌海勃湾矿务局第二工程处工作，任统计。1984年9月至1987年1月在内蒙古乌海市职工中专上学，任团委副书记。1987年2月至1995年4月在内蒙古乌海勃湾矿务局建安公司工作，历任计划科副科长、企管科副科长、机关党支部书记、第六七项目部党支部书记等职，1995年5月至今，在内蒙古乌海市信誉装潢有限公司任董事长、总经理。乌海市信誉装潢有限公司是经国家外经贸部批准的中华人民共和国进出口企业；是经内蒙古经贸委批准的国家乙级室内装饰设计、施工企业；是内蒙古自治区室内装饰协会常务理事单位，也是目前乌海最大的一家集科、工贸一体化的装饰装潢企业。1997年被乌海市工商局、乌海市私营企业协会授予“光彩之星”称号，1998—2000年连续三届被乌海市海勃湾区区委，区政府授予“全区乡街经济优秀企业家”荣誉称号，2001年被内蒙古乌海市人大常委会评选为“优秀人大代表”，2002年被内蒙古自治区总工会评选为“全区爱职工的优秀经营者”，2004年在北京人民大会堂被中国企业文化促进会授予“优秀企业家”荣誉王克宏，新疆生产建设兵团道路桥梁工程总公司。

李华喜，男，1942年10月，四川人，汉族，大专学历，当选人大代表、政协委员、曾当选市政协常委。2003年12月至今，成都国信开发建设有限公司董事长兼总经理。曾获成都市优秀共产党员及先进工作者；2003年四川十大地产精英人物；2003年和2004年获法人代表任期内卓越经营业绩奖；聘为中共四川省委政策研究室研究员；聘为四川省法制专家。国信公司及开发的国信淀河雅居小区先后被评为“群众信得过品牌”、“诚信企业”、2002年度成都十大名盘、最佳户型设计奖、2003年四川房地产开发企业综合实力200强、2004年四川省地产开发企业综合实力50强、2004年四川房地产开发企业最大市场占有份额100强，锦江区2004年度纳税大户，四川省3A企业等称号。

李建新，男，1946年生人，全国优秀建筑企业家、中国优秀企业家、中国优秀民营企业家等多项荣誉称号于一身的商业翘楚。1970年加入中国共产党，多次担任省市级人大代表、政协委员。在改革开放初期的1984年，李建新组建了“保定市建新建筑安装工程公司”，是当时保定市基层干部首批下海创业者。1992年3月李建新率先对企业进行股份制改造，组建“保定建筑安装股份有限公司”，成为河北省第一批股份制试点单位之一。1995年荣获“全国优秀建筑企业家”、“全国优秀建筑企业家”称号，由省政府主管部门选送中央党校学习；1999年11月中央电视台对他进行了专访，在《共和国骄子》栏目播放了采访的实况，；2003年获得河北省省委、省政府颁发的抗击“非典”先进集体证书、李建新个人三等功证书等。

李金海，男，汉族，1961年11月生，北京市中共党员，高级工程师，现任北京城建亚泰建设工程有限公司总经理，国家一级项目经理，历任基建工程兵00079部队战士，北京城建三公司四分公司技术股股长、主任工程师；北京城建亚泰公司第七项目部主任工程师、公司副总工程师兼辽宁锦沈高速公路总工程师、河南三灵高速公路项目经理。获得2009年全国建筑业优秀企业家荣誉称号。北京城建亚泰建设工程有限公司是国家大型一级建筑施工企业，资信等级为AAA级，拥有房屋建筑、市政公用、建筑装饰装修、文物保护、园林古建筑、钢结构、起重设备安装7个国家一级资质和国际承包、建筑装饰设计甲级资质以及特种设备安装改造维修许可证。公司先后被评为北京市“守信企业”、“首都文明单位”、“全国消费者满意施工企业”、“中国优秀企业”，荣获“全国五一劳动奖状”、“全国优秀质量品牌文化奖”，并通过了ISO9001、ISO14001以及ISO18000管理体系认证。首科大厦工程荣获2009年度“北京市住房城乡建设系统文明安全工地”。荣获2009年度全国建筑业先进企业荣誉。

李奎炎，男，1951年10月生人，汉族，广东人，工商管理硕士，高级工程师。广东水电二局股份有限公司总经理。2001年12月起担任本公司副董事长，2002年1月起任本公司总经理。历任广东省水电二局工程师、四公司副经理、经理，广东省水电二局副局长、第一副局长，2001年12月起担任本公司副董事长，2002年1月起担任本公司总经理。公司具有水利水电工程、公路工程、市政公用工程等五项施工总承包一级和地基与基础工程施工专业承包一级等资质。公司拥有各层次、各类型的专家和工程技术人员737人，拥有各类先进施工设备3 268台(套)；土石方开挖能力达1 500万m^3/年，混凝土浇筑能力达200万m^3/年，设备和工艺技术居于国内同行业先进水平。公司下属土石方开挖、混凝土机械施工、基础处理等15个专业分公司。目前，施工点分布广东、广西、海南、湖北等省区。公司承建或参建的工程有超过230项。主要承建了广东省绝大部分的大中型水利水电工程项目和广州新机场航站楼主楼基础、珠江过江隧道、地铁、污水处理厂等几十项市政工程项目。同时还承建了公路、桥梁、码头基础和高层楼房建筑等30多项工程项目。

李明堆，男，汉族，福建省，党员，现任厦门市民发建筑工程有限公司董事长，荣获福建省建筑业优秀企业，于2003年被福建省建筑安全生产先进集体。今任福建省朔州市中宇建安工程有限公司总经理。公司成立于1958年，为工业与民用建筑施工二级企业。企业资产超亿元，1999年完成的建安产值超亿元。被列入福建省1997—2000年度“100大施工企业”、1998年度福建省“100家最佳效益施工企业”行列。被列入福建省年度“100大施工企业”、1998年度福建省“100家最佳效益施工企业”行列；1999年公司还被认定为“中国建筑企业信誉AAA级单位”以及1999年度“全国优秀施工企业”；连续四年被厦门市政府授予“重合同守信用单位”，1999年3月被福建省工商行政管理局授予“福建省重合同守信用单位”。1998年四月被福建省建委评为年度“全省建筑工程质量管理先进单位”和“全省建筑施工安全生产先进单位”。

李仝立，男，大学学历，中共党员，教授级高级工程师，国家一级建造师，全国工程建设优秀项目经理，中建三局第三建设工程有限责任公司董事长兼总经理。中建三局三公司是一家具有国家一级总承包资质的大型国有施工企业，隶属于世界500强企业“中建集团”所属的中建三局的全资子公司，公司已连续三届创成湖北省最佳文明单位，2010年“五一”，公司荣获“湖北省五一劳动奖状”，公司连续被评为全国守合同重信用企业、全国质量效益型企业、全国工程建设质量管理优秀企业、全国用户满意施工企业、全国优秀施工企业，荣获2006—2007年度中国诚信信用管理AAA企业，2005年度全国安全生产先进单位；连续三届六年获湖北省最佳文明单位称号；“湖北省五一劳动奖状”；多次被评为湖北省诚信示范企业、湖北省先进建筑业企业、武汉市AAA信誉企业等荣誉称号。

李森平，男，中交第三航务工程局有限公司上海分公司经理，高级工程师。曾获上海市“十佳”青年项目经理、青年岗位能手、建设功臣等称号。曾参加奉浦大桥基础、宝钢三期码头、新加坡 Atlantis 船厂、长江口航道整治、长兴岛船坞等工程建设并任项目负责人。在十多年中，共完成重大工程施工产值达 20 亿元，长江口航道整治工程获第四届“詹天佑”土木工程大奖。在他任项目经理期间，负责研制了用于水上基础工程的“钢套箱干施工工艺”；用于水土码头施工的“超大、超重、超深构件施工工艺”和技术开发；成功研制“海上多功能驳”，解决了施工管理前移的难题；首次把 GPS 技术嫁接桩基施工，实现了水工桩基施工的重大突破，得到市府嘉奖。他创建的一批工程类、技术类、服务类的品牌，已日益成为国内外市场竞争的企业品牌。

李深恩，男，北京人，汉族，北京埃姆思特钢结构住宅技术有限公司董事长。目前，公司上述各方面的技术指标已经超过美国、加拿大标准，其中防火极限达 1.5 小时，围护结构隔声达 60 dB（D 型结构）、热阻达 2.8 m^2 · k/w，在我国各类建筑中都是出类拔萃的。北京埃姆思特钢结构住宅技术有限公司（简称北京 MST）是 2001 年 10 月注册、以钢结构别墅住宅建造与技术开发为主营业务的专业化公司。北京 MST 是股份制企业，公司董事会成员来自美国、澳大利亚（华裔）和中国深圳。北京 MST 的主要管理和技术人员是最早在我国引进和建造美式轻钢别墅的一族；MST 有策划别墅社区环境和高尔夫球场环境的一流的专家；MST 与清华大学深圳设计院合作，在引进全套美国钢结构别墅构件制造和建造技术的基础上从事国产化设计。MST 的工程队伍在广州、深圳等地建造过我国最早的美式高档别墅，最早的高尔夫别墅社区。目前，公司上述各方面的技术指标已经超过美国、加拿大标准，其中防火极限达 1.5 小时，围护结构隔声达 60 dB（D 型结构）、热阻达 2.8 m^2 · k/w，在我国各类建筑中都是出类拔萃的。

李书学，男，江西人，汉族，中共党员，高级工程师，现任中铁九桥工程有限公司总经理。公司曾获 2 项国家科技进步一等奖、2 项国家科技进步二等奖、4 项国家科技进步四等奖、5 项鲁班奖、3 项詹天佑大奖、20 多项国家发明专利。荣获“2006 年江西省劳动模范”，“2007 年全国五一劳动奖章”、“2008 年江西省优秀创业企业家”等荣誉。1988 年 8 月分配到中铁大桥局集团第七工程有限公司工作，曾担任该公司技术部副部长，技术部部长、公司副总经理。现任中铁九桥工程有限公司总经理。中铁九桥工程有限公司原名中铁大桥局集团第七工程有限公司，是中国中铁为培育具有核心竞争力的专业企业，将华中地区三家企业进行重组，组建中铁科工集团。本公司隶属于中铁科工集团，于 2008 年 8 月更名。本公司以桥梁建造为主，经营科研与设计、钢梁制造与安装、架桥机研制、工程施工、科技检测、大件物流为一体的产业链业务。

李伟斌，男，出生于 1973 年，汉族，浙江省大专文化，浙江宏建建设有限公司董事长，在读首都经济贸易大学工商管理硕士，工程师，平湖市十二届人大代表。作为以制作安装钢结构为主体的建筑业企业的领头雁，他被授予“平湖市劳动模范”荣誉称号；公司分别被嘉兴、平湖授予“先进建筑业企业”称号，并连续四年被评为“AAA 级信用企业”，连续两年被评为“重合同守信用单位”和“先进私营企业”。浙江宏建建设有限公司是一家房屋建筑施工总承包一级资质企业，公司实力雄厚，发展迅速。二十几年来，在上级市委市政府的正确领导下，我公司在建筑业道路上沐风浴雨、迅速发展、不断壮大。多年来，我公司赢得“嘉兴市建筑业重点企业”、“嘉兴市优秀建筑企业”、“平湖市先进建筑业企业”、“经济发展突出贡献企业”、“五强建筑业企业”、“龙头优势企业”等荣誉称号。曾先后荣获浙江省优秀企业家、全国劳动模范、平湖市劳动模范等荣誉称号。获“中国企业成功企业家履行企业社会责任终身荣誉奖”提名。

李伟民，男，中共党员，研究生学历，汉族，上海华新建设（集团）有限公司董事长。1968 年 8 月至 1979 年 8 月，华新建筑工程队施工员、施工队长；1979 年 9 月至 1985 年 12 月，华新建筑安装公司副经理；1986 年 1 月至今，任上海华新建设（集团）有限公司董事长总经理。他所在的上海华新建设（集团）有限公司（原上海华新城乡建设总公司）成立于 1972 年，经过 30 多年的不懈努力和艰苦创业，已发展成为一个综合性、集团型的建筑施工企业，拥有 9 个房屋建筑工程分公司、8 个项目经理部以及装潢分公司、上海晴天市政工程有限公司、上海华特置业有限公司、上海三友房地产开发有限公司、上海泉天物业管理有限公司、上海嘉松混凝土构件有限公司等多个经济实体。他“内抓企业管理、外树企业形象”的管理理念，以“三合一管理体系”的标准贯穿于企业经营管理的全过程中，并始终把提高工程质量作为提高企业管理水平、增强企业核心竞争力、提升企业知名度、树立企业良好形象的平台。企业先后被评为“全国优秀施工企业”、“全国领先建筑企业”、“上海市先进企业”、“上海市文明单位”、“上海市建筑施工企业综合实力排名 30 强企业”、“上海市重合同、守信用”单位等称号。个人所获荣誉主要有：上海市劳动模范；区先进生产工作者。主要论著：《质量兴业是建筑业永恒的主题》。

李卫刚，男，汉族，云南省。现任云南路建集团宏程路桥工程有限公司董事长云南省交通学校。从 1989 年以来整整 20 年，不仅独立承担和主持了几十个大、中型项目，还通过创新解决了一系列公路工程的重大技术问题。优秀的工程质量，加上独特的设计，使他所领导的宏桥路建不仅得到了国人的一致好评，而且受到了外国友人的高度肯定与关注，当年就承接了泰国 1004 号和 1033 号公路 49.3 km、老挝国川圹省 ADB-8 项目 2、4 标 81 km 等国外工程，从而在国际市场开拓出一条宏程路建的品牌之路。云南路建集团宏程路桥工程有限公司（原云南省公路局油路机械工程处），于 2005 年 4 月经昆明市深化国企改革试点工作领导小组批准整体改制为有限责任公司，是经国家住房和城乡建设部批准的具有公路工程施工总承包一级、市政公用工程施工总承包一级、桥梁工程专业承包一级、公路路基、路面工程专业承包一级、隧道专业承包二级资质的建筑业企业。先后被云南省交通厅、公路局、路建集团（处）评为“先进生产工作者”、“安全先进个人”、“优秀共产党员”称号，并荣立过省公路局“一等功”。

李文，男，1963年生人，广东人，汉族。中共党员，高级工程师，国家注册监理工程师，北京大学工商管理博士，现任广东国信工程监理有限公司董事长。近年来，李文董事长专注于工程项目管理、企业管理以及行业发展的研究和创新，积极在工程监理行业倡导标准化管理，并在远程网络化管理和网络人才交流方面进行了有益的探索，从事工程建设行业技术和企业管理工作20余年，在工程建设监理领域积极进取、大胆创新，进行了大量的开创性的探索和实践。1993年担任茂名石化25万吨级单点系泊原油接卸设施及海底管线工程总监，2008年倡导成创立了中国工程监理人才网，现任广东国信工程监理有限公司董事长。广东国信工程监理有限公司成立于1993年5月，前身是茂名石化工程建设监理公司（茂名石化正处级建制单位）。随着国企改革的不断深化，公司积极响应国家关于大中型国有企业主辅分离、辅业改制分流的号召，实施改制分流，并于2005年8月8日注册成立了茂名国信石化工程建设监理有限公司，注册资本681.37万元。随着公司的不断发展壮大，公司于2009年8月24日正式更名为广东国信工程监理有限公司，注册资本增至1 000万元。

李文，男，汉族，中共党员，大学本科学历，高级工程师（建筑工程专业），1960年7月1日出生于河北省承德县仓子乡。现任承德县政协常委、河北省建协常务理事、承德名城建设集团有限公司董事长、党总支书记。自1982年1月参加工作，曾担任承德县仓子乡经济委员会主任、副乡长、兼任乡建筑队队长；1997年任承德县第九建筑公司经理；承德县承桥建筑公司经理；1999年任承德名城建筑安装有限公司董事长兼总经理；2005年至今任承德名城建设集团有限公司董事长、党总支书记。名城集团公司在李文董事长的领导下，对企业进行严格管理，2002年在承德市建筑行业，率先通过了“质量/环境/职业健康安全”三个管理体系认证。建立了一整套的管理制度。坚持“以质量求生存，以管理求效益，以信誉求发展”的原则和“百年大计，质量第一”的思想，使企业不断壮大。20多年先后承建工程百余项，工程合格率100%。获得省级奖励10余项，市级奖励28项。2002—2008年承接承德市形象工程新华园A座；露露新城B座；裕华路3号楼、“江山名园”、“武阳花园C座”等多项工程，被评为省级“安济杯”工程。得到了业主的嘉奖，树立了企业高效的品牌形象。公司连续6年被承德市人民政府授予“优秀企业”称号，实现创优“六连冠”，连续多年被评为省级“守合同、重信用”企业，“河北省先进建筑施工企业”、“守信用投标单位”、“承德市十佳企业”；董事长李文连续6年被承德市人民政府授予“优秀企业家”、被工会系统授予“开明董事长”荣誉称号，多次荣获河北省“优秀经营管理者”、“优秀民营企业家”等荣誉。2007年李文董事长的先进事迹，收入全国《政协委员风采录》一书。李文董事长曾两次在人民大会堂参加中国“双优”民营企业大会，受到了国家领导人的亲切接见，并合影留念。

李希元，男，汉族，博士后，教授级高级工程师。广东省高速公路发展股份有限公司总经理。1996年7月至2006年8月期间曾任广东省高速公路有限公司京珠高速公路粤境北段建设管理处副主任，广东省交通集团有限公司基建管理部副部长，广东晶通公路工程建设集团有限公司任董事、总经理、党委委员（其中2002年8月—2003年8月广东省省委组织部第四批高层次管理人才赴美国培训），2006年8月起任本公司董事、总经理、党委委员。广东省高速公路发展股份有限公司（以下简称“本公司”）成立于1993年2月，原名为广东省佛开高速公路股份有限公司，1993年6月30日经广东省企业股份制试点联审小组办公室粤联审办〔1993〕68号文批准，重组更名为广东省高速公路发展股份有限公司，重组后的股本结构如下：国家股构成是由经广东省国有资产管理部门确认的评估后的广东省九江大桥公司和广佛高速公路有限公司1993年1月31日的国有资产净值41 821.36万元折股本15 502.5万股，广东省高速公路有限公司出资现金11 500万元认购3 593.75万股，其他法人出资现金28 699.2万元认购8 968.5万股，内部职工出资现金8 700.8万元认购2 719万股，共30 783.75万股。

李雄，男，1963年4月生人，汉族，甘肃人，大学本科学历。现任岷县第二建筑安装工程有限责任公司董事长兼总经理。1980年8月至1987年7月成县建筑公司担任施工队长；1987年3月—1990年5月岷县二建公司担任工程队长、技术负责；1990年5月至今岷县二建公司从事高层管理，担任董事长兼总经理。1992年以来连续当选县政协五、六、七届委员、常委、定西市首届政协常委。岷县商会副会长、中国建筑学会会员、甘肃省青年企业家协会常务理事等。中华优秀民营企业家；1992年以来连续被省委、省政府命名为一、二、三届全省乡镇企业家；甘肃省第五届优秀青年企业家；甘肃省首届“十大杰出青年”优秀奖；定西地区连续四届乡镇企业家；先进工作者、纳税先进个人。岷县第二建筑安装工程有限责任公司是以建筑安装施工为主、集建材生产、销售、铝塑门窗加工生产、宾馆、美食娱乐、计算机培训销售为一体的综合性企业，企业正在以超常的速度向集团化发展迈进。公司以“讲质量求生存，讲信誉求发展”的十二字方针为宗旨，努力争创精品工程，树企业形象，争一流水平。

李旭，男，1972年生人，汉族，中共党员。全日制本科学历，高级工程师。1994年7月毕业于辽宁省工程技术大学矿建专业，2002年取得工程管理硕士，2009年取得工商管理硕士。现任中铁十四局集团第四工程有限公司总经理。参加工作15年来，先后参与并组织了一大批国家重难点工程建设。先后荣获集团公司“双文明建设先进工作者"、"建功立业奖章"、"劳动竞赛优秀组织者"、"三个文明建设先进工作者"、"十大青年岗位能手"，"中国铁建总公司青年岗位能手"等多项荣誉。中铁十四局集团第四工程有限公司前身系铁道兵第四师十九团，组建于 1965 年 3 月。军队期间，先后参与了京原（北京—原平）、襄渝（襄樊—重庆）、南疆（吐鲁番—库尔勒）、兖石（兖州—石臼所）等主要铁路干线的修建，多次受到国务院、中央军委表彰。1984 年 1 月集体转业并入铁道部；2000 年 1 月脱离铁道部并入国家大工委，同时更名为中铁第十四工程局第四工程处；2001 年 12 月改为中铁十四局集团第四工程有限公司；2008 年随中国铁建整体股改上市。

李仰东，男，1946 年 5 月出生，江西信丰县人，汉族，大专毕业，中共党员。现任赣州市赣江建筑安装工程公司总经理兼党支部书记。1976—1984 年担任市人大代表，1985—2007 年担任市章贡区政协委员。1968—1980 年，赣州市赣江建筑队队长，1983 年企业晋升公司。1981—1982 年，江西冶院工民建专业班。1983—2007 年，江西赣州市赣江建筑安装工程公司总经理兼党支部书记。1979—1984 年：赣州市人民代表 1985—2007 年，历届赣州市优秀政协委员 1985—2007 年，历届赣州市优秀共产党员。1987 年评为江西省优秀建筑企业家。1985—2007 年，赣州市尊师重教先进个人。2005 年，赣州市章贡区政府评为"能人创企业"十佳明星。2005 年，中共江西信丰县委授予"热心教育人士"荣誉奖牌。2005 年 10 月 29 日在北京人民大会堂受到党和国家领导人的接见，授予"促进中国公益事业发展成就奖""热心公益杰出人物"荣誉证书，并授予"中国公益杰出人物"勋章。2006 年 6 月 25 日政府推荐出席北京人民大会堂"中国公益事业表彰大会"，再次受到党和国家领导人的接见，授予"中华慈善之星"奖牌。

李永春，男，1966 年 11 月生人，四川人，汉族，中共党员，大专学历。现任四川建设集团有限公司天津分公司董事长兼总经理。1990 年 7 月毕业于四川大学工业与民用建筑专业。1990 年 9 月至 1996 年 12 月在四川省仪陇县建筑总公司沈阳分公司先后任质检员、技术员、施工员、施工队长、项目经理；1997 年 2 月至 2002 年 6 月在广安都发建筑劳务有限公司先后任项目经理、生产科长、公司副经理；2002 年 7 月至 2005 年 9 月任北京田华五公司富力城项目部经理，承担总承包工程施工；2005 年 3 月，任四川建设集团有限公司天津富力城项目部经理，承担总承包工程施工；2006 年 3 月任四川建设集团有限公司天津公司经理；2007 年 1 月任四川建设集团有限公司北方总部总经理；2007 年创建仪陇永春（国际）劳务开发有限公司；2007 年度被授予四川省第六届"创业之星"称号；2007 年度由中国高峰论坛组织委员会、中国企业国际发展协会授予"中国杰出企业家，中国创新先进单位"；2008 年 5 月随全国政协贾庆林主席出访奥地利、斯洛文尼亚、克罗地亚（中国企业家代表团）；2009 年 1 月任四川华蓥建工集团有限公司天津分公司董事长、总经理兼任四川仪陇永春（国际）劳务开发有限公司董事长、总经理；2009 年 5 月随中国企业家代表团出访加拿大、美国。四川建设集团有限公司是由五个子公司、十一个分公司组成的房屋建筑总承包一级施工企业。2001 年和 2004 年两次被省政府授予"劳动开发龙头企业"，连续三年获四川省建筑业协会授予的"四川省建筑业最佳企业"、省统计局授予的"四川省建筑企业综合后实力 100 强"、省工商局连续 10 年授予的"重合同守心雨企业"、四川省农业银行连续 4 年授予"信誉等级 AAA 企业"等荣誉称号。

李永利，男，1962 年 12 月生人，汉族，吉林人，中共党员，本科学历。1985 年 7 月毕业于西南交通大学隧道及地下工程专业毕业，现任中铁十三局集团有限公司董事长。毕业后分配到铁道部第一勘测设计院；1993 年 4 月调入铁十三局工作；1990 年晋升为地下工程与隧道专业工程师；1996 年 12 月晋升为地下工程与隧道专业高级工程师；历任铁道部第一勘探设计院桥隧处助工、工程师，铁十三局科技开发处工程师、沈本项目部总工程师、施工技术处总工程师、铁十三局西康项目部副指挥兼总工、五处副处长，中铁十三局广州地铁项目部经理、中铁十三局集团有限公司二公司总经理，中铁十三局集团有限公司总经理。现任中铁十三局集团有限公司董事长。中铁十三局集团于 2001 年 6 月改制为集团有限公司，现已是一个集科研、设计、施工为一体的特级建筑施工企业。集团拥有 24 个类别的 51 项施工资质，其中铁路工程施工总承包为特级，有公路、市政、房建、水利水电、矿山、桥梁、隧道、机场、城市轨道、水工隧洞等一级资质 36 项，其他资质 14 项，并具有承包境外工程和境内国际招标工程资质。企业先后参加了大秦、京九、内昆、渝怀、青藏等 50 多条铁路和沈大、石中、广渝、京珠等 60 多条高速公路建设，以及多项特大桥、长大隧道施工和水利水电、工民建、矿山、钢结构、市政等多项工程的施工。

李渝，男，福建人，汉族，中共党员，现任四川华西集团有限公司厦门分公司总经理，福建省发展散装水泥工作先进工作者，第四届全国建筑材料行业优秀企业家，厦门第八届优秀企业家。任福建省国有资产经营管理有限责任公司总经理助理。任福建省国有资产营管理有限责任公司董事、财务总监。现任四川华西集团有限公司厦门分公司总经理。四川华西集团有限公司成立于 1950 年 5 月，是四川省重要国有骨干企业、省政府重点培育的 30 家"迅速做强做大的大企业大集团"之一，持有国家建设部首批核准的房屋建筑施工总承包特级资质，享有外经、外贸经营权，拥有 AAA 企业资信等级。现集团总资产 100 亿元，年主营业务收入超过 127 亿元，年利税额 5 亿元以上。

李云岱，男，山东人，汉族，中共党员，大学文化，高级会计师职称。现任山东兴润建设有限公司董事长、党委书记兼总经理。公司自 2007 年以来连年在泰安市建筑、装饰企业综合考核中名列总分第一名，公司连年被评为省市先进施工企业、质量管理、安全生产、外出施工先进单位，先后荣获山东省建筑业先进集体和山东省建筑业"十佳安全管理”企业、“安康杯”竞赛先进企业等荣誉称号。泰安市企业信用协会副会长，肥城市第十六届人大常委会委员。连年被评为肥城市先进生产工作者、2002年度肥城市劳动模范；2003年荣立山东省黄河抗洪救灾三等功；2004年被评为山东省建设工程质量管理先进个人；2005年获振兴泰安劳动奖章荣誉称号；2006年3月被评为山东省“建筑业十佳优秀企业家”；2007年2月被肥城市政府授予“桃乡功勋奖”；2007年2月被中国建筑业协会授予高级职业经理人；2007年4月被评为山东省“安装行业优秀企业家”；2008年被泰安市政府授予“泰安市劳动模范”荣誉称号；2008年1月被评为“全省建筑业先进个人”；2009年2月被中共山东省委宣传部、山东省记者协会、山东新闻网联合授予“纪念改革开放三十周年时代先锋杰出人物”；2009年3月被中国施工企业管理协会评为“中国工程建设优秀高级职业经理人（全国优秀施工企业家）”。

李运丁，男，北京人，汉族，北京天桥建设集团有限公司董事长。大学本科，现任北京普傲德商贸有限责任公司董事长，北京天桥建设集团有限公司董事长，天津国恒铁路控股股份有限公司董事，天津国恒铁路控股股份有限公司董事长。曾任海南省万宁供销社主任，海南顺达房地产开发公司董事长，香港丰盈（中国）有限公司总经理，北京普傲德商贸有限责任公司副总经理、总经理，天津国恒铁路控股股份有限公司总经理，现任北京普傲德商贸有限责任公司董事长，北京天桥建设集团有限公司董事长，天津国恒铁路控股股份有限公司董事，天津国恒铁路控股股份有限公司董事长。北京天桥建设集团有限公司是1980年成立的国家建筑施工一级企业，2001年又通过GB/T1900年1月—2000质量管理体系认证，信用等级AAA级企业。集团公司下属10个建筑分公司，5个直属项目经理部，6个专业分公司，3个合资企业，2个房地产开发公司。公司资产总额38亿元。北京天桥建设集团有限公司是业内发展迅猛的龙头企业之一，主要以写字楼、娱乐演艺场所、酒店宾馆装修为主，具有国家设计乙级和施工二级资质。

梁平，男，山东人，汉族，现任山东蓬建建工集团有限公司董事长、总经理、党委书记，自1979年参加工作以来，先后担任蓬建公司供应科副科长、工程四处副主任、预制厂副厂长、厂长、公司副经理等职务，先后被授予“全国乡镇企业家”、“山东省建工系统先进个人”并荣记三等功二次、“山东省富民兴鲁”劳动奖章、“山东省劳动模范”、“山东省优秀民营企业家”、“烟台市十大杰出青年”、“烟台市优秀人才”、“蓬莱市十大杰出青年”等荣誉称号。山东蓬建建工集团有限公司其前身是蓬莱市建筑工程有限公司，创建于1968年，国家建筑施工总承包一级资质企业，通过了ISO9001质量体系、ISO14001环境体系、OHSAS18001职业安全卫生管理体系认证。2002年4月组建成立省级建筑集团公司。

梁旺，男，1969年5月生。大学学历，工程师，经济师。1999年至今任山西省朔州市中宇建安工程有限公司董事长、总经理。该同志任职以来，认真学习，坚持改革开放，奋斗拼搏，勇于开拓创新。1999年推行股份制改革，为提高企业现市场的竞争能力和规模效益，发挥群体优势，在原来的朔州二轻工程公司基础上，改制和组建了朔州市中宇建安工程有限公司。多次受到建设部门的嘉奖，2002年荣获山西省建筑业优秀企业，于2003年被评为山西省建筑安全生产先进集体。2003年他本人也被山西省建筑业协会评为优秀经理。2003年11月，公司顺利通过了ISO9001：2000质量管理体系认证。公司一贯坚持“诚信经营”的宗旨，注重培养企业文化，塑造企业形象，步入了省、市建筑业的先进行列。连续几年被评为朔州市“守信誉，重合同”企业、“山西省建筑优秀企业”、“朔州市建筑优秀企业”、“山西省农业银行AA级信誉度企业”、“工程质量优秀单位”，2004年被中国企业家协会、中国企业家联合会录入中国名优数据库。

梁振，男，汉族，广东省，硕士研究生、高级工程师。现任深圳市鹏建筑集团有限公司总经理。历任深圳市第三建筑工程有限公司技术科科长；深圳市第三建筑工程公司三分公司经理；深圳市第三建筑工程公司新亚洲花园项目经理；深圳市东部实业股份有限公司副总经理、总经理；深圳市罗沙工程开发公司总经理；深圳市天地集团股份有限公司常务副总经理；深圳市天地集团股份有限公司副总经理；深圳市东部工程有限公司副总经理；深圳市东部工程有限公司总经理。深圳市鹏城建筑集团有限公司（原深圳市第三建筑工程有限公司），是由国营企业过渡到混合所有制的一级建筑企业。公司拥有总资产6.5亿元，净资产2.1亿元，流动资产5.1亿元。具有房屋建筑施工总承包一级、机电安装工程施工总承包一级、市政公用工程施工总承包一级、地基与基础工程专业承包一级、附着升降脚手架专业承包一级、消防设施工程专业承包二级、水利水电工程施工总承包二级、建筑装修装饰工程专业总承包二级等资质的大型企业。

林锦胜，男，汉族，上海市，大学学历，教授级高级工程师。上海建工集团股份有限公司总经理，曾任上海市第七建筑有限公司总工程师、总经理助理、副总经理，上海建工（集团）总公司总经理助理，现任上海建工股份有限公司第三届董事会董事、总经理。上海建工股份有限公司（以下简称“本公司”）是经上海市人民政府沪府〔1998〕19号文批准，依据《中华人民共和国公司法》，由上海建工（集团）总公司（以下简称“建工集团”）作为独家发起人，对其原所属的总承包分公司（建工集团属下的内部独立核算部门）、上海市建筑装饰工程有限公司、上海市建工设计研究院、上海市第一建筑工程公司、上海市第二建筑工程公司、上海市第三建筑发展总公司、上海市第四建筑工程公司、上海市第五建筑工程公司、上海市第七建筑工程公司、上海市第八建筑工程公司（以下合称“九家全资子公司”）的资产及负债进行重组，并采用募集方式向社会公开发行A股150 000 000股而设立的股份有限公司，于1998年6月15日取得由上海市工商行政管理局颁发的营业执照。

林进挺，男，1967 年生人，汉族，海南省，1967 年出生。1990 年毕业于清华大学热能工程系；2002 年获香港公开大学工商管理硕士；清华大学公共管理学院在读博士生；高级工程师。海南高速公路股份有限公司董事长，2005 年 1 月任海南省发展控股有限公司常务副总裁；2005 年 10 月兼任海南省燃料化学总公司法定代表人、总经理；2007 年 8 月任海南省发展控股有限公司总裁；2007 年 12 月兼任海南海控燃料 h 化学股份有限公司董事长、法定代表人；2008 年 4 月兼任海南高速公路股份有限公司董事长。海南高速公路股份有限公司 1991 年 7 月，经海南省政府（1991）5 号文批准，成立海南省东线高速公路建设工程指挥部办公室，其职能是负责东线高速公路的征地拆迁、施工管理和经营管理。1993 年 4 月，经海南省证券委员会琼证字（1993）6 号文批准，在海南省东线高速建设工程指挥部办公室的基础上，以定向募集方式设立了海南高速公路股份有限公司。经中国证监会批准，公司于 1997 年 12 月 1 日在深圳证券交易所上网定价发行了 7 700 万股 A 股，1998 年 1 月 23 日公司股票挂牌上市。

林祖培，男，汉族，四川振华建设集团有限公司董事长，四川振华建设集团有限公司董事长，邛崃市工商联副主席。公司 2007 年、2008 年销售总额 2.28 亿元，纳税 1 195 万元。四川振华建设集团有限公司董事长，集团公司创建于 1966 年 7 月，系江苏省昆山市首批具有房屋建筑工程施工总承包一级资质的国家级建设集团企业，为昆山市建筑行业中规模最大、实力最强且荣获工程质量奖项最多的建筑施工和房地产开发企业之一，法人代表钱玉良。集团公司注册资本金 1.683 亿元，净资产 3 亿多元，拥有从业人员 8 000 余人，其中专业技术和经济管理人员 400 余人，持证项目经理（建造师）180 余人；年施工能力 150 多万元，年房产开发面积 50 多万元，2006 年总产值和销售额均超过 10 亿元人民币，已形成建筑施工、房地产开发、建筑装潢、水电暖安装、市政工程、地基与基础工程、钢结构制作安装、设备和周转材料租赁、装饰装潢、水泥制品和塑钢门窗生产销售、智能化工程、消防工程、金融投资、物业管理、环保能源投资、对外合作经营、物业租赁等综合性的经营格局。

刘宝华，汉族，1955 年 1 月生人。现任北京市神工建筑工程有限责任公司总经理。自 1976 年开始任钳工班长，多次进行技术革新。其中，他制作的振动筛，解决了脆性，提高了内应力；他还对从西德进口的粉碎机进行制作技术改造，使机器寿命由原来的半年延长到 2 年；把西德进口的弯道天车由原来的封闭式变成裸露式，解决了电击穿和短路问题。他在化工六厂工作期间，机器设备的技术难题都给出了完美的解决方案。就是他这种不怕苦不怕累永远冲在第一线而且遇到问题总能不断探求、坚持不懈的这股“钻”劲使得他攻克了一个有一个技术上的难题。于 1995 年元月筹建神工建筑公司，2 月 24 日北京市神工建筑工程有限责任公司正式成立。刘宝华现任北京市神工建筑工程有限责任公司任董事长、建设行业管理英才大会副理事长。公司自成立以来承建了运通康乐园工程、运河苑度假村附属工程、新华联小区共 9 栋楼房和幼儿园等多个小区的建筑工程。多次被评为优质工程，并荣获“守信企业”的称号。他在经营神工建筑公司期间，进行节能环保喷漆房的技术研发，并于 2006 年 9 月 27 日获取了国家专利局的《节能环保喷漆房》的专利证书，为节能减排工作作出了突出贡献。2006 年初，他开办了北京市神州大地太阳能灯具厂，专门从事太阳能光伏产品的应用开发和生产销售。北京市神工建筑工程有限责任公司始建于 1995 年 2 月，2000 年 12 月经市建委批准为建筑二级资质企业。

刘崇智，男，汉族，出生于 1948 年 10 月，山西省太谷县人，大专文化，高级政工师。现任山西宏厦建筑工程第一有限责任公司董事长、党委书记。1968 年 2 月至 1970 年 2 月，在中国人民解放军 4633 部队坦克学校学习；1970 年 2 月至 1975 年 3 月，在中国人民解放军 1885 部队服役、任车长；1975 年 3 月至 1976 年复员后任教师；1976 年 3 月至 1980 年 11 月，在阳泉矿务局三矿一号井掘进队任班长、任党总支干事；1980 年 12 月至 1986 年 12 月，在阳泉矿务局三矿任党委办公室秘书；1987 年 1 月至 1993 年 11 月，任阳泉矿务局三矿工程区总支书记兼主任；1993 年 12 月至 1997 年 2 月，任阳泉矿务局党委组织部副部长；1997 年 3 月至 1999 年 3 月，任阳泉矿务局工程处党委书记；1997 年 3 月至今，任山西宏厦一建（原阳泉矿务局工程处）董事长兼党委书记。他所在的山西宏厦建筑工程第一有限公司，前身为煤炭工业部第七工程处，阳泉矿务局工程处，始建于 1953 年。是一级矿山建筑安装工程施工企业，能独立承担各类现代化矿井工程、工业与民用建筑、机电设备安装及调试、铁路、公路、水利、输变电、爆破、大型土石方等工程建设。近五十年来，先后参加过 11 个省市、38 个矿区、106 个矿井的新建、改扩建工程，为国家煤炭建设创造了辉煌业绩，多次荣获全国煤炭战线“特别能战斗的队伍”称号。荣获省部市级“优秀建筑企业”、“全国 500 家最大建筑业企业”、“山西省建筑安装施工企业前十强”等荣誉称号。

刘海山，男，汉族，1956 年 6 月出生，中共党员、研究生学历，高级经济师，北京城建一建设工程有限公司董事长曾获“全国优秀施工企业家”、“全国优秀工会之友”、“全国企业文化先进工作者”、“先进党务工作者”等多项荣誉，2005 年被中国施工企业管理协会评为“第一届工程建设行业高级职业经理人”。1999 年加入北京市企业党委书记联谊会任会员，2000 年加入中国施工企业协会任常务理事；2001 年任北京市建筑业经营管理研究会理事；2002 年被聘任为全国思想政治工作科学专业委员会特约研究员；2004 年加入北京市质量协会任理事，任中国企业文化促进会会员。在施工企业管理方面论述丰富，有多篇论文在省市级以上新闻媒体发表，其中“工程施工项目管理”获优秀项目管理成果一等奖。北京城建一公司是 1983 年 7 月由基建工程兵集体转业组建，2000 年初完成国有企业改制，成为多元股权的有限公司。公司为“AAA”资信等级企业，连续10年获得北京市“重合同、守信誉”单位。公司还多年获得全国优秀施工企业、全国500家最佳经济效益建筑企业、500家最大建筑企业、全国用户满意企业、中国建筑业领先企业等多项荣誉称号。公司于1996年10月取得了ISO9001质量体系认证证书，于1997年6月获得国际标准认证证书，2000年7月取得ISO14001环境管理体系认证证书，并于2001年12月又通过OHS18001职业安全卫生管理体系认证，实现了与国际管理体制接轨。

刘华军，男，汉族，中铁十一局集团第五工程有限公司董事长。石家庄铁道学院中铁十一局五公司董事长，长期致力于工程机械的科技研发和企业经营管理，取得了丰硕成果，有1项科研成果获中国铁道工程总公司特等奖，3项科研成果获集团公司科技进步二等奖，1项成果获湖北省科技进步一等奖，多项成果获局科技进步奖。主持研制了PF—4C型喷粉桩机、HI—120B型摊铺机和HG—120型水泥混凝土路面滚平机，广泛投向市场。与母校联合设计试制的“三辊式水泥砼振动摊铺滚平机”填补了国内工程机械的空白。中铁十一局集团第五工程有限公司是国家综合施工大型一级企业，具有独立承担高速公路、机场、水利、电力、铁路、市政、城市轻轨、地铁、工民建等各类工程综合施工能力。公司现有员工一千八百余人，其中达高、中级专业技术等级的逾五百人；公司注册资金6 000万元，资产总额45 645万元，拥有各类大中型机械设备859台（件），年施工能力15亿元以上。

刘怀远，男，1943年12月生人，汉族，河南人，博士，高级工程师，享受政府特殊津贴。1998年出任中港集团总裁以来，企业的整体实力逐年大幅提高，据国家统计局最新数据，中港集团在中国企业500强排名中位列第49位。曾担任施工队队长、第三航务工程局副局长、局长等职。现任中国港湾建设（集团）总公司总裁。中国港湾建设（集团）总公司是一家主要从事国内外港口建设和疏浚吹填工程以及港机航标制造的大型集团公司。中港集团还承建了众多的大桥、公路和机场工程以及环保、市政和工民建项目；中港集团同时也从事进出口贸易、房地产开发和金融投资等多项业务。

刘季林，男，全国优秀施工企业家。华元建设集团董事局主席、总裁。他是由镇办建筑公司的一名小工成长起来的潍坊市级专业技术拔尖人才、正高级研究员。他所领导的山东华元建设集团是全国优秀施工企业，是一家融科研、设计、施工、房地产开发、建材生产为一体的综合性企业集团，国家施工总承包一级资质，同时具备房地产开发、建筑设计、钢结构、装修装饰、建筑幕墙、预制构件、建材试验、物业管理等专业资质。集团现有全（合）资企业40多个，资产5.6亿元，职工3 500余人，专业技术人员1 000余人。集团被评为山东省重点建设企业、建筑业二十强企业，潍坊市十强企业、守合同重信用企业，已通过ISO9001质量体系认证和ISO10012计量确认体系认证。先后承建了一大批省市重点工程，获“鸢都杯”、“密州杯”及省市优良工程100余项，施工队伍遍及山东、北京、内蒙古等10多个省市区；成功开发出诸城市金都小区、银都小区、华元大厦、潍坊市龙泉太阳城小区、帝豪大厦、世纪商城、华元商贸城等名牌项目，建成国家级节能项目2个，省级节能项目4个；建设的诸城市银都小区通过国家第一批建筑节能师范小区验收，华元小区1＃楼通过建设部太阳能与节能建筑一体化示范工程验收。

刘金虎，男，宁夏同心县人，汉族，研究生学历。高级工程师。第十届全国政协委员，政协宁夏回族自治区第八届委员会委员，全国工商联执委，全国青联常委，宁夏回族自治区工商联副会长，中国青年企业家协会副会长，中国光彩事业促进会常务理事，宁夏海外联谊会副会长，宁夏光彩事业促进会副会长，宁夏金龙集团董事局主席。获国家民委和自治区政府联合颁发的“民族团结进步模范”称号后，又荣获国务院授予的全国“民族团结进步模范”称号。1976年在宁夏同心县中学当民办教师。1977年10月至1981年在宁夏固原农校和河北农业经济管理学院学习。1981年8月至1988年10月先后在宁夏同心县政府办公室、银川市郊区政府办公室、银川市郊区人大办公室工作。1988年10月至今担任宁夏金龙集团董事局主席。

刘军，男，汉族，清华大学EMBA，工商管理学硕士，高级经济师。新疆城建（集团）股份有限公司董事长，现任新疆城建股份有限公司董事长、党委书记，该公司主要从事城市道路、桥梁、供水等基础设施的建设和运营。1974—1981年新疆跃进钢铁厂支部书记，1981—1984年乌鲁木齐市自来水公司干事，1984—1989年乌鲁木齐市市政养护管理处党办主任，1989—1993年乌鲁木齐市城建局政治处主任，1993—2002年新疆城建股份有限公司总经理，2002年至今新疆城建（集团）股份有限公司董事长、党委书记。公司成立于1993年2月，主营业务为基础设施建设，房地产开发，城市公用类事业投人，新型基础材料生产与销售等相关多元化运营业务。公司具有国家市政公用工程施工总承包一级；房屋建筑工程施工总承包一级；建筑装修装饰工程专业承包一级；公路工程施工总承包二级；水利水电工程施工总承包二级等十余项行业资质。

刘俊禄，男，湖北人，汉族，出生于1949年10月，大专学历。现任武汉六顺建设工程股份有限公司董事长，中国建设行业管理英才大会副理事长、武汉市乡镇企业科学与管理促进学会副会长。武汉六顺建设工程股份有限公司，是在九坤门窗装饰有限责任公司企业改制的基础上，拓展壮大经营规模的新型产业公司。目前，在他的领导下，已发展成为集专业研究、开发、生产、销售、安装和售后服务为一体的标准化企业，其产品已达到100余类规格的60余种型材，很多产品质量在国内外同行业名列前茅。企业屡获殊荣，曾荣获“全面质量管理优秀企业”“湖北省优秀企业”“湖北省著名企业”“湖北省最佳成长型企业”“湖北市场行业十佳”“湖北市场诚信商品采购单位”“湖北质量、诚信、服务满意率三优”“湖北市场杰出企业”“湖北市场信得过品牌”“湖北省消费者满意商品”、武汉市场"AAA"信誉企业、"武汉市场信用示范企业"、湖北"3·15"推介企业、"武汉市守合同重信用企业""武汉新型建筑材料行业先进单位"等荣誉。他曾获得很多荣誉，其中主要有"中国建材工程建设协会全面质量管理优秀企业家""全国建设行业百名管理英才""武汉新型材料产业和房地产业先进工作者""湖北电力评为十大标兵""达标功臣""管理能手等荣誉。

刘美产，男，浙江成龙建设集团有限公司总经理。他所领导的企业系国家房屋建筑施工总承包一级资质企业，市政公用工程总承包、建筑装修装饰和土石方工程专业承包二级资质，是义乌市建筑业龙头企业，金华市 50 强企业之一。已经通过 GB/T19001：2000 质量体系认证，GB/T28001：2001 职业安全健康管理体系认证，GB/T24001：1996 环境管理体系认证。所承建的工程曾多次荣获浙江省"钱江杯"优质工程奖、杭州市"西湖杯"优质工程奖、金华市"双龙杯"优质工程奖、义乌市"商城杯"优质工程奖、永康市"方岩杯"优质工程奖、金华市优质工程奖、建设优质结构奖、十佳文明标化工地、安全文明标化工地；杭州市文明施工标准化样板工地等荣誉奖。曾多次被义乌市人民政府授予"先进企业"；多次荣获"综合实力奖"、"经济发展贡献奖"、"经济贡献奖"、"创品牌奖"；义乌市建设局授予的"建设行业先进单位"；金华市用户满意施工企业、先进施工企业、优秀建筑企业；浙江省质量管理优秀单位、先进建筑企业、用户满意建筑工程；守信用重合同单位，企业资信等级 AAA 级；协税护税先进单位；成龙创优 QC 小组还被评为全国优秀质量管理小组；荣获全国施工企业设备管理优秀单位。刘美产荣获 2007 年度"全国优秀施工企业家"称号。

刘其武，男，中共党员。曾在 1977 年任河南省建四公司二分公司技术主任、副经理，1995 年至今，历任河南四建公司施工处长、副总经理、常务副总经理、总经理、董事长、党委书记等职。2004 年获得"全国建筑安全生产先进个人"称号。公司董事长、党委书记、总经理刘其武先后被评为全国优秀施工企业家、全国建筑安全生产先进个人、河南省优秀施工企业家、河南省优秀建筑企业经理、开封市人大代表、开封市五一劳动奖章获得者。河南四建股份有限公司是国家房屋建筑工程总承包一级资质施工企业，1997 年 12 月一次顺利取得北京九千标准质量体系认证中心 ISO9002 国内证书和 UKAS 英皇冠证书。公司具有钢结构工程、高耸构筑物工程、机电设备安装工程、消防设施工程等专业资质，具有年施工产值 10 亿元，竣工面积 50 万平方米的能力。公司先后荣获市级以上科技成果奖 16 项，省级工法 13 项。QC 成果 112 项，荣获省级安全文明工地 15 个。获得全国优秀施工企业、全国"安康杯"优胜企业、全国诚信单位、国家建设部新技术文明单位、河南省重合同守信用单位、河南省施工企业 50 强、河南省 AAA 级信用等级、河南省先进建筑施工企业、河南省创建文明工地先进单位，河南省先进建筑施工企业、河南省建设安全工作先进企业、河南省十佳重点建设及"五一"劳动奖、河南省级"安康杯"竞赛优胜企业、河南省精神文明建设先进单位、河南省优秀思想政治工作先进单位等国家、省、市级各种荣誉近 200 项。发表论著有：《对建筑施工企业项目部的审核》、《面对入世新形势施工企业如何强化自我持续发展》。

刘庆元，中共党员，平谷区人大常委，获平谷区政府、县委、优秀党员称号；北京金通远建筑工程公司系股份合作制企业，企业资质为房屋建筑工程施工总承包一级。现有注册职工 6 000 人，各种专业管理人员 480 人，其中高中级职称人员 138 人，拥有一、二级项目经理 33 名。2002 年底我公司拥有总资产 6.08 亿元，净资产 2.52 亿元。公司自 1988 年成立以来，先后承建的亚运会水上运动场服务楼工程荣获中国建筑业联合会颁发的"特别鲁班奖"；公司多次受到市委、市政府、市建委的表彰。分别荣获开拓奖、职工教育先进单位、尊师重教先进单位等殊荣。在国务院发展研究中心、建设部施工管理司等单位对我公司评价中，排序为"中国最大经营规模建筑企业第 140 位"。公司连续被北京市工商局评为"重合同守信誉单位"。本公司强化企业管理取得成效。2003 年 1 月 28 日，公司获颁 ISO9001、ISO14001 和 OHSAS18001 三大管理体系认证证书。

刘太平，男，汉族，出生于湖南省浏阳市的通城县，湖南省永安建筑股份有限公司总经理，现任湖南省永安建筑股份有限公司董事长。湖南省永安建筑股份有限公司的前身是浏阳市永安建筑工程公司，始建于 1966 年，于 1998 年 7 月公司率先进行了体制改革，成为体制创新、更适应市场经济发展的股份制经营企业。历经约四十年艰难坎坷的历程，从小到大，从弱到强，现已发展成为主营房屋建筑工程施工总承包的国有一级企业，集市政公用、建筑装饰装修、地基与基础、园林古建筑等工程施工承包于一体的综合大型企业，并具有房地产综合开发三级资质。1999 年评为浏阳市"十佳青年"；2000 年荣获"浏阳市跨世科技兴业带头人"称号；2001 年评为湖南省优秀企业家；2002 年被评为浏阳首届"浏阳之子"；2005 年 1 月获浏阳市教育基金会"特别贡献奖"；2008 年评为浏阳市优秀中国特色社会主义事业建设者。

刘兴华，男，1965 年出生，山东省夏津县人，汉族，山东省，1985 年毕业于山东省经济干部管理学院，北京世纪韦尔集团董事长。先后受聘于工商行政管理局、物价局和发改局。1994 年担任山东北方玻璃钢集团副总经理兼驻北京公司总经理。2003 年在北京创建北京世纪韦尔集团，现任北京世纪韦尔集团董事长，北京山东企业商会会长。2003 年在北京创建北京世纪韦尔集团，集团自成立以来先后承揽了多个工程项目，其中主要有：全国政协通风空调工程、中国人民解放军总医院通风空调工程、中国民生银行通风空调工程、石家庄新东方商务酒店通风空调工程、张家口市委办公楼、励骏皇宫大酒店、北京热电厂等工程。刘兴华将公司逐渐发展成为由北京世纪韦尔空调设备有限公司、北京韦尔恒通科技发展有限公司、北京韦尔恒信企业咨询服务有限公司和山东华鑫加工基地等一系列公司组成的集团公司。

刘永红，男，汉族，1964年出生，甘肃靖远人，中共党员，教授级高级工程师，国家一级注册建造师，毕业于兰州铁道学院。现任中铁七局集团有限公司总经理，1992—1997年中铁一局二处任副处长，后任处长，唐山市路南区人大代表，中铁一局集团副总经理。2004年，刘永红出任中铁七局集团总经理。中铁七局集团有限公司是世界500强企业——中国中铁股份有限公司的全资子公司，注册地在河南省郑州市。具有铁路工程施工承包特级资质；房屋建筑工程、市政公用工程、公路工程施工总承包一级资质：公路路基、路面、桥梁、隧道、铺轨架梁、铁路电气化、铁路电务、水工隧洞、钢结构、装饰装修等专业承包一级资质和城市轨道交通专业资质；拥有“中华人民共和国对外援助成套项目施工任务A级实施企业”证书、通过了质量管理体系、环境管理体系以及职业健康安全管理体系认证。2005年，中国企业家联合会授予高级职业经理人称号。

刘运武，男，1954年生人，汉族，籍贯湖南省，1954年11月出生，湖南临武县人，大学本科文化，高级工程师，一级建造师。1975年加入中国共产党。任湖南建工集团有限公司董事长、党委书记。1977年8月任湖南省建筑学校（现湖南城建职业技术学院）政工科干事；1978年9月至1979年7月，在辽宁建工学院师资班学习；1979年8月至1992年1月，先后任湖南省建筑学校教务科长、党委副书记、教学副校长；1992年2月至1994年8月，先后任湖南建筑高级技工学校校长兼党委书记、校长；1994年9月至1997年10月，任湖南建工集团第六工程公司副总经理；1997年11月至2001年8月，任湖南省建筑工程集团总公司总经理助理兼深圳公司经理；2001年9月至2007年2月，先后任湖南省建筑工程集团总公司总经济师、副总经理；2007年3月至今，任湖南建工集团有限公司董事长、党委书记。湖南建工集团由湖南省建筑工程集团总公司（成立于1952年7月、集团母公司、核心企业、湖南省首家房屋建筑工程总承包特级资质企业），和具有特级、一级总承包等多项资质的紧密层子公司第一工程公司、第二工程有限公司、第三工程公司、第四工程公司、第五工程公司、第六工程公司、工业设备安装公司、工程机械厂，以及具有甲级建筑设计资质的集团设计研究院、湖南建工集团企业技术中心、湖南城建职业技术学院、湖南建筑高级技工学校（长沙职工大学）等单位组成，是一家具有建筑安装、路桥施工、勘察设计、科学研究、人才培训、设备制造、工程监理、招标代理、房地产开发、对外工程承包、劳务合作、进出口贸易等综合实力的大型企业集团。

刘志远，男，1954年生人，汉族，籍贯河北省。现任中铁电气化局集团有限公司总经理。1971年到铁道部电气化局一处五段工作，从副工长、工长、副队长、队长，到副段长、段长，再到副处长、处长。1997年升任铁道部电气化局副局长，2001年8月升任中铁电气化局集团有限公司总经理职务至今。中铁电气化有限公司具有国家铁路工程施工承包特级资质。课承包各种铁路线，桥，隧综合工程及通信，信号，电力工程，房屋建筑施工；机电安装工程施工总承包一级资质和铁路电气化工程，电务工程，公路交通工程，城市轨道交通灯多个专业承包一级资质及对外经济合作经营资质，为AAA银行信用等级。

陆秋虹，男，1966年生人，汉族，籍贯山东省。宁波二十冶建设有限公司董事长青岛建工学院，1988—1994年在中国二十冶办公室工作，1998年5月至2004年1月任中国二十冶外经分公司副经理兼项目经理，2004年1月至2004年2月任中国二十冶吉斯达项目、常熟英格瓷项目部项目经理，2004年2月至2010年1月任中国二十冶工业工程分公司经理，2010年1月至今任宁波二十冶建设有限公司董事长、党委书记、总经理、兼任中国二十冶集团总经理助理。主持研究或完成的科研项目有：压型钢维护结构点系统研究与应用（负责人）、大跨度混合空间桁架系统滑移新技术（负责人）、陕西省教育厅科研项目——建筑业产品价格问题及高附加值的EPC模式研究（子项目负责人）、国家社科基金资助项目04XJY016——中国建筑业企业国际化（子项目负责人）。获奖的科研项目有：《大跨度方钢管桁架跨外吊装施工新技术》获省部级优秀论文二等奖（排名第一位）、《360°锁缝板施工技术与应用》获省部级优秀论文三等奖（排名第一位）、《大跨度混合空间桁架系统滑移施工新技术》获厅局级三等奖（排名第一位）。申请获准专利四项：带矿石落料缓冲装置的料斗（排名第二位）。可移动式小型起吊装置（排名第二位）。滑移施工支撑节点的顶拉转换装置（排名第二位）。带可移动抗风装置的卷帘门（排名第二位）。在中文核心版期刊或国际学术期刊上发表的论文有：360°锁缝板施工技术与应用（排名第一位）。中国建筑业产品价格与价格问题分析（排名第一位）。

陆提峥，男，汉族，广西南宁市人，优秀企业家，中共党员，广西三航工程建设有限公司董事长，现任广西三航工程建设有限公司董事长，广西民营企业家协会副会长。曾荣获“广西省优秀企业家”、“广西省优秀中国特色社会主义事业建设者”等荣誉称号。广西三航工程建设有限公司是国家建设部、交通部批准的港口与海岸工程专业承包一级资质的专业施工企业。公司改制成立于2002年初，目前的主营业务主要是港口、路桥工程等建筑施工业。公司成立至今，已先后承建了香港船厂崇明基地修船码头、香港船厂崇明基地七万吨级船台、外高桥电厂二期卸煤码头、江苏利港电厂三期煤码头、张家港双狮物流有限公司化工码头、江阴澄西船厂码头、南宁江南船厂码头、青岛4808厂码头、张家港过产业重机码头、上海北环高架道路0标段、温岭工业城06标三号路、浙江丽水石牛大桥等大、中、小型码头工程及道路桥梁工程，取得了较好的施工业绩。两年来，公司承建项目的工程合格率为100，优良率达到87.5。其中，上海外高桥电厂二期码头和香港船厂崇明基地七万吨级船台工程分别荣获南宁市水运工程最高奖——“南宁市水运工程优质结构《申港杯》”奖。北环高架道路0标工程荣获“南宁市建设工程优质结构”奖、“重大工程文明工地”奖及“安全标化管理达标工地”奖等多项荣誉。先后荣获“广西省优秀企业家”、“广西省优秀中国特色社会主义事业建设者”、“南宁市劳动模范”等荣誉称号。

陆拥军，男，汉族，籍贯浙江省，大专文化，浙江杭萧钢构股份有限公司总经理。曾任杭州钱江味精总厂劳服公司汽配部经理，杭州江南管道总公司任水暖科科长，浙江省安装公司、萧山同济钢结构工程有限公司经理，1999年加入浙江杭萧钢构股份有限公司任新疆办事处主任、浙江杭萧钢构股份有限公司副总经理，现任浙江杭萧钢构股份有限公司总经理。曾任杭州钱江味精总厂劳服公司汽配部经理，杭州江南管道总公司任水暖科科长，浙江省安装公司、萧山同济钢结构工程有限公司经理，1999年加入浙江杭萧钢构股份有限公司任新疆办事处主任、浙江杭萧钢构股份有限公司副总经理，现任浙江杭萧钢构股份有限公司总经理。公司是经浙江省人民政府企业上市工作领导小组以浙上市〔2000〕65号文批准，由杭州杭萧钢结构有限公司整体变更为浙江杭萧钢构股份有限公司，于2000年12月28日在浙江省工商行政管理局进行了工商变更登记并领取企业法人营业执照，注册资本5 236.68万元。

栾宏源，男，汉族，云南人。一级项目经理，高级职业经理人。现任中铁八局集团昆明铁路建设有限公司总经理。自1987年参加工作至今，历任昆明铁路局工程总公司机械化分公司技术主管、工程队副队长、项目经理；机械化分公司副经理、经理；昆明铁路建设集团公司副总经理、中铁八局集团昆明铁建设有限公司副总经理；中铁八局集团公司经营开发公司副总经理；中铁八局集团昆明铁路建设有限公司总经理。中铁八局集团昆明铁路建设有限公司始建于1953年，是建设部核准的铁路工程施工总承包一级企业，具有铁路、公路、桥梁、房建、市政、给排水、通信信号、电力、爆破、钢结构、设备安装、装饰装潢等多种施工能力以及轨枕等混凝土预制构件生产能力。公司下辖机械化分公司、钢结构公司、轨枕有限公司、工程实业公司等多家企业，现有员工3 680多人，拥有各类专业技术人员1 090人，其中具有中高级职称的有367人，有资质的项目经理人数为145人。

罗克佐，男，1966年生，湖北人，汉族，黄石市扬子建筑安装工程有限公司。工业与民用建筑专业高级工程师。现任黄石扬子建安集团董事长，公司先后荣获市优良工程，市优良样板（铜都杯）工程，省优质结构工程，省楚天杯工程等优质工程奖多项；2008年12月黄石扬子建安集团公司被中国建筑业协会评为2008年度全国工程建设质量管理优秀企业，给我公司的创业历程又增添了辉煌的一页，为建筑业的质量提升作出了应有的贡献。2010中国建设行业创新管理大会杰出贡献企业家。1994年受聘于黄石市扬子建筑安装工程有限公司，历任施工员、项目经理、大冶工程部经理，2005年8月担任黄石市扬子建筑安装工程有限公司总经理、法定代表人。现任黄石扬子建安集团董事长，湖北省建设工程质量安全协会常务理事，湖北省建设工程质量安全协会专家库专家、全国建筑业优秀企业家、时代光华黄石学院名誉校董，黄石市西塞山区政协一届委员，黄石市第十二届人大代表。

罗艳，女，1963年生人，汉族，硕士，教授级高级工程师，享受国务院政府特殊津贴。北京市中工国际工程股份有限公司董事长。历任中国工程与农业机械进出口总公司出口五部总经理助理，成套工程一部副总经理、总经理，中工国际工程股份有限公司副总经理、副董事长。现任中工国际工程股份有限公司董事长兼总经理，兼任中国经济社会理事会常务理事、中华海外联谊会理事。中工国际工程股份有限公司（简称“中工国际”）隶属于中国机械工业集团有限公司，是经中华人民共和国商务部批准，由国内著名的外贸公司、设计院、机械制造商和施工单位共同发起设立的股份有限公司，中工国际于2006年6月在深圳证券交易所挂牌上市，为全流通条件下的IPO第一单。

罗应生，男，汉族，广东省，大专学历，高级政工师。广东省高速公路有限公司董事长，1993—2001年在广东省交通科研所工作，历任办公室主任兼基建办主任、党办主任、科研所纪委书记、工会主席、党委书记；2001—2006年在广东省路桥建设发展公司工作，历任党委书记、副董事长兼党委书记、董事长兼党委书记。现任广东省高速公路有限公司董事长、党委书记。1993—2001年在广东省交通科研所工作，历任办公室主任兼基建办主任、党办主任、科研所纪委书记、工会主席、党委书记；2001—2006年在广东省路桥建设发展公司工作，历任党委书记、副董事长兼党委书记、董事长兼党委书记。现任广东省高速公路有限公司董事长、党委书记。

M

马连平，男，1957年生人，汉族，河北人，山西宏厦建筑工程第一有限责任公司总经理。1957年出生、河北省景县人、大学文化、高级工程师。在他的带领下，为国家煤炭建设创造了辉煌业绩，多次荣获全国煤炭战线“特别能战斗的队伍”称号。荣获“山西省建筑业企业优秀经理”、“山西省跨世纪杰出企业家”、“全煤优秀青年知识分子”、“全国新长征突击手”、“全国煤炭行业先进经营者”。1978—1982年在山西矿院采矿系学习。1982—1986年在阳泉矿务局工程处矿建二工区任技术员。1986—1989年先后任阳泉矿务局工程处矿建二工区副主任、主任。1989—1994年任阳泉矿务局工程处副处长。1994年3月至1995年9月任阳泉矿务局工程处总工程师。1995—1999年3月任阳泉矿务局工程处处长。1999年3月至今任山西宏厦一建副董事长兼总经理。山西宏厦建筑工程第一有限公司，前身为煤炭工业部第七工程处，阳泉矿务局工程处，始建于1953年。是国家建设部审定的一级矿山建筑安装工程施工企业，能独立承担各类现代化矿井工程、工业与民用建筑、机电设备安装及调试、铁路、公路、水利、输变电、爆破、大型土石方等工程建设。荣获省部市级“优秀建筑企业”、全国500家最大建筑业企业“、山西省建筑安装施工企业前十强”等荣誉称号，资信等级为AAA级，并率先通过ISO9002质量体系认证。

马似鹏，男，1979年3月27日生人，现任国合建设集团有限公司总经理。英国留学时选择经济管理为本科的专业，选择工程项目管理作为研究生专业。回国后从事的也是建筑业管理工作，由于对本专业的热爱与所从事专业的一致性，个人能力得到了较大的提升和发挥。自2005年起先后担任大连金广集团总经理助理，北京国合副总经理、总经理，主持公司全面工作。北京国合重组后，针对资质级别低、注册资金少两个影响公司战略发展的问题提出并制定实施方案，经过一年的努力将公司资质升为国家房屋建筑总承包一级，先后获得了滑模施工领域全国第一个国家优质工程——“鲁班奖”、“全国滑模工程用户满意企业”并多次评为“北京市建设行业诚信企业”等荣誉，工程质量合格率多年保持百分之百，在全国大型构筑物的滑模施工领域的市场份额占到了46%。目前国合的滑模品牌在行业内创造多项纪录，成为国内最成功的滑模施工企业。论文著作：著有《共有产权：经济适用房的新模式》；刊发在：《城市开发》2007年3月总第266期；《上海房地》；2007年8月总第247期；《大连楼市——2005年十大关键词》；刊发在：《中国房地信息》2006年总第237期。

马伟荣，上海市第二市政工程有限公司轨一分公司项目副经理、高级技师。他在复兴东路越江隧道江中段盾构推进工程中，从容指挥，处理各种突发险情，胜利完成施工任务。在翔殷路越江隧道施工中研究出比日本人更为适合上海土质的泥水平衡盾构切口水压计算公式；在北京地铁十号线十一标上行线施工中，研制出一种新型的土壤改良添加剂，仅为原用材料价格的1/6，节约资金约80万元。他不仅自己在技术上精益求精，而且注重培养青年人，把自己几十年来在施工实践中积累的丰富经验毫无保留地传授给年轻人。2006年，他以其出色的贡献被评为上海城建集团“领军人物”、上海市第二市政工程有限公司“永创精品”金奖唯一获得者。近年来，先后承建了上海合流污水治理工程、地铁二号线隧道工程、内环线高架、南北高架、沪嘉、沪宁、沪杭、嘉浏、莘奉金高速公路、312国道及上海市市区道路改扩建工程、上海虹桥国际机场跑道及停机坪工程、虹口体育场、松江体育场、上海体育场等场馆的全天候塑胶跑道和网球场工程，同时还承建了淮南电厂、扬州第二发电厂循环水工程、南京秦淮河污水治理工程、福州市排水工程、济南市高架、哈尔滨太阳桥等一大批外省市重大工程项目，为上海和外省市的城市建设作出了巨大贡献。

马晓平，男，汉族，浙江省，浙江铿达建设集团董事长，担任“六届义乌市政协委员”、“义乌市民主建国会会员”等社会职务；曾荣获“浙江省杰出青年企业家”、“中国民企英才”等荣誉称号。无党派人士，浙江铿达建设集团董事长。浙江铿达建设集团有限公司致力于洋山深水港的开发，在洋山地区总投资逾3亿元，建有公寓、码头和五星级酒店。同时在江苏东台地区投资沿海渔港的开发，公司先后被评为浙江省重质量守信誉单位。浙江铿达建设集团有限公司创建于1995年，是义乌市首家以市政、路桥建设为主，集市政工程、土石方、构件预制等综合功能为一体的市政公用工程二级资质的集体股份制企业，经过几年的扩张，已成为涉足投资、外贸、制药、印刷等多个领域的集团公司，以求全方位发展。

马云，男，回族，中共党员，高级工程师，出生于1955年。现任巴音工程建设（集团）有限公司董事长兼总经理。历任新疆巴音郭楞蒙古自治州设计院技术室主任、副总工程师、副院长，新疆巴音郭楞蒙古自治州建筑公司党委书记、副经理。先后担任巴州建筑学会理事、自治区建筑业协会常务理事，自治区工程电气专家委员会委员、自治区建筑电气协会副主任委员，自治区建筑电气情报网副理事长，中国企业联合会高级管理咨询顾问。在他的直接领导下，巴音工程建设以建筑施工为龙头，加大第三产业发展，先后成立预制厂、机械设备租赁站、塑钢厂、锅炉安装公司、建筑装修装饰公司、五星物业中心、巴音风情园等下属企业。涉及建筑、市政工程、油田工程、商贸、饮食服务、房地产开发等行业。改制后的巴音建设经济效益连年增长，呈现出长足发展的勃勃生机。2003年，通过ISO9001质量管理体系、ISO14001环境管理体系、OHSASI8001职业健康安全管理体系三大体系认证。近年来，企业获得的荣誉主要有：国家建设工程质量最高荣誉——鲁班奖一项、自治区建设工程质量最高荣誉——天山杯奖四项、自治州建设工程质量最高荣誉——天鹅杯奖十六项、自治区文明施工红旗现场三项。2001—2002年度，获自治区优秀施工企业；连续四年获自治州优秀施工企业；连续九年被评为自治州“守合同、重信用”企业。他曾荣获巴州老龄委老龄中心设计获建设厅设计三等奖，自治区优秀设计三等奖。《电动防火卷帘门有关问题的探讨》获自治区第四届自然科学优秀学术论文三等奖，自治区“标新立异”优秀论文二等奖，中国建筑电气学会情报网年会优秀论文奖；《新疆南疆地区建筑电气设计质量剖析》获自治区建筑电气学会优秀论文一等奖。2000—2002年，他被评为自治州优秀施工企业家；2003年被评为全国优秀施工企业家。

麦建波，男，汉族，广东省1985年毕业于清华大学环境工程专业。广东新大禹环境工程有限公司董事长清华大学。毕业后任职于国家环保总局华南环境科学研究所，从事废水处理技术研究工作；1997年创立广东新大禹环境工程有限公司，任董事长。1991年获得了广东省环保局颁发的“广东省环保科技进步奖一等奖”，2004年荣获中国环保科学学会授予的“第三届全国优秀环境科技实业家”荣誉称号，2005年荣获中国环境保护产业协会授予的“中国环境保护产业（企业）发展贡献奖”。1985年任职于国家环保总局华南环境科学研究所，1997年创立广东新大禹环境工程有限公司。广东新大禹环境工程有限公司总部位于广东省省会广州，经历十几年艰辛创业和发展，已成长为一家集技术投融资、项目建设和项目托管于一体的综合性专业环境工程公司。1991年获得了广东省环保局颁发的“广东省环保科技进步奖一等奖”，2004年荣获中国环保科学学会授予的“第三届全国优秀环境科技实业家”荣誉称号，2005年荣获中国环境保护产业协会授予的“中国环境保护产业（企业）发展贡献奖”。

毛兴祥，男，汉族，中共党员，大学文化，优秀企业家，一级建筑师。现任泰州市第七建筑安装工程公司总经理。面临充满竞争和挑战的建筑市场，公司始终以严格的管理、优良的质量享誉南北，创一大批省、市优质样板工程，工程竣工优良率65%以上。公司遵循“用户至上、质量第一”的经营宗旨，努力为社会奉献更多更好的优质建筑产品，竭诚欢迎新老客户与我公司合作，携手共创美好的未来。泰州市第七建筑安装工程公司成立于五十年代初，现为房屋建筑工程施工总承包二级企业，具有中华人民共和国对外劳务合作经营资格。半个世纪以来，伴随着共和国的成长，公司不断发展壮大，现有员工1 800名，辖15个工程处，一个预制构件厂，施工点分布于武汉、宜昌、云南、福建、重庆、浙江、内蒙古兴安盟、海拉尔、本省南京、扬州、泰州及国外新加坡、俄罗斯、阿联酋等建筑市场。公司现有拥有大型塔吊、砼输送泵，人货两用电梯等各类大型先进施工机械设备，生产设备总值1 500万元，技术装备精良，综合实力雄厚，具备独立承包施工高层建筑、大跨度工业厂房、设备安装、装饰装潢、防腐保温等各类工业与民用建筑的资格和能力。并通过ISO9001质量认证。

穆光福，男，汉族，籍贯山东省。青岛九龙建设集团有限公司现任青岛九龙建设集团有限公司、青岛九龙山置业有限公司董事长。青岛九龙建设集团有限公司在2001年荣获中国建设系统企业形象AAA级单位，2003年以来先后被青岛市、省政府评价为AAA级信誉企业；被中国质量信誉监督管理协会评为“重质量、守信誉先进单位”、“质量、信誉、服务AAA级会员单位”；又被中国工程建设协会评为“质量安全管理先进单位”。1972年2月至1976年1月在胶县龙山公社建筑队任技术员，1976年2月至1984年12月在胶县龙山公社建筑社任主管技术员，1985年1月至1990年12月夼集乡建筑公司任技术负责人、副经理，1991年1月至1998年12月在胶州九龙建安公司任总经理\高级工程师，1999—2001年任青岛九龙建设工程有限公司董事长总经理，2001—2005年7月任青岛九龙建设集团有限公司、青岛九龙山置业有限公司董事长，2005年7月至今任青岛九龙建设集团有限公司、青岛九龙山置业有限公司董事长。青岛九龙建设集团有限公司成立于1972年2月，历经30多年的创业，现发展成为具有管理和技术力量雄厚的房屋建筑施工总承包资质一级、装修装饰、机电设备安装、起重设备安装、桥梁工程施工专业承包资质二级，防腐保温工程施工专业承包资质三级的建筑企业。1992年荣获国家体改委乡镇企业库优秀企业家称号，1993年被评为胶州市、青岛市劳动模范，当选青岛市第十一届、十二届、十三届、十四届人大代表。

N

倪旭东，男，汉族，1964年出生，中共党员，工程师。现任上海地铁东方置业发展有限公司总经理。他提出“盘活资产、创新经营、夯实管理、打造品牌”的经营方针，来进一步扩大“地铁置业”品牌知名度。上海地铁东方置业发展有限公司顺应上海轨道交通大发展趋势，按照“整体优化、专业发展、规模经营”原则建立起来的以物业管理为主体的现代化企业。公司运用现代管理科技和先进的维修养护技术，依靠管理水平高、技术精良在日夕变幻的市场竞争大潮中获得了良好声誉。1991年、1992年分获上海铁路局银质、金质奖章；1995年获市政局优秀党员、地铁总公司先进生产者；1997年当选上海地铁“十佳职工”。2005年置业公司获得物业管理一级资质。2006年置业公司荣获2006年度上海轨道交通综合治理合格单位。

P

普武德，男，出生于1956年8月15日，甘肃省张掖市人，汉族，大专学历，中共党员，高级工程师、中华人民共和国二级注册建造师。1978年7月参加工作，先后任张掖市建筑工程总公司项目经理、副总经理。现任张掖市第二建筑工程有限责任公司董事长。在现代企业经营管理方面具有很强的开拓精神和创新能力，自1996年担任张掖市第二建筑工程有限责任公司总经理以来，在他的带领下，经过几年的发展，张掖二建已形成了以建筑施工、工业生产、房地产开发等为支柱，成为拥有总资产2.2亿元，年销售额逾1.5亿元的大型集团企业。他始终把提高产品质量和服务质量作为工作核心，坚持内强素质，外树形象，科技兴业，多元发展，资本驱动，规模经营的企业发展战略，提出“项目部建设”、“企业文化建设”、“绩效考核”等对企业具有长远影响的企业经营思想。几年来，在他的带领下张掖二建先后完成了工业与民用建筑工程200多项、成立了张掖市恒泰房地产开发有限公司、投产了甘肃省张掖市甘州区靖安联营砖厂建材有限公司及张掖市华辰建材市场。使工业和多元化经济得到快速发展，在做好建筑业自身发展的同时，普武德热心于社会公益事业，获得社会各界的高度赞誉。几年来，他先后荣获“甘肃省优秀施工企业家”、“省优秀项目经理”、“市优秀企业经营者”、“文明市民”等多项荣誉称号。

Q

钱永祥，男，汉族，工学硕士、工商管理硕士。江苏宁沪高速公路股份有限公司总经理。1987—1992年于东南大学任教，1992年起加入本公司，曾任计划科科长、投资证券部副经理、经理等职。长期从事交通领域的战略研究、公司投资分析与管理、项目建设与运营管理等工作。江苏宁沪高速公路股份有限公司（“本公司”）于1992年8月1日在中华人民共和国（“中国”）注册成立。本公司主要从事沪宁高速公路江苏段（“沪宁高速公路”），312国道江苏段（“宁沪二级公路”）、南京至连云港一级公路南京段（“宁连公路”）及其他江苏省境内公路的建设及经营管理，并发展公路沿线的客运和其他辅助服务。

秦国政，男，湖南省建工集团总公司华越集团总经理。参加工作近二十几年以来，先后在施工技术管理、施工项目管理、施工企业管理岗位工作。在第138期《施工技术》上发表了论文《无粘结预应力屋面大梁张拉效应力反拱值的变化初探》，该篇论文同时被湖南省土木建筑学会评为1992年度一等优秀论文；论文《地下室大体积砼裂缝预防》被湖南省土木建筑学会评为1996年度二等优秀论文；论文《无粘结预应力屋面大梁张拉工艺的改进》，该篇论文同时被湖南省土木建筑学会评为1997年度一等优秀论文。他担任湖南省建筑工程集团总公司二十五局局长以来，高度重视工程质量和安全生产，所负责管理的工程项目未发生质量安全事故，工程质量一次交验合格率为100%，优良品率为100%。其中湖南出版科技园2#、3#楼获2002年长沙市优良工程；湖南出版科技园康乐中心、室内游泳馆工程获2003年长沙市优良工程，2003年度省优质工程，2002年、2003年省安全文明工地；湖南出版科技园500 t水池及附属工程获2003年长沙市优良工程。曾荣获长沙市建筑工程管理局、长沙市建筑业协会颁发的“一九九七年建筑企业优秀经理”光荣称号，荣获共青团湖南省委、湖南省青年企业家协会颁发的“湖南省第六届优秀青年企业经营者”光荣称号。

秦尚玉，男，汉族，祖籍山东德州，北京曼科斯托空调科技发展有限公司总经理，2003年成立北京曼科斯托空调科技发展有限公司，现任公司总经理。2008年，曼科斯托取得了年创收8170万的傲人业绩。中华人民共和国最高人民检察院、国家质检总局、北京西环广场等知名项目更是成为曼科斯托笑傲行业的经典工程。奥运会期间，北京曼科斯托空调设备科技发展有限公司承揽了国家体育馆（鸟巢）、奥运媒体村等大量奥运工程，为民族奥运会的盛大举办做出了杰出的贡献。北京曼科斯托空调设备科技发展有限公司也因此被授予“奥运工程优秀服务商”。在行业率先通过了ISO9001国际质量体系认证，建立起科学的管理体系和控制体系，形成了独具特色，高效，现代化的服务管理体系，为达到顾客完全满意提供了有力的管理保障。曼科斯托在市场竞争中一直秉承“诚实守信，一诺千金”的经营理念，通过不懈的努力持续改进，在行业中率先获得了AAA资信认证等社会认可，并与国内众多行业用户建立了长久的合作关系。

卿兴旺，男，汉族，重庆市，重庆盈田置业发展有限公司、重庆兴隆房地产开发有限公司董事长。1988年毕业于重庆邮电学院，1997年进入房地产界。卿兴旺目前拥有2 800亩工业地产，是重庆最大的工业地产商。曾在学校、原江北县教委工作，1997年进入房地产界。现任重庆盈田置业发展有限公司董事长重庆盈田置业发展有限公司，成立于2006年7月6日，是由有着十六年房地产开发历史，120多万M2开发经历的重庆时代建设集团·兴隆房地产开发有限公司抽调精干队伍组建而成，是重庆第一家，也是最大的一家从事工业地产开发的房地产开发企业。公司注册资本2 000万元，二级开发资质，现有员工156人，其中管理人员89人，中高级以上技术职称31人，拥有专业的工业地产专业工程师23人，专业的招商团队26人，公司已获得ISO9001质量管理体系认证。

裘宝华，男，汉族，中共党员，浙江中成建工集团有限公司总经理。担任“上海市建设施工行业专家委员会专家”、“浙江省建筑业企业家协会副会长”、“上海市浙江商会第六届理事会常务理事”等社会职务；曾荣获“全国优秀施工企业家”、“绍兴市劳动模范”、“绍兴市经济发展功臣”、“绍兴市经济发展专业人才”等荣誉称号。1995年至今，任浙江中成建工集团有限公司总经理。创出国优工程26项，其中“鲁班奖”7项，创出“钱江杯”、“白玉兰杯”等省优工程380余项，在超高层、大体量建筑施工过程中，15项科技成果通过省部级鉴定，其中一项获得中国科学技术创新成果一等奖，一项获得上海市科技进步二等奖；有15项施工技术被审定为“国家专利”，4项发明专利；10项施工工法被审定为“国家级”和“省级”工法；“全逆作法”和“直径210米钢筋混凝土圆环桁架支撑”、“流体建筑”等施工技术创造了亚洲之最。已连续八年获得“全国用户满意企业”、连续四届获得“全国先进建筑施工企业”、“全国全面质量管理优秀企业（金屋奖）”、“全国最佳经济效益企业”、“全国十五技术创新先进企业”、“全国科技创新优秀企业”、“全国首批建筑业诚信企业”、“全国施工技术管理与创新优胜企业”、“全国施工企业设备管理优秀企业”、“全国优秀施工企业”、“全国用户满意安装企业”等数十项荣誉称号。

R

饶东平，男，汉族，广西人。1993年8月加入中国共产党。大学学历，高级工程师。广西五洲交通股份有限公司总裁。曾任广西壮族自治区公路管理局机械施工处副主任，广西壮族自治区公路桥梁工程总公司机械施工处副处长、处长，广西壮族自治区公路桥梁工程总公司第三工程处处长，广西壮族自治区公路桥梁工程总公司副总经理、广西远航公路桥梁工程有限公司董事长兼总经理。现任广西五洲交通股份有限公司第五届董事会董事长、兼任本公司控股子公司岑罗高速公路有限责任公司董事长、广西坛百高速公路有限责任公司副董事长。公司经广西壮族自治区经济体制改革委员会桂体改股字〔1992〕27号文批准，于1992年12月31日采用定向募集方式设立。经中国证券监督管理委员会证监发行字〔2000〕158号文批准发行股票。本公司股票于2000年12月1日在上海证券交易所上网定价发行人民币普通股8 000万股，并于2000年12月21日在上海证券交易所挂牌交易。

任卫红，女，汉族，籍贯山西省，太原中和房地产开发有限公司总经理，在经营管理中，非常重视管理创新，建立健全了符合市场经济要求的现代企业选人、用人和新型薪酬分配新机制，同时践行以人为本的管理理念，通过学习培训，优化素质，打造学习型团队，为企业发展提供了充足的人才保障。荣获第十八届“山西省杰出青年企业家”。现任太原中和房地产开发有限公司总经理。太原中和房地产开发有限公司，创建于1983年，系建设部批准的全国首批房地产一级资质企业；山西省成立最早，开发规模最大，技术力量雄厚，管理水平先进，经济实力强劲，社会声誉卓著的房地产综合开发企业之一；2005年12月改制更名为太原中和房地产开发有限公司，是太原市城建系统首家实现国有企业改制的股份制企业。

S

邵特跃，男，汉族，1959年9月出生，靖江市第十二届人大代表。现任江苏广宇建设有限公司董事长总经理。泰州市建筑业优秀企业家；江苏省建筑业优秀企业经理；江苏省建筑管理先进个人。1976年2月至1984年10月，靖江县物资局副经理；1984年11月至1996年11月，江苏海洋总公司党委副书记；1996年12月至2002年2月，靖江市长守乡；2000年3月至2001年9月，靖江市建筑安装工程总公司总经理；2001年9月至2003年6月，南京河海大学；2001年至今，江苏广宇建设有限公司董事长总经理。公司始终奉行“诚信为本，质量第一”的宗旨。近年来，先继承接了上海308基地文娱大厦、百汇公寓、浦东大酒店、北京海军司令综合楼、中央党校综合楼、北京日报社印刷厂、广东建银大厦、港澳广场、南京高教公寓、四川乐山名城大桥、景德镇陶瓷学院教学大楼、航天部602直升机科研大楼、江西瓷都大桥和江阴长江大桥大型沉井工程等一批超高层、大体量建筑、大跨度厂房和高标准市政路桥工程，工程质量荣获中国建筑工程最高荣誉奖鲁班奖，创上海市“白玉兰杯”、江苏省“扬子杯”、江西省优样板等省、市优工程近50项，拥有自主知识产权的高原潜水技术荣获部级科技进步一等奖，公司是建设部文明建设先进单位，全国建筑企业质量管理金屋奖企业。

沈长全，男，汉族，籍贯江苏省，经济师。江苏宁沪高速公路股份有限公司董事长。沈先生自1981年起曾任吴县县长、县委书记；自1992年起担任苏州市副市长，长期主管苏州市的城市与交通建设，并在1992—1997年期间主持苏州高新技术开发区开发建设，具有丰富的工程与管理经验；2001年1月任江苏交通控股有限公司董事长。江苏宁沪高速公路股份有限公司于1992年8月1日在中华人民共和国（“中国”）注册成立。本公司主要从事沪宁高速公路江苏段（“沪宁高速公路”），312国道江苏段（“宁沪二级公路”）、南京至连云港一级公路南京段（“宁连公路”）及其他江苏省境内公路的建设及经营管理，并发展公路沿线的客运和其他辅助服务。

沈德法，男，汉族，浙江省，中共党员，高级经济师。现任浙江省建工集团总经理、党委委员。浙江省建工集团有限责任公司是集工业与民用多元经营为一体的国家大型股份制集团企业，是浙江省建筑施工企业中规模、装备、资金最具实力的骨干企业之一。集团注册资本3.2亿元，净资产5.97亿元，拥有全国首批国家房屋建筑工程施工总承包特级资质，市政公用工程施工总承包一级、建筑装修装饰工程专业承包一级、钢结构工程专业承包一级、高耸建筑物工程专业承包一级、建筑幕墙工程专业承包一级、起重设备安装工程专业承包二级资质。企业资信等级为AAA级。曾获得浙江省衢州市十大杰出青年；浙江省建设投资集团优秀共产党员；浙江省建工集团劳动模范；浙江省建工集团优秀共产党员等荣誉称号。

石世平，男，汉族，1957年12月生人，籍贯内蒙古，现任内蒙古世辰建工集团有限责任公司党总支书记、总经理。内蒙古世辰建工（集团）有限责任公司，是国家二级建筑安装施工企业。是在原包头市第一住宅建筑工程公司的基础上，为提高企业竞争实力，适应市场机制，于2001年3月改制组建的集团企业。转制后的世辰建工，业务范围涉及工业与民用建筑、房地产开发、租赁、器件加工、家具、预拌混凝土搅拌站等多个领域，具有年开发建筑40万平方米，建安产值超亿元的能力。公司现有总资产8 000多万元，有各类专业技术人才150多名。其中具有中、高级职称的82名，初级职称的68名，公司下设世辰建工预拌混凝土有限责任公司、世宇房地产开发公司、世鑫工贸公司、世峰经贸公司、世纪技术公司、预制构件公司、炬星家具公司及综合办公处、生产经营处、质检处、技术安全处、材料设备处、财务处等处室和六个分公司、32个项目部。拥有塔机、混凝土搅拌机械设备100多台/套。已发展成为组织机构健全，技术力量雄厚、施工机具先进、质保体系完备的现代化施工企业。先后获包头市优秀共产党员，优秀企业家，优秀项目经理等荣誉称号。

史国权，男，1973年10月出生，甘肃山丹人，汉族，大学文化，1992年12月参加工作，先后在张掖市水电工程局、张掖地区工程质量监督站、张掖市建筑管理站工作，2006—2010年任质量监督站副站长，现任市建筑管理站站长。在工作中能一贯坚持从实际出发，从群众的利益出发，实事求是，工作思路清晰，方法灵活，依法办事、依法行政能力强，近年来，他所监督负责的张掖市国家税务局办公楼、张掖市鸿基公司6号楼、张掖供电公司县府街商住楼等工程被省建设厅评为“飞天奖”优质工程，北辰丽家5号住宅楼、河西学院美术教学楼、张掖市新建街东沙湾危旧房改造楼、张掖市鸿基房地产公司9号住宅楼工程被市建设局评为“金张掖奖”优质工程。2008年被授予建设系统“优秀共产党员”荣誉称号，2010年被授予“优秀党务工作者”荣誉称号。2007年、2009年、2010年度市建设系统年度先进工作者，2008年还被省建设厅授予抗震救灾和灾后重建工作先进个人荣誉称号。

史明辉，男，汉族，出生于1947年，共产党员，湖北省。文化程度大专，高级工程师。孝昌双龙建筑工程有限公司，该公司前身为孝昌县第八建筑工程公司，创建于1984年3月，系房屋建筑工程施工总承包二级施工企业，注册资金2 180万元，公司在册职工1 180人，有职称各类专业技术人员158人，二级建造师12人，建造员12人，各工种技术工人持证上岗率100%，公司辖设1个劳务公司，2个预制构件厂，3个办事处，拥有大中型机械设备596台（套），同时具有相应的质量检测设备和完善的检测手段。2000年2月被孝感市建设委员会评为1999年度孝感市优秀建筑企业家，2001年2月被孝感市建设委员会评为2000年度孝感市优秀企业家，2001年7月被湖北省建筑业联合会评为2000年度全省优秀建筑业企业经理，2002年12月被孝感市建筑业协会评为2002年度孝感市优秀建筑业企业经理，2007年12月被孝昌县建筑行业协会聘为孝昌县建筑行业协会第一届理事会副会长大事记，1984年3月1日孝昌双龙建筑工程有限公司，前身为孝昌县第八建筑工程公司创建。2008年1月1日孝昌中心广场2＃楼被评为2008年度孝感市建筑工程“孝天杯”奖（孝感市安全文明施工现场）。

史铁桥，男，1962年10月1日生人，研究员级高级工程师，中共党员，汉族，1983年8月于东北林学院道路桥梁专业毕业，大学学历。龙建路桥股份有限公司总裁。自1983年7月参加工作以来，历任黑龙江省路桥公司一处技术员、助理工程师；黑龙江省路桥公司一处测量队负责人；黑龙江省路桥公司一处主任工程师、副队长；黑龙江省路桥公司一处工程队长、主任工程师；黑龙江省路桥公司一处副处长；黑龙江省路桥建设集团总公司工程技术部主任；黑龙江省路桥建设集团第五工程公司董事长兼总经理；龙建路桥股份有限公司五处处长。2003年1月26日任龙建路桥股份有限公司副总经理。

宋小刚，男，汉族，中共党员，经济师，大学本科学历。新疆区新疆汇通（集团）股份有限公司董事长。曾任中国建设银行新疆分行人事处科长、委贷处副处长、巴州分行副行长，新疆分行行长办公室主任；海南航空股份有限公司新疆分公司总经理，北京海航置业副总裁。现任新疆汇通（集团）股份有限公司董事长。新疆汇通（集团）股份有限公司（以下简称“公司”或“本公司”）是于1993年经新疆维吾尔自治区股份制企业试点联审小组批准（新体〔1993年〕089号），以定向募集方式设立的股份有限公司；公司注册地位于新疆维吾尔自治区乌鲁木齐市黄河路22号，法定代表人郭运斌。公司设立时股本总额为2 886.30万元。

宋兆峰，男，1964年9月生人，汉族，浙江省。中央党校经济管理本科毕业。1984年开始从政，曾任乡会计辅导员，团委书记，工办主任，副镇长等职。1995年调任鄞州中心区管委会，任管委会委员、招商处长。1997年分管市政公用管理处，任处长，并兼园林处负责人，由此决定了他从事营造绿色产业的职业生涯。公司注册资金2 000万，成立于2001年（名称为宁波市鄞州园林绿化工程有限公司），前身为鄞州中心区管委会下属的一家直属国有企业，2003年5月划归鄞州区城市管理局管理，2004年9月改制。旗下有宁波市蓝海绿地养护公司有限公司、鄞州园林工程公司、宁波市蓝翔苗木科技有限公司、宁波姚江花博园有限公司、宁波蓝特景观设计有限公司、宁波中腾投资发展有限公司等多家产业公司。2008年，公司进入宁波市服务百强企业行列，晋升为国家级园林施工一级资质企业，被评为鄞州区第一批和谐发展企业，连续两年被评为宁波市园林绿化先进企业、区级文明单位。

苏锁成，男，1956年生人，汉族，高级工程师，山西省煤炭建设监理有限公司总经理。在监理公司八年的创业过程中，勇于开拓，锐意创新，使公司由刚开始38人12个项目发展到现在1 225人360个监理项目，年产值由原来260万元提升到现在5 182万元。2007年以来监理公司连续在全国煤炭监理企业综合实力排名第一。先后在霍州矿务局辛置煤矿、山西省煤炭工业厅生产处工作，曾任阳泉矿务局四矿基建副矿长、山西省煤炭建设机械施工公司总经理，于2002年8月起任山西省煤炭建设监理有限公司总经理。山西省煤炭建设监理有限公司是山西省煤炭工业厅直属国有监理企业，成立于1996年4月。具有建设部颁发的矿山工程甲级、房屋建筑工程甲级、机电安装工程乙级、市政公用工程乙级的监理资质；具有煤炭行业颁发的矿山建设、房屋建筑、市政及公路、地质勘探、铁路工程，设备制造及安装工程的甲级监理资质。是中国建设监理协会、中国设备监理协会、山西省煤炭工业协会、中国煤炭建设协会、山西省建设监理协会的会员单位，为山西建筑理事会理事单位。连续被山西省煤炭厅、基建局评为先进领导干部、优秀共产党员；被中国国际人才开发中心、中国国际职业经理人协会授予“高级国际职业经理人”的荣誉称号。

孙长征，男，汉族，1967年生人，沈阳建筑大学建筑设计院，教授级高级工程师，沈阳建筑大学硕士研究生导师。1999年首批考试通过国家一级注册结构工程师；首批考试通过香港互认一级注册结构工程师；入选辽宁省土木工程学会百人层次会员。现任中国勘察设计协会建筑协会第六届理事会理事；中国建筑协会东北协作委员会理事；辽宁省土木建筑学会第五次会议常务理事；工程抗震与加固改造理事会常务理事；辽宁省土木建筑学会建筑结构专业委员会委员。1982年7月至1990年3月在沈阳建筑工程学院土木系任教；1990年3月至今在沈阳建筑大学建筑设计研究院任院长；2001年任辽宁省土木建筑学会常务理事；2005年任中国勘察设计协会建筑协会理事。沈阳建筑大学建筑设计研究院成立于1979年，是国家建设部批准的甲级设计单位，并于1999年成为国家建设部公布的全国第一批换发建筑工程设计甲级资质证书的76家设计单位之一。代表辽宁省参加“中国”99昆明世界园艺博览会”的建筑作品《室外庭园设计—辽园》获中国’99昆明世界园艺博览会组织委员会颁发的金奖；2002年，在全国范围内进行的《大庆铁人纪念馆》工程设计招标过程中，沈阳建筑大学建筑设计院在全国九家甲级设计院竞标中一举中标。

孙富钢，男，汉族，中专学历，高级政工师。现任中建一局集团公司总经理助理兼社会服务事业部总经理、中建一局机施公司总经理。曾获北京市爱国立功标兵、首都劳动奖章、中建总公司劳动模范、中建一局集团经济技术创新十佳标兵等荣誉称号。1978 年加入中建集团，历任中建一局三公司三处支部书记、机运处总支书记、青岛分公司支部书记、中建一局生活服务公司副经理、社会部副经理兼老干部部长、社会服务事业部总经理兼保卫部经理、中建一局机施公司总经理等职位。2007 年 3 月至今任中建一局集团公司总经理助理兼社会服务事业部总经理、中建一局机施公司总经理。先后荣获“北京市爱国立功标兵”、“首都劳动奖章”、“中建总公司劳动模范”、“中建一局集团经济技术创新十佳标兵”等荣誉称号。

孙海疆，男，汉族，籍贯北京市，2000 年入党，现任燕华建筑安装工程公司党委书记、董事长。曾获第十届北京优秀青年工程师称号，1987 年清华大学毕业后到燕化建安公司工作，2005 年公司整体改制分流后任公司党委书记、董事长兼总经理。上任以后，他注意听取和思考各方面的意见，与班子成员及时交流和沟通，真正做到了严于律己、宽以待人，在他的带领下形成了一个团结一心、群策群力的战斗集体。公司改制五年来，取得了很大的成绩。2009 年被评为“燕山地区纳税突出贡献企业”、“纳税信用 A 级企业”，并通过了北京市“高新技术企业”的评审。多年以来，孙海疆同志始终以维护企业和广大职工的利益为出发点，不为个人私利所迷惑，受到群众的一致好评。现任燕华建筑安装工程公司党委书记、董事长。1987 年清华大学毕业后到燕化建安公司工作，2005 年公司整体改制分流后任公司党委书记、董事长兼总经理。北京燕化建筑安装工程公司是以石油化工工程建设为主，兼营化工设备设计、制造及装置检维修的国家化工石油工程施工总承包一级资质施工企业，前身是始建于五十年代初的石油部第二安装公司。

孙吉龙，男，福建人，汉族，中共党员，现任厦门市建安集团有限公司董事长。被评为厦门市质量管理先进个人；荣获“厦门市优秀经营管理者”荣誉称号。文隆化建有限公司董事长、总经理、党支部书记。现任厦门市建安集团有限公司董事长。厦门市建安集团有限公司创立于 1974 年，20 世纪 90 年代中期，由集体所有制成功转换为民营企业，建立了产权清晰、权责明确、管理科学的现代企业制度。多次被福建省及吕梁地区评为“重合同、守信用”单位；多次被福建省及吕梁地区评为建筑施工企业先进单位及安全管理先进单位。厦门思总建设有限公司成立于 1992 年 6 月，原系区属集体所有制建筑施工企业，前身为厦门市思明区建筑工程总公司，2005 年 6 月公司改制为有限责任公司，注册资金 7 000 万元。房屋建筑工程施工总承包二级、房屋建筑工程二级、建筑装修装饰工程二级、地基与基础工程二级、金属门窗工程三级、机电设备安装工程二级。

孙浦华，男，1955 年生人，汉族，山东人，中共党员，大学学历，教授级高级政工师，现任胜利油田胜利工程建设（集团）有限责任公司董事长、党委书记。1983 年 8 月至 1992 年 11 月任胜利油田钻井三公司办公室副主任 1992 年 11 月至 1995 年 6 月任胜利油田钻井总公司工会副主席 1995 年 6 月至 1997 年 5 月任胜利油田钻井四公司党委常委、工会主席 1997 年 5 月至 1998 年 1 月任胜利油田钻井集团二公司党委常委、工会主席 1998 年 1 月至 2006 年 5 月任胜利油田黄河钻井总公司党委常委、工会主席 2006 年 5 月至 2008 年 6 月任胜利油田井下作业三公司党委书记 2008 年 6 月至今任胜利油田胜利工程建设（集团）有限责任公司董事长、党委书记供职机构。公司先后荣获山东省质量管理奖、中国 500 家最大规模和最佳经济效益企业、中国建筑施工企业一百强、全国优秀施工企业、“八五”全国建设管理先进单位、全国“守合同、重信用”企业、全国思想政治工作先进单位、全国工程建设质量管理先进单位、中国公路建设行业优秀施工企业、全国优秀水利施工企业银行信用 AAA 级企业、税务管理 AAA 级企业、国际声誉质量奖等荣誉称号。1995 年通过了 ISO9002 质量体系认证。2003 年通过了质量、职业安全健康、环境三体系整合认证。

孙玉民，男，1956 年 10 月 27 日出生，汉族，在职研究生学历，全国工程建设高级职业经理人，高级经济师，高级政工师。现为中国水利水电第十一工程局局长。1993 年 11 月进入班子以来，长期担任局领导职务，具有过硬的政治素质、优良的思想作风、较高的领导艺术和驾驭市场、运筹帷幄、谋划全局的能力。企业是全国质量效益型先进施工企业、全国优秀水利企业、河南省优秀施工企业、河南省建筑安全先进企业、河南省质量管理先进企业、河南省设备管理优秀单位、河南省建筑施工综合实力 50 强、第六届全国设备管理优秀单位，创造三项全国企业新纪录（其中湖北招徕河水库大坝升高技术荣获“全国十大创新项目”荣誉）。集团公司“双文明单位”、河南省省级文明单位、全国企业文化建设工作先进单位。中国水利水电第十一工程局，是 1955 年 12 月为了兴建“万里黄河第一坝”—黄河三门峡水利枢纽工程而成立的，其总部设在河南省三门峡市，是水利水电施工总承包特级企业，通过了质量、环境、职业健康安全管理体系认证。水电十一局历来注重科技自主创新工作，近年来在淮河入海水道淮安枢纽立交地涵 10 万方混凝土浇筑无裂缝、自行研制开发生产的 NE-II 型环氧砂浆、湖北招徕河双曲拱坝碾压混凝土快速升高技术等方面创造了全国企业新纪录，尤其是招徕河碾压混凝土快速升高技术创造了第十批中国企业新纪录，并与“神舟六号飞船成功发射并安全返回”并列荣获“十大重大创新项目”。同时，深井降排水技术和混凝土防裂技术获得水利部大禹科技进步奖等。

T

谭建辉，男，汉族，贵州省，谭建辉现任贵阳市路桥工程有限公司总经理，历任市政公司副经理、原民建处经理。重庆建筑学院工民建本科毕业，原任贵阳市南明区金属材料公司经理，1998 年调任贵阳市市政工程公司历任该公司第八处处长，2001 年 7 月，升任贵阳市市政工程公司副总经理，2002 年 4 月 2 日，谭建辉同志经贵阳市建设投资控股有限公司任命为贵阳市民用建筑工程处经理，现任贵阳市路桥工程有限公司总经理。贵阳市路桥工程有限公司，是具有政公用工程总承包二级、房屋建筑工程总承包二级、建筑装修装饰工程专业承包三级、土石方工程专业承包三级、体育场地设施工程专业承包三级资质的施工单位。

汤明，男，汉族，籍贯贵州省，现任中国水电建设集团基础设施事业部常务副总经理、路桥工程有限公司总经理。经济学博士。2009 年被中国电力企业联合会评为“2009 年度全国电力行业优秀企业家”现任中国水电建设集团基础设施事业部常务副总经理、路桥工程有限公司总经理，并任同济大学土木建筑学院、北京交通大学交通运输学院、经济管理学院兼职教授，国家发展与改革委员会基础产业研究中心研究员，中国铁道学会理事。公司具有公路工程施工总承包特级资质和隧道工程、桥梁工程施工专业承包一级资质，获得“质量、环境、职业健康安全”管理体系认证，AAA 级信用企业。中国水电建设集团路桥工程有限公司是中国水利水电建设集团公司为了实施战略转型，整合全集团非水利水电业务优势资源，按照现代企业制度组建运营的新型公司制企业。成立于 2006 年 4 月，公司主要从事公路、铁路、市政、港口与航道、矿业和房建等工程的施工与基础设施项目的投资建设。

唐保良，男，1961 年生人，汉族，湖南省，株洲久建工程有限责任公司董事长武汉理工大学，现在任湖南株洲久建工程有限责任公司董事长、法人代表。仙井乡派出所监督员；株洲县地方税务局特邀检察员；株洲县第九、十届人民代表；株洲县第七届党代表，1979 年 9 月至 1985 年 2 月参加工作鸿仙建筑公司；1985 年 3 月至 1989 年 2 月任鸿仙建筑公司栋号长；1989 年 3 月至 1993 年 4 月任鸿仙建筑公司预结算员；1993 年 5 月至 1999 年 5 月任株洲县第九建筑工程公司副经理主管工程质量；1999 年 6 月至 1999 年 12 月任株洲县第九建筑工程公司常务经理；2000 年 3 月至 2003 年 12 月任株洲县第九建筑工程公司经理（法人代表）；2004 年 1 月至现在任湖南株洲久建工程有限责任公司董事长、法人代表。公司多次获得县级荣誉，“双文明建设先进单位”、“优强企业”、“纳税先进单位”等荣誉称号，并获得市建“先进单位”、“重合同守信用单位”、省级“重合同守信用单位”、“AAA 信用”单位、“诚信企业”等。湖南省第三届乡镇企业家”、“湖南省优秀专业技术人员”、“株洲市 2004 年度双文明建设先进生产者”、“株洲市 2000 年度文明公民”、“株洲市 2000 年度乡镇优秀厂长（经理）”、“株洲市建安企业管理先进个人”等，并多次获“代表活动积极分子”荣誉称号。

唐秀西，男，汉族，中国共产党党员，经济师，现任重庆西江建设（集团）有限公司董事长。先后担任过奉节县建筑总公司经理、二轻局局长。退休后，组建重庆西江建设（集团）有限公司，现任重庆西江建设（集团）有限公司董事长。公司被各级党政及部门评为“市级诚信民营企业”、“市级先进建筑企业”、“市级重合同守信用企业”和“优秀私营企业”、“私营企业十强”、“希望之星”、“诚信纳税户”、“先进党支部”、“非公有制经济十佳企业”。重庆西江建设（集团）有限公司成立于 1997 年，公司经过 6 年的发展，实现产值 1.80 亿元，利税 600 多万元，职工年平均收入 2.9 万元，发展成为今天拥有资产 5 000 多万元、职工 800 余人和 4 个控股公司，成为西江集团的核心公司。先后被各级党政及部门评为“市级诚信民营企业”、“市级先进建筑企业”、“市级重合同守信用企业”和“优秀私营企业”、“私营企业十强”、“希望之星”、“诚信纳税户”、“先进党支部”、“非公有制经济十佳企业”。曾先后获得：奉节县委县府“先进工作者、企业贴心人、安全生产先进个人、优秀党务工作者、奉节县第十届人大代表（主席团成员）、奉节个私协和建协副会长、奉节工商联合会副会长、奉节建筑房地产商会会长、奉节光彩事业协会副会长”；中国建筑业联合会“中国集体建筑企业家”；重庆市建委、建筑业协会评为“先进建筑企业优秀经理”；重庆市精神文明委员会评为“重庆市文明市民”；中华爱国工程联合会授予“爱国企业家”。

唐志成，男，1964 年 10 月生人，中共党员，博士研究生，教授级高级工程师。汉族，四川省中铁二局股份有限公司董事长重庆交通学院历任铁道第二勘测设计院（以下简称“铁二院”）地路处副处长，铁二院公路处副处长、处长，铁二院副总经济师，铁二院交通设计研究院院长，铁二院副院长兼铁二院重庆院党委第一书记，中铁二局集团有限公司党委副书记、副董事长、总经理。现任中铁二局集团有限公司党委副书记、总经理、法定代表人，中铁二局股份有限公司党委副书记、董事长、法定代表人。中铁二局股份有限公司是由中铁二局集团有限公司作为主发起人，联合中铁宝桥股份有限公司、成都铁路局、铁道第二勘察设计院、西南交通大学等四家发起人，共同发起设立的股份有限公司，是中国铁路建设系统第一家上市公司。公司注册资本 9.12 亿元人民币。截至 2007 年 3 月，拥有总资产 120.56 亿元，净资产 36.19 亿元，施工机械设备 2 961 台（套），原值 11.48 亿元，年生产能力超过 180 亿元。公司拥有各类专业技术人员 6 300 人，高中级专业技术人员 2 200 人，高级技师 19 人，技师 129 人。

陶盛发，男，1965 年 12 月生人，汉族，中共党员，大学学历，国家一级项目经理，高级工程师，现为中建三局第三建设工程有限责任公司董事长兼总经理。中建三局第三建设工程有限责任公司是经建设部核准的房屋建筑工程施工总承包一级资质企业，隶属世界 500 强企业“中建集团”的全资子公司。具有房屋建筑施工、电力工程施工、市政公用工程施工总承包和地基与基础、预应力、机电设备安装、消防设施、高耸构筑物工程等专业承包综合施工能力。陶盛发多次荣获公司、中建三局及中建总公司优秀职工、功勋职工、优秀共产党员等荣誉称号，2003 年度被评为武汉市暨湖北省优秀项目经理；三公司先后荣获“全国建筑安全生产先进集体”、“武汉市纳税先进集体”、“第八届全国职工职业道德先进集体”等荣誉称号。2003 年 1 月 1 日公司完成建筑业产值 12.6 亿元，完成合同额

24亿元，实现综合经济效益4 300万元。2009年1月1日公司荣获武汉市年度“守合同重信用”单位荣誉称号。

陶卫中，男，核工业西南建设集团有限公司总经理。他所在的企业始建于1955年，前身为中国人民解放军基建工程兵部队，1984年兵改工，2006年9月由核工业西南建设工程总公司更名成立，为核工业西南建设集团的母公司。公司是国有控股的以经营管理为主的内部股份制企业。经过五十多年的发展，现已成为以从事公路工程、房屋建筑工程、市政公用工程施工为主，集地基与基础工程、建筑装修装饰工程施工、房地产开发、建筑机械制造、矿业开发和三产服务业为一体的国家一级总承包施工企业。已取得中质协质量保证中心的ISO9001质量管理、ISO14001环境管理和GB/T28001职业健康安全管理体系“三位一体”的认证，竣工工程合格率达100%，优良率在85%以上。所建设的东莞市松山湖大道获得“东莞市优质工程奖”，并与杭州市滨江区多层住宅工程一同荣获“中国核工业优质工程奖”殊荣；四川省广汉市金领综合市场工程被评为“全国用户满意工程”。曾多次获得省、市“先进单位”称号；从2002—2006年连续五年被四川省工商行政管理局评为“守合同、重信用企业”；从2003年到2006年均被评为“AAA守法诚信单位”；2006年，被四川省建筑业协会评为“四川省建筑业先进企业”，获得“2005年度、2006年度全国优秀施工企业”称号。

田庆民，男，1953年2月28日出生，汉族，大专学历，土建高级工程师。现任辽宁九龙建设集团有限公司董事长兼总经理。1971年在南票矿务局建筑安装工程处参加工作后，历任技术员，工程师，党委副书记，生产、经营副处长。1987年始担任工程处处长至2006年国企转制重组。2007年企业转制重组后担任集团公司董事长（总经理）至现在。“辽宁九龙建设集团有限公司”前身为国有企业“南票矿务局建筑安装工程处”，组建于南票煤田建局开采初期的1958年。五十年来，企业随着社会进步不断发展壮大，积累了丰富的矿建井项掘进、注浆治水；土建地面厂房、住宅、钢结构安装等施工经验。一直是南票煤田直至辽西北地区独树一帜的土建、矿建专业施工队伍。2006年底因资源枯竭矿务局整体政策性破产后，工程处转制重组成民有民营企业集团。集团公司由建筑安装、房地产开发、集中供热、物业管理、预制构件等子公司组成，具有建筑施工总承包二级资质，矿建工程施工总承包三级资质及房地产开发、集中供热、门窗、预制构件、物业管理等多项专业经营资质。生产经营能力已跨区域跨行业得到了长足进步与发展。

田执祥，男，汉族，山东省，铁十四局集团第三工程有限公司董事长，现任中铁十四局集团第三工程有限公司董事长。于1986年毕业于石家庄铁道学院，先后参加过兖南线、商埠线、余姚特大桥、宝兰铁路二线第11标段等工程的建设。自2005年3月至今，他共承揽任务24.26亿元，连续三年超额完成集团公司年初下达的施工计划。职工收入稳步提高，企业运转步入良性循环。第十七届山东省优秀企业家。中铁十四局集团第三工程有限公司，其前身是铁道部第十四工程局第三工程处，1999年12月企业名称变更为“中铁第十四工程局第三工程处”，2001年11月通过企业改制经国家工商局核准注册而设立。公司现拥有铁路、公路、市政3个总承包一级资质，机场场道、路基、路面、桥梁、隧道5个专业一级资质和房屋建筑、水利水电2个总承包二级资质。1997年顺利通过ISO9002质量体系认证。

屠杰，男，1961年生人，汉族，上海市，上海欧亚建设发展有限公司董事长。中国107位高级工艺美术大师中最年轻的一位。他曾在英国伦敦大学建筑与环境艺术系和美国波士顿塔夫兹大学景观造型艺术系学习深造及工作。自20世纪80年代以来，相继办起了上海欧亚建设发展总公司、房地产开发公司等多家经济实体，并跻身于全国民营企业500强行列。“上海欧亚”为股份有限公司，经十多年时间的发展已具备相当规模。企业从无到有，从小到大，能较迅速地发展，全得益于改革开放、发展经济的政策。集团公司下属企业有上海欧亚建设发展有限公司、上海欧亚建筑安装工程有限公司、上海恒达建筑装饰有限公司、上海欧亚国际服务贸易有限公司、上海欧亚明清雕刻艺术研究所、上海景中景艺术造型有限公司、香港天利达旅游有限公司、奥地利新海岸有限公司等，分设于海内外各处。泰国国王普密蓬·阿杜德和皇后诗丽吉陛下曾亲自接见公司董事局主席屠杰先生，授予他皇家勋章，表彰他和他的企业为泰中文化、经济交流所作出的特殊贡献。美国好莱坞市长授予屠杰荣誉市民称号并赠与城市金钥匙，表彰屠杰对中美民间文化交流所作出的努力。连续评六年为上海市信得过企业。

W

万晓林，男，汉族，四川人，四川建筑职业技术学院毕业，现任四川省建筑机械化工程公司总经理，公司于1996年在省内建筑施工企业中率先通过ISO9001：1994标准质量体系认证，2003年通过GB/T28001—2001标准职业健康安全管理体系、ISO14001：1996标准环境管理体系认证。连续9年荣获市级、省级直至国家级“守合同重信用企业”称号，先后荣获中国AAA级信用企业，全国质量、安全、信誉AAA级优秀企业，中国建筑500强企业，省建筑业先进企业，省质量管理先进企业，省安全生产工作先进单位等荣誉称号。四川省建筑机械化工程公司始建于1953年5月，系四川华西集团全资子公司。主项施工资质为房屋建筑工程施工总承包一级，同时分别具有市政公用工程施工总承包一级；机电安装工程施工总承包二级；钢结构、机场场道、地基与基础、起重设备安装、土石方工程施工五个专业承包一级；爆破与拆除工程专业承包二级；特种工程施工资质，房地产开发三级以及道路货运四级资质。先后荣获华西集团首届“十大杰出青年”、劳动模范，省、市级优秀项目经理，省建筑业企业优秀经理，省首届优秀法人代表，全国建筑系统劳动模范，“中国改革之星”·影响中国（行业）改革优秀人物等荣誉称号。

汪志成，男，中铁四局四公司总经理。1964年10月出生，安徽怀宁人，1985年8月毕业于哈尔滨铁路工程学校铁道工程专业，同期参加工作，2003年12月毕业于合肥工业大学管理工程专业，研究生学历，1985年3月加入中国共产党。现任中铁四局四公司总经理，高级工程师。2007年度“全国优秀施工企业家”，2008年度“合肥十大经济人物”，2008年度“中央企业劳动模范”。中国中铁四局集团有限公司是具有综合施工能力的大型建筑企业，是世界500强企业——中国铁路工程总公司的骨干成员，持有铁路工程总承包特级资质，公路、市政、房建、机电安装工程总承包一级资质，桥梁、公路路基、公路路面、铁路铺轨架梁、铁路电务工程、铁路电气化工程、电信工程、建筑装修装饰、钢结构工程、消防设施工程、起重设备安装工程专业承包一级资质，城市轨道交通工程专业承包资质，环保工程甲级资质，国外承包工程资质和对外经营权，同时涉足建筑勘察设计，新型建筑材料制造，铁路运营服务，施工机械租赁、修理，汽车检测，设备及材料出口等多个领域。先后有15项工程获中国建设工程鲁班奖（国家优质工程）；11项工程获詹天佑土木工程大奖；13项工程被评为全国用户满意建筑工程；5项工程被评为国家“市政金杯示范工程”；12项工程被评为全国优秀焊接工程；8项工程获中国建筑钢结构金奖；9项工程荣获国家优质工程奖；160项工程获省部级优质工程奖；82项成果荣获国家级科技进步奖，92项成果荣获省部级科技进步奖；所编制的工法，有12项被评定为国家级工法，有78项被评定为省部级工法；拥有国家专利25项。

王柏欢，男，汉族，1964年10月出生，中交上航局航道建设有限公司总经理。1984年8月在中交上航局航道建设有限公司（以下简称公司、上航建设公司）参加工作，长期从事技术管理、工程项目管理和企业管理工作，先后任技术员、助理工程师、工程师、高级工程师、高级经济师等专业技术职务，2005年2月取得国家注册一级建造师执业资格，2007年3月取得浙江大学工商管理硕士学位，2007年12月取得高级职业经理资格。1996年10月始，任公司分管生产经营和安全工作副总经理，2000年4月始任公司总经理，2006年10月始任公司执行董事、总经理、党委副书记。担任宁波市企业联合会、宁波市企业家协会、宁波市工业经济联合会第五届理事会副会长，宁波市甬商发展研究会副会长。中交上航局航道建设有限公司成立于1975年（原交通部上海航道局第二航道工程处），隶属于中国交通建设集团有限公司。主要从事国内外港口与航道疏浚工程、海岸与近海工程、筑堤与吹填造地工程、堆场道路和陆域构筑物、水下地基及基础工程、河湖整治与渠化工程、码头、船坞、土石方、水下炸礁清礁、勘察测绘等业务，具有港口与航道工程施工总承包一级和航道工程专业承包一级资质。2008年度全国优秀施工企业家（中国工程建设优秀高级职业经理人），2004—2006年度宁波市劳动模范，宁波市十二、十三届人大代表，2000年度宁波市建委优秀共产党员，国家科技进步二等奖—《先进的疏浚技术与关键装备研发及产业化》项目，中国航海科技（部级）一等奖、中交集团科技进步特等奖—国家“十五”科技攻关项目《耙吸挖泥船计算机辅助疏浚决策系统和高效耐用机具研发及应用》，中国航海科技（部级）三等奖、中交集团科技进步二等奖—《航浚4011轮研制》项目，浙江省科学技术奖二等奖、宁波市科技进步一等奖—《宁波常洪沉管隧道工程技术》项目。

王当强，男，汉族，湖北人，中共党员，高级工程师。武汉建工安装工程有限公司董事长。中国安装协会常务理事，湖北省、武汉市建筑业协会理事，湖北省企业联合会、武汉企业联合会常务理事，曾多次被评为湖北省优秀建筑企业经理，武建集团标兵，系武汉市江岸区第十二届人大代表。1973—1979年，武汉市工业设备安装公司设备队施工员；1979—1987年，武汉市工业设备安装公司二工区设备队副队长；1987—1990年，武汉市工业设备安装公司二工区副主任；1990—1995年，武汉市工业设备安装公司劳动服务公司经理；1995—1999年，武汉建工集团建筑安装工程有限公司副总经理；1999年2月—1999年12月，武汉建工集团建筑安装工程有限公司总经理；1999年12月—2000年12月，武汉建工安装工程有限公司总经理；2000年12月至今武汉建工安装工程有限公司董事长兼总经理。武汉建工安装工程有限公司前身是武汉市工业设备安装公司，成立于1958年，系经建设部审定的机电安装工程总承包一级、消防设施工程专业承包一级和管道工程专业承包一级资质安装企业，注册资本金5 000万元。公司连年被评为湖北省先进建筑业企业，湖北省及武汉市“AAA”企业，湖北省质量管理先进单位。2002年，荣获湖北省人民政府首次授予的守合同重信用企业称号。2003年被国家工商总局评为守合同重信用企业。

王定水，男，汉族，1965年8月20日生人，江西新厦建设集团法定代表人，高级工程师，本科毕业。出生于铅山县一个烈士家庭，2008年享受市政府特殊津贴，新厦建设集团董事长。1986—1987年在傍罗乡企办建筑工程队任队长；1987—1997年在沿海地区创业；1998—2000年担任铅山县华厦建筑工程有限公司董事长；2000—2009年担任江西省新厦建筑工程有限公司董事长；2005—2010年担任江西省定能房地产开发有限公司执行董事；2007—2010年担任新厦财富广场（时代购物）执行董事；2008—2010年上海、杭州、卡丹管理有限公司（连锁店）执行董事；2009年至今担任江西新厦建设集团董事长。江西省“五一”劳动奖章、市劳模、十佳标兵、十佳青年、全国质量万里行评议员、江西省中小企业协会副会长、江西省电视台《第一地产》栏目名誉站长、江西省劳动厅授予安全主任、江西省人事厅高级工程师、江西省建设厅建筑协会理事、江西省、市质量、安全评定专家职称人才库专家、2008年享受市政府特殊津贴、市政协委员。

王贵友，男，汉族，1972年5月生，本科学历，高级工程师，重庆天亿诚建设工程有限公司总经理，2004年，王贵友从涪陵青烟洞水力发电厂离职创业，经过几年的顽强打拼，于 2008 年创立了重庆天亿诚建设工程公司。在两年多时间里，他的公司已累计完成 5 000 多万元营业额，实现税收 240 多万元，成为龙潭镇第一利税大户，对当地经济建设作出了重要贡献。重庆天亿诚建设工程有限公司成立于 2007 年 5 月 31 日，是一家具有房屋建筑施工三级施工能力的建筑企业，拥有各类施工人员和建筑施工机械设备。

王弘，男，上海南环高速公路建设发展有限公司总裁，上海市城市建设工程学校 81 届校友、现任上海茂盛企业发展集团有限公司董事副总裁；上海南环高速公路建设发展有限公司董事总裁上海南环高速公路建设发展有限公司董事总裁，海南环高速公路建设发展有限公司主要承担 A6 新卫高速公路、A7 亭枫高速公路、A30 郊环高速公路南段的投资、融资、建设、运营管理工作，A6、A7、A30（南段）是上海市城市总体规划骨干路网“三环十射”中最外围的一条环线的组成部分及高速公路的连接线，属上海市规划高速公路网的重要组成部分。建成后将对上海市中心城区的交通起到疏散、保护、联系的功能，是维系金山、奉贤、南汇、浦东四个区的主要通道，是连接浦东和江、浙地区的纽带桥梁，对上海的经济快速发展将起到积极的作用。

王厚良，男，安徽桐城人，中煤第三建设（集团）有限责任公司二十九工程处处长，安徽理工大学硕士研究生学历，高级工程师。1988 年 9 月至 1998 年 6 月，任中煤二十九工程处技术员、技术股长、副科长、科长、项目生产技术副经理、经理；1998 年 7 月至 2004 年 8 月任中煤二十九工程处副处长兼新集西风井、刘庄项目经理；2004 年 9 月至今担任中煤二十九工程处处长。在国投新集集团新集一矿的施工中，以科学的管理、先进的技术、过硬的作风创造了闻名全国的“新集速度”；在刘庄煤矿风井井筒施工中连创表土冻结段和基岩段月成井 150.2 米的华东地区月成井最高纪录。结合实际工作经验，撰写多篇论文，其中《炮泥不足易引爆沼气》（《建井技术》1994 年第 4、5 期）；《立井井筒机械化配套快速施工》（《建井技术》1999 年第 4 期）；《大断面巷道快速施工》（《建井技术》2002 年第 5 期）；《反井钻机在井底斜煤仓施工中的应用》（《建井技术》2003 年第 5 期）；《新河煤矿主立井工作面预注浆施工技术》（《建井技术》2003 年第 6 期）；《确保钢丝绳芯胶带硫化接头质量的几点措施》（《煤矿机电》2003 年第 4 期）；《立井井筒揭煤中的震动放炮技术》（《中国矿业》2003 年第 5 期）；《煤矿井下爆破拒爆的主要原因及预防处理措施》（《爆破》2004 年第 1 期）。因工作业绩突出，2002 年被中国煤炭建设协会评为全国煤炭行业优秀项目经理；2006 年获中国工程建设监督管理协会“全国建筑业优秀企业家”称号；2007 年获全国煤炭系统“优秀中青年专家”荣誉称号。

王虎，男，生于 1966 年 8 月，甘肃省高台县人，汉族，党员，大学文化程度，1984 年 2 月参加工作，高级工程师职称，现任高台县艮立建筑安装有限责任公司董事长。王虎同志具有良好的思想政治素质。自 1984 年开始，一直担任甘肃高台恒源建筑安装有限责任公司项目经理兼副总经理，尤其是自 2005 年起任高台县艮立建筑安装有限责任公司总经理以来，仍然坚持担任项目经理，一直坚持战斗和指挥在生产第一线。多年来，先后承担了 35 项工程的施工管理，房屋施工面积 13 万多平方米，签订工程合同额 1 亿 2 000 多万元，所负责承建工程经市、县和业主竣工验收，工程质量一次性交验合格率 100%，优良率达 85%以上，其中所负责的高台县恒瑞花苑 1#、2#楼荣获“金张掖奖”。作为公司负责人的他，多年来获得了很多的荣誉，2007 年被高台县人民政府评为“2006 年度全县发展劳务经济带头人”光荣称号，2008 年荣获“优秀共产党员”、“全市建筑工程质量安全管理年活动先进个人”。公司还被评为“2008 年度安全生产工作先进集体”，“2010 年度纳税先进企业”。

王惠民，男，汉族，大专文化，人大代表，优秀企业家。江苏邗建集团万达市政工程有限公司董事长他领导的企业坚持“守法、诚信、公正、科学”的执业准则，与时俱进、开拓创新，以肩负业主重托、不辱使命为己任，以心存公司厚望、多创荣誉为动力；树立责任重于泰山为信念，竭诚为广大客户提供优质、高效的服务。江苏邗建集团万达市政工程有限公司位于江苏省扬州市维扬区江阳西路，主要经营可承接城市道路及机场跑道工程的施工，邗建集团万达市政工程有限公司荣获 2006 年先进企业称号。邗江大道改造工程，被评为 2007 年扬州市建筑施工文明工地。文汇西路道路、排水二标段工程，被评为 2007 年扬州市建筑施工文明工地。

王家福，男，汉族，辽宁省 1971 年 10 月生，高级工程师，辽宁省区域经济研究会副会长。现任大连天城浩博集团董事长。大连天城浩博集团由单一的建筑工程公司，发展成为建筑企业集团，今天又壮大为集房地产、国际物流、进出口贸易、文化传媒等行业于一身的大型综合性集团公司。集团公司近年来取得了辉煌的骄人成绩，赢得了国家、省、市政府和社会各界的高度赞誉。先后被授予“2006 年中国最具生命力的百强企业”、“中国优秀企业”、“辽宁省质量服务信誉 AAA 企业”、“辽宁省最佳诚信和十佳信誉知名企业”及“大连市质量管理和重合同守信誉”先进单位等十余项荣誉称号。曾获得“中国杰出企业领袖”、“共和国小康建设功勋人物”、“中国优秀企业家”和“辽宁省优秀企业家”等多项荣誉称号，并被选为人大代表，光荣地出席人大会议，也曾受到国家领导人的亲切接见。

王甲辰，男，广东人，汉族，大学本科，高级工程师，现任肇庆粤肇公路有限公司董事长。1995—1997 年参与 325 国道九江大桥北引道扩建工程，1997—2000 年参与广清高速公路新华至银盏段扩建工程，2000 年至今在广东省高速公路发展股份有限公司工作，现任广东省高速公路发展股份有限公司总工程师，兼任中江高速公路有限公司董事、肇庆粤肇公路有限公司董事长。肇庆粤肇公路有限公司成立于1999年1月15日在肇庆黄页工商注册，董事长王甲辰，主要经营投资建设肇庆马房北江公路大桥及沿线服务设施，注册资本1 000万元，公司的办公地址设在古塔中路12号，在职员工50名，主要经营投资建设肇庆马房北江公路大桥及沿线服务设施。

王建中，男，深圳市岩土工程公司设计部设计工程师。深圳市岩土工程公司是经国家建设部批准成立的具有地基与基础工程专业承包一级、工程勘察专业类岩土工程甲级资质和地质灾害治理工程甲级施工、勘察、设计的专业公司。自1988年4月6日成立以来，逐步发展成为地基与基础工程专业承包一级企业，是土木工程范畴的岩土工程咨询、设计、监测、监理、治理和施工的综合技术型专业公司。主持编制市标准《地区建筑深基坑支护技术规范》(SJG05—96)，作为市强制性地方技术标准，同时参编了《地区建筑地基处理技术规范SJG04—96》，参与编审《地区岩土工程的理论与实践》一书（中国建筑工业出版社出版）。书中收录公司员工撰写论文十多篇。与国内著名的岩土工程科研单位及大专院校如中国科学院武汉岩土力学研究所、武汉水利电力大学、同济大学、浙江大学等有密切的合作关系。近年来在动力排水固结法加固淤泥等软土地基、树根桩结合喷锚支护进行基坑软土边坡处理、深厚软土地区基础选型与地基加固等课题的科研和工程实践方面取得了很有价值的成果。2005年、2007年分别通过ISO9000质量管理体系认证、ISO2004环境管理体系认证和OHSAS18000职业健康安全管理体系认证。连年被评为“重合同守信用企业”，被评为“2003年度深圳市建筑施工专业承包类实力排名百强企业第六名”，荣获“2005年度深圳市建筑百强施工企业专业承包类品牌企业铜奖”、荣获“2006年度深圳市建筑施工企业地基与基础、土石方工程组金奖”。

王健，男，汉族，江苏人，现任无锡市路政设计研究院有限公司董事长。是一位懂技术、善经营、会管理、思想超前、善于学习、勇于创新的技术型管理人员，主要从事道路、公共交通、市政管线等专业的设计、技术咨询及管理工作，其发明的高架桥的排水装置获实用新型专利。历任江苏省科技咨询专家，江苏省招投标专家，江苏省高级职称评审委员会专家。1984年9月至2000年2月无锡市政设计院任道路设计主任工程师，2000年3月至2001年2月无锡市市政工程建设管理处副处长，2001年3月至2003年12月无锡市市政工程设计研究院院长，2004年1月至今无锡市政设计研究院有限公司董事长、院长供职机构。无锡市优秀青年科技工作者。主持编制的《江苏省城市道路标准图》，获江苏省工程建设标准设计三等奖；主持设计的“中山路改建工程”获国家建设部优秀设计三等奖；主持设计的无锡市内环快速路获国家建设部优秀勘察设计二等奖、江苏省优秀勘察设计一等奖；主持设计的蠡湖大道工程获江苏省优秀设计二等奖。指导设计的高浪路工程获江苏省优秀设计二等奖。

王景信，男，汉族，本科学历、高级工程师。现任深圳市鹏城建筑集团有限公司董事长兼党委书记。历任深圳市第三建筑工程公司技术员段长、队长；深圳市第三建筑工程有限公司科长、副经理；深圳市鹏城建筑集团有限公司总经理。深圳市鹏城建筑集团有限公司（原深圳市第三建筑工程有限公司），是由国营企业过渡到混合所有制的一级建筑企业。公司拥有总资产6.5亿元，净资产2.1亿元，流动资产5.1亿元。具有房屋建筑施工总承包一级、机电安装工程施工总承包一级、市政公用工程施工总承包一级、地基与基础工程专业承包一级、附着升降脚手架专业承包一级、消防设施工程专业承包二级、水利水电工程施工总承包二级、建筑装修装饰工程专业总承包二级等资质的大型企业。下属独立法人企业4家，10个部室和机电设备、机械、土石方运输、材料机械租赁站、维修、劳务等分公司及若干个项目经理部，职工1 058人，其中：工程技术和经济管理人员223人，高级和中级技术人员85人，中专以上205人。公司还具有房地产开发、物业管理等资格，是目前深圳市施工种类齐全、综合施工能力最强的企业之一。

王俊峰，男，汉族，吉林人，中色第十二冶金建设公司总经理助理，兼任中色十二冶山西建设工程有限公司董事、总经理等职。1984年4月至1989年3月，任十二冶二公司一队工长；1989年4月至1990年5月，任十二冶二公司质量科副科长；1990年6月至2000年10月，任十二冶海南公司工程部经理；2000年11月至2002年5月，任十二冶太原分公司经理；2002年6月至今，任中色第十二冶金建设公司总经理助理，兼任中色十二冶山西建设工程有限公司董事、总经理等职。中色十二冶山西建设工程有限公司是一家拥有2 000万元注册资本金，100余名各种技术、经济管理人员的中型建筑施工企业。系国营大型施工企业中色第十二冶金建设公司控股公司，公司在原中色第十二冶金建设公司太原分公司的基础上，于2002年经改制注册的独立法人有限责任公司。拥有国家批准的房建二级施工资质证书，拥有各型配套的大中型施工设备，各类技术、经济专业管理人员门类齐全。设备精良、技术先进，可承担各种工业与民用建筑工程、市政道路工程、冶金机电设备安装工程、工业管道工程、地基与基础处理工程、建筑装饰装修等工程的施工。年施工生产能力上亿元，自改制成立以来，每年完成施工产值均在5 000万元至8 000万元之间，并呈现逐年上升的趋势。

王力志，男，汉族，辽宁人。现任大连尊王新型建材安装工程有限公司董事长，被评为“国家建材AAA级质量服务信用企业”“中国建筑防水网会员单位”，大连市级“守合同，重信用”单位。入选《大连品牌》，“尊王”被大连电视台“财富99.1”作为“高科环保知名建材推广品牌”多次进行专访报道。入选《大连品牌》大典。连续多年被大连市工商局评为“先进私营企业”。尊王产品通过“国家技术监督12365防伪查询系统”认证。大连尊王新型建材安装工程有限公司坐落在素有“北方明珠”美誉的大连市金州区。通过ISO9001：2000质量管理体系认证

(NO：08908Q0343ROS)。旗下拥有大连金州尊王新型建材厂、尊王防水建材超市，禹王防水建材贸易中心和青岛松岩新型建材安装工程有限公司四大支柱企业。是一家集新型建筑材料研发、生产、销售、施工于一体的高科技企业。

王立东，汉族，1975年出生，毕业于哈尔滨建设职业大学，工业与民用建筑专业，现就读哈尔滨工业大学，企业管理MBA，工程师，高级国际职业经理人。现任黑龙江东辉建筑工程有限公司总经理。2005年作为优秀企业代表参加“第二届中国民营经济高峰会暨中小企业国际合作论坛”；从事施工项目管理多年，连续多年被评为“黑龙江省建设系统优秀建筑企业家”、“哈尔滨建筑施工行业优秀企业家”、“黑龙江省优秀项目负责人”、“黑龙江省优秀项目管理工作者”、省、市“建设系统优秀项目经理”等称号。担任黑龙江省建设工程质量监督管理协会理事和哈尔滨市建设工程质量监督管理协会常务理事等职务，积极为省市建设工程质量监督管理工作献计献策。并于2006年当选为哈尔滨市松北区人大代表，2007年当选中国建设行业大会副理事会长。王立东同志从大学毕业至今一直从事建筑施工，曾在哈尔滨恒达建筑工程有限公司第六分公司工作过，在担任项目经理职务期间先后施工过“哈师大图书馆”，并荣获“国家优质工程”奖、“省龙江杯工程”奖、“沈、长、哈”三市样板工程奖、“省文明样板工地”奖；“哈医大公共卫生学院”，荣获“国家优质工程”银奖(我省仅四家)、“省文明样板工地”奖；黄河小区，荣获“省优质工程”奖、“沈、长、哈”三市样板工程奖、“省文明样板工地”奖；省公安干校教学主楼，荣获“沈、长、哈、大”四市样板工程奖；省中药材大市场，荣获“省文明样板工地”奖等。

王立平，男，汉族，大学本科，高级工程师。现任中国铁路工程总公司总经理。曾任中国铁路工程总公司工程承包部部长，中土尼日利亚铁路项目经理部副总经理。现任中国铁路工程总公司总经理。中国铁路工程总公司（英文缩写CREC）是集勘测设计、建筑安装、工业制造、科技研发、技术咨询、工程监理和外经外贸于一体的多功能、特大型工程建设集团，是国有资产监督管理委员会管理的196家中央企业之一。具有国家建设部批准的铁路工程施工总承包特级资质、公路工程施工总承包一级资质、市政公用工程施工总承包一级资质，以及桥梁工程、隧道工程、公路路基工程专业承包一级资质，还具有外经贸部批准的对外承包工程资质、国外承包工程劳务合作经营许可证和中华人民共和国进出口企业资格证书，并取得了国家质量认证中心颁发的ISO9001质量认证证书及英国皇家UKAS证书，2002年7月被北京市授予高新技术企业。迄今为止，中国铁路工程总公司共获得中国建筑工程鲁班奖63项，国家优质工程奖55项，中国土木工程（詹天佑大奖）23项，铁道部（火车头）优质工程奖342项，其他省部级优质工程奖100余项。获国家级优秀工程勘察设计奖72项，省部级优秀勘察设计奖542项；获国家级科技进步和技术发明奖58项（其中特等奖4项，一等奖8项），省部级科技进步奖437项，有效专利123项，编制国家级工法60项，省部级工法291项。

王麦对，男，汉族，中共党员，河南省新蒲建设集团有限公司董事长。曾任河南长垣县建安总公司任技术员、任施工处长兼主任工程师；新蒲建筑安装有限公司任总经理兼总工程师；1982—1994年在河南长垣县建安总公司任技术员、任施工处长兼主任工程师；1999—2003年在新蒲建筑安装有限公司任总经理兼总工程师；2003年至今，在新蒲建设集团有限公司任副董事长兼总经理。新蒲建设集团有限公司前身是河南省新蒲建筑安装有限公司，成立于1980年，是集工业与民用建筑、防腐保温、土石方工程、园林古建、道路桥梁、室内外装饰、市政工程、防水、加工制作，质量检验测试为一体的国家一级施工企业，1998年完成股份制改造。公司下属十八个分公司，一百二十余个项目经理部。两个综合加工厂，一个室内外装饰公司，一个物理试验室。职工总人数12 000余人，其中高中级经济技术人员534人，注册资金5 780万元，流动资金2 700万元，机械设备总功率145 540千瓦，年产值5.5亿元。

王茂海，男，1953年4月生人，汉族，共产党员。1969年参加工作，1986年加入中国共产党。现任北京住总正通市政工程有限公司董事长、党总支书记。2003年被授予北京市建委系统抗击“非典”先进个人，2004年成为北京市朝阳区第十届政协委员会委员，2004年9月被朝阳区涉外联谊会聘为第五届理事会副会长，2004年北京市工商业联谊会北京市商会会员，朝阳区工商联执行委员。现任北京住总正通市政工程有限公司董事长、党总支书记。北京住总正通市政工程有限公司是具有市政二级工程总承包资质的市政工程施工企业，主要承接市政道路、燃气管线、热力管线、上水管线、雨污水管线等市政配套工程。公司实力雄厚、人才济济。拥有国家一、二级项目经理，高级工程师，高级会计师，工程师等一大批工程技术管理人才。并在市政施工系统率先通过了ISO19001：2000质量管理体系、ISO14001环境管理体系、OHSAS18001职业安全卫生管理体系的认证。其中法华寺小区获北京市优质小区金牌奖，卧龙花园小区获鲁班奖。公司的施工能力和工程质量水平在市政施工业内享有很高的信誉。2003年被授予北京市建委系统抗击“非典”先进个人，2004年成为北京市朝阳区第十届政协委员会委员，2004年9月被朝阳区涉外联谊会聘为第五届理事会副会长，2004年北京市工商业联谊会北京市商会会员，朝阳区工商联执行委员。

王培君，女，汉族，生于1950年，经济师，籍贯上海市，硕士。历任上海万国证券公司副总裁、申银万国证券股份有限公司副总裁、上海隧道工程股份有限公司董事长。现担任上创信德投资管理有限公司董事长。曾荣获上海市及全国三八红旗手、上海市及全国优秀女企业家等光荣称号。1965年，成立上海市隧道工程公司，成为中国最早进行盾构隧道试验和工程应用专业工程建设单位。1965年8月至1970年9月承建我国首条越江隧道——上海打浦路隧道，采用自行研制的 ϕ10.2 m 网格挤压盾构，在黄浦江底掘过 1 322 m，结合工程而开发的盾构隧道、隧道衬砌、连续沉井等四项关键技术获 1978 年全国科学大会奖。1965 年 1 月 1 日上海隧道工程股份有限公司成立。1970 年 9 月 1 日承建我国首条越江隧道——上海打浦路隧道。1978 年 12 月 1 日盾构隧道、隧道衬砌、连续沉井等四项关键技术获 1978 年全国科学大会奖。

王启，男，汉族，中共党员，工程师，二级建造师，陕西武功建筑工程总公司总经理，咸阳市劳动模范，陕西省人大代表，现任陕西武功建筑工程总公司总经理兼党支部书记。多年来，在各级相关部门的大力支持下，通过王启总经理的引导和带动，使陕西武功建筑工程总公司发展为房屋建筑工程施工总承包二级和市政公用工程施工总承包三级资质的综合性施工企业。现任陕西武功建筑工程总公司总经理陕西武功建筑工程总公司创建于 1977 年，以工业与民用建筑、市政公用设施工程为主营业务，水电、机电设备安装、桥隧、地基普探、装饰装修、抗震加固工程为兼营业务，具有房屋建筑工程施工总承包二级资质、市政公用工程施工总承包三级资质，劳务施工三级资质。2001 年在行业内率先通过了 ISO9001 国际质量管理体系认证，跻身于西北建筑市场前列。公司注册资金 5 100 万元，净资产 11 000 万元，总公司设办公室、生产安全科、技术质量科、预算经营科、财务科，下设 11 个分公司。公司具备承担资质范围内的各类建筑工程，并且在大跨度工业厂房、公共建筑及室内外装饰、住宅、高、大、难、新、特工程及构筑物等方面具有成熟的经验和独特的技能。年竣工面积 20 万平方米，施工产值逾 3 亿元。创建省级文明工地 6 项，市级文明工地 16 项，创建省优质工程 10 项，省优样板示范工程 8 项。其中武功县普集高级中学学生公寓楼荣获咸阳市建设工程最高荣誉“秦阳杯”，咸阳电视台 2# 住宅楼工程荣获陕西省建设工程最高荣誉“长安杯”。

王庆瑜，男，汉族，重庆市人，大专学历，高级经济师。重庆路桥股份有限公司总经理。曾任重庆市公交公司柴保厂厂长，重庆康福来有限公司经理，重庆市公用局公交体改办主任，重庆市大足县县委常委、常务副县长、县长、县委书记，重庆市民政局局长、党组书记，重庆市旅游局局长、党组书记；现任重庆路桥股份有限公司党委书记、董事、总经理，重庆渝涪高速公路有限公司董事。重庆路桥股份有限公司（以下简称“公司”）经重庆市人民政府以重府函〔1997〕21 号文批复同意，由重庆市大桥建设总公司独家发起采用募集方式成立，于 1997 年 6 月 3 日至 6 月 5 日通过上海证券交易所交易系统发行 9 000 万社会公众股。重庆市大桥建设总公司持有的股权由重庆市国有资产管理局持有。

王森林，男，1962 年 2 月出生，甘肃民乐人，汉族，大专学历，工程师，现任民乐县恒泰公路工程有限责任公司董事长。1987 年在民乐县水务局大都麻水管所参加工作，1990—2009 年分别在水利水电工程设计队、张掖市公路工程局民乐分局工作，2003 任公路工程局民乐分局局长，2009 年至今担任民乐恒泰公路工程有限责任公司董事长及总经理。在创建民乐县恒泰公路工程有限责任公司后，作为董事长的王森林勇于吃苦奉献，敢于攻关克难，把工程质量作为公司发展的重中之重，所承接的工程质量合格率达到 100%，得到了监理部门和上级部门的一致好评。目前恒泰公司在王森林同志的带领下还组建了生产能力达到 120 t/h 沥青混合料拌和厂、年破碎石料 11 万立方米破碎石料场一处，公司施工能力不断壮大。如今，恒泰公司已成为张掖市公路建设领域的一支生力军，在肩负民乐县部分通村公路建设任务的同时，还不断向区外发展，在玉门等地承揽工程业务，年产值超过 5 000 万元，业绩连续获得省、市公路管理部门的嘉奖。

王世超，男，汉族，籍贯吉林省，吉林省邮电工程有限公司董事长，长春市政协委员，为了改制工作的顺利进行和改制后企业的发展壮大，他不计个人得失，承担着巨大的心理和精神上的压力，付出了极大的心血。吉林省邮电工程有限公司始建于 1947 年，是经国家建设部批准的一级资质通信工程施工企业和信息产业部批准的通信信息网络系统集成甲级资质企业。全公司现有职工 386 人，其中百分之七十以上为具有初、中、高级职称的专业技术人员，通信建设评标专家 7 人；企业注册资金 3 100 万元。有国内外先进水平的施工设备和光电通信测试仪器、仪表 170 余台（套），机械设备 207 台（件），具有承担国家一级通信干线工程和省级通信枢纽交钥匙工程的施工能力，企业年施工产值 1.5 亿元以上。

王顺，汉族，籍贯辽宁大连，现任大连阿尔滨集团总经理，先后荣获全国优秀施工企业、全国用户满意施工企业、全国安全管理先进企业、辽宁省优秀建筑业企业，辽宁省建筑业二十强企业、大连市百强民营企业，大连市文明单位等各种荣誉 100 余项。2010 年被评为全国“守合同、重信用”企业。现任大连阿尔滨集团总经理，大连市十大助残模范人物、大连市建设社会主义积极分子。大连阿尔滨集团是以建筑工程为主，集房地产开发、机械化土石方运输、混凝土制造、装饰装修、机电消防工程、物业管理及宾馆娱乐业为一体的大型民营企业集团，下辖十个全资子公司，为国家特级建筑总承包施工企业，能够承建各种大型工业与民用建筑。集团注册总资本 4.5 亿元，现有员工总数近万人，其中各类管理技术人员 835 人，拥有 3 300 余台（套）先进的施工机具设备。总资产 10 亿余元。

王五星，男，汉族，1969 年生人，湖南天欣集团董事长，毕业于中国人民解放军国防科学技术大学、湖南大学工商管理学院 MBA 班。他在做大做强企业的同时，始终以履行代表职责为己任，察民情、解民忧、扶贫济困，为社会捐助各类款项达 100 多万元。现任岳阳市工商联副会长、岳阳市青年企业家协会副会长、岳阳市企业诚信协会副会长、岳阳市民建市委委员、巴陵支部主任。先后荣获“岳阳市优秀人大代表”、“岳阳市首届十佳诚信企业家”、

"岳阳市十大杰出民营企业家"、"岳阳市十佳优秀青年"、"湖南省支持职工体育事业优秀企业家"、"岳阳市2006年度最佳创业人物"等十多项荣誉称号。湖南天欣集团是一家以建筑材料生产和销售、货物运输为基础，以房地产开发为支柱，以基础建设投资及国内外贸易为辅助的多元化民营企业集团。

王小明，男，汉族，中共党员，福建省，现任福建省四建建筑工程有限公司董事长，全国优秀施工企业家，中国最具社会责任感企业家，全面建设小康社会十大经济人物，中国经济百名杰出人物，中国经济100诚信之星，北京市经济技术创新标兵，北京质量管理优秀企业家。北京市设备安装工程公司通风公司副主任工程师、副经理，现任福建省四建建筑工程有限公司董事长。福建省四建建筑工程有限公司（改制前为福建省第四建筑队工程公司），创建于1951年10月，是建筑部核定的国家建筑一级施工企业，注册资本6 000万人民币，现有职工4 000余人，各类专业技术人员600多人，其中高、中级专业技术职称人员160人，主要经营大中型工业厂房、高层建筑施工、市政工程施工、普通工民建设设备及仪表安装、建材生产、房地产开发与经营、工程设计、工程咨询监理等，年完成建安产值三亿元以上。

王小玉，男，汉族，大学学历，高级经济师，1991年加入中建集团，历任中建一局四公司项目经营部经理、商务经理、项目经理、大连分公司经理、中建一局建设发展公司副总经济师、中建一局东北区域公司总经理、中建一局集团公司副总经济师等职务。2009年4月至今任中建一局集团公司副总经理兼东北区域公司总经理。曾获首都劳动奖章、全国工程建设优秀项目经理、北京市经济技术创新标兵、辽宁省建筑业企业优秀项目经理、沈阳市建筑业优秀项目经理、大连市建筑行业优秀企业经理、中建总公司优秀项目经理等荣誉称号。

王秀春，男，汉族，无党派人士，上海市上海三航奔腾建设工程有限公司总经理。上海三航奔腾建设工程有限公司是具有国家建设部批准的"港口与航道工程施工总承包一级"、"港口与海岸工程专业承包一级"、"地基与基础工程专业承包二级"、"桥梁工程专业承包二级"资质的施工企业。公司位列2005年度上海建筑业综合实力50强，2005—2006年度中国建筑企业500强。"杭州驻沪企业联合会常务副会长"等社会职务；曾荣获"全国水运建设优秀施工企业家"等荣誉称号。上海三航奔腾建设工程有限公司是国家建设部、交通部批准的港口与海岸工程专业承包一级资质的专业施工企业。公司改制成立于2002年初，目前的主营业务主要是港口、路桥工程等建筑施工业。公司成立至今，企业的合同履约率达到了100%，同时通过了ISO9001：2000质量管理认证，并获得国家工商行政管理总局的"全国守合同重信用企业公示证书"、上海市工商行政管理局的"守合同重信用企业公示证书"、上海市宝山区企业合同信用促进会的"合同信用等级认定证书（AA级）"、上海市国家税务局、地方税务局的"A类纳税信用等级证书"、招商银行的"企业资信等级AA级评估报告"、上海市宝山区人民政府的"宝山区各地投资企业20强企业"、上海宝山区人民政府协作办、各地投资企业协会的"宝山区投资先进企业"等多项荣誉，这些荣誉的取得，是公司两年多来在加强管理、树立形象、立足市场上取得的成效。

王训明，高级工程师，大学学历，于1979年高中毕业开始从事建筑行业，开始在都昌县建筑工程公司驻景德镇市分公司供职。1984年3月至1991年11月在都昌县北山建筑公司任施工员，质检员，公司副经理。1991年12月至1997年6月在都昌县建筑工程总公司珠海分公司工作，任质检员、材料员、生产主管。期间在九江市财专学习一年。1997年7月至2001年11月在都昌县北山建筑公司任项目经理，副经理。期间在中国人民解放军企业管理干校学习一年。2001年12月至2006年5月在都昌县第五建筑有限责任公司任办公室主任，项目经理，工程师。2004年9月参加中央广播电视大学乡镇企业管理专业函授学习两年，2006年7月毕业，获得大专文凭。2007年8月晋升高级工程师，2006年7月至现在任江西都昌县第五建筑有限责任公司董事长兼总经理。

王勇，男，汉族，湖北十堰市人，优秀企业家，硕士研究生，高级工程师，中共党员，市政协委员。现任湖北浩川水利水电工程有限公司董事长兼总经理、十堰市总商会副会长。湖北浩川水利水电工程有限公司经原十堰市水利水电工程处、十堰楚河建设工程有限公司和十堰市水利水电物资供应站兼并整合改制组建，是目前十堰市唯一一家水利水电施工总承包二级企业，具有公路路基、路面、河湖整治、堤防建设专业承包三级施工资质，兼有商业旺铺出租、重型机械出租等项目，现已发展成为技术力量雄厚、机械设备齐全有一定实力的股份制企业。公司先后获得湖北省水利厅"安全生产、文明生产"先进单位，十堰市"优秀企业"、"守合同重信用企业"、"五一劳动奖状"、"优秀建筑业企业"等荣誉称号。

王勇，男，汉族，四川人，西南交通大学土木工程专业，教授级高级工程师。现任中国中铁二局机械筑路工程有限公司董事长兼总经理。1997年获"铁道部科技拔尖人才"称号，1998年获"四川省有突出贡献的优秀专家"称号，2003年起，历任中铁二局施技处科长，副总工程师，工程部总工程师、部长，现任中铁二局机筑公司董事长兼总经理。2008年获中国企联"最受关注企业家"称号，2009年获"中国建设60年100位功勋企业家"称号，2009年获"第二届中国交通企业管理十大杰出人物"称号。中国中铁二局机械筑路工程有限公司是中国中铁二局股份有限公司的控股子公司，系国有大型机械化施工企业。改制前为铁道部第二工程局机械筑路处，成立于1964年10月1日，于2001年12月6日改制为有限公司。2006年2月吸收合并中铁二局路桥工程有限公司，2008年3月中铁二局六分公司并入。公司现有员工2 101人（其中中高级专业技术人员368人），拥有各类固资设备370台，净值1.4亿元，具有市政公用工程施工总承包一级，公路路面工程、机场场道工程、桥梁工程、隧道工程专业承包一级、预应力专业承包二级资质，具备铁路、公路、机场、桥梁、水利水电、房屋建筑及土石方工程等大中型建设项目综合性工程施工能力。企业已通过ISO9001：2000质量体系、ISO14001：2004环境管理体系和GB/T28001—2001职业健康安全管理体系认证。

王玉田，男，1966年6月生人，汉族，福建省南安市仑苍镇人，现任西安市南安商会常务副会长、陕西新世纪产业集团总经理、政协西安市碑林区委员会委员、政协西安市碑林区经济科技委员会副主任。陕西新世纪企业集团，是由陕西新世纪舞台技术工程集团有限公司控股的综合性集团公司，成立于2000年1月，辖属子公司有陕西海帅建设设计有限公司、陕西唐腾文化传播有限公司、陕西嘉和设备安装工程有限公司、陕西爱姆生物开发有限公司，注册资金2 769万元，拥有国家级专家15名，高级工程师36名，高级技师17名，工程师30名。公司具有建设部颁发的建筑智能化系统集成工程设计甲级资质，建设厅颁发的建筑智能化工程、装修装饰工程、机电设备安装工程专业承包资质，省建设厅颁发的安全生产许可证，中国舞台美术学会颁发的专业舞台机械、灯光、音响、视频、装修、设计企业设计甲级资质和施工甲级资质。被陕西省政府确立为国家重点鼓励发展产业，并荣获省政府16个厅局授予的“诚信先进单位”。通过GB/T19001—2000 idt ISO 9001：2000质量体系认证，被中国企业信用保障中心、全国企业资信评估委员会授予“全国演艺设备工程50强单位”和“AAA级信用示范单位”。

王跃斌，男，汉族，浙江人，中国王力集团有限公司董事长，王力集团创立者，是我国防盗门生产领域的一颗璀璨新星，其领导的企业在中国防盗门行业位列三甲。这位高中毕业曾赴科威特“洋打工”，后来归国创业的青年企业家，历经艰辛磨砺，创造了一段“从建筑工人到锁业巨人”的创业神话。1987年高中毕业后，做了一名建筑工人，后付科威特承接土木工程。3年以后，带着3万多元回到永康，创立王力集团。2005年，与有“世界锁王”之称的瑞典亚萨合莱集团共同投资1.8亿元成立合资企业，任董事长。中国王力集团有限公司地处山清水秀、交通发达、汇集世界五金名品的中国五金之都——浙江永康，注册资金2.5亿元，是集科研、设计、制造、销售、服务于一体的大型集团公司。经10年发展，已形成浙江王力车业有限公司、王力五金制造有限公司、浙江力王工贸有限公司、王力置业发展有限公司等行业强势企业，同时控股：亚萨合莱—王力保安制品有限公司、浙江丹弗王力润滑油有限公司的大型集团公司；经营范围涵盖防盗门、防火门、车库门、防盗锁、防护窗、电动自行车、滑板车、润滑油脂、房地产、散热器、厨具等，产品远销欧美等40多个国家和地区，主导产业防盗门、防盗锁市场占有率稳居同行前三甲，集团综合经济实力位居全国同行榜首。

王贞国，男，1951年3月30日、大学毕业、中共党员、籍贯江苏。现任职务：董事长、总经理，1969—1975年，在中国人民解放军6284部队服役；1998年至今，溧阳市茂盛建筑工程集团公司董事长、总经理、书记。曾当选中共溧阳市委员会第八次、第九次党代会代表；溧阳市第十三届人代会代表，任第十三届人大常委；市建筑协会副会长。常州市委“农村模范共产党员”、“优秀共产党员”和“先进工作者”溧阳市委、政府“优秀共产党员”和“优秀企业家”、“十佳职工”等。中国质量协会“工程施工放心企业”；中国建材工程建设协会全面质量管理优秀企业；江苏省“建筑市场首选施工企业”；江苏省“重质量守信誉、诚信单位”；江苏省“十佳企业”（2000—2002年）；江苏省全面质量管理优秀企业（银屋奖）；常州市“先进企业”、“明星企业”、“综合实力十佳”和“施工企业质量管理先进集体”；溧阳市“十佳企业”（连续十二年）和“建筑业五强企业”；上海市“文明工地”和“文明卫生优秀工地”；上海市“白玉兰杯”、“浦江杯”、“东方杯”和“闸北杯”；江苏省省优工程（28项）；山东省“建筑安全文明优秀工地”、“山东省文明施工示范工地”、“泰安市安全文明卫生工地”和“聊城市文明工地”等；江苏省建设银行企业信用等级AAA（连续10年）；常州市“重合同、守信用”企业。

王志文，男，汉族，1963年11月出生，河北省张北县人，研究生学历。北京城建八建设工程有限公司董事长兼总经理，1981年10月入伍，1983年7月转业，2000年以来，先后荣获北京市劳动模范、北京市优秀共产党员、北京市经济技术创新标兵、北京市质量先进企业推进者、北京市质量管理优秀企业家、全国劳动模范等荣誉称号。历任北京城建一公司工程处下属作业队管理员，工程项目经理部技术员、预算员、副经理、经理。2001年6月以来，先后担任北京城建新创公司总经理、北京城建八公司董事长兼总经理，现任北京城建集团总经理助理，北京城建八建设工程有限公司，1983年7月由中国人民解放军基建工程兵集体转业为北京市地方企业，1999年完成公司制改造，成为多元股权的有限责任公司。公司拥有房屋建筑工程施工总承包、市政公用工程施工总承包、建筑装修装饰工程专业承包、机电设备安装工程专业承包一级资质，建筑防水工程专业承包、钢结构工程专业承包二级资质和建筑智能化工程专业承包三级资质。资信等级为AAA级，已通过了ISO9001质量管理体系、ISO14001环境管理体系及OHS18001职业健康安全管理体系认证。曾多次被评为集团公司先进个人、优秀共产党员。2000年以来，先后荣获北京市劳动模范、北京市优秀共产党员、北京市经济技术创新标兵、北京市质量先进企业推进者、北京市质量管理优秀企业家、全国劳动模范等荣誉称号。

旺贻鄂，男，汉族，山东省，中共党员，高级工程师，现任山东电力基本建设总公司总经理。山东电力基本建设总公司（基建总公司）是一个特大型电力建设集团公司，下属深圳山东核电工程公司、山东电力建设第一、二、三工程公司、山东送变电工程公司、山东电力管道工程公司和山东电力工程咨询院、山东电力设备厂等 8 个全资子公司。基建总公司具有强大的机械装备和雄厚的技术力量，丰富的工程建设管理经验，完善的质量保证体系。基建总公司核心层和紧密层企业现有员工 11 600 人，其中各类专业技术人员 3 800 多人，具有高中级职称的专业人员 2 400 多人，具有建筑业一级项目经理资质的人员 200 多人，高压合格焊工 1 000 多人。资产总额 33 亿元。

魏宏芝，男，汉族，陕西省，西安盛联消防安全技术有限公司董事长，陕西省湖南商会常务副会长、陕西宏阳国际实业集团有限公司董事长、西安盛联消防安全技术有限公司董事长、陕西现代置业有限公司董事长、陕西运华会计事务所董事长、陕西运华评估事务所董事长、常德市海达农业发展有限公司董事长；同时出任陕西省外经贸实业集团有限公司国际工程公司副总经理、西安体委轮滑协会副秘书长等职务。于 2003 年在陕西省西安市创业，本着诚信、果敢、担当的经营理念，自创立伊始不断地发展壮大，在业界享有良好的风评及口碑，至今通过艰苦努力先后创建了六家实体公司。热爱公益事业，先后为灾区捐款 2 万多元，体现了其良好的社会责任感与公德心。西安盛联消防安全技术有限公司创立于 1992 年，注册资金 RMB：2 002 万元，公司是具有独立法人资格的经营实体，是专业从事火灾自动报警系统、消防水灭火系统、各种气体灭火系统、背景音乐及消防广播、通讯、防盗报警、电视监控等智能建筑安装、调试、维修等服务的专业公司，目前公司已取得了国家建设部颁发的消防工程专项设计二级资质、陕西省住房和城乡建设厅颁发的消防设施工程专业承包一级资质、铁道部颁发的消防工程施工安装资质、西安市公安局颁发的安全监控产品设计、施工资质。

吴本仁，男，中共党员，汉族，高级经济师。现任安徽湖滨建设集团有限公司董事长，党委书记。党委书记。1992 年任安徽省集体建筑业协会副会长；1993 年当选为安徽省八届人大代表；荣获“全国优秀集体建筑企业家”、“安徽省优秀乡镇企业家”称号；1994 年荣获“全国乡镇企业家”、“创业之星”称号；1995 年中央党校学习，并荣获“安徽省发展乡镇企业有功人员”称号；1995 年荣获“全国优秀建筑企业家”称号；2000 年 11 月荣获“合肥市专业技术拔尖人才”称号，享受市政府特殊津贴；2001 年 11 月荣获“安徽省有突出贡献人员”称号，享受省政府特殊津贴。中国建筑业协会第三届理事会理事；中国乡镇企业协会乡镇企业家委员会常务理事；中国乡镇企业研究院研究员；中国中西部地区经济发展顾问；安徽省集体建筑业协会副会长；安徽省建筑业协会企业家联谊会理事；省八届人大代表。集团以诚信经营为宗旨，施工足迹遍布省内外 20 多个地市，已连续 10 年获得 12 项优质工程“黄山杯”奖和 2 项国家优质工程“鲁班奖”、是“全国优秀施工企业”、“全国重合同守信用企业”、“中国资信评估‘AAA’级信用单位”、“安徽省明星企业”、“安徽省质量信得过企业”和“安徽省 50 强建筑企业”。

吴才龙，男，汉族，浙江人。中共党员，高级政工师，中国工程建设高级职业经理人，中强建工集团总经理。1984 年 7 月至 1998 年 12 月杭州华隆装饰有限公司总经理。1999 年 1 月至 2005 年 12 月浙江中强建工集团有限公司滨江分公司总经理。2006 年 1 月至今，浙江中强建工集团有限公司法定代表人、副董事长、总经理 2006 年 12 月杭州市滨江区第三届人大代表，2007 年 10 月杭州市萧山区私营（民营）企业协会第五届常务理事，2008 年 5 月杭州市建筑施工企业优秀经理，2008 年 9 月援建四川广元灾区过渡安置房先进个人，2009 年 2 月浙江省工程建设优秀（高级）职业经理人，2009 年 3 月 2008 年度中国工程建设优秀高级职业经理人（全国优秀施工企业家）称号。浙江中强建工集团有限公司是按照现代企业制度组建建筑施工企业。企业注册资金 3.18 亿人民币，拥有房屋建筑施工总承包、市政公用工程总承包、园林古建筑、装修装饰、钢结构专业承包等五项一级资质；机电设备安装和起重设备安装二级施工企业资质。企业已顺利通过 QMS、EMS、OHSMS（质量、环境和职业健康安全）一体化管理认证。企业连续多年被列入“全国民营 500 企业”。

吴驰，男，汉族，籍贯陕西，大学本科学历，1988 年兰州铁道学院毕业。中铁一局集团第五工程有限公司总经理，2002 年 6 月，任中铁一局五公司华东四公司项目经理。2003 年 3 月，担任金丽温丽青 20 合同段项目经理。2005 年 7 月被中铁一局任命为厦门翔安海底隧道 A4 标段常务副经理。2006 年 4 月，任五公司副总经理，兼任无锡市江海快速路 1 标项目经理。现任中铁一局集团第五工程有限公司总经理职务。中国中铁一局集团第五工程有限公司（原铁道部一局五处）为国家一级综合性施工企业，拥有铁路总承包一级资质；公路桥梁、隧道、土石方专业承包一级资质；铁路铺轨、架梁，水工隧洞二级资质及地质环境治理和地质灾害防治工程施工甲级资质；有国家计量局认证的专业试验室和国家甲级测绘资质的专业测绘队伍；已通过质量、环境、职业健康安全“三标一体”体系认证。年生产能力 50 亿元以上。荣获“陕西经济十大最具影响力诚信人物”荣誉称号。中国中铁一局集团第五工程有限公司始建于 1956 年 9 月，成立 50 多年来，先后参建了成昆、兰新、大秦、京九、秦沈、宜万、襄渝二线等 40 余条国家重点铁路。

吴奉明，男，中共党员，硕士研究生，高级工程师。黑龙江省宏盛建筑工程有限公司董事长兼总经理。先后从事建筑设计、生产技术、施工指挥和企业管理工作 20 多年。近 5 年荣获省建筑工程质量最高奖——龙江杯奖 5 项，省优质奖 5 项，市优质多项，省用户满意工程多项，公司先后获得了建设部颁发的全国建设优秀 QC 成果奖和省建设厅的全面质量管理银屋奖、2006 中国建设行业诚信企业、国家级“守合同重信用企业”、全国“安康杯”竞赛优胜单位、省“十五”期间工程质量管理先进单位等 100 多项荣誉。撰写专业论文 60 多篇，分别在《工业技术经济》、《哈尔滨科技大学》、《城市规划建设》等刊物上发表，并有多篇论文分别收入到《中国特色社会主义文库》、

《跨世纪改革发展文献》、《全国城镇最新社科成果文献汇编》、《中国改革发展系列丛书》等专著上。他个人连任两届绥化市人大代表；先后荣获省创新能手、省优秀建筑企业家、全国"五一"劳动奖章、2006年中国建设行业百名管理英才、中国优秀民营企业家和省"十五"期间工程质量先进个人等诸多荣誉称号。他的业绩也先后被载入了《中国人才库》、《中国专家人才库》、《中国专家大辞典》等典籍中。2007年，又获得全国建筑业企业优秀项目经理荣誉。同年，企业开发建设的肇东市佳和欣城小区二期工程，获"安全文明样板工地"称号。

吴惠生，男，汉族，云南生辉隧道建筑工程劳务有限公司董事长，早在公司组建前，他就一直从事隧道、路基工程的施工建设，曾与多家工程局合作建设国家重点项目，亲自深入一线，严格管理，注重安全，保证质量，规范履行合同，百分百地遵循行业标准，依靠科学的工程管理模式，受到各个单位的一致好评。现任云南生辉隧道建筑工程劳务有限公司董事长、昆明福州商会副会长。云南生辉隧道建筑工程劳务有限公司是一家经云南省建设厅核准并取得建筑行业施工资质证书的有限责任公司。公司注册资金1 110万元。现有员工387名，其中公司管理人员18名、高级工程师3名、隧道工程师3名、路桥工程师2名、测量工程师6名、桥隧工程师3名、施工现场管理人员38人，各种机械手35人，钢筋工42人，水暖工12人，模板工36人，电焊工28人。公司主要从事铁路、公路、隧道、地铁、路基、水利水电、土方、房屋建筑工程的承包和劳务服务。曾多次获得"优质工程"及"企业管理先进个人"的称号。

吴杰，四川永逸装饰有限公司董事长。在他的领导下，企业除建筑装饰设计甲级资质之外，还具有装饰施工二级、幕墙施工二级、园艺设计施工三级和四川广告一级等专业资质。现有从业人员1 200余人。其中管理人员120余人，专业技术人员48人（高级工程师2人，工程师20人，助理工程师15人，经济师5人，注册会计师1人，会计师5人）；有省政府聘任的评标专家2人、项目经理22人、施工员19人、质检员19人、安全员17人。10余年来，建设了多个大中型精品工程。主要有：市农业发展银行综合大楼、遂宁电信网管大楼、明星康年大酒店、摩尔春天广场、永逸百货大楼、九寨沟华缘山庄等标志性城市建筑的装饰装修工程。其中，农业发展银行综合大楼装饰工程、遂宁市电信网管大楼装饰工程分获"市级优质工程奖"、永逸百货大楼装饰工程获"2005年度四川省建筑工程装饰奖"。企业先后获得了"全国重合同守信用企业"、"全国行业质量示范企业"、"优秀民营企业"、全省"最具成长性中小企业100强"、"四川省建筑装饰装修企业20强"、"四川省2005—2006年度建筑业先进企业"等众多荣誉。

吴旭，男，汉族，江苏省东基新型建筑材料有限责任公司董事长。东南大学毕业，1993—1997年在东南大学机械系学习。1997—1998年就职于南京旭建新型建材公司，1998年7月成立南京精诚通科工贸有限公司，1999—2002年响应政府号召，筹建南京东基新型建筑材料有限责任公司，建成加气混凝土砌块生产线，2003年南京东基公司正常运营，年销量达15万方，带动了南京加气块行业的发展，2004年兼并南京五金工具二厂，2005年筹建扬州东基新型建材有限公司，建成加气混凝土砌块生产线，年产量15万方，2006年建成粉煤灰蒸养砖线，专业生产新型墙体材料——蒸压加气混凝土砌块的股份制企业，现有南京东基新型建材和扬州东基新型建材公司两个生产基地。公司两条生产线年生产能力达40万立方，两条生产线均综合了国内外蒸压加气混凝土砌块生产工艺长处，采用了六面切割新技术，具有自动化程度高，产品切割尺寸精良的优点，代表了当前蒸压加气混凝土砌块生产的国际先进水平。

吴亚军，女，1964年5月生人，汉族，出生于重庆合川。毕业于西北工业大学，龙湖集团董事长兼总经理。2010年《福布斯》全球富豪榜232名，龙湖地产是重庆最大的房地产企业。2005年，龙湖地产销售总额突破20亿元，2006年突破33亿元，2007年突破100亿元。目前，龙湖地产已委任瑞银及摩根士丹利为保荐人，拟2008年赴港上市。吴亚军曾从事过机械工程师、记者、编辑等工作，1995年创立龙湖地产。吴亚军，女，45岁，高级经济师。1984年毕业于西北工业大学航海工程专业；1995年创办龙湖地产，历任重庆龙湖地产总经理、董事长、北京龙湖置业发展有限公司总经理、董事长；2005年9月内部机构改组成立龙湖集团，辞去兼任的所有区域公司总经理之职，任集团董事长兼总经理。吴亚军1993年开始涉足房地产行业，并担任重庆佳辰经济发展有限公司董事长。1995年参股创建重庆龙湖地产发展有限公司（原重庆中建科置业有限公司）并担任总经理职务至今。现任全国人大代表、重庆市工商联（总商会）副会长、重庆市总商会房地产商会副会长。到2005年底，龙湖销售额已达21.2亿元，成为重庆乃至整个西南地区首家销售额突破20亿元的房地产开发企业。2004年10月，龙湖联姻世界500强香港置地，合作投资40亿元，开发"大竹林"时尚生活社区。

吴翊良，男，汉族，云南通业建设工程有限公司董事长，2002年他成立了自己的隧道工程队。2005年他又和某公司合作开发矿产，目前他旗下已拥有铅锌矿、铁矿两个矿山。除此之外，吴翊良还涉足纯净水设备制造、保险经纪等，而他会麾下的克里国际集团，如今已是一个闻名遐迩的企业。2005年11月，在福州市委市政府及昆明市委市政府的高度重视下，昆明市福州商会成立，拥有首批福州籍会员有215人，吴翊良被推选为首任会长。云南通业建设工程有限公司成立于2007年，是云南省唯一的一家主要从事公路、铁路、隧道、桥涵、水电站、码头、井巷、土石方等多种施工的公司。公司注册资金3 006万元，资金雄厚，公司同时拥有一支高素质技术人才队伍，各项工程设备数百台。

吴治冕，男，汉族，湖北人。现任随州市兴一建筑有限公司董事长、总经理。秉承“至诚至信，尽善尽美”的经营理念，弘扬“团结勤奋，务实进取”的企业精神，坚持改革开放，强化企业管理，走质量效益道路，经济继续保持稳健发展势头，使得一个建筑企业蓬勃健康发展，先后在武汉、襄樊、十堰注册了分公司，建立了河南唐河、辽宁铁岭项目部，各项工作取得可喜的成果。随州市兴一建筑有限公司是随州市最大的建筑施工企业之一，是在原随州市第一建筑工程公司的基础上改制而成立的。吴治冕本人也于2004年被随州市人民政府授予“优秀中国特色社会主义事业建设者”称号。历年被随州市建委评为先进工作者、优秀共产党员，历年被评为市建筑行业优秀企业经理；2004年、2006年、2008年连续三届被湖北省建设厅评为优秀企业经理。1995年公司被批准为国家二级施工企业资质。2006年本年起连续三届被湖北省建设厅评为省优秀建筑企业、质量管理先进单位、安全管理先进单位。

武汛，男，汉族，山西人，研究生学历，高级政工师，大秦铁路股份有限公司总经理董事长，自1991年9月—1997年12月，历任武汉铁路分局党委副书记；1997年12月—2003年7月，任郑州铁路局党委副书记；2003年7月—2004年11月，任济南铁路局徐州铁路分局分局长；2004年11月—2005年3月，任原太原分局分局长；2005年3月起，任太原铁路局局长。2004年10月28日，原北京局作为主发起人，以大秦铁路的全部铁路运输业务及相关资产、负债，联合华能集团、大同煤矿集团、中煤集团、秦皇岛港务集团、大唐国际和同方投资六家发起人发起设立本公司。本公司设立时，拥有大秦铁路相关资产，主要经营煤炭运输业务。

X

夏友滨，男，出生于1951年8月，中共党员，研究生学历，高级工程师，一级项目经理。北京市优秀质量管理企业家，全国优秀施工企业家。中国新兴保信建设总公司总经理。他所在的中国新兴保信建设总公司创建于1950年，现为国家工程建筑施工总承包一级企业，具有建筑施工总承包一级资质和五个专业承包资质，并通过了国际质量体系认证、国际标准认证、环境管理体系认证和职业安全卫生管理体系认证。各种机械设备1 200余台（件），年施工能力达到300万平方米以上。多次荣获北京市用户满意施工单位“十佳”企业称号，连续多年被被评为“用户满意服务单位”和“重合同、守信用”单位、“全国优秀施工企业”、“全国用户满意企业”、“全国实施用户满意工程先进单位”、“全国企业职工培训先进单位”和“中央国家机关精神文明先进单位”。他个人荣获“全国优秀企业家”特殊荣誉。

肖昌文，男，湖北人，汉族，本科学历，宜昌武星装饰有限责任公司董事长，远安县工商联七届执委。公司获湖北省工商局颁发“重合同守信用企业”证书，是省劳动和社会保障厅授牌栗刑表彰的劳动保障“诚实守信单位”、劳动关系“和谐企业模范”。宜昌武星装饰有限责任公司董事长，远安县工商联七届执委。宜昌武星装饰板眷沿有限责任公司，采用德国技术虑沂的设备，主要生产“乐思福”牌热固性树脂郭页浸渍纸高压装饰层积板（HL，俗称防火板）冠握，主要用于装饰、家具行业，襟养年产可达到800万平方米啤瀑租。在全国同类窃剪厂家中籍耐，生产设备及技术水平、生产能力位居前列，在国内占有较大的市场植汕份额，是少数亨坚具有技术开发能力并拥有专有知识产权和核心治悉技术的森识厂家，产品质优价廉冈二姓，用户满意度高绎将，是真正绿色环保凰遇的装饰材料。

肖明，男，深圳人，汉族，中建西南设计院顾问设计有限公司董事、副院长、总建筑师。1989年，他参加了由深圳建设局举办的多层住宅方案设计竞赛，他脱颖而出，竟然有3个方案获奖。自此，肖明一发而不可收。他获得了极大信心，每逢竞赛就积极准备，踊跃参加，并频频获奖。1991年，他在“全国建筑界住宅设计大检阅的中国‘八五’新住宅设计方案竞赛活动”中荣膺二等奖。20多年来，肖明共获得国家建设部、国家建设总公司、深圳市建设局、深圳市建筑师学会及西南建筑设计院等部门举办的设计竞赛及优秀设计奖20多项，且多次获得西南设计院“先进工作者”的称号。因为成绩突出，1993年肖明被破格晋升为高级建筑师。深圳市中建西南院设计顾问有限公司（原中国建筑西南设计院深圳分院）是中建总公司所属综合甲级股份设计公司，1984年2月经深圳市政府批准成立。在工程设计方面先后获得各级奖项27个。

肖尤加，男，湖北人，汉族，武汉市凤翔岛园林绿化工程有限公司董事长，武汉市乡村休闲游协会理事长。他始终认为，凤翔岛项目是一处朝阳产业，也是一个拥有生命力的“百年大计”。他将围绕“资源节约型、环境友好型”这个两型社会的建设思路，继续开发“凤翔岛花卉苗木种苗繁育中心”项目，继续做大做强“绿色产业”，继续为绿化武汉、美化武汉做出自已最大的贡献。武汉市凤翔岛园林绿化工程有限公司是由肖尤加、肖酒两人共同出资3 900万元，于2000年3月成立的一家集餐饮、住宿、度假、会议接待等业务于一体的综合型民营企业。该企业已经成为武汉市农业产业化的重点龙头企业，连续被蔡甸区评为先进民营企业和私营企业30强等。肖尤加本人也被授予“武汉市回乡创业 共建家园明星”、“武汉市十大杰出创业人物”的等称号，并光荣当选为蔡甸区政协委员。

肖跃文，男，汉族，湖北省，研究生，高级工程师。1983年7月至1984年12月在湖北省公路局测设处工作；1984年12月至1991年9月在湖北省交通规划设计院工作，历任出版室副主任，地勘室副主任；1991年9月至2010年3月在湖北省交通厅工作，历任计划处副主任科员、外经外事办主任科员、世行办副主任、外事处副处长、处长。期间1998年8月至2002年2月任军山桥项目部副主任；2006年9月—2010年4月任荆岳长江大桥建设指挥部指挥长。2010年4月20日起任湖北楚天高速公路股份有限公司总经理。湖北楚天高速公路股份有限公司是经湖北省经济贸易委员会《关于同意设立湖北楚天高速公路股份有限公司的批复》（鄂经贸企〔2000〕809号文）批准，由湖北金路高速公路建设开发有限公司（湖北金路高速公路建设开发有限公司已于2002年11月更名为湖北省高速公路集团有限公司）。

熊青林，男，汉族，籍贯湖北省，湖北全洲扬子江建设工程公司任法人代表、总经理；任孝感市建筑业协会及安全协会副会长；任孝感市第四届人大代表。现任湖北全洲扬子江建设工程公司任法人代表、总经理。湖北全洲扬子江建设工程有限公司成立于1993年2月2日，现具有房屋建筑总承包一级资质和建筑装修装饰工程、混凝土预制构件、公路路基工程、钢结构工程专业承包及市政公用总承包三级资质。2001年通过ISO9001—2000质量体系认证，2007年将质量、环境、职业健康安全三体系整合并认证。孝感市人民检察院技术楼等23项工程获湖北省“优质建筑工程”、“优质建筑装饰工程”、“安全文明施工现场”楚天杯奖。其中，孝感市公安局综合楼等72项工程获孝感市“优质工程”、“安全文明施工现场”天仙杯奖。湖北全洲扬子江建设工程有限公司被中国工程建设协会评为“质量安全管理先进单位”。多次被省、市有关部门评为“湖北省建设工程质量管理优秀企业”、“湖北省建筑业先进企业”、“湖北省建设工程安全管理优秀企业”、“湖北省优秀装饰企业”、“湖北省重合同、守信用企业”、“工程质量管理信得过单位”、“安全生产文明生产先进单位”、“诚信履约企业”、“消费者满意单位”等荣誉称号。1993年2月2日湖北全洲扬子江建设工程有限公司成立。2001年1月1日通过ISO9001—2000质量体系认证。2007年1月1日将质量、环境、职业健康安全三体系整合并认证。

徐关兴，男，1953年生人，汉族，浙江省义桥建新村人，中共党员，于1975年参加工作。先后当过建筑工人、公安民警、公司副经理等。现担任浙江中强建工集团董事局主席、杭州东方文化园董事长兼总经理。浙江中强建工集团位于“人间天堂”杭州市萧山区境内，是闻名于世的钱塘江与富春江、浦阳江三江交汇处的一颗灿烂明珠。是以建筑施工为龙头的多元化、全方位、综合性的集团公司。母公司浙江中强建工集团有限公司是按照现代企业制度组建的房屋建筑工程总承包国家一级施工企业。徐关兴领导的企业被国家农业部批准为现代企业制度试点单位，被中国乡镇企业协会评为全国建筑行业最大经营规模100家第20位，被授予“中国经营大师”、“中国民营十大企业家”、“中国乡镇企业十大新闻人物”、“中国优秀企业家”、“全国建设系统百位建筑功勋人物”、“浙江省杰出民营企业家”等荣誉称号。曾连续17年被评为萧山优秀共产党员；连续两年被评为旅游系统“十佳董事长”；荣获“第四届中国改革十大最具影响力新锐人物”。多次被邀请参加北京大型庆典活动，并受到江泽民总书记等国家有关领导人的亲切接见。

徐建标，男，汉族，浙江人，上海星宇建筑工程有限公司总裁，担任“九届上海市青联委员”、“上海市仲裁会仲裁员”、“长江商学院浙江校友会副会长”等社会职务；曾荣获“绍兴县跨世纪技术带头人”、“绍兴市经济发展杰出人才”、“华东建设十大代表”等荣誉称号。上海星宇建筑工程有限公司创建于1993年5月，现为国家房屋建筑工程施工总承包一级资质的建筑施工企业，同时具有钢结构专业承包二级、建筑装修装饰工程专业承包二级、机电安装工程施工总承包二级、地基与基础工程施工专业承包和市政公用工程施工总承包三级等资质，下属的劳务公司具有九项专业承包劳务资格。现有注册资金15 100万元，总资产4亿多元，在册职工5 000多人，各类中高级技术和经济管理人员400多人，注册建造师和项目经理70多人，大型施工机械设备300多台。历年来承建和参建取得的优质工程有：国家“鲁班奖”一项、上海市“白玉兰”、“浦江杯”十项、其他省市优质工程和上海市区优质结构工程三十多项、省市区级文明及标化工地五十多项。公司先后多次被评为上海市区“文明单位”、“先进集体”和综合考评优胜单位，连续八年被评为上海市重合同守信用企业，被上海市工商局和税务局授予合同信用等级AAA级企业和A类纳税信用单位。

徐鹏强，男，大专学历，汉族，中共党员，现任潍坊昌大建设集团董事长。在他的带领下公司荣获“中国最佳企业公民”、“百姓喜爱的优秀企业500强”、“质量安全管理先进单位”、“中国质量信用企业”。潍坊市工商联副主席，潍坊市政协委员。集团集建筑工程施工、房地产开发、市政工程施工、园林工程施工、装饰装潢、租赁商贸、国际经济技术合作、设计科研于一体，具有房屋建筑工程施工总承包一级，市政公用工程施工总承包一级，公路工程总承包三级，机电设备安装、装饰装修、地基与基础工程专业承包一级，建筑幕墙设计施工一体化二级，消防设施、混凝土构件专业承包二级，房地产开发经营二级，园林工程施工二级，建筑智能化工程、起重设备安装工程专业承包三级，建筑设计丙级资质，以及对外经济技术合作签约权。是潍坊市建设行业的龙头企业，同时是全国500家最大经营规模建筑施工企业，全国百强建筑施工企业，全国优秀施工企业，中国建筑业AAA级信用企业，首批（2008年）全国建设信用诚信企业，全国政府放心用户满意单位、中国建筑科技创新先进企业，山东省建筑业十佳质量管理企业、文明诚信百佳企业。

徐亦辉，男，汉族，安徽省1985年8月毕业于哈尔滨铁路工程学校铁道工程专业中国中铁四局集团第四工程有限公司董事长、党委书记。2009年度“合肥十大经济人物”。同期参加工作，2003年12月毕业于合肥工业大学管理工程专业，研究生学历，1985年3月加入中国共产党。中国中铁四局集团第四工程有限公司（前身为铁道部第四工程局第四工程处）是具有综合施工能力的国有控股大型企业，具有市政公用工程施工总承包一级、公路工程施工总承包一级、桥梁工程专业承包一级、隧道工程专业承包一级、公路路基工程专业承包一级、铁路综合工程施工总承包二级、机场场道工程专业承包二级，注册资本金11 323.42万元，是一支经验丰富，装备精良，纪律严明，施工质量好、信誉度高，富有献身精神，有健全管理机构和完善管理制度的现代企业。

徐征，男，汉族，上海市，硕士研究生，教授级高级工程师。上海建工集团股份有限公司董事长，曾任上海建工（集团）总公司总经理助理、副总工程师、副总经理，上海建工股份有限公司总经理，现任上海建工（集团）总公司总经理、党委副书记、上海建工股份有限公司第三届董事会董事长。上海建工股份有限公司（以下简称“本公司”）是经上海市人民政府沪府〔1998〕19号文批准，依据《中华人民共和国公司法》，由上海建工（集团）总公司（以下简称“建工集团”）作为独家发起人，对其原所属的总承包分公司（建工集团属下的内部独立核算部门）、上海市建筑装饰工程有限公司、上海市建工设计研究院、上海市第一建筑工程公司、上海市第二建筑工程公司、上海市第三建筑发展总公司、上海市第四建筑工程公司、上海市第五建筑工程公司、上海市第七建筑工程公司、上海市第八建筑工程公司（以下合称“九家全资子公司”）的资产及负债进行重组，并采用募集方式向社会公开发行A股150 000 000股而设立的股份有限公司，于1998年6月15日取得由上海市工商行政管理局颁发的营业执照。

许光校，男，1962年生人，汉族，中共党员，研究生学历，安徽省潜山路桥工程有限责任公司董事长兼总经理。多次当选为省、市人大代表，先后被授予“安庆市劳动模范”、“安庆市建工系统2000年度先进工作者”、“安庆非公有制经济优秀建设者”等荣誉称号。1993年他怀着一颗振兴家乡经济、感恩社会的赤子之心，毅然辞去公务员之职，凭着2万元借款，组建全县第一家路桥施工的通达实业公司。历经十四载拼搏，以他为首的安徽省潜山路桥工程有限责任公司一跃成为省百强、市二十强、县建设行业的龙头企业，总资产达2.78亿元。2005年，企业获得“全国优秀施工企业”、“安徽省优秀建筑业企业”称号；2006年获得“安徽省优秀建筑业企业”等荣誉称号。安徽省潜山路桥工程有限责任公司位于国家级风景名胜区—天柱山南麓，公司创建于1985年，1994年更名为路桥工程公司。现有正式员910人，全资子公司，分公司5家，总资产逾9 000万元，1996年被上级主管部门批准为公路工程专业国家二级施工资质企业。

许吉武，男，1967年12月生人，籍贯甘肃临泽，汉族，大专学历。现任临泽县五华实业有限责任公司工程师。许吉武同志1990年参加工作后在临泽县供销社工作，1992年与他人共同成立了县供销建筑队，担任副队长，1995年担任临泽县建筑工程公司施工员，2000年担任临泽县五华实业有限责任公司副总经理，2004年至今担任临泽县五华实业公司总经理，兼任临泽县五华房地产开发公司总经理。任职期间工作成绩突出，先后受到了建设主管部门的多次表彰。在许吉武同志的带领下，五华实业有限责任公司获得2次甘肃省优秀建筑业企业，连续四年被评为甘肃省诚信建筑业企业，许吉武个人也获得了张掖市建设局安全生产管理先进个人称号，并享受张掖市政府企业发展突出贡献政府津贴。

许明华，男，汉族，浙江省宁波人，现任浙江省岩土基础公司总经理。入选2006年第五届宁波市优秀创业企业家之列，是浙江省地勘局第一位市级优秀创业企业家。被浙江省工商行政管理局认定为“浙江省工商企业信用‘AAA’级守合同重信用单位”，连续多年被宁波市资信评估委员会评为资信“AAA”级企业。浙江省岩土基础公司地处经济繁荣的东海之滨宁波市，建立于1990年1月，隶属于浙江省地质勘察局，系独立核算国有企业，1993年经国务院发展研究中心、建设部、国家统计局认定为中国500家最佳经济效益建筑业企业一级第293名。公司1999年通过ISO9002质量体系认证，2002年通过ISO9001质量体系换版认证，2005年通过质量、环境、职业健康安全“三合一”管理体系认证。公司被国家四部委授予“功勋单位”，被浙江省委、省政府授予“文明单位”称号。被中国工程建设协会评为“质量安全管理先进单位”，被浙江省建协评为第一批“浙江省建筑业诚信企业”，被浙江省工商行政管理局认定为“浙江省工商企业信用‘AAA’级守合同重信用单位”，连续多年被宁波市资信评估委员会评为资信“AAA”级企业。

许世臣，男，1955年11月出生，汉族，北京人，中共党员，研究生学历，高级工程师高级经济师，现任北京龙建集团有限公司董事长兼总经理，任职9年。2000年6月至2001年11月，在中国农业大学攻读研究生。1979年4月—1983年2月，任北京市房山国营建筑公司副队长；1983年3月至1988年10月，任房山建筑公司工程部主任；1988年11月至1989年12月，任房山建筑总公司管理科科长；1990年1月至1994年1月，任房山区建筑集团经理助理、经营部主任；1994年2月至2000年7月，任房山区集达房地产开发公司经理：2000年7月至2002年12月，任房山建筑股份公司总经理；2002年12月25日至今，任北京龙建集团有限公司董事长兼总经理。他本人先后荣获“全国劳动模范”、“全国五一劳动奖章”、“全国优秀施工企业家”、“中国知名企业家”、“北京市优秀建筑企业家”、“首都劳动奖章获得者”、“北京市经济创新标兵”等光荣称号。龙建集团为国家施工总承包一级资质建筑企业，全国五一劳动奖状企业。在他的带领下，广大员工坚持“诚信为本、铸造精品、开拓创新”的企业宗旨，现已发展成为拥有建筑业、房地产业、农业、酒店餐饮业和金融业五大板块的综合性大型集团企业。即，拥有49家分公司、11家子公司、12家参二股公司，5家成员单位。资产总额20亿元，注册资金3.1亿元。年开复工能力300万平方米，完成工作量50亿元。

许扬明，男，汉族，福建人，现任福建海坛隧道工程公司总经理，北京福州商会常务副会长，北京平潭商会会长，北京平潭联谊会副会长。他带领的公司先后被评为全国建设工程质量安全管理先进单位，省级，市级先进企业，AAA级信用企业，福建省建筑企业100强，福建省效益100佳，福建省2005年建筑业综合实力民营20强企业，福建省2005年建筑业总承包20强企。福州市政府评为守合同重信用单位、福州市纳税大户、平潭县人民政府评为十佳纳税大户。福建省海坛隧道建设工程有限公司是经国家建设部核准为隧道工程专业一级、土石方工程专业一级的资质企业。2006年、2007年分别完成总产值达15.64亿元、17.67亿元，实现比增13%。先后承包或分包了全国各地的铁路、公路、地铁等100多项国家重点工程，创出300多项优良优质工程及多项鲁班奖。近几年来完成土石方工程量约5 800万立方米。2006年公司完成的各类隧道及土石方年产值15亿元以上。

Y

严介和，男，1960年生人，江苏淮安人，硕士研究生学历。1987年1月至1992年10月，淮安市乡镇企业任厂长、经理等；1992年，在南京绕城公路建设中严介和赚了800万元；1992年10月—1995年6月，淮安引江建筑工程有限公司，任董事长；1993年，他跻身沪宁高速公路建设，此后又参加京沪高速、南京新机场高速、江阴长江大桥、南京长江二桥和南京地铁等工程建设；1995年6月—1996年6月，江苏太平洋工程有限公司，任董事长；1996年6月—2002年12月，江苏太平洋工程集团有限公司任董事局主席兼总裁；2002年12月—2004年6月，集团名称变更为中国太平洋建设集团有限公司任董事局主席兼总裁；集团相继并购了17家国有大中型企业，总资产达到60亿元，成员企业发展到46家。2003年11月，严介和收购了“ST纵横”28.18%的股份；2004年7月至今，中国太平洋建设集团有限公司，任董事局主席。2004年，严介和在胡润中国富豪排行榜上排名第66位。2005年，在胡润中国富豪排行榜上排名第二位。

杨俭存，男，1949年生人，汉族，中共党员，1949年8月出生于陕西汉中，路桥集团第二公路工程局。1975年毕业于东南大学公路工程专业，1998年获得东南大学道路与铁道工程研究生学位，2005年获得西安交通大学高级管理人员工商管理硕士（EMBA）学位。教授级高级工程师，享受政府津贴的专家，现为路桥集团第二公路工程局局长。中国公路建设行业协会副理事长，东南大学名誉教授，中国工程建设高级职业经理人。1996年被江苏省委、省政府授予“沪宁高速公路建设功臣（省劳模）”荣誉称号，1999年被陕西省委、省政府授予“陕西省突出贡献专家”，2000年被人事部、交通部授予“全国交通系统劳动模范”荣誉称号，同年被施工企业管理协会授予“优秀施工企业家”荣誉称号，被国务院授予“享受政府特殊津贴专家”，2004年被经济日报评为“中国经济百名杰出人物（前三名）”。路桥集团第二公路工程局（简称二公局）是具有公路工程施工总承包特级资质等级的国有大型施工企业。注册资本3.4亿元。现有职工6 858人，其中专业技术和管理人员3 554人，中级职称1 202人，高级职称319人。2005年完成施工产值81.16亿元，新签合同额110.18亿元，工程交竣工验收合格率100%，优良品率达到98.9%以上。

杨杰，四川省邛崃市邛州建筑工程有限公司总经理，成都市建筑企业优秀经理人。他所带领的企业始建于1980年，是国家建设部核定的施工总承包一级企业，具有中级以上职称人员107人（其中高级职称17人），拥有44个项目经理（其中一级项目经理12人），拥有一批技术精、经验足、素质高的施工队伍。近年来，完成修建工程近110万平方米。所建工程合格率为100%，优良工程率70%以上，重大安全事故率为零，所建工程获得了多项优质奖。取得了一系列国家级、省级、市级荣誉称号，曾获成都市“质量效益型企业”、“成都市先进集体”、“首届四川民营建筑企业最大规模10强”、成都市“明星企业”、成都市“重合同守信用企业”、四川省“工程质量信得过单位”以及“成都市建筑企业先进企业”、“全国质量服务诚信示范企业”等称号。

杨镜璞，男，1955年生人，汉族，重庆市人，1985年加入中国共产党，1971年参加工作，研究生学历、硕士学位，高级经济师、教授级高级工程师，中国矿业大学杰出校友、中国矿业大学重庆校友会会长，重庆建工集团董事长。曾任重庆市煤炭工业局常务副局长、重庆煤炭（集团）有限责任公司总经理；现任重庆建工集团有限责任公司董事长、党委书记；重庆建工投资控股有限责任公司董事长、总经理。2007年8月至今任重庆建工集团董事长。重庆建工集团有限责任公司于1998年11月由原重庆市建管局整体转制而成，是目前中国西部地区唯一拥有房屋建筑工程、公路工程施工总承包双特级资质的国有大型建筑企业集团。下辖全资、控股企业30家，注册资本金15.69亿元，总资产250亿元，各类专业技术人才6 189人。2009年名列中国企业500强第281名、中国建筑企业第15名、中国西部建筑企业第1名。

杨开森，男，1961年11月5日出生，大专文化，现任柳州市桂海建筑工程有限责任公司董事长兼总经理，二级项目经理、二级注册建造师、高级工程师。杨开森同志在1992—2001年任广西桂平市第六建筑工程公司任职期间，不断更新专业知识，提高管理水平和质量安全意识，把工程质量安全生产作为企业的生命线。1992—2000年，在广西柳州市承建的工程中没有安全生产死亡事故，没有工程质量事故，承建的工程合格率为100%，优良率在50%以上，获得28项优良工程，1999年获“广西先进建筑施工企业”。杨开森的企业及个人1994—1998年获柳州市“龙城杯”金杯奖2项，银杯奖4项，铜杯奖2项，“双优”工程20项，广西区优质工程6项。1995—1997年领导的企业获得广西柳州市“安全生产、优良工程”特别奖；个人获1996年“桂平市十佳企业家”、“广西优秀建筑企业家”、2006年获“广西建筑业优秀经理”称号。公司2005—2006年获柳州市和广西区文明工地8项。2006年获区建设厅评为“广西建筑业先进施工企业”、“广西安全生产先进单位”、“广西质量管理优秀企业”称号；连续四年获广西柳州市工商局、市私协评为“重合同守信用”和“诚信企业单位”称号。

杨雷，男，1969年生人，汉族，江苏人，江苏天奇物流系统工程股份有限公司总经理。1969年出生，中欧国际EMB毕业。先后从事技术研发、技术管理、销售管理等工作。1997年起加入本公司以来，历任公司董事、副总经理等职务。2000年起一直担任公司董事兼总经理职务至今。江苏天奇物流系统工程股份有限公司，位于江南名城无锡。创建于1984年，2004年6月在深圳证券交易所上市，是国内同行业唯一的上市公司，技术和销售在国内处于同行业首位。公司有职工1 480人，专业技术人员和管理人员450人。

杨青山，男，出生于1966年，山东人，研究生学历，北京大学EMBA，中欧国际工商学院EMBA。山东金瀚控股有限公司董事长。东营市政协常委。经商之余，喜爱音乐、摄影和收藏。主要音乐作品有《口碑》、《老家》、《我有一个梦想》和《我为祖国骄傲》等。出版有个人音乐作品专辑《中国当代作曲家作品经典——杨青山专辑》。创办有“环摄中国工作室”。在上海、山东、河南等地成功举办了个人摄影作品展，并出版了专题摄影画册《青山漫游·扫描欧洲》。创办了“营城造市研究所”。著有管理学专著《约束与激励》。他带领集团开发建设的项目有清风湖社区、河南永城金瀚、上河城等。其中，清风湖社区包括了占地2 690亩的山东省最大的城市公园——清风湖公园，其运作模式——“清风湖模式”已成为全国城市运营的典范；与中国建设银行联手打造了全国第一个冠以“乐得家”品牌的智能化、绿色生态小区——乐得家。开发建设的金瀚家园，荣获2003年度CIHAF中国名盘创新奖，并被中国建设银行评为总行级“优质楼盘放心房”；东营首个集“休闲、餐饮、娱乐、购物、文化”于一体的体验式消费休闲MALL——第五大街，荣获2004年齐鲁商业地产特别创新奖、2004年度CIHAF中国房地产优秀商业地产。清风湖社区荣获2004年度、2005年度齐鲁名盘、2004年度CIHAF中国名盘奖。他个人曾经荣获CIHAF中国房地产百杰、齐鲁房地产十大风云人物、中国MBA创业英雄称号等荣誉。

杨天举，男，汉族，泛华建设集团总裁，教授级高级工程师、国家发改委中国产业发展促进会城市建设与基础设施专家组组长、中国建筑协会经营管理委员会副会长、中国工程设计专家委员会秘书长、中国工程担保专家委员会会长、国家一级注册建造师、北京大学特聘研究员、清华大学特聘教授。泛华建设集团是国家建设部原直属企业，是为探索城市建设和建筑业改革，并为实践城市建设、工程总承包和建设项目全过程管理而设立的现代化企业。其中90余项工程分别获得“鲁班奖”，“国家优质结构奖”，建设部“优秀设计奖”、“长城杯”、“钱江杯”、“玉兰杯”、“闽江杯”等国家和省部级优秀设计、施工、装饰、监理等重要奖项，还被授予“迎接建国五十周年重大工程建设贡献单位”，“用户满意企业”、“重合同守信用企业”、“工程质量先进单位”及建设部“全国工程监理先进单位”等荣誉称号。目前，泛华建设集团已经通过了ISO9000、ISO14000、OHSAS18000标准体系的年检及达标认证和UKAS国际质量认证，已连续两年被评为纳税A级和银行资信AAA级企业，被农业银行授予信用最高等级AAA+级，获得北京市国地税局颁发的纳税最高信誉A级企业证书。

杨伟，男，出生于1954年11月，汉族，1978年5月加入中国共产党。1974年4月毕业于沈阳铁路机械学校机械专业，中专学历。在职教育长沙铁道学院铁道工程专业，本科学历。高级工程师。历任沈阳工程处六段技术员、副总工程师、总工程师，长春分局铁建公司副经理、经理，长春工程段副段长、段长，中铁九局集团三公司副总经理兼总工程师。现任中铁九局集团第三工程有限公司董事长兼党委书记。他所领导的中铁九局集团第三工程有限公司是具有国家铁路工程施工总承包二级、房屋建筑工程施工总承包三级、桥梁工程专业承包二级及公路路基工程专业承包三级资质的施工企业。始建于1974年，其前身是沈阳铁路局沈阳工程处第六工程段。连续多年被评为“重合同、守信用”单位、企业管理先进单位、质量管理先进单位、安全管理先进单位、设备管理先进单位、安全防火先进单位、劳动保护先进单位、法律工作先进单位、吉林省建筑施工企业50强、吉林省明星企业等。

姚子辉，男，1965年生人，汉族，湖南人，中共党员，教授级高级工程师，现任中国建筑第五工程局有限公司总经理助理、中建五局土木工程有限公司董事长兼党委书记。公司立足“精品名牌”和科技创新与进步，总结提炼省部级、系统内基础设施施工工法16项，累计获鲁班奖、芙蓉奖、邕城杯、楚天杯、中建杯等国家和省部级优质工程奖80余项。1994年回国，先后任中建五局五公司市场营销部经理、高速公路工程项目经理、指挥部指挥长等职。2003年任中建五局五公司副总经理兼中建五局广西公司总经理。2005年任中建五局土木公司董事会董事、副总经理。2007年任中国建筑第五工程局有限公司总经理助理兼中建五局土木工程有限公司总经理、党委书记。中建五局土木工程有限公司是中国建筑第五工程局有限公司的全资子公司，是世界500强中国建筑股份有限公司的三级法人企业，有着三十年的悠久历史，是中建总公司“十强号码公司”，连续多年获湖南省信用等级“AAA”企业称号和全国守合同重信用企业称号。先后荣获全国优秀项目经理、湖南省优秀项目经理、南宁市优秀项目经理、中国建筑劳动模范、国务院国资委中央企业劳动模范、湖南省建筑业改革与发展先进个人、湖南省省直十杰青年、中国建筑工程总公司和中国建筑第五工程局有限公司功勋员工等荣誉称号，是中国建筑工程总公司的优秀经营管理者，被评为湖南省第三届最受尊敬的企业家。

叶林富，男，汉族，浙江省，工商管理硕士，工程师职称。腾达建设集团股份有限公司总经理历任黄岩市市政公司副总经理，浙江腾达市政工程集团股份有限公司副总经理、总经理。现任腾达建设集团股份有限公司董事、总经理，同时兼任浙江青年企业家协会副会长。2007年12月至今任浙江爱仕达电器股份有限公司第一届监事会监事，监事任期为2007年12月—2010年12月。腾达建设集团股份有限公司（以下简称“公司”或“本公司”）系经浙江省人民政府浙政发〔1995〕122号文批准，由叶洋友等28位自然人共同发起设立，于1995年8月21日在浙江省工商行政管理局登记注册，取得注册号为3300001000366的《企业法人营业执照》，现有注册资本为15 973.52万元，折15 973.52万股（每股面值1元），其中已流通股份6 000万股（A股）。

于金涛，男，江苏人，汉族，民建会员，大学学历，高级经济师，扬州桩基有限公司总经理，桩基和深基坑围护专家他积极参与政协组织的各项活动，常常主动深入施工一线，关心工人疾苦，了解社情民意，认真履行委员参政议政的职责，一年多来，共撰写提案5篇，其中《关于创新思路打造扬城品牌夜市的建议》受到市有关部门的重视；他勤于学习，勇于创新，2008年被评为“江苏省建筑业科技进步和技术创新先进个人”，他主持的施工工法被评为省级工法，QC小组获得全国工程建设优秀质量管理小组二等奖。公司每年承接桩基项目近70项，竣工验收均一次性通过，工程质量合格率达100%，其中扬州供电大厦、扬州火车站和扬州市地税局综合办公大楼工程分别获得中国建筑行业最高成就奖——鲁班奖。公司通过了ISO9000质量管理体系认证、ISO14004环境管理体系认证和GB/T28001职业健康安全管理体系认证。公司成立十多年来，随着市场竞争的日益加趋，结合生产经营需求进行合理的设备投入，总的固定资产设备128台，其中800 T静压桩机2台，600 T静压桩机3台，320 T静压桩机1台，挖掘机2台，装载机2台，推土机2台等大型设备，我公司还在不断的更新和添置。使得企业在市场竞争中始终如虎添翼、快人一拍。公司承接的6项国家重点工程获市级“琼花杯”质量奖，8项工程被评为“扬州市优质结构工程”，公司参建的扬州火车站、扬州供电大厦工程均获中国建筑业最高奖“鲁班奖”；公司参建的江苏油田综合楼工程荣获“国家优质工程”。公司连续10年被评为扬州市“重合同守信用企业”、“AAA级资信等级企业”，获得并保持了“扬州市文明单位”、“扬州市建筑业先进企业”等称号。

于立新，男，河北人，汉族，中共党员，现任河北新烨工程技术有限公司董事长，公司拥有资质：冶金行业甲级；工程咨询乙级；建筑行业工程设计乙级；岩土工程勘察乙级；市政公用行业乙级；工程测绘丙级；工程造价乙级；GB1、GB2、CG2级压力管道设计；第一类、第二类压力容器设计。1983年大学毕业分配至今一直在河北新烨工程技术有限公司（原宣化钢铁公司设计院）工作，历任宣化钢铁公司设计院冶炼室室主任，副院长，院长职务。2005年1月主辅分离企业改制，原宣化钢铁公司设计院更名为河北新烨工程技术有限公司，现任公司董事长兼总经理职务。河北新烨工程技术有限公司前身宣化钢铁公司设计院成立于1974年，经历三十几年，现已发展成为具有冶金、建筑等行业的工程咨询和工程设计以及工程地质勘察、工程测量等多项资质的综合性工程技术公司。2002年获河北青年五四奖章并荣立河北省政府一等功、2004年出席共庆中华人民共和国成立五十周年国庆庆典活动，并获科技专家功勋奖、2005年获中国工程设计行业诚信经营企业家、2006年获河北省建设系统优秀民营企业家。鉴于个人及所在企业在经济技术、经营管理、文化建设等方面的突出表现和贡献其个人先进事迹分别选入国家人事部中国人才研究会人事管理研究中心编写的《中国当代优秀专家人才》、中国科技研究交流中心主持编辑的《世界华人突出贡献专家名典》及中华人民共和国日史编辑委员会研究室编写的大型爱国主义教育文献《人民的骄傲》卷书。

于天恩，男，汉族，1950年11月生人。中国共产党党员，大学毕业。宁夏建设集团有限责任公司党委书记、董事长。高级工程师。主要从事建筑工程施工组织与管理，先后组织施工了宁夏赛马水泥厂一期工程，宁夏银川火车站等多项工程，曾获得自治区科技进步成果三等奖。曾获得自治区科技进步成果三等奖。1969年11月参加工作。1972年5月至1975年9月，在西安冶金建筑学院读书。1975年9月至1984年3月，在宁建一处工作。1984年3月至1987年，在宁夏第五建筑工程公司工作，历任工区副主任、主任。1987—1990年12月，任宁建五公司副经理。1990年12月至1993年12月，任宁建五公司经理兼党委书记。1993年12月至1998年3月任银川河东机场工程指挥部副总指挥。1998年3月至2002年11月，任自治区扶贫扬黄指挥部副总指挥。2002年11月至今在宁夏建设集团任董事长兼党委书记。

余朝樟，男，汉族，福州亿力电力工程公司总经理，作为企业的带头人，他注重自身建设，认真学习《中国共产党党风监督条例（试行）》和《中国共产党纪律处分条例》，牢记“两个务必”，践行“为民、务实、清廉”的风气，贯彻中纪委“四大纪律”、“八项要求”和“三个不得”规定，在班子中带头执行《国有企业从业人员廉洁从业若干规定》，签订并兑现《廉洁自律承诺书》，保证廉洁自律，为企业领导人，他坚持以科学发展观指导企业的改革与发展，始终把企业的长足发展作为本届领导班子的责任目标，在企业内部坚持和巩固“划小核算单位、内部承包经营”绩效考核机制，鼓励职工积极投入电网建设，按期保质完成任务。福州亿力电力工程有限公司可承担110千伏及以下送电线路和同电压等级变电站建筑安装工程施工，电器机械维修，批发、零售：电力设备材料，零售：五金工具，百货，计算机，通讯，电力自动化安装及维修。曾获得福建省电力有限公司安全生产先进个人、农电工作先进个人称号。

俞明，现任河南省正阳县市政工程公司总经理，在俞明的带领下，该公司现已成为二级建筑施工企业，占地面积50余亩，其中固定资产1 800万元，流动资金1 600万元。现有职工530人，专业技术人员140人，其中工程技术人员120人，具有高级职称的8人，中级职称的80人，经济管理人员12人，有资质的项目经理30人，具有市政工程二级的12人，道路工程二级8人，市政工程三级的10人。近几年来，公司以雄厚的经济实力、先进的施工技术和优良的工程质量，不断开拓和占领市场份额，树立了市政公司良好的形象。先后修建了10万平方米的正阳县东西顺河街混凝土道路工程、15万平方米的驻马店市解放路大修工程、17万平方米的漯河市东风路沥青混凝土道路工程以及19万平方米的许昌市七一路改建工程、正阳县新城区建设路30万平方米混凝土道路及配套附属设施工程等系列城市形象工程。2004年12月，被驻马店市政公用协会授予“驻马店市政公用工程施工管理优胜企业”称号；2005年5月，被市总工会，市安全生产监督管理局授予2004年度驻马店市“安康杯”竞赛优胜企业；2006年4月被市委宣传部、市总工会授予“全市职业道德建设十佳单位”。2006年5月，俞明被市总工会授予“五一劳动奖状”等荣誉称号。正阳县市政工程公司成立于1988年，现为市政工程施工总承包二级、混凝土预制构件专业承包三级资质企业。正阳县市政工程公司是年施工能力5千万元人民币的股份制建筑施工企业。

俞小平，1963年生于浙江绍兴。1994年俞小平入北大房地产高级总裁班进修，任学生会副会长。泰州市浙江商会常务副会长、全球城市发展组织战略执行官、中新德胜宗亲总会第十九届荣誉会长、中国国际经济发展研究会副理事长、浙江省民营企业专家研究会名誉会长、金马地产建筑工程开发总公司董事长、南丰五金建材综合批发市场董事长。1998年参与旧城改造。2001年创办江西南丰五金建材综合装饰市场。2002年6月，在考察了全国10多个省（市）后毅然选定黄桥老区作为他事业中兴的投资宝地。投资了泰兴市金马建筑工程开发有限公司、苏浙五金建材家具市场、东进幼儿园等项目。作为到黄桥投资“第一浙商”，他的“挖井”精神和黄桥老区情结应当从发展大局彰显。泰兴金马地产建筑工程开发有限公司，成立于2002年，旨在为江苏黄桥老区的发展添砖加瓦。2005年11月1日，俞小平执掌的金马公司开盘，他在革命老区黄桥开始起飞，俞小平的“挖井”精神和老区情结理应为泰州人学习。在市委宏扬“创业、创新、创优”三创精神的今天，泰州人理应树立开放思维，欢迎更多的外来企业家来泰投资创业，集聚更多的民间资本加快泰州的发展。

Z

张财国，男，1973年11月生，民乐县民联乡太和村人，汉族，大专学历，工程师。现任民乐县阳光水利水电工程有限公司董事长。自1998年至现在，先后在工地带过工、承包过水利工程、组织过劳务输出，在平凡的岗位上做出了不平凡的事情。2007年正式注册成立了民乐县阳光水利水电工程有限公司，注册资金2 100多万元，拥有各类技术人员125人，水利水电、房屋建筑、公路工程施工总承包三级资质。先后承包狼心山水利枢纽工程、内蒙古鄂尔多斯市黄河南岸灌区水权转换节水改造工程、巴彦淖尔市利用政府专项资金节水改造工程、黑河流域近期治理节水改造工程、石羊河流域重点治理项目节水改造工程等多项工程。总承包额2亿多元，创利润1 000多万元，公司施工队伍正规，设备齐全，进度快，质量优。得到了施工地领导和当地老百姓的充分肯定。2008年4月被张掖市人民政府授予张掖市“劳动模范”荣誉称号，12月被省委组织部、省委宣传部、省人事厅、省农牧厅授予“甘肃省农村优秀人才”荣誉称号，2009年2月被民乐县人民政府评为“劳务工作先进个人”，2010年8月被共青团张掖市授予青年创业先锋荣誉称号。

张福钢，男，汉族，1960年11月出生，河北清河人，大学学历。至2010年担任郑州铁路扶轮建设工程发展有限公司总经理。2001年9月至2003年9月兰州铁道学院铁道工程专业。1984年9月至1996年1月郑铁房建段技术员、助理工程师、主任，1996年1月至1996年8月郑铁扶轮公司副经理，1996年8月至1998年11月郑铁房建段物业办主任，1998年11月至2003年8月郑铁房管中心塑窗厂厂长，2003年8月至2010年6月郑铁扶轮公司总经理在担任总经理的数年间，完成了郑州玉星窗业有限公司和郑州铁路豫鼎检测工程有限公司的注册、组建及初步运作工作。2006年根据铁路主辅分离、辅业改制的需求，带领公司建立完善法人治理结构，完成市场准入程序，顺利实现了改制目标。2007年经过不懈努力，一举使公司由房屋建筑工程施工总承包三级资质升为二级资质，为公司持续发展奠定了坚实的基础。经过多年的艰苦创业和历练打拼，他打造出一支有较强实践经验的高水平工程施工队伍，积累了一套科学严密、细化完善的组织管理经验，形成了运行稳定、环环相扣的质量保证体系。在承揽的多项工程施工项目中，工程质量一次验收合格率100%，优良率稳定在93.6%以上，受到社会各界的一致好评，塑造了良好的信誉和质量形象。公司先后多次获得“全国AAA级资信施工单位”、全国“工程建设优秀施工企业”、河南省“安全生产示范单位”、河南省“质量信誉、双优示范单位”、河南省“河南之星”最佳企业等荣誉称号。

张贵林，男，1963年4月生人，汉族，北京市人，任北京住总集团党委书记、董事长。历任中国农业机械化科学研究院机电研究所工程师兼院团委副书记；广西兴安县副县长；中国农业机械化科学研究院科研处副处长；高级工程师兼北京海丰技术公司总经理；农业部农机化项目办公室副主任；北京市二轻工业总公司总工程师；中关村科技园区管理委员会副主任；北京住总集团有限责任公司副董事长。2004年1月9日当选为中关村科技公司董事长。2005年8月4日至今，任北京住总集团党委书记、董事长。北京住总集团成立于1983年5月，是以房地产开发和建安、市政施工为主业，集科技研发、规划设计、房地产开发、工程施工、文体产业、地铁盾构施工、建筑装饰、物业管理、物资经营、对外经营、餐饮旅游于一体，生产经营与资本经营相结合，跨地区、跨行业、跨所有制、跨国经营的大型企业集团。集团所属20多家子公司和20多家合资、合作企业，在20多个省市和20多个国家、地区设有分支机构。北京住总集团具有建设部颁发的工程总承包特级资质及房地产开发、建安施工、海外承包的国家一级企业资质，并被评为AAA级资信企业。通过了质量、环境、职业健康安全管理体系国际国内双重认证，并连续数年以较强的综合经营实力入选中国企业500强前列。

张恒祥，男，甘肃人，汉族，中共党员，研究生学历，建筑与土木工程硕士，国家注册一级建造师，全国鲁班奖工程项目经理和国优工程项目经理，现任金川集团工程建设有限公司总经理。该公司在2004—2009年被评为甘肃省建筑业优秀企业；连续七年实现事故为零，继续保持金昌市文明标兵单位和甘肃省“重合同、守信用”企业称号。拥有最先进的钢结构生产线、道路砖、路缘石、门窗、SBS防水卷材、涂料等砼制品、建材生产线以及商品砼搅拌站。先后担任过金川集团建设公司重点工程一级项目经理、项目管理部主任、分公司经理、施工管理部主任，现任金川集团工程建设有限公司总经理。金川集团工程建设有限公司于1969年成立，具有国家建设部核准的房屋建筑施工总承包一级和矿山工程、冶炼工程、机电安装工程、市政公用工程及钢结构、装修装饰、防腐保温、预制构件、商品砼专业承包等多项施工资质。注册资金3.4亿元；拥有各类机械设备568余台（套）。职工总数1 064人（其中：专业技术人员600余人），各级别项目经理160人；公司下设23个分公司、项目部。现为金昌市建筑业联合会和甘肃省建筑业联合会副会长单位，中建协、中施协、中国钢结构协会会员单位，取得ISO9001—2000质量管理体系、ISO14001环境管理体系和OHSAS18001职业健康安全管理体系审核认证。

张厚，男，1955年11月生人，汉族，研究员级高级工程师，中共党员，毕业于黑龙江省社会科学院企业管理专业，研究生学历。黑龙江龙建路桥股份有限公司董事长，1970年3月历任黑龙江省伊春市西林化工厂工人；黑龙江省第一建筑工程公司第一工程处技术员、承包队长；第八分公司经理、公司副总经理、总经理，2002年1月至2002年11月任黑龙江省建工集团总经理（法定代表人）、党委副书记、2002年11月至2005年1月任黑龙江省建工集团董事长、总经理、2005年2月至今任黑龙江省建工集团董事长、党委书记、2008年3月至今任黑龙江省公路桥梁建设集团有限公司副董事长、党委副书记、2008年3月25日任龙建路桥股份有限公司董事长至今。

张嘉根，男，汉族，浙江省，中共党员，浙江世安建设集团有限公司董事长，担任“金山区工商联常委”、“绍兴市在沪企业联合会副会长”、“上海市工商联房地产商会理事”、“金山区企业家联谊会副会长”、“金山区青年联合会委员”、“金山区信用促进会理事”等社会职务；曾荣获“浙江省建筑系统先进工作者”、“金山区重大项目立功竞赛先进个人”、“首届上海市房地产优秀青年企业家”等荣誉称号。曾荣获“浙江省建筑系统先进工作者”、“金山区重大项目立功竞赛先进个人”、“首届上海市房地产优秀青年企业家”等荣誉称号。浙江世安建设集团有限公司创建于1980年，现为国家房屋建筑施工总承包一级资质和建筑装修装饰工程专业承包一级资质企业，注册资金5 180万元，资产总值5.8亿元，职工3 500人，其中各类专业技术和管理人员430多人。集团公司主要业务分布在上海、杭州、宁波、嘉兴、上虞、安徽、江西、江苏等地，下设五个办事处、直辖九个分公司和十五个施工项目部，并下辖上海复成实业发展有限公司、上海海舜房地产开发有限公司、上海授业工贸有限公司、上海世安海昇大酒店有限公司、上海世安金英教育发展有限公司、新金山国际幼稚园、复成工业园等数家全资子公司。公司全面按照已认证的ISO9001、ISO14001、GB/T28001整合体系运作，实施名牌战略，取得了物质文明和精神文明双丰收。历年来创得优质工程有：上海市“白玉兰杯”优质工程五项，上海市“结构优质工程”、上海市“浦江杯”和嘉兴市“南湖杯”等地市级优质工程共二十余项，创省市级建筑施工文明工地三十多个；并连续被市委、市府评为上虞市建筑十强优胜企业，被省人民政府驻沪办事处评为“进沪施工优胜单位”。

张金华，男，汉族，浙江华洋建设有限公司董事长，浙江嘉兴市人，优秀企业家，高级工程师，平湖市十二届人大代表。曾荣获“平湖市劳动模范”荣誉称号。浙江华洋建设有限公司始建于1971年11月，经过多年来的发展，现已成为一家以建筑施工为主体，集水电安装、建筑装潢、路桥施工、新型建材制造（水泥砖）、木器加工、建材经营、建筑机械、钢模钢管租赁等于一体的综合性施工企业。公司现具有国家施工总承包二级资质。公司自2001年起实施ISO9001国际质量管理体系，在经营中始终坚持“质量第一、信誉至上”的企业宗旨，赢得了上级主管部门和社会各界的好评，并先后获得了诸多荣誉。1996—2005年，公司创“南湖杯”优质工程2项，“当湖杯”优质工程8项，省级文明标化工地1项，嘉兴市文明标化工地8项，平湖市级标化工地38项；2005—2006年，公司被评为浙江省农村合作银行AAA级信用企业，并被授予浙江省工商企业信用AAA级守合同重信用单位、嘉兴市建筑业诚信企业等荣誉称号。曾先后荣获浙江省优秀企业家、全国劳动模范、平湖市劳动模范等荣誉称号。获“中国企业成功企业家履行企业社会责任终身荣誉奖”提名。

张景志，男，汉族，湖北省，管理学硕士，教授级高级工程师。合加资源发展股份有限公司总经理，从他就任合加资源发展股份有限公司总经理一职以来，公司业绩连年快速增长，一跃成为环保版块上市公司的绩优股。他发表了多篇论述管理经营思想以及技术实践的论文，多次应邀出席各种环保投融资论坛，对我国市政环保公用行业的投融资体制改革有自己的独立思考，提出了市政环保设施资产拥有权与运营权分离的改革和发展方向。曾任职于北京科技大学管理学院、冶金工业部、北京浪潮电脑公司、北京桑德环保集团有限公司，历任部门经理、总经理助理等职务。2006 年 3 月至 2007 年 1 月任合加资源发展股份有限公司董事、执行总经理，现任合加资源发展股份有限公司总经理。合加资源发展股份有限公司，长期致力于废物资源化和环境资源的可持续发展，主营业务为固废处置工程系统集成和特定地区市政供水、污水处理项目的投资及运营服务。是目前 A 股市场唯一一家主营业务为固废处置的上市公司，连续两年获得“上市公司中国成长百强”等荣誉。下辖湖北合加环境设备有限公司、宜昌三峡水务有限公司等企业。

张利宁，男，黑龙江人，汉族，研究员级高级工程师，现任哈尔滨建工集团有限责任公司党委书记、总经理兼市建二公司经理，被聘为东北林业大学兼职教授、哈尔滨电大客座教授、哈尔滨土木协会施工专业委员会主任委员、哈尔滨建设工程评标专家。2005 年被评为中国工程建设高级职业经理人，全国优秀施工企业家，是哈尔滨建筑业的领军人物。他任企业领导人以来，他所在的企业取得了长足发展。哈建工集团目前已发展成为省内建筑业的龙头企业，经营领域遍布长三角、珠三角、环渤海等经济发达地区，并拓展到阿尔及利亚、俄罗斯、蒙古国、乌克兰等国外市场。其中享受国务院特殊津贴有突出贡献专家 2 人、享受黑龙江省政府特殊津贴重点学科后备带头人 1 人、研究员级高级工程师 15 人、高级工程师 390 人、国家一级建造师 44 人、国家一级项目经理 190 人、高级技师 30 人，管理人员中具有大专以上学历的占 78%，设有国家级博士后科研工作站，集团拥有国家实用新型专利技术 79 项。

张鹏飞，男，汉族 1985 年生人，现任温州泰昌集团董事长兼总经理。2003 年 3 月，因其父张贤瑞在一次交通事故中去世。高中毕业、正打算出国留学的张鹏飞继承这家资产总值 4 亿元、拥有 800 名员工的家族企业，年仅 18 岁。泰昌集团始创于 1992 年，目前下辖温州泰昌铁塔制造有限公司、温州泰昌水泥制品有限公司、温州泰昌电力建筑安装有限公司、温州泰昌科技发展有限公司、温州泰瑞建筑工程检测有限公司、温州泰昌电力设计有限公司、浙江泰昌实业有限公司、杭州泰昌铁路机械制造有限公司八个控股子公司。公司拥有温州、杭州两个生产基地，现有员工 1 200 多人。公司先后荣获“中国驰名商标”、“浙江省文明单位”、“浙江省模范职工之家”、“浙江省非公企业廉政文化示范单位”、“温州活力和谐企业”、“温州市首届劳动关系和谐企业”。经过近几年的发展，2010 年公司屹于中国建筑钢结构行业前三十强之林，同时首次荣登全国浙商 500 强。

张平，男，汉族，中共党员，籍贯陕西省。延安治平建工集团董事长兼总经理，支部书记，延安市建筑业商会会长。曾荣获“中华慈善事业突出贡献人物奖”、“陕西省劳动模范”、“三秦慈善奖”、“陕西省关爱员工优秀民营企业家”、“圣地慈善功勋人物奖”等光荣称号。延安治平建工集团，母公司机械化施工有限公司成立于 1998 年，组建成立于 2005 年。集团下设建筑安装公司、国园房地产开发公司、建筑构件公司、鼎立工贸公司、机砖厂和养鸡公司 7 个法人公司和 9 个分公司。集团总注册资金 11 460 万元，具备房地产开发二级、房屋建筑安装总承包二级、道路桥梁和市政工程总承包二级的资质，拥有各类大型工程机械 60 多台和齐全的建筑安装设备，实现了挖、填、碾、压、建一条龙配套的机械化施工能力，是圣地延安机械化施工装备实力较强的企业，年完成建设投资两亿元，2007 年纳税达 1 280 多万元。

张起瑞，男，天津人，汉族。现任天津渔阳建工集团有限公司董事长兼总经理、党委书记。多年来，他在企业经营管理工作中，积极开拓，不断进取，集团各项工作实现了跨越式发展。2008 年完成产值 6.56 亿元，同比增长 6%，创利润 5 576 万元，纳税 3 200 万元，2009 年度预计完成产值 7.5 亿元，创利润 5 800 万元。目前集团总资产达到 7.5 亿元；净资产达到 2.4 亿元，集团实现了快速稳步发展。天津渔阳建工集团是天津市第一家实行集团化管理的单位，为房屋建筑工程施工总承包一级资质企业。其核心层为天津渔阳建工集团有限公司（下设 6 个工程分公司和混凝土分公司）；紧密层企业有机械施工有限公司、房地产开发有限公司、物业公司、天津建兴建筑试验检测中心、劳务服务有限公司、园艺公司和混凝土有限公司；松散层企业 13 家。集团共有干部职工 1 641 人，其中各类专业技术人员 500 余人，一、二级建造师和项目经理共计 164 人，注册安全工程师 19 名。总资产达 10 亿元，所有者权益达到 2.6 亿元，大中型机械设备 2 000 多台件。

张润斌，男，汉族，湖北人，1992 年毕业于湖北大学，2002 年新加坡国立大学 MBA 毕业，2004 年在武汉理工大学获得管理工程学博士，2001 年起任武汉理工大学兼职教授。现任致盛企业集团董事局主席，是武汉市江汉区第十、第十一、第十二届人大常委会委员，湖北省政协第八、第九届委员会委员，中华全国工商联合会第九届代表大会代表，中华全国青年联合会第九届委员会委员。连续多年被评为武汉市级“优秀企业家”；被武汉市人民政府授予“优秀经营管理者”的光荣称号；1998 年被湖北省总工会评为“爱职工的优秀经营者”；1998 年荣获湖北省“五一”劳动奖章；1999 年被评为武汉“五一劳动模范”；2000 年荣获武汉市首届“五四”青年奖章、武汉地区“十大杰出青年企业家”等光荣称号，同年被评为武汉市江汉地区“十大杰出”青年及优秀人大代表；2001 年被评为第五届“武汉十大杰出青年”及武汉市“优秀企业家”；2002 年被湖北省人民政府授予“省劳动模范”荣誉称号；2004 年被授予全国“关爱员工优秀民营企业家”荣誉称号。1979 年参加工作，1987 年创办武汉致盛企业。1992 年在著名的汉正街创办超市化规范经营的大兴路鞋城，开创了民营企业经营专业市场的先河。

张树，男，汉族，现任陕西泽华暖通制冷工程有限责任公司董事长。1991 年毕业于西北工业大学。1991 年 8 月至 1993 年任陕西三秦科技开发公司总经理助理；1993—1996 年 7 月任陕西三秦房地产开发公司总经理助理兼工程部经理。1996 年 8 月成立了陕西泽华商贸有限责任公司。1999 年 7 月成立了陕西泽华暖通制冷工程有限责任公司，并担任董事长至今。本着“责任、诚信、辉煌”的经营理念，陕西泽华暖通制冷工程有限责任公司，坐落于古都西安的陕西泽华暖通制冷工程有限责任公司是一家从事暖通、制冷行业的专业化公司，创业于 1996 年，注册资金 1 200 万元。公司业务范围涉及各类中央空调系统、工业制冷、冷却塔设备和多种机电设备等的设计、销售、安装及服务。经过多年的市场锤炼，公司已经踏上了科学化管理的轨道，拥有了一支综合素质较高、专业化技术过硬的员工队伍，并先后取得了陕西省建设厅颁发的二级施工、银行 AAA 级信用等级等资质证书，在同行业中率先通过了 ISO9001 质量管理体系认证。历经十年的创业，发展，泽华公司已顺利实现了企业的飞跃与资源整合，在技术、市场、服务等各个方面皆呈现出较强的竞争优势，公司先后承建了：内蒙古自治区党政机关综合楼、西安国际展览中心、西安市供电局亮丽大厦（冰蓄冷系统）、西安市红十字会医院、西安长安国际广场、西安欧亚学院图书馆、立丰—沃尔玛购物中心、西安阳明国际大厦、中铁二十局集团办公楼等多个著名项目的中央空调安装工程。

张太清，男，1981 年毕业于山西省建筑工程学校工民建专业，并于 1988 年获得太原理工大学本科学士学位。1981—1990 年，在山西省第二建筑工程公司第五施工处工作，先后在省标准局住宅楼、国防办公楼、省新华书店书库、省委小区、纺织大厦住宅楼担任施工员、技术员。1991—1995 年，任山西省第二建筑工程公司第五分公司生产经理，先后兼任省劲松小区、省运大住宅楼、太原市少年宫、省财政厅住宅楼项目经理。其中，省委劲松小区获得山西省建筑最高奖“汾水杯”；太原市少年宫获得太原市优质工程奖。1996—2001 年，任山西省第二建筑工程公司副经理（副处）兼任第一分公司经理。施工的原太高速公路服务区获得省优工程；太原市邮政重件处理中心、阳泉供电局生产计量楼和临汾市污水处理厂均获得山西省最高质量奖“汾水杯”全国用户满意工程。2002 年至今企业重组后，任山西省建筑工程（集团）总公司第二分公司经理。他曾多次担任省大、中型建设工程和国家重点建设工程的项目经理。建筑业绩突出，连年被评为“先进工作者”、“优秀党员”。1997 年，他因工作成绩显著，荣获总公司授予的“劳动模范”称号，同年经国家建设部批准被授予“全国建筑施工企业优秀项目经理”荣誉称号；1998 年、1999 年两年被评为“太原市优秀项目经理”；2000 年被评为“山西省优秀项目经理”；2002 年被评为“全国重点工程优秀项目经理”、“全国建设系统劳动模范”；2003 年荣获山西省建设行业第二届“青年科技奖”，并获得“山西省青年工程专家”称号；2006 年荣获由中国国际人才开发中心、中国国际职业经理人协会认证颁发的高级（三星级）“国际职业经理人”证书。

张向洪，男，北京人，汉族，中天建设集团有限公司第四建设公司总经理，中天集团以“真心缔造美好家园”为己任，以“公共产品制造者”的身份和高度负责的行为，建设不仅仅属于中天也属于他人的，不仅仅是“物质”的更是“精神”的人类理想家园，为实现“品牌中天”的目标和建设具有国际竞争力的大型建设集团的愿景而努力。天建设集团有限公司（简称中天集团）是一家以房屋建造、房产开发、交通路、新材料开发为主要经营业务，具有鲜明特色的现代大型企业集团。是全国质量管理奖单位、全国文明单位、全国 500 强大型企业、全国 50 强民营企业、中国十大慈善企业。中天集团坚持质量兴业，倡导“每建必优、精细管理”的方针。公司连续多年被评为全国优秀建筑企业、全国用户满意施工企业、浙江省重合同守信用单位和浙江省 AAA 级信用企业，“中天建设”被评为浙江省知名商号。2004 年中天集团被认定为 2003 年度浙江省 50 强民营企业，集团公司在 50 强民营企业中排名第 20。2009 年东阳市人民政府下文，对 349 家 2008 年度纳税大户进行表彰。中天建设集团纳税首次超亿元，达到 11 278.9 万元，名列东阳市第二名，受到通报表彰。东阳中天房地产开发有限公司再次被授予东阳市“纳税百强企业”称号。

张勇，男，1972 年 8 月生人，山西大同人，汉族，中共党员，研究生学历，工程师。现任大同煤矿集团外经贸有限责任公司总经理。2009 年 5 月至今同煤集团外经贸有限责任公司执行董事、总经理，2001—2003 年连续被同煤集团评为精神文明先进工作者；2002 年被山西省科学技术协会授予“金牛奖”先进个人特等奖；2004 年被同煤集团授予科技进步三等奖；2006 年被同煤集团授予技术革新一等奖；2006 年被大同市人民政府评为绿化工作先进个人；2007 年被授予山西省煤炭行业企业管理现代化创新成果二等奖；2008 年被授予全国煤炭行业企业管理现代化创新成果三等奖；2006 年被推荐为共青团山西省国资委第一次代表大会委员。中国国际贸易促进委员会建设行业分会会员。大同煤矿集团外经贸公司成立于 1998 年，2010 年改制为大同煤矿集团外经贸有限责任公司，是大同煤矿集团的全资子公司。公司是专业从事进出口贸易、国际工程、招标代理的国有公司，是商务部批准的代表大同煤矿集团行使进出口经营权和对外经济技术合作经营权的持证单位。负责同煤集团所有非煤进出口、国际工程、对外投融资等工作，是同煤集团外向型经济、跨国经营的窗口和经营主体。与美国、德国、英国、法国、澳大利亚、西班牙、荷兰、南非等国家的众多知名企业建立了长期友好的贸易合作关系。公司多次被山西省人民政府授予商贸先进企业、被大同市人民政府授予外经贸先进企业。

张云峰，男，出生于 1968 年 8 月，现任河北省世达建设集团有限公司董事长。1984 年 7 月在河北世达建设集团有限公司参加工作至今。1994 年加入中国共产党，在其领导下的河北世达建设集团有限公司属房屋建筑安装总承包一级、劳务分承包一级的施工企业，该企业连年被评为“文明企业”、企业文化建设先进单位。企业自 2000 年以来引进国际质量管理标准，通过了 ISO9001 质量管理体系的认证。工程合格率达100%，合同履约率100%，优良品率达60%。30余个工程项目荣获省、市级优质工程奖。其中“沧州市建设银行营业楼”、“沧州市农业银行营业楼”、“沧州市交警支队综合楼”已成为河北省沧州市的标志性建筑。多年来，他屡获殊荣。2000年，被沧县人民政府授予“优秀共产党员”；2002年，被沧州市人民政府授予“优秀共产党员”；2003年，被沧县县委、县政府授予“十佳职工”；2003年，获得河北省“优秀建筑企业经理”称号；2004年、2005年获得河北省建筑业“优秀企业管理者”称号；2004年，被沧县人民政府授予“模范厂长经理”称号。同年，被评为沧州市工程建设管理工作先进工作者；2005年，获得沧州市工程建设与管理先进个人；2006年，被评为全国建设工程项目管理优秀工作者；2007年，被评为中国建设行业百名管理英才。

张志英，男，汉族，毕业于山西财经学院会计系，学士学位。高级会计师。四川省四川成渝高速公路股份有限公司总经理历任省交通厅公路局财务科会计，四川省重点公路建设指挥部财务处副处长，省交通四川成渝高速公路股份有限公司首次公开发行A股股票招股意向书厅高速公路管理局财务处处长，省交通厅财务处副处长、处长，公司财务总监等职务。现任成渝公司副董事长兼总经理。历任省交通厅公路局财务科会计，四川省重点公路建设指挥部财务处副处长，省交通四川成渝高速公路股份有限公司首次公开发行A股股票招股意向书厅高速公路管理局财务处处长，省交通厅财务处副处长、处长，公司财务总监等职务。现任成渝公司副董事长兼总经理。四川成渝高速公路股份有限公司是经原国家经济体制改革委员会〔体改生(1997) 133号〕批准，由四川高速公路建设开发总公司独家发起设立的股份有限公司，1997年8月19日注册成立。

张治国，男，陕西人，汉族，大专学历，高级工程师，宁夏治国昌盛建筑工程有限公司董事长。1953年6月出生于陕西省定边县，1988年毕业于西北建筑学院，工民建筑专业，1999年投资创建宁夏首家骨科专科民营银川国龙医院成为第二大股东，2001年被未来西北论坛2001年年会组委会，评为西北十佳创新人物。1989年就职于国营前进农场建筑公司，任队长，1990年就职于宁夏银川市第一建筑公司，任第三分公司经理，1994年成立了宁夏第一家民营建筑施工企业：宁夏治国建筑工程有限责任公司，任董事长。2004年任宁夏陕西商会常务副会长。2006年成立了陕西省榆林市治国荣源粮油贸易有限责任公司，任董事长总经理。是陕西省榆林市龙头企业，2007年任宁夏回族自治区中外企业发展合作促进会副理事长。宁夏治国昌盛建筑工程有限公司的前身为宁夏治国建筑工程有限责任公司，成立于1994年，系宁夏首家民营建筑企业，经过十余年的发展，治国集团公司已拥有雄厚的资金、科学的管理体系及技术过硬的施工队伍。公司先后获得“全国先进建筑施工企业”、“中国西部优秀施工企业”、“西北建筑行业十佳优秀企业”、同时张治国总经理被评为“西北建筑行业十佳优秀经理”；公司连续多年被授予“重合同守信用”企业、“施工安全生产先进单位”、“安全生产文明工地”、“模范纳税户”企业。

张忠言，男，1942年生人，河南人，汉族，大专学历，经济师。新疆建工集团中建工程有限责任公司董事长兼总经理。1959年12月至1965年5月，8302部队一军一师二团通讯连战士，1987年10月至1992年2月，新疆四建五分公司施工队长1992年3月至1997年12月，新疆四建珠江分公司经理。1998年1月至2000年12月，新疆建工集团高级顾问和四建筑公司名誉董事长、副总经理；2001年1月至今，新疆建工集团中建工程有限责任公司董事长、总经理、党委副书记、新疆建工集团高级顾问、第四建筑工程有限责任公司名誉董事长。新疆建工集团中建工程有限责任公司位于新市区北京北路8号，公司主要经营房屋建筑工程施工总承包二级，市政公用工程施工总承包二级，建筑装修装饰工程专业承包二级，钢结构工程专业承包二级，建筑防水工程专业承包三级，建筑幕墙工程专业承包三级，土石方工程专业承包三级。新疆建工集团优秀党员、自治区建设厅精神文明建设“十佳先进个人”、自治区见义勇为先进个人、自治区民族团结先进个人、自治区劳动模范、全国建筑、建材系统“工会之友”；国家建设部授予“支教有功企业家”；全国“五一劳动”奖章；全国劳动模范；全国优秀施工企业家等称号。

赵光明，男，汉族，浙江省浙江暨阳建设集团有限公司董事长，1993年7月，他毕业后，来到了北京城建集团一公司。工作伊始，他就在建设工地上摸爬滚打，新东安市场、新世界二期、城市广场等大型工程都曾留下过他的身影。浙江暨阳建设集团，是以浙江暨阳建设集团有限公司为母公司，按现代企业制度组建而成的大型企业集团。集团下属浙江亚龙电子有限公司、海南暨阳房地产开发有限公司、浙江省诸暨胜达建设物资有限公司、诸暨市暨东建筑工程有限公司、浙江省诸暨市振华房地产实业有限公司五家子公司和一批参股公司，集团注册资本13 395万元，总资产达10多亿元。集团母公司浙江暨阳建设集团有限公司成立于1985年。注册资金6 658万元，以原诸暨第五建筑工程公司改制而成，是全国500强企业，浙江省建筑业的40强重点骨干企业；公司现为国家房屋建筑施工总承包一级资质企业，同时具有机电设备安装、建筑装饰装修、地基与基础、园林古建筑、市政工程等施工专业承包二级资质和境外工程承包资格。公司现有员工10 000余名，各类工程技术人员1 000余名；一、二、三级资质项目经理168名，年施工能力达50亿元，业务遍布科威特、新加坡、日本诸国和北京、上海、海南、江苏、江西、河南、山东、陕西、安徽、青海、天津、杭州、宁波等省市。被中国企业联合会和中国企业家协会评为中国优秀企业家。

赵怀建，男，1957年2月生人，安徽亳州人。大专学历，工程师。现任安徽金九龙集团董事长。安徽省政协委员、安徽省工商联（总商会）执行委员、淮南市人大代表、淮南市工商联（商会）副会长、淮南民生担保公司董事长。被省市政府和有关部门授予省“优秀民营企业家”、省“五一劳动奖章”、省“光彩之星”、省“诚信纳税人”、省“双爱双评先进个人”、市“一、二届十佳青年民营企业家”和淮南市“第四届十佳市民”、市“诚信纳税人”、市“优秀民营企业家”等荣誉称号。在创造财富的同时，赵怀建同志以奉献爱心、回报社会为己任，向国家交纳税金1 558万元，安置下岗职工785人，向社会公益事业和光彩事业捐款捐物累计达378万元。2001年金秋时节，赵怀建同志应邀赴南京参加第六届世界华商大会，受到党和国家领导人的亲切接见。

赵怀利，男，高级政工师，中铁一局集团新运工程有限公司总经理。1980年参加工作，主要参与了京秦铁路、大秦铁路、西延线、宝中线、京九线常龙段、京九线林龙段、梅坎线、京九复线等工程。历任京九线常龙段、京九线林龙段、梅坎线铺架副指挥长，分公司党委书记、经理，公司副总经理、公司党委书记等职，2007年9月起任公司总经理。参与的京秦铁路获国家银质奖，大秦铁路获中国建筑工程鲁班奖，梅坎铁路获铁道部优质工程一等奖。参与的《主动摆头式悬臂换轨车》科研项目被评定为2007年实用新型专利。获得的主要荣誉有：铁道部“火车头奖章”，广东省人民政府授予的“广梅汕铁路、京九铁路广东段建设先进个人”、铁道部授予的“京九铁路建设先进个人”，2006年度全国工程建设优秀项目经理，2006年度陕西省优秀党务工作者。

赵健，男，上海城建（集团）公司投资发展部经理、经济师。曾多次荣获市重点工程立功竞赛市级记功、市政行业“青年岗位实践成才奖”等称号。他实践集团资本经营与生产经营互相促进的经营方针，主运适应建设领域投融资体制改革，成功地进行资本运作，经过他和他所带领的团队充分运作。上海城建（集团）公司是一家以工程投资建设、设计施工和管理为一体的大型企业集团。在中国承包商60强中列16位，在中国500强市政企业中列第一位。具有市政公用工程施工总承包特级资质、公路工程、房屋建筑等施工总承包一级资质和房地产开发一级资质，所属子公司中有1家特级、7家一级施工总承包企业和3家甲级设计单位。集团公司及所辖成员单位均是上海城市建设的主力军。集团共获得鲁班奖7项，詹天佑大奖5项，中国市政工程金杯奖28项，上海市政工程金奖120项；还获得全国“五一”劳动奖状、全国优秀施工企业、全国用户满意施工企业、全国建筑业新技术应用先进企业、上海房地产18年功勋企业、2005年度中国建设系统最具影响力品牌等荣誉称号。

赵立国，男，1980年6月生人，甘肃省张掖市人，汉族，大专学历，工程师。现任甘肃宇阳建筑工程有限公司总经理。自1996年9月至2000年7月在甘肃广播电视学院学习广播电视节目制作专业；毕业后，于2001—2004年创办了高台县新天地婚纱摄影名店任经理；2005年创办了高台县新天地商贸有限责任公司任总经理；2007年创办了高台县国安房地产开发有限公司任总经理及董事长；2008年至今分别在高台县益民物业管理有限公司及甘肃宇阳建筑工程有限公司任总经理及董事。2009年担任高台县工商联合会副主席职务；2010年担任高台县青年联合会副主席职务；2010年8月被共青团张掖市委授予“青年创业先锋”荣誉称号。甘肃宇阳建筑工程有限公司成立于2008年11月，现有职工469人，其中：项目经理15人，工程技术人员68人，持证上岗人员106人，被省建设厅核定为房屋建筑施工，市政公用工程施工，装饰装修专项施工三级企业。公司承建的其他工程也得了有关部门的表彰奖励。公司不断加强管理，创新发展模式，以优良的工程质量，满意的售后服务，良好的企业形象，赢得了社会各界的高度评价。2010年被县委、县政府评为“高台县十强企业”、“2010年度纳税先进企业”等荣誉称号。

赵士兵，男，工程硕士，高级工程师，工程建设高级职业经理人，一级建造师，中共党员。中煤第三建设（集团）有限责任公司总经理。毕业于淮南矿业学院矿建专业。他是中国企业家联合会理事、中国施工企业管理协会理事、中国建筑业协会理事、中国煤炭建设协会常务理事、安徽省煤炭工业协会副会长、安徽省宿州市第二届人民代表大会主席团成员。由他承担的“济北矿区快速高效建设新技术”项目曾获2004年煤炭工业科学技术奖特等奖、山东省科学技术奖一等奖；由他担任项目经理所施工的山东岱庄煤矿副井工程，在表土冻结段施工中创出月成井183.1米的全国纪录；在山东葛亭煤矿主井表土冻结段施工中，月成井218.1米，再创全国最高纪录。其主持的“刘二副井基岩段全断面一次爆破”项目获淮北市科技进步二等奖；“主井井筒表土段快速施工”项目获淮北市科技进步三等奖；曾荣获2003—2004年度全国建筑机械设备管理优秀经理称号；2005年荣为安徽省建设系统“安康杯”活动先进个人。近年来，集团工程合格率达100%，优良品率达85%以上，其中有30余项技术获国家和省部级科技成果奖，20余项工程被评为“太阳杯”工程。集团还被评为“全国煤炭行业优秀企业”和“全国施工企业设备管理优秀单位”，2005年度“安徽省诚信施工单位”、“重合同守信用”先进企业、“安康杯”竞赛先进企业；2005年度全国煤炭工业50强、安徽省建筑业企业50强。

赵向东，男，1971年出生，1994年8月受聘于中天建设集团有限公司工作，硕士研究生，高级工程师，高级经济师，现任中天集团副总裁、先后担任中央国家机关青年联合会第三届委员，全国青年企业家协会第八届理事，第七届全国用户委员会委员，陕西省建筑联合会常务理事，陕西省青年企业家协会副会长，西安市建筑业协会副会长，西安市直机关青联第一届委员会委员。先后被授予：西安市优秀建筑企业经理，西安市环保大使，陕西省优秀施工企业经理，陕西省青年突击手，“十五”陕西建设行业领军人物，陕西省十大杰出青年企业家，陕西省五四青年奖章，全国用户满意杰出管理者，全国一级星星火炬奖章。1984年中天集团进陕施工，在西安设立了第五建设公司（简称“中天五建”），作为中天集团的区域性分支机构，目前主要负责管理西北地区的市场开拓与工程建设。中天五建依托集团优势，立足于“质量、品牌、服务”三大法宝，精心施工，精心管理，近几年来获得了长足的发展，现已在陕西省建筑业市场中处于领先地位。

郑炳旭，男，1959 年 11 月生人，汉族，博士学历。享受国务院特殊津贴专家、高级爆破工程师，我国著名爆破专家，北京科技大学博士生导师。任广东省煤炭工业研究所宏大爆破公司总经理。1984 分配在广东省煤炭工业研究所工作，开始从事城市控制爆破技术工作。1985 年在广州成立了宏大爆破公司，任广东省煤炭工业研究所宏大爆破公司总经理。广州宏大爆破工程有限公司创建于 1985 年，经过 20 多年的发展，宏大爆破已发展成为具有国家建设部核发的“爆破与拆除工程”、“土石方工程”两个国家一级资质企业，公司通过 ISO9001 质量管理体系、ISO14000 环境管理体系、OHSMS18001 职业健康安全管理体系认证，业务涵盖爆破与拆除工程、土石方工程、地基与基础工程、隧道工程专业承包、混装炸药车使用；承包境外爆破与拆除、土石方工程和境内国际招标工程，上述境外工程所需的设备、材料出口、对外派遣劳务人员。上述相关的技术研发与咨询服务，爆破清渣，机械设备租赁等专业工程领域。

郑国民，男，本科学历，高级经济师，中铁二十局集团第二工程有限公司董事长兼总经理。国家一级建造师，中国首批高级职业经理人，陕西省“十五”期间“十佳管理标兵”，全国优秀施工企业家。他于 1976 年 12 月应征入伍，至 1983 年 12 月在铁道兵 10 师 49 团任战士、统计员；1984 年 1 月集体转业并入铁道部第二十工程局第四工程处，历任工程队长、副段长；1995—2001 年 12 月历任项目长兼书记、处长助理、副处长、洛三公路项目正处级指挥长；2002 年 1 月任中铁二十局第二工程处处长；2002 年 7 月任中铁二十局集团第二工程有限公司董事长，2003 年 1 月起兼任总经理至今。在他担任公司领导的四年间，二公司累计完成任务承揽 83 亿元，完成施工产值 49 亿元，综合效益 2.15 亿元，三项主要经济指标超过过去 20 年的总和。四年间完成向集团公司上缴款 5 000 余万元，新购机械设备 331 台（套），总价值达 1.6 亿元，职工人均收入增长了 33.98%，企业创效创誉能力和市场竞争能力进一步增强。企业先后荣获省部级以上优质工程五项，荣获全国性荣誉五项，被中华全国总工会和国家安全监督管理局评为 2004 年、2005 年全国“安康杯”竞赛优胜企业，陕西省经济技术创新优胜单位、陕西省总工会“模范职工之家”，连续三年被昆明市评为“守合同，重信用”企业和精神文明建设先进单位，并被集团公司连续三年评为“四好班子”，有 40 多名职工荣获所在省市、铁道部劳模及全国优秀项目经理等称号。

郑宏舫，男，1950 年生人，汉族，上海人。工程师，高级经济师，一级项目经理，现任宏润建设集团股份有限公司董事长。宁波市人大代表，上海市徐汇区政协委员，中国土木工程学会常务理事，上海市市政公路行业协会副会长，浙江省建筑业行业协会副会长，公司创始人。中国土木工程学会常务理事，上海市市政公路行业协会副会长，浙江省建筑业行业协会副会长，公司创始人。1994 年 12 月至今任公司董事长。兼任浙江宏润控股有限公司董事，上海宏润地产有限公司董事，蒙古国宏润斯范克有限公司董事长。宏润建设集团股份有限公司成立于 1994 年，为深圳证券交易所上市公司。公司主要业务包括建筑施工、房地产开发和基础设施项目投资建设。

郑三辰，男，汉族，新疆建工（集团）有限责任公司董事长，自上任以来，锐意改革，开拓创新。1999 年带领公司进行改制，当年扭亏为盈，并且连续三年保持在 50 亿元以上的发展规模。经营总产值比改制前翻一番。其中 2001 年实现利润 14 017 万元，取得了新疆建工集团发展史上的最高纪录。公司资产总额以年平均 20.81% 的速度增长，职工收入水平稳步提高。累计上缴国家税金 4.96 亿元。他当选为第五届全国优秀创业企业家。新疆建工（集团）有限责任公司是新疆维吾尔自治区人民政府直接领导下的国有独资大型企业集团，实行计划单列，经自治区人民政府授权统一经营集团公司成员单位的国有资产，下属现有 27 个企事业单位。

郑增虎，男，1958 年生人，汉族，工民建工程师，中共党员。长年从事建筑工作，主持过多次大型建筑安装工程，有着丰富的建筑经验。1985 年 4 月—1993 年 12 月在乌鲁木齐县建筑水电安装工程公司任总经理，法人代表 1994 年 1 月—1998 年 6 月在新疆新星城乡建设总公司任总经理法人代表。1998 年 7 月至今在新疆雄峰建筑安装工程有限公司任董事长、总经理供职机构 1990 年被评为乌鲁木齐市先进个人，2001 年荣获“中华英才杰出代表”，2002 年荣获“世界优秀人才”，2003 年荣获“中华爱国英才证书”新疆雄峰建筑安装工程有限公司于 1998 年 3 月 10 日在乌鲁木齐注册成立，公司主要经营建筑，加工，销售，服务：工业与民用建筑安装、道路、承担 8 层以下、18 米跨度、高度 30 米以下构筑物、水，暖，电，机械设备租赁，铝合金、五金交电、水暖，钢窗，室内外清洗，日用化工产品，注册员工人数为 25 人，注册资本 600 万元人民币。

钟祝平，男，汉族，出生于 1963 年 10 月，湖南省醴陵市人，中共党员，本科学历，高级工程师。现任湖南省第五工程公司法定代表人、董事长，兼任湖南省土木协会施工学术委员会副主任，湖南省招标协会副会长，湖南省质量协会常务理事，全国建筑物加固鉴定委员会委员。在任总经理以来，确立了“以创新推动发展，以品质塑造未来”的思路，提出了“创新经营、创新管理、提升素质、打造品牌”的先进理念，开拓了经营、强化了管理、优化了组织结构。在他的带领下，企业 2005 年度分别被评（推）选为中国建筑企业 500 强、湖南省建设工程招投标协会常务理事单位、湖南省优秀政研会、株洲市优秀政工企业等一系列殊荣。他本人以其出色的工作业绩和卓越的管理才能，曾先后荣获共青团株洲市委授予的新长征突击手、株洲市优秀企业家（2004年、2005年）、湖南建工集团“十佳”优秀管理者、湖南建工集团劳动模范、亚洲管理创新百名杰出人物奖、2005年世界杰出人士、国际企业管理成就奖、2005年中国经济风云人物、中国百名行业创新杰出人物金像奖等一系列荣誉称号。

周凤学，上海城建（集团）公司计划财务部经理，高级会计师，中国市政工程建设财会专业委员会常委。上海城建（集团）公司是一家以工程投资建设、设计施工和管理为一体的大型企业集团。在中国承包商60强中列16位，在中国500强市政企业中列第一位。具有市政公用工程施工总承包特级资质、公路工程、房屋建筑等施工总承包一级资质和房地产开发一级资质，所属子公司中有1家特级、7家一级施工总承包企业和3家甲级设计单位。集团公司及所辖成员单位均是上海城市建设的主力军。近10年来，承建或参建的上海市重大工程达200多项，其中包括上海市高架道路、地铁和轨道交通工程，污水治理工程，越江隧道工程，高速公路工程，机场工程，浦江大桥、东海大桥、上海长江隧桥工程，外滩和人民广场综合改造工程等。同时还积极参与了其他城市的建设，如广州、深圳、天津、南京等轨道交通工程，重庆、四川、哈尔滨、海口、浙江和江苏的大桥工程，以及20多个城市的基础设施建设。集团共获得鲁班奖7项，詹天佑大奖5项，中国市政工程金杯奖28项，上海市政工程金奖120项；还获得全国“五一”劳动奖状、全国优秀施工企业、全国用户满意施工企业、全国建筑业新技术应用先进企业、上海房地产18年功勋企业、2005年度中国建设系统最具影响力品牌等荣誉称号。

周鹏，男，汉族，山东省，盛安建设集团有限公司董事长。现任盛安建设集团董事长，总经理。盛安建设集团的前身是山东省工业设备安装总公司第一公司。作为一家坐落于地级市的省属国有企业，它也曾有过辉煌的历史。然而，在建立市场经济、涌动改革大潮的90年代，这家有着40年多历史的老国有企业显出了疲态。走出困境的唯一办法就是进行破釜沉舟式的改革。1999年，在周鹏的带领下，一个崭新的盛安公司创立，成为了省建管局系统内10余家国有企业中的第一个吃螃蟹者。改制10年来，盛安建设集团已逐步形成了一套完整、科学的企业管理制度，能够更严格地履行施工标准，更好地保证工程质量和工期，从而树立了响当当的品牌。现在，公司业务不仅覆盖了全省，还在河北、湖南、内蒙古等地广揽工程，赢得了良好口碑。公司在近三年承建的省内外上百个大、中型工程中，获得三项全国优质工程奖、十项部优工程奖、十二项“泰山杯”工程奖、三十多项“鲁安杯”工程奖。公司被评为“全国守合同重信用”企业、“全国优秀施工企业”、“全国用户满意工程单位”、“全国安康杯竞赛优胜企业”；被评为“省级文明单位”，农业银行“AAA级信用企业”，连续多年被评为“省级守合同重信用企业”、“免检企业”和“淄博市安全生产先进单位”。第十七届山东省优秀企业家。

周伟，1964年9月出生，1986年7月毕业于金陵职业大学道桥专业，高级工程师。南京市交通工程总公司总经理，中国国际贸易促进委员会建设行业分会会员。1997年度，被授予江苏省交通系统“百佳主人翁”荣誉称号；1997年度，被授予南京市工交系统“优秀共产党员”荣誉称号；2000年度，被作为南京市交通系统第一批中青年行业技术、学科带头人的后备人员2000年度，被授予“江苏省质量创优十佳项目经理”荣誉称号；2000年度，被授予“江苏省建筑业施工企业优秀项目经理”称号；2001年度，被授予“南京市交通系统科技工作先进个人”荣誉称号。2002年度，被评为“南京市交通系统科技工作先进个人”等荣誉称号。南京交通工程有限公司，（原南京交通工程总公司）成立于1987年5月，拥有国家公路施工总承包一级和路基、桥梁、航务、市政工程等资质。具有国家对外经营资格。

周文波，男，1964年生人，汉族，中共党员，工学博士，高级工程师，现任上海隧道工程股份有限公司总经理。组织研发的我国第一台具有自主知识产权的地铁盾构推进机以及“盾构法隧道远程智能系统”，使中国的隧道施工技术和核心设备迈人国际领先水平。荣获全国劳动模范、上海市优秀共产党员、上海市建设功臣、上海市第五届十大杰出青年、上海市第三届十大工人发明家等。1965年成立，成为中国最早进行盾构隧道试验和工程应用专业工程建设单位。1965年8月至1970年9月承建我国首条越江隧道——上海打浦路隧道，采用自行研制的ϕ10.2 m网格挤压盾构，在黄浦江底掘过1 322 m，结合工程而开发的盾构隧道、隧道衬砌、连续沉井等四项关键技术获1978年全国科学大会奖。1987年荣获全国先进集体“五一”劳动奖状、1990年、1994年全国思想政治工作优秀企业、2004年全国建设系统基层思想工作先进单位、“全国优秀施工企业”、“中国优秀企业”、“中国知名企业”、“中国施工企业百强”、全国用户满意企业中国工程建设社会信用AAA级企业、“上海市跨国经营企业20强”、“跨国经营先进企业”、“上海市高新技术企业”、“上海市守合同重信誉企业”、“上海市文明单位”、“上海市实事重点工程立功竞赛建设金杯”“隧道英豪”殊荣。

朱海伦，男，1955年3月生人，汉族，浙江慈溪人，宁波市兴旺市政园林工程集团有限公司董事长。1955年3月出生，1972年参加工作，中央党校毕业，本科学历，园林工程师。1992年2月至1997年10月，慈溪市龙山镇兴旺园林艺术建筑工程队经理。1997年10月至2002年5月，慈溪市兴旺园艺建筑工程有限公司董事长。2002年5月至2006年10月，宁波市兴旺园艺建筑工程有限公司董事长。2006年10月至2008年3月，宁波市兴旺市政园林工程有限公司董事长。2008年3至今，宁波市兴旺市政园林工程集团有限公司现拥有8家子公司：宁波分公司、慈溪龙山分公司、乐清分公司、义乌分公司、江西上饶分公司、江西省新余分公司、龙山东岙苗圃、龙山“长清逸园”花木基地。在他的领导下，公司在2003年初通过了

ISO9000 质量体系国家认证。多次被宁波资信评估委员会评为《年度等级资信企业》、《浙江省工商企业信誉 AA 级守合同重信誉单位》2002—2006 年被慈溪市政府评为农业龙头企业、2005 年度被浙江省建筑行业协会、浙江省工程建设质量管理协会评为“浙江省建设工程钱江杯奖”。2006—2009 年度他连续被选为江西省新余市浙江商会副会长，2008 年他的集团被浙江省企业发展研究会评为“会长单位”。

朱宏魁，男，汉族，1961 年 10 月生人，陕西定边人，1982 年 6 月入党，1978 年 9 月参加工作，中央党校函授学院毕业，函授大学学历。现任银川郊区二建公司董事长、总经理，历任陕西省定边县芦庄村党支部书记；银川郊区二建筑公司会计、采购；银川郊区白云沙发厂厂长等职。1978 年 9 月参加工作，现任银川郊区二建公司董事长、总经理，历任陕西省定边县芦庄村党支部书记；银川郊区二建筑公司会计、采购；银川郊区白云沙发厂厂长等职。银郊二建共承建工程 600 多项，累计建筑面积 100 多万平方米，工程合格率 100%，工程优良率到 2002 年已经达到 100%，多次荣获宁夏“西夏杯”优质工程奖和银川市“凤凰杯”优质工程奖。作为农业部基础管理一级企业、一级乡镇企业，银郊二建以过硬的质量赢得了诸多赞誉：“全国乡镇企业管理先进单位”、“全国乡镇企业质量管理先进单位”、“全国诚信守法乡镇企业”等。

朱继文，男，上海市第二市政工程有限公司副总工程师兼轨一分公司副经理、高级工程师。曾荣获市劳动模范、市政行业优秀项目经理等荣誉称号。曾参加地铁二号线区间隧道，轨道交通四号线宜山路至停车场区间隧道、复兴东路双管双层越江隧道江中段盾构推进等一系列重大工程建设。以他为学科带头人的 QC 小组被中国质量协会、中国科技协会等部门命名为“全国优秀质量管理小组”。其研究课题《水下超深曲线顶管施工技术与应用》、《双层越江公路隧道上层道路的设置与施二技术研究》、《泥水盾构新型泥水（PMS）体系开发与应用》均被评为上海市科学技术成果。

朱家祥，男，汉族，出生于 1948 年，高级工程师。原上海城建（集团）公司董事长，历任上海市政二公司党委副书记、副经理、上海隧道建设办公室副主任、上海市市政工程管理局施工处副处长、计财处副处长、上海市市政工程管理局局长助理兼计财处处长、上海城建（集团）公司总经理、曾任上海城建（集团）公司党委书记、董事长。上海城建（集团）公司于 1996 年 10 月经上海市委、市政府批准成立，经市国资委授权经营集团内国有资产，是一家以工程投资建设、设计施工和管理为一体的大型企业集团。在中国 500 强企业中，连续七年名列市政企业前茅。2008 年名列中国承包商 60 强第 13 位，列上海百强企业第 26 位，并进入全球 225 家国际承包商行列。上海城建（集团）公司具有市政公用工程施工总承包特级资质、公路工程、房屋建筑等施工总承包一级资质和房地产开发一级资质，目前集团拥有全资和控股子公司 15 家、事业部 3 家。其中 2 家特级、6 家一级施工企业和 5 家甲级勘察和设计院，形成了以基础设施设计施工总承包为龙头、以基础设施投资和房地产开发经营为依托，集各类工程投资、设计、施工、管理、设备和材料供应为一体的大型企业集团。

朱九洲，男，山东人，汉族，中共党员，研究生学历，高级经济师，潍坊昌大建设集团先后创出“中国人居环境（范例）奖”、“全国科技创新示范工程”。曾荣获房地产界杰出贡献奖，他电力的企业所开发的房地产也荣获很多奖励。集团集建筑工程施工、房地产开发、市政工程施工、园林工程施工、装饰装潢、租赁商贸、国际经济技术合作、设计科研于一体，具有房屋建筑工程施工总承包一级，市政公用工程施工总承包一级，公路工程总承包三级，机电设备安装、装饰装修、地基与基础工程专业承包一级，建筑幕墙设计施工一体化二级，消防设施、混凝土构件专业承包二级，房地产开发经营二级，园林工程施工二级，建筑智能化工程、起重设备安装工程专业承包三级，建筑设计丙级资质，以及对外经济技术合作签约权。是潍坊市建设行业的龙头企业，同时是全国 500 家最大经营规模建筑施工企业，全国百强建筑施工企业，全国优秀施工企业，中国建筑业 AAA 级信用企业，首批（2008 年）全国建设信用诚信企业，全国政府放心用户满意单位、中国建筑科技创新先进企业，山东省建筑业十佳质量管理企业、文明诚信百佳企业。

朱梦河，男，汉族，大专，群众，天津渤海和兴集团有限公司董事长。朱梦河是全国青年创业致富带头人，天津市大港区人大代表，大港区工商联副主席，大港区十大杰出青年，大港区五一劳动奖章获得者。在做大做强事业并获得一个又一个丰硕成果的同时，坚持“致富思源、富而思进”，他积极投身于教育、慈善、文化等各项公益事业，为家乡人民办好事，也为社会发展贡献力量。他还积极参加各种拥军优属、扶贫助残活动。汶川大地震后，朱梦河率先向慈善协会捐资 20 万元，和兴集团及所属分公司在汶川地震中共捐款超过 180 万元。目前，该集团累计向社会各界需要帮助的团体和个人捐款捐物达 500 多万元。天津渤海和兴集团有限公司是大港区较具发展实力的民营企业，坚持以人为本的经营理念，由工程队起步，现已发展成为以房地产开发为核心，及建筑、土方、运输、煤炭、商品混凝土、餐饮、娱乐、美容美体等行业于一体的多元化发展的集团公司。企业始创于 1996 年，现旗下拥有 9 个子公司，遍步天津、山西、上海、辽宁等地，总共拥有员工 3 000 余人。企业资产总额突破 10 亿元，2007 年实现销售收入 6.27 亿元，纳税额 0.51 亿元。近几年，企业先后获得天津市百强民营企业，大港区民营经济优秀工商户称号。

朱奕霏，男，浙江人，汉族，1976 年 8 月出生于浙江丽水，（MBA）硕士研究生学历，经济师。现任宁夏银帝集团总裁。2007 年获得自治区“五四青年奖章”。2009 年 4 月获得自治区“第九届宁夏十大杰出青年”等荣誉。

1999年6月大学毕业后分配浙江省丽水市人民医院任医生。2000年12月担任宁夏恒丰不锈钢型材制造有限公司董事长职务。2003年1月起同时担任宁夏银帝（发展）集团总裁（总经理）职务。同时现任自治区政协第九届委员会委员，宁夏回族自治区青联常委，自治区青年企业家协会副会长，宁夏工商联常委，中国侨联青年委员会委员，全国青联委员，中国青年企业家协会常务理事，宁夏浙江商会副会长，银川市第十一届政协委员，金凤区人大代表、银川市工商联副主席。宁夏银帝集团，是宁夏回族自治区人民政府确立的首批非公有制重点骨干企业。始建于2000年9月，拥有11家全资子公司，公司主营房地产开发，集工贸、置业、装饰设计、建材制造、矿业开采、航空服务、汽车维修、物业服务、热力等为一体的现代企业集团。集团以质量打造品牌、诚信取信市场、文化提升形象、人才铸就企业核心竞争力的经营理念奠定了企业的发展目标。荣获2004年5月银川市“十大杰出青年”称号、3月自治区青年联合会授予的“首届突出贡献奖”、6月自治区“第七届宁夏杰出青年企业家”称号。2007年获得自治区“五四青年奖章”。2009年4月获得自治区“第九届宁夏十大杰出青年”等荣誉。

祝向军，男，湖北人，汉族，硕士，高级经济师。湖北楚天高速公路股份有限公司总经理。曾任湖北省高管局副局长、湖北金路高速公路建设开发有限公司计划经营部副部长兼华建中心国家资本金托管部经理、河南中原高速公路股份有限公司董事、山东基建股份有限公司监事、北京首发实业股份有限公司监事、浙江上三股份有限公司董事。湖北楚天高速公路股份有限公司是经湖北省经济贸易委员会《关于同意设立湖北楚天高速公路股份有限公司的批复》（鄂经贸企〔2000〕809号文）批准，由湖北金路高速公路建设开发有限公司领导（湖北金路高速公路建设开发有限公司已于2002年11月更名为湖北省高速公路集团有限公司）。

建筑材料

B

班光习，男，1964年4月出生于广西田东，壮族。1986—1993年，南宁西郊矿品厂厂长；1993—1995年，田东铁合金厂厂长；1995年至今，田东县铁合金冶炼总厂厂长；1996年11月至今，田东县登高水电站总经理；1999年1月至今，田东县坡圩水电站总经理；1999年5月至今，广西登高集团有限公司总裁；1999年12月至今，百色福东有限公司董事长；2002年7月至今，广西洞巴水电有限公司总经理；2003年至今，云南富宁富东水电有限公司总经理；2004年10月至今，田东县同梅水电站总经理；2005年7月至今，广西东泥股份有限公司董事长、总经理。广西东泥股份有限公司前身是百色地区田东水泥厂，1966年建厂，1994年改制为国有控股的股份有限公司，2005年再次改制，成为私营企业控股的股份有限公司。1986年以来，公司连续九年被评为广西经济效益先进企业，1990年获自治区级先进企业；1993年获广西企业管理优秀奖，1988—1999年连续11年获得广西建材工业先进单位，“九五”期间被评为自治区级企业技术进步奖和建材行业技术进步先进单位。1992年成为广西百强企业、中国500家最大建筑材料工业企业，1994年成为广西企业50强；1998年荣获自治区“三好”企业称号和经济效益先进企业，1999年至今连年被自治区工商局评为“重合同守信用企业”，2002年、2003年度连续被评为广西建材行业先进单位，2003年荣获“广西优秀企业”，2003年、2004年连续被评为“广西综合实力百强企业”，2005年被中国建筑材料企业管理协会授予“中国优秀建材企业”。

包柏青，男，汉族，1961年12月出生于江苏武进区，南京理工大学经管学院EMBA工商管理硕士学位、高级工程师、高级管理师，现任江苏柏鹤化工集团董事长。多次以中小企业家代表身份随国家领导人出访美国、加拿大、澳大利亚、新西兰、韩国、日本、埃及、南非等国进行考察和学习。创新让企业永不止步。1986年创办江苏柏鹤涂料有限公司，现已成功将江苏柏鹤涂料有限公司、常州华润复合材料有限公司、江苏柏鹤·复旦大学联合涂料技术中心等企业进行内部资源的优化组合，组建形成江苏柏鹤化工集团。2009年同武汉大学、武汉工程大学签订产学研合作协议，2010年又与复旦大学先进材料实验室化学系院士及其团队签订合作协议，共建江苏省院士工作站。用创新求得新发展，引领技术成果推陈出新。X28系列聚丙烯塑料涂料填补了国内空白，荣获江苏省石化厅94年度科技进步二等奖、2003年被认定为常州市名牌产品；X28－2聚氨酯丙烯酸型聚丙烯塑料涂料被列入2000年度江苏省星火计划项目、2001年度被授予江苏省高新技术产品和江苏省经贸委优秀新产品（金牛奖），C99镜背银膜保护涂料于2004年12月被认定为江苏省高新技术产品，2005年被认定为国家重点新产品并被列入江苏省火炬计划项目，镜背银膜保护涂料2007年被江苏省认定为自主创新产品，并于2008年获得常州市科技进步二等奖，主持制定《民用装饰镜国家标准》的起草。2008年，高固体份丙烯酸树脂及其涂层的制备及产业化项目获得中国石油化工协会科技进步一等奖。属下骨干企业多年被评为AAA级企业等等。

薄永明，男，1965年11月出生，杭锦旗人，鄂尔多斯市东胜区城市建设开发投资集团有限责任公司总经理。1987年9月参加工作，1994年12月入党，1987年内蒙古农牧学院畜牧专业毕业，大学学历，农学学士。1992年7

月—2002年8月东胜市人民政府办公室工作1994年7月任副科秘书、1997年5月任副主任、2002年6月任副主任、主任科员、2002年8月—2007年11月东胜区城市建设投资公司经理（2007年8月兼任东胜区市政管理局局长）2007年11月至今，任达旗人民政府副旗长。负责城乡规划建设、国土资源管理、城镇社区等方面的工作，抓好推进城镇化。1987年9月—1992年7月东胜市畜牧局工作，1992年7月—2002年8月东胜市人民政府办公室工作（1994年7月任副科秘书、1997年5月任副主任、2002年6月任副主任、主任科员），2002年8月—2007年11月东胜区城市建设投资公司经理（2007年8月兼任东胜区市政管理局局长），2007年11月至今任达旗人民政府副旗长。鄂尔多斯市东胜城市建设开发投资集团有限责任公司于2007年12月29日经鄂尔多斯市东胜区区委政府批准成立，是隶属区人民政府的国有独资企业。集团公司是政府城市建设投融资的总平台；是授权经营城市国有资产的有效载体和总代表；是城市建设资金运作的总渠道；是城市重大基础设施建设项目的法人主体。集团公司系由鄂尔多斯市东胜区国有资产经营公司出资组建的国有独资企业集团，现注册资本124 208万元，总资产179亿元，职工700多人。集团下设7个全资子公司：鄂尔多斯市东胜区东政城市建设开发投资有限责任公司、鄂尔多斯市东胜区炜业房地产开发有限责任公司、鄂尔多斯市东胜区东源供水有限责任公司、鄂尔多斯市东胜区洁通排水产业有限责任公司、鄂尔多斯市东胜区东荣房屋拆迁有限责任公司、鄂尔多斯市东胜区恒立土地储备投资开发有限责任公司和鄂尔多斯市东胜区东兴公共设施管理经营有限责任公司（以下各子公司的名称为简称）。

C

陈凤君，男，汉族，山东省际高空调装饰工程有限公司总经理。他从事建筑设计安装管理工作二十几年来，参加和主持了数十项国家、省、市重要工程建设，参编了《蓄冷空调工程技术规程》、《空调运行检测标准》、《工业企业节能标准导则》、辽宁省《地源热泵供热空调技术规程》等国家规范和地方规程，积累了丰富的技术和企业管理经验。1987年7月至1995年12月在烟台市热力工程规划设计研究所工作，1988年底任设计室主任，1991年底任设计研究所副所长，1996年1月至1997年10月任威海际高空调公司工程部经理，1997年11月至1999年12月任际高空调装饰工程有限公司副总经理，2000年1月至今任空调装饰工程有限公司总经理，供职机构际高空调装饰工程有限公司隶属际高集团。际高集团始创于1992年，是一家现代大型建筑类综合性企业。集团实行事业部式管理制度，主要业务范围包括：中央空调、消防设施、电梯、楼宇自控等机电工程的安装；建筑设计、地质勘察；智能型家用中央空调的研制、生产、销售等。具有国家一级施工资质，全面通过ISO9001质量体系认证。

陈光正，男，湖南南岭民用爆破器材股份有限公司董事长。于1997年8月担任湖南省南岭化工厂厂长。担任的主要社会职务有：湖南省双牌县第七、八届人大代表、中共永州代表大会第五届代表、湖南省总工会第十一届委员会委员、永州市企业家协会副会长、湖南省企业管理协会及企业家协会理事、湖南省民爆行业协会副会长、中国民爆行业协会副会长、中国管理科学研究院特约研究员等社会职务。为谋求企业的发展，2001年8月南岭化工厂实行改制，企业主营业务与辅业分离，主营业务部分组建了湖南南岭民用爆破器材股份有限公司，兼任湖南南岭民用爆破器材股份有限公司董事长、总经理职务。2002年10月，改任南岭化工厂党委书记和南岭民爆股份公司董事长。所获主要荣誉有：2001年，被授予“湖南省劳动模范”和“全国五一劳动奖章”、“湖南省优秀企业经营者”光荣称号；2004年，被授予“中国改革百名优秀人物”荣誉称号；2005年，被授予“全国劳动模范”荣誉称号。

陈海兵，1988—1991年学习企业管理与经营（电大自习班）；1987—1990年在黄岩八一机械厂学习模具设计及车床工艺；1996年9月至2000年3月任台州市泰洲管业有限公司生产部副总；2000年5月至今任武汉市泰洲塑胶有限公司总经理、执行董事。工作经历1996年9月至2000年3月任台州市泰洲管业有限公司生产部副总；2000年5月至今任武汉市泰洲塑胶有限公司总经理、执行董事。武汉市泰洲塑胶有限公司是专业生产塑料制品的企业，现拥有全自动超锥型双螺杆挤出机生产线12条，全电脑控制注塑机32台。主要产品有ϕ50～315 mm实壁、发泡排水用u-pvc管材管件；ϕ20～110 mmu-pvc和pp-r给水用管材管件；ϕ16～40 mm阻燃穿线冷弯管；ϕ75～160 mm实壁、中空螺旋管材以及消音管件。是目前湖北省规模最大口种最全的综合制造企业。

陈鹏，男，1962年5月出生，四川成都人，大学本科，中共党员。1983年参加工作，高级工程师。现任成都华明玻璃纸股份有限公司董事长，成都市青白江区第十五届人大代表。2005年被评为成都市创建全国环保模范城市先进个人，成都市第三届创业企业家。陈鹏同志认真贯彻十六大精神，紧紧抓住市场机遇，制定并组织实施了企业多元化发展和品牌战略。以管理理念、发展战略、市场结构、工艺技术的创新为手段，不断扩大公司规模，提升品种质量，使公司黏纤规模、可比成本跃居全国同行前列，玻璃纸保持行业领先水平，两个主导产品优势互补，竞争实力不断增强。他诚信、务实，审时度势、负重前进，短短的4年多时间，使公司实现了连续快速的发展，承担了兼并原成都化纤厂7 000多万债务，消化了亏损。公司稳定健康发展，经济效益增长近10倍，为成都市、青白江区的经济繁荣和社会安定做出了突出的贡献。成都华明玻璃纸股份有限公司于1993年发起组建，1998年与始建于1964年的成都化学纤维厂资产重组。是中国西部地区唯一生产黏胶短纤、玻璃纸和用天然气制二硫化碳的大中型企业。公司“天然气制二硫化碳”技术为中国专利技术四川首届最佳项目，现已成功实现“天然气制二硫化碳”高新技术产业化，目前生产规模居国产设备第一位。公司现有生产能力为：黏胶短纤 4.2 万吨、玻璃纸 0.6 万吨、二硫化碳 1.5 万吨，年产值 7 亿元。公司综合实力强、经济效益好，为成都工业和经济发展起到了积极作用。2005 年成都市政府授予公司“2004 年度成都工业企业 50 强称号”，同时将公司确定为“2005 年度成都市重点优势企业”。主要论著有：提高黏胶短纤的纺丝速度——发表于《中国人造纤维》。

陈伟明，男，1965 年 11 月 29 日生人，广东人，汉族，高中学历。现任云浮市汇龙石材有限公司董事。1983 年高要高中毕业。1985—1991 年在市计委下属东方石材有限公司当车队长。1991—2001 年成立个体土石方工程公司，经营土石方工程。2003 年至今成立百盛石材厂、云浮市汇龙石材有限公司、湖南吉首市汇洲石材有限责任公司等。本公司现在数十台矿山开采权、生产权。产品自采、自产、自销，有厂房 10 万平方米，拥有目前世界先进的石材自动生产线、快据、自动磨。各种异形石艺生产线数十台。目前是一家石材行业中规模较大。加工水平，综合实力较强的企业之一。目前公司产品畅销全国，出口东南亚，远销欧美等国家。

崔恒全，男，1967 年 4 月生人，江苏海安人，汉族，中共党员，大学本科学历。现任南通恒达免烧砖机械工程有限公司董事长。1985—1987 年 12 月陕西机械学院材料学机电专业，1987 年 12 月至 1998 年 6 月海安县建材机械二厂，1998 年 7 月至 1999 年 6 月隆政工办，1999 年 7 月至 2000 年 6 月海安县建材机械二厂董事长兼党支书，2000 年 7 月至今南通恒达公司董事长兼党支书，2004 年 4 月被中国砖瓦工业协会评为“中国砖瓦行业优秀企业家”。2004 年 5 月被中国砖瓦工业协会第四届理事会评为“先进理事”。2005 年 1 月被县人民政府授予“第六批专业技术拔尖人才”。2007 年 2 月被评为“海安县第三批先进性教育活动先进个人”。2007 年 4 月被评为中国建筑协会第七届理事会理事。2006 年度墙体材料革新工作中，成绩突出，被评为“先进个人”。2007 年 6 月被评为市“226 高层次人才培养工程”中青年科学技术带头人。2009 年 10 月被为中国砖瓦行业“优秀企业家”称号。2010 年 2 月在《砖瓦》杂志发表论文《试谈 EXCEL 在机械设计中的应用》。多次参加中国砖瓦协会、砌块协会标准的制订。在《中国砖瓦世界》发表文章。2007 年 3 月参与中国砌块协会在海南省三亚市举行关于混凝土砌块方面学术讨论活动。南通恒达公司是国家定点生产砖瓦机械的中国著名企业，是中国砖瓦协会、砌块协会的常任理事单位。公司创建于 1958 年，目前已发展为 5 个生产厂区（国内 4 个、国外 1 个），占地 300 余亩，拥有一批先进的数控制造和控制设备，拥有职工 380 人，其中中、高级职称的专业技术人才 50 人；专门从事研究开发、质量管理的大专以上学历的技术人才 36 人。年产制砖机械 300 台套，能够满足用户不同的投资要求。公司通过 ISO9001—2000 国际质量体系认证、产品质量由中国人民保险公司承担质量保险，公司荣获“国家免检”、“江苏省高新技术企业”、“江苏省著名商标”、“江苏省质量诚信企业”等荣誉称号。多次荣获中国砖瓦协会《产品优秀奖》，被授予《中国砖瓦协会会员》、《中国砌块协会会员》、通过 SGS 认证。

崔向东，男，1960 年 4 月出生于河南省辉县，中共党员，大学文化程度，汉族。现任山东蓝星玻璃（集团）有限公司总经理。1977 年参加工作，在威海玻璃厂（现蓝星玻璃集团）工作至今，先后担任企管处科员，财务处会计，处长，厂长助理，副总经理等职务；现在为山东蓝星玻璃（集团）有限公司总经理、威海蓝星玻璃股份有限公司董事长、乌海蓝星玻璃集团股份有限公司董事长。崔向东在资本运作和企业管理方面做出了突出贡献，在行业内也有较高影响力，担任会计学会理事及镀膜玻璃专业委员会常委；1995 年、1996 年连续获威海市建材工业公司“全市建材系统先进个人”称号；2002 年底，组织实施威海玻璃厂搬迁改造。2003 年，成立了威海蓝星超薄玻璃有限公司，完成了对南京远鸿公司格法线的改造，控股内蒙古乌海市海晶玻璃；2000 年，获威海市建材工业公司常委“威海市建材系统优秀党员”称号；2004 年 7 月主持了山东蓝星玻璃集团有限公司申报山东省企业信誉 AAA 评价工作，并于 2004 年底被授予 AAA 企业称号。《运用 ABC 方法，降低定额流动资金占用额》、《利用微机管理，提高财务、银行存款反馈速度和准确性》、《发挥厂内银行职能，不断提高经济效益》、《推行财会电算化的实践和体会》。

D

刁奎麟，男，1962 年 7 月出生于山东，中共党员，大学文化程度，汉族。现任霍城县三山水泥有限责任公司总经理。1985 年 3 月至 2006 年在上海奉贤学习电器控制；1985 年 6 月至 1989 年 10 月在新疆机械电子学校学微机修理；1989 年 10 月至 1991 年 11 月在杭州电子设备厂学习微机修理；1991 年 3 月至 1992 年 2 月任霍城县水泥厂技术员；1992 年 2 月至 1994 年 8 月任霍城县水泥厂技术科长；1994 年 8 月至 1998 年 3 月任霍城县水泥厂生产厂长；1998 年 3 月至今现任霍城县三山水泥有限责任公司总经理。1997 年荣获霍城县第八届“科技之冬”先进个人；1997 年荣获伊犁地区行署科技示范先进工作者；1999 年荣获霍城县“经营管理”先进管理者；1999 年荣获伊犁地区发展散装水泥先进工作者；2000 年荣获全国建材系统劳动模范；2002 年荣获霍城县优秀政协委员；2005 年荣获自治区劳动模范。体制改革辟出了一片蓝天企业文化保证了快速发展发表在人民日报出版社《中国小康建设报告》。新疆霍城县三山水泥有限责任公司是 1972 年建厂的原霍城县水泥厂，隶属于霍城县经贸委，是国有县办企业。1998 年 3 月在县委、县人民政府的领导下，进行了全面改革，组建为股份合作制企业。2001 年 8 月份，正式改组为现在的三山水泥有限责任公司。公司被原伊犁地区评为“质量信得过单位”和“地区名优产品”；被自治州人民政府授予“重合同守信用企业”；连续 3 年被自治区散办评为“发散先进单位”，受到了自治区建材行业的好评。

窦宝荣，男，出生于1944年8月，大学学历，中共党员，山东省诸城市人。山东四达工贸股份有限公司党委书记、董事长。1958年7月至1962年5月，在山东省电力局二处参加工作；1962年6月至1971年2月，在诸城市石桥子镇王家西院村任技术员；1971年3月至1987年4月，在山东省诸城绝缘材料厂（山东四达工贸股份有限公司的前身）任工人、业务员、供销科长；1987年5月至1993年5月，在山东省诸城绝缘材料厂任副厂长、厂长；1993年6月至1999年1月，在诸城四达公司任董事长兼总经理；1999年2月至2002年7月，在诸城四达公司任党委书记、董事长兼总经理；2002年8月至今，在山东四达工贸股份有限公司党委书记、董事长兼总经理。1987—1992年，担任诸城绝缘材料厂副厂长、厂长；1993年起任山东四达工贸公司董事长兼总经理。担任厂长后，他一心一意为企业发展，大胆推行企业股份合作制改革，后改为股份有限公司，成为当地改制最早、最彻底、效果最好、发展最快的企业。他在企业管理方面，创造了以成本控制为核心的“倒逼成本管理法”，在全国机械工业行业获得学习推广。自1993年5月改制以来，经过十几年的时间，将公司发展成为生产绝缘材料、玻璃纤维、棉纱和旅游开发等多业并举的企业，创造了企业发展史上的奇迹。成为国内最大的绝缘板生产基地，各项经济指标比改制的1992年增长近30倍，综合经济效益连年列全国同行业前列。2006年销售收入3.2亿元，利税2 800万元，上交税金1 800万元，总资产3.2亿元。

杜杰，男，学士学位，高级工程师，国家注册咨询工程师（投资）、国家注册监理师、造价师，国家二级注册建筑师。江苏省建筑材料研究设计院有限公司总工程师。先后参与：水泥厂等建材项目建议书、可行性研究前期咨询；香港旺城集团鑫港工业园项目管理负责人；工程项目的综合楼、办公楼、大型工业厂房的建筑结构设计；水月秦淮工程（18层、20万平方米）项目管理监理负责人。他所在的江苏省建筑材料研究设计院有限公司位于古城南京，前身为江苏省建筑材料研究设计院，始建于1959年，是江苏省建材行业唯一的省属综合性科研设计院所。经过40多年努力，逐步形成面向广大建材企业，服务行业科技进步的科研、设计、质检、工程监理四大支柱。先后承担了几十项省、部级重点科技项目。其中：高性能低碱混凝土项目获得省级科技成果二等奖，高减水率大坍落度保持型超早强减水剂项目获得省级科技成果三等奖。溧阳汉生水泥有限公司日产1 500吨水泥熟料生产线、江苏八菱建材有限公司石粉生产线扩建工程、安徽乌江水泥有限公司日产1 500吨水泥熟料生产线三个项目获部级优秀工程设计二等奖，南京南峰石粉有限公司石粉生产线扩建工程获部级优秀工程设计一等奖，周庄富贵园设计项目获部级优秀建筑设计一等奖。正逐步成为集科研、设计、质检、建材、建筑工程项目总承包等业务为一体的科技型企业。

杜双华，男，1965年11月生人，汉族，河北省衡水市桃城区人，大专文化，机械工程师，现任京华创新集团有限公司董事长兼总经理、日照钢铁集团董事长。胡润富豪榜排在第14位，身家80亿元。福布斯富豪榜中，杜双华以15亿资产名列第185位。1987年进入钢铁业。1993年创办京华创新集团有限公司，现任董事长兼总经理。1993年建厂至今的十多年间，京华创新由原先产值不足200万的小厂，发展到现在拥有年产值80多亿的焊管龙头企业。其间，杜双华在北京、唐山、包头、莱芜、广州、成都、吉林等各地发展钢铁事业。

F

范建军，男，浙江杭州人。浙江杭萧钢构新疆事业部总经理，新疆维吾尔自治区浙江企业联合会（商会）副会长。浙江杭萧钢构作为国内最早从事建筑钢结构的专业品牌企业，经过多年积累，已经发展成为拥有5家控股子公司，集设计、制造、安装于一体的股份制公司，系中国工程建设标准化协会常务理事单位、中国建筑金属结构协会钢结构委员会主任、副会长单位、全国薄壁型钢结构委员会委员单位、全国轻型钢结构技术委员会委员单位、上海金属结构协会常务理事单位。具有钢结构一级施工资质，钢结构专项甲级设计资质，拥有二级理化实验室，领先同行通过英国ISO9001（2000版）质量体系认证。注重设计研发工作，与多所著名的院校和研究所建立了密切的合作关系，参编和主编了多本国家钢结构行业规范，多项技术成果获得国家专利。主编和参编27本国家和地方行业规范，获得30多项国家专利成果，多项工程获中国钢结构金奖。

方中武，男，1967年1月30日生人，浙江人，汉族，大学学历。上海胜前企业发展有限公司董事长。1997年发起创立上海胜前企业发展有限公司至今，公司主营铝合金门窗、PVC门窗、幕墙安装等。公司通过了ISO9001质量管理体系认证，成功注册“伸斑马 SHENBANMA”和“升班马 SHENBANMA”金属门窗类商标，连续数年获上海市守合同重信用企业、AAA级守合同重信用企业及上海市门窗行业质量诚信优胜企业、纳税优秀企业等称号，仲斑马门窗立足上海，面向国内并成功销往安哥拉和迪拜等国家和地区，且赢得了用户一致好评。

冯海龙，男，1973年7月出生。河北省石家庄市井陉矿区人，现任河北垂虹建材股份有限公司副总经理。1992年进石家庄市井陉矿区横涧水泥厂，工作历任工班长、车间副主任、车间主任等职，1997年4月横涧水泥厂合并石家庄市井陉矿区横川水泥厂，成立石家庄市垂虹水泥集团后，1998年3月任集团副总经理。2000年3月垂虹水泥集团经河北省体改委批准转制成立河北垂虹建材股份有限公司后，任公司副总经理。在公司工作期间，被评为企业先进工作者，1997年6月被石家庄市建筑材料工业局评为“石家庄市建材行业科技进步工作先进个人”荣誉称号。

冯俊，男，1970年8月生人，河南人，硕士研究生（MBA）学历，现任深圳市易特照明有限公司董事长，中国国际贸易促进委员会建设行业分会会员。1990年毕业于华东交通大学，毕业后曾担任过国内外多个大型机电工程项目的负责人，曾先后在京秦铁路、京九铁路、中国最长的铁路隧道—秦岭隧道等国家重点工程项目上参与或组织了相关技术管理或团队管理工作，2000年6月辞去公职，来到深圳开始创业，创立了深圳市普利斯特实业发展有限公司；2005年年初，又成功创办了深圳市易特电子设备有限公司，通过自己发明的专利产品，逐步将ET品牌和具有创新价值的产品成功推向市场。在项目管理方面和产品的开发销售方面具有较深的造诣，具有勇于开拓创新的精神和敏锐的洞察力和组织管理能力。其个人拥有多项技术创新成果和发明专利，尤其擅长于照明产品的研究和开发，对社会主义市场经济和现代公司制度具有较深的认识。深圳市易特照明有限公司成立于2005年，专精于绿色环保节能的LED照明产品研发、生产与销售一体的深圳市高新技术企业、属于深圳市LED产业联合会副会长单位，中华人民共和国民政部紧急救援促进中心深圳分中心理事单位。公司目前拥有国内领先的专业研发制造设备的标准化生产基地，总占地约4万平方米。2009年，工厂顺利通过ISO9001：2008认证，同年获得了德国TUV公司的“GMC（全球优质制造商）”和“SGS中国制造网认证供应商”认证。

冯旭东，男，汉族，1959年出生，江苏徐州人，中共党员，淮北市劳动模范。现任中煤第三建设（集团）有限责任公司三十工程处处长。1986—1991年任中煤第二十九处机电队队长；1991—1994年任中煤第二十九处工区机电副主任；1994—1998年任中煤第二十九处项目部经理；1998—2002年任中煤第二十九处生产副处长；2002—2002年任中煤第二十九处总经理；2003年至今任中煤三建三十工程处处长。1996年度被评为煤炭建筑施工企业优秀项目经理；2004年度荣获“全国煤炭行业优秀施工企业家”称号；2006年度荣获中国名优数据库“优秀企业家”称号。曾在中国煤炭干部管理学院、中国社会函授大学（北京）进修，对欧洲十国以及巴基斯坦、土耳其、等国进行考察。中煤三建三十工程处是国家矿山工程施工总承包二级企业、建设部“全国先进施工企业”，是以矿山建设为主，同时具有路桥、隧道、注浆、机电安装、机械加工等多种实体的综合性施工企业。多项工程被评为“部级优质工程”、两项工程获国家科技进步二等奖，多次被建设部、煤炭部、安徽省授予“全国先进施工单位”、“全国煤炭工业现场管理先进单位”、“全国煤炭优秀施工企业”、全国“质量、信誉、服务AAA级会员单位”、中质协“重质量、守信誉先进单位”等光荣称号。被原煤炭部命名为全国煤炭战线十面红旗之一的猛虎掘进队，自1977年全国煤炭系统开展等级队竞赛以来，连续30年上等级，平均年进尺达1826米，其创出的《双循环工作法》，获得能源部科技进步二等奖。主要论著：1992年《FJD6*7型伞形钻架的应用与改造》获淮北市科技进步奖和中煤三建科技成果奖一等奖。

G

甘军，男，出生于1954年12月，中共党员，高级企业管理师。现任新疆青松建材化工（集团）股份有限公司董事长。他规范运作，诚信经营，确定了“做强做大主业，做好做精产业链，创新提升产品科技含量”的发展思路和“聚精会神发展企业，全心全意造福职工，实实在在汇报股东”的经营理念，带领企业实现由国有企业向公司制企业的转变，2003年实现股票发行上市，2006年在水泥上市企业排名第3位。2007年被国家发改委、国土资源部、中国人民银行联合发文，公布为全国60户国家重点支持的水泥工业结构调整大型企业（集团）之一。作为企业管理者，他始终关注社会事业的发展，积极投入社会公益事业和慈善事业。公司成立以来，累计投入500余万元用于捐助灾区、学校、民族村镇及贫困学生；带领员工为东南亚海啸捐款并得到中华红十字总会的书面感谢。每年投入数十万元用于生产区的绿化，2000年至今，累计投入7 000余万元用于环境保护。企业屡获殊荣，先后获得2006年全国建材工业质量管理小组优秀企业；全国建材行业先进集体；全国质量工作先进集体；全国精神文明建设先进企业等荣誉称号。

高铁中，男，汉族，出生于1952年，河北大城人，中共党员，大专学历，华美集团董事长，大城县工商联主席，廊坊市民间商会副会长，董事长。河北华美化工建材集团有限公司，1973—1984年，任村党支部副书记、民兵连长。1984—1987年，任村党支部副书记、农工商联合社社长。1987—1989年，任村党支部副书记、村民委员会主任。1989—1998年，任廊坊市电力树脂有限公司董事长、总经济师。1998—2003年，任河北华美化工建材有限公司董事长。2003年至今，河北华美化工建材集团有限公司董事长。河北华美集团是一个专业化、规模化，集研究、开发和生产于一体的大型集团企业。下设四个分公司：河北华美化工建材集团有限公司、河北华美集团廊坊美佳塑胶制品有限公司、河北华美化工建材集团玻璃棉制品有限公司、廊坊电力树脂有限公司。主要产品有橡塑、挤塑、玻璃棉、阴阳离子交换树脂等保温、化工产品。4次被廊坊市委授予“先进基层党组织”称号。高铁中同志2004年4月被河北省人民政府授予河北省农民劳动模范称号，2008年当选为河北省第十一届人大代表。2010年获“全国劳动模范”称号。

耿宝童，男，汉族，东营冠森机械制造有限责任公司总经理。出生于1974年，1991年考入山东省青年干部学院工民建专业；在校期间学习成绩优秀，表现突出，被评为优秀班干部，任学生会副主席。1994年，以优异的成绩完成学业，分配在营区第二建安公司第三项目部任技术员。在工作中，他刻苦钻研专业知识，不断探索新的施工工艺。1995年被评为助理工程师，1996年任项目部副经理，并发表了《管道安装内敷新工艺》论文，被东营区建委评为“建筑系统先进工作者”。1998年任项目部经理，评为“中级工程师”和“优秀项目经理”。负责施工的泰安办事处综合楼被评为“山东省优良工程”。2000年，任东营市新辉建筑安装总公司副总经理。2001年被东营区政府评为“十大杰出青年”。2002年成立东营市冠森科工贸有限责任公司，任总经理。两年时间，与胜利油田及各大煤矿建立了良好的合作关系，使公司经营快速进入了良性循环，资产迅猛增加，规模越来越大。2004年，在冠森科工贸公司的基础上，成立了东营冠森机械制造有限责任公司任董事长。聘请资深专家精心研制，于2005年7月获得国家煤矿安全监察局颁发的《煤矿矿用产品安全标志证书》，成为预应力锚具的专业生产厂家，产品也获得了“全国质量合格评定用户满意十佳品牌”，耿宝童被东营市政府评为“优秀企业家”。

顾兴钧，男，承德建龙钢铁有限公司总经理。1966年出生于甘肃武威，中共党员，硕士学历，1986年毕业于东北大学钢铁冶金专业，分配到酒泉钢铁公司炼钢厂工作。历任转炉炉前技术员，一助手（付炉长）主任工程师、车间主任，兼书记等职务；2000年作为公司后备力量参加一年工商管理培训（全脱产）；2001年8月分配到酒集团公科技管理办公室任主任助理；2002年6月到唐山建龙任炼钢厂技术副厂长；2002年12月唐山建龙实业有限公司副总经理；2003年2月8日到承德建龙任总经理。他所获得的主要工作荣誉有：遵化市政府“有突出贡献外聘专家”；承德市政府“2004年度承德市十大优秀青年”；河北省企业家协会“2005年度优秀企业家”。他所在的承德建龙钢铁公司是建龙钢铁控股有限公司所属子公司，是集烧结、球团、炼铁、轧钢、发电生产系统于一体的钢铁联合企业，是承德市五大支柱企业，河北省优势企业、河北省重点保护企业、河北省百强工业企业。

H

韩宪保，男，汉族，出生于1958年10月，本科学历，中共党员，高级工程师。1975年参加工作，现任卫华集团有限公司董事长兼总裁、中国重型机械工业协会常务理事、桥式起重机专业委员会副理事长、中国物料搬运协会副理事长、葫芦、单双梁专业委员会常务理事，河南省乡镇企业家协会副会长，河南省新乡市第九届人大代表，新乡市长垣县魏庄镇党委副书记，长垣县第八、九、十、十一届人大代表，长垣县政协委员，长垣县工商联会长，长垣县民营企业家协会会长、长垣县慈善总会会长等职务。1975年8月至1977年2月，新乡市豫北振动器厂职工；1977年3月至1983年5月，新乡市豫北振动器厂车间主任；1983年6月至1987年12月，新乡市豫北振动器厂技术厂长；1988年6月至今新乡市卫华起重机厂厂长，河南省卫华起重机有限公司董事长兼总经理、卫华集团有限公司董事长兼总裁。1995年以来各项经济指标平均每年以60%以上的速度递增，实现了大跨度、跳跃式的迅猛发展，营造了中国起重行业的“卫华现象”。他曾先后荣获：“全国重型机械行业优秀企业家”、“全国第四届乡镇企业家”、“河南省劳动模范”、“河南省优秀共产党员”“河南省优秀建设者”、“河南省优秀青年乡镇企业家”、“河南省优秀民营企业家”、“河南省乡镇企业科技进步先进工作者”、“新乡市优秀共产党员”、“新乡市劳动模范”、“新乡市优秀厂长（经理）”等荣誉称号。

何智慧，男，出生于1958年1月，汉族，中共党员，研究生学历。现任浙江丰球集团有限公司董事长。1975年1月至1983年3月，浙江诸暨泌湖农机厂从事企业管理工作；1983年4月至1994年3月，诸暨水泵厂厂长；1994年4月至2000年6月，浙江丰球集团公司董事长、总经理；2000年7月至2003年11月至今，浙江丰球集团有限公司董事长。自1983年担任诸暨水泵厂（丰球集团前身）厂长以来，始终走在改革开放的最前沿，坚持“一手抓管理，一手抓科技”，经过二十多年的艰苦创业，把一个仅九个职工，资产不足三千元的农机修理铺，发展成为一家国家大型企业和国家重点高新技术企业，经济效益综合指数连续八年名列全国同行前茅。目前，公司年产WQ无堵塞潜水排污泵、WQH蜗壳式潜水混流泵、不锈钢潜水泵、射流泵等二十五个系列近400种规格的泵类产品28万台，国内市场占有率达26.2%，综合经济效益连续多年位居全国同行业前三名。已形成科技型、效益型、创汇型的规模经济，历年被开户银行评为资信“AAA”级企业，多次被评为全国重点科技示范企业、省级星火示范企业、省“五个一批”重点骨干企业、省科技进步优秀企业、省专利百强企业和国家863/CMS示范企业。“丰球”牌水泵被评为国家免检产品、国家出口名牌产品和浙江名牌产品。“丰球”商标系浙江省著名商标。何智慧获得了“全国农村青年星火带头人”、“国家863计划CIMS先进工作者”、“全国优秀青年企业家”、“新世纪首届全国机械工业优秀企业管理工作者”、“中国经营管理大师”、“浙江省跨世纪十大杰出改革家”、“浙江省优秀共产党员”、“诸暨市经济建设优秀人才”、“诸暨市政府特别奖”等几十项荣誉称号。

黄建民，福建水泥股份有限公司（简称“福建水泥”）董事长，是一家国有企业经过股份制改造而成，总股本2.83亿元，总资产约16亿元，其前身为福建水泥厂。福建水泥厂创建于1958年，作为一家传统的国有企业，1993年，福建水泥厂走在国企改革的前沿，率先实施股份制改造，成为福建省首批的股份制上市公司之一。1998年，福建水泥兼并了本省另一大水泥企业，实现了省内两家最大的水泥企业的融合，公司的产能也随之跃升到两百万吨以上。如今，福建水泥已发展成为国家大型水泥生产企业和福建省最大的水泥生产企业，先后获得全国实施卓越绩效模式先进企业、国家建材工业百强企业、福建省大中型国有及国有控股企业效绩“十佳”企业等荣誉称号。

黄俊峰，男，1971年1月出生，汉族，云南丽江人，中共党员，在读博士生学历。现任云南瑞安建材投资有限公司总经理、党委书记。1993年8月—1997年4月，先后任昆明水泥厂，昆明水泥股份有限公司科员、主办科员、科长职务。1997年5月—2002年5月，云南建材集团有限公司资产财务部，先后担任科长、副经理、经理。2002年6月—2004年11月，任云南建材集团有限公司集团公司总经理助理兼资产财务部经理，昆明水泥股份有限公司、云南开远水泥股份有限公司董事，由云南省国资经营公司委派任云南国资水泥公司董事、常务副总经理。2004年12月—2006年4月，由云南国资水泥有限公司一届一次董事会聘任，任云南国资水泥有限公司董事、总经理；任云南国资水泥昆明公司、三江公司、剑川公司董事长，云南国资水泥红河公司、楚雄公司董事。2005年2月—2006年4月，任云南国资水泥有限公司党委书记。2006年4月至今任云南瑞安建材投资有限公司总经理、党委书记。2007年度获2006—2007年度中国诚信企业家，云南瑞安建材投资有限公司是云南省最大的水泥企业集团，是在云南国资水泥有限公司的基础上，改组成立的中外合资企业，公司于2006年4月28日在昆明正式成立。

黄灵强，男，1993年6月公司成立，汉族，籍贯福建省，中共党员。厦门路桥建设集团有限公司，桥梁博物馆、科技馆已成为厦门市重要的科普基地和精神文明建设示范点。水系相连、九岛棋布的厦门园博园里由我司建设的形态各异的十四座桥梁亦被誉为桥梁博物园。现任厦门路桥建设集团有限公司总经理。2008年至今中国建筑装饰协会厨卫工程委员会秘书长、中国建筑装饰协会信息咨询委员会副秘书长。1993年6月公司成立。桥梁博物馆、科技馆已成为厦门市重要的科普基地和精神文明建设示范点。水系相连、九岛棋布的厦门园博园里由我司建设的形态各异的十四座桥梁亦被誉为桥梁博物园。现任厦门路桥建设集团有限公司总经理。厦门路桥建设集团有限公司是2006年由厦门市路桥建设投资总公司改制成立，是厦门市政府直管的十大国有企业集团之一。路桥集团建设的世界第二、亚洲第一的三跨连续全漂浮钢箱梁悬索桥——海沧大桥，已成为厦门的新地标。

J

贾欣武，男，出生于1953年10月，中共党员。陕西省乡镇企业家，西安市著名民营企业家。西安鹏程机电设备有限公司总经理，陕西省乡镇企业家协会副会长、常务理事。1995年，自筹资金创建西安鹏程机电设备厂，任厂长。2003年6月，企业改制为西安鹏程机电设备有限公司，任总经理。自1996—2005年，企业先后多次获得西安高压开关电气股份有限公司、西安中新电力设备制造有限公司、西菱公司、河南平高电气股份有限公司、平顶山天鹰有限责任公司等单位的优秀合格分供方、质量信得过奖牌。2004年5月中国轻产品质量保障中心抽查鹏程公司生产的《互感器壳体》后，该公司被评为全国产品质量监督抽检合格单位。

姜红星，现任昆明滇北建材有限公司党总支书记、董事长。2002年，姜红星同志肩负着上级的重托，从云南大东公司调到东川水泥厂担任党总支书记、厂长职务。昆明滇北建材有限公司于2003年10月1日成立。其前身是东川水泥厂，始建于1959年，一直从事水泥生产经营业务，经1978年、1985年及2003年多次扩建后，具备年产水泥20万吨生产规模，拥有自己储量丰富的优质石灰石矿山。公司2003年10月1日完成改制工作，在生产经营活动中，树立“质量第一，信誉第一”的宗旨，严格执行国家标准和行业标准，所生产的“铜都牌”32.5、42.5等级的普通硅酸水泥和32.5等级的复合硅酸盐水泥，质量稳定可靠，连续二十多年保持出厂水泥合格率和出厂水泥二十八天富裕强度合格率两个100%，经营活动依法履行合同权利和义务，为企业树立良好信誉。促进了公司的两个文明建设，连续多年被市人民政府授予“重合同，守信用”先进企业。在质量监控方面具有完整的监控方法和检测仪器。自1995年起，在行业评比中被昆明市行业办评为“行检行评先进单位”，为东川的经济建设和社会发展作出了巨大贡献。现公司改制后企业经济效益和社会效益取得了明显的提高。

K

孔祥智，1994年，孔先生在家乡玉环创建“台州三盛阀门工业有限公司”。上海盛世博扬进出口有限公司董事长。玉环县政协委员、台州在沪企业联合会副会长。获得2007年玉环县明星企业家称号。公司坐落在玉环科技工业园区，占地面积26 000平方米，建筑面积20 000平方米。经过十余年的发展，公司已发展成为一家集研发、制造、销售、服务于一体，年产值超过两亿元的综合型企业，主导产品有黄铜、青铜系列阀门、管接及水暖龙头等几百个品种。2006年获台州市著名商标、台州名牌称号，并在同年，公司被评为中国“五金建材”出口基地企业，中国阀门质量公认十大知名品牌。2007年更被评为质量达标、用户放心AAA级企业，浙江省著名商标。2002年，孔先生在上海浦东新区注册成立上海盛世博扬进出口有限公司，注册资金100万元，是主要以阀门、管件、法兰出口的贸易公司。

L

黎昌林，男，武汉天元锅炉有限责任公司董事长兼总经理。1964年5月出生于湖南湘阴，中共党员，博士学位，汉族。1984年7月至1986年10月，在航空部066基地从事导弹制造技术工作；1986年10月调到湖北省武昌锅炉容器厂（现已改制为武汉天元锅炉有限责任公司）从事燃油气锅炉产品及市场开发，任产品开发部主任；1997—1999年任厂长助理；1999年12月担任厂长、党委副书记、总工程师；2000年底，企业改制至今担任武汉天元锅炉有限责任公司董事长兼总经理、党委书记。他所获得的主要荣誉有：2005年被评为2004年度湖北省优秀企业家（金牛奖）、湖北省优秀青年企业家、武汉市第四届“双爱双评”活动爱职工的优秀经营者、劳动保障工作先进个人；2006年被评为首届湖北省创新人物成就奖。主要论著有：《介绍一种水平往复炉排炉底调风清灰结构》、《浅谈工业锅炉的蒸发量和给水温度》、《我厂WNS1-1.0-Y燃油锅炉的设计》、《一台WNS型燃报锅炉气火孔的设计》、《组装锅炉运行中出现的问题、剖析及对策》。现经营规模和经济效益在湖北省工业锅炉行业中位居首位，在全国工业锅炉行业综合排名中进入前十名。获国家A级锅炉制造许可证；为国家锅炉行业定点骨干企业；中国电器工业协会工业锅炉分会理事单位；中国电器工业协会电站锅炉分会会员单位；湖北省锅炉压力容器协会锅炉专业委员会主任委员单位；湖北省高新技术企业；湖北省知名企业；中国优秀民营科技企业；守合同重信用企业；通过了ISO9001国际质量体系认证和ISO14001国际环境体系认证。

李福中，男，汉族，武汉市飞箭建材有限公司总经理、武汉市家福园建材有限公司总经理。1995年辞职创建中鑫陶瓷，2000年进驻武汉建材行业并取得箭牌卫浴湖北省总代理，2001年创办武汉市飞箭建材有限公司，2008年创办武汉市家福园建材有限公司。武汉市飞箭建材有限公司是一家专业经营建筑陶瓷装饰材料的贸易企业，目前在湖北省代理箭牌、法恩莎、金意陶陶瓷、欧神诺4大强势品牌，武汉市飞箭建材有限公司总经理、武汉市家福园建材有限公司总经理。武汉市飞箭建材有限公司发展至今已有14年历史，现有员工300余人，是一家专业经营建筑陶瓷装饰材料的私营贸易企业。公司目前在湖北省代理箭牌卫浴、箭牌瓷砖、法恩莎卫浴、法恩莎瓷砖、金意陶仿古砖、便洁宝6大强势品牌，销售网络遍布湖北省内各大装饰材料专业市场以及百安居和好美家等建材超市，拥有专卖店100多家，终端店面总面积近20 000平方米。箭牌卫浴是中国名牌产品，连续多年全国销量领先，有极高的知名度和美誉度；法恩莎卫浴是中国家装最具影响力建材品牌之一，深受广大消费者的喜爱和推崇；金意陶陶瓷是中国陶瓷行业新锐榜2006年度风尚品牌，是中国仿古砖中的领导品牌。

李和昌，男，1955年5月5日出生，广西人，汉族，工商管理硕士。现任广州市白云化工实业有限公司董事长兼总经理，中国国际贸易促进委员会建设行业分会副会长。1993年进入白云化工实业有限公司，2008年获“广东省百强民营企业”称号。在这十多年里，白云化工的年利税节节上升，企业产值从一千多万上升到三亿，利税每年近三千万，人均产值超百万，成为同行业龙头企业，为打造中国建筑密封胶民族品牌做出了一定的奉献。曾荣获广州市劳动模范、“广州市优秀建设者”、广东省“五一劳动奖章”、“北京奥运会”广州站火炬手、“广东省创业之星”等荣誉。广州市白云化工实业有限公司主要从事各类建筑密封胶、工业用密封胶和高分子新材料的研究开发及生产经营，是中国最大的建筑密封胶生产基地，是建设部授予的全行业唯一的“建筑密封胶新技术产业化示范基地”。属下有：广东白云国际科学研究院，为广东省首家民营科学研究院，获国家科技部授予的“国际科技合作基地”称号。广州市白云文物保护工程有限公司，是国内唯一具有文物保护自主研发材料和应用工艺的科技型文物保护企业，是广东省唯一的具有文物保护工程勘察设计甲级和施工一级的双资质单位。佛山市南海易乐工程塑料有限公司，我们的工程塑料尼龙66隔热条是我国第一家进行产业化的企业，也是国内行业内唯一荣获“省级知识产权优势企业”称号的企业；行业内唯一入选国家重点新产品计划的企业。公司还拥有博士后工作站，院士工作站等荣誉称号。

李旗，女，辽宁中兴防爆电器厂厂长。吉林人，民主促进会会员，大学本科学历，汉族。1965年参加工作，先后在小学、初中、高中任教；1992年调入工厂；1994年任厂长至今。她所在的辽宁中兴防爆电器厂是国家石油、化工、石化部门定点的防爆电器专业生产厂家。多年来，中兴坚持科学管理、质量第一，是ISO9001质量体系认证合格企业。可承接各种非标防爆电器、自控仪表等产品的设计、生产与工程安装。中兴产品采用国际IEC标准、国家GB标准及欧洲共同体有关标准设计、生产。并取得了国家指定检验机关的防爆合格证、船检合格证以及粉尘防爆合格证。产品已有50多个系列，近千种规格的防爆电器。中兴产品已广泛用于全国各大石油、化工、医药、粮食、军工、卫星发射基地等国家重点工程。她曾先后荣获辽宁省统战系统为经济建设服务先进个人，沈阳市优秀企业家，沈阳市巾帼创新业先进个人，三八红旗手等荣誉称号。主要论著有《走名牌兴企之路》、《加强计量管理提高产品质量》。

李天宝，中共党员，1982年毕业于大连理工大学，双学士学位，历任渤海船舶重工有限责任公司科长，分厂副厂长，总经理助理，副总经理，常务副总经理，现任船舶重工有限责任公司董事长、总经理，研究员级高级工程师，中国船舶行业协会、中国造船工程学会高级会员，辽宁船舶行业协会副会长，辽宁省企业家协会副会长，享受国务院政府特殊津贴。李天宝同志作为船舶制造专家，多年来，为我国船舶事业的发展和国防现代化建设做出了重大贡献，填补了我国重点产品的历史空白，受到党中央、国务院、中央军委首长的高度赞扬。在企业管理上，他把创新视为企业发展的法宝，大胆管理创新，广泛采用新技术，推行网络技术、价值工程技术等现代造船管理方法，使船舶建造进度、质量达到世界先进水平，创造了我国船舶造船史上的多项纪录，其规范的管理理念被誉为现代船舶管理的经典案例。作为企业管理着代表，直接组织领导推进企业安全、环保体系认证。在科研方面，完成了多项国家级科研成果，2002年获国防科工委科技进步一等奖，2003年被国防科工委评为个人一等奖，2004年获国家科技进步一等奖，2005年荣获国防科技工业个人一等功。由于他的突出贡献和显著成绩，2002年获得大连船舶工业公司（集团）劳动模范，2003年被国防科工委授予个人一等功，2005年被评为辽宁省优秀专家，2006年被评为辽宁省劳动模范，2006年入选国防科技工业“511人才工程”。

廖新荣，新疆建材设计研究院地质矿山所所长。毕业于西安地质学院，工学学士，高级工程师。多年从事地形测量、工程地质勘察、地质报告编制、开发利用方案、矿山道路设计、矿山测量、开采设计工作。曾担任多项重点工程的专业负责人、项目负责人，承担工厂厂房大型工业设施、高层建筑等多项工程的工作。曾荣获省、部级优秀成果奖多项。他所在的新疆建材设计研究院成立于1982

年，其前身为建设部第三非金属矿山设计研究院。经过二十余年的发展，现已成为西北地区唯一具有建材全行业甲级资质、建筑行业建筑工程甲级资质、工程咨询甲级资质、市政公用行业、城市规划编制、建设工程项目管理、工程总承包、科研开发及工程勘察、工程测量、基础与基础工程专业承包、工程造价、工程招投标、工程监理、环境影响评价等多项资质的科研设计单位。2004 年通过了 ISO9000 国际质量管理体系标准认证，是西北建材行业规模最大、综合实力最强、设计资质最高的设计研究院。专业技术人员由最初的 80 余人发展至 400 余人。承担工程设计、咨询、勘测、造价、监理、科研开发等项目数千项，设计项目覆盖天山南北，并走向区外，步入国际市场，先后获得省部级优秀工程设计、优秀工程咨询奖十余项。

林清忠，男，1985 年 12 月出生，民革党员，籍贯福建莆田，毕业于北京联合大学。现任九牧林氏（北京）建材市场有限公司总经理。2002 年 8 月任北京昌平水屯装饰建材城办公室秘书；2003 年 5 月任北京昌平水屯装饰建材城招商部经理；2005 年任北京天隆昌科技发展有限公司董事长；2005 年任九牧林氏（北京）建材市场有限公司总经理；2006 年任北京九牧林氏古典家具有限公司总经理；2006 年任九牧林氏（莆田）商贸有限公司总经理；2005 年至今昌平区私个协水屯装饰行业分会秘书长；2007 年中国莆田木材行业协会理事。2005—2006 年被北京市昌平区私营个体经济协会系统评为“先进个人”、“优秀管理者”；2006 年度被莆田市民革评为“民革成员优秀创业者”；企业在 2006 年被北京市评为“首都文明市场”；林清忠先生的主要社会职务：北京市昌平区私个协水屯装饰行业协会秘书长、中国莆田木材行业协会理事。林清忠管理的九牧林氏（北京）建材市场有限公司前身是北京昌平水屯装饰建材城，初建于 1998 年，位于京昌高速昌平园区西侧，现占地 300 多亩，是京北一座大型的综合性建材流通市场，北京五大市场之一。

刘钢，男，1963 年出生于四川，中共党员，硕士研究生学历，汉族。1981 年 10 月至 1985 年 7 月，威远钢铁工人；1986 年 8 月至 1989 年 2 月，四川电大威钢分校教师；1989 年 3 月至 2000 年 2 月，任川威集团副总经理；2000 年 3 月至 2001 年 4 月，银山化工股份有限公司总经理、党委书记；2001 年 4 月至 2001 年 7 月，四川康达建材工业（集团）公司总经理；2001 年 7 月至今，四川威玻新材料集团有限公司董事长、总经理、党委书记。所获荣誉主要有：2003 年被评为中国建筑材料企业管理协会“优秀企业家”。他所领导的四川威玻新材料集团有限公司是全国 520 户重点企业、四川省高新技术企业、中国玻璃纤维 10 强企业之一。企业拥有总资产 6 亿元，设有省级技术中心，具有自营进出口权。随着国家产业结构的调整和新材料的广泛应用，迈上了以无机非金属材料为重点，以池窑拉丝和玻璃纤维深加工为导向，以高新技术改造传统产业，全面提高核心竞争力的新型发展模式。形成“玻璃球—玻璃纤维（布、毡）—树脂—玻璃钢”一条龙深加工体系，具备了年产各类玻纤纱 25 000 吨、玻纤布 2 000 万米、玻璃钢 5 000 吨的生产能力。全部产品生产均通过 ISO9001 质量管理体系认证。

刘焓，男，1979 年 11 月生人，汉族，博士，现任河北唐新集团有限公司总裁。2004 年 9 月至 2007 年 3 月，中材料科工集团中材国际工程有限公司任经理；2007 年 3 月至 2010 年 2 月，河北唐新集团有限公司，任副总经理；2010 年 2 月至今，河北唐新集团有限公司，任总裁。1. 2009 年 6 月，2008 年度优秀中国特色社会主义事业建设者；2. 2010 年 3 月，唐山市丰润区劳动模范；3. 2010 年 3 月，丰润区工会先进个人；4. 2010 年 4 月唐山市光彩促进协会副会长。5. 2009 年 9 月，被美国 Sanfrancisco 授予了“荣誉市民”称号。唐山市光彩促进协会副会长；河北省中小企业协会副会长；河北省青年创业指导师。2009 年 9 月，与全国人大常委会委员长吴邦国赴美国参加《中美经贸合作论坛》，2009 年 11 月 27 日，与中国商务部部陈长德铭赴欧洲参加贸易投资促进活动，2010 年 6 月，与国家副主席习近平赴新西兰参加自由贸易协定研讨会。《钱经》杂志，总第七十六期，专题报道《我是接班人，更是职业经理人》，《人民政协报》2010 年 11 月 12 日，民营周刊栏目，《重在传承，不断提升——访唐新集团总裁刘焓》。

刘建荣，男，1982 年毕业于鞍山钢铁学院，本科学历，研究员级高级工程师。现任齐重数控装备股份有限公司董事长、总经理、党委书记、黑龙江省经济联合会副会长、黑龙江省国际商会副会长。他于 1999 年上任后，与领导班子成员一起，率领全体员工全面实现了机制、技术、管理等方面的改革和创新，取得了显著的成效。组织实施了“塑型工程”、“人才工程”、“民心工程”、“廉政工程”四大工程，使企业的厂容厂貌、员工的精神面貌和干劲、生产经营形式、员工的收入、安定团结的局面等方面都发生了巨大的变化。刘建荣以他优秀的改革和经营业绩，连年被市委、市政府评为优秀企业家和优秀企业经营者及劳动模范。2002 年荣获省劳动模范，当选为省第九届党代会代表；2003 年被中国企业联合会评为中国优秀企业家；2004 年被评为黑龙江省首届经济风云人物、省优秀企业家；2005 年荣获中国工业经济十大新闻人物奖；2005 年 6 月又被评为中国十大卓越职业经理人。

刘晓宪，男，高级经济师，上海桑威公司创建者，汉族，1953 年出生，北京桑威万宝龙建材有限责任公司董事长，北京桑威万宝龙建材有限责任公司董事长兼总经理。作为万宝龙建材公司的元老，参与并见证了企业发展的每一个里程。2005 年万宝龙公司改制，由国有资产转变为有限责任公司，任董事长兼总经理。1978—1993 年先后在国家机械部、物资部工作。1993—1998 年下海经商，创建上海桑威公司，任总经理和法人代表。1998—2004 年创建“万宝龙”品牌，任万宝龙公司总经理，并使该品牌跻身于十大知名品牌之列。2005 年万宝龙公司改制，由国有资产转变为有限责任公司，任董事长兼总经理。北京桑威万宝龙建材有限责任公司是以传播新型家居理念、产品和时尚为主业的专业化公司，由北京总部和武汉、上海、海南等分公司组成。公司在发展过程中，在传统建材领域先后为国家重企业和建设项目如北京地铁、北京西客站、宝中铁路、武汉长江二桥、深圳盐田港、福州长乐机场、三亚凤凰机场、海南高速公路、中国一汽等提供了在量水泥和钢材等基础生产资料，以良好的信誉和质量赢得了用户用各级政府的好评。同时，公司涉猎实业投资、房地产、金融、旅游等业务，这些项目为公司带来了良好的收益，其净资产已从最初的200万元发展到2000年底的1.2亿元，年营业额逾3亿元。

刘旭峰，男，1977年4月出生，大专，山西旭日机电设备安装有限公司董事长。山西旭日机电设备安装有限公司董事长，1994年春，17岁的他踏上了创业的道路，从一名普通司机成为销售员，从部门经理直到成为一个大型集团企业的营销副总。2002年，作为大企业营销副总的他，以山西代理商的身份，回到山西开始独立经营。凭借专业的施工队伍、精湛的施工技术、先进的检测设备、完善的指挥管理系统和良好的信誉使企业稳步发展。创办技工学校，为农村就业提供服务。安置下岗失业人员280人。2005年，企业实现产值5 000万元，上缴利税170多万元。先后荣获吕梁市十大杰出青年称号和山西省五四青年奖章。公司于2002年3月成立。注册资金3 000万元人民币，获国家二级资质企业。2005年公司在具有机电设备、矿山机电、冶炼设备、化工石油管道工艺、110 kV及以下送变电工程、钢结构工程、网架结构工程、防腐保温工程、自动化工程施工、电力信息服务的施工、环境污染防治及工艺设计安装工程，主业同时，拓展了电气设备的生产制造，形成集建筑、生产、设备供应、安装、检修、维护为一体的专业企业。

刘永华，男，生于1960年，江西井冈山人，中共党员，大专文化程度，汉族。1976年7月毕业于江西宁冈中学高中部，1991年函授大学毕业，2001年6月江西省委党校经济管理学院毕业，1978年12月参加工作，1981年7月担任车间主任，1983—1986年担任厂检验科科长，1988—1996年任会师瓷厂副厂长，1996年9月任恒华瓷厂厂长兼书记，1998年8月任恒华陶瓷有限责任公司董事长兼总经理，总支书记。1990年5月，荣获江西省人民政府授予“全省劳动模式”称号；1999年3月，荣获地委，地区经贸授予“全区十佳青年厂长（经理）”称号；2001年1月，荣获团委、省青企协授予“江西省第四届优秀青年企业家”称号；2001年4月，荣获吉安市“九五双争竞赛”先进个人称号；2003年3月，荣获吉安市人民政府授予“吉安市工业企业优秀厂长（经理）”称号；2003年9月，荣获江西省工商联等五家联合评为“江西省第二届优秀儒商”称号；2004年12月，荣获江西省统战部、省发改委、省工商联、省人事厅、省工商局联合评为“江西省优秀中国特色社会主义事业建设者”称号。井冈山市恒华陶瓷有限责任公司成立于1998年8月1日，目前，公司下属五个分公司（富翔、富鑫、富丰、富林、湖南宝华），注册资金400万元，资产总额5 500万元。公司多次被评为“井冈山市个体私营经济纳税大户”，“吉安市个体经营经济纳税大户”，江西省“重合同守信用”企业，2002年、2004年两届被江西省人民政府授予“先进私营企业”，吉安市国家税务局授予“一级纳税信誉等级企业”，吉安市“2002年民营企业参加社会保险先进单位”，2003年评为“江西省第二届优秀儒商企业”。

陆仁军，男，中共党员，大专学历，高级经济师。曾在奉贤区柘林中学任教师，后任奉贤柘中电器厂厂长、上海柘中实业总公司党支部书记、总经理，曾荣获上海市劳动模范、全国五一劳动奖章，并当选上海市第七届、第八届党代会代表。现任上海柘中（集团）有限公司党委书记、董事长兼总经理、上海康峰投资管理有限公司执行董事兼经理。2002年4月—2007年6月担任上海柘中大型管桩有限公司董事长、总经理，2007年7月起至今担任本公司董事长。

鹿凡伟，1962年11月生人，山东省泰安人，1983年7月参加工作，研究生学历。山东莱钢建设有限公司董事长、党委书记，高级经济师。1983年7月至1987年7月在莱钢教育处工作；1987年7月任莱钢改扩建办公室秘书；1990年2月任莱钢改扩建办公室副科长；1993年5月任莱钢改扩建办公室正科级秘书；1994年8月任莱钢总厂厂长办公室副主任；2002年9月任山东莱钢建设有限公司董事、综合处处长；2003年6月任山东莱钢建设有限公司董事、副总经理、党委副书记、纪委书记、工会主席；2007年1月任山东莱钢建设有限公司董事长、党委书记。山东莱钢建设有限公司（简称“莱钢建设”）是莱钢集团公司控股子公司。公司设立于2002年11月，总部设在青岛。注册资本3.01亿元人民币，下设3个事业部、12个分公司、15个控股子公司，参股7个公司。子、分公司分布在上海、广东、陕西、济南、青岛、淄博、威海、滨州、莱芜等省市。现有员工3 200余人。莱钢建设主要发展房地产开发、钢结构制造、工程项目总承包、物流贸易和新材料等主导产业。目前，公司形成了年产20万吨钢构件的加工能力，年50万平方米的房地产开发能力和年5 000吨粉末冶金制品生产能力，贸易业务拓展到日本、韩国、爱尔兰、委内瑞拉、巴基斯坦、越南、香港、澳门等国家和地区。

吕胜军，公司开发建设的“鲁中装饰博览城”，占地120亩，建筑面积12万平方米，总投资2.8亿元。先后建成了以核心店为中心的灯具地板城，建成了以精品店为亮点的油漆、五金、橱柜和门业经营一条街，建成了以板材大棚为大卖场的展销交易市场；形成了集交易、结算、配送、服务等各项功能于一体的大型商贸物流平台，真正实现了“一站式”采购，“一条龙”服务。公司开发建设的山东昌乐一中，位于昌乐县东南近郊区，占地200余亩，现有学生6 600名，教职员工380名，教学班80个。昌乐中学始建于1938年，是一所历史悠久，教绎绵长，饮誉齐鲁，栋梁成林的省属重点中学。公司经过整体规划，校区新增用地120亩，目前，开发建设的教学区、运动区、住宅区、生活区及配套设施，总投资2.1亿元，它将成为全省同等级别综合条件最好，档次最高，各项功能最全的一流学校。

吕月珍，女，汉族，1945年10月出生，浙江省东阳市人。大专学历，高级经济师，中国行业著名专家，现任浙江超硬磨具控股集团有限公司董事长，中国国际贸易促进委员会建设行业分会副会长。她是东阳市第十三届人大代表，先后担任中国女企业家协会理事、中国妇女报社副理事长、中国机床协会超硬分会理事、浙江省民营经济研究会副会长、浙江磁性材料协会常务理事、浙江省高级经济师协会会员、浙江省质检协会会员、浙商理事会主席、东阳市女企业家协会副会长、东阳市工商业联合会（总商会）副会长、东阳市机电行业协会副会长、东阳市资本发展战略论坛主席团副主席等职务。集团公司下设东阳市鹏宏置业有限公司、丹东日月鑫置业有限公司、辽宁超能电动汽车有限公司。1998年东阳市第一家回归企业浙江超硬磨具有限公司，填补了省内超硬磨具产业的空白。在董事长吕月珍同志的领导下，以高科技为先导，经过十多年艰难磨砺，努力把公司塑造成为企业规模化，市场国际化，管理现代化的民营集团企业，实现了企业集团化的快速发展。是目前中国长三角规模最大的磨料磨具专业生产企业，是国内同行业中规模最大的民营企业。公司先后获得“中国磁性材料高新技术特色产业基地成员企业”、“中国质量信用AAA级企业”、“企业信用AAA级企业”、“科技创新企业”、“金华市专利示范企业”；产品先后荣获“国家星火计划项目证书”、“国家火炬计划项目证书”、“国家创新基金证书”、“浙江省科学技术进步奖”、“浙江省高新技术产品”、“浙江省著名商标”等殊荣。董事长吕月珍个人获得了“东阳市三八红旗手”、“东阳劳动模范”、“东阳市第十三届人大代表”、“金华市科学技术进步二等奖”、“浙江省关爱员工优秀企业家”、“浙江省十大经营管理大师”、“中国百名杰出女企业家”、“中国商业巾帼标兵”、“中国守信用企业家”、“中国经济女性年度突出成就人物”等一系列国家、省、市级荣誉称号。2010年6月24日董事长吕月珍陪同国家主席胡锦涛访问加拿大，并出席加拿大政府欢迎胡锦涛主席的国宴。是《中华巾帼第一风采》引领中国超硬磨具第一女强人。

罗全起，男，1961年9月9日生，河南省新乡县人，中共党员，研究生学历，工程师，现任河南隆基房地产开发有限责任公司董事长。罗全起同志是一名优秀军人，1976年12月至1991年6月在北京第二炮兵部队服役，担任司务长；退伍后在河南省新乡县房地产管理处任处长，1992年创办新乡县房地产开发公司，担任总经理；1993—2001年被新乡县人民政府聘为新乡全利房地产开发有限公司董事长兼总经理；2001年至今，任河南隆基房地产开发有限责任公司董事长。罗全起及他的隆基房产享誉新乡。自1992年从事房地产开发以来，审时度势，艰苦创业。十八年来，先后参加了二十余个小区的改造开发及城市建设工作。多次被评为“中原房地产杰出人物”称号，被新乡市政府评为“先进个人”，并授予五一劳动奖章。2010年被评为新乡市杰出退伍军人。2010年10月被世界杰出华商协会聘为副会长、被中国郑和舰队资本国际集团聘为副主席。他的文章《他山之石，可以攻玉》被多家杂志转载。在罗全起进入房产界并成功打造出家喻户晓的隆基房产的过程中，罗全起公司培养出来自立门户的房产人有10多位，在新乡他被亲切地称为“黄埔校长”。

Q

乔绪宾，男，出生于1954年12月，中共党员，大专学历，汉族。1973—1976年入伍参军；1976—1988年，任青岛锻压机械厂车间主任；1990年至今，任青岛益荣机械设备有限公司董事长、总经理。主要论著：撰写的《试论市场经济条件下企业质量观念转变》一文，被中国领导干部理论参考文库编撰委员会在“区域经济发展与人力资源开发”学术研究会上被评为优秀论文特等奖。他所在的青岛益荣机械设备有限公司建于1997年，是山东省质量信得过企业，是中国青岛胶州市质量监督局认可企业，是摩擦压力机，锅炉辅机和专门适用于不锈钢制品行业的专业设备制造商。主要生产锻压机械，建筑机械，塑料机械，橡胶机械及通用机械设备，环保设备，电力设备等，产品销往全国各地及世界20多个国家和地区。企业连续10年获青岛市“重合同守信用单位”。

邱广艳，男，出生于1960年5月12日，汉族，籍贯天津，本科学历，现任北京百正威塑胶制造有限公司总经理。1985—1989年沈阳农业大学农机系农电专业本科。1995—1999年北京博广达商贸有限公司。1999至今北京百正威塑胶制造有限公司。2008年5月经中国硅酸盐学会防水材料专业委员会聚脲防水涂料委员会常务理事会聘任为聚脲防水涂料分委员会常务理事。2008年6月由国家标准《喷涂聚脲防水涂料》编制委员会聘请担任中华人民共和国国家标准《喷涂聚脲防水涂料》编制委员会编制专家。北京百正威塑胶制造有限公司是以生产聚氨酯高分子合成材料和喷涂聚脲弹性体为主的高新技术企业，本公司采用最先进的生产工艺和设备，形成了年产12 000吨的生产能力，其主要产品有：环保型塑胶跑道、篮球场、网球场、游乐场地；聚脲系列防腐、防水、地坪产品；建筑聚氨酯防水涂料、聚氨酯保温等列聚氨酯产品；同时代理经营各种人造草。产品覆盖全国31个省、市、自治区，在中东地区建立了“中东迪拜百正威香港运动材料有限公司”，“百正威”牌塑胶运动铺装材料在国内是名副其实的知名品牌，并走向了世界。

R

任里，男，1969年1月生，山西省介休市人，中共党员，大学文化，2004年7月至今任山西多智管模制造有限公司总经理，中国国际贸易促进委员会建设行业分会会员。1988年9月至1991年7月阳泉煤炭专科学校，1991年8月至2004年6月介休市多智贸易有限公司总经理。2005年4月被共青团介休市委授予“介休市首届优秀创业青年”，2006 年 4 月被共青团授予“介休市五四青年奖章”，2006 年四月被共青团山西省委授予“山西省优秀创业明星”，2007 年五月被共青团晋中市委、晋中市中小企业局、晋中市贸易委员会、晋中市青年企业家协会评为“第四届晋中市十大优秀青年企业家”，2007 年五月至今任介休市政协常委，2008 年 5 月经山西装备制造职业教育集团选举任集团副理事长，2009 年 1 月被聘为晋中市第一届中小企业协会副会长，2009 年 5 月被世界杰出华商聘为常务理事，2009 年至今任中国国际经济发展研究中心高级研究员，2010 年三月被晋中市城乡贸易促进会聘为常务理事。目前公司注册资本 5 000 万元，现有职工 116 人，其中大学以上文化程度职工 45 人，工程专业技术人员 19 人。公司设备先进，检测手段完善，技术力量雄厚；产品质量管理体系已通过 ISO9001：2000 国际质量管理体系认证；拥有国家商务厅授予的生产企业产品自营出口权；由我公司起草的 GB/T25715—2010《离心球墨铸铁管管模》国家标准于 2010 年 12 月 23 日发布。产品商标“多智”已在国家工商行政管理总局商标局注册。先后被各级政府评为“先进科技创新企业”、“工业企业调产先进单位”“重合同，守信用企业”“山西省首届百家信用示范企业”“全国产品质量放心承诺单位”“2009 中国最具创新力企业”等。公司产品赢得业内人士的普遍赞誉和顾客长期信赖。

S

沈正华，男，汉族，浙江海盐法狮龙建材科技有限公司总经理，一步一个脚印，踏实做好每一件事，让每个法狮龙用户都拥有美好、和谐、健康的居住环境。法狮龙是一家集设计研发，生产制造，全国市场销售的企业，专业生产集成吊顶，是目前商标注册成功为数不多的厂家之一。浙江海盐法狮龙建材科技有限公司，位于国内经济高速发展的长三角地区，中国集成吊顶行业的二大生产基地之一的浙江嘉兴。专注于集成吊顶产品的研发与生产和销售，是一家集集成吊顶研发，生产，销售于一体的行业知名企业。法狮龙人秉承“专注、专业”的发展精神，在集成吊顶行业内一直以优良的技术、研发优势和准确的市场定位而领先于行业。2005 年法狮龙研制出第一代集成吊顶产品，并成功获得国家相关专利（专利号：ZL200320113874.5）。公司先后通过了国家强制性的 3C 认证、全国工商联家具装饰业商会天花板专业委员会颁发的“中国厨卫吊顶十大品牌”并成为全国工商联家具装饰业商会天花板专业委员会的理事单位、中国家具协会厨房家具专业委员会理事单位、中国名牌产品保护委员会的“绿色环保产品”等荣誉称号。

时一春，中国化工供销太原贵金属有限公司的法人代表和总经理，公司经营发展战略策划和实施的领导者，是公司企业文化的精神核心。他紧密结合该公司实际，在工作中认真实践“三个代表”重要思想，深入贯彻落实科学发展观，努力发挥共产党员的先锋模范作用。在时一春同志的带领下，中国化工供销太原贵金属有限公司全体员工戮力同心、艰苦奋斗，紧紧抓住发展这个“第一要务”，经过 14 年的努力经营和品牌塑造，成为目前国内铂催化剂行业的龙头企业，公司产品“华金”牌铂催化剂在全国用户中享有很高的美誉度，国内市场份额占有率达到 65%。该公司牢牢把握着国内铂催化剂行业的主导地位，充分发挥着国企在行业发展中的中流砥柱作用。14 年的发展，中国化工供销太原贵金属有限公司全体员工在时一春总经理的带领下，发扬“团结、高效、敬业、奉献”的企业精神，实现了企业效益的逐年递增，确保了国有资产的保值增值，奠定了公司在国内铂催化剂行业的主导地位，公司生产经营保持高效稳步发展。14 年来，该公司累计上缴总公司 2 353 万元，实现利税 10 726 万元，上缴国家税金 3 748 万元；净资产从 4 490 万元增加到 6 301 万元，增加了 1 811 万元；固定资产从 6 万元增加到 2 411 万元，增加了 2 405 万元。

史立军，男，汉族，现年 47 岁，中共党员，大专文化，辽宁省沈阳市人。现任河北飞达工具制造有限公司总经理兼党支部书记，中国国际贸易促进委员会建设行业分会会员。该同志 1979 年从晋县城建局调入河北刃具厂工作，自 1982 年开始从事销售工作，历任销售科副科长、科长、厂长助理。1998 年 4 月河北刃具厂转制成股份制企业——河北飞达工具制造有限公司后，任总经理兼党支部书记。2001 年 4 月任公司董事长、总经理兼党支部书记。2005 年 1 月至今任公司董事长兼党支部书记。史立军同志以其突出业绩，当选为晋州市第四届人大代表，多次荣获“优秀共产党员”、“优秀党务工作者”称号，先后被石家庄市人民政府授予“石家庄市首届企业家创业奖”、“河北省劳动模范”和“石家庄市十佳青年企业家”荣誉称号。公司于 1998 年由国营河北刃具厂改制而成的股份制企业，公司依靠先进科技支撑和现代化管理理念，以生产高速工具钢 ϕ6 mm～ϕ120 mm 系列锥柄麻花钻为主，兼生产孔加工刀具、成型刀具、螺纹刀具、合金刀具、内冷却孔刀具、超硬刀具及各种非标准刀具，与德国、美国合作生产机械、电子数显内外径千分尺系列产品，是融高精尖技术设备、现代化生产工艺、标准化规范化流程管理为一体的现代企业。公司相继荣获“中国工具刃具十佳畅销品牌”、“全国产品质量信誉双保障示范单位”“河北省劳动关系和谐企业”等荣誉称号，“晋驰”牌商标荣获“河北省著名商标”、“河北省优质产品”等称号，并通过了 ISO9001：2000 质量管理体系认证。公司产品遍布全国各大中城市工具市场，并出口东南亚和欧美等海外市场。公司依靠高凝聚力的团队、先进的运营管理模式、完善的质量保证体系坚实立足于全国工具制造领域，一个高效、务实、规范、新型的现代化、国际化大型企业集团正以强劲的势头在行业内飞速成长，必将以更大的发展步伐与各战略合作伙伴共赢未来。

宋国强，男，1960 年 11 月生，汉族，山东省乐陵市胡家街道办事处孙皮村人，中共党员，硕士研究生，高级工程师，乐陵市人民政府市长助理，德州国强五金制品有限公司董事长兼党委书记，中国国际贸易促进委员会建设行业分会会员。1976年7月至1987年6月乐陵县农具厂工人、办公室主任、工会主席，1987年6月至1990年9月乐陵县木器厂党支部书记兼厂长，1990年9月至1998年8月乐港五金制品有限公司董事长、总经理，1998年8月至今德州国强五金制品有限公司党委书记、董事长，1999年9月山东经济管理干部学院获得“工商管理硕士”。先后获得各级党委、政府80多项表彰和奖励，光荣的出席了山东省第七届党代会，荣获山东省十大优秀青年企业家、山东省富民兴鲁劳动奖章、山东省科技进步二等奖、德州市劳动模范、德州市专业技术拔尖人才、新长征突击手、优秀共产党员、德州市人大代表、德州市工商联副会长、中国建筑金属结构协会副会长、中国轻工总会门窗五金分会副会长、中国表面工程协会电镀分会优秀厂长、山东省五金衡器协会副会长、中国特色社会主义建设者等。申报获得国家专利80项，其中发明专利4项。企业先后获得“中国驰名商标”、建设部“中国建设科技自主创新优势企业”、“国家火炬重点高新技术企业”、中国建筑金属结构协会、山东省建委“建筑五金定点生产企业”、“山东省工程技术研究中心”、“山东省企业技术中心”、“山东省专利明星企业”、“山东省著名商标”、“山东省免检产品”等称号。

苏洪财，男，东莞市创业电气设备有限公司董事长。他领导的企业是我国高低压成套设备制造业的骨干企业之一，拥有东莞市基业电气设备有限公司、东莞市聚成电气设备有限公司等下属公司。技术力量雄厚，生产设备先进，普遍实行了计算机管理与计算机辅助设计及加工。始终坚持创新，使产品水平居国际领先地位，建立并保持了ISO9001—2000版质量体系，通过了“3C”认证，严格对产品实施从设计到成品和服务全过程的质量控制，已经完成了成套设备产品的更新换代，在技术、生产、质量水平上实现了跳跃式的发展。多次被广东省东莞市政府授予“重合同守信用企业”，被东莞市工商局、东莞市消费者协会评为“消费者满意单位”和“诚信单位”，被国家相关部门评为“全国质量振兴工程”先进单位；还荣获产品信得过企业、质量优良企业、文明经营单位、全国商誉最佳民营企业、优质信誉品牌等称号，同时被认定为广东省高新技术企业；该公司的创业品牌荣获“中国行业龙头品牌”、“中国著名品牌”等称号。苏洪财载誉颇丰，曾获得“中国企业品牌建设十大贡献奖”、“十大杰出经理人”、“企业贡献奖”、“东莞市优秀民营企业家”、“中国百名优秀企业家”、“首届中国双优民营企业家”、“爱国企业家”、“中华爱国英才”、“杰出爱国人士”等荣誉称号。

孙碧庆，男，汉族，出生于1970年，福建人，厦门市建安集团有限公司总经理。厦门市建安集团有限公司创立于1974年，20世纪90年代中期，由集体所有制成功转换为民营企业，建立了产权清晰、权责明确、管理科学的现代企业制度。2000年实施品牌经营战略，组建厦门建安集团，成为厦门市第一家组建企业集团的民营建筑企业；2004年成为厦门市第一家晋升房屋建筑施工总承包一级资质的民营企业；2005年成为厦门市第一家获得省级著名商标的建筑企业；2007年出资设立了福建省建设系统第一家，也是厦门市第一家由企业发起、具有独立法人资格的专业慈善机构——厦门建安慈善基金会；2010年成为福建省第一家获得中国驰名商标的建筑企业。集团注册资金1.061 8亿元，净资产3.6亿元，总资产6.5亿元，下辖8家子公司和关联企业，拥有专业齐全、经验丰富、技术水平高的施工管理队伍及各类大、中型现代化施工机械设备，形成了以建筑工程、房地产开发、园林绿化、实业投资、高校后勤服务、建材生产、劳动力管理与输出等多元化集团公司。

孙金元，男，1973年2月生人，山东滨州人，中共党员，大专学历。现任山东恒安钢结构工程有限公司总经理，中国国际贸易促进委员会建设行业分会会员。1997—2006年任滨州市金元装饰公司总经理，2004年3月创立滨州钰洁钢结构工程有限公司并任总经理，2008年至今任山东恒安钢结构工程有限公司总经理，2008年，荣获第二届“滨州市青春创业之星”荣誉称号。2008年，荣获中国工业合作协会授予的“中国和谐社会青春企业家”荣誉称号。山东恒安钢结构工程有限公司成立于2004年3月，施工安装资质三级，通过ISO9000认证，是从事钢结构设计、加工、安装为一体的专业化公司。占地面积6.3万平方米，建筑面积3.5万平方米，位于山东省滨州市经济开发区，交通便利。公司拥有国内先进的H型钢自动焊接生产线，数控C型钢生产线，金属隔热夹心复合板生产线以及H型钢抛丸清理机等各种先进的钢结构生产配套设备。主要业务有H型钢加工、H型钢抛丸除锈金属隔热夹心复合板，彩色压型钢板，轻钢结构专用檩条的生产、加工、销售。我公司拥有一流的专业施工队伍，对外承接各种大型的钢结构工程设计、加工、安装。

T

唐朝军，男，学士学位，高级工程师，国家注册咨询工程师（投资）、国家注册监理师。江苏省建筑材料研究设计院有限公司院长。他先后参与盐城八菱建材公司水泥粉磨站项目可行性研究；金贸集团公司金贸花园二期工程监理负责人；江苏省气象局气象科技服务中心工程项目监理；溧阳汉生特种水泥厂项目可行性研究。他所在的江苏省建筑材料研究设计院有限公司位于古城南京，前身为江苏省建筑材料研究设计院，始建于1959年，是江苏省建材行业唯一的省属综合性科研设计院所。经过40多年努力，逐步形成面向广大建材企业，服务行业科技进步的科研、设计、质检、工程监理四大支柱。先后承担了几十项省、部级重点科技项目。其中：高性能低碱混凝土项目获得省级科技成果二等奖；高减水率大坍落度保持型超早强减水剂项目获得省级科技成果三等奖。溧阳汉生水泥有限公司日产1 500吨水泥熟料生产线、江苏八菱建材有限公司石粉生产线扩建工程、安徽乌江水泥有限公司日产1 500吨水泥熟料生产线三个项目获部级优秀工程设计二等奖，南京南峰石粉有限公司石粉生产线扩建工程获部级优秀工程设计一等奖，周庄富贵园设计项目获部级优秀建筑设计一等奖。

陶佩贞，大学本科学历，高级工程师，长期从事质量标准工作，具有国家计量认证评审员、国家实验室注册评审员、全国工业产品生产许可证审查员资质。现专职担任中国五金制品协会建筑五金分会、淋浴房产品分会秘书长、全国五金制品标准化技术委员会建筑五金分技术委员会主任。1989 年 1 月至 2007 年 7 月，先后担任上海市建筑五金工业研究所副所长；国家轻工业建筑五金质量监督检测中心副主任、主任；科技期刊《建筑五金》主编以及中国五金制品协会建筑五金分会、淋浴房产品分会秘书长、全国五金制品标准化技术委员会建筑五金分技术委员会主任。兼任中国五金制品协会建筑五金分会秘书长。全国五金制品标准化技术委员会建筑五金分技术委员会主任、《建筑五金》主编。2007 年 8 月至今专职担任中国五金制品协会建筑五金分会、淋浴房产品分会秘书长、全国五金制品标准化技术委员会建筑五金分技术委员会主任。

佟兆启，2007 年黑龙江杰出民营企业家。双鸭山新时代水泥有限责任公司董事长。他所领导的企业是 1999 年成立的股份制公司，2003 年 6 月经市政府批准为民营企业。拥有工程技术和管理人员 147 人。主导产品“安邦河”牌普通硅酸盐 32.5 等级水泥被黑龙江省评为“黑龙江名牌”产品，并获得“中国建材市场畅销品牌”证书，黑龙江省技术监督局确定为“省内外重点推介产品”。企业把改革与改组、改造、创新管理紧密结合起来，靠技术创新的运行机制、激励机制，结合提质降耗、提高生产能力、搞好资源综合利用、治理环境污染，采用新工艺、新技术、新设备提升企业市场竞争能力。企业被省政府授予“中小企业之星”、“黑龙江省质量管理先进企业”、“省安康杯竞赛先进单位”等荣誉，企业党委被中共中央组织部授予“全国先进基层党组织”光荣称号。

W

王锋，男，湖南衡阳人，出生于 1948 年 4 月，汉族，中专文化，高级经济师，1968 年 9 月参加工作，1981 年 9 月加入中国共产党。现任桂林电力电容器总厂厂长、党委副书记，中国电力电容器行业协会副理事长。2005 年，企业各项经济指标再创造历史新高，完成工业总产值 51 010.47 万元，同比增长 25.32%，完成销售收入 48 148.58 万元，同比增长 31.98%，实现利税 10 114.5 万元，同比增长 37.98%，均创历史最高水平，位居国内同行业前列，并荣获广西“五一”劳动奖状，树立了国有企业的新形象。30 多年来，桂林电力电容器总厂共获国家发明奖 1 项，国家科技进步奖 2 项，部、省、市级科技进步奖 28 项，国家专利 7 项，为我国电力电容器行业的发展作出了巨大的贡献。企业先后为北京房山 500 千伏变电站提供 42 万千伏并联电容器，辽宁辽阳 500 千伏变电站提供 16 万千伏并联电容器，深圳大亚湾核电站 500 千伏输电工程提供 36 万千伏并联电容器等，迄今为止，企业已为 50 多个 500 千伏变电站提供产品。2003 年成功研制 750 千伏电容式电压互感器，2005 年 9 月随西北 750 千伏输变电示范工程建成成功投入运行。他本人也多次被评为自治区和桂林市劳动模范、优秀企业家。

王家文，男，1956 年 8 月出生，汉族，山东滕州人，中共党员，大学学历。现任山东文隆化轻建材有限公司董事长、总经理。中国亚太经济发展研究中心研究员（2005 年 7 月—2010 年 7 月），中国爆破器材行业协会常务理事、山东省爆破器材行业协会副理事长、滕州市生产资料协会副会长、滕州市劳动模范协会副会长。当选人大代表、政协委员、党代表情况：滕州市第九次、十次、十一次党代会代表，滕州市第十五/十六届人大代表，滕州市第十五、十六届人大常委会常委。大学学历，高级政工师，1983 年 12 月参加工作，1989 年 12 月加入中国共产党。历任滕县郭庄矿工人，滕县农机修造厂工人，滕州市化轻建材总公司工人、科长、副总经理、总经理、党支部书记，滕州市物资集团总公司副总经理、总经理、党委书记，期间兼任文隆化建有限公司董事一长、总经理、经贸系统党委委员，现任滕州市人大常委，滕州市物资集团总公司正科级干部，文隆化建有限公司董事长、总经理、党支部书记。1990 年 9 月—1992 年 1 月滕州市委党校经济管理专业学习，1992 年 9 月—1993 年 9 月山东科学文化进修学院现代科学管理专业学习，1992 年 10 月—1993 年 10 月参加山东省经济法律、法规培训班，1992 年 12 月—1994 年 6 月中共山东省委党校学习，2000 年 9 月—2002 年 12 月中国政法大学学习法律专业，2003 年 12 月—2005 年 5 月参加清华大学经营教育学院 NBA 研修班。公司先后荣获国家级“守合同重信用企业”、“中国商业信用企业”，山东省“文明单位”、“思想政治工作先进单位”、“消费者满意单位”、“百城万店无假货活动示范店”、“商业名牌企业”，枣庄市“功勋民营企业”、“百强民营企业”，滕州市“十强民营企业”、“十大建功立业标兵单位”等多项荣誉。在十七大精神的引导下，山东文隆化轻建材有限公司正以坚定的思想工作、新型的经营理念、全新的企业文化、健全的规章制度，全面加快战略转型步伐，向着现代物流企业集团的目标奋力迈进。

王林，男，出生于 1970 年，汉族，出生于湖北丹江口市六里坪镇财神庙村。1988 年，考入丹江口市农机学校，毕业后被分配到东风汽车公司工作。1993 年 5 月，他辞去公职，揣着从朋友那里筹措的 90 000 元现金，只身一人来到中国最开放的广东沿海地区艰苦创业。2007 年 9 月，组建起十堰市华林钢构工程建设有限公司。2010 年 1 月 15 日荣膺“2009 年度十堰十大经济人物”荣誉称号。现任十堰市华林钢结构工程建设有限公司董事长，同时兼任丹江口市工商业联合会副会长。

王明泉，男，鞍山三和轧钢有限公司总经理。他所在的鞍山三和轧钢有限公司是中外合资企业，现有员工 450 人，资产 3.6 亿元。以他诚信的优秀品德率先垂范，与大公司真诚合作，靠信用制度赢得他们支持，融资 1.5 亿元，破解了企业没有资金无力推动生产的难题，有力推进了企业生产经营的发展。公司不断开发新产品，实现了H型钢、汽车轮辋钢、大中型型钢三大产品系列化，并打造精品钢材生产基础，狠抓产品质量，确保精品战略的实施，汽车轮辋钢和槽钢被评为辽宁省名牌产品。三和轧钢在最困难的时期，轧钢产量创造了这个企业建厂以来最高纪录，全年实现14万吨，销售收入3亿元。2003年、2004年又连创佳绩，分别实现产量17.5万吨、15万吨，销售收入4.2亿元、4.5亿元。在他的领导下企业先后荣获辽宁省五一劳动奖章、辽宁省守合同、重信用单位、全国企业文化建设实践创新奖等荣誉称号。企业连续三年进入鞍山市工业企业15强行列。他先后荣获辽宁省劳动模范、辽宁省创业企业家、辽宁省优秀民营企业家、辽宁省优秀共产党员和全国企业文化管理企业家等光荣称号。

王绍庭，男，汉族，中共党员。现任上海汤臣塑胶实业有限公司总经理。1971年10月至1995年6月，在兰州石油化工机器总厂历任工人、宣传干事、分厂团委副书记、总厂团委宣传部长、总厂团委副书记、总厂团委书记、总厂党委委员、总厂下属厂党总支副书记、副厂长、总厂下属公司总经理等职；1995年6月至1996年11月，上海万信实业公司业务主管；1996年11月至今，历任汤臣集团总经理特别助理、管理部高级经理、上海汤臣塑胶实业有限公司总经理。主要荣誉有：1985—1987年，连续三年获兰州石油化工机器总厂级先进工作者；1986—1989年连续四年获兰州市优秀共青团干部；1998—1999年，连续两年获上海市房地产业协会工作积极分子；2002年获上海市房地产业协会先进工作者；2006年获第五届中国改革百名优秀人物和第二届亚洲管理创新百名优秀人物。他所领导的企业是香港汤臣集团在国内投资的唯一一家专业生产非增塑聚氯乙烯（PVC-U）、氯化聚氯乙烯（PVC-C）管道产品的大型制造企业，成立于1993年。自1998年起连续被评为“上海市高新技术企业”，自2000年起连续五年被评为“上海市名牌产品”，2004年度获上海名牌产品100强称号，并荣获“守合同、重信用单位”称号。重大工程项目如：浦东世纪大道、外环线、逸仙路高架、南北高架、浦东国际机场、上海图书馆、上海八万人体育场、浦东磁悬浮列车工程、上海F1国际赛车场等，均指定使用该公司产品。

王晓辉，男，1971年12月生，1997年毕业于大连理工大学土木系，中共党员，土木工程硕士，工程管理博士，教授级高工；先后在大连市建委住宅产业化促进中心、科技教育处、招投标管理处等部门担任领导职务，现任大连长兴岛临港工业区工程建设事务中心主任。熟悉住宅产业化管理、建筑节能管理、建设科技管理、招投标管理及工程项目管理工作；主持过辽宁省长办公楼、大连棒棰岛总统楼等多个省市重点工程的建设管理工作；主持了建设部信息化示范项目“大连建筑市场信用监管网、数字化工地”的开发建设；曾获得过辽宁省“优秀学生干部标兵、辽宁省优秀毕业生、大连市重点工程建设管理先进个人、辽宁省开发新型墙体材料先进个人、辽宁省建设系统人才工作先进个人、大连市优秀公务员、大连市市直机关优秀一岗双责党支部书记、处长”等多项荣誉称号。现在主要负责长兴岛临港工业区管委投资项目的建设管理工作，2009年带领的工程建设事务中心获得了“大连市先进单位”称号，推行的标准化管理、数字化工地、半军事化管理、优质优价、鼓励科技创新等理念得到大连建筑业的普遍好评。主要负责政府投资项目的建设管理工作。工务中心由一批高素质专业技术人员组成，2009年获得了“大连市先进单位”，创辽宁省卫生城优秀单位，安全生产表彰单位等一系列荣誉称号。

王永森，男，汉族，1941年生于浙江吴兴，毕业于上海机械学院，中共党员，高级经济师。现为兰州石油化工机械设备工程集团公司总经理，兰州石油化工机器总厂厂长。同时他还兼任甘肃省政协委员、甘肃省企业管理协会副理事长、中国动力工程学会理事、甘肃省工商联合会常委等社会职务。从1961年8月，他参加工作以来，历任兰石厂机动处技术员，处长，兰石总厂厂长助理、副厂长兼总经济师。他以实干、雷厉风行的工作作风闻名于企业界，他倡导兰石“从严、求实、创新”的精神。企业主要生产化工，化工管道及配件，化工设备配件，木工切削工具，机床附件，工程机械配件，年营额达到了人民币1亿元以上。在他的领导下，自建成投产以来，经过全体员工的共同努力和艰苦奋斗，逐步形成了完整的管理体系，以其优质的产品和良好的服务，赢得了各用户的好评，经济效益逐年增长，成为发展地方经济的骨干企业之一。兰石开发的钻机和炼化产品多次获得国家科技进步一、二、三等奖。兰石生产的产品在性能、结构、质量方面已接近国际水平，产品远销20多个国家和地区。

王占府，男，河北河间人。康洁集成家居创始人，中国家具协会厨房专业委员会副主任，中国木材流通协会木门专业委员会理事副会长。康洁集成家居的两个经济主体康洁家具公司和北京德品木业公司分别成立于1993年和2000年。在他“要么不做，做就做好”的企业精神的带指引下，康洁连续五年以年50%的速度增长，成为中国深具影响力的家具企业。康洁集成家居领域涵盖橱柜、木门、浴柜、家具、家装多个领域，康洁以生产家居精品享誉全国。作为康洁公司的创始人，从创业初期至今，始终以改善人们的家居生活为已任，将产品和服务视为康洁长期发展之源泉，对事业矢志不渝的追求和认真负责的态度，塑造了康洁特有的企业文化。康洁目前已是一家集成家居产品生产型集团企业，由北京康洁家具有限公司、河北康洁家居制品有限公司、北京府上工贸有限公司组成，自有品牌为康洁橱柜、府上木门、星品浴柜、爵品衣帽间。

魏志光，中共党员，河北省秦皇岛兴民伟业集团董事长，是一个出身木工的农民企业家。目前任兴民伟业建筑设备有限公司董事长，兴民装饰装潢有限责任公司董事长，兴民电动工具电料公司总经理，秦皇岛市工商联合会理事。2003—2007年，经过魏志光先生的3年多研发，开发出数字化钢性模板支撑组合结构，并获得8项国家专利，产品具有巨大的经济效益和社会效益。《经济日报》、《中华建筑报》、《燕赵都市报》、《秦皇岛日报》、《秦皇岛晚报》、河北电视台《河北新闻联播》、秦皇岛电视台《秦皇岛新闻》、昌黎电视台《昌黎新闻》多家媒体都对此进行了翔实的报道，数字化钢性模板支撑组合结构填补了我国建筑业史上的一项空白，被誉为模板支架结构的一个革命性创举，是建筑业发展史上的一个新的奇迹。此技术产品被世界建筑行业称“确实领先”，使建筑业工作效率提高 600%，仅节约木材一项可为国家节约上亿立方米。魏志光同志多次积极参与社会公益事业，企业有大量的农民工、下岗职工被安置，而且还有聋哑人被安置；投资 3 万元为魏官营小学修建操场，投资 2 万元为刘台庄小学修建校舍。

吴亚德，男，汉族，清连公路发展有限公司董事长，毕业于广东行政学院，广东省社会科学院研究生学历。吴先生自 1997 年 1 月起担任深圳高速公路股份有限公司董事，2002 年 1 月起至今任深圳高速公路股份有限公司代总经理、总经理/总裁，现亦担任深圳高速公路股份有限公司所投资企业清连公司之董事长以及深圳市铁汉生态环境股份有限公司独立董事。吴先生自 1997 年 1 月起担任深圳高速公路股份有限公司董事，2002 年 1 月起至今任深圳高速公路股份有限公司代总经理、总经理/总裁，现亦担任深圳高速公路股份有限公司所投资企业清连公司之董事长以及深圳市铁汉生态环境股份有限公司独立董事。广东清连公路发展有限公司成立于 1997 年，下辖两条公路（G107、S114 清远段），分别为清连一级公路和二级公路，沿线有 9 个收费站和 1 个隧道所，员工人数 430 多人。2005 年 2 月份起，广东省清连公路发展有限公司被深圳高速公路股份有限公司收购了约 76%的股份，从而成为深圳高速公路股份有限公司的子公司。根据规划，深圳高速公路股份有限公司拟投资 40 亿元对清连一级公路进行高速改造，计划于 2008 年 8 月完工。

吴岳明，男，汉族，江苏人，高中学历。现任江苏丰立集团有限公司任董事长兼总经理。1984 年高中毕业，开始从事个体经营、1989 年成立青桥回收站，主营废旧金属收购、1993 年收购南沙化工厂、香山锁厂，并对两家企业进行资产重组优化，重新注册成立张家港市永恒钢铁炉料有限公司，任董事长兼总经理、1994 年将张家港市永恒钢铁炉料有限公司变更为张家港市丰立贸易有限公司。1997 年注册成立江苏丰立国际贸易有限公司，任董事长兼总经理。2000 年收购张家港市精密管厂，成立张家港保税区永业钢管有限公司，任董事长兼总经理。2001 年注册成立江苏鑫香山金属材料有限公司，任董事长兼总经理。2002 年 4 月注册成立江苏永恒钢铁实业有限公司，任董事长兼总经理。2002 年 5 月注册成立张家港永恒码头有限公司，吴岳明任总经理。2004 年 2 月注册成立了江苏丰立集团有限公司任董事长兼总经理。社会主义建设贡献奖章，中国优秀企业家，江苏省关爱员工优秀民营企业家、苏州市经济建设先进个人、张家港市劳动模范、张家港市优秀企业家。

武爱军，男，汉族，出生于 1966 年 11 月，广西人，本科学历。1989 年毕业于上海交通大学电机系，国家一级注册建造师、工程师职称，曾任广东省华宇钢结构工程有限公司总工程师、执行董事，参与了东莞玉兰大剧院、深圳福田体育公园、武汉圣陶沙大厦等多个大中型项目的制作及施工。现任广东省东莞市建筑金属结构行业协会会长。对于推动钢结构行业规范、繁荣，他作出了突出的贡献。在他的带领下，东莞市建筑金属行业协会加强会员和行业自律，促进会员诚信经营，维护会员和行业公平竞争，组织开拓市场，发布市场信息，在开展行业调查、评估论证、培训、交流、咨询、展览展销等方面取得了较好的成效。

X

夏君，男，1961 年 7 月 13 日出生，籍贯湖北，中共党员，华中理工大学新闻专业毕业，1978 年 3 月参加工作，当兵 8 年，做记者、编辑 20 多年，2003 年开始从事政务和党务工作。历任部主任、报社副社长、电视台副台长、台长、局办主任、党办主任、局工会副主任、局纪委等职。2010 年 5 月辞去公职来到北京，现任北京湖北通山商会秘书长。从事新闻工作 20 多年来，发表不少作品，有获得全国二等奖的，也有省、市新闻学会、广电学会一等奖的。首届优秀记者，新闻中级职称，原通山县作家协会副主席任职 9 年，咸宁市知名记者，2010 年在商会工作后，一心扑在工作上，迅速打开了商会工作局面。第一，通过加强商会内部管理，搭建了强有力的组织机构。第二，开展了丰富多彩的联谊活动，提高了商会吸引力、凝聚力。第三，商会积极维护会员和在京通山籍务工人员的合法权益，取得了良好的社会形象。第四，商会积极参加家乡的集体活动，展示新楚商形象。第五，心系会员，做会员知寒知暖的贴心人。第六，商会重视组织建设，充分发挥堡垒作用。去年，应邀参加 2010 年全国建筑装饰材料工作会议，北京通山商会华南石材、九天龙石材有限公司在本次会上获得“全国建筑装饰行业推广应用产品”荣誉称号。此称号全国只有 12 家。本人 2010 年被评为北京湖北通山商会优秀秘书长。

徐百合，男，1962 年生，经济师，临沂市政协委员，临沂市兰山区工商联常委，临沂百合装饰材料有限公司总经理。临沂百合装饰材料有限公司总经理，多次被临沂市工商局、临沂市个体劳动者协会、临沂市私营协会、临沂市工商联等部门授予“重合同，守信誉企业”、“优秀会员企业”、“文明诚信企业”、“光彩之星”等荣誉称号。他本人也被评为“优秀民营企业家”、“首届中国双优民营企业家”等。1978 年，徐百合走出校门，先在一家公司干业务员，后来被调到临沂水暖器材厂，很快就被提拔为业务科长。1991 年，他毅然辞职下海，先是经营五金批发，事业做得有声有色，令同行羡慕不已。2000 年，成立了百合装饰材料有限公司。室内装饰材料，现有海马地毯、东升地毯、韩国新兴材料、石塑地砖、优耐、林丰豪华壁布、高中档地毯、地毯胶垫、烫带钉条、门前垫及脚踏垫、防滑垫，纯羊毛地毯、羊毛地毯、规格齐全、承接室内外大型工程等多次被临沂市工商局、临沂市个体劳动者协会、临沂市私营协会、临沂市工商联等部门授予“重合同，守信誉企业”、“优秀会员企业”、“文明诚信企业”、“光彩之星”等荣誉称号。他本人也被评为“优秀民营企业家”、“首届中国双优民营企业家”等。

徐昌学，男，中共党员，博士研究生，汉族，一级经营师，一级建造师。新疆塔里木管道防腐涂料有限公司总经理。1987年7月，毕业于西南石油学院；1987年7月至今，中国石油天然气管道科学研究院项目负责人、主任、副总工程师、副院长；1994年4月至今，新疆塔里木管道防腐涂料有限公司总工程师、副总经理、总经理。他长期从事科学研究、新技术推广和企业管理工作。主持参加多项科研项目的研制。其中主持的“煤焦油瓷漆及其配套材料填补研制”课题获中国石油天然气管道局科技进步一等奖，“八五”十大科技成果奖；部级科技进步三等奖；国家级新产品奖等。参加的国家自然科学基金资助项目“金属及涂层材料土壤腐蚀数据积累及腐蚀与防护研究”获部级科技进步二等奖；“储罐导静电涂料研制”获局级科技进步二等奖，国家级新产品奖；“聚氨酯石油沥青补口补伤涂料研制”获局级科技进步三等奖。主持的国家级推广项目“煤焦油瓷漆及其配套材料推广应用”项目，通过部级验收评为“优秀”项目。他先后多次获中国石油天然气总公司“优秀共青团员”；中国石油天然气管道局“新长征突击手”、“优秀青年”、“劳动模范”、“八五期间杰出青年科技工作者”和“杰出青年岗位能手”；中国石油天然气管道科学研究院“十佳青年”；“优秀企业经理”、“优秀企业家”等荣誉称号。

Y

阳晴，女，1973，汉族，成都香鑫建材有限公司董事长，生于1973年5月10日，国家经贸委经理学院MBA，2005年10月国家经贸委经理学院高级工商管理（MBA课程）研修班结业；2006年11月北京黄金经济发展研究中心“黄金价格分析方法与技巧培训班”结业，2008年至今就读于北京清华大学矿业高级研修班。2000创办香馨园林绿化公司；2003年至今致力于有色金属和矿业开采事业；2006年4月组建成都香鑫建材有限公司；2007年投资郫县神保安防报警监控服务有限公司；2001—2003年，当选郫县原两路口镇人大代表；2004年至今，郫县女企协会会员；2007年，荣获“盛世华商爱心大使”。四川香馨怡境景观园林工程有限公司前身为成都香鑫建材有限公司。2008—2009年，成都香鑫建材有限公司连续两年被商务部国际贸易经济合作研究院评为“信用中国联盟常务理事单位”2008年，成都香鑫建材有限公司荣获“中国企业信用体系建设突出贡献者”奖章，2008年，郫县神保安防报警监控服务有限公司荣获“郫县科技进步奖”，2009年，成都香鑫建材公司被商务部国际贸易经济合作研究院评为《商贸企业信用管理技术规范》标准试点单位。

杨成敏，高级工程师，照明工程专家。出生于1963年7月，汉族。1986年8月毕业于贵州大学物理系，同年4月加入中国共产党。曾任系学生会主席；1986年9月，分配到第一机械工业部长征电器公司子弟学校，任物理和计算机教师，并兼任学生会秘书长；1990年到东莞厚街永义鞋厂（台湾）打工；1992年7月到海南，先后在海口大地实业有限公司、海口大东洋实业有限公司、海南省广告影视公司工作或任业务经理；1993年8月成立海口大明实业有限公司，任经理；1995年5月成立海南大明电器有限公司，任总经理；1998年12月成立香港智通国际计算机网络工程开发有限公司；2000年3月成立深圳市粤大明照明电器有限公司，任总经理；2002年12月合并加入香港大明集团，任CEO；2003年5月成立深圳市粤大明照明电器有限公司南京分公司，任董事长；2006年1月成立深圳市联创照明电器有限公司（LED照明灯具工厂），任董事长；2006年3月获准组建香港飞利浦照明设备有限公司，任副总。2000年4月由他领导完成的深圳市国通大厦夜景灯光工程获得深圳市人民政府颁发的“1999最佳灯光景点”奖；领导完成的深圳市电子科技大厦夜景灯光工程获得深圳市人民政府颁发的“1999最佳灯光景点”奖。2003年，领导完成的深圳市赛格广场夜景灯光工程、深圳市江苏大厦夜景灯光工程获得“2002年度深圳灯光优秀”奖；领导完成的深圳市赛格广场（再次）夜景灯光工程、深圳市时代金融中心夜景灯光工程、深圳市星河国际夜景灯光工程、深圳市龙华龙峰塔夜景灯光工程获得“深圳市2003年度灯光夜景评选‘最佳灯光夜景奖’”；领导完成的深圳市龙华龙峰塔夜景灯光工程还获得“深圳市2003年度灯光夜景评选‘灯光夜景最佳设计奖’”。2004年，公司被授予“2003年度‘深圳市优秀照明工程单位’”和“2004年度‘深圳市优秀照明工程单位’”。同年，完成的浙江省长兴县龙山新区夜景灯光工程、广州民生银行（壬丰大厦）夜景灯光工程获得2004年度“深圳市优秀照明景点”奖。他也屡获殊荣，先后获得“深圳市照明行业优秀企业家”奖等荣誉。

杨文军，男，1966年12月20日生人，浙江余姚人，工程师。浙江商业学院（2003年就读于浙江大学EMBA总裁班）大学毕业后，在余姚商业系统工作。1992年开始下海经商。首先创办了余姚市职工经济技术开发服务有限公司，2000年开始创办余姚市姚洲物资有限公司。2002年开始创办宁波龙门钢结构有限公司，现更名为浙江龙门钢结构有限公司。经过十几年时间的艰苦创业，积累了丰富的创业经验和经济基础。杨文军先生目前拥有3家实业公司，企业占地面积150亩，总资产已达3亿元，企业员工超过500人。杨文军先生现任浙江龙门钢结构有限公司董事长兼总经理，公司具有钢结构专业承包一级资质，公司厂房面积近5万平方米，年生产能力达50 000吨。企业拥有国内外先进的钢结构生产设备、工程机械、运输机械、精密仪器等。最难得的是拥有一批钢结构行业领域的专业技术人才。近几年来企业飞速发展，业务遍布全国。

公司在国内承建了多项大型工程，工程质量合格率100%，优良率达60%。公司已与国际钢结构行业接轨，钢结构加工产品已出口到日本、印度、澳大利亚、印度尼西亚、津巴布韦、韩国、伊拉克等国家。2008年龙门钢构参与上海世博会中国馆国际工程的建设，在与中国馆承建单位的合作过程中，龙门钢构的产品质量、工程进度在二十多家合作单位中名列前茅，获得了良好的信誉和口碑。

杨学夫，男，1952年4月出生，浙江绍兴人，中共党员，大学文化，高级工程师职称，高级职业经理人，一级注册建造师。现任中厦建设集团有限公司董事长、总经理、党委书记。1976年3月—1983年12月任平水镇杨滩村党支部书记；1984年1月—1989年6月任平水镇修建队队长、党支部书记；1989年7月—1993年5月任平水镇建筑工程公司经理、党支部书记；1993年6月—2001年12月任绍兴县建筑工程公司总经理、党支部书记；1996年5月—2001年12月任绍兴广厦实业集团公司董事长、总经理、党委书记；2001年12月—2005年10月任浙江中厦建设集团有限公司董事长、总经理、党委书记；2005年10月至今任中厦建设集团有限公司董事长、总经理、党委书记。中厦建设集团有限公司创建于1975年，是一家按照现代企业制度组建国家特级资质建筑企业，具有房屋建筑、建筑装修装饰、地基与基础、钢结构、市政公用工程、机电安装、起重设备安装、消防设施等专项资质。取得了对外经营权，中厦集团一直重视安全生产和工程质量，重视"中厦建设"品牌塑造，通过实施创优夺杯目标责任制，已先后创出建设部优质银牌工程、上海市"白玉兰"奖、浙江省"钱江杯"、辽宁省"世纪杯"、湖北省"楚天杯"、青海省"江河源杯"等省市级优质工程80多项，企业先后荣获中华慈善事业突出贡献奖，中国民营企业500强，中国建筑业500强企业，全国优秀施工企业，全国守合同重信用单位等国家级荣誉十余项。杨学夫董事长也被授予全国建设系统劳动模范、全国优秀施工企业家、全国优秀民营企业家等荣誉。

于世良，男，中国材料工业科工集团公司党委书记。长期在建材工业领域工作，曾任研究院院长、研究所所长和集团公司总经理、副总经理、党委书记等职。在他担任研究机构负责人期间，率先推进科研成果的转化，兴办科技实业，取得了显著成绩。在担任所长期间，通过深化改革和兴办科技实业，促使单位扭亏为盈，并实现了稳步发展。1997年调任中国非金属矿集团公司总经理后，大胆创新，调整企业定位、深化改革，加强制度建设，发展新的经济增长点，使一个濒临破产企业转换了经营机制、优化了内部结构，迅速步入了快速发展轨道。他在战略创新、资产重组、加强管理、产业发展、企业文化建设、处理困难企业和历史遗留债务等方面做了大量工作。中国中材集团公司组建于1983年，是国务院国有资产监督管理委员会直接管理的中央企业，是我国唯一在非金属材料业拥有系列核心技术和完整创新体系的，集科研、设计、制造、工程建设、国际贸易于一体的科技型、产业型、国际型企业集团。现有中国工程院院士2名，全国工程设计大师2名，国家有突出贡献的中青年专家、享受国务院特贴专家及教授级高级工程师500多名。

余长福，男，汉族，1971年2月生人，浙江台州人（黄岩区），中国人民解放军海军指挥学院毕业，大学本科学历。1993年参加工作，北京市通州区人大代表。1993—1997年创建浙江黄岩威骏吹塑有限公司，任总经理职务。同期收购北京领先矿泉水厂，任总经理职务。兼任航天部二院北京天阶公司总经理职务。1997—2000年创建北京北顶矿泉水厂、北京洲煌装饰工程有限公司任董事长兼总经理职务。2001—2004年创建纳尔特漆业（北京）有限公司，任董事长职务。2003—2004年清华大学研究生进修深造。2004年至今创建纳尔特集团有限公司，任董事长职务。纳尔特集团是以建材产业为主体的大型企业集团公司。集团在北京国家环保产业园区建立了占地495亩，建筑面积28万平方米的"纳尔特工业园区"。公司被公安部消防产品合格评定中心认定为"国家重点防火建材市场基地"。纳尔特建材品牌已通过ISO9001国际质量体系认证及ISO14001国际环境体系认证、中国环境标志产品认证；经中国室内装饰材料协会和中国建筑装饰装修材料协会认证：属绿色环保产品；经中国建筑业协会评定：属新技术、新产品、建设推荐产品；经国家（GB/18582—2001）检测：均属实际无毒极产品，并荣获英国皇家认可委（UKAS）皇冠标志证书。

Z

张凤虎，男，汉族。1953年12月28日生。现任广州市安绿宝建材有限公司副总经理、生产技术总监；中国管理科学研究院学术委员会特约研究员、发现杂志社理事。并在2005年经发现杂志社严格审定入选《中华优秀人物大典》（世纪精英版）张凤虎同志在国家墙改与环保政策的感召下，从1992年开始致力于绿色环保复合材料的研究，成功研制出玻镁复合植纤板。1994年8月获得国家专利（专利号：ZL 93 2 35606.0），1995年经荆州市科委批准成立"石首市凤虎复合材料研究所"，张凤虎任所长。1996年参加了中央电视台举办的"发明与创新竞赛"，并获江泽民主席题词："创新是一个民族进步的灵魂"。2005年10月29日—31日张凤虎赴京出席"第二届中国建设行业管理英才大会"，受到了第九届全国人大常委会副委员长布赫和第九届全国政协副主席孙孚凌等领导的亲切接见，并被授予"2005年中国建设行业百名管理英才"的光荣称号。张凤虎同志将带领公司秉承"创新是事业发展的源泉"的理念努力为建材行业打造高品质的环保产品，以责任和智慧去造福社会，造福人类。

张根凤，女，1954年11月出生，中国国际贸易促进委员会建设行业分会副会长。世界杰出华商协会副会长、中国改革开放30年十大新锐人物、中国爱国女企业家、清华大学同学会副会长上海会长、上海市知名私营企业家、湖北蕲春上海同乡会会长。现任上海泰燕实业投资有限公司董事长、华涌船舶发展有限公司董事长，上海铭燕国际贸易有限公司总经理、辽宁广燕彩钢制造有限公司董事长，上海铭燕国际贸易有限公司总部设在上海，早期是以船舶、桥梁、低合金板为主，多种经营为辅，面向全社会的物资流通企业。公司在董事长张根凤的带领下已连续6年蝉联上海市百强私营企业50强。主要经营造船用钢板，并且是中国船舶公司定点采购单位，年销售船板五十余万吨。2007年的销售业绩达到15.8亿元，更值得一提的是2008年在全球经济普遍萧条的情况下，公司依旧保持着有效的业绩增长，销售额达到近24亿元。公司也积极参与一些国家和地方的大的工程项目供材。例如：黄浦江引水工程、外滩人民英雄纪念碑、浦东机场、哈尔滨太阳桥等项目。铭燕国际贸易有限公司不失时机的投入巨资，开发位于南汇惠南镇听潮路段的泰燕花苑，获得了很大的成功，为公司赢得了很高的评价，创下了良好口碑。

张建军，秦皇岛龙辰塑料建材有限公司董事长。1998年投资创办龙辰塑料建材有限公司。在公司发展中，先后通过了ISO9001：2000质量管理体系认证、英国UKAS认证、国家标准《认可证书》、ISO14005绿色产品标志认证；推出了六大推拉系列和仿木纹等高档型材产品，销往河北、内蒙、山西、京津及东北三省，门窗工程中标中共中央党校和中南海。2003年和2007年，张建军又进行了二次、三次创业，投资兴建了龙辰葡萄酿酒有限公司和龙辰房地产开发有限公司，安排50多名复转军人和300余名下岗职工就业再就业，在“抗击非典”、“抗震救灾”、“送温暖”等中累计捐款近40万元。公司为中国塑料加工工业协会、中国建筑金属结构协会会员单位；被河北省建设厅命名河北省化学建材十大明星企业，化学建材工作先进集体，UPVC塑料型材、门窗AAA生产基地；连续四年被授予河北省质量信得过单位；连续五年被评为省市级重合同、守信誉单位；被评为河北省优质产品称号。张建军先后被评为秦皇岛市乡镇企业家，先后当选为政协昌黎县第十一届常务委员，秦皇岛市、昌黎县第十一、第十二届人大代表，县工商联合会副会长。2008年，公司实现值达5 000万元，上缴税金308万元，固定资产2 536万元。

张俊，男，汉族，籍贯四川省，成都建筑工程集团总公司董事长。成都市第十一次党代会代表；成都市第十三届、十四届人大代表；四川省第十一届人大代表。被中共中央、国务院、中央军委授予“全国抗震救灾模范”，荣获“全国建设系统劳动模范”、“全国建设系统精神文明建设先进工作者”、“四川省十佳建筑企业经理”、“成都市优秀企业家”、“成都市劳动模范”、“成都市优秀共产党员”等荣誉称号。成都建筑工程集团总公司为全民所有制企业，具有建设部批准的房屋建筑工程施工总承包特级资质，市政公用工程一级、公路工程二级等施工总承包资质，建筑装修装饰工程、钢结构工程、附着升降脚手架等一级专业承包资质、经商务部批准的对外经济合作经营资格以及进出口经营资格。科研设计、工程总承包、建筑安装施工、路桥建设、装饰装修、海外工程承包、工程监理、房地产开发、建筑工业产品生产、建筑材料供销、中等专业教育、生物制药、旅游酒店。被中共中央、国务院、中央军委授予“全国抗震救灾模范”，荣获“全国建设系统劳动模范”、“全国建设系统精神文明建设先进工作者”、“四川省十佳建筑企业经理”、“成都市优秀企业家”、“成都市劳动模范”、“成都市优秀共产党员”等荣誉称号。

张克勇，男，1972年1月24日生人，辽宁盘锦人，硕士研究生，高级工程师。现任盘锦和运实业集团有限公司董事长。1993年9月至1997年4月盘锦机电设备销售中心副总经理1997年4月至2001年7月运达物资经销公司总经理，2001年7月至2005年11月盘锦和运油品储运有限公司总经理2005年11月至今盘锦和运实业集团有限公司董事长1997年4月组建运达物资经销公司并任总经理；2001年7月组织资金正式成立盘锦和运油品储运有限公司；2003年5月入选盘锦市双台子区政协常委委员；2004年1月被选为盘锦市人大代表。2005年6月15日筹资并组建盘锦振奥化工有限公司。2005年11月成立盘锦和运实业集团有限公司任集团董事长。2006年12月10日筹资并组建盘锦远孚化工有限公司。2008年8月在他带领下和运集团与俄罗斯雅罗斯拉夫研究院签署完丁基橡胶等一系列技术转让协议，突破了欧美等国家一直以来对中国在丁基橡胶技术上的封锁，实现了国内多家石化巨头未能达成的夙愿。现在盘锦和运实业集团有限公司已与中国人民银行、辽宁省人民银行签署了战略合作协议，还与俄罗斯技术方签署了联合成立研究院的协议。2010年9月张克勇又带领和运集团与俄罗斯中央直属企业圣彼得堡“S.V列别德夫合成橡胶研究院”合作开展异戊橡胶技术工艺的引进工作。先后被评选为盘锦市“明星企业家”，“双台子区十佳青年创业之星”，盘锦市“经济发展特殊贡献奖”，省“五一劳动奖章”获得者，并担任盘锦市双台子区人大常委、盘锦市人大代表、盘锦市工商联合会副会长等职务。和运集团下辖振奥化工有限公司、远孚化工有限公司和华驰运输有限公司三个子公司。和运集团高度重视技术创新，与国内外等院校、科研单位建立起多边技术合作平台。为企业发展提供有利的技术支持。

张起翔，男，汉族，高级工程师，中共党员，黑龙江省建工集团有限责任公司，现任黑龙江省建工集团有限责任公司总经理。2003年被评为省建筑业企业优秀项目管理工作者、省建设系统优秀施工企业家。2005年被评为全国建设系统优秀施工企业家。2006年获得省建筑业高峰论坛一等奖。集团公司具有国家JCC认证中心审核注册的ISO9000：2000质量体系认证、ISO14001环境管理体系认证和OSHMS18001职业安全健康管理体系认证证书。拥有国家授衔专家、高中级技术人员1 417人，其中享受国务院特殊津贴有突出贡献专家2人、享受黑龙江省政府特殊津贴重点学科后备带头人1人、研究员级高级工程师15人、高级工程师390人、国家一级建造师44人、国家一级项目经理190人、高级技师30人，管理人员中具有大专以上学历的占78%，设有国家级博士后科研工作站，集团拥有国家实用新型专利技术79项。省建工集团承建了太平国际机场、黑龙江速滑馆、银河大酒店、融府康年大酒店、哈尔滨通信枢纽工程、香格里拉大饭店、华融饭店、黑龙江科技馆、哈尔滨国际体育会展中心、哈工大国际会议中心、哈工程大学教学楼、华东大厦、哈师大体育馆、百年古墙整体平移等一系列重点、标志性工程，树立了良好的口碑和品牌形象，获得7项国家建筑工程鲁班奖、4项国家优质工程奖。黑龙江省建工集团愿以“致力发展、追求卓越”，“发展企业、富裕员工、服务社会”的企业精神和理念，依靠科技进步和严格管理为各界用户提供高品位、高质量、高标准、全方位、全过程、全专业的优质建筑产品。

张人为，男，1940年7月中共党员，汉族，出生上海市，高级工程师。中国建筑材料工业协会会长，毕业于上海华东化工学院，1963年毕业于上海华东化工学院（现华东理工大学）硅酸盐专业。第十届全国政协委员、第十届全国政协人口资源环境委员会副主任。历任大连玻璃厂技术员、工程师、技术副科长、科研室副主任、副厂长、代厂长，辽宁省建材局副局长、党组成员，国家建材局副局长、党组副书记、局长、党组书记。2001年2月至今，任中国建筑材料工业协会会长、党委书记，兼任中国硅酸盐学会理事长、同济大学顾问、兼职教授、华东理工大学兼职教授。中国建筑材料工业协会是由我国建材行业的企业、社会团体和个人自愿组成的一个跨地区、跨部门的全国性社团组织，是民政部和国务院国有资产监督管理委员会直接管理的综合性行业协会。促进建筑材料工业行业良性发展。

张瀛月，女，汉族，上海市人，研究生学历，高级经济师，现任上海饰浩新材料科技有限公司总经理。曾荣获“优秀企业家”、“上海市劳动模范”、“上海市十大杰出女性”等荣誉称号。上海饰浩新材料科技有限公司致力成为中国建材行业的“Wal-Mart”，打造国内专业的环保节能型的建筑材料与设备的渠道商与供应商，为建筑行业提供“一站式”的高品质的材料、设备综合解决方案。先后与多家跨国公司建立了合作关系，KONE电梯（芬兰）；ARTOS®金属编织网（德国）；台玻建筑玻璃（台湾）；DORTHZ化学建材（法国），各类著名品牌先后成为公司的合作伙伴。在我们的积极参与下，为诸多建筑精品增添了几多亮丽的风采。我们的产品广泛应用于办公楼、体育建筑、金融系统、高档公寓、医疗建筑、工矿厂区、风力发电等领域。虹桥交通枢纽、浦东国际机场、台北101大楼、保利大厦、环球金融中心。先后荣获“优秀企业家”、“上海市劳动模范”、“上海市十大杰出女性”等荣誉称号。

张有理，男，河南巩义市高效耐火材料有限公司总经理。自1993年创建以来，他坚持以质量求生存、以科技求发展、以管理求效益、以诚信拓市场的经营方针，励精图治，在实践中探索出了一条适应自身发展，独具特色的管理模式，他也成为了一名耐材高级工程师。经过十多年的奋力拼搏，企业得到了长足发展。现有职工478人，其中管理技术人员126人，总资产达1.5亿元，三条生产流水线，年生产能力40 000多吨，年生产产值8 000余万元，年利润3 000多万元，年上交国家税金1 000多万元，人均利润可达近7万元。历年来，企业先后荣获“发展非公有制先进企业”、“郑州市优秀民营企业”、“全国乡镇中型企业”、“郑州市质量信誉等级AA级单位”、“守合同重信用企业”、“质量管理先进单位”、“中国建筑材料行业诚信经营企业”等荣誉称号。他认为企业一定要有社会责任感，曾多次拿出巨额资助建校、修路和敬老院，捐资扶贫助困。个人也先后荣获“福利生产企业先进厂长”、“先进个人”、“巩义市质量立市先进个人”、“郑州市第二届优秀创业企业家”、“中国诚信经营企业家”、“全国优秀福利企业家”、“质量监督先进工作者”等荣誉称号。

张育武，男，深圳市岩土工程公司副总经理。主持编制市标准《地区建筑深基坑支护技术规范》（SJG05—96），作为市强制性地方技术标准，同时参编了《地区建筑地基处理技术规范SJG04—96》，参与编审《地区岩土工程的理论与实践》一书（中国建筑工业出版社出版）。书中收录公司员工撰写论文十多篇。与国内著名的岩土工程科研单位及大专院校如中国科学院武汉岩土力学研究所、武汉水利电力大学、同济大学、浙江大学等有密切的合作关系。近年来在动力排水固结法加固淤泥等软土地基、树根桩结合喷锚支护进行基坑软土边坡处理、深厚软土地区基础选型与地基加固等课题的科研和工程实践方面取得了很有价值的成果。2005年、2007年分别通过ISO9000质量管理体系认证、ISO2004环境管理体系认证和OHSAS18000职业健康安全管理体系认证。连年被评为“重合同守信用企业”，被评为“2003年度深圳市建筑施工专业承包类实力排名百强企业第六名”，荣获“2005年度深圳市建筑百强施工企业专业承包类品牌企业铜奖”、荣获“2006年度深圳市建筑施工企业地基与基础、土石方工程组金奖”。

张志法，男，1953年3月出生，中共党员，研究生学历，高级工程师。现任中国中材股份有限公司副总裁，山东泰山玻璃纤维有限公司董事长、党委书记。中国建筑材料工业协会第三届理事会副会长，中国建材工业协会副会长、中国玻纤协会副会长、国家建材工业协会科教委委员、山东省复合材料学会副理事长、中国硅酸盐学会玻璃钢学会副理事长、中国技术监督情报协会常务理事、济南大学材料系硕士生导师。第十一届全国人大代表、第十届全国人大代表、享受国务院政府特贴待遇、山东省第八次、第九次党代会代表。他是全国建材系统优秀企业家、全国建材系统劳动模范、山东省劳动模范、山东省优秀共产党员、山东省优秀科技工作者，山东省100名优秀中青年专家、山东省优秀企业家。

赵世庆，男，西南铝业（集团）有限责任公司总经理，中铝西南铝板带有限公司董事长，中国有色金属学会副理事长，中国有色金属加工工业协会副理事长，中国有色人力资源开发理事会副理事长，中国质量协会有色金属分会副理事长，重庆市国际经济技术合作促进会副会长，重庆汽车工程学会副会长，重庆市科技顾问团顾问，重庆市人大代表。他所带领的西南铝业（集团）有限责任公司（其前身是西南铝加工厂，简称西南铝）自1965年动工兴建以来，走过了40年的发展历程，为中国铝加工业创造了多个第一的纪录，成为中国生产规模最大、技术装备最先进、品种规格最齐全、产品质量领先、综合实力最强的综合性特大型铝加工企业。2004—2005年度，西铝一举入选第九批创造中国企业新纪录名单。西南铝是重庆市第一家正式进入国家海关总署审定的海关进出口企业最高荣誉“红名单”，名列重庆市出口“十五强”企业前列。西南铝为“神五”和“神六”飞船、运载火箭提供了60多个品种近200种规格的关键性高精铝材，受到国防科工委等的特别嘉奖。他是重庆市杰出（优秀）青年企业家，中国有色金属行业优秀企业家。

郑爱民，男，汉族，北京市人，经济学硕士，中共党员，北京大津硅藻新材料有限责任公司董事长，优秀青年企业家，高级经济师，现任北京大津硅藻新材料有限责任公司董事长。曾荣获“优秀青年企业家”、“北京市劳动模范”等荣誉称号。北京大津硅藻新材料有限责任公司成立于2003年，注册资金1650万，是我国第一家集研发、生产、营销、服务为一体的硅藻泥壁材专业制造商和国内硅藻泥行业首家通过ISO9001质量认证体系的企业；同时，公司还是中国建筑材料联合会生态环境建材分会副理事长单位和建材行业标准——空气净化功能墙面涂覆材料净化性（JC/T1047—2008）的主要起草制订单位。2009年6月，业内率先获得“中关村高新技术企业”证书和“海淀区创新企业”证书，2009年7月，公司再次获得“北京市高新技术企业”认证。大津生产的各系列硅藻泥产品均具有多种环保性能：净化空气、调湿呼吸、吸音降噪、防火阻燃等。产品可有效地改善室内人居环境，保护人类身体健康。大津硅藻泥产品凭借独特的自然环保性能曾多次通过国家建材权威部门的抽样检测。2009年，“大津硅藻泥”成功入选《北京市自主创新产品目录》和《国家生态建筑选材目录》荣获“优秀青年企业家”、“北京市劳动模范”等荣誉称号。

郑元和，1966年7月7日生人。浙江乐清人，党员，任长虹塑料有限公司董事长，中国国际贸易促进委员会建设行业分会常务理事，中国塑料加工业协会副会长，中国塑协塑料配线器材专委会理事长。1997年带领销售团队介入外贸，参加各种展会，宣传产品。使得外贸的订单年年超出内贸。经过二十多年的发展，产品已销往100多个国家和地区。长虹塑料有限公司创办于80年代末，厂址坐落于乐清柳市新光工业园区，近临104国道、甬台温高速公路；南靠七里港和温州机场，北依著名风景区雁荡山麓。水陆空交通十分便利。公司产值2009年近3亿元。属全国无区域企业；公司为中国塑料加工工业协会副会长单位；中国塑料加工工业协会配线器材专业委员会会长单位；温州塑料协会副会长单位。公司占地面积21 800 m^2、建筑面积32 000 m^2，是专业生产“尼龙捆扎带、钢钉线卡、定位片、压线帽、接线端子、号码管、缠绕管、冷压端头、电表箱”等。公司主要商标“CHS”被认定为“中国驰名商标”；主要产品尼龙扎带被浙江省人民政府认定为“浙江省名牌产品”。在国内同行业中率先通过了ISO9001国际质量体系认证、ISO14000环境管理体系认证、“AAA”标准化良好行为认证、二级计量检测体系认证、国家二级安全标准化认证、美国UL认证、挪威船级室DNV认证、欧共体CE认证等方面的产品认证。公司所有产品都通过了ROSH及卤素环保测试。公司始终坚持以“用户为中心”的思想来对待客户，把“保证客户的成功”作为营销工作的第一要务。产品已销往：欧洲、北美洲、南美洲、大洋洲、非洲、亚洲等100多个国家和地区，本公司始终坚持“以质量求生存、信誉求发展”的宗旨，不断开拓进取，不断改革、完善企业的经营和管理理念，使企业得到了迅猛的发展。

周志文，广东志成冠军集团有限公司董事长。广东志成冠军集团有限公司是一家集科、工、贸、投资于一体的国家火炬计划重点高新技术企业，始创于1992年。并成功地组建了“广东省企业技术中心”、“广东省大功率不间断电源工程研究开发中心”先后填补了国家10项产品空白，其中有9项产品被列入国家火炬计划和国家重点新产品，提升了企业的竞争力。企业先后荣获“广东省优秀民营企业”、“广东省百强民营企业”、“广东省优秀高新技术企业”、“中国优秀民营科技企业”称号，并且被认定为“广东省技术创新优势企业”、“广东省知识产权优势企业”和20家“广东省装备先进重点企业”之一。

朱寿会，1961年4月生人，籍贯浙江，汉族，大专学历。现任深圳市绿蛙生物科技有限公司董事长。1982—1985年就读于南京大学化工系高分子材料专业，1988—1999年临海市江南防静电器材有限公司任董事长，2000年创办深圳市金汇球高科技有限公司任董事长，2005年3月创立深圳市绿蛙生物科技有限公司任董事长。1988年成功创办临海市江南防静电器材有限公司，并在3年内成为国内最大的防静电器材供应商，1999年本人持有的导电高分子功能性材料项目，被深圳第一届高新科技成果交易会列入《1999年第一届高交会高新技术成果》并引进深圳。2000年投资创办深圳市金汇球高科技有限公司担任董事长兼总经理，2005年朱寿会先生作为首席研究员经过多年的艰辛研究，在世界上率先研究成功天然植物无毒胶合剂、无毒板材等无毒建筑装修装饰材料，获得3项目发明专利、1项新型实用专利，经市科技局成果鉴定并获得《科技成果登记证书》，成为国内首家室内无毒装修材料（胶水、板材、涂料）供应商，绿蛙技术通过广泛宣传和实际运用，获得社会一致好评，2006年成功进行产业化。2006年获得《国家重点新产品》证书、次年获得广东省、深圳市重点新产品，同年获得联合国FOTUN全球人居环境科技产品奖，被建设部中装协授予“全国建筑工程装饰奖工程指定使用品牌”、“中国天然植物无毒胶研发、生产、销售基地”等国家级最高奖项。2007年北京国家大剧院采用绿蛙产品进行室内装修，达到超过预期效果而受到大剧院业主的高度评价和中央领导的一致好评，戏称“绿蛙跳进大剧院，健康全人类”。2008年8月奥运期间，中国人民政协报专门采访鸟巢建筑质量时专题报道了“绿蛙让北京奥运远离甲醛”高度称赞绿蛙无毒胶为绿色奥运作出杰出贡献，同时深圳电视台政协论坛栏目现场作了绿蛙作为深圳高新技术成果的专题报道。2010年3月世博会“零碳馆”建设方经深圳市政府发改委的推荐，多次到绿蛙公司现场考察，确认了绿蛙产品在无毒和低碳排放等方面的科技含量和优势，与朱董事长签订供货合约，并邀请绿蛙公司参加世博会，在零碳馆内设立零碳无毒装修核心材料成果展示中心。绿蛙品牌在业内具有一定的影响力，朱寿会先生也获得深圳市“2010年十大年度环保人士候选人”

勘察设计

C

曹德辰，男，1964年5月生人，河北任丘人，汉族，大学学历，高级规划师。现任职于河北德龙城市规划设计有限公司。1988年7月至2005年8月，河北省城乡规划设计研究院工作。1989年任助理规划师，1993年任规划师，1999年任高级规划师。1991年1月至1991年9月，随建设部组团赴波兰什切青工业大学进修。2005年8月至2011年2月，河北德龙城市规划设计有限公司任总经理。在省规划院工作期间，负责完成总规、详规及建筑施工设计项目四十余项，在河北省规划协会评比中获奖3项；完成《浅谈波兰城市规划》等论文3篇。在河北德龙城市规划设计有限公司工作期间，完成总规、详规及建筑施工设计项目二百余项，在河北省规划协会评比中获奖十余项。《蔚县古城控制性详细规划》在2010年全国优秀规划设计评比中获三等奖。

常海龙，男，1934年6月，中共党员，高级建筑师。1962年7月毕业于南京工学院建筑系建筑学专业，分配到上海华东工业建筑设计院。1966—1978年曾任二、三室及援外设计室副主任。1964—1966年去非洲马里共和国考察并现场设计我国援建的马里国家电台、巴马科露天电影院、旅馆和制革厂四个项目。1969—1976年为上海（江苏沛县）大屯煤矿主体设计单位总负责人。其中姚桥煤矿多绳轮井塔设计被评为国家银奖。1971—1977年多次赴越南考察并现场设计援越（清化、宁平、北江、荣市、河内）5个恢复与重建碾米厂工程。曾多次带队去大三线，负责卫生部四川内江医疗器械厂、高教部内江北京工学院、自贡华东师范大学、一机部湖南洪江湘西仪表总厂（下设七个分厂）等迁建工程的现场设计工作。并参加多项大型项目建设（如上海火车站、科威特体育中心——国际投标方案、上海华侨饭店、宁波客运码头、我国驻罗马尼亚大使馆等）竞赛方案设计。1979年调连云港市建筑设计院任室主任、院长等职。在连参与多项工程方案设计。其中云台宾馆、海滨浴场方案获省优秀设计奖。港务局煤码头落成纪念碑获一等奖。1983年调连云港市城乡建设委员会任副主任、主任、总工程师并兼任市规划局长等职。为连云港市的建设决策（城市规划、建设和重大工程的选址、规划、设计、城市基础建设、环境保护等）做了一些本人力所能及的工作。曾任市土建学会理事长（退休后任名誉理事长），为市建筑界的学术活动和对外交流发挥了一定的作用。1995年退休，受聘在开发公司当顾问，仍参与市内重大工程的规划，设计等方案的评审等活动，继续发挥余热。书法作品曾获市书展一、二、三等奖和建设部优秀作品奖等。

陈崇光，男，出生于1940年，北京市人。早年就读于北京育英中学、65中学；1963年毕业于北京机械学院自动控制系，分配到山西太原重型机器厂，从事水压机、桥式起重机设计工作4年；1967年调到北京建筑设计院从事民用建筑电气设计工作。在设计院工作期间，参加了多项建筑工程设计工作，作出了突出贡献。1973年他参加了美国驻华使馆的设计建筑工作。20世纪80年代，参加了我国国家领导人接待外国元首的钓鱼台国宾馆18号楼的改、扩建设计工作；该建筑雄伟、壮观，是一幢具有民族特点，符合时代要求，电气设计先进、高档，体现中国民族风格具有舒适环境的顶级总统楼；参加了中国电教中心大楼、北京发展大厦的设计工作；北京发展大厦是中国第一幢智能大厦，由中日两国专家联合设计。20世纪90年代，他连续设计了中国建设银行总行大楼、北京深圳大厦、民族文化宫改建、北京五洲大酒店（改建）等几项智能型建筑工程。推动了我国智能大厦的建设与发展。在多年设计工作中陈崇光先生不断总结，不断提高，近年撰写论文20多篇。20世纪90年代陈老等9人合写的《智能建筑》由清华大学出版社出版。近几年还参加了GB/T50314—2000《智能建筑设计标准》、DB11/146—2002《建筑及住宅小区智能化工程检测验收规范》、《住宅小区智能化系统技术导则》等国家标准、地方标准的编写。

陈鸿，上海市隧道工程轨道交通设计研究院副总工程师。先后参加了多项上海市重点实事工程设计研究工作并担任了多项重点工程设计研究项目负责人。他善于刻苦钻研，积极探索、勇于创新和突破。在他近三年的设计科研中，获国家科学技术进步奖1项，市科学技术成果奖10项，取得9项专利，其中发明专利4项。他所在的上海隧道工程轨道交通设计研究院创建于1958年10月，是我国从事软土隧道和地下工程设计与研究历史最悠久的设计院，也是国内知名度最高、经验最丰富、专业优势最强的轨道交通总体设计研究单位之一。该院先后承担或完成了上海地区绝大多数越江隧道和90%以上轨道交通的设计任务，同时积极参与了全国各地越江隧道工程和轨道交通工程的勘察设计。该院是上海市高新技术企业，设有以中国科学院院士孙钧和以中国工程院院士刘建航名字命名的工作室。该院先后荣获国家、部委、市、局级奖近百项，1997年以来连续进入上海市勘察设计单位综合考评前十名，是中国勘察设计百强单位之一。

陈凯峰，男，汉族，1958年12月出生，福建省泉州人，研究生毕业，无党派人士，现为泉州市建筑设计院研究室主任，高级建筑师。主要致力于建筑设计、建筑文化、基本建设投资、建筑设计管理等研究。现已完成出版了《住宅建筑文化论》等四部专著；在《建筑学报》、《世界建筑》、《住宅科技》、《建筑意匠》、《家具与生活》、《建设设计管理》等专业杂志上发表论文数十篇。其中，《建筑文化学》一书的出版填补了这一学科的世界空白，也开辟了建筑理论研究的新领域，在建筑学术界引起了很大的反响；发表在《住宅科技》1997年第10期的《住宅防火窗的讨论》一文，不仅有多部论文集转载，而且还被美国CICSC信息中心评为“优秀科技论文”，并获准进入国际Internet网。他还被多次邀请参国际学术会议。

陈田忠，教授，意大利华侨。金田集团和科恩集团董事局主席，现任意大利华人华侨教育基金总会会长，欧洲商业大学校董会主席，上海侨商会副会长，欧英中学术委员会主席，世界经济论坛（日内瓦）会员，上海市浦东新区政协委员，上海市工商联执委会执委，上海海外联谊会理事，上海市民主建国会企业协会副会长，四川省侨务办公室海外顾问。金田集团和科恩集团创办于1989年，历经16年的经营，目前已经发展成为国际性、综合性的投资集团，从事房地产、国际教育、能源化工、基础设施、时尚产业等多个领域。EEC学院遍布英国、意大利罗马、卢卡、米兰、上海、湖南。科恩国际中心是集团在上海静安区CBD中心投资总部大楼，在意大利拥有意大利英国欧洲商业大学30%的股权，是旅意华侨在中国拥有EEC上海欧文经济学院、EEC中英合资湖南欧洲经济学院两所高等学府的财团。集团引进英国中央英格兰大学，同时引进英国创立于1843年的伯明翰艺术设计学院，在英国排名前10名；从1995年至今，该院每年荣获QAA（英国教育质量保证委员会）的优秀成绩（23分）。2005年该院被评为全英十佳艺术设计类学院。陈田忠先生和金田集团、科恩集团热心国家建设和社会公益事业。陈先生曾于2001年为上海申博作积极宣传，并参与申博宣传的欧洲六国行，还捐赠了上海申博代表团冰岛一国的礼品。2005年6月，陈田忠先生还捐赠了上海民主建国会扶贫捐款。

陈跃中，2007年度中国十大建筑业新闻人物。易兰（ECOLAND）规划设计事务所总裁兼首席设计师，美国注册景观建筑师，美国环境景观协会及美国旅游发展协会会员、美国城市土地研究院会员、美国麻省理工大学环境景观专业硕士及城市规划专业硕士，重庆大学建筑系学士、清华大学房地产EMBA特聘客座教授、北京大学景观设计研究院客座教授。曾荣获中国知名景观设计大师、中国房地产十佳楼市影响力青年设计师、CIHAF中国建筑二十大品牌影响力青年设计师、国际风格设计师、联合国“人居环境贡献奖”、中国优秀设计师、“亚洲顶级建筑规划设计大师”称号。其著名的国内代表作品包括：2010年上海世博会展园、京杭大运河终点—通州运河城市段、四川石象湖国际旅游度假区、海南南山文化旅游区、西旅国际中心、盈科中心区域规划、东方普罗旺斯、苏州太湖国际高尔夫、华侨城北京欢乐谷、盘古大观、南京钟山美庐、山水文园、北京首府等；其国际代表作品包括：亚特兰提斯大型旅游度假区（加勒比海地区）、迪拜皇家梦幻酒店（阿拉伯联合酋长国）、纽约市艾灵顿公爵广场、丽兹酒店等，多次获得包括美国环境景观协会和美国旅游发展协会颁发的多项金奖和银奖。陈跃中率先提出并倡导“大景观”的创新理念，强调尊重自然、尊重生态；强调景观规划与区域规划、城市规划的有机联系，并在其主持的项目中成功。

程绍杰，男，出生于1964年1月，中共党员，工程硕士，教授级高工，建设部注册造价工程师，水利部注册监理工程师，现为山东省黄河勘测设计研究院工民建室主任。1986年毕业到该单位，主持完成了四十多项黄河防洪与治理工程的规划、研究、设计项目。其中主持完成的大型流域规划有：“山东黄河防洪治理及灾害防治规划报告”；“2001—2005年山东黄河滩区安全建设可行性研究报告”。主持完成的“东平湖陈山口出湖闸改建工程设计”获2000年度山东省优秀工程勘测设计二等奖；“东平湖滞洪区二级湖堤八里湾改建工程设计”获2005年度山东省优秀勘测设计二等奖；“1999年山东黄河挖河固堤工程施工详图设计”获2005年度山东省优秀勘测设计三等奖；“山东黄河一期标准化济南段堤防工程设计”，2007年获中国水利工程优质（大禹）奖，这也是迄今为止山东黄河水利工程获得的最高奖项。主持完成的《钢筋混凝土插板桩应用于黄河护岸工程设计》，首次将钢筋混凝土插板桩新工艺应用到黄河河道整治工程中，工程运行以来效果良好，该科技成果被列为黄委会建设不抢险坝推广新技术。参与编写的“黄河下游险工加高改建工程设计暂行规定”作为黄委会系统标准，已在黄河下游险工加高改建设计中颁布执行。参与编著《水闸设计应用程序与算例》著作1部，公开发表论文6篇。2008年，程绍杰获得首届“山东省十大杰出青年勘察设计师”提名奖。

崔骏，男，出生于1982年10月31日。1987—1991年中央工艺美术学院（现清华大学美术学院）；2005—2006年清华大学建筑工程与设计高级研修班结业；2006—2008年法国国立科学技术与管理学院硕士设计管理硕士；1991—1992年深圳万科产品设计公司设计总监；1992—1995年深圳美术装饰工程有限公司设计二部艺术总监；1995—1997年自由设计师；1997年至今上海筑品建筑设计装饰工程有限公司总经理兼艺术总监；2008年至今中国陈设协会理事；2009年至今中国贸促会设计委常务理事；2009年至今中国环境艺术设计联盟常务理事。2002年8

月，第二届欧典杯全国居室装饰实例大赛荣获银奖；2004年8月，第五届室内设计双年展荣获银奖；2006年8月，第六届室内设计双年展荣获铜奖；2006年12月，荣获中国家居装饰业上海地区十强影响力人物；2006年12月，荣获中国家居装饰业上海地区十强价值品牌；2006年12月，荣获中国装饰企业协会十强综合实力企业；2008年4月，第三届中国国际设计艺术观摩展艺术成就奖；2009年4月，IDA国际建筑景观室内设计样板房金奖；2009年5月，首届中国最具商业设计别墅类50强；2010年9月，上海市第九届建筑装饰设计大赛荣获二等奖。

崔利国，男，出生于1972年10月，中共党员，工程师。济宁市建工建筑有限公司租赁公司经理。在2001年凯赛大桥施工中，创造性地提出了“塔机软附着工艺措施”，解决了施工难题，缩短了工期，节约了机械费；在砼泵送施工中，通过改良配方，使用新型外加剂，正确设置高压溢流阀整定值等技术手段，有效地解决了管路堵塞、泵机故障等问题；在管理上提出了“走规模化道路”的工作设想，在不到一年时间里，为公司添置100多万元资产，增强了企业自我发展的后劲；坚持“服务以诚为本”的经营理念，倡导“一诺千金”的企业精神，诚心经营，不断扩大市场空间，合同履约率100%。先后被授予市级青年岗位能手、市建委系统先进工作者、济宁市学习雷锋、志愿服务先进个人、济宁市“百优”青年服务标兵等荣誉称号。

D

登琨艳，男，出生于1951年，台湾人，建筑师，艺术家，作家，文化遗产保护者。2007年度中国十大建筑业新闻人物。师从汉宝德先生从事建筑设计工作，1985年成立个人工作室。1988年隐居纽约，1989年流浪欧洲，1990年迁居上海，1998年成立上海设计工作室，以改造再利用苏州河畔旧仓库建筑获得业界关注，甚而影响上海的苏州河畔都市发展政策。1999年开始参与国际建筑保护会议，2004年率先投资建立上海滨江创意产业园区，推动黄浦江沿岸旧工业建筑的保护与再利用，并开始海外巡回演讲，致力于推动旧产业建筑的保护与再利用，宣扬中国创意产业的崛起。2007年，因其在建筑保护与再利用方面的成就而荣获联合国教科文组织颁发的“联合国亚太文化遗产保护奖”。

丁志良，出生于1941年1月，江苏省武进人，高级建筑师。毕业于西安冶金建筑学院。曾任西安市建筑设计研究院院长。现任西安市建筑设计研究院调研员。长期从事民用建筑设计工作。在1980年后近10年时间内，作为项目设计总负责人和建筑专业负责承担大型建设项目全过程设计近10项，并积极参与项目前期可行性设计、招投标和专业学会或政府组织的建筑设计竞赛。在行政领导岗位上完成省内外大型建筑方案10余项。大学毕业后完成工业与民用建筑设计和监造近百项，其中主持承担大型公共民用建筑设计10余项。国内7省区有其作品。还独立完成大型雕塑毛泽东像1座。1980—1986年获省城乡优秀设计一等奖1项，建筑方案设计竞赛全国奖3项、省级奖1项、市级奖多项。

F

方冠富，男，硕士学位，注册咨询工程师（投资），注册造价工程师，高级工程师。江苏省冶金设计院有限公司主任工程师。近年完成及组织完成的各类咨询项目有21项，范围涉及冶金工程、有色金属工程等，其中18项由担任咨询项目的总负责人。他所在的江苏冶金设计院有限公司是由原江苏省冶金设计院改制后成立的民营科技型企业，始建于1958年，是江苏省冶金行业唯一的综合性设计单位，具有甲级工程设计资质和咨询资质，具有电力行业（送电、变电）和压力管道专项设计资质，通过了ISO9001质量体系认证，是江苏省建设厅、科技厅考核认定的CAD应用试点示范单位和江苏省发改委、江苏省工程咨询协会考核认定的AAA级信誉等级单位。近十年来，获得了以环形烧结机的开发应用为代表的各种奖励20余项，其中获部级科技进步奖一项、省级优秀工程设计一等奖6项，拥有专利技术8项。2007年12月，北京神雾热能技术有限公司正式并购江苏省冶金设计院有限公司。并购后北京神雾热能技术有限公司把江苏省冶金设计院有限公司作为其唯一的冶金平台，江苏省冶金设计院有限公司导入中国北京神雾热能技术有限公司研发的各项冶金节能减排核心技术，从而提升为一个以高新节能减排技术为先导，以设计为龙头的工程总承包公司。

G

高栋，2007年度中国十大建筑业新闻人物。国家一级注册建筑师，上海三益建筑设计有限公司院长，上海市长宁区政协委员、上海市勘察设计协会理事、上海市虹口区规划协会理事。2002年，设计的东苑半岛，获2002年建设部创新风暴综合金奖、2002年度上海市住宅设计小区创优项目优良奖、上海市十大水景住宅；2003年、2004年，入围上海市青年建筑新秀奖，设计的闵行区四高小区，获2003年度上海市优秀住宅小区绿化景观奖、2004年度上海市优秀住宅工程小区设计项目二等奖；2006年，嘉利浦江园，获2006年度上海市住宅设计小区创优项目佳作奖；2007年，列入“中国最具影响力设计师”，而他带领三益中国完成了其业务市场的华丽转身，形成了“以策划为先导，以设计为纽带，以招商和运营为中心”的商业建筑设计的“鱼骨模式”，并凭借其出色的业绩和广泛影响力而获得“中国最具品牌价值设计机构”。主要作品：城隍庙豫龙坊（商业广场）、绿地拉德方斯商业办公群（LOFT办公、商业广场）、商业休闲广场系列（徐家汇弘基文化休闲广场、四川北路弘基商业休闲广场、宝山上大弘基文化休闲广场、南汇大元弘基商业休闲广场、马陆镇弘基诚建休闲广场、昆山弘基财富商业广场、嘉定南门弘基娱乐休闲广场等）。

高志强，男，出生于1975年4月，汉族，籍贯北京，现任北京筑邦建筑装饰工程有限公司高志强设计工作室设计总监。中国建筑装饰协会设计委员会委员2000年毕业于清华大学美术学院环境艺术设计专业，2007年毕业于北京大学EMBA研究生班。曾任北京圣美蓝图装饰工程有限公司总经理/设计总监。曾获“金外滩”最佳公共空间奖（2010年）、美国室内设计杂志（中文版）封面人物（2009）、中国百名杰出室内设计师（2009金羊奖）、中国十大室内设计师提名奖（2009金羊奖）、中国室内设计精英奖（2008年）、全国杰出中青年室内建筑师、中国建筑与室内设计师网精英设计师部分作品：万达广场步行街设计（天津、济南、宜昌、包头、唐山、长白山）、青岛唐岛湾步行街设计、青岛水晶宫步行街设计、北京华联安贞店设计、北京华联阜成门店设计、城乡仓储大超市设计、威海市民文化中心艺术馆设计、大连长兴岛规划馆设计、天津海关培训中心酒店设计、赤道几内亚总统官邸设计、日坛宾馆酒店设计、天津鸿域酒店设计、重庆香格里拉酒店设计等。

郭潇，男，汉族，出生于1957年8月，山西原平人，1976年7月参加工作，天津大学硕士研究生毕业。中水北方勘测设计研究有限责任公司（原天津水利水电勘测设计研究院）副总工程师，带职任西藏水利厅总工程师，教授级高级工程师。主要业绩：作为主要参加人，先后参加了引滦入津工程技施设计，引滦入淀工程可研、初设，黄河黑山峡河段规划，万家寨水利枢纽及引黄工程设计任务书，万家寨水电站可行性研究等工作。作为设计副总工、设计总工，负责万家寨水利枢纽初设、招标设计、技施设计工作，参加及负责三门峡改建、扩建工程。带职担任西藏自治区水利厅总工程师以来，主持了西藏年楚河、拉萨河流域规划修订，西藏自治区水资源综合规划、小水电以电代材规划、乡镇供水规划等项目。主持西藏自治区防洪、灌溉、水源、发电、河道治理、人畜饮水工程项目审查。获奖情况：参加的“黄河万家寨水利枢纽工程电站坝段坝内浅埋式压力钢管设计研究”获水利部科技进步三等奖；1986年获海委系统先进生产者；1991年获海委系统80年代优秀大学毕业生、水利部系统80年代优秀大学毕业生称号；1994年获水利部优秀中青年科技工作者；1995年获天津市“八五”立功奖章；1996年被评为天津市“九五”立功先进个人；1996年被水利部推选为“百千万人才工程”人选。在国内外公开发行的刊物和行业学会论文集发表论文18篇，主要有：《三门峡水利枢纽泄水建筑物现场破坏检查综述》；《黄河三门峡水利枢纽泥沙对泄水建筑物磨蚀现场检查和分析》；《万家寨水利枢纽工程低热微膨胀混凝土的研究与应用》；《万家寨水利枢纽电站浅埋式引水压力钢管设计》；《万家寨水利枢纽补偿收缩混凝土筑坝技术的研究与应用》；《万家寨水电站蜗壳组合结构有限元分析》；《万家寨水电站蜗壳外围混凝土结构设计与施工》；《万家寨水利枢纽水工建筑物设计及主要工程技术问题总结》。

H

韩春刚，出生于1969年，男，1992年加入中国共产党，同年毕业于山东省建工学院，分配到东营市建筑设计院。现任山东省东营市建筑设计院工程师。十几年来，坚持刻苦学习专业技术，努力拓宽渠道，不断提高设计水平。由他主持的多项建筑工程设计方案中标获奖。主持设计的东营市第二中学综合教学楼获1996年市级优秀工程设计一等奖、1997年省级优秀工程设计三等奖；主持设计的东营市地税局办公楼、东营市粮食局综合办公楼、东营市中级人民法院办公楼、东营市海河小学综合教学楼均获市级优秀工程设计一等奖。其中，东营市粮食局综合办公楼获2000年度山东省优秀勘察设计三等奖。还主持设计了东营市工商银行办公楼、东营市科技馆、东营市技工学校综合教学楼等工程。被评为市建设系统优秀共产党员、建设系统先进工作者、山东省青年岗位能手、市级优秀共产党员；被东营市政府记三等功；获市十佳标兵、市建设系统先进工作者、东营市十佳职业道德先进个人等称号及省政府记三等功奖励。

韩海令，男，出生于1968年9月，中共党员，大学学历，高级工程师，1991年毕业于山东建筑工程学院建筑系建筑学专业，现为滨州市建筑设计研究院副院长。主持设计了近百项重点工程的方案和建筑施工图设计，亲自主持设计了滨州市政大厦，黄河小区等一批市重点工程，为滨州的西区建设作出了突出贡献。荣获省优秀工程勘察设计一等奖1项、二等奖1项、三等奖3项；地市优秀工程勘察设计一等奖数十项，而且所有获奖项目都排名位列第一，多年来在各种核心刊物上发表高水平论文5篇。2001年12月当选山东省建筑学会建筑创作专业委员会副主任委员；2002年6月当选滨州市城市规划设计与建筑设计方案评审委员会委员；2003年4月被授予“山东省建设系统劳动模范”；2004年和2007年连续被评为第一届和第二届“滨州市有突出贡献的专业技术人员”；2005年12月被评为“山东省建筑设计专家”；2006年7月被授予第五届“滨州市优秀科技工作者”称号，并记三等功；2006年11月被评为首届“山东省设计业十大杰出青年”提名奖。2007年5月被市委、市政府授予全市“百名优秀人才”。2008年，韩海令获得首届“山东省十大杰出青年勘察设计师”提名奖。

韩阳，男，汉族，高级规划师，高级建筑师，湘潭市规划建筑设计院院长。湖南省优秀勘察设计院长，“精心设计、诚信服务”是设计院的宗旨，“市场为本、质量为生、管理为重、顾客满意”是设计院长足发展的追求。随着城市的发展大提速，设计院将不断完善自我，更进一步提升设计水平，服务于城市建设。湘潭市规划建筑设计院创建于1972年，为全民事业单位甲级设计院。具有建筑工程甲级，城市规划甲级，市政公用行业（排水、道路、桥隧）甲级，给水、风景园林乙级，工程咨询乙级，科研建材试验检测一级的设计资质。我院拥有城市规划、建筑学、工民建、给排水、采暖通风、电气、道路桥梁、风景园林、环境保护、地理经济、计算机等20多个专业的技术人员160多人，高级职称48人，中级职称75人，初级职称42人。历年来获部级、省级、市级优秀设计奖和科学技术进步奖达 40 多项。近期完成了以湘潭市城市总体规划修编、湘潭市中心区以北控制性详细规划、湘潭市政府人民大厦、中瀚财富广场、芙蓉路道路工程、北二环道路工程为主的城市规划、工业与民用建筑、市政公用工程等大、中型项目设计和可行性研究成果 1 000 多项。建筑设计“湖南省十佳规划设计单位”，连续被评为“湘潭市工程勘察设计先进单位”和“区文明单位”。

韩永会，男，1980 年 8 月 20 日生人，内蒙古人，汉族，大专学历。北京亚韩空间设计工作室设计总监/创始人。毕业于内蒙古大学艺术学院。在京从事室内装饰设计工作 10 年之久，主要从事国际国内知名连锁餐饮、中小型商务酒店的装饰设计，同时承接大型商业和办公空间的装饰设计，以及 SPA 足疗洗浴会所等室内装修设计。设计理念：自然，自由，自在。《米》字思维方式，考虑设计全程，餐饮品牌：阿拉浓上海面馆、吉食客、品奇比萨、乐杰士、鸿禧大清花、DQ、香猪坊、土大力、棒！约翰、元绿回转寿司、赛百味、金紫银海鲜大酒店、云溪小镇、麻辣香锅、龙太郎铁板烧、康仔港式云吞粉面、希腊美味、西安靓饭氏，等等。2003 年 3 月至 7 月，内蒙古奥威集团房地产公司室内设计师，2003 年 8 月至 2005 年 3 月，常宏建筑装饰工程有限公司北京分公司任设计师，2005 年 3 月至 2006 年 7 月，意迪联合（中国）图文设计有限公司任主案设计师，2006 年 9 月至 2007 年 7 月，北京精艺人展具设计有限公司任精品品牌设计师，2007 年 10 月至 2009 年 2 月，北京众念新思设计咨询有限公司任设计总监，2009 年 2 月至现在，北京亚韩空间设计工作室设计总监/创始人。

侯向群，新疆建材设计研究院总工程师，设计一所（建材所）所长，新疆硅酸盐学会理事会副会长。毕业于武汉理工大学，工学学士，高级工程师，国家注册咨询师，注册化工师。一直从事专业技术工作。20 多年来，主持疆内外大中型设计、咨询工程数百项。作为项目负责人主要承担了和田 2 500 t/d、青松建化 3 500 t/d 新型干法水泥项目、青松天业 100％利用电石渣 1 200 t/d 水泥生产线、内蒙古亿利冀东水泥公司综合利用工业废渣 2 500 t/d 新型干法水泥项目、天山水泥股份综合利用 100％电石渣 1 600 t/d 新型干法水泥项目、哈萨克斯坦杰兹卡兹干年产 30 万吨水泥生产线、吉尔吉斯 4 000 t/d 新型干法水泥项目、新疆国统公司大口径钢筒混凝土管（pccp）生产线。其中利用 100％电石渣干法及新型干法水泥生产线属国内首创。曾获省部级优秀工程设计、咨询一、二等奖；全国建材系统先进工作者、自治区优秀专业技术工作者；国务院政府津贴获得者。

胡瑛，三八红旗手，上海燃气工程设计研究有限公司工程师。她勤奋好学，刻苦钻研技术业务，迅速成长为公司的技术骨干。2006 年，浦星公路 15、16 标进入最紧张、繁忙的一年。浦星公路 16 标的难点较多，同时穿越浦星公路和地铁 M8 线，为保证道路不受干扰而地铁又能正常施工，她带领项目组的同时克服交通不便、工期紧张、现场情况复杂等困难，深入工地一线进行调研，积极开动脑筋，与专家多次进行论证，优化设计方案。

黄瑾，三八红旗手，上海城市建设设计研究院高级工程师。两年来，负责和作为主要设计人参与了数十项工程，主要有上海市竹园第二污水处理厂、大光复西地区排水系统、枫亭水质净化厂、真南地区排水系统，浙江省象山滨海水厂、江西三清山给水、污水工程等重大工程和重点工程。由于工作出色，连续几年分别获得了青年岗位实践成才奖、优秀设计一等奖、优秀项目负责人等多项荣誉和成绩。她所在的上海市城市建设设计研究院创建于 1963 年 10 月，是以市政公用为主行业的综合勘察设计研究院，并已通过上海市科委的“高新技术企业”认定。全院（不包括子公司）在职职工 418 人，其中工程系列的专业技术人员 371 人，其他系列的专业技术人员 24 人。在工程系列的专业技术人员中，有教授级高级工程师 16 人，高级工程师 114 人，工程师 93 人，助理工程师 57 人。自创建以来，为上海市和国内其他城市完成的工程勘察设计项目近 5 000 项。所完成的项目中，有百余项获得了国家、建设部、上海市的优质工程奖、优秀工程咨询成果奖、优秀工程勘察设计奖和科技进步奖。曾连续两年跻身于全国工程勘察设计研究单位的百强之列，连续五年在上海市勘察设计研究单位的综合考评中稳居前十名，并于 2005 年、2006 年连续两年入围“中国工程设计企业 60 强”。

黄俊强，男，1963 年 5 月，汉族，福建人，硕士。现任广州斯意达幕墙设计咨询有限公司总经理。中国“建筑门窗幕墙与设备”杂志、技术顾问；中国建筑金属结构协会会员；建设部建筑门窗设计研究所《门窗与幕墙》杂志编辑；建设部建筑门窗幕墙设计研究所高级研究员；香港建筑幕墙装饰协会创会理事。斯意达工程顾问有限公司，是由多名资深的专业工程师及工程项目管理专家组成，是幕墙工业界的专家。自 1989 年起，作为香港最著名幕墙公司之一的“驻场”顾问，活跃于全国幕墙市场上，同时也作为独立的顾问，服务于其他的香港幕墙公司。所完成的工程遍布全国的主要城市。成员拥有超过十八年关于幕墙领域的全面经验，斯意达可以为任何类型的幕墙工程项目，提供专业的工程设计、管理、生产、施工及顾问咨询服务。为了更好地服务于幕墙业界，斯意达于 2002 年在香港特别行政区注册，成为工程顾问有限公司，自此公司的业务得到飞速发展。

黄贤忠，男，生于 1950 年，湖南邵阳人，中共党员、高级工程师，1975 年毕业于焦作矿业学院（现河南理工大学）地质系煤田地质勘探专业。现任河南省中纬测绘规划信息工程有限公司董事长兼总经理，并担任河南省测绘学会理事、焦作市测绘学会副理事长、焦作市建筑学会副秘书长之职。先后工作于湖南省地质局物探队、湖南省煤勘二队、焦作市城建局、焦作市规划建筑设计院、焦作市规划设计研究院。历任焦作市测量队队长、市规划建筑设计院院长助理、市规划设计院副院长。1998 年，率先将焦作市测量队进行改制，创立了焦作市中纬测绘地理信息有限公司，使原焦作市测量队成为河南省首家改制测绘单位。他长期从事地质勘探、城市测绘、城市规划及地理信息系统研究工作，在焦作市率先推广数字化测图、地下管线探测、城市基础地理信息系统等新技术，先后发表论文10余篇，出版专著6册，部、省级成果12项。主持完成南水北调、西气东输、焦作市城市控制网系统、焦作市土地规划修编等大项目60多项，多次被评为省市优秀共产党员、先进院长、先进科技工作者。他所领导的企业，历经二十多年的风雨征程，成为涵盖大地控制测量、工程测量、地籍测绘、专题地理信息系统建立与软件开发等20多种专业的国家甲级测绘资质单位，甲级土地规划资质单位。技术力量雄厚，现有职工130多人，各类专业技术人员110人。近几年来，先后完成南水北调、西气东输等国家级大型工程与科研课题20多项，获省、部级、市、厅级科技进步奖、优质工程奖30多项，出版《数字焦作》等专著与发表论文40多篇。先后完成一大批城市基础数字地形测图、数据建库、地籍测量、土地勘测、地下管线普查、土地规划设计、地图编制等工程2000多项，是河南省测绘产品质量优秀单位。

J

江欢成，男，出生于1938年11月。广东省梅州市梅江区城北人。土木结构专家，著名工程结构专家，中国工程院院士。现任上海现代建筑设计集团总工程师，江欢成设计事务所所长。1963年清华大学土木工程系毕业后，分配到华东建筑设计研究院从事建筑结构设计工作，曾任华东建筑设计研究院总工程师、高级工程师，上海市第九、十届人大代表，全国政协第九届委员，上海市政府参事。20世纪70年代，在江苏沛县大屯煤矿主井设计中，设计了世界土木建筑史上罕见的80米超深沉井；首次在软土地基上成功设计30米直径的卫星天线基础，荣获了上海市优秀设计奖和1978年全国科技大会奖；首次用鱼骨式剪力墙成功地运用于赞比亚总部大楼工程设计，荣获“建工部援外战线先进工作者”称号。1987年，江欢成担任上海东方明珠广播电视塔总设计师。1992年荣获国务院“有突出贡献中青年专家”称号；1993年评为上海市劳动模范；1995年被英国土木工程学会和结构工程学会分别选为资深会员；同年应邀为英国皇家建筑学会和土木学会年会唯一报告人，作了“东方明珠与浦东发展”的报告，赢得高度评价；同年他设计的印尼雅加达电视塔方案，参与美、日、加等6国设计事务所竞赛，一举中标。雅加达电视塔高558米，高度超过世界第一的多伦多电视塔，建筑面积超过东方明珠电视塔4倍。主要作品荣获奖项：上海卫星地面站工程获得第一届全国科学大会奖工种负责人；东方明珠广播电视塔获得建设部优秀设计奖、部科技进步奖二等奖、土木工程詹天佑奖。

蒋鸿兴，男，1956年4月出生，汉族，云南昆明人，党员，大专学历。1988年毕业于云南。大学现任昆明官房建筑设计有限公司董事长兼总经理。云南省建筑学会常务理事、中国房地产及住宅研究会厨卫委会常务理事。蒋鸿兴同志，1978年进入建筑行业，从事建筑结构设计，年限达27年；1997年评为高级工程师，取得国家一级注册建筑师，国家一级注册结构师资格。该同志1980—1990年工作于五华区勘测设计院、建筑工程师，1991—1993年，工作于五华区勘测设计院生产副院长，1994—1998年调入官房建筑设计有限公司，组建该公司，担任董事长、总经理、总建筑师，对整个集团建筑提出总负责。官房广场获市优一等奖，丽江官房大酒店获省优一等奖，九隆名居获全国人居方案竞赛规划金奖，云康园小区获全国人居环境建筑、规划设计双金奖、亚洲人居环境规划设计创意奖等。该同志也多次荣获先进工作者，优秀企业家，2003年评为昆明市优秀专家。2002年5月俄罗斯、欧洲八国，2003年澳大利亚，2004年美国、中国香港、中国台湾，2005年韩国等地进行学习考察，建立了与外国先进技术代表的设计单位长期业务合作关系。主要论著：《小康示范小区金康园科技应用》2000年《建筑技术》、《昆明官房建筑设计院改股份合作制的经验》1998年《云南建筑》、《“新街坊”理念在金实小区规划设计中的运用》2001年《云南建筑》、《产权式酒店设计理念》2003年《云南建筑》等等。

L

李开友，男，汉族，福建省四川商会常务副会长。大学文化，优秀企业家，福建晟亿建设发展有限公司董事长。福建晟亿建设发展有限公司于2008年4月8日在龙岩工商注册。

李启业，男，汉族，出生于1941年7月，山东蓬莱人，1965年毕业于大连工学院。中水北方勘测设计研究有限责任公司副总工程师，教授级高级工程师。主要业绩：参加潘家口水利枢纽一、二期工程设计全过程，负责坝工、后期主持厂房设计工作，参与解决了工程中一系列重大技术问题。主持了引黄入卫立交穿运枢纽工程设计，工程顺利竣工并投入运行。主持马来西亚里瓦古水电站工程设计，对我院打入国际咨询市场、设计与国际接轨，扩大我院影响做出了一定贡献。在岳城水库、屈家店枢纽除险加固、宁车沽、西河闸、新疆引水工程设计中均做出了努力。主持编制了“溢洪道设计规范”，“水利工程管理单位岗位设置和定员标准”。作为主要参加者，“潘家口水利枢纽（一期）工程设计”荣获国家设计金奖；作为主要参加者，“潘家口水利枢纽（二期）工程设计”荣获水利部优秀设计三等奖。主要论文：《国际抽水蓄能会议论文集》翻译（一篇翻译、二篇校译）；《临清立交穿卫枢纽总体布置设计》，《海河水利》1994年6期；《浅议岩基混凝土坝设计的几个问题》，《水利水电工程设计》1995年1期；《引黄入卫临清立交穿卫枢纽防冰工程设计》。

李世华，女，出生于1969年2月，中共党员，高级工程师。济宁市公路勘测设计研究院党支部副书记、副院长。自参加工作以来，始终奋战在生产第一线，从一名普通的公路工程设计技术人员做起，现已成为济宁公路建设事业的青年骨干。在曲菏高速公路、烟台至莱州206国道高速公路等众多道路、桥梁的勘测设计中出色地完成了任务，由她负责组织勘测设计的济邹线和济鱼线分别荣获全省优秀设计和全市优秀设计二等奖。2003 年当选济宁市政协委员，同年获得山东省交通厅“巾帼建功”先进个人和“济宁市直十大杰出青年”等荣誉称号，多次被评为全市公路系统先进生产工作者、优秀共产党员、优秀团支部书记。

李彦坡，男，汉族，中共党员，高级工程师、一级建造师。现任中水北方设计公司勘察院院长。近二十年来，他始终战斗在艰苦的水利水电地质勘察行业，先后任作业组长、项目负责人、副主任、副队长、副院长、院长。2005 年春节前夕，他率队赴阿富汗参加水利工程援建项目，克服了阿富汗时局动荡，恐怖事件频发，人身安全无保障等困难，圆满完成了商务部下达的工程任务。其作为主要完成人参与完成的“中国北方岩溶区水库渗漏综合试验研究”课题，其成果解决了黄河万家寨库区岩溶渗漏的处理问题，并节约工程投资 5 000 万元，该成果获天津市 2003 年度科学技术进步三等奖（获奖人之一）；黄河万家寨水利枢纽工程获 2004 年度水利部优秀工程勘测金质奖，他作为主要完成人参与完成该工程（获奖人之一）；作为主要完成人，参与完成的“海河流域平原区堤防工程堤身土体质量及堤基工程地质研究”成果获天津市 2003 年度优秀工程咨询成果一等奖和 2003 年度全国优秀工程咨询成果三等奖（获奖人之一）。作为主要编写人之一，先后编著完成了《海河流域平原区堤防工程地质研究》、《黄河万家寨水利枢纽技术》两部专著；编写并公开发表了 8 篇论文；作为主要起草人，编制完成了国家水利行业标准《水利水电工程地质测绘规程》和《跨流域调水技术规范》（报批稿），前者已颁布实施。

梁伟，男，高级工程师，1993 年毕业于清华大学建筑学院，建筑学学士学位。现任北京清华城市规划设计研究院常务副院长，注册规划师。1999 年毕业于清华大学建筑学院城市规划与设计专业，工学博士学位。1995 年 10 月至 1996 年 2 月，作为 CIDA 访问学者赴加拿大不列颠哥伦比亚大学（UBC）进修。2003 年 8 月至 2004 年 1 月，作为亚洲文化协会（ACC）基金资助的访问学者赴美国麻省理工学院（MIT）进修。主持和参与完成了大量城市规划和设计工作，其中包括多项具有重大影响的研究性项目，包括中关村西区修建性详细规划（国际招标中标实施方案，北京市优秀城市设计奖，建设部城市设计二等奖）、奥林匹克规划研究（国际竞赛三等奖）、宁波市三江六岸概念规划（国际竞赛中标实施方案）等。主持和参与完成了大量北京市的重大规划设计项目，包括《北京市中轴线城市设计》，《北京朝阜大街城市设计》，《北京大栅栏地区保护、整治与发展规划》等研究项目，以及海淀区皇家园林周边地区整治与保护规划，顺义、大兴等卫星城规划，北京市周边多个重点城镇的规划等。

林文棋，男，高级工程师。1991 年获得北京大学理学学士学位，1994 年获得北京大学理学硕士，2000 年获得清华大学工学博士学位。曾在 1994—1996 年，任建设部中国城市规划设计研究院，助理工程师；2000 年起，任清华大学建筑学院，高级工程师。兼任中国城市规划学会会员，北京清华城市规划设计研究院副总规划师。主要学术研究方向为：城市生态研究，城市规划理论及实践。主要研究及实践项目有：北京市总体规划区域协调规划；南宁城市总体规划（2004 年）；海口城市总体规划纲要（2003 年）；银川城市总体规划（2004 年）；广州城市发展概念规划研究（2000 年）；滇西北人居环境可持续发展（2000 年）；大北京地区城乡空间发展研究（2000—2002 年）；基于 GIS/RS 的城乡空间规划辅助支持系统研究（国家自然科学基金项目，2001—2003 年）。

林昭，男，1929 年 5 月生，福州人，汉族，中国工程设计大师。中水北方勘测设计研究有限责任公司副总工程师，专家委员会副主任，教授级高级工程师。1952 年毕业于清华大学；1952—1954 年，在水利部工务司、设计局，技术员、小组长；1954—1970 年，在水利部（或水电部）北京勘测设计院，工程师，设计项目负责人，设代组长，专业组长；1970—1980 年，在水电部第十一工程局勘测设计研究院，规划队长，设计队长，副总工程师；1980 年至今，在水利部（或水电部）天津勘测设计研究院（现中水北方勘测设计研究有限责任公司）工作，副总工程师、援外办公室主任，专家委员会副主任，教授级高级工程师。大学毕业后一直从事水利水电工程设计，迄今已 51 年。业绩卓越，主要有：（一）前后参加或负责分管过 20 多项水利水电工程设计，主要有：河北岗南水库、山西汾河水库、黄河沙坡头水利枢纽、刚果英布鲁水电站、马来西亚槟城供水工程等。其中汾河水库拦河坝为高 60 米的水中填土坝，是当时世界上最高的水中填土坝，成功建成，运行至今，效益显著。（二）对土石坝工程设计造诣较深，曾参加国内外数十座土石坝的审查鉴定及技术咨询，解决许多关键技术问题，节省投资，加快进度。为新疆克孜尔水库左岸副坝活断层上筑坝的技术措施，山西册田水库大坝地震后裂缝处理，小浪底右岸漏水分析处理等。（三）多次参加大型水利水电工程国家评估，如南水北调东线及中线工程、天生桥一级水电站、黄河小浪底水利枢纽工程、广东北江飞来峡水利枢纽工程、长江等堤防工程加固等。获奖情况：负责设计的板桥水库复建工程于 1998 年、1999 年分别获水利部及国家优秀设计银奖；1999 年被评为“全国归侨侨眷先进个人”。主要论著、论文：《碾压式土石坝设计》，《中国大百科全书水利篇有关土石坝全部条目》；《土石坝坝体的孔隙压力》，《土坝沙砾基础的渗流控制》《关于土石坝的几种筑坝材料》等。

刘亮，男，1965 年 4 月生人，汉族，现任珠海市空间组建设有限公司总经理。珠海市室内设计协会首届理事会副会长，中国建筑学会室内设计分会第三十（珠海）专业委员会副理事长，珠海市空间组建设有限公司总经理。1987 年毕业于武汉江汉大学艺术系，清华大学建筑工程与设计高研班毕业。2006 年 3 月经选举任珠海市室内设计协会首届理事会副会长，2006年3月中国建筑学会室内设计分会第三十（珠海）专业委员会副理事长，广东省湖北商会会员 2005 年第二届海峡两岸室内设计大赛二等奖，2006年第二届中国室内设计艺术观摩展，2006年第二届中国室内设计艺术观摩展，珠海空间组设计有限公司荣获最具潜力设计，2007 年金外滩最佳居住空间提名，2009 年金羊奖—2009年度中国十大室内设计师评选，荣获中国百杰室内设计师，《改革开放三十年·辉煌的中国设计》中国百名有成就的资深与杰出室内建筑师。

刘鹏飞，男，出生于1970年6月，国家一级注册结构师，高级工程师，在职工程硕士，现任山东恒信建筑设计有限公司副院长。1994年毕业于西安建筑科技大学土木工程学院工民建专业。一直从事结构设计、图纸审核并参与经营管理工作。设计完成了大量有影响力的工程，十多年来完成的工程超过100项，面积超过200万平方米。有5项设计获得省市优秀设计奖：山东鲁能中心、济南东环国际广场获省优秀设计一等奖。莱芜龙园宾馆获山东省优秀设计二等奖；电力部青岛疗养院3#、4#楼获省优秀设计三等奖；长清鲁能工业园GIS厂房获济南市优秀设计三等奖。特别是 2006 年参与完成了山东最高的超高层建筑——青岛财富大厦设计工作，通过与国内外专家学者通力协作，一举突破了国家5项结构设计规范限值，成为目前国内难度最为复杂的结构设计体系之一。在完成设计工作同时，在省内外多家勘察设计刊物上发表论文十余篇，多篇论文获省土木工程学会优秀论一二等奖。

刘卫东，男，出生于 1968 年 10 月，研究生，高级建筑师，国家一级注册建筑师，香港建筑学会会员。现为济南同圆建筑设计研究院有限公司建筑设计研究所所长，院副总建筑师。1990年毕业分配到该单位，一直从事建筑设计工作。作为技术骨干，在十几年的工作中完成了各类建筑作品五十余项。在许多重大项目投标中取得较好的成绩，其中有济南泉城广场、开发区知识产业基地、山东大学齐鲁软件学院、澳柯玛住宅小区规划、济南西客站片区规划、济南市龙奥大厦、山东科技大厦、滨州大饭店等。获省级优秀设计奖6项，市级优秀设计奖4项。在省级以上刊物上发表论文两篇。2005年获“第八批济南市专业技术拔尖人才”称号。2008年，刘卫东获得首届“山东省十大杰出青年勘察设计师”称号。

刘永泉，男，1930年9月生于广东兴于。1953年起在一机部第三设计局动力科、上海电缆研究所从事机床和电缆生产线设计工作。完成主要设计项目：齐齐哈尔第一机床厂、武汉重型机床厂热力网及车间动力管道；上海电缆厂、郑州电缆厂浸油工程系统；宜昌红旗电缆厂机修车间及线盘车间工程；援助罗马尼亚乳浊液净化装置系统。撰有《水旋器净化系统的应用》《用水旋器净化冷却装置改造线缆行业拉丝浮浊液系统的建议》等论文。

陆远刚，新疆建材设计研究院副院长兼设计二所（民建所）所长。新疆维吾尔自治区建筑结构“专家库”成员、新疆维吾尔自治区超限高层建筑工程抗震设防审查专家。毕业于重庆建筑工程学院，工学学士，高级工程师，国家一级注册结构工程师，注册监理工程师。多年从事结构设计，并且多次担任结构专业负责人，获得多项优秀设计、咨询奖项。及时掌握本专业国内外的先进技术，积极推广应用新技术，承接近百项工程设计，具有丰富的设计经验和较强的解决疑难复杂问题的能力。曾多次荣获中国建材优秀工程咨询成果奖；新疆维吾尔自治区优秀工程设计奖。屡次荣获该院优秀技术工作者称号。

吕晓村，新疆建材设计研究院院长。新疆勘察设计协会理事会常务理事、理事。毕业于新疆大学，工学学士，高级工程师。作为新疆建材设计研究院职能管理人员，全面主持设计院的改制工作。编写、起草全院大量技术管理文件。从事专业技术及管理工作以来，一贯严谨认真，始终保持科学的工作态度。在工程技术及企业管理方面作出了重要贡献，多年从事筒仓结构设计，钢筋混凝土结构设计，对多台大、中型振动设备布置在多层厂房的设计有深入的研究。曾担任过多项水泥厂生产线设计项目总负责人，多次获得省、部级优秀设计奖。

M

马清运，2007年度中国十大建筑业新闻人物。男，出生于1965年，1988年毕业于清华大学建筑系，1989年赴美攻读建筑硕士学位，毕业后曾先后在费城 Ballinger 任设计师及纽约 KPF 任高级设计师，成为这两个建筑事务所的主要设计力量。1995年在纽约成立“马达思班”建筑事务所，该事务所作品以独创的风格和精良的设计受到建筑界的好评。从1992年开始，在宾夕法尼亚大学美术研究生院任客座教授，1995年任中国深圳大学建筑系客座教授及设计院院长助理；1997年成为宾夕法尼亚大学艺术研究生院的全职教师，任研究生主线设计工作室教授及毕业论文的导师；1996 年，参与并协助了国际知名建筑师 Rem Koolhaas 在哈佛大学举行的珠江三角洲城市状态的研究，并成为 Koolhaas 先生《大跃进》一书的评论员；1997 年，更被 Rem Koolhaas 推荐参加在法国蓬皮杜艺术中心举办的题为“新世纪建筑的趋势”的演讨及展览会，成为 21 位世界范围内选择出的青年建筑师中唯一的中国人；2001 年3月在接待国际奥委会评估团对北京申办2008年奥运会评估考察工作中，是第二位发表演讲的陈述专家；2004 年主持了“荷兰 Berlage 学院—马达工作室”，并对徐汇区历史风貌保护及再发展进行了调查和研究工作；2006年底出任北京大学景观设计研究院客座教授；2007年底，“城市更新”为主题的深圳/香港双城双年展开幕，成为继张永和之后此次重要展览的总策展人，他在全世界范围内动员了诸多的策展人来为中国城市建设出谋划策。

闵家驹，男，汉族，出生于 1933 年 3 月，浙江吴兴人。1956 年 8 月毕业于河海大学（原华东水利学院）。中水北方勘测设计研究有限责任公司副总工程师，教授级高级工程师。主要业绩：工程规划设计方面：作为技术负责人，主要参加了黄壁庄水库扩建、漳卫新河庆云闸设计、南水北调（东线）东平湖至天津段总体设计、南水北调穿黄工程设计、万家寨水利枢纽及引黄工程设计任务书、引黄入晋工程规划选线设计、引黄应急工程、南水北调（东线）临清至白洋淀输水工程修订规划报告等工程。工程项目评估方面：合肥市大房郢水库项目建议书及可研报告评估、鄱阳湖区重点城市防洪工程利用外资项目建议书及可研报告、哈尔滨市磨盘山水库供水工程可研报告、大伙房水库输水工程项目建议书及可研报告评估等工程。主要论文：《引滦入黎隧洞的断面设计》，《天津水利》1983 年 9 月；《山西万家寨引黄工程概况及有关岩土力学问题》，《岩石力学与工程学报》1999 年 8 月；《浅谈万家寨引黄人晋工程设计中的几个问题》，《水利水电工程设计》2001 年 11 月。

N

年江，男，1972 年 9 月 4 日生人，安徽怀远人，汉族，大专学历，现任中国建筑设计研究院、北京筑邦建筑装饰设计有限公司高级室内建筑师。国家注册高级室内建筑师。中国建筑装饰协会设计委员会委员，中国建筑装饰与照明设计师联盟理事，他真诚直率、幽默随和。他爱好摄影，每一次的旅途都是他灵感的来源；他专注于酒店、办公、店面、餐饮、娱乐、休闲等空间设计。十余年设计经验，让他独悟设计之道，众多的设计案例，让他成就个人一品。荣获“简一杯”中国别墅。酒店设计精英邀请大赛、“雷士”杯设计大赛、中国首届数码家居设计大赛、“照明周刊杯”年度总决赛、2010 年金堂奖年度优秀作品奖等多项设计大奖。作品和言论曾在《新锐设计》、《设计笔记》、《室内快速手绘表现作品集》、《景观快速表现于手绘速写》、《照明周刊》、《TOP 装潢世界》、DDC 传媒、新浪、搜房、搜狐、千龙网、筑龙、网易、精品购物指南等多家杂志和网络媒体刊登、发表。

Q

钱国桥，男，原籍江苏省南京市，汉族，出生于 1972 年 5 月，大学学历，现担任南京国桥室内设计中心、上海国乔建筑环境有限公司总经理。1995 年，毕业于南京艺术学院工艺美术系装潢设计专业；1996—1998 年，赴香港就职于香港戎式装饰公司，任设计部主任；1998—2000 年，就职于美国 WOW 建筑事务所南京办事处，任设计主任；2000—2002 年，于东南大学建筑系研究生班进修建筑专业。2002 年至今，开创南京国桥室内设计中心，任总经理；2002 年，加入中国建筑装饰协会室内设计分会；2003 年，创立上海国乔建筑环境设计有限公司，任总经理。其设计作品多次获得奖励和表彰，2003 年，参加江苏省第四届室内装饰设计大奖赛，作品《苏宁环球汽车城》获金奖，《名妃春村美容美体中心》获铜奖。同年，应邀参加“中国家装室内设计论坛”并做专题发言；在“欧神诺杯”中国室内设计大赛中，其作品《苏宁环球汽车城》再次获优秀奖。2004 年，《阅城国际花园样板房》、《郎诗熙园样板房》等多幅作品入选《中国手绘设计表现》一书。同年，他被评为中国建筑装饰学会室内设计分会（CIID）注册室内建筑师；被国家劳动部评为中国第一批注册室内设计师。他一直学习不辍，2005 年 10 月，又就读于北京清华大学建筑系高级研修班。2005 年，被中国建筑装饰协会室内设计分会评为全国优秀设计师。2006 年，参加江苏省第五届室内设计大奖赛，参赛作品《建邺区历史展厅》获一等奖。2006 年，被国际 ICDA 组织评为国际建筑装饰室内设计师。2007 年，获南京大学教授资格证书，教授室内设计课程。

乔全生，2007 年度中国十大建筑业新闻人物。哈佛大学城市设计师，加州大学伯克利分校建筑硕士，美国易道环境规划设计有限公司资深副总裁、亚洲区主席。中西方文化的双重历练赋予他与众不同的人生体验。在他的带领下，如今易道亚洲能提供设计、经济、生态和规划四大领域的专业服务并成为中国获得建设部规划资质的第一家也是迄今唯一一家境外设计公司。乔全生领导过诸多综合性、跨领域、不同尺度的城市设计项目，包括新城的总体规划、开发区规划设计、城市更新以及大型公共开放空间的设计等。因其出色的工作成果，乔全生获得了不同国家与地区的诸多奖项。最近，其所领导的中国苏州金鸡湖总体规划与景观设计项目被授予了三个知名国际专业机构的荣誉奖章，其中包括美国景观设计学会（ASLA）的设计大奖。在领导“易道”提供专业服务的同时，积极投身于城市规划论坛，出版《湿地恢复手册》等公益活动，与专业界、学术界、政府部门、媒体广泛交流，提供和创造平台促进有关中国城市发展的交流。

全科政，男，高级工程师，出生于 1963 年，湖南省常德人。1984 年毕业于中南矿冶学院，1995 年中南工业大学硕士研究生毕业。中国管理科学研究院特约研究员、《发现》杂志社副理事长、深圳市专家工作委员会委员、深圳市地质学会理事、深圳市龙岗区土木工程学会副理事长。曾在深圳市龙岗地质勘察局副局长、深圳市粤地建设工程有限公司副总经理兼总工程师、深圳市岩土综合勘察设计有限公司总工程师。1984 年开始从事地下建筑工程、岩土工程的研究和治理，曾参与并完成国家“七五”攻关项目康家湾人型水体下采矿试验研究、国家重点工程长江综合治理武汉长江大堤防渗工程、深圳龙岗岩溶发育地区建筑地基治理等多项试验研究和治理工程。与徐至钧教授合编《高压喷射注浆法处理地基》，由机械工业出版社出版。并先后在《地基基础工程》、《沿土工程界》、《采矿工程》等杂志上发表多篇论文。1994 年获中国有色金属工业总公司（部级）科技进步一等奖；1997 年获“龙岗区优秀年轻人才”荣誉称号；其成就入选 2001 年《中国当代科技专家大典》。

S

尚伟平，男，1981 年 11 月 3 日生人，山西人，汉族，大专学历，现任西卡国际设计学校设计师。尚诚设计设计总监、西卡国际设计学校室内设计讲师、设计和教学是我工作的方式，我在两者之间获得快乐、百旺茉莉园高小姐家居获 2008 年北京美化家居大赛设计三等奖。余先生家居入选《中国 07 年度新锐设计》。昌盛园项目入选《现代中式家居风》。优秀工程案例有：阳光上东、凤凰城、翡翠城、玺萌公馆观湖国际、茉莉园一瓶、和平大道、枫林绿洲里外里公寓、星河城、威尔夏大道观澜国际、玫瑰城、万成华府、宽 HOUSE 银座咖啡厅、陕西榆林御溪台样板间、唐山刘女士家居、唐山乡居假日样板间等。

沈济黄，男，出生于 1938 年，江苏武进人。1962 年毕业于浙江大学建筑学专业建筑设计专家。同年到浙江省建筑设计院从事建筑设计工作，历任建筑师、民用设计室副主任建筑师、院副总建筑师，高级建筑师。1988 年到浙江大学任教，曾任浙江大学建筑系主任（教授、博士生导师）、建筑设计研究院院长，现任浙江大学建筑设计研究院总建筑师，兼任中国建筑学会理事、浙江省城市科学研究会理事、浙江省土木建筑学会建筑师学会副会长。多年来从事建筑设计及其理论、城市环境与建设的研究。参与或主持了浙江省体育馆、浙江展览馆、杭州笕桥机场候机楼、杭州剧院、浙江省科学会堂、望湖宾馆、浙江省科技情报楼、浙江省科协大楼、中国水稻研究所、中国轻纺城、上海宝安大厦、苏州太湖广场、苏州太湖山庄、广厦白云国际会议中心、缙云博物馆等工程设计，20 世纪 60 年代与 70 年代获得了中国建筑学会优秀建筑创作奖。其中杭州剧院观众厅获 1981 年省优秀设计奖；中国水稻研究所建筑群，其中 19 层高层住宅楼被评为 1979 年省优秀工程；浙江省科技楼获省全优工程、1988 年省优秀设计三等奖。他结合工程实践，发表了一系列学术论文，在城市空间组合、校园规划、居住建筑策划以及大型城市公建设计等方面有较系统的研究。

沈小克，男，侨眷，广东潮安人，教授级高级工程师，现任北京市勘察设计研究院副院长。其父母均是抗日战争时期从马来西亚回国参加革命的离休干部。1986 年组织上派其到挪威访学一年，勤奋的工作精神和显著的工作成效令国外专家赞叹不已。他任课题组组长期间，带领全组成员完成了“北京工程地质信息系统”，这系统达到了国际先进水平。由于他的出色工作，他先后获得“北京市归侨、侨眷先进工作者”、“北京市优秀青年知识分子”，“建设部劳动模范”、“北京市科技明星”等荣誉称号。

束卫东，男，汉族，中共党员，大学文化，人大代表，江苏时代建筑设计有限公司董事长、党总支书记。江苏时代建筑设计有限公司成立于 1980 年，近年来，我公司完成的重点项目有：扬州裕元工业园（建筑面积近 70 万平方米），扬州富川瑞园小区（建筑面积 30.5 万平方米），扬州经济开发区扬子新苑（建筑面积 20 万平方米），扬州经济开发区润扬佳苑居住小区（建筑面积 12.8 万平方米），扬州经济开发区魏西住宅小区（建筑面积 10.3 万平方米），扬州中远房产有限公司居住小区（建筑面积 14.6 万平方米），扬州新能源房地产开发公司花样年华工程（建筑面积 14.8 万平方米），中信泰富景苑二期工程（建筑面积 11 万平方米），扬州蒋王住宅小区（建筑面积 14 万平方米），扬州经济房中心杉湾住宅小区（建筑面积 30 万平方米），如皋金鼎置业有限公司金鼎名城高层住宅小区（建筑面积 23.2 万平方米）。

孙成群，男，出生于 1963 年，1984 年毕业于哈尔滨建筑工程学院（现与哈尔滨工业大学合并）建筑工业电气自动化专业，同年分配到中国建筑设计研究院（原建设部建筑设计院）工作，从事民用建筑中的电气设计。1989 年取得工程师任职资格，1995 年取得高级工程师任职资格，2000 年取得教授级高级工程师任职资格。现任中国建筑设计研究院第六设计所副总工程师，全国电气安全标准化(SAC/TC25) 委员，中国建筑学会电气分会理事，全国工程建设标准设计专家委员会副主任委员。在 20 多年的工程设计中，参加并完成多项工程项目。在这些工程中，既有超高层、高层及多层的单体建筑，也有数十万平方米的生活小区。主要参加的工程项目有深圳联合广场、泰利花园、富凯大厦、百朗苑、北京国际艺苑假日饭店、首都博物馆新馆、北京上地北区九号地块-IT 标准厂房、北京科技财富中心、新疆克拉玛依综合游泳馆、北京丽都国际学校、山东济南市舜玉花园 Y 号综合楼、中国人民解放军总医院门诊楼、北京博达国际大厦、北京市中医医院门诊楼、煤炭部科技信息研究所芍药居工程、中科院遥感卫星地面站密云接收站改扩建工程、山东东营宾馆、唐山钢铁公司招待所、黑龙江农垦总局综合办公楼、李大钊纪念馆、新疆克拉玛依外宾馆、长春名门物业大厦、唐山凤凰饭店、北京葡萄苑小区、宁波天一家园、望都家园、深圳科技园别墅区、西安紫薇山庄、长春名门花园一期工程、山东辽河小区、山东新空间创业广场等项目。其中富凯大厦荣获建设部优秀勘察设计二等奖、北京市优秀工程设计一等奖；百朗园荣获北京市优秀工程设计三等奖；深圳联合广场荣获建设部直属优秀勘察设计二等奖；李大钊纪念馆荣获建设部直属优秀勘察设计三等奖。主要论文有《论电气设计中的防触电措施》、《电源污染的技术分析》、《高层超高层建筑中的电梯设计》、《关于智能建筑中防雷设计的讨论》、《医院照明设计的探讨》、《康居住宅智能化概念》、《谈单相接地故障的保护问题》、《生活小区建筑电气设计》、《智能住宅中的电气系统》、《论低压防触电之切断电源保护和等电位联结》、《运用微机监测电源质量的探讨》、《中水设备及电气控制》、《住宅中的保安对讲管理系统》等。

孙振波，男，出生于 1966 年 2 月，中共党员，教授级高级工程师，国家注册土木（岩土）工程师、国家一级注册建造师、国家注册安全工程师，山东省青联委员，博士，现任山东正元建设工程有限责任公司总经理，中国工程建设高级职业经理人。孙振波具备深厚的专业理论基础和专业技术知识，了解掌握本专业国内外技术发展现状和发展动态，能组织领导岩土工程勘察设计、岩土工程治理等大型项目的专业技术工作和科研攻关工作，是中国冶金地质系统水文地质、工程地质、岩土工程学科的学术带头人，在行业享有较高的知名度。自 20 世纪 90 年代以来，孙振波先后独立或主持完成一批国家“八五”、“十五”、“十一五”重点项目、国家自然科学基金项目、中国冶金地质总局资助科研项目等，取得了一系列创新性科研成果，坚持以技术创品牌，以技术带动市场发展，坚持“勘察、设计、施工”一体化和“产、学、研”一体化，取得了多项创新性的理论和技术成果。多项工程勘察、设计成果获得省部级奖励，先后发表有价值学术论文10余篇，多篇被SCI、EI检索，参与编写国家技术规范1部。2008年，孙振波获得首届“山东省十大杰出青年勘察设计师”提名奖。

T

唐大权，男，四川省德阳大建劳务开发有限责任公司法人代表。企业（原四川恒筑建工劳务有限公司直属工程处），系一级建筑劳务分包企业，拥有12支在京施工10年以上施工经验的结构、装饰装修、水暖电、通风等成建制队伍，年完成施工面积60万余平方米，年劳务产值近7 000万元。在京施工15年中，先后与北京筑邦、中铁建设、中铁建工、天建集团、空军总队、中国新兴保信等十多家建筑用工单位建立了长期、友好的劳务合作关系。与各合作单位共同施工完成了67余项工程，累计建筑面积200余万平方米。其中中国戏曲学院及宣武区政府办公楼荣获国家“鲁班奖”工程，铁路局1＃宿舍楼、地坛体育场东看台、国家计生委住宅楼、朗琴园6号楼、总参干部宿舍楼、国家发改委办公室等10多项工程荣获北京市“长城杯”工程，有20多项工程荣获北京市“市优”及“北京市安全文明工地”。

W

王宏斌，男，汉族，出生于1939年10月，辽宁义县人，中国工程勘察设计大师。1963年毕业于武汉水利电力大学，原天津水利水电勘测设计研究院（现中水北方勘测设计研究有限责任公司）总工程师，教授级高级工程师。中水北方勘测设计研究有限责任公司总工程师、专家。参加工作以来参加了岳城水库续建工程设计、南谷洞水库工程、东榆林水库工程、卫河清淤工程等十余项大中型水利水电工程设计工作，这些工程都已建成，并发挥了巨大的效益。主持了黄河三门峡水利枢纽泄流工程二期改建，6＃、7＃机组扩机设计、黄河万家寨水利枢纽、黄河沙坡头水利枢纽、南水北调东线穿黄试验洞工程、独流减河工农兵防潮闸改建、永定河屈家店节制闸改建、独流减河治理、水电站厂房图集、全国病险水库（水闸）除险加固规划、马来西亚槟城水库工程、巴基斯坦高摩赞水利枢纽等二十余项大中型水利水电工程设计，这些工程大部分已建成，投入运用。参加了中国国际工程公司溪洛渡电站、向家坝电站、大朝山电站、冷竹关电站、南水北调中线、东线等评估，有些项目任专家组组长。参加过《水利工程项目建议书》规范的编制。获奖情况：2000年“石漫滩水库复建工程设计”获全国第九届优秀工程设计金奖。1996年“岳城水库大坝加高技施设计”获国家优秀设计铜奖。1999年“万家寨坝内浅埋式压力钢管设计”获水利部科技进步三等奖。2000年“石漫滩水库复建工程设计”获水利部科技进步一等奖。2003年“零坍落度混凝土振捣密实和碾压混凝土坝设计研究”获天津市科技进步二等奖。主要论著、论文：《万家寨水利枢纽设计思想》；《万家寨水利枢纽规划设计综述》；水利部《水利工程项目建议书》编制规定；《兴建万家寨水利枢纽　造福晋蒙人民》。

王基文，男，出生于1963年1月，中共党员，本科学历，工程应用技术研究员，全国注册岩土工程师。现为山东电力工程咨询院勘测工程部部长。1983年8月毕业分配到山东电力设计院（山东电力工程咨询院前身），一直从事电力工程岩土工程勘测工作。20多年来，先后负责和参加完成各类工程勘测与应用研究项目200余项，担任专业组长和专业总工程师校审各类工程300余项。担任主要技术负责人完成的工程勘察项目主要有：山东莱城电厂，华能德州电厂一、二、三期，威海电厂，菏泽电厂二期，聊城电厂，山东海阳核电，华能高温堆核电厂，乳山红石顶核电厂以及多项500 kV、220 kV送变电工程。参加编写行业规范规程两部，在公开核心刊物发表论文3篇。获得国家优秀工程勘察铜质奖2项，省、部级优秀工程勘察设计一等奖4项。多次被评为省电力局等先进生产者、省团委机关新长征突击手等荣誉称号。2008年，王基文获得首届“山东省十大杰出青年勘察设计师”称号。

王建国，男，1962年12月19日生人，黑龙江绥化市人，汉族，大学本科学历，高级工程师。现任北京清尚环艺建筑设计院有限公司主任设计师。王建国同志1989年毕业于中央工艺美术学院室内设计专业后，在国防科工委设计院及总装备部设计院担任室内设计室主任，并于2000年9月考取中央美术学院环境艺术设计专业研究生班。全国百名优秀设计师。中国建筑装饰行业具有突出贡献优秀中青年设计师。现北京清尚环艺建筑设计院有限公司主任设计师。发表出版的主要著作及重要技术成果：《室内装饰设计》全集一套7本；《世界居室1 000例》；《室内设计资料集》；《外国最新酒吧咖啡屋装饰设计》；《世界门厅建筑设计资料集》，主编：《彩色底纹设计》；《唯美空间》室内设计与表现。部分获奖：北京宣武工商银行获北京市委优秀设计奖、北京儿童艺术剧院获北京市委优秀设计奖、长安大剧院部分设计获室内设计分会优秀设计奖、酒泉卫星发射中心神舟五、六号配套工程室内设计获总装备部委优秀设计奖、北京航天城指挥大厦获总装备部委优秀设计奖、神舟五号返回舱及杨利伟雕塑获建设部环境艺术委员会公共艺术优秀设计奖。

王炯，男，上海市城市建设设计研究院院长，高级工程师。曾荣获市劳动模范、市优秀企业家、市职工信赖的好经理（厂长）、市建设功臣等荣誉称号。他运筹帷幄、注重创新，使城建院设计领域由单一走向综合，企业管理由规范走向科学。在他的带领下，城建院荣获全国“五一”劳动奖状、市高新技术企业、市职工最满意企业，实施卓越绩效模式先进企业、市质量管理奖等，跻身全国工程设计单位前60强。

王润晓，男，出生于1965年11月，中共党员，工程硕士，工程技术应用研究员，一级注册结构工程师，现为山东省建筑设计研究院院长、党委书记。1987年7月毕业分配到该单位，长期从事工程设计、技术研究、应用及管理工作。多项工程、标准图集、QC成果获省优一等奖，多篇论文获省级优秀论文奖。先后获得“为山东经济腾飞青春立功”三等奖、“省建设科技先进个人”、省直机关“十佳职工”、“全省工程勘察设计院优秀院长”、山东省“富民兴鲁”劳动奖章、山东省省直机关十大杰出青年、山东省建筑管理工作先进个人等荣誉称号。自1999年开始，在他的领导下，山东省建筑设计研究院得到社会和公众的广泛赞誉，获国家金奖一项、银奖一项、省部级优秀工程及科技进步奖48项，被省级及以上政府部门授予“全国优秀勘察设计院”、“省级文明单位”、“省级守合同重信用企业”、“山东省勘察设计行业精神文明建设先进单位”、“先进工会”、“先进职工之家”、“先进团委”、“省级青年文明号”、“先进妇委会”等系列荣誉称号，院党委被授予“省直机关先进基层党组织”。2008年，王润晓获得首届“山东省十大杰出青年勘察设计师”称号。

王伟鸣，男，学士学位，高级工程师，江苏省冶金设计院有限公司副董事长、副总经理。他的咨询业务专长是：从事钢铁冶金等方面的项目咨询工作，包括项目主项、可行性研究、初步设计、施工图设计、现场技术服务等。从事工程咨询工作十余年，先后完成了数十次工程咨询项目。他所在的江苏冶金设计院有限公司是由原江苏省冶金设计院改制后成立的民营科技型企业，始建于1958年，是江苏省冶金行业唯一的综合性设计单位，具有甲级工程设计资质和咨询资质，具有电力行业（送电、变电）和压力管道专项设计资质，通过了ISO9001质量体系认证，是江苏省建设厅、科技厅考核认定的CAD应用试点示范单位和江苏省发改委、江苏省工程咨询协会考核认定的AAA级信誉等级单位。近十年来，获得了以环型烧结机的开发应用为代表的各种奖励20余项，其中获部级科技进步奖一项、省级优秀工程设计一等奖6项，拥有专利技术8项。2007年12月，北京神雾热能技术有限公司正式并购江苏省冶金设计院有限公司。并购后北京神雾热能技术有限公司把江苏省冶金设计院有限公司作为其唯一的冶金平台，江苏省冶金设计院有限公司导入中国北京神雾热能技术有限公司研发的各项冶金节能减排核心技术，从而提升为一个以高新节能减排技术为先导，以设计为龙头的工程总承包公司。

王文勇，出生于1968年，祖籍温州乐清。现任浙江中能控股集团公司董事长。他所属的企业总资产规模超过10亿元人民币，目前拥有浙江中能房地产开发有限公司、浙江中能资产管理有限公司、浙江中能水电投资有限公司、上海君宝投资有限公司、浙江连连科技有限公司等五家核心企业。因其近年来在房地产开发和不良资产处置等领域的杰出表现，被誉为现代国际化资本运作强手，成为业界公认的“第三代温州商人”代表人物。2004年初被推选为杭州温州乐清商会副会长，同时被评为“中国建筑艺术十大推动人物”；又被评为“2004CIHAF中国房地产十大新锐人物”。旗下中能房地产公司在杭州开发的代表楼盘“浪漫和山”别墅获得2003年住交会“中国名盘50强”，并荣膺联合国环境规划署授权举办的2004年“国际花园社区综合金奖”。

王争鸣，男，1957年9月出生，汉族，安徽人，党员，大学学历。现任中铁第一勘察设计院集团有限公司董事长兼院长、教授级高级工程师、全国工程勘察设计大师。担任中国国际工程咨询协会理事、中国勘察设计协会常务理事、中国交通运输协会城市轨道交通专业委员会委员、国家人事部专家服务中心专家顾问委员、陕西省勘察设计协会副理事长、陕西省工程咨询协会常务理事、《城市轨道交通》杂志常务理事、《铁道标准设计》杂志编委、《交通运输工程与信息学报》编委、《铁道科学与工程学报》编委等社会团体职务及中西南交通大学兼职教授南大学兼职教授，并参加其中的学术交流及论文课题的研究、评审工作。1978年7月至1982年7月西南交通大学铁道运输工程获工学学士学位；1999年9月至2001年6月西南交通大学交通运输工程获工程硕士学位；1982年7月至1996年9月铁道部第四勘测设计院站场处等专业、总体设计负责人、助理工程师、工程师、高级工程师。1996年10月至1997年8月铁道部第四勘测设计院院副总工程师、高级工程师；1997年8月至2005年1月铁道部第四勘测设计院副院长、院总工程师、高级工程师、教授级高级工程师；2005年1月至2007年6月铁道第一勘察设计院院长、教授级高级工程师、全国工程勘察设计大师；2007年7月至今中铁第一勘察设计院集团有限公司董事长兼院长、教授级高级工程师、全国工程勘察设计大师。2006年被建设部评为全国工程勘察设计大师；2004年被评为中国铁道学会铁道工程学科带头人；2003年被评为全国质量管理小组活动卓越领导者；2002年被评为铁道部专业技术带头人；参加设计的京九铁路总体设计获国家优秀工程设计金奖（1999年）；参加设计的京九铁路阜阳至九江段工程获中国建筑工程鲁班奖（1998年）；参加设计的“新建铁路线路数字化设计平台的设计及应用”获全国第八届优秀工程设计软件项目金质奖；（2004年）铁路工程设计技术手册“站场及枢纽17（审定人）”（2004年中国铁道出版社出版）、软土地基试验研究文集（编委会主任委员）（2002年中国地质大学出版社出版）、《襄樊北编组站设计站型选择》1992年，《铁道运输与经济》独著、《探索市场经济条件下铁路建设的途径》1997年《铁道勘测与设计》独著、《枝万铁路东端接轨方案的探讨》2001年6月《中国科技论坛》独著、《西南地区旅客运输需求及对策研究》2001年，中国铁道学会运输委员会《全路编组站建设规划汇编》1993年4月著。

W

吴涛，男，1968年3月生人，北京人。11年扎实的建筑学基础；13年丰富的室内设计经验；9年管理团队的设计总监经历；多次多项全国奖项让优秀的作品转变为高品质产品更具可能。2007年江西崇义“爱心手拉手，成长心连心”公益活动义工、2008年河北廊坊“爱心手拉手，成长心连心”公益活动义工、2009年山西运城“爱心手拉手，成长心连心”公益活动义工。1991年毕业于武汉工业大学建筑系建筑学专业、1991—1997年从事建筑设计工作设计、1991年9月至1993年9月北京化工橡胶设计院、1993年9月至1997年6月北京华特建筑设计顾问有限公司、1997年6月至1998年12月中信装修工程有限公司主任设计师、1998年12月至2001年10月香港建工佳美工程有限公司、高级设计师，2001年10月至2003年6月北京中建华腾装饰工程有限公司至设计总监2003年6月至2009年12月北京九源三星建筑师事务所室内设计总监2010年3月清研院绿色生态科技园建设有限公司总设计师。获奖及业内交流：2005年在柳州举办的“特地国际设计论坛”中作为特邀嘉宾，做“室内设计定式与非定式”的演讲报告；设计的“北京军区总医院礼堂”作为表现灯光设计的优秀作品，被《iaoe》杂志收藏；受《施华洛世奇》邀请，作为推广水晶产品与室内设计结合的设计师；作为特邀嘉宾，参加“2009年HPE酒店职业经理人国际精英论坛”，并获得2008年杰出酒店设计师奖；2009年获得第六届人居典范建筑设计装饰设计金奖；2009年参加国际酒店投资论坛，获得国际酒店业大奖，并被评为年度最佳酒店设计机构。2010年中国照明应用设计大赛北京赛区优胜奖。

吴奕良，中国工程勘察设计行业协会理事长。新中国成立50多年来，中国勘察设计行业也走过了50年丰富的历程。尤其是改革开放20多年来，中国的建设成就为世人所瞩目。然而，对这段历史的记载却还是一片空白。2006年11月4日，吴奕良主编《中国工程勘察设计五十年》综合卷在中国勘察设计协会成立20周年庆典大会上首发，吴奕良上世纪五十年代后期就从业设计，先后任国家计委设计局局长和建设部设计管理司司长，是个关键时刻能为这个行业制定游戏规则的人。这样的经历和成就，使他有资格作为中国勘察设计行业发展的见证人，更有责任为之作出小结和评论。因此，早在2000年，吴奕良就与业界的各位专家、“元老”们一起商量，要在这个历史的关键时刻为行业践行这一重大责任。2002年6月，在中国勘察设计协会四届一次常务理事会议上，通过了撰写《中国工程勘察设计五十年》的决定。即时成立了编委会，并分专业各自成立了编写班子，共有300多名资深人士参与，历时3年，前后“大修”过三、四稿，终将八卷志书最后成稿。

伍克强，葡萄牙华夏集团主席、浙江青田江南房地产开发有限公司董事长、湖北省恩施市江南房地产开发有限公司董事长。1986—1997年伍克强先生先后担任浙江青田县（著名的华侨之乡）山口镇团委书记、共青团青田县县委书记、青田县商业局局长。1998年伍克强先生下海，去欧洲创业。先后创建西班牙·中国商城、葡萄牙华夏集团，被选为欧洲青田同乡会副会长，在国外，积极参与社团、侨团工作，为维护广大侨民权益，带领广大侨民创业，多次受到党和国家领导人的亲切接见。

X

夏祖讽，男，出生于1941年，浙江省镇海县人。全国勘察设计大师，研究员级高级工程师，核工业土建方面知名专家。曾任上海核工程研究设计院院技术顾问，国家核安全局第五届核安全专家委员会委员。1964毕业于同济大学工业与民用建筑专业；1975年起，夏祖讽作为我国第一个自主设计的秦山30万千瓦核电厂安全壳设计负责人，面对在强度、泄漏要求严格的核电站反应堆主厂房围护结构设计缺乏相应的资料，在当时国内尚未改革开放的封闭环境下，坚持独立自主，自力更生，从基础性的试验做起，不断总结摸索，设计出世界上先进的第二代预应力钢筋混凝土安全壳。1991年起作为项目负责人，主持巴基斯坦恰希玛核电厂建立非岩性地基上分析研究项目攻关，在对核电站土建结构在地震作用下的土体与结构的相互作用这一国际前沿研究工作中，取得了国内领先的成果，荣获1994年度部级科技进步奖一等奖；1992年被国家人事部评为有突出贡献的中青年专家，享受政府特殊津贴；1993年被推举为上海市九届政协委员；1998年起作为项目负责人，领导课题组进行第三代预应力混凝土安全壳的结构研究设计，并于2000年底全面完成，使国内的核电厂安全壳结构的设计又上了一个新的台阶，继续保持国际先进水平；2004年被评为“全国勘察设计大师”。

向华，男，学士学位，高级工程师，江苏省冶金设计院有限公司专业负责人。咨询业务专长：从事钢铁冶金、有色金属冶炼等方面的项目咨询工作，从项目主项、可行性研究、初步设计、施工图设计，项目的总体规划评估等。自从事工程咨询工作以来，先后完成了数十项工程咨询项目，从编制项目建议书、可行性研究、总体规划、工程招标书到项目的初步设计，方案设计、施工图方案等。先后完成了江苏冶金机械厂西厂区搬迁工程可研，南钢集团废钢剪工程可研、方案设计、施工图，淄博钢铁股份公司“十五”及远景发展规划，南钢集团转炉炼钢厂铁水处理可行性研究、方案设计，海南特钢有限公司50万吨炼钢项目可研究，越南万利钢厂30万吨炼钢连铸工程可研、初步设计等项目，并均担任项目的总设计师、总负责人，这些项目均先后通过了审查并已实施，并获得好评并多次获优秀设计奖。他所在的江苏冶金设计院有限公司是由原江苏省冶金设计院改制后成立的民营科技型企业，始建于1958年，是江苏省冶金行业唯一的综合性设计单位，具有甲级工程设计资质和咨询资质，具有电力行业（送电、变电）和压力管道专项设计资质，通过了ISO9001质量体系认证，是江苏省建设厅、科技厅考核认定的CAD应用试点示范单位和江苏省发改委、江苏省工程咨询协会考核认定的AAA级信誉等级单位。

熊绍辉，男，1979年8月9日生人，湖北蕲春人，汉族，大学学历，现任香港艾恩迪设计有限公司/艾恩迪（北京）室内设计有限公司设计总监。国家注册高级室内建筑师、中国装饰协会设计委员会委员、中国室内装饰协会设计专业委员会委员、全国杰出的中青年室内建筑师、全国百强设计师。个人著作：《Lightscape/VRay/MaxWell室内外效果图表现技法》、《Lightscape/VRay/MaxWell室内外效果图表现技法》（台湾版）、《3d max & Lightscape商业效果图表现技法》、《VRay非凡视觉》。主要成就：中国太阳谷皇明接待中心、山东德州柳湖书院酒店、神东天隆办公楼（委托）、山东德州蔚来城样板间、北京顺泰来俱乐部、北京鹤懿鑫KTV、内蒙维邦公寓、山东黑马集团办公楼。

徐继武，男，出生于1955年10月，山东省滨州市人。1970—1975年在81109部队服役，1973年元月加入中国共产党，大专学历，高级政工师。山东滨州建工集团有限公司、山东宇丰房地产开发有限公司、山东滨州热电力有限公司、滨州经济开发区建工材料试验有限公司、滨州龙腾生物工程有限公司、滨州市价格评估有限公司董事长；山东滨州鑫诚热力有限公司总经理。市人大代表，环渤海企业合作促进会常务理事，滨州市中共党史学会副会长，滨州地区企业协会常务理事。具有31年的工程管理资历。企业职工2 200人，各类技术专业人才630人，公司连续被评为省市先进企业，省市级安全生产达标单位，2001年通过ISO9000质量认证，并连年被评为省市重合同守信用企业，连续3年市免检企业。在工作之余，他先后撰写了《加强思想政治工作　认真实施三大工程》、《企业在自我否定中发展》、《质量企业形象的根本》、《抓好党的建设努力开创党建工作新局面》等论文。先后荣获“全区建设系统先进工作者”、“经济先进个人”、“经济体制改革三等功”、“全区劳动模范”、“经济效益先进企业经营者”、“省级先进工作者”、“市级劳动模范”等荣誉称号。

徐建伟，男，江苏抚州人，出生于1963年。北京东方华太建筑设计工程有限责任公司总经理。他是国内最早留学归国建筑师之一，著名建筑师和民营建筑设计事务所领导人。1981年，考入上海同济大学。在同济大学学习期间，曾获得多项荣誉。1985年，入职中国有色工程设计研究院任建筑师。工作期间，因其学习、工作表现优秀，于1993年公派到比利时鲁汶大学深造，取得研究生学历。1995年，学成的徐建伟回到国内，继续建筑师生涯。作为华太设计的继承和发扬光大者，徐建伟具有丰富的专业知识、设计实践以及独到的领导力，是北京东方华太设计团队中的核心领军人物。在该公司发展历程中，崇尚“质量”当先、“稳健”发展。并带领着公司向“规范化、规模化”发展。在建筑设计理念上，有着国际视野的徐建伟崇尚“建筑要体现时代精神”。他认为：建筑是传承历史和文化的最好载体，通过这样的载体，后来者才能真正了解前人的生活状态。建筑除了要满足人的居住或办公需求外，它更应该是一件艺术品。而对于建筑师而言，一定要用自己的智慧来为城市营造更多的艺术品，而不是建筑垃圾。在这样的理念之下，徐建伟领导的华太设计也体现出强烈的社会责任感，力争为社会提供更多的具有“时代性”的优质建筑。该公司设计的soho获北京市第十二届优秀工程设计二等奖；上海云间水庄获建设部人居经典综合大奖；“板楼”方案获北京市住宅设计竞赛优秀设计奖。

徐林宝，男，汉族，董事长，高级经济师。中华企业股份有限公司，现任上海房地（集团）公司董事长兼中华企业股份有限公司第三届董事会董事长，并担任中国房地产业协会常务理事，中国房地产业协会经营专业委员会理事长，上海市房地产业协会副理事长，上海市社会科学院房地产研究中心副理事长，上海市文化基金会理事，上海市房产经济学会理事。历任上海市房地局党委组织处负责人、党委办公室副主任，上海市房屋修建公司党委书记，上海市房管局党委书记助理，上海市房地产经营集团公司经理、董事长，上海金丰投资股份有限公司董事长。现任上海房地（集团）公司董事长兼中华企业股份有限公司第三届董事会董事长，并担任中国房地产业协会常务理事，中国房地产业协会经营专业委员会理事长，上海市房地产业协会副理事长，上海市社会科学院房地产研究中心副理事长，上海市文化基金会理事，上海市房产经济学会理事。自2005年12月19日起，公司股票简称由“中华企业”变更为“G中企”，股票代码“600675”保持不变。1994年被国家建设部批准为城市综合开发一级企业、“中国房地产综合效益百强企业”；1995—1996年，被评为上海市房地产开发优秀企业；1989—2006年连续9次被评为上海市文明单位；2002年起先后被列入道琼斯中国88成分股、上证180指数和沪深300指数；2003—2005年上海房地产开发企业50强，均列前十位。2003年中国房地产上市公司10强企业，2004—2006年中国房地产十大影响力品牌企业、中国房地产上市公司20强企业等。2005年被评为上海市房地产开发十大著名企业，2004—2007年连续4届中华企业股份有限公司被中国房地产业协会、国务院研究中心、清华大学房研所和中国指数研究所联合评定为中国房地产百强TOP10企业；2005—2006年由中国企业家联合会、中国企业家协会评定为中华企业股份有限公司服务业500强企业（列257位和251位）。由中房企业家协会评定为2005—2007年中国房地产50强企业（列24、28、42位）。2006年中国最佳投资者关系管理百强企业。2007年“中华企业”被评为上海市优秀服务商标、上海市著名商标。

许振长，男，1962年9月14日生，宁德市城市建设投资开发有限公司董事长，寿宁县南阳镇下阳仔村人，福建建筑高等专科学校毕业，本科学历。现任宁德市建设局党组成员、副调研员、市城市建设投资开发有限公司董事长兼总经理。曾先后获得了“第三届福建省志愿服务事业贡献奖”；“宁德市劳动模范”；“福建省重点项目建设功臣”，被授予省“五一劳动奖章”等十多项荣誉表彰，撰写论文和调研文章《做好经营城市的几点思考》、《创新城市公用基础设施运营体制的思考》、《建立多层次住房保障体系　构建和谐人居环境》等十多篇。宁德市建设局党组成员、副调研员、市城市建设投资开发有限公司董事长兼总经理。宁德市城市建设投资开发有限公司位于后岗开发区立业新村 125 号元宏楼 2～3 层，本公司参与投资开发各种城市建设项目。资产 4.2 亿元，员工 100 多人，拥有自来水、燃气、地下信息管道等三家参控股企业。先后组织实施并完成市政基础设施和省、市重点建设项目 30 多项，累计完成投资近 20 多亿元。

Y

杨继友，男，出生于 1957 年 6 月 19 日，专科学历，籍贯四川蓬安县，汉族。四川蜀西地质工程勘测院，四川省成都市郫县成灌西路 45 号，1981 至 1991 年在四川省地质矿产勘察开发局四〇二地质队，从事地质技术和行政管理工作；1992 年在北京干部管理学院行政管理专业学习；1994 至 2002 年先后任 402 地质队办公室主任、队长助理、纪委书记；2002 年至今在四川蜀西地质工程勘测院任院长、书记。1995 年担任成都市必扬冰点有限公司工程地质勘察项目部负责人，该工程属民用一级，其规模为 5 000 t/d，井深 60 m，3 口井，该工程被评为优良工程。1996—1997 年担任丰都暨龙河电站二期坝基工程，该工程历时一年零六个月，（土石方 20 万 m^3），混凝土工程经甲方竣工验收评为优良工程。1999—2000 年负责 108 国道西昌—攀枝花高速公路工程地质勘察，其中猫猫山隧道全长 5 公里，米易电力公司滑坡为特大型滑坡，垭口安宁河大桥为特大桥。2001—2002 年负责广东 LNG 站线岩土工程勘察。2002 年至今所承担的环境工程有：洪雅百花滩电站和雅安大兴电站建设用地地质灾害危险性评估。2003 至 2004 年主持西气东输南京至芜湖、合肥至定远管线勘察 2000 年主持松潘县地质灾害紧急除险治理项目岩土工程勘测设计，2000 年主持四川省内江市威远县黄荆沟镇危岩群应急治理工程，2006 至 2009 年主持中（国）至南（非）合作项目四川省丹巴县杨柳坪铂镍矿风险勘探工程等工程，2010 年主持汶川县城禹王中轴线岩土工程勘察，香港特区政府援助雅安第二批第一标段项目建筑工程勘察设计，北川羌族自治县新县城及工业园区总体规划阶段工程地质勘察项目等工程。

尹纲领，男，出生于 1965 年 7 月，中共党员，国家注册公用设备工程师，工程技术应用研究员、硕士研究生导师，现为山东建筑大学设计研究院副院长、副总工程师。兼任山东能源学会常务理事、副秘书长，山东制冷学会常务理事、空调热泵委员会秘书长；山东省建筑环境与设备专业委员会副主任委员。1985 年 7 月毕业分配到该单位，一直从事工程设计、咨询及管理工作，参加设计、咨询的大中型建筑工程近百项。荣获全国优秀勘察设计二等奖 1 项；山东省优秀勘察设计一等奖 1 项、二等奖 4 项、三等奖 5 项；参加研究的省级课题 1 项并荣获山东省 2007 年度科技进步三等奖。在公开学术刊物发表文章十余篇。荣获中国制冷学会全国先进工作者荣誉称号。2008 年，尹纲领获得首届“山东省十大杰出青年勘察设计师”提名奖。

尤琼銮，女，汉族，高级规划师，高级建筑师，湛江市勘察设计行业协会会长、湛江市城建设计院长。她领导的企业多项工程荣获省市优秀设计一、二、三等奖，并有论文分别发表于清华大学主编的《世界建筑》杂志及中国建筑工业出版社出版的《城市广场》，农业出版社出版的《中国新园林》等刊物。湛江市城建设计院前身是“湛江市园林规划设计室”，隶属湛江市建设局和公用事业局。是专门从事市政工程（包括：风景园林、小区规划、道路、桥隧、给排水、环境卫生工程），建筑工程设计的乙级设计单位，并拥有市政工程监理股份公司子公司。近年来，该院在城市公用事业建设方面，为市政府作出多项可行性研究，在市政、建设、风景园林方面取得了众多成果。其中，湛江市时代广场、人民广场、寸金文化广场、龙海天北苑度假村、观海长廊、南桥河、北桥河、祖国最南端灯塔（徐闻窖尾灯塔）、海康雷祖祠，徐闻登方塔等园林景观，古建修复设计。

俞亚明，男，1965 年 10 月 23 日，出生于浙江诸暨，中国兵器工业第五设计研究院院长。1981 年 7 月浙江省诸暨市大桥中学高中毕业，1985 年 7 月北京工商大学化工系环境工程专业本科毕业，1988 年 3 月同济大学环境工程系水处理专业硕士研究生毕业，同年分配到中国兵器工业第五设计研究院工作至今，2000 年赴加拿大不列颠哥伦比亚大学进修。1985 年 7 月加入中国共产党，研究员级高级工程师，现任中国兵器工业集团五洲工程设计研究院（即：中国兵器工业第五设计研究院，后简称五院）院长，北京市宣武区第十四届人大代表。五洲工程设计研究院（以下简称五院或院）创建于 1953 年，是隶属于中国兵器工业集团公司的一所工程设计综合资质甲级的设计研究院，从 1996 年至今连续 12 年通过 GB/T19001—2000 标准认证。国工程勘察设计综合实力百强单位、ENR 中国工程设计 60 强企业、“十五”全国建筑业技术创新先进企业，2001 年被国家工商行政管理总局评为首批 520 家“守合同、重信用”单位之一，连续多年被北京市工商行政管理局公示为守信企业。

袁家军，男，1962 年 9 月，出生于吉林省通化市，1980 年毕业于通化市一高中。1984 年毕业于北京航空学院飞机设计与应用力学系，1987 年毕业于中国空间技术研究院，获空间飞行器设计专业硕士学位。历任空间飞行器总体设计部研究室副主任、空间飞行器总体设计部副主任、中国空间技术研究院院长助理、副院长，现任中国空间技术研究院院长。全国青联常委，第十一届“全国十大杰出青年”，国际宇航联合会副主席。1991 年获航空航天工业部荣誉证书，1996 年被评为“中央国家机关优秀青年”，1998 年获政府特殊津贴，2000 年获总装备部载人航天工程第一次飞行试验任务突出贡献奖，2000 年获国防科技进步一等奖，2001 年被评为“全国先进科技工作者”。1995 年，担任神舟号试验飞船系统第一副总指挥后，组织制定出一套适合飞船研制特点的并行工程管理办法。1999 年底，圆满完成了神舟试验飞船发射任务，使中国成为继俄罗斯、美国之后第三个具备载人航天能力的国家。2000 年 4 月以来，任神舟飞船副总指挥、总指挥，先后指挥了神舟二号、神舟三号、神舟四号、神舟五号飞船的成功发射，“神舟六号”的主要责任人。

Z

张敏，男，中铁大桥勘测设计院有限公司副董事长、总经理。江苏南通人，中共党员，大学学历，汉族。1993年10月至1998年10月，大桥工程局勘设院第二设计室，工程师、高级工程师；1995年9月至2000年11月，大桥工程局勘设院第二设计室，副主任、工程师、高级工程师；2000年12月至2000年12月，大桥工程局勘设院第二设计室，主任、高级工程师；2000年12月至2002年3月，大桥局海外事业部，副部长、高级工程师；2002年3月至2002年9月，中铁大桥局集团海外工程分公司，副总经理；2002年9月至2003年10月，中铁大桥局集团有限公司办公室主任；2003年10月至2003年12月，中铁大桥局集团有限公司经营开发中心主任；2003年12月至2003年12月，中铁大桥勘测设计院院长；2003年12月至今，中铁大桥勘测设计院有限公司总经理；2004年8月至今，担任中铁大桥勘测设计院有限公司副董事长、总经理。承担的南京长江大桥桥面改造设计获1996年大桥局科技进步三等奖；浙赣复线樟树赣江大桥设计获1997年铁道部优秀工程设计三等奖；芜湖长江大桥引桥设计，获2001年度工程总公司优秀工程设计一等奖，铁道部优秀设计一等奖；西湾大桥获总公司2005年优秀工程设计一等奖；2004年评为中铁大桥局集团公司劳动模范。

张所庆，男，出生于1963年9月，中共预备党员，工程技术应用研究员，现为山东省鲁能电力设计院总工程师。张所庆自1983年7月大学本科毕业后参加工作至今已在电厂设计行业工作24年。作为土建专业设计人、主设人、专业组长组织完成的机组总投产容量达1 000万千瓦以上；作为设计总工程师主持完成的机组总投产容量近500万千瓦；自2005年担任鲁能电力设计院总工程师后，其分管院内设计工作，至今已组织完成了五十多项工程的可研、初设、施工图设计。张所庆自工作以来业务熟练，业绩突出，先后被评为院级先进生产（工作）者、院级优秀设计总工程师、局级先进工作者等。其参加和主持的工程先后获得过国家优秀设计金、银奖和省级优秀勘测设计一等奖等。张所庆在工作期间主持完成了多项技术攻关项目，潍坊电厂钢绞线预应力研究获建设部QC小组优秀奖。在学术研究领域，张所庆刻苦钻研并取得了相当成果，其中代表鲁能院参编《火力发电厂辅助厂房建筑面积规定》，为后来的控制建筑面积、降低工程造价打下了良好基础。同时，在繁忙的工作之余，他还结合工程实际在核心刊物发表多篇论文，均具有较高的学术价值。2008年，张所庆获得首届“山东省十大杰出青年勘察设计师”称号。

张泽高，男，汉族，1939年12月出生于四川渠县，郑州华南建筑设计有限公司董事长，1996年毕业于重庆大学，中共党员，国家注册规划师，高级建筑师；原任郑州市城市规划局局长，现任郑州华南建筑设计有限公司董事长，河南省城市科学研究会秘书长，郑州利城置业有限公司董事。河南省重庆大学校友会长。河南省川渝商会会长。郑州华南建筑设计有限公司，具有经国家住房和城乡建设部批准的甲级建筑工程设计资质，独立法人，可在全国范围内进行各项工业与民用建筑工程设计的综合性建筑设计公司。公司由原郑州市城市规划管理部门及全国著名设计院的部分骨干工程技术人员组成。公司现有国家注册城市规划师、一级注册建筑师、一级注册结构工程师及水电、暖通、经济等工程技术人员组成的素质高、速度快的建筑工程设计团队。

赵济安，男，出生于1954年。教授级高级工程师、国家注册电气工程师。毕业于同济大学电气自动化专业。现任上海现代建筑设计（集团）有限公司技术中心副总工程师、中国建筑电气学术委员会理事、全国工程建设标准设计专家委员会委员、建设部建筑智能化技术委员会专家、中国建筑业协会智能建筑专业委员会专家、中国勘察设计协会工程智能设计分会会员、上海市建设和交通管理委员会科学技术委员会委员、上海市智能建筑专家委员会委员、上海市政府采购咨询专家。1982年起在华东建筑设计研究院及上海现代建筑设计集团工作，专业从事建筑弱电工程设计、工程技术咨询及设计院内部的技术管理工作，多年来主持或参与完成了近百余项各类大中型建筑弱电工程设计、技术咨询和参与国家和地方弱电工程设计标准的编制工作，其中近10余项获优秀设计工程奖及科技进步奖，积累了丰富的工程设计经验。具备了对建筑弱电工程完整的技术把握能力。负责完成了上海环球金融中心（一期）、上海盛茂大厦、上海华能大厦、上海国际航运大厦、上海浦发银行大厦、上海工商银行大厦、浦东新区政府行政办公大楼、国家电力调度中心、中国太平洋保险总公司办公大厦、上海远洋大厦等项目弱电工程的设计及咨询。曾参与了《智能建筑设计标准》（GB/T50314—2000）、《智能建筑设计标准》（DBJ/08—4—95）、《智能建筑评估标准》（DG/TJ08—602—2001）、《安全防范工程技术规范》（GB50348—2004）等技术标准及《智能建筑设计技术》、《现代建筑电子工程设计技术》等著作的编写。

朱轶俊，2007年度中国十大建筑业新闻人物。美国SmithGroup上海代表处首席代表；思纳史密斯集团（中国）执行总裁；上海思纳建筑设计有限公司董事长\高级建筑师。由他领导的思纳史密斯中国设计和管理集团，是当今建筑设计及管理领域中最能为客户提供全面的专业化和个性化服务的公司之一，经过6年的发展已经成为一家业内知名的跨行业多工种的高级设计和管理企业。至2007年其中国公司已经成功获得各类建筑、规划资质并拥有380名专业人员，设计业务涉及酒店度假项目、综合商业办公区、特色居住社区、主题产业发展规划、生态景观详细规划等项目类型。思纳史密斯正以其独特的设计方式影响着建设中的中国。主要代表作有：上海实业朱家角高级居住区、上海曙光医院、中海沈阳国际社区、上海紫园、成都青羊总部基地等。

邹积薪，天津市城市规划设计研究院副院长，高级规划师，毕业于同济大学城市规划专业。先后主持《天津市城市规划体系》、《天津市近期建设规划》、《天津市分区规划》、《天津市海洋综合开发战略规划》等项目。所在的天津市城市规划设计研究院于1989年成立，具有规划和建筑设计“双甲级”资质。2000年通过ISO9001国际质量体系认证。干部职工271人。其中，正高级专业技术职务16人，高级专业技术职务92人，中级专业技术职务82人；注册规划师52人，一级注册建筑师4人，一级注册结构工程师3人；国务院特贴专家7人，天津市政府授衔专家3人。先后编制完成了天津市总体规划、分区规划、控制性详细规划、海河两岸综合开发改造、中心城区综合交通、市域国土、海岸带战略发展、近期建设、绿色家园、情系百姓规划和一大批委托性详细规划。与此同时，面向全国承担了吉林松源、山东文登、山西大同、河南安阳、甘肃临夏、西藏昌都、江西鹰潭等城市总体规划，以及全国各地大量修建性详规的编制任务，城市规划设计成果遍及全国20多个省、自治区的50多个城市。先后参加天津以及广州、福州、厦门等地国际规划方案征集或竞标。规划设计成果两项荣获国家银质奖，部级詹天佑大奖、金奖、提名奖各一项；13项获建设部优秀设计一、二等奖，60余项获市级优秀设计一、二等奖。

邹哲，男，硕士。天津市城市规划设计研究院总工程师兼天津市规划局副总工程师，正高级工程师。中国城市交通规划学术委员会副理事长、中国城市规划学会会员，美国交通工程师学会（ITE）会员，天津市规划委员会委员。《城市》杂志副主编，南开大学、天津大学和河北工业大学兼职教授。天津市科技领域131人才工程第一层次人选，天津市人民政府授衔“城市规划专家”，享受国务院特殊津贴。曾主持完成了京津城际天津站交通枢纽规划、天津市中心城区综合交通规划等重大规划设计项目，以及世界银行《天津城市公共交通政策研究》等项目的研究工作。其主持的项目获国家银质奖1项、部市级优秀设计工程奖8项、市科技进步奖2项；在全国各类专业刊物上发表论文60余篇。所在的天津市城市规划设计研究院于1989年成立，具有规划和建筑设计“双甲级”资质。先后编制完成了天津市总体规划、分区规划、控制性详细规划、海河两岸综合开发改造、中心城区综合交通、市域国土、海岸带战略发展、近期建设、绿色家园、情系百姓规划和一大批委托性详细规划。与此同时，面向全国承担了吉林松源、山东文登、山西大同、河南安阳、甘肃临夏、西藏昌都、江西鹰潭等城市总体规划，以及全国各地大量修建性详规的编制任务，城市规划设计成果遍及全国20多个省、自治区的50多个城市。先后参加天津以及广州、福州、厦门等地国际规划方案征集或竞标。规划设计成果两项荣获国家银质奖，部级詹天佑大奖、金奖、提名奖各一项；13项获建设部优秀设计一、二等奖，60余项获市级优秀设计一、二等奖。

建 筑 装 饰

A

安正杰，男，汉族，兰州安业装饰家具有限公司总经理。1986年初中毕业的安正杰从宁夏老家来到兰州打工，1989年辞职后自己包买沙发、做家庭装修，1996年他与朋友合伙创办了兰州黄河家具有限公司，后因种种原因退出公司股份，2003年11月自己创办了兰州安业装饰家具有限公司。兰州安业装饰家具有限公司，成立于2003年，是在原土门墩钢床家具厂的基础上成立的企业，注册资金300万元。原有职工8名，现有职工80余名，其中技术人员68人，专业的技术设计人员6名，管理人员6名。各生产线有专门的质量管理人员负责生产成品和零部件的监督和检验，占地面积10余亩，公司主要生产教学家具、办公家具、宾馆家具以及沙发和室内外装修装饰服务；产品主要以实木和钢制家具为主。公司生产的家具品种繁多，质量上等，物美价廉。公司的经营理念是产品质量第一、所生产的产品一定保证质量，为客户提供设计、生产、安装一条龙服务。我们的服务宗旨顾客就是上帝，让顾客放心而来，满意而归。

C

曹成学，男，汉族，苏州安得装饰设计工程有限公司董事长。公司在他的带领下先系建设部所属中装协装饰委员会委员单位、江苏省装饰装修行业协会常务理事单位。安得装饰全面导入ISO14000环境质量管理体系，可独立承接大中型企业办公空间，娱乐餐饮空间的室内外工程装饰设计施工及居家、公寓、别墅的设计装饰施工业务。经中装协认证，目前，安得装饰是全省唯一跨入国际市场，在非洲地区设立海外部的装饰企业。随着业务节节攀升，安得的服务品质及声誉日益提高。安得多次获得国家省、市优质工程奖。安得装饰于2005年率先成立家居装饰艺术事务所，是苏州市首家致力于家装艺术设计研究的专业机构。同时，企业还是苏州首家与苏州职业大学等高校联合开设培养设计人才的“实训基地”。

陈刚，男，1962年生人，汉族，本科学历，新疆北新路桥建设股份有限公司总经理，高级工程师，一级建造师。新疆北新路桥建设股份有限公司总经理。历任新疆生产建设兵团建工师物资经销总公司机电科科长、副总经理；兵团建工集团特机分公司副总经理、总工程师、总机械师。现任本公司董事、总经理。新疆北新路桥建设股份有限公司是2001年设立的一家拟上市公司，目前注册资本14 195万元。公司前身兵团建设集团特种机械工程公司始建于1995年2月，经过14年的努力，已由成立之初完成营业收入500万元，净资产500万元发展到2008年底完成营业收入16.47亿元，净资产2.2亿元，总资产12.15亿元。

陈国宏，男，出生于1956年9月，中共党员，工程师，澳门亚洲公开大学MBA学历。现任上海荣欣家庭装潢有限公司董事长兼总经理，中国建筑装饰协会常务理事，上海市装饰装修行业协会副会长兼家装委员会理事长，华东理工大学室内装饰文化研究所所长。1975年3月至1980年3月，任海丰农场元华七大队任支部书记；1980年4月至1985年6月，任新丰电子器材厂厂长；1985年7月至1988年9月，任海滨无线电厂厂长；1988年10月至1992年12月，任红鹰无线电厂厂长；1993年1月至1994年3月，任虹兴电器厂厂长；上海荣欣家庭装潢有限公司成立于1993年，更名于1994年。成立至今，先后获得全国室内装饰优秀施工（设计）企业、全国装潢百强企业、全国装潢二十强企业、全国装潢优秀标兵企业、上海市1997—2002年度优秀装潢公司、上海市再就业先进企业、上海市装潢十大放心企业、上海市价格信得过企业、上海市重合同守信誉企业、上海市物价信得过金奖企业等光荣称号。2005年，荣获2004年度中国建筑工程鲁班奖（国家优质工程）；2006年，公司的注册商标"荣欣"再次被上海市工商行政管理局认定为上海市著名商标。

陈庆春，男，江西抚州人，汉族，本科学历。现任南昌市尚和装饰工程有限公司总经理。从2003年毕业以来一直从事销售方面的工作。2002年12月至2003年7月武汉英福软件销售经理。2008年4月至2009年1月昆明雅居装饰工程有限公司市场经理。2009年6月至2011年2月南昌市尚和装饰工程有限公司总经理。尚和1978装饰工程有限公司是一家集生产加工、招商代理的有限责任公司，室内外设计、装饰材料、装饰施工、材料代理是尚和1978装饰工程有限公司的主营产品。尚和1978装饰工程有限公司是一家经国家相关部门批准注册的企业。尚和1978装饰工程有限公司以雄厚的实力、合理的价格、优良的服务与多家企业建立了长期的合作关系。尚和1978装饰工程有限公司热诚欢迎各界前来参观、考察、洽谈业务。

陈昊，男，江西武宁人，汉族，中专学历，工程师。现任江西水木居装饰工程有限公司总经理。1997年毕业于江西武宁职业技术学院电力工程专业。同年在广州三星艺术设计中心（星艺前身）从事工程管理工作，直至2002年初。2001年于广州取得建筑助理工程师、项目经理资质。2002年任艺邦集团重庆公司工程总监，2003年任艺邦集团重庆公司业务经理，2004年在重庆取得建筑装饰工程师资质、电气助理工程师资质，2005年初任艺邦集团上海公司业务经理。同年9月到南昌筹备开办江西水木居装饰工程有限公司。2010年公司规模已达到员工400人，营业额超千万。

陈永战，男，汉族，省政协委员、江苏赣榆人。硕士研究生，九三学社成员。现任南京市城建项目建设管理发展有限公司董事长。1994年南京市城市道路建设处成立，1998年更名为南京市城市建设控股有限公司，2003年更名为南京市城建项目建设管理公司，本公司是一家具有独立法人资格，专业从事城建项目建设与管理的国有企业。公司所承建的重点工程项目先后获得国家及省部级工程大奖，内环东线九华山隧道荣获"詹天佑奖"和"鲁班奖"；南京火车站站前广场工程荣获"国家市政金杯奖"、"江苏省扬子杯"、"南京市金陵杯"；侵华日军南京大屠杀遇难同胞纪念馆扩建工程荣获"国家一级博物馆"称号；多项工程获得"江苏省文明工地""南京市文明工地"称号；2008年在意大利罗马，侵华日军南京大屠杀遇难同胞纪念馆扩建工程获得"国际项目管理银奖"。公司连续多年被南京市委市政府评为"建设新南京有功单位"和"南京市城建立功单位"。

陈忠平，男，汉族，鸿扬集团董事长，湖南农学院1982级作物栽培与耕作学专业校友，鸿扬集团董事长。鸿扬集团——湖南省著名商标拥有者、中国建筑装饰协会常务理事单位、中国建筑装饰协会家装委员会副主任单位、中国家装行业十强，在2006年被中国建筑装饰协会评为"全国知名品牌"。鸿扬在1996年11月从湖南长沙起家，经过十余年的奋斗，已在湖南、广东、江西等7省拥有22家直营家装公司、培训学校和鸿扬宅配各1家，在长沙市拥有占地面积近4万平方的鸿扬工业园，年销售收入达3亿元，每年为5 000个以上的中国家庭提供家庭装修装饰全房产品和整体服务，从业员工超过1 000人，从业工人超过4 000人，历年获得国家级和亚太级数十项设计大奖，屡创家装行业创新先河，是中国华中地区的龙头家装企业，是中国家装界举足轻重的领军企业之一。

程龙赋，男，汉族，安徽省。现任上海盛亚建筑装潢工程有限公司总经理。他毕业于工业与民用建筑专业，任职于滁州某房地产公司。上海盛亚建筑装潢工程有限公司是具备中国建筑装饰协会和上海市装饰装修行业协会资质证的知名企业，是沪上八强装饰企业之一。盛亚公司自1996年成立以来，本着"诚信至上、质量第一。追求卓越"的宗旨，致力于中高档住宅、别墅的设计装潢，完成了几千套风格迥异、品质卓越的典雅家居，以质量上乘、价格合理、施工快捷、信守承诺等特色深受客户的欢迎，是"上海市装饰装修行业协会理事"和"上海市装饰设计专业委员会常务理事"单位，曾先后荣获"中国质量服务诚信单位"。公司是"上海市装饰装修行业协会理事"和"上海市装饰设计专业委员会常务理事"单位，曾先后荣获"中国质量服务诚信单位"。"市民放心品牌企业"、"绿色卫士单位"、"上海市第一届室内设计大赛优胜奖"、"全国居室装饰实例大赛获奖企业"、"上海市信得过家庭装饰企业"等多种荣誉，并在沪上同行中率先通过了ISO9001：2000国际质量体系认证，业务量以年递增30%的高速度连年攀升。2000年上海盛亚建筑装潢工程有限公司，经上海市工商局核准成立。2007年公司通过GB/T19001—2000质量管理体系认证。

D

笪鸿鹄，男，1955年生人，汉族，江苏省苏中建设集团股份有限公司董事长南通师范专科学校，2003 年 9 月以前是海安县人民政府办公室主任，现任江苏省苏中建设集团股份有限公司董事长、总经理、党委书记，高级经济师。1955 年生，江苏海安人，南通师范专科学校 1980 届毕业生。现任江苏省苏中建设集团股份有限公司董事长、总经理、党委书记，高级经济师。历任海安县人民政府秘书、中共海安县委办公室副主任、海安日报社社长、总编、海安县外经委副主任、海安县人民政府办公室主任。2003 年 3 月，海安县委、县政府记三等功；2005 年 10 月，江苏省建筑业协会授予“江苏省建筑业优秀企业家”称号；2006 年 1 月，海安县委、县政府授予“优秀企业经营者”称号；2006 年 12 月，江苏省建筑业协会授予“江苏省建筑业优秀企业家”称号。江苏省苏中建设集团股份有限公司为首批国家房屋建筑工程施工总承包特级资质企业，拥有对外签约权。公司产业涉及房屋建造、装饰装潢、设备安装、古典园林施工、房地产开发、国内贸易、海外工程等。公司于 1949 年 2 月成立。1998 年 12 月，公司进行了股份制改造经江苏省人民政府批准，成立了规范的股份有限公司：1999 年组建了江苏省苏中建设集团，同年 10 月被建设部列为全国试点企业集团。

丁海富，男，汉族，浙江省大专学历，高级工程师，高级经营师，中国工程建设（建筑装饰）高级职业经理人，一级注册建造师，中共党员。浙江亚厦装饰股份有限公司总经理。曾任浙江亚厦装饰集团有限公司总经理，曾获全国建筑装饰优秀企业家、全国建筑装饰优秀项目经理、全国十佳经营师、浙江省建筑业杰出企业家、浙江省建筑装饰优秀企业家等荣誉称号。现任本公司董事、总经理，中国建筑装饰协会施工委员会副主任委员、中国建筑装饰协会材料委员会高级顾问、浙江省建筑装饰行业协会副会长。公司 1993 年 4 月 6 日成立，注册资金 340 万元。1995 年 7 月 7 日，上虞市装饰实业公司引进新股东厨房设备厂，同时整体变更为亚厦装饰集团并增资，注册资本 5 168 万元。2007 年 7 月 25 日，浙江亚厦装饰股份有限公司整体变更设立，注册资本 13 800 万元。

丁辉，男，汉族，籍贯广东省，现任深圳华丽装修家私企业公司总经理。具有较强的企业管理、组织协调能力，良好的职业操守并承担过多项大型项目的管理工作。在企业管理方面，有大型国营企业管理的工作经验，有先进的管理理念和勤奋敬业的工作精神，致力于企业的制度建设和企业品牌建设，为推动企业的体系认证，企业信息化创新建设，规范化制度管理做出了显著的贡献。在企业品牌建设方面，努力构建企业的质量、诚信、精品意识，打造和谐健康的企业团队，提高企业的核心竞争力，竭力拓展市场业务。深圳华丽装修家私企业公司，创立于 1981 年 11 月，公司注册资本 1 080 万元，主营业务为室内外建筑装饰设计和施工。我公司是深圳最早从事装饰设计与施工的企业之一，目前具有国家建设部核准的建筑装饰施工一级和装饰设计甲级资质，同时还具备建筑幕墙工程、金属门窗工程、机电设备安装工程等专业施工资质。

丁洁民，男，1957 年 9 月生人，汉族，上海人，中共党员。同济大学建筑设计研究院院长，上海同济大学毕业。1982 年底上海同济大学建筑工程分校建工系本科毕业，1984 年考取同济大学结构工程专业研究生，1987 年研究生毕业获硕士学位，1990 年获工学博士学位。历任上海城市建设学院讲师、副教授，1996 年破格晋升为教授。现任同济大学建筑设计研究院院长、结构工程专业研究员、博士生导师、中国国家一级注册结构工程师、英国皇家资深注册结构工程师。同济大学建筑设计研究院成立于 1958 年，是全国知名的集团化管理的特大型甲级设计单位。持有国家建设部颁发的建筑、市政、桥梁、公路、岩土、地质、风景园林、环境污染防治、人防、文物保护等多项设计资质及国家计委颁发的工程咨询证书，是目前国内设计资质涵盖面最广的设计单位之一。经过近五十年的积累和进取，我院拥有了雄厚的设计实力、丰富的人力资源、先进的设计手段。全院现有职工 933 人，一级注册建筑师 112 名，一级注册结构工程师 146 名。1986 年以来共有近 200 项设计作品获奖。

杜安省，男，汉族，大专文化程度，工程师，中共党员，安阳市建设安装工程公司董事长。2001 年以来，带领公司全体员工认真贯彻执行党的路线方针和政策，坚持改革，大胆管理，与时俱进，开拓创新，促进了企业的持续发展，固定资产由公司成立时的 200 万元发展到现在的 2 930 万元，职工由原来的 200 人发展到现在的 1 800 人，总产值由 1980 年几百万元发展到 2006 年近亿元，荣获上级授予的各种荣誉近百项，公司成为安阳区域技术力量雄厚，综合实力较强的工业与民用建筑施工总承包二级企业。目前，他担任安阳市企业家协会理事，安阳市法人保护协会会员和安阳县工商联理事长职务。公司成立二十多年来，在改革开放政策的指引下，他带领公司职工奋力拼搏，使企业不断发展壮大，目前，公司注册资金 2 930 万元，现有员工 1 800 人，连续被省建设厅评为“出省施工先进企业”连续 6 年被评为“河南省守合同重信用”企业，连续 6 年被安阳市建筑业协会评为“先进施工企业”和“建筑安全先进企业”等近百项荣誉。

段咏涛，男，汉族，河南省，中共党员，硕士学历。长庆石油勘探局公用事业处建筑安装工程公司董事长。1988 年 7 月至 1993 年 4 月，在长庆石油勘探局机关行政处基建办公室工作，1993 年 4 月至 1998 年 2 月，在长庆石油勘探局公用事业处建筑安装工程公司任副经理，1998 年 2 月至 2006 年 3 月，在长庆石油勘探局公用事业处建筑安装工程公司任经理，2006 年 3 月至今，在西安长庆华能实业有限公司任董事长。长庆石油勘探局公用事业处建筑安装工程公司（以下简称公司）是国家二级建筑施工企业，是以国有资产授权经营、以资产为联结纽带，集工业与民用建筑、建筑装饰装潢、化工石油工程为一体的综合性实业型建筑安装工程公司。2000—2005 年被长庆局公用事业处授予先进生产（工作）者，2003—2005 年被中共长庆石油勘探局公用事业处党委授予“优秀共产党员”称号，2006年2月份被长庆局公用事业处推荐为优秀经营管理工作者。

F

方彦，男，1961年6月生人，汉族，上海人，大学毕业，成绩优异的高级工程师，现任中交第三航务工程局有限公司董事长、党委书记、上海市第九次党代会代表、上海市第十三届人大代表。中交第三航务工程局有限公司（原名为中港第三航务工程局、简称三航局）是国家港口与航道工程施工总承包特级施工企业，在中国特大型施工企业排名中名列前茅。多次被国家建设部评为"全国先进建筑施工企业"、"全国工程质量管理先进企业"、"全国建筑安全生产先进集体"。1999年4月获中国工程建设"最佳施工企业"提名，并获表彰。在他的长期带领下，三航局坚持"精心施工，产品优良，顾客满意，终身负责"的质量方针，于1998年通过了ISO9002的质量体系认证，2002年通过了ISO9001：2000质量体系认证，2005年通过了ISO9001：2000质量ISO24001：1996环境、ISO28001：2001职业健康安全管理三位一体的体系认证，近年来已有50个设计、施工、安装工程项目分别获鲁班奖、詹天佑奖和国家、省、部级优质工程奖。

冯林，男，汉族，出生于1963年4月，陕西省西安市人，大学本科学历，学士学位，高级工程师。西安鑫龙企业集团董事长兼鑫龙装饰工程有限公司董事长。1985年7月毕业于上海同济大学，1985年8月参加工作。1982年7月至1985年7月，在西安冶金建筑学院学习；1985年8月至1986年8月，在西安翠华装饰队任副队长；1986年9月至1989年12月，西安装饰工程队任队长及技术负责人；1990年1月至2001年6月，任西安鑫龙装饰工程有限公司总经理；2001年7月至今，任西安鑫龙企业集团董事长，兼鑫龙装饰工程有限公司董事长。2002年当选为陕西省建筑装饰协会副会长；2003年当选为中国建筑装饰协会副会长，第五届常务理事会理事；2005年当选为陕西省青联常委、全国青联委员。西安鑫龙企业集团是一家集建筑装饰、房地产、物业管理、建筑材料的生产与销售等为一体的多元化企业集团，至今已有15年的历史。拥有固定资产近亿元。集团所辖主要企业有西安市鑫龙建筑装饰工程（集团）有限公司、陕西金丝路置业有限公司、西安曲江旅游建设开发有限公司、鑫汇石材有限责任公司、西安鼎信物业管理有限公司等。鑫龙装饰公司是集团的核心企业，2001年通过了ISO9001质量认证。他获得很多奖励和表彰，2000年荣获"陕西省优秀青年实业家"称号，2001年被评为第四届"陕西省杰出青年实业家"并被共青团陕西省委授予"陕西省新长征突击手"光荣称号。

付天鹏，男，1970年9月生，大学学历，咸阳秦都人。现任陕西红麒麟装饰工程有限公司总经理1991年12月—2004年5月期间2000年9月至2004年7月在西安美术学院环境艺术系学习，取得大学学历；2004年4月至今2004年7月成立了陕西红麒麟装饰工程有限公司，至今一直担任红麒麟公司总经理。

G

高维新，男，1957年生人，汉族，中国台湾籍，1957年1月生，台湾清华大学材料科学工程学士，台湾政治大学工商管理硕士。2009年10月加入上海斯米克建筑陶瓷股份有限公司。1989—1993年任台湾国际商业机器股份有限公司（IBM Taiwan）金融业总经理。1994—1996年任国际商业机器（IBM）亚太区金融核心系统部总监。1997—1999年任斯米克集团副总裁。2000—2009年10月任上海美鼎企业管理咨询有限公司（AMA-China）总裁上海斯米克建筑陶瓷股份有限公司系中英合资企业，是专业生产和销售高级玻化石和高级釉面砖系列产品的企业，注册资本38 000万元，占地面积约600亩。公司成立于1993年6月。于2007年8月A股在深圳交易所挂牌上市。

古享林，男，汉族，1979年12月16日生人，籍贯广东省。梅州鑫豪装饰有限公司。1996—1998年正式进入装饰行业，做装修学徒。1999—2001年从装修学徒升级为师傅开始带班，并招收学徒从事家居装修行列。2002—2005年从师傅转型包工头小老板并创立公司前身原鑫豪装饰服务部。梅州市鑫豪装饰有限公司是一家注册资金50万人民币的大型梅州装饰公司，专业从事家居、办公室、写字楼、厂房的装修及其配套建设服务的梅州装饰企业，并具有科学管理经营理念的装饰公司。鑫豪装饰现已成为梅州装饰领域的知名装饰企业，这源自于我们合理的价格与优质的施工质量在客户中赢得了良好的信誉。公司以准确的经营定位、独特的经营模式、以人为本的管理理念，使公司健康持续发展，使"鑫豪装饰——企业的好帮手"的品牌形象深入人心。广东省装饰行业会员单位。2007年广东省装饰行业诚信单位。2008年广东省装饰行业诚信单位。2009年广东省装饰行业诚信单位。2008年家装行业最具影响力企业。

郭兵，男，汉族，籍贯黑龙江，工程师，现任黑龙江威联装饰工程有限公司总经理。公司施工严把质量关、重信誉、守信用，经过多年的努力，由公司负责施工的工程项目在行业中获得了很大反响，许多工程通过黑龙江室内装饰工程质量监督检验站检验，受到建设单位好评，被评为优质工程，公司荣获1999年黑龙江省室内装饰优秀施工企业。1990年7月至1991年5月在中外合资黑龙江中联建筑设计装饰公司任项目经理，1991年5月至1991年11月在海参崴百货公司装饰工程中任工程指挥，1991年11月至1992年5月任黑龙江中联建筑设计工程有限公司总经理助理，1992年至今在黑龙江威联装饰工程有限公司任总经理供职机构黑龙江威联装饰工程有限公司拥有现代化的管理网络和严谨的组织机构，装饰行业是以管理人才及工人手工艺技能为核心资源的服务性行业，技术与质量当以人为本，人才是现代企业发展的动力之源，因之公司创建伊始，即重视人才素质之培养及公司成员的资历、经验，组成了集中装饰设计施工行业内一批资深精英管理、设计人才和熟练技术工人为骨干的班底，设计方面继承了集团总部港人之创新意识，施工方面力求完美和精细。

郭长军，男，汉族，辽宁省，民建会党员，硕士研究生学历。黑龙江省高维建筑装饰工程有限公司董事长。1984 年 6 月至 1993 年 12 月，任哈正大企业集团公司董事、装饰公司总经理，1986 年 9 月至 1989 年 7 月，在哈尔滨大学就读（企业管理专业）大专，1993 年 12 月至 1994 年 10 月，任黑龙江省大地房地产开发公司总经理，1994 年至今，任黑龙江高维企业集团董事长兼总裁，1995 年 10 月至 1995 年 12 月，参加中央社会主义学院第二十一期民主党派领导干部进修班学习，1995 年 3 月至 1998 年 1 月，在黑龙江省委党校读研究生班经济管理专业，并被评为 95 级研究生班优秀学员。1996 年荣获黑龙江省人民政府颁发的“在人民大会堂黑龙江议事厅改造装修工程施工中作出突出贡献”奖。1998 年被中国民主建国会黑龙江省委员会评为“先进会员”，1999 年被民建黑龙江省委评为九八抗洪救灾先进个人，2000 年被黑龙江省建筑装饰协会评为“1995—1999 年度黑龙江省建筑装饰优秀企业家”，2000 年被哈市建委评为“质量管理先进工作者”称号，2002 年撰写的《坚定不移地接受中国共产党的领导是我会存在发展的根本保证》被评为优秀党建理论论文，2002 年被《全国行业优秀人才名录》首发式及行业尝新人才评为“行业创新人才”，2003 年被黑龙江诚信企业、诚信企业家调查宣传活动办公室评为“黑龙江知名诚信企业家”，2004 年被黑龙江省人民政府授予“黑龙江省劳动模范”称号，2004 年撰写的《浅谈房地产开发企业资金运筹》在“新世纪优秀社科论文”评选活动中荣获特等奖，2004 年被中国建筑装饰协会评为“全国建筑装饰行业书法、绘画、篆刻大展”优秀作品。

郭辉，男，汉族，圣象集团总裁。1980 年 9 月到 1984 年 7 月就读于武汉工业学院。曾经在香港鹏利集团等大型企业从事主要领导工作，有着丰富的管理及实践经验。现任圣象集团执行总裁、副总裁。主要负责圣象的市场、经营、生产、研发、管理等方面工作。2005 年获中国林产工业协会年度人物奖；同年获得中国建材行业知名人物；2005 年曾任地板企业联盟主席。曾任圣象实业（深圳）有限公司总经理，现任圣象集团有限公司副总裁、执行总裁。圣象集团成立于 1995 年，注册资金 45 000 万元人民币，总部位于上海，是中国最大的木地板企业，连续 14 年同类产品销量第一。圣象集团作为一家从事高新技术产品开发、生产和研究的企业，已从最初的主营强化木地板，发展到今天拥有强化木地板、三层实木地板、多层实木地板、独体实木地板、结构地板、木门、整体衣柜、家具等多个品类的产业集团。2005 年获中国林产工业协会年度人物奖；同年获得中国建材行业知名人物；2005 年曾任地板企业联盟主席。

郭奎章，男，汉族，山东人，硕士研究生学历，著名美工大师，高级政工师。现任深圳时尚集团股份有限公司董事长。1991 年创建了沈阳时尚装修工程有限公司。1993 年时尚装修公司已成为国家甲级装修企业和辽宁省装饰行业十强企业及沈阳市极有实力装修公司，成为沈阳市装饰行业的排头兵。1995 年公司投资开发了以房屋租赁为主实行物业化管理的鞍山时尚时装城，现任深圳时尚集团股份有限公司董事长。2010 年 1 月，其在深圳打造的“海上皇宫”被曝光，引起关注。沈阳时尚装修工程有限公司成立于 1998 年 8 月，2003 年晋升为省级装饰二级企业。公司注册资金 500 万元，是省装饰协会会员单位。

H

韩桂茂，男，1950 年生人，汉族。毕业于清华大学建筑学专业，从事工程建筑行业多年。2007 年 7 月起担任深圳赤湾石油基地股份有限公司第五届董事会董事长。1976 年任职中国铁道部第一设计院，1983 年任中国铁道部第二工程局深圳工程公司副总经理，1992 年任深圳南山中心区开发公司常务副总经理，1994 年历任中国南山开发（集团）股份有限公司助理总经理、副总经理，公司执行董事，雅致集成房屋股份有限公司董事长，2007 年 7 月起担任深圳赤湾石油基地股份有限公司第五届董事会董事长。雅致集成房屋股份有限公司是中国南山开发（集团）股份有限公司控股的股份制企业，公司注册资本 2.16 亿元，总投资 20 亿元。公司致力于新型集成房屋的开发与经营，倡导临时建筑的设计和应用实现标准化、模块化、通用化，并实现工厂化大规模生产。雅致集成房屋具有节能环保、易于拆装仓储、可多次周转重复使用的产品优势，正引领临建行业发展成为可提供高效、环保、经济的工业化产品与配套服务的新型产业。

韩鹏飞，男，1964 年 1 月生人，汉族，籍贯湖北省，研究生学历，工程师。现任武汉恒达房屋开发装饰工程有限公司董事、总经理。历任武汉城市综合开发总公司工程师、工程科科长；武汉恒达房屋开发装饰工程有限公司总工程师、常务副总经理、总经理。现任武汉恒达房屋开发装饰工程有限公司董事、总经理。武汉恒达房屋开发装饰工程有限公司成立于 1991 年 6 月，由香港运通世纪集团有限公司、武汉城市综合开发集团有限公司、中基武汉进出口股份有限公司三方合资组建而成，注册资本二千万元。2002 年 7 月 1 日香港运通世纪集团有限公司将股权全部转让给地平线国际（美国）有限公司，成为中美合资公司。韩鹏飞先生长期从事房地产开发管理工作，经验丰富，多次荣获系统内“年度优秀工作者”、武汉城建战线“年度优秀工作者”等荣誉称号。曾负责及参与开发建设的项目十多个（丰竹园小区、园丁苑小区、东亭花园、梅苑·波光园、堤角小区、城开星园等），多个项目荣获“国家优质工程”、“武汉市优秀小区”、“楚天杯”、“黄鹤杯”等奖项。

杭炜，男，汉族，籍贯北京市。现任北京宝石众和科技发展有限公司总经理。北京宝石众和科技发展有限公司是由建设部领导的，集生产、科研、市场为一体的高科技股份制公司。公司注册资本 1 100 万元，公司由北京众汉生源科技发展有限公司、石家庄宝石电子集团有限责任公司、中国建筑材料工业建设总公司、天津新豪国际贸易有限公司（香港独资）等多家大中型企业以股份制形式组建而成，是芬兰恩斯托（ENSTO）集团公司电采暖产品中国长江以北区域12个省份的总经销商。公司注册资本1 100万元，公司由北京众汉生源科技发展有限公司、石家庄宝石电子集团有限责任公司、中国建筑材料工业建设总公司、天津新豪国际贸易有限公司（香港独资）等多家大中型企业以股份制形式组建而成，是芬兰恩斯托（ENSTO）集团公司电采暖产品中国长江以北区域12个省份的总经销商。

何宁，男，1963年3月生人，山东烟台人，汉族，大学本科学历，高级工程师，现任北京弘高建筑装饰设计工程有限公司董事长。在现代企业经营管理方面锐意改革、积极进取，自1993年担任弘高公司董事长以来，在他的带领下，经过17年的发展，弘高公司集高档装饰设计、施工于一体，具有国家建设部核发的建筑装饰工程专业承包一级、建筑装饰设计甲级、建筑幕墙工程专业承包一级、机电设备安装工程专业承包一级、建筑工程施工总承包二级、古建园林二级、建筑钢结构三级等各项资质。并取得ISO9001质量管理体系认证、ISO14001环境管理体系认证、OHSMS职业安全卫生管理体系认证。在北京多家银行取得高等级资信及高额度授信，资信评估为“AAA”级。弘高公司秉承“务实合理、追求卓越”的企业精神，为广大客户提供更加完美周到的服务，创造更多的精品工程。公司承接的近千项大型高档装饰工程，以其优雅独特的设计风格、精湛的施工工艺、优良的施工质量、合理的价格、规范的工程管理体系、完善的保修服务体系多次荣获鲁班奖、国家优质工程奖和省、市优质工程奖等诸多奖项。在做好弘高装饰公司自身发展的同时，何宁热心于社会公益事业，捐建四川南江县大河白院弘高希望小学，连续三年为“北京市太阳村儿童教育咨询中心”的服刑遗弃孤儿捐赠款项和食品等，获得社会各界的高度赞誉，现担任北京市青联委员、昌平区政协委员、中国建筑装饰协会副会长、北京市工商联执行委员等社会职务。十几年来，他多次荣获“全国建筑装饰行业优秀企业家”、“改革开放三十年影响中国装饰风云人物”、“优秀企业家奖”等多项荣誉称号。

何烨，男，汉族，毕业于厦门大学，福州雅美装饰工程有限公司总经理、首席设计师、高级室内建筑师、2004年度福州市十佳家装设计师。1989年9月至1993年7月在厦门大学美术系学习，1993年7月至1995年9月在福建邦辉装修工程有限公司主持设计并参与施工：邦辉桑拿、邦辉大酒店、华美桑拿、华威大饭店。1995年9月至2000年5月自由职业，设计施工：阳光假日大酒店客房、华能大厦大堂、壮安酒楼、壮安火锅城等。2000年6月成立雅美装饰工程有限公司。福州雅美装饰工程有限公司于2000年6月26日注册成立，公司主要经营室内装饰、装修设计、施工、家具日用玻璃及制品批发、代购代销，铝合金门窗安装，注册员工人数为10人，注册资本50万元人民币，在公司发展壮大的10年里，离不开客户朋友的支持。作品“一缕中国风”获福建省第一届室内设计大奖赛一等奖。作品“品位家中”获2003年“华耐杯”中国设计大赛佳作奖。作品“清水上宅”、“绿·影”、“享·空间”获2003年“华耐杯”中国设计大奖赛优秀奖。作品“儒释道山水茶”、“午后泰风”获福建省第二届室内设计大奖赛三等奖。作品“释放空间”、“体与块”获福建省第二届室内设计大奖赛优秀奖。

黄贵军，男，汉族，籍贯浙江省。杭州灯塔防火材料有限公司总经理。目前杭塔主要有防火材料、木质工艺门两大领域的系列产品。其中防火材料有：木质防火门、透明防火玻璃、钢质防火卷帘门、钢结构防火卷帘门、钢结构防火涂料、乳胶防火涂料、钢质防火窗、阻水圈、挡烟垂壁等八大系列消防产品。杭州灯塔防火材料有限公司创建于一九八四年，是国内第一家生产木质防火门的企业，注册资本600万美元，年产值超亿元，是浙江省消防行业和木制品制造行业规模最大的企业之一。公司于1999年通过了中国CNAB和美国BQR公司ISO9002质量体系认证。公司是浙江省消防行业和木制品制造行业规模最大的企业之一。公司于1999年通过了中国CNAB和美国BQR公司ISO9002质量体系认证。1984年1月1日杭州灯塔防火材料有限公司创建。鑫达好宜家美居装饰是专业从事家庭装修服务的品牌企业。在近几年的持续发展过程中，始终保持强烈的创新意识，适应市场意识和危机意识，在竞争激烈的市场中始终将服务放在首位。

黄进发，男，汉族，厦门人，厦门总全设计装饰公司总经理。厦门总全设计装饰工程有限公司成立于1996年，公司主要承接写字楼、娱乐餐饮、酒店会所、宾馆等公共空间的室内设计装饰及承接房地产样品房、精装潢、会所、售楼处等家装室内设计装饰。十三年来，由于我们的专业、诚挚和耐心细致的服务公司在厦门完成了诸多成功案例，得到了广大业主朋友的特约设计装修伙伴。厦门总全设计装饰公司以“诚实、守信、创新、发展”为企业精神，提出“打造良心工程”的口号，以“诚信经营、永续服务”为座右铭，树立“认真、贯彻、落实，一丝不苟”的企业作风，不断完善从设计、施工、监理、保修服务的服务体系，使装修走向规范化、标准化：经过十三年努力，公司不断发展，现拥有监理工程师、设计师、助理工程师、助理设计师等专业技术人才；公司配套的“总全家具厂”配备技艺精湛、经验丰富的施工队伍，竭诚为每位新老客户提供优质服务。

黄庆文，男，出生于1968年9月21日，汉族，毕业于华南理工大学，高级工程师，主编了《点支式玻璃幕墙工程技术规程》CECS127—2001，参编了《玻璃幕墙工程技术规范》JGJ102—2003、国标《建筑幕墙》、《建筑玻璃采光顶》、《既有建筑幕墙鉴定与加固规程》、《铝合金结构设计规范》、《采光顶与金属屋面工程技术规范》、《建筑幕墙检测标准》、《铝合金门窗》等标准；参与了《点支式玻璃幕墙支承装置》及《钢拉索柱型接头》等标准的审查工作；发表过《点式全玻璃幕墙结构设计简介》（铝门窗幕墙行业年会论文集）、《南京奥林匹克体育中心游泳馆单层索网采光顶的设计》（铝门窗幕墙行业年会论文集）、《提倡个性设计，争做精品工程》（铝门窗幕墙行业年会论文集）、《高强单片防火玻璃在建筑中的应用》（《建筑学报》2002.2）等多篇论文；参与发明了四项实用新型专利——钢桁架端部支座头万向调节机构、背栓式金属板干挂幕墙、幕墙用可调角度转角型材系统、木质格珊装饰系统。历任汕头市建筑设计院南区分院副院长，1996 年 12 月—2005 年 9 月担任汕头金刚玻璃幕墙有限公司总工程师兼副总经理，2005 年 9 月至今担任广东金刚幕墙工程有限公司总裁。广东金刚幕墙工程有限公司成立于九十年代初，是国内起步最早的专业幕墙公司。公司拥有建筑幕墙专项设计甲级、建筑幕墙专业承包一级、金属门窗专业承包一级资质。并通过 ISO9001 质量体系认证、ISO14001 环境和 OHSAS28001 职业健康安全管理体系。

黄彦，男，汉族，籍贯四川省，创建四川省新空间建筑装饰实业有限公司，任四川省新空间装饰集团董事长兼 CEO、成都建筑装饰协会副会长、2005 年当选为四川省青年联合会第十一届委员会委员。2003 年 12 月荣获成都首届家装擂台赛“最佳装潢设计奖”。2003 年 12 月荣获成都首届家装擂台赛“最佳施工质量奖”。历任四川省新空间装饰集团董事长兼 CEO、成都建筑装饰协会副会长、2005 年当选为四川省青年联合会第十一届委员会委员。2006 年当选为中国建筑装饰协会住宅委员会副主任委员。国际室内设计学会（IIDA）中国第四专委会副秘书长。现任成都新空间装饰董事长。新空间装饰全称：四川省新空间建筑装饰实业有限公司注册资金 1200 万。工程设计证书：乙级。建筑装修装饰工程：二级。获环境管理体系认证证书和质量管理体系认证证书。

黄志同，男，汉族，1965 年毕业于广西大学工业与民用建筑专业，1965 年 9 月至 1972 年 11 月任广西第二建筑工程公司水电公司水电安装分公司电工；1972 年 11 月至 1978 年 5 月任广西第二建筑工程公司水电安装分公司电工工长；1978 年 5 月至 1980 年 5 月任中建驻冈比亚经理部电工工长；1980 年 5 月至 1982 年 7 月任广西第二建筑工程公司水电安装处副主任；1982 年 7 月至 1985 年 12 月任中建驻冈比亚培训组电气专家；1985 年 12 月至 1993 年 6 月任广西第二建筑工程公司水电安装分公司经理；1993 年 6 月至 1996 年 4 月任广西建林装饰水电工程有限公司董事长；1996 年 4 月至 1998 年 1 月任广西建林装饰水电工程有限公司董事长兼总经理；1998 年 1 月至现在任广西建林装饰工程有限责任公司董事长兼总经理。1997 年被评为国家一级项目经理，2001 年被聘为广西建筑职工大学建筑装饰设计与工程专业指导委员会名誉主任，2003 年任南宁市建筑业联合会理事。广西建林装饰工程有限责任公司，成立于 1998 年，注册资金 1 000 万元人民币，前身为成立于 1993 年的港资合作企业广西建林装饰水电工程有限公司。公司现为中国建筑装饰协会常务理事单位。在项目施工方面先后获得了 4 个全国建筑工程装饰奖，1 个鲁班奖，1991 年荣获全国五一劳动奖章，1997 年被评为国家一级项目经理；2001 年被聘为广西建筑职工大学建筑装饰设计与工程专业指导委员会名誉主任；1999 年、2000 年、2001 年被评为广西优秀建筑装饰企业经理；2002 年度被评为全国优秀企业家。

J

贾淑芳，女，汉族，富诚市政园林装饰建筑工程有限公司董事长，当选为民建沈阳市委党委副主委并先后获得省民建“先进会员”、辽宁省“劳动模范”、沈阳市“妇女再创业带头人”、“三八红旗手”等多项荣誉称号。2002 年创办辽宁富城市政园林装饰建筑工程有限公司，现已发展成为集果园、农场、林场、畜牧场为一体的农业生产基地，经过多年的建设现已发展成为集生产、加工、运输、销售一条龙服务体系，安置了大量下岗妇女，为辽宁省下岗再就业提供了积极有效的支持，为辽宁省农业经济发展提供了积极作用。

Q

瞿宝林，男，出生于 1955 年 4 月，汉族，籍贯上海市。中共党员；政协南汇区第三届委员；大专学历；高级工程师、高级经济师。上海秋元华林建筑装饰有限公司。现任上海秋元华林建筑装饰有限公司党支部书记、董事长兼总经理。公司以诚信立足市场，是中国 2010 上海世博会推荐服务供应商；2005—2006 年度上海市文明单位；1997—2007 年连续十一年被评为“上海市信得过建筑装饰企业”，2002—2007 年度被上海市工商行政管理局评为“重合同、守信用企业”；2005、2006 年度中国建筑装饰百强企业；2005、2006、2007 年度上海市建筑装饰行业三十强企业。现任上海秋元华林建筑装饰有限公司党支部书记、董事长兼总经理。同时又兼任上海新书院建设发展有限公司副董事长；上海市装饰行业协会常务理事；南汇区书院镇商会副会长；南汇区建筑业协会常务理事；上海市建设工程评标专家。上海秋元华林建筑装饰有限公司成立于一九九三年，具有国家建设部颁发的建筑装饰装修专业承包一级资质、房屋建筑工程施工总承包二级资质和专项工程设计资质，并具有钢结构工程、建筑智能化工、机电设备安装工程、消防设施工程等专业承包资质。公司通过了质量管理体系（ISO9001）、环境管理体系（ISO14001）和职业健康安全管理体系（OHSAS18001），建立了规范、完备的管理体系和措施，是中国建筑装饰协会会员单位、上海市装饰装修行业协会常务理事单位、上海市建筑施工行业协会会员单位。

L

李保能，男，汉族，云南人，现任云南建筑装饰集团有限公司董事长。云南省建筑装饰行业协会选为副理事长并授予“协会积极分子”荣誉称号，现为国家一级项目经理。云南建设装饰集团有限公司自 1995 年立足于云南建筑装饰界，经过几年时间的强劲发展，已成为集策划、设计、施工为一体的国家一级企业，通过 ISO9001 质量体系认证，是云南省建筑装饰行业协会“常务理事单位”、中国建筑装饰协会“理事单位”，全国“质量服务双优单位”、“守合同、重信誉”企业、“中国建筑装饰工程”优秀企业、“全省建筑装饰10强企业”。公司注册资金1 600万，建筑装饰装修工程专业承包一级资质、建筑装饰专项工程设计甲级、建筑幕墙工程专业承包三级等。全省建筑装饰10强企业。2001年设计的作品获“云南省首届装饰设计及家装精品展”三等奖一项，佳作奖一项及“观众喜爱工装奖”一项；2002年，负责装饰装修设计、施工的昆明市汽车客运新南站工程荣获“云南省建筑装饰优质奖”、“全国建筑工程装饰奖”；2004年获得“全国建筑装饰工程优秀项目经理”荣誉称号；2004年被中国建筑装饰协会授予“全国建筑装饰优秀企业家”荣誉称号；2005年被中国工程建设管理委员会授予“质量、信誉、服务三优企业家”荣誉称号；2006年被云南省建筑装饰待业协会评为“2005年度协会积极分子”；2007年被云南省授予“2006年度企业明星”称号；2009年荣获“中国建筑装饰协会专家”称号。2009年经云南省建筑装饰行业协会推选，荣获“先进企业家”功勋杯。

李慈雄，男，中国台湾籍，1956年10月生人，台湾大学电机系毕业，美国斯坦福大学博士。1993年设立了公司的前身上海斯米克建筑陶瓷有限公司并担任董事长至今。1982年在世界银行任职。1984—1987年在AT&T公司任职。1987—1989年在波士顿咨询公司任职任职期间于1988年由波士顿咨询公司派驻中国，担任世界银行委托贷款项目的国营企业工业改造项目经理。1989年创办斯米克有限公司（CIMIC Corp.）。1990年5月起开始中国的企业投资，投资初期对所参股国有企业体制改革的显著绩效在当时引发了解放日报普遍关注讨论的“斯米克现象”于1993年设立了公司的前身上海斯米克建筑陶瓷有限公司并担任董事长。

李广荣，女，籍贯北京市，汉族，现任北京华通格瑞建筑材料装饰工程有限责任公司董事长。北京华通格瑞建筑材料装饰工程有限责任公司（原文化部直属北京华通装饰装潢公司），主营建筑装饰装修工程专业承包，代理销售美国格瑞漆。2001公司被评为消费者放心企业，2004年被工商局评为“重合同、守信誉”企业，连续15年被国家建材测试中心认定为产品性能优等品、环保性能优等品。所有这一切都来自于成功的管理体制及经营模式，质量第一，诚信为本的经营理念。国家宏观发展目标是支持企业发展的基础与保障，质量是企业发展的命脉，诚信是企业经营发展的根本，用心是企业发展的源泉，拼搏创新是企业发展的动力。

李建忠，男，汉族，贵州省，中共党员，研究生，上海市贵州商会会长。现任长乐（新加坡）设计工程有限公司董事长、黔香阁餐饮管理有限公司董事长、上海久生实业投资公司董事长、上海久生环境艺术设计公司董事长、上海博艺投资实业发展有限公司董事长。上海广为电器工具有限公司董事长。上海市贵州商会理事。1994年新加坡美芝律黄金大厦成立了集团第一家公司——长乐新加坡设计工程有限公司。14年来已经发展成为有三大板块七家子公司组成的集团公司。目前已经把触角伸向了香港、台湾地区和美国的拉斯维加斯。

李杰峰，男，回族，1966年9月出生，毕业于中央党校函授学院，政法学专业，本科学历。中国装饰有限公司董事长。先后就职于北京航天钻石首饰厂，任职副厂长；北京万盛企业发展有限公司，任职总经理；1995年7月就职于中国装饰有限公司，历任总经理助理、副总经理；2008年1月至今担任中国装饰有限公司董事长兼总经理。中国装饰有限公司（原中国装饰（集团）公司）于1984年经国家经委批准成立，2003年5月16日改制，经国家工商管理总局注册为中国装饰有限公司，是具有室内、外建筑装饰施工一级、建筑装饰设计甲级的大型、高级精品装饰装修企业，是以建筑装饰为主，多元经营，跨地区、跨行业的股份制大型建筑装饰骨干企业，拥有一大批建筑施工、建筑结构、装饰装修项目、室内室外专业设计、材料供应、木门钢窗加工、设备配套、劳务管理等企业优秀管理部门、专家和服务人才。具备完成各类星级宾馆、酒店、写字楼、大型影视剧院及电视台演播厅、博物馆、飞机场航站楼、地铁、银行、院校、网通、大型体育场馆、商城、电厂、医院、军队、公寓、别墅、园林庭院、驻外使领馆以及各类大型综合公共建筑、设计、装饰装修、改建工程精品设计和施工的能力。

梁雪林，女，毕业于中国财政学院，大学本科。现任鸿鑫工程有限公司总经理，中国国际贸易促进委员会建设行业分会常务理事。梁雪林总经理多年从事于幕墙门窗工程行业，历任上海金铺装潢工程有限公司北京分公司副总经理、北京京鸿鑫幕墙门窗有限责任公司总经理，其参与过多项重点工程的建设，其中多项工程荣获“中国建筑工程鲁班奖”和省“装饰设计一等奖”及市“优良工程奖”等多种奖项。多年的从业经历使其对中国的幕墙门窗业有着极为深刻的认识和理解，也树立了自己在业界的良好口碑，同时也见证了该行业在中国的高速发展阶段。鸿鑫工程有限公司是经国家建设部审定批准成立的大型建筑装饰企业。公司注册资本壹仟万元，可独立承担大型工程的设计与施工。公司施工资质为国家一级，设计资质为国家甲级。公司目前拥有高级工程师等各类高中级技术管理人才80多人、技术工人470多人。公司骨干为国家一级项目经理、高级工程师、山东省勘察设计协会常任理事、中国建筑幕墙金属门窗协会高级会员。多次荣获“重合同守信用”、“AAA”级企业、国际质量认证组织ISO9001：2000标准认证、“中国建筑工程鲁班奖”、“装饰设计一等奖”、“优良工程奖”等多种奖项。鸿鑫公司生产加工基地位于北京通州工业区，拥有国内外先进的铝幕墙门窗加工设备。国际著名的幕墙权威机构美国CDC、DEC等公司与我们保持有紧密的战略合作伙伴关系。十多年来，我公司业绩已遍布全国各大中城市。

梁志天，梁志天设计师有限公司董事长，成立于1997年，由囊括多项国际奖项的著名设计师梁志天创办，总公司设于香港，上海、深圳、广州、北京设有分公司。

1999—2006 年持续六度获得素有室内设计奥斯卡之称的 Andrew Martin International Awards、全球著名室内设计师之一；2001 年与 MAXXA 合作推出第一套家具设计“一拳”系列、获香港设计师协会奖两项 Excellence 奖项；2003 年与 MAXXA 合作推出第二套家具设计“方元”系列；2004 年获香港《君子杂志》“创意力量”奖、《现代装饰》（国际）室内设计年度传媒奖“年度优秀设计师”；2005 年与 MAXXA 合作推出第三套家具设计“玲珑”系列、香港传艺节“十大杰出设计师”、《现代装饰》（国际）室内设计年度传媒奖“年度最具影响力设计师”；2007 年《现代装饰》杂志室内设计年度功勋奖。近年主要作品获奖情况：2006 年美国 Gold Key 酒店设计大奖/休闲餐厅金奖；美国 HD 酒店设计奖/快餐类别金奖；亚太室内设计大奖/餐馆酒吧组别金奖、住宅组别金奖；英国伯明翰家具展/客厅餐厅组别年度行业奖冠军；2005 年亚太室内设计大奖/示范单位组别银奖、iF 中国设计大奖；2004 年亚太室内设计大奖/示范单位组别金奖、商业组别金奖、亚洲最具影响力设计大奖/优异奖——优秀中国设计奖。

林观彦，男，党员，汉族，籍贯福建省，厦门市深港建筑装饰工程有限公司。现任厦门市深港建筑装饰工程有限公司董事长，获全国人居环境建筑、规划设计双金奖、亚洲人居环境规划设计创意奖等。多次荣获先进工作者、优秀企业家，被评为厦门市优秀专家。官房建筑设计有限公司，组建该公司，担任董事长、总经理、总建筑师，现任厦门市深港建筑装饰工程有限公司董事长。公司系国内合资企业具有较强的设计施工实力，拥有一批优秀的设计人员，设计师毕业于各相关院校，具有多年设计施工经验，连续两届荣获室内装饰设计大奖，拥有国家设计师称号。在工程施工方面，本公司拥有一支以工程总监为首、专业技术人员为骨干的二百多人的专业装修施工队伍，拥有国内较先进的装修设备和相关配套工具。

林文俊，男，1970 年生人，汉族，浙江人。从创业开始到公司的成立，他把全部的精力放在了公司的发展上，也得到了当地党政的认可，近几年来，他所领办的企业先后获得了喀什市经贸委党委、经贸委命名的“西部开发明星企业”、喀什地区消费者协会评定的“诚信单位”、喀什市市委、市人民政府命名的“开发建设喀什市优秀企业”、“民营企业先进单位”、喀什地区物价局、质量技术监督局评定的“价格计量信得过单位”，新疆维吾尔自治区广告协会评定的“新疆广告行业文明单位”、喀什地区消费者协会评定的“诚信单位”、市地方税务局评定的“纳税信誉等级 A 级”、地区工商行政管理局命名的“先进私营企业”等荣誉。公司现为市区“文明单位”和“文明经营户”。

林新达，男，出生于 1967 年，汉族，中山顶固金属制品有限公司总裁。在他的带领下，顶固在五金方面拥有全套锁具测试的设备和测试手段，可以检测方舌端面静载荷、钥匙拔出力、斜舌闭合力、执手扭矩、互开率；在电镀方面可以检测，镀层厚度，镀层结合力、镀层耐腐蚀性能；在吊轮、铰链等五金测试方面都具有一套的寿命测试和承载测试设备，拥有可以全方位检测控产品的耐用度模拟门测试机；在家具检测方面集中在环境控制和测试，可以进行高低温测试和板材甲醛测试、板材变形测试。到目前为止，公司共申请国内专利项，其中发明专利 3 项，实用新型专 60 利项，外观设计 80 项。顶固 TOP STRONG，一个专业与时尚并重的建材家居品牌，以顶尖的产品为消费者打造精致、简约、轻松的家，成为顶固公司的使命。2002 年 12 月，中山市顶固金属制品有限公司正式成立。公司以其卓越的产品品质、精湛的制作工艺以及欧美流行的设计风格启动市场，很快赢得了消费者的认可与信赖，并一举成为家具五金行业的典范。历经数年，顶固公司先后推出五金、滑动门、生态门、柜体，以它独特的设计风格、欧美流行的设计理念和高雅的生活品味，将世界流行设计理念融入中国文化，不断推出新产品，力求为消费者营造一个时尚、完美、轻松的私属空间，很快引起了同行业及广大消费者的高度关注。

林芝群，女，现任辽宁营园装饰集团副总经理，沈阳英莱斯特装饰工程有限公司总经理。在装修行业里是有着较高学历的女性，年轻的她涉足装饰行业时间不长，在大学里学的是工商管理专业，为了能尽快适应行业的工作要求，她还曾进修学习，用“勤奋与智慧来做企业”是她做集团的理念。她始终坚信在装修这个行业会发挥自己的专业特长，开辟出一番天地。沈阳英莱斯特装饰工程有限公司，前身为辽宁营园装饰集团沈阳分公司，经过几年不懈努力和发展，开拓了较大市场，为了今后公司的更好发展和需要于 2006 年注册，已称为沈阳英莱斯特装饰工程有限公司。公司通过了国家 CBT/19001—200 idt ISO 9001：2000 质量管理体系认证单位，是国家装饰施工一级资质，设计二级资质，多次获得省市装饰单位协会颁发的荣誉证书单位，并在 2006 年获得省内综合实力第十四名。公司现在管理人员二十四名，其中工程技术管理人员持有国家认可的技术等级证书占 50%，大中专生占 30%，公司是得合同首信誉单位，公司本着诚信与质量为第一，探索与创新为经营理念，愿为社会和客户创造出精美的作品，提供优质的服务，真诚地愿为各界朋友携手共进创造美好的未来。

刘慧永，男，汉族，深圳市中建南方装饰工程有限公司董事长，深圳市中建南方装饰工程有限公司董事长，高级工程师。在他的领导下公司曾先后通过了 ISO9001：2000 质量管理体系、ISO14001：1996 环境管理体系与 OHSAS18001：1999 职业健康安全管理体系三个国际标准一体化的贯标工作。获省、市级以上优良工程奖 10 多项，其中获中国建筑业最高奖——“鲁班奖”2 项，“全国建筑装饰装饰奖”3 项。2005 年度中国最佳饭店建筑装饰施工企业。1987 年 7 月至 1998 年 5 月深圳海外装饰工程公司工长、助工、工程师、工程部经理，1998 年 5 月至 2000 年 5 月中国建筑装饰工程公司深圳分公司经理、高工，2000 年 5 月至今深圳市中建南方装饰工程有限公司董事长、总经理、高工，深圳市中建南方装饰工程有限公司是业界声名卓著的大型企业，连续多年位居建筑装饰行业百强企业前列，具有建筑装饰装修施工一级、建筑幕墙工程施工一级，建筑装饰设计甲级、建筑幕墙设计乙级，以及机电设备安装、建筑智能化、建筑防水工程、园林绿化等专项承包资质。公司于 2000 年设立，注册资本 3 200 万元，是中国建筑装饰协会常务理事单位。2004 年 11 月荣获深圳市专家工作联合会颁发《深圳市专家工作联合会专家》2005 年 10 月荣获中国建筑装饰协会“优秀企业家”称号。

刘年新，男，汉族，广东省，高级室内建筑师，高级环境艺术设计师，英国皇家特许建造师，高级职业经理人。1985—1989 年任深圳市霓虹工艺厂厂长，1989 年至今历任本公司副总经理、总经理、董事长。2004 年 9 月被中国建筑装饰协会评为全国有成就的资深室内建筑师，2005 年被中国建筑装饰协会评为全国建筑装饰优秀企业家，2008 年被中国建筑装饰协会评为改革开放 30 年建筑装饰行业发展突出贡献企业家，2008 年被深圳建筑业协会评为深圳市优秀施工企业家，2009 年被深圳市室内设计师协会授予 2008 年度室内设计行业杰出贡献奖。中国建筑装饰协会常务理事，深圳市装饰行业协会副会长，中国建筑学会室内设计分会理事、广东省环境艺术设计行业协会副会长。2007 年 8 月至今任本公司董事长。2004 年 9 月被中国建筑装饰协会评为全国有成就的资深室内建筑师，2005 年被中国建筑装饰协会评为全国建筑装饰优秀企业家，2008 年被中国建筑装饰协会评为改革开放 30 年建筑装饰行业发展突出贡献企业家，2008 年被深圳建筑业协会评为深圳市优秀施工企业家，2009 年被深圳市室内设计师协会授予 2008 年度室内设计行业杰出贡献奖。公司前身深圳市洪涛装饰工程公司于 1985 年 1 月成立，于 2003 年 12 月由国有企业改制为深圳市洪涛装饰工程有限公司，2007 年 8 月 31 日经深圳市工商行政管理局核准，整体变更设立为股份有限公司，注册资本 9 000 万元。

刘自明，男，汉族，湖北省，中铁大桥局集团有限公司总经理，哈尔滨工业大学毕业，教授级高级工程师，中国建桥国家队的领军人物。现任中铁大桥局集团有限公司总经理。铁道部青年科技拔尖人才，湖北省“五四”青年奖章，湖北省有突出贡献中青年专家，国家科学技术进步一等奖，“中铁大桥局劳动模范”，中国中铁股份有限公司优秀企业家，全国优秀施工企业家。铁道部青年科技拔尖人才，湖北省“五四”青年奖章，湖北省有突出贡献中青年专家，国家科学技术进步一等奖，“中铁大桥局劳动模范”，中国中铁股份有限公司优秀企业家，全国优秀施工企业家。中铁大桥局集团有限公司是中国中铁股份有限公司旗下的全资子公司，前身为 1953 年 4 月为修建武汉长江大桥经政务院批准成立的铁道部大桥工程局，是中国唯一一家集桥梁科学研究、勘测设计、工程施工、机械制造四位于一体的大型工程公司，具备在各种江、河、湖、海及恶劣地质、水文等环境下修建各类型桥梁的能力。

卢彩金，男，汉族，福建人。厦门金腾装饰集团有限公司，现任厦门金腾集团董事长兼北京公司董事长，连续多年被选为福建省龙岩政协委员、福建省永定县政协委员、北京龙岩商会会长、北京闽西革命老区建设促进会副会长、中国青年企业家协会常务理事、全国工商联直属商会理事、中国建筑装饰协会常务理事等多项社会职务，曾获福建省建筑业企业优秀经理荣誉称号和捐助扶贫荣誉证书。厦门金腾装饰集团有限公司创建于 1998 年 9 月，集团经营以建筑装饰装修为主，以建筑幕墙、建筑智能化、机电设备安装、城市园林绿化、消防设施等工程专业承包为辅，同时向投资、贸易、酒店、化工安装等多领域发展的综合性集团公司。是国家施工一级、设计甲级企业，并通过 GB/T19001—2000 质量管理体系、GB/T24001—2004 环境管理体系、GB/T28001—2001 职业健康安全体系认证。连续多年评为福建省建筑装饰行业信得过企业、全国“质量、服务、信誉”放心工程 AAA 级企业，还入选为中华全国工商联合会直属会员单位、中国建筑装饰协会常务理事单位、厦门市“守合同重信用”单位。

卢伟光，男，1966 年生人，汉族，大连理工大学船舶设计专业。现任安信伟光地板有限公司董事长兼 CEO。现任安信伟光地板有限公司董事长兼 CEO、上海市青浦区政协常委、民建上海委员会企业委员会副主任、上海世界贸易中心协会副会长、上海国际商会副会长。2006 年，被誉为“森林之子”，被提名“2006CCTV 中国经济年度人物”候选人，被誉为中国经济领域的“奥斯卡”。1988 年毕业于大连理工大学船舶设计专业。1994 年创办木地板商店，后来发展为全国地板行业第一品牌的“安信地板”。安信伟光是目前国内木地板行业唯一一家整合原料、采购、加工、成品、流通、销售各环节优势的端到端垂直一体化企业，集全实木、多层实木、强化系列，并开发生产高档的钢化地暖实木地板、艺术地板、拼花地板及别墅、卫浴、户外地板，且拥有多个新工艺专利产品。

芦忠友，男，汉族，江西南昌市人，优秀企业家，云南三联装饰设计工程有限公司董事长、云南城市规划建筑研究设计院院长，云南三联装饰设计工程有限公司董事，云南隆强建设工程监理有限公司总经理，江西赣商联合会常务理事，民营科技实业家协会副理事长、云南省工商业联（商会）执行委员、国家一级注册建筑师，国家注册工程咨询师，建筑、城市规划高级工程师，云南省建设厅专家库专家，云南省工业经济联合会咨询服务专家，云南省人民政府项目评审中心专家，《红色赣商》执行主编。2008 年荣获“全球第二届十大赣商自主创新奖”。从业 25 年，先后在十四集团军、成都军区工程科研设计院、昆明市规划局等单位从事专业技术和管理工作。现任云南三联装饰设计工程有限公司董事长，云南城市规划建筑研究设计院院长。国家一级注册建筑师，国家注册工程咨询师，建筑、城市规划高级工程师，云南省建设厅专家库专家，云南省工业经济联合会咨询服务专家，云南省人民政府项目评审中心专家，《红色赣商》执行主编。2008 年荣获

“全球第二届十大赣商自主创新奖”。2004—2005 年参与云南省经济联合会共同规划编写了《云南省安宁市工业重点产业发展规划及八大环境建设纲要研究——〈绿色安宁〉》，获得了云南省哲学社会科学优秀成果奖。

M

马海平，男，汉族，山西省，山西鑫秀石艺装饰有限公司总经理。1983—1989 年，南郊木器厂任厂长；1990—1999 年，鑫秀装饰总汇任总经理；1999 年至今，山西鑫秀石艺装饰有限公司总经理。山西鑫秀集团有限公司是国家一级 EPC（项目总承包）专业配套公司。多年来从事建筑、装饰、工程设计、施工，致力于石膏和玻璃钢、TK 内外保温装饰板系列建材产品的研制、开发、施工和应用权，与有 200 年历史的美国华氏伯公司（全球十强）合作，拥有在山西地区建筑、工业涂料的销售权与施工权。

毛国鑫，男，汉族，甘肃省庆阳市西峰区肖金镇人，甘肃省庆阳庆渝建材装饰有限公司董事长，1989 年毕业于甘肃省工业大学，曾在西峰区显胜农机厂工作。现任庆渝公司董事长兼总经理。同年 9 月在西峰区显胜农机厂工作。现任庆渝公司董事长兼总经理。庆阳庆渝建材装饰有限公司成立于 2008 年，公司主要生产、经营墙粉、腻子粉，乳胶漆等系列产品。2007 年公司与重庆环亚公司合作，成为“雅格漆”系列产品的生产、销售一条线服务，2008 年 12 月，公司又研发生产了“奥群”干粉墙漆，腻子，墙粉等系列产品。产品远销甘肃，陕西、宁夏，山西等周边地区。公司于 2009 年 5 月上了奥群乳胶漆生产线，奥群系列产品也通过 GB/TI9001—2008 国家质量体系认证，绿色环保符合 GB18582〔室内装饰装修材料内墙涂料中有害物质限量〕国家标准要求通过 CQC 质量体系认证，从而确保了产品质量，赢得了广大用户的信赖和支持，总经理毛鑫国先生，携全体员工把强化产品质量为日常工作的大事来抓，做好产品的销售和售后服务工作，以一流的产品，一流的质量，一流的服务，努力为社会各界朋友的美好生活环境献上一份爱心。

N

倪林，男，1968 年 10 月出生，汉族，江苏人，建筑学学士，EMBA 硕士，高级工程师，一级注册建造师。1990 年毕业于苏州城建环保学院建筑学专业，2006 年毕业于中欧商学院工商管理专业。历任苏州建筑装饰工程公司设计部经理，苏州金螳螂建筑装饰有限公司设计部经理、二分公司经理、总经理助理、总经理、董事长，现任本公司董事长，苏州市建筑业协会副会长，江苏省建筑装饰协会常务理事，中国建筑装饰协会常务理事、专家委员会专家成员，上海金螳螂环境设计研究有限公司董事长，苏州金螳螂控股有限公司董事，苏州金螳螂企业（集团）有限公司董事。苏州金螳螂建筑装饰股份有限公司成立于 1993 年 1 月，是一家以室内装饰为主体，融幕墙、家具、景观、艺术品、机电设备安装等为一体的专业化装饰企业。

O

欧阳茜，女，汉族，籍贯湖南省。1988 年前往世界音乐之都奥地利维也纳大学攻读音乐理论，在继续深造的学习过程中于 1990 年正式毕业，并获得了理论创作文学硕士学位。同年，又在奥地利沙尔斯堡经济大学经济管理系攻读金融理论学等。2006 年获中国百名行业风云人物金奖、中国十大经济女性年度人物奖等，同时获得了香港国际新技术新产品博览会金奖。发明专利：①多功能加长伸缩式晒衣架；②不锈钢折叠式晒衣架。现任“欧洲欧诺克国际信用担保有限公司”、“湖南奥利经贸发展有限公司”董事长兼总经理。湖南奥利经贸发展有限公司是欧洲欧诺克 OYOKO 系列产品在中国的独家总代理。欧诺克 OYOKO 系列商品，由欧洲专家亲自指导，聘请国际高级专业技术人员，采用欧洲模式精心管理生产而成。一流的设备、一流的技术、一流的管理、生产出世界一流的产品。其产品拥有世界技术专利，目前在世界上是独一无二的，具有一定的国际竞争力，现已畅销欧美各国，在国际市场上享有良好的声誉。

P

彭桂华，男，汉族，亚光亚装饰（集团）公司总裁，她领衔的亚光亚装饰始创于 1993 年，是家装行业中成立最早的装饰公司。成立初期，公司以承揽音响工程为主。1998 年，政府大砍娱乐项目，音响行业进入衰退期。彭桂华机智并果断地将企业的重心转向家装市场，并从此开创了家装行业“女人当家”的先例。在亚光亚装饰公司的员工眼中，身为董事长的她是一个温和可亲的人。北京亚光亚装饰工程有限责任公司成立于 1993 年 5 月 18 日，是中国最早成立的家装公司之一。现已发展成以家装业务为主，涉足工装、建材销售、国际贸易等众多的领域的综合性集团公司，拥有家装公司的最高等级——设计、施工二级资质，在国内外共拥有 50 多家分公司。17 年来，亚光亚装饰集团共荣获行业内二百余项大奖，开创了数十项行业创新，且一直积极参与各类社会公益事业，获得了行业内外一致的尊重与好评。2010 年伊始，亚光亚再次与国内最大的家居类 B2C 电子商务平台爱居者达成联盟，突破了传统模式的束缚，获得了线上线下并驾齐驱的优势，真正为消费者提供一站式、高品质的综合性家装服务。

R

阮小伟，男，1985 年 10 月生人，汉族，大学本科学历。现任鲲鹏装饰创始人兼总经理、鲲鹏七间宅总经理、资深设计师。南昌鲲鹏装饰工程有限公司是南昌市建设局核准单位，南昌市装饰协会会员，优秀装饰企业，绿色环保家装和放心装饰企业。南昌鲲鹏装饰工程有限公司以名师设计为主导，团队设计为核心的设计理念；是以承接家庭住宅、别墅、办公空间、酒店设计、园林规划、陈设设计等建筑设计装修为主的专业性设计、施工企业。同时还开展与室内装饰、装修有关的设计咨询、施工服务、室内设计等方面的业务。拥有一批在建筑和装饰行业内设计、施工、管理和质检等方面的优秀人才，同时拥有一批管理规范、训练有素的施工队伍。优秀的设计是公司的创立之本。鲲鹏人坚持人性化的设计理念，美观与实用相结合的原理，充分体现装饰行业技术与艺术、科技与工艺相结合的深层文化内涵，努力创造高品位的装饰文化作品，以优秀的设计作品赢得客户赞誉。

S

上官光锡，男，汉族，浙江温州人，无党派人士，山东衡美达装饰工程有限公司董事长。山东衡美达装饰工程有限公司是专业服务于金融系统，集装饰装修，金融投资，户外广告，办公家具、金融电子产品的生产、销售于一体。分支机构遍及北京、山东、深圳、重庆、河北、江西、广西、新疆等地。公司曾荣获首届青岛市温州商会十佳企业，守合同重信用企业，全国室内装饰优质工程等荣誉。他担任"青岛市浙商联合会会长"等社会职务；曾荣获"慈善爱心人士"、"金秋助学爱心大使"等荣誉称号。山东衡美达装饰工程有限公司是立足于山东，发展在全国的装饰、配套企业。公司前身——青岛衡美达装饰工程有限公司创建于1992年。经过衡美达人不懈的努力，目前公司已拥有北京、重庆、江西、济南、青岛等多家分公司，并且在银行系统获得了优良的声誉和一大批忠实的客户。

邵天胜，男，现任广东深圳市冠泰装饰工程有限公司董事长。1996年8月至1998年5月在深圳市新鹏都装饰工程有限公司任工程二部经理；1998年6月至1999年5月在深圳市冠泰装饰工程公司任副总经理，1999年6月至2004年5月任总经理；2004年6月创办深圳市胜宏业建筑装饰工程公司任董事长；2005年创办深圳市胜宏大建筑工程有限公司任董事长；2006年9月收购深圳市冠泰装饰工程公司任董事长，身兼三个公司董事长。参选过十几项大型的建筑装饰工程项目，都受到业主的一致好评。参加了招商银行总部大厦的外墙及大堂装饰工程，采用了新的施工工艺，新的质量要求施工，得到业主及领导的表扬。参加了广西柳州卷烟厂综合装饰工程的施工，总造价5 600万多元。采用新工艺、新设备、新材料的先进技术施工，按时按质完成该项工程，得到柳州卷烟厂领导的高度表扬。深圳市冠泰装饰工程有限公司成立于1995年，企业注册资金1 266万元，净资产2 638万元。质量体系获得GB/T19001—2000；ISO19001—2000认证，是具有独立法人资格的建筑装饰施工二级、设计乙级、玻璃幕墙三级专业公司，经中国资信评估学会、中国质量标准研究中心评为"中国建筑系统企业信用信誉AAA级单位"。深圳市装饰行业协会会员单。公司以诚为本，视质量与信誉为企业生命之源。

沈立东，男，1968年1月生人，江苏无锡人，汉族，本科学历，高级工程师。现任上海现代建筑装饰环境设计研究院有限公司董事长、党总支书记，国际室内建筑师联盟会员，国家一级注册建筑师，高级工程师，高级室内建筑师。兼任国际设计联合会大中华区分会副理事长，中国建筑学会室内设计分会副理事长，中国建筑装饰协会常务理事，中国室内装饰协会常务理事，中国建筑装饰协会设计委员会副主任，中国陈设艺术专业委员会（江浙沪）主任等多项社会职务。在其任职期间，被授予"全国杰出中青年室内建筑师"、"全国资深室内建筑师"、"中国建筑装饰协会功勋人物"、"中国室内设计成就奖"、"2006年中国设计业十大杰出青年"、上海市第一届"十大优秀青年室内建筑师"、"2009—2010中国室内设计十大风云人物"等多项个人荣誉称号。

宋立宏，男，1971年2月出生，中共党员，汉族，一级建造师，南京大学EMBA班学员，江苏锦华建设集团创始人，现任董事长。宋立宏同志热爱祖国，时刻发挥党员的模范带头作用，坚定贯彻执行党的基本路线和方针政策，在长期从事装饰企业运营研究和企业管理工作中，宋立宏不断探索和完善装饰企业管理和发展的新思路。1998年，锦华初创伊始，就在行业中率先提出"放心家装"理念和引进VI识别系统，改变了传统家装企业的运营模式。2001年推出的锦华完全家装手册为同行效仿；2002年创立锦华装饰设计研究院，对家装潮流进行研究；2003年推出的油漆磨褪施工工艺等，推陈出新了家装施工标准，同年获得"全国住宅装修示范企业"和"全国住宅装修示范工程"荣誉称号；2005年专门请管理顾问公司进行流程再造，全面引进国际服务行业通用客户满意调查及考核标准，2005年被评为"中国家装最具影响力品牌"，同年锦华集团荣升国家一级企业；2006年荣升全国设计甲级，同年锦华装饰设计研究院改组成设计研究发展中心，对外进行国际国内的设计交流，对内进行设计师的培训；2008年开通国内首家家装呼叫中心。为打造一流的现代化装饰企业奠定了基础。2004年宋立宏被江苏省委宣传部评为"江苏省青年创业十大典型"之一。

苏景昌，男，汉族，福建省，现任南宁振宁西南薄板钢管有限公司总经理，同时还是广西福建商会常务副会长、广西佳利工贸有限公司董事长、广西光彩事业促进会副会长、广西中小企业联合会常务副会长、南宁市工商联（总商会）副会长、南宁市民营企业家联合会常务副会长。1975年高中毕业后进入县供销社工作；1985年从福建到广西南宁创业；1994年，在南宁市虎邱钢材市场开设了销售公司；之后又先后开办南宁振宁西南薄板钢管有限公司和广西佳利工贸有限公司。2009年度南宁市民营企业家联合会"杰出企业家"南宁振宁西南薄板钢管有限公司，成立于2005年12月，是一家以生产镀锌钢管和薄板为主，年销售收入达5亿元的民营国有合作大型工业企业，由民营企业南宁市西南镀锌钢管有限公司（出资55%）与南宁市工业领域最大的国有资产经营管理公司——南宁振宁资产经营管理有限责任公司（出资45%）共同出资创建。上海斯米克建筑陶瓷股份有限公司系中英合资企业，是专业生产和销售高级玻化石和高级釉面砖系列产品的企业，注册资本38 000万元，占地面积约600亩。公司成立于1993年6月。于2007年8月A股在深圳交易所挂牌上市。

苏晓梅，女，1964年6月生人，汉族，菏泽市人，大专学历，中共党员。乌海市“关爱职工优秀经营者”业之峰装饰有限公司董事长。1980—1995 年，先后担任成武县无线电厂业务主任、厂长助理、副厂长；1995—2004 年，担任香港合资成武中雁艺术品有限公司副总经理；2004 年 6 月 26 日正式成立菏泽业之峰装饰有限公司。多次被评为先进工作者、“三八红旗手”。业之峰装饰有限公司是中国家装界的国家队，也是业内发展迅猛的龙头企业之一，重点以家装业务为主，集家装、公装于一身，具备国家设计及施工双乙级资质，同时兼营装饰与生活网站、金融、建筑材料及房地产相关业务。公司自 1997 年组建以来，通过建立、完善现代企业制度，积极探索市场经济尤其是家装行业发展规律，由一家地域性公司迅速成长为有全国性影响的，由北京、石家庄、大连、郑州、成都、青岛、济南、太原南京、天津、沈阳、西安、武汉、重庆、哈尔滨、呼和浩特、合肥、广州、昆明、厦门、长沙、杭州、长春、福州、贵阳、南昌、宁波、乌鲁木齐等数十家分公司和数十家特许加盟公司作为战略支撑的集团性企业。

孙宝宏，男，籍贯辽宁，汉族，现任宏美家居配饰公司董事长。全国杰出中青年室内建筑师，大连市室内设计委员会副主，中国建筑学会高级室内建筑师，大连室内装饰协会常务理事，中国摄影协会员，大连轻工业学院金州学区客座教，清华大学建筑与设计研究生，连开发区设计家协会会长，东北财经大学 EMBA 硕士，大连开发区致公党主任。宏美家装始终倡导“轻装修、重装饰”的思想，从基础装修到主材选购及家具陈设都协助主人一抓到底，现已完成清华园、都市海景、星海人家、兰亭山水、海昌新城、中华名城、一品星海、星海阳光、福佳新天地、乾豪海岸、山海家园等与众不同的精品工程，并受到广泛好评。

T

谭英宏，男，1973 年生，重庆市涪陵人，汉族，工商管理硕士。现任重庆佳天下装饰工程有限公司董事长，重庆中略企业管理顾问有限公司董事长；中国策划研究院西南分院秘书长；重庆市工商联（总商会）执委；重庆市建筑装饰协会常务理事。2003 年被评为重庆市建筑装饰行业“优秀经理”；2004 年被评为“中国优秀策划师”；2004 年被评为重庆市装饰行业“优秀经理”；2005 年被评为“全国装饰行业优秀经理”；2005 年被评为重庆市“最具人气行业人物”；2005 年被评为“中国十大品牌策划专家”。重庆佳天下装饰工程有限公司是一家专业从事家庭和公共装饰设计与施工的一流企业，总部位于重庆市渝中区校场口得意世界商务大厦 6 楼整层，毗邻中央商务区解放碑，交通便利。先后获得国家级、市级各类荣誉 100 余项，包括“建筑装饰装修行业全国 AAA 级企业”、“中国十大金牌设计团队”、“全国装饰装修行业百强企业”、“全国行业质量示范企业”、“重庆市守合同重信用单位”、“重庆 AA 级年检免审企业”、“重庆市消费者信得过企业”、“重庆市售后服务先进单位”等荣誉称号。

堂杰，男，出生于 1971 年，汉族，南京大学 EMBA，现任江苏锦华集团总经理、江苏锦华装饰有限公司董事长、锦华装饰设计研究院院长、堂杰工作室创始人。是江苏省协会常务理事、江苏省家装委员会副主任、南京市装饰协会副会长、南京青商会常务理事及南京电视台《堂杰说家装》主持人。锦华装饰在他的带领下现为国家一级资质装饰企业、设计甲级资质、江苏省装饰协会常务理事单位、江苏省家装协会副理事长单位、南京市装饰协会副会长单位。作为江苏家装行业的旗舰单位，锦华装饰，成立于 1998 年。10 年磨砺，10 年辉煌，是江苏家装市场占有首位的装饰公司。锦华装饰目前拥有 28 家分公司：南京大区 11 个分公司和堂杰工作室；苏北 7 个分公司；苏南 9 个分公司。锦华装饰，国家一级资质装饰企业、设计甲级资质、江苏省装饰协会常务理事单位、江苏省家装协会副理事长单位、南京市装饰协会副会长单位。作为江苏家装行业的旗舰单位，锦华装饰，成立于 1998 年。8 年磨砺，8 年辉煌，是江苏家装市场占有最大的装饰公司。作为江苏装饰行业的领头军，锦华装饰目前拥有 26 家分公司：南京大区 9 个分公司、2 个工作室；苏北大区 7 个分公司；苏南大区 9 个分公司。

W

汪家玉，男，汉族，安徽铜陵人，19 岁参军，共产党员。广东省劳动模范，深圳装饰集团董事长。全国第五届、第六届优秀建筑业企业经理，中国建筑装饰协会全国优秀经理和优秀企业家，深圳首届创业企业家，优秀共产党员等多种荣誉。广东省劳动模范，全国第五届、第六届优秀建筑业企业经理，中国建筑装饰协会全国优秀经理和优秀企业家，深圳首届创业企业家，优秀共产党员等多种荣誉。1983 年 8 月至 1988 年 7 月，汪家玉在深圳市市政工程公司（现为天健集团）党委副书记、书记；1988 年 8 月至 1997 年 11 月任深圳市建筑装饰总公司党委书记、总经理；1997 年 12 月至今，任深圳市建筑装饰（集团）有限公司董事长、总经理。深圳市建筑装饰（集团）有限公司（简称：深装集团）成立于 1986 年 9 月，系建设部核准的国家“双一级”施工、“双甲级”设计企业。已通过 ISO9001、ISO14001、ISO18001 质量、环境、职业健康安全三合一的国际标准管理体系认证。深装集团不仅是国家绿色装饰装修工程标准的起草单位之一，同时也是第一批获得国家绿色装饰装修工程认证的单位。工程业务已发展至全国各地，拓展海外，走向世界。深装集团品牌是深圳装饰行业最早获得“深圳知名品牌”的企业之一。

汪锡明，男，汉族，1984 年东南大学毕业后分配到武汉建筑学院任讲师；1992 年加盟江苏信达装饰工程有限公司先后任副总经理、总经理、董事长；2004 年，投资成立南京口外羊餐有限公司；2003 年，投资成立南京国信林业资源开发有限公司，在溧水县石湫镇明觉林场开发了“农家乐”项目；2008 年，值全球金融危机四伏时，投资成立了江苏金东典当行有限责任公司。江苏省信达装饰工程有限公司在汪锡明的带领下多次荣获“南京市优秀企业”、“江苏省装饰装修行业优秀企业”等光荣称号，汪锡明因在界内的良好口碑，被选为江苏省装饰装修行业协会第五届理事会常务理事，2006年、2008年、2009年三年荣获江苏省建筑行业“优秀企业经理”。

王福涛，男，汉族，东易日盛西南区总经理，EMBA学位，2000年出任东易日盛集团任总裁助理；2001年北京居然之家东易日盛店面经理；2002年东易日盛西北区经理；2003年东易日盛成都分公司总经理；2006年东易日盛西南区总经理；2006年7月移师重庆，负责东易日盛重庆、成都、西安分公司。“东易日盛”创建于1996年，在中国家居产业已形成规模化、专业化、品牌化、集团化、产业化的绝对领先优势。东易日盛集团以“作今日名牌，创百年企业”为宗旨，以东易日盛品牌为平台，以家居产业链为主线，立足在中高端家居装饰设计与施工、材料和家具及配饰供应、房地产楼盘精装修设计、全国性特许经营品牌发展、行业专业研究分析等多个方向，对相关产业领域进行深度家居集成和资源优化整合，构建起中国最具竞争力的装饰产业和品牌梯队，形成齐发并举的战略体系和格局。“东易日盛”已在中国二十个城市成立全资服务机构，在四十一个城市授权成立特许加盟服务机构，品牌影响力辐射全国大江南北。“东易日盛”更借助多家行业系统专业成员，形成了广布全国的家居产业服务网络。

王国宇，男，汉族，江苏省现任上海金鑫装饰有限公司董事长。全球企业人，同盟会会长。退伍军人、“国家一级建筑师”、“中国家居装饰业十强人物”、亚洲商会CEO和全国优秀青年企业家。中国家居装饰业“上海地区十强影响力”人物，汇丰北大创业家EMP的首批成员。上海金鑫装饰有限公司创办于1997年，现为香港金鑫装饰集团在国内的重点设计施工单位。作为国内资深的名牌装饰企业，立足11年来，公司领导与全体员工不断努力创新，在竞争激烈的装饰行业中有了自己稳固而享誉的专业权威地位。旗下的香港圣迪·铭家设计院云集了众多海内外优秀高级建筑装潢设计大师，旨在为每一位尊贵的客户提供最满意舒适的装饰设计服务。公司拥有经验丰富并有着现代意识，凸显个性创新思维的先锋设计师群和专业的管理层人员80余人，技术精湛、实战丰富的建筑装饰施工队近百支。并每年定期举办多种业务培训，不断提高和增强员工服务技能。多年来连获殊荣：被上海装饰装修协会评为“绿色环保定点免检单位”、“诚信承诺单位”、“质量监督放心单位”、“3·15诚信承诺单位”、“上海家居装饰十强实力企业”、“中国十大优秀软装设计机构”、2002—2007年连续荣获“中国质量万里行”质量放心单位等。

王杰，男，汉族，毕业于西安建筑科技大学，本科学历。现任陕西华盛装饰建造工程有限公司总经理。1985—1988年由西安交通大学派往广州建筑设计院从事设计、施工管理；1989—1993年在香港太古工程公司西安喜来登大酒店、香港太古工程公司长安城堡大酒店从事工程、施工管理工作；1993—1996年由香港太古派往辽宁盘锦市从事中外合资盘锦大酒店担任项目施工总负责。1996年至今，在陕西华盛装饰建造工程有限公司任董事长兼总经理，从事企业管理运营工作。陕西华盛装饰建造工程有限公司成立于1996年，是专门从事装饰装修、设备安装、工业与民用建筑、水、电、暖、通及技术咨询开发等工程施工公司。公司注册资金壹仟万元人民币，生产经营用固定资产为290万元，主要机械设备120台件。

王金来，男，汉族，河北人，中共党员，张家口市建筑业协会副会长。张家口市第一建筑工程有限公司董事长、总经理。张家口市第一建筑工程有限公司是2002年新资质就位国家建设部审定的一级资质施工企业，也是张家口市首家国有施工企业实行股份制改革成功的单位。公司总部下设十个基层单位，具有土木建筑、设备安装、建筑装饰、泵送商品砼、砼制品加工、土方机械施工、塑钢门窗生产、电梯安装、模板租赁、消防安装服务、宾馆等综合经营生产能力。并具有承包境外工民建筑、输出劳务和境内国际招投标工程的资质。随着技术进步、市场发展、管理创新，企业综合实力逐年提高，公司目前已达到年完成产值3亿元，竣工工程30多万平方米以上的经营规模和水平。现有职工3 077名，各类工程专业技术。人员500余名。公司机构设置分为：外埠公司、水电安装公司、装饰公司、机械施工公司（包括商品砼搅拌站）、综合加工厂、劳务公司、房地产开发公司、附属企业公司、建筑宾馆。机关设有15个职能部室。

王松青，男，汉族，北京九源三星总经理。1985年毕业于合肥工业大学建筑系，获工学学士学位；2006年毕业于香港城市大学建筑系，获理学硕士学位；1986—1987年在核工业部第二设计研究院担任助理建筑师；1987—1992年中京建筑事务所，建筑师，室主任；1992—2000年北京龙城建筑设计事务所，一级注册建筑师、总经理；2000—2002年九源建筑设计有限公司，一级注册建筑师、总经理；2002年至今，北京九源三星建筑师事务所，一级注册建筑师、执行董事、总经理，本公司为双乙级设计施工资质。可承接1 500万元以内的工程。2005年在西安注册北京九源三星建筑师事务所西北分部，该所是北京市第一批成立的合伙人制的综合甲级建筑师事务所之一，在体制上更接近国际模式，有着很强的技术实力及丰富的设计经验，同时具有高效的管理机制。现致力于为西北提供优质的建筑规划设计。九源三星设计公司（综合甲级）拥有优秀的百人设计团队，均为注册建筑师。工程师，为您提供高效率，高品质的建筑规划设计方案及其配套的装饰设计和施工服务。

王涛，男，1980年出生，本科学历，现任武汉文涛装饰设计工程有限公司董事长。1996年入选湖北省青年男子排球队，参加全国第七届运动会，获得第三名；1997年入选中国青年男子排球队，参加世界青年男子排球联赛，获得第三名。1999年结束运动员生涯转战商海。2000年创办武汉文涛装饰设计工程有限公司，2001年创办武汉文涛体育咨询有限公司，担任董事长职务现任武汉文涛装饰设计工程有限公司董事长。武汉文涛装饰设计工程有限公司所成立于 2003 年，自成立以来，公司始终致力于为客户提供最专业的服务，在人员配备、团队建设、资源整合等方面进行了大量努力。1996 年入选湖北省青年男子排球队，参加全国第七届运动会，获得第三名；1997 年入选中国青年男子排球队，参加世界青年男子排球联赛，获得第三名。

王玉，男，汉族，内蒙古，现任星云装饰公司总经理。恪尽职守，爱岗敬业，秉公执法，刻苦钻研，认真工作，积极投身于建筑装饰业，大力开发，开创了星云装饰的新局面，在平凡的工作岗位上，做出了不平凡的工作成绩，为呼和铁建和星云装饰公司的发展作出了积极贡献。内蒙古呼和浩特市星云装饰工程有限责任公司是中国铁路工程总公司第六工程局呼铁建设公司下属专业装潢设计、施工企业，公司具备建设部颁发的二级施工资质。公司具备各类专业技术和管理人员 55 人，其中中高级技术人员 40 人，国家一级资质项目经理 3 人，二级资质项目经理 15 人，年装饰装潢工程施工能力 3 000 万元以上。

魏俊友，男，大学文化，汉族，龙发装饰重庆公司总经理。2002 年在北京进入龙发，后任成都分公司经理，在 2006 年 7 月份调入龙发装饰重庆分公司任总经理，龙发装饰集团创立于 1995 年，是以装饰装修为主营业务的集团化大型企业，经营范围包括装饰装修、商务贸易、家居产品生产和物流配送四大产业模块，多年来一直保持快速、稳定的发展态势。龙发集团在全球范围拥有近五万名员工，为广大消费者提供装饰设计、装饰施工、材料配送、家具生产、家居饰品、家居商品贸易等综合性家居服务，被广大消费者赞誉为“值得信赖的家居集成服务专家”北京龙发装饰公司一直把开发大西部作为公司重要经营策略之一，重庆龙发装饰公司是隶属于北京龙发装饰公司的一家直营分公司。自 2003 年进驻重庆以来，凭借公司的雄厚实力和成熟管理运作，迅速占领重庆市场，赢得了山城人民的厚爱与信任。北京龙发装饰公司是专业从事建筑装饰装修设计施工的国家二级企业；是一家集装饰设计、工程施工、家具制作、家居饰品开发为一体的综合性大型企业。龙发集团自成立以来殊荣卓著，现为中国建筑装饰协会会员单位，相继荣获“消费者满意单位”、“售后服务信得过企业”、“中国建筑装饰行业优秀标兵企业”和其他多种国家级荣誉称号。

闻爱平，男，1962 年 11 月出生于南京，中共党员，汉族。1980—1984 年，云南某空军雷达部队服役，（1983 年入党）；1984—1988 年，退伍后回南京经商创业，卖装饰材料，经营五金制造厂、汽配商店；1988 年至今，南京中保龙装饰公司、中保龙大酒店、中保龙装饰城董事长。部队服役期间五次立功受奖，1984 年被评为团级优秀共产党员；“秦淮区再就业创业明星”；“南京市企业家协会会员”；“江苏省企业家协会会员”；“江苏省装饰装修行业优秀企业家”；“南京市消费者协会理事”；“应天学院客座教授”。南京中保龙装饰工程有限公司是专业从事家庭、商住、办公楼、星级宾馆等各类中高档建筑装潢工程的装饰企业。公司始创于 1988 年，经过十几年的奋斗，现为国家建筑装饰 2 级企业；南京市政府 AAA 级重合同守信用企业；多项作品荣获省市级装饰设计大赛金、银奖；多项工程获省市级优质工程奖；顺利通过 ISO9001 国际质量管理体系认证、ISO14001 国际环境管理体系认证。公司现有办公经营场所 6 千多平方米，集装潢、建材、家具、橱柜、配套装饰用品于一体，从咨询、洽谈、设计、施工、售后，可为客户提供完善的全方位一站式服务。拥有厂房 9 800 平方米、设计管理人员 280 名、施工人员 1 200 余人、固定资产 1 000 多万元。下设二个分公司，及位于茶南拓园路 24 号的中保龙大酒店。

吴秉琪，男，1971 年 12 月生人，汉族，籍贯山东省，中共党员，建筑装饰国家一级建造师，建筑装饰高级工程师。现任上海优高雅建筑装饰有限公司董事长。数年来，上海优高雅的业务获得了长足的发展，连续 11 年被评为“上海市信得过建筑装饰企业”，施工了一批在业内获得赞誉的精品项目，培养了一批专业的建筑装饰人才，为行业及社会作出了贡献，使得“优高雅”品牌成为业内认可的知名品牌。1993 年加入华润集团属下优高雅有限公司，1999 年担任优高雅有限公司董事总经理，并担任上海优高雅建筑装饰有限公司副董事，2000 年起至今担任上海优高雅建筑装饰有限公司董事长，并兼任华润励致洋行家私（珠海）有限公司香港控股公司董事长，北京优高雅装饰工程有限公司董事长、深圳市优高雅建筑装饰有限公司董事长、成都优高雅建筑装饰有限公司董事长。2006 年担任励致洋行家私（珠海）有限公司香港控股公司董事长，上海优高雅建筑装饰有限公司系总部在香港的优高雅有限公司内地的一家分公司，总公司香港优高雅有限公司为香港华润（集团）100%控股公司。公司资质为“国家建筑装修装饰工程专业承包一级”公司。2008 年通过建筑业 ISO9001—2000 质量体系认证，并连续 8 年获得“上海市信得过企业”的荣誉称号。

吴建红，女，1974 年 8 月出生，抚州南城人，汉族，大学本科学历。现任诚品风尚空间美学设计工程有限公司执行副董事。诚品风尚空间美学设计工程有限公司是一个集合了来自市场营销、品牌识别管理及室内建筑装饰设计等多个领域，拥有丰富的设计与施工管理经验的团队组成的空间美学整体设计、施工和软装配套服务机构。主要致力于企业办公空间、房地产销售接待空间及样板房、商业展示空间、酒店会所、名流会所、高档住宅等的设计施工及配套装饰服务。在不同的室内建筑空间的创作中和客户的肯定中不断的成长，并给予了客户更完善和全面的配套服务。诚品风尚每一项设计工作都是在品牌顾问、营销顾问、美学顾问等专业顾问辅助下的一次全新探索和实践，而非因循抄袭。每一次设计服务都被我们赋予“文化的传承、品牌的延伸、形象的塑造、概念的探索以及营销的推动”。

吴晞，男，1954 年 9 月生人，福建人，汉族，大学本科学历，现任北京清尚建筑装饰工程有限公司董事长兼总经理、清尚环艺建筑设计院院长。他于1981年毕业于中央工艺美术学院，先后担任过装饰艺术系副主任、校产办主任、院长助理等职务，中央工艺美术学院并入清华大学后任清华控股有限公司副总裁兼清尚公司董事长、总经理。在他的带领下，企业开拓进取、不断创新，2010年清尚装饰公司产值达到11.6亿元，清尚设计院产值达到1.55亿元。2005—2009年企业连续5年名列全国建筑装饰行业100强。近三年来，新保利大厦、奥林匹克国家会议中心、北京电视中心、北京清华科技园会所、北京燕莎奥特莱斯购物中心C座等项目先后获得中国建设工程鲁班奖、全国建筑装饰工程奖、北京市建筑装饰优质工程奖。2005年清尚公司承办了中国建筑装饰协会“IAID建筑装饰设计国际高峰论坛”。2006年配合北京市建筑装饰协会，多次承办设计师沙龙活动。清尚公司一贯积极推进企业间的文化交流和设计专业交流，在建筑装饰行业中起到了学术带头作用。

吴杨，汉族，籍贯北京市。现任中铁建工集团北京装饰工程有限公司总经理现任中铁建工集团北京装饰工程有限公司总经理，一直以来坚持以人为本，诚信经营，科学管理，创新管理模式，提升管理水平，以诚信铸品牌，以质量拓市场，以创新谋发展，依靠严格的管理带领公司成为装饰队伍的一支铁军。中铁建工集团北京装饰工程有限公司原名中铁建厂工程局装饰工程总公司，成立于1985年5月。现系建筑装饰装修工程专业承包一级、建筑装饰设计甲级、建筑幕墙工程专业承包一级、金属门窗工程专业承包二级、机电设备安装工程专业承包三级、建筑智能化工程专业承包三级、房屋建筑工程施工总承包三级施工企业。

X

徐文卫，男，1999年3月出生，汉族，宁波建工集团总经理，从宁波建乐建筑装潢有限公司副总经理、总工程师调任宁波市建筑安装集团总公司质量技术处处长，2000年12月，任集团总公司总工程师、副总经理，2003年12月任宁波建工集团有限公司董事、总经理。从宁波建乐建筑装潢有限公司副总经理、总工程师调任宁波市建筑安装集团总公司质量技术处处长，2000年12月，任集团总公司总工程师、副总经理，2003年12月任宁波建工集团有限公司董事、总经理。目前担任浙江省土木建筑学会常务理事、宁波市土木建筑学会常务理事、宁波市建设青联副会长、宁波市土木建筑学会施工学术委员会副主任委员、宁波市城市建设工程专家咨询委员会专家和宁波市重点建设项目检查和稽查专家，宁波工程学院、浙江大学宁波理工学院客座教授，2005年度浙江省工程建设质量管理先进工作者、2006年度浙江省优秀建筑企业经理，宁波市江东区第九届人大代表。指导集团公司承建的一批重大工程项目的技术质量工作，审批项目的施工组织设计和专项施工方案，组织开展技术指导和质量监督活动，其中1项工程获国家“鲁班奖”优质工程，5项工程获全国优质装饰奖，8项工程获全国优秀安装工程，21项工程获浙江省“钱江杯”优质工程，22项工程获得浙江省优秀安装质量奖，26项工程获得宁波市“甬江杯”优质工程。

Y

杨海生，男，汉族，陕西省。陕西第六建筑公司董事长。曾经担任第三分公司经理、兼任渭南电信生产楼项目经理，2004年3月，杨海生走上了公司经理、党委书记的工作岗位，现任陕西第六建筑公司董事长。1992年6月进入陕西省第六建筑工程公司工作以来，凭着青年人的勇气和锐气，靠勤奋和智慧赢得了大家的赞扬，从一名普通管理者成长为企业的董事长、党委书记。评为陕建集团劳动模范、省“十大杰出青年”、省杰出人物、全国优秀项目经理、全国优秀施工企业家等殊荣，享受国务院批准的政府特殊津贴。陕西省第六建筑工程公司创建于1952年，隶属于陕西建工集团总公司，是国有一级房屋建筑工程施工总承包企业、国有一级市政公用工程施工总承包企业和国有一级钢结构工程专业承包施工企业。可承担大型工业与民用建筑、市政公用工程、钢结构工程、水利水电工程、装饰工程、地基与基础工程、防水工程、消防设施工程。

杨年坤，男，出生于1953年，汉族，桂林市联坤商贸开发有限公司董事长。于20世纪70年代在天津警备区服兵役，后在县供销社、我市企业派出所工作。20世纪90年代末下海，创建市联坤商贸开发有限公司并担任董事长兼总经理。现任桂林市市场协会会长。他以40多岁的年纪毅然辞去公职，投身市场经济的大潮中，创建了我市第一家由民营企业投资兴办的铁西装饰建材批发市场。此后采取滚动发展方式，经过十年的拼搏，逐步探索出一条适应企业发展的品牌经营模式，形成了一套成熟的市场开发运作机制，在我市和柳州等地成功开发多家装饰建材批发市场。联坤公司成立于1998年4月，是以经营商业地产为主，以物流和房地产综合开发为辅。相继开发了桂林铁西装饰建材市场、桂北装饰材料建材市场、桂北装饰建材第二市场、铁西东区装饰建材市场，柳州西环装饰建材市场等五个装饰建材专业市场，经过近十年的努力拼搏，打造了“联坤家居”品牌，确立了市场的领导地位，赢得了广大消费者的信赖和社会各界的赞誉。

杨寿波，男，汉族，贵州省，深圳海外装饰工程有限公司董事长。深圳海外装饰工程有限公司成立于1981年，是中国装饰行业第一家专业企业，具有建筑装饰一级施工和甲级设计资质，中国建筑装饰行业AAA等级信用企业、深圳市AAA等级信用企业，是中国建筑装饰协会发起及常务理事单位，深圳市装饰行业协会副会长单位和北京市建筑装饰协会副会长单位。公司获得“全国优秀施工企业”、“全国用户满意施工企业”、“全国绿色装饰装修施工示范单位”、“全国诚信建设优秀施工企业”、“重合同守信用企业”、“中国建筑装饰行业信息化建设先进单位”等80多项市级以上荣誉。秉承“创新高效”的核心理念，海外装饰鼓励创新，重视技术研发、推广和应用，并以工法委员会为代表，形成了以技术发展部为核心、呈树状分布的技术网络体系，完成了《装饰材料验收手册》、《建筑装饰标准施工工艺》、《建筑装饰环保施工标准》、《建筑装饰标准施工图集》等一系列的技术资料，全面应用于所有施工项目。其中14项施工工艺规范被纳入中建总公司编制的装饰板块，总结提炼的33项施工工艺标准，涵盖了装饰行业的所有施工领域，超越了国家验收标准，在行业中处于领先地位。

杨有诗，男，1954年10月1日生人，汉族，高级经济师，中铁十四局集团公司，现任中铁十四局集团有限公司总经理、党委副书记、副董事长。1972年11月入伍，历任铁道兵四师十八团战士、班长、排长、副政指、连长、副营长；1984年铁道兵集体并入铁道部后历任铁道部第十四工程局三处副段长、科长、段长；局直属管理处副处长兼机械化施工公司经理；铁道部第十四工程局五处副处长兼机械化施工公司经理、处长、处长兼党委书记；1999年9月至2001年12月任中铁第十四工程局副局长、局长；2001年12月起任中铁十四局集团有限公司总经理、党委副书记、副董事长。先后荣立四次三等功，获得铁道部火车头奖章山东省优秀企业家、全国优秀企业经理和全国优秀项目管理工作者等称号。公司先后入选“中国各行业规模综合效益前200位企业”、“全国建筑系统经营业额前200位企业”、“全国优秀施工企业”、“全国思想政治工作优秀企业”、“全国模范职工之家”、“全国安康杯竞赛优秀企业”、“山东省省级重合同守信用企业”、“山东省特级（AAA）信用企业”、“山东省重点工程建设先进单位”、“山东省现场管理样板企业”以及“济南市纳税明星企业”等荣誉称号。

姚小东，男，1967年生人，汉族，河北省，河北唐山人。河北滦河实业集团有限公司董事长。先后荣获“全国第三届优秀青年兴业领头人”、“中国改革之星——全国25位最具改革理念的企业家”、“中国改革之星”、“中国民营企业杰出代表”、“河北省首届十大杰出青年民营企业家”。先后荣获“全国第三届优秀青年兴业领头人”、“中国改革之星——全国25位最具改革理念的企业家”、“中国改革之星”、“中国民营企业杰出代表”、“河北省首届十大杰出青年民营企业家”、“唐山市十大杰出青年”、“河北省希望工程先进个人”等一系列荣誉称号。当选为唐山市人大常委、唐山市政协委员、唐山市工商联副会长、河北省光彩事业促进会副会长、全国青联协会委员等。河北滦河实业集团有限公司，是以生产钢铁、建材产品为主的多元化经营的综合性企业集团：总资产20亿元，年产值超过30亿元，员工7 000余名，大中专以上学历，中高级专业技术人员占三分之一。

叶大岳，男，汉族，深圳远鹏装饰设计工程有限公司董事长。经深圳市政府企业评价权威机构评价获“深圳装饰行业综合实力十强”称号，并连续十年被深圳市工商行政管理局认定为“重合同守信用企业”，多次被行业协会评为“优秀企业、优秀会员单位”等荣誉称号；2002年度、2003年度连续两年成为全国建筑装饰行业百强企业前十名。曾先后就职于广东省陆丰县食品公司、广东省汕头市社会劳动保险公司、深圳金田实业股份公司，直至1993年成立了深圳远鹏装饰设计工程有限公司，并先后任公司的董事长及总经理职务。深圳远鹏装饰设计工程有限公司成立于1993年的深圳远鹏装饰设计工程有限公司。远鹏已发展成为一间技术力量雄厚、设备设施齐全、组织机构完美的大型装饰设计施工企业。雄居晋升国家建筑装饰施工一级企业、甲级设计单位前列；同时具有建筑幕墙施工专业承包一级、建筑幕墙专业设计甲级、金属门窗工程专业承包一级，以及机电设备安装一级、智能化工程设计与施工一级、中国建筑装饰百强企业、2005—2009年全国建筑工程装饰奖明星企业（排名第12）、AAA资信等级企业、深圳知名品牌、ISO9001、ISO14001、OHSAS18001国际互认取证单位、钢结构三级、消防设施工程专业承包三级等专业承包资质；并连年获得深圳市工商局评选出的“重合同，守信用”企业光荣称号。

叶东鲁，男，1965年生人，汉族，籍贯北京市。高级工商管理硕士，中国农工党党员，现任北京远洋中广建筑装饰工程有限公司董事总经理。从1998年成立远洋装饰至今，他带领一班人把一个年营业额不足1 000万元的建筑装饰企业，发展成为年营业收入达到近7亿元的行业知名企业。该企业已经持有国家建设部颁发的装饰施工一级资质和装饰设计专项甲级资质，并在2003年率先在同行业中通过了健康、质量和环境三项认证证书；首批获得了由工商局和建筑业联合会颁发的“守信企业”证书。曾数次荣获“全国建筑装饰优秀企业家”称号。北京远洋中广建筑装饰工程有限公司（以下简称远洋装饰）成立于1998年，注册资金5 000万元。持有国家住房和城乡建设部核发的建筑装饰装修施工一级、专项设计甲级资质。是中国建筑装饰协会理事单位、北京市勘察设计协会团体会员和国家建筑装饰专家组成员单位、北京市建筑装饰协会副会长单位。

叶盛芦，男，汉族，大学文化，一级建筑工程师，广州市荣合装饰设计工程有限公司总经理。多年来，我们一贯秉承“以人为本，信守承诺”的方针，服务于千家万户，先后完成了几十项大型工程，如：香江装饰广场（商场）、金海马家具城、机电公司国际名车城、运输局通业大酒楼、客家王广州二分店酒楼、现代之窗写字楼装修、数康威生物科技公司写字楼装修、莲塘华景苑别墅等等装饰工程，都体现了我公司独特的设计风格以及精湛的施工工艺。广州荣合装饰设计工程有限公司执行董事兼总经理。广州荣合装饰设计工程有限公司隶属荣阳铝业集团，是一家集铝合金窗生产、玻璃幕墙制作、室内外装饰设计与工程施工的专业化公司，是广州市建筑装饰协会会员单位之一。2004年9月获得中国建筑装饰协会诚信企业和全国装饰装修优秀企业称号。

游文庆，男，汉族，出生于1967年，本科学历，中国奥园地产集团股份有限公司总裁。历任番禺梅山糖业总公司干部、广东关键广告公司总经理、番禺市金业酒店总经理、广州市番禺金业房地产开发有限公司副总经理、广东金业集团有限公司副董事长兼总经理。现任广东奥园置业集团有限公司副董事长、总裁。中国奥园地产集团股份有限公司（中国奥园或本公司）及其附属公司（本集团）十多年来以创新的复合理念开发房地产项目，把低碳、运动、养生的健康生活概念带入居住社区。其后，本集团引入美国投资基金国泰财富成为主要股东之一，并于2007年10月9日在香港联合交易所有限公司（联交所）主板上市，成功迈向国际资本市场。本集团持有的房地产项目主要分布于广东省（包括番禺、南沙、清远、中山等）、北京、沈阳，其余为重庆、广西及江西等。本集团的战略布局，以珠三角、长三角、环渤海、北部湾和中西部等内地五大经济圈为核心，实施区域聚焦。本集团确立了今后的发展方向：秉持“构筑低碳健康生活”的开发理念，在产品研发上建立了一整套“低碳健康住宅”技术支持体系。

余国令，男，汉族，新加坡籍华人，现任上海美特幕墙有限公司董事长；1993年8月与上海建材集团总公司建立中新合资公司。上海美特幕墙有限公司是新加坡AMTRONIC有限公司与上海建材集团共同建立由外方控股的中外合作企业，是国内生产规模及应用技术均处于领先地位的大型建筑幕墙专业系统工程公司。在他的带领下2002年度获上海市建筑工程特别“白玉兰”奖，2003年度获建筑工程“鲁班奖”。设计的上海国际会议中心外幕墙创造了外立面的三个上海之最。承建的晋江市电力大厦2003年度获中国建筑工程“鲁班奖”。

郁万恒，男，汉族，山东利德装饰工程有限公司董事长。1997年，筹资创办了山东利德装饰工程有限公司，该公司是集装饰工程公司、园林绿化公司、装饰材料公司、复合肥生产于一体的综合性公司，注册资金660万元，在国际金融风暴正向实体经济蔓延的不利条件下，投资2 600万元投产两条年产5万吨的复合肥生产线项目，成立了“临沂恒丰肥业有限公司”，被评为“区先进党支部”，他本人也先后多次被评为“党务先进工作者”、“优秀共产党员”等荣誉称号。现任山东利德装饰工程有限公司、临沂恒丰肥业有限公司董事长，临沂市河东区凤凰岭街道郁黑墩村党支部书记、村主任，第十三届政协委员。山东利德装饰工程有限公司，成立于1997年，注册资金为660万元。公司具有国家核准的室内外装饰工程二级资质，下属设有一家临沂最早品种最全的大型装饰材料公司，具备承接三星级以上的公建工程和家居别墅装饰工程的技术能力，公司先后成为中国建筑装饰协会会员单位、临沂装饰行业协会理事单位，被有关部门评为“消费者信得过单位”、“重合同、守信用企业”，并被授予“希望工程爱心企业”等荣誉称号。

袁翼锋，男，汉族，大专学历，现任南昌金巢装饰工程有限公司总经理。1977年12月出生于江西省丰城市一个建筑世家，祖父曾是江西省一建元老。毕业后毅然决然的选择踏入建筑这个行业。摸爬滚打几年，凭着自己对事业的一份热情与执著和对人生理想的追求，创办了几家实体公司。也算是有一些收获。人生就像是波峰和波谷，会有起伏，会有高低。而更多的不是在乎结果，而是在起落之间的那份淡定与从容。1997年，在武汉市开办了“实德家具厂”，1999年在福建三明市创建自己的第一个“富丽装饰公司”，2005年在广东省揭阳市创建一家“横宇五金公司”，2008年在江西丰城市创办了“艺峰装饰公司”，2010年在江西南昌市创办了“南昌金巢装饰工程有限公司”至今。

袁煜昊，汉族，男，1970年出生，黑龙江人，西南财经大学EMBA，1992年毕业于东北重型机械学院；现任昊童集团董事长，北京黑龙江企业商会副会长，北京广西企业商会副会长，荣获第九届中国时代十大创新企业家。1998年成立天津福瑞德商贸有限公司和北京京津塘瓦特斯阀门有限公司，并在国内阀门销售行业中首家通过了ISO9001质量体系认证；2004年增设分公司天津塘沽阀门有限责任公司北京销售处，并于同年8月取得国家级“质量、服务、信誉AAA级企业”证书，是奥运及全国重大建筑工程推荐的专业阀门销售企业，产品被人民大会堂、国家大剧院及大部分北京奥运场馆采购使用；2005年成立昊童世纪（北京）科技有限公司；2008年昊童世纪（北京）投资管理有限公司；2008年与德国赫迈斯阀门工贸集团达成合作协议，建立了长期的战略合作伙伴关系；2009年引进德国赫迈斯先进的阀门技术，在广西北海建立广西北海赫迈斯阀门有限公司，成为赫迈斯阀门在中国的生产基地；2009年成立北京赫迈斯阀门有限公司，作为赫迈斯阀门在中国的营销和策划中心；2009年6月入股大庆建安集团有限公司西南分公司；2009年又成立了广西南宁昊童电子科技有限公司；2009年昊童集团在北京成立。

Z

张爱勇，男，汉族，爱华建设工程有限责任公司董事长，1996年他自筹资金3 600万元创办了吉林省爱华建设工程有限责任公司、吉林省爱华房地产开发有限责任公司、松原爱华科技发展公司、松原市华远贸易公司，实现经济效益近千万元。现任爱华建设工程有限责任公司董事长，吉林省爱华房地产开发有限责任公司董事长、松原爱华科技发展公司总经理、松原市华远贸易公司总经理，松原市人大代表、松原市城乡建设和环境资源保护委员会委员、松原市青年联合会副主席、吉林省青年联合会常务理事、吉林省青年企业家协会副秘书长。爱华建设工程有限责任公司属国家建设部批准的工民建设二级企业，公司先后获得省、市多项荣誉。他本人先后获得“吉林省百名创富人物”、“第六届松原市十大杰出青年”等荣誉称号。

张庆波，男，汉族，辽宁人。任鲁迅美术学院艺术工程总公司经理，公司成立以来稳步发展，取得了丰硕成果，创造了巨大经济效益，设计作品多次获得国家及省市各项大奖。北京人民大会堂“辽宁厅”设计，“九·一八”历史博物馆、青岛文化博览中心、辽宁彩电中心等设计获全国室内设计大展金奖；“九·一八”历史博物馆和居室设计分别获中国室内设计大奖赛巴斯夫杯二、三等奖，辽宁省总工会办公大楼装饰工程获东北三省市优质奖、国家鲁班奖，公司多次获得省市先进施工企业、十优企业、优秀设计单位荣誉称号。1997年起至今任教于鲁迅美术学院装潢艺术设计系，2002年起至今任鲁迅美术学院艺术工程总公司经理供职机构，鲁迅美术学院艺术工程总公司是鲁迅美术学院创办的综合性实体，成立于1993年10月。装饰工程设计为甲级，建筑装饰施工为二级企业，已通过ISO9001质量体系，ISO14000环境体系认证。该公司以学院为依托，拥有全新的设计系统，综合的施工配套队伍，先进的信息网络，完善的服务系统，有一支高水准的专业设计队伍。近几年来，公司员工不断努力，承接了诸多重大工程项目。

张卫东，男，汉族，籍贯湖北省，现任襄樊金华建材总经理。襄樊安华卫浴专卖店公司主要经营等品牌，洁具等产品系列，并提供一流产品，服务，优惠的价格。中加合资的安华陶瓷洁具有限公司，位于南国瓷都——佛山市高明区，占地面积400余亩，年产陶瓷洁具350多万件，浴缸、淋浴房、龙头等卫浴设施150多万套。公司现有员工4 500多人，是国内规模最大的专业陶瓷卫浴生产企业之一。安华是国内最早通过ISO9001质量管理体系认证的卫浴企业，拥有一整套科学完善的管理体系，涵盖了从产品设计、原料采购、生产过程到售后服务的每一个环节，确保了安华卫浴的高品质。“比顾客想得更多，不断提高档次，做卫浴名家”是安华卫浴的品质理念。卓越的品质、完善的服务，让安华先后获得《中国著名畅销品牌证书》、《国际标准认证证书》、《环保陶瓷证书》、《建材产品放射性检验合格证》、《工程建设推荐产品证书》、《中国高级卫生陶瓷洁具产品证书》、《全国消费者信得过产品证书》、《全国质量诚信示范企业》、《国家建材科技开发中心指定卫生洁具定点科技开发生产基地》等几十项权威认证，显示出安华雄厚的实力与辉煌的业绩。

张志龙，男，汉族，大学学历，广东星艺装饰（厦门）有限公司总经理，优秀企业家；根植诚信，致力专业，积极创新，从1996年以来，所创造的“亲情空间”、“文化空间”、“智慧空间”、“可收藏空间”、“太和居”、“阳光厅”、“水木清华”、“把家当城市来设计”、“空间的哲学美”、“设计幸福”等空间文化理论，从理念上升到空间哲学层面，一直引领着中国家居文化的创新发展。力倡力导的“绿色家装”、“家装文化节”、“装修质量锤”、“全国质量联和”、“低碳家居”等经营和自律理念，不断推进行业的发展和规范。广东星艺装饰集团前身为广东星艺装饰有限公司，于1991年在广州创立。本集团属国家建筑装饰设计乙级、施工二级资质企业和ISO9001国际质量体系认证单位。经国家工商行政总局商标局注册，“星艺装饰”为品牌商标标识。“星艺装饰”分别为广州市和广东省的“著名商标”。本集团为中国建筑装饰协会常务理事单位、中国建筑装饰协会住宅委员会副主任委员单位和中国建筑装饰协会设计委员会副主任委员单位。

周程万，男，汉族，湘东涂料建材商行董事长。2003年度湖南建材行业十大风云人物，从业十五年，拥有1 200多平方米的营业场地，经营多乐士、青竹等10余种国产名牌漆，2006年湖南省室内装饰材料业十大杰出风云人物。工作湘东涂料建材商行是一家专业经营建筑装修漆、家具漆、内外墙漆的涂料销售公司。她拥有15年的涂料销售经验，经营国内外多种名牌油漆，并拥有一套完整的，行业领先销售管理队伍。湘东凭借“以人为本”的宗旨，把销售网络遍及全省各地，在长沙、湘潭、株州、常德、岳阳、益阳、衡阳、怀化、永州、郴州等地都有自己的销售网络。连续三年获得ICI在中国的十大金牌客户的荣誉称号，坚守以人为本的宗旨，将销售点扩大到地市，是全省网点最多的涂料经销商。

朱建国，男，1958年12月生人，汉族，本科学历，新疆北新路桥建设股份有限公司董事长高级工程师，一级建造师，享受政府特殊津贴专家。历任新疆生产建设兵团建工师二团机械运输公司总经理；新疆生产建设兵团建工师二团副团长；新疆生产建设兵团建筑安装工程总公司商品砼公司经理；兵团建工集团特机分公司总经理。现任本公司董事长，兵团建工集团董事、总裁兼法定代表人。新疆北新路桥建设股份有限公司是2001年设立的一家拟上市公司，目前注册资本14 195万元。公司前身——兵团建设集团特种机械工程公司始建于1995年2月，经过14年的努力，已由成立之初完成营业收入500万元，净资产500万元发展到2008年底完成营业收入16.47亿元，净资产2.2亿元，总资产12.15亿元。

朱力庆，汉族，出生于浙江温州，江南嘉禾装饰工程有限公司董事长。从国有企业辞职下海，1991年来成都创业，相继销售服装，代理自动化元件，生产消防设备，创办鞋机厂，均功亏一篑，却执著于“只要信誉好，迟早会成功”的信念，愈挫愈勇。近年转而经营江南嘉禾装饰工程有限公司，靠质量和信誉赢得客户，靠奉献和口碑拓展业务，事业蒸蒸日上。现任四川省浙江商会副会长、四川温州商会副会长、资阳海岸生态投资有限公司董事长、四川江南嘉禾装饰有限公司董事长。现任四川省浙江商会副会长、四川温州商会副会长、资阳海岸生态投资有限公司董事长、四川江南嘉禾装饰有限公司董事长。嘉禾装饰集团，中国装修品牌10强，具有国家建筑装修装饰工程一级资质，是一家提供硬装和软装一体化和谐家装服务，为人居服务为己任，集设计、施工、家装工厂化、主材供应、室内装饰为一体，全面实施中国家居WDMA标准化运营系统的专业品牌装饰集团。

朱兴良，男，出生于1959年5月，工程师，苏州城建环保学院工民建专业，大专学历。苏州金螳螂企业投资发展有限公司董事长兼总经理。中国建筑装饰协会常务理事，江苏省建筑装饰协会副会长。1977年8月至1982年12月，任吴县市文教建筑公司工人、施工管理员；1983年1月至1985年8月，任吴县市文教建筑公司副经理；1985年9月至1987年8月，在苏州城建环保学院工民建专业学习；1987年9月至1988年10月，任吴县市建筑装潢园林工程公司技术科长；1988年11月至1992年12月，任吴县市建筑装潢园林工程公司副总经理，分管工程管理工作；1993年1月至1997年11月，任苏州金螳螂建筑装饰有限公司副董事长兼总经理；1997年11月至2002年4月，任苏州金螳螂建筑装饰有限公司董事长兼总经理；2002年5月至今，任苏州金螳螂建筑装饰有限公司董事长。其中：2001年3月至今任苏州金螳螂企业投资发展有限公司董事长兼总经理。苏州金螳螂建筑装饰有限公司成立于1993年。已发展成为一个融幕墙设计施工、室内设计施工、电器设计施工、家具设计制作、艺术品配套在内的集团化企业。在全国20多个城市承接了大批中高档装饰工程。近年来，相继在北京、上海、南京、重庆、杭州、无锡等地设立了分公司和办事处。公司所做装饰工程多项获得鲁班奖（国优）、全国建筑工程装饰奖、中国室内设计大奖等荣誉。连年获得江苏省建筑业最佳企业等称号。

竺国领，男，1958年11月出生，汉族，中共党员，上海四明投资有限公司董事长。担任“上海市宁波商会副会长”、“上海市奉化商会会长”等社会职务。上海四明投资有限公司董事长。1958年11月生于溪口董溪二村。1976年参军入伍，在南京军区某部服役，1988年转业至上海市工商行政管理局，1992年毕业于中国人民解放军南京空军政治学院工商管理系，2006年提前退休接管家业，打造“四明集团”品牌。上海四明投资有限公司是一家综合性的经营公司，主要从事房地产。市政工程，园林绿化工程，园林绿化设计，园林绿化施工，园林绿化养护；室内装潢。办公楼租摆。居住室内租摆。上海四明投资有限公司积极投身于上海市的绿化工程建设。目前已拥有133万平方米的绿化基地，成功完成了包括嘉定至宝山吴淞口外环线绿带，外环线浦东段绿带，上海松江大学城一期绿化，上海公共卫生中心一号工程等市政绿化。目前不断在扩展业务，主要做小区别墅公园广场道路等景观设计。

城乡规划

B

白德懋，男，教授级高级建筑师，1923年2月出生于上海，原籍浙江镇海。1945年毕业于上海圣约翰大学建筑系及土木系，获建筑工程学士及土木工程学士学位。1947年任上海德士古公司工程部助理工程师；1950—1961年，历任北京市都市计划委员会成员、市建筑事务管理局地用室副主任、市城市规划管理局室副主任；1961年调北京市建筑设计院工作至今，曾任设计室与技术室副主任，北京市政府顾问专家，北京市建筑设计研究院副总建筑师，现为高级建筑师、院副总建筑师；中国建筑学会规划委员会委员、北京土木建筑学会规划委员会副主任委员、澳大利亚皇家建筑师学会名誉会员。他从事城市规划设计与科研工作多年，重点是住区规划与环境设计。主要设计成果有：他与叶谋兆合作提出的住宅设计，获1984年全国城市多层砖混住宅新设想三等奖；北京富强西里小区规划设计，获1989年建设部优秀设计二等奖、国家银质奖；主持规划的北京恩济里小区获得1994年建设部住宅小区试点金牌奖、中国当代环境艺术优秀作品奖和第二届中国建筑学会建筑创作奖；唐山新区11号小区获1994年建设部住宅小区试点银牌奖。后来又主持规划设计了建设部批准的首批五个国家康居示范工程项目之一的北京龙泽苑小区。专著有：1993年中国建筑工业出版社出版的《居住区规划与环境设计》；1996年出版的《恩济里小区规划理论与实践》。发表有论文《居住区规划——人们生活活动的环境设计》等。近年来关注和研究城市的空间环境问题，应用城市设计的理念，结合我国实际，提出改进的建议。

C

仓慧勤，男。学士学位，高级工程师，国家一级注册建筑师。江苏省建筑设计研究院有限公司董事长、总经理。近年来作为项目负责人先后参与过南京奥体中心、省政府援藏工程的江苏—拉萨高原生态园等大型项目的设计。他所在的江苏省建筑设计研究院有限公司是江苏省建筑设计研究院的改制企业，以建筑设计为主，具有国家建筑设计甲级、智能建筑甲级（系统工程设计）、电力行业变配电丙级、景观工程设计、咨询及技术服务等行业资质。公司以精心设计、科学管理、优质服务、持续改进为质量方针，重视技术、质量和服务，已通过ISO9001质量体系认证，在省内外享有良好的信誉。同时与法国、澳大利亚、香港等地的多家境外设计机构进行了良好的合作。公司前身江苏省建筑设计研究院创建于1953年，五十年来，在承接的省内外大量民用和工业建筑设计项目中，有近200项勘察设计作品荣获国家、部、省、市级优秀设计、优质工程、优秀工程勘察和科技进步奖。其中西藏拉萨饭店获国家优秀设计金质奖、建设部科技进步一等奖，南京五台山体育馆获国家优秀设计奖和优质工程银奖，江苏证券大厦获国家优秀工程设计铜奖，标准设计图集《施工说明》获全国优秀工程建设标准设计铜奖、江苏省优秀标准设计一等奖，大面积大柱网双向无黏结预应力混凝土框架结构体系研究获建设部科技进步三等奖。

曹伯虎，男，1983年毕业于河北工业大学土木学院道桥专业，工学学士，正高级工程师，注册规划师。现任天津城市规划设计研究院城市交通研究中心主任。多年来一直从事道路交通规划设计研究工作，主持和参与了京津冀北空间发展规划研究、天津空间发展战略规划研究、天津市总体规划修编、天津城市综合交通规划、国土规划、海河两岸综合开发改造规划、中心城区道路网系统调整规划、滨海新区规划等300多项规划设计项目。《天津市区客、货运枢纽及内环线道路枢纽工程方案可行性研究》，获1991年度天津市科技进步（软科学）研究三等奖；《天津市城市综合交通规划》，获建设部2003年度优秀规划设计成果二等奖；《天津市城市建设发展综合研究》获1995年度天津市科技进步（软科学）三等奖；《天津市区交通发展对策研究》获天津市交通工程学会1995年年会论文一等奖；《葛沽镇规划》获1996年建设部一等奖，1998年度天津市优秀勘察设计一等奖；《天津市中心城区道路交通近期建设规划》获2001年度天津市优秀城市规划设计二等奖。

曹景，男，汉族，学士学位。现任天津市市政工程设计研究院副总工程师。1991年从西安公路学院毕业后，回到天津市市政工程设计研究院工作。在参加工作的十几年中，先后参与和主持了天津市及外埠多项工程的设计工作。在内蒙古呼和浩特市鼓楼立交工程中，初出茅庐的他凭借过硬的专业知识，积极大胆地采用了新颖的桥梁结构，立交视觉效果轻盈通透，该项目获得了铁道部优秀工程一等奖，国家优质工程银奖。1997—1998年，在上海市莘庄立交工程中，他的创新设计节省了巨大的工程造价，该项目获得了上海市优秀设计一等奖、国家优秀设计银奖；1998—1999年，在天津市外环线东南半环改造工程中，他担任桥梁项目负责人。其中津汉立交工程获得建设部优秀设计二等奖；2001—2002年，在吉林市江湾大桥工程中，他和同事们设计出国内领先的桥梁结构体系，荣获2003年度天津市市级优秀QC成果奖和2003年度国家级优秀QC成果奖。从2004年初开始，负责广东佛山城市环线的投标工作。2001年，获得市政工程局首届十大杰出青年称号；2003年被授予天津市新长征突击手称号，并获天津市“十五”立功先进个人荣誉称号；2004年被市政局破格晋升为正高级工程师。并荣获全国归侨侨眷先进个人和天津市“十五”立功先进个人荣誉称号。

陈鹰，男，工学博士，教授，博士生导师。1989年于浙江大学获得博士学位，1995年晋升教授。现任国务院学科评议组成员，国家“十一五”863计划海洋领域专家组成员、浙江大学海洋研究院常务副院长、杭州电子科技大学副校长。任《机械工程学报》等几种国内外学刊编委，并任IODP（国际综合大洋钻探计划）科学委员会EDP分会中国委员等、中国机械工程学会流体传动及控制分会副主任委员等职。1995—1997年，任流体传动及控制国家重点实验室副主任；1997—2001年，任浙江大学机械电子控制工程研究所所长；1999—2006年，任浙江大学机械与力学学科学位委员会主任。目前主要承担深海资源勘探中的机电集成技术、使用清洁能源的压缩空气动力汽车两个方面的国家863项目和国家自然科学基金项目（重点项目）等科学研究工作。2001年赴美国参加由美国自然科学基金委员会组织的东太平洋9N-21N海底火山考察活动，成为中国第一位搭乘美国载人深潜器潜到数千米海底进行实地考察的科学家。入选国家百千万人才工程计划，获得国家教育部优秀教师奖、浙江省有突出贡献的中青年专家、宝钢优秀教师奖、获政府特殊津贴，入选“浙江省151人才工程”第一层次，2002年被授予浙江省青年五四奖章。共获得包括1项国家科技进步二等奖、1项国家优秀教学成果二等奖和4项省部级科学技术奖一等奖在内的国家与省部级科技进步和教学成果奖十余项。共发表学术论文100多篇，被SCI和EI收录的论文近60篇。担任第231次香山科学会议主席、国家自然科学基金委第15期和第24期双清论坛会议主席、第五届杭州流体传动及控制国家学术会议（2001年）组织委员会主席，第二届全国流体传动及控制学术会议（2002年）大会主席等。

D

董乃传，山东省水利系统先进个人；山东省水利系统建设有功人员。男，山东省东营市水利建设工程处处长。1986年7月参加工作，自1999年底任现职以来，他带领支部一班人和全处干部职工大胆实施内部经营机制改革和人员分流；围绕“风险性抵押承包”，出台了全新的经营管理办法，打破分配中的大锅饭，兑现奖惩，调动干部职工创业、奉献的积极性；全年承揽工程26项，完成产值2 200多万元，实现税后纯利润68.9万元，超额完成局下达的20万元的责任目标，创建处以来最高水平。在被誉为“一号工程”的王庄灌区节水改扩建工程建设中，创新的“振动平台生产砼板预制”工艺使干渠衬砌达到较高水平，18个单项工程验收全部被评为市级优良。队伍信誉不断提高，全处面貌出现了喜人的变化。他被评为“东营市十佳职业道德先进个人”、“东营市市直机关优秀共产党员”。

杜雷功，男，汉族，出生于1960年9月，1982年毕业于河海大学（原华东水利学院），中水北方勘测设计研究有限责任公司副总经理、总工程师，教授级高级工程师。主要参加了潘家口水利枢纽初设、技施，马来西亚里瓦古水电站工程设计，尼泊尔那拉扬尼工程技施设计，并主管审查了多项大中型水利水电工程设计成果，内容包括重力坝、电站厂房、桥梁道路、水闸、堤防等，涉及水利水电工程设计的多个阶段。编写、校审大量设计报告、文件及标书，并数次参加招标评标工作。作为主要骨干完成的潘家口水利枢纽二期工程获水利部优秀设计铜奖；潘家口水利枢纽41＃坝段水平裂缝处理获天津市科技进步一等奖。主要论文：《潘家口混合抽水蓄能电站的设计特点(英文)》（论文）、《碾压混凝土筑坝技术应用的新特点》(论文)。

G

高文杰，男，1956年生，河北平山人，汉族，1982年毕业于河北农业大学，教授级高级规划师，注册城市规划师、城市规划学会会员。现任河北省城乡规划设计研究院副总规划师、研究所所长、河北农大兼职教授、河北师范大学兼职教授。主要研究领域为城市规划学，主要研究课题有河北省城市化研究、河北省城镇体系规划研究、京津冀协调发展研究等。自1985年从事城市规划工作以来，对城市科学及其相近领域进行了深入的研究和探讨，取得了一定的研究成果。曾在省级以上专业刊物发表专业学术论文50余篇，其中10余篇被收入各种文集、文库、文摘等。编著有“新世纪小城镇发展与规划”、“都市圈规划概论”、“河北省环京津区域城镇协调发展规划研究”、“河北省历史文化名城历史文化保护区保护研究”四部专著。曾首次提出适应市场经济的“规模规划”的理论，提出快速发展的城市规划应打破时限规划的理念。在城市区域研究中，提出“非整合城镇体系”的概念，为整合城镇体系研究提供了新的方法。学术论文曾获“国际优秀论文”和“世界华人重大学术成果”荣誉，获中国城市经济学会科技成果一等奖，省建设系统优秀论文多项。曾主持大中小城市（镇）规划和区域规划、研究课题多项。研究成果获建设部优秀规划设计三等奖一项，省建设系统优秀城市规划奖20余项，获省建设系统科技进步一、二、三等奖多项，获住房和城乡建设部优秀规划设计奖1项，获得全国小城镇先进工作者称号。

H

胡国光，男，南昌市政公用投资控股（集团）有限责任公司董事长、党委书记。毕业于北京大学，美国福坦莫商学院工商管理硕士学位，高级经济师。1996年9月至2002年7月，任南昌市政公用事业管理局局长、党委书记；2002年7月至2004年5月，任南昌市政公用事业局局长、党委书记兼南昌市政公用投资控股（集团）有限责任公司董事长、党委书记；2004年5月至今，任南昌市政公用投资控股（集团）有限责任公司董事长、党委书记。2004年，被国际名人交流中心授予企业管理成就奖；2005年，被评为“南昌市劳动模范”、“江西省劳动模范”；江西省优秀企业家。他所领导的南昌市政公用投资控股（集团）有限责任公司是经营管理南昌市政公用企业国有资产的国有独资法人企业，拥有职工2万余人，以城市供水、城市供气、城市公交出租、城市市政道路桥梁、房地产业五大板块为核心战略，打造跨地区、跨行业、跨所有制多元化经营的现代一流大型企业集团。企业荣获“2006年度中国优秀诚信企业”、“江西省首届十大爱心单位”、“江西省国有企业创建‘四好’领导班子先进集体”等荣誉。在江西省组织首支供水、供气志愿者抢修队赴四川地震灾区参加抗震救灾，荣获“全国工人先锋号”。

黄晶涛，出生于1967年，满族，1989年毕业于东南大学建筑系，高级规划师。现任天津市城市规划设计研究院总院副院长，厦门分院院长，天津愿景策划与城市设计有限公司设计总监。足迹遍布天津、厦门、昆明、桂林、重庆、上海、南京、青岛等10余座城市。主持并组织过近二百项重要的城市规划以及建筑方案设计、景观方案设计工作；2004年创建了天津愿景策划与城市设计有限公司。完成的设计主要有《天津华明试点小城镇之城市设计》、《厦门钟宅社城市设计》、《漳州发现之旅国际生态协会示范住区规划设计》、《扬州运河公社城市设计》、《上海康桥地区空间发展概念规划》、《天津西沽公园地区城市设计》、《天津和平广场地区城市设计》、《天津原英租界地区城市设计》、《厦门百家村地区城市设计》、《厦门同集路地区城市设计》等。

L

李斌，男，出生于1966年12月，中共党员，高级工程师，国家注册房地产经纪人，研究生，现任山东新兴建筑规划设计研究院院长，市建筑学会建筑结构专业委员会委员，山东土木建筑学会会员。1990年毕业分配至华光集团，历任高新区园区工程技术负责人、集团土建科长、副经理及华光房地产副总经理。期间，大胆采用新技术、新方法，“拱型金属波形屋盖”专利技术和结构应力分析方法率先被应用，是当时国内掌握此技术的少数企业之一。2000年任该院长的期间，强化企业管理、创新经营思路，带领全院踏上了健康发展的快车道，营业额、利润、设备配备总量与技术综合实力分别增长了10倍，9倍、8倍和3倍，成为业内颇具规模和影响力的骨干设计单位，项目多次获得省市表彰，企业连续六年被评为“市优秀工程设计先进单位”，李斌先后荣获“市优秀科技工作者”、“省优秀院长”、“省优秀企业家”等称号，并因成绩突出被潍坊市政府荣记三等功。在国内杂志发表《大体积混凝土基础裂缝与控制》等论文数十篇，《果蔬采后保鲜及无公害处理技术的研究》列入省科技发展计划，在他主持下的项目曾获市级优秀设计奖五项，省级优秀设计奖三项，国家级奖项一项。2008年，李斌获得首届“山东省十大杰出青年勘察设计师”提名奖。

李怀峰，男，出生于1971年9月，中共党员，工程技术应用研究员，1991年同济大学本科毕业。毕业后一直在山东省交通规划设计院从事技术工作，2002年1月起担任院总工程师，2007年8月起担任副院长。参加工作以来，李怀峰共参与完成了1 200多公里高速公路和10余座特大型桥梁的勘察设计任务，获得了包括全国工程总承包银钥匙奖、国家优质设计铜质奖、山东省优秀勘察设计一等奖在内的省部级奖项数十项。主持了近千公里高速公路及多项重点工程的方案评审和确定、设计审查工作，在大跨径斜拉桥、混凝土防腐、大跨径小半径弯桥设计、三维数字地模在设计中的应用、结构空间有限元分析等方面进行了积极探索，并有一定创新。2008年，李怀峰获得首届“山东省十大杰出青年勘察设计师”称号。

李津莉，女，1990年毕业于同济大学城市规划专业，并于2004年获同济大学城市规划专业工程硕士学位，正高级规划师，国家注册规划师。现任天津市城市规划设计研究院副总规划师，第二专家工作室首席规划师。曾多次获得院、局“十佳青年”、突出贡献个人、优秀青年标兵、优秀学术带头人等荣誉称号。由于多年在南方分院工作，也曾承担了厦门城市规划学会理事及厦门市工程评标专家的光荣职责。主持完成城市规划设计百余项，工程项目遍及天津、福建、河北、上海、江西、内蒙古、海南等地区，并多次获得部、市级优秀勘察设计奖。其中：海南万泉河风景名胜区总规获天津优秀规划设计二等奖、福建水头总规获建设部三等奖、江西鹰潭市城市总规获天津市优秀规划设计二等奖。主持编制的"情系百姓"规划成为天津市规划建设工委"十大重点工程"的典范工程，并获院优秀规划设计特别奖。在厦门海沧行政中心及广场城市设计国际竞标、天津海河西沽公园地区城市设计国际竞标、天津大港区东部新城与行政文化中心规划等多项国内外规划竞标中屡屡获胜并成为实施方案。

李俊，新疆华源实业集团有限公司董事长、党委书记，新疆华康制药有限公司董事长，乌鲁木齐市十三届人大二次会议代表。新疆综合实力三十强开发企业优秀经理，中国当代创新人才，中国优秀民营企业家，全国关爱员工优秀民营企业家，国家有突出贡献高级职业经理人。近几年高速成长，已跻身于新疆重点大型民营企业集团，成为自治区实施"优势资源转化战略，走新型工业化之路"的中坚力量。累计开发面积百万平方米，年开发量位居新疆前列。先后开发友好新城、鲤鱼山花园、华美·丽景苑、华美·博奥、华美·文轩家园、华美·怡和等多个精品小区。开发的"华源·国秀家园"成为2007年度疆内最大规模、最具文化底蕴的高品质商住小区。国家康居、节能双示范工程华美·文轩家园被国家建设部授予"规划设计金奖"、"建筑设计金奖"、"住宅成套技术金奖"及"住宅创新奖"四项大奖，被中国土木工程学会、詹天佑土木工程专项基金委员会联合授予"2006詹天佑大奖优秀住宅小区金奖"。所承担的国家建筑节能65%试点项目的研究，经国家建设部评定验收已达到了"国内领先水平"。集团先后被授予"全国优秀民营企业"、"全国优秀诚信企业"、"新疆纳税先进企业"，被乌鲁木齐市政府授予"城市贡献力"大奖。

李昱，男，学士学位，高级工程师，南京市市政设计研究院有限责任公司副总经理。近年来先后参与过新庄立交工程、安徽省滁州市环线工程、新三汊河大桥工程等建设项目的咨询业务。他所在的南京市市政设计研究院于2003年12月26日完成改制转企工作，成立了南京市市政设计研究院有限责任公司。南京市市政设计研究院始建于1985年12月3日，经过20年的发展，现已成为一个具有国家工程咨询甲级、市政公用行业甲级、建筑工程甲级、城市防洪甲级、工程总承包甲级、燃气乙级、公路乙级、人防工程乙级、工程监理乙级和对外承包工程业务资质的综合性科技型设计企业，可承担城市道路、桥隧、给水、排水、环境卫生、公共交通、风景园林、载人索道、热力、建筑、防洪、燃气、公路、人防等工程的咨询、设计、科研、监理、工程总承包以及对外承包工程业务。1998年12月作为江苏省首批贯标试点单位，获得ISO9001质量体系认证注册证书，并连续8年保持认证资格，企业质量管理水平不断提高。建院以来，共获国家、部、省、市设计方案奖和优秀设计奖80多项，部、省、市级科研成果奖和科技进步奖30多项。

刘伟杰，男，上海市城市建设研究院副院长，教授级高级工程师。曾荣获市建设功臣等称号。长期从事设计工作，对道路工程和交通工程有丰富的实践经验和理论基础。担任项目负责人和主持设计的特大、大中型项目达几十余项，其中获国家级优秀设计银奖1项，获国家级优秀设计铜奖1项，国家优质工程银质奖1项，部、市优秀设计和科技进步奖10项。参加了大部分市重点工程的评审，有独到的见解和把握高难技术的能力，在同行业中享有盛誉。

陆引，女，1990年毕业于重庆建筑工程学院城市规划专业，工学学士，2004年同济大学工程硕士，注册规划师，高级规划师。现任天津市城市规划设计研究院副总规划师，厦门分院副院长。主持完成各类城市规划设计项目百余项，其中"厦门市百家村片区改造规划及法定图则"获天津市优秀规划设计一等奖；"海南东郊椰林风景名胜区控规"获建设部优秀规划设计三等奖，天津市优秀规划设计二等奖；"天津市盘山风景名胜区总体规划"获天津市优秀规划设计三等奖。所在的天津市城市规划设计研究院于1989年成立，具有规划和建筑设计"双甲级"资质。2000年通过ISO9001国际质量体系认证。干部职工271人。其中，正高级专业技术职务16人，高级专业技术职务92人，中级专业技术职务82人；注册规划师52人，一级注册建筑师4人，一级注册结构工程师3人；国务院特贴专家7人，天津市政府授衔专家3人。先后编制完成了天津市总体规划、分区规划、控制性详细规划、海河两岸综合开发改造、中心城区综合交通、市域国土、海岸带战略发展、近期建设、绿色家园、情系百姓规划和一大批委托性详细规划。与此同时，面向全国承担了吉林松源、山东文登、山西大同、河南安阳、甘肃临夏、西藏昌都、江西鹰潭等城市总体规划，以及全国各地大量修建性详规的编制任务，城市规划设计成果遍及全国20多个省、自治区的50多个城市。先后参加天津以及广州、福州、厦门等地国际规划方案征集或竞标。规划设计成果两项荣获国家银质奖，部级詹天佑大奖、金奖、提名奖各一项；13项获建设部优秀设计一、二等奖，60余项获市级优秀设计一、二等奖。

罗玲，女，出生于1942年，1963年毕业于北京工业大学道路桥梁专业，现为北京市市政工程设计研究总院教授级高级工程师、总工程师、北京工业大学兼职教授、博士生导师。国家级有突出贡献的专家、设计大师、全国先进工作者、全国十大英杰。中国土木工程学会理事、全国高校土木工程专业教育评估委员会委员、中国公路学会、桥梁—结构委员会副理事长、建设部科学技术委员会特聘委员、北京公路学会桥梁—结构委员会常务理事、全国建筑结构诊断中心技术委员会委员。30余年来，一直从事大型立交桥和城市道路桥梁领域的抗震、减震研究和设计等工作，先后主持或参加了100多座立交桥的设计，如北京"东厢"、"西厢"、"南厢"工程，西北二环改造工程、东三环工程，西客站道路工程，京延高速公路等大型工程，并获多项国家科技进步奖、北京市科技进步奖和建设部科技进步奖以及工程设计金奖、银奖等奖项。

M

马忠良，出生于1935年11月，常州人。1956年4月毕业于南京地质学校大地测量专业，分配到地质部测绘局第二大地测量队工作。湖北省沙市城市规划设计研究院高级工程师。1957年起，先后在国家测绘总局第三大地测量队、湖北地质局测绘队从事大地测量、地形测量等测绘工作。1968年调沙市建设局，从事城市测绘工作，先后在沙市市建设局、规划设计院、城市规划管理处、城市规划设计研究院测量队任队长。1989年任沙市市城市规划设计研究院副总工程师。在测绘行业推出全面质量管理方面作出一定成绩。1968年主持沙市测绘工作后，积极引进专业技术人才，购置各类测绘仪器，使测量队伍和技术力量得到有效发展，完成城市各项测绘。在荆州——沙市城区120平方公里的范围内完成了三等三角控制网，二等水准网及城区53平方公里的1∶1 000比例尺地形图的测绘工作。1984年主持荆州城区1∶1 000比例尺地形的航空摄影测量，为1989年进行航测图更新及1992年沙市开展地籍测量奠定基础，为沙市的城市建设提供可靠的测绘保障。曾获全国城市勘测先进工作者称号。

Q

秦川，男，大学本科。天津市城市规划设计研究院副院长，高级规划师。2004年被评为全国城市建设系统先进个人。近年主要主持完成的重大项目有：天津海河两岸地区综合开发改造规划、天津航空城总体规划、山西省大同城市总体规划修编、福建省泉州市肖厝城市总体规划、天津市绿化环境系统规划、天津五大道地区环境整修规划、天津双马居住区详细规划、天津小白楼地区城市设计等。所在的天津市城市规划设计研究院于1989年成立，具有规划和建筑设计“双甲级”资质。2000年通过ISO9001国际质量体系认证。先后编制完成了天津市总体规划、分区规划、控制性详细规划、海河两岸综合开发改造、中心城区综合交通、市域国土、海岸带战略发展、近期建设、绿色家园、情系百姓规划和一大批委托性详细规划。先后参加天津以及广州、福州、厦门等地国际规划方案征集或竞标。规划设计成果两项荣获国家银质奖，部级詹天佑大奖、金奖、提名奖各一项；13项获建设部优秀设计一、二等奖，60余项获市级优秀设计一、二等奖。

S

申作伟，男，出生于1963年4月，中共党员，工程技术应用研究员，国家一级注册建筑师，注册规划师。1985年毕业于山东建筑工程学院建筑系城市规划专业。1998年8月至今，在山东大卫国际建筑设计有限公司任董事长、总建筑师，山东省勘察设计协会常务理事，济南市城市规划专家委员会委员。从业23年，主持设计完成了近百项大、中型和较复杂工程的设计项目，有9项获全国奖，有30余项获省优秀设计奖，其中主持设计的济南东环国际广场（山东省最大的单体建筑，获省优秀勘察设计一等奖），山东电力集团鲁能中心（省优秀设计一等奖）、北京优山美地中式庭院别墅（为现在中式别墅的领军之作，该项目获全国民营企业“华彩奖”银奖、建设部优秀建筑设计一等奖、国家工程类优秀设计金奖——全国建筑设计类最高奖项）等工程设计，以其造型新型，风格独特，备受建筑专家和同行的好评。学术成果上，他潜心钻研业务，有十几篇论文在全国建筑设计方面最权威的《建筑学报》等学术刊物上发表，特别是他在新中式别墅的创新上，已经走在了全国的前列。2008年，申作伟获得首届“山东省十大杰出青年勘察设计师”称号。

W

王灏，男，出生于1967年，辽宁工程技术大学管理系统工程专业硕士学位、北京大学经济学博士，高级经济师，北方交通大学兼职教授。现任北京市基础设施投资有限公司董事、总经理，兼北京京港地铁有限公司董事长、北京轨道交通路网管理有限公司董事长。曾赴新加坡、美国哈佛大学、马里兰大学参加高级管理人才培训。1994年10月起，任北京市煤炭总公司副总经理兼北京金泰房地产开发公司副董事长、总经理；北京华富（中外合资）房地产开发有限公司副董事长、中方负责人；北京市政府境外投融资管理中心党组成员、副主任；北京市国有资产经营有限公司党组成员、董事、副总经理。2001年8月，任北京地铁集团公司党委常委、董事、副总经理。2003年11月，任北京市基础设施投资有限公司董事、副总经理。2007年，先后获得第二届全国十大企业管理创新人物奖，第四届北京市优秀青年企业家金奖、第十届茅以升青年科技奖。北京市基础设施投资有限公司承担北京市基础设施项目的投融资和资本运营，近期以北京市轨道交通投融资及线网管理为主。

王晖，兰州大学工商管理专业毕业。兰州海成房地产营销策划有限公司总经理。2000年进入房地产策划行业，在近十年的地产营销策划工作中，积累了丰富的工作经验，逐步形成了具有独特视角和观点的营销策划风格。曾担纲主持的项目涵盖兰州及省内、外多个楼盘，有成功实战操盘经验，丰富的团队管理经验，擅长房地产前期策划到终端销售全程业务运作与管理。曾经参与全程策划与销售服务的项目有：“盛世·凯旋宫”、“盛世广场”、“新天乐商厦”、“阳光家园·玫瑰苑”、“中信大厦”、“兰雅·亲河湾”、“人民广场·金泰润园”、“甘肃陇西中医药展贸城”、“鑫盛恒发国际大酒店”、“亨泰花园”、“银川湖景天下”等豪宅、商住一体、酒店和纯商业项目。

王明杰，男，汉族1955年5月出生，黑龙江省哈尔滨市人，研究生学历，经济师。现任哈尔滨市呼兰区建设管理局局长，连任三届黑龙江省土木建筑学会理事、黑龙江省经济建设促进会常务理事、中华诗词学生会会员。《中国小城镇建设管理实务》和《建设领域节能减排监督管理》编委。王明杰在城市规划中以“开放型、园林式、高科技、现代化”和“适宜经济发展、适宜人居生活”为原则，领导编制完成了《哈尔滨市呼兰区建设发展规划》（中长期），组织完成了老城区路网、给排水、供电通讯、供热燃气、公园广场、环保治污、工业园区、特色小区等专项规划及旅游发展规划，得到上级与群众好评。全区建设连续四年无重大质量安全和人身伤亡事故，获省安全先进单位奖、创省优工程十余项、“沈长哈”三市样板工程多项。在保持哈尔滨市文明单位标兵荣誉的同时，获“冰城人满意金牌形象使者”、全省“百姓口碑信誉最佳单位”、“构建和谐龙江公众评价最佳单位”等多项殊荣。其个人先后获国家和省市区各种奖励和荣誉三十余项，其事迹专访先后刊载在《报告文学》、《活力》、《北方文学》、《法治》、《党旗飘飘》、《中华百业杰出人才大典》、《海内外杰出人物风采录》、《永久的丰碑》等。

X

徐辉，男，国家一级注册建筑师。河南徐辉建筑工程设计事务所总经理、首席建筑师；郑州大学兼职教授；河南住宅建筑规划研究所所长；中国城市规划学会居住区规划学术委员会委员；河南省土木建筑学会建筑师分会理事、副秘书长；河南省会规划建筑环境艺术专家委员会专家评委；《中国房地产报》特约顾问。1986 年 7 月，郑州大学建筑学专业本科毕业唯一优等生；1986—1995 年，在河南省建筑设计研究院，主要从事大型项目投标及设计工作；1995—1998 年，在河南华地建筑设计研究所担任总经理及总建筑师；1998 年 8 月，创建河南华博建筑设计有限公司担任总经理及首席建筑师；2001 年 8 月，创建河南住宅建筑规划研究所担任所长；2004 年 3 月，成立河南徐辉建筑工程设计事务所担任总经理及首席建筑师。近年来，对中原地区住宅小区进行了全方位研究，主持设计了几十个住宅小区的规划与建筑设计。其中，有许多小区成为中原的成功精品楼盘并获得多项省市国家级殊荣。三年间共创作经典作品三十余项，代表作品有：昆明世博会河南展区—豫苑、太极圣菲城、鑫苑国际城市花园、鑫苑中央花园、湖光苑四·五期、未来国际大厦、英协广场、中亨商务中心、国际企业中心、常丰大厦、未来花园、锦江国际花园、布瑞克帝湖花园、河南移动公司住宅园区、金色港湾等区域标志性项目，设计范围涵盖公共建筑、居住园区、城市规划、景观及环境设计等，许多作品也因此荣获国际、国内多项综合大奖。

Y

杨挺，男，教授级高级工程师，国家注册咨询工程师。南京市市政设计研究院有限责任公司董事长兼总经理。业务专长：桥隧与地下工程结构、给排水工程结构、工业与民用建筑结构。近年来作为项目主持人先后参与过南京市纬一路东段工程、汉中门跨线桥工程、新庄立交(鼓楼地区隧道一期）工程、鼓楼地区隧道二期、三期工程、模范马路跨线桥和拓宽改造工程、汉中路管家桥地下过街道、南京市城东及城北污水处理系统工程、安徽省滁州市环线工程、新三汊河大桥工程等建设项目的咨询业务。他所在的南京市市政设计研究院于 2003 年 12 月 26 日完成改制转企工作，成立了南京市市政设计研究院有限责任公司。

叶明志，男，1963 年 12 月生人，汉族，大专学历，高级经济师。现任四川图腾实业有限公司董事长。在叶明志董事长的带领下，四川图腾实业有限公司十余载磨砺与拼搏，始终秉承“诚信、共赢、坚韧、创新”的企业精神，坚持“共赢成就卓越”的核心价值观，依托“西部大开发战略”的背景，抓住城市发展的机遇，致力于旧城改造等房地产以及相关服务与管理项目。集团公司勇于开拓，锐意进取，获得了令人瞩目的成就，受到了社会各界的充分肯定。四川图腾实业公司凭借统一规划、合理布局、因地制宜、突出重点、稳步完善的理念和丰富的城市运营经验，在旧城改造方面取得了显赫成就。公司致力于打造“中国旧城改造和城市运营一体化的卓越品牌企业”，并在该领域里长风破浪，卓有建树，实现了改造面积超过 100 万平方米的阶段目标。从 1998 年至今，成功开发了绵阳嫘祖商业中心、宜嘉花园、银丰嘉园、怡馨花园、什邡商业中心等项目，近 10 万平方米。所有项目均以优良的质量、良好的服务深得消费者信赖。其中，什邡商业中心项目获得“2004 年四川商业地产 20 强·商业中心金奖”、“首届中国西部十佳最具投资价值商业地产”、“2005 最佳区域商业贡献奖”。2004 年，图腾实业公司被什邡市人民政府评为“优秀民营企业”，并获“首届中国西部房地产市级 20 杰”和“2005 年四川房地产综合 50 强”称号。叶明志董事长在《四川房地产》2010 年第六期上发表文章“腾飞中的图腾控股集团”，记录了该公司十余载的创业历程。

Z

张淮，男，学士学位，在读博士，高级工程师，注册咨询工程师（投资）。华东石油局规划设计研究院院长。他的咨询业务专长是：含油气盆地区带评价，构造精细解释，油田开发。咨询业绩有：承担《金湖腰滩工区地震人机联作解释及 GPP 系统的应用研究》课题研究获地矿部三等奖；承担《苏北盆地金湖凹陷、金南、腰滩地区构造圈闭评价和钻井反馈部署研究》课题研究获地矿部三等奖；承担《溱潼凹陷莫庄地区溪南庄、台兴油田油藏描述》课题获局一等奖；编写《下扬子区构造特征与地震地质条件初探》江苏地球物理学会论文集；编写《PRASSI 油气资源评价系统在苏北溱潼凹陷的应用》石油实验地质；九五攻关项目《松南中央坳陷区勘探目标评价研究》报告编写；完成《苏北盆地外围石油天然勘探项目总结报告》报告编写；完成《印度尼西亚北苏门答腊盆地 BINJAI 区块勘探潜力评价》报告编写；中石化项目：《腰英台油田有效开发技术研究》、《松南长岭大中型油田油气成藏规律及目标评价研究》、《溱潼凹陷复杂断裂地带成藏规律研究与目标评价》、《CO_2 先导试验实施方案及效果评价》。

郑向阳，天津市城市规划设计研究院副总规划师，正高级规划师，毕业于清华大学城市规划专业。先后主持参加了《天津市城市总体规划》、《天津市城市总体规划》、《天津市中心城区近期建设规划》、《天津市国土规划》、《天津市中心城区外围组团总体规划汇总》、《广东信宜城市总体规划》、《西藏昌都城市总体规划修编》等项目。所在的天津市城市规划设计研究院于1989年成立，具有规划和建筑设计“双甲级”资质。2000年通过ISO9001国际质量体系认证。先后编制完成了天津市总体规划、分区规划、控制性详细规划、海河两岸综合开发改造、中心城区综合交通、市域国土、海岸带战略发展、近期建设、绿色家园、情系百姓规划和一大批委托性详细规划。与此同时，面向全国承担了吉林松源、山东文登、山西大同、河南安阳、甘肃临夏、西藏昌都、江西鹰潭等城市总体规划，以及全国各地大量修建性详规的编制任务，城市规划设计成果遍及全国20多个省、自治区的50多个城市。先后参加天津以及广州、福州、厦门等地国际规划方案征集或竞标。规划设计成果两项荣获国家银质奖，部级詹天佑大奖、金奖、提名奖各一项；13项获建设部优秀设计一、二等奖，60余项获市级优秀设计一、二等奖。

周长林，1992年7月毕业于清华大学建筑系建筑学专业，建筑学学士，高级规划师，注册城市规划师。现任天津市城市规划设计研究院规划研究中心主任、天津市城市规划学会副秘书长、天津市宏观经济学会理事。曾被评为天津市“十五”立功先进个人、天津市规国局第七届“十佳青年”并获“青年岗位能手”称号。十余年来从事城市规划设计、研究和管理工作，先后主持和参加城市总体规划、分区规划、控制性详细规划等60余项，其中包括天津市城市总体规划修编、天津市城市空间发展战略研究、天津海岸带地区发展战略规划等重大项目。《西藏昌都城市总体规划》，获2000年天津市优秀勘察设计二等奖；《天津建筑风格研究及设计应用课题》，获2002年天津市科技进步二等奖；《天津分区规划编制理论与方法研究课题》，获2000年天津市规划局科技进步三等奖。

朱雪梅，女，清华大学建筑学院建筑学学士。天津市城市规划设计研究院副总规划师、第一专家工作室首席规划师，高级规划师。日本JICA城市规划研修班结业，美国加州伯克利大学环境设计学院访问学者。为詹天佑住宅设计大奖的得奖人，后由建筑学专业进入城市规划领域，专业兴趣在于挖掘基地特性及人文背景，追求永续地方感的建立及符合时代精神。曾负责作为天津海河重点工程的奥式风情区的详细规划、建筑方案和环境景观设计。主要工作成绩：《天津滨海新区核心区城市设计及概念规划》；《天津市历史风貌保护区规划》；《解放北路历史街区紫竹故园和金融锚地城市设计》《天津市中心商务区CBD规划研究》；《天津奥地利风情区详细规划及建筑方案和环境设计》；《天津海河广场竞赛及海河广场综合方案》；《北京顺义区南彩温泉度假村修建性详细规划》；《万隆第六大道及第六田园修建性详细规划》；《天津市领世郡低密度社区概念规划及详细规划》；《王兰庄花园小区详细规划》。

风景园林

C

曹旭，男，汉族，晋中市宏艺园林绿化工程有限公司董事长，市人大代表、晋中优秀企业家，一级建筑师，公司以深厚的园林绿化企业文化为底蕴，以高标准的人才组合、卓越的园林绿化工程业绩为基础，以城市生态建设为出发点，塑造“宏艺”品牌，拓展省外市场。通过优化资源配置，加强规范管理，以晋中为基地，运用资本运营手段，充实自已成为现代化的富有朝气的大型园林绿化、水土保持施工企业。公司正积极探索经贸结合、内外结合、多种产业并举的发展道路，向经营全国化、组织集团化、管理现代化的国家一级资质企业迈进。晋中市宏艺园林绿化工程有限公司成立于1992年11月，是山西省成立最早的资质等级最高的园林绿化企业之一。现具有城市园林绿化二级资质、水土保持工程建设乙级资质。

陈耀光，1987年，毕业于中国美术学院首届环艺系，1987至1994年，就职于浙江省建筑设计院，1995年创立杭州典尚建筑装饰设计有限公司，创意总监、总经理，中国建筑学会室内设计分会，副会长，中国陈设艺术专业委员会，副会长中国室内装饰协会设计委员会，副会长1996至2005年，连续十届中国室内设计大赛七次荣获一等奖。2006年第十二届亚洲建筑师大会论坛主讲人Hall of Fame China（美国Hall of Fame名人堂）2007中国（含港澳台地区）首批七位成员之一被《摩登绅士》评选为“2009至2010亚洲五十摩登绅士”由中国室内装饰协会授予“中国室内设计成就奖”领衔的典尚设计公司入选“2009中国二十大知名室内设计团队”由中国室内装饰协会授予“2009至2010中国室内设计十大风云人物”2010中国室内年度“媒体关注奖”从业逾20余年，著有多本专业设计书刊；并接受《ID+C室内设计与装修》、《A+A》、《中国建筑装饰装修》、《室内设计师》、《INTERIOR DESIGN CHINA装饰装修天地》、《建筑与文化》、《三联生活周刊》、《南方人物周刊》、《周末画报》、《GQ》、《中华建筑报》、《人民日报》、《杭州日报》、《钱江晚报》、《东方早报》等国内外、行业内外的主流媒体专访，并发表论文作品逾百篇……陈耀光和他的杭州典尚设计公司同仁的近期主要代表作品：李叔同纪念馆、杭州韩美林艺术馆、浙江美术馆、北京韩美林艺术馆、中国普陀山佛教博物馆、浙江嘉兴大剧院、杭州典尚设计公司办公空间、杭州市城市规划展览馆、中国刀剪（剑）伞扇博物馆（公共部分）、杭州经济开发区城市建设文化馆、阿里巴巴集团总部CEO办公室、苏州金鸡湖高尔夫会所、苏州中新置地办公楼、杭州钱江新城管委会大楼、杭州美达丽阳国际写字楼、康恩贝总部办公空间等大型文化艺术类空间、公共空间、商业空间、酒店空间、商务写字楼空间的综合室内设计，以及近十年来几十个有关高端房产品所涉及的楼、堂、馆、所室内空间策划设计、精装修房产品策划设计、高尚精品豪宅，顶级公寓等居住空间设计。

陈摇东，男，1974年3月生人，广东省揭西县塔头镇谭新管区月坛村人。现任东莞市三营园林绿化工程有限公司总经理。1996年2月—1999年在广东省东莞市清溪镇从事绿化养护工作。在广东省东莞市清溪镇从事树木种植业，2004年至今年在广东省东莞市清溪镇成立润绿园林绿化工程有限公司，自任总经理，法定代表人。东莞市三营园林绿化工程有限公司成立于2004年，是一家集园林绿化规划、设计施工及养护管理、花卉苗木栽培、花木租售于一体的多元化园林企业。现公司拥有固定资产近1 000万元，员工300多人，另还拥有各类工程师、园艺师、专业设计和施工人员等20多名，配备多台洒水车、高空作业车、大小货车、小车等大小型机械设备。本公司下设立一个分公司（东莞市润绿园林绿化工程有限公司）、一个拥有600个餐位21间贵宾房东莞市最具特色的农家式园林饭庄（枫园饭庄）、一个拥有80个打位两个专业果岭的高尔夫球练习场（枫园高尔夫球练习场）、二个专业苗木培育基地和一个花卉盆景租摆销售基地，其中苗木培育基地占地300多亩。

H

黄先友，男，1965年4月生人，汉族，民建会员，硕士研究生学历，高级工程师，现任成都华西生态集团公司董事长。自1997年黄先友同志创办华西生态建设中心以来，经过13年的努力，将一个注册资金仅有50万元的企业，发展成为注册资金5 000万元、拥有6家子公司的集团化综合型园林企业——成都华西生态集团公司。期间，发明了混凝土生态草坪及ST植物添加剂等对生态园林行业具有广泛影响的高科技产品。黄先友同志在园林行业中率先提出将生态的理念融入房产景观，并把自己和企业的使命定为用生态的理念影响行业发展方向。华西生态集团每年创产值近亿元，向国家上缴税收近500万元，为社会提供五百多个就业机会。黄先友董事长热心关注环境教育事业发展，自2000年始，捐资成立“华西生态助学基金”，用于资助就读于生态园林专业的优秀学生。2008年汶川特大地震发生后，捐资近200万元用于灾区建设，被评为四川省抗震救灾先进个人。2009年被授予“建国60周年创新人物”荣誉称号并当选为中国环境职业教育集团副理事长、四川省房地产业协会副会长兼住宅环境建设专委会主任、中国民主建国会四川人居委员会副主任；2010年被评为中国建设行业管理英才。黄先友同志曾经发表环保方面的论文、新闻、专题报道及科普作品共500多篇；创刊《成都环保》杂志并担任主编；参与《成都市市志》和《年鉴》编撰工作；任《成都市市志》编委并任环保篇主笔；有多篇关于环保、市政方面的提案建议得到省市领导的批复和采纳。

J

贾华勇，男，出生于1953，汉族，陕西古建园林建设有限公司总经理，高级工程师，陕西省劳动模范，全国优秀项目经理，国家一级注册建造师，原为陕西省建工集团第三建筑工程公司副总经理，2008年3月调任陕西建工集团古建园林公司总经理。从事项目管理工作，先后施工了各类建筑工程近100万平方米，近五年施工的西安曲江大唐芙蓉园工程、西安曲江大唐不夜城A地块古建工程，西安曲江池遗址公园仿古建筑及室外总体工程、西安华山机械厂幸福小区工程及唐山兴国寺等工程都得到了社会各界较好的评价。2004—2007年，贾华勇同志任大唐芙蓉园A标段工程项目经理。2008年3月，陕西建工集团古建园林公司总经理。陕西古建园林建设有限公司是陕西建工集团以整合集团资源、拓宽专业领域、做精专业工程、带动集团产业延伸为目标，由陕西建工集团总公司等单位及部分自然人投资组建的有限公司，注册资本2 000万元，公司具有房屋建筑工程施工总承包二级、市政公用工程施工总承包二级、园林古建工程专业承包二级资质。经营范围包括工业、民用与公共建筑工程、市政公用工程、仿古建筑工程、园林绿化工程、古建筑修缮及装饰装修工程的设计与施工。

江美平，男，汉族，籍贯四川省，出生在浙江省温州乐清市湖雾镇。职务：现任四川美平园林绿化有限公司董事长。曾任浙江飞渡广元啤酒有限责任公司董事长。四川省美平园林绿化有限公司是一家专业从事环境景观规划、设计、施工、养护为一体的专业化企业。公司下设总经办、行政部、规划设计部、工程部、材料供应部、预决算部、财务部、后期质量服务部、苗圃等部门。公司主要业务范围包括：风景园林区、城市街景、城市广场、居住区环境、机关单位工厂内外环境、私人别墅花园等的规划、设计、施工及园林建筑设计、建筑内外装饰、园林广告、技术咨询、园林绿地养护等。

L

李春友，浙江温岭人，清华大学博士、高级工程师、高级工艺美术师、中国世纪专家、世界石雕石结构艺术大师，中共党员、市党代表、政协温岭市委常委、中国古今集团董事局主席、浙江古今园林建筑研究院院长、香港新远东国际集团董事长、《良言警句》、《奥运格言》等著作作者、中国奥运经济研究会理事、省企业家协会理事、市石雕学会理事长、市石雕商会名誉会长、市总商会副会长、台州市工商联常委、中国领导科学研究院院士、中国风景园林学会会员、中国考古学会会员、校外优秀辅导员、联合国教科文卫组织专家组成员、香港社会科学院名誉院长、中国书画院名誉院长、中国当代文学研究会特邀编委、中国经济研究院高级研究员、世界文化艺术研究中心高级研究员、中国专家评审联合会副会长、中国国际贸易促进委员会建设行业分会副会长、中国国际行业战略咨询协会首席专家，国际科学研究院终身客座教授，国际科学研究院中国分院院长兼国际建筑研究部副主任。荣获鲁班传人奖、杰出民营企业家、年度经济风云人物、爱国报国全国先进模范个人、共和国杰出贡献人物、中国诚信企业家、世界名人风云人物、联合国世界十大新闻封面人物、中国仿古建筑行业最具权威人物、共和国的脊梁、中华百业杰出人物、时代楷模、百名共和国创业功勋人物、中国百名科学发展杰出人物、中国杰出企业领袖人物、中华之魂十大功勋人物、第六、七、八、九、十届中国时代十大新闻人物、最具社会责任感杰出艺术家、中国建设行业百名管理英才、中国经济建设功勋企业家等荣誉。中国古今集团创立于1979年，系国家园林古建筑园林一级资质，国内古建界最完整的产业链，在中国古建筑行业具有深远影响力，是中国古建筑龙头企业，中国古今集团荣获国家园林古建筑工程专业承包一级资质企业、中国建筑业500强企业、中国古建技术十大品牌企业、全国优秀建筑企业、中国最具生命力百强企业、中国城市建设十大杰出企业、中国仿古建设标杆企业、中国仿古建筑行业品质信誉第一品牌、爱国报国先进模范单位、AAA级信用企业、浙商理事会主席企业、浙江省最佳雇主企业、浙江省民营经济自主创新示范基地、建筑业重点骨干企业、投资先进企业、建筑业十强专业企业、纳税大户、浙商明日之星企业、浙江省伯乐奖、省工商联副会长单位、享有对外经营权企业、杭州台州商会会长企业、浙江省企业发展研究会会长单位等多项荣誉。

刘二强，男，汉族，硕士学历。重庆市园林建筑工程（集团）有限公司董事长。1979年9月至1983年7月，重庆师范大学学习；1983年9月至1984年7月，四川邻水中学任教；1985年8月至1990年7月，重庆市建委长江公司任经理；1990年8月至1993年12月，厂长经理日报社秘书长；1993年12月至1995年3月，当代企业家报社任社长、总编；1995年8月至1998年7月，新闻汇报社任总编；1999年1月至2002年3月，任重庆惠来物业发展有限公司、重庆现代工贸发展有限公司董事长；2002年4月至今，同时任重庆现代石油（集团）有限公司、重庆市园林建筑工程（集团）有限公司董事长。重庆市园林建筑工程（集团）有限公司是重庆市首家及唯一一家集园林古建筑、城市园林绿化、房屋建筑、文物保护与施工、城市雕塑、园林景观设计丁一体的复合型专业建筑集团公司。重庆市园林建筑工程（集团）有限公司现在下属控股子公司5家——重庆市园林建筑工程有限公司、重庆新时代印务有限公司、重庆东方园林建筑工程公司、重庆市园林建筑设计研究院、重庆美联家私制造有限公司。

S

孙发政，男，1961年11月生人，安徽人，博士，现任深圳市大自然生态园林技术有限公司董事长。1978年6月当涂县黄池中学高中毕业，1978年7月至1979年6月任当涂县兴永中学民办教师，1979年7月参加高考考入安徽省芜湖农业高等学校，1981年7月毕业后分配到安徽科学院从事生态学研究工作，至1993年8月。期间任安徽科学院研究实习员、助理研究员，同期，在中国科学院、云南大学、安徽省教育学院研修深造，得到老一辈科学家的教诲。1993年9月至1995年8月任中外合资珠海草坪公司总工程师，1995年9月注册成立深圳市布吉绿都花果场任场长，2003年11月注册成立深圳市大自然生态园林技术有限公司任董事长。兼任中国科学家论坛副理事长、中共中央党校校刊理事会理事、世界发明家协会理事等，2007年底获美国城市大学管理学博士学位。孙发政一边搞企业管理，一边不放弃科研、学术工作，在企业不断发展的同时，其发明创造、理论学术创新也取得了丰硕成果。先后获"中国十大儒商"、"全国先进爱国企业家"等荣誉称号，国家邮政局还发行了"孙发政世界知名人士"邮票。孙发政倡导"关爱自然，呵护家园；生态和谐，科学发展"，被永久铭刻在万里长城居庸关"中华爱国墙"上。

W

王明荣，男，汉族，山东省，光合园林集团董事长。于1997年毅然辞去公职投身商海，并于同年在山东创立了光合园林科技有限公司。是同时拥有国家城市园林绿化施工一级资质和住房与城乡建设部颁发的风景园林工程设计甲级资质（可从事相应的建设工程总承包业务以及项目管理和相关的技术与管理服务）的全国性园林企业。同时拥有一级施工资质和甲级综合性园林设计资质的企业全国只有三家，光合园林是其中一家。2007年被建设部授予"全国园林企业十强"和"全国AAA级园林企业"称号，建设部全国综合实力排名行业前三名。1986年，毕业于山东省农业大学的王明荣分配在山东省教委工作，凭着一颗强烈的事业心和对园林事业执著的热爱和追求，于1997年毅然辞去公职投身商海，并于同年在山东创立了光合园林科技有限公司。现任光合园林集团董事长兼总经理。公司在同行业中率先通过了ISO9001：2000国际质量管理体系认证和ISO14001：2004国际环境管理体系认证，连续十年被评为省级重合同守信用企业、省内园林行业"十佳"明星企业，省级"十佳优秀花卉生产企业"，先后有四个园林设计作品、五个园林工程、两个园林植物科研新品种获得国家级金奖。同时还是山东省园林协会《山东园林》的承办单位，《中国园林》的协办单位。

吴万青，男，汉族，中共党员，大专文化，人大代表，优秀企业家，现任江苏仪征新集镇青春园林工程有限公司总经理。青春园林公司不断壮大发展，带动全村花木产业兴起，全村现有花木专业大户6个，有24户花木农户加入合作经济组织，青春园林公司的发展，得到上级党委政府和各级领导的高度重视，中纪委领导贺国强书记、中组部部长李源潮、江苏省省委书记梁保华以及扬州市、仪征市党政领导都对公司的发展作了充分的肯定。江苏青春园林工程有限公司，1999年公司创办从万元起步，历经近十年的艰苦创业，在总经理吴万青的带领下，从小到大，精品花卉苗木十余种，园林工程遍及全国十多个大中城市，花卉苗木面积达800多亩，并组建5个农业合作经济组织，花卉苗木总面积达1500亩以上，园林工程产值4 000万元以上，创年利税450万元，总资产超过1 000万元，被评为"全国劳动模范"，公司作为江苏省农业龙头企业，吴万青成为江苏"花木第一人"。

X

许宝稳，男，汉族，北京杰森园林工程有限公司总经理，他折腾苗木花卉 30 多年了，加上下海前当老师教授农业科技课，老许多半辈子就没离开过树木和花草。我公司是具有专业园林绿化资质的园林工程公司，可承建 200 000 平方米以内的园林绿化工程。经营范围：园林、绿化工程施工；土地清整服务及工程技术咨询；花卉、林木种植养护；农业科技开发；农作物种植；劳务服务；会议服务及房地产经纪服务为一体的综合性公司。我公司拥有一批懂技术、会管理、高素质的专业技术人才。公司以科学的管理方法，雄厚的技术实力，经济实力和先进的设备参与市场竞争。“以生态园林为创意目标，发挥现代科学内涵，力求创造符合现代人活动需求、审美情趣的都市园林景观，为人与自然环境更加和谐和融洽而求索。面向二十一世纪杰森园林公司的员工本着奉献求实的精神，为美化京城环境让其走向世界，创造美好和谐的社会环境而努力。

Z

朱育帆，男，副教授，硕士生导师。1997 年毕业于北京林业大学风景园林规划与设计专业，获工学博士学位。1998 年进入清华大学建筑学院博士后流动站工作。2000 年起在清华大学建筑学院景观园林研究所任教。《中国园林》编委会委员。主要学术研究方向：中西方园林史，风景园林设计理论，城市公共空间设计原理等。主要论文有：《艮岳景象研究》；《基于儒家美学思想的环境设计》。主要项目有：沧州市南湖公园规划（2000 年）；乌海市人民广场规划（2001 年）；广州珠江新城中央广场城市设计（2002 年）；北京 CBD 景观设计导则编制（2002 年）；北京市朝外大街景观与照明总体规划与设计（2002 年）；济南大明湖景区规划设计咨询（2002 年）；常熟石梅广场二期规划设计（2002 年）；山西中阳丹凤广场规划与设计（主要参加人）（2003 年）；北京经济技术开发区户外广告规划与设计导则（主要参加人）（2003 年）；北京市户外广告规划（主要参加人）（2003 年）；北京奥林匹克公园景观设计国际竞赛 A02 方案（主要设计人）（2003 年）。主要实施工程项目：曲阜孔子研究院外环境设计（2000 年）；中央美院校园环境规划与设计（2002 年）；北京金融街吕祖公庙北院改造（2002 年）；清华大学核能技术研究院中心区景观改造（2002 年）。主要教学成果：2003 年指导两组大学生获第 40 届国际景观师联盟（IFLA）年会国际大学生景观设计大赛第一名和第二名。

周永卓，男，汉族，1946 年 8 月 17 日出生，江苏连云港市人，中国管理科学院特约研究员。现任江苏省风景园林协会副理事长、连云港市风景园林协会理事长。1964—1982 年任教师、市影剧公司宣传科科长、海州区文化馆馆长；1982—1985 年任连云港市青年联合会秘书长、副主席，市青年业余学校首任校长。1985—1992 年任市政府外事办公室副主任。1990 年在东海县挂职副县长，协助县政府引进韩资企业金五食品有限公司，创下了江苏省第一家韩资企业和当年投资、当年投产的好成绩；协助县政府创办了首届东海水晶节。1991 年争取中国驻澳大利亚大使张再的支持，为连云港市结成了第二对友好城市澳大利亚克雷奥郡（现为大吉朗市）。1992—1993 年，任市文联副主席。兼任市音协名誉主席、市民族管弦乐学会会长。1993—2002 年任市园林局、建设局副局长，分管花果山风景区工作。围绕花果山的文化建设陆续完成了花果山山门、水帘洞改造、大圣佛、蟠桃园、瑶池、毛公碑、墨香小径、怪石园、吴承恩纪念馆、铸青铜大型雕塑“三打白骨精”（韩美林工作室设计）和“五圣取经”（中央美院雕塑系设计）神路及世界吉尼斯纪录“神”字摩崖石刻等新景点的建设。使得花果山的游客量逐年上升，收到了很好的社会效益和经济效益。花果山风景区 2002 年被国家旅游局评为 AAAA（4A）级风景名胜区，同年 9 月，又被国家建设部、文明委、旅游局评为文明风景示范区。2002 年，退居二线后，2002 年、2003 年两年任市委、市政府驻市轻工资产管理公司指导服务组组长。连续两年被市政府改革发展办公室评为优秀集体和优秀共产党员。市建设局被评为先进后方单位。2006 年 12 月退休。论文《花果山风景区申报 AAA 成功后的思考》一文被中国社会科学院学术委员会评为优秀论文奖。

庄仲强，男，1952 年 2 月生人，广东省揭西县人，现任深圳市宏华达环境艺术工程有限公司董事长兼总经理。深圳市宏华达环境艺术工程有限公司是城市园林绿化二级企业，主要从事城市园林绿化综合工程的设计和施工，拥有雄厚的实力和专业人才。多年来，在他的带领下，奉行创新为动力、质量是根本、诚信是基础、信誉作保证、科学管理、优质服务、打造精品的质量方针和健康生态、人性环保、科学自然的园林新概念，以良好的业绩取信于社会，取得了良好的经济效益和社会效益。公司每年完成工程量达 6 000 多万元，年上缴国家税收 200 多万元，为国家分担了 400 多人就业。公司通过了 ISO9001 国际质量体系认证并荣获了“2006 年中国建设行业诚信企业”等荣誉称号。因成绩显著，曾荣获“2005 年中国时代十大新闻人物”、“2006 年中国建设行业杰出贡献奖”、“2006 年中国企业改革十大杰出人物”等荣誉称号。2006 年中国行业科学研究会评选并授予庄仲强“中国园林景观专家委员会著名专家”。介绍他先进事迹的报告文学《挺进第二战场》被中国新闻出版社编入《中国当代优秀经营与管理者传》丛书典籍。

建设监理

C

陈立群，出生于1956年，现任中国交通建设监理协会，现任中国交通建设监理协会第二届理事会高级顾问。1982年起在北京公路处门头沟公路管理所工作，曾先后担任京津塘高速公路北京市公司工程部副部长、北京监理所第一经理部监理工程师、北京市公路局质量监督处副处长、京石高速公路三期工程和首都机场高速公路工程监理工程师。1993年7月至1999年11月任北京市高速公路监理公司经理，1999年12月至2005年12月任北京逸群工程咨询有限公司董事长。2000年，陈立群领衔北京逸群工程咨询有限公司董事长以后，经营额从2000年的不到2 000万元增加到2007年5个公司合计的将近两亿元，功绩卓著。他先后获首都劳动奖章、北京市先进工作者、全国优秀总监理工程师、交通部科技进步三等奖等荣誉。2008年，他获得“中国交通建设监理突出贡献人物”荣誉。

程志虎，男，出生于1962年5月，毕业于哈尔滨船舶工程学院金属材料及热处理专业，博士学历，高级工程师。现任中国船级社实业公司总经理，监理工程师；中国交通建设监理协会副理事长、中国交通建设监理协会机电专业委员会主任委员、中国设备监理协会副理事长。他是我国培养的NDT&E领域内的第一个博士。在海洋工程结构NDT&E的可靠性研究、管节点的超声波检测以及水下无损检测方面，是国内为数不多的杰出专家。从1998年5月开始，开始从事监理检测工作。作为CCSI监理检测业务的归口主管领导，他与广大同事们一道，在监理检测领域尤其在特大型桥梁工程监理检测领域，完成了一连串“零的突破”，取得了一系列辉煌业绩，极大地促进了CCS监理检测业务的跨越式发展。凭借其雄厚的专业基础和工程经验，他在工程监理和无损检测领域，先后主持了包括厦门海沧大桥、南京长江三桥、江苏润扬大桥、重庆菜园坝大桥、重庆朝天门大桥、杭州湾大桥等在内的十余座世界级特大型桥梁工程的监理、检测与评估，同时还主持或参与了湛江港铁矿石码头改扩建工程等国家重点工程项目的监理、检测和评估工作，在业界有较高的知名度和广泛影响。在《中国机械工程》、《无损检测》、《海洋工程》等国内外的技术杂志和期刊上发表了学术论文60余篇，为国家船检局、中国船级社编制规范、通函或指导性文件12种，编著了《水下无损检测》、《T、K、Y管节点焊缝的超声波探伤技术》等专业著作。2008年4月，他获得“中国交通建设监理优秀人物”荣誉称号。

F

冯之榓，男，1934年2月生于北京市。建设英才。高级工程师，1952年毕业于南京交通专科学校（今南京航专）。曾先后在交通部第五公路工程局和公路勘察设计五分院从事施工和设计工作；在西安公路学院从事基建规划和施工监理；在西安公路研究所从事科研管理（学术秘书）、桥梁试验研究和科技情报编译业务；1984—1996年先后在陕西省西三公路指挥部办公室、三铜公路施工监理部任主任工程师和合同部主任，后在陕西省公路工程咨询公司任副总工；1997年在财政部世界银行司技援处任项目采购咨询专家；1998—2003年在北京路捷工程咨询公司任副总工；2004—2005年在华杰工程咨询有限公司咨询部工作。2008年4月，“中国交通建设监理20年回顾暨发展论坛”在北京隆重举行，在会上，作为陕西高速公路工程咨询有限公司的老专家，冯之榓被评为“中国交通建设监理优秀人物”。

G

高建学，高级工程师，西南交通大学桥隧结构工程硕士，河南省高等级公路建设监理部年轻的桥梁专家。现任河南省高等级公路建设监理部郑州公铁两用桥项目总监。他是河南省较早涉足监理工作的人员。1992年11月，他参加了由美国路易斯伯杰公司组织的FIDIC条款培训班，1994年3月又参加了系统的监理培训，走上了监理岗位。凭借扎实的专业知识和一丝不苟的工作作风，他承担了诸多堪称河南第一的标志性工程，如新郑高速郑州黄河二桥，跨河主桥长9848.16米，其中主桥为八跨跨径100米的钢管混凝土系杆拱，是河南省第一座钢管混凝土系杆拱公路桥，规模为国内第一，是河南省乃至整个京珠高速的标志性工程。对这类桥型的监理，河南省是个空白。项目的高科技含量要求监理人员除了有很高的监理素养，还要有很高的专业技术水平。时任项目总监的高建学，从项目伊始就积极组织监理人员培训专业知识，圆满地完成了该桥的监理任务。他屡获殊荣，被誉为“金牌监理”，主要荣誉有：新乡市“五一劳动奖章”、大桥建设功臣、连续多年的先进工作者等。2008年4月，他被评为“中国交通建设监理优秀人物”。

H

胡金元，男，汉族，研究生学历，高级政工师。南京中材诚信工程建设监理有限责任公司董事长，现任南京中材诚信工程建设监理有限责任公司董事长。历任南京玻璃纤维研究设计院党委副书记、纪委书记、工会主席，南京水泥工业设计研究院党委书记、副院长，三富实业公司董事长，南京水泥石灰工业工程咨询公司法人代表，江苏三新水泥技术有限公司法人代表，江苏大华机械制造有限公司法人代表。现任南京中材诚信工程建设监理有限责任公司董事长。南京中材诚信工程建设监理有限责任公司，隶属国家中材科工集团中材国际工程股份有限公司。公司原名称为国家建材局南京水泥工业设计研究院工程监理部。1994年正式注册成立南京诚信工程建设监理有限责任公司，1998年被建设部认定甲级监理资质，资质范围：一般工业与民用建筑；安装一、二、三等工程；建材工业建筑；安装一、二、三等工程的建设监理。1999年，被南京市建委批准为南京市第一批工程建设设计监理试点单位，业务范围有技术咨询、招标投标业代理、建筑工程设计监理。2001年通过审查核定为甲级监理企业，并增项房屋建筑及工业工程为甲级，是具有双甲的监理单位。公司已通过ISO9001国际质量体系认证，财务信用等级“AAA”。

黄培元，男，毕业于大连工学院港工专业，1961年参加工作。曾经担任辽宁省交通科学研究所副所长兼总工程师，现为该所技术顾问。先后从事公路桥梁设计、科研和施工监理等工作；主持参与过老沈大、沈本、沈山、丹本、丹庄、锦朝、沈大、本溪至辽中等高速公路工程项目的施工监理工作；先后担任总监代表、总监理工程师、总监顾问等职务，所监理已完工程均为优质工程。他也曾从事过道桥设计和科研工作。20世纪70年代，他作为主要技术负责人主持设计、修建了当时全国跨径最大的长兴岛斜拉大桥，该工程获得国务院优秀设计表扬奖。1992年10月，他获得国务院颁发的政府特殊津贴；1994年10月获得交通部“1991、1992、1993年度全国交通系统先进工作者”称号。1993年正式调任辽宁第一交通工程监理事务所副所长兼总工程师，主持了许多重点工程项目的监理工作；1996年6月获得交通部“全国交通系统优秀监理工程师”称号；同年被辽宁省委、省政府评为“辽宁省优秀专家”。1996年退休后，黄培元被聘为辽宁第一交通工程监理事务所总工、技术顾问，后任沈山线沈阳至锦州高速公路国际段总监理工程师。由于其杰出的贡献，2008年获得“中国交通建设监理突出贡献人物”荣誉称号。

黄勇，男，出生于1957年4月，山西临汾人。高级工程师。毕业于西安公路交通大学，成绩优异，工学硕士。现任山西省交通建设工程监理总公司总经理、副书记。任职以来，公司的监理事业得到迅速发展，开展了多项科研课题，获得省科委及省交通厅专家的一致好评，在交通部系统112家公路监理单位中，是唯一一家被国家交通部选中承担了交通部重点科研攻关课题的单位，先后获国家建设部、交通部甲级监理资质和“全国先进建设监理单位”称号。专著有《公路工程监理指南》；发表论文《按“疲劳等效”原理合理确定重车轴载换算公式》等30余篇。他多次被山西省交通厅评为先进工作者和优秀共产党员，被山西省建委、国家交通部评为优秀监理工程师，并被山西省精神文明建设委员会命名为“赵雪芳式的模范知识分子”、被中国公路学会评为“百名优秀工程师”称号。2008年4月，被评为“中国交通建设监理优秀人物”。

L

李明华，男，出生于1960年4月，毕业于长安大学，本科学历，高级工程师，监理工程师。现任北京泰克华诚技术信息咨询有限公司董事长，中咨泰克交通工程有限公司董事长兼总经理。1982年毕业于西安公路学院交通工程自动控制专业，高级工程师。1991年从交通部公路科学研究所正式调入交通部质监总站；1995年8月至2002年1月，担任质监总站副站长，主管公路工程、交通工程的监督管理工作；2002年1月至2006年3月，担任北京市泰克公路科学研究所所长；2006年3月，经过资产重组后，担任中咨泰克交通工程有限公司董事长兼总经理。他先后承担了几十项交通工程设计、机电系统施工、交通工程监理以及10多个专项科学研究和开发项目。在他所主持完成的设计、施工等项目中，合格率达100%，优良率达95%以上。他是公路工程和交通工程监理方面的专家，组织并主持多项全国重点公路工程质量大检查；重点工程质量鉴定，仲裁工程质量争端；交通工程综合试验现场质量监督及质量鉴定；对多个公路、桥梁建设项目进行竣工验收、质量鉴定。工作之余还完成了大量与监理有关的有价值的学术论文，包括：“FIDIC”在中国（《中国公路》刊登）；参与编写了《公路工程施工监理培训教材》（人民交通出版社出版）；《公路工程施工监理规范》（部颁标准）；《公路工程施工监理手册》（人民交通出版社出版）；《公路工程试验检测技术》（人民交通出版社出版）；《交通工程手册》等，在监理业务及监理管理方面有很丰富的经验。2008年4月，被评为“中国交通建设监理优秀人物”。

李培坤，出生于1939年12月，高级工程师，国务院有突出贡献的特殊津贴专家，现任职于陕西高速公路工程咨询有限公司。1964年毕业于西安公路学院（今长安大学）。曾任陕西省公路设计院副院长、陕西省公路工程咨询公司经理、陕西省公路工程质量监督站站长、陕西省高速公路管理局副局长。1984年，他参与编写了我国第一部国际竞争性招标文件；1986—1990年任西三一级公路项目执行办副主任、总监理工程师代表。1990—2000年他先后在三原至铜川一级公路、西安至宝鸡高速公路、陕西世界银行贷款公路项目Ⅱ等项目任总工程师监理。1986年11月，在世界银行及外国咨询专家的帮助下，李培坤负责组建了我国第一个符合国际惯例的施工监理机构——西三一级公路总监理工程师办公室，被任命为总监代表，全面负责西三一级公路的施工监理工作。他负责施工监理的西三一级公路被评为省优、部优和国优工程银质奖。李培坤在各种学习班、讲座、研讨会上传授经验30余次，还在1993年全国交通工作会上作了《公路工程招投标和施工监理》的专题发言，先后编写了《公路施工监理》一书、《公路工程施工监理规范》、《公路工程国内招标文件范本》、《土建工程国际招标文件》等多个行业法规，为公路工程建设作出了很大贡献。2008年，他获得“中国交通建设监理突出贡献人物”荣誉。

李宗华，男，出生于1966年4月，1990年7月毕业于成都地质学院，博士。现任陕西高速公路工程咨询有限公司副总经理，高级工程师。1990年7月至1995年5月，在康夏监理公司工作；1996年7月至2002年6月，在陕西省公路工程咨询公司工作；2002年6月至今，在陕西高速公路工程咨询有限公司工作。其中1995年6月至1996年3月，担任陕西临渭高速公路路面监理组组长；1998年3月至2000年12月，参与修建陕西西闫高速公路，全长39.2公里，总投资8.64亿元，任路基、路面监理组组长；2001年2月至2002年3月，修建陕西西安绕城高速公路时，任总监理办工程部部长，主要负责路基、路面工程监理；2002年4月至2003年8月，修建陕西榆靖高速公路时，任路面M-4高驻办高级驻地；2003年8月至2007年1月，任陕西西汉高速公路第三总监代表处总监代表；2007年2月至今，在陕西西安至汉中高速公路任总监办总监理工程师。他所负责的工程项目均优质地完成了各项工作任务，在监理行业中起到了先锋模范带头作用，多次获得"先进工作者"、"优秀监理工程师"、"优秀高级驻地"、"突出贡献奖"等荣誉称号。2008年4月，他被评为"中国交通建设监理优秀人物"。

刘秉良，男，1945年7月出生，河南永城人，汉族。1968年毕业于北京大学地质地理系。教授级高级规划师、国家注册城市规划师、国家注册咨询工程师。曾任石家庄市规划设计院总工程师、河北省城市规划协会常务副会长、石家庄市城市科学研究会副秘书长等职。现任河北省小城镇规划建设协会监事会主席、河北师范大学（资源与环境科学学院）特聘教授、河北省城市科学研究会常务理事、省遥感应用协会常务理事、石家庄市历史文化研究会常务理事，为河北省城镇规划、建设科技、工程抗震评审专家和河北省建设工程评标专家。正式出版学术著作8部，其中任主编、副主编的有5部：《县域规划研究与探索》、《城市水资源规划》、《城市科学文集》、《石家庄城市历史文化遗存研究》和《石家庄风景名胜资源》，分别由中国建筑工业出版社、新华出版社、中央民族大学出版社等出版社出版；为主要撰写人的有3部：《城镇建设与管理》、《唐山地震》和《县域规划专辑》，分别由红旗出版社、地震出版社等出版社出版。在各种刊物和学术会议上公开发表学术论文30多篇，主要有"城市环境与城市规划"、"城镇体系发展回顾与展望"、"城镇体系规划编制浅谈"、"浅谈市场经济下城市总体规划的编制问题"、"研发城市规划CAD软件，促进行业科技进步"等。刘秉良同志长期从事城乡规划的编制、研究和评审方面的工作。他具有强烈的社会使命感和高度责任心，对工作认真负责、一丝不苟，素以"严谨"著称。他主持、参加、审核完成了市域城镇体系、城市空间发展战略、城市总体规划、村镇规划、风景名胜区规划，以及专项工程规划和城市防灾规划等各类规划项目上百项，获省、部级优秀规划设计奖20多项。主持、参加完成了有关城市水资源、城市遥感、城市规划CAD软件开发、历史文化遗存保护、河道生态整治、节约型小城镇建设、城乡统筹协调发展等方面的科研课题共20多项，获市级以上科技进步奖20项。

刘凤鸣，女，出生于1942年，毕业于上海同济大学，道路专业高级工程师，交通部公路工程监理工程师。曾在上海市市政工程公司、上海市市政工程管理局工作，1994年至今任上海市市政工程管理咨询有限公司党支部书记、董事长。毕业后，到上海市市政工程管理局施工处，从事管理工作。十多年的工作实践为其后来从事监理工作打下了坚实的基础，也为其今后管理一个监理企业储备了能力。她曾担任过上海市污水治理二期工程SSI/2.5标的等十几项工程的项目总监。在上海市污水治理二期工程SSI/2.5标的的监理工作中，她要求公司监理组从审查施工方案开始就把安全、文明施工放在重要位置。这项工程顺利完成后，获得了建设部颁发的"中国市政金杯工程奖"、"中国人居环境范例奖"等荣誉。该项安全监理的实践为以后上海市实施安全监理工作提供了较为可行的实践资料。刘凤鸣曾经主持开展的历时一年的市政工程监理标准化程序的课题研究，被认定为"具有国内先进水平"。刘凤鸣先后获得"质量管理优秀组织者"、"上海市市政局三八红旗手"、 "上海市重点工程实事立功竞赛'记功个人'"、"上海市重点工程实事立功竞赛'建设功臣'"、"上海市劳动模范"等众多荣誉。2008年，她获得"中国交通建设监理突出贡献人物"荣誉。

M

马桂芝，中国建设工程造价管理协会副理事长、秘书长作为协会的"大管家"，马桂芝潜心研究热点问题，以推动行业的改革与发展。她先后领导和组织了《中国工程造价咨询行业的可持续性发展研究》和《造价咨询单位职业责任风险约束机制研究》2个部级科研课题的研究；以及亚太区工料测量师协会（PAQS）《亚太区国家及英国高等教育与认证制度的比较研究》国际课题项目的研究，《造价工程师执业资格考试命题及其制度研究》和《工程造价行业自律管理体制的研究》2个协会课题的研究工作。并开展"中美建设项目合理低价中标高级研讨会"，与英国皇家测量师学会共同出版了《英国建筑工程标准计量规则SMM7》（中文版）等一系列活动。2006年底又组织协会与建设部标准定额司、天津市建设工程造价协会共同举办了"中国工程造价咨询行业发展论坛"，深入探讨行业发展面临的主要问题，开拓思路，为进一步发展我国工程造价管理事业起到了积极的促进作用。2006年在新加坡举行的亚洲及太平洋工料测量师协会第十届年会上，马桂芝因多年来为推进中国和亚太区工料测量行业合作与交流所作的贡献，被该国际组织授予最高荣誉：最佳服务奖。

马文翰，男，北京市高速公路监理有限公司总工程师及顾问。1966年毕业于北京工业大学土建系，高级工程师，交通部、建设部监理工程师。曾先后担任北京市公路管理处工程科科长、京津塘高速公路北京段副高监、北京市公路局质量监督处副处长，北京市高速公路监理有限公司支部书记、副经理、总工程师。1987年起，先后从事京津塘高速公路北京段工程、京石高速公路北京段三期、四期工程、八达岭高速公路一期和辅路工程和北京市顺平路改扩建工程等项目的监理工作。所监理的京津塘高速公路工程荣获交通部"1978—1993年全国十大公路工程"称号，并荣获国家建筑工程鲁班奖和交通部优质工程一等奖。其工程建设成套技术获国家科技进步一等奖和交通部科技进步特等奖。2008 年，他获得“中国交通建设监理突出贡献人物”荣誉。

S

孙育民，男，出生于 1955 年，汉族，大学学历，建设英才。自 2006 年至今任中北港湾工程建设监理有限公司党支部书记、副总经理。1982 年毕业于大连工学院（今大连理工大学），分配到交通部一航院从事设计和施工监理工作。1982—1994 年，在交通部一航院设计三室、设计一室，参加或主持十几项大型港口工程水工设计工作；1987 年被评聘为工程师；1994 年被评聘为高级工程师，担任设计一室水工设计组组长；1994 年后从事施工监理工作，任监理工程师、总监理工程师代表、总监理工程师。2004 年起任中交一航院中北监理所副所长，中北港湾工程建设监理有限公司副总经理。他勤奋刻苦，工作出色，有着丰富的国外监理工作经验。2004 年，在援建巴基斯坦爪达尔港一期工程担任总监时，不幸遭遇了“5・3”恐怖袭击事件，有 9 名监理人员身受重伤，3 名牺牲。当时作为总监的他沉着应对，强忍着悲痛，在抓紧时间抢救伤员的同时，积极组织力量保证生产，使援建项目按期顺利完工，为中国监理工程师赢得了良好的国际声誉。他所在的中北监理公司是我国水运系统第一家走出国门的监理企业，早在 1999 年，总投资 1.4 亿元的缅甸蒂洛瓦船厂一期工程便是他们监理的第一个国外项目。已承接了 100 多项大、中型港口和海岸工程的施工监理及 10 多项咨询业务，工程项目遍布全国各省市，先后承揽了多个国家工程项目的施工监理任务，并赢得较高荣誉。他屡获殊荣，曾经获得天津市交通邮电系统“优秀共产党员”，“中国交通建设优秀监理工程师”等称号。2008 年，他获得“中国交通建设监理突出贡献人物”荣誉。

W

王辉，男，汉族，内蒙古达能仁监理咨询有限公司董事长，从锡林郭勒大草原走来的他，与生俱来的广阔胸襟与豪迈气概使得他在坎坷不平的事业道路上步步为营；1990 年被分配到包钢道路队作为一名技术员。5 年后积极建议并创办了包钢绿化处道路管理科，出任负责人。2000 年，被调入呼和浩特市交通局，任大型物资运输公司总工程师兼副总经理。同年创办了呼和浩特达丰投资有限责任公司，并兼任萨凉公路托县段工程建设总指挥。2003 年，带领着他的原班人马，创建了内蒙古达能仁咨询有限公司，并集体受雇于包头盛世汇金投资公司，建设了省道 102 线呼市至杨树湾段一级公路。后又与人合伙投资成立了北京达能仁投资有限公司，2007 年他将原来的内蒙古达能仁咨询有限公司改组为内蒙古达能仁监理咨询有限公司，并出任董事长兼总经理。2009 年又创办了内蒙古四通物流有限公司。内蒙古达能仁监理咨询有限公司主要从事公路工程监理，公路规划设计，咨询服务业，业务范围涵盖公路监理、规划设计、效果图设计制作；工程咨询（包括工程招标咨询、工程项目管理咨询）；企业咨询；管理咨询；营销咨询；企业培训；广告策划；企业战略管理；企业形象设计；人力资源规划等。成功地完成萨凉公路托县段二级公路和省道 102 线一级公路呼杨段两条公路 BOT 收费公路的策划、报批、设计、施工管理，交工验收及收费系统安装运行；另外还参与了哈磴高速、呼集高速、207 国道一级公路等重点公路工程的监理项目。

X

熊广忠，出生于 1937 年，教授级高工。江苏华宁交通工程咨询监理公司总经理，毕业于南京工学院（今东南大学）土木系。东南大学教授。曾任江苏华宁交通工程咨询监理公司总经理，现为该公司顾问。为中国建设监理协会理事、江苏省科技咨询协会理事、南京市建设监理协会理事。他所负责参与的监理项目江苏连徐高速公路获“詹天佑土木工程大奖”、“国家优质工程奖”；苏州官渎里立交工程获“鲁班奖”。1993 年，熊广忠获政府特殊津贴，先后被评为全国交通系统优秀监理工程师、江苏省教委创办校办产业有功人员、南京市推行监理制度有功人员等。主编《工程建设监理实用手册》、《水运工程施工监理》、《公路工程施工质量监理手册》等有关监理的著作。2008 年，他获得“中国交通建设监理突出贡献人物”荣誉。

许溶烈，男，出生于 1931 年 5 月，浙江绍兴人，高级工程师。中国一级注册结构工程师，国家监理工程师，瑞典皇家工程科学院外籍院士。1953 年毕业于中国南京工学院土木系；1956—1958 年年初在苏联建筑科学研究院地基与地下构筑物科研所进修。1958 年回国，历任中国建筑科学研究院地基基础研究所研究室主任、副所长；建筑工程部第一工程局第一工程公司主任工程师、副经理，国家建委建筑科技局副总工程师；城乡建设环境保护部科技局局长兼中国建筑技术发展中心主任，城乡建设环境保护部总工程师兼科技委员会主任、高级工程师；中国建筑学会第六届副理事长兼秘书长，联合国亚太地区低造价建筑材料和施工体系技术委员会 1983 年、1984 年主席；1994—1998 年任建设部科技委员会副主任，1998 年 12 月起任建设部科技委顾问。现为中国建设机械协会理事长，中国建筑学会副理事长，中国土木工程学会顾问；清华大学、同济大学兼职教授，西安建筑科技大学研究生导师、教授。已出版的著作有：《中国建筑技术政策》、《建筑施工与工程实用技术》、《中国试验住宅小区建设经验文集》、《中国土木工程指南》、《建筑师学术职业信息手册》、《中国桩与深基础工程的理论与实践》，（英文）《THEORY AND PRACTICE OF PILING AND DEEP FOUNDATION IN CHINA》等，曾获 1987 年建设部科技进步一等奖，1992 年全国优秀建筑科技图书一等奖，1995 年获享受国务院特殊津贴专家待遇，1997 年获美国普立顿大学荣誉理学博士学位。

Z

张立华，男，出生于 1963 年 3 月，本科学历，总工程师，副研究员，监理工程师，毕业于长沙交通学院公路与桥梁专业。现任职于湖南省交通建设工程监理有限公司。

1998年2月至1986年，在长沙交通学院公路与桥梁专业学习，获学士学位；1986年7月至今，在湖南省交通科学研究院（所）从事桥梁和公路工程的试验检测、科研、设计、施工、监理等工作。先后参加湖南长沙黄花国际机场施工、广西南北公路监理、湖南107国道长沙段、湖南莲易高等级公路监理、马里共和国援外工程、广西柳桂高速公路、湖南湘耒高速公路、湖南衡枣高速公路、河南叶信高速公路监理等项目；并主持了“加筋土挡土墙在高速公路中的应用研究”等课题。先后担任专业工程师、高监、总监监理公司副总工、副经理、总工程师等职务。他工作出色，是一位优秀的监理。2008年4月，被评为“中国交通建设监理优秀人物”。

赵景孔，男，河南郑州中兴工程监理有限公司董事长。他所在的郑州中兴工程监理有限公司具有建设部核定的“房屋建筑工程、冶炼工程、通信工程、市政公用工程、机电安装工程”等甲级监理资质及公路工程、化工、石油工程、电力工程等乙丙级监理资质，同时具有招标代理乙级资质。为中国建设监理协会会员单位、河南省监理协会常务理事单位、福建省监理协会会员单位、郑州市建筑业协会理事单位。并成为国家级“诚信经营明星企业”、“AAA”级信用企业、“全国百强监理单位”、“放心监理企业”和“重合同、守信誉”单位。已经通过ISO9001：2000国际质量体系认证。拥有管理和技术人员685余人。其中：国家设计大师1人，教授级高级工程师30人，高级工程师（高级经济师）201人，工程师（经济师）267人；国家注册监理工程师126人，注册设备监理工程师、注册造价师、一级注册建造师共48人，注册建筑师、注册结构师、注册咨询师、注册电气工程师、注册化工工程师共53人。已承接各类大、中型工程600余项，工程总投资近560余亿元。近三年监理的工程获“鲁班奖”2项、国家金奖3项，建设部优质工程8项，省优质工程40余项。

周铁军，男，汉族，江苏东南交通工程咨询监理有限公司董事长，1981年宁国中学高中毕业。1985年东南大学道路工程专业本科毕业，1989年西安公路学院硕士研究生毕业。先后在南京交通高等专科学校路桥教研究室、山东济青高速公路潍坊监理处、世界银行苏南路网改造专家部工作，1995年任南京交通勘察设计院院长，现为江苏东南交通工程咨询监理有限公司董事长兼总经理、南京先行交通工程设计有限责任公司董事长。其组织实施的连徐高速公路监理项目获得中国土木工程届的最高工程荣誉奖——“詹天佑”奖。其组织实施的宁启高速公路、宿淮高速公路监理项目分别获2006、2007年度全国公路交通优质工程一等奖。江苏东南交通工程咨询监理有限公司隶属于东南大学，自1994年起从事监理行业，正式成立于1998年。

朱兆芳，女，出生于1939年9月，汉族，上海市人，中共党员。1963年毕业于上海同济大学城市建设工程专业。曾任天津市市政工程设计研究院副总工程师，正高级工程师；中国土木工程学会市政学会理事、天津市第五届科学技术协会常务委员，天津市土木学会及交通工程学会理事。天津市自然科学领域中青年授衔专家、有突出贡献的国家中青年科学技术专家，享受政府特殊津贴；1986年被天津市妇联授予“津门女将”称号，同年荣获“天津市特等劳动模范”、“全国优秀科技工作者”称号并被授予“五·一”劳动奖章；1988、1990年度荣获“天津市劳动模范”称号，1989年荣获“全国先进工作者”，“全国三八红旗手”称号；第七届、第八届全国人大代表，天津市科协四、五届常委。她主要从事市政及公路工程、道路与桥梁工程设计和研究工作。她首创国内立交构思新方法——交通流量发展趋势图及立交方案综合评价结构模型，引进层次分析法，提高了方案构思正确性与决策科学性，现已纳入国家规范；完成“城市立交CAD研究”课题，可提高工效10倍；完成“天津市软土综合加固设计研究”课题，为天津与塘沽软土盐碱地区修筑高等级公路解决矮路堤及7.8m高路堤提供了方法；完成“软土路基治降控制设计新方法的研究”，提出了路基多维非线性沉降计算方法，合理地解决了土体多维固结理论方程的工程实用计算问题，使高速公路软土路基控制沉降采用动态控制设计，减少了工程设计的盲目性，降低了工程造价；1987年获国家优秀设计一等奖，1995年获国家优秀设计三等奖；还获省、市、部级优秀设计奖8项、科研奖2项、科技进步奖3项；2004年被授予“中国工程设计大师”称号。发表论文40余篇，其中有5篇发表于国际学术会议并入选论文集。

訾诚亮，男，1959年10月出生。榆林市大成建设监理有限公司董事长，陕西省神木县神木镇人，中共党员，研究生学历，高级工程师，国家注册监理工程师，现为中国管理科学院学术委员会特邀研究员，陕西省工程评标专家库成员，陕西省建设监理协会常务理事，榆林市建筑业联合会副会长，县政协第五、第六、第七届委员，第六、第七届常委，陕西成宇工程管理咨询有限公司董事长，榆林市大成建设监理有限公司董事长兼总经理。1977年参加工作，1978年入伍参军，1987年转业到地方，分配到神木县建设局工作，1991—1996年先后任县工程质监站副站长、站长。现为中国管理科学院学术委员会特邀研究员，陕西省工程评标专家库成员，陕西省建设监理协会常务理事，榆林市建筑业联合会副会长，县政协第五、第六、第七届委员，第六、第七届常委，陕西成宇工程管理咨询有限公司董事长，榆林市大成建设监理有限公司董事长兼总经理。建筑工程《浅谈当前市场经济条件下，政府在工程质量的管理中的主要工作》一文获质量管理协会论文评选一等奖。《缩小贫富差距构建和谐社会》一文获2007年中国管理科学研究院学术委员会优秀论文评选一等奖。

建设咨询

A

安英杰，男，出生于1968年12月，中国民盟盟员，工程硕士，高级工程师，现为山东设协勘察设计审查咨询中心常务副主任。1992年到山东省城乡建设勘察院工作，主持并参加了多项工程的勘察，主持的山东省政治及会议中心——山东大厦岩土工程勘察荣获山东省优秀勘察设计一等奖。1998年，到山东省建设工程勘察质量监督站从事勘察质量管理工作，作为主要编写人，参加编制了山东省地方标准《山东省岩土工程勘察文件编制标准》、建设部《施工图设计文件审查要点》和《山东省建筑工程施工图设计文件审查大纲》。2001年取得了省建设厅颁发的施工图审查工程师资格，开始从事勘察质量监督审查工作，先后审查了60多项山东省重点工程、超限工程和特一级工程的勘察项目。2003年，荣获了山东省工程勘察专项治理工作先进个人。2007年被山东省建设厅推荐为建设部勘察设计资质管理专家库专家。在勘察质量管理方面，和勘察同仁一道提出了勘察质量监督审查、勘察三环节管理、施工图两段审查与勘察前置审查、土工试验室管理与仪器检定、机长记录员持证上岗等具有开创性的质量管理制度，得到了建设部的充分肯定和省建设行政主管部门的认可、采纳。2008年，安英杰获得首届“山东省十大杰出青年勘察设计师”提名奖。

B

白乃鹏，男，出生于1940年，辽宁省沈阳市人，毕业于重庆建筑工程学院建筑学专业，本科学历，高级建筑师、一级注册建筑师，享受国家政府特殊津贴专家。自1965年参加工作以来，先后在四川建筑学校、贵州铜红地区建筑设计院、贵州铜红地区城乡建设环境保护局、贵州建筑专科学校、贵州工业大学、深圳鑫中建筑设计顾问有限公司工作。多年来，主持设计工程项目百余项，其中获省级优秀工程设计项目奖6项，参加全国设计竞赛获奖2项。撰写论文有：《为住户创造美好居住环境》发表在《建筑学报》上；《山地城镇建筑探索》编入1997年山地人居环境可持续发展国际研讨会论文集；合作《住宅外环境设计》，编入1997年大连国际21世纪城市建筑研讨会论文集。完成的主要设计作品有贵阳市龙港国际中心（高层）、贵阳乌江水电大厦（高层）、贵阳都市大厦（高层）、贵州工业大学逸夫学术交流中心等。

C

蔡明，男，高级建筑师，出生于1970年。毕业于天津大学研究生院，建筑设计专业，硕士学历，高级建筑师。导师为中国科学院院士、设计大师彭一刚教授。曾师从陈世民设计大师多年。1994—2002年，在香港华艺设计顾问有限公司工作，先后任总主任建筑师、副总建筑师，兼任中国海外集团住宅规划设计研究开发中心主任两年。在其丰富的设计经历中，有多个设计作品获奖，其中：深圳市福田区委区政府办公大楼获2000年度深圳市优秀工程二等奖，部优秀工程设计三等奖；北京中国建筑文化中心（中建总公司办公楼）获1999年北京首都优秀方案设计三等奖、中建海外优秀工程一等奖、2002年度国家建设部银奖；完成并获奖的优秀论文有：《城市办公楼综合体设计研究》、《现代信息建筑的形态结构与文化象征》获优秀论文奖；《深圳福田中心区行政办公区规划设计》刊登于国家一级学术刊物《建筑学报》1999·9期。

乘展，男，江苏省工程咨询中心高级工程师。高级工程师，国家注册咨询工程师（投资），曾在企业从事科研、新产品开发等工作9年，1993年起从事工程咨询业。自从事咨询业以来，先后负责完成多项国家、省重点工程建设项目前期咨询以及多项专题研究等工作，积累了丰富的实际工作经验，具有承担国家、省等大中型各类项目前期咨询的组织协调能力。他负责完成的主要咨询工作有：1.“江苏省利用世界银行贷款加强灌溉农业三期项目”等利用世行和外国政府贷款项目前期咨询；2.江苏省“金盾工程”、“天平工程”等信息化建设项目的前期咨询；3.无锡新区、扬州新城西区、江阴开发区靖江园区、连云港出口加工区等基础设施规划建设项目前期咨询；4.新材料、光通信元器件技术、新能源技术、汽车电子、新（医）药等国家高新技术产业化项目的前期咨询；5.涉及电子、通信、机械、轻纺、有色金属等行业企业上市项目的前期咨询和再融资咨询项目；6.商业设施、政府大楼等城市建设项目的前期咨询他所在的江苏省工程咨询中心是1987年经江苏省政府批准成立的副厅级事业单位，由江苏省发展和改革委员会代管。国际咨询工程师联合会（FIDIC）会员协会会员；中国工程咨询协会（CNAEC）会员单位；江苏省唯一获得世界银行贷款技术评估的咨询单位；江苏省省级“文明单位”；连续多年被江苏省科技厅、省工商局、省科技咨询协会评为“江苏省AAA级信誉咨询企业（机构）”。

D

丁崇好，男，江苏省工程咨询中心工业处处长，硕士，高级工程师，江苏省注册咨询专家，具有十几年从业经验。咨询业务专长：工程及管理咨询、投资咨询、商业策划、市场调查。近年来参与并审定国家及江苏省重点投资项目、社会委托项目可行性研究报告及评估达100多项，为政府及各类投资业主提高投资效益、避免重复建设、促进经济结构调整提供了大量客观、公正、科学的咨询意见。曾独立为美国、芬兰两家电力公司做过江苏电力市场调查报告、为江苏数十家上市公司做过“一揽子”上市前的可行性研究报告、为江苏“铁本”项目的善后处理做过方案调整报告、为江苏数家大型企业做过企业信息化工程的可行性研究报告、为外商投资企业及国内数家企业做过企业整体发展的商业策划。他所在的江苏省工程咨询中心是1987年经江苏省政府批准成立的副厅级事业单位，由江苏省发展和改革委员会代管。国际咨询工程师联合会（FIDIC）会员协会会员；中国工程咨询协会（CNAEC）会员单位；江苏省唯一获得世界银行贷款技术评估的咨询单位；江苏省省级“文明单位”；连续多年被江苏省科技厅、省工商局、省科技咨询协会评为“江苏省AAA级信誉咨询企业（机构）”。

丁紫钢，男，江苏省工程咨询中心规划处负责人，高级工程师，国家注册咨询工程师（投资），江苏省333工程培养对象，江苏省注册咨询专家，中国技术经济研究会高级会员。1981年毕业于东南大学，1987年起从事工程咨询业。自从事咨询业以来，先后负责和承担完成多项国家、省重点工程建设项目前期咨询以及工程造价、招投标管理咨询工作，具有丰富的理论和实际工作经验。他负责和承担完成的主要咨询工作有：1. 世界银行贷款苏南环境整治工程苏州、无锡、丹阳等子项目咨询评估；2. 南化集团30万吨合成氨工程项目前期评估；3. 沙钢集团200万吨热轧板卷项目评估；4. 连云港沿海大钢厂厂址研究；5. 江苏沿海核电站选址研究；6. 江苏抽水蓄能电站选址研究；7. 南京奥体中心可行性研究；8. 江苏省钢铁工业发展规划；9. 南京绕城公路扩建工程招标及工程造价咨询；10. 常州大学城建设工程招标及工程造价咨询。他所在的江苏省工程咨询中心是1987年经江苏省政府批准成立的副厅级事业单位，由江苏省发展和改革委员会代管。国际咨询工程师联合会（FIDIC）会员协会会员；中国工程咨询协会（CNAEC）会员单位；江苏省唯一获得世界银行贷款技术评估的咨询单位；江苏省省级“文明单位”；连续多年被江苏省科技厅、省工商局、省科技咨询协会评为“江苏省AAA级信誉咨询企业（机构）”。拥有一支由国家注册咨询工程师（投资）、注册会计师、注册造价工程师、江苏省注册咨询专家等组成的专业技术队伍。

端应华，男，江苏省工程咨询中心高级工程师，国家注册咨询工程师（投资），江苏省注册咨询专家，曾在轻工研究院从事科研工作10年，1995年起从事工程咨询业，具有10年咨询专业经历。自从事咨询工作以来，先后负责完成多项国家、省重点工程建设项目前期咨询以及相关专题研究等工作，积累了丰富的实际工作经验，具有承担国家、省等大中型各类项目前期咨询的组织协调能力。负责完成的主要咨询工作有：1. 南水北调东线源头及输水线（江都城区段）整治、无锡蠡湖周边地区环境整治、淮河流域污水治理、扬州瘦西湖水环境整治等项目前期咨询；2. 涉及轻工、农业、商业、物流等行业企业上市项目的前期咨询和再融资咨询；3. 涉及农业综合经济开发、高新技术等国债和国家专项资金申请项目的咨询；4. 涉及开发区（园区）、出口加工区、保税物流园区等基础设施建设项目前期咨询；5. 涉及教育、文化、体育、公共卫生保障体系、环境监测体系等公共基础设施项目前期咨询；6. 涉及冶金物流、化学工业园区消防、村庄建设等规划咨询；7. 涉及轻工、教育设施项目的后评价咨询工作；8. 宁镇扬旅游风光带建设专题研究。他所在的江苏省工程咨询中心是1987年经江苏省政府批准成立的副厅级事业单位，由江苏省发展和改革委员会代管。国际咨询工程师联合会（FIDIC）会员协会会员；中国工程咨询协会（CNAEC）会员单位；江苏省唯一获得世界银行贷款技术评估的咨询单位；江苏省省级“文明单位”；连续多年被江苏省科技厅、省工商局、省科技咨询协会评为“江苏省AAA级信誉咨询企业（机构）”。

F

扶伟聪，男，汉族，合富辉煌集团控股有限公司董事长，房地产策划代理十大品牌企业领导人，合富辉煌集团控股有限公司董事长，一身深色西装，含蓄而又从容。这与他一直以来有口皆碑的低调形象很吻合。他是一个相当专一的人，一旦找到了适合自己的风格，就会坚持下去或许正是秉承了这位掌门人的风格，合富辉煌成就了一番不同于其他代理公司的稳健发展、深度研究、全程代理的特色。合富辉煌集团创立于20世纪90年代初，是中国内地最早从事房地产顾问服务的企业之一。2004年7月15日，集团在香港联交所主板正式挂牌上市（联交所编号：733），成为中国国内首家上市的地产顾问代理公司。合富辉煌自成立以来，始终秉持“以人为本、专业领先，诚信为本、服务领先”企业发展理念，以稳健的经营作风，创新的服务思维，领先行业的发展，不断刷新和改写着行业发展的记录，为中国房地产服务行业的发展探索、开拓成长的空间。2004年7月15日集团在香港联交所主板正式挂牌上市，成为中国国内首家上市的地产顾问代理公司。

G

顾德鱼，男，1949年7月出生，中共党员，现担任上海宏波工程咨询管理有限公司法人代表、董事长、党支部书记。公司自1999年以来连续5年获得上海市水务局局级文明单位称号，还被水利部评为2002年度全国水利建设先进集体，2003年被上海市建委评为“先进监理企业”。顾德鱼同志本人也被评为2002年度上海市水务局先进个人。上海宏波工程咨询管理有限公司是上海市水务局的直属企业，成立于1994年12月，现有员工300余名，国家级注册执业资格近百人次，高级职称80余名，工程师160余名。公司拥有水利部、建设部甲级建设监理资质以及上海市设备监理甲级资质，专业涉及水利、工民建、市政、绿化、公路、港口、通信、智能化设备等。此外还具有招投标代理和测量资质。十年来，先后承担了百余项建设监理任务，涉及项目投资近90多亿元。公司2000年7月通过中国方圆委ISO9001质量体系认证，凭借“以顾客为关注焦点”的服务理念、过硬的专业技术和先进的管理水平，赢得了业主的信任和良好的社会声誉，在上海水利建设监理市场中取得了竞争优势。曾先后被授予“全国水利系统先进监理单位”、“水利部先进集体”、“上海市先进监理企业”、“上海市重大工程立功竞赛先进单位”、“上海市水务局文明单位”、“全国优秀水利企业”等荣誉称号，并有20余人次获得市级、区级“建设功臣、先进个人、新长征突击手”等荣誉称号。多年来，公司始终坚持内求和谐，外讲诚信，取得了较好的经济效益和社会效益。

郭嵩，男，汉族，大学本科学历，中南财经政法大学EMBA在读，民主建国会会员，浙江天成项目管理有限公司总经理、董事。浙江天成项目管理有限公司，2007年度发表论文“基于概率神经元网络的结构损伤检测与识别研究进展”，被浙江省建筑学会评为自然科学优秀论文“学会奖”；2008年9月被浙江省监理协会评为浙江省2007年度优秀总监理工程师。1997年进入杭州铁道部第四勘察设计院杭州分院监理公司；2003年起先后担任浙江天成项目管理有限公司副总经理、总经理、总经理兼董事；2007年度发表论文“基于概率神经元网络的结构损伤检测与识别研究进展”，被浙江省建筑学会评为自然科学优秀论文“学会奖”；2008年9月被浙江省监理协会评为浙江省2007年度优秀总监理工程师。浙江天成项目管理有限公司成立于2002年，公司注册资金1 000万元，拥有建设部甲级房屋建筑、甲级市政监理资质、浙江省乙级园林绿化监理、乙级机电安装监理资质和乙级造价咨询、招标代理资质，公司于2008年11月通过ISO9001质量管理体系认证。2007年度发表论文“基于概率神经元网络的结构损伤检测与识别研究进展”，被浙江省建筑学会评为自然科学优秀论文“学会奖”；2008年9月被浙江省监理协会评为浙江省2007年度优秀总监理工程师。

H

杭伯安，男，汉族，出生于1968年10月，高级工程师，毕业于上海同济大学公路与城市道路专业，现就读于同济大学同等学力硕士研究生班。现任北京路桥通国际工程咨询有限公司董事、副总经理。曾从事国家重点攻关项目“滑模摊铺水泥砼路面成套技术研究课题”研究，获得交通部科技成果二等奖；滑模摊铺水泥砼路面成套技术推广项目，获得交通部科学技术成果一等奖。参加交通部组织的交通扶贫，任洛阳市汝阳县交通局副局长，荣获“振兴汝阳特别贡献奖”；参加过国道主干线连霍高速公路连云港段、江苏省沿江、常澄高速公路无锡段等多条国家、省重点工程施工监理，历任驻地监理组组长。多次被连云港市、无锡市评为“优秀监理组”、“先进集体”。曾荣获江苏省“十佳监理工程师”、被连云港市、无锡市评为“优秀监理组长”；全国“优秀监理工程师”等称号。2008年，他又获得“中国交通建设监理优秀人物”荣誉称号。

胡惠良，男，江苏省工程咨询中心高级工程师，高级经济师，国家注册咨询工程师（投资），国家注册造价工程师，江苏省注册咨询专家。1988年，上海交通大学管理学院工业管理工程专业研究生毕业，硕士学位。具有近20年来专业从事工程咨询工作经验，先后主持或参与近百项咨询任务，在投资项目前期咨询、规划咨询、项目后评价、工程造价咨询、专题研究等领域，具有较高的理论水平和丰富的实践经验。他主持承担的咨询（部分）工作包括：1. 投资中介机构在政府投资管理中的作用研究；2. 江苏沿江开发区经济带当前发展水平和总体项目规划研究；3. 吴江市“十一五”重大项目发展规划研究报告；4. 太仓市陆渡镇轮业产业集群发展规划研究；5. 南京奥林匹克体育中心可行性研究；6. 金螳螂建筑装饰股份公司募集资金投资项目可行性研究；7. 江苏沿江高等级公路靖江段项目融资商业计划书；8. 张家港朝东圩港河道整治项目建议书评估；9. 江苏LNG项目申请报告（部分内容）编制；10. 江苏泰东河新通扬运河段项目可行性研究评估；11. 南京三汊河河口闸项目可行性报告评估；12. 连云港蔷薇河送清水工程项目后评价。他所在的江苏省工程咨询中心是1987年经江苏省政府批准成立的副厅级事业单位，由江苏省发展和改革委员会代管。国际咨询工程师联合会（FIDIC）会员协会会员；中国工程咨询协会（CNAEC）会员单位；江苏省唯一获得世界银行贷款技术评估的咨询单位；江苏省省级“文明单位”；连续多年被江苏省科技厅、省工商局、省科技咨询协会评为“江苏省AAA级信誉咨询企业（机构）”。

黄建国，男，高级工程师，国家注册咨询工程师（投资），注册资产评估师。江苏省工程咨询中心副总工程师，江苏省333工程培养对象，江苏省注册咨询专家。曾在大型化工企业从事生产管理、工艺设计、新品研发等工作9年，1990年起从事工程咨询业。自从事咨询业以来，先后负责完成多项国家、省重点工程建设项目前期咨询以及多项省、市（县）产业规划咨询、和区域经济规划咨询等工作，具有丰富的理论和实际工作经验。负责完成的主要咨询工作有：1. 世界银行贷款苏南环境整治工程无锡、江阴等子项目咨询评估；2. 涉及化工、医药、轻纺、机械、有色金属等行业企业上市项目的前期咨询；3. 纳米技术、光通信元器件技术、新能源技术等国家高新技术产业化项目的前期咨询；4. 海南省海口市迎宾大道建设项目的前期咨询；5. 江苏省金盾工程等信息化建设项目的前期咨询；6. 无锡新区、扬州新城西区、江阴开发区靖江园区、东大科技园等基础设施规划建设项目前期咨询；7. 商业设施、政府大楼等城市建设项目的前期咨询；8. 吴江丝绸纺织产业集群发展的规划咨询；9. 江苏省盐业产业“十一五”发展的规划咨询。他所在的江苏省工程咨询中心是1987年经江苏省政府批准成立的副厅级事业单位，由江苏省发展和改革委员会代管。国际咨询工程师联合会（FIDIC）会员协会会员；中国工程咨询协会（CNAEC）会员单位；江苏省唯一获得世界银行贷款技术评估的咨询单位；江苏省省级“文明单位”；连续多年被江苏省科技厅、省工商局、省科技咨询协会评为“江苏省AAA级信誉咨询企业（机构）”。

J

蒋松凯，男，江苏省工程咨询中心高级工程师。高级工程师，南京大学工商管理硕士（MBA），国家注册咨询工程师（投资），注册环境影响评价工程师。1998年起从事工程咨询业。先后主持或参与完成了近200个项目的前期咨询（包括项目建议书编制、可行性研究报告编制、项目评估、专题研究等），涉及多个行业领域，包括教育、文体、旅游、卫生、房地产、商贸流通、党政设施、城市基础设施、信息产业、农业等，其中多个项目咨询成果被江苏省发展和改革委员会、江苏省工程咨询协会评为江苏省优秀工程咨询成果，具有较丰富的工程咨询工作经验。先后在《现代管理科学》、《中国工程咨询》等期刊上发表了多篇论文。他主持或参与完成的主要咨询工作有：1. 南京医科大学、南京航空航天大学、东南大学、南京邮电学院、三江学院、钟山学院、正德学院、中国传媒大学南广学院等高校新校区建设的前期咨询；2. 江苏国际图书中心、南京奥林匹克体育中心、南京图书馆新馆、江苏省科技历史文化中心、江苏省美术馆、苏州市体育中心、扬州市体育中心等文化、体育项目的前期咨询；3. 常熟市沙家浜红色旅游、淮安周恩来故居、南京中国近代史遗址博物馆等旅游项目的前期咨询；4. 南京苏源颐和美地、扬州京华城、扬州金鑫花苑等房地产项目的前期咨询；5. 江苏省海洋环境监测中心、江苏省检察院办案技术楼、江苏省环境监督管理中心综合楼、国家环保总局华东环境保护督查中心办公综合楼等党政办公楼项目的前期咨询等。

Q

瞿敏伟，男，汉族，北京新兴华安测绘有限公司董事长，92级给排水专业学生，1996年毕业分至解放军总后工程总队（现为：中国新兴建设开发集团总公司）。在总队工作期间，先后任技术员、项目技术负责人、项目经理等职，参与完成了解放军总医院干休所等多项工程的施工建设工作。先后获得总后工程总队三等功、中国新兴建设首届“十佳青年”及“劳动模范”等多项荣誉称号。2004—2006年就读于香港城市大学，获管理学硕士学位。1999—2000年创建了北京新兴华安测绘公司（现为：新兴华安综合机构，任董事长、总经理。旗下包括：北京新兴华安测绘有限公司、北京新兴嘉业房产经纪有限公司、北京房兴房产评估有限公司、北京新兴京华国土规划设计院有限公司）。经过近十年的辛勤建设，新兴华安发展成为在测绘领域、房地产服务领域、土地研究领域具有相当规模的品牌机构。近年来先后参与了北京市及国家多项规范及行业标准的起草；成为万科等多家知名房产企业的“战略合作伙伴”；多年被北京市规划委员会评为“优秀测绘单位”。1996年毕业分至解放军总后工程总队（现为：中国新兴建设开发集团总公司）。1999—2000年创建了北京新兴华安测绘公司，任董事长、总经理。新兴华安综合机构是在测绘、房地产服务及土地研究领域内知名的品牌服务机构。

L

李凡，男，副研究员、高级工程师，江苏省注册咨询专家。先后在大型纺织化纤企业从事生产及工艺管理和省级管理和咨询部门从事科技管理、信息及工程咨询等工作30余年，先后负责和参与完成多项国家、省重点工程建设项目前期咨询以及多项专题研究、规划咨询等工作，曾获得国家部委和省级科技进步奖、省工程咨询优秀成果奖多项，积累了丰富的实际工作经验，具有承担国家、省等大中型各类项目前期咨询的组织协调能力。他负责和参与完成的主要咨询工作有：1. 轻纺、化工、医药、机械、有色金属、商业流通等行业企业上市项目的前期咨询；2. 新材料、纳米技术、光通信元器件技术、新能源技术、新（医）药等国家高新技术产业化项目、国债和国家专项资金申请项目以及现代农业产业化项目的前期咨询；3. “江苏省利用世界银行贷款加强灌溉农业三期项目”等利用世行和外国政府贷款项目的前期咨询；4. 南水北调东线水源生态保护区、张家港资源再生示范基地等建设项目的前期咨询；5. 江苏省中小企业信息网、国电南自、宝胜集团等重点企业信息化建设项目的前期咨询；6. 无锡新区、南通、连云港出口加工区等基础设施规划建设项目的前期咨询；7. 中石油江苏液化天然气项目、南飞轻纺、恒升纸业等项目申请报告的前期咨询；8. 吴江丝绸纺织产业集群发展规划、如皋港开发区产业发展规划等规划咨询。

李良，男，出生于1963年，毕业于重庆交通学院，1983年进入中交第一公路勘察设计研究院工作，现为西安方舟工程咨询有限责任公司总经理。他踏实肯干，才华出众。1984年，他参加了我国首次引进FIDIC条款的世行贷款项目——京津塘高速公路的勘察设计。1994年，他利用京津塘高速公路监理的经验和资源组建成立了方舟公司。该公司成立14年来，监理咨询业务已经涉及全国19个省（市、自治区），仅高速公路监理项目就有58个，里程1 500多公里；跨越长江的特大型桥梁7座；此外还有隧道项目16座、累计6万多米。其中，主跨480米的PC斜拉桥——鄂黄长江大桥获得“国家优质工程银奖”，哈尔滨四方台大桥获得“鲁班奖”；主跨500米的荆州长江公路大桥是同类桥梁中居世界第二、亚洲第一的PC斜拉桥；温州大桥是中国最长的高速公路大桥；秦岭终南山隧道是世界建设规模第一、全长18.02公里的双洞隧道；双向八车道的广州东二环龙头山隧道，宽度居世界第一。2007年7月，李良因业绩突出，获得中国海员建设工会评选的第八届“金桥”奖；2008年4月，荣获由中国交通建设监理协会组织颁发的“中国交通建设监理突出贡献人物”奖。

李玲龙，男，1956年9月生人，湖南常德人，中共党员。现任中国水电顾问集团中南勘测设计研究院院长，中国国际贸易促进委员会建设行业分会会员。1995—1997年任中南院副院长、教授级高工；1997—2002年任中南院副院长兼向家坝工程项目经理、教授级高工；2003年6月至今任中南院院长，全面主持中南院工作。具有注册咨询（投资）工程师、监理工程师等资格、注册证书。从1982年参加工作至今，主持和参加了五强溪工程、西水电站、碗米坡、红水河、沅水河流等工程项目的规划、设计及复核工作；凌津滩、龙滩初设、大广坝技施、三板溪可研、向家坝预可研、洪江规划等工作；海南东部水资源规划、大亚湾水资源规划等项目；株洲航电枢纽预可研、金沙江中游河段、虎跳峡梯级规划。2006年评为湖南省优秀设计院院长，2008年评为全国水利水电勘测设计行业优秀院长，2009年获中国诚信企业家资格。2010年12月被湖南省劳动模范和先进工作者表彰大会授予“湖南省劳动模范”荣誉称号。

梁光鸿，男，江苏省工程咨询协会副秘书长，江苏省工程咨询中心高级工程师，国家注册咨询工程师（投资），江苏省注册咨询专家。近期完成的重大咨询业务有：江都生态治理项目、昆山捷安特自行车项目、赣榆青口渔港项目、仪征华腾印染后整理项目、江阴申利针织后整理项目、仪征国庆北路商业步行街项目、无锡亚太公司铝合金项目、淮阴辉煌太阳能热水器项目、姜堰溱潼医院外国政府贷款项目、徐州恩华制药项目、镇江汇联港工程建设项目、镇江废旧轮胎处理项目、镇江奥雷电子项目、靖江太阳能热水器项目、徐州万邦生物制药项目等工程咨询业务的前期咨询工作。他所在的江苏省工程咨询中心是1987年经江苏省政府批准成立的副厅级事业单位，由江苏省发展和改革委员会代管。国际咨询工程师联合会（FIDIC）会员协会会员；中国工程咨询协会（CNAEC）会员单位；江苏省唯一获得世界银行贷款技术评估的咨询单位；江苏省省级“文明单位”；连续多年被江苏省科技厅、省工商局、省科技咨询协会评为“江苏省AAA级信誉咨询企业（机构）”。

刘宪生，男，回族，出生于1954年8月，天津市人，中共党员，高级工程师，国家一级项目经理（建造师），评标专家，企业管理咨询顾问。1976年毕业于天津市市政工程学校道桥专业，1996毕业于天津南开大学企业经营与管理专业。现任天津五市政公路工程有限公司董事长、党委副书记。他在公司成立时即担任公司领导班子职务，1986年任天津市第五市政工程公司工会主席、项目经理；1997年公司改制后，任天津五市政公路工程有限公司党委副书记、纪委书记、副总经理；1998年任公司总经理、副董事长；2003年至今任公司董事长。2006年作为党委副书记，主持公司党委工作。自1986年以来，连续多年被评为局级优秀党员、优秀党务工作者、特级先进工作者，城建工委级优秀领导干部，并荣获天津市优秀企业家、“九五”立功先进个人、“十五”立功先进个人，全国建筑业企业优秀项目管理者、全国优秀施工企业家、全国优秀市政工程项目经理等荣誉称号。1998年4月当选为中国共产党天津市第七次代表大会代表。组织撰写的《以培育核心竞争能力为根基的质量效益型管理》一文获天津市企业管理现代化优秀成果一等奖。

M

马聪，男，1945年8月生人，汉族，中共党员，大专学历，工程师。现任成都吾豪物业管理顾问公司总经理、中国注册物业管理师、全国物业管理招投标专家评委。曾任四川省房地产业协会副会长。现任四川省房地产业协会顾问、四川省房协物业管理专委会主任。1995—2007年任成都万和物业管理公司总经理。马聪同志堪称四川省物业管理专业的专家学者，在四川物管业界属资深人士。曾参加四川省成都市地方物业管理立法工作。现为中国注册物业管理师培训师、四川建筑职业技术学院客座教授、四川银典培训学校讲师、四川鑫源物业培训学校讲师。主编出版《物业管理指南》；曾在《四川房地产》刊物上发表过多篇文章；在《四川房地产年鉴》2006年及2007年版分别发表过一篇论文；在《中国物业管理杂志》上发表过论文两篇。

马国友，男，出生于1964年4月，中共党员，大学本科，教授级高级工程师，国家一级注册建筑师，现为中铁济南勘察设计咨询院副总工程师，兼任中日合资山东盖亚国际设计有限公司总经理、总建筑师，山东建筑学会建筑创作专业委员会委员。先后主持设计了“山东体育学院日照新校区”、“奥运会配套工程——青岛火车站”、“济南火车站广场设计”、“济南高新区科贸城概念规划设计”、“山东省自行车赛场（日照）”、“山东省中西医结合医院病房楼”等十余项省部级以上重点工程，以及“日本东京自由之丘集合住宅”、“委内瑞拉博利瓦尔酒店”等数项海外工程，取得了多项重大技术成果和显著的社会、经济效益。1994—1996年，由铁道部选派赴日设计研修。回国后，组建了“山东盖亚国际设计有限公司”，成为山东省首家中日合资设计企业，并率先通过网络技术与国外建立了设计平台，组织了近五十余项国际间的合作设计与交流活动。发表论文10余篇，曾获中铁工总优秀工程设计奖一等奖、山东省优秀工程设计二等奖等。曾获得山东省“八十年代优秀毕业生”、济南铁路局双十佳“青年标兵”、“火车头标兵”等称号。2008年，马国友获得首届“山东省十大杰出青年勘察设计师”提名奖。

马新，男，出生于1974年9月，本科学历，工程师。1997年7月毕业于西安建筑科技大学建筑工程专业。1997年8月至1999年12月，在江阴市建设监理公司任监理师；2000年1月至2003年1月，在上海外建建设咨询监理有限公司任无锡区域经理；2003年1月至2006年4月，在江阴市工程建设管理咨询有限公司任总经理；2006年4月至今，在江苏外建建设咨询监理有限公司任总经理。他领导的江苏外建建设咨询监理有限公司（原江阴市工诚建设管理咨询有限公司）成立于2003年1月，是专业从事工程建设监理服务的企业，具薇乐花园项目是第一个在甘肃省房产项目中做外墙保温、夹芯保温建筑，也是唯一的每户住宅做保温、效果达到三步节能标准的住宅区；第一个也是目前甘肃省唯一的在住宅小区内建设中水处理系统；第一个在小区内建设雨水集流工程；第一个在建筑中引入自然清风系统；第一个也是唯一的被官方推荐参加杜绝商业炒作的国家绿色建筑奖评选的地产项目。

马雄承，男，汉族，出生于1963年6月，中共党员，工商管理硕士，高级经济师，高级企业管理咨询师，特级注册职业经理人，一级注册建造师，上海市建设工程评标专家。现任上海宝钢工程建设总公司总经理。1984年8月至1991年02月历任宝钢集团设备部土炉车间技术员，区域技术主管；1991年10月至2001年10月历任宝钢集团上海宝城建材总厂厂长；2001年10月至2003年7月任上海宝钢工程建设总公司副总经理（主持工作）；2003年7月至今任上海宝钢工程建设总公司总经理，担任了近16年的主持企业经济工作。上海宝钢工程建设总公司，简称："宝钢建总"（BSCC），系宝钢集团公司下属的全资子公司，是一个资金、技术、人才密集的大型国有建筑企业。公司具有房屋建筑工程施工总承包一级，钢结构工程专业承包一级，地基与基础工程专业承包一级。冶炼工程施工总承包二级，建筑装修装饰工程专业承包二级等资质。以及机电设备安装工程专业承包三级。下属企业还具有建筑和装饰设计甲级，钢结构制造一级，商品砼二级，建、构筑物拆除一级，设备安装二级，以及市政公用工程二级设计、施工资质。工程项目遍布全国各地及俄罗斯、阿联酋、马来西亚等国家。公司连续四年获得银行资信AAA、工商资信AAA、施工资信AAA。在美国ENR和《建筑时报》联合主办的中国建企ENR排行榜连续三年进入前60强。

N

倪慎敏，女，江苏省电力设计院高级建筑师，国家一级注册建筑师。近几年，以建筑专业负责人或建筑主要设计人承担完成：扬州第二发电厂（2×60 MW）、新海发电厂（2×125 MW）、淮阴发电厂（2×125 MW）、南通华能发电厂、谏壁发电厂（2×30 MW）、南京下关发电厂（2×125 MW）、南京苏源热电厂、太仓港环保发电有限公司（2×135 MW）等工程的综合办公楼、食堂、俱乐部、影剧院、招待所和宿舍等公共建筑；东台市百货大楼、东台市邮电局电信楼、食堂等建筑；盐城市的电信局电信大楼、供销大楼、中医院门诊大楼、老干部病房大楼、第一人民医院门诊大楼、博物馆和新四军纪念馆等公共民用建筑。江苏省电力设计院创建于1958年，为国家甲级电力勘测设计院。1996—1999年连续4年，被评为全国勘测设计综合实力百强企业；2001年被命名为全国"一流电力设计企业"称号；1996—2004年连续九年，被评为"AAA"资信等级；2002、2003年进入国家勘测设计企业营业收入前100名单位。荣获"2000—2001年国家电力公司双文明单位"、1999—2002年"江苏省文明单位"等称号；被授予"2004年全国电力行业质量管理奖"；在国家第八、第九、第十届优秀工程勘测、设计中，荣获金奖4项、银奖3项、铜奖3项；获得国家质量银奖1项。

S

孙爱民，男，江苏省工程咨询中心高级工程师，工业项目咨询处副处长，江苏省注册咨询专家，国家注册咨询工程师（投资），注册安全评价工程师。曾在部属研究院、大型化工企业从事科研、工艺设计等工作8年，1989年起从事工程咨询业。自从事咨询业以来，先后负责完成多项国家、省重点工程建设项目前期咨询以及多项专题研究等工作，积累了丰富的实际工作经验，具有承担国家、省等大中型各类项目前期咨询的组织协调能力。他负责完成的主要咨询工作有：1. 江苏省利用世界银行贷款苏南环境保护项目，经世界银行授权贷款400万美元以下子项目技术评估10多项；2. 涉及化工、医药、轻纺、机械、有色金属等行业企业上市项目的前期咨询和再融资咨询项目；3. 新材料、光通信元器件技术、新能源技术、汽车电子、新（医）药等国家高新技术产业化项目的前期咨询；4. 石油化工、精细化工、中间体、化纤、化肥、基本有机化工、无机化工等化工行业的国债和国家专项项目的咨询；5. 南京化学工业园、邗江开发区、泰州开发区滨江园区、镇江出口加工区等基础设施规划建设项目前期咨询；6. 商业设施、政府大楼等城市建设项目的前期咨询；7. 江苏省LNG项目申请报告；8. 江苏省盐业产业"十一五"发展的规划咨询。他所在的江苏省工程咨询中心是1987年经江苏省政府批准成立的副厅级事业单位，由江苏省发展和改革委员会代管。国际咨询工程师联合会（FIDIC）会员协会会员；中国工程咨询协会（CNAEC）会员单位；江苏省唯一获得世界银行贷款技术评估的咨询单位；江苏省省级"文明单位"；连续多年被江苏省科技厅、省工商局、省科技咨询协会评为"江苏省AAA级信誉咨询企业（机构）"。

T

陶洁，江苏省工程咨询中心高级工程师，国家注册咨询工程师（投资），国家一级注册结构工程师。具有10多年工程设计经历，先后参加了数十个项目的工程设计工作，积累了丰富的工程设计经验，具有较强的现场处理能力。2001年起从事工程咨询，先后负责或参与完成了100多个项目的工程咨询业务，包括项目的前期咨询、规划和初步设计，涉及城市基础设施、房地产、环境保护、教育、文体、卫生、商贸流通、党政设施、农业、机械、港口、电子等众多领域。他负责或参与完成的主要咨询工作有：1. 苏东沿海无规定动物疫病畜产品出口示范区、常州溧阳天目湖农业示范园等项目的实施方案；2. 江苏省中医院门诊楼改造项目、镇江江奎集团数码相机高新技术产业项目、江苏大学灭蝗车高新技术项目等的初步设计；3. 国家开发银行昆山、常州、扬中、张家港、南京江宁等地城市基础设施贷款项目咨询；4. 南京奥体中心科技中心、江苏国际图书中心、南京图书馆新馆、江苏省科技历史文化中心、宿迁市文化艺术中心、扬州体育中心等文化、体育项目的前期咨询；5. 东南大学江宁校区、南京医科大学江宁校区、苏州工艺美术学院、泰州畜牧专科学校等高校新校区建设项目可行性研究；6. 苏宁物流配送体系一期工程、苏宁电器新街口店建设的项目前期咨询；7. 淮安周恩来故居、南京中国近代史遗址博物馆等旅游项目的前期咨询；8. 南京市江宁医院、江苏省人民医院、宿迁急救中心等医疗卫生项目的前期咨询；9. 扬州京华城、南京东郊宾馆、南京苏源颐和美地、扬州金鑫花苑等房地产项目的前期咨询；10. 盱眙扬嘴保庄圩村镇规划编制。他所在的江苏省工程咨询中心拥有一支由国家注册咨询工程师（投资）、注册会计师、注册造价工程师、江苏省注册咨询专家等组成的专业技术队伍。

W

汪澄，男，国家注册咨询工程师（投资），工学硕士。江苏省工程咨询中心高级工程师。在高校从事科研、教学等工作16年，2001年起从事工程咨询业。自从事咨询业以来，先后负责完成国家、省重点工程建设项目的前期咨询、融资咨询、评估、后评价以及区域规划、产业规划、课题研究、商业计划书等咨询工作多项，参与完成项目咨询60余项，积累了较丰富的咨询经验，数次获得国家、江苏省工程咨询优秀成果一、二等奖，具有承担国家、省等大中型各类项目前期咨询的组织协调能力。他负责或参与完成的主要代表咨询工作有：1. 江苏省“金盾工程”、苏宁电器信息系统建设、阳光集团信息化建设等等信息化建设项目的前期咨询；2. 无锡新区、扬州新城西区等基础设施规划建设项目前期咨询；3. 新材料、光通信元器件技术、新（医）药等国家高新技术产业化项目以及涉及农业产业化、电子、通信、机械、轻纺项目的前期咨询；4. 涉及电子、通信、机械、轻纺、有色金属等行业企业上市项目的前期咨询和再融资咨询项目；5. 江苏省小城镇建设规划、吴江市丝绸纺织产业集群规划、吴中开发区信息产业专项规划等规划项目；6. 江苏省沿江经济带当前发展水平研究及项目总体规划等研究课题；7. 连云港市蔷薇河送清水工程、连徐高速公路等重大项目的后评价咨询等。

王春龙，男，汉族，出生于1964年3月。1980年12月参加工作，无党派，首都经济贸大学研究生、法学专业。现任河北省沧州市建筑企业劳动保险费用行业统筹管理办公室财务负责人，正高级会计师；河北省建设会计学会秘书长、河北省人力资源研究开发会财务总监委员会副理事长，河北省政府采购评审专家，河北省建筑工程评标专家、中国管理科学研究院学术委员会特约研究员、中国城市研究会会员，沧州市会计学会常务理事。先后被评为河北省先进会计工作者、沧州市会计工作先进工作者、河北省建筑会计学会活动积极分子；获河北省首届会计知识大赛优秀奖；2000—2006年，连年被沧州建设局评为城市建设管理工作先进个人；2004年，被评为河北省建设会计学会财务管理先进工作者。同年，论文《加快城市建设投融资体制改革，多渠道筹措建设资金》获河北省第四次优秀论文二等奖；撰写的《企业集团的资金管理》荣获河北省2005—2006年度论文评比一等奖；2006年，撰写的论文《会计信息失真的现状成因及对策》在中国建设会计学会举办的第七次优秀论文活动中，获优秀论文三等奖。他的业绩亦被人事部收入《中国专家大辞典》。2007年被评为中国建设行业百名管理英才。

王苏锋，男，工程师，国家注册城市规划师，全国房地产策划师，1989年工作以来一直从事城市规划设计及工程咨询工作。具有多年专业从事工程规划和咨询工作经验，先后主持或参与多项咨询项目，在项目前期咨询、城市规划、房地产策划等领域，具有较高的理论水平和丰富的实践经验，具有完成前期咨询、区域规划、总体规划、详细规划、专业规划、各种绿化设计、总平面布置等专业方面的能力。有多个项目成果获奖，在《江苏城市规划》上发表了多篇论文。他主持及参与承担的规划及咨询工作有：1. 参与编制了《沛县县城总体规划》（2003—2020年）；2. 主持设计了江苏能源经济技术开发区、龙固高耗能工业园等工业区规划；3. 主持设计了迎宾小区、新沛小区、鼓楼小区、鑫达园小区等多个居住区的规划；4. 主持设计了盱眙县六乡镇镇村布局规划；5. 参与了国家软件产业基地（江苏）孵化研发中心等信息产业项目的前期咨询；6. 参与了常熟市沙家浜红色旅游项目建设方案的前期咨询；7. 参与了浦口中心医院等医疗卫生项目的前期咨询；8. 参与了张家港冶金工业园、徐矿靖江煤炭等物流中心可研报告；9. 主持了沛县滨河公园规划设计，并作为项目的总技术负责，从设计、施工管理、竣工验收进行了全程建设管理。他所在的江苏省工程咨询中心是1987年经江苏省政府批准成立的副厅级事业单位，由江苏省发展和改革委员会代管。国际咨询工程师联合会（FIDIC）会员协会会员；中国工程咨询协会（CNAEC）会员单位；江苏省唯一获得世界银行贷款技术评估的咨询单位；江苏省省级“文明单位”；连续多年被江苏省科技厅、省工商局、省科技咨询协会评为“江苏省AAA级信誉咨询企业（机构）”。

吴美蓉，女，汉族，福建泉州宇美房地产咨询有限公司董事长。2003年6月，独资创办“泉州宇美房地产咨询有限公司”，经营范围涉及楼盘销售代理、房地产中介经纪、房地产物业管理、套房装修装饰、房地产知识咨询与信息产交流等多方面，在房地产业的经纪、管理、服务等领域独树一帜，成绩斐然。她在长期实践中总结与创新了一套全新的“房地产管理模式、房地产经纪模式、房地产服务模式”，房地产企业文化建设取得丰硕成果。国际花园城市泉州的房地产业发展迅速，日新月异，世人瞩目。有一位女企业家，她不在房地产业的开发建设中叱咤风云，却在房地产业的经纪、管理、服务等领域独树一帜，默默地散发着沁人肺腑的芳香。她就是福建泉州宇美房地产咨询有限公司董事长吴美蓉，她创造的“吴氏模式”正在影响并将继续影响泉州房地产业的健康发展。宇美房地产咨询有限公司的经营范围涉及楼盘销售代理、房地产中介经纪、房地产物业管理、套房装修装饰、房地产知识咨询与信息产交流等多方面。吴美蓉在长期实践中总结与创新了一套全新的“房地产管理模式、房地产经纪模式、房地产服务模式”，合理有效地协调房地产开发商、社区管理机构、物业管理公司以及住房业主之间的各种关系，营造一个完美的生活空间。

X

谢邦珠，男，出生于1939年2月，重庆开县人。1961年于重庆交通大学道路桥梁专业毕业后，分配到省交通厅公路设计院工作，历任副队长、总工办主任、院副总工程师、总工程师。1987年被评为高级工程师；1992年经国务院批准，享受国家政府特殊津贴；1999年4月退休后被聘为院高级技术顾问、院公路工程咨询公司总工程师、顾问总工程师；2001年5月被评为教授级高级工程师；先后被交通部授予“全国交通系统先进工作者”、“全国交通系统优秀科技工作者”等荣誉称号；先后担任了中国公路学会桥梁及结构工程学会理事、中国土木学会桥梁及结构工程学会理事、四川省公路学会常务理事；先后在省级以上学术会议、报刊上发表了《计算机连续箱梁扭转、畸变的传递矩阵法》、《平面曲梁的初参数解及其应用》、《万县长江大桥孔跨比较及其模糊评判》等论文30余篇，《弹性支承连续正交异性板分析方法》等译文10余篇；先后获得省部级以上科技进步奖三项。特别是由他担任第一负责人的“万县长江大桥设计施工技术研究课题”，获得了2000年度国家科技进步一等奖；2004年被评为“全国勘察设计大师”，2006年荣获“全国十大桥梁人物”和“全国工程设计大师”光荣称号。40多年来，他参加设计、审查和指导设计、进行技术咨询的公路独立大桥共计70余座，其中担任主设人、负责人、主审人的有50余座（含长江大桥10座）。这些桥梁中，有7座先后获得国家、部（省）级优秀设计奖（其中全国设计金奖、铜奖各一座）。

徐冬喜，男，江苏省工程咨询中心高级工程师。高级工程师，国家注册咨询工程师（投资），国家注册监理工程师。具有10多年工程设计经历，先后参加了100多个项目的工程设计工作，积累了丰富的工程设计经验，具有较强的现场处理能力。2003年起从事工程咨询，先后负责或参与完成了近百个项目的工程咨询业务，包括项目的前期咨询和规划，涉及城市基础设施、房地产、环境保护、教育、文体、卫生、商贸流通、党政设施、农业、机械、港口、电子等众多领域。近年来，在国家核心杂志公开发表论文10多篇。他负责或参与完成的主要咨询工作有：1. 张家港保税区消防规划、张家港冶金物流园规划、盱眙扬嘴保庄圩村镇规划等规划编制；2. 国家开发银行昆山、扬中、无锡、连云港、南京江宁等地城市基础设施贷款项目咨询；3. 江苏省科技历史文化中心、南京中国近代史遗址博物馆、宿迁市文化艺术中心、扬州体育中心、南京奥体中心科技中心等文化、体育项目的前期咨询；4. 东南大学江宁校区、南京航空航天大学、苏州工艺美术学院、泰州畜牧专科学校等高校新校区建设项目可行性研究；5. 张家港保税物流园、镇江大港保税物流园、南京金属物流园等物流园区的项目前期咨询；6. 洪泽污水处理工程、丰县自来水厂、江都市临江四镇污水处理工程等水务项目的可行性研究；7. 苏东沿海无规定动物疫病畜产品出口示范区、常州溧阳天目湖农业示范园等项目的实施方案；8. 江苏省中医院门诊楼改造项目、镇江江奎集团数码相机高新技术产业项目、江苏大学灭蝗车高新技术项目等的初步设计。

徐红英，女，华东政法学院法学本科学历；国家注册房地产经纪人；赣州永全房地产有限公司董事长；从事房地产行业12年，有数个开发企业的工作经历，接受了许多职业成长的教育和训练；逾十年的历练造就了丰富的经验和工作能力，对房地产项目进行前期市场调研、项目评估、投资分析、可行性研究等实际操作和控制管理能力。曾任赣州德威房地产开发公司营销总监，成功运作了景江德威园和蔚蓝半岛等项目。2005年1月创建赣州永全房地产经纪有限公司，先后承接了清华苑、银河湾、星河嘉园、帝景豪园、非常121（公务员小区一期商铺）、五龙·桂园、章江·龙鑫华城、上林春天等项目的策划和销售代理业务。

薛铮，男，汉族，山西世纪朗润房地产经纪有限公司。全国注册房地产经纪人，山西世纪朗润房地产经纪有限公司总经理，2001年进入太原房地产市场。2006年年底，北京世纪朗润房地产投资顾问有限公司更名为山西世纪朗润房地产经纪有限公司。2003年，注册了北京世纪朗润房地产投资顾问有限公司；2004年，公司开始正式营业，2006年年底，北京世纪朗润房地产投资顾问有限公司更名为山西世纪朗润房地产经纪有限公司。山西世纪朗润房地产投资顾问有限公司成立于2003年，原名为北京世纪朗润房地产投资顾问有限公司。2004年，公司开始正式营业，2006年年底更名为山西世纪朗润房地产经纪有限公司。主要策划与顾问服务的项目有：太原“新兴国际文教城（三期社会山）”、“兆丰滨江公寓”、“长风商务区”、运城“二郎庙商业金街”、内蒙古薛家湾“景泰华府”等。

Y

晏志勇，男，1958年7月出生，四川新都人。中国水电工程顾问集团公司总经理，1976年7月参加工作，1978年10月加入中国共产党。1985年6月中国水利水电科学研究院研究生毕业，工学硕士。现任中国水电工程顾问集团公司总经理、党组书记、教授级高级工程师。曾任电力工业部成都勘测设计研究院副处长、处长、副院长，电力工业部水利水电规划设计管理局（总院）副局长（副院长），国家电力公司水电水利规划设计总院副院长，中国水电工程顾问集团公司副总经理、党组成员。2007年2月任中国水电工程顾问集团公司总经理、党组书记、国家能源领导小组国家能源专家咨询委员会专家。中国水电工程顾问集团公司于2002年12月经国务院批准成立，其前身为政府主管水利水电规划、开发、建设的机构——水利水电规划设计总局（院），已有50余年的发展历史。集团公司成立3年来已取得“三高、四翻番”的好成绩：社会地位显著提高、市场占有率显著提高、员工收入水平显著提高，经营收入、劳动生产率、利润总额和资产总量均实现了翻番。2003—2005年3次参加中国《建筑时报》和美国《工程新闻纪录》杂志“中国承包商和工程设计企业双60强”评比，位列第1名或第2名。

杨玲，濮阳中原建设工程咨询有限公司董事长，大学专科毕业，工程师，河南省建设工程招标专家库评委。先后在大庆油田、玉门油田、中原油田从事工程造价管理和审核工作，1982年调中原油田并分别在中原油田基建处、中原油田概预算管理中心从事工程造价管理及审核工作，任油田地面预算审查科科长，2007 年任濮阳中原建设工程咨询有限公司董事长。主要完成和参与的工程咨询项目有：中原油田第三气体处理厂及其改扩建工程、29 MW×4 基地系统集中供热工程、2 000 吨/年舒普凡细旦丙纶长丝化纤工程、14 万吨/年中原乙烯工程、中原油田炼化总厂改扩建、山东东明炼厂加制氢及公用工程、中原油田天然气净化液化处理工程（LNG）、中原油田驻郑州办事处金桥宾馆及驻北京联络处改扩建及装修工程、轻烃罐区（2×2 000M3 球罐）扩容工程、240 万 M3/日原料气脱硫工程、普光天然气净化厂场平工程、中国石化珠海—澳门横琴天然气工程全过程造价控制、成都市三瓦窑污水处理厂三期工程竣工决算审计、山东胶州至日照天然气管道工程结算审查、江西省天然气管网一期工程全过程造价控制、义煤集团氧化铝厂技改工程、中原乙烯扩建及检修工程等项目。

杨群力，男，江苏省工程咨询中心高级工程师。高级工程师，注册咨询工程师。他主持或参与完成的主要项目有：1. 双狮（张家港）热电有限公司 50 MW/h 余热发电工程项目可行性研究报告；2. 玖龙纸业（太仓）有限公司自备热电厂扩建工程项目可行性研究报告；3. 江苏三房巷实业股份有限公司自备热电厂扩建工程项目建议书；4. 江苏海伦化学有限公司自备热电厂建设工程项目建议书；5. 东海东方热电有限公司热电联产工程项目建议书。他所在的江苏省工程咨询中心是 1987 年经江苏省政府批准成立的副厅级事业单位，由江苏省发展和改革委员会代管。国际咨询工程师联合会（FIDIC）会员协会会员；中国工程咨询协会（CNAEC）会员单位；江苏省唯一获得世界银行贷款技术评估的咨询单位；江苏省省级“文明单位”；连续多年被江苏省科技厅、省工商局、省科技咨询协会评为“江苏省 AAA 级信誉咨询企业（机构）”。

尹树元，男，中共党员，大学文化程度，汉族。北京市市政专业设计院有限公司任职。1970—1990 年在海军航空兵服役；1990—1991 年在北京市委办公厅任职；1991—2001 年在城建集团一公司、八公司等单位任职；2001—2002 年在北京市政总公司任职；2002 年至今北京市市政专业设计院有限公司任职。1986 年在任海军航空兵特装办公室副主任期间组织海航部队完成了特种装备的安装、试飞、管理工作，因成绩显著荣立三等功；在北京城建集团工作期间主持房地产开发 8 万余平方米公共建筑和住宅，组织 40 余万平方米的施工，其中获国家银质奖一次；主持了专业设计院的改制工作，2004 年企业被上级评为先进企业和先进工作者。北京市市政专业设计院成立于 1984 年，2002 年改制为有限责任公司。北京市市政专业设计院参与《城市人行天桥与人行地道技术规范》的编制工作。在工程设计和工程咨询中注重发挥技术优势，自行开发了 20 余项适用于不同专业的技术软件，并在工程设计中发挥了重要作用。其中《二、三维桥梁结构计算分析通用系统——ASBEST、98》计算软件获北京市第九届（2000 年）优秀设计软件一等奖、第六届全国工程设计优秀软件铜奖，《排水管道“计算～绘图”一体化程序》软件获北京市第八届工程设计计算软件三等奖。近几年共获北京市市级优秀设计奖 26 项，市（部）级科技进步奖 15 项（其中 2004 年获得北京市第十一届优秀工程设计一二三等奖共计 6 项）。2004 年再次通过 ISO9001 标准质量体系认证。

Z

周连杰，男，江苏省工程咨询中心主任，高级经济师，国家注册咨询工程师（投资），江苏省注册咨询专家。主持完成的主要项目有：1. 徐州蚕桑种养加一条龙示范工程项目可研，获江苏省计经委学术委员会优秀成果三等奖；2. 新材料纳米二氧化钛国家重点工业性实验项目可研，获中国工程咨询协会 2000 年度优秀工程咨询成果三等奖；3. 苏州市体育中心项目可研，获江苏省发改委、江苏省工程咨询协会 2000 年度优秀工程咨询成果一等奖；4. 苏州欧尚超市有限公司项目可研，获中国工程咨询协会 2001 年度优秀工程咨询成果三等奖，江苏省工程咨询协会优秀工程咨询成果一等奖；5. 扬州市瘦西湖水环境整治工程项目可研，获江苏省发改委、江苏省工程咨询协会 2001 年度优秀工程咨询成果二等奖；6. 江苏省环境自动监测系统项目可研，获江苏省发改委、江苏省工程咨询协会 2002 年度优秀工程咨询成果二等奖；7. 无锡高新经济技术开发区基础设施项目可研，获江苏省发改委、江苏省工程咨询协会 2002 年度优秀工程咨询成果二等奖；8. 南京奥林匹克体育中心项目可研，获江苏省发改委、江苏省工程咨询协会 2003 年度优秀工程咨询成果一等奖。他所在的江苏省工程咨询中心是 1987 年经江苏省政府批准成立的副厅级事业单位，由江苏省发展和改革委员会代管。国际咨询工程师联合会（FIDIC）会员协会会员；中国工程咨询协会（CNAEC）会员单位；江苏省唯一获得世界银行贷款技术评估的咨询单位；江苏省省级“文明单位”；连续多年被江苏省科技厅、省工商局、省科技咨询协会评为“江苏省 AAA 级信誉咨询企业（机构）”。拥有一支由国家注册咨询工程师（投资）、注册会计师、注册造价工程师、江苏省注册咨询专家等组成的专业技术队伍。建有实力雄厚的专家库，具有多学科综合评估能力，能够承担各种建设、投资项目的全过程咨询评估任务。

周义，男，国家注册咨询工程师（投资），1994 年起从事工程咨询业。江苏省工程咨询中心高级工程师。自从事咨询业以来，先后负责完成多项国家、省重点工程建设项目前期咨询以及多项专题研究等工作，熟悉咨询行业有关政策、法律、法规以及技术规范、标准、规程。积累了丰富的实际工作经验，具有承担国家、省等大中型各类项目前期咨询的组织协调能力。他负责和参与完成的主要咨询工作有：1. “江苏博大环保股份有限公司钢铁废水处理及回用成套设备项目”、“江苏大学机电总厂静电喷洒灭蝗车项目”等国家高技术产业化项目前期咨询；2. “江苏省天平工程”和“江苏申龙创业集团有限公司企业管理信息化系统建设项目”等信息化建设项目的前期咨询；3. 常州出口加工区、扬州新城西区、江阴经济开发区靖江园区、连云港出口加工区等基础设施规划建设项目前期咨询；4. 涉及机械、电子、轻工、纺织、化工、冶金等行业企业上市项目的前期咨询和再融资咨询项目；5. 中石油江苏液化天然气项目等国家级重点项目的申请报告前期咨询；6. "苏宁电器"、"五星电器"、"苏果超市"和"金鹰国际"等商业企业的上市、并购项目的前期咨询。

朱立岩，男，大连港口建设监理咨询有限公司书记、总工程师。1989 年 10 月，作为第一个也是唯一一个报名参加水下监理培训的学员，成为国内第一个具备潜水能力的专业工程监理人员。1998 年成为交通部注册监理工程师，1999 年被评为交通部优秀青年专家，2002 年成为国家注册监理工程师；2004 年荣获交通部优秀监理工程师称号。主要监理工程有中国海洋石油公司绥中 36—1 油田基地码头工程、青岛北海重工海西湾船厂 30 万吨级和 15 万吨级船坞工程、大连港大窑湾一期工程、大连造船厂 30 万吨船坞码头工程等诸多工程。2005 年，大连造船厂 30 万吨船坞码头工程获交通部水运工程质量奖；2006 年，大连港大窑湾一期后六个泊位荣获第六届詹天佑土木工程大奖。2008 年，他获得"中国交通建设监理突出贡献人物"荣誉。

朱其棕，男，汉族上海交大南洋股份有限公司，高级会计师，曾任中国建筑总公司三局二公司总会计师、上海交大南洋股份有限公司总会计师、副总经理、常务副总经理。曾任中国建筑总公司三局二公司总会计师、上海交大南洋股份有限公司总会计师、副总经理、常务副总经理。现任上海交大南洋股份有限公司董事、总经理。上海新南洋股份有限公司成立于 1992 年 12 月 18 日，原名上海南洋国际实业股份有限公司，并于 1993 年 6 月 14 日在上海证券交易所挂牌。后经 1999 年第一次临时股东大会决议通过，公司更名为上海交大南洋股份有限公司。2009 年 6 月，根据教育部有关规定并经公司 2008 年股东大会审议通过，公司由"上海交大南洋股份有限公司"更名为"上海新南洋股份有限公司"。

朱翌友，2007 年度中国十大建筑业新闻人物。武汉华中科技大学建筑学硕士，2002 年加入"中建国际"（深圳）设计顾问有限公司，他在创作实践中以超凡的领悟力洞悉建筑设计的深层规律，做事从容、判断精准。现任CCDI—R. O. C. H 设计副总裁，CCDO—R. O. C. H 总建筑师，他在高层办公、住宅建筑、商业建筑住宅小区上有丰富经验。主要作品：卓越·皇岗世纪中心项目、深圳华润中心二期、南山文体中心、盐城文化艺术中心、腾讯 QQ 大厦、宝安综合服务楼、东莞金地格林花园、深圳腾讯研发大厦、成都中海·格林威治城、深圳正中科技大厦、惠州 TCL 总部大楼、阿尔及利亚外交部大楼、惠州会展中心等。

朱跃，男，硕士，留美学者，高级工程师，江苏省工程咨询中心非工业处处长，江苏省注册咨询专家，具有十几年从业经验。从业以来，先后负责完成多项国家、省重点工程建设项目前期咨询项目，具有丰富的理论和实际工作经验。主要咨询的领域有：包装工业、机械加工业、城市基础设施工程等。他负责完成的主要咨询工作有：1. 编制江苏省包装工业发展规划；2. 完成国家开发银行关于昆山市、张家港保税区、常州市、江宁等地城市基础设施贷款项目咨询；3. 近十家上市企业项目的前期咨询；4. 十多个现代农业产业化、示范园项目咨询。他所在的江苏省工程咨询中心是 1987 年经江苏省政府批准成立的副厅级事业单位，由江苏省发展和改革委员会代管。国际咨询工程师联合会（FIDIC）会员协会会员；中国工程咨询协会（CNAEC）会员单位；江苏省唯一获得世界银行贷款技术评估的咨询单位；江苏省省级"文明单位"；连续多年被江苏省科技厅、省工商局、省科技咨询协会评为"江苏省 AAA 级信誉咨询企业（机构）"。

建 设 教 育

C

曹华先，1965 年生人，福建长汀人。教授级高级工程师，广东省建筑科学研究院院长兼党委书记。1981 年长汀一中高中毕业。1986 年毕业于浙江大学水工结构专业。同年在广东省基础工程公司历任施工员、项目经理、分公司技术负责人、经理、党委副书记、副总经理。1998 年在暨南大学攻读工商管理专业研究生，获硕士学位。1998—2004 年任广东省建筑科学研究院院长兼党委书记。期间，曾以高级访问学者的身份赴美国里海大学研究访问。被中南大学聘为兼职教授、广州大学客座教授、广东工业大学硕士研究生导师，广东省计量测试学会副理事长、全国建筑物鉴定与加固标准技术委员会委员、广东省土木建筑学会建筑物诊治学术委员会主任委员、广东省岩石力学与工程学会地基基础学术委员会主任委员。被聘为《广东土木与建筑》杂志、《广东建筑技术研究进展》杂志（中山大学出版社）等主编，《建筑工程质量检测技术手册》编委、《地基基础工程施工质量问答》编委。撰写《特殊地质条件下施打预制桩的问题及处理方法》、《关于建筑物诊治若干问题的探讨》、《断桩迫降纠偏技术的应用》等论文 20 多篇，发表于建筑杂志。获广东省科技进步奖 5 次。

曹万林，男，出生于 1954 年，现任北京工业大学建筑工程学院防灾减灾与防护工程学科责任教授。兼任中国建筑学会高层建筑抗震专业委员会、混凝土结构委员会和抗震试验技术专业委员会委员，中国振动工程学会结构抗振控制分会理事，《地震工程与工程振动》编委，《世界地震工程》编委会副主任。1982 年毕业于同济大学，在哈尔滨建筑大学、哈尔滨工业大学获博士学位和做博士后研究工作，北京市跨世纪优秀人才。在高层建筑钢结构、钢筋混凝土异型柱框架结构和新型剪力墙结构抗震性能和设计理论研究方面，主持了国家“九・五”重大科技攻关项目 3 项、国家自然科学基金项目及省部级科研项目等 18 项。获国家科技进步二等奖 1 项，作为第一完成人获省、部级科技进步一等奖 2 项、二等奖 1 项、三等奖 3 项。在国内外发表学术论文 100 余篇。

陈晓军，研究院、省城建项目办工程师。1987 年作为中澳合作项目——辽宁城市交通项目负责人赴澳大利亚培训，1991 年作为辽宁省建设厅首位交流职员赴日本工作半年。曾荣获中国职业教育百名杰出校长、辽宁省职业教育先进个人、辽宁省建设系统先进工作者、辽宁省建设行业人才工作先进个人等多项称号，《中国教育报》以《抟土塑人，卓厉风发》为题对他的事迹给予专题报道。作为辽宁省城市建设学校校长，他提出“零距离”办学理念，为迷途的中职教育指明方向，在大学、高中不断扩招，毕业生就业难度增大，中等职业学校普遍不景气的形势下，陈晓军校长率先提出了“零距离”办学理念。2003 年《中国教育报》以《“零距离”打造名牌中专》在头版头条位置对学校办学理念进行专题报道。学校 2001 级园林班和 2005 级建筑工程计算机绘图班被教育部、共青团中央授予“全国先进班集体”称号。《中国教育报》、《辽宁日报》均多次以整版篇幅报到学校的办学成绩。2007 年，在陈晓军校长的带领下，满载荣誉的辽宁省城市建设学校迎来了她的 25 周年诞辰。由李佳副省长亲笔题写书名，省建设厅王正刚厅长题词、胡刚副厅长作序，陈晓军校长主编，辽宁教育出版社出版发行，记录着辽宁省城市建设学校 50 名优秀代表成长经历的《砼筑生辉》一书，作为献给校庆的一份厚礼，展现了学校的办学业绩；由省教育厅组织、学校牵头承担的职业教育教学信息化资源建设项目《建筑施工技术信息化教学资源库》第一阶段的脚本制作已经通过专家评审；招生录取工作提前完成，毕业生就业和升学均取得喜人成绩；教育教学秩序稳定，教学改革工作成效显著；省部级科研课题《关于建筑智能化专业技能型紧缺人才培养培训方案的研究》已经结题，其余 10 余项课题都在紧张有序的研究中；10 余本国家规划教材和校本教材已经或正在积极编写出版；10 余篇论文在国家、省级刊物上公开发表；多名教师的优质课、课件和优秀教案在省市评比中获奖。

陈兴汉，女，1946 年 5 月生，大学文化，中共党员，南东栖霞建设（集团）公司党总支书记、总经理，高级工程师。她自 1989 年担任公司领导以来，呕心沥血，励精图治，孜孜探索，不断创新，充分展现了市场经济大潮中一个现代优秀企业家应有的素质和风采。在她的带领下，全体员工团结拼搏，公司从一个名不见经传的小型国有房地产开发企业发展成为拥有十多个成员单位、综合经济效益名列江苏省房地产企业 50 强之首的现代大型企业集团。在国内房地产界第一个全面导人 CIS 并率先贯彻 ISO9001 国际标准，先人一步将企业带入了全面实施品牌战略、质量战略、形象战略的崭新发展境界。在短短七八年间，公司净资产增长了近百倍，创造了为人称誉的“栖霞精神”、“栖霞模式”、“栖霞速度”、“栖霞效应”，在我国房地产界产生了广泛的影响。她先后多次被党组织和省、市政府授予建设新南京有功共产党员、建设新南京有功个人、江苏省优秀女企业家、江苏省“三八”红旗手、全国工程建设管理先进个人、全国侨联先进个人称号，并被授予“爱国奉献奖”。

D

邓小山，重庆大学建筑城规学院副教授。研究方向：雕塑、壁画、景观设计。具有多年任教经验，一直致力于提高建筑师及建筑院校学生的徒手表现能力，运用自己的实践经验进行有效的教学，将技术理论与项目方案有机地结合，找出提高徒手表现能力的关键要素和有效方法，帮助学员顺利掌握徒手绘能力，提高自身表达能力及通过专业类考试，并在训练中逐渐领悟表现艺术的真谛。作品《立体世界中毕加索与宙斯的对峙》，参加“中国国际电脑艺术节设计展”获优秀奖。完成多项景观雕塑作品；发表学术论文 10 余篇。作为重庆建筑城规学院学科、学术、教学带头人，他所供职的重庆大学建筑城规学院，现有建筑学、城市规划两个本科专业。建筑学专业始创于 20 世纪 30 年代，城市规划专业始创于 20 世纪 50 年代末，是国内最早创办的专业学科之一。重庆大学建筑城规学院现在已经成为建筑学与城市规划专业，共同发展的教学研究型学院；并形成了从本科生教育到硕士、博士研究生教育等多层次的人才培养格局。学院在参与各地建设规划项目的同时，还不断为建设教育行业，培养出大批建设英才。

杜时贵，男，1962 年 6 月出生，汉族，浙江东阳人。浙江大学博士，教授。1998 年 2 月加入中国致公党。现任浙江工业职业技术学院院长，致公党浙江省委会副主委。毕业于中国地质大学地质学专业，当选第十一届全国政协委员。至今任致公党浙江省委会副主委。1984 年 6 月毕业于中国地质大学地质学专业，1992 年 6 月获中国地质大学工程地质专业硕士学位，1999 年 3 月获浙江大学岩土工程专业博士学位。1984 年 7 月至 1993 年 9 月任中国地质大学助教、讲师，1993 年 9 月至 1997 年 8 月任浙江工业大学建工学院副教授、院长助理，1997 年 9 月至 1999 年 4 月任浙江工业大学职教学院副教授、副院长，1999 年 5 月至 2001 年 2 月任浙江工业大学科技处副处长，1999 年 10 月晋升教授。2001 年 3 月至 2003 年 4 月任浙江工业大学职教学院院长、职技学院院长。2003 年 5 月至 2005 年 1 月任金华职业技术学院副院长。2005 年 2 月至 2007 年 10 月任浙江省建设职业技术学院副院长。2007 年 10 月至今任浙江工业职业技术学院院长。2007 年 5 月至今任致公党浙江省委会副主委。2008 年 3 月当选第十一届全国政协委员。主持完成的浙江省重点科研项目《岩体结构面抗剪强度经验估算方法的应用研究》，突破了挪威学者 Barton 提出结构面抗剪强度经验估算方法 30 多年来的重大理论问题，通过结构面粗糙度系数测量技术 18 个方面的原创性研究，直剪试验与经验估算结果对比分析，以及经验估算方法的工程应用研究，完善了经验估算方法，实现经验估算方法从理论研究到实际工程应用的跨越，使经验估算方法可直接应用于实际工程的岩体稳定性评价，产生显著的经济效益和良好的社会效益，该成果被评为 2005 年度浙江省科学技术二等奖。国际工程地质学会主席王思敬院士和浙江大学徐世浙院士为主任的鉴定会认为，该方法工序简单、成本低廉，所需时间仅为传统方法的 10%，所需成本仅为传统方法的 10%～20%，而且得到的是考虑了尺寸效应的定向统计指标，研究成果已在国家地质处置库、小浪底水库等 50 多个工程中成功应用，研究成果达到国际先进水平。粗糙度系数测量技术构成了核心科学技术，经验估算方法形成了标志性研究成果，在国内同行中享有很高的知名度，是浙江省高速公路隧道工程地质勘察的创始人。

段进宇，男，清华大学建筑学院高级工程师，清华城市规划设计研究院副总规划师，交通规划设计研究所所长。1988 年 9 月至 1992 年 7 月，同济大学道路与交通工程系交通工程专业，大学本科，获得工学学士学位；1992 年 9 月至 1994 年 2 月，同济大学道路与交通工程系交通工程专业，硕士研究生（后免试直升为博士研究生）；1994 年 3 月至 1998 年 1 月，同济大学道路与交通工程系市政工程专业，博士研究生，1998 年 5 月获得工学博士学位。1998 年 4 月至 1999 年 4 月，交通部智能运输系统工程研究中心，助理研究员；1999 年 4 月至 2001 年 3 月，清华大学土木工程系，博士后、助理研究员；2001 年 4 月至 2003 年 12 月，任清华大学建筑学院城市规划与设计系，讲师；2003 年 12 月至 2005 年 7 月，清华大学建筑学院城市规划与设计系，高级工程师；北京清华城市规划设计研究院，主任工程师暨交通研究部主任；2005 年 7 月至今，清华大学建筑学院城市规划与设计系，高级工程帅。北京清华城市规划设计研究院，副总规划师暨交通规划设计研究所所长。作为第一或第二作者撰写的学术论文总数超过 20 篇，参与撰写学术专著一本；负责和主要参加过正式立项的科研和重要工程项目超过 30 项，包括交通规划、交通设计、交通管理、交通评估、交通软件开发、交通理论研究、交通控制等领域。项目“高速道路交通运行微观仿真模型”，荣获 1999 年 5 月，交通部直属机关第五届青年科技论文评选二等奖；“适合中国较发达中等城市的先进交通控制系统框架”，荣获 2000 年 6 月中国首届智能交通系统设计大赛优秀奖；“燕郊经济技术开发区空间发展战略规划”，荣获 2004 年 4 月河北省重点镇规划设计评优特别创作奖。

F

符里刚，男，1964 年 11 月 29 日出生，河南省长葛市人，中共党员，1985 年 7 月参加工作，现任山西建筑职业技术学院党委书记。1985 年 7 月至 1989 年 10 月，山西省建筑工程学校党委办公室、人事科、水暖通风专业科干部、教师；1989 年 11 月至 1995 年 7 月，省建设厅人事劳资教育处科员、副主任科员、主任科员，厅直机关团委副书记、书记，厅直机关第三党支部书记；1995 年 8 月至 2001 年 11 月，省建设厅人事劳资教育处副处长；2001 年 12 月至 2005 年 7 月，省建设厅人事劳资教育处调研员、副处长（正处级），厅直机关纪委副书记；2005 年 8 月至 2008 年 10 月，省建设厅人事劳资教育处处长，厅直机关党委委员，省信访局督查专员（挂职）。2008 年 11 月，任山西建筑职业技术学院党委书记。担任的社团组织领导职务主要有：中国建设教育协会常务理事；山西省建设教育协会副会长；山西省建筑业协会常务理事。

符宗荣，重庆大学建筑城规学院建筑色彩学教授。主要研究方向：室内设计、环境艺术设计、建筑表现艺术。1984 年创作成都大本站大型壁画《蜀国仙山》入选第六届全国美展，评为优秀作品；1996 年由中国建工出版社出版个人专著《室内设计效果图表现技法》、《教师建筑画及美术作品选》等。同年，个人设计作品“欢乐大世界”评为重庆市工业设计二等奖。1998 年人民大会重庆厅方案获二等奖，朝天门广场标志建筑“山峡之星”方案获二等奖。发表学术论文 10 余篇。作为重庆建筑城规学院学科、学术、教学带头人，他所供职的重庆大学建筑城规学院，现有建筑学、城市规划两个本科专业。建筑学专业始创于 20 世纪 30 年代，城市规划专业始创于 20 世纪 50 年代末，是国内最早创办的专业学科之一。重庆大学建筑城规学院现在已经成为建筑学与城市规划专业，共同发展的教学研究型学院；并形成了从本科生教育到硕士、博士研究生教育等多层次的人才培养格局。学院在参与各地建设规划项目的同时，还不断为建设教育行业，培养出大批建设英才。

付林，男，副教授。1987 年毕业于山东工业大学电厂热能动力工程专业，2000 年获清华大学供热、供燃气、通风与空气调节专业博士学位。主要研究领域为城市能源规划、供热、热电冷联供等。中国电机工程学会热电专委会供热新技术委员。参与提出分析各种能源转换系统能源利用率的 ECC 指标，可用于评价不同品位能源转换过程的效率，已被用在我国绿色建筑评估体系中。提出通过热泵方式回收烟气冷凝热的新燃气热电联产方式；提出利用热网和建筑物热惯性的电力调峰运行模式，为解决大型热电厂经济合理运行给出新的途径；在对大量建筑电热冷负荷变化规律的研究的基础上，给出热电冷联产系统设备配置和运行模式的原则，提出利用蓄能装置改善负荷不匹配性的方法。主持完成清华大学热电冷三联供系统的制冷，外网，与末端部分的规划；主持试验了以斯特林发动机为动力，回收烟气冷凝热的热电联产系统；完成昌平卫星城能源系统规划；完成武汉开发区能源系统规划；长春一汽能源系统规划等项目；承担清华大学超低能耗示范楼能源供应系统的研究与实施。作为负责人和主要完成人，他承担了国家攻关课题、北京市重大课题、自然科学基金和霍英东基金等十余项课题。发表论文近40篇，参与著作2部。申请发明专利10余项。荣获清华大学优秀博士后和北京市科技新星的荣誉。

G

高天虹，男，1950年7月出生，汉族，南京市，中共党员。经济学硕士。教育管理研究员。工作单位：北京建筑工程学院教务处。社会兼职：北京市教育委员会《北京高等教育质量报告》常务编委、专家组成员；中国建设教育协会理事；中国国土学会理事；中国农民企业家联谊会理事；北京房地产研究会学术委员会委员。1982年毕业于首都经济贸易大学，获经济学学士学位；1987年获中南财经大学经济学硕士学位。长期在高校从事经济管理类课程的教学工作，曾主讲《建筑经济与企业管理》、《建筑经济学》、《管理学》、《西方经济学》、《工程经济学》等课程。自1999年起主要从事高等教育研究工作，研究方向为高等教育管理。近三年来在国内重要学术刊物发表论文12篇，其中4篇发表在核心期刊。先后出版《重整山河——中国国土开发整治的理论与实践》、《国外房地产交易理论与实务》、《中国反贫困研究》等4部专著。先后主持和参加北京市级以上的教育科研项目6项。曾获2003年北京地区高校学生学籍管理论文一等奖、中国建设教育协会2004年优秀论文二等奖、北京市高等教育学会第五次高等教育科研论文三等奖、中国学习学研究会2008年论文一等奖、北京建筑工程学院2008年教学成果一等奖等奖项。

高永昭，出生于1951年，中共党员。高级工程师、注册咨询师。1975年同济大学建筑工程系工民建专业毕业。现任四川省建筑科学研究院党委书记、副院长、党委委员，四川省建筑工程质量检测中心副主任。担任全国建筑物鉴定与加固委员会副主任委员，四川省勘察设计协会副理事长及抗震防灾分会主任，成都市土木建筑学会常务理事。1969年1月至1971年2月，四川省犍为县舞云公社知青；1971年2月至1972年4月，国家建委103指挥部一团二营工人；1975年8月至1979年9月，中国建筑科学研究院工程抗震所技术员；1979年9月至1984年9月，四川省建筑科学研究院技术工作；1984年9月至1990年11月，四川省建筑科学研究院，科管室副主任、主任；1990年12月至1996年5月，四川省建筑科学研究院副院长；1996年5月至今，四川省建筑科学研究院党委书记、副院长。长期从事建筑结构和建筑抗震领域的研究。2000年获四川省科技进步二等奖1项，2003年评为四川省有突出贡献优秀专家。所在的四川省建筑科学研究院创建于1954年，几经机构合并调整，已发展成为专业门类齐全，科技力量雄厚，西部地区最大的综合性建筑研究院。特别是2001年转制为企业以来，已形成集科、工、贸于一体，能承担科研、设计、施工、监理、质量检测和新产品开发等各项业务的综合性研究单位。50多年来，共完成科研成果700多项，编制国家和地方标准60余本，先后共获省、部级以上科技进步奖的有180多项，大多数成果已在工程建设中推广应用。连续多年被评为四川省先进科研单位，建设系统先进集体，先后被建设部授予“规范规程全国先进单位”、“全国先进建筑工程质量监督检验站”，“十五”期间建筑节能先进单位。

高宗祺，1958年11月生人，中共党员，正高职高级工程师，享受政府特殊津贴专家。现任陕西省建筑科学研究设计院院长。1982年7月毕业于西安冶金建筑学院（现更名为西安建筑科技大学）建筑工程系，工业与民用建筑专业，获工学学士学位，现攻读西北大学工商管理MBA。1982年8月至1996年5月在原航空工业部秦岭电气公司基建处工作，历任室主任、科长、副处长等职务。1996年6月至今在陕西省建筑科学研究设计院工作，历任部长、经理、院长助理兼经理、副院长兼经理等职务。2002年3月至今任陕西省建筑科学研究设计院院长。中国建设标准化协会湿陷性黄土委员会副主任委员；中国建筑学会施工学术委员会冬季施工专业委员会副主任委员；陕西省土木建筑学会常务理事；陕西省知识经济发展研究会常务理事；陕西省建设科学技术委员会委员；科研期刊《陕西建筑》杂志主编。他作为主审完成了建设部教育司下达的建设行业检测机构及建筑施工企业试验员上岗培训材料《试验工》一书，共30万字，已送北京审定。撰写的《水泥土搅拌桩在软弱上中的应用与研究》论文，发表在全国性期刊《广东土木与建筑》2002年第10期，在第二届中国科学发展学术成果评选活动中获“一等奖”，并获世界文化艺术研究中心颁发的“国际优秀论文奖”；《依法监理是搞好监理工作的保证》论文录入《中国社会发展创研究文库》，获“一等奖”；《橡胶钢板隔震建筑结构设计》论文，发表在全国性期刊《江苏建筑》2002年第4期，并在第四届全国现代建筑结构技术交流研讨会上被推荐为大会交流论文；《工期索赔计算动态分析法》论文发表在全国性核心期刊《西安科技学院学报》2002年第4期。另外编著的《土力学与地基基础习题集及基本问题解答》一书（25万字）已同机械工业出版社签订合同。2004年9月获得由中国信息经济学会、卫生部、国家民委、国家统计局、文化部、国家教委、国家计委、国家技术监督局等部委共同组建的“中国纪录年鉴汇编委员会”和“中国纪录证书鉴证委员会”颁发的《中国纪录证书》。

顾奇伟，男，出生于1935年10月，国家城市规划师，国家特批一级注册建筑师。昆明理工大学建筑学院客座教授、资深城市规划工作者、享受国务院有突出贡献特殊津贴。主要经历：1957年同济大学建筑系城市规划专业毕业；1957—1962年，云南省建厅任技术员；1962—1984年，云南省设计院工作，曾任副主任、副院长等职务；1984—1995年，云南省规划院任院长；1992年7月起在云南省城乡规划设计研究院任技术顾问。现担任社会、学术职务：中国建筑学会理论与创作学术委员会、中国当代建筑创作小组（现华人建筑师学会）、中国城市规划学会委员历史文化学会、昆明市城市规划委员会委员，丽江市、昭通市、保山市、师宗县政府顾问，昆明市政府参事，昆明理工大学本土建筑设计研究所总建筑师。他主要参与规划、设计了玉溪聂耳公园，云南民族村傣寨、彝寨，云南人民英雄纪念牌，阿庐古洞洞外景区，丽江木府重建工程。以上这些工程均获得了部及省优秀规划设计奖。其论文《论创作途径》获中国建筑学会优秀论文奖。

桂立平，男，汉族，硕士学历。2000—2006年8月，北京场道市政工程有限公司董事长；2006年8月至今，北京场道市政工程集团董事长。丰园总公司始建于1998年，该公司为民营私有企业，注册资金1 260万元，下设建筑公司8个，房地产开发公司1个，建设机械制造公司1个，各项建筑设备材料租赁公司1个，服装公司1个，电子制造公司1个。公司拥有高级工程师4人，中级工程师12人，初级工程师70人，共有从业人员1 000余人，该公司技术力量雄厚，拥有先进齐全的生产设备，精确的生产测量仪器，采用先进科学的管理软件，各工序控制基本达到微机化。公司拥有优秀的生产队伍，所建工程多年来一直被评为优良工程、文明工地等荣誉，受到上级部门和人民的好评。公司与2002年顺利通过了ISO9001、ISO14001、OHSMS18001三项国际管理体系认证。有《入世：中国建筑业面临的机遇与挑战》。

郭粤梅，女，汉族，武汉市建筑设计院院长，第十一届全国人大代表。2001年加入九三学社。教授级高级工程师。九三学社第十二届中央委员会委员，湖北省第五届委员会副主委，武汉市第九届委员会主委。第十一届全国人大代表，武汉市第十一届政协副主席，武汉市知识分子联谊会理事。1976—1978年在武汉医疗器械修配厂工作。1978—1982年就读于武汉工业大学（现武汉理工大学），获学士学位。1982年2月至3月任武汉水泥制品设计院技术干部。1982年至今历任武汉市建筑设计院助理工程师、工程师、高级工程师、教授级高级工程师，二所所长、副院长、院长。其间，1992—1993年赴德国Aachen大学做访问学者；2000—2002年在武汉理工大学市政工程专业攻读研究生，获硕士学位。2007年1月任武汉市政协副主席。是第十届全国人大代表，第九届武汉市政协常委。曾任九三学社湖北省第四届委员会委员，武汉市第八届委员会副主委。第十届全国人大代表；武汉市第九届政协常委，第十届政协常委、副秘书长。武汉市建筑设计院创建于1952年，是新中国建国之初诞生的大型国营设计机构之一，2002年加入中国中信集团公司。持有国家授予的甲级工程设计证书、甲级建筑工程设计审查证书、甲级工程咨询证书、智能建筑系统工程设计证书，享有对外经营权，已通过ISO9001质量体系认证并获准注册，现为大型综合性建筑设计院。

H

胡晓元，男，1955年9月生，中共党员，大学学历，副教授。四川建筑职业技术学院副院长，1983年毕业于四川师范大学；1989年起任四川省建筑职工大学办公室副主任、招办主任、副校长、培训中心副主任，2001年9月任四川建筑职业技术学院副院长。

黄小军，男，现任天古装饰（集团）公司董事长，天古装饰公司首席设计师，中国美术家协会会员，中国建筑装饰设计师协会会员，重庆建筑装饰协会常务理事。他自幼酷爱美术、音乐，1986—1996年在四川美术学院接受了十年的系统教育，主攻雕塑、室内设计及环境艺术设计专业方向。任教西南师范大学美术学院，从事美学基础和室内装饰设计教学后，在1996—2001年五年间，先后举办多次个人画展、设计作品展，作品《延河水》、《有形世界》曾入选全国美术作品展。在此期间，曾先后主持设计《重庆市建设银行分行大厅方案》、《深圳海王大厦整体室内设计方案》、《深圳科华大厦整体室内工程方案》、《泸州市图书馆、博物馆、展览馆装饰设计工程方案》等数十项设计方案。2000年，有感于中国装饰行业在起步阶段发展的大环境，辞去教职，创办天古集团。在他的领导下，天古集团经过几年的努力，成长为重庆市政府重点扶持的大型民营企业集团；天古装饰公司也成为第一个具有全国知名度及影响力的本土装饰品牌。天古装饰已建立起科学完整的服务管理体系，拥有九大集设计、客服、工程、质监、物流、售后为一体的专业管理中心，并于2005年创立了行业领先的“6S”服务体系。拥有行业内资深设计师上百名，经专业培训并持证上岗的固定施工队伍150支，施工技师2 800余名。2002年，天古住宅装饰工程荣获国家建设部颁发中国装饰业最高荣誉——中国建筑住宅工程装饰奖（装饰鲁班奖）；2005年，被授予“3·15金质荣誉奖章”最高荣誉；同年6月，被中国新闻总社评价为“中国最具竞争力装饰装修企业二十强”；获国家级、市级各种设计施工大奖80余项；2006年，天古装饰入选“中国名优企业”巡回展；2007年获市消委授予“2006年度售后服务先进单位”，家装工程项目入选“重庆十佳创意装饰”，荣获重庆地区唯一“全国建筑装饰工程质量、安全、信誉AAA级资信单位”，被授予“2006年度全国住宅装饰装修行业百强企业”。

J

季翔，男，教授，教授级高级建筑师，国家一级注册建筑师。现任徐州建筑职业技术学院副院长，江苏省建筑节能工程技术研究中心主任，江苏省建筑师学会（建筑创作专委会）副主任，任中国矿业大学建筑学专业硕士生导师，江苏省建筑业“十大科技之星”，江苏省有突出贡献的中青年专家，江苏省“青蓝工程”科技创新团队学术带头人，江苏省“333高层次人才培养工程”中青年科学技术带头人，江苏省第三批“六大人才高峰”优秀人才团队带头人，江苏省第六批“六大人才高峰”学术团队带头人。国家精品课程《建筑装饰表现技法》主持人。长期从事建筑学专业的教学、科研和设计工作，特别是在建筑节能研究方面成果丰富。近年来，主持省、部级科研项目18项。荣获省、部级科技进步奖11项，国家发明专利2项，国家级教学成果奖1项。在国内外核心期刊和国际会议上发表论文50余篇；出版专著3部。主持完成重点工程项目设计300余项，其中有13项获优秀设计奖。①现代建筑、技术和艺术及其交叉学科。②建筑节能技术。③可持续发展建筑环境艺术的设计研究。①全国高职高专土建类专业教学指导委员会副主任委员、建筑设计专业指导分委员会主任委员、全国高职高专艺术设计专业指导委员会委员；②中国建筑学会资深会员、室内设计第二十专业委员会副主任委员、建筑技术委员会委员；③江苏省土木建筑学会理事，建筑师学会副主任，建筑创作专委会副主任；④江苏省建设工程高级专业技术资格评审委员会专家；⑤江苏省建设工程招标专家委员会委员；⑥徐州土木建筑学会副理事长、建筑创作专业委员会主任；⑦徐州科学技术成果鉴定专家委员会评审委员会委员；⑧徐州市规划协会理事；⑨《现代城市研究》、《中外建筑》杂志社编委。

姜涌，男，清华大学建筑学院副教授。1993 年，获得清华大学建筑学院建筑学学士学位；1993 年，获得清华大学经济管理学院经济学双学位；1996 年，获得清华大学建筑学院工学硕士；2000 年，获得日本名古屋工业大学工学博士。2000—2003 年，担任日本株式会社久米设计·开发设计部/设计部主任；2003 年至今，清华大学建筑学院副教授。他的研究领域有：建筑构造的原理与设计—材料、构法、性能、细部；建筑师职业体制与全程化的设计管理实践；近现代建筑史的研究及中日比较研究。他在清华大学建筑历史与文物建筑保护研究所调研中国乡土建筑、研究当代中国建筑中的传统样式与建筑思潮的基础上，借鉴日本近代建筑思想研究的方法，发展和完善了一套以建筑师的言说、建筑杂志的话语分析为中心的研究方法，通过话语的集合、片段、链条、范式及系谱的重构方式，以建筑言说为载体对建筑思想全貌进行梳理。已在美国建筑史学会、东方学会、UIA 大会等国际会议上发表中国及日本近现代建筑言说及思想史研究的相关论文二十余篇，并在日本研究室协助指导硕士进行这一方向的研究，在日本建筑学会年会中形成“建筑言说”的研究群体及学术领域。目前他已在国际、国内刊物和会议上发表学术论文 30 余篇。

L

李国强，同济大学副校长，1963 年 2 月出生于湖南省株洲市。1982 年 2 月毕业于天津大学，获工学学士学位；1985 年 7 月毕业于重庆建筑工程学院，获工学硕士学位；1988 年 12 月毕业于同济大学，获工学博士学位。1999 年起任同济大学副校长至今。1993—1994 年获英国 Royal Fellowship 资助，赴英国 Nottingham 大学访问研究；1998 年获香港 Croucher Foundation 资助，于 1999—2000 年间短期赴香港理工大学访问研究；2002 年和 2003 年应邀分别赴香港大学和意大利 Trento 大学短期访问研究；2004 年 1 月应邀赴新加坡南洋理工大学访问研究。多高层建筑钢结构分析与设计理论；钢结构抗火计算与设计理论；工程结构振动与检测理论，国际学术刊物《Progress in Structural Engineering and Materials》，《Steel Structures》，《Steel & Composite Structures》，《Advanced Steel Construction》《Computational Structural Engineering》编委；国内学术刊物《建筑钢结构进展》主编，《世界地震工程》副主编，《土木工程学报》、《建筑结构学报》、《地震工程与工程振动》、《环境与安全学报》、《建筑科学与工程》、《振动、测试与诊断》、《钢结构》、《建筑施工》编委；中国钢结构协会副会长、中国钢结构协会防火与防腐分会理事长、上海市金属结构协会副理事长、中国建筑学会抗震防灾分会常务理事，中国建筑学会抗震防灾分会结构抗火专业委员会主任，上海市土木工程学会副理事长，上海市民防协会副会长、中日建筑结构技术交流委员会副会长；建设部、国家冶金工业局建筑用钢钢结构专家组成员、建设部国家工程建设标准强制性条文审查专家组成员、建设部建筑工程技术专家委员会成员、中国钢结构协会钢结构专家委员会委员、中国建筑金属结构协会建筑钢结构专家委员会委员、中国消防协会学术工作委员会委员、中国建筑学会高层建筑结构专业委员会委员、中国建筑学会高层建筑抗震专业委员会委员、中国土木工程学会结构可靠度专业委员会委员等。科研成果。主持完成国家自然科学基金、国家杰出青年科学基金、国家 863 计划、国家攀登计划、霍英东教育基金、中科院知识创新工程、教育部青年骨干教师重点跟踪培养计划、上海市优秀学科带头人计划等资助的重要科研项目 30 余项。在国内外学术刊物上发表学术论文 200 余篇，出版著作 8 部，主编或参编 7 部工程建设国家标准或地方标准。科研成果获省部级科技进步一等奖 1 项、二等奖 4 项、三等奖 2 项。其中，“钢结构框架体系分析理论与计算机辅助设计”成果，获 2002 年教育部提名国家科技进步一等奖（第一完成人）；“《建筑钢结构防火技术规程》及其编制原理”成果，获 2001 年上海市科技进步二等奖（第一完成人）；“高层建筑安全性动力检测理论与应用”成果，获 2002 年上海市科技进步三等奖（第一完成人）；“《高层建筑钢—混凝土混合结构设计规程》及其科学研究与工程实践基础”成果，获 2004 年上海市科技进步二等奖（第一完成人）；“高层建筑钢—混凝土混合结构抗震设计理论及应用”成果，获 2004 年度教育部提名国家科技进步二等奖（第一完成人）。主要论著有：①沈祖炎、李国强、陈以一等编著（2005）：《钢结构学》，中国建筑工业出版社；②李国强（2004）：《多高层建筑钢结构设计》，中国建筑工业出版社；③李国强、李杰著（2002）：《工程结构动力检测理论与应用》，科学出版社；④李国强、李杰、苏小卒编著（2002）：《建筑结构抗震设计》，中国建筑工业出版社；⑤李国强、黄宏伟、郑步全编著（1999 年第一版，2001 年第二版）：《工程结构荷载与可靠度设计理论》，中国建筑工业出版社；⑥李国强、沈祖炎著（1998）：《钢结构框架体系弹性及弹塑性分析与计算理论》，上海科学技术出版社；⑦李国强、蒋首超、林桂祥著（1999）：《钢结构抗火计算与设计》，中国建筑工业出版社；⑧李杰、李国强编著（1992）：《地震工程学导论》，地震出版社。1991 年、1993 年、1995 年连续三届获“上海市高校优秀青年教师”称号；1993 年获国务院颁发的“政府特殊津贴”；1996 年获“上海市优秀留学回国人员”称号；1997 年获“上海市十大杰出青年”提名奖；1997年获“上海市教卫系统优秀共产党员”称号；2000年入选上海市优秀学科带头人计划；2001年获“上海市优秀青年科技启明星”称号；2002年获“全国高校优秀青年教师”称号；2002年入选国家杰出青年科学基金资助对象；2004年入选首批“新世纪百千万人才工程国家级人选”。

李慧民，男，1954年12月生，教授，博士生导师，建筑工程技术与项目管理研究所所长，西安建筑科技大学华清学院、继续教育学院、技术学院院长。兼任教育部高等学校高职高专水利水电工程专业教学指导委员会委员。西安建筑科技大学华清学院院长，承担陕西省自然科学基金与省科技攻关项目：“大体积混凝土技术研究”，“高层民用建筑防火技术及经济分析”以及建设部科研课题多项，获省市科技进步奖10余项。主编《土木工程施工技术》、《建筑工程经济与项目管理》、《建筑工程技术与计量》等各类教材及专著10部，参编4部，发表学术论文近百篇。至今已为国家培养硕士生100多名，博士生15名。

李吉善，男，出生于1958年4月。四川鸿宇实业集团有限公司董事长。世界杰出华商协会中国总商会副会长；世界杰出华商学院客座教授。绵阳市中国特色社会主义事业优秀建设者，2006年度中国经济和谐管理之星，2005—2006年度优秀项目经理，光彩事业先进个人，中国十大杰出企业家，绵阳市十佳创业明星。他领导的四川鸿宇实业集团有限公司始建于2003年，旗下有鸿宇房地产开发有限责任公司、鸿宇建设有限责任公司、成都鸿宇颖瑞物流有限公司。于2004年全面通过ISO9001：2000，ISO14001：2004，GB/T28001：2001系列体系认证。2005年荣获“四川省首批最具成长型企业100强”称号；被中国市场监测中心评定为“中国质量服务信誉AAA级企业”；先后获得国家、省市评选的“诚信示范企业”、“安康杯”竞赛优胜企业、“财税入库先进企业”、“重合同守信用企业”、“四川省优秀私营企业”，“世界杰出华商协会理事长单位”等多个奖项和荣誉。

李丽娟，女，1966年3月出生于山西霍州，教授，汉族，中国民盟盟员。现任广东工业大学土木与交通工程学院院长，结构工程研究所所长，结构工程学科带头人。广东省“千百十工程”省级培养对象。1987年7月毕业于西安交通大学应用力学专业，获工学学士学位；1990年3月毕业于西安交通大学结构力学专业，获工学硕士学位；1992年11月毕业于西安建筑科技大学结构工程专业，获工学博士学位（导师：梅占馨）；主要学术和社会兼职：第九届全国青联委员、第八届广东省青联常委；政协第十届广州市常委、十届广东省政协常委；广东省力学学会常务理事；广东省空间结构学会理事；广东省土木建筑学会理事；广东省土木建筑学会建筑结构专业委员会委员；广东省土木建筑学会建筑材料专业委员会委员；广东省女科技工作者协会委员；《钢结构与建筑业》杂志编委；广州市建设科学技术委员会结构抗震专业委员会委员；民盟广东省委常委兼青年工作委员会主任；民盟广东工业大学总支主任委员。著作和教材：①王元汉，李丽娟，李银平，《有限法基础与程序设计》，华南理工大学出版社，2001年1月。②宋域，李丽娟等，《结构试验基础教程》，甘肃民族出版社，2001年1月。③宋域，李丽娟等，《建筑结构试验》，重庆大学出版社，2001年6月。

李麟章，男，江苏省电力设计院教授级高工，江苏省注册咨询专家。业务专长：发电工程热工自动化专业项目评估、技术改造方案咨询及拟定、分散控制系统（DCS）等标书编制、工程设计、工程投资和造价审核等。近几年主要承担完成的项目：担任苏州工业园区华能发电厂一期工程（2 300 MW）热控专业主要设计人，获2001年度国家电力公司优秀设计奖（2002年国家金奖）；担任390 MW级张家港燃气—蒸汽联合循环电厂主要设计人，参与项目招标书的编制、对国外投标公司的技术澄清及技术合同谈判、设计联络、国内辅助工艺系统（BOP）设计；参与近年省内多个135 MW发电工程分散控制系统（DCS）招标书的编制和评标；参与近期省内天生港电厂、南京苏源热电、华能淮阴电厂等多个300 MW发电工程主设备技术规范书的编制和招评标；参与600 MW工程可行性研究投标并编写了专题报告；参与院内设计质量管理，汇编了发电热控专业工程建设标准强制性条文分类手册。江苏省电力设计院创建于1958年，为国家甲级电力勘测设计院。1996—1999年连续4年，被评为全国勘测设计综合实力百强企业；2001年被命名为全国“一流电力设计企业”称号；1996—2004年连续九年，被评为“AAA”资信等级；2002、2003年进入国家勘测设计企业营业收入前100名单位。荣获“2000—2001年国家电力公司双文明单位”、1999—2002年“江苏省文明单位”等称号；被授予“2004年全国电力行业质量管理奖”；在国家第八、第九、第十届优秀工程勘测、设计中，荣获金奖4项、银奖3项、铜奖3项；获得国家质量银奖1项。

李宙，男，出生于1950年，陕西蒲城人，大专毕业，别名墨竹。主现任陕西建设技术学院院长、中国书画家协会理事、中国榜书艺术研究会会员、陕西省书法家协会会员、陕西省硬笔书法家协会副主席、陕西省职教学会书法教学委员会主任。其书画作品曾先后获：“长岭杯陕西职工书画大赛优秀奖”“中国建设书画精品大展入选奖”、“西北五省区建设职工迎回归书、美、影艺术大展”一等奖等奖项，并获得“21世纪中日友好书画印艺术家”荣誉称号。李宙的书画作品曾先后被《人民画报》、《西部大开发》、《法治与社会》等杂志专题介绍，并被选入《书法教程》、《中日书、画、印百人展作品集》、《陕西省职工美术书法摄影作品集》、《百年陕西文艺经典》等书籍。2002年由国际文化出版公司出版《李宙书画集》。

刘海波，男，1976年生于安徽灵璧，毕业于淮北煤炭师范学院美术系，东南大学在读艺术硕士，现为徐州建筑职业技术学院建筑与艺术系副书记，讲师。徐州建筑职业技术学院讲师主编“设计造型基础”，建筑工业出版社2008年6月出版，主编“建筑形态与构成”（建设部十一五规划教材)，建筑工业出版社2008年5月出版，编著“设计造型基础”(出版社2007年十佳教材)，上海交大出版社2007年5月出版，主编“平面构成”，科学技术出版社2006年8月出版，主编“立体构成”(教育部十一五规划教材)，重庆大学出版社2005年5月出版，先后参与中国建设教育协会项目“建筑与艺术教育开放式教学体系的研究”、江苏省生十五滚动项目“基于建构主义学习理论的网络化学习模式的研究”、江苏省2005省重点教育课题“高职院校考试改革创新的理论与实践研究”三项课题，主持了“徐州民间美术的研究”、“高职艺术设计专业造型基础课程教学体系改革建设的研究与实践”、“高职建筑艺术类专业基础课程平台的建设与实践”三项院级课题。在国家省部级期刊发表了“徐州汉代石刻画像的造型特征”，“高职艺术设计专业开放式教学体系的研究”，“徐州汉代石刻画像的历时性造型分析”。

刘吉臻，男，汉族，1951年8月生于山西岚县，中共党员，硕士，教授，博士生导师。多年来，刘吉臻教授带领其学术团队完成了20多项国家和企业重点科研课题，发表学术论文160余篇，其中有30余篇被SCI、EI、ISTP收录，出版学术专著作2部。获省部级以上科研成果奖励4项、教学成果奖励3项。其中，大机组建模与智能优化控制，电厂信息监控系统等课题的研究取得了重要的研究成果和显著的社会经济效益。提出了“四模块”实验与工程实践教学体系，形成了以“四模块”为框架的人才培养特色，受到用人单位的广泛好评。1990年起享受国务院政府特殊津贴，1997年入选国家人事部百千万跨世纪人才工程。第十届河北省人大代表。华北电力大学校长、教授、博士生导师，兼任教育部科学技术学部委员、国家电力监管委员会电力安全专家委员会委员、国家电力科技委员会委员、中国电机工程学会常务理事、中国自动化学会理事、中国动力工程学会自控专委会副主任、热工自动化标准化委员会主任委员、国际电气工程师协会资深会员(FIEE)等职。1997年入选国家人事部百千万跨世纪人才工程。第十届河北省人大代表。

刘杰，中国建筑监事会主席高级经济师，硕士。1996年11月起任中国建筑工程总公司办公厅主任，2001年6月起任中国建筑工程总公司企业管理委员会副主任，2001年11月起任中国建筑工程总公司总经理办公室主任，2003年3月起任中国建筑工程总公司助理总经理，2004年3月起兼任中国建筑发展公司董事长、党委书记，2004年7月起兼任中建科产业有限公司董事长，2004年9月起任中国建筑工程总公司党组成员、纪检组长，2004年12月起兼任中建管理学院院长，2005年12月起兼任中国建筑工程总公司直属党委书记。2008年1月至今中国建筑股份有限公司监事会主席，兼任中国建筑工程总公司党组成员、纪检组组长、直属党委书记，中国建筑发展有限公司董事长、党委书记，中建管理学院院长，中建科产业有限公司董事长，同时担任中国建设文化艺术协会副主席。

刘军，沈阳建筑大学副校长、教授，1963年11月出生。教授，工学博士，博士生导师。国家教学名师。辽宁省“百千万人才工程”百人层次。国家教育部无机非金属材料专业指导委员会委员；辽宁省土木建筑学会副理事长，辽宁省冶金建材学会副会长；辽宁省混凝土协会副会长；辽宁省复合材料学会常务理事等。近年来主持国家“十五”科技攻关课题、国家“十一五”科技支撑项目、国家外国专家局引智项目、辽宁省优秀青年科研人才培养资金、辽宁省高等学校新世纪优秀人才支持计划等省部级以上课题20余项。在国内外发表科研论文40余篇，多篇被“SCI”、“EI”等文献检索收录。曾获国家华夏、省、市科技进步一、二、三等奖20项。曾获辽宁省政府“青年科技人才”、“三八红旗手”、“巾帼建功标兵”、沈阳市“五一劳动奖章”、“五一巾帼”奖等光荣称号。于2003—2004年在芬兰坦佩雷理工大学从事合作科研。2002年11月任沈阳建筑大学副校长。

M

孟禹辰，男，汉族，1970年1月出生于山东济南，经济师。现任山东中元建设工程有限公司董事长。1993年9月至1997年8月山东兆禾发展有限公司副总经理1997年8月至2002年9月沈阳市政工程公司山东办事处副主任2002年9月至2003年7月中铁十三局集团第五工程有限公司华东公司副总经理2003年7月至今山东中元建设工程有限公司董事长2004年4月至今山东建大教育置业有限公司副总经理山东建大教育置业有限公司是由山东建筑大学发起，与省内知名企业共同出资注册的以房地产经营开发为主，集工程咨询、项目管理、房产营销、物业管理、住宅区规划设计研究为一体的综合性房地产开发企业。公司自成立以来，本着“依托高校、服务教育、回馈社会”的原则，充分依靠高校的技术和人才优势，与国内外著名的房地产策划机构、居住区规划机构合作，积极探索具有教育置业特色的绿色地产的发展之路。

Q

齐康，男，中国科学院院士，教授，博士生导师，建筑师，规划师，建筑教育家，建筑学家。1931年10月出生于江苏南京，籍贯浙江杭州。1952年8月毕业于南京大学工学院建筑系(现东南大学建筑系)并留校任教。历任教研组主任、系主任、系党总支书记、南京工学院副院长、建筑研究所副所长、所长、建筑设计研究院总顾问等职。1965年当选为中国建筑学会理事、常务理事，以后历届连任理事至今。自1984年参加国务院三届、四届、五届学位评议组成员，担任土建组，建筑学组召集人。1989年起担任全国高等学校建筑学学科专业指导委员会主任职务，1998年起为该指导委员会顾问，1990年被评选为“中国勘察设计大师”(建筑)，1992年起当选为全国政协第八届、第九届委员，1995年起担任国务院学位委员会委员职务，1997年被选为法国建筑科学院外籍院士。齐康长期从事建筑和城市规划领域的科研、设计和教学工作。从上世纪50年代起由他参与和主持设计的主要作品有：南京雨花台烈士陵园纪念馆、碑轴线；南京梅园新村周恩来纪念馆；南京侵华日军南京大屠杀遇难同胞纪念馆；郑州河南省博物院；福建省历史博物院；沈阳“九·一八”纪念馆扩建工程等。多年来，他主持参加的科研项目已完成和正在进行的有约二十项，其中“较发达地区城市化途径和小城镇技术经济政策”获建设部科技进步二等奖，“乡镇综合规划设计方法”、“城镇建筑环境规划设计理论与方法”、“城镇环境设计”分获教育部科技进步一、二、三等奖，“福建武夷山庄”、“南京梅园周恩来纪念馆”和“南京雨花台纪念馆、碑”等建筑设计项目获国家优秀工程设计金质奖2项、银质奖1项、铜质奖2项。20世纪80年代全国十大优秀建筑艺术作品中就有两件出自齐康教授之手，并分获第二、三名，曾到法、日、瑞士、加拿大等国展览。著有论文“建筑创作的社会构成”、“建筑意识观”、“城市的形态”等近百篇，发表《城市建筑》等专著近20本。现已培养博士21名、硕士研究生70余名，2000年获得中国首届“梁思成建筑奖”，名列榜首。近年来被授予“国家级有突出贡献中青年专家”、“建设新南京功臣”、“全国高校先进科技工作者”等多种荣誉称号。

秦佑国，男，1945年生人，汉族，上海市，清华大学建筑学院院长，1967年清华大学建筑学专业本科毕业，清华大学建筑学院教授、合肥工业大学教授，博士生导师，学术委员会主任，校学术委员会委员，福州大学建筑学院名誉院长。1970年在邮电部五三六厂从事建厂工作，1978年回清华大学读建筑技术科学专业研究生，毕业后留校任建筑物理实验室主任、教研组主任、副教授、建筑技术科学研究所主任，1990年任建筑学院副院长、教授，1996年9月至1997年3月赴美国哈佛大学作高级访问学者，1997年任清华大学建筑学院院长。清华大学建筑学院的前身——清华大学建筑系由著名建筑学家梁思成先生于1946年10月创办。1988年成立建筑学院，设建筑系和城市规划系；2001年4月，原暖通空调专业从热能系进入建筑学院，组建建筑技术科学系；2003年10月，成立景观学系。目前，学院设有4个系：建筑系、城市规划系、景观学系和建筑技术科学系；8个研究所：建筑设计研究所、建筑历史与文物建筑保护研究所、住宅与社区研究所、建筑美术研究所、景观园林研究所、资源保护与风景旅游研究所、建筑与技术研究所和建筑环境与设备工程研究所；1个中心：国家遗产保护研究中心。3个规划设计实践基地：清华大学建筑设计研究院、北京清华城市规划设计研究院、北京清华安地建筑设计顾问有限责任公司。此外，跨院系成立的科研综合体清华大学建筑与城市研究所、清华大学人居环境研究中心和清华大学建筑节能研究中心依托在建筑学院。还有3个省部级实验室：建筑节能教育部工程研究中心、生态规划与绿“航空发动机试车台噪声治理”获1989年全军科技进步奖二等奖；“航空发动机试车台排气消声工程”获1995年国家教委优秀设计一等奖；“郑州商品交易所期货城工程”获2000年全军优秀设计一等奖；“中国生态住宅技术评估研究”获2004年精锐科技奖金奖；“绿色奥运建筑标准与评估体系研究”获2005年北京市科技奖一等奖；2004年获清华大学教学优秀成果奖一等奖，北京市教学优秀成果一等奖，2005年获全国教学优秀成果二等奖。2003年获清华大学教书育人奖，2004年获北京市优秀教师称号，2005年被评为北京市教育创新标兵，2001年、2002年、2003年、2004年、2005年获清华大学研究生会“良师益友”称号。

R

任南琪，男，1959年3月出生，江苏宜兴人，现任哈尔滨工业大学副校长，城市水资源与水环境国家重点实验室主任，教授，博士生导师。哈尔滨工业大学环境工程学科的学术带头人，国家“长江学者奖励计划”特聘教授，国家杰出青年科学基金获得者，“城市水质转化规律与保障技术”国家创新研究群体带头人。任南琪教授还曾入选国家“百千万人才工程”一、二层次，教育部“跨世纪优秀人才培养计划基金”获得者，享受国务院特殊津贴。任南琪教授不仅在科研方面有突出的贡献，在学风道德、教书育人方面也非常优秀，2003年他被黑龙江省高校工委评为优秀共产党员。

S

师武军，男，汉族。现任天津市城市规划设计研究院院长。曾任天津市城市规划设计研究院副院长。近年来曾先后主持和参加了20余项对加快天津发展产生重大影响和积极作用的城市规划项目；对落实天津市“三步走”战略起着积极的作用。其中10余项描绘天津未来5年、10年甚至20年发展的宏伟蓝图。主持完成《天津市国土规划》、《天津市城市空间发展战略研究》及其汇总工作，《滨海新区城市总体规划（修编）》纲要阶段工作，负责《大港石化基地总体规划》，参与《天津市城市总体规划》修编工作，完成了“土地资源保护与利用”专题报告；编制《天津市国土规划》（征求意见稿）、《天津市国土规划编制与管理暂行规定（征求意见稿）》等成果。相继参与完成建设部研究课题“中国城市化快速发展背景下规划建设研究”和市十一五计划重大研究课题“天津市加快城市化进程研究”，主持局级研究课题“天津市国土规划编制实践研究”和“天津市土地利用总体规划（修编）前期研究”，撰写论文多篇。他理论基础扎实，创新成果突出，是规划院的青年技术骨干，近年来多次获得部、市、局、院级奖项。多次荣获规划院、规划局“十佳青年”、“优秀青年”、先进个人和优秀共产党员等光荣称号，荣获市总工会“九五”立功奖章等。曾带领规划三所先后获得局级、城建系统先进集体和先进党支部、天津市百万职工技术创新活动先进集体、外环线内侧绿化带建设工程先进集体等光荣称号。

石文星，男。清华大学建筑学院建筑技术科学系，副教授。现任社会学术职务有：中国制冷学会第六专业委员会（小型制冷机低温生物医学专业委员会）委员；天津市制冷空调应用技术协会副会长；中国制冷学会高级会员。1986年7月，获得天津商学院制冷专业学士学位；1994年4月，获得天津商学院制冷及低温工程专业硕士学位；

2001年3月，获得清华大学供热供燃气通风与空调工程专业博士。1986年7月至1990年9月，担任天津商学院制冷工程系，政治辅导员，助教；1991年9月至1992年9月，赴日本海外技术者研修协会（AOTS）和日本轻金属株式会社（NKK）研修；1994年4月至2001年5月，天津商学院制冷工程系空调教研室，讲师、副教授；2001年5月至2003年7月，清华大学工程热物理研究所，博士后；2003年7月至2003年10月，任清华大学建筑学院建筑技术科学系讲师；2003年10月至今，清华大学建筑学院建筑技术科学系，副教授。主要研究方向：主要从事制冷与热泵、冷藏与冷链、蓄能技术的研究与开发工作。在制冷与热泵方面：主要从事房间空调器、多联机（VRF系统）、热泵、特种制冷器具、汽车空调以及中央空调系统冷冻站及其末端设备的特性分析、性能评价与优化控制的理论研究与产品开发。在冷藏与冷链方面：主要从事食品冷藏链储运设备的理论研究与产品开发。在蓄能技术方面：主要从事冰、水、相变蓄冷材料、天然冷源在制冷空调系统与食品冷藏链中的理论与应用研究。曾荣获2004年全国暖通空调制冷学术年会优秀论文奖；2005年中国制冷学会优秀学术论文一等奖；2002年山东省淄博市科学技术进步奖二等奖；2002年全国暖通空调制冷学术年会优秀论文奖；第三届北京青年学术演讲比赛三等奖；2000年北京市科技进步三等奖（项目负责人之一）；2000年全国暖通空调制冷学术年会优秀论文奖。1995年，获“天津市新长征突击手”称号。

孙前元，男，出生于1963年，中共党员。高级工程师。现任四川华西集团副总经理，四川省建筑科学研究院院长，党委委员。四川省土木工程学会副理事；四川省科研院所院所长协会副理事长。1986年重庆建筑工程学院土木系工业与民用建筑专业毕业，工学学士。2000年四川大学“工商企业管理研究生班”学习结业。1984年8月至1990年4月，任四川建筑工程总公司工程部助理工程师；1990年5月至1993年8月，任四川建筑工程总公司工程部副科长、科长，工程师；1993年9月至1997年3月，任四川省工程建设承包公司副总经理，四川省建筑工程总公司三峡工程公司经理；1997年3月至2000年4月，任四川省第13建筑工程公司总经理；2000年4月至2001年4月，任四川华西集团有限公司副总工程师、工程承包公司经理；2001年4月至2007年2月，任四川省建筑科学研究院院长、高级工程师；2007年2月至今，任四川华西集团有限公司副总经理，兼四川省建筑科学研究院院长。曾被评为“四川省第七届优秀青年厂长（经理）”；被四川华西集团有限公司工会评为“1997—1998年度依靠职工办企业的优秀经理”。所在的四川省建筑科学研究院创建于1954年，几经机构合并调整，已发展成为专业门类齐全，科技力量雄厚，西部地区最大的综合性建筑研究院。特别是2001年转制为企业以来，已形成集科、工、贸于一体，能承担科研、设计、施工、监理、质量检测和新产品开发等各项业务的综合性研究单位。

孙伟民，男，1952年生，浙江宁波人，现为南京工业大学党委常委、副校长、教授，国家一级注册结构工程师，兼任学校建筑设计研究院总工程师。教育部本科教学水平评估专家。1982年2月哈尔滨建筑工程学院工业与民用建筑专业本科毕业，1984年10月哈尔滨建筑工程学院结构工程研究生毕业，获工学硕士学位。1984年10月到南京建筑工程学院任教。1986年10月—1988年10月在中国驻卡拉奇总领事馆担任工程设计代表工作，1988年11月回校任教。1991年任建工系副主任，1995年3月任南京建筑工程学院院长助理，1996年12月任南京建筑工程学院副院长，1999年任土木工程系教授，2001年8月任现职。从事结构工程教学、科研、设计工作多年，先后为本科生、研究生开设的主要课程有：钢筋混凝土结构、建筑结构抗震、特种结构、高层建筑结构概念设计等，发表学术论文70余篇，主编出版教材3本，主持省部纵向科研课题7项，主持国内外各类工程结构设计80余项。现为中国标准化协会砌体结构委员会副主任委员，江苏省土木建筑学会施工学术委员会副主任委员，南京市土木建筑学会副理事长。

T

谭忠富，男，生于1964年，工学博士。毕业于华北电力大学。1996年10月于哈尔滨工业大学（原哈尔滨建筑大学）完成博士后工作。现任国家经贸委培训司“企业发展战略”专家组成员、云南电力公司咨询专家、北京博采企业形象研究中心专家。华北电力大学优秀中青年学术骨干。主要研究领域为电力企业战略管理设计、电力企业文化培育方略、电力市场。先后主持并承担了国家自然科学基金“电力成本综合优化的系统方法与管理策略研究”、中国博士后基金“大型复杂系统可靠性优化的分解协调理论与方法”等4项国家级科研项目，“电力企业风险管理研究”等3项国家电力公司科技项目，1项国家电力公司重点科技项目子项目“发电系统总体优化理论与方法”。在国内外重要刊物上发表论文共19篇，其中被四大检索工具收录11篇。出版著作有《复杂系统可靠性优化设计理论与方法》、《电子商务概论》。

唐胜利，重庆大学教务处处长、教授，重庆大学仿真工程研究所副所长，中国动力工程学会自动控制专委会委员，中国电力教育协会电力、动力类学科教学委员会委员，中电联电力环保与资源节约专家库专家，重庆市热能工程学科学术带头人后备人选，中国系统仿真学会会员，中国电机工程学会会员，重庆市电机工程学会理事，主持和参加完成国家、省部科研项目及其他科研项目30多项，发表学术论文50余篇，先后获得：国家教委科技进步二等奖、四川省优秀计算机软件成果一等奖，四川省优秀教学成果二等奖、重庆市科技进步三等奖等奖励。①连续系统仿真方法及应用，②先进能源动力系统建模与仿真，③热力设备特性及经济运行的计算机管理，④动力设备故障诊断及专家系统。

陶连金，男，出生于1964年，教授，现任北京工业大学建工学院岩土工程学科带头人。兼任成都理工大学客座教授，《世界地震工程》编委，国际岩石力学学会（ISRM）会员。长期从事岩土工程方面的研究，主要研究兴趣为地下结构、土与上部结构共同作用、结构的动力响应与稳定、岩土工程数值模拟。1986年获重庆大学工学硕士学位，1996年东北大学博士学位，1996—1998年在成都理工大学博士后流动站从事博士后研究工作，1998年到北京工业大学建工学院任教，1999年入选北京市科技新星计划，同年入选北京市优秀跨世纪人才工程，获得市级有突出贡献专家、优秀教师等称号。先后主持完成了国家自然科学基金、国家"九五"攻关项目、北京市自然科学基金、中国博士后基金、地矿部岩土工程开放实验室基金、国家专业实验室开放基金、教育部骨干教师计划项目、北京市科技新星项目等16项科研项目，获得省、部级科技进步二等奖6项，出版学术专著3部，在国内外发表学术论文50余篇。其中10余篇被EI、ISTP、GeoRef等国际权威检索机构检索，获得2项专利。

W

王德华，出生于1965年，中共党员，高级工程师。现任四川省建筑科学研究院副院长、党委委员，四川省建筑工程质量检测中心主任。1986年重庆建筑工程学院土木系工业与民用建筑专业毕业，工学学士。1986年7月至1995年6月，四川省建筑科学研究院助理工程师、工程师；1995年7月至1997年11月，四川省建筑科学研究院地基所所长；1997年12月至今，四川省建筑科学研究院副院长，地基基础研究所、综合结构研究所所长。长期从事建筑地基基础研究。所在的四川省建筑科学研究院创建于1954年，几经机构合并调整，已发展成为专业门类齐全，科技力量雄厚，西部地区最大的综合性建筑研究院。特别是2001年转制为企业以来，已形成集科、工、贸于一体，能承担科研、设计、施工、监理、质量检测和新产品开发等各项业务的综合性研究单位。50多年来，共完成科研成果700多项，编制国家和地方标准60余本，先后共获省、部级以上科技进步奖的有180多项，大多数成果已在工程建设中推广应用。连续多年被评为四川省先进科研单位，建设系统先进集体，先后被建设部授予"规范规程全国先进单位"、"全国先进建筑工程质量监督检验站"，"十五"期间建筑节能先进单位。

王晓航，1983年，毕业于北京广播学院电视系导演专业，先后就职于北京人民艺术剧院、北京广播学院电视系导演教研室。1988年，创办北京银河广告公司，主要承接设计、制作、发布各类国内及外商广告，有专业广告创意及设计制作人员，以及媒体实施人员，可及时有效的配合公司的房地产代理项目的广告宣传推广与制作。该公司于1999年策划并实施了"中国篮球99诺基亚南北争霸赛"的大型体育赛事，由国内的广告公司推广这样的赛事是十分罕见的，因此中国篮球协会给予银河广告公司很高的评价。1995年，成立北京协成房地产经纪有限责任公司，先后全案策划并销售了九龙山庄、九龙家园、九龙家园二期、九龙家园东区之顶天立地、城市之光、兴涛社区、天鸿东润枫景、星岛嘉园、星岛嘉园二期之米兰天空、三期之莱茵河畔、日坛·晶华、知春时代、宝星园、蓝色家族、富顿中心、清城等十几个项目，其中多个项目均被评为规划设计优秀方案奖、最佳环境奖、经典户型奖等诸多奖项。1996年，成立北京金色池塘影视文化有限公司，其拍摄的十八集电视连续剧《牵手》于1999年在中央电视台及全国各大电视台及有线电视台反复重播，在观众中产生强烈反响。该剧获得1999年中国电视"金鹰"奖最佳导演、摄影、男女主角、男女配角大奖，并同时获得"中国电视飞天奖"最佳导演、最佳男、女主角奖。

魏清泉，中山大学城市与区域研究中心、城市与区域规划系教授，博导，国家注册城市规划师。兼任建设部高等城市规划学科专业指导委员会委员、建设部高等教育城市规划专业评估委员会委员，中国地理学会经济地理专业委员，中国城市规划学会城市经济与区域规划专业委员，中国行政区划与地名学会行政区划专业委员会副主任，广东省土地学会副理事长，广东省行政区划研究会副理事长，广东省房协副会长，广东省宏观经济学会常务理事，广州市房地产学会副会长，广州市人民政府决策咨询顾问，中山市城市规划顾问，三水市人民政府经济顾问，荔湾区、白云区、番禺区人民政府决策咨询顾问，广州市高新技术区民营科技园发展顾问，茂名市人民政府顾问，佛山市南海区发改委顾问、南海区大沥镇顾问，广州市城市规划资质评审委员，广州市城市建设技术委员，广州市城市环境艺术委员会委员，广州市社会经济发展研究中心顾问，曾兼任广东省珠江三角洲经济区规划城市规划专家组组长，广东省东西两翼区域规划城市规划专家组组长。

温小明，男，中共党员。大学本科学历，理学学士，历任广州市土地房产管理学校教师、教务科长、副校长、代校长。中共广州第九次代表大会代表，现任建设部中专学校建筑与房地产经济专业指导委员会主任。1993年获数学高级讲师资格，1992年获"广州市优秀教育工作者"称号，1993年12月获"广州市1991—1993年度精神文明建设先进工作者"称号，1997年经市人事局批准荣获局"三等功"，1999年获"广州市1997—1999年度精神文明建设先进工作者"荣誉，1999年获广东省"南粤优秀校长"称号，2003年被市政府授予"广州市劳动模范"称号，同年被国家建设部授予"全国建设系统先进工作者"称号；2006年被评为广州市2004—2005年度社会主义精神文明先进个人。广州市土地房产管理学校（广州市房地产高级职业技术学校）是广州市教育局属下的一所全日制普通中等专业学校。学校开办于1963年，"文革"期间停办，一九1973年复办。学校于1999年获得省级重点中专学校资格，2000年六月被国家教育部批准为国家级重点中专学校，1997年、2001年先后被广州市委、市政府授予"广州市文明单位"称号，1998年和2001年分别被评为"广州市文明示范校园"和"广州市安全文明单位"，2002年被市政府授予"广州市教育工作先进单位"称号。

文海家，1971 年 4 月生，湖南宁乡县人，研究生学历。重庆大学土木工程学院副教授，1996 年 9 月至 1999 年 6 月在重庆建筑大学建筑工程学院学习，1999 年 6 月毕业，获岩土工程专业硕士学位。1999 年 9 月至 2004 年 5 月在重庆大学土木工程学院在职攻读岩土工程专业博士学位，2004 年 6 月获工学博士学位。1999 年至今重庆大学土木工程学院任教，先后任讲师、副教授，2001 年任地质工程教研室副主任，2004 年 9 月解放军后勤工程学院土木工程博士后科研流动站从事博士后研究工作，2004 年 12 月重庆大学教务处先后任处长助理、教学质量科科长，2005 年 5 月重庆大学“985 工程”二期“山地城镇建设与新技术”科技创新平台/基地研究骨干。近年来在国内外公开发表学术论文 50 余篇，合作专著 1 部，参编土木工程专业指导委员会推荐、国家“十五”、“十一五”规划教材 2 部，完成网络课程电子版教材 1 部。

吴泽，男，出生于 1955 年 4 月，中共党员，大学学历，副教授。1982 年毕业于重庆建院建筑工程管理专业。1993 年 9 月，任四川建校副校长、常务副校长、校长；2001 年 9 月，任四川建筑职业技术学院常务副院长，党委副书记；2002 年 10 月，任四川建筑职业技术学院常务副书记、院长；2006 年 10 月开始，任四川建筑职业技术学院党委书记。所领导的四川建筑职业技术学院系国家示范性高等职业院校立项建设单位，全国高职高专土建类专业教学指导委员会副主任委员单位、中国建筑装饰协会高职高专院校唯一理事单位、四川省建筑业协会副会长单位、中德合作西部地区职业教育师资培训中心、和教育部、建设部确定的中央财政重点支持的“国家建筑技能紧缺人才培训基地”、“建筑技术实训基地”。

X

许华春，男，1951 出生，研究生学历。浙江广厦建设职业技术学院院长。并提出以育人为中心的观点，积极构筑全员育人格局，在全体师生中开展了具有自己特色的“四想四对照”主题教育活动，得到浙江省教育工委有关领导和专家的肯定。学院先后获陈香梅“民办教育创新与发展贡献奖”，省教育厅学生工作创新单位等多种荣誉称号。他先后 10 多次被评为市级先进工作者。2005 年 4 月，被中国教育科学研究院和中国高职高专协作会授予“中国高等教育杰出人物”称号。2005 年 7 月，被中国管理科学研究院等授予“全国杰出教育研究者”称号；他撰写的《以育人为中心努力提高民办高职院校核心竞争力》获优秀论文一等奖。有多篇论文在《红旗周刊》、《浙江省高等教育》等刊物上发表。他兼任《浙江广厦建设职业技术学院学报》编委会主任、总编，中国民办教育家协会副理事长，中国管理科学研究院高级研究员。近几年来，主要从事民办高职教育研究，先后主持了各级各类课题 10 多个，其中省部级课题 3 个，在《中国高等教育》、《教育与职业》等学术刊物上发表论文 10 多篇，主编了《高职语文》等教材，出版专著《民办高职院校管理创新论》。

薛素铎，男，出生于 1959 年，博士、教授。现任北京工业大学建筑工程学院党委书记，工程抗震模块主讲教授，兼任中国建筑学会建筑结构分会理事，《世界地震工程》杂志编委，国际壳体与空间结构协会（IASS）会员。在北京工业大学获硕士学位，香港理工大学获博士学位。主要研究方向为大跨度空间结构、结构减振与振动控制。作为项目负责人或重要骨干参加完成 10 余项国家级及省部级科研项目，发表学术论文 50 余篇，多篇发表在国际著名期刊或在国际会议上宣读，被国际著名检索工具 SCI、EI 及 ISTP 收录论文近 20 篇次。先后获得国家科技进步三等奖、北京市科技进步二等奖、美国 COLBY 优秀论文等各项奖励 10 余项。1993 年被评为北京市高校优秀青年骨干教师，1994 年被评为北京市高校（青年）学科带头人，1995 年获北京市优秀青年知识分子称号，1999 年入选北京市跨世纪优秀人才工程。

Y

杨卓舒，男，1952 年 12 月生人，籍贯黑龙江省肇东市。大专学历。1993 年前从事新闻工作，曾任记者、编辑、书刊编辑部主编等职。1993 年，创办河北卓达房地产集团有限公司。1999 年创办北京卓达房地产有限公司，北京卓舒教育投资有限公司。2000 年分别创办呼伦贝尔卓达房地产有限公司，三亚卓达房地产有限公司。2000 年创办北京卓达大学。2001 年创办三亚卓达旅游职业学院。自 2001 年，连续三年被世界著名财经杂志《福布斯》评选为中国内地企业家第 15 名、第 17 名、第 16 名。2002 年，被中国儿童少年基金会、中华慈善总会授予“中国儿童慈善家”荣誉称号。2004 年，荣获“中国改革十大新闻人物”荣誉称号。2006 年起连续三年被民政部、中华慈善总会授予“中华慈善奖”荣誉称号；2006 年，被河北省省委、省政府授予“河北省优秀民营企业家”荣誉称号。2007 年，荣获“中国房地产十大风云人物”荣誉称号。卓达集团 2002、2003 年两度荣膺“中国房地产品牌企业 50 强”荣誉称号，2004 年荣获“中国城市运营商 50 强”荣誉称号，为河北省最大的房地产民营企业。现任卓达集团董事长兼总裁、北京卓达大学校长、国家文化产业人才培训基地主任、中华文化促进会副主席、河北省慈善总会副会长等。卓达集团总资产逾 80 亿元，成功开发了 300 万平方米的精品住宅小区和 40 万平方米的商业设施。目前，集团在建商业设施 100 万平方米、住宅 100 万平方米。除地产外，集团还投资 37 亿元建立卓达服装产业园、投资 30 亿元进军文化产业。

伊洪，男，1942 年 8 月生人，籍贯河北，汉族，大学学历。现任上海斑邦实业有限公司总经理。当代著名哲学家，创立了当代与时俱进的新唯物辩证法，历史性地提出了辩证法的新三条定律。1999 年，获“激光识别运动物体装置”专利，最先提出“激光平面”概念，以此为中心的系统，可远距监控大量个体运动状态，能精确定位，为电脑全面管理循环交通，彻底解决城市交通的堵塞开辟了道路，对体育田径赛运动员的识别和各种出入口的管理均有实际意义。1999 年 8 月，在《中国当代思想宝库》上发表

"社会实践与辩证思考"一文，阐明"社会实践＋辨证思考"是发现真理的必要而充分条件，把宇宙间的一切"矛盾"科学地分为"互不相容类"和"互相制约类"两大类。2004年在《发现》杂志上发表"与时俱进的唯物辩证法是全人类的思想财富"，重申"求是"的公式是社会实践加上辩证思考，又对立又统一，螺旋似的前进和提升。明确指出了辩证法的第4条规律是物质力量定律——宇宙间只存在着相反相成的物质力量和相辅相成的物质力量；指出辩证思考的本质是"观察事物发展过程，由过去实践与理论的两重性入手，抓住基本矛盾，把握其在相互联结上的特性和矛盾各方的特性，寻找到物质力量"。重申了基本矛盾的理论，为抓住一切事物的本质提供了哲学依据。发现与阐明辩证法的第5条定律两极互相制约长期稳定发展定律，发扬了祖国古老哲学阴阳论的长处，为人们深刻认识与发现互相制约性的矛盾指明了方向。重申和明确第6条定律新事物产生定律及其衍生的发明定理、创新定理。指出，深入观察事物的矛盾运动全过程，善于"一分为二"，抓住基本矛盾，就能不断发现新的真理。创立和阐述了当代最先进的、最科学的民主——先进的革命政党领导人民民主集中制的理论，为中国彻底的政治改革探索了方向——以先进政党领导人民民主集中制的法律政策思想体系实现彻底地反封建主义，以此确保先进政党的长期先进性，建立和保护人民公有制的经济基础的长期健康发展。

易军，1982年加入中建集团，历任技术员、工长、主任科员、副处长、处长；1993年2月，担任中建建筑承包公司（现中建国际建设公司）董事、总经理，兼任中建总公司总承包部副经理；1996年，兼任中建总公司总承包部经理；2001年，担任中国建筑工程总公司副总经理、党组成员、中国建筑股份有限公司董事、总裁；2002年，兼任中建国际建设有限公司董事长、总经理；2005年12月，兼任中国建筑工程总公司总工程师；2010年5月，担任中国建筑工程总公司董事长、党组书记。

殷惠光，男，汉族，1961年3月生，江苏徐州人。中共党员，硕士，教授，研究员级高级工程师，硕士研究生导师。现任徐州工程学院副院长、党委常委。1984年7月毕业于南京建筑工程学院建筑工程系，2001年6月于中国矿业大学获硕士学位。历任彭城职业大学土建系副主任、主任；彭城职业大学副校长、党委常委；徐州工程学院（筹）副院长、党委委员，徐州市筹建徐州工程学院领导小组成员；徐州工程学院土木工程学院党委书记、院长；徐州工程学院副院长。2009年4月任徐州工程学院副院长、党委常委。主要从事土木工程专业的教学和研究工作。承担国家社科基金等各级各类科研课题32项，获国家专利5项，公开发表46篇论文，多篇论文被EI、ISTP收录。主持的工程管理专业获江苏省教育厅特色专业建设点、建筑工程定额与预算课程获江苏省精品课程。组织、指导大学生参加江苏省大学生创业大赛、力学竞赛、结构设计竞赛、全国普通高等院校算量大赛等学科竞赛，成绩优异，荣获优秀指导教师称号。曾获徐州市科技进步奖4项、省建设科学技术奖（省建筑业科技成果奖）3项、江苏省高等教育教学成果奖2项、江苏淮海科学技术奖1项、建设部华夏科学技术奖1项。现为江苏省高校"青蓝工程"中青年学术带头人、江苏省"六大人才高峰"高层次人才培养对象。曾获江苏省高等学校优秀共产党员、徐州市拔尖人才、江苏省"十五"建设科技先进个人、江苏省建筑业科技进步和技术创新先进个人、江苏省建设人才工作先进个人、中国建设教育协会先进工作者等称号。现任徐州市地震学会副理事长、徐州市土木建筑学会副理事长。

袁文，男，教授。九州职业技术学院土木工程系主任，中国测绘学会会员，工程测量工考评员。1964—1969年，在北京矿院读书；1969—1986年，在安徽淮北中煤三建公司，做技术员、助理工程师；1986—1992年，在徐州建筑工程学校矿建科，讲师、副教授；1992—1994年，在徐州建筑工程学校任实验科科长；1994—1999年，在徐州建筑工程学校任教学副校长1999—2004年，在徐州建筑职业技术学院任教学副院长。2005年至今，在九州职业技术学院土木工程系任系主任。2007年10月获优秀教学成果奖三等奖。主要讲授课程为：《建筑测量》、《工程测量》，指导《建筑测量实训》、《道路测量实训》。在现场工作阶段曾撰写：《长距离贯通初探》，发表在《淮北建井科技》，获安徽省科协学术论文三等奖；《用加改正数的方法标定斜巷腰线》，发表在《徐州测绘》，获徐州市科协优秀论文三等奖；《临涣矿井主副井与东风井陀螺定向贯通》获中国煤炭学会矿山测量综合性学术论文三等奖；《煤矿测量工作失误和事故事故分析》，连载于《陕西煤炭技术》，本人承担约4万字。主要科研项目及获奖情况：参与《强化管理、全面改革，实现学校快速发展》，获中国煤炭教育研究优秀成果二等奖；主持《加强教师业务考核，促进科学化规范管理》的课题，获全国职教教学研究成果二等奖；承担教育部职成司《中专职业学校实行产教结合人才培养途径与机制的研究》。主持《构建建设高等职业教育质量保证与监督体系的研究》获建设部职教二等奖；主编《测量学》，煤炭工业出版社出版；主审《测量学》中国矿业大学出版社。

Z

张瀑，出生于1963年，中共党员。高级工程师，一级注册结构工程师、注册监理工程师、注册咨询工程师、注册安全工程师、一级注册建造师。现任四川省建筑科学研究院副院长，党委委员，兼任四川省建科工程技术公司总经理。中国土木建筑学会混凝土与预应力混凝土分会理事、四川省土木建筑学会理事、四川省土木建筑学会预应力及钢结构专委会主任委员、中国钢结构协会预应力分会副理事长、中国交通运输协会新材料委员会副主任委员、中国建设工程标准化协会结构焊接专委会副主任委员。1982年华南理工学院工业与民用建筑结构专业毕业，工学学士。1982年7月至1990年10月，任四川省建筑科学研究院助理工程师、工程师；1990年10月至1991年10月，任四川省建筑科学研究院结构工艺室副主任；1991年10月至1998年2月，任四川省预应力公司经营部经理、公司副总工程师、高级工程师；1998年2月至今，任四川省建筑科学研究院副院长、正高级工程师。长期从事建筑结构研究，获得多项省部级科技进步奖。2000年被评为享受国务院政府特殊津贴专家。所在的四川省建筑科学研究院创建于1954年，几经机构合并调整，已发展成为专业门类齐全，科技力量雄厚，西部地区最大的综合性建筑研究院。特别是2001年转制为企业以来，已形成集科、工、贸于一体，能承担科研、设计、施工、监理、质量检测和新产品开发等各项业务的综合性研究单位。50多年来，共完成科研成果700多项，编制国家和地方标准60余本，先后共获省、部级以上科技进步奖的有180多项，大多数成果已在工程建设中推广应用。连续多年被评为四川省先进科研单位，建设系统先进集体，先后被建设部授予"规范规程全国先进单位"、"全国先进建筑工程质量监督检验站"，"十五"期间建筑节能先进单位。

张绍纲，男，中共党员，出生于1930年，辽宁省辽阳市人。1949年新中国成立前考入哈尔滨工业大学预科，学习俄语；1956年在该校工业与民用建筑专业本科毕业后，留校任助教；1957年被派往前苏联莫斯科建筑学院深造，攻读建筑技术专业研究生，1961年毕业，获副博士学位；回国后，就职于中国建筑科学研究院建筑物理研究所，长期从事建筑光学的科研工作，历任该所光学室主任、副所长、所长以及总工程师等职。20世纪60年代主要从事制定采光和照明标准的方法研究工作；20世纪70年代初开始主持我国的《工业企业采光设计标准》和《工业企业照明设计标准》的编制工作，完成多项科研和调查项目，获得了大量科学数据，为制定我国的标准提供了可靠的科学数据；20世纪80年代，主编了我国的《中小学校教室的照明标准》和《室内照明测量立法标准》；20世纪90年代，主编了《视觉工效学原理——室内工作系统照明》、《建筑照明术语标准》、《建筑采光设计标准》等国家标准。40余年来，在从事建筑采光和照明的标准化及科研方面取得了显著成绩。除主持编制国家标准外，还完成了多项科研课题的研究工作，其中"混光光源特性及其应用研究"课题，曾获国家科技进步二等奖和建设部科技进步一等奖。自1991年起享受国务院政府特殊津贴。曾被评为"全国工程建设标准化荣誉工作者"，荣获国际照明委员会颁发的表彰证书等。

张扬，出生于1964年，高级工程师，中共党员。2004年至今，任四川省建筑科学研究院纪委书记。1984年，他毕业于四川省建筑工程学校工业与民用建筑专业；1989年毕业于四川省建筑职工大学工业与民用建筑专业；2000年，毕业于四川省建筑职工大学建筑企业经营管理专业。参加工作以来，先后在1984—1986年，担任四川省建筑科学研究院工程测试所技术员；1989—1994年，历任四川省建筑科学研究院设计分院助理工程师、党支部书记；1994—2006年，在四川省建筑科学研究院软件研发中心担任副主任、主任、工程师、高级工程师德等职。所在的四川省建筑科学研究院创建于1954年，几经机构合并调整，已发展成为专业门类齐全，科技力量雄厚，西部地区最大的综合性建筑研究院。特别是2001年转制为企业以来，已形成集科、工、贸于一体，能承担科研、设计、施工、监理、质量检测和新产品开发等各项业务的综合性研究单位。50多年来，共完成科研成果700多项，编制国家和地方标准60余本，先后共获省、部级以上科技进步奖的有180多项，大多数成果已在工程建设中推广应用。连续多年被评为四川省先进科研单位，建设系统先进集体，先后被建设部授予"规范规程全国先进单位"、"全国先进建筑工程质量监督检验站"，"十五"期间建筑节能先进单位。中国岩石力学与工程学会会员、中国地质学会洞穴研究会会员。主要从事岩土工程、地质工程与道路工程的教学与研究。近年来主要担任本科生、研究生的《工程地质学》、《桥涵水文》、《路基路面工程》、《环境岩土工程学基础》、《城市道路设计》、《工程地质分析原理》等课程教学、课程设计、实习及毕业设计等，并承担相关的科研及工程设计工作。1994年7月毕业于湘潭矿业学院勘建系（现为湖南科技大学　土木工程学院）工程地质水文地质专业，获工学学士学位。1994年7月至1996年8月在湖南省涟邵矿务局勘察建设工程公司工作，任助理工程师。

朱光，男，1954年9月出生，中共党员，教授，现任北京建筑工程学院副校长。1982年北京建工学院测量专业获工学学士学位；1987年武汉测绘科技大学工程获工学硕士学位，同年评为讲师；1991—1993年在英国伦敦大学学院（UCL）测量系任访问学者；1993年评为副教授；1998年评为教授。曾任北京建筑工程学院土木工程二系副系主任、系主任，测绘工程系系主任兼直属党支部书记。兼任全国高等学校测绘学科教学指导委员会委员；北京测绘学会副理事长，中国地理信息系统协会理事；中国测绘学会理事；全国测绘教育委员会委员；北京测绘学会教学委员会主任；北京市地理信息中心技术顾问；中国矿业大学兼职博士生导师、北京林业大学兼职博士生导师等职务。1994年获"北京市高等学校优秀青年骨干教师"称号；1998年获建设部高等学校优秀课程一等奖；1998年所承担的部级科研项目《地理信息系统数据质量模型与不确定性研究》获北京规划委科技进步二等奖；1999年所著《地理信息系统基本原理及应用》获全国高等学校优秀测绘教材三等奖；2001年所承担的部级教研项目《基于GIS的现代测量工程专业教学体系》获北京高等教育教学成果二等奖；2002年所撰写的论文"数字化教育与GIS教育"获全国数字化教育论文大赛一等奖；并多次获得学院教学和科研奖励。迄今已完成国家"十五"科技攻关计划项目"城市规划建设、管理与服务的数字化工程（2002BA107B）"等国家级和省部级科研、教研项目7项。出版著作教材3部；发表学术论文40余篇。主要研究方向和成果体现在

"GIS 理论及技术在数字城市建设中应用研究"和"数字测绘理论和 3S 技术应用研究"领域。主要研究方向：风险管理理论、激励理论和高等教育管理。主持和参与省部级科研项目 8 项，在《数量经济技术经济研究》等期刊发表论文 30 余篇；承担全国教育科研"十一五"规划课题等教研教改课题 10 项，在《中国大学教学》等期刊发表论文 30 余篇；承担福建省精品课程 1 门、人才培养模式创新试验区项目 1 个；作为参与者获得福建省教育教学成果一等奖 2 项，作为负责人获得福建省教育教学成果二等奖 1 项，获得中国高教学会教育科研成果论文三等奖 1 项、福建省教育科研成果论文二等奖 1 项。

庄惟敏，男，出生于 1962 年 10 月。教授、国家一级注册建筑师、国家一级注册咨询师。现任清华大学建筑设计研究院院长、教授、博士生导师，校聘责任教授。主要社会职务：《新建筑》杂志编委，北京市勘察设计协会理事，中国体育科学学会会员，体育建筑专委会委员。中、日、韩三国联合编辑出版的综合性英文版专业杂志《亚洲建筑与工程（JAABE）》建筑规划类编委；首都规划建设委员会专家咨询组专家；中国建筑学会建筑师分会第三届理事会理事；中国建筑学会体育建筑分委员会委员；中国建筑学会教育建筑分委员会委员；中国建筑学会竞赛工作委员会委员；《建筑学报》杂志社编委、《建筑师》杂志社编委；中国建筑学会建筑师分会理论与创作专业委员会副主任委员；北京市注册建筑师管理委员会委员。天津市工程评标专家。主要学习经历：1985 年毕业于清华大学建筑系，获工学学士学位，同年在清华大学建筑学院攻读硕士学位，1987 年转为攻读博士学位；1990—1991 年在日本国立千叶大学工学部学习，1992 年获工学博士学位。主要设计、研究成果及所获奖项：1993 年获中国建筑学会青年建筑师奖第一名；1994 年获中国建筑学会、香港建筑师学会、（美国）亚洲文化协会优秀青年建筑师一等奖；同年被评为清华大学十名有突出贡献的青年教师，1995 年获清华大学"学术新人奖"，1997 年被国家人事部、国家教育委员会评为"全国优秀留学回国人员"；他主持设计了几十项公共民用建筑，有多项设计获奖；"上海不夜城天目广场设计方案"获全国中青年建筑师建筑设计优秀奖；"天桥剧场翻建工程"获第三届"96 首都十佳公建设计"第一名、获第三届"96 首都建筑艺术创作优秀设计"二等奖第一名；"清华大学游泳跳水馆"获 2001 年第八届首都十佳建设计奖，2001 年教育部优秀工程勘察设计二等奖，2001 年建设部优秀建筑设计三等奖；"中国戏曲学院综合排演场"获 2001 年教育部优秀工程勘察设计二等奖，2001 年建设部优秀建筑设计二等奖，2002 年国家优秀建筑设计铜奖；"2008 年北京奥运会主体育场（国家体育场）"国际设计竞赛优秀奖。

建设科技

C

蔡庆华，男，出生于 1972 年 7 月，中共党员，邹城经济开发区管委会规划建设处副主任，工程师，国家注册城市规划师。在工作中，他立足本职岗位，坚持学以致用，先后主持完成了济宁市检察院办公楼、邹城市检察院办公楼、邹城市市委办公楼、邹城市广播电视中心等建筑设计，邹城市峄山风景名胜区规划、邹城经济开发区总体规划、大学科技园的总体规划和中心店科技工业园总体规划等工作。以大学科技园为载体，先后与西安交大、中国科技大、山大、山科大、南大科技股份有限公司等十几个高等院校、科研机构建立了合作关系，引进高科技项目 8 个，高新技术产品生产项目 6 个。荣获 2002 年度省优秀工程勘察设计三等奖、济宁市优秀工程设计二等奖、市级优秀共产党员、市政府嘉奖，并有多篇论文在专业学报、刊物上发表。

曹金海，1948 年生人，当涂县博望镇人，金海冶金机械制造有限公司董事长。马鞍山市商会副会长，当涂企业家协会会长，当涂县政协常委，当涂县商会副会长，博望镇商会会长。1968 年毕业于澄心中学，1995 年参加党校高级培训班，取得中专学历证书，1968 年月 12 月响应党的号召下放农村，1980 任知青商店负责人，1982 年在江苏省溧阳市刃具厂任厂长，1988 年创办当涂冶金机械备件厂，任厂长职务，2002 年原当涂冶金机械备件厂变更为马鞍山市金海冶金机械制造有限公司，任总经理。1996 年担任县工商联副会长，1997 年任县政协常委，2002 年任市工商联商会副会长，2002 年当选为企业家协会会长，2004 年被评为安徽企业最喜爱的功勋企业家。连续在本镇多年来被评为先进个人、纳税大户、先进集体。2004 年县工商局聘任为当涂县工商行政管理局政风监督员。每年为镇敬老院、特困户资助上万元，从 1999 年至今资助新博乡两名失学儿童，解决本县下岗职工十多余人，2005 年 2 月赞助教育基金 3 万元。1994—2000 年，市工商业联合会、高商会颁发"投身光彩事业活动"荣誉证书 1997—1998 年，市政府评为"马鞍山市先进工作者"；1999—2000 年，市人民政府授予"马鞍山市劳动模范"称号。1998—2003 年，被评为镇"优秀企业家"；1999—2004 年，被中共博望镇委员会、镇政府评为"优秀厂长"。2001 年，安徽省地方税务局授予"个人所得税诚信纳税先进个人"称号；2003 年，安徽省工商业联合会、安徽省科学技术局、安徽省民营科技企业家协会，授予"安徽省优秀民营科技企业家"称号；2004 年，被评为安徽企业最喜爱的功勋企业家。

曹亮功，研究级高级工程师，男，出生于1941年，安徽人。1964年于合肥工大学建筑系毕业。主要工作经历：1964—1979年任一机部第一设计院助理工程师、设计负责人，项目主任工程师；1980—1987年任机械部设计研究院工程师、高级工程师、主任工程师、设计组长、设计室主任；1988—1993年任机械部总院海南分院院长、常务副院长、总建筑师；1994年起任机械部设计研究总院副总工程师、副院长、总建筑师，享受国务院特殊津贴，获得“中国机械科技专家”等称号。现任中国中元兴华工程公司总建筑师，中国建筑学会理事，全国建筑学专业教育评估委员会副主任，中国建筑学会建筑理论与创作委员会委员，兼任天津大学、哈尔滨工业大学、北京工业大学、华中科技大学、合肥工业大学兼职教授。从20世纪80年代中期开始，曾先后在新加坡、越南、加拿大、美国、法国、德国、西班牙等地从事合作设计的研究工作，对酒店设计、交通建筑、航空货运，老年社区建筑策划等课题有深入的研究，近几年涉及的领域更为广泛，是活跃在中国建筑舞台上的著名建筑师。从事建筑设计工作40多年以来，完成了重大工程设计百余项，如燕山大学，安徽省人大办公楼、海口火车站、浦东机场航空货运站、北京大学生命科学试验研究楼、新疆喀什国际大酒店、新疆库车国际酒店、海南国际工业科技园、北京中海紫金苑、北京中关村软件园、大连海湾工业区规划等。

曹全有，男，1961年2月出生，黑龙江人，大学学历。现任北京全有时代科技有限公司董事长。1983年毕业于东北重型机械学院（现燕山大学）工业电气自动化专业，分配到中国第一重型集团公司设计院工作，在院工作期间多次被评为“设计标兵”。1994年下海，成立了大连全有冶金设备技术开发有限公司。1997年在唐山恒通公司设计制造出国内民营企业第一台1 400 mm推拉式酸洗机组（在酸洗线上钢带最多可分剪成4条，便于不同规格轧机使用），是国内冶金行业的首创产品，本产品的诞生对国内冶金设备行业的制造起了很大的推动作用。同时，还与意大利、加拿大等发达国家合作。即便如此，本人本着自主创新的原则研制开发新产品。几年来研制开发出拉矫机、纵剪机组、酸洗机组、平整机组（平整机组两侧三辊张力机已获国家专利产品），酸洗、纵剪机组在国内同行业中都处于领先地位。多功能拉伸弯曲矫直机组（已获国家多项专利），目前在国内的占有率达40%以上，加工出了高精度板材，在制造金属办公柜的原材料方面，彻底摆脱了以往依靠进口日本板材的被动局面，在用户中有较高的诚信度。为推行胡锦涛总书记的“创新科技”。借此东风，带领科技人员自行研制开发出“多功能二十辊轧机”，在此设备中，本人发明了多项专利（专利受理号如下）ZL200610046656.2新型二十辊轧机，ZL200620090946.2二十辊轧机凸度控制，ZL200620090945.8二十辊轧机新辊系，ZL200620090949.6多辊轧机下辊箱双楔块调整装置，ZL200620090947.7多辊轧机背衬轴承矩形鞍座，ZL200520093901.6梯形立辊式带钢对中装置，ZL200620090948.1整体机架分体箱多辊轧机此设备的研制成功，标志着在国内外冶金行业中的新突破。对国内的轧钢生产企业起到了很大作用，同时创建了“北京全有时代科技有限公司”高科技企业。

曹亚东，女，上海建设机场道路工程有限公司总工程师，沥青及混合料研制方面的知名专家。近年来主要参加了沪嘉高速公路、南北高架、南浦大桥、卢浦大桥、F1赛车道、东海大桥等市重大工程项目建设。主持研制出SBS、EVA、PS及天然沥青等系统改性沥青及高性混合料，建立了技术研发中心，培养出一支年青的科技骨干队伍，为重大工程科技创新做出了突出贡献。她所在的上海建设机场道路工程有限公司创建于1999年1月，主要从事市政工程、公路工程、城市基础设施施工和高等级路面材料的生产、供应。其下属单位上海沥青混凝土一厂诞生于20世纪20年代初，是中国第一家沥青混凝土生产企业。近年来，该公司主要承建了浦东国际机场和虹桥机场沥青跑道工程、高速公路工程、卢浦大桥钢桥面铺装工程、国际F1方程式赛车场赛车道工程、东海大桥桥面铺装工程、广州内环线工程、安徽芜湖长江大桥路面工程等项目。成功开发了彩色沥青砼、降噪音沥青砼、透水沥青砼、钢渣沥青砼、再生沥青砼等产品，攻克了大跨径钢桥面铺筑沥青砼技术、彩色稀浆封层技术等，并分别在卢浦大桥及高速公路应用。有多项工程获上海市政工程金奖、白玉兰奖、市“示范工程”、市“文明工地”等荣誉。主导产品高等级道路沥青混合料系列产品获得上海科技成果奖，被评为“上海市高新技术成果产品”、“上海市用户满意产品”并获国家专利。

陈彬，男，上海隧道工程股份有限公司董事长。出生于1961年2月，中共党员，大学文化程度，汉族。1983年8月至1992年11月，上海隧道工程建设公司一大队施工科干部；1992年11月至1994年1月，上海隧道工程股份有限公司第一工程处副主任；1994年1月至1994年11月，上海隧道工程股份有限公司第一分公司副经理；1994年11月至1999年9月，上海隧道工程股份有限公司副总经理；1999年9月至今，上海城建（集团）公司副总经理，党委副书记、副董事长；2005年1月至今，上海隧道工程股份有限公司董事长、党委书记；2000年1月至今，兼任上海嘉浏高速公路建设发展有限公司董事长、总经理。曾荣获1994年、1998年度、2003年度上海市建设功臣称号；荣获1998年度全国施工企业设备管理优秀经理、上海市建设系统优秀质量管理工作者称号。《大型沉管隧道施工技术》、《沉管隧道基底处理工艺研究》被确认为上海市科学技术成果；《大型沉管隧道工程技术研究》荣获上海市科学技术进步一等奖。他所在的上海隧道工程股份有限公司是一家专门从事软土隧道施工的企业，也是中国施工行业第一家上市的股份制公司和中国第一家设立博士后工作站的施工企业。曾获全国先进集体“五一”劳动奖状；被评为全国优秀市政施工企业、上海市质量金奖企业、上海市实施“走出去”战略先进企业，获得上海市用户满意企业、全国用户满意企业称号，多次被评为全国先进施工企业，全国最佳施工企业，中国建筑施工企业百强。获得首届“中国人居环境范例奖”1项、詹天佑大奖2项。六次荣获上海市重大工程建设金杯。2003年、2004年连续荣获新加坡陆路交通管理局建筑安全金奖。2004年，被上海市政府授予“上海市跨国经营先进企业”称号。

陈国栋，男，1966年9月生人，福建人，博士，九三学社成员，教授级高工。现任精工钢构集团副总裁，中国国际贸易促进委员会建设行业分会会员。1988年7月—1999年5月，福州大学土木建筑工程学院，从事结构工程（混凝土结构、钢结构、木结构）的教学、设计、科研工作；2002年12月—2008年9月：长江精工钢结构（集团）股份有限公司副总经理、总工程师、华南事业部总经理2008年10月—2010年2月：宝钢金属有限公司高级专家、宝钢钢构营运中心副总裁2010年3月至今：长江精工钢结构（集团）股份有限公司副总裁、总工程师、国际业务总部总经理。国家标准：《钢结构设计规范》GB50017—2003、《高层建筑钢结构技术规程》（在编）、《铸钢节点应用技术规程》CECS235：2008、《铝合金结构设计技术规程》。地方标准：上海市《建筑结构用索应用技术规程》J10553—2005、《天津市空间网络结构技术规程》J10566—2005、《天津市钢结构住宅设计规程》J10297—2003撰写技术论文30余篇。论文刊登在《建筑结构学报》、《建筑结构》等核心期刊上，3篇论文发表在国外刊物上，2篇论文为分别发表在福州大学、学报厦门大学学报、建筑结构、工程力学等学术刊物。2005年，教育部科技进步1等奖，“多肢格构柱稳定承载力的设计理论及其应用”；2007年，中国钢结构协会科学技术奖1等奖（省部级），“现代钢结构稳定性关键技术研究及应用”；2008年，上海市科技进步2等奖，“体育场馆曲面空间运行超大型开闭式屋盖综合技术研发与应用”；2009年，中国钢结构协会科学技术奖1等奖（省部级），“大型悬臂桁架悬挂结构施工及控制新技术的研究与应用”2006年4月，被授予“第六届绍兴县十大杰出青年”称号；2007年2月，被授予“绍兴市第六批专业技术拔尖人才、学术技术带头人”称号；2008年6月，被授予“绍兴市十大创业创新先锋”称号。

陈韶章，男，中共党员，现任广州市地铁总公司副总经理、总工程师。曾经荣获国家和省科技进步奖、全国劳动模范和广州市先进工作者等荣誉称号。1965年大学毕业，任职于刚成立半年的广州地下电车指挥部。为了解决地铁隧道过江问题，他研究并成功实施了国内第一条大型沉管隧道——广州珠江隧道。珠江隧道总体上达到国际先进水平，获得广东省科技进步一等奖、国家科技进步二等奖。1993年12月28日，广州地铁一号线正式动工。他担任地铁总公司副总经理兼总工程师，分管地铁铁路网规划、技术决策和新线建设管理。他组织建成了国内第一条系统综合性能达20世纪90年代初国际先进水平的广州地铁一号线，为中国城市快速轨道交通领域的发展做出了重大贡献。并在广州地铁二、三、四号线在国内首次应用多项技术研究成果，为中国城市轨道交通工程的发展及科技进步作出了突出贡献。2006年获得“全国杰出专业技术人才”荣誉。

陈硕，男，汉族，研究生，一级建筑师，世博会零碳馆总协调人、上海零碳中心总裁，零碳中心（简称ZED），是全球建筑业节能减排和可持续发展的先锋，总部设在英国。1999年，零碳中心设计了世界上第一个也是迄今为止最大的零碳社区贝丁顿社区（简称BEDZED）。零碳中心中国区由上海翎碳建筑科技有限公司、上海零碳节能科技有限公司、上海零碳信息科技中心和上海兆阳新能源科技有限公司四大机构组成。其中上海翎碳建筑科技有限公司是专业从事节能减排、零碳生态设计的高科技建筑公司，是集城市规划、景观设计、建筑设计、室内设计于一体的综合型设计公司，致力于利用最先进的技术减少建筑的能耗。零碳中心掌握了国际领先的二氧化碳评测技术，已成功运用国际相关标准对多家企事业单位进行二氧化碳计量，并颁发碳测证书，以碳评测和碳标定的具体实施数据来验证建筑及相关领域的二氧化碳排量，是低碳社区先锋和创造者。

陈伍胜，工商管理硕士。通领集团是知名漏电保护装置生产厂商，其先进的电子式断电技术领先于电磁式断电技术，产品在北美市场占据成功优势，产品在美国进入了50个州的市场，年出口将近2000万美元，占领美国同类产品市场的5%。而公司新开发的剩余电流保护器，突破了143家著名中外企业激烈竞争，成为2008年奥运会主会场——鸟巢唯一的漏电保护器指定供应商，产品进入了世界最大的沃尔玛超市。通领科技集团公司的产品，引发了和占据美国市场达70%的行业垄断公司的商业诉讼。过去的6年，陈伍胜大部分精力都投入在中美企业的知识产权官司中，经历过美国地方联邦法院、美国国际贸易委员会（ITC）和美国联邦巡回法院（CAFC）的知识产权案件审理。这个倔强的中国温州商人，反将对方告上法庭，7年的漫长路，千万美元的巨额费，都挡不住他的维权梦，最终既赢得了官司又赢得市场。他的故事告诉人们：真专利，什么都不怕。这个规模不大的中国企业状告美国政府并依法胜诉的第一案，必将载入史册，陈伍胜亦成为中国应对国际知识产权纠纷的活标本。在新的全球化竞争中，他找到了一条与国际沟通的方式。

陈志华，男，汉族，博士，天津大学建筑工程学院教授。中国钢协房屋钢结构分会副理事长、中国土木工程学会空间结构委员会委员、中国钢结构协会专家、中国建筑金属结构协会钢结构专家、天津市规委规划设计委员会委员；天津市空间结构研究会副理事长和多种学术刊物的编委等。历任第一至第四届组委会常务副主任，组织了由天津大学主办的四届全国现代结构工程学术会议。主持完成了国家级科研项目两项，主持省部级建设系统科学技术发展项目9项，主持完成了横向科研课题12项。作为主要起草人编制国家规程四本，完成了天津地方标准两部。提出了钢管混凝土柱的叠加理论新计算方法。主编或参编完成结构工程著作 12 部。在国内外学术刊物和国际国内学术会议上发表论文 108 篇，多次作全国性大会特邀报告。研发了四项实用新型专利。指导多名高水平的研究生毕业。在国内较早开设本科生和研究生新课程。曾荣获 2004 年度天津市科学技术进步一等奖；作为设计技术课题负责人主持完成的天津博物馆工程获得 2003 年中国建筑钢结构金奖、天津市新十佳景点称号和 2004 年度中国建筑工程鲁班奖（国家优质工程）；获得 2004 年全国现代结构学术会议优秀论文奖。

程大章，男，出生于 1951 年 3 月。建设部建筑工程技术专家委委员，上海市建设科技委信息技术专委会主任，中国建筑学会建筑电气专委会副主任，上海市信息标准化委员会委员；同济大学教授，1986 年组建现代建筑专业，1993 年组建智能建筑工程专业，2000 年组建城市信息化与管理专业。近几年来，曾参与交通银行总行大厦、上海国际航运大厦、厦门国际会展中心、上海世茂滨江花园、云南省政府大厦、上海期货大厦、上海浦东新区政府行政中心、上海第二中级人民法院等弱电系统，上海信息枢纽大厦智能化系统，上海菊园小区智能化系统，上海浦东发展银行大厦智能化系统，上海市委办公厅 165 工程，上海市高级人民法院智能化系统，香港恒基兆业公司，中远二湾城智能化系统等数十项重大智能建筑项目的设计、评标、监理和顾问工作。主编出版了《智能化大楼的建筑设备》、《住宅小区智能化系统设计与工程设施》、《智能建筑工程设计与实施》、《智能住宅小区工程建设与管理》、《智能建筑楼宇自控系统》，发表论文 80 余篇。主要工程业绩有：《智能建筑市场与相关产业发展研究》——上海市科委 1996 年重大课题；《上海市淮海中路地区大楼智能化规划研究》获得了 1997 年上海科技进步三等奖；《高职实训基地建设与运作》获得了国家教育成果二等奖；《公共建筑物信息化功能性标准研究》——上海市信息办课题。

D

邓春意，男，汉族，深圳人，出生于湖北省宜都市，中专学历。于 2002 年自行创立深圳市键科实业有限公司，到目前一直任职董事长职位。深圳市键科实业有限公司（JEKO）属内资独营企业，位于深圳市沙井镇上星村，成立于 2002 年；公司集产品设计开发、生产安装、销售服务于一体，以生产塑胶、电子香薰礼品成品、光电和医疗器械产品为主；产品热销于欧美、东南亚、中东和国内部分省市。主要合作客户有美国 BBW 公司、AERON、沃尔玛、日本 TOYOTA 等。其中香薰产品连续两年在美国的销量份额占 30%，多年来，键科企业陆续被评为“国际名牌发展企业”、“优秀绿色环保企业”、“质量服务诚信示范企业”。键科以“捍卫人类健康”为己任、以“科技以人为本”为宗旨，严格按照 ISO9001/2000 质量管理模式和 ISO14001/2004 环境管理模式经营管理；通过绩效考核和实施目标管理计划优化公司内外部管理，以快捷灵活的生产加工制造能力和强大的设计开发团队力量在同行业中著称。为了满足客户需求，公司除自主开发生产产品外，并帮助客户研制生产各类产品。

邓少林，男，汉族，广东人。佛山农机学院毕业，中山市环保实业发展有限公司董事长。1979—1981 年就读于佛山农机学院机械化工专业，1999 年 5 月至 2000 年 5 月于中山大学工商管理结业。他从事环保行业 28 年，具有极强的科技创新意识和进取精神，在技术研发设计、工程施工安装、设备制造销售、环保设施运营、生产经营管理、财务管理和资本运作等方面有丰富的经验。1981 年 7 月至 1987 年 10 月任广东省中山市环境保护局综合科副科长，1987 年 11 月至今任中山市环保实业发展有限公司董事长，另任中国环境保护产业协会常务理事、广东省环境保护产业协会副会长、广东省环境保护基金会副理事长、中山市环境保护产业协会会长。中山市环保实业发展有限公司自 1987 年成立以来，一直致力于环境污染治理工作，公司拥有国家建设部颁发的甲级工程设计资质证书及国家环保部颁发的甲级运营资质证书，公司于 2001 年通过 ISO9001 质量管理体系认证，是高新技术企业、中国环境保护产业协会常务理事单位、广东省环境保护产业协会副会长单位、广东省环境保护基金会副理事单位、中山市环境保护产业协会会长单位、中国环境保护产业骨干企业、广东省环保产业骨干企业、广东省优秀环保企业、中国最具竞争力环保产业 100 强企业。

董亚利，女，出生于 1955 年 11 月，大专学历。现任咸阳天成集团科技有限公司副总裁，咸阳新纺物业管理有限公司董事长、西安华正制卡有限公司董事长和咸阳新纺房地产开发有限公司总经理。同时出任陕西省女企协会常务理事，咸阳市秦都区民营企业协会常务副会长。1994 年，担任咸阳市建筑工程公司第四分公司任经理。在任职期间，她坚持“以质量求生存，以信誉求发展”。2007 年，天成集团被评为陕西省质量服务信誉 AAA 级单位。咸阳新纺房地产开发有限公司成为咸阳市首批房地产开发诚信承诺企业，被咸阳市人民政府评为“咸阳首批房地产开发诚信承诺企业”、“守合同、重信用”企业。她先后荣获咸阳市“三八红旗手”、秦都区“巾帼十杰”、“献爱心先进个人”、“关心下一代关爱大使”、“优秀民营企业家”“陕西优秀创业女性”等荣誉称号。2007 年，陕西省妇女联合会、陕西省女企业家协会授予董亚利同志第三届“陕西优秀创业女性”荣誉称号。

杜克荣，全国军队模范转业干部、天津市知名民营企业家。1973 年参军，1993 年中校军衔转业，并开始了他的创业生涯；2000 年组建天津鑫茂科技投资集团，任董事长。全国民营科技园专业委员会副主任、天津市人大代表、天津市工商业联合会副会长、天津市企业联合会副会长、天津市南开区政协常委。他是有 29 年军龄的空军部队转业军官、中共党员。在转业后的创业生涯中，以军人特有的坚忍、顽强和自身独有的睿智、胆略，创造了鑫茂品牌，开创了中国民营经济之最的“天津鑫茂民营科技园”三个科技连锁园。天津鑫茂科技投资集团拥有参控股公司43家。集团主业是开发建设经营科技园，同时投资培育高科技产业、孵化服务中小科技企业。目前，鑫茂民营科技园总占地面积1 136亩，总规划建设面积138万平方米，已建成南开、华苑、军民两用技术产业基地、国家IT软件出口及培训基地、光纤研发生产基地六个民营科技园。现已聚集了近700家中小科技企业，行业涉及光机电一体化、航空航天、IT软件、医疗器械、新材料、新能源等领域。自2000年以来，鑫茂民营科技园分别被全国工商联和国家科技部评为全国最大民营科技园、全国十佳民营科技园区、全国先进科技产业园；并荣获中国民营科技创新奖、中国民营科技促进奖。2006年12月，鑫茂民营科技园被国家科技部认定为国家级高新技术创业服务中心（国家级孵化器）。

段先念，男，西安高科（集团）公司董事长。目前，高科集团已发展成为"以房地产开发和城市基础设施建设为主业、以区域服务业和现代制造业为两翼"、总资产过百亿元的大型现代企业集团。集团旗下拥有"高新地产"、"天地源"、"新西部"、"紫薇地产"、"高科房产"、"高科建材"、"新纪元俱乐部"等知名企业品牌以及"枫叶"、"紫薇"、"高科"、"格瑞派"等精英产品品牌。2007年，高科集团凭借先进科学的管理手段和在信息化建设方面的突出成绩，连续第三次入选"中国企业信息化500强"。他也业绩出色，被授予"全国新长征突击手"称号；多次被省、市经委多次评为"先进经济工作者"、"质量管理先进个人"；被省委组织部评为"陕西省国有企业模范带头人"；2001年年底，评为西北十佳创新人物、陕西百杰、西安高新区"优秀创业企业家"；2002年，被推介为"房地产风云人物"，西北唯一入选《地产首脑》一书；中国房地产企业十大功勋人物、中国楼市推动力精英、中国经济卓越贡献封面人物、"2002年度中国经济特别贡献人物"；并在被誉为"中国地产节"、"中国地产奥林匹克"的深圳中国住交会上荣膺"2003中国地产十大风云人物"。

段孝宁，中共党员，高级经济师，河南洛染股份有限公司董事长、总经理，洛阳市第十一届、十二届人大代表，中共顾县镇党委副书记。1995年荣获"全国青年星火带头人"，1998年当选"全国乡镇企业家"，2001年当选河南省乡镇企业协会副会长、2003年当选洛阳市民营企业协会常务副会长。先后任职，偃师市溶解乙炔厂的经营厂长，洛阳市染化一厂厂长；曾荣获省科技进步二等奖，并获得两项国家专利；1997年到1998年，先后受到国家领导人姜春云、吴邦国的亲切接见并合影留念。2002年，企业承担的精制二硝项目被认定为河南省高新技术产业化重点项目，获得了省政府贷款贴息的重点扶持。河南洛染股份有限公司是全国最大规模的染料中间体二硝生产基地，下设山东潍坊分公司、寿光市兴海化工有限公司、上海地浦化工有限公司和连云港地浦化工有限公司，先后被评为河南省高新技术企业和全国优秀民营化工企业、河南省"重合同守信用"企业、"全国乡镇化工先进企业"，并在国内同行业率先通过ISO9002国际质量体系认证。被河南省科技厅确定为河南省高新技术产业化重点项目，其工艺技术荣获河南省科技进步二等奖。

F

付汉江，男，1959年10月出生，辽宁铁岭人，中共党员，硕士学历，汉族。现任山西金信建筑有限公司董事长、总经理；山西省建筑业协会理事。1978年3月至1980年5月，在基建工程兵00425部队服役，战士；1980年5月至1982年6月，在基建工程兵煤指大专班学习，班长；1982年6月至1983年7月，在基建工程兵00425部队三营，技术员；1983年7月至1984年8月，在太原工业学院进修，学员；1984年8月至1986年11月，在西山矿务局古交三处三队，任技术员；1986年11月至1994年4月，在西山矿务局古交三处三队，队长；1994年4月至1994年8月，在西山矿务局古交三处装饰公司任经理；1994年9月—2000年4月任西山煤电集团公司古交三处副处长；2000年5月至2006年2月任山西金信建筑有限公司总经理；2004年11月，通过美国普雷斯顿大学工商行政管理硕士认证。先后被评为全国优秀施工企业家、中国煤炭协会优秀施工企业家、全国煤炭行业先进经营者、山西省建筑企业优秀项目经理等荣誉称号。2003—2005年10月，参与完成了官地矿选煤厂主厂房碳纤维片材补强加固及化学植筋法的工程应用，获西山煤电集团公司科技进步一等奖；2005—2006年5月主持完成清水混凝土技术的应用技术，获西山煤电集团公司科技进步二等奖；2004年度主持的脚手架整体平移技术获西山煤电集团公司科技进步三等奖。《清水混凝土技术的应用》于2006年10月19日在《山西焦煤科技》发表。

傅礼铭，男，汉族，湖北人，硕士研究生学历，现任湖北大成空间建筑科技有限公司总经理。科技复合型人才，是建筑结构特别是现浇混凝土空心楼盖领域知名的青年专家。具有教授级高级工程师职称，曾进修清华大学企业管理课程，拥有高级职业经理人证书，有多年从事企业管理、技术管理、科技研发的经验和能力。公司创立于2005年10月18日，坐落在风景如画的武汉东湖国家创新示范区，时刻感知着新科技时代跳动的脉搏，是一家新型的国家级高新技术企业，是一个由高级专业技术人员和高级经营管理人员组成的高素质团队。目前主要经营DCKQ空腔构件及DCKJ双向密肋空腔楼盖的技术推广和服务。2006年年初回湖北创业，主持研发的《DCKQ空腔构件及其在双向密肋空腔楼盖（DCKJ）中的应用》作为建设部最新科技成果，处于国内领先水平，列入"十一五"建设事业重点推广项目，获得省科技厅、国家科技部中小企业创新基金支持。现正由中试阶段转入大规模产业化生产推广阶段。拥有60余项发明专利，多项科技成果。在建筑结构和城市规划领域都有所建树。在"山水城市"理论研究及应用方面也是屈指可数的专家之一。2005年5月18日湖北大成空间建筑科技有限公司成立。2008年1月1日获得了科技部"科技型中小企业创新基金"的扶持；还获得了武汉市科技进步奖、科技部精瑞住宅科学技术奖。

2009年1月1日获得了湖北省科技进步奖。

G

光求旺，男，高级工程师，钛、镍及其合金研发专家，辽宁省科技实业家。现任沈阳派司钛设备有限公司董事长，中国钛业协会理事，辽宁省民营科技实业家协会理事、沈阳市优秀科技专家协会理事，和平区工商总会副会长。四十多年来，一直从事钛、镍及合金设备和材料的研究和制造工作，直接领导制造了价值近百亿的钛、镍及合金的装备，为钛、镍及其合金材料的推广应用做出了重大贡献，被国务院授予政府特殊津贴。他研制的分块式钛制泡罩塔盘不仅填补了国内空白，实现了产品国产化，而且达到国际同类产品先进水平，并获得国家专利；他组织开发生产的钛制分凝器、洗涤塔、排放气冷却器、大型钛风机等装备已经具备了与国际同类先进产品抗衡的实力，完全可以替代进口，实现国产化；特别是自行研发的电解铜用铅阳极板产品除了获得国家专利外，还在2001年香港国际专利技术博览会上荣获金牌奖。1980年，他受命沈阳有色金属加工厂钛车间主任，不仅把原来单一的钛产品一举扩大为镍、青铜钛合金等多项品种，而且开发了多种以钛产品为核心的品牌产品，车间工业总产值比过去最好水平翻一番，创造利润是全厂的三分之一。1986年，他受命危困中的沈阳冶金研究所，任所长兼总工程师，任职十年时间里，连续多年被评为国家、省、市先进院所、明星企业，他个人也多次受到国家、省、市、局的嘉奖。1996年，创建沈阳派司钛设备有限公司，亲任董事长兼总经理。该公司连续多年被评为“沈阳市50强民营科技企业”、“沈阳市54家成长性企业”、“辽宁省AAA级信誉单位”、“辽宁省重合同守信用单位”、“辽宁省、沈阳市高新技术企业”、东三省技术创新企业，辽宁省技术典范单位。

贵忠，男，出生于1962年，籍贯甘肃，汉族，中共党员，研究生学历，高级工程师，全国一级注册建造师。中国建筑工程总公司山东分公司副总经理。1987年毕业于长沙建筑工程学校工民建专业；2003年毕业于首都经济贸易大学（在职研究生）企业管理专业；1980年起服役于基建工程兵00225部队；1983年加入中建集团，历任中建八局二公司施工员、技术负责人、济南经理部经理、中建八局二公司银河大厦项目经理、中建八局二公司承包公司经理、中建八局二公司副总经理；2003年任中建八局山东分局副局长；2004年加入中国建筑工程总公司山东分公司。在其任项目经理期间，负责的山东省政府办公楼工程获山东省“泰山杯”、济南市佛山苑小区工程获建设工程鲁班奖。被授予“山东省新长征突击手”荣誉称号。他所在的中国建筑工程总公司是中国最大的联合建筑企业。中国建筑工程总公司山东分公司于2002年10月正式在济南市设立机构运行，在山东区域内全权代表中建总公司开展施工承建业务。中国建筑工程总公司从1994年起连续被评为中国500家最大服务企业国际经济合作类第一名。自1982年公司组建到2005年8月，共承接合约额8.6千亿元人民币（以下同），完成营业额7千亿元，其中境外约占30%。2005年公司的资产总额已超过千亿元，是当之无愧的中国建筑业翘楚。在“神舟”号载人航天实验飞船工程中，其“火箭垂直总装测试厂房综合施工技术”获得国家科技进步一等奖；共获得国家级科技进步及发明奖30多项，各类省部级科技进步奖近500项，获得中国建筑业最高奖——鲁班奖80余项。

H

黄健，就职于上海承建集团，科技精英。1994年毕业于上海大学机械自动化学院，一直从事盾钩机的设计、新产品的开发及管理工作。曾经参加了上海地铁十号线的设计、制造、调试等工作；主持了地铁1号线盾构的总体设计，作为主要项目承担者，多项产品、技术在上海市获奖，曾获“上海市科技进步三等奖”、“优秀发明二等奖”、同时获得多项专利技术。他所在的上海城建（集团）公司是一家以工程投资建设、设计施工和管理为一体的大型企业集团。在中国承包商60强中列16位，在中国500强市政企业中列第一位。集团共获得鲁班奖7项，詹天佑大奖5项，中国市政工程金杯奖28项，上海市政工程金奖120项；还获得全国“五一”劳动奖状、全国优秀施工企业、全国用户满意施工企业、全国建筑业新技术应用先进企业、上海房地产18年功勋企业、2005年度中国建设系统最具影响力品牌等荣誉称号。

J

季智敏，出生于1962年11月，1981年7月大学毕业，公路工程一级项目经理证书，现任湖南省建筑工程集团总公司华献集团总经理。参加工作20多年来，一直奋斗在工程建设第一线。先后在长沙市工人文化宫、湖南商业大厦、长沙火车站、贺龙体育馆、湖南省人民医院病房楼及门诊楼、东环线319国道（四方坪）立交桥、长沙海关缉私楼、长沙湘江大道北站路泵站等项目部担任技术员、栋号长、技术负责人、项目经理等职。经过多年来的探索和总结，他在项目管理上已形成一套完整的科学管理体系。以岗位责任制的层层分解确保了质量目标的实现，坚持技术先行，制定了可靠的质量保证体系；在施工现场管理上，采用封闭管理，全过程监控，营造洁净、美观的现场办公施工、生活环境。同时，开展“工地是我家，环境卫生靠大家”活动，促进了全体职工的自觉性，得到了社会各界和同行们好评；在节约成本方面，采用科学的措施和管理手段，贯彻于施工全过程，促进创新、创效，科技攻关、技改技革，调动了全员创新意识。他以“立足项目、精细管理、求实创新、提高效益”的工作思路，凭借锐意进取、敢于创新、脚踏实地、科学求实的作风，为实现项目管理跨越式发展和把企业打造成具有国际竞争能力的中国建筑“航母”作出了一定贡献。先后被评为湖南建工集团“十佳项目经理”；第六工程公司“劳动模范”、“优秀共产党员”、“公司优秀职工代表”；中共长沙市委建工委“优秀共产党员”、“建委战线先进工作者”；湖南省建设委员会“建设科技先进个人”等。

蒋克武，上海燃气工程设计研究有限公司董事长、总经理，工程师。曾荣获市建设功臣等荣誉称号，在“西气东输”上海城市输气管网工程等市重点和重大工程建设中，带领全体员工勇攀技术高峰，以技术带动经营，以创新拓展市场，以诚信感动业主，以服务赢得信誉，公司经济效益稳步增长，为燃气事业发展做出了突出的贡献。他所领导的上海燃气工程设计研究有限公司，前身为上海市煤气公司设计所，成立于1987年，1997年更名为上海燃气设计院。2002年10月经上级批准，以原上海燃气设计院为主体，并由上海城建（集团）公司、上海大众燃气有限公司、上海燃气市北销售有限公司、上海燃气浦东销售有限公司、上海天然气管网有限公司、原上海燃气设计院自然人共同投资组建上海燃气工程设计研究有限公司。曾先后为上海金茂大厦、上海浦东国际机场、上海大剧院、明天广场等上海市重大工程项目进行燃气管网系统的规划设计，获得多项优秀设计奖。其中金茂大厦的燃气管网系统的设计，填补了国内超高层建筑中燃气供气和安全保障系统设计技术的空白。并参与上海市燃气应用标准、技术规范和国家燃气技术规范的编写、修订工作，获得“上海市科技进步奖”和“联合国技术信息促进系统中国家分部发明创新科技之星奖”。

金管德，男，高级工程师，国家注册咨询工程师。南京市市政设计研究院有限责任公司顾问总工程师。咨询业务专长：城市给水、排水规划咨询，城市给水、排水、污水处理前期与工程设计咨询。近年来参与省内外城市给排水工程规划、设计咨询数十项，其中有：杭州、合肥、马鞍山等地污水处理厂工程设计咨询；南京、苏锡常和苏中、苏北11个城市的给水、排水和污水处理工程设计咨询；镇江、盐城等市的供热规划；苏州、无锡等市的城市防洪规划及与之相关的城市排涝规划。并参与江苏省苏南地区区域供水规划、江苏长江沿岸污水处理规划、江苏城市水环境规划等大纲的编制工作。他所在的南京市市政设计研究院于2003年12月26日完成改制转企工作，成立了南京市市政设计研究院有限责任公司。1998年12月作为江苏省首批贯标试点单位，获得ISO9001质量体系认证注册证书，并连续8年保持认证资格，企业质量管理水平不断提高。建院以来，共获国家、部、省、市设计方案奖和优秀设计奖80多项，部、省、市级科研成果奖和科技进步奖30多项。

金磊，男，出生于1957年，高级工程师。曾任北京市建筑设计研究院科技处处长、研究所所长，现任北京市建筑设计研究员院信息部主任，国内外公开发行大型建筑设计学报《建筑创作》杂志社主编。兼任第七届、第八届北京市人民政府专家顾问团专家，北京公安局奥运建设安全顾问；第一届、第二届中国科学技术协会减灾白皮书专家组专家（已四年连续参与国家减灾白皮书编制）；中国地质大学、北京师范大学兼职教授；中国灾害防御协会副秘书长；中国劳动保护科学技术学会常务理事；北京减灾协会常务副秘书长；《中国安全科学学报》编委、《自然灾害学报》编委，中国城市规划学会编委、中国建筑学会编委；北京城市科学研究学会理事、北京情报学会理事、北京土木建筑工程学会常务理事等职。先后获建设部及市科委科技进步一等奖2项，二、三等奖各2项，建设部全国先进科技个人荣誉称号等。在城市建筑智能、城市安全防灾、人为灾害的工程性对策、城市综合减灾管理、工程设计与防灾综合救援、建筑工程设计风险评估等方面共撰写发表论文600余篇，多次受到国际“四大检索”机构检索。1993年在印尼召开亚太安全大会上获优秀论文奖；1994年在联合国环境规划署指导下赴瑞典国家风险中心研修建设项目与城市危机管理，获优秀毕业证书；2001年9月14日在召开的“京、沪大城市灾害防御研讨会”上提出了“安全奥运”的新观念，在北京市科协的支持下于2002年8月成功地以“安全奥运”为题参加了北京市委、市政府举办的“专家座谈会”，从而使“安全奥运”观不仅成为一种理论，也正在变成一种科学与工程实践。有关论文发表在《北京社会科学》、中国工程院院刊《中国工程科学》、《建筑学报》等权威刊物上。

L

赖恒亮，重庆铜梁人，中国石油大学矿业机械专业毕业，高级工程师、高级策划师、注册造价工程师、注册监理工程师、经济师、司法鉴定人。1983年8月在中原油田基建处从事工程管理及工程概（预）结算管理；1987年8月调中原油田采油五厂从事基建计划、项目管理、预（结）算审查工作，任副科长、科长等职务；1995年3月在中原油田基建处从事工程施工管理、招标投标管理、资质管理工作，科长、高级工程师、河南省建设工程招标专家库评委、中国石化集团公司建设工程招标专家库评委；2004年8月至今在濮阳中原建设工程咨询有限公司担任总经理职务，兼河南省建设工程造价协会常务理事、濮阳市建设工程造价协会副理事长，濮阳市司法鉴定人协会理事、副秘书长。先后在《河南建筑市场与招标投标》、《建筑市场与招标投标》等专业书刊上发表工作研讨和论文10余篇，并组织编写了《中原石油勘探局操作服务人员岗位规范》工程建设系列丛书。撰写的《谈中原石油勘探局基建工程招标管理的几点做法》被录入《世纪之交的回顾与展望》；《中原油田招标工作新举措》被录入《中国当代发展文库》；其业绩被录入《中华魂·中国百业领导英才大典》；撰写的《浅谈建设工程造价的控制与管理》获中国造价协会评为优秀论文奖。

李登满，男，1957年11月27日生人，汉族，四川人，大学学历。现任成都市无比节能科技有限公司。1985—2000年任中国石化江汉油田外事处，2000年至今无比节能科技有限公司董事长。1.主持开发《无热桥轻钢住宅建筑体系》及生产线（含出图软件），该技术是世界上为数不多的可以用薄壁型钢建多层的技术，混合结构建高层（44层或更高）的工艺减少了建筑自重40%，如果设防抗8度地震，实际可以达到抗9度以上的效果，特别适合软基地区，尤其是沿海城市和地震多发区；建筑节能超过80%。2.《竹结构住宅建筑体系》及生产线。用原生楠竹建住宅，零排放原生态，墙体不生霉菌，装修不用一滴油漆，关闭门窗几个月，进门后也是竹木清香，与目前其他住宅含浓厚的霉味和刺眼的甲醛味截然不同，正得到许多开发商的关注。3.《半圆钢木建筑体系》及生产线。充分利用可再低碳生资源，用烧柴的小木头来建住宅。

李丰凡，东莞丰凡技术研究所所长。中国名优品牌战略促进委员会授予“东莞市丰凡技术研究所质量服务信誉AAA级企业”、“中国著名品牌”和行业性“中国灯饰市场公认十佳名优品牌”、“中国玻璃钢市场公认十佳名优品牌”、“中国防水防火材料十佳名优放心品牌”、“中国工艺品十佳名优畅销品牌”、“中国家具质量公认十佳名优品牌”、“中国石材质量公认十佳名优品牌”、“中国居饰品用户满意十佳名优品牌”、“中国建材质量公认十佳名优品牌”、“中国板材市场公认十佳名优品牌”和荣获中国绿色环保循环发展中心、中国国际名牌发展协会“‘丰凡’牌EPMC环保材料系列产品，绿色环保重点推广首选产品”以及争创国家质量监督检验检疫总局“国家免检”、“中国品牌”，与已进入ISO2000质量体系、14001环保质量体系双认证。环保多功能用途EPMC材料零排放、零污染。

李鹤鹏，男，出生于1953年，天津工程机械研究院院长，2005年4月30日，全国劳动模范和先进工作者表彰大会在北京人民大会堂隆重举行，李鹤鹏院长作为受表彰全国先进工作者参加了会议，受到了胡锦涛总书记、温家宝总理以及其他党和国家领导的亲切接见。天津工机械研究院在院长领导下，被连续授予“八五”、“九五”、“十五”立功先进企业；1997年、1999年、2001年、2002年被评为天津市文明单位标兵；2002年被评为全国精神文明建设先进单位、2003年被评为天津市优企业、2004年获全国机械行业文明单位称号；院党委1999年、2001年、2002年被授予市级先进党委称号；被授予“八五”、“九五”、“十五”立功。天津工程机械研究院是原机械工业部直属综合性行业归口所，是我国工程机械行业技术开发、试验研究、情报标准及国际技术交流与培训中心。是机械工业部工程机械及液压件产品质量监督检测中心、天津市质量监督检验站第55站，1993年被国家科委评定为全国科研院所综合科技实力和运行绩效300强之一。该院成立于1961年，现有职工400人，科技人员300余人，其中高级技术职称200余人。在科技体制改革中，率先实行了全员聘任制，走科研开发、试验、制造、成果推广应用的科、工、贸一体化道路。

李明东，男，汉族，研究生学历。现任通钢集团总经理、建龙集团董事、副总裁、宁波钢铁董事。2005—2006年清华大学研究生班学习、1996—1997年河北省津西钢铁公司第一副总经理、1998—2000年5月河北省津西钢铁公司总经理、2000年5月—2003年5月河北省唐山市建龙钢铁公司总经理、2003年5月—2006年9月浙江省宁波建龙钢铁公司总经理、建龙集团董事、副总裁、2005年9月—通钢集团总经理、建龙集团董事、副总裁、宁波钢铁董事唐山市“十大”杰出青年、唐山市科技进步一等奖、河北省企业改革模范、河北省科技进步三等奖、河北省“五四”青年奖获得者。通化钢铁集团股份有限公司是在原通化钢铁集团有限责任公司基础上，经过全面改革改制并与民营企业实施资产重组后创立的多元投资为主体的股份制企业，是吉林省最大的钢铁联合企业集团，国务院振兴东北老工业基地重点支持的钢铁企业。在全国企业500强中排名第303位，在中国制造企业500强中，排名第163位。已具有700万吨钢生产能力。通钢集团曾荣获全国“五一”劳动奖状、全国优秀基层党组织、全国精神文明建设先进单位、全国国有企业创“四好”班子先进集体、全国思想政治工作优秀企业、全国重合同守信用企业、全国首批管理创新示范单位、全国质量管理先进企业、二十世纪最具影响的名牌企业等称号。1998年6月，顺利通过了中国方圆委ISO9002质量体系认证，正式获得中国方圆标志认证委员会质量认证中心颁发的ISO9002质量体系证书。2003年10月，通过了ISO9001—2000版质量管理体系认证。2005年3月被中国国家标准化管理委员会确认为AAAA级企业，2007年5月被中国产品质量协会评估认定为质量信誉AAA级企业。

李维新，男，高级工程师，国家环保总局南京环境科学研究所评价中心副主任。主要咨询业绩有：西气东输管道工程环境影响评价、长江南京段二期工程环评、盐城陈家港化工园区环评与规划等10余项环评；江苏华尔润集团、南通英华服装有限公司、泰兴环境监测站等多家单位的ISO14000咨询或认证。他所在的环保总局南京环境科学研究所是环境保护部的直属科研院所，以农村生态环境保护、自然生态和生物多样性保护为科学研究方向。开展区域生态环境保护、自然保护、农村环境污染防治和农用化学品污染防治等方面的研究，承担国家科技攻关项目和部省级重点科研项目，开展有机食品认证、ISO14000认证、环境工程、能源工程、环境影响评价与生态规划以及环境咨询等方面的工作，并在相关领域与国际组织、外国科研机构和基金会开展广泛的合作。主要工作业绩：1978年建所以来共完成大、中型项目800余项，获国家、部省级奖40项，出版专著40余部，发表论文700余篇。编辑出版的《生态与农村环境学报》被列为全国中文核心期刊。300多人次出访30多个国家和地区，来访国外学者300余人，培训外国学员100余人，与十多个国家的科研机构与组织以及联合国环境开发署、世界银行、亚洲开发银行等国际组织建立了良好的合作关系。

李学勤，男，汉族，出生于1941年10月，河北人，1965年毕业于华北电力大学。中水北方勘测设计研究有限责任公司（原天津水利水电勘测设计研究院）副总工程师，教授级高级工程师。主要业绩：①先后参加和主持了三门峡、刚果英布鲁、潘家口、万家寨、山西引黄、石漫滩、板桥、岳城、雾灵山、桃花寺、大柳树、南水北调东线、独流减河闸、屈家店闸、沙坡头、戈兰滩等30余项大中型水利水电工程机电专业阶段设计。②作为中国国际工程咨询公司聘请的专家参加了广东飞来峡、陕西喜河、青海康杨等水电站的评估立项。作为主管部门专家国内发输、变配电新产品鉴定。③作为建设单位聘请专家参加了万家寨水利枢纽、山西引黄工程、羊卓雍湖抽水蓄能电站、援斐济输变电工程等各阶段正式验收和咨询，多项工程招评标。④对刚果共和国、老挝、斐济以及马来西亚、泰国、印尼、菲律宾等工程考察或咨询。获奖情况：①“三门峡水电站自复激可控硅励磁系统技术改进”获河南省科技进步奖，任项目负责人和专业技术负责人。②该院获国家优秀设计奖项目：潘家口Ⅱ期（铜奖）、石漫滩（金奖）、板桥（银奖）、岳城（铜奖）等，以及天津市优秀设计 QC 小组奖，任专业技术负责人、审查、审定。③院科技进步一、二等奖多项。在国内外公开发行的刊物和行业学会论文集发表论文 20 篇，主要有：《万家寨电站水轮发电机最大容量及相关问题的研究》，获中国水力发电工程学会优秀论文奖；《万家寨水利枢纽机电工程设计环境及设计特点》，选入《中国水利水电发展文库》；《万家寨 500 kV 开关站行波及保护研究》；《大型多级泵站串联运行稳定性研究》；《抽水蓄能电站站址选择的机电环境》。

李永毅，河北省抚宁人，中共党员，1974 年参加工作，大学本科学历。历任黑龙江省伊春市翠峦区建材厂知青副厂长；黑龙江省伊春市西林钢铁公司政工干事、团委书记、计控处长、一炼厂长、工程建设指挥部副指挥；秦皇岛异型轧钢厂供销公司经理。1994 年注册成立秦皇岛开发区通联贸易商社，任总经理；1999 年注册成立秦皇岛通联新材料科技开发有限公司，任总经理；2001 年注册成立秦皇岛鑫泽冶金实业发展有限公司，任总经理；2004 年注册成立青龙满族自治县普赢铁业有限责任公司，任总经理。2006 年注册成立秦皇岛通联工贸有限公司，任总经理；2006 年注册以秦皇岛通联新材料科技开发有限公司为母公司的秦皇岛通联集团，现任集团及下属各公司董事长。开蓝公司董事长贾利忠 Canal 开蓝公司，由美国 Canal 开蓝国际集团控股有限公司提供技术支持。公司集研发、制造、销售、服务于一体，通过了 ISO9001—2000 质量管理体系认证。致力于新能源和节能科技领域的技术研发与科技创新。

刘京喜，男，汉族，中国共产党党员，大学毕业。政协宁夏回族自治区第八届委员会委员，宁夏恒力集团有限公司党委书记兼副董事长。高级经济师。是自治区第七、九次党代会代表，自治区第八届人大代表。1968 年至今在宁夏恒力集团有限公司工作，历任技术员、调度员、计划员、副科长、副总调度长、生产副厂长、经营副厂长兼总经济师、厂长、董事长兼总经理、党委书记兼副董事长。宁夏恒力钢丝绳股份有限公司（以下简称恒力股份公司）始创于 1965 年，1997 年实施现企改制，形成了一个以产权为纽带、以母子公司运行机制为特征，具有多个法人企业，以跨地区、跨行业、多元化经营为模式的大型企业集团。1988 年获自治区民族团结先进个人称号，1989 年获自治区劳动模范和全国劳动模范称号，1998 年获自治区优秀科技工作者和宁夏革命与建设事业中突出贡献专家称号，1999 年获全国质量管理先进工作者称号，1997 年被国务院批准享受政府特殊津贴。

刘军，科技精英。作为上海城建集团的主要技术管理负责人，带领全体技术人员以科技创新为龙头，积极开展天然气规划、科研、课题等技术工作，不断在技术方面开创新的局面，为科技进步和“西气东输”上海城市输气管网工程的建设作出贡献。先后主持和参与天然气规划、科研、课题等技术工作，在“西气东输”建设中，破解了一系列问题。获“2002 年度全国优秀工程咨询成果三等奖”、“2001 年度上海市优秀规划设计项目二等奖”。所领导的上海天然气主干网工程的青年项目组 2004 年获得“西气东输”工程“全国青年突击队标兵”称号。他所在的上海城建（集团）公司是一家以工程投资建设、设计施工和管理为一体的大型企业集团。在中国承包商 60 强中列 16 位，在中国 500 强市政企业中列第一位。集团共获得鲁班奖 7 项，詹天佑大奖 5 项，中国市政工程金杯奖 28 项，上海市政工程金奖 120 项；还获得全国“五一”劳动奖状、全国优秀施工企业、全国用户满意施工企业、全国建筑业新技术应用先进企业、上海房地产 18 年功勋企业、2005 年度中国建设系统最具影响力品牌等荣誉称号。

刘双珉，男，中共党员，大专文化，高级经济师。现任科达集团董事长、党委书记。任山东省东营市政协常委，中国企业联合会、中国企业家协会副会长，山东省市政工程协会副理事长，山东省民营企业家公会第一副会长，东营市工商联副会长等职。1969 年参加工作；1970 年 7 月至 1982 年 1 月，担任广饶县大王乡三贤村副业队长；1982 年 1 月至 1984 年 2 月，任山东省滨州市政工程处施工队队长。1984 年 2 月至 1993 年 11 月，任东营市第二市政工程公司总经理。1986 年 9 月至 1989 年 7 月，北京经济学院在职学习；1993 年 11 月至 2000 年 5 月，任科达集团股份有限公司董事长兼总经理；1996 年 12 月至 2000 年 9 月，兼任广饶县科达实业有限责任公司董事长；2000 年 6 月，任科达股份党委书记、董事长，兼任东营科英激光电子有限公司董事长、东营黄河公路大桥有限责任公司董事长、青岛太和公司董事长。他所领导的科达集团已经发展成为集基础设施投资、建设、管理运营，工程设计、咨询和房地产开发，电子产品设计、制造及进出口贸易为一体的双元化经营大型企业集团。曾荣获“全国五一劳动奖状”、“全国优秀施工企业”、“全国守合同重信用企业”、“全国质量、服务、诚信示范单位”等多项荣誉称号。曾获山东省优秀厂长经理、东营市十佳优秀企业家、山东省富民兴鲁劳动、中国企业文化探索与创新优秀领导者、山东省优秀企业家、山东省劳动模范、第二届中国时代十大新闻人物、优秀政协委员、全国劳动模范、中国优秀民营企业家；2006 年，被授予“齐鲁光彩奖章”、“山东省十佳经营管理者”等。

罗羽林，男，四川省成都市人。中共党员，大学文化。成都合力达（集团）发展有限责任公司董事长，成都市人民政府参事、成都市政协常委、成都市工商联副主席、成都住宅与房地产业协会副会长、四川大学客座教授。1982 年，罗羽林毕业于成都科技大学化工专业，之后他连续任职成都市原望江化工厂副厂长和成都市无线一厂副厂长。1991 年年初被派往深圳办事处，没想到 3 月份时办事处就被撤销了，但人还留在深圳。正好那时他的远房亲戚在深圳的项目出了管理问题，把原来的项目经理炒了，力邀他去管理项目，并许诺项目建成卖完后给他 2% 的管理费。罗羽林接手后，凭借国有企业的管理经验和家乡施工队伍的人缘优势，工程进展非常顺利，当年底就建成了，项目总产值达 7 个亿，当年就给兑现了 500 万，淘到了开办企业的启动资金。1992 年 3 月，罗羽林婉谢亲戚挽留，回成都辞职下海，就用自己在深圳挣的 500 万，注册成立了合力达房产（集团）公司。2005 年 6 月，他又赞助协办“合力达杯”成都市篮球公开赛，其中他麾下的“合力达”球队获得了该项赛事的亚军。

M

马兴瑞，男，汉族。1959 年 10 月出生于山东郓城，1996 年 6 月任中国空间技术研究院副院长、教授、飞行器设计专业博士生导师，“实践五号”卫星总设计师兼总指挥，“海洋一号”卫星前总设计师兼总指挥。1999 年 9 月任航天科技集团公司副总经理、党组成员，2007 年 8 月任航天科技集团公司党组书记、总经理。兼任国务院学位委员会学科评议组成员、中国振动工程学会常务理事、中国宇航学会理事、中国力学学会特邀理事、中国人民解放军总装备部卫星技术专业组组长、《宇航学报》副主编、《振动工程学院》及《应用数学和力学》杂志编委。1991 年被国家教委授予“作出突出贡献的中国博士学位获得者”；1994 年入选国家教委“跨世纪优秀人才计划”，同年获国务院颁发的政府特殊津贴；1995 年当选第八届全国青联委员，同年被评为国家百千万人才工程第一、二层次人选；1996 年被评为国家有突出贡献的中青年专家；2003 年被国务院学位委员会聘为航空宇航科学与技术学科评议组成员；2004 年当选中国宇航学会副理事长；2007 年当选国际宇航科学院院士。曾获国家科学技术进步二等奖 2 项，国家级教学成果二等奖 1 项，国防科学技术一等奖 3 项，部级科学技术进步二等奖 6 项。

梅萌，女，1954 年 3 月生人，中共党员，汉族，1982 年清华大学自动化系毕业。现任北京清华科技园发展中心主任，清华科技园建设股份有限公司董事长。本科毕业留校后历任清华大学校团委部长、副书记，清华大学校长办公室主任、清华大学教育基金会副秘书长等职务。1994 年创建清华科技园，长期从事清华科技园的发展建设工作。目前兼任清华科技园发展建设委员会秘书长、清华留学人员创业园主任、清华科技园创业投资有限公司董事长等职。曾发表过《大学科技园的创新职能与孵化体系》、《知识经济的加速器——清华科技园的理念和发展战略》、《大学科技园建设的几点思考》等论文，对中国大学科技园的建设和发展有着全面而深入的研究和独到的见解。

莫志禄，广东，硕士，高级工程师，中共党员，现任北京禄智科技发展有限公司董事长兼总经理，中国节能协会常务理事，北京市科学技术协会常务理事，绿色技术与绿色能源杂志副理事长。与清华大学科研机构共同研发的新一代高科技节电保护产品——Logintel 禄智节电保护系列产品推向全国，实现了经济效益与社会效益的双丰收。2004 年 12 月，“亚洲青年华商十大管理创新奖”揭晓，莫志禄与李泽楷、杨澜等十位知名企业家榜上有名。莫志禄先后荣获首届“亚洲青年华商十大管理创新奖”、荣获“中国改革百名优秀人物奖”、荣获“中国优秀企业家”称号、并被载入《中国专家人名辞典》，成为节电行业的领军人物。由于业绩突出，多次被评为先进个人，优秀工作者及优秀企业家等称号。一连串的荣誉让莫志禄感到欣慰，但他感到更多的是压力。在销售量上，禄智公司每年创造着奇迹般的增长率，但莫志禄的更大目标是把节电保护产品做到全国最好。

牟仁平，1985 年毕业于天津南开大学哲学系。现任江苏省紫光智能系统有限公司董事长、紫光软件无锡集团有限公司副总裁、紫光软件投资公司总裁、中国自动化建筑与楼宇自动化专业委员会理事、中国建筑业协会智能建筑分会会长、中国国际贸易促进委员会建设行业分会副会长。从 2008 年到 2010 年连续三年被评为全国优秀民营企业家、中国建设行业管理英才。正确、敏锐的响应国家大力发展物联网技术应用政策，在物联网智能建筑业内属于领军人物。作为一名企业的领导者人不仅对经营的业内知识有所钻研，毕业后又在北大经济系修完研究生和博士生，对国家的经济发展政策和经济状况有深刻的认识和了解，立志要把企业发展成高科技型。正是因为这样一个企业家创办了一个朝着精、尖、科方向发展的企业。江苏省紫光智能系统有限公司是紫光股份有限公司的子公司，成立于一九九九年六月，注册资金为 3 200 万元。主要从事计算机软件开发及销售，计算机及配件的销售，建筑智能化系统工程的设计、安装、调试、检测和维护，电子产品的开发、销售、技术咨询及培训等多项业务。下设技术部、市场部、工程部、研发部、设备部、财务部、办公室等机构。拥有各类中高级专业技术人员多人。公司具有国家建设部颁发的《建筑智能化系统集成专项工程设计》（甲级）资质证书，《建筑智能化工程专业承包一级资质》证书以及其他多种专业资质证书，是一家专门从事弱电智能化工程的企业，可以提供各类弱电智能化工程的技术咨询、系统设计、系统集成和维护服务，是一家具有较高科研开发能力和工程实践能力的企业。公司凭借雄厚的实力、良好的信誉，赢得了多项殊荣。2005 年被江苏省政府认定为“重合同守信用企业”，2006 年被江苏建筑市场质量安全跟踪调查办公室和江苏省诚信建设宣传活动办公室联合评为“重质量、保安全、守信誉 AAA 级优秀施工企业”，2007 年被具有专业资信评估机构颁发的 AAA 级资信等级证书，并顺利通过 ISO9001—2000 国际质量管理体系认证。

P

彭少杰，男，科技精英。就职于上海城建集团。在盾构掘进机制造技术领域，先后主持翔殷路隧道、西藏南路隧道、北京地铁10号线实施方案。同时，在其他重要工程项目中，先后主持中环线管幕法箱涵顶进、压气沉箱工程、盾构姿态自动测控系统，分别取得了相关的研究成果或自主知识产权，被国际非开挖协会授予“2006年非开挖奖”。他所在的上海城建（集团）公司是一家以工程投资建设、设计施工和管理为一体的大型企业集团。在中国承包商60强中列16位，在中国500强市政企业中列第一位。具有市政公用工程施工总承包特级资质、公路工程、房屋建筑等施工总承包一级资质和房地产开发一级资质，所属子公司中有1家特级、7家一级施工总承包企业和3家甲级设计单位。集团公司及所辖成员单位均是上海城市建设的主力军。近10年来，承建或参建的上海市重大工程达200多项，其中包括上海市高架道路、地铁和轨道交通工程，污水治理工程，越江隧道工程，高速公路工程，机场工程，浦江大桥、东海大桥、上海长江隧桥工程，外滩和人民广场综合改造工程等。同时还积极参与了其他城市的建设，如广州、深圳、天津、南京等轨道交通工程，重庆、四川、哈尔滨、海口、浙江和江苏的大桥工程，以及20多个城市的基础设施建设。集团共获得鲁班奖7项，詹天佑大奖5项，中国市政工程金杯奖28项，上海市政工程金奖120项；还获得全国“五一”劳动奖状、全国优秀施工企业、全国用户满意施工企业、全国建筑业新技术应用先进企业、上海房地产18年功勋企业、2005年度中国建设系统最具影响力品牌等荣誉称号。

Q

乔聚甫，北京市劳动模范，全国建设系统党风廉政建设党风廉政建设先进工作者。男，出生于1969年3月，河南社旗人，高级工程师。北京市机械施工公司副总工程师。1994年，他刚到北京机械公司，便参加了西客站大工程，随后参加外埠厦门钢结构厂房工程，先后转战北京国际金融大厦、北京远洋大厦、北京第一商城、邢钢网架工程、深圳市民中心钢结构工程。2001年，出任深圳市民中心工程项目总工程师。由他主持编写的“钢管配套程序”、“小拼单元锥三维坐标控制程序”、“焊接球网架杆件相贯线程序”、“三维空间杆件下料长度计算程序”、“现场杆件管理定位程序化管理程序”等为工程的顺利施工打下了坚实的基础，也为类似工程施工积累了经验。特别是该工程采取了低空拼装、整体提升的国内先进技术，创“中国企业新记录”。该施工方法同时获“北京市科技进步三等奖”和北京市总工会授予的“经济技术创新工程优秀成果奖”。2004年，负责北京电视中心钢结构安装工程。北电中心综合业务楼为超高层纯重钢结构，钢结构总重38 000吨，结构新颖，现场测量、吊装、焊接难度都是前所未有的。在他的带领下，北京电视中心的“整体提升技术”、“测量技术”、“厚板焊接技术”、“上挂下托施工技术”、“液压外爬脚手架技术”均达到国内同行业的领先水平。作为钢结构安装方面的后起之秀，他在干好每一个工程的同时，勤于思考、善于总结，积极参与了具有施工指导性的《建筑钢结构施工手册》和《钢结构施工便携手册》的编写工作。曾荣获“2005年度全国建筑业企业优秀项目经理”称号，他已成为北京机械施工公司施工中的科技带头人，在钢结构施工领域，作出了杰出的贡献。

R

茹鹏孝，第三届全国优秀创业企业家。男，中共党员，高级工程师。1984年1月至1988年12月，青海省公路桥梁工程公司副总工程师兼青藏公路改建工程的一副指挥、西宁曹家堡机场建设指挥部的一副指挥；1989年1月至今，先后担任原青海省公路桥梁工程公司经理、党委副书记；1996年6月，任青海省公路桥梁工程集团有限公司董事长兼总经理、党委书记；2002年2月，任青海路桥建设股份公司董事长、党委书记。1989年1月，在企业陷入困境时，他竞聘成为企业负责人。十几年来，带领职工转机建制，开辟市场，实施管理创新和改革。先后制定管理标准149项，工作标准262项，技术标准60项，使企业步入规范化轨道。他不断转换经营机制，推行项目法管理，实施比价采购，建立核算中心和安全生产网络，使企业管理科学化、现代化；坚持“以人为本、科技兴企”的经营战略，建立职工培训中心，提高员工素质。从1989—1999年十年间投入12 151万元用于设备改造，1998—2002年又组织了四期技改，投入资金21 000万元，使企业竞争力显著提高。带领企业不断进军省外市场，先后在全国十几个省区开辟了市场，企业经营规模迅速扩大。

S

申永琴，男，焦作市兴良爆破环保科技有限公司总经理，1997年下岗后生产装饰腻子；2002年升办永发油漆商店；2007年涉足特种行业爆破，2年时间共完成100余万m^3的爆破任务，使濒临倒闭的企业走出困境，被人们称为“爆破女王”。她先后安置近千名人员就业，扶持10名下岗人员当上了小老板，出资3万余元资助2名贫困大学生完成学业。焦作市兴良爆破公司是经省公安厅批准，工商营业注册的合法企业，是一家集土石方爆破、城市拆除爆破、特种爆破、爆破设计、评估及监理为一体的爆破科技有限公司。拥有高级和中级爆破资格、高级安全评估及工民建工程师数名，并聘请了多名专家级教授担任公司的高级技术顾问。在所有的爆破施工项目中，我公司从未发生过任何安全事故，赢得了有关领导及所有用户的高度赞誉。

T

谭锋，现任北京建工国际建设工程有限责任公司美大部经理助理。2007年获教育部科学技术进步二等奖，2008年获北京建工集团2008年度科技进步一等奖，2008年获北京建工集团国际工程部“2008年度优秀青年”知识分子，2009年获北京建工集团知识型职工标兵，2009年获北京建工集团“青年岗位能手”，2009年获北京建工集团国际工程部2009年度先进职工，北京建工集团是以工程建设业、房地产开发为主业，集建筑设计、建筑科研、设备安装、装饰装修、市政路桥、环保节能、物流配送等为一体的大型企业集团，具有房屋建筑工程施工总承包特级，市政公用工程施工总承包一级，房地产开发经营一级，机电设备安装施工总承包一级，地基与基础、装修装饰、钢结构等专业承包一级资质及国际工程承包、对外贸易资格。集团现有法人单位 190 家，其中集团公司所属全资、控股、参股企业 74 家，员工约 2 万人，境内外开复工面积约 2 000 万平方米，总资产 212 亿元，净资产 32 亿元。建工集团还建设了绝大多数外国驻华使馆及大批外交公寓，建设了北京各主要工业区及大型科研、医疗、教育、服务设施，建设了多个成片居民住宅小区，为首都的城市化、现代化建设做出了突出贡献。在国际工程总承包、劳务技术服务、进出口贸易等方面也创造了良好的业绩，1994 年以来连续被评为全球最大的 225 家国际工程承包商之一。

W

王金书，男，山东玉皇化工有限公司董事长。在其正确领导下，玉皇化工逐步由小到大、由弱到强，目前已发展到拥有资产 5.8 亿元，四大系列 20 多种化学产品的集开发、生产、销售于一体的中型精细化工企业省级高新技术企业。为中国优秀品牌企业、山东省高新技术企业、菏泽市重点工业企业。是菏泽市经济增幅最快最好的企业之一、东明县重点骨干企业之一，2006 年入选“中国化工企业经济效益 500 强、中国化工企业 500 强、中国化工化学助剂行业 50 强”。其产品主要应用于涂料、橡胶、塑料等化工行业。创业同时，他积极带领村民脱贫致富。2004 年，村民人均可支配性收入超过 5 000 元。他还将个人所得和奖金全部用于村公益事业。十几年来，累计向村水利建设、学校、村级公路、孤寡老人、残疾人、贫困大学生等捐资 600 多万元，每年都为村里请专家、教授，传授农科技术，提高村民的科技兴农意识，每年出资为全村中小学生代交学费，并对升入高中、大学的给予一定资助。十几年来，企业先后荣获市、县优秀民营企业，科技进步、技术改造先进企业等荣誉称号。他个人先后荣获山东省优秀共产党员、山东省劳动模范、山东省优秀企业家、中国优秀企业家、功勋人大代表等多项荣誉称号。

王向宏，男，汉族，南京大学 EMBA，南京东大智能化系统有限公司董事长总经理、1998 年 5 月与东南大学、南京市电子局共同发起创立了南京东大智能化系统有限公司，在公司十年发展过程中，王向宏一直担任公司总经理及董事长。公司注册资本 3 006 万元，主要从事楼宇智能化系统、高速公路三大系统、消防系统产品的研发、工程设计及施工。具有计算机信息系统集成一级资质、建筑智能化系统集成与消防设施专项工程设计甲级资质、建筑智能化工程与消防设施工程一级资质、公路交通工程专业承包通信监控收费综合系统工程资质及国家保密局甲级资质等资质证书。并于 2000 年先后通过了 ISO9001 质量体系认证、3A 资信等级认证及高新技术企业的认证。王向宏在带领团队开拓市场之余潜心钻研，并荣获多项个人专利：1. 超声车位探测器专利号：ZL200730198907.4；2. 一种超声波车位检测装置专利号：ZL200720147725.9；3. 智能照明控制装置专利号：ZL200720041344.2；4. 视频感应智能照明控制系统专利号：200720045338.4。在王向宏的带领下公司被南京市科学技术局评为“高新技术企业”，被江苏省科技厅评为“省高新技术企业”，资信等级被权威机构评为 AAA 级。

王馨，女，清华大学建筑技术科学系副研究员。1992—1996 年，获得东南大学热能工程专业，获学士学位；1996—2001 年，东南大学热能工程专业，获博士学位；2001—2003 年清华大学建筑技术科学系，博士后；2003—2004 年，清华大学建筑技术科学系，讲师。2004 至今，清华大学建筑技术科学系，副研究员。主要研究领域：传热传质和蓄能节能。她负责和参与科研项目 18 项，其中负责自然科学基金重点项目二级子课题 1 项、中国博士后基金 1 项、北京市重点实验室开放基金 1 项和横向课题 2 项，作为研究骨干参加了 973 项目三级子课题 2 项、863 项目 1 项、自然科学基金重点项目 1 项、面上基金 3 项，北京市科委项目 2 项，清华大学基础研究基金 2 项。主要学术贡献：以不可逆热力学理论为依据，把温度梯度、湿度梯度及蒸汽压力梯度作为热质迁移的主要驱动力，在多孔介质超常传热传质特性及机理研究方面取得了系列成果。揭示了固液相变强化传热的物理机制，为相变储换热系统的热性能研究提供了理论指导。在功能热流体应用基础研究方面取得重要进展，得到国内外同行关注。与常规冷热输运介质相比，该类流体表观比热大、换热能力强，输送管道直径和功耗可明显降低。在相变储能材料研制、性能及应用研究方面取得系列创新成果。研制成功相变材料防暑降温服，为 SARS 一线医护人员防暑降温提供了保障，并获得好评。研制成功利用夜间廉价电蓄热采暖的高温相变蓄能电暖器，样机热性能明显优于国内外蓄热电暖器，为降低电网峰谷差、减少环境污染、节约采暖费用开辟了新途径，应用前景广阔。发表论文三十余篇，获国家专利（发明和实用新型）5 项。

王秀春，女，汉族生于 1968 年 9 月，河南太康县人，道路工程专家。1989 年毕业于北京建筑工程学院公路工程与城市道路专业，高级工程师。现任河南周口市公路局工程科副科长。自参加工作以来，一直从事公路工程技术工作。先后参与和主持了 20 条全长 530 公里的国省道干线的新改建工程项目施工监理和工程管理工作；主持参加完成了 16 个工程项目的勘察设计工作。参加完成了《高性能沥青混合料与多指标沥青路面设计方法研究》、《旧砼路面设计与破碎板应用技术研究》等七个科研课题，分获省科技进步二等奖两项；周口市科技进步一等奖三项；撰写论文《路基回弹弯沉值的测量计算与评定》、《沥青路面轴载换算中超载系数的研究》等十多篇论文。多次被评为省、市先进工作者，优秀监理工程师，周口市学术带头人等荣誉称号。

王亚戈，女，1962年7月出生，中共党员，清华大学硕士研究生。汉族，长沙天龙科技发展有限公司，1992年从中共长沙市委党校辞职下海，现为长沙天龙科技发展有限公司总经理。先后被评为“长沙市十佳民营企业女经理”、“湖南省民营企业优秀女经理”、“全国巾帼创业明星”，并且光荣当选为政协湖南省第九届委员、湖南省政府驻北京办事处企业家协会监事。创业14年来，她的企业总计上缴国家税费数百万元，为社会各项慈善事业捐款数百万元。集团集中了清华大学在建声及电声领域的专家，凭借长期教学、科研及大量工程设计的经验积累，配备了多种国际先进声学检测设备及测试、设计软件，并以清华大学建筑物理环境检测中心为依托，旨在加强我国建声、电声领域的研究，提高设计水平，决心为我国建筑技术科学作出新的贡献。近年来，集团已设计、施工的国家级、省级工程项目数百个，接受过党和国家领导人的检阅。

韦战，男，1959年4月生人，柳州人，壮族，大学本科学历。现任柳州市京阳节能器具有限责任公司董事长兼总经理。1974年6月高中毕业并参加工作，三年后参加高考就读中师，此后继续参加高考和自学深造，先后取得逻辑与语言大专、微自控专业本科等文凭，并先后在县、市属单位和企业工作20多年，具有丰富的工作经验和运作管理能力。1996年1月起开始进入节能环保技术领域进行节水节电及其他综合节能技术发明创造，并创办柳州市京阳节能器具厂（任厂长），后改制升格为有限责任公司（任董事长兼总经理、高级工程师）。其自行技术发明创造和开发有节水类：微电脑节水器系列、总控节水装置、自控喷/滴灌装置、液力半自动冲洗器、液力自动冲水箱、自闭高效节水龙头、多功能高效节水龙头、内置多功能节水咀、内置冲洗阀节水咀、多功能水质处理节水柜、液压高效节水便器（马桶）、马桶节水阀芯、多功能自闭高效节水阀、自动节水交换阀、新型节水冲洗阀、IC卡冷热水表/淋浴器等；节电类：三端节电技术（器/箱/柜）装置、太阳/空气“双能”热水自控装置、智能IC卡电表、触感遥控节电开关、微波节电开关、新型LED节电类、智能车床/电器节电类等；其他类：单体高效节能蒸酒设备、新法生料发酵高效酒曲、全能节油净化器、光波节能燃气器、多功能膜包装燃气恒温自控节能装置等27项，并先后获得国家级综合节能技术发明专利18项及其他技术改造项目9项，荣膺国内综合节能技术领域优秀发明家和不可多得的领军人物。

吴保承，男。高级工程师，江苏省注册咨询专家，无锡轻工大学科技开发工程总公司总经理，江苏省科协咨询协会理事，江苏省技术经纪人。1978年就读于无锡轻工业学院化工系，毕业后留学任教，期间发表学术论文十余篇，完成省部级科技项目三项。1988年从事学校“四技”服务，管理工作，期间发表论文十余篇，二次获得无锡市技术经纪人金奖。1992年就读上海财经大学在职研究生，经济学硕士学位。从事科技管理工作以来，以人为本，服务社会，为学校横向科研经费逐年递增，作出了重大贡献，受到专业界人士的一致好评。他所在的无锡轻工大学科技开发工程总公司，组建于1988年，是江南大学（原无锡轻工大学）的高科技企业。经过17年的创业奋斗。公司拥有国家颁发的工程设计和环境工程设计乙级资质证书、设备安装施工许可及安全资质证书、压力容器设计资质证书、技术贸易许可资质证书、经纪人许可资质证书。

吴国发，男，1945年9月生人，江西人，中共党员，广州格罗博信息技术有限公司董事长，中国国际贸易促进委员会建设行业分会会员。1965—1970年，清华大学学习，大学本科、1970—1980年，四川省攀枝花市（原渡口市）政府部门工作，市委、市政府秘书、1980—1984年，清华大学在职研究生，获得计算机科学技术硕士学位、1984—1988年，冶金部钢铁研究总院工作，任计算机应用研究室学术主任、1988—1993年，在美国学习和工作，取得硕士和博士学位、1994年至今，在美国的政府部门和企业工作，任公司副总裁、总裁等职务。在计算机软件、数学和统计学、自动控制理论与应用、材料科学与工程等领域的科学研究和技术开发中取得了多项成果，在二十多种中英文刊物和六个国际学术会议上发表了40多篇学术论文，并为美国和中国的公司和政府部门开发了50多个计算机软件。在美国、中国和国际上获得了30多次奖励，其中包括美国“国家领导奖”，美国“2003年工商业风云人物奖”，英国剑桥国际传记中心“2005年国际专业人士奖章”，“国际回归分析进展学术会议”优秀论文奖，以及四次的冶金部和钢铁研究总院科技成果奖，等等。并应邀在美国的工商业会议、中国科学技术协会的学术年会、中国的大学、研究院所和省市政府机关等作了20多次学术/专题报告。在美国和中国共得到了30多个荣誉称号和名誉职务，其中包括美国工商业顾问委员会名誉主席，美国工业工程荣誉学会终身会员，国际工商联合会顾问，欧洲海外华人创业联合会顾问，江西省南昌市政府经济顾问，四川省攀枝花市政府科技顾问；以及西安交通大学、哈尔滨工业大学、中国钢铁研究总院等十多所高等院校和研究院所的客座教授/客座研究员/名誉院长等。曾经受美国政府邀请参加2002年、2003年和2004年美国布什总统的宴会。受中国政府邀请参加1968年国庆19周年，1999年国庆50周年，以及2009年国庆60周年的三次国庆观礼。吴国发教授已被世界著名的马魁斯（Marquis）名人录编辑部收入《马魁斯世界名人录》的第21版（2004年）至第26版（2009年）。世界著名的英国剑桥国际传记中心收录到《国际传记词典》第34版（2007—2008年）。

吴华明，男，硕士，教授级高级工程师，国家注册咨询工程师。南京市市政设计研究院有限责任公司总工程师。咨询业务专长：城市给排水工程咨询。近年来先后参与过南京市城东及城北污水处理系统工程及南通、太仓、苏州等地十余项城市给排水工程等建设项目的咨询业务。他所在的南京市市政设计研究院于2003年12月26日完成改制转企工作，成立了南京市市政设计研究院有限责任公司。南京市市政设计研究院始建于1985年12月3日，经过20年的发展，现已成为一个具有国家工程咨询甲级、市政公用行业甲级、建筑工程甲级、城市防洪甲级、工程总承包甲级、燃气乙级、公路乙级、人防工程乙级、工程监理乙级和对外承包工程业务资质的综合性科技型设计企业，可承担城市道路、桥隧、给水、排水、环境卫生、公共交通、风景园林、载人索道、热力、建筑、防洪、燃气、公路、人防等工程的咨询、设计、科研、监理、工程总承包以及对外承包工程业务。1998年12月作为江苏省首批贯标试点单位，获得ISO9001质量体系认证注册证书，并连续8年保持认证资格，企业质量管理水平不断提高。建院以来，共获国家、部、省、市设计方案奖和优秀设计奖80多项，部、省、市级科研成果奖和科技进步奖30多项。

X

肖建华，男，1963年10月出生，硕士研究生学历，武汉市昌厦基础工程有限责任公司董事长，正高职高级工程师，享受国务院专项津贴专家，现任武汉5市勘测设计研究院院长、党委副书记。担任中国城市规划协会副秘书长、常务理事；国家测绘局"精密工程与工业测量重点实验室"学术委员会委员；中国测绘学会摄影测量与遥感专业委员会副主任委员；湖北省测绘行业协会副会长；湖北省测绘学会副理事长；武汉市建设科学技术委员会委员；武汉大学兼职教授；哈尔滨市特邀专家；《城市勘测》杂志编辑委员会副主任委员、社长。参加工作近30年，主持、承担了多项重大科研、学术、勘测项目，近5年获国家、省、部、市级各类奖四十余项，其中"武汉地下管线普查整测工程"、"武汉市现代测绘基准体系建设"获全国测绘学会优秀测绘工程金奖；"武汉市三维数字地图系统建设"获全国地理信息产业优秀工程金奖；"武汉中央商务区测绘与信息工程"获全国优秀城市勘测工程一等奖；"武汉市东湖水域测量工程"获全国优秀工程勘察二等奖、省优秀工程勘察一等奖及省、市优秀测绘工程一等奖；"规划国土数字执法系统建设"获国土资源科学技术二等奖；"武汉王家墩地区地理信息系统"获省优秀测绘工程一等奖；"武汉丝绸地图"获省优秀测绘工程二等奖；"武汉地区深基坑工程设计优化技术研究"获市科技进步一等奖。武汉市昌厦基础工程有限责任公司，是武汉市勘测设计研究院按照《公司法》成立的具有独立法人资格的全资子公司。

肖跃进，男，汉族。出生于1958年7月，河北省廊坊市文安县人，中共党员。河北省人大代表，河北省政协委员，廊坊市人大代表。现任河北凯跃化工集团有限公司董事长。1976—1986年工作于左各庄镇武装部；1986年创办凯跃人造板厂，并出任总经理；1991年赴俄罗斯进行商务考察；1995年投资兴建文安化肥厂；2000年成立河北凯跃化工集团有限公司，并出任集团公司董事长。他所领导的企业是河北省科技企业，拥有排名在中国前10大生物质的发电厂。2003年年底投产成立凯跃化工集团密度板有限公司是目前华北地区最大的生产线。年产各种规格的中、高密度板8万立方米。其凯跃牌锁扣强化木地板被中国质量协会评为国家权威检测达标产品，国家人造板质量监督检验中心合格产品。由于业绩突出，他先后荣获多种奖励和荣誉，2004年被评为廊坊市优秀共产党员和河北省非公有制经济组织优秀人才。

徐斌，男，出生于浙江宁海。汉族，宁波路宝科技实业集团有限公司董事长，徐斌，复旦大学EMBA06春1班学生。现任宁波路宝科技实业集团有限公司总裁，中国桥梁协会理事。宁波路宝科技实业集团有限公司是从事桥梁伸缩装置、支座、声屏障、交通安全设施等产品研发、制造、安装以及桥梁维修加固的专业化集团公司。占地面积9万多平方米，建筑面积6万多平方米，固定资产超亿元。公司先后被评为国家高新技术企业、AAA守合同重信用单位和全国重点建设工程首选企业。通过不断创新，公司已成为国内领先、世界先进的顶级桥梁伸缩装置供应商。公司在强化自主创新和研发的同时，加强横向技术嫁接，与国内相关大学、科研院所、设计院、检测机构以及美国、加拿大、德国、日本的有关单位有着多种形式的交流与合作。相继获得了国家技术发明二等奖、中国公路学会科技进步一等奖、宁波市科技进步一等奖、宁波工业风云榜自主创新特别奖和宁波科技创新特别奖，被授予浙江省有突出贡献中青年专家和卓越甬商荣誉称号，并且被选拔为宁波市迎奥运火炬接力活动的火炬手。2007年2月27日他受到了胡锦涛主席、温家宝总理等党和国家领导人的亲切接见。公司重视产品研发和知识产权的保护，获得了50多项中国专利证书、3项美国发明专利证书、2项日本及欧洲专利证书，并成立了宁波路宝桥梁伸缩装置工程（技术）中心。公司相继荣获国家技术发明奖二等奖、中国专利金奖、中国公路学会科学技术奖一等奖、浙江省科学技术奖二等奖、宁波市科学技术进步奖一等奖和宁波工业风云榜科技创新特别奖等奖项。RB单元式多向变位梳形板桥梁伸缩装置被认定为"国内首台套"产品、国家重点新产品。由公司主持编写的行业标准JT/T723—2008《单元式多向变位梳形板桥梁伸缩装置》的颁布实施，标志着国内桥梁伸缩装置领域第一次拥有具有自主知识产权的行业标准，同时也奠定了公司独一无二的行业地位。

徐延峰，男，建筑学学士，高级建筑师，国家一级注册建筑师。江苏省建筑设计研究院有限公司副院长、总建筑师。近年来作为项目负责人先后参与过宏图大厦、青岛新世界数码港、苏州阳光香格里拉、武汉凤凰城、北极阁国宾馆、瑞景文华小区、青岛时代广场等大型项目。他所在的江苏省建筑设计研究院有限公司是江苏省建筑设计研究院的改制企业，公司以建筑设计为主，具有国家建筑设计甲级、智能建筑甲级（系统工程设计）、电力行业变配电丙级、景观工程设计、咨询及技术服务等行业资质。同时与法国、澳大利亚、香港等地的多家境外设计机构进行了良好的合作。公司前身江苏省建筑设计研究院创建于1953年，五十年来，在承接的省内外大量民用和工业建筑设计项目中，有近200项勘察设计作品荣获国家、部、省、市级优秀设计、优质工程、优秀工程勘察和科技进步奖。其中西藏拉萨饭店获国家优秀设计金质奖、建设部科技进步一等奖，南京五台山体育馆获国家优秀设计奖和优质工程银奖，江苏证券大厦获国家优秀工程设计铜奖，标准设计图集《施工说明》获全国优秀工程建设标准设计铜奖、江苏省优秀标准设计一等奖，大面积大柱网双向无黏结预应力混凝土框架结构体系研究获建设部科技进步三等奖。

薛黎明，男，汉族，中共党员，中海阳（北京）新能源电力股份有限公司，现任中海阳（北京）新能源电力工程有限公司董事长、中华全国工商业联合会新能源商会副会长、北京市个私协中小高新技术协会副会长、中国循环经济产业联盟委员、中国照明学会新能源照明专业委员会专家委员。毕业于上海电力学院，高级工程师，在太阳能光伏及LED绿色照明领域拥有多项发明专利2005年7月创建中海阳（北京）新能源电力工程有限公司，任公司董事长。2005年创办中海阳（北京）新能源电力工程有限公司。2009年09月出任中海阳（北京）新能源电力工程有限公司董事长。中海阳（北京）新能源电力工程有限公司。主要从事以太阳能光伏及LED绿色照明为主的新能源发电行业。

Z

张德胜，男，汉族，重庆建筑工程学院土木系硕士，清华大学EMBA，教授级高工。1984年加入中建集团，历任中建一局二公司技术员、技术组长、工长、生产经理、项目经理、公司总承包事业部经理、公司常务副总经理等职务，2002年起担任中建一局二公司总经理、董事长。现任中建市政建设有限公司总经理。曾获全国优秀施工企业家、中央企业劳动模范、中建总公司劳动模范、北京市质量先进企业推进者等多项荣誉称号和北京市科技进步二等奖，连续两届被推选为北京市大兴区人大代表。

张国强，男，出生于1964年11月，浙江嘉兴人，本科学历。现任嘉兴中达自润轴承工业有限公司总经理。已有二十多年的生产管理经验，被聘为中国滑动轴承标准化技术委员会委员和中科院嘉兴中心润滑材料与滑动轴承技术分中心副主任。中达公司在他的领导下已成为国内最大的自润滑材料与自润滑轴承生产制造企业之一。自公司1992年成立以来，他始终把科技创新作为公司发展之路，并亲自参与新产品的开发。2001年5月与上海材料研究所合资成立嘉兴市中达上材轴承有限公司；2005年5月与嘉兴市人民政府、中国科学院兰州化学物理研究所合资成立了中科院嘉兴中心润滑材料与滑动轴承技术分中心；2000年7月，与中国科学院兰州化学物理研究所合作成立滑动轴承研究与开发联合实验室。依托国内重点科研院所的强大研发能力，使公司的产品在技术含量及稳定性上始终处于国内领先水平。他深知企业要发展离不开高水准的企业文化，要建立高水准的企业文化离不开高素质的企业管理人才，在从外部引进人才的同时，充分挖掘内部资源，建立起一支强大的管理队伍，实行人性化的管理，建立一个上下同欲，上下同心的共同体，使公司内部团结一致，员工生产积极性高。平时他喜欢博览群书，扩大知识面，提高理论管理水平，时常出国考察，从世界各国企业管理理念中提取精华，不断加以完善和锤炼，形成具有鲜明自身特点的管理模式。在生产效益管理上，通过论证，他果断地选择了日本先进的5S生产现场管理模式，通过实践证明，在实施了5S管理模式后在生产环境，员工素质，生产效益，产品质量上都有了大幅度的提高，而生产成本则大幅度降低，增强了企业的市场竞争力。目前是中国滑动轴承标准化起草单位之一，同时还积极开拓国际市场，产品现已出口到欧美、东南亚、南美、非洲等全球30多个国家和地区。2006年被评为省高新技术企业。

张建义，女，中共党员，鞍钢历任科长、车间主任、厂长、经理、总经理、董事长等职务。张建义同志从1960年到1996年一直在鞍钢工作，从担任车间主任到厂长，连续创造九个企业，被鞍钢及鞍山市评为先进单位，先进集体。本人年年被鞍钢评为先进生产者，从1990年起至1996年连续6年被评为鞍钢劳动模范，鞍山市劳动模范，1993年被评为辽宁省十大女杰劳动模范，1994年被评为全国“三八”红旗手，全国十大女杰，1994年被评为全国冶金战线劳动模范，受到党和国家领导人的接见。该企业荣获了“辽宁省高新技术企业”和“辽宁省优秀海外学子创业企业”称号。自2002年以来，张建义带领全体员工一道狠抓科技进步，着眼于连铸三大件领域内高端产品的开发，经过2年多的努力、开发出了连铸“三大件”系列产品，特别在2004—2005年成功开发出FTSC.CSP.CONROLL等薄板坯连铸机使用的各式扁平型浸入式水口，打破国外垄断，填补国内空白。该产品2004年获河北省技术发明奖，2005年获鞍山市科学一等奖。

张录斌，男，出生于1955年1月，籍贯吉林洮南，满族，大学本科学历。中国人民解放军空军第八工程总队、中国航空港建设第八工程总队高级工程师、总队长、空军大校。他所带领的总队先后三次被上级评为先进党委，2003年荣记集体三等功一次，同年被表彰为“拥政爱民先进单位”，2004年被辽宁省授予“雷锋号”荣誉称号、2005年被表彰为“全国军民共建社会主义精神文明先进单位”、2006年被中国工程建设协会评为“全国安全生产优秀施工企业”。2001年，他被评为全军重点战备工程建设先进个人；2002年，被国家建设部授予全国建设系统百位建筑功勋人物称号；2004年，被沈阳市政府评为沈阳市安全生产先进工作者；曾荣立二等功、三等功各一次；有五项科研成果分别获军队和民航系统科技进步奖。近年来，率领团队先后完成了首都机场、大连国际机场、长春龙家堡国际机场等近百项军队和地方重点工程建设任务，完成产值近25亿元，实现利润三亿余元，上缴利税9 800余万元，且工程质量全部优秀，而每年的管理费用每年平均下降10%。总队的光荣事迹刊登在《解放军报》时事周刊（第一五七期）；《解放军报》（2004年7月7日、7月14

日)、《人民日报》议政与建言（第24期）均有关于总队的报道。

张林银，男，1961年9月出生，甘肃临泽人，汉族，大专学历，高级工程师。现任甘肃银先立达商贸有限责任公司董事长。甘肃银先立达商贸有限公司初创于1985年，是一家集房屋桥梁建筑施工、房地产开发销售、高科技绿色农业开发、农业机械制造、工厂化种猪繁育、餐饮住宿、休闲娱乐为一体的综合性民营企业。现有固定资产1.2亿元，流动资产5 800万元，员工380人，其中高级专业技术人员10名，中级专业技术人员52名，高、中层管理人员30多名，年实现销售收入6 800万元。公司成立至今先后荣获甘肃省“科技进步示范企业”、“发展非公有制经济先进企业”、“重合同、守信用企业”、张掖市“纳税先进单位”、“先进私营企业”、“精神文明单位”等荣誉称号。公司创始人，张掖市第一届党代表，市、县工商联副会长，市政协委员，县政协常委，市、县个体私营协会副会长，高级建筑工程师张林银同志，曾获第四、五届“全国优秀乡镇企业家”、“共青团中央星火带头人”、“新长征突击手”、第四、五、六、七届全省“优秀乡镇企业家”、“省光彩事业先进个人”、“省政协委员优秀企业家”、“优秀共产党员”、“纳税先进个人”等荣誉称号。

张翼，新疆建材设计研究院董事长。新疆维吾尔自治区建材工业协会副会长，新疆建筑业协会理事会理事。毕业于首都经贸大学，硕士学位，高级工程师，国家注册咨询师、注册监理工程师、注册建筑师。具有20余年的科研设计及企业管理经验，曾被授予新疆维吾尔自治区优秀专业技术工作者称号，是一个优秀科技工作者、优秀青年企业家。承揽大型工业项目众多，多次获得建材工业大、中型项目优秀工程设计、优秀咨询成果省、部级奖，在建材设计、科研领域做出了突出成绩。任院长期间，带领研究院不断发展壮大，完成自治区重点工程项目数百项，获得省部级优秀咨询成果，优秀工程设计奖数十项，项目的承揽已走出新疆，面向国际市场。在业内率先完成改企建制，使研究院成为西北地区行业内规模最大、资质最高、综合实力最强的设计研究院。2004年通过了ISO9000国际质量管理体系标准认证。

赵景耀，男，出生于1961年，原籍辽宁，满族，中共党员，本科学历，高级工程师，一级项目经理。中国建筑工程总公司山东分公司总经理。1984年毕业于哈尔滨建筑工程学院工民建专业，同年进入中建集团工作，任技术员、工长；1986年后，任中建总承包部项目管理部经理、项目经理、处长；1988—1994年赴中东、东南亚工作；1996年后，任中建总公司总承包部项目经理、项目管理部经理、中建国际国内事业部高级项目经理；2003年加入中国建筑工程总公司山东分公司。他所在的中国建筑工程总公司是中国最大的联合建筑企业。中国建筑工程总公司山东分公司于2002年10月正式在济南市设立机构运行，在山东区域内全权代表中建总公司开展施工承建业务。中国建筑工程总公司从1994年起连续被评为中国500家最大服务企业国际经济合作类第一名。自1982年公司组建到2005年8月，共承接合约额8.6千亿元人民币（以下同），完成营业额7千亿元，其中境外约占30%。2005年公司的资产总额已超过千亿元，是当之无愧的中国建筑业翘楚。在“神舟”号载人航天实验飞船工程中，其“火箭垂直总装测试厂房综合施工技术”获得国家科技进步一等奖；共获得国家级科技进步及发明奖30多项，各类省部级科技进步奖近500项，获得中国建筑业最高奖——鲁班奖80余项。

朱天社，男，出生于1964年8月。西安大天科技股份有限公司董事长，中国管理科学研究院特约研究员。1986年毕业于山东大学物理系，1991年于西安电子科技大学获硕士学位，并主持完成《中国国家雷达波隐身复合涂层》的研究工作。1992年研制成功水溶性铝箔涂色涂料，填补了国家空白；1994年创建西安大天胶粘剂研究所，任所长；1997年承担国家火炬项目—铝箔印刷的研究工作，解决了铝箔产品胶印难的国际问题，并获得“国家火炬奖”；1998年创办西安大天制胶有限公司；2000年创立了西安大天激光图像有限公司，主持研发的“DT—Ⅰ型”新一代可降解包装材料获国家科技部创新基金支持项目。他具有独特的创新能力和较高的经营管理水平，特别注重开发科技含量高、附加值大、符合国家需要的产品。发表技术论文多篇，并于2002年获“激光全息防伪铝箔”实用新型专利，申报了“激光全息防伪铝箔生产工艺”专利。1999年荣获共青团中央、科学技术部授予的“全国青年星火带头人标兵”称号，2000年被授予西安市劳动模范，2002年被授予“陕西省优秀企业家”等称号。创办的企业于1999年、2000年先后荣获“西安市青年科技示范企业”；“陕西省青年科技示范企业”称号，并被当地国、地税部门确认为“税收免检单位”。

建设管理

C

曹磊，男，1966年4月生人，汉族，北京人，中共党员，研究生学历。现任北京市房山区住房和城乡建设委员会主任。任职以来，加强对建筑、建材、房地产三大业的行业管理，三大业实现了又好又快发展。2010年三大业共上缴税金24.46亿元，同比增长18.42%。其中，上缴房山地税20.46亿元，占房山地税总收入的56.8%。建筑业实现了稳步发展，开复工面积2 081万平方米，同比增长10%；建筑业总产值达到266亿元，同比增长20%。建材业结构调整取得新进展，木塑等新型建材已成为区域经济新的增长点。房地产开发投资实现新突破，完成投资170.66亿元，同比增长85.7%。住房保障工作稳步推进。全年政策性住房共完成开复工面积114万平方米，超额完成了全年工作任务。同时，严格按照"三级审核、两级公示"的审核程序进行审核，有1 924户通过经济适用住房审核；713户通过限价商品住房审核；268户家庭享受廉租住房补贴，全年共发放廉租补贴75.6万元。攻坚克难，积极稳妥地做好房屋拆迁工作。

陈钦，男，1964年5月生人，福建福安人，汉族，中共党员，本科学历。现任福建东侨经济开发区房管局局长。1981年7月毕业于福建林校，1981年8月—1990年4月在柘荣县林业公安股（科）工作，1984年起任副股长（主持工作）其中：1987年9月—1989年7月在福建经济管理干部学院脱产学习，任工经系团总支副书记、班级团支部书记1990年5月—1993年9月任柘荣县堵坪乡政府副乡长，1993年10月—1996年7月任柘荣县东源乡政府副乡长1996年8月—1999年9月任柘荣县东源乡党委副书记。1999年10月—2002年2月任柘荣县农业机械化管理局副局长，1993年8月获得经济师资格，2003年11月被中国区域经济发展研究院聘为特邀研究员，2004年5月被确认为省房地产业专家库成员，2004年7月被中国科学家教育家企业家论坛确定为论坛会员，2005年6月获得高级职业经理人任职资格，2005年10月获得房地产策划师资格。被东侨开发区党工委管委会评为2007年度先进个人、2009年度优秀公务员。任东桥房管局局长期间，东桥房管局被评为"福建东桥经济开发区2009年度工作先进单位"、"福建东桥经济开发区2009年度民主评比政风行风工作先进单位"、"2009年度社会治安综合治理先进单位"、"深入学习实践科学发展观活动先进单位"、"福建东桥经济开发区2010年度工作先进单位"、"福建东桥经济开发区2010年度文明单位"、"2010年度民主评比政风行风工作第三名"等。

陈继国，大学学历，工程师。上海市第一建筑有限公司项目经理。曾经管理CT及X光机大型生产楼改建工程、新世纪大厦工程、久事大厦工程、上海展览中心加固大修工程、卢浦大桥工程、花旗（集团）大厦工程。2002年，上海展览中心加固大修改造工程荣获2001年度重大工程文明工地；同年，久事大厦主楼荣获2001年度上海市建筑工程"白玉兰"奖和2002年度中国建筑工程鲁班奖；2003年12月，花旗（集团）大厦荣获2003年度浦东新区文明工地；2004年2月卢浦大桥土建、花旗（集团）大厦被评为2003年度上海市文明工地等，为建筑事业做出了很大的贡献。他也屡获殊荣，先后被授予建工集团总公司优秀项目经理；一公司先进个人等荣誉。2006年，被授予"全国建筑业企业优秀项目经理"称号。

陈切顺，男，1970年10月3日生人，山东人，中共党员，大学学历，高级工程师。现任廊坊市交通公路工程有限公司经理，中国国际贸易促进委员会建设行业分会常务理事。1996年9月—2002年12月在公司任技术员，2002年12月—2003年12月在公司任技术质检科副科长，2003年12月—2004年9月在公司任工程生产科科长，2004年9月—2006年10月在公司任经理助理，2006年10月—2007年12月在公司任副经理，2007年12月至今廊坊市交通公路工程有限公司经理。先后参与和主持建设了30多项路桥建设工程，其中21项获省优工程，一项获全国优质工程，一项获河北省质量评比第一名，两项获"河北省建筑工程安济杯奖"；他主持参与的《唐通公路香河段路面包角石质量控制》QC成果荣获"河北省交通行业优秀质量管理小组"；《提高水泥混凝土桥面铺装平整度》、《京津36合同路面》两项QC成果荣获2008、2009年度河北省科技质量成果奖；保阜高速上塔跨谷大桥《提高高墩悬挂翻模施工混凝土表现质量》QC成果获"全国交通行业2009年度优秀质量管理小组及成果奖"。2009年8月被中国交通企业管理协会授予"部级QC小组活动卓越领导者"称号。曾在国家级报刊表发科技论文7篇。其中《浅析对SMA沥青混合料路面施工控制》论文，被评为2008年度一等奖；另外2篇被评为科技论文二等奖，一篇被评为优秀论文。两项科研项目《回弹法地区专用测强曲线的建立与应用研究》、《先简后支连续T形梁桥设计及施工优化研究》已得到河北省交通厅批准立项，目前已取得阶段性成果。连续六年获交通运输局嘉奖并荣立三等功一次，多次被评为廊坊市、市直工委、交通运输局优秀共产党员、十大优秀党员标兵、青年岗位能手、安全生产工作先进个人。2010年4月被中国国际贸易促进委员会建设行业会评为"2009中国建设行业百名管理英才"。2010年8月10日，他还被推选为河北省第十三届运动会火炬手，圆满完成了省运会火炬传递任务。

陈一龙，男，汉族，大专学历，高级工程师。1979年加入中建集团，历任中建一局四公司一处主任、工程项目副经理、五处副主任、建丽装饰公司副经理、经理、中建一局四公司副总经理、北京中建华腾装饰工程有限公司董事长、中建一局建设发展公司总经理助理等职务。2004年4月至今任中建一局集团公司总经理助理，2004年12月起兼任中建一局装饰公司董事长、党委书记。现任中建一局集团公司总经理助理，兼任中建一局装饰公司董事长、党委书记。先后荣获"中国装饰协会优秀企业家"、"中国品牌建设杰出企业家"等荣誉称号。

陈兆龙，男，1968年8月1日出生，高中文化，1974至1979年在湖北省通山县第二小学读书；1985年10月至1986年12月在通山县通羊文化站工作；1987年开始从事个体经营，1992年与兄一起创办湖北华南石材有限公司任总经理至今。2010年被推选为北京湖北通山商会执行会长。湖北省通山县华南石材有限责任公司曾用名华南大理石厂，成立于1992年8月，位于湖北省通山县城内，在交通便捷通讯发达的广东云浮设有直销点与加工厂，在北京、上海、韩国均设有分公司。总公司原注册资金1 000万元，现占地面积5万平方米，红外线桥切机四台，全自动16头连续磨抛机两台，配置先进的上扶式大理石钻石排锯机。生产复合板的流水线两条，机器共一百多台套，年生产光板10万平方米，生产复合板20万平方米。公司复合板于1999年4月7日已申请国家专利，通过5年连续测试，该产品耐高温高压、光洁度高、防滑、防渗透、弯曲强度都超过两倍厚度通体石材。通过国家建筑材料工业石材质量监督检验测试中心测试，检验结论为A类装修材料，产销与使用范围不受限制，是难得的用于高层建筑的优质材料。北京分公司占地面积8 000平方米，毛光板及成品库存量达20 000多平方米，红外线桥切机两台，花线机，水刀切割机、仿型机，磨边机等异型机器，设备齐全，具有强大的加工实力，可承接各类大小工程。我公司是国内唯一能同时生产复合板、通体板且实力强大的厂家，产品价格低、质量好已深受广大用户欢迎，公司成立以来，完成大中工程数百项，许多是国家和地方的重点工程。涉及的类型有：五星级酒店、大型综合市场、高级写字楼、银行、娱乐城、国际公寓等。2010年9月成为中国建筑装饰协会会员单位；同年9月公司研发的保温节能石材被中国建筑装饰协会推广为全国适用产品。

陈之泉，男，1937年11月出生于山西省。1960年毕业于天津建筑工程学院。高级工程师、英国牛津布鲁克斯大学荣誉博士。广东省土木建筑学会理事长、广东省房地产行业协会终身名誉会长。广东省城市管理学会副会长。广东省建设委员会原主任、广东省九届人大原常委会委员。岭南诗社原副社长。从事基础工程施工23年；担任广东省正、副厅级干部21年。独著有《论生存空间》、《论城市空间》、《循环经济》（共60多万字），与袁乐清合著《循环经济在广东》一书。发表论文百余篇，其中有数十篇荣获金奖和特别金奖。国内较早发表循环经济论文的作者。还出版有《陈之泉金奖书法艺术》、《陈之泉墨韵》等四本书法著作。书法作品及其简历已入编《名家名作》——中国当代领军书法名家沈鹏、陈之泉、李铎（三人集）、《书法五杰》、《中国艺术大师（八人集）》、《中华传世名家——陈之泉专集》、《中国实力派名家十杰——陈之泉书法》等60多部专著。被各地艺术团体聘任的荣誉职务有数十个。在国内外各类书法活动中荣获的金奖和特别金奖共80多项。1995年荣获国家经济贸易委员会“全国发展散装水泥先进工作者奖”。1996年荣获广东省委、省政府“省直机关领导干部先进个人奖”。1999年荣获全国人大环资委“中华世纪行先进个人奖”。2007年被广东省土木建筑学会评为“广东省土木建筑优秀人才”。2008年被广东省政府评为建筑节能先进个人。2009年在“时代周报”组织的“建国60年——粤派地产风云榜系列评选活动”中，被评为“粤派地产十大贡献人物——粤派地产领路人”。

D

丁志诚，男，超大直径隧道建设的指挥者。上海隧道工程股份有限公司副总工程师兼上中路项目部经理、高级工程师。曾荣获市建高功臣、市重点建设工程科技明星等荣誉称号。他是国内大直径盾构越江工程施工技术的资深专家，曾参与和主持了打浦隧道、延安东路南、北线隧道、外滩观光隧道、广州地铁二号线、深圳地铁一号线，上中路隧道等多项越江隧道工程《延安东南线施工技术》获得建设部科学技术进步二等奖，《大型泥水配合盾构监控系统，施工参数及地面沉擎控制研究》获得上海市科学技术进步一等奖，《外滩观光隧道工程技术研究》获得上海市科学技术进步二等奖。

董俊明，男，汉族，出生于1954年3月，原籍哈尔滨市，大专学历，工程师，现为明达建筑企业集团董事长，哈尔滨市呼兰区人大常委委员，哈市政协委员，民进黑龙江省委委员，民进哈尔滨市委常委委员，民进呼兰区总支主任，省、市中小企业协会副会长，省、市合同信用协会理事，省、市建筑工程质量监督管理协会副会长。在他的领导下，企业从成立至今共建楼房300多万平方米，荣获国家、沈长哈三市、黑龙江省及哈市优质工程奖和安全生产奖300余项。其中，哈尔滨理工大学图书馆工程获全国2003年以来安全文明生产之最、省优质工程、沈长哈三市样板观摩奖等荣誉。2003年承建的“佳木斯大学国际交流中心”工程得到了李铁映副委员长的充分肯定和赞扬。他从不拖欠农民工工资，还为农民工办理了安全保险并创办农民工学校。共为社会公益事业出资出物280余万元。企业多次获得省、市“文明建设单位”、“质量管理先进单位”、“安全生产金牌奖”、“百强企业”、“利税大户”及国家“守合同重信用企业”等称号。他带领的民进呼兰总支被评为“全国先进基层组织”称号。他多次被哈尔滨市政府授予“光彩企业家”，获得省、市“优秀企业家”、“第四届全国乡镇企业家”、“省第九届劳动模范”、“黑龙江省诚信企业家”、“国家、省创业之星”、“省杰出民营企业家”等称号。

段维鹏，男，1955年2月生人，汉族，北京人，中共党员，研究生学历。现任北京市房山区人大常委会副主任。为了推进区域建筑业、建材业、房地产业的发展，与建设部、市建委等有关部门的专家学者保持经常性的联系，为我区三大业的发展把脉、定位，提出了以“三业联动”为主线，加快“三个一体化”建设，发挥“五个中心，作用，建立“五大管理体系”，实施“六大发展战略”。“三业联动”就是以房地产开发为龙头，以建筑业为主体，带动建材及其他相关产业的发展，三业相互依存、共同发展。“三个一体化”即融资开发一体化、开发施工一体化、设计施工一体化。“五个中心”即指导大集团成为决策中心、人才中心、管理中心、融资中心、技术指导中心。“五大管理体系”即指导大集团建立和完善招投标体系、合同管理体系、施工现场管理体系、工程核算管理体系、技术创新体系。“六大发展战略”即三业联动战略、人才战略、科技创新战略、名牌战略、多元经营战略、走出去战略。

F

范集湘，男，1954年10月出生，四川自贡人，汉族，中共党员，研究生学历，高级经济师，具有高级职业经理人、一级项目经理、水利水电一级建造师、造价工程师、建筑工程招标评标专家、监理工程师执业资格。享受中国国务院政府特殊津贴专家。现任中国水利水电建设集团公司总经理（法定代表人）。兼任中国非洲友好协会副会长、中国经济社会理事会常务理事、国家水电可持续发展研究中心管委会副主任、中国水力发电工程学会副理事长、中国国际经济交流中心理事、中国企业联合会/中国企业家协会理事、中国电力企业联合会常务理事、中国国际贸易促进委员会建设行业分会理事等职务。1976年12月参加工作，曾任中国水电七局（中国水电集团最大子企业）副科长、副处长、局长助理兼副总经济师、副局长兼总经济师、局长，中国水电集团副总经理。获得“中国优秀施工企业家”、“中国电力行业优秀企业家”、“中国国际投资贸易洽谈会跨国公司杰出人物”、“全球华商领袖”、“四川省有突出贡献的优秀专家”、“抗震救灾优秀共产党员”等荣誉称号。

方世杰，山东高速公路股份有限公司副总经理。出生于1953年，本科学历，工程师。1977年参加工作，先后任昌潍地区公路段路工科技术员，高密县交通局路工股副股长、股长，高密县公路站站长、公路局副局长，济青公路第七合同段监理处副驻地工程师；1994—1999年，任济青高速公路管理局高密管理处处长；1999年起，任山东高速公路股份有限公司济青高速高密管理处处长；2003年5月起，出任山东高速公路股份有限公司副总经理。长期从事交通公路行业的管理工作，具有丰富的路桥建设管理经验。2001年被评为全省高速公路建设突破2 000公里先进个人，2002年被省人事厅、交通厅授予全省市市通高速公路先进个人，荣立三等功。他所领导的企业一直致力于山东省公路交通事业的发展，同时，按照现代企业制度的要求，强化管理，规范运作。2001年12月，顺利通过了ISO9001质量体系认证，成为山东省第一批符合ISO9001—2000版标准要求的运营路桥。2002年，荣获山东省管理创新优秀企业称号，成为山东省首批获此殊荣的62家企业之一；2004年再获山东省管理创新十佳企业称号。

G

盖文生，男，河北省行唐县，汉族，1944年6月出生，现任河北省小城镇规划建设协会会长，1986年被评为经济师，现相当于高级经济师。1966年在共青团中央团校脱产学习马列主义一年，1986年毕业于中共河北省委党校，党政专业，大专学历。先后任石家庄革命委员会、石家庄地区行署、中共石家庄地委办公室干事、副科长、科长，石家庄地区房管处副处长、档案局副局长、石家庄地区、石家庄市建设委员会副主任。2002年至今，被住房和城乡建设厅聘任为河北省小城镇规划建设协会会长。主持协会工作以来，先后起草了《河北省小城镇建设改革志》、协会章程、工作报告及各种规章制度，主持编辑《河北小城镇建设动态》和《河北小城镇》内刊，成立河北小城镇网站，被评为河北省村镇规划一级评审委员，协助建设主管部门培训、组织大型会议、规划评优、新民居图集、调研，举办河北小城镇成就展、研讨会、论文评选、论坛，以协会名义承担了“三集中”、“镇域规划编制方法研究、污水处理、环境治理、河北农村新民居建筑节能一导则、新民居建设标准等课题研究”。为河北省村镇规划建设做了大量工作，发挥了民间组织重要作用。由于协会成绩卓著，2010年本协会被评为河北A级四星级协会，受到上级及有关部门的表彰。

勾学武，汉族，男，1959年6月出生，本科学历。1976年12月入伍，历任河南省武警总队战士、班长、秘书、参谋等职。1989年8月转业至河南省人事厅军转办任秘书。1996年7月任河南省军安中心副主任，主持全面工作。2002年5月，军安中心脱钩改制后，任河南省军安实业服务中心有限公司董事长。2006年1月起，先后在河南省军安实业服务中心有限公司任总裁、总顾问等职。勾学武同志作为一名老转、一名老党员，无论在什么岗位都表现出良好的领导与组织才能。自创立省军安中心到成立河南军安实业有限公司，为了让更多军转干部安居乐业，他亲自组建并带领老兵团队，白手起家，忍辱负重，奋力拼搏，先后在省会郑州建成多个军安小区，累计总建筑面积30多万平方米，解决了近3 000名退现役军人的住房难问题，在房地产领域开创了一条自主择业、自我安置、自我发展的军安之路，为军队建设、经济发展和社会和谐做出了积极的贡献。在企业发展壮大的同时，勾学武同志永不忘记是一个兵和对社会的责任。自2004年以来，他以公司的名义，先后为郑州首届世界传统武术节大会、河南省军转干部培训班、中国拥军网等提供赞助或支助，还为驻藏士官许丕义雪中送炭，解决其生活上的困境，为此得到了军队和地方各界的一致好评。

谷自修，男，长垣县人，本科学历，汉族。1977年8月至1995年12月，历任县建筑队二建公司城乡建设工程公司技术员，副经理；1996年1月至2002年4月历任城关镇乡镇委副主任，县工商联副会长，长城建筑安装公司经理；2002年5月至今，任县工商联副会长、城关镇人大副主席，长城集团公司董事长、总经理。连年被长垣县委、县政府评为“优秀企业家”、“功勋企业家”、“长垣县富民功臣”、“新乡市优秀人大代表”、“长垣县优秀政协委员”；2003年被评为“新乡市十大杰出青年”、“新乡市首届杰出青年民营企业家”、“新乡市建设系统先进工作者”、“新乡市2003年十大纳税明星”；2004年被授予新乡市“五一劳动奖章”，被评为“新乡市优秀社会主义建设者”；2005年被聘为“新乡市建筑业协会第四届理事会常务理事”，他的事迹曾先后被《人民日报》、《中国政协报》、《民营财富》、《当代人才》等多家报纸、杂志进行了报道。

顾爱斌，男，汉族，1954年出生，上海人，工商管理硕士。上海体育场地建设开发有限公司、上海申奥工程有限公司总经理，上海运动草坪景观工程有限公司董事长；中国建筑协会体育建筑专业委员会委员、上海市发改委咨询专家库专家、高级管理咨询师，上海市体育场馆协会、上海市汽车摩托车协会副秘书长。曾于1978年和1979年被上海市体委评为“市体育先进工作者”；1993年被成都路高架指挥部予以“记功表彰”，1998年被上海市政府实事办公室授予“建筑功臣”的称号；2005年被建设部中国建筑文化中心、中国建设报社、中国管理科学院等单位评为“2005年中国建设行业百名管理英才”；2007被中国工程建设市场监督协会授予“全国工程建设优秀企业家”，同年被中国市场调查研究中心和中国企业信用评价管理中心授予“中国诚信优秀企业家称号”。在工作期间曾写下数十篇论文和有关文章，发表在《建筑学报》、《发现》等部和市级杂志上，其中“略论八运会场馆建设特点”一文，被选为1999年国际建筑协会第20届世界建筑师大会体育与休闲设施建设与管理报告作书面交流，并参加2002年首届知识经济“创新杯”中国人文社科成果优秀论文大赛获一等奖，2003年被《发现》杂志社，中国管理科学研究学术委员会入选《中国当代思想宝库》。《谈体育建筑的个性》一文，在“2004年管理、调研、实战、创新优秀学术成果论文”评选活动中被评为一等奖。此外，在2000年受上海市体育局的委托，主持编辑并出版发行《上海体育建筑》一书。

郭建平，男，汉族，1967年10月15日出生，工程师。1984年9月至1988年7月就读于厦门建专工民建专业；1990年9月至1993年7月就读于福州大学工业与民用建筑专业；2004年10月至2006年10月参加“中央党校第六届民营企业家工商管理（MBA）研究生班”学习；2005年1月至2007年1月参加“北大实战型房地产总裁研究班”学习。1988年8月至1994年4月就职于龙岩市税务局；1994年5月至2003年9月任龙岩市龙兴建设开发公司总经理；2003年9月至2003年12月任龙岩市龙兴建设开发公司总经理、兼任龙岩市西陂建筑公司总经理；2003年12月起任福建恒亿建设集团董事局主席、总裁；福建恒亿建设集团有限公司董事长；香港恒亿国际发展有限公司董事长；厦门恒亿矿业科技有限公司董事长；龙岩市龙兴建设开发有限公司董事长；福建凯业投资发展有限公司董事长。郭建平同志先后荣获“2006年度中国经济百名杰出人物”、“全国建筑行业百名管理英才”、“福建省2006年度十大杰出经济人物”、“福建省五一劳动奖章”、“福建省第二届青年创业成就奖”、“龙岩市劳动模范”等荣誉。同时，郭建平同志还兼任“福建省企业与企业家联合会副会长”、“福建省个私企业协会副会长”、“福建省工商联合会（总商会）执委”、“福建省青年企业家协会副秘书长”、“福建省房地产协会理事”、“福建省乡镇企业协会理事”、“龙岩市第二、三届人大代表”、“龙岩市工商联合会（总商会）副会长”、“龙岩市青年企业家协会副会长”、“政协厦门市湖里区第六届委员”、“龙岩市新罗区第十四、十五届人大代表”、“龙岩市新罗区建筑业协会会长”、“新罗区商会副会长及中城分会会长”、“龙岩市公安局巡警支队行风监督员”等社会职务。

H

韩永宁，男，出生于1953年，毕业于上海香港大学—复旦大学专业继续教育学院房地产高级工商管理（EMBA）专业，建筑工程师，先后成功主持开发了“永宁小区”、“杨家巷”、“长生苑”、“什字街旧城改造”、“南充花园”、“维多利”等近80万平方米的商品房和住宅小区。历任：南充市政府流建办公室工程技术科科长；南充市建筑工程总公司副总经理；现任四川永宁集团董事长（注册资金1 338万元）；南充市果州房地产开发有限责任公司董事长兼总经理（注册资金5 000万元）南充市巨能建筑机械化工程公司总经理；南充市维多利精品家居广场总经理；南充市果州酒店总经理，1988年考取建筑工程师职称；1992年发明的“笆笼式钻捞合一钻头”获国家专利局实用新型发明专利，并获得中国“爱迪生杯”金奖，入选《中国当代发明家大辞典》；曾获得南充市政府的优秀科技成果奖励与先进科技工作者奖；曾多次发表代表论文，其1993年发表的“桩基础及其质量控制”论文被编入《四川省十五届土木建筑学会年会优秀论文集》。从80年代初至今，曾历任原南充市建筑学会副秘书长、南充市政协委员、南充市顺庆区政协委员、南充市顺庆区侨联副主席、南充市侨联常委。

胡宏哲，男，汉族，高级工程师。大学学历，中铁三局集团电务工程有限公司董事长。1984年7月21日兰州铁道学院毕业，他领导的公司是一支技术密集型、专业多元化、人才储备多、施工能力强的专业施工队伍。公司现有员工1 735人，其中高中级技术人员246人。拥有各类大型机械设备及专用高端仪器仪表400余台（套）。通过了ISO9001质量管理体系及英国（UKAS）皇家皇冠标志认证、ISO14001环境管理体系和OHSAS18001职业健康安全管理体系认证，2003年9月获得国家认证认可监督管理委员会批准的“中华人民共和国计量认证合格证书”，年施工能力在10亿元以上。荣获国家首批守合同重信用企业、全国优秀施工企业、全国铁路安全生产先进单位、全国职工读书自学活动先进单位、全国优秀QC小组、中华全国铁路总工会“火车头奖杯”、山西省“守合同重信用企业”先进单位、山西省优秀建筑企业、山西省安全生产创新单位、山西省五一劳动奖状、山西省职工职业道德建设先进单位等荣誉，银行信用等级连续14年被中国建设银行评为AAA级。

黄安中，男，出生于1963年，厦门大学EMBA毕业，高级经济师，汉族，现任中建材国际装备有限公司董事长兼任中建材集团进出口公司总经理、党委书记。他具有敏锐的市场洞察力和国际化企业家的独特视野，2005年果敢决定进入国际工程总承包市场，先后与沙特、也门、约旦、埃塞俄比亚、苏丹、利比亚等国签订多条大型水泥装备总承包合同。针对海外项目管理工作的艰巨性和复杂性，他积极研究国际工程总承包项目运作与管理中存在的问题，对海外工程建设提出了一整套崭新的管理理念和方法，使公司实现了海外项目质量、进度、安全、成本等四个方面的有效控制。中国建筑材料集团公司是1984年经国务院批准设立的国家级建材行业管理公司，2003年成为国务院国有资产监督管理委员会管理的中央企业。是中国建材集团成员企业，致力于我国建材装备出口、海外工程承包和劳务输出的大型平台。公司发挥其在成套设备出口方面的经验及技术优势，并不断提升其在成套装备出口方面的整体水平和国际声誉，在海外工程项目的开拓及建材、轻工机械的出口方面取得了巨大进展。公司在海外成套装备出口市场已有了良好的开端，在多个国家建立了海外分支机构，并形成了一批长期稳定的客户群。2006年被国务院国家资产监督管理委员会授予“中央企业优秀共产党员”称号，2008年享受国务院政府特殊津贴。

黄金星，男，1966年6月生人，籍贯福建，汉族，大学学历。现任福建路港（集团）有限公司董事长。一级建造师（公路、港口与航道、水利、市政）高级工程师（路桥），1987—2003年，任职于福建省水利水电工程局。2005年创办福建路港（集团）有限公司，在职期间，工作认真负责，责任心强，自觉遵守安全规章制度，能独当一面处理各项工作事务，并能协调好各部门之间的关系；在25年的工作经验中，积累了丰富的工作经验，曾参与了泉三高速公路、永春下洋隧道、南平浦城高架桥等各个工地的工地建设，熟悉现场管理及施工作业等各项工作。2005年独资创办福建路港集团有限公司，在公司创办五年里，福建路港集团从无到有，从小到大、从弱到强，如今已经成为具备市政、港航、房建、水利、公路等多项资质的综合型国家一级施工企业，被泉州市住建局誉为“资质覆盖面最广、发展速度最快”的民营企业，在泉州市民营企业中发挥了“领头羊”的作用，并连续3年被评为“泉州市先进企业”。2010年完成产值超30亿元，上缴利税超4 000万元。

黄文江，男，1954年8月13日生人，汉族，北京人，中共党员，大学本科学历，高级工程师。现任北京市房山区城乡建设委员会副主任。1971—1975年北京市房山县水泥一厂工人，1975—1981年北京市房山县水泥二厂技术员，1981—1991年北京市房山区水泥二厂副厂长，1991—1995年北京市房山区水泥二厂厂长、党总支副书记1995—1998年，北京市房山区工业总公司副经理兼水泥二厂厂长，1998年至今北京市房山区城乡和建设委员会副主任。自担任北京市房山区住房和城乡建设委员会副主任工作以来，用创新的思维，引领行业发展，在完成建筑、建材、房地产三大业、房屋管理、保障性住房、小城镇及新农村建设等工作的前提下，积极参与完成了北京市房山区五大功能区和国家、市、区重点工程，土地一级开发建设的各阶段性任务，得到全区上下及社会各界的高度肯定。面对拆迁工作，他攻坚克难，采取切实有效的措施使全区的房屋拆迁工作有了新的突破。通过科学谋划、狠抓落实，扎实推进政策性住房责任目标，有效地加快了我区城市化进程，破解了城中村、棚户区改造的老大难问题，为全区住房困难家庭提供了充足的保障性住房。他为推动房山“三化两区”建设做出了积极贡献。

黄云贵，四川省建筑企业优秀经理。男，出生于1948年6月，汉族，大专学历，中共党员。四川泸州市第三建筑工程公司总经理、法定代表人，工程师。1963年参加工作，曾任驻西藏山南地区施工队队长（1985年援藏）。历任公司经理、工会主席等职。1991年至今，连任泸州市第三建筑工程公司总经理。主持泸州市第三建筑工程公司工作以来，多项工程荣获市优和部优工程奖。公司获得四川省省级“重合同、守信用”企业称号；在泸州市建筑企业中，首家荣获市级“社会治安综合治理模范单位”和市级“文明单位”称号；荣获了“四川省百强先进建筑企业”、“四川省建筑安全生产先进企业”、“全国质量稳定合格企业”、“全国行业质量示范企业”称号；省政府命名的“施工AAA级信誉”；“设备管理优秀单位”、“质量、信誉双信单位”、“工程质量信得过单位”等多项荣誉。

J

江卫，1952年5月生人，汉族，中共党员，高级政工师、工程师，历任山东淄博矿务局岭子煤矿党委书记、矿长；淄博矿务局生产副局长、安监局局长、党委常委；枣庄矿业集团董事长、党委书记，兼任枣庄矿业集团中兴建安公司董事长等职。江卫同志先后荣获了山东省富民兴鲁劳动奖章、全省煤炭工业科技兴煤优秀工作者、山东省劳动模范、全国煤炭工业优秀企业家、全国煤炭行业优秀施工企业家等荣誉称号。枣庄矿业集团中兴建安工程有限公司，2001年7月，经山东省煤炭工业局批准，更名为枣庄矿业集团中兴建安工程有限公司。枣庄矿业集团中兴建安工程有限公司主要由原煤炭工业部批准具有矿山建筑与安装一级资质的枣庄矿业集团公司所属第三工程处、第四工程处和具有矿山建筑安装二级资质的第五工程处（中兴综合注浆公司）成建制合并组成。原第四工程处（房屋建筑）始建于1966年，山东省建筑企业100强企业，1999—2003年连续5年被评为枣庄市文明单位，2004年获得省级文明单位称号。2004年11月4日获得了北京世标认证中心颁发的质量管理体系符合GB/T1901—2000 idt ISO 9001：2000，职业健康安全管理体系符合GB/T28001—2001认证证书。公司现有建设部批准的“矿山工程施工总承包一级资质”、“房屋建筑工程施工总承包一级资质”及山东省建筑工程管理局批准的“机电安装工程施工总承包二级”、“公路工程施工总承包二级”、“地基与基础工程专业承包二级”、“钢结构工程专业承包二级”“管道安装工程专业承包二级”、“商品混凝土专业三级”等资质。

K

柯文进，男，1958年2月生人，汉族，江苏省海安县人；研究生学历，博士学位，教授，博士生导师，中共党员。首都经济贸易大学党委常委、党委书记，中国建设教育协会副会长；中国建设教育高等教育学会会长。国务院政府特殊津贴获得者。1982年8月，毕业于中国矿业大学工程力学专业，留校任教；1987年9月，任中国矿业大学团委书记；1989年11月，任中国矿业大学党委宣传部副部长；1992年3月，任中国矿业大学党委宣传部部长；1993年8月，任中国矿业大学党委办公室主任；1994年4月，任中国矿业大学副校长；1997年11月，兼任中国矿业大学北京研究生部代主任；1997年11月至2002年12月，任中国矿业大学党委常委、副校长、中国矿业大学（北京）党委副书记、副校长（主持工作）；2002年12月至2008年6月，任北京建筑工程学院党委书记，中国矿业大学（北京）文法学院、中国矿业大学（北京）管理学院兼职教授、博士生导师；2008年6月起，任首都经济贸易大学党委书记，负责学校党委全面工作，主管学校党政办公室工作。

L

李保田，男，汉族，1955年10月出生，河北省涿州市人，工程师，大专学历，中共党员，现任天保集团党委书记、董事长，涿市人大常委会常委，中国国际贸易促进委员会建设行业分会副会长。1973年8月至1974年12月任涿县南马公社政府职员；1974年12月至1978年2月在石家庄27军服役，任基建班班长；1980年2月至1989年3月任涿州市南马建安公司副总经理；1989年4月至1998年3月任涿州市南马建安公司总经理；1993年9月至1996年4月任涿州市南马经联社社长兼建安公司总经理；1998年3月至2004年10月任涿州市天马建筑工程有限公司董事长兼总经理，期间，1996年4月至2000年12月任涿州市松林店镇人民政府副镇长；2004年10月至2008年12月任涿州市天马建工集团有限公司董事长；2008年12月至今任天保集团董事长。1998年他积极响应国家改制政策，将原南马建安公司改制为股份制公司，更名为涿州市天马建筑工程有限公司。2004年10月，经涿州市政府批准，将公司改组为集团公司，更名为涿州市天马建工集团有限公司。为使企业走向国际化、多元化，2008年12月，经国家工商总局核准，企业名称再次变更，更名为天保建设集团有限公司。作为天保建设集团有限公司的创始人，李保田认真负责、严格管理，对各届友人以诚相待、诚实守信。通过多年的友好合作，赢得了良好的社会信誉，先后取得了各级政府及行政主管部门授予的各种荣誉，被涿州市人民政府授予“捐资助教先进个人”称号；连续被中共涿州市委授予“优秀中国特色社会主义事业建设者”、“双好企业经营管理者”称号；被保定市人民政府授予“保定市安全生产‘迎国检’先进个人”、“市优秀企业家”称号、“敬老奉献先进个人”、“民营经济年度人物优秀奖”、“保定市优秀科技工作者”称号、“保定市劳动模范”；被中共保定市委授予“全市抗震救灾优秀共产党员”称号；被河北省总工会授予“全省工会促进再就业先进个人”称号；被河北省建筑业协会授予“省工程建设QC小组活动优秀管理者”称号；被河北省人民政府授予“第四届河北省优秀中国特色社会主义事业建设者”、“优秀企业管理者”、“省劳动模范”；被中国住建部评为“全国建筑业优秀企业家”等称号。天保建设集团有限公司始建于1984年，拥有房屋建筑施工总承包一级、园林古建专业承包一级、钢结构工程专业承包一级、建筑装修装饰工程承包一级，起重设备安装、幕墙、园林绿化、市政公用工程、文物保护等九项国家级资质。

李成伟，男，汉族，1962年2月生，四川省大邑县人，1987年7月加入中国共产党，1983年8月参加工作，成都市委党校政治专业毕业，大学本科学历。现任大邑县房管局党组书记、局长。1980年9月—1983年7月温江师范专科化学系学习 1983年8月—1985年3月邛崃东安中学教师 1985年3月—1991年5月中共大邑县委党校工作（其间1987年7月—1989年9月成都市委党校政治专业学习）1991年9月—1996年4月中共大邑县委党校教育科副科长 1996年4月—2000年9月中共大邑县委党校副校长 2000年9月—2001年10月大邑县教育委员会党组书记、主任 2001年10月—2006年11月大邑县教育局党组书记、局长，中共大邑县第十一届县委委员 2006年11月—2007年4月大邑县教育局正局职干部 2007年4月—2008年4月大邑县房管局副局长、党组成员主持全面工作 2008年4月至今大邑县房管局党组书记、局长。

李汉国，男，大连重点工程建设指挥部总指挥。他所在的大连港重点工程建设指挥部成立于2002年8月，是大连港集团港口基础设施与技术改造工程的项目实施管理单位。指挥部其中80%以上为工程、造价、合同等专业技术人员。从成立至今，大连港重点工程建设指挥部不仅成功建设了国内最大、最先进的大连30万吨级原油码头及大连港30万吨矿石专用码头，而且还建成了国内规模较大的新港油品装卸场站工程，环渤海最大的大连港沉箱预制场工程，以及新港海滨60万立方米原油储罐工程、大窑湾一期铁路分区车场工程、大窑湾港铁六号立交桥工程、大窑湾11#、12#集装箱泊位工程、甘井子散粮筒仓建设工程等一批重点工程建设项目。

李焕军，男，汉族，1963年8月28日生人，江苏省姜堰市人；1993年2月加入中国共产党，1980年参加工作，哈尔滨工业大学工业会计、建筑工程专业函授大专毕业，江苏广播电视大学行政管理专业本科毕业，高级工程师、高级会计师职称，国家一级注册建造师执业资格。现任姜堰市建管局副局长，兼任锦宸集团有限公司董事长、总经理、支部书记，泰州市民兴实验中学董事长，黑龙江省金厦建设开发有限公司董事长等职，系哈尔滨市道外区十四届人大代表，2000—2005年连续被评为姜堰市建筑业优秀企业经理，2004年被评为泰州市第四届优秀企业家、江苏省建筑业优秀企业经理；2005年被评为江苏省建筑业优秀企业家。1981—1990年任梅垛建筑公司会计、财务科科长。1991年，任姜堰市二建公司上海工程处会计。1992—1994年任二建公司财务科副科长兼任大庆工程处会计。1995年，任姜堰市建工局驻大庆办事处副主任。

1996—1998年10月任姜堰市建工局驻大庆办事处主任，黑龙江省金厦建设开发有限公司经理。1998年10月至2002年任姜堰市二建公司经理，黑龙江省金厦建设开发有限公司经理，泰州市民兴实验中学董事长。2003年2月至2004年10月任姜堰市二建建设集团有限公司董事长、总经理、支部书记，黑龙江省金厦建设开发有限公司经理，泰州市民兴实验中学董事长。2004年10月至今任姜堰市建管局副局长兼任锦宸集团有限公司董事长、总经理、支部书记，黑龙江省金厦建设开发有限公司经理，泰州市民兴实验中学董事长等职。

李继华，男，出生于1954年12月27日，1974年1月至1990年10月在中国人民解放军后勤部汽车团任排长、指导员、团政治处组织股股长；1990年10月至2002年3月任四川省眉山县建设局副局长、局长；2002年3月至2008年4月任四川省眉山市房管局局长；2009年6月至今任四川省眉山市房地产业协会会长。1984年参加建国三十五周年北京阅兵荣立三等功；1999年被国家建设部和国家人事部评为先进工作者；任四川省眉山县建设局局长期间将眉山县县城规模由2平方公里扩大到14平方公里；任四川省眉山市房管局局长后迅速理顺关系，积极支持和帮助房地产企业，开发房地产平均每年以100万平方米迅速发展；任四川省眉山市房地产业协会会长期间积极努力为房地产企业服好务被四川省房地产业协会评为先进单位。

李建宏，山西省第三建筑公司副总经理兼二分公司经理。从参加工作起，在先后完成的施工项目中，分别获得国家建设部最高质量奖鲁班奖一项；山西省最高质量奖汾水杯二项；山西省优良工程奖四项；山西省科技示范工程奖五项；山西省安全文明工地奖五项；太原市优良工程奖五项。先后在国家级刊物上发表：聚乙烯丙纶复合型防水卷材的使用、竹胶合板在框剪结构中的应用、TLC早拆体系的施工运用、大面积灯具安装、冬施抹灰的质保工艺措施等论文五篇，编写的《土木复合加筋带地基处理工法》荣获省级工法一项，获山西省QC成果奖二项。2002年3公司对组织机构进行了重大调整，我临危受命，白手起家组建了二分公司，经过七个多年头的苦心经营，使一个从四万元起步的二分公司，逐步的从小创大，由弱变强，如今，发展成为公司的中坚力量，年承揽任务1.5亿元，完成产值1亿元，职工收入翻了两番。

李廷树，男，1950年4月6日，汉族，中共党员，大学本科学历，高级工程师。现任北京市房山区建筑行业协会秘书长。1973—1980年北京市房山县城市建设局工作，科员，1980—1986年任北京市房山县基本建设委员会；科员1987—1992年任北京市房山区规划局，科长、办公室主任，1993—1994年任北京市房山区建设管理委员会，副主任1995—1998年任北京市房山区建工集团，副总经理，1998年5月至今北京市房山区建筑行业协会秘书长李廷树同志自担任协会秘书长工作以来，坚持科学发展观，积极引导建筑行业认真落实国家有关产业政策，努力促进行业健康发展。在工作开展中，他领导协会从加强自身建设做起，突出行业诚信建设和自觉承担社会责任的主题，努力实践服务广大会员的宗旨。他结合建筑行业实际，依法开展协会各项工作，充分发挥了协会的桥梁和纽带作用。通过推进协会改革和发展，几年来共组织推荐鲁班奖工程14项，国优工程11项；北京市优质工程279项，开展人才教育6万余人次，组织各项技术交流考察23次，协会工作取得了显著成绩。2008年，北京市民政局和北京市人事局授予北京市房山区建筑行业协会“先进社会组织”光荣称号。1997年，被中共北京市委评为在农村基层组织整顿和扶贫工作中优秀驻村工作队员。2006年，被中国施工企业管理协会评为全国工程建设优秀协会工作者。2009年，被中国贸促会、中国建设教育协会评为“2009中国建设行业百名管理英才”称号。

李绣宽，男，1964年11月生人，汉族，甘肃榆中人，中共党员，大学本科学历，现任新疆于田县政协副主席，建设局党委书记、局长，任副县级。时间2007年1月。1982年入伍，1987年转业到地方工作，曾在于田县委办公室工作，后任于田县木尕拉镇副镇长，乡镇企业局副局长，老城区党委书记，现任于田县政协副主席，建设局党委书记、局长。在乡企局工作期间，1996年、1997年、1998年连续获自治区先进工作者；在老城区工作期间，带领干部职工脱贫致富，从提高农民增收，壮大集体经济实力入手，实现了增产增收的目标，深受基层人民群众的好评。在城市建设和管理工作中，能结合本县实际，合理规划、分步实施，建管结合，提高城区土地利用率，按照规划要求，以规划为龙头，绿化为重点，道路建设为主线，改变人居环境为目标，在城市基础设施建设中工作成效显著。连续10年被县委、政府评为先进集体，2004年、2006年获自治区城市“天山杯”竞赛“先进城市奖”，2007年被自治区建设系统评为先进单位，在建设局任职期，共获得各级奖牌55块。在政协工作中能够认真履行“政治协会、民主监督、参政议政”的职能，为于田县社会政治稳定、经济发展、民族团结，积极努力、建言献策。

李振州，男，郑州广厦置业董事长房地产，中国汉族河南省《上海有个新天地，郑州兴建情人街》、《情人街秀出郑州的情调》、《情人街建设问询郑州市民》、《情人街旁的房子火了》、《爱，就是给予——“情人街”建设问询市民活动结果揭晓》，前一段时间，郑州媒体对“情人街”的关注，也让其幕后推手他走入公众的视野。这位颇为低调的企业家之前于中原的地产界可谓“籍籍无名”，其首个项目专家花园虽然很成功，有些名气，但一直坚持低调做品质。不过据了解他的人介绍，他之于浮躁、作秀盛行的中原地产圈子，无疑是一位极有分量和有待解读的地产领袖级人物。有着多年为官经历的他，骨子里胸怀天下、奉献社会的大气是一般商人难以比肩的。郑州广厦置业有限公司成立于1999年，具有房地产开发二级资质，是一家以房地产开发为主导，实现多元化发展，兼营生产与销售建筑、装饰材料的股份制综合企业。2004年荣获河南省“最佳信誉民营企业”称号，2007年获中原人居典范楼盘、中原金牌城市运营商、中原最具投资价值楼盘、郑州十大质值楼盘、中国文化地产开发模式典范、中原地产最佳提升企业、未来中原·2007 中原最具升值潜力楼盘等荣誉。

林玉锁，男，硕士学位，国家环保总局南京环境科学研究所主任。他自 2000 年取得“江苏省注册咨询专家”资格两年中，承担完成了近 40 项咨询业务。内容包括：农药企业建设项目环境影响评价等。为重大环境污染事故提供科学咨询报告，为安全农产品生产基地认证提供技术报告，为国家重大科研项目（科技部、计委、国家环境保护总局等）提供科学研究报告，为社会、政府决策管理提供了准确、及时和有效服务。他所在的环保总局南京环境科学研究所是环境保护部的直属科研院所，以农村生态环境保护、自然生态和生物多样性保护为科学研究方向。开展区域生态环境保护、自然保护、农村环境污染防治和农用化学品污染防治等方面的研究，承担国家科技攻关项目和部省级重点科研项目，开展有机食品认证、ISO14000 认证、环境工程、能源工程、环境影响评价与生态规划以及环境咨询等方面的工作，并在相关领域与国际组织、外国科研机构和基金会开展广泛的合作。主要工作业绩：1978 年建所以来共完成大、中型项目 800 余项，获国家、部省级奖 40 项，出版专著 40 余部，发表论文 700 余篇。编辑出版的《生态与农村环境学报》被列为全国中文核心期刊。300 多人次出访 30 多个国家和地区，来访国外学者 300 余人，培训外国学员 100 余人，与十多个国家的科研机构与组织以及联合国环境开发署、世界银行、亚洲开发银行等国际组织建立了良好的合作关系。

刘富富，男，1953 年 9 月 18 日生人，汉族。现为呼市富邦集团董事长兼总经理，回民区、呼市两级人大代表，呼市建筑业协会副会长，回民区、乌兰察布市呼市分会商会副会长，丰镇市实验中学名誉校长，曾先后被评选为呼市及自治区“劳动模范”、呼市“优秀企业家”、“十佳市民”。曾先后担任呼市焦化厂建安公司经理，呼市城建局下属的兴宝房地产开发公司副总经理，他从 1998 年开始创建了富邦集团，风雨兼程，事业逐步发展壮大，由一个从业人员只有十几个人的小公司一跃成为管理人员 200 多人的现代化综合企业，为地方经济的发展做出了卓越的贡献。呼市富邦（集团）有限责任公司是由现任集团董事长兼总经理刘富富先生于 1998 年创建的民营企业，旗下现拥有五个子公司和五个职能部门，以房地产开发为主，集建筑安装、物业管理、投资创业、医疗卫生服务等为一体化的现代化综合性民营企业。

刘家文，中铁十八局集团第六工程有限公司董事长。1975 年 4 月至 1980 年 7 月任铁八师司令部通信参谋；1980 年 7 月至 1984 年 1 月任铁八师司令部通信科副科长；1984 年 1 月至 1995 年 3 月任铁十八局通信科科长；1995 年 3 月至 2005 年 4 月任铁十八局集团土木工程公司总经理；2005 年 4 月至今任铁十八局集团第六工程公司董事长兼总经理。1997、1998 年获局科技进步奖；1998 年获天津市“九五”立功奖章；1999 年获中国铁路总工会火车头奖章；2000 年获天津市城建系统优秀党员；2001 年度获集团公司“十佳”领导干部；2002 年度获集团公司优秀党员；2003 年度获集团公司优秀领导干部。中铁十八局集团第六工程有限公司是由土木工程公司和建筑工程公司重组整合而成的国有综合性施工建筑企业。1999 年公司被评为天津市“九五”立功先进单位，2001—2002 年还被天津市人民政府授予年度“重合同守信誉单位”；2000 年进入“天津市首批政府投资工程采购 29 家企业”名单，先后获得国家级 QC 成果奖 1 项，省部级优秀奖 2 项；获部级优秀工法 1 项，总公司级科技进步奖 1 项。公司在今后的发展中将以天津、北京等大中型城市为依托，重点立足于铁路、公路、城市轨道工程、市政工程、水利水电、机场、工业与民用建筑工程，面向全国，发挥施工优势，抢占城市市场，进军海外市场，拓展资本经营的经营战略，向着“科技领先、设备精良、管理科学、效益最佳”的现代化企业迈进。主要论著：《提高领导干部素质加强能力建设》、《如何做好施工企业的政治思想工作》等。

刘甲荣，山东高速公路股份有限公司总工程师。大学学历，高级工程师。1983—1993 年 2 月在山东省交通工程总公司工作；1993 年 2 月至 1993 年 12 月在山东省济青公路建设指挥部办公室工作；1993 年 12 月至 2000 年 7 月在济青高速公路管理局工作，并先后任养护处副主任科员、副处长；2000 年 7 月至 2006 年 12 月，先后任公司养护基建部主要负责人、经理；2006 年 12 月 26 日起任公司总工程师职务。他所在的企业一直致力于山东省公路交通事业的发展，同时，按照现代企业制度的要求，强化管理，规范运作。2001 年 12 月，顺利通过了 ISO9001 质量体系认证，成为山东省第一批符合 ISO9001—2000 版标准要求的运营路桥。2002 年，荣获山东省管理创新优秀企业称号，成为山东省首批获此殊荣的 62 家企业之一；2004 年再获山东省管理创新十佳企业称号。

刘建锋，男，汉族，1968 年 2 月出生，新密市白寨镇周家寨村人。1987 年 7 月参加工作，1989 年 5 月加入中国共产党，研究生学历。现任新密市建设管理局局长、党委副书记，新密市第二、三届人大代表。该同志能够始终认真学习“三个代表”重要思想和党的十六大、十七大会议精神，积极贯彻落实科学发展观及党的各项路线、方针、政策，不断加强党性修养，立场坚定，旗帜鲜明，从无参加 1966 年“文革”、1989 年政治风波及法轮功等邪教组织，在重大决策的实施中，积极发挥班子成员的主观能动性，做到放手、放权、放心。时刻顾全大局，当好表率，以身作则，在思想上政治上同党中央保持高度一致。有较强的工作能力和协调能力。该同志在实际工作中能较好地贯彻执行党的方针、路线和政策，独当一面地开展工作，解决工作中遇到的困难和问题。2007 年实施的新密市新建生活无害化垃圾处理工程，作为省属的重点工程，由于种种原因，原选址方案被否决，直到 2007 年 6 月底新场址选址工作才被确定，只有 3 个月工期，局长刘建锋亲自坐镇指挥，白天跑现场、跑协调，晚上组织班子成员和相关业务科室召开会议，及时解决问题。六个月的工程量，硬是在三个月内被拿下来，得到了省、郑州市等各级领导的充分肯定。工作认真，事业心强，业绩突出。

刘建生，男，生于1941年4月8日，江西省鄱阳县人，曾任连云港市建设委员会副总工程师兼市建筑设计研究院总建筑师，政协连云港市第九届委员会常务委员；中国建筑学会会员，江苏省土木建筑学会第五、六、七、八届理事，省建筑师学会第二、三、四届委员，现任连云港市土木建筑学会常务理事长。1958—1963年毕业于武汉城市建设学院建筑工程系建筑学专业（2002年并入华中科技大学城市规划与建筑学院）。从1963年工作至2004年退休先后在化工部化工矿山设计研究院、连云港市建筑设计研究院从事工民用建筑设计，任技术员、建筑师、高级建筑师、一级注册建筑师；及市建筑职工专科学校教师兼教务主任、副校长；市规划局详细规划科科长等。主要业绩：曾负责市“北宋海清寺”和“明清钟鼓楼”修复设计；主持技术审定市级大中型公共建筑方案和初步设计；参加市总体规划1982—1985年两次修订，主持技术审定东海，赣榆、灌云、灌南四县（2002—2006年）城镇总体规划，主持编辑连云港的“城市标准住宅通用图集”（1978年）、“抗震构造图集”（1980年）、“预应力管桩图集”（1994年）、“软土地基基础勘察设计与施工暂行规程”（1996年）等。主要论著：“连云港市海清寺建筑抗震能力考察报告”（1977年5月南京文博）、“中国古典园林建筑中心门景”（1977年9月市科委论文集）、“连云港市港口城市发展与结构形态变迁的探讨”（1992年国家自然科学基金项目，1999年3月东南大学出版）；“桃花涧的春天与暴雨”诗集（1989年武汉大学出版）。

刘小平，男，汉族，陕西省建筑设计研究院董事长，总建筑师；省政协十届委员会委员（连任）、省土木建筑学会副会长、省行业高职评委会评委、省人民检察院监督员、西安市规划委员会委员。他出生于陕西长安一个农民家庭。1982年在西安建筑科技大学建筑学专业本科毕业至今，先后任技术员、副所长、驻惠州办事处主任、副院长，1999年任院长，现为国家一级注册建筑师、国家注册咨询工程师，教授级高级建筑师。他任院长10多年来，始终保持着旺盛的工作热情，诚实守信，勤勉尽责，带领班子成员树立“领导就是服务，权力就是责任，工作就是奉献”、“把设计做精，把员工做富，把公司做强”的领导意识和奋斗目标。连续9年“优秀率”都在96%以上，名列全公司中层以上领导第一名。积极参与社会公益事业。近年来公司先后向灾区捐款近20万元，捐物近万件，捐款捐物数量名列辖区第一。尤其是2008年四川汶川大地震发生后，他在第一时间以个人名义向陕西省红十字会捐款五千元，表达了对灾区群众的问候。并带领公司全体党员向上级党组织缴纳“特殊党费”五万余元，缴纳金额名列省建设厅系统第一名，受到了上级党组织的表彰。先后被授予陕西省先进工作者（劳模）、省有突出贡献的专家、省优秀勘察设计院长、中国百名行业创新杰出人物，2008年荣获“中国建筑设计行业优秀管理人才奖”等项殊荣。

刘征敏，男，1970年12月26日出生，汉族，学历本科，中共党员，福建省金正建设工程有限公司董事长，福建省建筑业协会常务理事，福建省泉州市建筑业协会副会长。多次荣获“福建省建筑业企业优秀经理”和“泉州市建筑业企业优秀经理”。1998—2004年，历任福建省永春湖洋建筑工程公司施工员、项目负责人、公司副经理、经理，2005年起参与重组改制福建省永春第七建筑工程公司，重组成功后，企业更名为福建省金正建设工程有限公司。为进一步提高企业综合素质和市场竞争实力，公司不断加强和推进现代企业管理体系建设，建立和完善严格的内控管理制度，实施科学管理，先后通过ISO9001：2008质量管理体系、ISO14001—2004环境管理体系、OHSA18001—2001职业健康安全管理体系认证。良好的团队精神和标准化科学管理使我公司赢得“福建省建筑企业AAA级企业”、“福建省建筑业先进企业”、“泉州市建筑业先进企业”、“泉州市诚信建筑企业”、“泉州市人民政府房屋建筑和市政工程A类预选承包商”的殊荣，并多次荣获“福建省守合同重信用企业”、“泉州市守合同重信用企业”称号。

陆国俊，男，汉族，博士，教授级高工。中国水利电力对外公司总经理，长期从事国际工程项目管理工作，具有较高的管理水平和丰富的管理经验。自2000年担任公司总经理以来，大胆改革，积极开拓，带领广大职工大力发展主营业务，使公司新签国际工程承包合同额、营业额在2001—2003年屡创新高。教授级高工。中国水利电力对外公司总经理兼党委副书记。曾任中水电对外副总经理、水电一处副处长。中国水利电力对外公司（中水电公司，英文简称CWE）是中国长江三峡集团公司的全资子公司，前身是原国家水电部的援外机构，从1955年开始代表国家承担和组织实施水利电力对外经援项目，1980年起开始开展国际工程承包和劳务输出业务，是国务院批准的首批从事对外工程承包经营的八大公司之一。1983年8月经原国家外经贸部批准正式成立中国水利电力对外公司，负责开展中国水利电力行业的对外援助、成套设备进口、国际工程承包、劳务输出等业务。中水电公司在60多个国家和地区完成各类工程承包和经援项目700余个，累计签约合同额超过70亿美元，为中国企业“走出去”作出了贡献。公司连续20年跻身“全球最大225家国际工程承包商”排名，连续9年跻身“全球最大200家国际工程咨询设计公司”排名；连续15年入选商务部“中国对外承包工程企业30强”；连续两届被中国对外工程承包商会评选为“中国对外承包工程优秀企业”；“中水电（CWE）”品牌于2007年和2008年连续被联合国世界生产力科学联盟评为“世界市场中国（承包商）年度十大品牌”之一。

陆金龙，男，汉族，中共党员，大学文化，人大代表，优秀企业家，江苏省华建建设股份有限公司董事长，公司坚持“铸造精品、追求卓越”的管理理念，努力巩固和扩大质量优势。累计承建高层建筑累计700多幢，其中特大型、超高层上百幢；历年竣工工程一次验收合格率100%、优良品率90%以上；先后获13项鲁班奖、2项国优、7项部优、8项全国用户满意工程，被授予全国“创鲁班工程特别荣誉奖”、“创鲁班奖工程特别荣誉企业”、“全国工程建设质量管理优秀企业”等荣誉称号。安全生产局面平稳，历年无重大事故发生，一般事故频率低于国家要求范围，被评为“全国建筑安全生产先进集体”。1982年5月成立时，公司名称为“江苏省建筑安装工程公司一公司”，习惯简称为“江苏一建”，1996年整体改制为“江苏省建筑安装工程股份有限公司”，2002年9月更名为“江苏省华建建设股份有限公司”，简称改为“江苏华建”。在20多年的发展历程中，企业名称几经变更，但企业品牌得以牢固树立和广泛认同，被誉为“特区建设的劲旅”“来自建筑之乡的神兵”，受到社会各界的高度赞赏。自20世纪90年代起，公司跻身“中国建筑施工企业百强”、“中国承包商60强”、“江苏省建筑业20强企业”行列，多次被评为“全国先进建筑施工企业”、“全国建设系统精神文明建设先进单位”、“全国用户满意施工企业”，“江苏省先进建筑企业”、“最佳企业”、“明星企业”等荣誉称号。原全国人大常委会副委员长彭冲亲笔题词赞扬公司为“特区建设的劲旅”；原全国人大常委会副委员长邹家华热情勉励公司“深化改革，坚持创新，再接再厉，勇攀高峰”。

罗庆全，男，1961年7月生，汉族，文化程度，党校研究生（医学学士），1984年7月参加工作，1984年6月入党。现任自贡市房地产管理局党委委员、副局长。1984年7月—1985年11月四川省名山县永兴乡政府乡团委书记、党委副书记，1985年11月—1986年9月四川省共青团名山县副书记，1986年9月—1989年10月自贡市团市委区县部、组宣部副部长，1989年10月—1991年6月自贡市团市委青年活动指导部副部长、主持全面工作（其中：1990年5月补选为共青团自贡市第十届委员会常委委员）1991年6月—1991年11月自贡市团市委青年活动指导部部长（其中：1991年9月选为共青团自贡市第十一届委员会常委委员）1991年11月—1993年6月共青团自贡市委统战部部长（其中：1992年1月—1995年11月兼自贡市青年联合会副秘书长）1993年6月—1995年11月自贡市高新技术产业开发区管理委员会汇东公司经营部经理1995年11月—1999年8月自贡市高新技术产业开发区管理委员会经济贸易管理处处长（其中：1996年3月兼自贡市激动车辆驾驶员适应性检测中心主任）1999年8月—2002年3月自贡市高新技术产业开发管理委员会招商局局长（其间：1997年9月—2000年6月四川省省委党校函授学院经济学专业学习）自贡市高新技术产业开发管理委员会副调研员（其间：2006年5月—2006年11月任中共自贡市高新技术产业开发管理委员会委员）2006年11月自贡市房地产管理局党委委员、副局长。

罗秀芬，女，1954年12月15日生人，汉族，中共党员，大学本科学历，高级工程师。现任北京市房山区建筑行业协会副秘书长。1970—1976年任北京市房山区印刷厂工作，1976—1984年任北京市房山县企业局工作，1984—1991年任北京市房山区经委工作副主任，1991—2002年任北京市房山区建工集团工作副经理，2002年8月至今任北京市房山区建筑行业协会副秘书长罗秀芬同志自担任协会副秘书长工作以来，以推动行业发展为己任。通过思想创新、工作创新，狠抓行业诚信建设。大力宣传诚信建设的重要性，通过引导企业开展诚信企业评审活动，提升了区域建设行业的整体形象，为建设行业发展提高市场竞争力起到重要的推动作用。另外，她通过狠抓素质教育，为行业人才的发展补给提供了重要保障。通过她的努力。协会工作等到了主管部门，广大业内人士的一致好评，社会影响力不断增强。2008年，北京市民政局和北京市人事局授予北京市房山区建筑行业协会“先进社会组织”光荣称号。2009年，被中国贸促会、中国建设教育协会评为“2009中国建设行业百名管理英才”称号。

M

马德良，四川省成都市金牛区房管局局长。1979年9月至1983年7月湖南大学电气工程系无线电技术专业学习，1983年8月至1989年1月国营东风电机厂理工设备分厂工作（其间：1987年11月至1989年1月借调到中国计算机发展公司四川公司工作）1989年1月至1989年12月成都市金牛区老干部活动馆工作1989年12月至1997年7月中共成都市金牛区委组织部工作，1992年12月任主任干事，1995年9月任电教站站长，1995年10月任区委组织员（副局级）1997年7月至1998年3月成都市金牛区电子电器城管委员会办公室副主任1998年3月至2001年10月成都市金牛区机关事务管理局副局长、机关服务中心副主任2001年10月至2003年3月成都市金牛区乡农市街道办事处副主任、党工委委员2003年3月至2006年7月成都市金牛区城市管理行政执法局副局长、党组成员2006年7月至今成都市金牛区房产管理局党组书记、局长。

毛勇，男，1968年12月生人，汉族，硕士研究生学历，工程师。现任四川省房地产业协会副会长、成都市房地产经纪协会会长。1990年开始进入成都房地产行业，其间历任成都广夏房地产开发公司工程部经理，成都建川房地产开发公司总经理助理等职，于1998年创建的成都正合地产顾问有限公司是成都市最早的地产代理公司之一。2007年，正合地产以42.6万平方米的销售面积以及26.6亿元的销售金额名列西南代理行业第一名；2008年在成都主城区的房地产销售面积为48万平方米，再居同行首位，并连续几年成为成都市场份额最高的代理公司，业已成为西南地区规模和实力排名第一的房地产综合服务商。此外，正合地产积极承担社会责任，尤其是地震之后，积极参与了四川地震灾区各种救灾及灾后重建工作，被评为“5·12抗震救灾突出贡献单位”，毛勇个人也获得中华慈善总会颁发的“中华慈善突出贡献人物奖”。作为房地产智力服务业从业者，毛勇先生不断与社会分享房地产行业发展的信息与专业分析，在《成都商报》等具有影响力的媒体上，用理性的声音，为社会提供一种看待市场的视角与思路。其主要作品有：2007年《成都楼市》刊登的《静观，潮涨潮落》；2008年《居周刊》刊登的《低位置业，购房有道》；地震之后，出版了《房地产行业思考——地震对城市居住模式的影响》，引起了全行业的关注。近年来有更多作品问世，已经成为成都市房地产业界的知名人士。

S

桑洪，1949年10月生人，硕士研究生学历，高级工程师。1968年12月22日入党。广东省华南理工大学焊接专业电子工业部第39研究所研究室副主任（其中：1988年3月至1990年12月在哈尔滨工业大学焊接硕士研究生）哈尔滨电子仪表总公司　副总经理（副局级）保利哈尔滨科技公司　总经理1995年3月至2006年6月哈尔滨动力科技贸易股份有限公司董事长2000年6月至2006年6月哈尔滨动力设备股份有限公司副总经理2001年1月—2010年9月哈尔滨哈电地产置业股份有限公司总经理、董事长。2010年9月至今哈尔滨嘉天地产股份有限公司总经理、董事长。桑洪于2001年1月亲手创建了哈尔滨哈电地产置业股份有限公司。2010年9月哈电置业完成转型，桑洪创建了嘉天地产股份有限公司。2010年开发建设的团结镇“国家级小城镇”建设项目正在进行中。根据国家统计局的统计，2002—2005年哈电置业公司房屋开竣工面积和销售量连续三年位居全国房地产开发企业百强之列。公司建设的乐松广场也因大量引入节能环保设计理念而成为中国内地首批获得美国绿色建筑委员会（USGBC）建筑节能环保设计（LEED）银牌奖的建筑作品。除此之外，乐强小区、乐福小区、乐松小区分别获得了地方政府与行业组织颁发的多个奖项，公司也连续多年被哈尔滨市政府授予“守合同重信用企业”和“财源骨干企业”的称号，也是哈尔滨仅有的12家“蓝牌”诚信房地产企业，并在国家信息化测评中心（CECA）举行的全国企业信息化500强测评活动中，连续四年获得“中国企业信息化500强”荣誉称号。公司董事长、总经理桑洪先生也连续两年被评为黑龙江省地产风云人物，并担任了哈尔滨房地产商会的会长。

师红真，女，出生于1972年，江苏省无锡市人。毕业于同济大学建筑学专业。现任金地集团深圳地产公司部门经理，从事技术管理工作。1996—2000年在金地集团设计工程部任建筑师；2000—2002年在金地集团深圳地产部任项目主管、资深建筑师；2004年2月至今一直在金地集团深圳地产设计部任经理职务，全面负责部门各项目及行政管理工作。1996年曾在金地海景花园二期建筑设计管理及施工配合中任助理建筑师，是建筑专业负责人；1997年在金地海景花园二期会所、幼儿园室内装修设计管理及施工配合任建筑专业负责人；1999—2000年在金地集团写字楼（竣工）装修设计管理及施工配合任项目设计负责人；2000—2002年在金地海景三期翠堤湾（竣工）设计管理及施工配合中任项目负责人；2003—2004年在广东东莞格林花园项目设计管理及施工配合中任项目设计负责人；她的主要业绩有：金地海景花园于1998年获广东省优质样板工程、深圳市优质样板工程；金地·翠堤湾获2001年深圳市十佳园林环境规划住宅小区；金海湾花园于2000年获“创新风暴”全国住宅设计夺标活动“组委会特别奖”；1999年度被评为金地集团员工风貌“创新奖”；2000年度被评为金地集团“杰出员工”；2004年度被评为基地集团深圳地产公司“优秀经理人”等。

史国安，1961年生于江苏宜兴，高级经济师。现任江苏双龙集团有限公司总经理。曾多次被主管部门荣记个人二等功和一等功，连续两年被南京市政府评为建设新南京有功个人，2004年荣获全国建材行业优秀企业家。该同志自2000年担任江苏双龙集团有限公司总经理以来，积极进取，奋力创新，大力推进生产经营创新，内抓质量成本，外抓市场建设，建立完善企业内部经营机制，带领员工众志成城，克服困难，奋力拼搏，使一个巨额亏损的大型企业集团走上正轨，产值、利税一年一个新跨越，年产销水泥400万吨，年产销商品混凝土150万方，销售收入达到15.62亿元，利税突破亿元。集团公司因规模大、发展快、贡献突出而受到社会的广泛关注，先后连续获得了纳税信誉A级企业、3A级信用企业、重合同守信用企业和水泥质量标兵企业等称号，多次受到南京市经委的嘉奖。主导产品“双猴”牌水泥连续五届荣获江苏省名牌产品和江苏著名商标，连续6年被列为江苏省打假治劣保名牌产品，2004年、2007年连续两届获“产品质量国家免检”证书。

舒凌，男，汉族，吉林省长春市人，优秀企业家，硕士学位，教授级高级工程师、高级经济师，中共党员，省市两级人大代表。曾获全国优秀施工企业家、吉林省电力建设总公司十佳经营管理者、首都五一劳动奖章、吉林省优秀青年工程师标兵、吉林省青年建筑英才、全国建设工程项目管理优秀工作者等荣誉称号。现任吉林省电力建设总公司总经理。先后荣获“全国优秀施工企业家”、“吉林省电力建设总公司十佳经营管理者”、“首都五一劳动奖章”、“吉林省优秀青年工程师标兵”、“吉林省青年建筑英才”、“全国建设工程项目管理优秀工作者”等荣誉称号。

司国晨，男，汉族，大学学历，教授级高级工程师，享受国务院政府特殊津贴。中材建设有限公司董事长，现兼任中材建设有限公司董事长，中国建材工程建设协会副会长。是推动建材工程建设领域国内外工程总承包模式的实践者和代表人物。历任中国建筑材料工业建设总公司唐山安装公司项目经理、副经理、经理，中国建筑材料工业建设总公司总经理助理，中材建设有限公司总经理，中材国际工程股份有限公司副总裁；现兼任中材建设有限公司董事长，中国建材工程建设协会副会长。中材建设有限公司（CBMI）是一个有近50年历史、具有对外经营权、进出口权及国家工程总承包一级资质的总承包商。隶属于中国材料工业科工集团旗下的上市公司——中材国际工程股份有限公司，总部位于河北省唐山市，在北京设有分公司。在册职工1 000余人，其中管理和技术人员占80%以上。中材建设有限公司业已通过ISO9000质量管理体系认证（含英国UKAS、德国TGA认证）及ISO14000环境管理认证。2009年，荣获中国建筑施工企业联合会主办的“中国建筑500强”奖项。

宋大忠，男，四川渠县，汉族，出生于1964年12月，研究生学历，工程师。现任四川省渠县房地产管理局书记、局长，四川省房地产业协会副会长。1980年9月参加工作。历任办公室主任、团委书记、镇委书记、区长、区委书记。具有二十多年党务和行政工作经历，是渠县第九、十、十一、十二、十三届人大代表，渠县第十一、十二届政协常委，达州市第一届党代表、第二届人大代表。主要著述有：《论我国人口问题形成的原因及解决途径》、《加强测绘工作，促进房地产业健康发展》、《确立经营意识，促进城乡发展》、《渠县白蚁防治工作纪实》、《赴美考察房地产的几点体会》、《树立科学发展观，使城市建设可持续发展》、《加强房管队伍建设，优化经济发展软环境》等，分别发表于《商函导刊》、《四川房地产》、《中国城市经济》、《新世纪改革开放论文集》、《共和国之辉》、《光辉的历程》、《中国建设报》、《精神文明报》和《国防时报》。2002年任渠县房地产管理局书记、局长以来，大胆改革，开拓创新，从根本上扭转了当地房政管理的混乱局面。积极推行房地产测绘和房屋白蚁防治工作，由其主导的“白蚁防治技术探索与应用”项目获得市、县科技进步三等奖；加强了职工队伍培训，全局共派送到国家、省、市级培训职工36批180人次。2007年，渠县房地产管理局被建设部评为“全国房地产交易与房屋权属登记规范化管理先进单位”。

宋清晖，男，汉族，1954年3月生于辽宁，研究生学历，高级工程师，1996年3月创建黑龙江省庆东集团，任董事长至今。现为第十届全国人大代表，先后被国务院授予“全国劳动模范”，被国务院体改办授予“卓越人物奖”，被中国企业家协会授予“中国杰出企业家”称号；被黑龙江省人民政府授予“黑龙江知名企业家”，并被推举担任黑龙江省企业家协会副会长；任绥化市（地级）人大常委、肇东市工商联合总会会长。多次受到国家领导人的接见。多年来，他先后兴办社会公益事业、投入市政建设、支援扶贫救灾总计捐资达800多万元。他的先进事迹先后被《人民日报》、《黑龙江日报》、《科技经济导报》、《时代》、《现代管理》、《活力》、《思与行》等报纸杂志和中央、省、市电视台报道。他撰写的《大力发展个体私营经济是发展县域经济的战略抉择》、《黑龙江民营企业面临问题及对策》等多篇论文在国家级报纸《环境与可持续发展研究》、《科技经济导报》、《中国百名优秀企业家奋斗史》上发表。

苏伟宪，男，湖南省怀化电力集团有限责任公司总经理。汉族，出生于1954年11月，中共党员，经济学研究生毕业，工程师，自参加工作以来，几十年如一日，一直致力于怀化电力事业的建设和管理工作。1975年在怀化电厂参加工作，1988年任怀化电厂副厂长，1993年任厂长，1998—2000年任怀化电力有限责任公司副总经理、怀化电厂厂长，2000年4月至2002年5月任怀化电力有限责任公司总经理，2002年5月至今任怀化电力集团公司总经理。1991年在清华大学热能工程系进修，1999年7月于湖南广播电视大学电力系统自动化专业本科毕业，2001年7月于中南民族学院民族经济专业研究生毕业。2003年，主持的企业“二优成本”管理获省创新成果三等奖，为企业节约成本400多万元。他撰写的《关于进一步深化国有企业改革的几点思考》被评为2000年度全市政府系统优秀调研论文；《深化改革图发展，规范管理出效益》获省党政干部论坛县处组一等奖；《建立现代企业制度，推动电力企业管理创新》、《GKS—9000在热力系统应用》先后在有关刊物上发表。本人多次被省、市有关部门评为先进个人、优秀工作者，2005年，被评为“全国电力用户满意杰出管理者”。

孙光亮，男，1955年3月出生，甘肃甘州人，汉族，研究生学历，副高级工程师。现任甘肃省张掖市建筑管理总站站长。孙光亮同志1974年参加工作，相继在张掖市平山湖学校、张掖二中任教，1992年调至原张掖地区行署建设处，先后担任张掖地区建设工程招标投标管理办公室副主任、张掖市建筑管理站站长等职务，2010年至今任张掖市建筑管理总站站长职务。任职期间工作成绩突出，2007年至2010年，连续几年分别获得省建管办“先进工作者”、张掖市建设系统先进工作者等荣誉称号，2010年建管总站在市建设系统年度目标责任书考核中荣获一等奖。2005年，该同志编著的《张掖建筑业可持续发展研究》由甘肃省科学技术出版社出版发行，近期所撰写的《统筹城乡发展，构建和谐张掖》等论文分别在《城市建设》等刊物上发表，其中《张掖市建筑业持续发展的问题与对策》被《建设工程管理实用全书》（新编第四卷）收集。

孙克华，男，出生于1966年1月，江苏赣榆人，EMBA学历，现任江苏华航建设集团有限公司董事长、总裁。先后荣获“中国建筑优秀企业家”、“江苏省青春创业风云人物”、连云港市“十大杰出青年”等荣誉称号，并当选省青年商会副会长，连云港市人大代表，市工商联常委。江苏华航建设集团在孙克华总裁的带领下，不断践行“创业、创新、创优”的精神，在自己的行业中企业发展速度迅猛，短短的10年时间，由成立之初的50万元规模发展到今天拥有总资产6亿元，年产值过10亿元，年创税利6 000多万元的省级集团化企业，集团从原来单一的开发建设，扩展到项目投资，房地产开发销售、建筑工程、园林绿化、苗圃基地、物业管理等领域。投资开发项目立足江苏逐步辐射到中西部，建立了本集团在连云港市的强势地位。如今，华航集团建立了完善的法人治理结构和科学的流程管理模式，拥有雄厚的技术人才和强大的施工能力，中高级技术人员和管理人员168名（其中高级职称15人，一级建造师16名）。中国建筑业优秀企业家。江苏省青春创业风云人物、连云港市十大杰出青年、连云港市优秀民营企业家、连云港市第二届“十佳兴业青年带头人”、

“新长征突击手标兵”、华航集团近年来承建的工程和开发的楼盘先后荣获国家鲁班奖1项、省级“扬子杯金奖”8项、市级“玉女峰杯金奖”15项、“省级文明工地”、“首届江苏明星楼盘”、市“园林绿化金奖”。并荣获“省、市重合同守信用企业”、“优秀建筑企业”、省“质量安全先进企业”、“江苏省AAA优秀房地产公司”、“园林绿化先进企业”、“物业管理优秀企业”、“中国优秀民营企业”等荣誉称号。

孙良勇，男，汉族，1970年8月生，河北唐山人，1994年9月入党，1995年7月参加工作，唐山市贸促会会长（副县）、唐山市会展办公室主任（副县）。1992年9月—1995年7月在河北经贸大学涉外经济系学习；1995年7月—1998年12月在唐山市贸促会工作，科员；1998年12月—2003年6月任唐山市贸促会展览部副部长（副科）；2003年6月—2006年3月任唐山市贸促会秘书长（正科）；2006年3月—2008年3月任唐山市贸促会副会长（正科）；2008年3月—2008年10月任唐山市贸促会常务副会长（副县）兼唐山市会展办公室主任（副县）；2008年10月至今任唐山市贸促会会长（副县）兼唐山市会展办公室主任（副县）；1996年、1997年连续两年被评为唐山市外贸系统先进工作者；1999年被唐山市委、市政府评为先进个人；2003—2007年度，连续五年市级考核优秀，嘉奖；2008年度全国贸促会系统法律工作先进个人；2010年河北省参与上海世博会工作模范。

孙荫环，男，高级工程师，辽宁省大连市人，现任亿达集团有限公司董事长，大连软件园股份有限公司董事长，大连市人大常委、大连市工商联副会长，大连市委、市政府咨询委员，辽宁省工商联副会长等职务。亿达集团是大连乃至辽宁省名企之一。二十年来，孙荫环投资创办的产业为本地区高科技产业发展、名牌战略及税收、人员就业都作出了巨大的贡献。2002年，亿达集团销售收入突破20亿元，实现利税近3亿元。集团涉足房地产开发、建筑装修、组合机床制造、软件信息业服务平台建设及软件人才教育培训、大连软件园综合开发和管理等产业。

T

汤志强，男，1953年10月出生，汉族，福建省泉州市永春县，中共党员，高级工程师，1998年8月担任福建省桃城建设工程有限公司董事长兼总经理，于2007年取得北京经济管理函授学院本科学历。自参加工作以来，汤志强同志一直在建筑事业上奋斗，于1972年7月至1989年12月在永春城郊建筑社任职，担任工人、施工员、技术副队长、队长，于1990年1月至1997年12月在永春第一建筑工程公司任职，担任项目经理，于1998年起至今在福建省桃城建设工程有限公司担任董事长兼总经理。经历了30多年的风风雨雨，积累了丰富的实际工作经验，运用自己掌握的专业知识和业务技能，在工程创优项目中发挥了重要作用，企业在他的领导下取得了经济效益和社会效益的双丰收，他本人也先后荣获“全国五一劳动奖章”，“福建省劳动模范”，“福建省建筑业企业优秀经理”，“泉州市优秀中国特色社会主义事业建设者”，“全国工程质量管理先进工作者”，并连续当选为泉州市第八、九、十届政协委员。公司历经多年的发展，现企业注册资本金人民币15 999万元，2005年10月被建设部核定为房屋建筑施工总承包一级资质，并兼有市政公用工程施工总承包二级、土石方二级、地基与基础工程三级、建筑装饰装修三级、建筑幕墙三级、钢结构三级资质。

田连平，男，汉族，河北省邯郸市人，大专学历。现任鸡泽县住房和城乡规划建设局局长、鸡泽县县长助理。1980年1月—1993年3月在风正乡工作、1993年3月—1997年12月任风正乡政府副乡长、1998年1月—1998年12月任风正乡党委副书记、1998年12月—2003年8月任鸡泽县计划委员会副主任、2003年8月—2009年2月任风正乡党委书记、2009年2月至今任鸡泽县县长助理、建设局党总支书记、局长、2004年被市委授予“邯郸市推进农村小康社会建设宣讲工作优秀宣讲干部”；被鸡泽县委授予“优秀党务工作者”称号、2005年被鸡泽县委授予“鸡泽县优秀人民公仆”、“党管武装先进个人”、“鸡泽县计划生育先进工作者”等、2006年分别被市、县委授予“优秀共产党员”称号、2006、2007连续两年被鸡泽县政府授予“县长特别奖”、2007年荣获市“十佳乡镇党委书记”。2008年荣获邯郸市十大新闻人物。2009年被邯郸市政府授予“优秀共产党员”称号。

W

汪林朋，男，现任北京居然之家投资控股集团总经理。他领导的北京居然之家投资控股集团有限公司成立于1999年3月，是由全国华联商厦联合有限责任公司、北京中天基业投资管理有限公司等33位股东共同投资设立的大型国有控股股份制企业。主要经营范围是从事家居建材行业的投资、开发、商品代理、市场销售和服务，兼营管理咨询、营销策划、物业租赁等。居然之家家居广场是以“美化家居”为目标，为顾客提供家居设计和装饰、装饰材料、家具及家居饰品等“一站式”服务，集品牌展示和销售为一体，市场、超市、专卖店等多种业态互动共生的大型家居建材主题购物中心。现有北四环店、十里河店、玉泉营店、世纪金源店、太原春天店五家分店，营业面积超过25万平方米，年销售额超过50亿元，在中国家居建材界占据着重要的行业地位。

汪旭光，男，汉族，1939年12月生，安徽枞阳人，中共党员。1963年毕业于安徽大学高分子化工专业，教授级高级工程师，博士生导师，炸药与爆破专家，中国工程院院士，俄罗斯圣·彼得堡工程科学院院士，国家有突出贡献的中青年专家，第六届全国人民代表大会代表，优秀矿冶人。现任中国工程爆破协会会长。历任北京矿冶研究总院研究室主任、院总工程师、副院长，现任北京星宇惠龙科技发展有限责任公司董事长、BGRIMM（赞比亚）炸药股份有限公司董事长、中国工程院出版委员会副主任兼《中国工程科学》杂志社社长、总编辑，兼任中国工程爆破协会理事长。2002年当选第八届国际爆破破岩学术会议国际组委会主席。中国工程爆破协会是全国爆破工作者跨部门、跨地区、跨所有制的非营利性的社会中介组织，是由中国从事工程爆破的科研、设计、教学、施工、管理的企事业单位、省市自治区工程爆破协会及专业性社会团体、工程爆破界知名专家和国家有关部门的主管干部自愿组成的行业性社会团体。促进工程爆破行业发展作为著名的工业炸药与爆破技术专家，汪旭光主持完成了众多科研项目，先后获国家发明二、三等奖各1项，国家科技进步一等奖1项、二等奖2项，省部级一、二、三等奖25项，以及全国科学大会奖、国家优秀设计铜奖、第三届中国工程科技奖、第35届布鲁塞尔尤里卡世界发明博览会金奖、全国优秀科技图书一等奖等。

王大为，男，山东高速公路股份有限公司董事、副总经理。出生于1968年，本科学历，高级经济师。1989年起参加山东省济青高速公路的建设和管理工作，任济青高速公路工程建设指挥部办公室秘书、济青高速公路管理局办公室副主任；1995年、1996年参与山东省交通厅对外转让公路经营权工作；1995年、1997年分别在美国接受高速公路管理专业培训。1999年接受香港证监会组织的上市公司董事会秘书培训。他是参与山东高速公路股份有限公司重组设立及股票发行上市工作的主要负责人之一。1999年起至今，任山东高速公路股份有限公司首届、第二届和第三届董事会董事；1999年起至2007年4月，任山东高速公路股份有限公司首届、第二届和第三届董事会董事会秘书；2003年5月起兼任山东高速公路股份有限公司副总经理。他所领导的企业一直致力于山东省公路交通事业的发展，同时，按照现代企业制度的要求，强化管理，规范运作。2001年12月，顺利通过了ISO9001质量体系认证，成为山东省第一批符合ISO9001—2000版标准要求的运营路桥。2002年，荣获山东省管理创新优秀企业称号，成为山东省首批获此殊荣的62家企业之一；2004年再获山东省管理创新十佳企业称号。

王德修，男，汉族，安徽黄山市人，优秀民营企业家、中共党员，省市两级人大代表，硕士学位，教授级高级工程师。现任黄山市工程建设集团有限公司董事长兼总经理。先后荣获“全国优秀施工企业家”、“安徽省青年工程师标兵”、“安徽省青年建筑英才”、“全国建设工程项目管理优秀工作者”等荣誉称号。集团在王德修的带领下连续10年荣获全国“守合同、重信用”企业，连续六年被授予安徽省“优秀建筑业企业”和“黄山市优秀建筑业企业”、黄山市“建筑节能先进单位”“黄山市建筑业五强企业”、“黄山市民营企业20强”、“安徽省民营企业二百强”等荣誉称号。中国农业银行授信“AAA”级信用企业。

王化冰，山东高速公路股份有限公司副董事长、总经理。出生于1969年，大学本科学历，工商管理硕士，高级工程师。1992年7月至1996年11月，任山东省交通工程总公司技术员；1996年12月至1998年4月，任山东省交通工程总公司第五分公司副经理；1998年3月至2002年1月，任山东省交通工程总公司第五分公司经理；2002年1月至2003年6月，任山东省交通工程总公司副总经理、第五分公司经理；2003年6月至2006年4月，任山东省路桥集团有限公司董事兼党委委员、总经理；2006年4月起任山东高速公路股份有限公司第三届董事会副董事长、总经理。他所领导的企业一直致力于山东省公路交通事业的发展，同时，按照现代企业制度的要求，强化管理，规范运作。2001年12月，顺利通过了ISO9001质量体系认证，成为山东省第一批符合ISO9001—2000版标准要求的运营路桥。2002年，荣获山东省管理创新优秀企业称号，成为山东省首批获此殊荣的62家企业之一；2004年再获山东省管理创新十佳企业称号。

王若雄，男，出生于1957年6月，山东青岛人。现任天泰集团董事局主席，中城联盟轮值主席，民建中央委员。中国房地产十大风云人物。他在十多年的企业经营实践的中，从理论上对企业管理进行了深入的研究和探索，提出了有天泰特色的“三线一圆”企业管理理论，出版发行了管理著作《推开这扇窗》。并独创性的设立以“团队CEO”为核心的三会管理模式，试图为中国企业的机制转换探索一条新的道路。他热心社会公益事业，并将“兴业报国”作为企业的信念，同时秉承“只做雪中送炭，不做锦上添花”的公益事业原则，用实际行动在社会上树立了“企业公民”的形象。他出资200万成立中国海洋大学奖学金、奖教金，在贵州、西藏等贫困地区捐建多所希望小学，积极安置下岗职工再就业，捐资助残，支持残疾人安居工程，出资千万支持青岛奥运争光计划等。曾荣获青岛市优秀社会主义建设者，2005年获第十三届山东省优秀企业家称号、中国房地产卓越贡献100人、中国楼市推动力精英人物、中国特色社会主义事业优秀建设者等称号。

王世宾，男，汉族，1965年4月1日出生，中共党员，硕士研究生，高级经济师、高级工程师，现任潍坊建设集团股份有限公司董事长。山东企业联合会副会长，山东省企业家协会副会长，青岛市MBA发展研究会副会长，潍坊市建筑业协会常务理事，装饰委员会副会长。王世宾同志作为企业负责人，积极创业、大胆改革、创新，以科学的理论、超前的意识加强企业管理。企业发展过程中坚持“诚信经营，以人为本”的管理理念，坚持向质量要效益的经营方针，创造精品工程，开拓发展之路，带领企业迅速发展。企业连续多年被评为全国优秀施工企业、二十强品牌企业、山东省质量信得过企业、“重合同、守信用”企业、质量安全生产先进企业、就业和社会保障先进单位、最佳信贷企业。同时获得潍坊市综合实力十强企业、A级纳税信用企业、银行资信等级AAA级企业等荣誉称号。2006年王世宾同志获得“富民兴潍”劳动奖章，2007年荣获潍坊市“劳动模范”荣誉称号，同时被评为山东省优秀企业家、全国施工优秀企业家。潍坊建设集团股份有限公司是一家集工业与民用建筑、医疗卫生、建筑装饰装修、房地产开发、建筑设计、防水工程、建材试化验、市政工程、工业设备安装及机械设备租赁、商品混凝土于一体的大型现代化企业集团。2006年年产值超过15亿元。

同时获得潍坊市综合实力十强企业、A级纳税信用企业、银行资信等级AAA级企业等荣誉称号。

王伟，男，1956年1月生人，江苏人，中共党员，大学本科学历。中国中材国际工程股份有限公司董事长。1982—1984国家建材局合肥水泥研究院工作；1984—1999在南京水泥工业设计研究院工作，历任工艺所组长、副所长，计划处副处长，工程处处长，副院长等职；1999—2000，任贵州省黔西南自治州副州长、常委。2001年任中国建材工业建设总公司总经理；2002—2009任中材国际工程股份有限公司总裁，2009年至今任董事长、教授级高工，享受国务院特殊津贴。带领中材国际完成了传统国有企业向现代企业转型的改造，成功地实现了资本市场上市，完善了公司的产业链，取得了国际市场占有率第一的良好成绩，2009年、2010年两次获得上市公司“中国最佳创富领袖奖”，2009的获得“全国建材行业改革开放三十年代表人物”荣誉称号。

王勇，男，汉族，中共党员，大学文化程度，华春建设工程项目管理有限责任公司董事长，高级工程师、高级项目管理师、国家注册造价工程师、国家注册价格评估师、国家注册项目数据分析师、IPM高级国际职业经理人、陕西省评标专家库专家，现任华春建设工程项目管理有限责任公司董事长。王勇先生积极上进，肯于进取，自1992年组建华春项目管理有限责任公司以来，率领全体员工勇于开拓，取得各类资质10余项，其中甲级资质5个；在全国开设子分公司20多家。先后荣获“陕西省信用与社会责任优秀企业家”、创业与发展首届陕西经济百杰人物、第二届中国品牌建设十大杰出企业家、2006年度西部建设功勋人物、中国当代经济建设功勋人物等称号。王勇先生积极参加社会活动，现兼任中国土木工程学会建筑市场与招标投标研究分会第五届理事会理事、中国招标投标协会理事、陕西省招标投标协会常务理事、陕西省造价管理协会常务理事、陕西省信用协会副会长、特邀常务理事、陕西省项目数据分析师协会副会长、陕西省经济发展促进会理事、《西部大开发》常务理事、陕西省人民代表大会制度研究会会员、陕西省安徽商会副会长、铁路工程职业技术学院客座教授。

王有康，山西省万荣县人，中共党员，高级工程师，国家一级项目经理。现任河津市建筑工程有限公司总经理，山西省建筑业协会理事，运城市建筑业协会常务理事，河津市政协企业界联合会副主席。近年来，带领全体员工立足于当前的建筑市场形势，积极拓展生存与发展的空间，使企业逐步发展壮大，产值和各项经济技术指标连年大幅度提高。他带领公司“向管理要效益”，积极进行产业结构调整，建立健全项目管理创新机制，将市场战略与狠抓基础管理、专业管理和现代化管理结合起来，不断细化目标责任制，强化绩效评测机制，大力提高管理人员的综合素质，认真贯彻落实ISO9000质量标准，规范施工管理，使工程质量稳步提高。近年来，共创鲁班奖1项，山西省汾水杯奖12项，省地市优良工程120余项。他获得很多荣誉，先后被授予“运城市优秀项目经理”、“首届山西省优秀项目经理”，“全国施工企业千名优秀项目经理”、“河津市优秀党员”称号；荣获2002年和2004年中共河津市“优秀党员标兵”、“山西省建筑英才”、“山西省建筑企业优秀经理”和“山西省质量管理小组活动卓越领导者”、“河津市企业经营管理拔尖人才”等荣誉称号。

王云泉，山东高速公路股份有限公司总经理助理、董事会秘书。研究生学历，高级经济师、会计师。1993年7月至1994年1月，在山东省交通厅人事处工作；1994年1月至1995年10月，在山东省交通开发投资公司开发部工作；1995年5月起，先后任山东省交通开发投资公司办公室秘书、副科长，其间曾兼任山东省五洲交通实业有限公司董事；1999年4月至2000年7月，在公司计划财务部从事主管会计工作；2000年7月至2001年9月，任公司办公室负责人（副主任）；2001年9月至今，任山东高速公路股份有限公司办公室主任；2006年12月26日，起任山东高速公路股份有限公司总经理助理，2007年4月起任山东高速公路股份有限公司董事会秘书职务。他所在的企业一直致力于山东省公路交通事业的发展，同时，按照现代企业制度的要求，强化管理，规范运作。2001年12月，顺利通过了ISO9001质量体系认证，成为山东省第一批符合ISO9001—2000版标准要求的运营路桥。2002年，荣获山东省管理创新优秀企业称号，成为山东省首批获此殊荣的62家企业之一；2004年再获山东省管理创新十佳企业称号。

王周，男，汉族，1961年5月出生，四川省新津县人，1978年12月参加工作，1991年8月加入中国共产党，四川省省委党校经济管理专业本科毕业。1978年12月至1989年12月在都江堰宁江机床厂设备动力科工作，任工程技术员；其间1979年9月至1982年7月在四川省机械厅职工大学读书；1989年12月至1993年4月在新津县科学技术委员会工作，任科长；1993年4月至1998年3月在新津县轻工业局工作，任局长；1998年3月至2001年11月在新津县计经局工作，任副局长，兼新津县轻工业局局长；2001年11月至2005年2月在新津县粮食局工作，任局长；2005年2月至至今在新津县房产管理局工作，任局长。

温国明，男，1967年生人，汉族，1987年毕业于新乡学院化学系，2002年毕业于西安理工大学工商管理专业，获工商管理硕士学位；2008年4月西安理工大学管理科学与工程专业博士生研究生毕业，工程师。现任海南高速公路股份有限公司董事长。曾任洛阳国家高新技术产业开发区建设管理局副局长、局长；洛阳国家高新技术开发区管委会副主任、工委委员；洛阳高新区实业公司副总经理；洛阳炬星风险投资有限公司董事长；洛阳国家高新技术开发区管委会副主任、工委委员（正处级）。2008年9月任海南省发展控股有限公司副总经理、党委委员。现任海南高速公路股份有限公司董事长。1991年7月，经海南省政府（1991）5号文批准，成立海南省东线高速公路建设工程指挥部办公室。1993年4月，经海南省证券委员会琼证字（1993）6号文批准，在海南省东线高速建设工程指挥部办公室的基础上，以定向募集方式设立了海南高速公路股份有限公司。经中国证监会批准，公司于1997年12月1日在深圳证券交易所上网定价发行了7 700万股A股，1998年1月23日公司股票挂牌上市。

文俊杰，男，中共党员，大学文化，高级经济师、高级工程师。现任中国水利水电第一工程局副局长兼大朝山施工局局长。1947年10月出生于吉林省公主岭市。1969年毕业于长春水利电力高等专科学校；1969年7月参加工作；1976年12月加入中国共产党；1987年3月至今，历任中水一局劳资处副处长兼鲅鱼圈工程总相挥、中水一局劳资处处长兼鲅鱼圈工程总指挥、中水一局总经济师、中水一局副局长兼总经济师、中水一局副局长兼大朝山施工局局长、党委书记。参加过东北最大的白山水电站、全国样板工程红石水电站和我国水电发展龙头丰满水电站等著名水电站的建设管理。在任鲅鱼圈工程总指挥期间，他带领当时三大分局的参战职工提前两年完成了1 600米护岸移山填海及海上2 400米长贮灰坝等施工任务，有三项成果获局优秀科技奖。1995年，主抓全局工程承包工作。当年，一局先后承揽到云南大朝山水电站、二滩电站机组安装、大连引水等工程，缓解了全局任务量严重不足的困难。1995年底至今，任一局副局长兼大朝山施工局局长。几年来，他先后荣获全国水电系统“百杰”、中国千名优秀项目经理、吉林省劳模等光荣称号，鲁班奖项目经理，被誉为“常胜将军”、“江河之子”。个人先进事迹曾以《励精图治、知难而进》、《苦难何所惧、壮志酬江河》、《江河之子》为题被收录在《伟业基石——中国施工企业千名项目经理风采录》、《新世纪之春》、《中国人才》、《中华新世纪文库》、《世纪之光》等书中。

吴传清，男，深圳市岩土工程公司总工程师。深圳市岩土工程公司是经国家建设部批准成立的具有地基与基础工程专业承包一级、工程勘察专业类岩土工程甲级资质和地质灾害治理工程甲级施工、勘察、设计的专业公司，主持编制市标准《地区建筑深基坑支护技术规范》（SJG05—1996），作为市强制性地方技术标准，同时参编了《地区建筑地基处理技术规范SJG04—1996》，参与编审《地区岩土工程的理论与实践》一书（中国建筑工业出版社出版）。书中收录公司员工撰写论文十多篇。与国内著名的岩土工程科研单位及大专院校如中国科学院武汉岩土力学研究所、武汉水利电力大学、同济大学、浙江大学等有密切的合作关系。近年来在动力排水固结法加固淤泥等软土地基、树根桩结合喷锚支护进行基坑软土边坡处理、深厚软土地区基础选型与地基加固等课题的科研和工程实践方面取得了很有价值的成果。2005年、2007年分别通过ISO9000质量管理体系认证、ISO2004环境管理体系认证和OHSAS18000职业健康安全管理体系认证。连年被评为“重合同守信用企业”，被评为“2003年度深圳市建筑施工专业承包类实力排名百强企业第六名”，荣获“2005年度深圳市建筑百强施工企业专业承包类品牌企业铜奖”、荣获“2006年度深圳市建筑施工企业地基与基础、土石方工程组金奖”。

吴建国，男，1956年8月出生，云南石屏人，中共党员，研究生学历，汉族。1971年9月至1984年8月在云锡建安公司一大队从事施工管理。任施工员、技术队长职务；1984年9月至1986年12月在云南工学院汽车运用工程系学习；1987年1月至1989年12月在云锡运输公司二车队从事企业管理，任队长兼书记职务；1990年1月至1992年12月在云锡运输公司从事企业管理，任副经理职务；1993年3月至2006年11月在云锡建设集团公司从事企业管理，任副董事长总经理职务。个人获得了一级建造师、一级项目经理、中国职业经理人、中国房地产百杰、省优秀项目经理、优秀共产党员等资格和荣誉，公司也获得省文明单位、省先进政研会荣誉。锐意改革，勇于创新，突出地产主业，走合作开发模式，创出了一条低投入、低风险、快速、规模的扩张之路。使云锡建设集团公司由一个亏损国企，发展成为今天产值上亿元，年利润上千万元的全国优秀施工企业。与昆明星耀地产共同合作开发的昆明新亚洲体育城获得了中国地产界的最高楼盘奖“CIHAF2005中国名盘”。

吴小伟，男，浙江东阳人，中共党员，汉族。1984年在东阳市第三建筑工程公司工作，任副总经理；1992年任广厦控股创业投资有限公司董事局副主席；1999年任广厦第一建筑工程公司总经理；2004年广厦湖北经六建设工程有限责任公司董事长。中国经营大师、中国技术经济大师、中国企业管理创新十大楷模、浙江省经营管理大师。广厦湖北第六建设工程有限责任公司是由具有50多年历史的湖北省第六建筑工程公司经重组改制而成立的，是中国·广厦建设集团控股的有限责任公司。先后被评为国家、省、市先进施工企业，安全生产先进企业，AAA信誉企业，重合同守信用企业，消费者满意单位。工程质量获得国家银质奖、钱江杯、楚天杯、黄鹤杯、白玉兰杯、巴渝杯等多层次、多奖项荣誉。

X

向久长，四川渠县人，中共党员，高中文化，现任渠县沙石场党支部书记、场长。在企业的发展过程中，他从不满足于现状，总是以一个企业家的高瞻远瞩和深谋远虑，不断提出企业新的发展思路；引进先进技术，改革生产工艺；探索现代企业管理方式，并率先在企业建立起了渠县第一个私营企业党支部和基层工会组织，实行民主管理、经过他及全体职工的顽强拼搏和苦心经营，现在该场已发展成为拥有260多名职工，固定资产近1 000万元，年产销能力60余万吨的中型砂石产销企业，并为渠县的经济和社会事业作出了贡献。对向久长的贡献，各级党和政府给予了充分肯定。自八十年代以来，不仅年年获得省、市、县各级组织的表彰奖励，而且还先后被协商安排为渠县第九、十届政协委员；当选为渠县第十届人大代表，达州市工商联（商会）第一、二届执委，渠县工商联

（商会）第五、六、七届副会长，全国砂石行业协会理事；被聘为渠县人民检察院特约检察员；被评选为达州市优秀企业家和优秀共产党员。今年，又被渠县县委、县政府授予渠县十大优秀企业家，被渠县县委授予优秀共产党员称号。

肖忠明，CIHAF中国房地产百杰。男，籍贯福建人，汉族。厦门毅丰房地产开发有限公司董事长，厦门诚毅地产投资管理有限公司董事长。1998—1992年，在厦门市政府外事办公室，干部；1992—1993年，香港理工大学工商管理专业，进修；香港毅泰投资有限公司，董事；1993—1994年，厦门毅泰房地产开发有限公司总经理；1994年至今，厦门毅丰房地产开发有限公司董事长；厦门诚毅地产投资管理有限公司董事长。开发建设的地产项目主要有太微花园、太微山庄、南湖豪湖；刘厝、祥店旧村改造项目——第二城，该项目于2003年被建设部科技司列为全国唯一一家“国家数字示范社区”，2004年，被评为“2004年度影响厦门杰出楼盘”；云海山庄·海市居——环岛路半山海景别墅；首创“诚毅社区”连锁度假休闲房产概念。个人理论著作或文章：与天津规划设计院及欧洲旅游研究院共同研著《桂林市灵川县县域经济规划》；与北京零点调查及北京市中医药大学共同研著《中国休闲旅游房产构成及发展趋势》。

邢巖，现任北京建工国际建设工程有限责任公司总经理。2005年获得北京建工集团经营先进个人；2006年获得北京市首都劳动奖章；2007—2008年度北京市“爱献做”活动优秀个人奖。北京建工集团是以工程建设业、房地产开发为主业，集建筑设计、建筑科研、设备安装、装饰装修、市政路桥、环保节能、物流配送等为一体的大型企业集团，具有房屋建筑工程施工总承包特级，市政公用工程施工总承包一级，房地产开发经营一级，机电设备安装施工总承包一级，地基与基础、装修装饰、钢结构等专业承包一级资质及国际工程承包、对外贸易资格。集团现有法人单位190家，其中集团公司所属全资、控股、参股企业74家，员工约2万人，境内外开复工面积约2 000万平方米，总资产212亿元，净资产32亿元。建工集团承建了北京市绝大多数标志性工程，在各个年代评选出的40项“十大建筑”中，建工集团入选22项；在“建国60年百项经典暨精品工程”评选中，建工集团入选8项，包括天安门广场建筑群、国家图书馆、民族文化宫、北京饭店、北京首都机场航空港、北京地铁1号线等等。建工集团还建设了绝大多数外国驻华使馆及大批外交公寓，建设了北京各主要工业区及大型科研、医疗、教育、服务设施，建设了多个成片居民住宅小区，为首都的城市化、现代化建设做出了突出贡献。在国际工程总承包、劳务技术服务、进出口贸易等方面也创造了良好的业绩，1994年以来连续被评为全球最大的225家国际工程承包商之一。

熊刚，四川省成都市温江区房管局房产管理局党组书记、局长。1982年10月1日—1987年1月1日部队服役。1987年1月1日—1987年5月1日部队转业待安。1987年5月1日—1993年3月1日重庆市云阳县广播电视台记者。1993年3月1日—1995年11月1日重庆市云阳县新城建设管理委员会政宣处副处长。1995年11月1日—1998年4月1日重庆市云阳县云阳镇党委副书记。1998年4月1日—2000年2月1日重庆市云阳县云阳镇党委副书记、镇长2000年2月1日—2000年11月1日重庆市云阳县云阳镇党委书记，2000年11月1日—2001年9月1日重庆市云阳县云阳镇党委书记、双汇镇党委副书记，2001年9月1日—2003年3月1日重庆市云阳县云阳镇党委书记、人大主席、双汇镇党委副书记，2003年3月1日—2005年4月1日重庆市云阳县建委党组副书记、主任，2005年4月1日—2005年8月1日成都市温江区城乡建设局工作，2005年8月1日—2007年1月26日成都市温江区建设局党组成员、副局长，2007年1月1日—2009年11月3日成都市温江区柳城街道工作委员会委员、书记，2009年11月3日成都市温江区房产管理局党组书记、局长。

熊之舟，男，厦门国贸集团股份有限公司副总裁。他的带领下，国贸地产积极推广品牌战略开发工作，成功开发了福建省第一高楼——国贸大厦和以“国贸”冠名的系列高尚居住小区：国贸花园、国贸新城、国贸海景、国贸广场、国贸信隆城、国贸金海岸、国贸怡河园等。国贸地产也由此成为厦门房地产业界的领军旗舰之一，并提出实施商标开发战略，成为第一个注册获得房地产专有商标权；获得厦门市著名商标的房地产开发企业；第一个成立专业地产投资管理公司并对外开展品牌输出的房地产开发企业。在熊之舟的领导下，厦门国贸地产有限公司效益显著，2006年，公司获得多项荣誉，名列上海证券报首次评选的中国100强上市公司、继续名列美国《财富》（中文版）杂志评选的中国上市公司100强以及国家统计局评选的中国最大500家企业集团。2007年，厦门国贸被评为“2007年十大金股”，公司获得全国模范劳动关系和谐企业称号。他荣获福建省房地产优秀经理人、中国优秀职业经理人称号。

徐放，男，1960年4月生人，北京人，汉族，研究生学历。经济管理学硕士。北京东方雨虹集团副总裁，海外事业部总经理，曾历任国内三家大型上市股份公司副总，海外事业部总经理；中国砖瓦工业协会理事；2007年3月17日至2007年6月30日：清华大学PMP项目管理培训；1990年10月1日至1996年9月30日德国美因兹大学经济管理专业硕士；1990年10月1日至1992年9月31日；德国济根大学预科毕业；1993年10月至2005年6月8日，奥地利EVG公司中国代表处首席代表；曾长期担任Zublin MAB Co.，Dr. Trapp Engineering Co.，Lasco Co. 等德国知名公司驻中国办事处首席代表。1989年9月至1990年9月：外派日本东经新闻社工作，1980年7月至1985年9月：中国新闻社编辑。历任国内三家大型上市股份公司副总，海外事业部总经理，2005年成功跨界从外企转型到国内民营企业，曾参与小浪底、南水北调等大型国内外资公司 EPC，BOT 承包工程。

许东坤，男，汉族，河南省，中共党员，中铁十五局集团有限公司董事长、总经理、教授级高级工程师。中铁十五局集团有限公司董事长 1982 年 7 月至 1983 年 12 月铁 3 师 14 团 2 营部技术室实习学员、助工，1983 年 12 月至 1984 年 1 月铁 5 师 25 团技术室助工，1984 年 1 月至 1987 年 11 月铁十五局五处 2 段助工、技术副段长，1987 年 11 月至 1992 年 11 月铁十五局五处施工技术科科长、处副总工，1992 年 11 月至 1993 年 9 月铁十五局五处副处长兼工程师，1993 年 9 月至 1998 年 4 月铁十五局五处副处长兼高级工程师，1998 年 4 月至 1999 年 12 月铁十五局机械化工程公司副经理兼高工，1999 年 12 月至 2000 年 5 月中铁十五局机械化工程公司副经理兼高工，2000 年 5 月至 2001 年 10 月中铁十五局副总工兼高工，2001 年 10 月至 2002 年 6 月中铁十五局集团副总工兼高工，2002 年 6 月至 2004 年 1 月中铁十五局集团公司总工兼高工，2004 年 1 月至 2005 年 1 月中铁十五局集团公司总工兼教授级高工，2005 年 1 月至 2006 年 8 月中铁十五局集团公司副总经理兼教授级高工，2006 年 8 月至 2009 年 6 月中铁十五局集团公司总经理兼教授级高工，2009 年 6 月至今中铁十五局集团公司董事长、总经理兼教授级高工享受国务院政府津贴的专家。全国施工企业优秀项目经理、河南省十大杰出青年企业家。先后荣获了茅以升科学技术铁道工程师奖、詹天佑铁道科学技术第四届中铁建专项基金成就奖；中华全国铁路总工会火车头奖章等荣誉。

许燕群，女，出生于 1961 年 12 月，广东开平人，汉族，本科学历，工程师，一级注册建造师。现任广东省佛山市建筑业协会副秘书长、佛山市建筑业协会施工专业委员会秘书长、佛山市思成建设培训中心主任。在建筑行业经历了三十年的风雨洗礼，曾从事现场建筑施工管理、集团公司安全、生产、预结算成本、计划统计、工程合同、建筑技术及全市建筑行业管理等多方面的管理工作，有丰富的管理经验，并具有工民建、机械、经济管理专业的学历，是一个复合型的人才。她所主持的多项业务工作，曾多次获得全国性的奖项。曾发表《论建筑施工企业成本管理》、《ISO 在建筑企业统计工作中的应用》等多篇论文。主编了具有科学性、先进性和实用性的教材，作为全市建设行业的培训教材。曾获得广东省统计系统先进工作者、企业优秀业务能手、集团企业先进工作者等称号。

Y

闫忠建，山东高速公路股份有限公司副总经理。1957 年出生，大学学历，高级会计师。1975 年在小清河航运局船厂参加工作；1985 年起先后在山东省交通厅计财处、山东省车辆购置附加费征管办公室工作，历任助理会计师、会计师、副主任科员、主任科员；1998 年任济青高速公路管理局收费处副处长；2000 年任本公司收费监控部经理；2001 年任山东省高速公路有限责任公司运营部部长；2003 年 5 月起至 2006 年 12 月 26 日任公司总会计师；2003 年 5 月起至今任公司副总经理职务。长期从事交通财务管理和收费运营管理工作，具有丰富的财务管理和路桥运营管理经验。曾获交通部 1994 年度车辆购置附加费征收工作先进个人。他所领导的企业一直致力于山东省公路交通事业的发展，同时，按照现代企业制度的要求，强化管理，规范运作。2001 年 12 月，顺利通过了 ISO9001 质量体系认证，成为山东省第一批符合 ISO9001—2000 版标准要求的运营路桥。2002 年，荣获山东省管理创新优秀企业称号，成为山东省首批获此殊荣的 62 家企业之一；2004 年再获山东省管理创新十佳企业称号。

严华明，男，1962 年 5 月，汉族，云南人，大专学历。现任云南梦达尔集团董事长。当选人大代表、政协委员、党代表情况：石林县政协副主席；云南省工商业联合会执委；昆明市工商联代表。参加民主党派或社会团体情况：云南石材协会常务副会长；石林石材集团常务理事；闽滇商会副会长；昆明企业家协会常务理事。1990—1995 年，先后创建和经营了“昆明石林日用化工”开远市梦达尔加油站“弥勒盘龙红砖厂”；1996—2005 年，创建和经营“云南梦达尔滨馆”“云南石材厂”“云南异型石材有限公司”“云南梦达尔园林绿化有限公司”“农林牧开发有限公司”“融资担保有限公司”。2000 年，组建成立了云南梦达尔集团。荣获国家级中国当代经营管理优秀人才；云南省优秀企业家；昆明市优秀企业家。

杨燕，女，出生于 1944 年 11 月 19 日，汉，四川成都人，中共党员，大学本科毕业。高级建筑师，曾任中共四川省纪委常委、四川省监察厅副厅长，四川省建设厅党组副书记（正厅级）、副厅长、四川省建设厅顾问，四川省政协地方专业委员会副主任；现任中房协顾问、中国土木工程学会住宅工作指导委员会副主任、中国建设行业管理英才大会组委会副主席、中国国际贸易促进委员会建设行业分会副会长、四川省贸促会第四届委员会委员、四川省社会组织促进会副会长、被商务部信用评级与认证中心授予“诚信中国·创新发展突出贡献人物”荣誉称号。杨燕同志是四川省乃至全国建设系统和房地产业协会的知名人士，在行业内有较高知名度和较大影响力。四川省房地产业协会成立于 1993 年，由全省房地产开发、估价、经纪、物管等企事业单位和相关科研机构、大专院校、专家学者组成。四川省房协的出色工作得到了政府有关领导和部门的充分肯定，受到了会员单位和社会各界的广泛好评，多次荣获国家、省相关部委、有关部门的表彰。2004 年 2 月，四川省房协被四川省建设厅授予“省级建设社团先进单位”称号；同年 12 月，被国家民政部授予“全国先进民间组织”称号，成为民政部表彰的四个全国房地产业协会之一；2006 年被中国房地产业协会授予“全国房地产行业先进协会”；在 2008 年的抗震救灾中省房协党支部被四川省建设厅机关党委授予“抗震救灾先进基层党组织”，被四川省民政厅授予“四川省‘5·12’抗震救灾先进社会组织”；2010 年 2 月，四川省房地产业协会荣获民政部授予的“先进社会组织”和“社会组织深入学习实践科学发展观活动先进单位”荣誉称号。同年 7 月，四川省房地产业协会党支部荣获省“四川省住房和城乡建设厅 2008—2010 年度先进基层党组织”称号。2010 年 12 月，商务部信用评级与认证中心授予四川省房地产业协会“诚信中国·信用建设特别贡献单位”称号。

杨玉科，男，汉族，大学文化、高级工程师、高级经济师、高级政工师，深圳市天地（集团）股份有限公司董事长，具有近 30 年工程管理和大型企业管理经验。曾任深圳市第三建筑工程公司副总经理，深圳市云鹏大酒店总经理，深圳市东部开发（集团）公司总经理助理、副总经理、总经理。现任深圳市东部开发（集团）有限公司董事长、总经理、党委副书记，深圳市天地（集团）股份有限公司董事长，深圳市福田区第四届人大代表。深圳市天地集团股份有限公司创建于 1981 年，其前身为深圳市建筑工业公司以建材工业为基础以房地产等第三产业为支柱以高新技术为先导集工业房地产商贸仓储宾馆酒楼物业管理等于一体公司。

杨哲，男，现任顺驰集团天津公司总经理。曾任天津亿城房地产有限公司董事长。他是伴随天津房地产业蓬勃发展起来的一名现代优秀企业家。1990 年毕业于南开大学商学院前身——天津对外贸易学院；1992 年入职广东太阳神集团，出任华北地区经理。在他的领导下，太阳神产品华北市场占有率跃居同业第一，年销售额超过 2 亿元。1997 年杨哲加入顺驰集团，出任天津华夏住宅建设公司（后改制顺驰发展股份有限公司）总经理、董事长。主持开发华苑日华里、华苑久华里项目，这些项目以优质的产品质量、适于人居的产品设计、优美的环境景观、先进齐全的配套设施、服务周到的售后服务赢得了市场的认可。其中，久华里项目被评为“康居型住宅类模式典范”。2002 年，跃升为顺驰集团执行总裁。主持开发占地面积 170 万平方米、建筑面积 130 万平方米的“顺驰太阳城”，开创了天津房地产的大盘时代。太阳城项目获得“全国十大明盘”荣誉，为天津房地产界获得了荣誉。同期还在运筹“北岸华亭”、“城市星座”、“城市之光”、“城市之星”等天津名盘。2004 年 5 月，加入亿城集团股份有限公司，出任天津亿城房地产有限公司董事长。目前担任天津政协经济委员会委员。

杨正强，1950 年 10 月生人，高级工程师、经济师。现任甘肃省静宁县第二建筑工程公司法定代表人、董事长。中国建设行业管理英才大会副理事长、世界杰出华商协会理事长单位、甘肃省乡镇企业协会理事、平凉市建筑业联合会副会长、平凉乡镇企业协会副会长、中华人民共和国农业部中国乡镇企业研究院研究员、曾任静宁县第十三届、第十四届人大代表，静宁县第六届、第七届政协委员，静宁县第十五届党代表、荣获第四、五届“全国乡镇企业家”称号、第七届全国创业之星、中国建设行业创新人物、中国建设行业百名管理英才、甘肃省“建筑企业优秀经营者”称号、甘肃省第二、三、四、五、六、七届“乡镇企业家”平凉市第二、三届“乡镇企业家”。杨正强同志系甘肃省静宁县第二建筑工程公司董事长，于一九七六年成立静宁县第二建筑工程公司，经过三十多年的发展壮大，目前已拥有 5 个分公司，32 个独立核算项目部，企业注册资金 2 128 万元，固定资产 1 628 万元，资产总额 7 422 万元。先后组建成立了戎都房地产开发公司，装饰装修公司，建成了一个集住宿、餐饮、娱乐为一体的饭店，一个综合建材厂，一个金属、塑钢彩板门窗厂，一个亚米食品综合开发公司。饮水思源，回报社会，成为杨正强同志近年的追求。2008 年曾配合贾庆林主席出访埃及等地并受到贾主席亲切接见。2010 年组建甘肃戎都集团，使企业发展走向集团化进程。

姚泓，女，三八红旗手，上海市第二市政工程有限公司一分公司副经理。主要负责分公司经济管理工作。2004 年被公司评为青年成才奖，2003 年、2005 年荣获上海承建集团“三八”红旗手，2005 年荣获集团记功个人。她是一个预决算多面手。近几年，一分公司的产值年年创新高，但是由于市场竞争和材料涨价的因素，使得成本不容乐观，怎样在完成施工任务的情况下做到效益增加是摆在她面前的一大课题。因此，她根据一分公司工地的实际情况，依据集团和总公司的目标成本管理细则对分公司的目标成本管理指定了一套详细的成本分析资料，首先对每个工地进行目标成本的测算，做好成本预控工作，分析盈亏，从中发现问题，针对问题提出措施，做到事前事中控制，并组织召开分工司经济工作会议，做到全过程控制。同时在成本分析中她针对工地发生的实际情况，核对招投标书和合同，找出标外工作量，增加业务签证，做到开源节流。

姚华，男，江苏句容人，中共党员。2004 年 1 月—2006 年 3 月，任江苏省句容市人防办主任；2006 年 3 月—2009 年 8 月，任江苏省句容市水利农机局党委书记、局长；2007 年 12 月—2009 年 8 月，兼句容市赤山湖管理委员会（中共句容市委赤山湖工作委员会）主任；2009 年 8 月—2010 年 5 月，任江苏省句容市建设局局长；2009 年 8 起，兼任句容市城市建设投资有限责任公司董事长；2010 年 5 月至今，任江苏省句容市住房和城乡建设局局长。

於如桂，男，1964 年 7 月 26 日出生，籍贯江苏金湖，中共党员。南京大学高级工商管理（EMBA）硕士，中国人民大学、美国南加州大学、澳门科技大学工商管理（MBA）硕士。世界杰出华商协会副理事长，中国建设行业管理英才大会副理事长，江苏省人力资源学会副会长，江苏省工商联钢铁贸易业商会副会长，南京市青年商会副会长，南京大学 EMBA 联合会执行秘书长、校友会副会长，南京市慈善总会常务理事。2005 年中国优秀民营企业自强创业先锋、2005 年度成长苏商五十强、2006 年度江苏省青春创业风云人物、2006 年度中国诚信企业家、社会主义荣辱观践行典范、首届南京市优秀青年企业家、中国和谐社会杰出企业家、南京大学 EMBA 杰出学员、首届长三角杰出青商、2009 中国建设行业百名管理英才、2010 全球华商百业十大领军人物、全国明星企业家。1981 年 10 月至 1983 年 10 月，金湖县农机配件五厂采购员、副厂长；1983 年 10 月至 1986 年 4 月，中国人民解放军 83202 部队服役；1986 年 4 月至 1990 年 6 月，金湖供销合作社副主任；1990 年 6 月至 1995 年 5 月，宝应物资中心总经理；1995 年 5 月至 1998 年 8 月，江苏共同商社董事长；1998 年 12 月至 2000 年 2 月，金湖华东物资有限公司总经理；2000 年 2 月至今，江苏华东钢铁有限公司总经理；2002 年 6 月至今，南京爱邦钢铁有限公司总经理，2005 年 9 月至今，江苏爱邦传媒有限公司董事长。

Z

张河浩，男，山东聊建金柱建设集团有限公司 001 项目公司经理。自 001 项目公司成立以来，他采用与国际接轨的最先进的管理模式，利用和借鉴成熟的外出施工经验，凭借精湛的技术、硬朗的作风、精良的装备，很快发展成为聊建金柱集团外出施工的王牌军。他以优质高速拓市场，以诚信经营促发展，成功地承揽了青岛市科技大学东部新校区教学楼、学生高层公寓群体工程、中国人民解放军青岛第 401 医院经济适用房工程、寿光现代商城高层住宅小区住宅楼工程、聊城市中国运河文化博物馆工程、聊城市新开国贸大厦等大型、高层、群体工程。其中，2002 年承揽施工的青科大综合教学区群体工程建筑面积 13 万平方米，是 2002 年山东省十大重点工程之一，该工程获青岛市安全文明示范工地、青岛市优良工程；2003 年 2 月，他又承接了青岛科技大学首期续建工程，并在短短的 170 天内完成近 6 万平方米的施工任务，确保了学生的顺利入住。施工期间，经历了“非典”的影响，并保质保量地完成了施工任务，受到了各级领导及社会各界一致好评。该工程实现了建筑工程的高速优质，成为聊城市建筑企业外出施工的典范。他连年被评为集团先进工作者、劳动模范和优秀共产党员；连续 5 年被评为聊城市十佳项目经理，先后荣获聊城市优秀企业家、聊城市突出贡献奖、聊城市十佳市民、富民兴聊劳动奖章、山东省建工系统先进个人、山东省优秀项目经理、山东省十大杰出青年企业家、“2005 年度全国工程建设优秀项目经理”等荣誉称号。

张金池，男，1955 年 3 月 6 日出生，汉族，籍贯福建省泉州市，文化程度大专，现任福建省泉州市东海建筑有限公司董事长兼总经理，高级工程师职称，同时担任泉州市建筑行业协会副会长、泉州市丰泽区工商联合会（总商会）常务理事。泉州市东海商会副会长。本人从事建筑工程施工技术及管理工作 30 多年，富有开拓创新精神、诚信务实、具有高度事业责任心，有较强的经营管理和决策能力，积极地及时缴交国家规定的一切税收规费。2007 年 10 月由建筑企业职业经理人评价与资质认证委员会颁发建筑企业高级职业经理人资格证书。年年被泉州市建筑行业协会评为泉州市建筑企业优秀经理，被福建省建设厅、福建省建筑业协会评为福建省建筑业优秀经理。2009 年度被国家建设部评为全国优秀经理、被中国施工企业管理协会评为“中国工程建设优秀中级职业经理人”。年年被福建省建筑行业协会评为“先进企业”、被泉州市建筑行业协会评为“先进企业”，被福建省工商行政管理局及泉州市人民政府评为福建省和泉州市“守合同、重信用”的企业；列入福建省 2010 年度省级房屋建筑工程施工总承包预选承包商名录，被福建省建设厅、福建省建筑协会评为先进企业，被福建省企业评价中心、企业评价协会为省级 AAA 信用企业，被福建省建设厅评为 AAA 级信用企业、被丰泽区政府评为区级重点企业和纳税大户。

张金龙，男，出生于，汉族，高级经济师、中国工程建设（建筑装饰）高级职业经理人，兼任中国工业合作协会理事、上海市工业合作协会常务理事、上海市南汇区工业合作协会理事长、上海市南汇区工商联执委、上海市装饰装修行业协会常务理事、上海市勘察设计行业协会理事。2001 年 9 月起接盘上海景泰建筑装潢工程公司改制为上海景泰建筑装潢有限公司。他把一个人心涣散濒临倒闭的企业经过了稳定、巩固、发展的历程，进入到了一个良性的生产轨道，通过二次创业，一个景泰公司的崭新面貌已重新展现在上海市装饰行业之中七年来既保持了建筑装饰装修工程专业承包一级和建筑装饰工程设计甲级资质，又增加了幕墙工程专业承包三级资质和房屋建筑工程总承包三级资质，目前正在积极创造条件提升企业资质和增加市政公用工程施工、机电设备安装工程、建筑智能化工程资质，使公司成为一个综合性、多功能的经营实体，在建立质量管理体系的基础上，又分别于 2004 年、2005 年建立了环境管理体系和职业健康安全管理体系，使公司的三体系融为一体，确保了公司的生产正常有序地进行。

张仁一，男，1960 年 12 月 17 日出生，毕业于武汉工学院工业自动化专业（现武汉理工大学），硕士学位。1992 年就职于深圳南山热电股份有限公司，历任检修部部长、总经理助理、副总经理等职；2000 年开始任该公司董事总经理。扎实的专业知识、丰富的管理经验和独到的战略眼光，使他担任深南电总经理期间，创下了公司利润从 5 000 万到 5 亿的辉煌业绩；在公司治理方面亦取得了显著成效，2004 年度中国最佳上市公司治理评比中，深南电更是位列前三名。2005 年 6 月，出任深圳南天电力有限公司董事长，以其丰富的企业管理经验和战略远见，力争使深圳南天电力有限公司发展成为信用良好、管理规范、法人治理结构完善、盈利能力持续稳定的优秀电力专业公司。深圳南天电力有限公司成立于 1991 年，占地面积 6.4 万平方米，坐落在梅林变电站、景田变电站至华侨变电站的中轴线上，地理位置优越。作为深圳市主要调峰电厂，公司承担着向深圳市中心区（电力负荷中心区）供电和保安电源的任务。

张世礼，男，1938 年生，河南省人，汉族，中共党员。1956—1964 年先后在安徽艺术学院和中央工艺美术学院就读，取得大学本科学历。1964—1981 年在中国国际贸易进会从事展览设计工作。1981—2008 年在中央工艺美术学院从事教学和行政工作，曾任学院副院长、室内设计系主任、环境艺术研究设计所所长。1989—2011 年先后任中国建筑学会室内设计分会副会长、会长、名誉会长。1985 年在中央工艺美术学院主持创办中国第一个环境艺术研究设计所，获国家甲级资质证书 001 号。1984—1986 年组织中方参与北京第一个五星级中国大饭店国际方案竞赛，本人客房方案中标，中方取得部分项目设计权。1989年代表中央工艺美术学院与相关建筑设计院共同发起成立中国室内建筑师学会（后改称中国建筑学会舍内设计分会）。专业上室内设计与中国书画并重，老年着重陈设艺术与中国书画的研究与创作。1982—2008年本人主持和参与了30多个重要室内设计项目，其中中国大饭店、银轮宾馆、军委办公楼、人民大会堂陕西厅等项目获国家和地方专业组织颁发的金奖、一等奖。中国书画作品曾为国家几个重要厅堂采用、参加慈善义拍和国家美术馆办的教师作品展以及中国赴日本、德国画展。部分作品收入《中南海珍藏画集》、《中央工艺美术学院作品集》、《清华大学美术学院教师作品集》等。为中国美术协会会员。获国务院颁发的突出贡献津贴和中国多家专业组织颁发的《终身成就奖》、《突出贡献奖》等。

张伟，山东高速公路股份有限公司总会计师。出生于1969年，研究生学历，高级会计师。1991年7月至1993年12月在山东省济青公路建设指挥部办公室财务科工作；1993年12月至2000年7月在济青高速公路管理局财务处工作，并先后任助理会计师、副主任科员、会计师；2000年7月至2006年12月任公司计划财务部经理；2006年12月26日起任公司总会计师。他所在的企业一直致力于山东省公路交通事业的发展，同时，按照现代企业制度的要求，强化管理，规范运作。2001年12月，顺利通过了ISO9001质量体系认证，成为山东省第一批符合ISO9001—2000版标准要求的运营路桥。2002年，荣获山东省管理创新优秀企业称号，成为山东省首批获此殊荣的62家企业之一；2004年再获山东省管理创新十佳企业称号。

张元清，女，汉族，出生于1949年1月，湖南桃江人，中共党员，大专学历，高级工程师。现任永升建设集团有限公司董事长、总经理、党委书记，新疆维吾尔自治区人大代表，并担任中国建筑业协会理事、新疆企业家协会副会长、新疆建筑业协会副会长、自治区女企业家协会副会长，新疆市政工程协会常务理事、工商联合会副会长，克拉玛依市人大常委会委员等社会职务。先后获得“全国优秀施工企业家”、第三、四届“中国十大女杰提名奖”、“全国十五大杰出创业女性”、“中国建设系统建筑功勋人物”、“促进中国经济发展的企业成功女性”、“全国杰出创业女性”、“中国十大杰出经理人”、“中华之魂年度十大杰出人物”、“中国女性创业年度风云人物”、“中国优秀女企业家”、“自治区劳动模范”、“自治区三八红旗手”、“首届新疆十大经济女性人物”等多项荣誉。她所领导的永升建设集团有限公司始创于1983年，1999年改制为有限责任公司，是一家以建筑施工承包为主营业务的大型综合性民营企业。集团公司下设25个分公司（厂），旗下有控股经营9个子公司，参股投资4家公司。2006年公司资产总额7亿元，实现产值10.3亿元，利税7 121万元。1995年以来，公司先后荣膺“全国先进集体建筑企业”、“全国全面质量管理金屋奖”、“全国守合同重信用企业”、“全国优秀施工企业”、“国际女性创业明星企业”、“全国精神文明建设工作先进单位”、“全国建设系统精神文明建设先进单位”、“全国建筑安全生产先进集体”、“全国用户满意施工企业”、建设部首届“百家建设行业诚信企业”以及“中国建筑工程鲁班奖（国家优质工程）”等国家级荣誉、奖励和数十项自治区级荣誉、奖励。

赵刚，男，汉族，山东港湾建设有限公司总经理，硕士研究生，高级工程师，国家一级建造师。山东港湾建设有限公司总经理，公司通过质量、安全、环保一体化认证，荣获“全国优秀施工企业”、国家级“守合同、重信用”企业称号，获山东省富民兴鲁劳动奖状、日照市五一劳动奖状，被日照市确定为工商免检企业。1991年大学毕业投入到火热的港口建设中，1995年受命组建公司二工区，1998年调任港湾公司副经理兼木片码头工程项目经理。1999年以出众的才华被推上了港湾公司总经理的岗位，山东港湾建设有限公司始建于1993年，原名日照港湾工程有限公司，为日照港集团全资子公司，注册资本3.5亿元，港口航道工程施工总承包一级资质企业。主要经营范围为：港口海岸、航道疏浚、设备安装、基础处理、检验测绘、爆破拆除、设备租赁、商砼业务、市政工程、房屋建筑、钢构施工、公路路基、船舶修造等。先后荣获全国交通系统“青年岗位能手”、“日照市十大杰出青年”、“山东省优秀青年企业家”、“日照港优秀共产党员、最佳中层管理标兵”等称号，并多次荣获日照港集团嘉奖。

郑海军，男，山东高速公路股份有限公司副董事长，华建交通经济开发中心副总经理。出生于1958年，研究生学历，高级经济师。1976年2月入伍，1979年1月考入北京军区军医学校学习。1981年1月起先后在北京军区后勤部第六分部历任新闻干事、干部干事。1991年5月起在交通部办公厅工作。1996年3月至1998年2月期间在中国社会科学院研究生院经济系学习，并获得社科院研究生院投资专业研究生学历。1998年10月至2000年5月先后在深圳海虹实业有限公司，招商局国际深圳代表处担任首席代表。2000年5月至2006年10月期间先后任招商局集团行政部总经理、招商局集团（香港）有限公司董事、招商局集团（上海）有限公司董事、香港必力公司总经理等职。2004年4月获国立南澳大学香港国际管理学院工商管理硕士学位，并获国立南澳大学工商管理学硕士学位。2006年10月至今任华建交通经济开发中心副总经理。他所领导的企业一直致力于山东省公路交通事业的发展，同时，按照现代企业制度的要求，强化管理，规范运作。2001年12月，顺利通过了ISO9001质量体系认证，成为山东省第一批符合ISO9001—2000版标准要求的运营路桥。2002年，荣获山东省管理创新优秀企业称号，成为山东省首批获此殊荣的62家企业之一；2004年再获山东省管理创新十佳企业称号。

周启双，四川省彭州市建设局党组书记、局长。1984

年 3 月至 1990 年 12 月在彭县太清乡政府工作，担任计生专干、团委书记、党委委员；1991 年 1 月至 1994 年 6 月在彭州市致和镇政府工作，担任党委副书记、副镇长、纪委书记；1994 年 7 月至 1995 年 8 月在彭州市利安乡政府工作，担任党委副书记，纪委书记；1995 年 9 月至 1998 年 2 月在彭州市隆丰镇政府工作，担任党委副书记，纪委书记；1998 年 3 月至 2001 年 10 月在彭州市三邑镇政府工作，担任党委副书记，人大主席；2001 年 11 月至 2005 年 3 月在彭州市隆丰镇政府工作，担任党委书记、人大主席；2005 年 4 月至 2006 年 5 月在彭州市九尺镇政府工作，担任党委书记；2006 年 6 月至 2006 年 11 月在彭州市人民政府办公室工作，担任党组副书记、办公室副主任、市政府副秘书长；2006 年 12 月至今在彭州市建设局工作，担任党组书记、局长。

朱仁财，男，安徽合肥人，汉族，出生于 1965 年 3 月，大学学历。现担任安徽省中飞电力建设有限公司董事长、总经理。该企业的前身是合肥东城电力安装工程有限责任公司，始创于 1998 年 8 月，于 2005 年更名为安徽省中飞电力建设有限公司。企业现有职工 187 人，其中中专以上文化程度 120 人，有各种专业技术管理人员共 73 人，其中高级工程师 2 人，工程师 22 人，高级会计师 1 人，中级技术人员 57 人，技师 6 人。在他的领导下，屡获殊荣，先后被评为“地方税依法纳税先进单位”、安徽省“重合同守信用企业”、合肥市“质量放心单位”、安徽省“诚实守信，承诺单位”；被评为“中国电力行业诚信企业”；2005 年，被中国市场学会信用委员会评定并授予“中国企业诚信示范单位”称号；2006 年，被评为“中国电力行业诚信品牌”和“全国用户满意工程”、被授予“创业之星”称号；2007 年，被中国工程建设与管理联合会授予“政府放心，用户满意电力工程先进单位”、被中国企业信用保障中心、全国企业资产评估委员会评为“质量，安全，信誉全国 AAA 级信用单位”；同年，被授予“世界杰出华裔协会理事长单位”，被中国中小企业协会授予“常务理事单位”。

朱守琛，沧县小朱庄人，男，1956 年生，沧县小朱庄人，河北建新集团董事长，毕业于北京大学光华管理学院 MBA 班。全国人大代表，河北建新集团董事长。全国人大代表，全国工商联执委、河北工商联副主席，沧州市工商联主席，沧州市第十、十一届、十三届人大代表，沧县第十一、十二、十三届人大常委会委员。他历任沧州市第十、十一届、十三届人大代表，沧县第十一、十二、十三届人大常委会委员。1988 年，朱守琛白手起家，创办建新化工厂。建新集团还多次荣获省、市、县有关部门授予的文明单位、环境治理达标企业、模范企业等荣誉称号，朱守琛连续多年被地方政府评为“创业之星”、“光彩之星”、“纳税功臣”、“优秀企业家”等荣誉称号。2004 年被河北省人民政府评选为“河北省劳动模范”。

朱新华，男，汉族，江苏永勤工程管理有限公司董事长，大学文化，注册监理工程师、注册造价师。他领导的企业坚持“守法、诚信、公正、科学”的执业准则，与时俱进、开拓创新，以肩负业主重托、不辱使命为己任，以心存公司厚望、多创荣誉为动力；树立责任重于泰山为信念，竭诚为广大客户提供优质、高效的服务。江苏永勤工程管理有限公司成立于 1998 年，注册资本 350 万元，经营范围有建设工程监理、工程造价咨询、工程招投标代理、工程项目管理、工程项目总承包、建设项目可行性研究及司法鉴定与价格评估等。业务范围覆盖建设工程前期、准备阶段、实施阶段和后期维护阶段。公司于 2006 年通过 ISO9001：2000 质量管理体系认证，同时荣获本年度江苏省工程招投标代理优秀单位，2008 年我司成为江苏省监理协会、江苏省工程造价管理协会会员单位。

庄成茂，男，1958 年 7 月生，广东潮阳人，汉族，1974 年参加工作，清华大学房地产 EMBA、美国北弗吉尼亚大学 MBA，现任深圳市龙园山庄实业发展有限公司董事长。1996 年 8 月创立深圳市龙园山庄实业发展有限公司并先后担任总经理、董事长等职务。1999 年至今深圳市龙园山庄物业管理有限公司董事长、深圳市龙园山庄市场管理有限公司董事长。2001 年至今任珠海市龙园山庄实业发展有限公司董事长、珠海市龙园山庄物业管理有限公司董事长。2004 年至今香港万德专业环保有限公司董事长。2005 年至今深圳新辉达激光科技有限公司副董事长。深圳市人大经济工委委员，深圳市规划委员会发展策略委员会委员，深圳市环境科学学会常务理事，深圳市专家工作联合会专家、房地产专家工作委员会委员，罗湖区人大代表、法工委委员，罗湖区总商会（工商联）副会长，珠海市企业文化协会常务副会长、广东武警边防七支队十一中队名誉指导员等。“25 年深圳地产推动力人物”、“中国地产文化卓越人物”、“中国建设行业百名管理英才”、“全国先进爱国企业家”、“全国诚信经营企业家”、“2006 优秀企业家奖”、“2007 中国房地产诚信建设突出贡献人物”等。在庄成茂的领导下，公司 1998 年荣获深圳“龙岗区首届 98 守法纳税大户”的光荣称号，2003 年被评为“优秀民营企业”、“深圳市 300 家最具成长性企业”、2004 年被评为“广东省优质房地产品牌保护示范榜上榜企业”、“中国优秀民营企业”、“AAA②诚信企业”，2005 年被评为“25 年深圳地产推动力企业”，2006 年被评为“中华爱国先进示范单位”、“帮困扶贫先进企业”、荣获“清华百年 2006 年度优秀企业奖”，2007 年荣获“中国房地产诚信百强品牌企业”。

兹留柱，汉族，中共党员，大学文化，高级工程师，山东莘县人，毕业于山东建筑大学。全国优秀施工企业家，全国五一劳动奖章获得者，建设部劳动模范，中国企业最具影响力 CEO。现任山东聊建金柱建设集团董事长、党委书记；山东省聊城建设集团总公司党委书记。任企业主要负责人后，及时制定了集团化多元经营发展战略，于 1999 年组建了山东聊建集团，实行了全员竞争上岗制度，建立了精干高效的管理机构，组建了配套成龙的十多个专业化公司。经过多年的努力，聊建集团总公司现已发展成为集士建安装施工、勘察设计、房地产开发、劳务输出、工贸服务于一体、总承包一级资质的国有大型建设集团企业。施工地域遍布国内，并积极开拓了东南亚、西亚等国际建筑市场、取得了良好的经济效益。多年来，聊建集团的工程质量合格率、定向优良品率、合同履约率都保持了100%，创装饰鲁班奖、山东省质量奖、泰山杯奖和省市优良工程数百项，连年被评为山东省建设系统优秀企业、AAA特级信用企业、全国建设系统思想政治工作先进企业、全国百强企业、全国优秀建筑施工企业、全国“守合同、重信用”企业，为山东省建筑业的发展做出了突出贡献。集团先后荣获了全国建筑业综合实力百强企业、全国先进建筑施工企业、省级重合同守信用企业、中国质量万里行全国先进企业、中国企业最佳生命力团队等荣誉称号。

邹毅，男，汉族，出生于上海市，毕业于复旦大学，获得硕士学位，毕业后又攻读麻省理工学院硕士学位。五合国际（5＋1WERKHART）总经理，曾任五合智库总经理、高级经济师。现任五合国际（5＋1WERKHART）总经理。五合国际（5＋1WERKHART）作为跨国集团，在德国、上海、北京、香港设有分支机构。中国内地现有员工500余人，成为境外驻中国第二大建筑设计公司。在欧洲和亚洲已完成包括购物中心、酒店、银行及企业总部、飞机场、地铁站、音乐厅、教育研发等百余项大型工程。具备德国城市规划资质、建筑设计资质和中国建筑设计甲级资质。五合国际同德国著名的SOBEK结构工程设计、TRANSSOLAR生态节能设计、HENN工业研发设施设计以及JOI酒店商业室内设计优势互补，共同开拓中国市场。五合国际在业内率先提出“5＋1”服务模式，整合规划设计、建筑设计、景观设计、室内设计、平面设计五大类专业技术，并提供市场研究及项目策划增值服务；国际背景的核心团队；熟悉中国市场，特别在规划、酒店、商业、豪宅及高科技生态节能设计等方面独具专长，引领市场。

建设服务

C

蔡叙群，上海港务工程公司创建于1953年，隶属上海国际港务集团股份有限公司，是一家以施工为主体的综合性建筑施工企业。公司具有港口与航道工程施工总承包一级、房屋建筑工程施工总承包一级资质和钢结构工程专业承包一级、地基与基础工程专业承包一级以及市政公用、公路工程施工总承包，混凝土预制构件、机电设备安装、建筑装修装饰工程专业承包及测绘等多项资质。公司拥有以架高88米、74米、49米打桩船、500吨起重船、水上混凝土搅拌船等为核心装备的水上施工船舶。同时拥有年生产能力6万立方米的混凝土预制构件厂和年生产量6万吨的螺旋钢管制造厂。公司以“信誉在港工”为企业理念，确立“以人为本、保障安康，预防污染、保护环境，工程创优、港工追求”的管理方针，积极实施品牌战略和卓越绩效管理模式，通过GB/T19001—2000、GB/T24001—2004和GB/T28001—2001整合型管理体系的认证。近年来，公司以主力军的身份承建了国家重点工程——洋山深水港工程，还先后承建了外高桥港区工程、苏州河综合整治工程、振华港机长兴岛基地工程、靖江造船厂30万吨级船坞工程等上海市或外省市重大（重点）工程。

陈爱芝，女，高级工程师，出生于1952年，湖北武汉人，毕业于武汉理工大学。中国土木工程学会混凝土质量专业委员会委员，广东省土木建筑材料学术委员会常委，广东省土木建筑学会第四届混凝土专业委员会常委，深圳市水泥及制品协会专家组组长，现任深圳市盐田港混凝土有限公司总工程师。1982—1985年在贵州省水泥厂技术科化验室从事技术工作。期间负责：水泥库顶改造工程，获得成功；1985—1989年，在贵州省建筑设计院工作，承担茅台酒厂、贵阳卷烟厂、都匀水泥厂等工程的设计；1989—1997年，在湖北省建筑材料研究院工作，承担阳逻电厂、鄂州盼煤灰综合利用的研究，田镇水泥厂窖外分解窖主体设计。后在湖北省建材质检站负责全省水泥及制品的检验。发表论文数十篇，其中《路用碾压配合比设计及应用》一文获广东省科技创新二等奖、深圳市优秀奖；《道路混凝土的常见裂缝浅析》一文获中南十一省优秀作品奖；曾参与中港集团的课题研究，完成《聚丙烯纤维高性能混凝土研究及应用》。

陈道宝，安徽省三力机床制造有限公司董事长，公司成立于1998年8月，从一个只有几台设备和十几名员工的生产刃模具及小型机床的企业，发展成为如今拥有100多名员工的规模型企业，属安徽省名牌产品生产企业、安徽省高新技术企业。公司主要生产“大盛牌”系列折弯机、剪板机、冲床、多功能快速压力机、卷板机、联合冲剪机、型材弯曲机、各种规格剪板机刀具及折弯机模具及“大盛牌”系列钢筋直螺纹连接铜套等产品。公司连续多年被省人民政府授予安徽省“重合同、守信用”先进单位，被评为安徽省高新技术企业、安徽省诚信单位、安徽省地方税A级纳税信用企业、马鞍山市先进集体、马鞍山市重点骨干企业、马鞍山市科技创新型试点企业、首批马鞍山市劳动关系和谐企业、首批马鞍山市人才工作示范单位、马鞍山市银行业诚信企业、当涂县文明单位等，荣获“安徽省质量管理奖”、安徽省“十五”期间企业优秀成果奖等荣誉称号。“大盛”牌商标连续两次被评为安徽省著名商标，“大盛”牌折弯机被评为安徽省名牌产品，“大盛”牌剪板机连续两次被评为安徽省名牌产品，多功能快速压力机被评为安徽省高新技术产品并获中华人民共和国国家专利。三力机床以先进的技术和现代化的管理手段为追求产品的完美而不懈努力。为提高产品科技含量及产品性能，公司与合肥工业大学合作成立了“机床工程技术研究中心”。2004 年 WF67K 数控板料折弯机新品生产线项目被安徽省发展改革委员会批准为省“三高”项目，并被列入省人民政府“861”计划重点建设项目。2007 年，马鞍山机床工具制造业协会成立，

陈陆文，四川金广实业（集团）股份有限公司，是一家冶金集团企业，总资产十多亿元人民币；是省政府“30家重点联系企业”，省“十一·五”规划“百亿”企业。集团现有 6 个合金生产厂，可年产合金 25 万余吨；下属休闲观光农业生态园 2 000 余亩。2002 年底，集团公司通过 ISO9001：2000 质量体系认证。2003 年 1 月，四川金广实业（集团）股份有限公司被中华全国工商总会、中国民营企业 500 强评选委员会授予“中国民营企业 500 强”的光荣称号。2004 年被评为全国“诚信单位光荣榜”上榜荣誉单位。陈陆文 2002 年 12 月当选为中国人民政治协商会议第九届四川省委员会委员；2007 年当选为德阳市人大代表；1999 年荣获四川省第七届杰出青年厂长（经理）称号；2005 年荣获“中国社会主义特色优秀建设者！”光荣称号，现任四川省工商联合会常委、四川省光彩事业促进会常务理事、四川省民营企业文化建设委员会副主任；德阳市工商联合会副会长、广汉市工商联合会副会长等社会职务。

陈其斌，男，四川省仪陇县新兴建筑劳务有限责任公司法人代表。他所领导的企业是一级建筑劳务分包企业。1985 年进京从事建筑劳务，年实现劳务收入过亿元。先后被四川省人民政府授予“综合实力百强施工企业”、“对外开拓先进单位”等光荣称号。1995—2000 年，连续三年被北京市建委外管处评为“优秀建筑劳务企业”。1998—2000 年，连续三年被北京市建委外管处评为“财务和培训先进单位”，2001 年、2002 年连续两年被评为财务先进单位，2005 年、2006 年被四川省驻京建管处评为四川在京施工管理先进企业，被北京市建委评为外地进京优秀施工企业。

陈玉琳，男，汉族，现任武汉汉正街市场股份有限公司董事长和总经理。武汉汉正街市场股份有限公司成立于 1998 年 9 月，注册资本 8 128 万元，现有净资产值数亿元，是由桥口房地产集团（桥房集团）控股的股份公司，也是武汉市的“明星企业”，被武汉市政府和湖北省发改委列入湖北省上市公司后备企业名单，多年来被评为“武汉市文明单位”和“武汉市优秀企业”。公司的经营范围主要包括房地产开发、商品房销售、物业管理、市场摊位租赁、货运、服装贸易、酒店会所的管理营运等多个种类。公司目前拥有全国闻名的汉正街小商品中心市场、国体武汉商城和武汉市最大的室内集贸市场——宝善堂菜场。先后被评为“硚口区十大杰出青年”“先进工作者”“突出贡献人才”“优秀人大代表”和“武汉市优秀企业家”“武汉市优秀创业企业家”。

D

戴锦林，男，汉族，鹿城三建公司总经理，温州市石泥沙供应公司、温州鹿城第三建筑工程公司、温州市龙泰航运有限公司的法人代表，又是永嘉县黄田雅林采石场、温州市莲池汽车运输有限公司、温州市筑源混凝土有限公司、温州永固混凝土有限公司等企业的股东。经过 29 年的艰苦奋斗、开拓进取，企业发展成为一家拥有 1 亿多元的资产，涉及建材业、建筑业、采石业、运输业（包括水陆运输）等多种产业的集团型公司。高中毕业后，于 1972 年，到温州市莲池石泥沙基建队工作。1979 年初，时年 27 岁，被任命担任莲池石泥沙基建队的队长。由于领导有方，经营得力，当年的产值从上年的 6 万元增加到 30 万元，第二年又翻了一番，达到了 60 万元，企业渐渐地呈现良性循环的态势。1990 年，公司被评为文明单位。2005 年，经省建设厅批准晋升为二级施工企业。2007 年 10 月止，完成工程量 10 733 万元，创历史最高纪录。几年来，连续获得劳动模范，优秀企业家，优秀共产党员等称号，2003 年，还当选为温州市第十届人大代表。

董振东，男，出生于 1968 年 5 月，中共党员，工程学士，高级工程师，国家注册监理工程师，现为济南济钢设计院能源环保科科长。1991 年毕业于浙江大学热能动力专业，毕业后一直在济钢设计院从事设计工作，是济南钢铁集团总公司热动专业技术带头人，2006 年获得济南市职工创新能手称号。董振东参与研究开发、设计的“干熄焦研究与应用”获 2001 年国家科技进步奖二等奖，“济钢干熄焦节能示范工程”2002 年荣获“全国第十届优秀工程设计”铜质奖；他主持研究开发、设计的“济钢燃气—蒸汽联合循环发电的研究与应用”于 2005 年获得山东省科技进步二等奖。此外，他还主持研究开发、设计了烧结余热发电；燃机进气冷却及湿压缩；燃机锅炉的补燃技术；炼钢饱和蒸汽发电等多项冶金企业节能减排、循环经济项目，是冶金企业走循环经济、节能减排之路的践行者。董振东具有多项专利，多篇论文在国家级核心刊物发表，上述的多项研究、开发成果在全国冶金系统能源利用领域产生了重要影响并起到了示范作用。2008 年，董振东获得首届“山东省十大杰出青年勘察设计师”称号。

杜诗良，男，出生于 1942 年 9 月，山西武乡人。中共党员，高级建筑师，山西省一级注册建筑事，山西省长治市优秀专家。现任广厦审图公司经理。1968—1975 年，在六机部第九设计院从事建筑设计与科研工作，先后主持了永川机械厂、膨泽造船厂的土建设计，参加了江南造船厂、上海造船厂扩改建工程的土建设计，曾任建筑屋面防水涂料研制组负责人，研制开发了 7201 屋面防水涂料，该成果经国家建研院鉴定通过；参加了国家标准《工业建筑地面设计规范》的试验工作；1975—1995 年，在长治市建筑设计院从事建筑设计与管理工作，主持了八一路改造工程、英华小区、宏门小区的规划设计，亲自完成了建设

局、交通局、外贸局、二轻局、改政局、文化局、电业局、广电局等单位的办公楼设计，完成了大西街改造规划设计；1995年至今，在山西省第二建筑设计院任总工程师及副院长职务，主要从事管理工作，在这期间主持完成了长北区控制性详细规划、英雄路、紫东路、太行路景观设计、二轻局巨龙（百佳）商厦和华龙商厦的建筑设计、澳瑞特30 m跨的制管车间设计、西沟展览馆改造设计。西沟展览馆设计创作论文获省建设系统优秀论文二等奖。

G

高建军，男，1967年出生，中共党员，高级工程师，北京大学光华管理学院工商管理硕士，英国皇家特许建造师。现任中国四海控股有限公司董事长、总裁。1989年7月—1998年11月，历任中建一局经理助理、部门经理、分公司副总经理、总经理等职；1998年11月—2002年1月，任中建一局土木工程有限公司董事长；2002年2月—2002年7月，任中建一局总经理特别助理、市政工程事业部总经理、中建一局土木工程有限公司董事长等职；2002年8月—2004年11月，就职于共青团中央实业发展管理中心；2004年12月至今，任中国四海控股有限公司董事长、总裁。《浅谈内向型国际工程承包中的安全索赔》、《现代建筑安全管理制度的建立》、《美国建筑完全现状》、《工程项目安全生产标准》、《计算机安全管理系统》、《中国建筑业国际化发展策略分析》、《山西国贸中心大体积砼施工技术》、《新编领导哲学》等论著。中国四海控股有限公司前身为中国四海工程公司，成立于1988年，隶属于解放军总参谋部。1999年，整建制移交共青团中央。2001年，改制为中国四海工程有限公司。2005年，根据国家产业资本调整政策，经团中央批准，整体转制为中国四海控股有限公司。多次荣获“鲁班奖”、“长城杯”等各类奖项荣誉。被评为“中国建设系统企业形象AAA级单位”、“重合同守信用单位”、“工程质量信得过单位”、“全国建设系统百佳诚信企业”、“北京市优秀施工企业”。

高彦明，1957年5月生人，籍贯山东，毕业院校于大连海运学院，2007胡润百富榜：第45名。现任河北远洋运输股份有限公司董事长、香港北方船务控股有限公司董事长、中国船东协会副会长、中国船东互保协会副董事长、河北省教育振兴协会名誉会长，河北省政协第七届四次会议和第八届一至四次会议委员（自1996—2003年）。1990年，高彦明到香港。成功地创建并在航运界打造出了“香港北方船务（NCL）”的品牌。1998年初，受命于危难之时的高彦明接任河北远洋运输公司总经理，开始了他又一次创业的历程。出色的业绩使得高彦明董事长先后被评为“河北省交通系统劳动模范”、“河北省创业企业家”、“全国交通系统劳动模范”、“全国优秀企业家”，被《中国航务周刊》评为“国际海运界2004年度新闻人物”和“2005年度领军人物”。他提出了单壳超大型油轮改造为双壳超大型矿砂专用船的设想，并组织实施了对“河北创新”轮的技术改造，该轮自2005年2月投入营运以来，安全性和各项技术指标完全达到了改造方案的要求，经济效益显著。“河北创新”轮的成功改造，是世界首创，引起了国际航运界、造船界的广泛关注。改造后的船舶也是迄今为止中国最大的矿砂专用船。

宫本兴，1944年6月出生于山东省乳山市，中共党员，大专文凭，现任山东省省四会常务理事，山东省民主与法制记者站理事、舆论监督员，烟台市芝罘区工商联合会副会长，凤凰台商会会长，党总支书记，烟台市莱山区初家商会副会长，烟台市莱山区政协委员。1998年任烟台市丰园建筑开发有限公司、烟台市高新区丰园建设机械有限公司董事长兼总工程师、经济师、国家级工程造价师，1999年被山东省建筑职业技能管理委员会推荐为建筑考评员，2004年国家政协给印发了中华人物丛书《政协风采录》丛书并发给“政协风采录荣誉证书”和“金匾”，2005年被中华全国工商联合会信息中心，中国经济科技开发国际交流协会，世界华商促进协会，颁发“爱国杰出人士”、“爱国华商”两项荣誉证书，并颁发了“爱国华商奖章”。自1966年一直从事建筑行业，公司2001年至今一直被评为先进民营企业，2000年被评为市级信用企业。被授予烟台市重合同守信用单位的荣誉称号。公司与2002年顺利通过了ISO9001、ISO14001、OHSMS18001三项国际管理体系认证。

H

洪秀时，女，汉族，上海市黄浦区市政工程养护有限公司总经理，上海市城市建设工程学校81届校友、上海市十一届人大代表、现任上海市黄浦区市政工程养护有限公司总经理。企业坚持“守法、诚信、公正、科学”的执业准则，与时俱进、开拓创新，以不辱使命为己任，以心存公司厚望、多创荣誉为动力；树立责任重于泰山为信念，竭诚为公路养护方面工作提供优质、高效的服务。现任上海市黄浦区市政工程养护有限公司总经理，上海黄浦市政养护管理有限公司成立于2002年，有七年历史，上海黄浦市政养护管理有限公司坐落在风光如画，美丽富饶的上海市黄浦区；主要经营城市道路和公路养护维修，机械设备安装，园林绿化，经销建筑材料，五金机械，电器设备（以上经营范围涉及许可经营的凭许可证经营）；员工人数约为壹佰柒拾名，注册资金为伍億（万元）人民币，上海黄浦市政养护管理有限公司将以现代的理念，精湛的技术、科学的管理，优质的产品，一流的服务，与国内外新老客户建立全面、良好、和谐、长久的合作关系，携手共创美好的未来。

J

姜锡肇，男，1956年生人，籍贯山东，中共党员，硕士学历，汉族。天津市塘沽区第十五届人大代表。现任海洋石油工程股份有限公司总经理。海洋石油工程股份有限公司是中国海洋石油总公司在上海证券交易所上市的控股公司（股票简称：海油工程，股票代码：600583），是天津市新技术产业园区认证的高新技术企业，国家甲级工程设计单位，国家一级施工企业。有20多个项目获得中国各个级别的科技进步奖，其中总承包的崖城13—1气田陆地终端——南山气体处理厂工程，荣获中国建筑质量最高奖——“鲁班奖”。2003—2005连续三年入选“CCTV2003中国最具价值上市公司”十佳。2004年11月，在全球竞争力组织与《经济》杂志共同推出的“2004年度中国上市公司企业竞争力100强”中，公司列第37位；2004年12月，公司入选《新财经》漂亮50——最具成长性的50家蓝筹A股上市公司；2005年6月，公司入选中证·亚商中国最具发展力上市公司50强；2006年6月24日，入选“投资者关系管理50强”；2006年7月20日，入选新财富100最有成长性上市公司，排名第19位；2006年7月24日，入选首届“中国上市公司股东财富增长额100排行榜”，位列第14位；2006年12月28日，入选“2006中国上市公司竞争力排行榜”第10名。

降铁巩，男，汉族，介休市铁巩建筑安装工程有限公司董事长一级建筑师，晋中市优秀企业家，大学文化，市人大代表，在他的带领下“安全生产先进单位”；AAA级信用企业；《人民日报》社“全国诚信单位”光荣榜；山西省工商局“重合同、守信誉”及“纳税先进单位”等光荣称号。介休市铁巩建筑安装工程有限公司的前身是介休市建筑安装工程有限公司义棠镇分公司。始建于1985年，本公司是具有法人资格的房屋建筑工程施工总承包三级企业。公司现有职工680余人，各类专业技术人员60余人，注册资金700万元，固定资产1 080万元，大中型机械80余台件。在董事长降铁巩同志的率领下，公司坚持以人为本，诚信至上，质量第一，安全保障的管理理念，近年来公司的整体规模，经济实力，社会形象都发生了巨大的变化。二十年来工程质量合格率达100%，没有发生任何重大质量安全事故，我们以科学发展为前提，本着开拓创新、勇于进取的精神，在2007年完成产值5 000万元，实现利税416万元，完成建筑面积6万平方米。目前公司已申办了房地产开发有限公司。“安全生产先进单位”；AAA级信用企业；《人民日报》社“全国诚信单位”光荣榜；山西省工商局“重合同、守信誉”及“纳税先进单位”等光荣称号。

阚春凤，女，汉族，1962年2月2日出生，中共党员，大学文化。现任唐山天壤房地产开发有限公司董事长、唐山顺立城物资有限公司董事长。担任唐山市人大选人委委员、唐山市个体劳协副会长、河北省女企业家理事、唐山市女企业家协会副会长、工商联副会长等职务。阚春凤曾荣获“全国三八红旗手”、“河北省十大女杰出企业家提名”、“河北省光彩之星”、“唐山市慈善家”、“唐山市十大女杰出企业家”、“唐山市巾帼建功岗位明星”“唐山市三八红旗手”、“唐山市光彩之星”、唐山市劳动模范、唐山市十大女杰、唐山市优秀女企业家、唐山市优秀中国特色社会主义建设者、唐山市优秀人大代表等荣誉称号。2001年3月，阚春凤成立了顺立城物资有限公司。从事钢材贸易和冶金炉料生产的综合性多元化贸易企业，2006年被中国人民银行唐山市中心支行评为“2006年度最守信用企业”、AAA级信用单位、连年被授予重合同守信誉企业，商誉有口皆碑2007年初，阚春凤创建了唐山天壤房地产开发有限公司，短短三年时间就取得骄人成果。开工建设荷花盛世、凤城国际广场及凤城阳光、凤城盛世等项目。世界500强全球三大零售巨头之一企业英国乐购特易购（TESCO）已与凤城国际广场项目签约抢驻，该项目的建成将大大提升凤凰新城的商业氛围。2010年唐山啤酒厂改造项目立项，在9月16日“首届曹治会”上和中国百盛集团签约，预示在不久一座大型的商住城市综合体工程，将为唐山的商业增添浓重的一笔。

K

孔繁军，男，汉族，籍贯辽宁省大连九州建设有限公司董事长，现任大连九州建设有限公司董事长兼总经理。在他的带领下，公司现已被建设部核准为总承包国家一级建筑施工企业，确立了“低成本、高速度”、“以质量求生存，以高效求发展”、“以人为本，以信取胜”、“开拓进取，务实创新”的企业发展战略，持续不断的创建先进的企业管理模式和质量保证体系，建立、改进和完善管理机制，利用新的市场契机，融入21世纪新的竞争。大连九州集团成立于2001年，注册资本3.05亿元。集团以住宅、商业房地产和建筑为主导产业，曾多次获得中国最具影响力品牌、中国建设系统百强企业、中国社会信誉企业、中国AAA级信用企业、辽宁省房地产开发30强等荣誉。集团已成功开发了大连紫竹轩、大连水仙花园、本溪银座购物广场等项目，沈阳百万平方米的湾景汇住宅区正在开发过程中，大连和庄河等地的新项目开始启动。公司被建设部核准为总承包国家一级建筑施工企业。

孔新宁，男，汉族，中共党员，人大代表，现任中共江苏国际经济技术合作公司董事长，30年来，共承接承包劳务项目2 000多个，合同额60多亿美元，外派劳务10万余人次，劳务收入100多亿元，带动机电设备材料及一般出口贸易总额40多亿美元，带动国内数百家企业走向国际市场。对外工程承包名列全国省级国际公司首位，对外劳务合作居全国领先地位，对外贸易进入全国出口额最大200家和进出口额最大500家企业行列。江苏省政府为促进省属工程建设类企业优化资源配置，实现优势互补，加快做大做强，2008年将中江国际与江苏省建设集团公司、江苏省设备成套公司合并重组，2009年将中江国际与江苏建达工程股份有限公司合并重组。公司在他的带领下连续第16年被美国《工程新闻记录》评为“全球最大的225家国际承包商”，被评为“中国500家最大服务行业企业”、“江苏省名牌企业”、“全国守合同重信用企业”、“全国建筑业先进企业”、“江苏省建筑业综合实力30强企业”、“江苏省建筑业外经10强企业”、“江苏省十大外贸集团企业”。

L

李保华，男，汉族，中共党员，本科学历，优秀企业家，山西省机械施工公司董事长，山西省机械施工公司是始建于1955年的省属国家总承包一级施工企业，具备国家公路工程总承包一级、公路路基工程、公路路面工程、地基与基础工程、机场场道工程、土石方工程专业承包一级、房屋建筑、桥梁工程、市政工程总承包二级、岩土工程勘察甲级、地质灾害治理甲级资质能力，是通过国家质量、环境、职业健康安全三标一体认证的综合性施工企业。公司目前在册职工 1 144 人，总资产 5.5 亿元，拥有 428 名工程技术人员和 600 多台性能优良的施工机械，具有丰富的施工经验和雄厚的技术力量。获得中国土木工程“詹天佑奖”、“鲁班奖”、“汾水杯奖”、“飞天金奖”、“联合国人居环境范例奖”和“中国企业新纪录奖”等，先后被评为“全国优秀施工企业”、“山西省最佳企业”、“山西省用户满意建筑企业”，“山西省建筑施工企业综合实力 20 强”，2008 年被山西省工商行政管理局、山西省信用企业协会等六家单位评为“山西省首届百家信用示范企业”，连续七年被评为“山西省优秀建筑企业”、连续十多年被山西省工商行政管理局授予“重合同，守信用”单位称号。

李典龙，男，出生于 1964 年 6 月，中共党员，大学本科学历，高级工程师，现任青岛市建设委员会规划设计管理处处长。自 2005 年到该单位以来，带领全市各级勘察设计管理部门和勘察设计单位共同努力，使青岛市勘察设计行业实现了跨越式发展。努力探索行业管理新模式，组织开发完成了“勘察设计行业管理信息系统”，建立了一套以信息系统为支撑，资质管理、注册管理、市场检查等政府监管与合同管理、施工图审查、诚信管理等行业自律行为有机结合的新型长效动态管理体系，该系统还获得了省优秀工程勘察设计一等奖和青岛市科技进步奖。协会获得了“全国先进民间组织”等多项荣誉，通过了国际质量管理体系认证，并率先推动本行业实行了勘察设计收费自律和合同自律，扼制了压价竞争，规范了勘察设计市场秩序，推动了行业健康发展。其个人连续三个年度在青岛市建委年度考核中被评为优秀级别，2007 年度被山东省建设厅记三等功奖励。2008 年，李典龙获得首届“山东省十大杰出青年勘察设计师”称号。

李庚银，男，生于 1964 年。1996 年获华北电力大学电力系统及其自动化专业博士学位。现为电力系统保护与动态安全监控实验室副主任。曾在交直流系统数字仿真、电网谐波分析及治理、电力系统静态安全分析、电力系统规划、电网安全经济调度、FACTS 技术等方面开展了大量的研究工作。主持或主研完成部、省级科研项目及企业横向合作项目 10 余项，大部分成果已通过有关部门组织的技术鉴定或验收，并在现场投入实际应用，取得了很好的经济效益和社会效益。其中，主持完成的“交直流数字仿真及谐波分析的研究”成果获电力部科技进步三等奖。在国内重要学术刊物及重要国际学术会议上发表论文 60 余篇，其中近 20 篇被 EI、ISTP 收录，并有 6 篇获河北省电机工程学会优秀论文。

李慧萍，女，汉族，淮南市消防自动工程有限公司总经理，“安徽省优秀乡镇企业家”、“安徽省发展乡镇企业有功人员”，中共党员，政协委员，淮南市消防自动工程有限责任公司创建于 1993 年，是国家消防设施专业施工二级资质，并通过 ISO9001：2000 标准质量管理体系认证，注册资金 420 万元，净资产 512 万元，是专门从事消防自动报警、自动灭火系统安装，调试工程的专业性公司。多年来，公司按照国家颁布的各项消防技术规范标准；恪守“以质量求生存，向管理要效益”的经营理念，注重员工素质的培养。企业现拥有一批具有专业知识和丰富实践经验的技术人才。不断努力超越自我，向我们闪光的脚印告别，是我们唯一能够做的事情。按照企业中长期发展的战略目标，公司将坚持实施“管理高标准、员工高素质、工程高效率”的三高方针，扎实苦干，奋力拼搏，再上新台阶，争创新辉煌。

李耀均，男，汉族，1963 年 10 月 13 日出生。1970—1983 年就读于铜川市中小学。1982—1986 年就读于延安大学物理系，获物理学学士学位。1986 年 9 月份到铜川市煤炭技工学校，1991 年晋升为高级讲师，1993 年停薪留职。1999 年组建宜君县林丰农业发展有限公司，任董事长。2001 年组建铜川市旭丰果品包装材料有限公司，任董事长。2001 年被评为“陕西省第八届优秀青年企业家”称号；2002 年被评为“铜川市十大杰出青年”称号；同年被评为“铜川市优秀企业家”；由西部论坛办授予“西部开发优秀创业者”称号。铜川市旭丰果品包装材料有限公司被授予“铜川市优秀企业”和“文明工商户”的光荣称号。相继于 2004 年组建铜川市怡康医药有限责任公司，任董事长。2006 年组建铜川市汇丰工贸有限公司，任董事长。同年组建铜川阳光物业管理有限公司，任董事长。2006 年被评为铜川市第十四届人大代表、王益区第七届人大常委会委员。铜川阳光物业管理有限公司注册资金为 50 万元。竞争中成长、创新中超越、服务中共赢是阳光物业物业人经营的本质，不断进取、勇于探索是长庆物业人追求努力的目标，公司在着力于规范服务的同时长期注重企业人员素质的培养和提高，对每个岗位坚持持证上岗、标准服务。

梁锡武，深圳市安托山投资发展有限公司董事长。当选人大代表、政协委员、党代表情况：深圳市福田区人人代表。中国高级检察官教育基金会特邀理事；中国水运建设行业协会理事；深圳市高新技术协会常务理事；深圳市政府采购中心评标专家；中国工程爆破协会副理事长；中国建筑业协会混凝土分会理事、常务理事；深圳市建筑专家工作委员会委员。1986 年 7 月—1990 年 4 月在深华石料公司任副经理；1990 年 4 月—1998 年 11 月，在深圳市深华石料公司任经理；1998 年 11 月至今，任深圳市安托山投资发展有限公司等四家公司董事长。2000 年 12 月 28 日，在 2000 年度中层干部考核中荣获“优秀中层干部”称号；2004 年 7 月 1 日，被评为优秀共产党员。深圳市安托山投资发展有限公司于 1998 年 11 月在深圳市工商行政管理局登记注册创建。主要经营各种石料、商品混凝土、土石方工程施工、市政工程施工等项目，具有市政工程施工资质、土石方工程施工资质 A 级爆破工程施工资质，并通过ISO9001国际质量体系认证。公司经济实力雄厚，注册资本5 000万元人民币，固定资产2.5亿元人民币，拥有各种机械设备400多台（套），现有员工1 000多人（其中各类工程技术人员193名，占员工总人数的19%）分布在设计、开发、生产、管理与服务等各个岗位。

凌晓明，女，出生于1956年，浙江人。杭州达盟物业管理有限公司董事长。1989年定居香港。1993年，为报答养育自己的这方热土，回杭投资建设；1995年，成立了杭州达盟物业管理有限公司，开始了再次创业之路；2000年，代表港澳地区被授予“中华爱国之星”称号；2001年，作为女性杰出代表参加由全国妇联召开的世纪杰出女性创业论坛；同年，代表中国女企业家在八达岭长城为北京申奥致辞；2002年，参加“首届杰出女性创业成就国际展示会暨女性创业与世界经济论坛”；2002年，担任亚太地区妇女发展促进中心中华人民共和国华东地区督事官；同年，担任第十四届国际科学与和平周中国区“和平使者”候选人。

刘合炳，男，于出生于1959年汉族，远大建筑劳务总经理，公司是一支集结构、装修、装饰为一体的整建制队伍。在总经理刘合炳的带领下，公司由成立初期仅几十个人的小班组发展成为现在5 000余人的大集体，由当年的几万元年产值上升到现在的上亿元。公司现设有12个项目经理部，管理、技术人员493人，其中大中专毕业生57人（包括清华大学、哈尔滨工业大学、北方工业大学等大学的毕业生）。拥有各种类型的施工机械600余台（套），年施工面积达80多万平方米。1986年底北京中建二公司当学徒工，从支模板，抹灰到木工。1989年，刘合炳以湖北远大建设有限公司为依托，成立了远大建筑劳务服务有限责任公司一分公司。公司现设有12个项目经理部，管理、技术人员493人，其中大中专毕业生57人（包括清华大学、哈尔滨工业大学、北方工业大学等大学的毕业生）。拥有各种类型的施工机械600余台（套），年施工面积达80多万平方米。建筑施工，2000年竣工的东方广场大酒店、2003年竣工的天津泰达足球场工程获得了“鲁班奖”。从2001年，连续4年被评为建工集团“信得过外施队伍”，2004年刘合炳本人亦被评为度首都文明百星。2002年获北京市总工会群众性技术创新“北京市经济技术创新标兵”。

刘伟宏，女，汉族，深圳怡景中心城董事长，现任广东省政协委员、全国工商联女企业家商会副会长、广东省女企业家商会执行会长、深圳市侨商国际联合会副会长、深圳市企业家协会副会长。十年来，在广东省政协的调研中，多次提出重要提案，关心社会大事。特别是她在2002年提出的《各级政府应关注民营企业家及民营企业的突发性危机》的提案，获得了省政协优秀提案奖。深圳市怡景投资发展有限公司董事长、深圳市怡景中心城商业发展有限公司董事长。深圳市怡景中心城商业发展有限公司，成立于2002年4月，注册资本6 000万元人民币，以商业地产的开发、经营及管理为主业，目前主要投资开发位于深圳中心区CBD中央、占地4.3万平方米、总建筑面积达14万平方米的“中心城”Shoppingmall项目。公司基于拥有精通购物中心开发各环节的专业资深团队以及顶尖的国际化战略合作团队，正在将先进的商业地产开发模式向全国其他大城市铺开。

刘志旺，男，汉族，中海金龙航务工程有限公司董事长。今年51岁的他温文儒雅，初看上去颇似一名书生。事实上他行伍出身，在空军服役20多年。1978年进入空军某师服役，在部队期间即从事生产经营，多次立功。2000年，他从部队转业。刘志旺果断放弃了由地方安排工作的保险人生，选择了在经济较发达的宁波自谋职业。2007年，刘志旺成立宁波中海金龙航务工程有限公司，出任董事长。宁波中海金龙航务工程有限公司是成立于2007年9月21日，主要从事港口码头和海岸工程、航道开挖疏浚、航道及水下炸礁、陆上爆破及土石方、围堰吹填造陆及软基处理等工程施工作业。“诚信经营，塑造品牌；科学管理；实业报国”是我公司的企业宗旨。自成立以来，我们扎扎实实地搞好经营，实实在在地创造财富，不仅取得较好的经济效益和社会效益，而且在社会上也获得较好的声誉。宁波中海金龙航务工程有限公司自成立以来，始终把“抓管理以人为本，创效益以质取胜”作为公司的经营理念；把“遵守国家法规，确保安全生产，建造优质工程，保护生态环境”作为公司质量、环境、职业健康安全方针。我公司将发扬“团结友爱，吃苦耐劳，忠诚老实，学习创新”企业精神，充分发挥我公司优势，始终以顾客为中心，精心施工，持续改进，真诚为顾客提供更加优质的产品和服务。2004年被中共晋中市委评为“优秀企业家”。

卢艳霞，女，1964年4月2日出生于黑龙江省肇东市，经济师。曾先后就读于哈尔滨金融专科学院银行会计专业、清华大学中国矿业高级研修班等。1984年起先后就职于黑龙江工商银行、黑龙江省机械进出口公司进口部，主持多家贸易公司工作。2004年起开始成立自己的公司，现任中际联盟国际招标有限公司总裁、中国中金国际投资集团有限公司总裁、中国国际贸易促进委员会建设行业分会常务理事。在银行管理、公司治理、国际贸易等方面有丰富的经验及广泛的人脉资源。在企业内部，注重领导方法及技巧。中际联盟国际招标有限公司是经国家工商总局批准设立的专业招标机构，注册资金5 000万人民币，主要从事货物、工程和服务项目的招标。公司各类招标资质齐全、专业人才聚集、招标设施完善、服务水平一流、招标业绩显著，是国内最具实力的招标代理机构之一。为各类项目提供招标服务。公司严格遵循《中华人民共和国招标投标法》和《中华人民共和国政府采购法》的规定，坚持“公开、公平、公正”和“诚实信用”原则，奉行“用户第一，服务至上”的宗旨，切实保障国家利益以及招投标当事人的合法权益。目前中际联盟国际招标有限公司以自身的资产投入能力、业务的专业化的执行能力、管理层的组织渗透能力、服务的高效创新能力，为企业创收的同时回报于社会。

M

马永虎，男，四川省国程劳务有限责任公司法人代表。其企业是原国有一级建筑施工企业改制组建而成，1985年经市建委批准进京从事建筑劳务。在北京与新兴保信建设总公司，城乡建设集团、建工集团、城建集团、中国建筑集团总公司、田华集团、住宅总公司、韩建集团等数十家用工单位建立了稳定的劳务合作关系。企业运作至今，已创长城杯38项、优质工程88项，至今无重大质量安全事故。近年来，在外地进京施工企业综合考核中，均获得较好荣誉，连续五年被评为财务管理和培训工作先进单位。2003年、2004年、2005年被评为财务管理先进单位，受到用工单位广泛好评。

孟力沛，男，中国石油天然气股份有限公司管道秦京输油气分公司经理。出生于1955年5月，中共党员，硕士。1972年10月在秦皇岛当时的河北八三建设指挥部河北输油管理处筹建处参加工作；1978年考入管道职工学院，1980年11月7日在学院加入了中国共产党；1983年1月毕业后被选入管道局党委干部处从事干部管理工作，历任副科级干事、副科长、科长；1993年4月任管道局劳资处副处长；1997年3月任管道局党委组织部副部长（正处级）；1999年8月任中国石油管道公司人事处（党委组织部）常务副处长（常务副部长，正处级）；2000年2月任管道公司经营管理处处长；2001年11月任中国石油管道秦京输油（气）处党委书记，2003年5月后又任经理；2003年5月至今，任中国石油管道秦京输油气分公司经理、党委书记。主要工作所获荣誉有：2004年、2005年连续两年获得"河北省优秀企业家"称号；2006年4月，获得"中国企业文化建设创新先进个人"称号。2006年4月，撰写的论文《QHSE＋企业文化特色管理模式初探》获得中国经济文化丛书编纂委员会"全国建设小康社会与创新发展理论优秀成果一等奖"。主要论著有：《QHSE＋企业文化特色管理模式初探》；《建立学习型组织是企业持续发展的必由之路》。

缪旭波，男，出生于1951年，高级工程师，国家环保总局南京环境科学研究所处长。1980—1995年，在江苏省环科所工作；1983年后归国家环保总局南京环科所，先后任助理工程师，工程师，高级工程师；1996—2000年，任国家环保总局南京环科所科级处副处长；2001年至今，任国家环保总局南京环科所科级处处长。他参与了国家环境科技"十五"规划、编制；《桂林生态示范市建设规划》、句容市生态示范区建设总体规划、国家"九五"科技攻关项目《环境信息共享示范》研究负责人之一；江苏省生态现状调查技术组成员；完成《江苏省高速公路网规划生态问题研究》技术方案设计等。他所在的环保总局南京环境科学研究所是环境保护部的直属科研院所，以农村生态环境保护、自然生态和生物多样性保护为科学研究方向。开展区域生态环境保护、自然保护、农村环境污染防治和农用化学品污染防治等方面的研究，承担国家科技攻关项目和部省级重点科研项目，开展有机食品认证、ISO14000认证、环境工程、能源工程、环境影响评价与生态规划以及环境咨询等方面的工作，并在相关领域与国际组织、外国科研机构和基金会开展广泛的合作。主要工作业绩：1978年建所以来共完成大、中型项目800余项，获国家、部省级奖40项，出版专著40余部，发表论文700余篇。编辑出版的《生态与农村环境学报》被列为全国中文核心期刊。300多人次出访30多个国家和地区，来访国外学者300余人，培训外国学员100余人，与十多个国家的科研机构与组织以及联合国环境开发署、世界银行、亚洲开发银行等国际组织建立了良好的合作关系。

P

潘生勤，男，汉族，中共党员，本科学历，职称工程师，中铁十七局集团物资有限公司董事长。他领导的公司主要经营性资产有铁路专用线一条、容积10 200立方米的油库一座、库房18栋，总面积10 013平方米、仓储场地面积约20 000平方米、按6：4的比例出资1.1亿元在北京新建联合制板场一个；阿尔及利亚有年生产100余万方的碎石和制沙厂和武汉车站混凝土拌和站各一个；组建了制、铺板工区。公司具有铁道部物资交易许可证、商务部援外物资交易项目实施企业B级资质，山西省石油流通行业协会常务理事单位。公司率先在建总系统和太原市物流行业通过质量、环境与职业健康安全"三标体系"认证。物资有限公司隶属于中铁十七局集团。其前身是中国人民解放军铁道兵第七师仓库，1984年兵改工集体并入铁道部，1994年与局物资处合并成立为物资总公司，2002年改制为物资有限公司，随集团进入国资委序列。2007年度，公司随集团公司、中铁建总实施了股份制改造并顺利实现了整体上市，企业资产结构、财务状况也有了实质性改变。获得省、市和国家工商行政管理局分别授予的"守合同、重信用"单位；山西省国、地税局联合评审为"纳税A级单位"，省市国地税分别授予的"纳税模范企业"及省市政府授予的"文明单位"等多项荣誉称号。

潘伟光，男，1957年3月1日，汉族，浙江省永嘉昆阳人，现任三亚国光投资置业有限公司董事长兼总经理、永嘉县在外企业家联合会常务副会长。1987年开始涉足房地产业，在永嘉县国营房地产有限公司工作。1993年，自己开办了房产公司。1996年，与朋友合作创建温州市国光房地产开发有限公司，先后在温州、杭州、上海等地开发了众多房地产项目，其代表项目有：位于温州市区的"新国光商住广场"，单体建筑面积14万平方米，31层，跨街拱门设计，器宇不凡，有"温州凯旋门"之称，属温州市标志性建筑。三亚国光投资置业有限公司是一家以房地产开发为主业的股份制民营企业，成立于2003年7月，注册资本1亿元人民币。公司于2003年7月，以当时的天价竞得位于三亚湾与海虹路交叉路口地块的土地使用权，被社会媒体称为三亚土地市场复苏繁荣的里程碑事件。三亚国光投资置业有限公司是三亚纳税大户，2008年度纳税5 135万元，比上年增长48.5%，增收1 677万元，名列三亚市纳税大户荣誉榜第五名。三亚国光豪生度假酒店，先后获得“2008 年度中国十佳会议旅游酒店”、“2008—2009 年度中国十大品牌会议酒店”、“最佳国际休闲商务酒店”、“国际休闲永久会址”等荣誉称号，赢得了海南省委、省政府、三亚市委、市政府和社会各界的好评。

庞永宁，男，1958 年出生于陕西延川，现任延安圣远建筑工程有限责任公司董事长、总经理，富源房地产开发公司董事长、总经理，延远中学董事长，同时兼任延安市政协常委、延安市建筑业联合会副会长、陕西省建筑联合会常务理事等。近年来，一直关注着延安教育事业，2004 年给延川中学捐赠桌椅 500 套，2005 年出资 50 万元，设立了“延安圣远扶贫助学基金”，用于奖励延安市品学兼优学生和资助贫困学生，2006 给创新实验小学捐赠 3 万元。2000 年至今赞助贫困大学生共计 66 人，每生每年 4 000～8 000 元不等，共开支 150 万元。他不仅扶贫，更注意扶志育人，每年都举办联谊活动，邀请延安知名人士传授做人之道和社会阅历等，大家欢聚一堂，相互交流，做人成才的经验、体会，相互勉励要以优异成绩回报社会。被延安市政府评为优秀民营企业，陕西省建设厅评为创建文明工地先进企业，连续多年被宝塔区政府评为纳税大户，连续多年被延安市城乡建设规划局评为先进企业，还被市劳动局评为支付农民工工资守信用单位、获得了陕西省农行三 A 信用等级。荣获“陕西省两基工作先进个人”，“陕西省优秀建设者”、“延安市劳动模范”、“圣地慈善功勋人物奖”、“延安市十大经济新闻人物”称号。

Q

钱兴福，男，出生于 1953 年 2 月，国家环保总局南京环境科学研究所部门主任。1996 年 4 月至 1999 年 4 月，任国家环保总局南京环科所第五研究室主任，副研究员。1999 年 4 月至今，任国家环境保护局南京环境科学研究所环境影响评价与科技咨询中心主任，兼南京华宇环境管理体系认证中心执行主任，研究员，EMS 国家注册审核员。他的咨询业务专长为：化工、轻工、机械电子；环境政策与管理。主要咨询业绩有：①环境影响评价：泰州市石化总厂 50 万吨/年重交沥青技改项目环境影响报告书、西气东输管道工程项目（全线）环境影响评价报告书、陶氏化学（张家港）丁苯胶乳二期工程环境影响报告书、江苏华润集团浮法玻璃生产线扩建项目环境影响报告书、阿克苏诺贝尔聚酯项目（苏州新区）环境影响报告书、三井化学（张家港）PTA 项目环境影响报告书；②环境管理体系咨询、认证：南通大东毛巾厂 EMS 咨询、苏州伊奈建材有限公司 EMS 咨询、泰兴市环境监测站 EMS 审核认证、南通英华服装有限公司 EMS 审核认证、南京康迪雅化工有限公司 EMS 审核、江苏宝胜电缆集团公司 EMS 审核。

R

任洪斌，男，出生于 1963 年 4 月，中共党员，辽宁人，1986 年 7 月参加工作，中共党员，博士学位，教授级高级工程师。中国机械工业集团公司董事长、党委副书记。中共十六大代表，享受国务院政府特殊津贴专家。1986 年 7 月参加工作。历任中国工程与农业机械进出口总公司业务员、驻孟加拉代表处总代表、出口五部总经理兼北京华隆进出口公司总经理、总经理助理兼成套工程出口部总经理，党委副书记兼纪委书记、副总经理、总经理，总经理兼党委书记；2001 年 8 月，任中国机械工业集团公司总经理、党委副书记；2004 年 12 月，任中国机械工业集团公司总经理、党委书记；2007 年 12 月，任中国机械工业集团公司董事长、党委副书记。2001 年 8 月，出任该企业总经理后，制定了“以振兴中国机械工业为己任，以跻身世界先进行列为目标”的发展战略，坚持把国际工程承包业务作为主体业务来抓。在他的主持下，该企业科研开发硕果累累。仅 2005 年中国机械工业集团就有 89 项科研成果获得国家和省部级奖励，获得国家专利授权 114 项。“大型板坯连铸成套设备”已成功运用于国内外数十家钢铁联合企业，大中型发电机励磁装置已成功运用于国内 400 多座电站，“航天专用轴承”随神舟飞船遨游太空。目前，中国机械集团业务销售网络已遍布世界 140 多个国家和地区。他也因为业绩卓越，先后被评为“机械工业明星企业家”、“首届中国青年企业管理创新金奖”等奖励和荣誉。

任沁新，男，出生于 1955 年 11 月，中共党员，高级工商管理硕士，高级统计师、高级会计师，高级工程师，中国重机行业资深的企业管理专家。中信重工机械股份有限公司（原洛阳矿山机器厂）总经理。他具有前瞻性大跨度思维力，在把握市场经济脉搏、谋划企业战略、优化资源配置、推动企业改革方面，具有丰富的经验；在企业管理中，注重和谐共进、求真务实，善于调动各方面的积极性，激活各种生产要素，使企业潜在能量得以充分释放。他所领导的中信重工机械股份有限公司（原洛阳矿山机器厂），是我国第一个五年计划期间兴建的 156 项重点工程之一，1993 年进入中国中信集团公司。历经半个世纪的建设与发展，目前已成为中国最大的矿山机械制造企业、中国最大的重型机械制造企业之一，是中国低速重载齿轮加工基地，中南地区铸锻和热处理中心，国家级理化检验认可单位和国家一级计量企业，是国家首批确定的 50 家国际化经营企业。拥有国家首批认定的国家级企业技术中心，所属的洛阳矿山机械工程设计研究院，是国内最大的矿山机械综合性技术开发研究机构，具有甲级机械工程设计和工程总承包资质，专业从事国家基础工业技术装备、成套工艺流程的基础研究和开发设计。可为矿山、建材、冶金、有色、电力、化工、环保和其他基础工业领域提供成套重大技术装备、工程成套服务。产品远销亚、非、欧、美、澳等国家和地区，在国内外占据较大的市场份额。他个人曾荣获河南省“五一”劳动奖章、全国煤炭机械工业优秀企业家等多种荣誉称号。

任义宇，男，1954 年 1 月生人，浙江杭州人，汉族，中共党员，研究生学历。1995 年至今一直担任福建盈辉股份有限公司董事长兼总经理。1985 年 6 月至 1995 年 11 月，任福州市鼓楼区饮食公司经理；1995 年 12 月至今任福建盈辉股份有限公司董事长。福建盈辉股份有限公司于1995年经省政府批准成立，现有员工400人，拥有市中心繁华地段自有产权经营、办公场所5 000平方米，并租赁国有公房经营场所1 000平方米。主要经营百货、五金、交电、化工、针、纺织品、服装、鞋帽、工艺美术品、日用杂品等，年销售额近亿元。目前公司已经建立了整套的经营管理模式和全面的配套设施，拥有一批优秀的经营管理人才，保证和促进了企业可持续发展。公司多次荣获省、市商业系统先进单位，重合同守信用单位等光荣称号，并被市委、市政府授予市场供应先进单位。

S

石柯，男，出生于1958年1月，中共党员，高级工程师。现任中国第二重型机械集团公司党委书记、总经理。出任中国第二重型机械集团公司总经理以来，高度重视和解决企业发展战略的重大问题，逐步形成科学的发展思路、治企思想和策略，提出了打造“和谐二重、绿色二重、魅力二重”的构想。在他的带领下，中国二重迅速摆脱了被动局面，形成了良好的发展态势和较强的市场竞争力。近年来，公司实施了主辅剥离改制，精心整合市场营销体系和生产制造体系，严格基础管理，创新管理流程和方法，实施及时的技术改造，快速推进技术创新和产品结构调整，使企业各方面工作均取得了突破性进展。他具有强烈的创新意识和切实的创新实践。主要表现在：一是加强了自出创新能力的体制建设。二是通过设立科技创新成果奖和管理创新成果奖，将科技、管理创新成果奖励形成制度，有力地推进中国二重科技、管理和操作技术创新。三是狠抓产品结构调整和优化，积极推出和完成了一大批技改工程项目。2007年是二重公司实现又快又好发展的一年，各项工作取得了新的突破和进展，营业收入实现了从2001年8.67亿元到2007年58亿元的历史性跨越。2007年总资产、营业收入、利润、利税总额与2001年相比，分别是2001年的3.6倍、6.7倍、400余倍和6倍。

孙立山，男，出生于1952年1月，山东即墨市供电公司经理，高级政工师、工程师。他精通企业管理，勇于开拓创新，带领职工建起了位居全国同行业前列的现代化电网，建立了处于全国领先水平的电力服务热线系统、电力需求侧管理系统和智能化表库，电网调度实现了自动化、变电站全部实现了无人值班，城区实现了配网自动化供电，日常办公全面应用了MIS系统。所带领的企业已连续17年保持了“省级文明单位”和“省级先进企业”称号；先后被评为全国电力“三为”服务达标单位、“国家一流县级供电企业”、全国“县供电企业安全管理先进单位”和全国“农村电网建设与改造工作先进县（市）”、山东省“富民兴鲁”劳动奖状和国家电网公司“文明单位”称号，通过了ISO9001：2000国际质量管理体系认证。他曾先后当选中共青岛市第七次党代会代表、青岛市第十三届人大代表，荣获青岛市劳动模范、青岛市优秀共产党员、山东省富民兴鲁劳动奖章、山东省农电优秀领导干部，山东省十大好当家人、山东省十大优秀创业者、山东省劳动模范等称号。2005年，被中国水电质协评为“全国电力行业用户满意杰出管理者”，被中国职工保险互助会评为“职工互助保险工作先进代办员”称号。

孙玉培，男，1961年3月1日出生，汉族，江苏人，研究生学历，人大代表，优秀企业家，高级经济师，现任公司董事长、总经理、党委书记。孙先生曾任扬州五金交电化工公司业务员、科长、副总经理，扬州市人民商场总经理，扬州百盛商业大厦常务副总经理，扬州商城集团副总经理、总经理、董事长，扬州扬子江投资发展集团公司副总经理、党委副书记，扬州市建工控股有限公司董事长、总经理。扬州市城建国有资产控股（集团）有限责任公司于2000年6月2日正式获准成立，注册资本为人民币23 125万元，以扬州自来水总公司、扬州市公共交通总公司、扬州市燃气总公司、扬州市市政工程总公司、扬州市洁源排水有限公司及中房集团扬州房地产开发公司等六家公司的注册资本之和作为注册资本金。2006年公司根据扬州市国资委《关于同意扬州市城控公司增加注册资本金的批复》（扬国资委〔2006〕59号），增加注册资本196 875万元，全部由扬州市人民政府投入，变更后的注册资本为22亿元，已经江苏苏亚金诚会计师事务所苏亚诚（一）验字（2006）第006号《验资报告》验证。2008年公司根据扬州市人民政府国有资产监督管理委员会《关于同意划转扬州新盛投资发展有限公司国有股权的批复》（扬国资〔2008〕91号文）。

T

谭国柱，男，教授级高级工程师，国电环境保护研究所党委书记。曾先后参与：贵溪发电厂水膜除尘器除尘脱硫技术全尺寸工业性试验及配套技术设备研究（国家电力公司）；火电厂二氧化硫环境影响预测与技术经济及环境政策研究（国家电力公司）；电力环境统计改革研究（国家电力公司）。他所在的国电环境保护研究所成立于1980年，为原水电部、原能源部、原电力部、原国家电力公司直属的，全国电力行业唯一专门从事电力环境保护研究与开发的科研机构。按照国家的统一部署，于2001年底由原国家事业单位转制为国有科技型企业。从2002年底成为中国国电集团公司直属的全资企业。至今共获得部省级以上科技进步奖34项。其中国家级科技进步奖4项。获得专利16项，其中发明专利1项。拥有环境影响评价甲级证书、环境工程设计甲级证书、环境工程咨询甲级证书，以及环保工程总承包、安全评价咨询，环保设施运营、企业自营进出口权等资质。2001年通过ISO9001：2000质量体系认证。为江苏省AAA资信单位、江苏省咨询AAA信誉单位和江苏省工程咨询AAA信誉单位，江苏省“重合同守信用”企业。2003年底获得江苏省“文明单位”称号。
补充提交　国电环境保护研究所

谭丽丽，全国五一劳动奖章获得者。现任武汉钢铁（集团）公司计划财务部部长，长江证券股份有限公司监事。55岁，中共党员，大学学历，高级会计师，高级工程师，中国注册造价工程师。1993年，发明《会计科目扑克》，并由冶金部、湖北省、武汉市分别发文在全行业和全系统进行推广，也因此被冶金部授予会计制度接轨专家；撰写的25万字专著《清产核资实务》，被国家冶金部确定为全行业清产核资教材；1995年，创造“公示法”、“双向指标考核”、“班组核算对账制”等一系列行之有效的管理办法，为单位连续三年每年降成本6 000万元作出重要贡献；1998年，从财务专业进入陌生的工程概预算专业；2002年，参加中国投资协会组织的全国项目经理培训教材《业主的设计管理》的编写，此后又陆续主编了冶金行业《冶金工程电气设备安装工程定额》，承担了湖北省工程造价人员培训教材的主审工作；她主编的《建设项目内部审计操作指南》，成为中国内部审计协会向全国颁布试行的第一部行业操作指南；撰写的专著《固定资产投资控制和内部审计》，被中国内部审计协会授予“特别贡献奖”。2001年，她出任武钢审计部部长。其创建的“审计循环系统穿行试验模型”使武钢的内部审计拥有了自己的“撒手锏”，被誉为识别风险和舞弊的“DNA”。她屡获殊荣，1999年作为湖北省唯一人选被全国总工会、国家人事部、教育部、科学技术部、社会劳动保障部联合授予“全国职工自学成才者”称号；2000年，被武汉市政府授予“劳动模范”称号；2001年，被评为湖北省优秀女职工；2002年，成为享受市政府津贴专家，当选湖北省党代表；2003年，被授予武汉市“十大女杰”及“湖北省三八红旗手”称号；2004年，荣获“武汉市老劳模新贡献标兵”；2005年，被授予“全国巾帼创业标兵”称号；2007年，获湖北省首届优秀CFO奖。

W

王安安，女，出生于上海，上海一钢建设有限公司董事长，汉族，上海一钢建设有限公司是上海宝钢集团旗下的改制公司，主要承担建筑工程设备安装、土方工程、装潢工程、金结构制作、水泥制造等工程和配套项目。她担任了这个改制后的民营公司的掌门人，面对和她同甘共苦的员工，她感到自己肩上是沉甸甸的责任。她对员工们说：作为钢铁行业的职工，她们永远不要害怕改变现状，她们要具备钢铁般的意志、孤注一掷的精神、敢打敢拼的形象去创造属于自己的机会，这才是企业的生存和领先之道。做企业的带头人，就必须具备比钢铁更加坚定的意志，而且要用这样的意志带出一支钢铁般的队伍，才能成功钢铁般的事业。她的人生格言：用钢铁般的意志去构筑高尚的人生大厦。宝钢集团一钢公司，前身为上海第一钢铁集团有限公司。建厂于1938年，是一个具有61年悠久历史的国家特大型企业。曾是上海乃至华东地区的支柱钢铁企业。我们国家历代领导人都十分重视一钢的生产和建设。毛泽东主席1958年9月28日凌晨视察当时的上钢一厂并为一钢人题词：“要好好干，大有可为。”邓小平同志也于1973年6月28日视察上钢一厂。（因为当时邓小平同志的身份没有公开，所以没有图片，十分可惜）刘少奇、周恩来、陈云、朱镕基、黄菊等国家领导人也分别于不同的时间视察过一钢。1989年8月5日，江泽民主席视察一钢，并题词“再接再厉，改革创新”。1998年11月17日，当时的上海第一钢铁集团有限公司配合国家“抓大放小”的国有企业经济体制改革加入宝钢集团，成为今天的上海宝钢集团一钢公司。曾荣获上海市“三八”红旗手、上海市巾帼奖，上海宝山区人大代表。

王富林，男，工学硕士，国家环保总局南京环境科学研究所高级工程师。作为较早从事环境影响评价方面的专家，近年来完成了建设项目环境影响评价项目超过50个，行业包括能源、化工、钢铁、纺织印染等。咨询等内容包括工程分析、水、气、声、生态、污染防治措施等方面内容。近年从事的咨询内容还包括环境规划、技术评估、土壤污染调查和土壤污染减缓措施等方面的内容。他所在的环保总局南京环境科学研究所是环境保护部的直属科研院所，以农村生态环境保护、自然生态和生物多样性保护为科学研究方向。开展区域生态环境保护、自然保护、农村环境污染防治和农用化学品污染防治等方面的研究，承担国家科技攻关项目和部省级重点科研项目，开展有机食品认证、ISO14000认证、环境工程、能源工程、环境影响评价与生态规划以及环境咨询等方面的工作，并在相关领域与国际组织、外国科研机构和基金会开展广泛的合作。主要工作业绩：1978年建所以来共完成大、中型项目800余项，获国家、部省级奖40项，出版专著40余部，发表论文700余篇。编辑出版的《生态与农村环境学报》被列为全国中文核心期刊。300多人次出访30多个国家和地区，来访国外学者300余人，培训外国学员100余人，与十多个国家的科研机构与组织以及联合国环境开发署、世界银行、亚洲开发银行等国际组织建立了良好的合作关系。

王会，男，1951年3月生人，河北人，汉族，林肯大学工商管理学硕士，北京房建投资集团有限公司董事长、党委书记、总经理。被英国皇家特许建造师学会聘为“英国皇家特许建造师”，成为英国皇家特许建造学会的成员。作为一个在建筑领域拥有多年施工管理经验的领导者，以优秀企业家所特有的超前战略眼光，深刻思考企业的发展方向，提出了多元化经营战略，大力实施“设计开发施工建材一体化战略、银企合作一体化战略、国际国内一体化战略”，使房建集团摆脱了对建筑市场的高度依赖，形成以自主进行房地产开发为龙头、建筑施工、建材研发、设计、监理、建材、旅游餐饮、高尔夫运动等相关产业于一体的完整产业链条，各个产业形成共生、共同发展的良好循环。北京房建投资集团有限公司成立于1988年，是一家多元化的大型现代化企业集团，总资产60亿元，现有员工15 000余人，年上缴税金1.2亿元，是房山区纳税大户，北京市纳税先进企业；是全国集体企业综合实力百强企业。房建集团始终致力于建设以“创新”为核心价值观的企业文化，加快学习型企业建设，打造核心竞争力；坚持依法治企、以德育人。从企业成立之初的单一建筑施工，历经20年的拼搏奋斗，通过大力实施多元化经营战略，现已发展成为融勘察设计、房地产开发、建筑施工、建筑材料、装修装饰、市政道路、金融和旅游、物业管理、物流交通、文化艺术、体育娱乐、酒店餐饮、技术检测、医疗等众多产业于一体的综合性企业集团。

王纪年，男，1949年10月生于北京市。1984年12月任许昌继电器厂厂长，1993年任许继电气股份有限公司任董事长兼总经理，1996年组建许继集团有限公司任董事长兼总裁至今，1998年当选九届全国人大代表，2002年当选十届全国人大代表。先后被授予全国劳动模范、国家级有突出贡献的专家、全国优秀经营管理者、全国五一劳动奖章、全国首届经济改革人才奖、中国机械优秀科技专家、蒋一苇企业改革与发展学术基金企业家创新奖、全国专业技术人才奖等荣誉。在他的领导下，许继集团已经成为国家电力装备行业大型骨干和主导企业；国家520家重点企业和国家重大技术装备国产化基地；国家级企业技术中心和企业博士后工作站。企业先后获得众多荣誉，主要有"日沙岑子电厂50万伏升压站成套设备"获"国家重大技术装备成果奖"；"五十万伏超高压输变电成套设备"获"国家重大技术装备技术奖"；"600 MW发电机组集成电路主设备保护装置"获"国家重大技术装备成果奖"；被评为首届"中国机械十大杰出企业"；被授予全国先进基层党组织、全国五一劳动奖状；2006年，荣登中国企业500强。

王孟堂，男，出生于1957年1月1日，汉族，大专文化，中共党员，河北省曲周县人，现任河北省第十一届人大代表、河北省私营企业协会副会长、邯郸市民营企业协会常务副会长、邯郸市工商联副主席、邯郸市建筑装饰协会副会长、曲周县白寨村党支部书记、邯郸中道实业集团有限公司董事长兼总经理。王孟堂带领公司员工坚持科学的发展观，确立了"树中道企业文化，促事业全面发展"的文化治企理念，奉行"服务人民，奉献社会"的企业宗旨，以"求实、拼搏、创新、高效"的企业精神，扩规模、强素质、提品位、攀高峰，推动了公司向高层次、集团化、现代化企业发展。先后被评为邯郸市"民营明星企业家"、市"劳动模范"、省市"两个文明建设先进个人"、"捐资助教先进个人"、"支持文化事业模范"。公司也连年被命名为"重合同守信用企业"、"AAA级银行信用单位"、"河北省诚信示范企业"。

王小明，男，大学本科学历，教授级高工，国电环境保护研究所所长助理。他先后参与：负责150电厂1＃、2＃机组脱硫可研；负责大武口电厂1＃、2＃号机组脱硫可研；负责河北衡丰1＃、2＃号机组脱硫可研；负责河北衡丰1＃机组脱硫工程的标书的编制；负责山东百年5＃机组脱硫可研；负责白马电厂23＃号机组可研；负责新疆红雁池发电厂9＃机组脱硫可研。他所在的国电环境保护研究所成立于1980年，为原水电部、原能源部、原电力部、原国家电力公司直属的，全国电力行业唯一专门从事电力环境保护研究与开发的科研机构。按照国家的统一部署，于2001年底由原国家事业单位转制为国有科技型企业。从2002年底成为中国国电集团公司直属的全资企业。至今共获得部省级以上科技进步奖34项。其中国家级科技进步奖4项。获得专利16项，其中发明专利1项。拥有环境影响评价甲级证书、环境工程设计甲级证书、环境工程咨询甲级证书，以及环保工程总承包、安全评价咨询，环保设施运营、企业自营进出口权等资质。2001年通过ISO9001：2000质量体系认证。为江苏省AAA资信单位、江苏省咨询AAA信誉单位和江苏省工程咨询AAA信誉单位，江苏省"重合同守信用"企业。2003年底获得江苏省"文明单位"称号。

王兴志，男，1964年生人，大连正源物业服务有限公司总经理，大专，经济师、企业法律顾问执业资格。历任核工业部二〇七厂团委书记、工会副主席、厂办主任等职，深圳兰光公司通讯分公司销售部经理、总公司党委工作部部长、总公司党委委员、工会副主席、总经理助理兼人事部经理等职。大连正源物业服务有限公司成立于2001年，隶属于正源房地产开发有限公司，注册资本300万元，具有物业管理企业二级资质。2009年通过了ISO9001：2000质量体系认证。现有员工300余人，持证上岗率达100%。几年来，经过不断的探索、学习与实践，正源物业公司形成了一套具有正源特色的物业管理模式。目前在管的幸福e家一、二、三、四、五期及吉祥E家、正源福地等物业管理项目近100多万平方米，先后获得过大连市"最满意物业管理奖"、"辽宁省优秀住宅示范小区"、"大连市诚信物业管理单位"，大连市物业管理协会常务理事单位，全国物业质量管理行大连市第7名等多项殊荣。先后获得过大连市"最满意物业管理奖"、"辽宁省优秀住宅示范小区"、"大连市诚信物业管理单位"，大连市物业管理协会常务理事单位，全国物业质量管理行大连市第7名等多项殊荣。

王彦博，女，1974年11月13日出生于黑龙江省佳木斯市，工商管理博士，现任蓝海集团董事长。2007年，王彦博女士看到了人力资源行业细分市场中有大片蓝海，便协同知名投资机构，以5 500万元人民币的巨资投入，创建了蓝海企业，在她的带领下，三年间，蓝海在全国创建了30多个经营网点，打造了一站式服务的全产业链产品，这个发展速度和商业模式的创新，在业内是少有的。王彦博曾说过："能力越大，责任越大。"一直以来，她都在用行动践行自己的诺言，积极投身社会公益，以促进社会和谐为己任。2006年，资助了11名因贫困而失学的青少年；2007年初，又为家乡的艺体中心捐赠了3 000万人民币；2007年末，王彦博女士再次出资500万成立了教育基金。在多年的创业历程中，王彦博女士带领着她的团队，以"打造百年基业，引领行业发展"为目标，挖掘中国人力资源市场的巨大潜力，不断创新，并日益成为引领行业发展的新势力。

王禹，男，出生于1963年。大连友谊合升房地产开发有限公司总经理。他18岁考入大连工学院（即现在的大连理工大学）。1987年考入上海工业大学攻读硕士。在大连房地产企业发展的过程中，他是一个充满传奇色彩的人物，在从事房地产行业近10年的过程中，经历了国内地产从低谷走向高潮，又从高潮转为平稳的一个完整周期。他先后担任大连圣北地产销售总监，大连金弘基地产副总经理，主持过营销、工程、行政、人事、规划、物业等多种工作，现为上市公司背景的大连友谊合升房地产开发有限公司总经理。他每做一行，便钻研一行，精通一行，是一个具有全面管理能力的复合型高级人才。大连友谊合升房地产开发有限公司系上市公司大连友谊（集团）股份有限公司控股子公司。在海南博鳌论坛中，被评为“引领中国城市住宅十大风尚企业”。首个地产项目“壹品星海”现已成为业界经典，引领着大连城市住宅的发展趋势。2007 年，他所在的大连友谊合升房地产开发有限公司荣获“辽宁省房地产百家 AAA 级信用企业”称号。

魏国强，男，1960 年 8 月出生于河南，中共党员，汉族。现任北京城建住宅合作社社长。1985 年 8 月—1989 年 8 月北京城建三公司二处队长；1989 年 8 月—1992 年 11 月北京城建三公司魏国强青年突击队队长；1992 年 11 月—1994 年 2 月，北京城建三公司一分公司经理；1994 年 2 月—2001 年 8 月北京城建亚泰公司副总经理；2001 年 8 月至今，北京城建住宅合作社社长。北京市优秀青年工程指挥；市总工会“爱国立功标兵”；首都青年建设奖章；建设部劳动模范；北京市优秀后勤管理干部。

魏季宁，男，高级工程师，国电环境保护研究所所长助理。主要从事环保科技开发工作，对电厂电气、热工及电除尘专业较精通。2000 年后主要承担技术管理工作，在该所由事业单位转为企业的过程中，参与制定各项管理制度及技术创新管理办法。对本所涉及的各环保专业较熟悉，参与了本所各大中型科技、工程类项目的技术管理工作。2003 年获全国电力企业管理现代化创新成果三等奖。2000 年由单位推荐成为“江苏省‘333’人才工程”全省 3 000 名科技专家人选，同年受聘为江苏省注册咨询专家，先后两次参与江苏省年度科技项目的咨询和审定。他所在的国电环境保护研究所成立于 1980 年，为原水电部、原能源部、原电力部、原国家电力公司直属的，全国电力行业唯一专门从事电力环境保护研究与开发的科研机构。按照国家的统一部署，于 2001 年底由原国家事业单位转制为国有科技型企业。从 2002 年底成为中国国电集团公司直属的全资企业。至今共获得部省级以上科技进步奖 34 项，其中国家级科技进步奖 4 项；获得专利 16 项，其中发明专利 1 项。拥有环境影响评价甲级证书、环境工程设计甲级证书、环境工程咨询甲级证书，以及环保工程总承包、安全评价咨询，环保设施运营、企业自营进出口权等资质。2001 年通过 ISO9001：2000 质量体系认证，为江苏省 AAA 资信单位、江苏省咨询 AAA 信誉单位和江苏省工程咨询 AAA 信誉单位，江苏省“重合同守信用”企业。2003 年底获得江苏省“文明单位”称号。

文标，男，出生于 1960 年 9 月，湖南洞口人，1978 年 12 月入伍，1984 年 4 月入党。中国人民解放军工程兵工程学院建筑工程专业毕业，大学学历。高级工程师，国家一级建造师。中国新兴建设开发总公司副总经理。1991 年 1 月任总后勤部工程总队第二大队第四施工队队长，1993 年 8 月任总后勤部工程总队第二大队副大队长，1999 年 4 月任中国新兴建设开发总公司第二公司副总经理，2000 年 3 月任中国新兴建设开发总公司第二公司总经理，2005 年 12 月任中国新兴建设开发总公司副总经理。中国第二届国际杰出项目经理，全国建筑业企业和全国重点工程优秀项目经理。他所带领的中国新兴建设开发总公司（原中国人民解放军总后勤部工程总队）创建于 1953 年，现为房屋建筑工程施工总承包特级资质企业，同时拥有公路工程和机电安装工程施工两项总承包一级资质，拥有地基与基础、建筑装修装饰、建筑幕墙、钢结构、起重设备安装等 5 项专业承包一级资质和幕墙、钢结构、装饰装潢三项甲级设计资质。总公司下辖六个土建公司和装饰装潢、钢结构、道桥、基础、房地产开发、试验检测、租赁等门类齐全的专业公司，设有科研、设计、计量等专门机构，在上海、天津、西安、广州、郑州、银川等地设有分公司。现有各类工程技术人员 2 387 名，国家一级注册建造师 81 人，国家建设部认定资质的项目经理 588 人，总资产 30 亿元，年施工能力 500 万平方米。

吴延海，男，天津新业送变电安装公司总经理。他领导的企业是天津送变电工程公司全资子公司，始建于 1984 年 7 月，是具有送变电施工、设备安装、调试、试验一体化承包能力的电力基本建设施工企业，已经具备送变电施工、工民建、城市与道路照明工程三级资质。主要承接业扩配套工程、变电站电器设备、继电保护的安装、调试；110 kV 及以下各等级电压输电线路、变电设备安装；各种接头制作安装；路灯配套安装及各种建筑安装工程施工。2004 年取得了 ISO9000、ISO14000—2004、ISO18000 认证，安全生产许可证。并加入了天津市企业家协会、天津市安全生产管理协会、天津电力行业协会。

X

肖培良，男，汉族，大学文化。人大代表。山西中通管线工程有限公司董事长、优秀企业家。他领导的公司为保持公司活力和巩固企业发展基础，近几年来公司一方面努力开发市场，一方面狠抓内部软、硬件条件建设，通过组织职工现场锻炼和定期业务培训以及创建良好的企业文化氛围和激励机制。于 2005 年顺利通过 ISO9001：2000 质量管理体系，2007 年初通过中石油 HSE（健康安全环保）管理体系认证，进一步完善了内部管理及技术档案管理体系，努力培养了一支职业道德素质高、业务过硬、训练有素的施工管理团队。山西中通管线工程有限公司，成立于二〇〇〇年三月二十三日，注册资本伍仟万元，自有管理人员 120 余人，其中有职称的各类工程技术人员 62 人，经济管理人员 24 人。公司下设 4 个职能部门（办公室、财务部、经营发展部与工程管理部），3 个办事处，公司工程管理部下设 2 个施工处（穿越处、管线处），公司根据工程规模设立若干个施工项目经理部。主要从事管道水平定向钻穿越工程施工、顶管穿越工程施工、管道工程施工，基本涵盖各类管道安装，服务对象主要为石油公司、石化公司、燃气公司、自来水公司等管线运营企业，以及移动、联通、广电等电信运营商。管线施工设备及检测仪器齐全，特别是管线非开挖水平定向钻穿越施工能力名列全国前列，能够独立承担各类管道工程。

徐火根，男，硕士学位，国家电力公司苏州热工研究所高级工程师。业务专长是：核电工程，火电工程，环境工程，环境影响评价，计算机软件开发。主要咨询业绩有：2002 年 4 月至 2003 年 3 月，作为项目负责人完成广东核电站放射性释放计算机程序系统 CEIRA3.0 升级开发。该项研究开发中，提出了群堆核电厂址大气污染计算方法学和碳—14 对公众造成的辐射剂量计算方法学；并突出重点地计算各关心点公众个人所受的辐射影响；用数据库管理工具建立了核电站环境评价数据库，便于修改、查询和输入数据；具有丰富的环境评价计算结果报表输出功能。该系统已经严格的测试通过，已满足该软件开发需求的要求。目前该软件系统已在广东核电合营有限公司生产部投入运行，并且已用于大亚湾核电基地运行中的四台机组 2002 年度的环境影响评价，大大提高了环境评价人员的工作效率，取得了良好的经济效益和社会效益。该程序系统是国内外第一个可用于群堆核电站厂址环影响评价的计算程序，其独特的多堆核电站厂址或单一核电站厂址大气污染计算方法，核电站厂址周围关心点公众的辐射影响评价的提出，将十分有力地推动我国核电站环境辐射影响评价方法的改革。

徐茂海，男，汉族，北京万泉建筑物拆除有限公司董事长，万泉总支部及所属的五个支部所在的企业共安排 1 000 多名家乡人就业，有效解决了在京务工人员的就业难问题，培训技工人员 300 余人，带领他们共同致富奔小康。2006 年 1 月，他荣邀出席在人民大会堂举行的“2005 年度中国农村新闻人物”颁奖大会，受到了原中共信阳市委书记，现任省委常委、统战部长刘怀廉的接见。他的先进事迹在《人民日报》、《人民政协报》、《中国精神文明大典》等媒体大力弘扬，2008 年 2 月，出席河南在京创业者代表大会，受到省委书记徐光春亲切接见。企业发展同时，致富不忘家乡。2004 年 7 月，徐茂海光荣地加入中国共产党，2006 年 6 月担任晏河乡党委驻北京万泉公司党支部书记，2008 年 9 月担任我县驻京党委副书记。驻京总支部成立以来，他带领驻京总支部全体党员倡议发起了公益募捐活动，在自觉、自愿的基础上，号召广大在京党员及光山籍成功人士为家乡失学儿童、孤寡老人、残疾人等弱势群体献爱心。北京万泉建筑物拆除有限公司，是一家从事建筑物和构筑物拆除、土方挖掘的专业化公司。公司注册资金 2 000 万元，固定资产 1 亿多元人民币，下属员工 200 余人。经过全员的不懈努力，已发展为拥有数家分公司的大型企业，并在全国拆除行业中率先通过了 ISO9001 质量管理体系、ISO14001 环境管理体系和 GB/T18001 职业健康安全管理体系三项认证。

Y

闫维明，男，出生于 1960 年。现任北京工业大学工程抗震与结构诊治北京市重点实验室常务副主任、院士助理，结构工程学科部助理责任教授。《地震工程与工程振动》杂志编委，中国振动工程学会结构抗振控制学会理事。1982 年、1986 年和 1992 年分别获哈尔滨工业大学（原哈尔滨建筑大学）工学学士、硕士和博士学位，1993 年在该校晋升副教授，1995 年该校博士后出站。1995—1999 年在广州大学工程抗震研究中心副教授、副主任、教授（1998 年在中国地震局工程力学研究所博士后出站并晋升教授）。自 1983 年攻读硕士学位以来，主要从事工程抗震与减震、智能结构、结构检测与维修加固等领域的研究工作。曾参加国家自然科学基金重大项目、主持或承担国家自然科学基金、国家“八五”和“九五”攻关、中国博士后科学基金以及省部级科研项目和其他项目近 30 项，发表论文近 80 篇。曾是国家科技进步二、三等奖项目参加人，曾获省部级优秀科研论文二等奖和国家专利。

杨磊，男，建设英才。上海隧道工程股份有限公司副总经理、工程师。曾荣获全国劳动模范、市劳动模范、市建筑企业优秀项目经理等称号。他先后参与和负责了明珠线二期宜山路车站、上体馆车站等 17 个车站、西藏北路辟通工程和东海大桥等重点工程项目。主持研发的端头井部位斜支撑钢牛腿采用凹凸结构和高强度螺栓相结合的连接方式被称为国内基坑工程史上的一大创举。其以近乎苛刻的工程质量管理和善打硬仗的工作作风赢得了业界公认的“杨磊工程”口碑。

杨龙，男，四川华西集团物业管理有限公司总经理。出生于 1957 年，中共党员，研究生学历。1976—1991 年四川省建运输公司任团支书、文书、党办副主任；1991—1992 年在四川省建总公司党委办任副科长、保密办副主任，1992—1996 年在华西海南任装饰公司副总经理，1996—2003 年在四川化西集团有限公司任纪委办主任、党办主任、办公室主任，2003 年 2 月至今任四川华西集团物业管理有限公司总经理。他所领导的四川华西集团物业管理有限公司是 1999 年成立的国有独资，具有独立法人资格，三级资质等级的物管企业。为四川省第三产业协会常务理事单位、四川省土木建筑学会理事单位、成都市物管协会理事单位、成都锦西名宅物管协会会员单位。所管理的项目主要有：住宅小区；高层、多层住宅及办公楼宇；会议厅、歌城及餐厅等。华西物业公司所管理的小区整洁、规范，未发生刑事治安案件，业主反映良好。被先后授予“全国质量、服务、信誉 AAA 物业管理企业”、全国“质量、服务诚信示范单位”、“全国信用示范单位”、“质量、服务、品牌、维权、诚信五星级物业管理企业”、“四川省服务质量达标示范单位”、四川省“服务质量明星企业”、“四川省城市物业管理优秀住宅小区”等荣誉称号。他曾荣获成都市物业管理专家、华西集团先进个人、中国五星级物业管理企业家等荣誉称号。

杨绍祥，男，出生于 1951 年 11 月，研究生学历，中共党员，现任怀化电力集团有限责任公司董事长，党委书记，高级工程师，享受国务院政府特殊津贴专家。1977 年毕业于湖南长沙电力学校（现长沙理工大学），同年 12 月被分配到怀化市水利电力勘测设计院工作；2000 年 7 月于湖南师大经济管理研究生毕业；1983 年任怀化地区水电设计研究机电设计室主任；1991 年任怀化地区水电勘测设计研究院院长，同年被怀化地委任命为地委驻辰溪县船溪乡扶贫工作队队长；2000 年 3 月任怀化市电力有限责任公司董事长；2003 年任怀化电力集团有限责任公司董事长、党委书记。在设计院工作 20 多年里，参与和主持设计施工的大中型水利电力工程达 30 多项。其中有 2 项获国家银奖，2 项获省优秀三等奖。小型水利电力工程有 2 项获二等奖，3 项获三等奖。由他主持攻关的科技档案达标 QC 成果获湖南省建委一等奖；设计研究的《中小型水电站厂变压器伏化容量的选择》获湖南水电系统优秀设计三等奖、怀化地区第四届优秀论文三等奖；研究的《蓄电池室自动调滥装置》，解决了中国多年来在冬季最冷天气蓄电池室用电炉明火取暖的难题，可延长蓄电池的寿命 5—8 年，为国家节约了大量资金；发表的论文《用概率统计法选择水电站厂变压器的容量》，2005 年被国家科委评选为国家级创新成果，在全国第四届科学家论坛大会上交流，具有较高的理论价值和实用价值；《中小型水电站过电压的有关问题及其保护》还被推荐为全国水利水电学术研究会交流论文。

杨智勇，男，汉族，籍贯上海市，大学学历，工程师，一级项目经理，现任上海港务工程公司副总经理。1999 年 12 月，杨智勇被任命为上海港外高桥三期工程水工码头 B 标工程的项目经理。该工程是交通部和上海市重点工程，工程投资总额达 20 亿元，其中公司作为总承包单位承接的水工码头 B 标部分总额达 1.4 亿。在他的精心组织和卓有成效的管理下，工程降低成本率达 10%以上，并先后荣获上海市白玉兰奖、市优质结构奖，上海市文明工地等荣誉。上海港务工程公司副总经理、洋山深水港区一期工程项目总部常务副总经理。现任上海港务工程公司总经理。曾荣获上海市建设功臣、上海市青年岗位能手、市标杆青年突击队员、上海港杰出青年等荣誉。公司获得“中国建筑工程鲁班奖”、“詹天佑土木工程奖”、“国家优质工程银奖”，“交通部水运工程质量奖”，上海市建设工程“白玉兰奖”、“浦江杯”，“上海市市政金奖”等多项国家省部级以上工程质量奖。公司先后荣膺全国五一劳动奖状、全国优秀施工企业、全国用户满意施工企业、上海市质量管理奖、上海市重大工程立功竞赛金杯公司、上海市用户满意企业，是中国工程建设社会信用 AAA 级企业、上海市合同信用 AAA 级企业、上海市文明单位。

叶学礼，男，教授级高级工程师，中国石油集团工程设计有限责任公司副总工程师。1982 年毕业于西南石油学院机械系石油天然气储运专业。二十余年来，一直从事天然气地面工程设计工作，曾先后组织、主持、设计了近百项工程设计项目，涉及气田地面建设、长距离输气管道、城市天然气管网等多个领域，具备了独立承担和组织重大项目和解决关键技术问题的能力。在长期工程实践中，叶学礼同志勤于学习、勇于探索，围绕我国天然气工业的发展，跟踪国际天然气工业的技术方向，积极开展技术攻关，努力提高我国天然气储运技术，特别是在天然气气田地面建设和天然气长输管道方面做出了突出贡献。近年来，随着我国天然气工业的蓬勃发展，我国的气田建设以及天然气长输管道进入了新的发展时期，以长庆气田、塔里木气田以及西气东输管道、陕京二线管道等为代表的天然气工程相继投入建，他几乎参与了上述所有特大型天然气工程，并作为设计项目的主要技术负责人之一，起到了关键性作用，是我国石油工业地面建设和油气储运工程规划设计学术带头人。他参加和主持的四川磨溪气田集气及输送管线工程，获全国第六届优秀工程设计铜奖；“陕甘宁中部气田 30 亿吨产能建设工程”获全国第九届优秀工程设计铜奖和 2001 年国家工程建设质量银奖，“陕甘宁气田至北京输气管道工程”获 2002 年国家优质工程银质奖；2004 年他被评为“全国工程勘察设计大师”。

于凡，男，北京沃特林克环境工程有限公司的创办人。2002 年在京投资设立北京沃特林克环境工程有限公司，公司的主要业务是：城市污水处理厂和自来水厂的投资、建设、运营；水处理设备的供货和承接系统工程；为北欧政府和北欧投资银行向中国境内的市政基础建设及环保项目贷款提供相关服务，城市污水处理厂、工业废水处理和中水回用以及城市饮用水处理的工程承包、水处理工艺的研发、设计；水处理设备的研发、设计、生产、销售及服务。公司对水的处理主要为污泥处理和深度水处理。公司的主营设备有转鼓浓缩机、带式浓缩脱水一体机、高效离心脱水机、板框压滤机、絮凝剂制备系统、液压底部刮泥机、链条刮泥机、脱水污泥输送泵、污泥料仓、太阳能污泥干化设备、液压式机械格栅和阶梯式格栅等。目前公司主推的深度水处理设备为活性砂过滤器、转盘式微过滤器和曝气生物滤池一体设备。而且公司的往复式液压底部刮泥机和活性砂过滤系统已经获得国家实用新型专利证书。

俞国平，上海建设机场道路长程有限公司副总经理，高级工程师。曾荣获全国工程建设质量管理先进工作者、市建设功臣等称号。他团结和带领工程技术人员深入现场，反复试验，先后组织开发了稀浆封层、彩色沥青混合料，沥青混合料旧料再生等技术，研发了 EVA、SBS、PE、SRE 改性沥青混合料以及 SMA、ODFC 等新型沥青路面材料。由他主持设计制造的改性沥青及彩色沥青加工设备，被评为市科技进步三等奖，F1 赛道、旧料再生已申请国家专利。他的技术革新和质量攻关为上海城市建设和沥青混凝土制造技术的发展作出了积极贡献。

袁昌玉，女，重庆五矿机械进出口有限公司董事长。1980 年 2 月从四川大学毕业，分配进入重庆工业品进出口公司工作；1984 年 7 月至 1989 年 12 月任重庆五矿、机械进出口公司副科长、科长、总经理助理；1989 年 12 月至 1997 年 7 月任重庆五矿、机械进出口公司副总经理；1997 年 7 月至今，任重庆五矿、机械进出口公司总经理；2003

年5月重庆五矿、机械进出口公司改制成立了重庆五矿机械进出口有限公司，任董事长、总经理。第八、九、十届全国人大代表。她所在的重庆五矿机械进出口有限公司成立于1983年，并于2003年完成了建立现代企业模式的体制改革，自营和代理各类商品和技术进出口，承揽国际工程，劳务输出，经营国内贸易。经过二十多年的发展，现年贸易额已超过人民币20亿元，其中出口1亿美元，进口8 000万美元，连续多年位列重庆市出口创汇十五强的前茅、专业外贸公司第一名。2003年通过了ISO9000质量体系认证，成为中国海关AA级企业、商务部诚信企业、重庆银行业协会信贷诚信单位、重庆市文明单位。她所获得的主要荣誉有：重庆市"劳动模范"；四川省"劳动模范"；外经贸部"劳动模范"；重庆市外经贸委"优秀党员"；1988年、1989年、1991年重庆市委"优秀党员"；1997—2004年连续为重庆市外经贸委"优秀党员"；1997年重庆市第一届"优秀厂长、经理"和外经贸部"劳动模范"；1998年重庆市外经贸委"文明职工"；2005年重庆市第二届劳模；2005年重庆外贸控股（集团）有限公司先进党务工作者。

袁文，男，出生于1954年6月，内蒙古科左后旗人，1972年12月入伍，1975年6月入党。中国人民解放军工程兵工程学院建筑工程专业毕业，大学学历。高级工程师，国家一级建造师。1991年5月任总后勤部工程总队第一大队副大队长，1997年2月任总后勤部工程总队第二大队大队长，1999年4月任中国新兴建设开发总公司第二公司总经理，2000年3月任中国新兴建设开发总公司副总经理，2001年10月任中国新兴建设开发总公司常务副总经理，2005年12月任中国新兴建设开发总公司总经理。他是全国质量管理小组活动卓越领导者，全国建筑业企业优秀项目经理，全国建筑企业优秀项目管理工作者。他所带领的中国新兴建设开发总公司（原中国人民解放军总后勤部工程总队）创建于1953年，现为房屋建筑工程施工总承包特级资质企业，同时拥有公路工程和机电安装工程施工两项总承包一级资质，拥有地基与基础、建筑装修装饰、建筑幕墙、钢结构、起重设备安装等5项专业承包一级资质和幕墙、钢结构、装饰装潢三项甲级设计资质。总公司下辖六个土建公司和装饰装潢、钢结构、道桥、基础、房地产开发、试验检测、租赁等门类齐全的专业公司，设有科研、设计、计量等专门机构，在上海、天津、西安、广州、郑州、银川等地设有分公司。现有各类工程技术人员2 387名，国家一级注册建造师81人，国家建设部认定资质的项目经理588人，总资产30亿元，年施工能力500万平方米。

Z

曾文芳，女，1973年12月生人，籍贯南昌，汉族，高级经济师。现任江西洪都消防工程有限公司总经理，于1994年大学毕业后加入该企业，从普通的办公室职员，到今天的公司总经理，十几年的风风雨雨，使她成长为一名成熟、杰出、胆识过人的职业女性，她诚信务实、雷厉风行的工作作风，得到了同事及客户的一致认可和好评。在汶川大地震发生后，带领公司全体员工为灾区人民捐款，共募得爱心捐款25 800元。十几年来，公司在她的直接领导下，本着"诚信、团结、勤俭、创造、求精"的精神努力服务用户，先后承接了江西省内数百个消防工程，其中许多工程是江西省的重点工程或标志性建筑，所有工程均一次性验收通过，交付使用的消防工程开通率为100%，并多次获得省级、国家级的各类奖项。本着人是企业第一财富的人才观，她十分重视人才的引进和培养。目前，公司已建立了一支素质高、专业强、经验多、结构合理的消防工程专业管理和技术队伍，形成了科学合理的人才结构体系，并制订了一整套完整的员工培训制度，外出进修与内部培训相结合，在公司不断发展的同时，不断提升员工的整体素质，做到员工与公司共同发展，共同进步。

张爱林，男，出生于1961年，现任北京工业大学学术委员会委员、结构工程学科助理责任教授，兼任中国钢结构协会理事，中国房屋钢结构协会理事。在哈尔滨建筑大学获博士学位，在大连理工大学做博士后研究，美国康乃尔大学土木系高级访问学者。先后参加或主持国家攀登计划、国家自然科学基金、省市自然科学基金等15项科研项目，在核心期刊及国际会议上发表学术论文50余篇，其中被EI、ISTP、PA检索收录16篇，出版专著一本、译著一本。获国家科技进步二等奖一项、部级科技进步二等奖和三等奖各一项。被评为北京市优秀青年教师，入选北京市跨世纪优秀人才工程。

张爱民，男，1967年9月生人，汉族，北京人，清华大学EMBA学位。2000年7月前，任田华建筑集团四公司总经理。2000年7月至今，任华瀚投资集团总裁。2001年11月前，任田华建筑集团四公司常务副总经理。2001年11月至2002年5月任田华建筑集团四公司总经理、北京世纪城房地产开发有限公司总经理。2002年5月至今，现任华瀚集团总裁。华瀚集团初创于2000年7月，是一家以房地产开发为核心业务，集中高档住宅、商业物业、滨海旅游地产、高尔夫休闲地产，及资产管理、商业运营、物业管理、健身休闲为一体的大型产业集团，具有国家一级房地产开发资质。自诞生之初，华瀚集团便秉承"为城市创造价值"的品牌宗旨，以实力成就不凡，用品质铸就未来。经过9年的发展，形成以华瀚投资集团有限公司为母体，10家控股子公司、1家参股子公司为骨干的集团企业，房地产总开发规模达200万平方米，自有资产近30亿元。华瀚集团坚持以地产开发推动中国城市化进程，开发了令人瞩目的集运动、休闲、办公、旅游、教育、购物、居住为一体的首都复合功能区——四方新区，开拓了一种全新的城市运营模式。

张金福，男，1954年出生，籍贯山西省，汉族，中共党员，研究生，现任北京城建三钢建筑工程有限公司董事长兼总经理，中国建筑金属结构理事。1973年12月参军，1979至1981年就读于武汉高等专科学校，1983至2006年先后任北京城建三公司主任工程师、项目经理、副总工程师、总经理助理、管理者代表，2000 年 5 月参加全国监理工程师培训，2003 年 6 月参加项目经理高级研修班学习，2005 年 5 月参加国际建筑工程管理高级研修班，2006 年 4 月参加 MBA 精华课程特训班学习。1995 年被评为城建集团总公司先进个人，1995 年在北京西客站地铁综合大厅中任项目经理，此工程获中国建筑工程鲁班奖；2002 年被评为全国安装企业优秀项目经理；2001—2003 年就读于首都经济贸易大学研究生班；2004 年去南非、新加坡等地考察。

张勤俊，女，京泰纺织化纤（集团）有限公司总经理。出生于 1968 年 2 月，大专学历，高级经济师。1988 年，凭着自己的智慧和特有的胆识，与陕西省粮食局五丈原粮站联合办起了纺织面袋厂。她集思广益，群策群力，让自己的企业在市场经济的激流中站住了脚。1994 年，一个集纺、织为一体的纺织化纤厂在五丈原落成。1995 年，岐山县京泰总公司成立，从此一个集物资供销，建筑安装等多项业务为一体的现代企业，步入良性发展轨道。2000 年，陕西京泰纺织化纤（集团）有限公司成立，她担任公司总经理，供销公司经理，人事部长等职务。在她的领导下，2005 年，集团公司年产值过亿元，连年被各级政府评为综合治理“先进单位”，“先进企业”。从创建公司以来，她始终没有忘记党和政府的关怀和培养，始终没有忘记支持社会公益事业，扶贫帮困，捐资助学。多年来，为支持社会公益事业，扶贫帮困，捐资助学达 80 多万元，同时，党和政府给京泰和她个人很高的荣誉，先后受到部、省、市、县各级政府的表彰和奖励，《人民日报》《陕西日报》等多家报刊及陕西电视台、陕西广播电台、宝鸡电视台等多家媒体进行了宣传和报道。1999 年，被宝鸡市共青团授予“优秀青年岗位能手”称号；2003 年，任陕西省妇联常委；2003 年，被授予陕西城镇妇女“巾帼建功标兵”的光荣称号，宝鸡市人民政府、宝鸡市妇联授予她所领导的京泰集团“三八红旗集体”；2003 年元月在人民大会堂受到党和国家领导人的亲切接见，并授予“华夏巾帼爱心使者”的光荣称号；2005 年 12 月被授予“陕西省优秀女企业家”光荣称号。

张三梅，浙江省乐清市乐达物业管理有限公司总经理，参与施工管理工程包括：乐清市电影公司西门电影院工程、雁荡山啤酒厂厂房、乐清市师范学校教学楼、行政楼等、乐清市规划土地居办公楼、乐清市工商银行营业楼、温州安居工程。

张世山，男，研究生学历，高级工程师，国电环境保护研究所副所长。他负责或参加的工程咨询业绩有：①保定热电厂 2 125 MW 机组技改工程可研报告、初步设计、施工图设计；②石家庄热电厂 2 200 MW 机组技改工程可研报告、设计咨询；③深圳沙角 B 电厂 2 300 MW 机组脱硫工程可研报告、标书编制、业主工程师；④江苏沙洲 2 600 MW 机组脱硫工程可研报告、监理咨询；⑤贵州凯里电厂 4 100 MW 机组脱硫工程可研报告、标书编制；⑥内蒙古丰泰发电有限公司 2 200 MW 机组布袋除尘工程设计工作；⑦天津第一热电厂布袋除尘改造工程设计咨询；⑧太原第一热电厂 300 MW 脱硫工程可研报告、标书编制、设计咨询工作；⑨天津第一热电厂烟气脱硫工程总承包；⑩太原第一热电厂大型废水处理回用工程总体方案、可研报告、设计；⑪山西霍州发电厂废水处理工程咨询。他所在的国电环境保护研究所成立于 1980 年，为原水电部、原能源部、原电力部、原国家电力公司直属的，全国电力行业唯一专门从事电力环境保护研究与开发的科研机构。按照国家的统一部署，于 2001 年底由原国家事业单位转制为国有科技型企业。从 2002 年底成为中国国电集团公司直属的全资企业。至今共获得部省级以上科技进步奖 34 项，其中国家级科技进步奖 4 项；获得专利 16 项，其中发明专利 1 项。拥有环境影响评价甲级证书、环境工程设计甲级证书、环境工程咨询甲级证书，以及环保工程总承包、安全评价咨询，环保设施运营、企业自营进出口权等资质。2001 年通过 ISO9001：2000 质量体系认证。为江苏省 AAA 资信单位、江苏省咨询 AAA 信誉单位和江苏省工程咨询 AAA 信誉单位，江苏省“重合同守信用”企业。2003 年底获得江苏省“文明单位”称号。

张樹，男，汉族，现任陕西泽华暖通制冷工程有限责任公司董事长。1991 年毕业于西北工业大学。1991 年 8 月至 1993 年任陕西三秦科技开发公司总经理助理；1993—1996 年 7 月任陕西三秦房地产开发公司总经理助理兼工程部经理。1996 年 8 月成立了陕西泽华商贸有限责任公司。1999 年 7 月成立了陕西泽华暖通制冷工程有限责任公司，并担任董事长至今。陕西泽华暖通制冷工程有限责任公司是一家从事暖通、制冷行业的专业化公司，创业于 1996 年，注册资金 1 200 万元。公司业务范围涉及各类中央空调系统、工业制冷、冷却塔设备和多种机电设备等的设计、销售、安装及服务。经过多年的市场锤炼，公司已经踏上了科学化管理的轨道，拥有了一支综合素质较高、专业化技术过硬的员工队伍，并先后取得了陕西省建设厅颁发的二级施工、银行 AAA 级信用等级等资质证书，在同行业中率先通过了 ISO9001 质量管理体系认证。

张伟雄，男，生于 1957 年 5 月，毕业于华南理工大学建筑工程系。现任广州新穗巴士有限公司董事长。1994 年，筹资组建广州市惠而佳房地产有限公司，进行房地产开发，所开发物业“祈乐苑”成为当时率先将西方生活方式和居住理念带到广州的第一人，所倡导的“一幅欧洲小城的风情画”更是深入人心，后来荣获广州 2000 年度十大明星楼盘称号。1994 年 9 月，参与收购和组建广州新穗巴士有限公司，担任该公司董事长，该公司发展成为全广州市最大的民营独资公交企业。张伟雄先生兼任广州市政协委员、广东省治安基金会副会长、广东省工商联执委、中国新闻促进会广州分会荣誉会长。张伟雄先生悉心经营事业使其旗下的控股企业获得社会各界的认可。通过其不懈的努力，2006 年张伟雄先生被评为 2006 年中国形象十大 MBA 企业明星，并在 2009 年获得广州市荣誉市民称号。

张文华，男，桦甸市建龙矿业有限责任公司总经理，汉族，中共党员，大学学历，曾当选为桦甸市人大代表。1988—1996年在遵化市王爷陵铁矿历任技术科长、采矿车间主任；1996—2000年在遵化市矿业公司遵化五矿任矿长；2000—2001年在遵化建龙铁选二分厂任采矿车间主任；2001年至今任桦甸市建龙矿业有限责任公司总经理，兼任桦甸市锦小建龙矿业有限公司总经理；兼任桦甸市四道沟建龙矿业有限公司总经理，桦甸市华夏矿业有限公司总经理。他的主要工作所获荣誉有：1993年获遵化市科技进步一等奖；1994年唐山市优秀团员、河北省遵化市第三届政协委员；1996年被收录为中国专家大辞典；2003年被中国管理科学学会吸纳为高级会员；2004年被评为吉林市2003年度“创业之星”；2004年获吉林市第二批青年科技专家；2004年被评为桦甸市十大杰出青年；2004年获桦甸市功勋杯奖；2005年被选为桦甸市人大代表；2005年被评为吉林市十大杰出青年企业家。

张毅刚，男，出生于1949年，国家级有突出贡献专家。现担任中国土木工程学会计算机应用分会副理事长，国际壳体与空间结构协会（IASS）个人会员，中国土木工程学会空间结构委员会委员，《空间结构》杂志编委等。长期从事大跨度空间结构设计与抗震理论的研究，特别是对大跨度网架、网壳、桁架型拱，立体桁架等结构的抗震性能进行了深入系统的研究，并曾赴瑞士苏黎世联邦工业大学和英国建筑研究院进行合作研究。完成国家基金、省部级科研10余项，获建设部科技进步三等奖一项，许多成果已列入有关国家规范和应用于实际工程。在国内外发表研究论文近60篇，出版学术专著一部。

赵子正，男，山东省胶州市供电公司经理。曾被授予山东电力集团公司“农电优秀领导干部”、青岛市“劳动模范”、“青岛市优秀共产党员”等荣誉称号。他带领和组织公司一班人，在充分调查研究的基础上，借鉴其他单位先进的管理模式和经验，并结合公司的实际，对机构设置、人事制度、工资待遇、绩效管理、农电工劳动报酬等方面进行了改革，做到了组织到位、工作到位、责任到位。针对农电体制改革后，农电工队伍中所出现的问题，在他的领导下，公司荣获全国总工会“创建学习型组织，争做知识性职工”知识竞赛最佳组织奖。目前，已拥有220千伏变电站2座，主变容量60万千伏安；110千伏变电站5座，主变容量36.6万千伏安；35千伏变电站22座，主变总容量46.955万千伏安；35千伏及以上输电线路375.17千米，10千伏配电线路1 612.75千米，形成了布局合理、配置科学、调度灵活、设备先进的胶州电网。为提高服务质量，他大力倡导个性化服务，公司实现了银电联网；在全省县级供电企业中率先建立了客户代表室，开通了“95598”服务热线，实行24小时服务；购买了“电力综合服务车”，对低压业扩客户实行“一站式”上门服务。企业连续四年被胶州市委、胶州市人民政府评为“支持胶州经济发展先进单位”，连续十七年保持了省级“文明单位”荣誉称号。

郑玉昕，男，汉族。现任天津市工程建设交易服务中心主任。他自到天津市建委工作以来，在清理建设领域拖欠工程款和农民工工资工作，有形建筑市场建设等方面取得了显著成绩。有形建筑市场在全国取得领先地位，被建设部称之为全国有形建筑市场的天津模式，创造了天津经验。建交中心先后被中央文明委授予“全国精神文明建设窗口单位”称号；被建设部评为“全国建筑市场管理先进单位”；连续2次被市委、市政府授予“市级劳动模范集体”称号，被市规划建设系统评为十大服务品牌、规划建设系统思想政治工作先进单位、2003—2004年度信访工作处级先进单位。其个人先后获得天津市技术创新先进个人；2004年度市级机关优秀共产党员；市建委机关优秀年轻人才。在津南区工作期间曾获津南区“十大杰出青年”、“十佳公仆”、“九五立功”先进个人。2006年被建设部评为全国建设系统党风廉政建设党风廉政建设先进工作者。

周军威，男，汉族，1973年2月生，河北唐山人，1994年6月入党，1995年7月参加工作。唐山市会展办公室副主任。1995年7月—2000年8月唐山外贸实业总公司工作，2000年9月—2005年9月唐山市贸促会工作，2005年10月至今唐山市会展办公室工作任副主任。

朱法华，男，博士，高级工程师，国电环境保护研究所副所长。他先后参与：国电集团二氧化硫污染控制方案研究（国电集团公司）；集团江苏火电厂异地脱硫可行性研究（国电集团公司）；全面建设小康社会电力发展规划研究专题7——电力发展与环境保护（国家电网公司）；江苏省酸雨防治计划（江苏省社会科学研究院）；排污权交易（美国环保基金会）；火力发电厂SO_2减排技术支持与经济政策的研究（国家电力公司）；贮灰场水渗漏特性及防渗技术研究（国家电力公司）；大气污染物排放新标准对集团公司火电场的影响与对策研究（国电集团公司）；二氧化硫“十一五”规划（中国电力企业联合会）。他所在的国电环境保护研究所成立于1980年，为原水电部、原能源部、原电力部、原国家电力公司直属的，全国电力行业唯一专门从事电力环境保护研究与开发的科研机构。按照国家的统一部署，于2001年底由原国家事业单位转制为国有科技型企业。从2002年底成为中国国电集团公司直属的全资企业。至今共获得部省级以上科技进步奖34项。其中国家级科技进步奖4项。获得专利16项，其中发明专利1项。拥有环境影响评价甲级证书、环境工程设计甲级证书、环境工程咨询甲级证书，以及环保工程总承包、安全评价咨询，环保设施运营、企业自营进出口权等资质。2001年通过ISO9001：2000质量体系认证。为江苏省AAA资信单位、江苏省咨询AAA信誉单位和江苏省工程咨询AAA信誉单位，江苏省“重合同守信用”企业。2003年底获得江苏省“文明单位”称号。

朱林，男，学士学位，高级工程师，国电环境保护研究所主任。他先后参与：1. 电力工业污染源控制研究；2. 郑州热电厂钢球磨煤机噪声治理研究；3. 苏州工业园区华能发电厂一期工程（2X300 MW）环境影响评价；

4. 世行贷款华东江苏500千伏输变电项目环境影响评价；5. 世行贷款南京伏输变电项目环评；6. 三峡输变电工程及全国联网工程环境影响、评价；7. 青岛发电厂天然气发电工程环评；8. 下关发电厂噪声综合治理研究；9. 冷却塔噪声控制治理研究。他所在的国电环境保护研究所成立于1980年，为原水电部、原能源部、原电力部、原国家电力公司直属的，全国电力行业唯一专门从事电力环境保护研究与开发的科研机构。按照国家的统一部署，于2001年底由原国家事业单位转制为国有科技型企业。从2002年底成为中国国电集团公司直属的全资企业。至今共获得部省级以上科技进步奖34项。其中国家级科技进步奖4项。获得专利16项，其中发明专利1项。拥有环境影响评价甲级证书、环境工程设计甲级证书、环境工程咨询甲级证书，以及环保工程总承包、安全评价咨询，环保设施运营、企业自营进出口权等资质。2001年通过ISO9001：2000质量体系认证。为江苏省AAA资信单位、江苏省咨询AAA信誉单位和江苏省工程咨询AAA信誉单位，江苏省“重合同守信用”企业。2003年底获得江苏省“文明单位”称号。

朱守琛，男，1956年生，沧县小朱庄人，河北建新集团董事长，毕业于北京大学光华管理学院MBA班。他历任沧州市第十、十一届、十三届人大代表，沧县第十一、十二、十三届人大常委会委员。1988年，朱守琛白手起家，创办建新化工厂。先后为修建乡村公路捐资360万元，为沧县电视台建设捐资20万元，为旨在宣传沧县枣业的电视剧《枣乡奇缘》拍摄工作赞助10万元，为帮扶孤寡老人、资助养老院等先后捐资200余万元。几年来，他在带动经济发展、安排就业、捐资社会公益事业方面作出了突出贡献，充分展示了一位优秀企业家对社会的浓浓赤子之情。建新集团还多次荣获省、市、县有关部门授予的文明单位、环境治理达标企业、模范企业等荣誉称号，朱守琛连续多年被地方政府评为“创业之星”“光彩之星”“纳税功臣”“优秀企业家”等荣誉称号。2004年被河北省人民政府评选为“河北省劳动模范”。

综　合

B

鲍莉萍，女，汉族，高级经济师。南京金肯建筑安装工程有限公司董事长、金肯职业技术学院董事长、金肯技工学校董事长。1983年创立元汇汽车实业有限责任公司，1994年成立南京金肯建筑安装工程有限公司，1998年又将多年的企业积累投人民办高等教育，2000年6月，实行国家统一招生、颁发教育部统一制定的全日制普通高校毕业文凭的金肯职业技术学院正式成立招生，2006年，又创立了金肯技工学校。金肯建筑安装工程有限公司成立于1997年3月24日，企业性质是其他有限责任公司，先后获得全国、江苏省和南京市“三八”红旗手、民革江苏省优秀党员、优秀企业家、中国公益之星，2004年中国女性创业风云人物、中华爱国女企业家荣誉称号，2006年9月，被评为“各民主党派工商联无党派人士为全面建设小康社会作贡献先进个人”。

边万根，男，汉族，1945年9月生于山西，中共党员，多年从事铁路工程工作，有着丰富的经验。1965—1969年，在4757部队服役，1969—1979年，在铁路一处工作，1979至今，在太原分局榆社工务段、榆次工务段工作，太焦铁路榆社工程承包公司成立于1987年，为国有经济企业。主要经营既有铁路大、中修、专用铁路线的修建、切方、小桥涵、货棚、货站的修建、穿铁路涵管、电路的顶进；兼营建筑材料、铁路配件批、电脑复印服务和养殖。公司现有职工21人，其中干部9人，工人12人；大专1人，中专2人，中级职称2名。公司自成立以来，在公司经理、铁道部优秀共产党员、全国铁路“火车头”奖章获得者边万根同志的带领下，发扬了“经营唯先，信誉唯实，质量唯优，效益唯高”的企业精神，瞄准路内路外两个市场，立足山区谋发展，多元并举创效益，内强素质，外树形象，大胆开拓，勇于创效，各项工作取得了令人瞩目的成绩。连续7次被路层党委评为“优秀共产党员”，2001年被铁道部政治部授予“铜铁路优秀共产党员”称号，2001—2002年被路局党委授予“廉政标兵”称号和“优秀共产党员标兵”称号。

C

蔡金华，男，1970年8月出生于广东，硕士学历，汉族。1985年起开始创业先后在东莞虎门、长安等地开办店铺、搞汽车营运；1993年转营办厂搞实业至今；1989年香港大学教育中心完成《国际与工商管理学》课程获学士学位；2004年就读澳大利亚巴拉瑞特大学UMBA工商管理硕士课程，攻读硕士学位；近年来先后荣获得工商管理毕业证书和MBA高级研修班结业证书、中国国际职业经理人资格证书等。被中华爱国国典评为“中华爱国英才”，连续多年被当地政府授予“优秀民营企业家”称号，被中国民（私）营经济研究会授予“中国优秀民营企业家”，被世界华商促进协会授予“爱国企业家”称号。“东莞市长实集团有限公司”山东金岭化工股份有限公司。

陈敦松，出生于1963年2月，工程师，现任四川德阳锦虹建筑房产有限公司副董事长兼总经理。从1985年开始从事建筑施工管理及项目管理。先后承建了德阳二中综合楼、铁二局五处子弟校教学楼、五交化总公司商场、职工住市中区血防站综合楼、天元仓库食品厂二仓库、第二物探大队职工住宅等工程，建筑面积近20万平方米，优良面积达50%以上。2000年度，全面组织实施春锦花园

4、6#楼、二重泰安19～21#楼、德阳二重学生公寓，总竣工面积达23 414.58平方米，均已通过竣工验收并交付使用。其中，春锦花园4#1楼，二重泰安21#楼被评为优良工程。2001年，全面组织实施翠湖花园A区工程工作。该群体工程，轻框结构，竣工面积26 700平方米，工程优良率达65%，该工程被评为优良工程，已通过竣工验收并交付使用。2001年1月至2002年12月，全面组织实施锦虹苑工程，竣工面积10 545.2平方米，砖混结构，已通过竣工工程验收并交付使用，并被评为优良工程。2004年1月至今，全面组织实施二中科技楼、教学楼、图书楼，建设花园，蒙南小区搬迁房，二重平安小区平顺苑AB座工程，建筑面积44 200平方米。近几年来，他连续被市建委行政主管部门评为"先进个人"、"优秀工作者"、"优秀项目经理"、"劳动模范"。

陈立仁，男，汉族，成都仁和实业（集团）有限公司董事，政协第九届四川省委员会委员，四川省工商联副主席。公司2007、2008年销售总额36.2亿元，纳税3.5亿元。积极参加光彩事业和社会公益事业，累计捐款捐物1 392.1万元。公司党、团、工会组织健全。个人曾获"四川省优秀中国特色社会主义事业建设者"等荣誉。20世纪90年代初开始，仁和集团以珠宝业登陆市场经济舞台，继而前瞻性地构筑起百货业、地产业、餐饮业、运输业等多元并进的规模化发展格局，现已有"成都仁和春天百货有限公司"、"成都春天房地产开发有限公司"、"春天咖啡餐饮有限公司"、"仁和春天出租车有限公司"、"成都仁和春天物业管理有限公司"等经营实体。成都仁和实业（集团）公司是一家拥有百货零售、房地产、餐饮娱乐、物业、出租车服务等经营实体，在发展中不断壮大的全方位、多元化大型集团企业。下设有：成都仁和春天百货有限公司、成都春天房地产开发有限公司、成都春天咖啡餐饮有限公司、成都春天物业管理有限公司、春天电影院、春天酒店等。

陈少波，男，浙江温州人。新疆绿大地钢结构有限责任公司董事长，新疆维吾尔自治区浙江企业联合会（商会）副会长。绿大地钢结构有限公司是新疆钢结构市场的开拓者和领导者，是目前新疆技术实力和生产能力最强的钢结构企业之一。工程涉及石油化工、电力、铁路、粮油、食品、医药、轻工、纺织、商贸、物流、文化教育、钢铁建材等行业，工程遍布全疆各地。因工程质量好、工期短、售后服务机制完善，受到业主广泛好评，赢得了较高的社会声望。在经营发展过程中多次获奖：2000年荣获科技进步奖；2001年荣获最优品牌奖；2002年被上级工商部门评为"重合同、守信用企业"；2003年荣获名优企业奖；2004年，被乌鲁木齐铁路局工程建设项目管理中心授予"乌鲁木齐站客运设施扩建工程建设有功单位"的光荣称号；同年，公司生产的焊接箱型柱钢构件被评为"自治区级新产品"、"高新技术产品"称号；2005年荣获市政府三A级"重合同、守信用企业"。

陈小平，前方集团有限公司董事长，中国国际贸易促进委员会建设行业分会常务理事。1992—1997年任浦江县中山皮鞋厂副厂长；1997—2001年任浦江县小叮当鞋业有限公司法人代表、总经理；1997—1999年，在浙江大学经济学院进修研究生课程；2001—2006年2月任浙江前方工贸有限公司法人代表、董事长；2006年3月至今任前方集团有限公司法人代表、董事长、总经理；兼任浦江县第十一届、第十二届人大代表、浦江县浦南商会会长、金华市青联委员、金华市第五届人大代表。先后荣获浦江县劳动模范、浦江县十大杰出青年、金华市十大杰出青年、金华市劳动模范（第八届）；金华市第二届优秀中国特色社会主义事业建设者、浦江慈善等荣誉称号。前方集团有限公司成立于2001年12月26日，位于浙江省浦江县班班大道8号，注册资金5 500万元。公司总资产逾5亿元，年纳税超千万元。是一家集生产制造、房地产开发、技术服务和国际贸易于一体的多行业、多方位的集团公司。公司主要产品是"小叮当"牌童皮鞋，先后获得浙江省名牌产品、浙江省著名商标等殊荣。

陈鹰，女，中共党员，1969年3月至1991年9月：昆明军区德宏军分区司令部战士军官、安徽军区后勤部政治处军官；1991年9月至1995年6月：安徽省纺织厅兴达公司书记兼副总经理；1992年9月至今：安徽华源化纤有限公司总经理、飞达合成纤维有限公司总经理、安徽华源进出口公司董事长、湖北华源长江地毯有限公司董事长、天津华源地毯有限公司董事长。陈鹰领导的安徽华源化纤有限公司是国内最大的地毯纤维生产企业，2003年与英荷壳牌公司合作，在国内率先开发生产出具有国际领先水平的PTT纺丝纤维，并荣获"国家重点新产品"称号。2000年和2003年公司先后购并湖北长江地毯有限公司和天津TMT地毯有限公司，不断扩大在地毯行业的影响力。2003年先后荣获"全国城镇妇女巾帼建功标兵"、中国"杰出创业女性"、"促进中国经济发展的企业成功女性"、"安徽省首届十大经济风云人物"，2004年先后荣获"中国优秀企业家"、"中国百名行业杰出人物金像奖"、"中国年度经济人物"等荣誉，2005年荣获"中国优秀女企业家"和"中国女企业家协会贡献奖"荣誉称号，多次荣获省、市"三八"红旗手、"巾帼建功先进个人"等荣誉。目前她担任着中国女企业家协会副会长、中国国际商会安徽商会副会长、安徽省政协委员、安徽省女企业家协会会长、安徽省企业家联合会副会长、安徽省妇联常委、合肥市政协委员等职。

陈振文，男，出生于1959年，汉族，茂名市建筑集团有限公司董事长，广东茂名人，中共党员，研究生学历，高级工程师，现任茂名市建筑集团有限公司董事长、总经理、党委书记。茂名市第八届政协委员，茂名市第八、九届党代会代表，茂名市第九、十届人大代表。茂名市建筑集团有限公司为广东省建筑行业骨干企业，集房屋建筑、设备安装、装修装饰、路桥工程、建筑幕墙、园林工程、燃气管道、消防、房地产开发为一体，具有房屋建筑施工总承包一级、装饰装修专业承包一级、机电安装总承包二级、钢结构工程承包二级、市政公用总承包二级、地基与基础专业承包二级等资质。公司拥有强大的施工实力和丰富的从业经验，现有成员企业12家、直属分公司22家，施工网点遍及20多个省市自治区。2004年获茂名市杰出青年企业家，2006年被授予茂名市劳动模范，2008年获全国优秀施工企业家，2008年获茂名市精神文明建设先进工作者，2004年担任第四届茂名市青年企业家协会会长，2007年担任茂名市建筑业行业协会副会长，2007年担任茂名市土木建筑学会第八届副理事长，2007年担任茂名市企业联合会副会长。

迟迅，男，哈尔滨工业大学建筑学学士，研究生，中共党员。天津融创奥城投资有限公司总经理。中国建筑学会室内设计分会委员。1997—2003年，就职于中海地产有限公司，曾任中海地产/天津万春房地产开发有限公司副总经理等职务；2004年初至2005年，就职于天津融创置地有限公司任副总经理；2005年初至2006年9月，就职于融创集团商用地产事业部总经理；2006年10月至今，就职于天津融创奥城投资有限公司总经理。曾开发的天津万春花园，已成为外地开发商打入天津市场的一个成功的经典案例。之后，负责中海地产有限公司北京、长春、南京等分公司的营销策划管理工作。任天津融创置地有限公司副总经理期间。操作天津“上谷”、“心屿”两大知名商业项目。多年从业期间，先后被评为“全国十大房地产策划精英”、“天津地产风云人物”、“中国商业地产杰出贡献人物”、“中国数字地产新锐人物”、“中国商业地产十大风云人物及中国地产英杰”等称号。

D

戴皓光，男，汉族，中发集团董事长，现任中发集团董事局主席兼总裁、合众人寿保险股份有限公司董事长、永泰房地产（集团）有限公司董事长。担任的主要社会职务有第十一届全国政协委员、第十届全国工商联常委、第九届黑龙江省工商联副主席、第五届湖北省残联副主席等。中发集团是一家成立于1997年，总部设在首都北京的大型民营企业集团，入选全国工商联“2007年度上规模民企500家”（第219位），《胡润百富》“非上市民营企业100强”（2007、2009）。中发集团旗下产业涵盖房地产（开发、酒店、物业管理）、金融（保险、典当）、医药等行业板块。2009年4月，中发集团入选《胡润百富》“2009非上市民营企业100强”。2009年6月，集团董事局主席兼总裁戴皓光被湖北省人民政府评选为“湖北省劳动模范”、“湖北省爱心慈善奖——最具爱心的十大慈善捐赠个人”。2009年7月，集团董事局主席兼总裁戴皓光被中华人民共和国人力资源和社会保障部、中国残疾人联合会联合授予“全国自强模范”称号，受到了胡锦涛、温家宝、李长春、习近平、李克强等党和国家领导人的亲切会见。

丁立权，男，出生于1975年3月，汉族，大学文化。现任河北省唐山市恒安实业有限公司董事长。先后当选为乐亭县十二届政协委员，十三届人大代表、常委会委员、县工商联副会长、唐山市第九届政协委员、市工商执行常委。任职6年来，凭着坚定的信念与执著的追求，把一个濒临倒闭的小钢厂发展成为集竖炉、烧结、炼铁、炼钢为一体的联合钢铁企业，走出了一条现代企业快速发展之路。到目前为止，拥有固定资产5亿元，年创产值15亿元，利税5 000万元，上缴税金3 600万元。连续两年被河北省委、省政府，唐山市委、市政府评为“优秀私营企业”、“十大私营纳税企业”、“河北省百强明星企业”；连续四年被乐亭县委、县政府评为“明星企业”。他也屡获殊荣，先后被授予“全国乡镇企业家”、河北“优秀民营企业家”、唐山市“十大杰出青年”等光荣称号；先后获得全国百名民营企业家创新奖、“中国青年创业奖”。企业的成功离不开社会各界的信任和支持，为回报社会，他在公司改建、扩建投资很大，流动资金十分紧张的情况下，邻村修路资金不足，他拿出4万元送到村委会，解了燃眉之急；向残疾人事业捐款5万元；2002年，他积极响应团市委的号召，在“保护母亲河——滦河溯源活动”中，为唐山市南湖公园捐赠20万元。

杜科湖，男，汉族，博士，毕业于香港大学，南中信控股有限公司总经理，曾工作于国土规划局，多年政府城市规划和房地产行业操盘经验，2011年进入中信，主持过中集·海阔天空雅居、中信栖湖生态会所等项目，获得业内良好评价。长沙中信新城位于长沙市天心区，地块紧邻湖南省政府和天心区政府，长沙市韶山南路、芙蓉南路、火星大道、环保大道四条城市主干道在此交汇，交通十分便利，是湖南省长株潭一体化融城中心。本项目占地约2 198亩，总建筑面积约165万平方米，由中信城市广场、文化广场、绿化广场、生态酒店、生态住宅、数码港、绿色生态企业会所七大板块组成。是一个集购物、旅游、文化、休闲、娱乐、酒店、总部经济和高尚居住于一体的国际一流水准的“长株潭融城中央商务区”。该项目为2006年湖南省政府、长沙市政府重点工程，是长株潭一体化的核心项目，也是长沙市政府十一五规划大托商圈的龙头项目。项目建成后将全面提升周边的区位条件，拉动区域经济产业的整体升级，成为长沙新的城市名片。

F

方启超，男，出生于1963年，汉族，广东省基础工程公司总经理，共产党员，硕士研究生学历，硕士学位，教授级高级工程师，一级项目经理，一级建造师。1998年11月至今担任广东省基础工程公司总经理，2008年7月至今兼任广东华隧建设股份有限公司董事长。2008年广东省五一劳动奖章获得者。1998年11月至今担任广东省基础工程公司总经理，2008年7月至今兼任广东华隧建设股份有限公司董事长。广东省基础工程公司（广东基础）成立于1960年，是具有专业特色的综合型国有建筑企业，经过四十多年的发展，业已成为中国建筑施工综合实力百强企业之一、广州地区建筑业综合经济实力十强之一，是广东省建筑行业的知名企业。广东基础具备国家建设部核定的房屋建筑工程施工总承包一级、市政公用工程施工总承包一级、地基与基础工程专业承包一级、公路路基工程专业承包一级、桥梁工程专业承包一级、水利水电工程施工总承包二级、港口与航道工程施工总承包二级、房地产开发二级、预拌商品混凝土专业企业二级、混凝土预制构件专业企业二级等资质。本人系2008年广东省五一劳动奖章获得者。在其领导下，公司获得了银行"AAA"级信用等级，获得了中国银行给予的11亿元免担保、免抵押、免保证金的信用授信额度，企业资信能力显著提高。

方清海，男，出生于1966年，湖北黄陂人，硕士学历。湖北天润（集团）有限公司董事长，湖北天润（集团）投资有限公司总经理。中国青年企业家协会理事、湖北省政协委员、湖北工商联常委、襄樊市人大代表、襄樊市工商联副会长。先后获得"优秀政协委员"、"优秀民营企业家"荣誉称号，2005年11月荣膺"中国优秀民营企业家"荣誉称号。他领导的湖北天润集团创立于2003年，经过5年多的发展，现已成为集房地产开发、工业投资、商业管理、旅游开发、广告传媒于一体的多业并举综合性大型企业集团。目前集团控股多家子公司及分支机构，业务覆盖武汉、襄樊等城市。多年来，立足"专心筑家，专注筑城"的理念，本着"天道酬勤，润泽八方"的企业精神，为地方的城市化进程作出了积极贡献。并在房地产市场投资分析、产品规划研发、建筑工程管理、营销策划推广、客户资源服务和物业管理等方面形成完整的专业化开发经营体系。在襄樊相继开发建设了置地花园、海创广场等品牌项目。近年来，天润集团在解决社会就业、发展汽车产业、支持社会公益活动及为国家上交利税等方面作出突出贡献。该集团还光荣入选"中国住交会CIHAF2005年度湖北名企"，其投资开发的天润国际汽车城先后获得国家建设部"中国商业地产示范项目"和襄樊房地产"最具投资潜力商业地产项目"。天润集团被评为2006年度全市非公有制企业五十强。

G

高建华，男，汉族，1967年7月出生于孝昌县花西乡高陈村，硕士研究生学历。黑龙江海华建筑工程有限公司董事长，黑龙江省湖北商会常务副会长，被牡丹江市东安区委评为优秀共产党员，并当选为牡丹江市人大代表。1988年到黑龙江建筑业摸爬滚打，当过泥瓦工，做过工程领班，事业逐渐发展壮大，至2001年创立黑龙江海华建筑工程有限公司，任公司董事长。黑龙江海华建筑工程有限公司是专业的建筑工程开发、施工企业，隶属于黑龙江海华集团，现设有16个项目部，有专业技术管理人员150余人，常年有建筑工人2 000余人，每年可为家乡创收5 000余万元。公司被牡丹江市委、市政府评为牡丹江市外来投资贵宾卡企业，获2007年度牡丹江市委、市政府招商引资企业贡献奖，奖金23.4万元，获2008年度牡丹江市东安区委、区政府招商引资企业贡献奖，奖金100.1万元。建筑工程先后荣获"市城建先进个人"、"区特级劳动模范""牡丹江青年创业奖"等荣誉称号。

高密田，男，出生于1956年，沈阳人，中共党员，大学学历，高级经济师，沈阳奥林匹克花园物业管理有限公司总经理。1993—1996年，任辽宁省体育产业开发总公司总经理，辽宁体育馆馆长；1996—1998年，辽宁经济技术交流馆总经理；1999年至今，沈阳夏宫总经理；2002年至今，沈阳奥林匹克置业投资有限公司总经理；2003年至今，中体奥林匹克花园管理集团副总裁，辽宁中体地产有限公司总经理；2004年至今，沈阳奥林匹克花园物业管理有限公司总经理。作为奥林匹克花园在东北首个连锁项目的负责人，全程主持了沈阳奥林匹克花园的开发决策与具体操作。在其领导下，沈阳奥林匹克花园创造了2003年当年立项、当年施工、当年封顶、当年开盘并实现销售额超亿元的佳绩，使该项目成为年度沈阳别墅市场销售冠军楼盘，并荣膺了"2003中国名盘创新奖"、"2003沈阳最具影响力楼盘"、"2004沈阳山水人居文化名盘"等多个荣誉。至今销售额已达两亿多。实现了奥林匹克花园在东北首个超大型连锁项目的成功开发。他还负责组建了辽宁中体地产有限公司，主持东北区域奥林匹克花园的连锁拓展工作，负责开发本溪、大庆等地奥林匹克花园。并且参与中体奥林匹克花园管理集团的相关常务工作。

高仕军，男，江苏高力集团有限公司董事长。中国家具业协会常务理事，中国汽摩配协会常务理事，江苏省工商联常委，江苏省家具业协会副会长，江苏省个体私营协会副会长，江苏省光彩事业促进会常务理事，南京市政协委员，南京市工商联副会长，南京市个体私营协会副会长，南京市工商联市场业商会会长，盐城市盐都区凤还巢基金会名誉理事长等。他所领军的高力集团始创于1995年，是以商业地产开发及其自建、自有物业运营管理为主营业务的大型民营集团企业，位列中国企业500强、中国服务业企业500强、中国民营企业100强、中国房地产企业200强，并荣获江苏省民营企业纳税大户、信贷诚信企业等数十项荣誉。目前，集团旗下拥有南京、无锡、常州、扬州、盐城、北京、长春等地企业15家。他所获殊荣甚丰，主要有：全国优秀民营企业家，全国房地产优秀企业家，江苏省十佳青年民营企业家，江苏省社会主义建设贡献奖章获得者，江苏省优秀中国特色社会主义事业建设者，南京市优秀民营企业家，南京市优秀中国特色社会主义事业建设者，南京市十佳光彩事业之星等。

葛永品，男，新疆通嘉集团董事长。新疆维吾尔自治区浙江企业联合会（商会）常务副会长、财务部部长，新疆经济技术协作促进会副会长，新疆王洛宾文化艺术协会名誉会长。影响中国房地产100位企业家之一，新疆房地产十大风云人物，中国房地产百杰之一。他领导的新疆通嘉集团经过几年的艰苦创业，现已发展成以房地产开发为主业，集物业管理、房产销售、商业贸易等为一体的综合性企业集团，下属有新疆通嘉房地产开发有限公司、通嘉房产销售有限公司、通嘉国贸大厦企业管理服务有限公司、通嘉商贸有限责任公司。2003年，集团在乌鲁木齐市商业中心——新疆商贸城核心地段成功开发了建筑面积达9万平方米的国贸大厦。国贸大厦被评为"2004年度中国房地产优秀商业地产”、“2004 年度新疆最佳商业地产”。先后被评为“乌鲁木齐市 AAA 级信用企业”、“新疆维吾尔自治区守合同重信用企业”。

H

胡宜昌，男，出生于 1967 年 12 月，大学学历，经济管理专业，工程师。现任新疆恒昌投资集团有限责任公司董事长兼总裁，新疆广东企业联合会（商会）会长，新疆维吾尔自治区经济协作促进会常务副会长，新疆维吾尔自治区工商业联合会（商会）常委，乌鲁木齐政协委员，乌鲁木齐市工商业联合会（商会）常委。他所领导的新疆恒昌投资集团为新疆广东商会的会长单位，是一家集投融资、房地产开发、装饰装潢、物业管理、建筑装饰设计、典当等为一体的具有现代企业经营理念与管理机制的多元化集团公司。先后成功开发了恒昌大厦、恒香园小区、恒翠花园、恒晟花园、恒业花园等开发面积近 50 万平方米，累计投资达 10 亿元。2003 年，“恒翠花园”被评为“优秀住宅小区”；2004 年，恒昌大厦被评为乌鲁木齐城市标志性建筑奖；2005 年，恒晟花园被评为“2005 年度乌昌优秀住宅”。目前，新疆恒昌房地产开发集团有限公司已成为新疆房地产界优秀企业之一。胡宜昌先后获得“CHINAF 中国地产十大新锐人物”和“全国关爱员工民营企业家”及“中国诚信企业家”等多项荣誉称号。恒昌企业曾荣膺“2005 年度新疆最具发展潜力开发商”的称号，并被新疆房地产业协会评为“AA 级诚信单位”及“房地产开发优秀企业”，被乌鲁木齐市人民政府评为“AAA 级信用企业”，还被中国保护消费者基金会评为“全国文明诚信（窗口）单位”，在“乌鲁木齐首届地产城市贡献力”评比中荣获“企业发展力奖”等诸多奖项。

黄国新，男，汉族，湖北省孝感市人，大学文化，中共党员，复员军人，湖北省人大代表，高级经济师，鸿昌科贸实业有限公司董事长。1982—1993 年历任孝感市乡镇企业工业生产资料公司业务员、副经理、经理等职务。1994—1999 年任孝感市乡镇企业管理局副局长。2000 年至今，任湖北鸿昌科贸实业有限公司董事长。2001 年获第四届全国乡镇企业家。2002 年 10 月农业部乡镇企业家高级研修班学习。2004 年 3 月被中国乡镇企业研究院特聘为中国乡镇企业研究院高级研究员。2004 年 4 月获湖北省五一劳动奖章，中共孝感市第一届党代表，历任孝感市第二、三届人大代表。2007 年 6 月参加湖北省中小企业高管人员（香港）培训班学习。多次被中国物流与采购联合会和中国市场监测中心授予“全国钢铁营销百强企业”；“中国讲诚信守合同重质量典范企业”；被安阳钢铁公司评为“信誉杯”企业和“实力强、信誉好”优秀经销单位；被湖北省物资流通协会评为省金属物资贸易行业“十强企业”；连续几年被武汉钢铁（集团）股份有限公司评为“优秀代理单位”；2005 年第一次进入沙钢做代理商就被评为“优秀经销商”；公司多年来还被湖北省农行授予“AAA”级信用企业，是人民银行“诚信企业”、中国农行银行的公开授信企业和孝感市农行的“黄金客户”。董事长黄国新是孝感市人大代表、湖北省优秀乡镇企业家，2005 年被农业部授予“全国优秀乡镇企业家”的光荣称号。

黄银荣，新疆宝德投资有限责任公司总裁。新疆浙江企业联合会（商会）会长，新疆维吾尔自治区政协委员、自治区政协经济科技委员会副主任，自治区工商联副会长。曾任：浙江乐清市湖头机电一厂厂长；浙江乐清宝德金属材料公司董事长；德力西宝德金属材料公司董事长；新疆德力西宝德贸易公司董事长；新疆宝德投资有限责任公司总裁。1999 年当选为温州商会副会长，2000 年当选温州商会会长。他领导的新疆宝德投资有限责任公司下辖新疆宝德贸易公司、新疆宝德房地产开发公司、阿拉山口宝德贸易公司、博州泰德贸易公司、北京宝德贸易公司、成都宝德贸易公司等全资子公司，是一家业务范围辐射全国并与独联体和中东海湾地区的一些大型公司有着密切贸易往来的集团公司。连续三年被银行评为“AAA 级信誉企业”而且一直被国际第三大钢铁集团 LNM 公司评为一级信誉企业。他在 2001 年新疆浙江企业联合会（商会）成立任首届会长，2004 年至今连任新疆浙江企业联合会（商会）第二届会长。自当选新疆企业联合会会长后，积极配合自治区、市政府各项工作，为浙新两地的经济合作发挥了良好的桥梁纽带作用。在其来疆投资的十余年中，他一直致力于新疆的经济发展。在他的带领下，商会先后获得“自治区先进社会团体”、“2005 年度自治区招商引资先进集体”等荣誉称号。2006 年，他荣获省外浙商“社会责任奖”。

J

江秉才，出生于 1955 年 8 月，工程师。1972 年 3 月参加工作，在四川德阳市市中区建筑工程总公司先后担任施工组长、队长和公司副总经理。1986 年 4 月，调到德阳市房屋开发公司工作。1987 年 3 月创办四川德阳锦虹建筑房产有限公司（原德阳市教育建筑工程总公司），任经理。现任四川德阳锦虹建筑房产有限公司董事长。公司承建的工程总的优良达到 65%，先后承建了铁二局五处、四川省邮电技校、四川省商贸学校、德阳教育学院、德阳中学、德阳二中、第二重型机器厂、四川省水利设计院、德阳市机电公司、中立房产公司、中山房产公司、汇益房产公司、成都佳益物业公司等单位工程。连年获得市级“先进企业”、“质量信得过单位”、“AAA 级信用企业”、“守合同重信用企业”、“德阳市建筑施工二十五（三十）强”、“四川省先进集体建筑企业”、四川省“明星企业”。他被授予四川省“优秀教育工作者”、四川省“优秀青年企业家”、“四川省优秀集体建筑企业家”、“德阳市优秀青年企业家”、“德阳市勤工俭学先进个人”。

江妙敏，女，汉族，出生于江西乐平。上海江山建设工程有限公司董事长，1988 年华东师范大学法律与哲学系毕业，分配到上海广播电台担任记者。1991 年起在新加坡从事外事工作。2001 年起任国际顶尖集团董事长，旗下有一千多名员工，从事 IT 高科技产品的营销。2004 年成立上海江山建设工程有限公司，任董事长兼总经理。公司具有建筑工程总承包二级资质、机电设备安装二级资质。目前主要从事包括工程机械、建筑机械、成套设备、盾构机电设备的安装、维护、修理以及相关技术服务、咨询，建筑工程、装饰工程、市政工程等各类工程建设。近年来被政府部门、相关行业和社会公众组织评为十大杰出青年、十大杰出女性，“优秀社会主义建设者”，全国妇联授予“爱心大使”，上海市浦东新区妇联授予“创业妈妈”，2006年被江西省工商联、上海市江西商会评获为“赣商”人物奖，上海浦东新区纳税50强等荣誉称号。

金朝水，男，出生于1955年，中国百名行业创新杰出人物。现任云南三鑫集团董事长，云南文山州第九届政协委员和文山县政协常委，云南省企业联合会、云南省企业家协会副会长，云南省工商业联合会第九届执委常委。1997年成立云南三鑫集团。经过10年的努力，现云南三鑫集团已经成为中外合资（民营）企业集团。下辖文山三鑫旅游投资开发有限公司、福州青芝山旅游开发有限公司、云南泰安建筑工程有限公司、文山房地产开发有限公司等。他以“兴企报国”思想，成为云南省文山州的纳税大户，解决了2 000多人的就业，又通过开发商场、市场、旅游等项目，出租门面等，使两万人的生活有了依托，而且随着企业实力的增强，从1994年以来，积极为当地政府排忧解难，捐款兴办公益事业，扶贫济困，累计捐款已达2 013万元。2004年，三鑫集团在云南省上规模的民营企业中排序第18位；2005年，他被评为云南省“优秀中国特色社会主义事业建设者”，三鑫集团荣获“中国最具生命力百强企业”第38名，并被命名为“中国最具生命力企业十大示范基地”之一。他获得“中国最具生命力企业优秀管理英才”、“中国杰出民营企业家”、“中国百名行业创新杰出人物”、云南省“优秀企业家”、文山县“荣誉市民”荣誉称号。

金涛，男，汉族，金桥集团董事长，北京市青联委员、怀柔区工商联副会长、政协委员等许多社会职务聚于一身。建筑企业优秀经理、优秀中国特色社会主义事业建设者、民企公益大使等光环集于一体。北京金桥建筑集团有限公司始建于1976年12月10日，1998年改为股份企业，2006年4月正式更名为“北京金桥建筑集团有限公司”。先后被中国集体建筑企业协会评为“全面质量管理金屋奖”、被北京市地方税务局评为“纳税信誉A级企业”、被金融机构评为“信用等级AA＋级企业”、被北京市工商行政管理局评为“守信企业”、被怀柔区政府连续几年评为“经济贡献百佳企业”、被北京市质量管理协会评为“用户满意企业”，等等。

K

康献堂，男，南阳恒康集团董事长，1949年生，河南省南阳市宛城区人，大专文化，工程师，高级经济师，中共党员，河南省劳动模范，南阳市人大代表，省“五一”劳动奖章获得者，现任南阳市恒康建筑有限责任公司、上海大众南阳恒康汽车销售服务公司董事长兼总经理。并任康氏文化研究会会长。创办了《康氏文化》杂志，开设了“中华康氏网”。康献堂在经营企业取得成功的同时不忘回报社会，多年来已资助贫困大学生250名，为家乡修桥两座，为安皋乡小店村建小学一所，为家乡修路等累计捐款近500万元。1972年起从事建筑业，1987年临危受命担任南阳市恒康建筑有限责任公司经理，2007年度公司实现产值2亿多元；2004年7月成立上海大众恒康汽车销售服务有限公司，2008年实现产值1.6亿元，2007年公司又组建成立上海斯柯达恒康盛程4S店。南阳市恒康建筑有限责任公司（原溧河建筑安装工程公司）是省建设厅核准的二级建筑施工总承包企业。公司严格秉承“以质量拓市场，向管理要效益”的企业宗旨，狠抓工程精品的创建和标准化施工现场的创建。近年来，创优良工程158项，其中省优良、优质及“中州杯”工程16项，市“卧龙杯”工程6项，创建省、市级文明工地46项，连续十三年被省建设厅和市建委评为“先进施工企业”及“质量管理先进企业”和“安全管理先进企业”，同时被省人民政府授予“重合同、守信用”企业及市级“AAA级”信用等级等荣誉称号。

匡纯国，男，汉族，四川宏云建设集团有限公司董事长，公司已通过“ISO9001：2000质量管理体系”认证，先后获得了省级“重合同守信用企业”，广安市“建筑业先进企业”，“建筑业优秀企业”，“重质量讲诚信单位”，“安全生产先进单位”；华蓥市“建筑业先进企业”，“文明单位”，“优秀党委”；省农行信用等级“AA”级企业等荣誉。1994年在华蓥市碳钙厂工作，1995年在建筑公司工地上当材料管理员后担任项目经理，2001年组建了四川宏云建设有限公司，2004年组建四川宏云建设集团有限公司。四川宏云建设集团有限公司始建于1974年，其前身为四川华蓥市第五建筑公司，2001年改制为“四川宏云建设有限公司”，2004年组建“四川宏云建设集团有限公司”。公司是集建筑工程施工承包、建材生产、酒店服务于一体的综合性企业。拥有房屋建筑工程、市政公用工程总承包二级资质；公路工程总承包三级资质；建筑装饰装修工程、园林古建筑工程专业承包二级资质；公路路基工程、公路路面工程专业承包三级资质。

匡全明，男，出生于1963年，四川华蓥市人，优秀企业家，中共党员，市人大代表，高级经济师。四川华蓥建工集团有限公司董事长，现更名为四川建设集团。自2000年11月担任四川华蓥建工集团有限公司董事长兼总经理以来，在推动企业效益年年都上新台阶的同时，认真践行“造福人类，服务大众”的企业宗旨，积极支持、扶助生活困难的群众和参与社会公益事业。四川华蓥建工集团有限公司是由五个子公司、二十个分公司组成的房屋建筑施工总承包一级企业。已通过GB/T19001—2000质量管理体系，GB/T24001—2004环境管理体系和GB/T28001—2001职业健康安全管理体系认证并具有境外承包工程经营资格。2001年和2004年两次被省政府授予“劳务开发龙头企业”、2006年被四川省人民政府授予“总承包建筑企业

50强”、被中国工程建设协会授予“全国百家安全文明施工先进单位”、近三年连续被四川省建筑业协会授了“四川省建筑业最佳企业”、省统计局授予“四川省建筑企业综合实力50强”、省工商局连年授予的“重合同守信用企业”、四川省农业银行连续6年授予“信用等级AAA”等荣誉称号。曾获得2004年人事部、建设部授予的“全国建设系统劳动模范”，2006年第七届全国“创业之星”，2007年光彩事业先进个人，2008年金融诚信企业家等称号，还曾被多次评为十佳优秀共产党员、优秀企业家、先进个人、优秀工作者。2009年荣获“华蓥市首届道德模范”。

L

雷晓曦，男，广西南宁市人，优秀企业家，中共党员，现任广西华富置业有限公司董事长，广西民营企业家协会副会长。曾荣获“中国企业成功企业家履行企业社会责任终身荣誉奖”提名。广西华富置业有限公司成立于2006年7月3日，注册资金为500万美金，拥有一支专业齐全、业务熟悉、技术精湛的干部职工队伍，汇集了房地产开发建设方面的一批高级工程技术专家、高级经济师、会计师、营销专家和投资专家，具有丰富的房地产开发建设经验。公司主要从事商品房的开发、建设、销售、出租以及标准厂房的投资建设。公司一贯奉行“品质胜于一切”的经营理念，借助现代化的管理手段与技术，依托自身实力，以人为本，以优为先，以诚为信，不断开拓创新的敬业精神，激励企业发展壮大。公司成立以来始终以“尊重客户，一切为客户着想，一切让客户满意”为己任，坚持可持续发展的经营之道。先后荣获“广西省优秀企业家”、“广西省优秀中国特色社会主义事业建设者”、“南宁市五一劳动奖章”、“南宁市劳动模范”等荣誉称号。荣获“中国企业成功企业家履行企业社会责任终身荣誉奖”提名。

李成岗，男，汉族，出生于1950年9月，陕西人，中共党员，国家一级注册建造师，国家一级项目经理，古建筑专业教授级高级工艺美术师，工业与民用建筑专业高级工程师，陕西省唯一古建专业监理工程师。现任咸阳古建集团有限公司总裁；咸阳市古建园林设计研究院院长。他是政协咸阳市委员会常委；咸阳市工商联常委；咸阳市建筑业联合会常务理事；咸阳市室内装饰协会副会长；陕西省室内装饰协会常务理事；陕西省建筑业联合会常务理事；陕西省企业家协会常务理事；咸阳市民营企业家协会副会长。1988年9月至1990年6月，在陕西省经济管理干部学院学习；1995年9月至1999年7月，在西安建筑科技大学建筑工程系工业与民用建筑专业学习；1996年8月至1998年12月，在中共中央党校政法专业学习；1969年3月至1975年1月，在宝鸡峡管理局工作；1975年2月至1985年1月，在礼泉县经委工作；1985年2月至2004年3月，在咸阳市古建筑艺术公司工作；2004年4月至今，在咸阳古建集团有限公司工作。所获荣誉主要有：“陕西省劳动模范”、“陕西省科技创新企业家”、“2003年度全国建筑优秀项目管理者”、“陕西省诚信先进个人”、“中国优秀民营科技企业家”等称号。主要论著有：《秦王宫施工实践述略》、《论琉璃瓦部件的脱皮掉釉》、《浅议企业文化在项目管理中的核心作用》等。

李清楠，男，汉族，陕西省礼泉县人，无党派人士，工商硕士，国家一级项目经理，工民建专业高级工程师。现任咸阳古建集团有限公司董事长；咸阳南华房地产开发有限公司董事长兼总经理；咸阳市青年企业家协会副秘书长；《职工文艺》理事会理事；陕西省工商联执委。1994年9月至1998年7月就读于西北建筑工程学院工业与民用建筑专业；2000年9月至2003年5月在加拿大英属哥伦比亚大学学习，获工商硕士学位。1998年参加工作。1998年7月至2004年3月在咸阳市古建筑艺术公司工作；历任技术员、工程师、项目部副经理、项目部经理、副总经理。2004年3月至今在咸阳古建集团工作。咸阳古建集团有限公司是在原咸阳市古建筑艺术公司基础上改制成立的。集团控股八个子公司，下辖十六个建筑安装、装饰、园林古建分公司。2006年，被授予全国就业与社会保障先进民营企业，被中华全国工商业联合会认定为全国市场诚信联盟企业。他曾经先后荣获咸阳市十大杰出青年企业家、咸阳市青年突击手、咸阳市职工经济技术创新标兵、2005年度全国建设工程项目管理优秀工作者、陕西省优秀青年实业家等荣誉。2007年，又荣获“陕西省劳动模范先进工作者”荣誉称号。

李勇，男，汉族，1952年出生，四川人，中共党员，研究生学历。现任中国二十冶建设有限公司董事长、党委书记。当选人大代表、政协委员、党代表情况，当选上海市宝山区第五届、第六届人大代表。中国冶金建设协会副会长、中国安装行业协会副会长、企业管理协会理事、上海建筑施工行业协会理事，2000.12任中国第二十冶金建设公司总经理，2006年10月至今任中国二十冶建设有限公司董事长、党委书记2005年度、2006年度中国优秀施工企业家；入选中国百名优秀企业家奋斗史；科学发展观的忠实实践者十大杰出成就奖；协会享业杰出贡献个人；2007—2008年度中国建筑业十大杰出贡献企业家称号，入编《中国企业文化建设贡献人物与经典案例专辑》——企业文化示范人物行列，中国二十冶建设有限公司是中国冶金科工集团控股子公司，多次获省部级综合奖项，其中包括：“2007—2008中国建筑100综合实力百强企业”“全国优秀施工企业”、“中央企业先进集体”、“全国冶建行业优秀施工企业”、“中国企业新记录优秀创造单位”、“协会事业杰出贡献单位”、“全国施工企业管理优秀奖”、“首批中国工程建设企业社会信用AAA级企业”、“中冶集团创新型企业”等称号；多年连续获“上海市优秀进沪施工企业”、连年获“年度上海市优秀施工企业”、“2006年度上海三十强强企业评比第5位”、上海市资信等级AAA级企业等；荣获工程质量奖多项，其中：国家建筑工程鲁班奖8项，中国建筑钢结构金奖2项，国家优质工程建设质量银金质奖两项，国家科技进步（科技成果）奖多项，其中

"宝钢一期工程采用的施工新技术"，获"国家科学技术进步特等奖"及"冶金部科技进步一等奖"，公司的竞争能力、综合实力和社会信誉得到进一步提高。

李玉田，男，1962年10月4日生于霸州南孟镇，中共党员、工程师。现任河北省永清县政协副主席、河北大田化工有限公司董事长、廊坊益田投资开发有限公司董事长、廊坊益田房地产开发有限公司董事长等职。曾就读于河北工业大学管理科学与工程学院、清华大学人文社会科学学院，完成硕士学位。2000年被市委、市政府授予"廊坊市劳动模范"荣誉称号；2002年被市委、市政府授予"廊坊十大杰出青年"荣誉称号；2003年被省委、省政府授予"河北省优秀青年企业家"荣誉称号；2004年被评为"河北省十大杰出青年民营企业家"；2005年被河北省总工会授予"河北省五一劳动奖章"；2006年被中华全国总工会授予"全国五一劳动奖章"。廊坊益田投资开发有限公司位于河北省永清工业园区，成立于2003年5月22日，企业法人李玉田。本公司是一家以商业、制造业、旅游业、房地产业投资开发及新技术、新产品引进、开发、推广为经营范围的股份公司。公司独家承揽了永清工业区的开发、建设和管理。永清工业区是经河北省人民政府批准设立的省级开发区。自2003年建园以来，永清工业园区得到了省、市各级领导的高度关注和鼎力扶植。

廖翊畅，男，汉族，1968年6月7日生人，广东东莞人。1990年毕业于华南理工大学建筑学院建筑工程系，学士学位、工程师、经济师职称，长江商学院EMBA。1991—1993年任东莞市建设委员会建筑工程公司经理。1993年9月创建东莞市广远建筑工程（集团）有限公司，任董事总经理。全国青联委员、中国投资协会民营企业投资专业委员会副会长、"为了山里的孩子"文化发展中心副主任。现任联华国际（集团）有限公司董事长。1999年8月，组建东莞市联华国际集团有限公司，任董事长兼总经理。主要论著有：全国企业文化优秀论文奖论文：《现代大家族企业文化的特质》；长江商学院EMBA优秀论文：《联华国际的品牌之路》、《我眼中的中国慈善第一人》。

林志高，男，汉族福建三紫房地产开发有限公司总经理，1990年参加工作，1995年毕业于厦门建专，1995至1997年参加北京师范大学学习，于2004年4月被评为土建施工管理工程师。1995年到1998年，在福建煤炭基本建设有限公司，任上京矿务局项目部经理，1998年到2002年，任莆田瑜昱房业有限公司总经理，现任福建三紫房地产开发有限公司总经理，福建省青年企业家团协会常委；莆田市城厢区工商联副会长；莆田市城厢区民青联副会长；莆田市青年企业家协会理事；莆田市青年民营企业家协会副秘书长。福建三紫房地产开发有限公司成立于2003年，注册资金2 568万元，是一家集房地产开发、重点项目投资、商品房销售及物业管理为一体的房地产公司。公司始终遵循"贴心设计、精心构筑、放心工程、全心服务"的宗旨，坚持社会效益、环境效益、经济效益相统一的原则，打造全新的企业品牌——"三紫房地产"。2005年11月被授予"莆田市职工创新能手"称号；2006年5月被授予"莆田市十佳青年企业家"称号；2007年3月被授予"2005—2006年度房地产开发经营企业优秀经理"的称号；2007年5月被授予"莆田市青年创业成就奖"的称号。

刘成山，男，出生于1948年3月，中共党员，高级工程师。中铁三局集团有限公司董事长、党委书记。中铁三局集团有限公司的前身是铁道部第三工程局，始建于1952年，2000年改制为中铁三局集团有限公司，隶属于中国铁路工程总公司。是全国首批工程总承包建筑企业，具有铁路工程施工总承包特级资质及公路工程、房屋建筑、市政工程总承包一级资质的大型综合性建筑施工企业。1993年，他任中铁三局副局长；1997年任局长。并先后荣获"全国质量效益型先进施工企业"、"全国用户满意施工企业"、"全国施工企业设备管理优秀单位"、"全国安康杯竞赛活动优胜企业"、"全国优秀施工企业先进单位"、"十五全国建筑业技术创新先进企业"、"全国守合同重信用企业"、"中华全国铁路总工会火车头奖杯"等荣誉称号。他个人曾获"山西省特级劳动模范"和"中央企业优秀党务工作者"、"全国优秀建筑企业经理"、"中国铁路工程总公司优秀企业家"等荣誉称号。

刘更申，男，出生于1964年12月，中共党员，高级经济师。现任河南杜康投资集团董事长。第七届全国优秀创业企业家。1989年开始创业，主要从事商业及建筑业，先后组建了建筑施工、房地产开发、物业管理公司，取得了不俗的经营业绩。2003年，他出资5 000万元全资收购了伊川杜康酒厂，将一个亏损多年、业不抵债的大型国有企业，改造成为食品行业的骨干企业，将杜康事业发展到新的境界。2006年，组建成立了河南杜康投资集团有限公司，成为集白酒生产与销售、房地产开发与经营、建筑施工、物业管理及酒店经营为一体的民营企业集团。

刘兢海，汉族，1964年1月出生，内蒙古人，汉族，大专学历。出生于内蒙古鄂尔多斯市杭锦旗一个普通的农民家庭。是内蒙古大业投资集团有限责任公司创始人，时任董事长。内蒙古大业投资集团是在2000年创立的鄂尔多斯市大业建筑有限公司的基础上组建成立的大型企业集团公司，旗下拥有建筑施工、房地产开发、水务投资、水泥制造、城市基础建设投资、建筑租赁、商砼销售、石材生产等数十多家大型全资及控股子公司。集团公司先后被评选为"中国民营企业500强、内蒙古建设行业10强企业、全国工程建设优秀施工企业、中国成长发展企业、中国诚信企业、爱心助学明星企业、捐资助学优秀企业"等多项荣誉称号，受到党和政府各级领导的高度赞誉，被誉为"内蒙古建设行业的一面旗帜"。刘兢海董事长先后被评为"全国百佳模范新闻人物、全国工程建设优秀企业家、爱心助学光荣使者、扶贫助学优秀民营企业家"等荣誉称号。并先后担任"中国建设行业政策研究委员会委员、中国建设行业管理英才委员会副理事长、鄂尔多斯市第二届政协委员、锡林浩特市第八届政协常委、鄂尔多斯市杭锦旗政协副主席、鄂尔多斯市建设行业协会常务理事、内蒙古环保节能行业协会常务理事"等社会职务。大业集团始终坚持"诚信经营、共创共享"的经营理念和"源于社会、回报社会"的发展理念愿与社会各界精英携手共建美好未来。

刘智强，男，汉族，1987年毕业于太原工业大学，函授专科学历。山西西建集团董事长兼芮城县博立中学董事长，芮城县第十二届人大常委会常务委员、运城市人大代表，山西省第十一、十二届人大代表，山西省劳动模范，高级工程师。山西西建集团董事长。1975年高中毕业在芮城水泥厂参加工作。1977年3月至1981年10月在芮城县建筑公司工作，任土建施工员。1981年5月，创建西陌朱阳工程队，任队长；1987年企业晋升为土建施工四级企业，更名为芮城西陌建筑公司，任经理；2007年，投资兴办芮城县博立高级中学，任董事长；2008年3月组建山西西建集团有限公司，任集团董事长。山西西建集团有限公司成立于1981年，经过20余年的发展，现已成为国家房屋建筑施工总承包一级企业，是一个集房屋建筑、房地产开发、物资加工销售、商业、教育、物业、市政公用为一体的综合性企业集团。有控股企业六个，分别是山西天茂房地产开发公司、运城同茂市政工程有限公司、芮城西建国贸大楼有限公司、芮城博立高级中学、运城正通物业管理有限公司、运城中茂拆迁有限公司及等。公司连续8年被评为山西省"守合同重信用"单位，2001年通过ISO9001质量体系认证。其中1995年承建的芮城工行营业楼是芮城县建筑史上第一个地优工程，三管局综合楼是芮城第一个省优工程，国税局综合楼荣获山西省建筑工程质量最高奖"汾水杯"。荣获"山西省劳动模范"称号。

刘作仁，男，汉族，辽宁大连人，中共党员，现任大连博源建设集团有限公司董事长。大连市劳动模范、大连市五一劳动奖章获得者、党委书记，荣获沙区"慈善事业杰出贡献奖"。大连博源建设集团有限公司系国家一级建筑施工企业，创建于1990年，至今已有十多年的历史。企业经营涉及：房屋建筑工程（一级）、钢结构制作、安装工程（三级）、室内外装饰装修工程（三级）、市政公用工程施工总承包（三级）、机电设备安装（三级）、园林绿化等。

吕金祥，男，出生于1955年7月，辽宁省铁法县人，毕业于哈尔滨工业大学热能动力专业，硕士研究生，中共党员。现任辽宁高科能源集团有限公司董事长兼总裁。长期从事电力工程建设管理工作，先后参与和承建辽宁省内朝阳、铁法、桓仁、本溪、沈阳和浙江长兴、吉林松原等多家电站工程，是省内外知名的电建专家。多年来，他充分发挥深厚的理论功底、丰富的实践经验和较强的市场开发能力，面对激烈的市场竞争，驾驭企业在激烈的市场竞争中赢得主动。特别是在科技创新、技术进步方面进行了有益的探索和努力，使管理步入了科学化、制度化、规范化的轨道，企业管理水平不断提高。近年来，他所领导的企业取得了电力工程总承包资质、中华人民共和国对外承包工程经营资格证书、对外经营权；通过了质量、环境、职业健康与安全管理三项体系认证，获得AAA级信誉等级和守合同、重信用单位称号，已经跻身于"辽宁省综合实力百强私营企业"行列。

罗广和，男，出生于1962年1月，澳门人，工程师，中共党员。广东省工业设备安装公司第一分公司经理、党总支书记。他团结带领所属分公司职工，在深化企业改革、推动工程项目管理、提高自主创新能力、促进安全生产等方面做出了突出贡献。2005年度创造了一个分公司在生产、经营、收款方面3个"3亿元"的纪录。在他的带领下，一分公司所参加建设的广州世界贸易中心大厦、广州天河城广场、广州好世界广场、广州金汇大厦、广东奥林匹克体育场、广州体育馆6项工程荣获"鲁班奖"；广州会展中心获国家工程银质奖和"詹天佑奖"。他曾获得广东省建工集团科技进步突出贡献三等奖、广东省直系统优秀共产党员、全国施工优秀项目经理、全国安装企业优秀项目经理、全国建设系统劳动模范等光荣称号。2006年获得全国五一劳动奖章。

骆宪炳，男，汉族，1964年出生于湘西怀化麻阳县，历任湖南省医药公司任会计，团委书记；湖南金帆投资有限公司任研发经理，分公司总经理。湖南湘天房地产开发有限公司总经理现担任湖南湘天房地产开发有限公司总经理，长沙奥林匹克花园操盘手。1985—1994年湖南省医药公司，任会计，团委书记；1994—2003年湖南金帆投资有限公司，历任研发总监，分公司总经理；2003年6月至今为湖南湘天房地产开发有限公司总经理。长沙奥林匹克花园由湖南湘天集团与中国第一房地产业品牌国家体育总局下属上市公司——中体产业奥林匹克花园管理集团共同开发的一个奥林匹克花园升级版作品。

M

马如仁，男，天津仁爱集团董事长。在他看来，品牌是企业成长和获利的前提，通过建立起完善的成熟的品牌形象，才能培育消费者对品牌的忠诚度和满意度，在未来没有品牌的产品和服务想拥有长久的生存空间的概率几乎是零，因此他立志实现品牌化发展之路，并下定决心，不为任何因素所动摇。仁爱集团在创始之初就确立了"仁厚建美誉，爱心铸辉煌"的品牌形象，以树百年仁爱为企业发展的根本目标，苦练企业内功，正所谓"先做人后做事"。在他的带领下，仁爱集团已经成为集房地产、钢铁、教育等产业于一体的综合性企业。先后开发了仁爱花园、仁爱濠景庄园等大型精品项目，项目产品在全国评选中多次获奖，仁爱集团也连续三年被评为"天津市房地产二十强企业"。他多次获得荣誉和奖励，曾荣获中国房地产企业卓越贡献100人；"CIHAF排行榜"天津地产风云人物；首届天津房地产创新人物专家奖；天津市房地产行业杰出企业家；首届中国（天津）年度十大创新管理新闻人物；中国房地产百杰；2005中国地产年度最佳CEO等。

马士杰，男，1949年5月出生于山东博兴，中共党员，大专文化程度，汉族。1989—1990年任房山区供销联社副主任；1990—1997年任房山区服务公司党委书记、经理；1997—2001年，任北京房山商贸集团党委书记、总经理；2002年至今任北京房山商贸有限公司党委书记、董事长兼总经理。1980—1981年被评为北京市劳动模范、全国供销合作总社劳动模范、北京市财贸系统优秀共产党员；1982—1985年先后被评为北京市六好职工、商业部系统劳动模范、北京市优秀共产党员、北京市特等劳动模范、房山县（区）劳动模范；2000年再一次被评为北京市劳动模范；2003年被评为中国商业创业企业家；2006年1月获得中国高级职业经理（特殊贡献人才）资格证书。

孟繁凯，男，大连筑成建设集团董事长。他所领导的大连筑成建设集团是以大连筑成建设有限公司为核心层组建的企业集团，成立于2003年。集团公司具有国家房屋建筑施工总承包一级、钢结构专业总承包一级和建筑设计装饰二级、机电设备安装二级、土石方工程二级、起重设备安装二级、房地产开发三级、预拌商品混凝土三级等资质和对外经济合作经营资格。大连筑成建设有限公司是以原大连第二建筑工程公司为基础，于2000年改制而成的现代企业。集团公司传承了原企业近半个世纪的辉煌历史和优秀的传统文化以及各种资源优势，具有完善的法人治理结构和现代企业管理制度，建立了以资产为纽带的母子公司管理体制和分公司式的管理体系，形成了以海外承包、劳务输出、进出口贸易、科技开发、房地产开发、土建施工、建筑设计装饰装修、市政道桥施工等为主框架的多领域经营格局，并拥有省一级试验室。目前，集团公司已取得ISO9001：2000国际质量管理体系认证、职业安全健康管理体系认证，并成为全国建设行业AAA级信用单位。集团公司成立以来，先后承建了160余项建筑工程，其中包括国家和省市重点项目。由集团公司承建的大连海关业务技术用房和大连南关岭国家粮食储备库工程荣获国家建筑最高奖“鲁班奖”，同时还有10余项工程荣获省市优质工程。集团公司被大连市人民政府授予“光彩事业功勋奖”。他被授予“全国建筑优秀施工企业家”。

孟晓苏，男，1949年12月生人，籍贯江苏省苏州市，汉族。经济学博士，高级经济师。现任国务院直属企业中国房地产开发集团公司董事长，中国房地产开发集团总裁。1995年10月至1996年3月，美国麻省理工学院和印第安纳大学访问学者、威廉玛丽学院访问教授。1993年9月至1996年5月，北京大学经济学院研究生，获经济学博士学位。1988年9月至1990年12月，北京大学经济学院研究生，获经济学硕士学位。1978年3月至1982年1月，北京大学中文系本科学生，获文学学士学位。2000年9月至现在，任中国房地产开发集团公司董事长、中国房地产开发集团总裁。1992年5月至2000年9月，任中国房现在地产开发集团公司总经理、中国房地产开发集团总裁。1991年1月至1992年5月，任中华人民共和国国家进出口商品检验局副局长。1988年12月至1990年12月，任全国人大常委会办公厅秘书局副局长兼任万里委员长秘书。1988年4月至1988年11月，任全国人大常委会万里委员长秘书1983年5月至1988年4月，任国务院万里副总理秘书，历任中房香港有限公司董事长，香港国际永年有限公司董事局主席，香港光讯联网有限公司（0254）董事长，美国东星有限公司（FAR STAR INC.）董事长，北京太平洋设计有限公司董事长。中国企业联合会副会长，中国企业家协会副会长，中国房地产业协会副会长，中国企业改革与发展研究会副会长，中国城市科学研究会常务理事，中国建筑业协会常务理事，詹天佑基金会副主席。北京大学不动产研究中心研究员，北京经贸大学教授，上海财经大学教授，华中师范大学教授，西北建工学院教授，韩国汉阳大学教授。

苗建国，男，本科学历，项目经理，高级工程师。现任山东华元集团有限公司副总经理。他所在的企业是一家融科研、设计、施工、装修、房地产开发、新型节能建材生产为一体的综合性建设企业集团。公司具有国家房屋建筑工程施工总承包一级资质。自1978年高中毕业后，便投入了他所钟爱的建筑工作中，脚踏实地地从一名普通的学徒工做起，认真学习、刻苦努力。此后又先后担任过施工员、技术员、预制构件厂厂长、分公司经理，慢慢地成长为项目经理、公司副总经理，用实际行动踏踏实实地走出了一条人生的成功之路。自担任项目经理以来，取得了省优工程项目26个，精品工程12项，安全文明达标施工现场30多个，每年为公司创造产值过亿元。由于其出色表现，连年被公司评为“突出贡献奖”、被诸城市建委评为“先进个人”，他所带领的团队也被诸城市建委评为“安全管理先进集体”。此外，他还先后获得省科技成果二等奖一次、四等奖一次；同时被潍坊市委、市政府评为“1995—2000年度潍坊市专业技术拔尖人才”；被潍坊市建工局评为“优秀项目经理”；并于2002年获得山东省建设厅、建工局山东省“建设系统先进个人”等荣誉称号，并记三等功一次。

N

聂士印，男，1964年出生，1996年毕业于东营市行政学院。1998年创办东营金泰房地产开发有限公司，任董事长；2001年任职山东金洲房地产开发有限公司董事长，具有丰富的房地产开发经验。2005年与浩华地产集团合作投资开发东营凤凰国际城项目，2009年11月正式加入浩华地产集团，并出任东营浩华伟业房地产开发有限公司总经理。1983年8月—1994年1月在东营市南郊建筑安装工程公司任副经理，1994年2月—1996年4月在东营市楼外楼大酒店任经理，1996年5月—2004年7月在东营市东建工程公司任副经理，2004年8月—2006年4月在东营光正投资有限公司任副经理，2006年5月至今在山东万家建设有限公司任副总经理。

聂筑梅，女，江苏亚东房地产开发有限公司董事长、总经理。1993年10月后，先后担任南京亚东国际实业有限公司董事、副总经理和执行总裁，全面主持亚东新城区15平方公里的开发建设工作。2000年9月起，担任江苏亚东房地产开发有限公司董事长、总经理。曾获得南京市外商投资企业协会评选的“优秀总经理”、“2001年南京房地产开发十大杰出人物”、“2002年度中国楼市99位推动力人物”、“南京市第十届优秀企业家”以及市劳模、省优秀党务工作者等称号，并被数十万快报读者评为“2002—2003年度影响南京地产发展的十大英雄人物”之一。她长期在教育战线和生产企业担任领导职务，在不同的工作岗位上做出了优异成绩。

O

欧阳天良，湖南三龙房地产开发有限公司董事长。湖南三龙房地产开发有限公司成立于2005年4月，由湖南天龙医药化工实业有限公司投资组建，注册资本2 000万元，是一家以开发城市优质住宅产品为主业的房地产开发企业。三龙承袭天龙“艰苦奋斗、诚信务实、开拓创新、实业报国”的企业精神，以“为员工创造平台，为客户创造价值，为城市创造美丽”为己任，坚持以人为本的指导思想，精心打造理念先进、设计科学、环保健康、引导潮流的新概念产品，为社会创造文明、和谐、温馨、优雅的居住文化和社区环境。“天龙御园”是三龙成立后的第一个项目，该项目地处城市中心，毗邻香洲绿化广场和太平溪风光带，由五栋32层的高层建筑组成，总建筑面积13万余平方米，具有得天独厚的区位和环境条件，三龙致力于通过该项目迅速树立企业形象，打造企业品牌。

P

潘超文，男，1963年12月23日生，籍贯广东，大专学历，共产党员。1983—1985年，广州介安警察学校就读；现任广州云星地产集团、广西云星地产投资集团任董事长，1985年8月至1988年2月在广州从化市公安局工作，1988年3月至1994年4月在广州从化市监察局工作，1994年5月至今在广州云星地产集团、广西云星地产投资集团任董事长。“中国优秀企业家”、“广州地产二十年领军人物”、“2005年房地产风云人物”、“南宁市先进个人”、“广东商业联合会副会长”、“全球华人华商50强俱乐部终身会员”。“中国优秀企业家”、南宁市人大代表、广西广东商会常务副会长等。云星集团先后成功投资开发了30多个地产项目，总建筑面积达500多万平方米。2007年6月，集团入驻成都，但时隔不到一年，即2008年3月却转让土地使用权、撤出成都，市场传出集团资金链紧张。南宁市人大代表、广西广东商会常务副会长、南宁市工商联合会执委、常委。

彭刚国，男，汉族，1947年3月20日出生，四川人，大学学历。现任上海奔达工贸有限公司董事长。1965年12月至1971年2月参加铁道兵105师建设成都至昆明铁路建设。1971年2月由铁道兵10师8817团转到四川攀枝花钢铁厂冶金部和十九冶建设公司金属结构厂职业电焊工。1975年5月至1981年2月参加武钢1700热轧工程建设。1981年2月至1994年5月参加上海宝钢工程建设。上海奔达工贸有限公司成立于1999年，属于私营企业，从事钢结构件、管道加工制作工程。承接项目宝钢宽厚板厂步进式加热炉烟囱、烟道，规格直径4 060 mm、8 200 mm，高为82米；宝钢4#高炉热风炉烟道、三通、弯头管备件规格直径5 200 mm×10 mm，全长350米；宝钢三热轧加热炉加工制作；宝钢2号高炉易地大修改造工程还有上钢一厂、韶钢、楼底钢厂、炼钢高炉、转炉等改造工程。公司在2005年全面通过GB/T19001—2000～ISO9001：2000标准质量管理体系认证后，公司对质量产品高度重视。近来承接项目：上海浦钢高炉、宁波电厂、玉环电厂、常熟电厂、苏州博士格、昆山龙腾以上项目在质量体系管理中产品质量赢得客户的满意与信任。

蒲薇，女，成都森宇集团副总经理。参与府河音乐花园、森宇音乐花园的开发。蒲薇经营的是成都最大的以音乐为主题的郊区化住宅——府河音乐花园。她将音乐与建筑、音乐与居住结合起来。她说：“音乐是森宇集团在房地产运营开发中的永恒主题。与其说音乐是森宇的名字，不如说音乐是森宇对于居住真意的独到领悟”。自成立以来，已经投资开发了近百万平方米房地产项目。成功开发了占地80余亩的府河花园。该小区设施完善，环境幽雅，被评为成都市住宅样板小区。开发占地560余亩、建筑面积40余万平方米的我国首个以音乐为主题的高尚生活社区——府河音乐花园，独特的音乐艺术主题、完美的规划设计及其优秀的建筑品质，获得了建设部颁发的“景观环境示范楼盘”、“成都十大金奖楼盘”称号。

Q

戚金兴，男，1962年3月出生。本科学历，工程师、政工师、高级经济师。杭州滨江房产集团有限公司董事长。中国青年企业家协会理事、浙商研究会副会长、浙江省经营管理研究会副会长、杭州市第九、十、十一届人大代表、杭州市优秀共产党员。全国五一劳动奖章获得者，浙江省劳动模范。20世纪80年代初，还不到20岁的戚金兴选择了建筑业作为他的创业之路。几年下来，他迅速成长为一名深受同事敬佩和信赖的业务骨干和公司管理人员。1992年6月，江干区成立杭州滨江房屋建设开发公司，具有业务和人品双重优势的戚金兴成为众望所归，被推举到总经理的位置上。戚金兴以“为城市创造景观、为社会创造财富、为客户创造机会、为员工创造平台”的理念，团结依靠全体职工，投身市场竞争，抢抓市场机遇，树立品牌形象，大力发展企业。2003年，杭州滨江房产集团有限公司累计开发住宅170万平方米、竣工135万平方米，土地储备建筑面积200万平方米，实现销售收入5亿元，上缴利税5 600余万元，企业资产达20亿元。戚金兴先后被评为中国地产百杰、中国优秀房地产企业家、浙江省经营管理大师。

钱先明，1982年毕业于河北建工学院；1992—1997年河北石家庄市建工集团公司；1997—2005年河北格瑞特房地产开发公司；2005年至今石家庄市中宏房地产开发公司。石家庄市中宏房地产开发有限公司是以房地产为龙头、以高新科技为依托，集商贸、工业、科技、餐饮、娱乐、服装于一体，走综合发展道路的大型企业集团，现有资产总额近亿元，员工近千人，其中管理人员近百人，管理人员中大专以上学历及各类中高级以上学历及各类中高级以上技术职称人员占95%以上，在公司完善的组织结构及企业下形成了一个富于创新、勇于奋进、充满活力的团队。公司成立以来，已有多名从事房地产开发的资深人士加盟，形成了一个强有力的开发团队，从项目策划、规划设计、工程管理、市场营销、物业管理等环节均由业界精英进行运作。中宏房地产以“人为本、业为重、和为贵”的企业精神和“投资发展经济、回报社会大众”的经营理念，优化组合企业和社会资源，以雄厚的经济实力和高素质的人才队伍及超前的思维，使企业经营不断发展，组成不断扩大，以良好的企业形象赢得了广泛雄厚的社会基础和良好的口碑。

S

沈永财，男，淄博鲁王建工集团董事长、总经理。中国企业联合会、企业家协会、建筑协会会员，淄博市人大代表、建筑协会理事，周村建筑协会常务理事、工商联合会副会长。他所领导的淄博鲁王建工集团成立于1972年，现拥有职工6 800余人，资产总额3.8亿元，年总产值3.5亿元。主要从事建筑施工、装饰装潢、预制构件、建材试验、石材加工销售、门窗制作安装、防腐保温工程、窑炉工程、药用玻璃、钢结构、建材生产、出口贸易、房地产开发、劳务承包、设备租赁、机械专业施工等经营。现有专业技术经济管理人员680名，其中高、中级职称的工程技术人员260名，各种持证上岗人员3 060名。是山东省“守合同、重信用”企业；“淄博市建筑十强企业”；连续四年被市建委评为“优秀施工企业”；被市质监站评为“建设系统ISO9000质量认证先进单位”、“建设工程质量通病治理先进单位”、“工程质量优胜企业”；被中国企业家联合会、中国企业家协会授予“优秀企业”荣誉称号；被中国质量学会、中国企业家联合会授予“全国建设系统百佳诚信企业”；被中国爱委会授予“中华爱国集体”；被中国工程建设协会评为“质量安全管理先进单位”。他先后荣获淄博市乡镇企业家、劳动模范、全国乡镇企业家、优秀乡镇企业家、全国建设系统百位建筑功勋人物、中华爱国英才等荣誉称号。

石明德，男，汉族，国家一级建造师，上海市四川商会常务副会长，中太建设集团股份有限公司华东分公司总经理。华东分公司是隶属中太建设集团股份有限公司的直属分公司。市政公用工程施工总承包一级资质、建筑装修装饰工程、钢结构工程，先后荣获中国建设工程“鲁班奖”、河北省“十大精品工程”、“安济杯”、湖北“黄鹤杯”、解放军“总参优质工程”和全国“用户满意工程”、“文明工地”奖200多项，300多个工程被评为优质优良工程。是连续多年的国家、省、市重合同守信用单位；“AAA”级资信、“纳税信用等级企业A级”企业和省、市质量、安全管理先进单位，河北省“五一劳动奖状”获得者，河北省“AAA劳动关系和谐企业”，河北省“百强”企业、河北省重点支持的十家大型建筑企业与重点行业排头兵企业及国家建筑百强企业。集团曾先后荣获“全国先进施工企业”金质奖、“全国重合同守信用单位”、“全国企业文化建“全国先进施工企业”、“全国用户满意施工企业”、“全国‘安康杯’竞赛优胜企业”等300多项荣誉。2008年被中华全国总工会授予“全国抗震救灾重建家园工人先锋号”和中共中央、国务院、中央军委授予的“全国抗震救灾英雄集体”荣誉称号。

宋艾芳，女，1959年5月出生，汉族，籍贯山西左权，大学本科学历。兰雅集团公司董事长，1976年3月至1979年9月在兰州永登县河桥乡插队。1979年10月至1995年10月在甘肃省中医学院上大学，毕业后留校从事教学工作。1995年11月至2000年7月任甘肃兰雅房地产开发有限公司总经理。2001年8月至今任兰州兰雅实业集团有限公司董事长。甘肃省政协委员、兰州市政协委员、兰州市城关区人大代表、甘肃省工商联执委、甘肃省工商联房地产商会副会长、甘肃省建委房地产协会常务理事、甘肃省妇联执委、甘肃省消费者协会理事、兰州市城市建设管理委员会兰州市房地产协会副会长、兰州市工商联常委、甘肃晋商商业联合会常务副会长、兰州市价格协会理事。先后被中共兰州市委、兰州市人民政府评为“兰州市非公有制优秀民营企业家”，并获得首届“全国十大优秀民营女企业家”的荣誉称号，和全国民营企业关爱员工、实现双赢的评比中被中华全国工商联、中华全国总工会评为“全国关爱员工优秀民营企业家”。

宋建荣，男，汉族，山西恒台建业发展有限公司董事长，太原市混凝土商会会长、杏花岭区政协委员，省优秀企业家，人大代表，他领导的公司坚持“以信誉为重，以质量为本”的原则，在东大盛世华庭、山西世贸中心、省国税综合办公楼、闻汇大厦等我市标志性建筑及石太客运专线等国家重点工程都浇注了恒台人提供的商品混凝土产品，为太原市的城市建设做出了积极的贡献。公司成立于1993年，注册资金3 100万元，是集建筑、勘测、地基处理、商品混凝土生产、运输、销售为一体的中外合资（台商）企业，法人代表宋建荣，担任公司董事长、太原市混凝土商会会长、杏花岭区政协委员等职务。公司拥有最先进的国内外生产设备，引进德国BHS公司搅拌主机，选用德国西门子控制系统，拥有型号齐全的泵车、罐车、粉车各种运输设备，能够满足客户的各种工程需要和各项强度需求，生产和运输实现了网络化和GPS系统管理，通过了ISO9002国际质量体系认证，试验室通过省级资质认定，可确保生产出具有高附加值的合格产品。公司两个搅拌站呈现花园式的环境，建有假山、喷泉，绿树成荫，生产条件符合环保要求。“守合同重信用”单位，在今年被中国建筑业协会评为“优秀企业”，被市失业保险中心授予“先进集体”称号，被省统计局信息咨询中心授予“全省分业行十强称号”等。

宋均昌，男，汉族，泰安市正兴建筑安装有限公司总经理，他领导的企业每当有效目标客户出现的时候，都全力以赴地去赢得顾客的需求，然后用心去维护。我们用自己的研发能力为我们的客户提供不断的改善计划，从而每走一步都是一个增长。他热心公益事业，20世纪90年代后期他曾投资25万元，为本村建二层小学一处；在历年的镇、村级建设中，历年的教师节均无私捐助资金累计100万元以上，累计赞助困难中小学生10名，捐助现金20万元以上。2007年宋均昌同志为镇慈善协会捐赠1万元，为高新区慈善协会捐赠5万元；历年来为老人节和镇敬老院捐助资金累计10万元以上。近几年来，连续被镇、区、市评为先进企业家、企业贡献奖、尊老爱幼先进个人、尊师重教先进个人。泰安市正兴建筑安装有限公司总经理，优秀民营企业家。泰安市正兴建筑安装有限公司是山东省的一间建筑安装公司，位于泰安市泰山区徐家楼。

宋琦，男，中国第九冶金建设公司总经理。1979年7月至1983年7月在陕西工学院机械与制造专业学习；1983年7月至1984年5月，安装公司第一工程队技术员；1984年5月至1988年2月，安装公司钢结构制造技术负责人；1988年2月至1992年2月，安装公司四队钢结构制造技术副队长；1991年5月至1991年12月，在西安交通大学学习日语；1992年1月至1992年5月，杭州大学参加日语强化培训；1992年6月至1993年2月，任安装公司金结厂一车间技术副主任；1993年2月至1993年11月，任安装公司金结厂生产技术副厂长；1994年2月至1995年2月，任安装公司金结厂技术副厂长；1995年2月至1996年3月，任九冶安装公司常务经理；1996年3月至2002年12月，任九冶安装公司经理；2002年12月至今，任中国第九冶金建设公司总经理。他近年所开发的搅拌产品多项填补国家空白，建筑、安装业市场份额不断扩大，企业产值突破亿元大关。在担任技术负责人和技术厂长期间，主编了60万、30万千瓦发电机组锅炉钢构架的制造工艺，生产的产品一项创国优，一项创部优。参与编制了葛洲坝水利枢纽工程电站闸门制作及各类压力容器生产的工艺方案。担任总经理期间，企业产值和利税翻了一番。企业的产品三项填补国内空白，并同多家国外企业合作，特别是同日本三菱公司的长琦和高砂造船所及日本的TOME公司合作。生产的山西河津电厂35万千瓦发电机组钢结构获全国优秀焊接工程奖。

宋尚龙，男，出生于1953年11月，吉林省长春市人，1984年毕业于吉林工业大学企业管理专业，高级经济师、高级工程师。吉林亚泰（集团）股份有限公司董事长、总裁。兼任吉林省体育总会副主席、吉林省商业联合会副会长、长春市外资企业协会副会长等。曾任长春市二道建筑工程公司副经理，长春市二道房地产开发公司经理，长春市二道区城乡建设局副局长。他所领导的亚泰集团是一家成长中的综合类绩优上市公司，以地产、水泥、金融为主业，并涉足煤炭、医药、商贸等领域。始创于1986年，正式组建于1993年，1995年在上海证券交易所挂牌上市，在各级政府的重点培育和社会各界的关心支持下，历经二十多年的持续发展，成为在东北地区同行业居于领先地位、主业突出、紧密管理的大型企业集团。先后跻身“国家最大企业500强”、“国家首批循环经济试点单位”和“国家重点支持的十二家大型水泥企业集团”之列。公司先后入选“中国房地产上市公司十强”、“中国房地产百强企业”，其开发建设的亚泰花园居住区先后被评为“全国城市住宅物业管理示范小区”和“中国名盘”。房地产、水泥产业继续保持在全国同行业的领先地位。作为企业的领袖，他获得众多奖励和表彰，曾被长春市优秀青年企业家；吉林省第三届优秀厂长经理；全国优秀青年企业家；长春市首届优秀企业家；吉林省特等劳动模范；吉林省优秀共产党员；长春市杰出企业经营者；全国“五一”劳动奖章获得者等众多荣誉。2007年，荣获“振兴长春老工业基地功臣”荣誉称号。

宋玉庆，男，陕西中登实业（集团）有限公司总裁兼董事长，陕西省江苏商会会长。他领导的企业成立于1993年9月，是以石油化工、房地产开发为主，商业贸易、工程、物业管理、影视、广告为一体，多元化的综合性民营企业集团，企业资产总额达10亿元。集团下辖陕西中登实业有限公司、西安中登房地产开发有限公司、西安中登物业有限公司、西安中登油气田化学有限公司、西安大家影视广告有限公司、银川中登发展有限公司、银川市文化用品有限责任公司。其中集团子公司——陕西中登实业有限公司是以石油、天然气钻井开发，民用建筑工程承包为主，相继在长庆油田采油三、四厂开采站，承包中登大厦、中登家园等工程建筑；集团子公司——西安房地产开发有限公司作为经济技术开发区房地产业骨干力量，相继开发“中登美制别墅、中登大厦、中登家园”等项目，总计开发面积100万平方米；集团子公司——西安中登油气田化学有限公司是以采油、钻井、压裂用助剂的开发、生产、销售以及油气田化学工程技术服务为主，化工产品年生产能力4 000吨，年产值5 000万元，其产品气液两相油气井缓蚀剂、酸化缓蚀剂、清防垢剂等几十种油气田化学剂已通过质检部门认证，成为西安第一个为“西气东输”配套的项目。集团公司先后荣获陕西省“百强企业”、“诚信先进单位”。他个人先后荣获陕西省“十大杰出企业家”、“诚信企业家”、“十大创新人物”等荣誉称号。

宋振群，男，出生于1960年5月，1993年7月大专毕业。现任湖南省建筑工程集团总公司华献集团副总经理、星献工程局副局长兼总工、长沙市湘浙汇商厦项目经理。1991年3月，担任省建三公司302队施工队长；1992年3月至1993年5月，担任长沙小天鹅大酒店项目经理，该工程获省优良工程；1993年5月至1996年，担任省农行国贸大厦公寓楼栋号长，该工程获省芙蓉奖；1997—1999年，担任湖南省图书城项目部经理，该工程先后获得省芙蓉奖和国家建筑工程最高奖——鲁班奖，开湖南建工集团鲁班工程之先河；1999—2001年，担任湖南新闻出版局电子出版大厦项目部经理，该工程获2001年度省优质工程、2003年度省芙蓉奖；2001—2002年，担任湖南大学复临舍教学楼项目经理；2002—2003年，担任南方建材普马斯特超市项目部经理，该工程获省安全文明工地；2003—2004年担任湘潭市人民大厦项目部经理，该工程获得湘潭市建设工程质量监督站颁发的“优良工程证书”、2004年度安全文明工地、湖南省工程质量最高奖——“芙蓉奖”。参加工作20多年来，一直奋斗在工程建设第一线。先后被评为湖南建工集团“优秀项目经理”、“优秀共产党员”、“公司优秀职工代表”、“劳动模范”；湖南省“建设科技先进个人”等。

孙国太，男，汉族，优秀企业家，中共党员，高级经济师，山西省人民代表大会代表。现任山西恒实房地产开发有限公司董事长。他坚信细节决定成败，开创了山西房地产、商业运营、物业管理三位一体的传奇人生。山西恒实房地产开发有限责任公司于2002年1月成立，注册资本两千万元。包括恒实房地产开发公司、和信摩尔商业管理公司、恒实文化物业管理公司、太原天使汇娱乐有限公司，核心摩尔餐饮公司，在优质管理打造品牌的经营理念指导下，迅速成长为一个多位一体的多元化经营的集团公司。抓住太原市“南移西进”的大好商机，以“城中村”改造为基点，开发了第一个房地产项目——“和信摩尔商业广场”。目前恒实房地产公司正在开发建设的“华德中心广场”项目位于山西省太原市小店区长风街以北。由六层商业裙房及三幢三十层的住宅楼组成。项目建成后将是太原市极具特色的集商业、娱乐、餐饮为一体的高品质消费场所，同时也为市民提供了一个环境优美的居住空间，这组建筑将成为太原市的标志性建筑。先后荣获“山西省优秀民营企业家”、“首届太原市十大杰出青年民营企业家”、“太原市特级劳动模范”等多项荣誉称号。2009年荣获山西“2009地产年度贡献人物奖”。

孙宏斌，1963年生人，籍贯山西临沂；1988年，孙宏斌清华大学硕士毕业。顺驰集团创始人，现任融创集团董事长。1994年，孙宏斌创建顺驰，以房地产中介所进入地产界。1994年8月，已经在天津开创顺驰前期基业的孙宏斌为了获得比常规更快的发展，向柳传志借款50万元。1995年初，在柳传志和中科集团董事长周小宁的支持下，顺驰和联想集团、中科集团成立天津中科联想房地产开发有限公司。1998年，联想和中科集团将全部股份转让给顺驰，公司更名为天津顺驰投资有限公司。2002年10月，顺驰和联想旗下的融科智地房地产有限公司共同组建新公司，开发天津翡翠城项目。2003年，顺驰进入北京，并开始了全国扩张战略。2004年，胡润百富榜中，孙宏斌以13亿元资产位列第91位。2006年，孙宏斌3月复出，并开始收缩顺驰战线。2006年孙宏斌建立顺驰不动产网络，其成为中国最大的地产中介商之一。2007年，孙宏斌近乎全线退出顺驰集团，并专注于融创集团的发展。2007年12月，雷曼兄弟向融创集团注资2亿美元，占股35%。

孙伟，男，出生于1974年12月。北京国世通投资管理有限公司总经理助理、陕西龙扬经济发展有限公司总经理。1991—1995年，就读于江西师范大学美术系；1996—1997年，加入世界电脑商讯机构任职美术编辑；1997—1998年，加入北京协成房地产代理公司，房地产销售；1999—2001年：加入北京中原房地产咨询顾问有限公司，销售经理；2002年至今，加入北京国世通投资管理有限公司。先后任职国世通投资开发的北京万泉新新家园销售经理、营销总监、蜂鸟社区营销总监、国世通投资管理有限公司总经理助理。于2002—2003年，他任职国世通投资开发的万泉新新家园销售经理、营销总监期间，完成万泉新新家园二期产品向三期产品转型销售。于2003—2004年，他任职国世通投资开发的蜂鸟社区营销总监期间、全程、全面地负责和参与项目的营销策划、项目销售、客户服务工作；完成开盘到结案6个月完成，当年完成住宅100%销售率，半年销售额五亿元人民币；并成功组织、实施客户“西藏自由行”活动。

孙永刚，男，汉族，山东人，出生于1963年3月。现任中铁一局集团有限公司董事长。1979年9月至1983年7月，在北方交通大学学习；1983年8月至1984年11月，铁一局铺架队见习生、助工；1984年11月至1986年11月，铁一局新运处铺架段计划室主任：1986年11月至1989年5月，铁一局新运处计划科，工程师；1989年5月至1992年12月，铁一局计划处预算合同科副科长；1992年12月至1996年5月，铁一局京九指挥部计财部部长、高工；1996年6月至1997年11月，铁一局一处副处长；1997年11月至2001年3月，铁一局经营计划处处长；2001年3月至2003年12月，中铁一局集团公司副总经理；2000年9月至2004年7月，在西南交通大学学习，获硕士学位；2003年12月至今，中铁一局集团有限公司董事长。近年来，被授予“全国施工技术进步先进企业”、“陕西省重点建设先进施工单位”、“重合同守信用企业”、“全国500家最大建筑业企业第一名”、陕西省经济明星企业称号。所获荣誉主要有：被铁道部第一工程局授予“新长征突击手”、“局级先进个人”、“局级优秀管理者”称号。

T

唐律明，男，1976年出生，汉族。湖南建安房屋代理公司总经理，法律系专科毕业，获清华大学实战型房地产EMBA学位。1997年8月进入建安房屋从事房地产销售工作。从销售员做起，脚踏实地一步一个脚印。从2000年担任公司营销经理，先后负责了智邦家园、顺天财富中心、华美欧国际等十几个项目的销售工作。湖南建安房屋投资有限公司创立于1993年，其前身湖南省建安房屋有限公司，是长沙市第一批具有二级资质的房地产全程策划代理公司，2005年8月公司增加注资到壹仟伍佰万元，并更名为湖南建安房屋投资有限公司。

田雄，男，1946年10月出生于北京房山韩村河村，汉族，高级工程师，中国共产党，1969年6月参加工作，在职研究生毕业现任北京韩建集团有限公司党委书记、董事长。作为韩村河村的带头人，改革开放33年来，田雄带领韩村河党员和群众，坚持改革开放，发展集体经济，走共同富裕道路，把贫穷、落后的韩村河建设成公共基础设施完备、家家住别墅楼的生态型花园式社会主义新农村，把韩建集团发展成为集建筑、市政、水利、公路、园林古建、房地产开发、建材和资产经营等多元化为一体的国家特级资质大型企业集团。作为韩建集团的创业者和韩村河的领路人，田雄同志得到了各级领导和社会各界的认可。1995 年被评为“全国劳动模范”，1996 年被评为“全国优秀建筑企业家”，2001 年被中组部评为“全国优秀共产党员”，2002 年被评为“全国农村学习实践‘三个代表’重要思想基层干部标兵”，当选为中国十六大党代表，2003 年当选为第十届全国人大代表，2006 年荣获“国家基础设施建设终身成就奖”，2007 年荣获“中国功勋村官”称号，2008 年当选为十一届全国人大代表，荣获“全国优秀乡镇企业家终身成就奖”：2009 年被评为“新中国成立 60 周年‘三农’模范人物”。

W

王恩学，男，生于 1949 年 10 月，吉林省九台市人，中共党员，高级工程师。吉林华泰集团公司董事长兼总经理，法人代表。1985 年任九台市第二建筑公司副总经理；1989 年任九台市商品住宅公司总经理；1991 年任九台市第二建筑安装工程公司总经理；1996 年任吉林华泰集团公司董事长兼总经理。曾兼任九台市乡企局副局长，九台市工商联副会长。1998 年当选为第九届吉林省人大代表，长春市第七届党代会代表，第十一届九台市政协委员。他是“吉林省劳动模范”、“全国优秀乡镇企业家”、“全国创业之星”、“长春市发展乡镇企业十大功勋”人物。近年来在吉化公司、吉林亚泰集团、长春市工商局、长春市高新开发区、吉林省瑞发公司、吉林省国土集团、吉林省政协、丰满电厂、吉林省工商行、延吉爱得集团等二十余家大型企业部门承包数百项工程，合同履约率 100%，工程优良率 73.9%，并有五栋荣获“吉化样板工程”。同时连续两年荣获“沈长哈三市联检金牌工程”称号。企业荣获“省明星企业”、“建筑行业管理排头兵”、“安全生产优胜单位”等荣誉称号，并被省工商局命名为“重合同守信誉单位”。企业已经进入全国建筑 500 强、全省建筑 50 强行列。

王国庆，男，汉族，出生于 1955 年 10 月，河南安阳市人，大专学历，助理经济师，现任陕西丹尼尔企业集团董事长兼总裁、中共丹尼尔集团党委书记、陕西省工商联执委、陕西省企业家协会副会长、陕西省私营企业协会副会长、陕西省青年企业家协会荣誉会长、西安市商会副会长、西安市人大代表。1974 年当知青插队陕西三原，1977 年参军入伍（青藏高原某炮兵部队），荣获 12 次嘉奖、1 次三等功；1980 年参加工作并加入中国共产党；1986 年考取中央电大金融专业；1991 年辞去银行职务，创办陕西丹尼尔企业集团。经过十余年的奋斗创新，丹尼尔已发展成为集“房地产开发、商贸旅游和资源重组”为一体的大型民营企业集团。目前总资产已达 15.6 亿元，员工 1 000 余名。先后开发了中山门小区、窑坊小区、太华路小区等大中型住宅小区；成功兴建和托管了康复路丹尼尔商城、康复路交易广场、丹尼尔轻纺市场和中山门古玩市场等大型商贸市场；兼并托管了西安纺织器材厂、西安石膏板厂和西安木材总厂等一批亏损国企，为 2 000 余名下岗职工解决了住房，为 1 100 名下岗职工安排了工作，同时安置了 3 500 余户拆迁居民。在企业发展的同时，丹尼尔集团心系社会公益事业，累计为社会捐献 2 000 余万元。他业绩突出，曾获得陕西省劳动模范、陕西省十大杰出青年、西安市劳动模范、西安市十大杰出青年、第三届西安杰出青年企业家等荣誉称号。

王金生，男，1955 年 12 月生人，汉族，现任北京天正中广投资集团有限公司董事长。他热爱传统文化，经营范围跨多种行业，以儒商著称。他还担任甘肃省工商联副会长、甘肃省工商联商会副会长、甘肃省传统文化协会副会长等职务。1975—1982 年在兰州制胶厂工作；1983—1996 年在兰州市商业商贸公司工作；1996 年创办兰州市天正房地产开发公司；2003 年，创办兰州天正地产集团和北京天正中广投资发展有限公司；2007 年，创办北京天正中广投资集团有限公司。2003 年至今，任兰州天正地产集团董事长；2007 年至今，任北京天正中广投资集团有限公司董事长。他所领导的企业主要经营：项目开发、房地产开发、资产管理、经营商贸、物业管理、传媒文化等。目前北京、兰州两大集团拥有子公司 11 个，总注册资本为 4.56 亿元。企业是一家主营不动产投资管理和开发销售，兼营商贸物流、物业管理、资本运营等业务的跨地区多元化经营的集团公司。企业一直坚持专业化的地产开发方向，在专注民用、商业地产开发经营的基础上，积极采取收购、兼并、寻求合作等新的经营方式以实现企业快速扩张。

王立国，男，万鑫投资控股公司董事长。他所领导的万鑫投资控股公司拥有万鑫建设公司、同济万鑫集团、万鑫房地产、福田房地产等四大企业。其中建筑业的代表万鑫建设公司连续八年居淄博市建筑综合实力十强之首，同济万鑫集团是连年来被市委、市政府表彰的淄博市百强企业，山东万鑫房地产开发有限公司是 2006 年度淄博市开发企业十强第四名。多年以来，通过完善改革机制，创新企业管理，优化产业结构，大力开拓市场，经济实现了 20%～30%的增长速度，其他各项工作均取得了成立 35 年来的最好成绩，保持了全国先进施工企业、省农行“AAA”信用企业、省级“重合同、守信用”企业、省级文明单位、尊师重教先进单位等光荣称号。2007 年，企业完成总产值 32 亿元，承接工程总量达 235 万平方米，解决了近 3 万人的就业。他先后荣获“全国建筑业企业优秀项目管理工作者”、“全国乡镇企业家”、“全国优秀施工企业家”、“全省建工系统先进个人”、“淄博市优秀企业家”、“淄博市尊师重教先进个人”、“淄博市劳动模范”等荣誉称号，并当选为淄博市人大代表。

王璐，女，汉族，陕西广升实业发展有限公司董事长，陕商理事会常务理事。1997—1999 年在陕西青年管理干部学院学习；1999—2003 年在西北政法大学本科毕业，2004 年至今担任陕西广升实业发展有限公司董事长及西安音乐舞蹈学院董事长。陕西广升实业发展有限公司成立于 1998 年，注册资金人民币 2 900 万元，历经多年奋斗，现已发展成为一家业务范围涵盖文化、老年公益事业、房地产、有色金属商贸、现代农业、工业和化工生产、创业投资、资本运营、管理咨询等领域的多元化综合性实业公司。目前，公司正在实施开发广升·皇城西岸、广升·秦岭大厦、汉文化博览园和西安未央国际老年文化城等几个具有各自特色的精品项目，所涉及的领域已从普通地产项目延伸到文化地产和公益地产项目，内涵和外延不断深化和拓展，体现了公司一贯坚持的“在企业发展的同时必须兼顾社会责任”的发展理念。公司2008年进军农业领域，斥巨资打造西部地区规模最大，国内标准化程度最高的生猪产业化发展项目，陕西省乾县十万头无公害生猪标准化养殖基地建设项目目前正在建设中。

王民，男，出生于1954年3月，中共党员，硕士研究生，教授级高级工程师。现任徐州工程机械集团有限公司董事长、党委书记，徐州工程机械股份有限公司董事长、党委书记。全国机械工业明星企业家。1970年7月参加工作；1985年以来，历任徐州重型机械厂工会主要负责人、党委副书记，徐州工程机械集团公司营销公司党总支书记兼副总经理，徐州装载机厂厂长兼党委副书记，徐州工程机械股份有限公司副总经理兼铲运机械分公司总经理，徐州工程机械集团有限公司董事、党委常委、副总经理，徐州工程机械股份有限公司总经理，徐州工程机械集团有限公司党委书记，副董事长。1999年，任徐工集团董事长，2003年至今，企业累计获得授权专利262项，新产品销售收入每年都占到总收入的50%以上，有力地推动了中国工程机械的产业升级和行业进步。1999年徐州工程机械集团营业收入仅为35亿元，9年以来，企业年营业收入连创新高，到2007年实现营业收入300亿元，年实现利税20亿元，年出口创汇突破5亿美元。他领航着徐工这艘中国工程机械巨舰，将其打造成为中国最大的工程机械制造企业，参与国际化竞争，位居世界工程机械行业第16位，中国500强企业第191位，中国制造业500强第96位，成为中国工程机械产品品种和系列最齐全、最具竞争力和最具影响力的大型企业集团。

王仁果，汉族，男，四川成都市人，优秀企业家，全国劳动模范，四川泰合置业集团董事长，2010年被评为2009年度四川房地产十大风云人物。公司董事长是南充市二、三、四届人大代表、市民营企业家协会会长。先后荣获“四川省优秀企业家”、“四川省优秀中国特色社会主义事业建设者”、“南充市优秀社会主义事业建设者”、“南充市五一劳动奖章”、“南充市劳动模范”等荣誉称号。2010年被评为2009年度四川房地产十大风云人物。四川泰合置业集团是一家以房地产开发为支柱，涉足金融、建筑、建材、商贸、教育、物业管理等领域的多元化大型民营企业。下属有四川泰合房地产开发有限公司、四川创信置业有限公司、四川恒丰物业管理公司、广安泰达房产公司、南充泰美置业有限公司、南充东海实业有限公司、南充市嘉陵民信小额贷款股份有限公司、南充泰迪建筑公司、南充瑞迪贸易公司、南充市鼎固建材有限公司、南充今品分众传播有限公司等多家全资、控股、参股公司。公司拥有一大批精经营、善管理、通专业的房地产开建设管理人才，现有员工300余人，各类中高级技术人员120人，其中高级职称人员50人。

王晓华，男，出生于1952年，山东省临沂人，广西柳工集团有限公司董事长。1968年12月参加工作，1985年7月毕业于陕西机械学院企业经营管理专业，1996年6月毕业于武汉大学哲学系马克思主义哲学专业。硕士研究生，高级经济师。自1999年以来，担任广西柳工集团有限公司党委书记、董事长。曾荣获“广西五一劳动奖章”、“全国五一劳动奖章”、2003年度中国创业企业家、机械工业优秀企业家称号。被誉为“2006年中国企业500强掌门人”之一。他所领军的广西柳工集团有限公司是国有资产授权经营的方式组建的国有独资企业，是国家重点联系的首批300家国有大型企业集团之一。公司的核心企业——广西柳工机械股份有限公司于1993年将原柳州工程机械厂改制而成的，是广西乃至中国工程机械行业第一家上市公司。拥有国家级企业技术中心和博士后工作站，拥有目前世界先进的制造设备和技术，建立了完善强大的技术开发体系，被信息产业部列为“国家企业信息化试点单位”，通过了ISO9001质量体系认证。强大的技术开发和制造能力使柳工一直处于行业领先地位，被誉为“中国工程机械行业排头兵”。

王衍，女，陕西老三届企业集团董事长。她所领导的企业是1997年经陕西省体改委批准成立的集团公司，以其雄厚的经济实力，现代科学的管理体系，开拓进取的创业精神，先进规范的经营行为，在市场经济的大潮中稳步发展。目前拥有2个全资子公司和2个控股公司，涉及房地产开发、物业管理、高新技术应用及推广、投资咨询等领域。下属全资子公司陕西克力房地产开发有限责任公司以“为市场提供精品，为客户创造价值”为经营理念，先后开发建设商业地产、商品住宅、写字楼三十余万平方米，工程质量合格率为100%，优良品率为100%，销售率100%。由克力房地产公司斥资2亿元人民币开发的位于南二环西段与永松路交汇处的5A智能写字楼——老三届·世纪星大厦，总建筑面积6万余平方米，以先进的设计理念及高品质的空间环境、物业管理及高规格的硬件设施、配套服务，首创的24小时办公的理念不但引起了许多西安市知名企业的瞩目，而且引起了国内、外其他城市及投资西部公司的关注，成为西安市顶级智能写字楼的代表。

王玉锁，男，汉族，出生于1964年3月，河北霸州人，天津财经学院管理系企业管理专业毕业，硕士研究生。新奥集团董事局主席。九届、十届全国政协委员，九届全国工商联副主席，中国民（私）营经济研究会副会长，河北省政协常委、河北省工商联副会长、廊坊市政协副主席、廊坊市工商联会长。他所在的新奥集团创建于1989年，致力于清洁能源的生产与应用。2002年，完善集团治理，形成董事局领导下的策委会、执委会、督委会分立的治理架构。2003 年，收购河北威远集团，进入生物化工领域。2004 年，进入能源化工产业领域，进行上游清洁能源产品的研究开发，在清洁能源利用领域形成完整的产业链。2005 年，安瑞科控股在香港联交所上市，2006 年转入主板，新奥气化采煤投资有限公司成立，上中下游纵向一体化的清洁能源产业链形成。新奥能源销售有限公司获国家商务部批准成立，并获得天然气、LPG、甲醇、二甲醚和多种重要燃气物资进出口权。2007 年，新奥颁布新版企业纲领，实施组织架构变革，明确了集团总部作为战略管控中心、产业集团作为经营管理中心和利润中心、成员企业作为执行层的定位。他个人是国务院民族团结进步模范，获得中国光彩事业奖章、河北省优秀企业家、河北省劳动模范、河北省十大杰出青年、河北省企业改革标兵（金帆奖）、河北青年“五四”奖章、河北省光彩之星、河北省十大杰出青年民营企业家、“河北省社会主义先进建设者”等多项奖励和荣誉。

卫平，男，汉族，出生于 1965 年 1 月，上海浦东人，获 EMBA 学位。现任上海中邦置业（集团）有限公司董事长、总裁；珠海中邦足球俱乐部公司董事长；上海社科院房地产业研究中心副理事长；上海浦东新区房地产协会副秘书长；联洋新社区企业联合会会长，陈逸飞艺术基金理事。曾担任上海大桥集团总经理；上海浦东足球俱乐部公司执行董事、总经理；上海浦东土地控股公司董事、副总经理；上海联洋集团总裁。曾就读华东师范大学本科；中欧国际工商学院 EMBA。著作有：《房地产金融与投资概论》、《中国当代艺术的建筑实践》。他曾荣获中国房地产十大新锐人物，上海市十大杰出青年提名奖。他所领军的中邦置业集团有限公司前身为上海联洋置业有限责任公司，成立于 2000 年，是具有国家一级资质的专业房地产开发企业。曾参与开发占地近 2 平方公里的大型社区——“联洋新社区”，成功塑造了“联洋”品牌形象，被评为第一批上海市房地产类著名商标，并已成功开发了“联洋花园”、“联洋年华”、“中邦风雅颂”、“中邦晶座·城市别墅”、“中邦城市”、“中邦 MOHO”、“珠海中邦商务酒店”等多个知名项目。其产品形态涵盖了公寓住宅、别墅、写字楼、商业、酒店、工业地产等各种类型，开发面积累计超过 100 万平方米，项目遍布长三角地区和珠三角地区。中邦置业集团是上海房地产开发企业 50 强，连续两年荣获 CIHAF 中国房地产品牌企业和中国房地产开发 100 强企业。2006 年和 2007 年，“中邦置业集团”连续两年荣获国内唯一的“中国房地产文化地产专业领先品牌”。

魏牛庚，男，生于 1949 年 4 月，江西恒华投资有限公司董事长，1994 年获全国优秀乡镇企业家、全国农业劳动模范；1995 年获江西省劳动模范；2003 年获全国“五一”劳动奖章；2005 年获全国劳动模范、江西省优秀农村基层干部；2006 年被评为全国“兴村富民”百佳领军人。2009 年是中国成立 60 周年的大喜之年，同时也是魏牛庚六十而耳顺的一年。六十年来，他在党和国家的阳光普照下茁壮成长，从一名普通农民成长为一名农村基层干部，甚至到今日的优秀乡镇企业家。一个人富，那不叫富；一个村富，那也不叫富。湖坊村始终没有忘记党和国家，没有忘记社会各界人士的支持和帮助。湖坊村富裕了，它没有忘记回报社会，帮助贫困乡村发家致富。在他的带领下，湖坊村采取知识扶贫的方法，出资 20 多万元为全省百个贫困村赠送全年的《人民日报》、《江西日报》、《农村百事通》；同时出资邀请全省 100 名贫困村的支书来南昌参观学习；出资 10 万元在全南县兴建希望小学；出资 18 万元帮助罗家镇霸桥村民用上了自来水和修建了道路；捐赠 10 万元资金帮助湾里冰雪灾区发展生产；捐赠 17 万余元帮助四川地震灾区重建家园；向波阳县金源村提供帮扶资金 30 万元。

魏仕度，男，汉族，河南洛阳天马石化公司董事长，河南川渝商会副会长，他被四川省政府驻武汉办事处、重庆市总商会、河南省川渝商会共同评选为在豫“优秀企业”和“优秀抗震救灾人物”称号。由魏仕度开创的洛阳天马石化有限公司，是在河南的川渝企业中实力雄厚、业绩突出的骨干企业。多年来他累计为社会公益事业及贫困弱势群体捐款近 80 余万元；所在企业安置下岗职工 20 余人，安排大学生就业 10 余人，使用农民工 300 余人；特别是 2008 年“5·12”特大地震发生后，他为灾区累计捐款达 5 万余元，并对达州市达县青宁乡岩门村捐资助学，帮助考上大学的学子完成学业。洛阳天马石化有限公司，注册资金 500 万元，核定自有资产及流动资金 5 000 万元，占地面积 17 500 平方米，公司性质为有限公司。经中石化上海沥青销售分公司授权为中石化 A 级代理商，年销国产、进口及改性沥青 6 万余吨，兼营重油、燃烧油、乳化沥青、乳化改性沥青、SBS 改性沥青、乳化剂等的生产与销售；可承担各等级道路和桥梁工程施工。年经营额 3 亿元，年上缴国家税利 300 余万元。

文荣，男，出生于 1963 年 3 月，大学学历，高级工程师，国家二级建造师。四川荣兴元房地产公司董事长兼总经理、遂宁市房协理事及遂宁市慈善总会理事。全省房地产优秀企业家，遂宁市人大代表。18 岁离开家乡西宁，进城学砖匠。先后钻研了建筑技术、现场管理和施工材料等业务，并通过考试获得了技术员和施工员职称及证书，受聘成为当时的遂宁县乡镇企业局第四建筑公司的首批技术人员。后来，又受聘于通达公司等多家企业，先后施工修建了一批办公楼和住宅。1990 年，承包修建了德胜路一幢住宅楼和市乡镇企业局凯旋路商住楼。1985 年，遂宁撤县建市，城市建设步子加快，给建筑企业和房地产业带来了新的发展契机。他先后受聘于市中区建设公司、通达公司、新川公司、科力公司，开发建设了新川公寓、天上街布鞋厂、开发区物业管理一号楼、明苑小区等住宅楼盘。2000 年，他先后创办了四川荣兴元投资有限公司、四川荣兴元房地产开发有限公司、遂宁市荣兴物业管理公司和四川荣兴元建设工程有限公。先后开发建设荣兴苑、荣兴花园、荣兴丽苑、荣兴怡景等一系列楼盘。近十年来，他领导的企业多次被评为依法纳税先进，为社会提供了 5 000

多个就业机会。2006年1月被四川省房地产协会评为2005年度优秀企业。他也先后多次被评为全省房地产行业优秀企业家、全市建筑系统先进个人和优秀经理、优秀项目经理。

吴建功，男，汉族，优秀企业家，中共党员，政协委员，同至人集团董事长，从最初的春兰空调专营商店发展到一家以房地产为主业，同时涉足多个领域的大型企业集团，公司始终坚持诚信经商，以人为本，坚持顾客满意、合作共赢的服务宗旨。在新的市场背景下，山西同至人物贸集团必将以其特有的价值观和卓越的战略规划能力在全球化大潮中取得更大的成绩。企业目标：住宅和商业地产双轮驱动，跻身最成功地产商之列。山西同至人物贸集团有限公司成立于1996年，注册资金5 370万元，集团总部现有员工200余名。公司以房地产投资开发为主业，是太原市优秀民营企业和市政府所确定的重点扶持单位。公司的前身可以追溯到成立于1989年的太原市春兰空调专营商店，该商店以销售和安装春兰空调为主营业务，是太原市空调业龙头企业之一。集团成立之后，公司先后进入航空服务、广告制作、建筑装饰、卫生洁具、光电设施、网络服务、环境保护、化工材料、中医药制造等多个产业领域。1998年，公司进行战略转型，开始涉足房地产业，先后成功投资开发了迎泽家园、金茂数码中心、保利生活广场，太原富百家购物广场，阳泉富百家购物广场、同至人购物中心等、世纪朝阳住宅小区等项目也已进入实质性建设阶段。目前，公司已跃居山西省大型房地产开发企业前列。

吴炯声，男，1943年5月20日出生，广东省五华县转水镇人，大专文化，高级经济师。1960年1月参加工作，1963年10月入伍，1964年9月加入中国共产党，在中国人民解放军陆军第42军第126师服役，历任战士、班长、排长、参谋、炮兵营长等职。1979年10月转业，先后任深圳市合资小汽车出租公司董事长、党支部书记；深圳市西湖企业发展公司党委书记、总经理；深圳市人大常委委员，现任深圳市新西湖股份有限公司党委书记、董事长兼总经理。25年来，吴炯声同志带领职工艰苦创业，把一个初创时仅有6万元开办费、13台旧车、20名员工的小企业发展成为拥有各类营运车辆1 500多辆，经济实体22个，固定资产近10个亿，年生产总值4个亿，年创利税5 000万元，员工近6 000名的国家二级企业。公司连续20年被国家建设部、交通部、广东省、深圳市评为“优质文明企业”。其本人先后获全国“五一”劳动奖章、“全国优秀军转干部”、“广东省特等劳动模范”、“全国优秀共产党员”、“全国劳动模范”、“全国优秀企业家”、“深圳市劳动模范”、“深圳市优秀企业家”、广东省“扶贫先进个人”、“深圳市首届创业企业家”、“全国高级职业经理人”等光荣称号，在深圳特区创造了一个军人企业家的人生辉煌。

吴绍福，男。四川省会理县建筑工程承包有限责任公司兼大凉山正达食品有限责任公司董事长、总经理。会理县建筑工程承包有限责任公司，是一个在三州建筑企业中唯一获得过四川省建设工程“天府杯”银奖的建筑工程专业施工企业，该公司凭借着多年积累的丰富的生产、经营和组织、管理经验，一直承担着会理县的主要建筑工程，而且还涉足云南等省区承建工程。该企业是经四川省建设厅核准的房屋建筑工程施工总承包三级企业，其前身是成立于1961年的会理县第一建筑工程承包公司。经过两代人、45年的艰苦创业和不懈努力，如今，已发展壮大成为一家在全省少数民族地区建筑行业有相当影响的一支“建筑劲旅”，多次被四川省、凉山州和会理县评为“先进企业”，并获“四川省安全生产先进企业”、“四川省安全生产标准化文明工地企业”等荣誉称号。2003年以来，该公司先后荣获“全国建筑工程质量信得过企业”、“四川省质量明星企业”、“四川省质量效益型先进企业”、“四川省质量安全管理先进单位”、“四川省工程质量信得过示范单位”、“凉山州建筑业先进企业”、“会理县优秀民营企业”等殊荣。同时，该公司还已经通过了ISO9001：2000质量管理体系认证和GB/T28001—2001职业安全健康管理体系认证，成为会理地区第一家通过“双认证”的建筑施工企业。近年来，施工完成的主要工程项目近100项，40余万平方米，获凉山州优质建筑工程一等奖2个，二等奖2个，优良工程16个，其余工程均一次验收合格。此外，他们还创建了六个月工期完成土建投资1 300万元的县煤矸石电站新建工程这一奇迹。会理县地方税务局综合大楼荣获四川省“天府杯”银奖，竣工交付使用的会理县凉山烟草大厦（框架12层，总高度49.3米），荣获“省级安全生产文明施工标准化工地”。

吴燕信，男，出生于1961年，大专文化，中共党员，高级工程师，国家一级项目经理。现任安徽湖滨建设集团董事、总经理；中国建筑业协会建筑安全专业委员会理事；安徽省建设行业安全协会副会长；安徽省建筑业协会工程质量专业委员会理事；合肥市建筑业协会常务理事。曾任安徽省肥东县湖滨建安公司第一工程处技术负责人、项目经理、工程质量管理员、工程质量处处长、副总经理、总工程师兼任工程部经理。现任安徽省湖滨建设集团总经理。安徽湖滨建设集团是由原安徽湖滨建筑安装工程有限公司牵头，集合房地产公司、建筑劳务公司、机械施工公司、建安公司等多家企业组建而成，集团主要从事建筑安装、房地产开发、机械施工、建筑劳务输出、市政工程施工及防水、装饰、筑路、土石方等工程总承包建设。拥有中高级工程师、会计师、经济师及一、二级建造师等各类经济技术管理人才800多人，项目经理200多名，其中一级项目经理30多名。集团以诚信经营为宗旨，施工足迹遍布省内外20多个地市，已连续10年获得12项优质工程“黄山杯”奖和2项国家优质工程“鲁班奖”、是“全国优秀施工企业”、“全国重合同守信用企业”、“中国资信评估‘AAA’级信用单位”、“安徽省明星企业”、“安徽省质量信得过企业”和“安徽省50强建筑企业”。

武汉玺，男，1959年11月出生，临沂市兰山区三合屯社区人，汉族，中共党员，现任临沂市石化总公司总裁，中国国际贸易促进委员会建设行业分会副会长，临沂市工商联直属机关党委副书记，市政协委员。1978—1979年：八〇九地质队任班长；1980—1981年：临沂县涑河公社电焊条厂任业务科长；1982—1984年：临沂市大岭镇综合厂任厂长；1985—1992年：临沂市西郊物资公司任经理；1993年至今，临沂市石化总公司任总裁；2005年8月任临沂市工商联直属机关党委副书记；2005年1月任临沂市政协委员。临沂市石化总公司始建于1993年8月，至今已有10余年的发展历史。目前已成为临沂大地上的一颗璀璨的明珠。近年来，临沂市石化总公司在党的改革开放政策的指引下，坚持以毛泽东思想、邓小平理论和“三个代表”重要思想为指导，在临沂市委、市政府的正确领导下，团结一致、真抓实干，采用外强内硬的工作模式，使企业规模逐步发展壮大，经济效益年年提高，在社会上产生了较高的信誉和声誉。企业年年被山东省产、临沂市评为“先进民营企业单位”，总经理武汉玺多次被省、市授予“民营企业家”称号。

X

向克坚，男，汉族，中共党员，大学文化，优秀企业家，成都市第四届人大代表。从国企的“金窝窝”飞身下海，白手创业，十七年间，他建立起一个“产业王国”。四川嘉祥实业有限公司总经理，把经营企业赢得的真金白银，毫不吝惜地投向公益性的基础教育事业。在企业发展的同时，不忘企业社会责任，秉承“投资教育，富民强国”的理念，投资创办成都七中嘉祥外国语学校。热心社会公益事业，捐资助学2 600万元，在5·12地震期间多次率队赴灾区赈灾，并捐款251.5万元。个人曾获“第四届成都十杰青年”、“成都市十佳青年乡镇企业家”“成都市民办教育先进个人”等荣誉。作为嘉祥集团开拓的新领域，四川嘉祥实业有限公司计划投入5 000万～1亿元资金，秉承“高效学习，全人发展”的理念，以培养精英人才为目标，倾力打造嘉祥（九思）培训学校，与集团公司其他业务有机整合，形成基础教育、课外辅导、国际交流三位一体的大教育平台。多年荣获成都市人民政府及武侯区人民政府“五十强企业”、“重点优势企业”，连续多年被评为“企业纳税大户”。

谢永健，男，出生于1964年，中共党员，大学文化，高级工程师、高级经济师，享受怀化市政府特殊津贴的专家、作家，湖南省企业文学艺术联合会常务理事，中共怀化市第二届党代会代表、怀化市第二届人大代表，怀化市十大杰出青年企业家、怀化市十佳企业经营者。现任东星建设工程集团有限公司董事长兼集团总裁。东星建设工程集团有限公司创立于2000年6月，通过近十年的发展与建设，现已形成注册资金8 800万元，在职员工1 200余人，其中各类专业技术人员300余人。公司设总裁办公室、财务资产部、质量管理部、工程技术部、财务部、审计部、资本营运部、工程经营部、人力资源部等部门。根据产业不同，分设湖南华中水泥有限公司、湖南东星建设材料有限公司、华中物流有限公司、怀化英泰建设投资有限公司等七家子公司。为湖南省“重合同守信用”、“名牌产品”、“著名商标”企业，湖南省“湘西大开发”重点骨干企业和“农业产业化”龙头企业，怀化市“优秀非公有制企业”。2004年被国家建设部、人事部授予“全国建设系统劳动模范”称号，被国家劳动与社会保障部授予“创业之星”的称号。2006年11月，被中共怀化市委、怀化市人民政府授予“怀化市优秀中国特色社会主义事业建设者”称号及“怀化市优秀光彩人物”称号。

徐健，男，汉族，中共党员，大专文化，人大代表，优秀企业家，万博集团由11家成员单位构成，母公司为江苏万博集团有限公司；子公司为仪征在水一方餐饮公司、万博物业公司、万博投资置业公司、万博农业生态园公司；参股公司为万博宙辉房地产公司、万博四季园商贸市场公司，其他成员为铜山建筑安装公司、金鼎建筑技术咨询公司、维尔建设监理公司、天一塑化建材公司。江苏万博集团有限公司董事长。江苏万博集团是仪征组建的首家地方性集团，以建设领域为核心业务，总注册资本1.32亿元。集团谋求关联资源的整合、品牌效应的放大、多赢平台的共建，推进产业可持续发展，力争通过五年时间的努力，累计完成30亿元的规模产值，推进各成员单位资质的全面升级，形成区域品重点的核心效应。仪征万博置业投资咨询有限公司：注册资本为50万元；成立于2003年，主要为企业市场调研、营销策划服务；为商业经营招商中介服务；为物业管理咨询服务；房地产销售代理。累计销售建筑面积达25万平方米，销售额超过5亿元。

薛乐群，男，出生于1956年，汉族，中共党员，教授级高级工程师，高级国际商务师，南京大学管理学博士，南京大学MBA和MPA兼职导师。薛乐群同志于1977年恢复高考时考入南京大学工程地质专业；1982年1月毕业留校，先后担任科长、副处长、校办副主任、副总务长兼总务处处长、行政管理处处长、基建处处长，分管校办产业、校办企业和学校后勤；1995年参加南京市局级干部公开招聘，先后担任过南京市建工局副局长、南京市市政公用局副局长；1998年担任高淳县县长；2001年担任南京市市政公用局局长和公用控股集团董事长兼总经理；2004年担任南京市城市建设投资控股集团董事长、党委书记；2006年1月通过公推公选至今担任中国江苏国际经济技术合作公司总经理（其间2007年8月—2009年1月兼任江苏省建设集团总经理），他同时为南京大学校友总会常务理事、南京师范大学董事、江苏省建筑业协会副会长、南京市建筑业协会副会长、淮安在宁企业工商联合会常务副会长，荣获“2008年度苏商投资中国杰出贡献奖”、“江苏省建筑业优秀企业家”。薛乐群积极贯彻中央“走出去”发展战略，中国江苏国际经济技术合作公司国际化程度不断提高，现在全球有40多个分子公司和办事处，在80多个国家和地区开展业务。2009年中江公司完成国际承包工程营业额5亿美元，进出口贸易6亿美元，公司营业额超过100亿元。

Y

闫少春，男，汉族，籍贯河南省，中国石化集团洛阳石油化工工程公司总经理，中国石化集团洛阳石油化工工程公司总经理、党委书记，他领导洛阳工程公司在研发项目管理模式上不断探索，开发了超低压连续重整、灵活高效催化裂化等一批达到国际先进水平的科研成果，在煤化工、煤制油、生物柴油等替代能源领域储备了一批前沿技术，做到了巩固传统领域、扩大优势领域、开拓新兴领域，建设具有炼化一体化核心竞争力的工程公司的目标。中国石化集团洛阳石油化工工程公司，是国内能源化工领域集技术专利商与工程承包商于一体的高科技企业。拥有中国综合设计甲级资质，为国家首批业务涵盖21个行业的工程咨询企业之一，拥有工程总承包、工程设计、工程监理、工程咨询和环境影响评价等甲级资格证书。洛阳石油化工工程公司成立于1956年，前身为石油工业部抚顺石油设计院、石油部洛阳炼油设计研究院，是国内第一批授权实施工程总承包的全国基本建设管理体制改革试点单位之一。1992年中国勘察设计单位综合实力百强排名第15位；1998年排名第4位；2008年在ENR/建筑时报“中国承包商和工程设计企业双60强”中名列最具成长性工程设计企业第5名和总承包营业收入第3名。

晏平，男，出生于1960年5月，汉族，中共党员，硕士研究生学历，高级工程师。现任广西玉柴机器集团有限公司董事局主席。他是大连市劳动模范、沈阳铁路局多种经营先进个人。他领军的广西玉柴机器集团（简称“玉柴集团”）现拥有33家全资、控股、参股子公司，员工16 000人，总资产116亿元。是全球最大的独立柴油发动机生产基地、中国最大的中小型工程机械生产出口基地，被誉为“中国绿色动力之都”。经过五十多年的经营发展和积淀，先后获得“全国用户满意产品”、“中国名牌产品”、“全国用户满意企业”、“中国十大诚信企业”、“全国质量奖”、“全国文明单位”、“中国驰名商标”、“中国动力第一品牌”等国家级荣誉。集团核心业务包括柴油发动机、工程机械、汽车零部件、汽车化工、物流机电和专用汽车等六大板块；同时，在宾馆旅游、房产开发、物业管理等领域也卓有建树。多年来，荣登中国企业500强、中国品牌500强、中国机械500强、中国汽车零部件百强企业排行榜前列。玉柴积聚了一大批专家人才，建立了一支高水平的研发团队。2007年成立行业首家企业工程研究院。

杨广俊，男，中共党员，高级工程师，2001年1月至今任秦皇岛海三建设工程发展股份有限公司董事长兼总经理。曾荣获“全国优秀企业厂长（经理、董事长）”、“全国优秀集体建筑企业家”、“新时期集体建筑企业家”、“全国乡镇企业家”、“省优秀建筑企业经理”、“省劳动模范”、“省优秀民营企业家”等称号。秦皇岛海三建设工程发展股份有限公司是国家房屋建筑施工总承包资质一级企业，公司下属三个施工分公司，房地产开发公司，建材加工公司，建材经销公司，一级建筑材料试验室等单位。公司注册资金6 000万元人民币。1997年通过ISO9000国际质量体系认证。曾荣获国家建筑行业最高奖——鲁班奖，获省安济杯奖等56项。2004年营业收入51 158万元，实缴税金1 510万元。公司曾荣获农业部乡企协会“中国建筑行业最大规模乡镇企业100家”第36名，被河北省政府评为“2002—2003年度河北省百强民营企业”，被省建委评为“河北省建筑业规模效益十强企业”，被省政府、省工商局、省建设厅评为“重合同守信用企业”。

杨铿，男，出生于1962年，四川成都人。现任四川蓝光实业集团董事长、总裁。他早年以生产汽车配件起步，20世纪90年代后期在成都开发大型电子电器市场。他领导的四川蓝光实业集团有限公司成立于1990年，十几年励精图治、开拓进取，员工总人数3 500余人。现有下属控股、关联企业十余家，荣获“中国品牌地产30强”、“全国百强优秀企业”、“四川省23家重点民营企业”、“四川房地产企业综合实力首强”、“成都地产领军企业”等多项荣誉。获得了一级开发商、一级管理商资质和国家商务部的AAA+1企业诚信等级。如今，蓝光集团已发展成为以房地产开发为核心，以住宅开发和服务为主导，商业地产开发为辅助，以绿色饮品开发为重要组成部分，立足西南布局全国的产业集团。蓝光集团还以高度的社会责任感积极投身社会公益慈善事业，累计捐款捐物超过7 000万元。并成立“蓝光助学基金”、牵手“乡村教师”、关注“留守儿童”。他被评为“四川省优秀民营企业家”、“中国年度管理100人”。

杨孙西，男，1939年生于福建石狮。从1995年起，带领香江国际集团进军北京地产业，并已推出北京国际友谊花园、数码中心、北京财富中心等充满活力的大型开发项目，形成了香江地产高水平的风格。现任全国政协常委、中国绿化基金会副主席，并兼任香港贸易发展局理事。他是红顶商人，他是香港知名的太平绅士，他是“紫荆勋章”的得主，他是香江国际集团的创始人。杨孙西用自己的行动践行着优秀企业家的社会责任。杨孙西创立的香江国际集团，业务涉及集地产、玩具生产、资讯科技、零售、服装和旅游等领域。近年来，香江国际先后在北京、重庆、胶州湾等地建设了“财富中心”系列商务建筑综合体，“财富中心”已然成为拉动区域经济增长的知名地产品牌。

杨晓东，男，汉族，民建会员，重庆市江北区人，研究生，土建工程师。重庆市鼎祥实业发展有限公司总经理，鼎祥公司以过去勤劳进取的精神为基础，用心体验企业命运与地区、国家命运共融性、共生性，在工作中不断实践“国家利益、集体利益、个人利益”的相互转化，诠释着公司的经营理念和文化内涵。现任重庆市鼎祥实业发展有限公司总经理兼法定代表人、民建江北区第四届委员、江北区工商联副会长。重庆市鼎祥实业发展有限公司于2000年8月成立，主要从事房地产开发，开发资质二级，注册资金2 300万元人民币。2003年获得了重庆市优秀户型评选“居家舒适奖”，于2005年荣获了重庆市建委授予的首批“重庆市A级住宅”的殊荣，得到了业内及业主的好评。

杨英能，男，1972年8月22日生。中共党员，1993年7月毕业于四川师范学院（现西华师范大学）数学系，现中国社科院在读研究生。现任四川中盈实业（集团）有限公司董事长、法人代表。共青团中央中华儿女报刊社副理事长，中华儿女商界英杰、四川省社会组织促进会副会长、四川“5·12汶川地震”灾后重建专家组成员、“四川汶川地震灾区重建基金会”常务副理事长、四川省房地产业协会副会长、四川5·12汶川地震灾后重建促进会副会长、西华大学区域经济研究所副所长。四川中盈实业（集团）有限公司旗下有：四川中盈实业有限公司、北川羌绣园文化旅游开发有限公司、青川县兴川生态农业发展有限公司、四川中策房地产营销顾问有限公司、四川中科盈文化旅游开发有限公司、四川中盈生态农业开发有限公司、四川中策成阿投资管理有限公司。

杨志豪，男，就职于上海城建集团，是其科技精英人物。主要从事地下结构的设计、地下工程的咨询及大型越江道路隧道的科研设计工作。主持或参与了多项课题的研究工作，取得了一定的成绩，荣获了“上海市科技进步三等奖”、“上海市优秀工程设计一等奖”。目前正在从事上海长江隧道结构整环试验的研究及技术攻关工作。他所在的上海城建（集团）公司是一家以工程投资建设、设计施工和管理为一体的大型企业集团。在中国承包商60强中列16位，在中国500强市政企业中列第一位。具有市政公用工程施工总承包特级资质、公路工程、房屋建筑等施工总承包一级资质和房地产开发一级资质，所属子公司中有1家特级、7家一级施工总承包企业和3家甲级设计单位。集团公司及所辖成员单位均是上海城市建设的主力军。近10年来，承建或参建的上海市重大工程达200多项，其中包括上海市高架道路、地铁和轨道交通工程，污水治理工程，越江隧道工程，高速公路工程，机场工程，浦江大桥、东海大桥、上海长江隧桥工程，外滩和人民广场综合改造工程等。集团共获得鲁班奖7项，詹天佑大奖5项，中国市政工程金杯奖28项，上海市政工程金奖120项；还获得全国“五一”劳动奖状、全国优秀施工企业、全国用户满意施工企业、全国建筑业新技术应用先进企业、上海房地产18年功勋企业、2005年度中国建设系统最具影响力品牌等荣誉称号。

于文，女，1964年8月，学历大专。1990年12月至1992年6月青岛开发区进出口公司，1992年7月至1996年1月青岛远东房地产公司，1996年2月至1999年8月青岛新华园置业有限公司，1999年9月至今就职青岛嘉合置业有限公司。青岛嘉合置业有限公司是以房地产开发经营为主的现代化企业，成立于1996年，下设世纪嘉合投资顾问有限公司、房地产开发、销售策划、中介服务及物业管理等多家公司。公司自成立以来，经过十年多的滚动发展，积累了丰富的工作经验、先进的经营管理模式，以及雄厚的资金实力。公司多次获得青岛市、区级人民政府颁发的“税源经济建设突出贡献单位”、“纳税先进私营企业”、“青岛市百强私营企业”、“先进私营企业”等称号。2001年，公司旗下的开发、营销、物业三公司顺利通过世界著名认证机构挪威船级社ISO9000认证，标志着公司已跻身全国优秀房地产行业之列。

余宝琳，男，1962年10月生人，中共党员，大学文化程度，国家一级建造师，高级工程师。现任新七建设集团有限公司董事长兼总经理，新洲区第三次党代会党代表，新洲区第一届、第二届人大代表，武汉市第十二届人大代表。1980年1月至1984年3月任辛冲建筑队副总经理，1984年4月至1994年12月任新洲县马河二建经理，1995年1月至2001年12月任新洲区第七住宅建安公司董事长兼总经理，2001年1月至现在任新七建设集团有限公司董事长兼总经理。2007年承接工程量达到229 848万元，利润达到8 180万元，完成国家税收2 300万元；2008年1—10月已完成国家税收3 800万元。公司连年被湖北省、武汉市建筑业协会评为“湖北省建筑业先进企业”、“武汉地区建筑业先进企业”、“武汉地区建筑业AAA信誉企业”，被国家、省、市工商部门评为“重合同、守信用企业”。2004年被中国企业联合会、中国企业家协会评为“中国优秀企业”，被武汉市委、市政府授予“武汉市十强建筑企业”称号，连年被新洲区委授予“先进基层党组织”光荣称号。2006年荣列湖北省建筑企业综合实力20强第4位，2007年第3位；2007年荣列武汉市企业100强第43名，荣获“中国最具责任感企业”、“全国工程建设优秀施工企业”；2008年荣列武汉市企业100强第42名，全国建筑100强企业。近十年来获省市级奖项120多项，公司为社会福利事业捐资2 600多万元，个人捐资近200万元。余宝琳同志1999年被市委、市政府授予“优秀董事长”称号；2000年被评为“武汉市第十一届劳动模范”，并被选为“武汉市乡镇企业协会副会长”；2002年被评为“武汉市十佳杰出青年”；2004年被市委组织部评为“双比双争”优秀共产党员；2007年荣获“全国工程建设优秀企业家”、“武汉地区建筑企业优秀企业家”、“感动荆楚十大新闻人物”称号；2008年被评为“武汉市十大杰出创业功勋”。

余海江，男，汉族，安徽人，中共党员，1950年1月出生。省政协委员，江苏东恒国际集团有限公司是经江苏省人民政府批准，于1999年组建的大型国有独资企业，是江苏省第一家专业从事国际服务贸易的省级重点企业集团，也是全国成立较早、影响较大的国际服务贸易企业之一。目前，年服务贸易直接营业额近30亿元，年间接服务贸易总额超过100亿元。集团组建以来，以带动和促进江苏国际服务贸易发展为己任，坚持服务为本、立足江苏、辐射全国、面向全球，形成了以国际服务贸易为主业，国际会展、商务外包服务、房地产业、商品贸易四大板块同步驱动，协调发展的经营格局，经营区域已发展到40多个国家和地区。其中大型国际会展、商贸活动和大型综合性文化体育活动的策划组织运作服务能力和水平居全省领先、全国前列。集团连续六年被授予“AAA”咨询服务信誉企业称号，每年组织承办招商团队赴国外访问50多组，同时在国内外组织各类研讨会、交流会、洽谈会100多场。

Z

曾海明，男，四川长富集团有限责任公司总裁。他所领导的企业是一家以房地产开发、餐饮为龙头，集商贸、文化传播、物业管理、装饰、园艺等为一体的多种产业、拥有11个全资子公司，总资产近6亿元的大型民营企业集团公司。自1992年创建以来，始终坚持“以人为本、诚信友善、求实创新、一经承诺、终生朋友”的企业文化理念，本着“取之于民、用之于民、回报社会、反哺社会”的经营宗旨，以“不懈进取、永争第一”为企业精神，积极同政府一道致力于成都市区旧城改造工作。先后成功地开发了：红花堰小区、小南街公寓、文殊院公寓、翠风苑小区、长富花园、长富新城等高品质住宅小区。其工程优良率达到100%，历年累计开发量超过60万平方米，长富房产也因此被评为“四川省房地产20强”。

曾庆香，女，四川成都千和物业发展有限公司董事长。她所在的成都天和物业管理有限公司是一家以开发中、高档楼盘为主业的股份制房地产企业，成立于1998年3月，具有国家房地产二级开发资质，资信等级为AAA。现有员工51人，大专以上文化程度的员工占90%，其中高级职称9人，中级职称17人。自成立以来，狠抓企业内部管理，在项目规划、工程技术、成本控制、营销管理方面建立了一整套有效的制度，并始终把员工队伍建设放在基础管理的突出位置，公开、平等、竞争的用人机制培养出一支高素质、经验丰富的复合型员工队伍，企业综合开发能力不断提高。多年来，先后成功开发了锦江公寓、千和苑、家和楼、千和·银杏花苑、千和·沁香华庭、千和·茗居、快乐空间、千和意境、千和馨城等楼盘，工程质量优良率达100%，连续多年被成都房地产协会、成都市精品住宅发展促进中心评为“诚信企业”，得到主管部门肯定的同时，也为广大客户所认同，赢得了广阔的市场。

张百启，男，汉族，安徽精享裕房地产开发有限公司董事长、江苏精享裕建工有限公司董事长。“全国工程建筑优秀项目经理”，百启冬华教育基金会主席，公司先后获得无锡市“劳动保障诚信单位”、江苏省“重合同守信用企业”等荣誉称号。江苏精享裕建工有限公司成立于1984年，是一家集地基与基础、钢结构、装饰装修、机电设备安装、消防设施及市政公用工程为一体的综合性建筑企业。2009年元月，公司升级为房屋建筑工程施工总承包一级资质。公司下设镇江、安徽宣城、扬州三个分公司，另有钢结构、机电设备安装等多个全资子公司。公司注册资本5 200万元，多年来，公司在江苏、安徽等地承建了大量的工业与民用建筑工程项目，建成了一大批优质精品工程。无锡500 kV梅里变和南京500 kV龙潭变连续两年分别获得全国建筑工程最高奖“鲁班奖”，获得“扬子杯”、“太湖杯”、“国家电网优质工程”、“省、市级文明工地”等各类奖项50余项。

张国标，浙江富阳人，上海富春建业集团有限公司董事长。上海市浦东新区人大代表，国家水泥制品工业协会常务副会长，国家混凝土协会副会长，上海市浙江商会常务副会长，上海市市政工程协会副会长，上海市浦东新区三林镇商会常务副会长等职务。他于1997年来沪投资创办上海富春建业（集团）有限公司。创办之初，他便以高起点、建立科技型、环保型、标准化的新型工程材料研发和制造基地为立足点，目前已形成新型绿色环保型工程材料为主的产业布局，集群化基地初见雏形，已发展成一家集科、工、贸于一体的集约化企业实体。下属企业有富盛浙工建材有限公司、富江新型建筑材料有限公司、富春运输有限公司、上海嘉富混凝土有限公司（沪港合资）、富春汇金纳米有限公司等九家企业。自2001年起，连续被评为上海三林龙虎榜优秀企业；是上海市A类纳税信用单位；被评为2002—2004年度上海市浦东新区三林龙虎榜优秀企业奖；2004—2005年度被评为受合同重信用企业；2005年度荣获浦东新区三林建设发展成就奖、浙江省回乡投资模范浙商等荣誉称号；2006年度获上海市高新科技成果转化项目证书。2006年10月，正式更名为富春控股集团。

张纪伍，男，国家环保总局南京环境科学研究所副研究员。主要咨询业绩有：①环境影响评价：苏州高新技术产品出口基地环境影响及规划报告书、西气东输管道工程项目（全线）环境影响评价报告书、京阳水泥有限公司扩建二期工程项目环境影响报告书、江苏梅兰化工集团50 000 t/a离子膜烧碱项目环境影响报告书、丹阳市联大化工有限公司10 000 t/a偏苯三酸酐技改项目环境影响报告书、中国一汽无锡柴油机厂CA6DL柴油机技改项目环境影响报告书。②环境管理体系咨询、认证：南通大东毛巾厂EMS咨询、泰兴市环境监测站EMS审核认证。他所在的环保总局南京环境科学研究所是环境保护部的直属科研院所，以农村生态环境保护、自然生态和生物多样性保护为科学研究方向。开展区域生态环境保护、自然保护、农村环境污染防治和农用化学品污染防治等方面的研究，承担国家科技攻关项目和部省级重点科研项目，开展有机食品认证、ISO14000认证、环境工程、能源工程、环境影响评价与生态规划以及环境咨询等方面的工作，并在相关领域与国际组织、外国科研机构和基金会开展广泛的合作。主要工作业绩：1978年建所以来共完成大、中型项目800余项，获国家、部省级奖40项，出版专著40余部，发表论文700余篇。编辑出版的《生态与农村环境学报》被列为全国中文核心期刊。

张静静，女，出生于1974年6月。毕业于澳大利亚悉尼大学获本科学历，荷兰MSM、PCEC奥杰学院研究生毕业获硕士学位，上海交通大学安泰管理学院EMBA在读。上海兴盛实业发展（集团）有限公司总裁，上海新梅置业股份有限公司董事长。全国青年联合会委员，上海市青年联合会常委。曾经被评为2003年度“永达杯上海十大青年经济人物”，2004年度“影响中国房地产100位企业家”。她领导的上海兴盛实业发展（集团）有限公司成立于1995年8月，是一家集实业投资、房地产开发、生态农业、酒店业、物业管理、建材经营、装潢等多种经营于一体的综合性民营企业集团。2003年7月，上海兴盛实业发展（集团）有限公司以协议受让股权方式成为公司控股股东。在新一届董事会带领下，公司实施完成了重大资产重组，并于2004年1月8日正式更名为“上海新梅置业股份有限公司”，主营业务也由港口机械制造成功转型为房地产开发与销售。自重组以来，立足上海实施以住宅地产开发为主的房产经营战略，累计开发面积近50万平方米，已开发了新梅共和城、新梅太古城和新梅绿岛苑、新梅淞南苑等大中型项目。历经数年精心打造，“新梅”品牌被授予上海市著名商标。

张林森，男，汉族，生于1952年12月11日，定边县贺圈镇人，1971年加入中国共产党，1980年2月参加工作，大专文化程度、经济师。现任延长油矿管理局定边石油钻采公司总经理。1966年5月回乡劳动；1968年9月任贺圈公社土桥大队革发会副主任；1969年3月任贺圈公社贫下中农毛泽东思想宣传队队长；1970年4月至1979年12月任贺圈公社土桥大队革委会主任、支书；1980年1月至1982年12月任贺圈乡林业员、多种经营专干；1983年1月至1988年4月任定边县贺圈乡农林牧场书记、场长；1988年5月至1989年9月任定边县生产资料公司经营部经理；1989年10月至1990年12月任定边县石油公司待业门市部经理；1991年1月至1993年任定边县石化总公司石化公司经理；1994年9月至1998年5月任定边县石化局副局长、石化总公司副总经理，并于1993—1998年5月起兼任定边石化总公司钻采公司总经理；1998年6月至今，任定边石油钻采公司总经理。长期在基层工作。定边石油钻采公司成立时，他被任命为总经理至今。企业先后被评为中国优秀企业、陕西省优秀企业和市级经济效益明星企业以及企业管理先进单位等。他被授予中国优秀企业家、陕西省劳动模范和榆林市优秀企业家、榆林市十大杰出人才、有突出贡献拔尖人才等荣誉称号。

张庆庚，男，汉族，生于山西省太原市。中国共产党党员，高级工程师，毕业于山西大学。曾在核工业第七设计院任职。赛鼎工程有限公司董事长。赛鼎工程有限公司创建于1958年，是中国化学工程集团公司的成员单位，是以工程设计与工程总承包为主业的大型综合性工程公司。该公司具有国家级工程设计、工程总承包、工程咨询、工程监理、环境污染防治专项工程甲级资质；具有国家级压力管道设计和建设项目（工程）劳动安全卫生预评价资格证书；具有国家技术质量监督局颁发的一、二、三类压力容器设计证书等二十余项资格证书。其中，国家级设计大师1名，享受政府特贴的专家20余名，教授级高级工程师40余名，高级工程师250余名，工程师及助理工程师300余名。该公司人才荟萃，技术实力雄厚，专业技术人员具有丰富的工程设计经验，具有承担建设项目工程总承包任务的综合实力。“全国煤化工设计技术中心”和“全国煤化工科技情报中心站”均设在该公司。该公司在有机化工、石油化工、煤化工、无机化工、精细化工、医药、农药、工业与民用建筑、环境保护、地质勘察等领域具有专业特长及技术优势。拥有50余项专有技术及实用新型专利技术，在技术创新方面取得了巨大成果。

张桑铭，男，出生于1949年12月，浙江绍兴人。1984年加入中国共产党。1997年7月浙江大学（原杭州大学）法学系毕业，获浙江大学法学研究生学历，并于2002年获工商管理硕士学位。具有高级工程师、高级经济师专业技术职称。从1980年创办绍兴咸亨酿酒厂（绍兴县咸亨酒业有限公司前身），到2002年成立浙江咸亨高科有限公司，期间又成立金宝利纺织有限公司、金宝利纺织印染有限公司以及绍兴兰亭置业有限公司等企业，逐步完成企业集团化经营模式。现任浙江咸亨高科有限公司董事长、党总支书记，绍兴兰亭置业有限公司董事长等职务。在企业创办经营的同时，张桑铭更不忘对社会的回报。他兼任中国法学会行政法研究会理事、国家黄酒评委、绍兴文理学院兼职教授、中国酿酒协会常务理事、浙江省副食品商业协会副会长、绍兴市食品工业协会副秘书长、绍兴县工商联合会（总商会）副会长、绍兴县人民法院人民陪审员等职务，实实在在做好每一项社会赋予的职责。先后荣获“中国优秀企业家”、“2006年度中国糖酒业十大人物”、“全国食品工业协会优秀企业家”、“浙江省食品工业明星厂长”、“绍兴县首届劳动模范”、“2006年绍兴市十大品牌风云人物”等。同时历任绍兴市第五届、第六届人大代表，连续七届任绍兴县人大代表。

张松洲，男，出生于1958年，禹州市人。北京九洲鸿运实业集团有限公司董事长兼总经理，他所在的北京九洲鸿运实业集团有限公司，成立于2000年元月，目前企业已发展成为集房地产开发、物业管理、旅游度假、建筑、科贸等行业于一体的多元化经营格局的集团公司，下属12家子公司。公司连续多年居当地纳税大户企业的地位，成为房山区明星企业及北京市非公有制骨干企业之一。公司连续多年被北京市农业银行授信力AAA级企业，被北京工商局评定为重合同守信用单位，2004年，被评为“中国民营企业500强”之列，同年还被首都精神文明建设委员会评为“首都文明单位”。张松洲个人也由于为北京市经济发展和首都“两个文明”建设做出了不懈的努力和应有的贡献，而相继被评为北京市及全国优秀企业家，连续多年当选为北京市房山区人大代表、北京市工商联合会常委、首都私营经济协会房山区副会长，北京市房山区工商业联合会副会长等。还被河南省委、省政府授予“在京豫籍十大杰出企业家”的称号。

张运新，男，出生于1961年，原籍山东苍山，汉族，中共党员，一级项目经理，高级工程师。中国建筑工程总公司山东分公司市场部经理。1983年，毕业于基建工程学校工民建专业；1983—2003年，任中建八局一公司技术员、项目经理、工程部经理、分公司经理；2003年加入中国建筑工程总公司山东分公司。任职期间，负责的山东新闻大厦荣获2002年国优银奖。他所在的中国建筑工程总公司是中国最大的联合建筑企业。中国建筑工程总公司山东分公司于2002年10月正式在济南市设立机构运行，在山东区域内全权代表中建总公司开展施工承建业务。中国建筑工程总公司从1994年起连续被评为中国500家最大服务企业国际经济合作类第一名。自1982年公司组建到2005年8月，共承接合约额8.6千亿元人民币（以下同），完成营业额7千亿元，其中境外约占30%。2005年公司的资产总额已超过千亿元，是当之无愧的中国建筑业翘楚。在“神舟”号载人航天实验飞船工程中，其“火箭垂直总装测试厂房综合施工技术”获得国家科技进步一等奖；共获得国家级科技进步及发明奖30多项，各类省部级科技进步奖近500项，获得中国建筑业最高奖——鲁班奖80余项。

赵鸿富，现任淄博金城实业股份有限公司董事长、总经理。任职以来，他带领公司一班人团结实干，开拓创新，使公司逐步发展成为集医药化工、建筑施工、房地产开发、钢结构制作与安装、木制品生产于一体的综合性民营企业。年销售收入近十五亿元。创出了一系列“泰山杯”、“双十佳”等优秀工程。1992年，在他的正确决策和领导下，把山区建筑队整体搬迁到淄川城区，成为公司发展史上的重要里程碑，并把企业改组为股份制企业，实行权责分明、管理科学、激励和约束相结合的内部管理机制，使企业运作不断趋于规范化、科学化。企业年均经济增长速度60%以上，呈现出强劲发展势头。先后获得了全国重合同守信用企业、国家火炬计划重点高新技术企业、全国优秀施工企业、全国钢结构施工百强企业、全国住宅装饰装修优秀企业、山东省高新技术企业、山东省诚信守法企业、淄博市明星企业等众多荣誉，是带动地方经济社会发展的骨干企业。他本人多次被授予省、市优秀经理（厂长）、先进工作者、优秀共产党员、淄博市劳动模范、淄博市民营企业优秀厂长（经理）、专业技术拔尖人才等荣誉称号。

郑桂泉，男，出生于1952年，毕业于空军第八航校。深圳庆鹏石油化工（香港）有限公司董事长、成都心怡投资实业有限公司董事长。1973—1976年任空军某部大队长。1976—1986年任潮阳市二轻局供销科长。1986—1994年任深圳大学企业办主任等职。1994—2000年任深圳市泰安石油化工股份有限公司董事长、深圳市庆鹏石油化工经销有限公司总经理。2000年至今，任深圳庆鹏石油化工（香港）有限公司董事长。2001年至今，任成都心怡投资实业有限公司董事长。全面涉足成都的主流房地产行业。在他的带领下开发的“心怡·左岸花都”楼盘于2003年面市，并进入成都“十大品牌”，获得了建设部、省、市的奖项近20个。

郑继坤，广东华盛投资集团有限公司董事长。广东省十一届人大代表，广东省青联会第八届委员，中国青企协会常务理事。他领导的企业是一家集投资、工程建设、物业管理、文化策划等行业为一体的大型综合性集团公司。属下子公司有广东华盛建设有限公司、中山市辰洋房地产开发有限公司、广东时进文化发展有限公司和广州市时强建材有限公司。先后开发承建了多项市政工程和大型民建项目，工程项目质量合格率100%，获得了“五羊杯”、广州市样板、广东省样板工程等多项殊荣。2000—2007年，连续八年被评为“重合同守信用企业单位”、“广东省优质工程企业”“建设行业诚信单位”；2006年、2007年连续两年被评为“AAA级资信等级客户”、“广东省民营建筑企业30强”等众多荣誉。

周成辉，男，汉族，学士，英国皇家注册建造师，天津万科房地产有限公司总经理。1993年毕业于浙江大学土木工程专业，相继供职于中国建筑一局、香港先进设计顾问工程公司、中国海外集团。2001年加入万科集团；2003年1月调任天津万科公司，全面负责万科集团在津业务。几年来，他带领天津万科公司积极开拓天津房地产市场，经营业绩连续攀升，2004年实现销售收入7.43亿元。他领导开发的水晶城和东丽湖项目，在规划设计、营销推广等方面都成了天津房地产市场的代表作，提升了天津房地产行业的整体水平。在取得良好的经营业绩的同时，他时刻不忘作为企业公民的社会责任，水晶城项目对天津的历史文脉进行了充分的保留和延续；东丽湖项目大量运用了雨水收集、人工湿地等生态环保技术，为天津建设生态宜居城市作出了贡献。由于他的出色业绩，曾获很多奖励和表彰，其中有天津市河西区2004年度十大经济人物、天津市房地产2004年度杰出企业家等称号。

周海兵，男，出生于1971年2月，湖南岳阳人，高级工程师，一级建造师，全国优秀项目经理。湖南建工集团有限公司副董事长、党委副书记、总经理。1994年9月加入中国共产党，1995年3月参加工作。1988年9月至1992年7月，就读湖南大学土木系工民建专业；1992年9月至1994年12月，就读湖南大学研究生部结构工程专业。1995年3月毕业在湖南省建筑工程集团总公司工作；1997年4月，任湖南省建筑工程房地产开发公司经理助理；1997年11月至2000年4月，任湖南省建筑工程房地产开发公司副经理；2000年4月至2003年4月，任湖南省建筑工程房地产开发公司总经理；2003年4月至2004年5月，先后任湖南省建筑工程房地产开发公司总经理、湖南建工集团工程总部董事长、总经理；2004年5月至2007年2月，任湖南省建筑工程集团总公司副总经理；2007年3月至今，任湖南建工集团有限公司副董事长、党委副书记、总经理。他是湖南省优秀项目经理，具有较高技术理论水平和丰富实践经验，在工程项目的管理方面形成了一套独特、严谨、有效的管理方法，项目管理成绩显著。任项目经理期间的湖南筑工程集团总公司综合楼工程（19层、19 000平方米、框剪结构）荣获2000年度“芙蓉奖”；湖南华凌大厦综合楼工程（现更名“五华大酒店”27层、39 000平方米、框剪结构）荣获“芙蓉奖”。2000年9月至2002年4月，在湖南华天大酒店贵宾楼工程（30层、48 600平方米、劲性砼框剪结构）任指挥长。该工程荣获国家最高质量奖——“鲁班奖”。2000年以来，曾独著或与他人合著发表多编论文，其中有：2000年12月，发表《中高层混凝土小型砌块房屋弹塑性地震反应分析》论文。该论文收于《全国砌体结构学术会议论文集》；2003年8月，发表《外倾式劲性钢筋混凝土超高层施工技术》。

朱培坤，男，中山大学中文系博士研究生。广州市恒生集团董事长，广东省和广州市私营企业协会副会长、广东省商业联合会副会长、中国青年企业家协会副会长、广东青年企业家协会副会长、全国青联委员、广州市青联副主席。广州市恒生集团是一家以房地产、现代物流和教育三大板块为主业的多元化企业集团。成立于1994年，经过数年的发展，现成为一个资产近19亿元、净资产15亿元、拥有员工800多人、管理完善、产业结构合理、资本运营正常的企业集团。在广州成功开发及投资经营了“天一新村”等21个楼盘，年开发房产建筑面积10万平方米，年产值（销售额）达5亿多元。恒生集团全资或控股企业有：广州市番禺南英房地产开发有限公司、广州市汉国恒生房地产开发有限公司、广州汉国福强房地产开发有限公司、广州亿豪房地产开发有限公司、广州市天一房地产开发有限公司等十几家下属企业。连续几年被评为“纳税大户”；被团中央、国家工商局授予“青年文明号”殊荣；被授予“广东省先进私营企业”、“广州市先进私营企业”、“广州市光彩之星”、广州市“重合同，守信用”单位。

表　彰　篇

2010年中国建筑工程鲁班奖获奖名单

“鲁班奖”全称为“建筑工程鲁班奖”，1987年由中国建筑业联合会设立，1993年移交中国建筑业协会。主要目的是鼓励建筑施工企业加强管理，搞好工程质量，争创一流工程，推动我国工程质量水平普遍提高。目前，这项标志着中国建筑业工程质量的最高荣誉，由住房和城乡建设部、中国建筑业协会颁发。

序号	工程名称	承建单位	参建单位
1	解放军第三〇七医院新建医疗综合楼	中铁建工集团有限公司	宁波建工集团有限公司北京分公司 北京天龙装饰公司
2	北京电视中心	北京建工博海建设有限公司 北京城建建设工程有限公司	北京远达国际工程管理有限公司 北京远达国际工程管理有限公司 北京市机械施工有限公司 北京市设备安装工程有限公司 沈阳远大铝业工程有限公司 北京市建筑工程装饰有限公司 北京市建筑工程装饰有限公司 北京菲尼有限公司 深圳市三鑫幕墙工程有限公司 深圳市三鑫幕墙工程有限公司 江苏沪宁钢机股份有限公司

续表

序号	工程名称	承建单位	参建单位
3	中石化科研及办公用房	北京建工集团有限责任公司	中山盛兴股份有限公司 中咨工程建设监理公司 北京市建筑工程装饰有限公司 北京建工一建工程建设有限公司 上海新丽装饰工程有限公司 苏州金螳螂建筑装饰股份有限公司 北京汇铸建筑安装工程有限公司 石化盈科信息技术有限责任公司 北京市机械施工有限公司 江苏沪宁钢机股份有限公司
4	林萃公寓	江苏江都建设工程有限公司	北京时创工程项目管理有限责任公司
5	小红门污水处理厂工程	北京市市政四建设工程有限责任公司	北京致远工程建设监理有限责任公司
6	北京地铁五号线	北京市政建设集团有限责任公司 中铁隧道集团有限公司 北京城建集团有限责任公司 中铁十六局集团有限公司	中咨工程建设监理公司 中铁十四局集团有限公司 中铁一局集团有限公司 铁科院（北京）工程咨询有限公司 北京地铁监理公司 中铁电气化局集团第一工程有限公司 中国铁路通信信号上海工程有限公司 北京华城建设监理有限责任公司 北京方达工程管理有限公司 北京建工集团有限责任公司 中铁二局股份有限公司 北京致远工程建设监理有限责任公司 中铁三局集团有限公司 中铁四局集团有限公司 中铁十七局集团有限公司 中铁十八局集团有限公司
7	数字北京大厦	中建三局建设工程股份有限公司	中建三局第一建设工程有限责任公司 北京鸿厦基建工程监理有限公司 中建三局装饰有限公司 中建三局东方装饰设计工程有限公司 中建钢构有限公司
8	对外经济贸易大学图书信息中心	江苏省建工集团有限公司	南通市通东建筑发展有限公司 北京建工京精大房工程建设监理公司 江苏省国立建设发展有限公司 江苏省建工集团钢结构工程有限公司 江苏省建工集团装饰工程有限公司
9	空客A320系列飞机中国总装线项目总装厂房	天津市建工工程总承包有限公司	天津国际工程建设监理公司 天津市机电设备安装公司 天津美图装饰设计工程有限公司 中咨工程建设监理公司 霍高文建筑系统（广州）有限公司、新荣国际商贸有限责任公司、上海华艺幕墙系统工程有限公司联合体

续表

序号	工程名称	承建单位	参建单位
10	天津市大港区津滨大厦	天津三建建筑工程有限公司	北京江河幕墙股份有限公司 天津市成套设备工程监理有限公司 天津宇达建筑工程有限公司 天津华惠安信装饰工程有限公司 天津中发机电工程有限公司
11	天津市土地交易市场	天津住宅建设发展集团有限公司	天津正方建设工程监理有限公司 天津华惠安信装饰工程有限公司 天津市地质基础工程公司 天津峰成建筑装饰工程有限公司 泰豪科技股份有限公司
12	河北建设服务中心	河北建工集团有限责任公司	河北省安装工程公司 河北工程建设监理有限公司 石家庄常宏建筑装饰工程有限公司
13	鄂尔多斯市中心医院病房楼	内蒙古兴泰建筑有限责任公司	内蒙古万和工程建设监理有限责任公司 深圳市建筑装饰（集团）有限公司
14	内蒙古博物院（馆）	江苏省苏中建设集团股份有限公司	内蒙古广誉建设监理有限责任公司
15	呼和浩特白塔机场扩建工程航站楼工程	河北建设集团有限公司	珠海市晶艺玻璃工程有限公司 内蒙古益泰工程建设监理有限责任公司 北京中航空港建设工程有限公司 泛华工程有限公司
16	大连明珠 8＃、9＃楼及地下室工程	大连阿尔滨集团有限公司	大连红太装饰工程公司 大连正信建设工程管理有限公司 珠海市建筑工程有限公司
17	沈阳海关业务设施楼	中建三局第二建设工程有限责任公司	沈阳市建筑研究院工程师事务所 苏州金螳螂建筑装饰股份有限公司 北京江河幕墙股份有限公司 中国建筑装饰工程有限公司
18	哈尔滨工程大学图书馆	黑龙江省第一建筑工程公司	哈尔滨工大建设监理有限公司
19	大庆石化分公司 120 万吨/年延迟焦化装置技术改造项目	大庆石化建设公司	大庆石化工程有限公司
20	地质科研综合楼	哈尔滨市第一建筑工程公司	哈尔滨亿汇建设项目管理有限公司
21	东银中心	上海市第二建筑有限公司	上海市建设工程监理有限公司 浙江诸安建设集团有限公司 沈阳远大铝业工程有限公司 上海健尔斯装饰工程有限公司
22	仁恒河滨城二期 A 标	龙信建设集团有限公司	上海浦东新区建设监理有限公司
23	上海同步辐射光源工程	上海市第七建筑有限公司	上海市安装工程有限公司 上海建科建设监理咨询有限公司 上海市机械施工有限公司 上海华艺幕墙系统工程有限公司 江苏沪宁钢机股份有限公司

续表

序号	工程名称	承建单位	参建单位
24	上海海事大学临港新校区一期建设工程——图文信息中心	上海市第五建筑有限公司	上海兆祥建筑装饰有限公司 上海市工程建设咨询监理有限公司 广东省第二建筑工程公司 上海美特幕墙有限公司
25	南京会议展览中心会议中心	南通新华建筑集团有限公司	南京南房建设监理咨询有限公司 上海宝冶建设有限公司 沈阳远大铝业工程有限公司 苏州金螳螂建筑装饰股份有限公司 深圳城市建筑装饰工程有限公司
26	侵华日军南京大屠杀遇难同胞纪念馆扩建工程	南京大地建设（集团）股份有限公司 通州建总集团有限公司	南京环达装饰工程有限公司 江苏建科建设监理有限公司 南京深圳装饰安装工程有限公司
27	苏州出入境检验检疫综合实验楼（国检大厦）	苏州第一建筑集团有限公司	南通四建集团有限公司 南京工大建设监理咨询有限公司 苏州金螳螂建筑装饰股份有限公司 重庆西南铝装饰工程有限公司
28	南通大学附属医院综合病房楼	江苏南通二建集团有限公司	江苏启安建设集团有限公司 南通市建设监理有限责任公司
29	江苏省建设管理综合楼	江苏江中集团有限公司	江苏建科建设监理有限公司 苏州柯利达建筑装饰工程有限公司 苏州金螳螂建筑装饰股份有限公司 广东省工业设备安装公司
30	江苏广电城	江苏顺通建设工程有限公司	中建工业设备安装有限公司 江苏建科建设监理有限公司 沈阳远大铝业工程有限公司
31	浙江新昌农村合作银行综合楼	浙江中成建工集团有限公司	北京中协成建设监理有限责任公司 浙江中南建设集团有限公司 五洋建设集团股份有限公司
32	宁波博物馆建设工程	浙江省二建建设集团有限公司	浙江省二建建设集团安装有限公司 宁波高专建设监理有限公司 浙江新中源建设有限公司 浙江森晟建设有限公司
33	杭州高新产业大楼	中天建设集团有限公司	浙江江南工程管理股份有限公司 中天建设集团浙江安装工程有限公司 浙江天信咨询监理有限公司 浙江华天装饰工程有限公司 浙江中南建设集团有限公司
34	宁波科技广场综合办公楼	宁波建工股份有限公司	宁波广天建通工程管理有限公司 宁波建乐建筑装潢有限公司
35	杭州市委党校迁建项目Ⅰ标段	歌山建设集团有限公司浙江大华建设集团有限公司	杭州市城市建设监理有限公司

续表

序号	工程名称	承建单位	参建单位
36	济南卷烟厂易地技术改造项目联合工房	济南一建集团总公司	煤炭工业部济南设计研究院工程建设监理公司
37	滨州医学院附属医院病房综合楼	山东滨州城建集团公司	中国电子系统工程第二建设有限公司 北京建工京精大房工程建设监理公司
38	滕州市北辛商务组团工程	滕州市建筑安装工程集团公司	滕州市建设工程监理技术服务中心
39	天元商务大厦	天元建设集团有限公司	济南中建建筑设计院有限公司 山东天元安装工程有限公司 山东天元装饰工程有限公司
40	桓台县人民医院病房楼	山东齐泰实业集团股份有限公司	淄博宏远建设监理有限公司
41	淮南市体育文化中心比赛馆	中建四局第六建筑工程有限公司	安徽省建设监理有限公司
42	福建医科大学附属协和医院外科病房综合楼	福建建工集团总公司	福建省工程咨询监理有限公司
43	厦门海关业务办公楼	中建七局第三建筑有限公司	沈阳远大铝业工程有限公司 厦门中建东北监理咨询有限公司 厦门东方设计装修工程有限公司
44	恒茂国际华城16#楼	上海殷行建筑有限公司	深圳现代建设监理有限公司 中山盛兴股份有限公司
45	中石化华北分公司科研办公楼	河南六建建筑集团有限公司	河南宏业建设管理有限公司
46	河南艺术中心	北京建工集团有限责任公司	上海建科建设监理咨询有限公司 沈阳远大铝业工程有限公司 广东金刚幕墙工程有限公司 河南天马装饰工程有限公司 中国装饰有限公司
47	武汉市第三医院综合病房大楼	新八建设集团有限公司	湖北时代工程监理有限公司 武汉东安冷气设备成套工程有限公司 湖北吉安工程技术有限公司
48	湖北省肿瘤医院新建住院大楼	山河建设集团有限公司	北京东方华太建设监理有限公司 湖北高艺装饰工程有限公司 深圳市美术装饰工程有限公司 湖北兴亚特环境技术工程有限公司 深圳市特艺达装饰设计工程有限公司
49	武汉天河机场航站区及配套设施扩建工程航站楼工程	中建三局建设工程股份有限公司	湖北建设监理公司 中建钢构有限公司 北京中航空港建设工程有限公司 天津瑞科建设工程有限公司 深圳市宝鹰建设集团股份有限公司 湖北高艺装饰工程有限公司
50	金色屋顶（住宅楼）	湖南高岭建设集团股份有限公司	湖南环宇建设工程咨询监理有限责任公司
51	火星北路浏阳河大桥工程	湖南省建筑工程集团总公司 湖南顺天建设集团有限公司	湖南和天工程项目管理有限公司
52	中南大学湘雅三医院外科病房楼	湖南省第五工程有限公司	湖南省工业设备安装有限公司 湖南中湘建设工程监理咨询有限公司 湖南天禹设备安装有限公司

续表

序号	工程名称	承建单位	参建单位
53	商业、住宅楼（珠江新城 L9 地块，自编 A1、A2、B1、C1～3 栋）	汕头市建安（集团）公司	广东正升建筑有限公司 广州珠江工程建设监理公司
54	广州科学城综合研发孵化区 B 组团 B2～B3 标土建、水、电及周边配套工程	广东浩和建筑有限公司	广州建筑工程监理有限公司 中国建筑装饰工程有限公司
55	河源市广播电视中心一期工程	汕头市潮阳建筑工程总公司	广东新隆基建筑工程有限公司 广东宏茂建设监理有限公司
56	特美思广场	深圳市第一建筑工程有限公司	深圳市城建监理有限公司 深圳市同大机电设备安装有限公司 深圳瑞和装饰工程有限公司 深圳市科源建设集团有限公司 深圳市特艺达装饰设计工程有限公司
57	柳州市妇幼保健院门诊保健综合楼	柳州市众鑫建筑有限公司	柳州大公工程建设监理有限责任公司 浙江新东阳建设集团有限公司
58	名都大厦	广西建工集团第五建筑工程有限责任公司	广西力元建设监理有限责任公司
59	海南省博物馆	北京建工一建工程建设有限公司	深圳市泰然铝合金工程有限公司 中国国际工程咨询公司
60	商鼎国际	四川省第三建筑工程公司 成都市第一建筑工程公司	四川泰兴装饰工程有限责任公司 四川振川工程管理咨询有限公司 四川飞红建设工程监理有限公司
61	攀枝花新钢钒股份有限公司轨梁厂万能生产线工程	中冶实久建设有限公司 攀钢集团冶金工程技术有限公司	重庆赛迪工程咨询有限公司 攀钢集团攀枝花工科建设监理有限责任公司
62	重庆西永微电子工业园标准厂房一期 A 栋	中冶建工有限公司 亚翔系统集成科技（苏州）股份有限公司	重庆赛迪工程咨询有限公司 北京希达建设监理有限责任公司
63	贵州省人大常委会省政府办公楼	中铁二局第一工程有限公司	贵州三维工程建设监理咨询有限公司 佛山市兴发幕墙门窗有限公司
64	新建中共云南省委机关办公大楼	云南工程建设总承包公司	珠海兴业幕墙工程有限公司 昆明建设咨询监理公司 常泰建筑装潢工程有限公司 深圳市博大装饰工程有限公司 云南劳斯特科技产业有限公司
65	省委西院综合楼	陕西建工集团总公司	陕西建工集团设备安装工程有限公司 陕西省工程监理有限责任公司 陕西省建筑装饰工程公司 福建省五建装修装饰工程公司
66	西北电力设计院 C 幢高层住宅楼	陕西建工集团第五建筑工程有限公司	西北电力工程监理公司
67	西安电子科技大学新校区公共教学楼群行政楼与图书馆	陕西省宝天建筑工程有限公司 江苏江都建设工程有限公司	江苏华江建筑工程有限公司 陕西长安工程建设监理有限责任公司 中煤陕西中安项目管理有限责任公司

续表

序号	工程名称	承建单位	参建单位
68	陕西彬长矿区办公基地办公大楼	陕西省第六建筑工程公司	西安飞机工业装饰装修工程股份有限公司 西安煤炭建设监理中心
69	敦煌站综合工程	中铁二十一局集团有限公司	甘肃铁一院工程监理有限责任公司 中铁二十一局集团第二工程有限公司 中铁二十一局集团第四工程有限公司
70	金川1.4万吨选矿磨浮系统扩能技术改造	金川集团工程建设有限公司	中国国际工程咨询公司
71	西宁750 kV变电站	青海送变电工程公司	江苏省江建集团有限公司 青海智鑫电力建设监理有限公司
72	新建遂宁至重庆铁路	中铁四局集团有限公司 中铁八局集团有限公司 中铁十八局集团有限公司	成都西南交大工程建设咨询监理有限责任公司 中铁二局股份有限公司 中铁三局集团有限公司 北京铁城建设监理有限责任公司 中铁五局（集团）有限公司 中铁七局集团有限公司 中铁十二局集团有限公司 中铁十三局集团有限公司 中铁十五局集团有限公司 中铁十六局集团有限公司 中铁十七局集团有限公司 中铁十九局集团有限公司 中铁二十局集团有限公司 中铁二十三局集团有限公司 中铁电气化局集团有限公司 中铁建电气化局集团有限公司 中铁一局集团有限公司
73	新建成都北编组站	中铁五局（集团）有限公司 中铁八局集团有限公司 中铁十七局集团有限公司	中铁二局股份有限公司 沈阳铁路建设监理有限公司 中铁三局集团有限公司 成都大西南铁路监理有限公司 中铁十一局集团有限公司 中铁十四局集团有限公司 中铁二十三局集团有限公司 中铁二十五局集团有限公司
74	上海国际航运中心洋山深水港区二期工程	上海港务工程公司 中交上海航道局有限公司 中交第三航务工程局有限公司	上海远东水运工程建设监理咨询公司 广州南华工程管理有限公司
75	国电泰州电厂一期工程	江苏省电力建设第三工程公司 江苏省电力建设第一工程公司	北京国电龙源环保工程有限公司 江苏兴源电力建设监理有限公司
76	北京太阳宫燃气热电冷联供工程	浙江省火电建设公司	浙江电力建设监理有限公司 中建一局集团第二建筑有限公司 中天建设集团有限公司
77	浙江浙能乐清电厂一期2×600 MW工程	浙江省二建建设集团有限公司 浙江省火电建设公司	浙江天地环保工程有限公司 中国电力建设工程咨询公司 浙江电力建设监理有限公司

续表

序号	工程名称	承建单位	参建单位
78	山东泰安抽水蓄能电站	中国水利水电第四工程局有限公司 江南水利水电工程公司	中国水利水电第十二工程局有限公司 中国水利水电建设工程咨询北京公司 中铁十四局集团有限公司 中国水利水电第一工程局有限公司
79	海南省大隆水利枢纽工程	中国葛洲坝集团股份有限公司	上海东华工程咨询公司 中国水电基础局有限公司 吉林松辽工程监理有限公司 北京振冲工程股份有限公司
80	西安市黑河金盆水利枢纽工程	中国水电建设集团十五工程局有限公司	水利部陕西水利电力勘测设计研究院西安市金盆水利枢纽工程监理部
81	浦钢搬迁项目COREX炼铁工程主体单元	上海宝冶建设有限公司	上海宝钢建设监理有限公司
82	太钢新建150万吨不锈钢炼钢工程	中冶天工建设有限公司	山西震益工程建设监理有限公司 山西钢铁建设（集团）有限公司
83	首钢京唐钢铁公司焦化工程	中冶京唐建设有限公司 中冶成工建设有限公司	北京诚信工程监理有限公司
84	上海交通大学体育馆	中国建筑第二工程局有限公司	上海建科建设监理咨询有限公司 上海太阳膜结构有限公司 上海市建筑装饰工程有限公司 上海美特幕墙有限公司
85	灵山胜境三期工程梵宫建筑	中国建筑第八工程局有限公司	无锡华诚建设监理有限公司 深圳市洪涛装饰股份有限公司 上海市建筑装饰工程有限公司 苏州金螳螂建筑装饰股份有限公司 中建工业设备安装有限公司 上海市园林工程有限公司
86	星河发展中心	中国建筑第五工程局有限公司	中建五局工业设备安装有限公司 深圳市中海建设监理有限公司 深圳海外装饰工程有限公司 深圳市建筑装饰（集团）有限公司 深圳市科源建设集团有限公司
87	中国凤凰大厦	中建四局第一建筑工程有限公司	深圳市晶宫设计装饰工程有限公司 深圳市中海建设监理有限公司 中建四局安装工程有限公司
88	中国石油大厦	中建一局集团建设发展有限公司	北京江河幕墙股份有限公司 建研凯勃建设工程咨询有限公司 北京恒信建筑工程有限责任公司 苏州金螳螂建筑装饰股份有限公司 中程科技有限公司 北京金雅装饰工程有限公司
89	空军2701工程场道工程	中国航空港建设第十工程总队	空军工程设计研究局项目监理部
90	卓亭广场	莱西市建筑总公司	青岛高园建设咨询管理有限责任公司 北京江河幕墙股份有限公司 青岛安装建设股份有限公司

续表

序号	工程名称	承建单位	参建单位
91	浙江保罗大酒店	标力建设集团有限公司	温州浙南建设监理有限公司 浙江中信设备安装有限公司 浙江圣大建设集团有限公司 浙江中南建设集团有限公司
92	江苏移动通信枢纽工程	南通四建集团有限公司	江苏邮通建设监理有限公司 南京国豪装饰安装工程有限公司 深圳市文业装饰设计工程有限公司 深圳市美术装饰工程有限公司
93	中国铁建大厦	中铁建设集团有限公司	北京铁城建设监理有限责任公司 中铁二十二局集团电气化工程有限公司 北京侨信装饰工程有限公司
94	龙门黄河大桥	中铁大桥局股份有限公司	中铁大桥局集团第三工程有限公司 山西省公路工程监理技术咨询公司 中铁大桥局集团第一工程有限公司
95	沪蓉国道主干线石忠高速公路方斗山隧道	中国中铁股份有限公司 中铁隧道股份有限公司	重庆育才工程咨询监理有限公司 中铁隧道集团一处有限公司
96	国家图书馆二期工程暨国家数字图书馆工程	中铁建工集团有限公司	中铁建工集团北京安装工程有限公司 北京鸿厦基建工程监理有限公司 中铁建工集团北京装饰工程有限公司 深圳市恒福临建筑装饰设计工程有限公司
97	中建大厦	中建五局第三建设有限公司	中建（长沙）不二幕墙装饰有限公司 湖南长顺工程建设监理有限公司 中建五局建筑装饰有限公司 中建五局工业设备安装有限公司
98	太原机场改扩建工程航站楼工程	山西建筑工程（集团）总公司	山西省建设监理有限公司 山西第八建筑工程有限公司 山西省工业设备安装公司 山西六建集团有限公司 上海宝冶建设有限公司 上海华艺幕墙系统工程有限公司
99	哈尔滨医科大学门诊保健大楼	中国建筑第八工程局有限公司	深圳市科源建设集团有限公司 哈尔滨工大建设监理有限公司 哈尔滨长城新奥智能网络工程有限公司

关于公布第六批通过评审的“全国建筑业新技术应用示范工程”名单的通知

建质〔2010〕196 号

各省、自治区住房和城乡建设厅，直辖市建委（建设交通委），新疆生产建设兵团建设局，国务院有关部门建设司（局），中央管理的有关企业：

2007 年我部确定了第六批 145 项全国建筑业新技术应用示范工程。示范工程执行单位经过三年的工作，已完成新技术应用示范工作内容。我部组织专家对示范工程应用成果进行了评审，共有124项通过评审，现予公布。

希望各地区、各部门继续加大对建筑业新技术应用推广力度，充分发挥示范工程的示范带动作用，引导企业通过新技术应用激发技术创新活力，不断提高工程的科技含量。

附：第六批通过评审的“全国建筑业新技术应用示范工程”名单

中华人民共和国住房和城乡建设部

二〇一〇年十一月二十四日

附：

第六批通过评审的“全国建筑业新技术应用示范工程”名单

地区、部门、行业	工程名称	执行单位	评审意见	备注
北京市	国家体育馆	北京城建集团有限责任公司	国际领先	
	奥林匹克公园（B区）奥运村	北京城建集团有限责任公司	国际先进	
	鼎固科贸综合楼二期工程	北京城建二建设工程有限公司	国内先进	
	A380机库工程	北京建工集团有限责任公司 北京市机械施工有限公司 北京长城贝尔芬格伯格建筑工程有限公司	国内领先	
	北京汽车博物馆工程	中国新兴建设开发总公司	国内领先	
	北京地铁四号线西四站工程	北京城建集团有限责任公司	国内先进	原第五批
	安福大厦	北京城乡建设集团有限责任公司	国内领先	原第五批
天津市	海河综合开发项目富民桥工程	天津城建集团有限公司	国内领先	
	天津医科大学总医院神经病学中心工程	天津市建工工程总承包有限公司	国内先进	
上海市	上海市黄浦区155号东街坊地块发展项目	上海市第一建筑有限公司	国内领先	
	高宝金融大厦工程	上海市第七建筑有限公司	国内领先	
	上海市西藏南路越江隧道工程	上海市第二市政工程有限公司	国内领先	
河北省	北京奥林匹克公园地下空间（商业）Ⅱ段	河北建工集团有限责任公司	国内领先	
	南昌市新洪州商业区项目	河北建工集团有限责任公司	国内先进	
	T3航站楼配套业务及商务用房A楼	河北建设集团有限公司	国内先进	
	中南大学湘雅医院新医疗区医疗大楼	河北建设集团有限公司 湖南省第六工程有限公司	国内领先	原第五批
辽宁省	沈阳市人民检察院综合业务楼	中国建筑一局（集团）有限公司沈阳分公司	国内领先	
内蒙古自治区	内蒙古鄂尔多斯康巴什新区博物馆工程	呼和浩特市建筑工程有限责任公司	国内先进	
	巨华大酒店	内蒙古巨华集团大华建筑安装有限公司	国内先进	
	赤峰市医院综合病房楼	赤峰鑫盛隆建筑工程有限责任公司	国内先进	
江苏省	国家奥林匹克体育中心英东游泳馆	江苏省建工集团有限公司	国内领先	
	江苏省科学历史文化中心	江苏南通六建建设集团有限公司	国内领先	
	江苏新华图书发行配送中心工程	南通四建集团有限公司	国内领先	
	中国电子科技集团公司第二十八研究所科研大楼	江苏江都建设工程有限公司	国内先进	
	南京会议展览中心会议中心及9号展馆工程	南通新华建筑集团有限公司	国内领先	
	侵华日军南京大屠杀遇难同胞纪念馆	南京大地建设（集团）股份有限公司 通州建总集团有限公司	国内领先	

续表

地区、部门、行业	工程名称	执行单位	评审意见	备注
江苏省	南京虹桥·新城市广场	江苏武进建筑安装工程有限公司	国内先进	
	深圳市江胜大厦	江苏省华建建设股份有限公司	国内领先	
	山东省青岛市富赛灯具市场一期工程	南通建筑工程总承包有限公司	国内先进	
	武钢集团新建办公大楼工程	正太集团有限公司	国内领先	
	南京市突发公共卫生事件应急处置指挥中心	江苏弘盛建设工程集团有限公司	国内先进	
	海安县行政中心大楼	南通华新建工集团有限公司	国内先进	
	常州大剧院	常州第一建筑集团有限公司	国内先进	
	对外经济贸易大学图书信息中心	江苏省建工集团有限公司	国内领先	
	江苏省国际图书中心	江苏通州四建集团有限公司	国内领先	原第五批
山西省	太原机场改扩建工程航站楼工程	山西建筑工程（集团）总公司	国内领先	
	太原市残疾人职业教育中心	山西省第三建筑工程公司	国内先进	
	阳泉市文化广场工程	中铁建工集团有限公司	国内先进	
安徽省	安徽置地投资广场	中建三局第一建设工程有限责任公司	国内先进	
山东省	烟台金东世纪A区商住楼	山东万鑫建设有限公司	国内领先	
	胶济铁路青岛客站改造工程	中铁十局集团有限公司	国内领先	
	桓台县人民医院病房楼	山东齐泰实业集团股份有限公司	国内先进	
	重汽翡翠郡南区高层住宅楼	山东天齐置业集团股份有限公司	国内领先	
	青岛市人民检察院综合业务楼	青岛市胶州建设集团有限公司	国内先进	
	青岛大剧院工程	青建集团股份公司 上海建工（集团）总公司	国际先进	
	山东重点科技大厦工程1号、2号楼	青岛一建集团有限公司	国内先进	
	裕龙国际中心A座	青岛海川建设集团有限公司	国内领先	
	青岛农业科技大厦暨凯悦国际大厦工程	青建集团股份公司	国内领先	
	卓亭广场	莱西市建筑总公司	国内领先	
	阳光大厦	潍坊昌大建设集团有限公司	国内领先	
	山东中烟工业公司济南卷烟厂“十五”后期易地技术改造项目联合工房工程	济南一建集团总公司	国内领先	
	济南市奥林匹克体育中心网球中心	济南四建（集团）有限责任公司	国内领先	
	德州市信誉新湖·春天高层住宅工程	山东省建设建工（集团）有限责任公司	国内先进	
	青岛市体育馆及附属楼工程	北京城建集团有限责任公司	国内领先	
浙江省	杭州国际会议中心	浙江省长城建设集团股份有限公司	国内领先	
	中国杭州黄龙饭店改扩建工程	浙江省一建建设集团有限公司	国内领先	
	杭州广播电视中心（一期）	浙江省建工集团有限责任公司	国内领先	
	绍兴市人民检察院办案、专业技术综合用房	浙江宝业建设集团有限公司	国内领先	
	宁波明州花园酒店工程	中天建设集团有限公司	国内领先	
	西湖文化广场D区高层商务楼工程	浙江省长城建设集团股份有限公司	国内领先	原第五批
	中国水利博物馆	浙江省一建建设集团有限公司	国内先进	原第五批
福建省	福建省农业高新技术实验中心大楼	中建七局第三建筑有限公司	国内先进	
	福州电力调度指挥中心	福州建工（集团）总公司	国内领先	原第五批

续表

地区、部门、行业	工程名称	执行单位	评审意见	备注
河南省	河南出版大厦	河南省第一建筑工程集团有限责任公司	国内先进	
	洛阳市交通信息中心防汛抗旱调度中心暨档案大楼	河南三建建设集团有限公司	国内领先	
	洛阳钼业国际大厦工程	河南六建建筑集团有限公司	国内领先	
	郑东新区 CBD 商务中心顺驰广场	河南六建建筑集团有限公司	国内先进	
湖北省	湖北省肿瘤医院新建住院大楼	山河建设集团有限公司	国内领先	
	武汉大学人民医院湖北省人民医院外科综合大楼	中天建设集团有限公司	国内领先	
湖南省	重庆大剧院	湖南省建筑工程集团总公司	国内领先	
四川省	芙华·幸福彼岸住宅工程	成都市第四建筑工程公司	国内先进	
	世代春天二期（春天广场）	四川省第六建筑有限公司	国内领先	
	四川石油管理局西南油气田分公司科研办公用房工程	成都建筑工程集团总公司	国内领先	
	成都市“锦江明珠”工程	成都市第一建筑工程公司	国内先进	
云南省	云南师范大学呈贡校区图文信息中心	云南省第二建筑工程公司	国内领先	
	昆明市市级党政机关办公用房搬迁建设项目 12 组团	云南建工第四建设有限公司	国内领先	
	云南昆钢嘉华水泥建材有限公司曲靖师宗 4 000 t/d 水泥生产线建设工程项目安装工程	云南省第二安装工程公司	国内先进	单项
	云南大学科技信息产业研发孵化中心	云南工程建设总承包公司	国内先进	
	红河剧院	云南官房建筑集团股份有限公司	国内领先	
贵州省	加州阳光三期 G 栋工程	贵州建工集团第二建筑工程有限责任公司	国内领先	
	贵阳山水黔城东区商住楼 A 座	贵州建工集团第八建筑工程有限责任公司	国内先进	
	铜仁市级机关综合办公楼 1 号楼	贵州建工集团第九建筑工程有限责任公司	国内先进	
陕西省	第四军医大学西京医院消化病医疗楼	陕西建工集团第五建筑工程有限公司	国内先进	
	都市之门工程	中天建设集团有限公司第五建设公司	国际先进	
	陕西彬长矿区基地办公楼	陕西省第六建筑工程公司	国内先进	
	西安交通大学第二附属医院医疗综合楼	陕西省第三建筑工程公司	国内领先	
	陕西花旗实业有限公司环保示范项目	陕西航天建筑工程公司	国内领先	
	西港国际大厦	中天建设集团有限公司第五建设公司	国内领先	
	秦苑·帝都古建大厦	咸阳古建集团有限公司	国内先进	
	法门寺合十舍利塔	陕西建工集团总公司 陕西省第三建筑工程公司 陕西省第五建筑工程公司 陕西省机械施工公司 陕西省建工集团设备安装工程有限公司	国际先进	
宁夏回族自治区	宁夏博物馆工程	宁夏建工集团有限公司	国内先进	
新疆维吾尔自治区	乌鲁木齐保安押运公司综合楼	江苏省苏中建设集团股份有限公司	国内先进	
	新疆玛纳斯电厂三期机组扩建工程	新疆电力建设公司	国内先进	

续表

地区、部门、行业	工程名称	执行单位	评审意见	备注
广东省	广东省博物馆新馆工程	广州市建筑机械施工有限公司	国内领先	
	广州歌剧院	中建三局建设工程股份有限公司（粤）	国内领先	
电力系统	国电泰州电厂2×1 000 MW火力发电机组工程	江苏省电力建设第三工程公司	国内领先	
中国水利水电建设集团公司	广东惠州抽水蓄能电站地下引水发电系统工程施工及机组安装	中国水利水电第十四工程局有限公司	国内领先	
	乌江彭水水电站引水发电系统工程	中国水利水电第十四工程局有限公司	国内领先	
中国葛洲坝集团公司	黄河拉西瓦水电站工程机电安装工程B标	葛洲坝集团机电建设有限公司	国内领先	单项
煤炭系统	神华集团准格尔有限责任公司哈尔乌素露天矿选煤厂	中煤建筑安装工程公司	国内领先	
中国建筑工程总公司	广州市珠江新城核心区市政交通项目	中国建筑第八工程局有限公司	国内领先	
	中国国际贸易中心三期A阶段工程	中建一局集团建设发展有限公司	国际先进	
	岭澳核电站二期常规岛土建工程	中国建筑第二工程局有限公司	国内领先	
	武广客运专线新建武汉站站房工程	中建三局建设工程股份有限公司	国际先进	
	重庆中新城上城	中建五局第三建设有限公司	国内领先	
	武汉新芯集成电路制造公司FAB12A、FAB12B厂房	中建五局土木工程有限公司	国内领先	
	深圳星河发展中心	中国建筑第五工程局有限公司	国内领先	
	成都成芯半导体制造有限公司八英寸芯片厂项目	中国建筑第六工程局有限公司 中建六局第三建筑工程有限公司	国内领先	
	山东大学齐鲁医院门诊保健综合楼工程	中国建筑第八工程局有限公司	国内先进	
	中国科学技术馆新馆	中国建筑第八工程局有限公司 中建工业设备安装有限公司	国内领先	
	大上海会德丰广场	中国建筑股份有限公司（上海）	国内领先	
	中国建行洋桥B座计算机业务楼	中国建筑第七工程局有限公司	国内领先	
	广州珠江新城西塔	中国建筑股份有限公司 广州市建筑集团有限公司 中国建筑第四工程局有限公司 中建三局建设工程股份有限公司	国际领先	
	中央电视台新台址建设工程A标段	中国建筑股份有限公司	国际先进	原第五批
中国铁道建筑总公司	南京长江隧道	中铁十四局集团有限公司	国内领先	
	广深港铁路客运专线ZH－1标综合工程	中铁十四局集团有限公司	国内领先	
中国铁路工程总公司	武广客运专线新广州站及相关工程	中铁四局集团建筑工程有限公司	国内领先	
	安庆香樟里·那水岸小区工程	中铁四局集团建筑工程有限公司	国内领先	
中国冶金科工集团公司	广西马江至梧州高速公路路基桥隧工程施工第L6合同段	中冶交通工程技术有限公司	国内先进	
	辽宁省鞍山市骊富家园高层住宅小区	中冶东北建设有限公司	国内先进	
	天津空港国际中心工程	中冶天工建设有限公司	国内先进	
	天津钢管集团有限公司ϕ258热轧管工程	中冶天工建设有限公司	国内领先	
	上海浦钢搬迁工程轧钢项目（Ⅱ标轧机单元）	中国二十冶建设有限公司	国际先进	
	上海宝山钢铁股份有限公司五冷轧带钢工程（冷Ⅰ标）	中国二十冶建设有限公司	国际先进	

中国土木工程詹天佑奖 2010 年获奖名单

为了推动科技进步，提高工程建设水平，把当今优秀科技成果应用于工程实践中，创造出先进的土木建筑工程，特设立中国土木工程（詹天佑）大奖。本项大奖旨在奖励和表彰我国在科技创新和科技应用方面成绩显著的优秀土木工程建设项目。本奖评选要充分体现“创新性”（获奖工程在设计、施工技术方面应有显著的创造性和较高的科技含量）、“标志性”（反映当今我国同类工程中的最高水平）、“权威性”（学会与政府主管部门之间协同推荐与遴选）。詹天佑奖是我国土木工程界工程技术方面的荣誉奖；由中国土木工程学会和詹天佑土木工程科技发展基金委员会颁发；在住房和城乡建设部、铁道部及交通运输部等建设主管部门支持与指导下进行。詹天佑奖每两年评选一次。每次评选综合大奖若干。

詹天佑奖申报条件：

1. 必须是列入国家或省、自治区、直辖市（含香港特区）、计划单列市和国务院有关部委的建设计划，经验收和投入使用的工程，并竣工后经过 3 年以上使用核验没有工程问题，使用良好。

2. 必须是省、部范围内施工质量最佳工程，为同类工程的先进水平。

3. 设计中有所创新和发展，施工中创造和运用先进的施工技术和方法，整体工程突出体现应用先进的科学技术成果，并达到国内同类工程中的一流水平。

詹天佑奖评选方法：

根据本奖的评选工程范围和标准，由学会各级组织、建设主管部门和专家提名参选工程；根据上述提名，经大奖评委会进行遴选，提出候选工程；由候选工程的建设总负责单位填报“大奖申报表”和有关申报材料；最后由大奖指导委员会和评委会最后审定。

大奖的评审由“大奖评选委员会”组织进行。评选委员会由各专业土木工程专家组成。

大奖指导委员会负责工程评选的指导和监督。指导委员会由建设部、交通部、铁道部等有关部门领导组成。

对荣获大奖的主要单位授予“詹天佑”金像和荣誉证书；在获奖工程上嵌挂“获奖标牌”；在科技、建设及学术报刊上发表获奖名单。在评奖年度举行颁奖大会；2000 年 5 月举行了首届中国土木工程大奖颁奖大会。

序号	工程名称	获奖单位
1	北京电视中心	北京建工博海建设有限公司 北京城建建设工程有限公司 北京市建筑设计研究院 北京建工集团有限责任公司 北京城建集团有限责任公司 北京市建筑工程研究院 北京电视台 北京市机械施工有限公司 北京市建筑工程装饰有限公司
2	北京飞机维修工程有限公司 A380 机库工程	北京长城贝尔芬格伯格建筑工程有限公司 北京市机械施工有限公司 中国航空规划建设发展有限公司
3	北京新保利大厦	中国建筑股份有限公司 北京新保利大厦房地产开发有限公司
4	中国电影博物馆	北京韩建集团有限公司 北京市建筑设计研究院 中国电影博物馆业主委员会 中建钢构有限公司

续表

序号	工程名称	获奖单位
5	青岛国际帆船中心	青建集团股份公司 青岛海川建设集团有限公司 青岛平建建筑安装股份有限公司 北京市建筑设计研究院 青岛东奥开发建设集团公司 青岛理工大学建设工程监理咨询公司
6	天津奥林匹克中心体育场	天津六建建筑工程有限公司 天津市建工工程总承包有限公司 天津市建筑设计院 天津天奥体育产业有限公司 天津市建筑科学研究院 天津中发机电工程有限公司 江苏沪宁钢机股份有限公司
7	广州维多利广场	广州市第二建筑工程有限公司 广州市城市建设开发有限公司 广州城建开发设计院有限公司 广州城建开发工程咨询监理有限公司 广东强盛建设工程有限公司 珠海兴业幕墙工程有限公司
8	武汉体育中心体育馆	中国建筑第八工程局有限公司 中建工业设备安装有限公司 武汉市建筑设计院 北京远达国际工程管理有限公司
9	河南艺术中心	北京建工集团有限责任公司 中国航空规划建设发展有限公司 沈阳远大铝业工程有限公司 浙江东南网架股份有限公司 广东金刚幕墙工程有限公司
10	国家工商行政管理总局行政学院	广东省第一建筑工程有限公司 国家工商行政管理总局行政学院 深圳奥意建筑工程设计有限公司
11	胶济铁路青岛客站改造工程济南铁路局	中铁十局集团有限公司 中铁二院工程集团有限责任公司 中铁工程设计咨询集团有限公司济南设计院 山东济铁工程建设监理有限责任公司
12	上海铁路南站上海铁路局	上海市第七建筑有限公司 华东建筑设计研究院有限公司 上海建科建设监理咨询有限公司 中铁二十四局集团有限公司

续表

序号	工程名称	获奖单位
13	重庆长江大桥复线桥	重庆桥梁工程有限责任公司 重庆城建控股（集团）有限责任公司 林同棪国际工程咨询（中国）有限公司 重庆市城市建设投资公司 重庆市建筑科学研究院监理公司
14	北京丰北路（三环路至四环路）改扩建工程	北京市市政工程设计研究总院 北京市公联公路联络线有限责任公司 北京市市政一建设工程有限责任公司
15	重庆菜园坝长江大桥	中铁大桥局股份有限公司 重庆市城市建设投资公司 中铁山桥集团有限公司 招商局重庆交通科研设计院有限公司 林同棪国际工程咨询（中国）有限公司 中国船级社实业公司 重庆育才工程咨询监理有限公司 重庆市勘测院
16	北京至天津城际轨道交通工程（北京南站改扩建工程）	京津城际铁路有限责任公司 铁道第三勘察设计院集团有限公司 中国铁道科学研究院 中铁十七局集团有限公司 中铁二局集团有限公司 中铁六局集团有限公司 中铁十八局集团有限公司 中铁大桥局股份有限公司 中铁四局集团有限公司 中铁二十二局集团有限公司 中铁株洲桥梁有限公司 北京中铁房山桥梁有限公司 中铁电气化局集团有限公司 中国铁路通信信号集团公司 铁四院（湖北）工程监理咨询有限公司 天津新亚太工程建设监理有限公司 北京中铁诚业工程建设监理有限公司 北京铁建工程监理有限公司 中铁第一勘察设计院集团有限公司 西安铁一院工程咨询监理有限责任公司 北京铁路局北京南站工程建设指挥部 中铁建工集团有限公司 北京赛瑞斯国际工程咨询有限公司 深圳市南利装饰工程有限公司
17	合肥至南京铁路（含滁河大桥）	合宁铁路有限公司 中铁第四勘察设计院集团有限公司 中铁四局集团有限公司 中铁二局集团有限公司 中铁三局集团有限公司 中铁二十四局集团有限公司 上海华东铁路建设监理有限公司

续表

序号	工程名称	获奖单位
18	遂渝铁路无砟轨道综合试验段	中铁二院工程集团有限责任公司 成都铁路局 中国中铁股份有限公司 中国铁道科学研究院 中铁八局集团有限公司
19	成都北编组站工程	中铁二院工程集团有限责任公司 铁道部工程设计鉴定中心 成都铁路局 中铁八局集团有限公司 北京全路通信信号研究设计院
20	渝湛国道主干线高桥（粤桂界）至遂溪高速公路	广东渝湛高速公路有限公司 广东省公路勘察规划设计院有限公司 广东华路交通科技有限公司 广东省长大公路工程有限公司 广东省高速公路有限公司
21	苏州绕城高速公路（西南段）	苏州市高速公路建设指挥部 上海市城市建设设计研究院 苏州市交通设计研究院有限责任公司 苏州交通工程集团有限公司 中交二公局第三工程有限公司 中铁二十局集团第一工程有限公司
22	黄河小浪底水利枢纽水利部小浪底	水利枢纽建设管理局 黄河勘测规划设计有限公司 小浪底工程咨询有限公司 中国水利水电第七工程局有限公司 中国水利水电第十一工程局有限公司 中国水利水电第十四工程局有限公司 小浪底水利水电工程有限公司
23	湖北清江水布垭水电站	湖北清江水电开发有限责任公司 长江勘测规划设计研究有限责任公司 中国葛洲坝集团股份有限公司 江南水利水电工程公司 中国水利水电第十四工程局有限公司 长江水利委员会长江科学院 中国水利水电科学研究院
24	上海港罗泾港（二期）	上海国际港务（集团）股份有限公司 中交水运规划设计院有限公司 上海港务工程公司 上海远东水运工程建设监理咨询公司

续表

序号	工程名称	获奖单位
25	京杭运河常州市区段改线工程	江苏省常州市航道管理处 江苏省交通规划设计院有限公司 同济大学建筑设计研究院（集团）有限公司 江苏省科佳工程设计有限公司 苏州市路达工程监理咨询有限公司 江苏育通交通工程咨询监理有限责任公司 江苏润通交通工程监理咨询有限公司 常州市交通建设监理咨询有限公司 常州市航务工程有限责任公司 中铁十九局集团第二工程有限公司 中铁四局集团第二工程有限公司 路桥华南工程有限公司 江苏恒基路桥有限公司 中铁二十四局集团有限公司 中交第二航务工程局有限公司 中交三航局第三工程有限公司 苏州大通工程建设有限公司 江阴大桥工程有限公司 江苏常鑫路桥工程有限公司 中铁二十局集团第一工程有限公司
26	深圳天然气利用工程	深圳市燃气集团股份有限公司 中国市政工程华北设计研究总院 中国市政工程西南设计研究院
27	深圳笔架山水厂改扩建工程	北京市市政工程设计研究总院 深圳市利源水务设计咨询有限公司 深圳市水务（集团）有限公司 湛江市第一建筑工程公司 中建三局第二建设工程有限责任公司
28	常州快速公交一号线	常州市公共交通集团公司 常州市市政工程管理处 常州市铁路建设处 北京城建设计研究总院有限责任公司 青岛海信网络科技股份有限公司 江苏常隆客车有限公司 江苏惠民汽车配件制造有限公司
29	苏州天辰花园住宅小区	苏州市地产开发经营有限公司 苏州市建筑设计研究院有限责任公司 苏州园林设计院有限公司 江苏南通二建集团有限公司 苏州美瑞德建筑装饰有限公司
30	天津华明示范小城镇·绿色家园住宅小区	天津市滨丽建设开发投资有限公司 天津市城市规划设计研究院 天津华汇工程建筑设计有限公司 天津城建设计院有限公司

全国建筑业科技进步与技术创新先进企业名单

地区行业协会	名称	获奖企业
省市	北京	北京城建集团有限责任公司 北京建工集团有限责任公司 中国建筑一局（集团）有限公司 北京建工博海建设有限公司 中铁建工集团有限公司 北京建工一建工程建设有限公司 北京城建安装工程有限公司
	天津	天津市建工工程总承包有限公司 天津第六市政公路工程有限公司
	河北	河北建工集团有限责任公司 河北建设集团有限公司 河北省第四建筑工程公司 丰润建筑安装股份有限公司
	内蒙古	赤峰鑫盛隆建筑工程有限责任公司 内蒙古巨华集团大华建筑安装有限公司 内蒙古兴泰建筑有限责任公司
	山西	山西四建集团有限公司
	辽宁	鞍钢建设集团有限公司 辽宁三盟建筑安装有限公司 大连阿尔滨集团有限公司
	吉林	中铁十三局集团有限公司 中国水利水电第一工程局
	黑龙江	黑龙江省建工集团有限责任公司 哈尔滨长城建筑集团股份有限公司
	山西	山西建筑工程（集团）总公司 山西四建集团有限公司
	辽宁	辽宁三盟建筑安装有限公司 鞍钢建设集团有限公司
	黑龙江	黑龙江省建设集团有限公司
	上海	上海建工集团股份有限公司 上海市第二建筑有限公司 上海市基础工程有限公司 上海市机械施工有限公司 上海建工材料工程有限公司 上海隧道工程股份有限公司

续表

地区行业协会	名称	获奖企业
省市	江苏	南通四建集团有限公司 江苏省华建建设股份有限公司 南通新华建筑集团有限公司 苏州二建建筑集团有限公司 江苏江都建设集团有限公司 江苏中兴建设有限公司 江苏顺通建设集团有限公司 江苏南通六建建设集团有限公司 江苏省建工集团有限公司 南通华新建工集团有限公司
	浙江	浙江宝业建设集团有限公司 浙江省二建建设集团有限公司 浙江中成建工集团有限公司 中天建设集团有限公司 龙元建设集团股份有限公司 浙江展诚建设集团股份有限公司
	山东	青建集团股份公司 山东省建设建工（集团）有限责任公司 天元建设集团有限公司 山东天齐置业集团股份有限公司 莱西市建筑总公司
	安徽	安徽建工集团有限公司 中煤第七十一工程处
	福建	福建省九龙建设集团有限公司
	江西	江西省建工集团公司 江西省第二建筑工程公司
	河南	河南省第一建筑工程集团有限责任公司 河南省第二建筑工程有限责任公司 河南省第五建筑安装工程（集团）有限公司 河南六建建筑集团有限公司
	湖北	武汉建工股份有限公司 中建三局第二建设工程有限责任公司 中国第一冶金建设有限责任公司
	湖南	湖南省建筑工程集团总公司 湖南省第六工程有限公司 湖南省第三工程公司
	广东	广东省建筑工程集团有限公司 广州市建筑集团有限公司 深圳市第一建筑工程有限公司 广东省六建集团有限公司
	广西	广西壮族自治区公路桥梁工程总公司
	海南	海南省建筑工程总公司

续表

地区行业协会	名称	获奖企业
省市	四川	四川华西集团有限公司 成都建筑工程集团总公司 中国华西企业有限公司 四川省第六建筑有限公司 四川公路桥梁建设集团有限公司
	重庆	中冶建工有限公司 广厦重庆第一建筑（集团）有限公司
	贵州	中铁五局（集团）有限公司
	云南	云南建工第五建设有限公司
	陕西	陕西建工集团总公司 陕西省机械施工公司 陕西省第三建筑工程公司
	甘肃	甘肃第七建设集团股份有限公司 金川集团工程建设有限公司
	青海	青海送变电工程公司
	新疆	永升建设集团有限公司
行业	铁道	中国铁路通信信号上海工程有限公司 中国中铁股份有限公司 中铁四局集团有限公司 中铁八局集团有限公司 中铁大桥局股份有限公司 中铁隧道集团有限公司 中铁十一局集团公司 中铁十七局集团公司 中铁二十三局集团公司 中铁建设集团公司
	公路	中交第二公路工程局有限公司
	电力	浙江省火电建设公司 天津电力建设公司 中国水利水电第四工程局有限公司 江苏省电力建设第三工程公司
	化工	中油吉林化建工程股份有限公司 中国化学工程第三建设公司
	水利	中国葛洲坝集团股份有限公司 葛洲坝集团第二工程有限公司 中国水利水电建设集团公司 中国水利水电第十四工程局有限公司 中国水利水电第八工程局有限公司 中国水利水电第七工程局有限公司
	煤炭	中煤第三建设（集团）有限责任公司 中煤第一建设公司
	冶金	中国二十冶建设有限公司 上海宝冶建设有限公司
	核工业	中国核工业华兴建设有限公司

续表

地区行业协会	名称	获奖企业
行业	机械	中国机械工业建设总公司
	中建	中国建筑股份有限公司 中国建筑一局（集团）有限公司 中国建筑第二工程局有限公司深圳分公司 中建三局建设工程股份有限公司 中建八局工业设备安装有限责任公司 中建三局建设工程股份有限公司钢结构公司
	新兴集团	中国新兴建设开发总公司 中国新兴保信建设总公司
协会	材料分会	北京建筑材料科学研究总院有限公司 汕头经济特区龙湖科技有限公司 山西三维集团股份有限公司 北京韩伍思达防水技术开发有限公司 广东坚美铝型材厂有限公司
	防水分会	北京东方雨虹防水技术股份有限公司 深圳市卓宝科技股份有限公司
	技术分会	山东省建筑科学研究院 中国建筑科学研究院 古建筑分会 北京市园林古建工程公司 深圳市北林地景园林工程有限公司
	混凝土分会	北京城建亚东混凝土有限责任公司 新疆西部建设股份有限公司 江苏博特新材料有限公司 青岛磊鑫混凝土有限公司 浙江省天和建材集团有限公司
	智能化专业委员会	福建省冠林电子有限公司 厦门柏事特信息科技有限公司
	节能专业委员会	北京振利高新技术有限公司 山东富尔达空调设备有限公司 宁波荣山新型材料有限公司
	安全分会	深圳市特辰科技有限公司 烟台开发区科达电子设备有限公司
	机械租赁分会	中国第一冶金建设有限责任公司机械化施工分公司 中核华兴达丰机械工程有限公司 北京泵普工程机械有限公司
	深基础分会	中国京冶工程技术有限公司

全国建筑业科技进步与技术创新先进个人名单

分类		姓名	所在公司
省市	北京	秦　杰	北京市建筑工程研究院
		杨玉苹	北京建工博海建设有限公司
		李　琼	北京建工集团有限责任公司
		杜　峰	北京城建集团有限责任公司
		李鸿飞	北京城建二建设工程有限公司
		董佳节	北京城建亚泰建设工程有限公司
		王念念	北京城建集团有限责任公司
		鲍宇清	北京住总集团有限责任公司
		陈英盈	北京住总集团有限责任公司市政公司
		胡颐蘅	北京住总集团有限责任公司设计院
		张德刚	北京韩建集团有限公司
		杨秉钧	北京建工集团有限责任公司总承包部
		闫伟东	北京城乡建设集团有限责任公司
	天津	秦序柱	天津一建建筑工程有限公司
		张志新	天津三建建筑工程有限公司
		何大川	天津第一市政公路工程有限公司
		田乃婷	天津城建集团有限公司工程总承包公司
		刘　群	天津华惠安信装饰工程有限公司
		邓永胜	天津市房屋鉴定勘测设计院
		郭蔚飞	天津天一建设集团有限公司
	河北	高任清	河北省第四建筑工程公司
		沈新鹏	江苏省苏中建设集团股份有限公司石家庄分公司
		高秋利	河北建设集团有限公司
		安占法	河北建工集团有限责任公司
		郑青昌	河北省第二建筑工程公司
		白少华	山西省第一建筑工程公司
		朱永清	山西四建集团有限公司
		韩建刚	山西六建集团有限公司
		徐延凯	山西省宏图建设工程有限公司
	辽宁	刘传海	鞍钢建设集团有限公司
		钟　雷	辽宁三盟建筑安装有限公司
		周　斌	江苏省苏中建设集团股份有限公司沈阳分公司
		孙雅兰	沈阳北方建设股份有限公司
		万世坤	大连金广建设集团有限公司
		王建胜	大连筑成建设集团有限公司
		赵国奎	大连华禹建设集团有限公司
	吉林	吴焕通	中铁十三局集团有限公司
		李　伟	中国水利水电第一工程局
		王显艳	中国水利水电第一工程局

续表

分类		姓名	所在公司
省市	黑龙江	张　厚	黑龙江省建工集团有限责任公司
		邱树军	黑龙江省建设技术发展中心
		杨大明	中国石油天然气股份有限公司大庆石化分公司
		孟世龙	哈尔滨长城建筑集团股份有限公司
	上海	陈晓明	上海市机械施工有限公司
		邱锡宏	上海市第四建筑有限公司
		林家祥	上海隧道工程股份有限公司
		王吉云	上海隧道工程股份有限公司
		朱毅敏	上海市第一建筑有限公司
		王美华	上海市第七建筑有限公司
		朱庆涛	中国建筑第八工程局有限公司
		王玉岭	中国建筑第八工程局有限公司
		龙莉波	上海市第二建筑有限公司
		余　为	上海市第一市政工程有限公司
	江苏	耿裕华	南通四建集团有限公司
		徐宏均	南通新华建工集团有限公司
		王　健	江苏江都建设工程有限公司
		瞿启忠	通州建总集团有限公司
		邹科华	江苏南通六建建设集团有限公司
		章　季	南通华新建工集团有限公司
		吴碧桥	江苏省华建建设股份有限公司
		宋茂进	南通四建集团有限公司
		易兴中	南通建工集团股份有限公司
		许　平	江苏省建工集团有限公司
	浙江	洪昌华	浙江国泰建设集团有限公司
		童仙敏	浙江环宇建设集团有限公司
		敖　鹏	长业建设集团有限公司
		胡震敏	宏润建设集团股份有限公司
		李水明	宁波建工集团有限公司
		应群勇	方远建设集团股份有限公司
		何向全	歌山建设集团有限公司
		陈天民	浙江省建设投资集团有限公司
		单光炎	浙江省交通工程建设集团有限公司
		王兼嵘	华丰建设股份有限公司
	山东	李华杰	青建集团股份公司
		张　虎	山东省建设建工（集团）有限责任公司
		曹晓岩	济南四建（集团）有限责任公司
		张行良	莱西市建筑总公司
		李永峰	山东万鑫建设有限公司
		孙国春	烟建集团有限公司
		韩金涛	山东聊建集团总公司
		贾志臣	山东聊建金柱建设集团有限公司
		张同波	青建集团股份公司

续表

分类		姓名	所在公司
省市	安徽	陈　刚	安徽建工集团有限公司
		吴信远	中煤第三建设（集团）有限责任公司
		武朝晖	安徽三建工程有限公司
		余华春	中国第十七冶金建设有限公司
	福建	张俊峰	福建省工业设备安装有限公司
		黄仲辉	福建二建建设集团公司
		段永利	福建七建集团有限公司
	江西	李向阳	江西省建工集团公司
		胡章福	江西省第二建筑工程公司
		王建平	江西省工业设备安装公司
		刘为民	中铁二十四局集团南昌建设有限公司
	河南	胡伦坚	河南省第一建筑工程集团有限责任公司
		王庆伟	河南省第二建筑工程有限责任公司
		季三荣	河南省第五建筑安装工程（集团）有限公司
		张　进	河南六建建筑集团有限公司
		卫永胜	河南国安建设集团有限公司
	湖北	李文祥	武汉建工股份有限公司
		徐金圣	武汉建工股份有限公司
		余义峰	湖北长安建筑股份有限公司
		杨平宗	武汉钢铁集团民用建筑工程有限责任公司
		武钢平	中国第一冶金建设有限责任公司
	湖南	熊君放	湖南省建筑工程集团总公司
		伍灿良	湖南省第六工程有限公司
		马正春	湖南省第三工程公司
		朱　林	湖南省第四工程公司
		栗祝林	湖南望新建设集团股份有限公司
	广东	赵资钦	广东省建筑工程集团有限公司
		高俊岳	广州市建筑集团有限公司
		罗　璇	深圳市科源建设集团有限公司
		丁昌银	广州市建筑机械施工有限公司
		钟伟文	广州市第二建筑工程有限公司
		唐孟雄	广州市建筑科学研究院
		李奇逊	广东省六建集团有限公司
	广西	冯　智	广西壮族自治区公路桥梁工程总公司
		肖玉明	广西建工集团第一建筑工程有限责任公司
		杨伟成	柳州市建筑工程集团有限责任公司
	海南	林道德	海南省建筑工程总公司
		郭泽文	海南省建筑工程总公司
	四川	陈跃熙	四川华西集团有限公司
		祝　群	四川省第六建筑有限公司第二工程分公司
		董武斌	四川公路桥梁建设集团有限公司

续表

分类		姓名	所在公司
省市	重庆	姚　平	中交二航局第二工程有限公司
		刘先华	重庆第二建设有限公司
		杨光余	重庆第三建设有限责任公司
		杨　东	重庆第八建筑工程公司
	贵州	陈德斌	中铁五局（集团）有限公司
		贾建祥	贵州建工集团第二建筑工程公司
		杨贵平	贵州省桥梁工程总公司
	云南	孙维波	云南官房建筑集团股份有限公司
		黄建淞	云南建工第六建筑工程有限公司
		李　新	昆明一建建设（集团）有限公司
	陕西	薛永武	陕西建工集团总公司
		时　炜	陕西省第三建筑工程公司
		杨海生	陕西省第六建筑工程公司
		赵向东	中天建设集团有限公司第五建设公司
		肖庆生	江苏江都建设工程有限公司西安公司
		高宗祺	陕西省建筑科学研究院
		尚鹏玉	陕西恒业建设集团有限公司
	甘肃	黄起宏	甘肃省第四建设集团有限责任公司
		冯力强	甘肃省建筑科学研究院
		薛　洲	中石油第二建设公司
		王立红	甘肃第七建设集团股份有限公司
	青海	张全安	青海送变电工程公司
		王鹏武	青海送变电工程公司
	新疆	黄　华	新疆建工集团第一建筑工程有限责任公司
		李华强	永升建设集团有限公司
		杨建强	新疆石油工程建设有限责任公司
行业	铁道	李　春	中国铁路通信信号上海工程有限公司
		刘　辉	中国中铁股份有限公司
		和民锁	中铁一局集团有限公司
		林　原	中铁二局股份有限公司
		闫子才	中铁四局集团有限公司
		潘东发	中铁大桥局股份有限公司
		洪开荣	中铁隧道集团有限公司
		张文学	中铁建工集团有限公司
		董裕国	中铁十二局集团公司
		王必强	中铁二十局集团公司
		任有保	中国土木工程公司
		王玉泽	铁道第四勘察设计院
		王　晨	上海城市轨道设计院
		杜　彬	中铁十六局集团公司
		许建赋	中铁十五局集团公司

续表

分类		姓名	所在公司
行业	公路	张景禄	中交第二公路工程局有限公司
		刘宝河	中交第一航务工程局有限公司
		刘德进	中交第一航务工程局有限公司
	电力	常贵宾	广东火电工程总公司建筑工程公司
		郎福堂	北京送变电公司
		徐 斌	广东省输变电工程公司
		朱永贤	江苏省电力建设第一工程公司
		胡立平	江苏省电力建设第三工程公司
		崔家强	山东电力建设第三工程公司
	化工	黄庆平	中国化学工程第三建设公司
	水利	马金刚	中国葛洲坝集团股份有限公司
		朱明星	葛洲坝集团第二工程有限公司
		席 浩	中国水利水电第四工程局有限公司
		文加海	中国水利水电第七工程局有限公司
		吴 旭	中国水利水电第七工程局有限公司
		杨元红	中国水利水电第十四工程局有限公司
		黄 岗	中国水利水电第十四工程局有限公司
		尹俊宏	中国水利水电第十四工程局有限公司
	石油	程立允	中国石油天然气第六建设公司
		刘科惠	中国石油天然气管道工程有限公司
	煤炭	蒲耀年	中煤第一建设公司
		徐辉东	中煤第三建设（集团）有限责任公司
		范聚朝	中煤第一建设公司
		程志彬	中煤第五建设公司
		张炳辉	中煤第三建设（集团）有限责任公司
	冶金	谢 非	中国二十冶建设有限公司
		鞠丽伟	中冶京唐建设有限公司
		许立新	上海宝冶建设有限公司
	核工业	王德桂	中国核工业华兴建设有限公司
	中建	薛 刚	中国建筑一局（集团）有限公司
		倪金华	中建二局第三建筑工程有限公司
		张 琨	中建三局建设工程股份有限公司
		虢明跃	中国建筑第四工程局有限公司
		刘贤敏	中建五局土木工程有限公司
		张云富	中国建筑第六工程局有限公司
		黄延铮	中国建筑第七工程局有限公司
		李忠卫	中建八局第二建设有限公司
		赵连伟	中建国际建设股份有限公司
		赵福明	中国建筑发展有限公司
	新兴集团	袁 文	中国新兴建设开发总公司
		魏 军	中国新兴建设开发总公司
		汪道金	中国新兴建设开发总公司
		夏友滨	中国新兴保信建设总公司
		辛学常	中国新兴保信建设总公司

续表

分类		姓名	所在公司
协会	材料分会	张春雷	北京市建筑工程装饰有限公司
		杨江金	常州市建筑科学研究院有限公司
		王肇嘉	北京建筑材料科学研究总院有限公司
		王　伟	北京韩伍思达防水技术开发有限公司
		董卫良	福建南方路面机械有限公司
	防水分会	阮和章	北京东方雨虹防水技术股份有限公司
		胡　骏	杭州金汤建筑防水有限公司
		朱永祥	广东科顺化工实业有限公司
	技术分会	吕新荣	新疆维吾尔自治区建筑科学研究院
		张晋勋	北京城建集团有限责任公司
		刘　航	北京市建筑工程研究院
		李明海	山东省建筑科学研究院
		高永昭	四川省建筑科学研究院
		李海波	浙江省建筑科学设计研究院有限公司
		刘加平	江苏省建筑科学研究院有限公司
		王翠坤	中国建筑科学研究院
		葛兴杰	浙江宝业建设集团有限公司
		杨仕超	广东省建筑科学研究院
	古建筑分会	卢中一	浙江省东阳木雕古建园林工程有限公司
		徐振荣	绍兴市第一园林工程有限公司
	混凝土分会	戴显明	中国建筑东北设计研究院有限公司
		姜伟民	浙江省天和建材集团有限公司
		何希铨	福建省建筑科学研究院
		郑晓冬	山东省建筑科学研究院
		李桂珍	陕西天石实业有限责任公司
	智能专业委员会	游惠玲	福建省冠林电子有限公司
		陈京鹭	厦门柏事特信息科技有限公司
	节能专业委员会	涂逢祥	中国建筑业协会建筑节能专业委员会
		宋　波	中国建筑科学研究院
		赵文海	北京中建建筑科学研究院有限公司
		班广生	北京金易格幕墙装饰工程有限责任公司
		康玉范	哈尔滨天硕建材工业有限公司
		赵诚颢	重庆及时雨保温隔音材料有限公司
		李和昌	广州市白云化工实业有限公司
		顾端青	上海青鹰遮阳技术发展有限公司
		施敏琪	特灵空调系统（中国）有限公司
	安全分会	唐　伟	北京建工集团有限责任公司
		张　佳	成都市建设工程施工安全监督站
		陈泳池	江苏省南京市建筑安全生产监督站
		王海云	黑龙江省建工集团有限责任公司
		沈海晏	深圳市特辰科技有限公司
		蒲宇锋	武汉市城建安全生产管理站

续表

分类		姓名	所在公司
协会	安全分会	汤洪家	上海市第一建筑有限公司
		李忠坤	陕西省第五建筑工程公司
		唐　晴	烟台开发区科达电子设备有限公司
	机械租赁分会	李满强	中国第一冶金建设有限责任公司机械化施工分公司
		谈培骏	上海富升建筑机械施工有限公司
		陈龙剑	中铁大桥局股份有限公司
		赵晓丽	中冶京唐设备租赁有限公司
		谢为金	广东力特工程机械有限公司
		仕　军	中核华兴达丰机械工程有限公司
		王正春	上海市建设机械行业协会
		陈淑梅	北京泵普工程机械有限公司
	深基础分会	李　虹	北京市机械施工有限公司
		周宏磊	北京市勘察设计研究院有限公司
		袁　芬	上海市基础工程公司
		朱悦明	北京城建设计研究总院有限责任公司
		钟显奇	广东省基础工程公司
	质量监督分会	潘延平	上海市建设工程安全质量监督总站
		张大春	江苏省建设工程质量监督总站
		毛龙泉	南京市建筑安装工程质量监督站
		魏建东	成都市建设工程质量监督站
		李伟黎	海南省建设工程质量安全监督总站
	质量管理分会	王宗怀	中国中铁股份有限公司
		王　峰	中国铁建股份有限公司
		杨鸿良	北京城建集团有限责任公司
		李吉庆	重庆市建筑业协会
		劳锦洪	广州市第三建筑工程有限公司
		李德明	山西省第一建筑工程公司
	专家委员会	范庆国	上海建工（集团）总公司
		胡德均	天津建工集团（控股）有限公司
		曹春光	江苏省建筑工程管理局
		李　伟	山东省建筑工程管理局
		贾安乐	陕西省建设工程质量安全监督总站
		成　诗	湖北省建筑业协会
		肖绪文	中国建筑股份有限公司
		欧亚明	中国建筑股份有限公司
		单彩霞	中国建筑第二工程局有限公司
		韩文秀	中国建筑一局（集团）有限公司
		金德伟	中国冶金科工集团公司
		冯　跃	北京建工集团总公司
		徐朝信	北京城建集团总公司
		杨健康	北京住总集团有限责任公司
		宫长义	苏州二建建筑集团有限公司

续表

分类		姓名	所在公司
协会	专家委员会	石林华	江苏江中集团有限公司一分公司
		陆建彬	江苏省建工集团有限公司
		宗敦峰	中国水利水电建设集团公司
		李朝忠	中铁隧道集团有限公司
		范　强	中煤建筑安装总公司
		周桂云	中国新兴建设开发总公司一公司
		高广泽	内蒙古赤峰市建设工程质量监督站
		关　洁	中国机械工业建设总公司

关于公示2010年度64个“广厦奖”入围项目的通知

经住房和城乡建设部同意，中国房地产业协会、住房和城乡建设部住宅产业化促进中心自2010年4月起，在会员单位中开展了2010年度的“广厦奖”评选活动。

“广厦奖”是我国房地产开发项目的综合性大奖。获奖项目必须坚持全面贯彻落实科学发展观，以建设资源节约型、环境友好型的社会主义和谐社会和生态文明为宗旨，做到规划设计水平高、环境质量好、工程质量优，在推进住宅产业化、“四节一环保”，在解决广大群众住房问题方面起示范、带动作用。“广厦奖”评选中坚持以普通商品房为主，注重中小套型住房，同时也可有一定比例的性价比高、科技含量高和综合品质高的商品住房；有一定比例的保障性住房。

依据“广厦奖”管理办法和“广厦奖”（住宅类）项目评价标准及“广厦奖”（非住宅类）项目评价标准，经企业申报、地方初审及推荐、“广厦奖”评审专家组审查和评审委员会审议等程序，拟定的2010年度“广厦奖”入围项目64个（其中住宅类项目56个；非住宅类项目8个）。

为体现“公开、公平、公正”的原则，现将“广厦奖”评审委员会审议通过的64个“广厦奖”入围项目及开发单位名单在中华人民共和国住房和城乡建设部网（http://www.mohurd.gov.cn）、中国房地产业协会网（http://www.chinacrea.org）、中国住宅产业网（http://www.chinahouse.gov.cn）和中国建设报上公示，以接受社会监督，广泛听取意见。

社会各界对公示项目有什么意见，请于2010年10月14日前向当地省（自治区、直辖市）房地产业协会（开发协会）、住宅产业化促进中心（办公室）反映，或直接向中国房协、住房和城乡建设部住宅产业化促进中心反映。以单位名义反映的，应写明单位全称、联系人和联系电话（书面材料应加盖公章）；以个人名义反映的，应署明真实姓名、固定联系电话、手机号码及身份证号码。

中国房地产业协会联系方式：

联系人：蔡云

联系电话：010-68166045

地址：北京市海淀区翠微南里8号楼（邮编：100036）

电子信箱：guangshajiang@126.com

住房和城乡建设部住宅产业化促进中心联系方式：

联系人：刘美霞

联系电话：010-58934346

地址：北京市三里河路9号（邮编：100835）

电子信箱：lmx@chinahouse.gov.cn

附：2010年度“广厦奖”入围项目及开发单位名单

二〇一〇年九月三十日

附：

2010年度“广厦奖”入围项目及开发单位名单

序号	地区	项目编号	推荐项目名称	申报单位
1	北京	GSJ0326－01－16（18/3－1）	顶秀美泉家园	北京泰福恒投资发展有限公司；北京顶秀置业有限公司

续表

序号	地区	项目编号	推荐项目名称	申报单位
2	北京	GSJ0327—01—16（18/3—2）	首地大峡谷购物中心	华坤商业投资管理有限公司
3	北京	GSJ0328—01—16（18/3—3）	大钟寺中坤广场	北京中坤长业房地产开发有限公司
4	天津	GSJ0300—02—09（15/4—1）	天房美域	天津市房地产发展（集团）股份有限公司
5	天津	GSJ0302—02—09（15/4—3）	天津顶秀欣园经济适用房项目	天津顶秀置业有限公司
6	河北	GSJ0311—03—04（04/1—1）	中景·盛世长安	北京景旭房地产开发有限公司
7	山西	GSJ0319—04—04（04/1—1）	新兴国际文教城	辰兴房地产发展股份有限公司
8	内蒙古	GSJ0272—05—07（07/1—1）	兴泰·揽胜苑一、二期	内蒙古兴泰房地产开发有限责任公司
9	辽宁	GSJ0274—06—19（24/6—1）	大连明珠	大连明珠房地产开发有限公司
10	辽宁	GSJ0275—06—19（24/6—2）	亿达·唯美品格	大连亿达房地产股份有限公司
11	辽宁	GSJ0276—06—19（24/6—3）	中房·上东花墅	中房集团辽宁置业有限公司
12	辽宁	GSJ0277—06—19（24/6—4）	大连万科溪之谷二期	大连万科房地产开发有限公司
13	辽宁	GSJ0278—06—19（24/6—5）	大德·阳光800	鞍山市大德房地产开发有限公司
14	辽宁	GSJ0279—06—19（24/6—6）	石门山经济适用房	大连鹏生房地产开发有限责任公司
15	黑龙江	GSJ0333—08—06（08/4—1）	七台河市银泉新都	七台河市鑫成房地产开发有限责任公司
16	黑龙江	GSJ0335—08—06（08/4—2）	大庆市万城华府居住小区	大庆市广和房地产开发有限责任公司
17	黑龙江	GSJ0336—08—06（08/4—3）	牡丹江市新阳绿州康城	牡丹江市新阳房地产开发有限责任公司
18	上海	GSJ0286—09—11（16/2—1）	绿地创汇国际广场	上海绿地杨浦置业有限公司
19	上海	GSJ0287—09—11（16/2—2）	上海周浦万达广场	万达集团上海万达广场南汇商业管理有限公司
20	江苏	GSJ0307—10—18（25/4—1）	帝景蓝湾花园	扬州恒通企业有限公司
21	江苏	GSJ0308—10—18（25/4—2）	中洋现代城	江苏中洲置业有限公司
22	江苏	GSJ0309—10—18（25/4—3）	伊顿小镇	苏州工业园建屋发展集团有限公司
23	江苏	GSJ0310—10—18（25/4—4）	申华·国际冠城	江苏申华置业有限公司
24	浙江	GSJ0280—11—19（22/4—1）	格兰春天一期	宁波信达中建置业有限公司
25	浙江	GSJ0281—11—19（22/4—2）	绿城·蓝庭一、二期住宅项目	杭州余杭金腾房地产开发有限公司
26	浙江	GSJ0282—11—19（22/4—3）	金都西江月	金都房产集团有限公司
27	浙江	GSJ0283—11—19（22/4—4）	青林湾一期B区（瞻洲）	宁波房地产股份有限公司
28	安徽	GSJ0317—12—06（07/2—1）	新加坡花园城	合肥八方房地产开发有限公司
29	安徽	GSJ0318—12—06（07/2—2）	瑞城·岸上玫瑰花园	安徽瑞城置业有限责任公司
30	福建	GSJ0304—13—05（08/1—1）	融侨观邸一期	融侨集团股份有限公司
31	山东	GSJ0293—15—24（24/5—1）	桦林·紫郡城	烟台桦林置业有限公司
32	山东	GSJ0294—15—24（24/5—2）	开元·上城	山东开元置业发展有限公司
33	山东	GSJ0295—15—24（24/5—3）	都霖美景一期	青岛都霖美景房地产开发有限公司
34	山东	GSJ0296—15—24（24/5—4）	金柱·水城华府一期	山东聊城金柱建设集团有限公司
35	山东	GSJ0297—15—24（24/5—5）	济宁市润景园小区·御城组团	济宁泰森房地产开发有限公司
36	河南	GSJ0323—16—07（08/2—1）	绿地老街·郑东新苑三期	河南老街坊置业有限公司
37	河南	GSJ0324—16—07（08/2—2）	正商金色港湾·蓝钻（多层部分）	河南正商置业有限公司
38	湖北	GSJ0312—17—14（19/3—1）	孝昌·全洲桃源小区一期项目	湖北全洲房地产开发有限公司
39	湖北	GSJ0313—17—14（19/3—2）	百步亭花园悦秀苑、景兰苑	武汉安居工程发展有限公司
40	湖北	GSJ0314—17—14（19/3—3）	汉口北国际商品交易中心	卓尔控股有限公司
41	湖南	GSJ0270—18—04（04/2—1）	华盛世纪新城	长沙丰升置业有限责任公司

续表

序号	地区	项目编号	推荐项目名称	申报单位
42	湖南	GSJ0316—18—04（04/2—2）	郡原广场	湖南郡原置业有限公司
43	广东	GSJ0288—19—11（17/3—1）	深圳万科城四期（46～50＃楼）	深圳市万科房地产有限公司
44	广东	GSJ0289—19—11（17/3—2）	深圳华润中心一期	华润（深圳）有限公司
45	广东	GSJ0290—19—11（17/3—3）	万科城·新里程（一期、二期）	广州市万科穗东房地产有限公司
46	广西	GSJ0291—20—08（11/1—1）	贵港市盛世名门花园	贵港市小龙房地产开发有限公司
47	海南	GSJ0331—21—07（08/2—1）	四季花城·高尔夫温泉公寓	海南金手指房地产开发有限公司
48	海南	GSJ0332—21—07（08/2—2）	兆南·万泉绿洲	琼海兆南房地产开发有限公司
49	重庆	GSJ0329—22—10（14/2—1）	长安锦绣城	重庆长安房地产开发有限公司
50	四川	GSJ0273—23—06（11/1—1）	西城映画（B区）翡翠海湾	成都市鹏程房屋开发有限公司
51	贵州	GSJ0325—24—04（05/1—1）	遵义东欣彩虹城一期A组团	遵义东欣房地产开发有限公司
52	云南	GSJ0315—25—06（08/1—1）	十二棵橡树庄园中心住宅区	云南巨和房地产开发有限公司
53	西藏	GSJ0320—26—04（04/2—1）	圣城丽都苑	西藏圣城建设集团房地产开发分公司
54	西藏	GSJ0321—26—04（04/2—2）	天海德康名居	西藏天海房地产开发有限责任公司
55	陕西	GSJ0298—27—05（05/2—1）	绿地世纪城仕嘉公寓A区一、二期	上海绿地集团西安置业有限公司
56	陕西	GSJ0299—27—05（05/2—2）	华泰·世纪华苑	咸阳华泰房地产开发有限公司
57	甘肃	GSJ0305—28—06（06/2—1）	天水·天庆嘉园	甘肃天庆房地产集团有限公司
58	甘肃	GSJ0306—28—06（06/2—2）	天庆国际商务大厦	兰州天庆房地产开发有限公司
59	宁夏	GSJ0267—30—09（09/3—1）	紫云华庭	宁夏新材房地产开发有限公司
60	宁夏	GSJ0268—30—09（09/3—2）	“民生·艾依水郡”1～3期	宁夏民生房地产开发有限公司
61	宁夏	GSJ0269—30—09（09/3—3）	湖畔嘉苑Ⅰ期	宁夏房地产开发集团有限公司
62	新疆	GSJ0284—31—08（08/3—1）	特变·水木融城一期	新疆特变电工房地产开发有限责任公司
63	新疆	GSJ0285—31—08（08/3—2）	天富康城	石河子开发区天富房地产开发有限责任公司
64	新疆	GSJ0322—31—08（08/3—3）	华源·博雅馨园一期工程	新疆华源实业（集团）有限公司

2010中国建设行业创新管理大会获奖人物名单

序号	单位	人物、职务
1	中国建筑第七工程局有限公司	贺海飞　董事长、党委书记
2	上海国泰汇商建设股份有限公司	包建国　董事长
3	上海工程勘察设计有限公司	张惠良　总经理
4	上海工程勘察设计有限公司	徐嶒　常务副总经理
5	中铁建工集团北京装饰工程有限公司	吴杨　总经理
6	浙江博元建设股份有限公司	寿才良　董事长
7	河南六建建筑集团有限公司	晁鲁　董事长
8	中铁十四局集团第四工程有限公司	李旭　总经理
9	重庆银鹰实业（集团）有限公司	秦华　董事长
10	深圳市建筑工程股份有限公司	李学健　总裁
11	深圳市建筑工程股份有限公司	夏可夫　副总裁

续表

序号	单位	人物、职务
12	青岛城建集团有限公司	余信武　总经理
13	云南路捷公路工程有限公司	张云昆　董事长
14	山西省煤炭建设监理有限公司	苏锁成　总经理
15	上海华东发展城建设计（集团）有限公司	罗凯　董事长
16	河北新烨工程技术有限公司	于立新　董事长、总经理
17	龙建路桥股份有限公司	史铁桥　总经理
18	北京北国建筑工程有限责任公司	李之会　董事长
19	广西鼎盛建设工程投资有限公司	陈立巧　董事长
20	黄石市扬子建筑安装工程有限公司	罗克佐　董事长
21	广州鑫科装饰设计工程有限公司	宋友根　总经理
22	云南锡业建设集团有限公司	姚国军　总经理
23	北京远洋中广建筑装饰工程有限公司	叶东鲁　董事总经理
24	深圳市优高雅建筑装饰有限公司	吴秉琪　董事长
25	广东尚品装饰工程有限公司	刘广权　董事长

2010 年建筑工程装饰奖获奖工程及获奖单位公告

2010 年全国建筑工程装饰奖评审会 11 月在北京结束。经评审组评定：2010 年全国建筑工程装饰奖获奖工程：公共建筑装饰类 247 项，公共建筑装饰设计类 52 项，建筑幕墙类 111 项。

2010 年全国建筑工程装饰奖（2008 北京奥运、第十一届全运会工程）专项获奖工程：公共建筑装饰类 4 项，公共建筑装饰设计类 2 项，建筑幕墙类 2 项。

2010 年全国建筑工程装饰奖（上海世博）专项获奖工程：公共建筑装饰类 44 项，公共建筑装饰设计类 18 项，建筑幕墙类 6 项。现将获奖工程及获奖单位公告如下。

附：

2010 年全国建筑工程装饰奖获奖工程及获奖单位名单

公共建筑装饰类

一、北京市

1. 工程名称：人民大会堂三楼中央大厅及周边区域装饰工程

＊承建单位：ZJ1000011 华堂建筑装修工程有限公司

承建范围：设计图纸范围内的建筑工程、装饰工程、电气工程、通风空调工程等。

＊承建单位：ZJ1000012 深圳市维业装饰集团股份有限公司

承建范围：人民大会堂三楼中央大厅及周边区域装修改造

2. 工程名称：北京银泰中心柏悦酒店

＊承建单位：ZJ1000021 北京伟发建筑装饰有限公司

承建范围：银泰中心 A 塔楼 34～37 层客房及所属公共区域室内装饰装修

＊承建单位：ZJ1000022 北京城建长城装饰工程有限公司

承建范围：银泰中心 A 塔楼 38～41 层室内装饰装修

3. 工程名称：北京银泰中心

＊承建单位：ZJ1000031 北京港源建筑装饰工程有限公司

承建范围：E 座三层宴会厅精装修工程

4. 工程名称：中铁建设大厦装饰工程

＊承建单位：ZJ1000041 中铁建设集团有限公司

承建范围：1～9 层及所有楼梯间、电梯厅、地下一层餐厅、厨房等部位装修

5. 工程名称：北京励骏酒店

＊承建单位：ZJ1000051 北京弘高建筑装饰设计工程有限公司

承建范围：首层大堂；二层法式餐厅、过厅、电梯厅及公共走廊室内装饰装修

＃参建单位：ZJ1000059 中国建筑装饰工程有限公司

参建范围：客房 13～17 层室内装饰装修

6. 工程名称：恭王府府邸文物保护修缮工程

＊承建单位：ZJ1000061 北京房修一建筑工程有限公司

承建范围：文物古建修缮、文物复建工程

7. 工程名称：王府井大厦 6～14 层装饰工程

＊承建单位：ZJ1000071 神州长城装饰工程有限公司

承建范围：6～8 层酒店客房、酒店电梯厅及酒店公共走廊精装修

＊承建单位：ZJ1000072 深圳市中建南方装饰工程有限公司

承建范围：12 层至 14 层酒店客房、酒店电梯厅及酒店公共走廊装饰装修

＃参建单位：ZJ1000079 深圳海外装饰工程有限公司

参建范围：9～11 层客房及公共部分室内装饰装修

8. 工程名称：北京颐和园宾馆装饰工程

＊承建单位：ZJ1000081 北京中建华腾装饰工程有限公司

承建范围：中餐厅、游泳池、客房等室内装饰装修

＃参建单位：ZJ1000089 北京丽贝亚建筑装饰工程有限公司

参建范围：大堂一线装饰工程，红酒坊精装修工程

9. 工程名称：安福大厦西楼 B 座 5～15 层、东楼 1、2 层装饰工程

＊承建单位：ZJ1000091 北京中建海外装饰工程有限公司

承建范围：西楼 B 座 5～9 层、东楼 1～2 层装修及配套水电安装

＊承建单位：ZJ1000092 广东省建筑装饰工程有限公司

承建范围：西楼北侧楼地上 10～15 层所有办公室及公共部分（楼梯间除外）的装饰工程和照明、给排水安装

10. 工程名称：燕莎中心凯宾斯基饭店

＊承建单位：ZJ1000101 广州珠江装修工程有限公司

承建范围：大堂、休息室、电梯后部改建翻新

11. 工程名称：北京地铁奥运支线奥林匹克公园站装饰工程

＊承建单位：ZJ1000111 北京市建筑工程装饰有限公司

承建范围：地下一站厅层、地下二站台层室内精装修

12. 工程名称：北京金茂威斯汀酒店

＊承建单位：ZJ1000121 深圳瑞和建筑装饰股份有限公司

承建范围：酒店 1～5 层公共区域精装修

13. 工程名称：新华联丽景国际酒店

＊承建单位：ZJ1000131 中信室内装修工程公司

承建范围：首层大堂、10～15 层行政客房、总统套、行政酒廊等室内装饰装修

14. 工程名称：国投大厦 5＃楼装饰工程

＊承建单位：ZJ1000141 深圳海外装饰工程有限公司

承建范围：1、2 层及 3～17 层电梯厅、楼梯间室内装饰装修

＊承建单位：ZJ1000142 北京侨信装饰工程有限公司

承建范围：3～9 层总经理办公室、办公区、公共走廊等装饰装修

＊承建单位：ZJ1000143 深圳市文业装饰设计工程有限公司

承建范围：10～17 层办公区室内装饰装修

15. 工程名称：北京电视中心综合业务楼

＊承建单位：ZJ1000151 北京天图设计工程有限公司

承建范围：综合业务楼首层、3 层和 39 层精装修

16. 工程名称：北京电视中心演播楼剧场及辅助用房装饰工程

＊承建单位：ZJ1000161 北京清尚建筑装饰工程有限公司

承建范围：室内装饰装修

17. 工程名称：北京国家会议中心 D 座酒店

＊承建单位：ZJ1000171 北京建谊建筑工程有限公司

承建范围：1～4 室内装饰装修

＊承建单位：ZJ1000172 北京清尚建筑装饰工程有限公司

承建范围：4～16 室内装饰装修

18. 工程名称：中国航空综合技术研究所综合楼装饰工程

＊承建单位：ZJ1000181 北京迪迈建筑装饰工程有限公司

承建范围：室内装饰装修

19. 工程名称：北京大学口腔医学院门诊病房楼改扩建工程

＊承建单位：ZJ1000191 北京北方天宇建筑装饰有限责任公司

承建范围：4～8 层室内装饰装修

20. 工程名称：全国总工会职工对外交流中心（第 1 标段：裙楼部分）

＊承建单位：ZJ1000201 深圳市美术装饰工程有限公司

承建范围：裙楼地上 6 层、地下 3 层室内装饰装修

21. 工程名称：澳门特区政府驻京办事处装饰工程

＊承建单位：ZJ1000211 北京远洋中广建筑装饰工程有限公司

承建范围：澳门中心 14 层室内装饰装修

22. 工程名称：中国工商银行电子银行中心新营业用房

＊承建单位：ZJ1000221 中国装饰有限公司

承建范围：大堂、12、16 层等室内装饰装修

23. 工程名称：北京朗琴园四期精装修（二标段）

＊承建单位：ZJ1000231 苏州金螳螂建筑装饰股份有限公司

承建范围：一层大堂、咖啡吧及三层会议室、中餐厅、宴会厅室内装饰装修

24. 工程名称：科航大厦（海航大厦）办公楼及酒店装饰工程

＊承建单位：ZJ1000241 建峰建设集团股份有限公司

承建范围：室内地上 6～8 层精装修

＊承建单位：ZJ1000242 中信室内装修工程公司

承建范围：办公楼首层大堂、5 层、6～21 层室内装饰装修

＃参建单位：ZJ1000249 深圳海外装饰工程有限公司

参建范围：首层大堂、2 层、17～20 层客房，22～23 层会所室内装饰装修

25. 工程名称：首都国际机场 T3C 航站楼候机指廊西楼装饰工程

＊承建单位：ZJ1000251 深圳市华南装饰设计工程有限公司

承建范围：T3C 航站楼候机指廊西楼装饰装修

二、天津市

26. 工程名称：中国银行天津市分行私人银行部装饰工程

＊承建单位：ZJ1000261 天津华惠安信装饰工程有限公司

承建范围：1～4 层全部室内装饰装修

27. 工程名称：天津城建学院现代化教育中心

＊承建单位：ZJ1000271 天津市建设装饰工程有限公司

承建范围：现代化教育中心前厅共享大厅及报告厅室内装饰装修

28. 工程名称：天津市商务委员会办公楼

＊承建单位：ZJ1000281 天津市南洋装饰工程公司

承建范围：1、2 层室内装饰装修

29. 工程名称：南京路配套公建楼（天津）

＊承建单位：ZJ1000291 天津市艺术建筑装饰有限公司

承建范围：地下一层电梯等候间、首层至四层室内装饰装修

30. 工程名称：大港油田科贸中心（天城大厦）内檐装饰装修

＊承建单位：ZJ1000301 江苏华泰装饰工程有限公司

承建范围：5～23 层客房、走廊、电梯厅装饰装修，卫生间冷热给水安装、电气设备安装。

31. 工程名称：天津皇冠国际广场酒店及酒店式公寓室内精装修工程

＊承建单位：ZJ1000311 天津市圣美装饰工程有限公司

承建范围：第 2 标段：2 层，大堂上空吊顶以及酒店客房 7～10 层室内装饰装修

＊承建单位：ZJ1000312 天津市圣美装饰工程有限公司

承建范围：第 4 标段：公寓房间、首层入户大堂等室内装饰装修

32. 工程名称：天津赛象大厦

＊承建单位：ZJ1000321 青岛恒泰装饰工程有限公司

承建范围：5～18 层全部客房；4 层游泳池、健身房等室内装饰装修

＃参建单位：ZJ1000329 苏州金螳螂建筑装饰股份有限公司

参建范围：1～3 层，19～26 层室内装饰装修

33. 工程名称：君隆广场 1 号楼酒店

＊承建单位：ZJ1000331 天津华惠安信装饰工程有限公司

承建范围：7～20 层室内装饰装修

三、河北省

34. 工程名称：河北冶金大厦装修改造工程

＊承建单位：ZJ1000341 河北建工集团装饰工程公司

承建范围：1～21 层全部室内装修工程

35. 工程名称：秦皇岛大酒店旧楼消防及装修改造工程

＊承建单位：ZJ1000351 秦皇岛市金盛达装饰工程有限公司

承建范围：公共区域、客房等装修改造工程

36. 工程名称：唐山市人民检察院办案侦查技术指挥中心

＊承建单位：ZJ1000361 河北华国建筑装饰设计工程有限公司

承建范围：全部室内装饰装修

37. 工程名称：唐山机场航站楼内装修工程

＊承建单位：ZJ1000371 唐山方舟建筑装饰工程有限公司

承建范围：室内装饰装修

38. 工程名称：河北省内丘县供电有限责任公司办公楼

＊承建单位：ZJ1000381 河北省室内装饰工程有限公司

承建范围：办公楼 1～10 层全部内装修及部分配套管线的安装

河北省代为推荐项目

39. 工程名称：保定电谷大厦

＊承建单位：ZJ1000391 深圳瑞和建筑装饰股份有限公司

承建范围：地下一层、15～18 层室内精装修

＃参建单位：ZJ1000399 深圳长城家具装饰工程有限公司

参建范围：裙楼 1～4 层室内装饰装修

40. 工程名称：渤海国际会议中心

＊承建单位：ZJ1000401 北京丽贝亚建筑装饰工程有限公司

承建范围：酒店综合楼、休闲中心、A 户型(四合院)、独栋公寓、办公楼室内装饰装修

41. 工程名称：石家庄广播电视采编播综合业务大楼

＊承建单位：ZJ1000411 深圳市维业装饰集团股份有限公司

承建范围：主楼 1 层大堂、门厅，2 层餐厅、休息厅，3 层前厅，9、10 层，1～24 层电梯厅及公共卫生间和裙楼展览大厅等精装修部分

＃参建单位：ZJ1000419 深圳市坐标建筑装饰工程有限公司

参建范围：主楼 11～16 层、20～24 层及裙楼 2、3、5 层等的普通办公室、开敞办公区、阅览室、总控室、机房、器材库等简装工程

四、山西省

42. 工程名称：山西省灵石宏源国际饭店

＊承建单位：ZJ1000421 深圳市晶宫设计装饰工程有限公司

承建范围：一区 1～3 层，二区 1～2 层，三区 1～2 层，四区 1～2 层，七区 1～4 层室内装饰装修工程及水电安装工程

43. 工程名称：建行山西省分行五台山培训中心

＊承建单位：ZJ1000431 山西省建筑装饰工程总公司

承建范围：室内装饰装修

44. 工程名称：山西省人大常委会办公楼

＊承建单位：ZJ1000441 深圳城市建筑装饰工程有限公司

承建范围：地下 1 层、地上 9 层装饰装修

45. 工程名称：五峰国际酒店

＊承建单位：ZJ1000451 山西山大艺典装饰有限公司

承建范围：1～4 层酒店室内装饰装修

46. 工程名称：晋中市商业银行中都支行办公楼

＊承建单位：ZJ1000461 晋中市新型装饰有限公司

承建范围：三层室内外装饰装修

五、内蒙古自治区

47. 工程名称：鄂尔多斯会展中心

＊承建单位：ZJ1000471 上海中建八局装饰有限责任公司

承建范围：多功能剧场、会堂（一标段）室内装饰装修

48. 工程名称：鄂尔多斯市国宾馆贵宾楼

＊承建单位：ZJ1000481 广东爱得威建设（集团）股份有限公司

承建范围：1～3 栋室内装饰装修

49. 工程名称：额尔古纳宾馆

＊承建单位：ZJ1000491 呼伦贝尔纵横实业有限公司

承建范围：1～7 层室内装饰工程

50. 工程名称：内蒙古准格尔旗天泽岛大酒店

＊承建单位：ZJ1000501 内蒙古大盟装饰工程有限公司

承建范围：1 层大堂、2 层宴会厅、雅间、3 层多功能厅、雅间、13 层行政酒廊、14 层客房、15 层西餐厅室内装饰装修

51. 工程名称：锡林浩特市城市展览馆

＊承建单位：ZJ1000511 北京丽贝亚建筑装饰工程有限公司

承建范围：室内装饰装修

52. 工程名称：内蒙古质量技术监督局检测实验综合楼—主、辅楼

＊承建单位：ZJ1000521 中房新雅建设有限公司

承建范围：主楼 1～14 层，辅楼 1～7 层室内装饰装修

六、辽宁省

53. 工程名称：铁岭市财经学校综合楼、专家楼

＊承建单位：ZJ1000531 深圳广田装饰集团股份有限公司

承建范围：综合楼、专家楼室内装饰装修

54. 工程名称：大连远洋洲际酒店

＊承建单位：ZJ1000541 合程（北京）建筑装饰工程有限公司

承建范围：A 座 6～22 层室内装饰装修

＃参建单位：ZJ1000548 深圳海外装饰工程有限

公司

参建范围：公共区域 4、5 层，客房部分 23～29、31～35 层室内装饰装修

＃参建单位：ZJ1000549 深圳长城家具装饰工程有限公司

参建范围：负 4 层到 3 层、36～48 层室内装饰装修

55. 工程名称：大连融会科技办公楼

＊承建单位：ZJ1000551 大连乾豪建筑装饰工程有限公司

承建范围：室内装饰装修、给排水、电气工程

56. 工程名称：沈阳医学院奉天医院医技、住院楼

＊承建单位：ZJ1000561 沈阳天地建设发展有限公司

承建范围：地下二层至地上十五层室内整体装修施工

57. 工程名称：辽宁省公路勘测设计公司长白岛科研设计中心装饰装修工程

＊承建单位：ZJ1000571 上海嘉春装饰设计工程有限公司

承建范围：1～10 层室内装饰装修

58. 工程名称：东北电网电力调度交易中心大楼

＊承建单位：ZJ1000581 沈阳白云穗港装饰工程有限公司

承建范围：主楼 3～7 层、室外空中花园、7～19 层中厅室内装饰装修

59. 工程名称：中国银行大连中山广场支行

＊承建单位：ZJ1000591 大连鑫诚装饰装修有限公司

承建范围：室内装饰装修

60. 工程名称：本溪市财政培训中心装修改造工程

＊承建单位：ZJ1000601 辽宁东联装饰工程有限公司

承建范围：1～3 层洗浴、游泳、健身房、咖啡厅等装饰装修

61. 工程名称：大连凯宾斯基酒店四星改造工程

＊承建单位：ZJ1000611 深圳市南利装饰工程有限公司

承建范围：7～28 层室内装饰装修、电气、部分给水及拆除工程

62. 工程名称：营口经济技术开发区投资服务中心

＊承建单位：ZJ1000621 大连豪特建筑装饰设计工程有限公司

承建范围：一楼大堂；二楼国际会议厅、贵宾接待厅；三楼会议中心装饰装修、电气照明、给排水等。

63. 工程名称：工商银行大连开发区分行

＊承建单位：ZJ1000631 大连腾达装饰装修有限公司

承建范围：1～2 层室内装饰装修

64. 工程名称：沈阳五爱深港客运站扩建项目客运站、商场

＊承建单位：ZJ1000641 澳连建筑装饰工程有限公司

承建范围：1、2、3 层室内精装修

七、吉林省

65. 工程名称：南湖宾馆 9＃、10＃、11＃楼（长春）

＊承建单位：ZJ1000651 黑龙江国光建筑装饰工程有限公司

承建范围：室内装饰装修、电气照明、给排水工程

66. 工程名称：吉林大学中日联谊医院外科病房楼

＊承建单位：ZJ1000661 吉林省凯基建筑装饰工程有限责任公司

承建范围：1～4 层室内装饰装修

＊承建单位：ZJ1000669 长春市新世纪建筑装饰工程有限公司

承建范围：5～20 层室内装饰工程

67. 工程名称：东北中小企业信用再担保股份有限公司办公楼

＊承建单位：ZJ1000671 吉林省凯基建筑装饰工程有限责任公司

承建范围：室内外装饰装修全部工程

八、黑龙江省

68. 工程名称：大庆油田工程有限公司技术交流中心

＊承建单位：ZJ1000681 深圳市南利装饰工程有限公司

承建范围：东楼、阳光大厅、西楼内装修工程

69. 工程名称：黑龙江省财税干部培训中心维修改造工程

＊承建单位：ZJ1000691 哈尔滨瑞和建筑装饰工程有限公司

承建范围：1～19 层微机室、会议室、餐厅、包房、办公区、客房等维修改造工程

70. 工程名称：黑龙江省石油大厦

＊承建单位：ZJ1000701 黑龙江省建设装饰工程有限公司

承建范围：－1～8 层室内装饰改造工程、后院改造工程等

九、上海市

71. 工程名称：中国农业银行数据处理中心

＊承建单位：ZJ1000711 上海市建筑装饰工程有限公司

承建范围：A 楼大堂、报告厅、多功能厅、高级会议室、卫生间、电梯厅等室内装饰装修

72. 工程名称：上海环球金融中心大厦

＊承建单位：ZJ1000721 上海康业建筑装饰工程有限公司

承建范围：酒店 1F 大堂、85F 游泳池部位、

86F、87F 室内装饰装修

＊承建单位：ZJ1000722 上海海华建筑装饰工程有限公司

承建范围：79～84 层标准客房室内装饰装修

＊承建单位：ZJ1000723 中建三局装饰有限公司

承建范围：停车场 B1F～B3F、公共区域 1～2 层、27～28 层、办公区 24～27 层、31～35 层、避难层 30 层、观光层 94～100 层、屋面 101～102 层、室内装饰及外立面石材幕墙、室外环境绿化。

73. 工程名称：上海王宝和大酒店二期（上海大酒店）

＊承建单位：ZJ1000731 上海大华装饰工程有限公司

承建范围：1～5 层大堂、12～15 层客房、17 层总统套房及屋顶花园装饰

74. 工程名称：上海越洋璞丽酒店

＊承建单位：ZJ1000741 浙江银建装饰工程有限公司

承建范围：1～3 层公共区域室内装饰装修

75. 工程名称：上海宝矿国际广场酒店

＊承建单位：ZJ1000751 深圳长城家具装饰工程有限公司

承建范围：公寓楼 1～16 层室内装饰装修

＃参建单位：ZJ1000759 苏州金螳螂建筑装饰股份有限公司

参建范围：酒店 A 1～3 层裙房、会议中心、6～29 层客房室内装饰装修

76. 工程名称：上海悦华大酒店改扩建工程

＊承建单位：ZJ1000761 武林建筑工程有限公司

承建范围：4～11 层客房室内装饰装修

＃参建单位：ZJ1000769 浙江亚厦装饰股份有限公司

参建范围：南楼大堂、新楼 1～3 层、12～18 层、北楼室内装饰装修

77. 工程名称：兰馨公寓（上海）

＊承建单位：ZJ1000771 上海市第七建筑有限公司

承建范围：底层大堂、地下一层会所室内装饰装修

78. 工程名称：南郊宾馆（上海）

＊承建单位：ZJ1000781 华鼎建筑装饰工程有限公司

承建范围：地下 1～8 层室内装饰装修

79. 工程名称：上海市现代科技服务业集聚区 A 楼

＊承建单位：ZJ1000791 中建三局东方装饰设计工程有限公司

承建范围：1 层大堂及 2～23 层标准层室内装饰装修

80. 工程名称：上海中金国际广场 A 楼

＊承建单位：ZJ1000801 四川华西建筑装饰工程有限公司

承建范围：A 楼室内办公室及公共部分装修

81. 工程名称：上海南航明珠大酒店

＊承建单位：ZJ1000811 上海嘉春装饰设计工程有限公司

承建范围：室内装饰装修

82. 工程名称：复旦大学附属肿瘤医院门急症医技综合楼

＊承建单位：ZJ1000821 上海新丽装饰工程有限公司

承建范围：2～13 层室内装饰装修

十、江苏省

83. 工程名称：昆山阳澄湖宾馆

＊承建单位：ZJ1000831 深圳广田装饰集团股份有限公司

承建范围：A 标段主楼 L1～L2 层（SPA、酒吧除外）装饰装修

＊承建单位：ZJ1000832 南京长岛建设工程有限公司

承建范围：B 标段主楼 L3、L5～L8 层室内装饰装修

＃参建单位：ZJ1000839 苏州金螳螂建筑装饰股份有限公司

参建范围：C 标段宾馆副楼（地下室后场除外）室内装饰装修

84. 工程名称：苏州新城花园酒店

＊承建单位：ZJ1000841 深圳长城家具装饰工程有限公司

承建范围：16～27 层室内装饰装修

＃参建单位：ZJ1000848 苏州金螳螂建筑装饰股份有限公司

参建范围：－1～15 层室内外装饰装修

＃参建单位：ZJ1000849 苏州苏明装饰有限公司

参建范围：室内装饰工程

85. 工程名称：苏州科技文化艺术中心

＊承建单位：ZJ1000851 深圳海外装饰工程有限公司

承建范围：观摩演艺餐厅及电影世界室内装饰装修

＃参建单位：ZJ1000858 苏州金螳螂建筑装饰股份有限公司

参建范围：114/115 贵宾厅室内装饰装修

＃参建单位：ZJ1000859 苏州金螳螂建筑装饰股份有限公司

参建范围：文化馆 1 层整体室内装饰装修

86. 工程名称：江苏移动通信枢纽

＊承建单位：ZJ1000861 南京国豪装饰安装工程有限公司

承建范围：地下二层、地上 10～12 层室内装饰

87. 工程名称：扬州来鹤台云鹤大厦

＊承建单位：ZJ1000871 江苏华宇装饰工程有限公司

承建范围：14～20 层室内装饰工程

＃参建单位：ZJ1000879 苏州金螳螂建筑装饰股份有限公司

参建范围：1～3 层、5 层室内装饰装修

88. 工程名称：常熟市龙特耐磨球有限公司办公楼

＊承建单位：ZJ1000881 江苏嘉洋华联建筑装饰有限公司

承建范围：1～5 层室内装饰装修

89. 工程名称：昆山市花桥生态园接待中心

＊承建单位：ZJ1000891 昆山市华鼎装饰有限公司

承建范围：各楼层室内装饰装修

90. 工程名称：南京苏豪科技开发暨商务贸易中心

＊承建单位：ZJ1000901 南通市建筑装饰装潢有限公司

承建范围：室内装饰装修

91. 工程名称：苏州在水一方大酒店

＊承建单位：ZJ1000911 苏州苏明装饰有限公司

承建范围：宴会厅室内装饰装修

92. 工程名称：达海投资有限公司祥云楼

＊承建单位：ZJ1000921 南通四建装饰工程有限公司

承建范围：1～20 层室内装饰装修

93. 工程名称：常州市体育场馆会展中心、游泳馆

＊承建单位：ZJ1000931 江苏环亚建设工程有限公司

承建范围：会展中心室内装饰工程 A2 标段（新闻发布厅、训练馆、乒乓球馆、羽毛球馆、咖啡厅、多功能赛场等）

＊承建单位：ZJ1000932 南京金陵建筑装饰有限责任公司

承建范围：游泳馆 B1 标段室内装修，水电安装等

94. 工程名称：常州金鼎国际大酒店

＊承建单位：ZJ1000941 上海世家装饰实业有限公司

承建范围：3 层、9 层、10 层室内装饰装修

＃参建单位：ZJ1000949 苏州金螳螂建筑装饰股份有限公司

参建范围：酒店 1～2 层及桑拿区装饰装修

95. 工程名称：无锡科技馆、博物馆及革命陈列馆（三馆合建）

＊承建单位：ZJ1000951 深圳海外装饰工程有限公司

承建范围：一楼和一夹层室内装饰装修

＊承建单位：ZJ1000952 无锡东方新格环境设计装饰工程有限公司

承建范围：《紫砂艺术展》、《惠山泥人展》、公共空间装饰装修

＃参建单位：ZJ1000959 深圳瑞和建筑装饰股份有限公司

参建范围：2～6 层扶梯公共区域、办公区域、休闲区、六层观光厅装饰装修

96. 工程名称：苏州市公安局车辆管理所新建办公楼检测线车间

＊承建单位：ZJ1000961 苏州市华丽美登装饰装潢有限公司

承建范围：室内装饰工程

97. 工程名称：昆山出口加工区商务大厦及邻里中心

＊承建单位：ZJ1000971 苏州柯利达建筑装饰工程有限公司

承建范围：商务大厦除 1 层银行外的全部 16 层内装修，邻里中心 1～4 层的中庭及公共区域室内装饰装修

98. 工程名称：江苏大学图书馆

＊承建单位：ZJ1000981 南京金鸿装饰工程有限公司

承建范围：一层全部，2～6 层公共区域，6 楼办公区域、景观区、旋转楼梯、空调机房等室内装饰装修

99. 工程名称：常熟国际会议中心

＊承建单位：ZJ1000991 苏州美瑞德建筑装饰有限公司

承建范围：全部室内装饰装修

100. 工程名称：江苏国际图书中心

＊承建单位：ZJ1001001 南京华夏天成建设有限公司

承建范围：裙楼 5～7 层室内装饰装修

101. 工程名称：江苏吴江农村商业银行综合营业大楼

＊承建单位：ZJ1001011 苏州工业园区国发国际建筑装饰工程有限公司

承建范围：裙楼营业厅、5、6、13～15、20 层以上含金厅、北面楼梯及营业间至二楼金库梯的装饰装修

102. 工程名称：金陵国际会议中心

＊承建单位：ZJ1001021 南京富海装饰工程有限公司

承建范围：会议室、多功能厅、客房、餐厅、豪华包间、休闲区域室内装饰装修

103. 工程名称：江苏省徐州监狱警察备勤办公楼

＊承建单位：ZJ1001031 徐州建筑装饰有限公司

承建范围：办公楼室内装饰

104. 工程名称：吴江经济开发区企业投资服务中心

＊承建单位：ZJ1001041 苏州国贸嘉和建筑工程有限公司

承建范围：主楼、办证楼、信访楼整体装饰装修

105. 工程名称：苏州泰华商城

＊承建单位：ZJ1001051 苏州金鼎建筑装饰工程

有限公司

承建范围：室内装饰装修

106. 工程名称：南京市江宁区房地产交易中心办公楼

*承建单位：ZJ1001061 江苏天茂建设工程有限公司

承建范围：室内装饰装修

江苏省代为推荐工程项目

107. 工程名称：常州大剧院

*承建单位：ZJ1001071 浙江深美装饰工程有限公司

承建范围：二标段大堂及公共部位等装饰装修

*承建单位：ZJ1001072 上海世家装饰实业有限公司

承建范围：大剧院室内装饰三标段

108. 工程名称：无锡国土资源局九里基地块 3 号房（无锡市土地交易市场）

*承建单位：ZJ1001081 深圳市美术装饰工程有限公司

承建范围：一标段装饰工程

109. 工程名称：无锡灵山元一希尔顿逸林酒店

*承建单位：ZJ1001091 安徽安兴装饰工程有限责任公司

承建范围：1#～10#楼，G1、G2、G3 别墅，游泳馆，国际会议中心室内装饰装修

*承建单位：ZJ1001092 安徽省振帆装饰有限公司

承建范围：9#楼室内装饰装修

*承建单位：ZJ1001093 安徽博大建筑装饰工程有限公司

承建范围：2#楼室内装饰装修

*承建单位：ZJ1001094 安徽省敦煌装饰工程有限公司

承建范围：1#、10#楼室内装饰装修

*承建单位：ZJ1001095 上海海志建设工程有限公司

承建范围：国际会议中心 1～3 层装饰装修

110. 工程名称：江苏广电城

*承建单位：ZJ1001101 深圳市晶宫设计装饰工程有限公司

承建范围：裙楼 2～6 层及主楼 7 层演播室、声闸、导控室、音控室、录音室、声道制作室、音乐合成室等有声学装修要求的区域

#参建单位：ZJ1001109 浙江亚厦装饰股份有限公司

参建范围：裙房 2～7 层公共区域室内装饰装修

十一、山东省

111. 工程名称：青岛市行政审批服务大厦（青岛信息大厦）

*承建单位：ZJ1001111 青岛东亚建筑装饰有限公司

承建范围：1～3 层室内装饰装修

*承建单位：ZJ1001112 青岛金楷装饰工程有限公司

承建范围：4 层室内装修工程

112. 工程名称：青岛麦岛居住区改造（B 区）中组团西段装饰工程

*承建单位：ZJ1001121 莱西市建筑总公司

承建范围：B41#整体室内装饰装修

#参建单位：ZJ1001129 苏州金螳螂建筑装饰股份有限公司

参建范围：B40#楼 1～28 层室内装饰装修

113. 工程名称：胶济铁路青岛客站改造装饰装修工程

*承建单位：ZJ1001131 青岛建设装饰集团有限公司

承建范围：东出站、东西区贵宾室、南地下候车大厅北廊等室内装饰装修

*承建单位：ZJ1001132 青岛颐金建筑装饰工程有限公司

承建范围：南地下候车室改造及费县路北出入口改移等室内装饰装修

114. 工程名称：临沂天元商务大厦会议中心

*承建单位：ZJ1001141 山东天元装饰工程有限公司

承建范围：室内装饰装修

115. 工程名称：淄博金晶科技研发综合楼

*承建单位：ZJ1001151 山东鑫泽装饰工程有限公司

承建范围：室内装饰装修

116. 工程名称：日照海纳君豪公寓

*承建单位：ZJ1001161 山东安峰装饰工程有限公司

承建范围：C 楼大堂、电梯间、走廊、客房及室内装饰灯具、家具的供货安装

*承建单位：ZJ1001162 山东金马工业集团日照日晖装饰工程有限公司

承建范围：A 楼和 B 楼 1～7 层室内精装修

117. 工程名称：青岛市中级人民法院审判综合楼

*承建单位：ZJ1001171 青建集团股份公司

承建范围：4 层、25 层及 1～25 层公共卫生间、电梯间的装修工程

#参建单位：ZJ1001178 青岛建设装饰集团有限公司

参建范围：二层、三层及四层、五层回廊室内装饰装修

#参建单位：ZJ1001179 青岛德才装饰安装工程有限公司

参建范围：10～24 层室内装饰装修

118. 工程名称：济宁运河城商业摩尔装饰装修

＊承建单位：ZJ1001181 青岛颐金建筑装饰工程有限公司

承建范围：－1～3 层室内装饰装修

＃参建单位：ZJ1001188 青岛建设装饰集团有限公司

参建范围：4～5 层室内装饰装修

＃参建单位：ZJ1001189 青岛德才装饰安装工程有限公司

参建范围：塔楼古建装饰装修

119. 工程名称：青岛黄海饭店会议中心改造工程

＊承建单位：ZJ1001191 青岛建设装饰集团有限公司

承建范围：会议中心和三楼餐厅改造室内装饰装修

120. 工程名称：诸城市栗园宾舍

＊承建单位：ZJ1001201 深圳市晶宫设计装饰工程有限公司

承建范围：栗园宾舍 A、B、C 三个区的装饰装修

121. 工程名称：菏泽大剧院

＊承建单位：ZJ1001211 深圳瑞和建筑装饰股份有限公司

承建范围：一层观众大厅及辅助房间、贵宾厅、后舞台至屋顶，二楼贵宾厅、第一会议室、三楼大小排练厅、琴房、多功能厅，四层牡丹厅装饰装修

122. 工程名称：济宁机场新建民航航站区航站楼

＊承建单位：ZJ1001221 山东圣大建设集团有限公司

承建范围：室内装饰装修

123. 工程名称：赤山大酒店（威海）

＊承建单位：ZJ1001231 山东万得福装饰工程有限公司

承建范围：夜总会 KTV 包房、慢摇吧、公共洗浴、按摩包房、休息大厅、自助餐厅、棋牌室、健身房等室内装饰装修

124. 工程名称：烟台市老年大学老干部活动中心

＊承建单位：ZJ1001241 山东文芝建筑装饰工程有限公司

承建范围：2 号楼室内装饰装修

125. 工程名称：利群集团蓬莱华玺大酒店

＊承建单位：ZJ1001251 青岛金楷装饰工程有限公司

承建范围：二、六层室内装修工程

126. 工程名称：山东省政协委员活动室内部装饰装修工程

＊承建单位：ZJ1001261 山东省永隆装饰工程有限公司

承建范围：三层、六层室内装饰装修

127. 工程名称：中信银行青岛分行装修改造工程

＊承建单位：ZJ1001271 青岛德才装饰安装工程有限公司

承建范围：全部室内装饰装修

十二、安徽省

128. 工程名称：淮北金陵大酒店

＊承建单位：ZJ1001281 中建三局东方装饰设计工程有限公司

承建范围：1～6 区室内装饰装修

129. 工程名称：芜湖市中级人民法院审判庭及综合楼改造

＊承建单位：ZJ1001291 广东省建筑装饰集团公司

承建范围：1～11 层室内外装饰装修

130. 工程名称：合肥燃气综合服务楼

＊承建单位：ZJ1001301 合肥达美建筑装饰工程有限责任公司

承建范围：1～4 层室内装饰装修

131. 工程名称：安庆海事局业务用房

＊承建单位：ZJ1001311 合肥建工装饰工程有限责任公司

承建范围：室内外装饰装修、门面招牌制作装饰装修

132. 工程名称：安徽两淮国际大酒店

＊承建单位：ZJ1001321 中国建筑装饰工程有限公司

承建范围：19～24 层室内装饰装修

＊承建单位：ZJ1001322 深圳市中航装饰设计工程有限公司

承建范围：13～18 层室内装饰装修

＊承建单位：ZJ1001323 深圳市文业装饰设计工程有限公司

承建范围：酒店大堂、餐厅及公共部分装饰装修

＊承建单位：ZJ1001324 安徽华誉装饰工程有限公司

承建范围：6～12 层桑拿洗浴及客房装饰装修

133. 工程名称：合肥市人民检察院技术综合楼

＊承建单位：ZJ1001331 安徽省豪伟建设集团有限公司

承建范围：室内装饰工程

安徽省代为推荐工程项目

134. 工程名称：兴业银行合肥分行办公楼

＊承建单位：ZJ1001341 南京皇冠装饰工程有限公司

承建范围：阜阳路分行 1～6 层室内装饰装修

135. 工程名称：合肥大剧院

＊承建单位：ZJ1001351 深圳市建筑装饰（集团）有限公司

承建范围：歌剧院、一、二、三层配套用房等内装饰工程

136. 工程名称：安徽报业大厦

*承建单位：ZJ1001361 深圳市建筑装饰（集团）有限公司

承建范围：大堂、电梯厅等一标段室内装饰装修

#参建单位：ZJ1001369 浙江亚厦装饰股份有限公司

参建范围：主楼 12～17 层室内装饰装修

十三、江西省

137. 工程名称：江西省森林防火预警监测总站

*承建单位：ZJ1001371 南昌金昌装饰设计工程有限公司

承建范围：1～26 层室内装饰装修

138. 工程名称：南昌红谷天虹商场

*承建单位：ZJ1001381 江西建工装潢公司

承建范围：室内装饰装修

139. 工程名称：工商银行上饶分行营业办公大楼装修改造工程

*承建单位：ZJ1001391 江西南方建筑装潢配套公司

承建范围：1～11 层室内外装修

140. 工程名称：工行江西省分行机关办公大楼室内装饰装修改造工程

*承建单位：ZJ1001401 中航长江建设工程有限公司

承建范围：室内装饰装修

141. 工程名称：抚州文化园汤显祖大剧院

*承建单位：ZJ1001411 浙江省一建建设集团有限公司

承建范围：室内装饰装修

142. 工程名称：南昌市锦绣宾馆改造工程

*承建单位：ZJ1001421 江西省康盛广告装饰工程有限公司

承建范围：室内装饰装修

143. 工程名称：南昌市人民检察院侦查技术大楼

*承建单位：ZJ1001431 江西圳昌装饰工程（集团）有限公司

承建范围：室内装饰装修

144. 工程名称：南昌县文化会展中心

*承建单位：ZJ1001441 江西利达装饰工程有限公司

承建范围：室内装饰装修

十四、浙江省

145. 工程名称：杭州海外海皇冠假日酒店

*承建单位：ZJ1001451 浙江广居装饰有限公司

承建范围：1 层大堂及综合服务区、28、29 层室内装饰装修

146. 工程名称：温州香格里拉大酒店

*承建单位：ZJ1001461 浙江银建装饰工程有限公司

承建范围：L6～L8、L20～L26 客房层室内装饰装修

#参建单位：ZJ1001469 苏州金螳螂建筑装饰股份有限公司

参建范围：L9～L19 层客房层及 L1 层宴会厅室内装饰装修

147. 工程名称：宁波万达索菲特大饭店

*承建单位：ZJ1001471 苏州金螳螂建筑装饰股份有限公司

承建范围：6～17 层室内装饰装修

148. 工程名称：海宁皮都锦江大酒店

*承建单位：ZJ1001481 浙江宏厦建设有限公司

承建范围：1～3 层室内装饰装修

149. 工程名称：杭州阳明谷度假村酒店

*承建单位：ZJ1001491 中天建设集团有限公司

承建范围：2、3 标段（客房、总统套房、地下娱乐区）、艺术馆等室内装饰装修

#参建单位：ZJ1001499 苏州金螳螂建筑装饰股份有限公司

参建范围：1 楼大堂、中西餐厅、2 楼会议室及公共区域室内装饰装修

150. 工程名称：浙江省后勤经济发展中心业务综合楼（冠盛大厦）

*承建单位：ZJ1001501 浙江亚厦装饰股份有限公司

承建范围：全部室内装饰装修

151. 工程名称：杭州海越大厦

*承建单位：ZJ1001511 浙江中宇装饰工程有限公司

承建范围：1～25 层室内装饰装修工程

152. 工程名称：中南建设大厦

*承建单位：ZJ1001521 浙江中南建设集团有限公司

承建范围：1～26 层室内装修

153. 工程名称：时代广场 3#楼室内装饰工程

*承建单位：ZJ1001531 浙江天工装饰工程有限公司

承建范围：1～8 层室内装饰工程

154. 工程名称：浦发银行宁波慈溪支行装饰工程

*承建单位：ZJ1001541 浙江新豪城装饰有限公司

承建范围：办公楼 1～5 层室内装饰，水电安装项目

155. 工程名称：宁波方太厨具有限公司杭州湾工业园办公大楼及企业展示厅装修工程

*承建单位：ZJ1001551 浙江名邦装饰工程有限

公司

承建范围：室内装饰装修

156. 工程名称：浙江耀江大酒店

＊承建单位：ZJ1001561 浙江展诚建设集团股份有限公司

承建范围：大堂、大小会议室、餐厅、所有客房等装饰装修

157. 工程名称：杭州万华国际酒店

＊承建单位：ZJ1001571 浙江华天装饰工程有限公司

承建范围：1～3 层、8～18 层室内装饰工程

158. 工程名称：吴兴区行政办公综合楼

＊承建单位：ZJ1001581 浙江大东吴集团建设有限公司

承建范围：1～12 层室内装饰装修

159. 工程名称：绍兴市国家档案馆

＊承建单位：ZJ1001591 浙江嘉华装饰有限公司

承建范围：全部室内装饰装修

160. 工程名称：浙江三门保罗大酒店

＊承建单位：ZJ1001601 浙江圣大建设集团有限公司

承建范围：4 层会议区域宴会厅、15～19 层客房、26 层、27 层总统套房室内装饰装修

161. 工程名称：浙江金融职业学院新校区二期（二标段）成教学院楼

＊承建单位：ZJ1001611 浙江省建工集团有限责任公司

承建范围：室内装饰装修

162. 工程名称：杭州星巢菁英会精装修工程

＊承建单位：ZJ1001621 浙江飞耀装饰股份有限公司

承建范围：室内装饰装修

163. 工程名称：云天楼假日皇都大酒店

＊承建单位：ZJ1001631 温州东瓯建设集团有限公司

承建范围：室内装饰装修

164. 工程名称：杭州太虚湖假日大酒店扩建装饰工程

＊承建单位：ZJ1001641 浙江中南建设集团有限公司

承建范围：1、2 层室内装饰装修，主要包括大堂、中西式餐厅、酒吧、包厢、会议室及客房等区域

＊承建单位：ZJ1001642 浙江华尔达装饰工程有限公司

承建范围：3 层及消防楼梯室内装饰装修

＊承建单位：ZJ1001643 浙江广艺建筑装饰工程有限公司

承建范围：4～5 层室内装饰装修

165. 工程名称：长城大厦（浙江）

＊承建单位：ZJ1001651 浙江富厦建筑装饰工程有限公司

承建范围：5～23 层室内装饰装修

＃参建单位：ZJ1001659 浙江亚厦装饰股份有限公司

参建范围：1～4 室内装饰装修

166. 工程名称：庆春广场二期室内装饰工程

＊承建单位：ZJ1001661 浙江龙邦装潢工程有限公司

承建范围：1～7 层室内装饰装修

167. 工程名称：安吉龙王溪乡村俱乐部（安吉龙袍坞生态健身中心）

＊承建单位：ZJ1001671 浙江亚厦装饰股份有限公司

承建范围：会所、地下一层以及地上一层的室内装饰

十五、福建省

168. 工程名称：五缘水乡工程 B 标（装修工程）

＊承建单位：ZJ1001681 厦门市港龙装修工程有限公司

承建范围：B2 标段（2 号楼、游泳馆、网球馆）室内装饰装修

＊承建单位：ZJ1001682 厦门东方设计装修工程有限公司

承建范围：B3 标段（3 号楼地下 1 层，地上 1～4 层）室内装饰装修

＃参建单位：ZJ1001689 厦门市泉艺设计装饰工程有限公司

参建范围：B1 标段（1 号楼酒店大堂、宴会大厅，行政套房，总统套房）等室内装饰装修

169. 工程名称：厦门软件园二期配套酒店装修工程

＊承建单位：ZJ1001691 厦门龙安盛装修工程有限公司

承建范围：I 标段 2～7 层客房、8、9 层贵宾楼及地下室装饰装修

＊承建单位：ZJ1001692 厦门邮电纵横装饰工程有限公司

承建范围：酒店 1～7 层公共部分、酒店 4～7 层商务客房等的装饰装修

170. 工程名称：福鼎市金九龙大酒店

＊承建单位：ZJ1001701 温州云艺装饰有限公司

承建范围：大堂、客房、餐饮、办公等装饰装修

＃参建单位：ZJ1001709 浙江亚厦装饰股份有限公司

参建范围：1～5 层室内装饰装修

171. 工程名称：海悦山庄酒店二期装修工程

＊承建单位：ZJ1001711 厦门辉煌装修工程有限公司

承建范围：全部室内装饰装修

172. 工程名称：泉州火炬电子有限公司办公大楼

＊承建单位：ZJ1001721 泉州粤港装饰工程有限公司

承建范围：办公大楼、车间及其他部分全部室内装饰装修

173. 工程名称：中国工商银行股份有限公司福建省分行大楼

＊承建单位：ZJ1001731 福州鹏程建筑装修设计工程有限公司

承建范围：B 区 1～23 层及 C 区 2 层室内装饰工程、水电安装工程、消防整改工程

十六、河南省

174. 工程名称：河南艺术中心装饰装修

＊承建单位：ZJ1001741 深圳市洪涛装饰股份有限公司

承建范围：观众厅、贵宾厅、1～5 层办公区等装饰装修

＃参建单位：ZJ1001749 中建三局东方装饰设计工程有限公司

参建范围：北共享大厅 1～3 层室内装饰

十七、湖北省

175. 工程名称：武汉美术馆

＊承建单位：ZJ1001751 武汉建工集团装饰工程有限公司

承建范围：门厅、中庭、展厅、序厅及辅助用房装饰装修工程

＊承建单位：ZJ1001752 深圳市建筑装饰（集团）有限公司

承建范围：2～5 层装饰装修工程（1～5 层水电、电气安装工程）

176. 工程名称：光谷国际广场（武汉）

＊承建单位：ZJ1001761 武汉科艺建筑装饰设计工程有限公司

承建范围：地下商场、1～5 层商场室内装饰

177. 工程名称：武汉恒大华府 B1 号地块装饰工程

＊承建单位：ZJ1001771 浙江亚厦装饰股份有限公司

承建范围：综合楼室内装饰装修

＃参建单位：ZJ1001779 苏州金螳螂建筑装饰股份有限公司

参建范围：29～51 号楼大堂、电梯厅及户内装饰装修

178. 工程名称：湖北省烟草公司荆门市公司办公楼、综合楼装饰工程

＊承建单位：ZJ1001781 湖北新业建筑装饰工程有限公司

承建范围：办公楼 1～5 层、综合楼 1～4 楼室内装饰装修

179. 工程名称：武汉市建筑设计院科技大楼

＊承建单位：ZJ1001791 湖北当代建筑装饰工程有限公司

承建范围：1～7、23～26 层室内装饰装修

180. 工程名称：宜昌市行政服务中心办公楼

＊承建单位：ZJ1001801 宜昌智隆建设有限公司

承建范围：1～13 层所有室内装饰装修项目

十八、湖南省

181. 工程名称：株洲平和堂中鸿店

＊承建单位：ZJ1001811 深圳市卓艺装饰设计工程有限公司

承建范围：1～3 层裙楼室内精装饰装修、通风与空调工程、电气工程（强电、弱电）、卫生间给排水工程。

182. 工程名称：岳阳文化艺术会展中心

＊承建单位：ZJ1001821 深圳市奇信建设集团有限公司

承建范围：大厅、新闻发布厅、化妆间室内装饰装修

＃参建单位：ZJ1001829 深圳广田装饰集团股份有限公司

参建范围：大剧场钢结构转换层、天花板吊顶、墙面、地面及电气照明等装修工程

183. 工程名称：九所宾馆二号楼（湖南）

＊承建单位：ZJ1001831 深圳市设计装饰工程有限公司

承建范围：室内二次装饰装修

184. 工程名称：长沙剧院室内二次装饰工程

＊承建单位：ZJ1001841 湖南六建装饰设计工程有限责任公司

承建范围：长沙剧院 1～3 层室内装修工程

185. 工程名称：湖南省群众艺术馆新馆

＊承建单位：ZJ1001851 湖南建工集团装饰工程有限公司

承建范围：新馆内音乐厅、多功能厅、门厅、会议室和贵宾休息室装饰装修及给排水、电气照明工程。

186. 工程名称：衡阳市财政局南岳财富山庄提质改造装饰工程

＊承建单位：ZJ1001861 湖南省中南建设装饰总公司

承建范围：重宾楼、贵宾楼、门楼、1、2、3 号楼等单位工程的室内装饰、水电安装、消防工程、弱电等项目

187. 工程名称：中南大学湘雅医院新医疗大楼

＊承建单位：ZJ1001871 湖南华天装饰有限公司

承建范围：裙楼一、二层、地下一层室内装饰装修

十九、广东省

188. 工程名称：名贤余忠襄公祠—风采堂加固修缮等配套工程

＊承建单位：ZJ1001881 佛山市工程承包总公司

承建范围：古建筑（保护性建筑）整体装饰装修

189. 工程名称：华润中心二期工程

＊承建单位：ZJ1001891 中建三局装饰有限公司

承建范围：幸福里雅居 2 号楼 1～48 层室内精装修工程

＃参建单位：ZJ1001897 深圳市中建南方装饰工程有限公司

参建范围：利苑酒家整体室内装饰装修

＃参建单位：ZJ1001898 深圳长城家具装饰工程有限公司

参建范围：幸福里雅居 1＃1～48 层室内装饰装修

＃参建单位：ZJ1001899 深圳市建筑装饰（集团）有限公司

参建范围：A 栋君悦酒店地下一层、地下二层 BOH 区及地上 1～3 层、25M 层、31M～38 层 BOH 区；BCD 栋商业区公共区域装饰装修

190. 工程名称：腾讯大厦

＊承建单位：ZJ1001901 深圳市维业装饰集团股份有限公司

承建范围：大楼 7～25 层装饰装修

＊承建单位：ZJ1001902 深圳市洪涛装饰股份有限公司

承建范围：1～4 层，地下室 1～3 层，多功能厅室内装饰装修

＃参建单位：ZJ1001908 深圳瑞和建筑装饰股份有限公司

参建范围：26 层至 36 层装饰、水电施工

＃参建单位：ZJ1001909 深圳市中航装饰设计工程有限公司

参建范围：一楼形象厅、第 37～39 楼、屋顶室内装饰装修

191. 工程名称：深圳东部华侨城

＊承建单位：ZJ1001911 深圳市中建南方装饰工程有限公司

承建范围：华兴寺斋堂、宿舍、茶室、讲经堂、贵宾室及僧舍等室内装饰装修

＃参建单位：ZJ1001917 深圳长城家具装饰工程有限公司

参建范围：总统堡酒店－2～4 层室内装饰工程

＃参建单位：ZJ1001918 深圳海外装饰工程有限公司

参建范围：茵特拉根酒店国际会议中心装修工程

＃参建单位：ZJ1001919 深圳海外装饰工程有限公司

参建范围：恺撒宫一、二层室内装饰装修

192. 工程名称：深圳荣超·经贸中心项目精装修工程

＊承建单位：ZJ1001921 深圳市特艺达装饰设计工程有限公司

承建范围：负 1、2、3 层电梯大堂及 1～46 层公共区域、电梯厅及公共卫生间装饰装修

193. 工程名称：广州花园酒店室内装修工程（第一标段）

＊承建单位：ZJ1001931 广州珠江装修工程有限公司

承建范围：西楼 16、17、22～28 楼、旋转餐厅、西大堂连花园及大堂、荷塘雅座、荔湾亭的室内装饰装修及安装工程。

194. 工程名称：深圳少年儿童图书馆改建装饰工程

＊承建单位：ZJ1001941 深圳市深安企业有限公司

承建范围：改建工程装饰装修部分

195. 工程名称：东莞海悦花园大酒店

＊承建单位：ZJ1001951 深圳市冠泰装饰集团有限公司

承建范围：酒店一楼大堂、三楼会议室、沐足、桑拿改造装饰工程

196. 工程名称：福田香格里拉大酒店发展项目精装修工程

＊承建单位：ZJ1001961 深圳城市建筑装饰工程有限公司

承建范围：中餐厅及咖啡厅、酒店公共区域(L3)、健康中心及五层水疗中心（第二部分）、设计及安装 L3 演讲厅地台精装修工程。

197. 工程名称：深圳市宝安人民医院门诊大楼

＊承建单位：ZJ1001971 深圳市美芝装饰设计工程有限公司

承建范围：整体室内装饰装修

198. 工程名称：萝岗区行政办公用房二次装修工程

＊承建单位：ZJ1001981 广州市第四装修有限公司

承建范围：行政办公楼一栋、政协楼一栋、人大楼一栋、机关办公楼两栋装修和水电安装工程施工

199. 工程名称：广州科学城企业家服务中心（广州翡翠皇冠假日酒店）装修工程

＊承建单位：ZJ1001991 广东建华装饰工程有限公司

承建范围：客房装修工程第二标段，首层咖啡厅、二层中餐大厅及中餐包房装修工程

200. 工程名称：深圳平安银行深圳分行新办公大楼

＊承建单位：ZJ1002001 深圳市建装业集团股份有限公司

承建范围：1 层营业厅、地下 1 层保管箱、2 层办公室、四层办公室装饰工程（含电气、给排水等工

程）

201. 工程名称：深圳地铁 1 号线续建工程安装装修 1 标段

＊承建单位：ZJ1002011 深圳市宝鹰建设集团股份有限公司

承建范围：白石洲站、高新园站、深大站、世一白区间、白一高区间、高一深区间、深一桃区间安装装修工程

202. 工程名称：广州萝岗特勤消防站综合办公楼

＊承建单位：ZJ1002021 广州协安建设工程有限公司

承建范围：综合办公楼装饰工程

203. 工程名称：文化艺术大楼工程 1 幢〔广东星海演艺集团（新址）〕

＊承建单位：ZJ1002031 广州市建筑集团有限公司

承建范围：全部室内装饰装修工程

204. 工程名称：深圳市大运会执行局及市文产办办公用房装修工程（二期）

＊承建单位：ZJ1002041 深圳市华剑装饰设计工程有限公司

承建范围：大中华国际交易广场 11～13 层室内装饰装修

205. 工程名称：深圳市新城市大厦办公楼

＊承建单位：ZJ1002051 深圳市极尚建筑装饰设计工程有限公司

承建范围：大厦 10、11、12 层，新城市大厦南区办公入口门厅，2～9 层公共走道与洗手间室内装饰装修

206. 工程名称：汕头大学新图书馆精装修工程

＊承建单位：ZJ1002061 汕头市建安装饰工程总公司

承建范围：精装修、水电安装及标志安装工程

207. 工程名称：华南国际皮革皮具原辅料物流区精装修工程

＊承建单位：ZJ1002071 深圳市科源建设集团有限公司

承建范围：铝格栅天花配不锈钢反射灯盘、墙面乳胶漆、地面抛光砖、电气工程等

208. 工程名称：深圳益田威斯汀酒店

＊承建单位：ZJ1002081 深圳长城家具装饰工程有限公司

承建范围：1～4 层室内装饰装修

209. 工程名称：中华人民共和国审计署驻广州特派员办事处办公大楼

＊承建单位：ZJ1002091 广东爱富兰装饰工程有限公司

承建范围：1～18 层室内精装修及给排水、电气照明系统工程、变频多联空调和通风系统工程

210. 工程名称：金海大厦（中国移动广州分公司生产调度中心）

＊承建单位：ZJ1002101 广东省装饰有限公司

承建范围：首层大堂、5～28 层室内装修，1～28 层电梯厅、楼梯的装修等

二十、广西壮族自治区

211. 工程名称：阳朔碧莲峰大酒店

＊承建单位：ZJ1002111 深圳市南利装饰工程有限公司

承建范围：客房公共走廊、电梯厅、地下 1 层多功能厅和中餐厅、1 层和 2 层大堂公共区域、共享中厅、会议室、健身房、总统套房等室内装饰装修

212. 工程名称：广西邮政南宁物流中心及通信调度楼

＊承建单位：ZJ1002121 广西建林装饰工程有限责任公司

承建范围：1、2、19、20 层室内装饰；建筑物外墙干挂；大门入口雨篷等

＊承建单位：ZJ1002122 广西建工集团同盛建筑装饰工程有限公司

承建范围：3～18 楼地面、墙面、天花吊顶室内装饰装修及电器照明

213. 工程名称：广西科技馆（新馆）机电安装及配套工程

＊承建单位：ZJ1002131 广西建工集团第五建筑工程有限责任公司

承建范围：室内外装饰装修

214. 工程名称：南宁市国土交易综合楼

＊承建单位：ZJ1002141 广西建工集团第三建筑工程有限责任公司

承建范围：室内外装饰装修工程（地下 1 层，地上 12 层）

215. 工程名称：琅东维修中心综合楼二次装修工程

＊承建单位：ZJ1002151 广西建工集团桂港建筑装饰有限公司

承建范围：1 层公共大堂、2 层会议室、3 层职工食堂、5～14 层、17～18 层标准办公层、15、16 层领导层装饰等室内装饰装修

216. 工程名称：象州古象温泉度假村酒店

＊承建单位：ZJ1002161 深圳市新鹏都装饰工程有限公司

承建范围：客房、天花、墙面、公共部分等室内装饰装修

二十一、重庆市

217. 工程名称：重庆市建工集团产业大厦维景国际大酒店

＊承建单位：ZJ1002171 重庆建工渝远建筑装饰有限公司

承建范围：室内装饰装修

218. 工程名称：重庆市科技馆

＊承建单位：ZJ1002181 重庆大方建筑装饰设计工程有限公司

承建范围：主体工程精装修，巨幕影院及多功能会议厅室内装饰装修

219. 工程名称：重庆江鸿国际大饭店

＊承建单位：ZJ1002191 重庆金梭装饰设计工程有限公司

承建范围：室内装饰装修

220. 工程名称：重庆大剧院

＊承建单位：ZJ1002201 重庆港鑫建筑装饰设计工程有限公司

承建范围：重庆大剧院室内装修工程一标段

＃参建单位：ZJ1002209 深圳海外装饰工程有限公司

参建范围：二标段（地下负 1 层、负 2 层 F—L/18～38；2、3、5 层等室内装饰装修

221. 工程名称：重庆市电信有限公司综合大楼

＊承建单位：ZJ1002211 深圳市美芝装饰设计工程有限公司

承建范围：A 标段墙面石材安装、墙面乳胶漆、地面石材安装、照明安装、卫生间给水管安装、卫生间洁具安装、天花吊顶安装等

二十二、四川省

222. 工程名称：成都市大城际电梯公寓

＊承建单位：ZJ1002221 四川省晟茂建设有限公司

承建范围：1～7 号楼、会所室内装饰装修、园林景观

223. 工程名称：成都中铁名人大厦

＊承建单位：ZJ1002231 浙江华天装饰工程有限公司

承建范围：21～27 层室内装饰

＊承建单位：ZJ1002232 武林建筑工程有限公司

承建范围：15～20 层室内装饰

＃参建单位：ZJ1002239 浙江亚厦装饰股份有限公司

参建范围：－1～5 层室内装饰

224. 工程名称：四川国际网球中心

＊承建单位：ZJ1002241 四川泰兴装饰工程有限责任公司

承建范围：运动员别墅及 1～2 屋客房室内装饰装修

225. 工程名称：中国银行四川省分行营业办公楼

＊承建单位：ZJ1002251 深圳远鹏装饰设计工程有限公司

承建范围：1～3 层室内装饰装修

二十三、贵州省

226. 工程名称：六盘水凤凰祥林大酒店

＊承建单位：ZJ1002261 深圳市中航装饰设计工程有限公司

承建范围：室内装饰装修

二十四、云南省

227. 工程名称：昆明翠湖宾馆客房维修翻新

＊承建单位：ZJ1002271 深圳市冠泰装饰集团有限公司

承建范围：10～15 层客房及楼层走道、电梯厅

228. 工程名称：云南海埂会议中心项目商务会议中心

＊承建单位：ZJ1002281 深圳市宝鹰建设集团股份有限公司

承建范围：A 区 4 层花园茶室室内外、A 区消防楼梯，观光楼梯及 1～3 层大楼梯等部分室内装饰装修（第四标段）

＊承建单位：ZJ1002282 深圳市安星装饰设计工程有限公司

承建范围：A 区 2 层 2～2 区、2～3 区室内装饰装修（二标段）

＊承建单位：ZJ1002283 深圳市奇信建设集团有限公司

承建范围：云南海埂会议中心项目商务会议中心 A 区三层全部（三标段）

＃参建单位：ZJ1002287 深圳广田装饰集团股份有限公司

参建范围：A 区 1 层全部和 A 区 2 层 2～1 区（消防楼梯除外）的室内装修

＃参建单位：ZJ1002288 深圳市美术装饰工程有限公司

参建范围：会议中心项目商务会议中心 B 区报告大厅和舞台装修施工图所示外墙皮以内的室内装修装饰（五标段）

＃参建单位：ZJ1002289 深圳市晶宫设计装饰工程有限公司

参建范围：B 区东面地上 2～4 层，南、北面地上 2～6 层室内装饰装修工程及水电安装工程

229. 工程名称：怒江州州级行政中心办公楼

＊承建单位：ZJ1002291 云南旅游装饰工程有限公司

承建范围：领导办公室和公共卫生间室内装饰装修（一标段）

＊承建单位：ZJ1002292 深圳凯捷装饰工程有限公司

承建范围：普通办公楼室内装饰装修（三标段）

230. 工程名称：聂耳图书馆、纪念馆及演艺中心（云南）

＊承建单位：ZJ1002301 云南旅游装饰工程有限公司

承建范围：公共部分内装修及电气安装

231. 工程名称：云南省林业厅综合办公楼

＊承建单位：ZJ1002311 云南科达装饰设计工程有限公司

承建范围：1 号、2 号、3 号、4 号办公楼室内所有装饰装修

二十五、陕西省

232. 工程名称：延安革命纪念馆

＊承建单位：ZJ1002321 常泰建筑装潢工程有限公司

承建范围：1～3 层室内装饰装修

233. 工程名称：西北电网 750 科研培训基地

＊承建单位：ZJ1002331 江苏建设装饰工程有限公司

承建范围：地下 1 层、地上 3～7 层及地上 1 层南侧电梯前室室内装饰

234. 工程名称：中共陕西省委机关西院危房改造 2 号办公楼

＊承建单位：ZJ1002341 陕西省建筑装饰工程公司

承建范围：1～5 层装饰装修工程

二十六、宁夏回族自治区

235. 工程名称：神华宁煤集团宁东煤化工基地综合办公楼

＊承建单位：ZJ1002351 深圳市华辉装饰工程有限公司

承建范围：整体室内装饰装修

二十七、甘肃省

236. 工程名称：中国工商银行股份有限公司甘肃省分行旧办公楼装修改造工程

＊承建单位：ZJ1002361 甘肃麦岛建设工程有限公司

承建范围：主、副楼室内外装饰改造

二十八、青海

237. 工程名称：青海宾馆升星改造工程

＊承建单位：ZJ1002371 苏州金螳螂建筑装饰股份有限公司

承建范围：1～3 层、6～12 层、20 层总统套房等室内装饰装修

二十九、新疆维吾尔自治区

238. 工程名称：新疆昆仑宾馆南楼

＊承建单位：ZJ1002381 常泰建筑装潢工程有限公司

承建范围：地下室、1 层、2 层室内装饰装修

239. 工程名称：精伊霍铁路伊宁站站房

＊承建单位：ZJ1002391 深圳广田装饰集团股份有限公司

承建范围：底层、1 层、2 层的室内及进站人行天桥、出站地道、地道踏步和出站大厅等装饰装修

240. 工程名称：中国工商银行新疆分行办公楼

＊承建单位：ZJ1002401 北京中建海外装饰工程有限公司

承建范围：4～25 层装修及配套水电安装工程

三十、军装协

241. 工程名称：苏州工业园区圆融时代广场 N2 地块东楼装饰工程

＊承建单位：ZJ1002411 上海蓝天房屋装饰工程有限公司

承建范围：18 个楼面全部装饰工程

242. 工程名称：中国人民解放军海军总医院医疗大楼净化系统专业分包工程

＊承建单位：ZJ1002421 江苏环亚建设工程有限公司

承建范围：2 层检验科、ICU 病房；3 层洁净手术部室内装饰装修

243. 工程名称：中国电子科技集团公司第二十八研究所科研大楼

＊承建单位：ZJ1002431 南京长岛建设工程有限公司

承建范围：8～19 层及 B 筒身内装饰

＃参建单位：ZJ1002439 苏州金螳螂建筑装饰股份有限公司

参建范围：裙楼整体室内装饰装修

244. 工程名称：苏州交通管理指挥中心

＊承建单位：ZJ1002441 苏州市谨业园林装饰设计工程有限公司

承建范围：1～16 层室内装饰（含电气安装）

245. 工程名称：证大五道口大厦 20～22 层兴业证券股份有限公司上海总部办公楼

＊承建单位：ZJ1002451 上海海直建设工程有限公司

承建范围：室内装饰装修

三十一、海外

246. 工程名称：越南岘港皇冠假日酒店

＊承建单位：ZJ1002461 深圳市中建南方装饰工程有限公司

承建范围：酒店大堂及公共区内装饰装修

＊承建单位：ZJ1002462 深圳市晶宫设计装饰工程有限公司

承建范围：四区客房及公共区域室内装饰装修

247. 工程名称：越南国家歌舞剧院建筑室内装饰投资项目

＊承建单位：ZJ1002471 广西建林装饰工程有限责任公司

承建范围：室内装饰、音响舞台设备安装工程

2010 全国建筑工程装饰奖（2008 北京奥运会、第十一届全运会工程）获奖工程及获奖单位

公共建筑装饰类

一、辽宁省

工程名称：沈阳奥林匹克体育中心游泳馆及网球中心

＊承建单位：OZJ1000011 沈阳市飞翔装饰有限公司

承建范围：游泳馆新闻发布厅、网球馆新闻发布厅整体装修

二、山东省

1. 工程名称：第十一届全运会青岛体育中心游泳跳水馆

＊承建单位：OZJ1000021 青岛东亚建筑装饰有限公司

承建范围：室内装饰装修

2. 工程名称：青岛奥帆博物馆室内装修及展示工程

＊承建单位：OZJ1000031 青岛德才装饰安装工程有限公司

承建范围：地上 2 层、地下 1 层装修及展示工程

3. 工程名称：济南龙奥资产运营有限公司综合服务楼

＊承建单位：OZJ1000041 山东福缘来装饰有限公司

承建范围：2～15 层二级办公室、会议室室内装饰装修

＊承建单位：OZJ1000042 山东德泰装饰有限公司

承建范围：3 层会议室，7 层、9 层一、二级办公室及大、小餐厅的室内装饰装修

公共建筑装饰设计类

山东省

1. 工程名称：十一届全运会青岛体育中心游泳跳水馆

设计单位：OZJ1030011 青岛东亚建筑装饰有限公司

设计范围：室内装饰装修设计

2. 工程名称：青岛奥帆博物馆室内装修及展示工程

设计单位：OZJ1030021 青岛德才装饰安装工程有限公司

设计范围：室内整体装修及展示工程设计

建筑幕墙类

1. 工程名称：青岛火车站幕墙工程

＊承建单位：OZJ1050011 珠海兴业绿色建筑科技有限公司

承建范围：室外幕墙

2. 工程名称：沈阳奥体中心幕墙工程

＊承建单位：OZJ1050021 沈阳远大铝业工程有限公司

承建范围：室外幕墙

2010 全国建筑工程装饰奖（上海世博）获奖工程及获奖单位

公共建筑装饰类

1. 工程名称：上海世博会中国馆

＊承建单位：SBZJ1000011 上海市建筑装饰工程有限公司

承建范围：地上一层、地下夹层、地下一层装饰装修

2. 工程名称：上海世博会世博中心

＊承建单位：SBZJ1000021 浙江亚厦装饰股份有限公司

承建范围：B1～6 层中庭、所有需精装修的卫生间装饰装修

＊承建单位：SBZJ1000022 上海市建筑装饰工程有限公司

承建范围：1 层多功能厅，2～4 层办公室、会议室及公共走道，2 600 人大会堂，1～3 层东区，5 层宴会厅、休息厅及屋顶花园装饰装修

＊承建单位：SBZJ1000023 上海建筑装饰（集团）有限公司

承建范围：4～5 层 32—44 轴/L—B 轴政务厅、会议室及走道装饰装修

＊承建单位：SBZJ1000024 浙江亚厦装饰股份有限公司

承建范围：6 层中小会议室，7 层东区南面 10 间贵宾会议室装饰装修

＊承建单位：SBZJ1000025 上海市第七建筑有限公司

承建范围：7 层室内装饰装修

3. 工程名称：上海世博会演艺中心

＊承建单位：SBZJ1000031 上海市建筑装饰工程有限公司

承建范围：B1 层商业街道、化妆区、后勤区、办公区、电梯厅、公共楼梯、钻石体楼梯、柱子等，B2 层溜冰场、休息厅、换鞋区、卫生间、电梯厅等装饰装修

＊承建单位：SBZJ1000032 上海新丽装饰工程有限公司

承建范围：地下 1～2 层 360 度圆顶，室内立面和地面装饰装修

4. 工程名称：上海世博会世博轴及地下综合体工程

＊承建单位：SBZJ1000041 上海市建筑装饰工程有限公司

承建范围：部分室内装饰装修

5. 工程名称：上海世博会台湾馆

＊承建单位：SBZJ1000051 中国建筑装饰工程有限公司

承建范围：1～5 层装饰装修及布展

6. 工程名称：上海世博会新加坡馆

＊承建单位：SBZJ1000061 中建三局东方装饰设计工程有限公司

承建范围：室内外装饰装修

7. 工程名称：上海世博会沙特阿拉伯馆

＊承建单位：SBZJ1000071 深圳市深装总装饰工程工业有限公司

承建范围：展馆室内及 VIP 区域装饰装修和布展

8. 工程名称：上海世博会摩洛哥馆

＊承建单位：SBZJ1000081 上海威盟斯建筑工程有限公司

承建范围：室内外装饰装修

9. 工程名称：上海世博会欧盟馆

＊承建单位：SBZJ1000091 华鼎建筑装饰工程有限公司

承建范围：整体装饰装修

10. 工程名称：上海世博会法国馆

＊承建单位：SBZJ1000101 华鼎建筑装饰工程有限公司

承建范围：整体装饰装修

11. 工程名称：上海世博会西班牙馆

＊承建单位：SBZJ1000111 中国建筑装饰工程有限公司

承建范围：1～3 层室内装饰装修

12. 工程名称：上海世博会奥地利馆

＊承建单位：SBZJ1000121 江苏华泰装饰工程有限公司

承建范围：外立面装饰装修

13. 工程名称：上海世博会丹麦馆

＊承建单位：SBZJ1000131 上海中建八局装饰有限责任公司

承建范围：室内外整体装饰装修

14. 工程名称：上海世博会匈牙利馆

＊承建单位：SBZJ1000141 北京港源建筑装饰工程有限公司

承建范围：建筑装饰工程总承包

15. 工程名称：上海世博会葡萄牙馆

＊承建单位：SBZJ1000151 上海康业建筑装饰工程有限公司

承建范围：整体室内装饰装修

16. 工程名称：上海世博会加拿大馆

＊承建单位：SBZJ1000161 中建三局装饰有限公司

承建范围：室内外整体装饰装修

17. 工程名称：上海世博会委内瑞拉展馆

＊承建单位：SBZJ1000171 上海威盟斯建筑工程有限公司

承建范围：室内装饰装修

18. 工程名称：上海世博会主题馆

＊承建单位：SBZJ1000181 上海健尔斯装饰工程有限公司

承建范围：一标段内地下室、部分地上精装修及东北面外墙装饰装修

19. 工程名称：上海世博会主题馆—城市地球馆

＊承建单位：SBZJ1000191 上海康业建筑装饰工程有限公司

承建范围：室内装饰装修

20. 工程名称：上海世博会主题馆—城市未来馆

＊承建单位：SBZJ1000201 北京清尚建筑装饰工程有限公司

承建范围：室内装饰装修及布展

21. 工程名称：上海世博会博物馆

＊承建单位：SBZJ1000211 上海新丽装饰工程有限公司

承建范围：前厅、序厅、历程厅、发现厅及运筹厅等装饰装修

22. 工程名称：上海世博会世界气象组织馆

＊承建单位：SBZJ1000221 常泰建筑装潢工程有限公司

承建范围：网架及钢结构安装

23. 工程名称：上海世博会太空家园馆

＊承建单位：SBZJ1000231 中建一局集团装饰工程有限公司

承建范围：室内装饰装修及布展

24. 工程名称：上海世博会国际信息发展网馆/DEVNET 馆

＊承建单位：SBZJ1000241 上海新丽装饰工程有限公司

承建范围：饮品区、演播厅、走道、展区、贵宾室、回廊等功能性区域装饰装修

25. 工程名称：上海世博会上海企业联合馆

＊承建单位：SBZJ1000251 上海市建筑装饰工程有限公司

承建范围：夹层办公区，2层临时VIP贵宾区、零售区，3层VIP贵宾区、卫生间、水吧及机器人厨房和餐厅（地面）装饰装修

26. 工程名称：上海世博会中国航空馆

*承建单位：SBZJ1000261 北京清尚建筑装饰工程有限公司

承建范围：1层后展区，附属用房，夹层，等候大厅装饰装修及布展

27. 工程名称：上海世博会中国铁路馆

*承建单位：SBZJ1000271 深圳海外装饰工程有限公司

承建范围：全部展示区域及贵宾室装饰装修

28. 工程名称：上海世博会中国船舶馆

*承建单位：SBZJ1000281 深圳海外装饰工程有限公司

承建范围：企业馆全部展示区域及贵宾室装饰装修

29. 工程名称：上海江南造船博览馆（实用性改造）项目

*承建单位：SBZJ1000291 上海新丽装饰工程有限公司

承建范围：观景斜廊景观餐厅、VIP廊桥、卫生间、咖啡厅装饰装修

30. 工程名称：上海世博会城市最佳实践区北部模拟街区罗阿馆

*承建单位：SBZJ1000301 华鼎建筑装饰工程有限公司

承建范围：室内外整体装饰装修

31. 工程名称：上海世博会城市最佳实践区北部模拟街区

*承建单位：SBZJ1000311 上海市第五建筑有限公司

承建范围：法国阿尔萨斯、罗阿大区，德国汉堡，西班牙马德里，加拿大温哥华，英国伦敦，丹麦奥登赛，中国西安、宁波、成都，澳门德成按案例建筑装饰

32. 工程名称：上海世博会城市最佳实践区——苏州展厅

*承建单位：SBZJ1000321 苏州金鼎建筑装饰工程有限公司

承建范围：室内装饰装修

33. 工程名称：上海世博村A地块VIP生活楼

*承建单位：SBZJ1000331 上海新丽装饰工程有限公司

承建范围：1层大堂、2层宴会厅及部分客房装饰装修

*承建单位：SBZJ1000332 上海市建筑装饰工程有限公司

承建范围：6～14层装饰装修

*承建单位：SBZJ1000333 苏州金螳螂建筑装饰股份有限公司

承建范围：24～26层装饰装修

34. 工程名称：上海世博村（B地块）公寓式酒店

*承建单位：SBZJ1000341 深圳市晶宫设计装饰工程有限公司

承建范围：酒店1、2层大堂，16号、17号楼客房装饰装修

35. 工程名称：上海世博会C07G02地段

*承建单位：SBZJ1000351 广州珠江装修工程公司

承建范围：餐厅地段整体装饰装修

36. 工程名称：上海世博村（D地块）公寓式酒店

*承建单位：SBZJ1000361 苏州金螳螂建筑装饰股份有限公司

承建范围：1号楼3～16层、2号楼3～16层、3号楼3～20层装饰装修

*承建单位：SBZJ1000362 上海东昌建筑装饰工程有限公司

承建范围：7号楼装饰装修

37. 工程名称：上海世博村E地块办公楼

*承建单位：SBZJ1000371 上海市建筑装饰工程有限公司

承建范围：3～23层装饰装修

*承建单位：SBZJ1000372 中建三局东方装饰设计工程有限公司

承建范围：裙房改建部分1～3层，1区B段12—22轴/NJ—G轴，2区AB段1—22轴/ND—A轴装饰装修

38. 工程名称：上海虹桥国际机场西航站楼

*承建单位：SBZJ1000381 上海蓝天房屋装饰工程有限公司

承建范围：三标段公共区域装饰装修

39. 工程名称：上海磁浮虹桥站

*承建单位：SBZJ1000391 上海新丽装饰工程有限公司

承建范围：公共区域装饰装修

40. 工程名称：上海虹桥综合交通枢纽交通中心工程

*承建单位：SBZJ1000401 苏州柯利达建筑装饰工程有限公司

承建范围：东交通广场及南北车库公共区域装饰装修

41. 工程名称：上海轨道交通10号线马当路站、陕西南路站

*承建单位：SBZJ1000411 上海新丽装饰工程有限公司

承建范围：车站室内装饰装修

42. 工程名称：长江天使五星级世博会专线游轮

*承建单位：SBZJ1000421 中建三局东方装饰设计工程有限公司

承建范围：游轮客区室内外装饰装修

43. 工程名称：上海世博会游客渡船

*承建单位：SBZJ1000431 上海新丽装饰工程有限公司

承建范围：游客渡船内部装饰装修

44. 工程名称：上海绿地卢湾滨江 CBD 项目 137A—4 地块商业金融 B（企业总部）

*承建单位：SBZJ10000441 华鼎建筑装饰工程有限公司

承建范围：地下夹层，1 层大堂，4、5 层装饰装修

公共建筑装饰设计类

1. 工程名称：上海世博会世博中心

设计单位：SBZJ1030011 浙江亚厦装饰股份有限公司

设计范围：6 层中小会议室，7 层东区南面 10 间贵宾会议室室内精装修设计

2. 工程名称：上海世博会演艺中心

设计单位：SBZJ1030021 上海新丽装饰工程有限公司

设计范围：地下 2 层至地上 6 层相关区域室内装修深化设计

3. 工程名称：上海世博会西藏馆

设计单位：SBZJ1030031 华鼎建筑装饰工程有限公司

设计范围：室内整体装修深化设计

4. 工程名称：上海世博会香港馆

设计单位：SBZJ1030041 华鼎建筑装饰工程有限公司

设计范围：室内装修深化设计

5. 工程名称：上海世博会塞浦路斯馆

设计单位：SBZJ1030051 华鼎建筑装饰工程有限公司

设计范围：室内装修深化设计

6. 工程名称：上海世博会马耳他馆

设计单位：SBZJ1030061 华鼎建筑装饰工程有限公司

设计范围：室内装修深化设计

7. 工程名称：上海世博会阿尔及利亚馆

设计单位：SBZJ1030071 华鼎建筑装饰工程有限公司

设计范围：室内装修深化设计

8. 工程名称：上海世博会丹麦馆

设计单位：SBZJ1030081 上海中建八局装饰有限责任公司

设计范围：室内整体装修深化设计

9. 工程名称：上海世博会主题馆——城市未来馆

设计单位：SBZJ1030091 北京清尚建筑装饰工程有限公司

设计范围：室内整体装修深化设计

10. 工程名称：上海世博会博物馆

设计单位：SBZJ1030101 上海新丽装饰工程有限公司

设计范围：前厅、序厅、历程厅、发现厅及运筹厅等装饰装修深化设计

11. 工程名称：上海世博会中国航空馆

设计单位：SBZJ1030111 北京清尚建筑装饰工程有限公司

设计范围：室内整体装修深化设计

12. 工程名称：上海世博会城市最佳实践区印度本地治理馆

设计单位：SBZJ1030121 华鼎建筑装饰工程有限公司

设计范围：室内装修深化设计

13. 工程名称：上海世博会城市最佳实践区法国巴黎市和大区城市最佳实践区

设计单位：SBZJ1030131 华鼎建筑装饰工程有限公司

设计范围：室内装修深化设计

14. 工程名称：上海世博村 E 地块办公楼

设计单位：SBZJ1030141 中建三局东方装饰设计工程有限公司

设计范围：裙房改建部分 1～3 层，1 区 B 段 12—22 轴/NJ—G 轴，2 区 AB 段 1—22 轴/ND—A 轴装饰装修设计

15. 工程名称：上海世博会浦东苏浙会餐厅

设计单位：SBZJ1030151 华鼎建筑装饰工程有限公司

设计范围：室内装饰装修设计

16. 工程名称：上海世博会浦西苏浙会餐厅

设计单位：SBZJ1030161 华鼎建筑装饰工程有限公司

设计范围：室内装饰装修设计

17. 工程名称：上海虹桥综合交通枢纽交通中心工程

设计单位：SBZJ1030171 苏州柯利达建筑装饰工程有限公司

设计范围：东交通广场及南北车库公共区域装饰装修设计

18. 工程名称：上海世博村 A 地块 VIP 生活楼

设计单位：SBZJ1030181 上海新丽装饰工程有限公司

设计范围：1 层大堂、2 层宴会厅及部分客房装饰装修设计

建筑幕墙类

1. 工程名称：上海世博会中国馆

*承建单位：SBZJ1050011 武汉凌云建筑装饰工程有限公司

承建范围：国家馆外幕墙工程

＊承建单位：SBZJ1050012 上海市建筑装饰工程有限公司

承建范围：国家馆 60 m 以上屋面及地区馆南区域外立面装饰装修

2. 工程名称：上海世博会中国地区馆

＊承建单位：SBZJ1050021 上海大华装饰工程有限公司

承建范围：BU 轴以北外幕墙

3. 工程名称：上海世博会西班牙馆

＊承建单位：SBZJ1050031 江苏合发集团有限责任公司

承建范围：金属幕墙、玻璃幕墙等幕墙工程

4. 工程名称：上海江南造船博览馆（实用性改造）项目

＊承建单位：SBZJ1050041 上海市建筑装饰工程有限公司

承建范围：企业馆幕墙制作安装

5. 工程名称：上海世博会城市最佳实践区中部系列展馆

＊承建单位：SBZJ1050051 上海市建筑装饰工程有限公司

承建范围：幕墙制作安装

＊承建单位：SBZJ1050052 中建三局装饰有限公司

承建范围：B2 馆外立面陶土岗石 COTTO STONE 安装

6. 工程名称：上海世博村 E 地块办公楼

＊承建单位：SBZJ1050061 和兴玻璃铝业（上海）有限公司

承建范围：外幕墙工程

注：＊号为承建单位，♯号为参建单位

2010 年度“凯盛杯”全国建材行业技术革新奖获奖项目公告

A 类：技术改造类

序号	项目名称	主要完成单位及证书编号	主要完成人及证书编号
一等奖			
1	煤系高岭土精铸耐火材料生产线改造	淮北矿业（集团）朔里煤矿高岭土总厂 （2010－A1－01－D01）	王　建（2010－A1－01－G01） 耿万义（2010－A1－01－G02） 王永均（2010－A1－01－G03） 崔　等（2010－A1－01－G04） 王兴生（2010－A1－01－G05） 邱　艳（2010－A1－01－G06） 张　堃（2010－A1－01－G07）
二等奖			
1	利用水泥窑协同处置城市污水处理厂污泥项目	广州市越堡水泥有限公司 （2010－A2－01－D01）	陈文和（2010－A2－01－G01） 邓明佳（2010－A2－01－G02） 张小雄（2010－A2－01－G03） 曾钜建（2010－A2－01－G04） 刘志强（2010－A2－01－G05）
2	年产 15 万吨散装干混砂浆环保示范生产线建设	北京建筑材料科学研究总院有限公司 （2010－A2－02－D01）	王肇嘉（2010－A2－02－G01） 张增寿（2010－A2－02－G02） 蔡鲁宏（2010－A2－02－G03） 秦凡萍（2010－A2－02－G04） 侯成武（2010－A2－02－G05）
3	应用中频电磁感应加热、提高用电能源使用效率	天津盛象塑料管业有限公司 （2010－A2－03－D01）	岳连翔（2010－A2－03－G01） 李效民（2010－A2－03－G02） 田　颖（2010－A2－03－G03） 刘　盛（2010－A2－03－G04） 赵会鑫（2010－A2－03－G05）

续表

序号	项目名称	主要完成单位及证书编号	主要完成人及证书编号
4	窑炉高温余热循环利用原丝烘干	泰山玻璃纤维有限公司（2010—A2—04—D01）	程　涛（2010—A2—04—G01） 陈峰清（2010—A2—04—G02） 刘鲁军（2010—A2—04—G03） 鹿庆果（2010—A2—04—G04） 孙培新（2010—A2—04—G05）
5	陶瓷纤维生产线节能技术改造项目	新疆鲁阳陶瓷纤维有限公司（2010—A2—05—D01）	郑维金（2010—A2—05—G01） 任文福（2010—A2—05—G02） 周　超（2010—A2—05—G03） 陈贵华（2010—A2—05—G04） 张志军（2010—A2—05—G05）
6	2 500 t/d 回转窑系统无烟煤改造	中材萍乡水泥有限公司（2010—A2—06—D01）	黄宝春（2010—A2—06—G01） 徐国兴（2010—A2—06—G02） 陈大年（2010—A2—06—G03） 马军雷（2010—A2—06—G04） 刘清元（2010—A2—06—G05）
7	膨润土生产线节能优化改造	中国非金属矿工业公司（2010—A2—07—D01） 湖北中非膨润土有限公司（2010—A2—07—D02）	王志强（2010—A2—07—G01） 陶　勇（2010—A2—07—G02） 刘玉芹（2010—A2—07—G03） 舒　锋（2010—A2—07—G04） 韩　杰（2010—A2—07—G05）
8	合成萘系高效减水剂的废气治理	江苏中凯新材料有限公司（2010—A2—08—D01）	冯金之（2010—A2—08—G01） 夏　磊（2010—A2—08—G02） 付长红（2010—A2—08—G03） 张建淮（2010—A2—08—G04）
9	低钙高镁石灰石资源综合利用	国投新登郑州水泥有限公司（2010—A2—09—D01）	王宏伟（2010—A2—09—G01） 雷丰收（2010—A2—09—G02） 周秉跃（2010—A2—09—G03） 周永兰（2010—A2—09—G04） 凌金辉（2010—A2—09—G05）
10	熟料冷却机改造	中材亨达水泥有限公司郁南分公司（2010—A2—10—D01）	崔　锦（2010—A2—10—G01） 李小明（2010—A2—10—G02） 张宝民（2010—A2—10—G03） 韦焕兴（2010—A2—10—G04） 叶林养（2010—A2—10—G05）
11	料浆脱水工艺的改进	北新集团建材股份有限公司（2010—A2—11—D01）	蔡晓明（2010—A2—11—G01） 时健旺（2010—A2—11—G02） 王　凯（2010—A2—11—G03） 冯湛清（2010—A2—11—G04） 杜　江（2010—A2—11—G05）
12	纯低温余热发电热风系统技术改造	天瑞集团水泥有限公司（2010—A2—12—D01）	井献玉（2010—A2—12—G01） 张悟将（2010—A2—12—G02） 王芳力（2010—A2—12—G03） 董振坤（2010—A2—12—G04） 曹国钊（2010—A2—12—G05）

续表

序号	项目名称	主要完成单位及证书编号	主要完成人及证书编号
13	工业制冷机冷水直供及余热利用空调改造	泰山玻璃纤维有限公司 （2010－A2－13－D01）	王振水（2010－A2－13－G01） 张　雷（2010－A2－13－G02） 徐加壮（2010－A2－13－G03） 熊召群（2010－A2－13－G04） 胡茂辉（2010－A2－13－G05）
三等奖			
1	磺化萘甲醛减水剂生产尾气回收及再利用技术	惠州市红墙化学建材有限公司 （2010－A3－01－D01）	赵利华（2010－A3－01－G01） 黄海燕（2010－A3－01－G02） 韩　强（2010－A3－01－G03）
2	蒸汽换热干燥机的机械设计	北新集团建材股份有限公司 （2010－A3－02－D01）	陈　凌（2010－A3－02－G01） 张羽飞（2010－A3－02－G02） 肖文昭（2010－A3－02－G03）
3	纯低温余热发电系统改造与应用	中国联合水泥集团有限公司南阳分公司 （2010－A3－03－D01）	刘天成（2010－A3－03－G01） 孔燕霞（2010－A3－03－G02） 宋玉安（2010－A3－03－G03）
4	4 500 t/d 回转窑分解炉及烟室改造	南阳中联卧龙水泥有限公司 （2010－A3－04－D01）	李广明（2010－A3－04－G01） 林国刚（2010－A3－04－G02） 柳俊林（2010－A3－04－G03）
5	塑料合金－玻璃钢高中压复合管	新疆中石油管业工程有限公司 （2010－A3－05－D01）	张彦成（2010－A3－05－G01） 张耀峰（2010－A3－05－G02） 刘宏峰（2010－A3－05－G03）
6	水泥散装机改造	德州中联大坝水泥有限公司 （2010－A3－06－D01）	孙　勇（2010－A3－06－G01） 张玉利（2010－A3－06－G02） 孙伟卿（2010－A3－06－G03）
7	风扫煤磨系统的改造	合肥水泥研究设计院 （2010－A3－07－D01）	石　峻（2010－A3－07－G01） 甘　昊（2010－A3－07－G02） 彭　毅（2010－A3－07－G03）
8	ϕ4.2×13M 开流高细磨提高产量的途径	平煤建工集团天元水泥有限公司 （2010－A3－08－D01） 河南省建材设备有限责任公司 （2010－A3－08－D02）	高双成（2010－A3－08－G01） 王爱贞（2010－A3－08－G02） 张书元（2010－A3－08－G03）
9	ZGM113 型辊式磨煤机系统改造	鲁南中联水泥有限公司 （2010－A3－09－D01）	王克东（2010－A3－09－G01） 葛全伟（2010－A3－09－G02） 杨延通（2010－A3－09－G03）
10	陶瓷瓦生产用水循环利用技术改造	常熟大象建陶有限公司 （2010－A3－10－D01）	周连根（2010－A3－10－G01） 吕伟堂（2010－A3－10－G02） 施建华（2010－A3－10－G03）
11	高硅低钙石灰石资源综合开发利用	中材汉江水泥股份有限公司 （2010－A3－11－D01）	王树生（2010－A3－11－G01） 王生平（2010－A3－11－G02） 来学敏（2010－A3－11－G03）
12	剑杆织机玻璃纤维布光边技术研发	洛阳洛玻玻璃纤维有限公司 （2010－A3－12－D01）	张瑞霞（2010－A3－12－G01） 杨淑媛（2010－A3－12－G02） 马晓昆（2010－A3－12－G03）

续表

序号	项目名称	主要完成单位及证书编号	主要完成人及证书编号
13	纯软件失重喂料控制系统的研制	广州市珠江水泥有限公司 (2010－A3－13－D01)	刘坤勇(2010－A3－13－G01) 肖　非(2010－A3－13－G02) 梁　楠(2010－A3－13－G03)
14	熟料运输斜拉链机降速、维护技术及行走轮监控	广州市珠江水泥有限公司 (2010－A3－14－D01)	李坚雄(2010－A3－14－G01) 余建华(2010－A3－14－G02) 郭碧莹(2010－A3－14－G03)

B类：技术开发类

序号	项目名称	主要完成单位及证书编号	主要完成人及证书编号
一等奖			
1	特大型(8 000 t/d)新型干法水泥回转窑	中信重工机械股份有限公司 (2010－B1－01－D01) 洛阳矿山机械工程设计研究院有限责任公司 (2010－B1－01－D02)	张凯博(2010－B1－01－G01) 赫连旭阳(2010－B1－01－G02) 王文煜(2010－B1－01－G03) 李　光(2010－B1－01－G04) 栾素青(2010－B1－01－G05) 梁　军(2010－B1－01－G06) 王　平(2010－B1－01－G07)
2	太阳能超白压花玻璃系列产品	上海福莱特玻璃有限公司 (2010－B1－02－D01)	阮洪良(2010－B1－02－G01) 陶虹强(2010－B1－02－G02) 韦志明(2010－B1－02－G03) 易华礼(2010－B1－02－G04) 徐善凡(2010－B1－02－G05) 王本语(2010－B1－02－G06) 阮泽云(2010－B1－02－G07)
3	大型浮法玻璃熔窑可更换式L型吊墙	深圳市凯盛科技工程有限公司 (2010－B1－03－D01) 蚌埠玻璃工业设计研究院 (2010－B1－03－D02)	彭　寿(2010－B1－03－G01) 王贵祥(2010－B1－03－G02) 汤红运(2010－B1－03－G03) 张　彪(2010－B1－03－G04) 万　一(2010－B1－03－G05) 刘　燚(2010－B1－03－G06)
4	锂电池正极材料煅烧设备	咸阳陶瓷研究设计院 (2010－B1－04－D01)	贾　军(2010－B1－04－G01) 董　辉(2010－B1－04－G02) 苑克兴(2010－B1－04－G03) 李　转(2010－B1－04－G04) 刘　纯(2010－B1－04－G05) 王烟芝(2010－B1－04－G06) 张世友(2010－B1－04－G07)
5	池窑纱玻璃纤维覆膜滤料的研制	中材科技股份有限公司 (2010－B1－05－D01)	黄箭玲(2010－B1－05－G01) 沈庆月(2010－B1－05－G02) 范凌云(2010－B1－05－G03) 张小赛(2010－B1－05－G04) 董浩宇(2010－B1－05－G05) 刘　峰(2010－B1－05－G06) 韩进华(2010－B1－05－G07)

续表

序号	项目名称	主要完成单位及证书编号	主要完成人及证书编号
6	水泥生产线过程指标优化系统	枣庄中联水泥有限公司 (2010—B1—06—D01)	肖子才(2010—B1—06—G01) 于光民(2010—B1—06—G02) 贾书伟(2010—B1—06—G03) 皮士海(2010—B1—06—G04) 王鸿雁(2010—B1—06—G05) 刘　鑫(2010—B1—06—G06) 陈西军(2010—B1—06—G07)
7	环保型塑性体改性沥青防水卷材	上海台安工程实业有限公司 (2010—B1—07—D01)	程雪峰(2010—B1—07—G01) 何家旭(2010—B1—07—G02) 左梦丽(2010—B1—07—G03) 黎翠莲(2010—B1—07—G04) 刘少兵(2010—B1—07—G05)
8	低层冷弯轻钢建筑体系开发及应用研究	北新集成房屋(北京)有限公司 (2010—B1—08—D01)	刘贵平(2010—B1—08—G01) 刘宇清(2010—B1—08—G02) 姚智敏(2010—B1—08—G03) 邬晓骅(2010—B1—08—G04) 魏晓梅(2010—B1—08—G05) 高英杰(2010—B1—08—G06)
9	150吨/天高浓漂白设备系统	轻工业杭州机电设计研究院 (2010—B1—09—D01)	严晓云(2010—B1—09—G01) 谢德永(2010—B1—09—G02) 刘向红(2010—B1—09—G03) 徐国华(2010—B1—09—G04) 何小星(2010—B1—09—G05)
二等奖			
1	利用电石渣100%替代石灰石研制生产硅酸盐熟料	新疆天山水泥股份有限公司 (2010—B2—01—D01)	包文忠(2010—B2—01—G01) 文柏鸣(2010—B2—01—G02) 周海军(2010—B2—01—G03) 赵文新(2010—B2—01—G04) 胡庆彪(2010—B2—01—G05)
2	RP170系列大型辊压机	洛阳矿山机械工程设计研究院有限责任公司 (2010—B2—02—D01)	张光宇(2010—B2—02—G01) 郝　兵(2010—B2—02—G02) 王素玲(2010—B2—02—G03) 王亚强(2010—B2—02—G04) 崔郎郎(2010—B2—02—G05)
3	LPC20D22双转子锤式破碎机	常熟仕名重型机械有限公司 (2010—B2—03—D01)	廖正光(2010—B2—03—G01) 金　鸣(2010—B2—03—G02) 廖　宏(2010—B2—03—G03) 徐垌伟(2010—B2—03—G04) 仲　斌(2010—B2—03—G05)
4	纯低温余热发电设备中专用耐磨可塑捣打料	瑞泰科技股份有限公司 (2010—B2—04—D01)	张金龙(2010—B2—04—G01) 陈雪峰(2010—B2—04—G02) 周　健(2010—B2—04—G03) 李存弼(2010—B2—04—G04) 王志清(2010—B2—04—G05)

续表

序号	项目名称	主要完成单位及证书编号	主要完成人及证书编号
5	MLS4531A 立式辊磨机的开发与研制	北方重工集团有限公司水泥设备分公司 (2010－B2－05－D01)	周　滨 (2010－B2－05－G01) 信　锐 (2010－B2－05－G02)
6	兆瓦级叶片全尺寸结构试验技术	连云港中复连众复合材料集团有限公司 (2010－B2－06－D01)	乔光辉 (2010－B2－06－G01) 刘卫生 (2010－B2－06－G02) 徐　阳 (2010－B2－06－G03) 徐希亮 (2010－B2－06－G04) 黄辉秀 (2010－B2－06－G05)
7	利用废渣低温煅烧高标号熟料	天辰化工有限公司 (2010－B2－07－D01)	金延宇 (2010－B2－07－G01) 仲吉祥 (2010－B2－07－G02) 刘佰平 (2010－B2－07－G03) 张艳花 (2010－B2－07－G04) 李　飞 (2010－B2－07－G05)
8	高强度、高透波舰用复合材料桅杆研制	北京玻钢院复合材料有限公司 (2010－B2－08－D01)	张雄军 (2010－B2－08－G01) 柴朋军 (2010－B2－08－G02) 李安猛 (2010－B2－08－G03) 郭丹凤 (2010－B2－08－G04) 霍文静 (2010－B2－08－G05)
9	大容量高强玻璃熔制技术	中材科技股份有限公司 (2010－B2－09－D01)	祖　群 (2010－B2－09－G01) 唐秀凤 (2010－B2－09－G02) 周建淼 (2010－B2－09－G03) 姜　宇 (2010－B2－09－G04) 黄松林 (2010－B2－09－G05)
10	低反射高效遮阳低辐射镀膜玻璃	上海耀华皮尔金顿玻璃股份有限公司 (2010－B2－10－D01)	王茂良 (2010－B2－10－G01) 吴　斌 (2010－B2－10－G02) 李志军 (2010－B2－10－G03) 陈海嵘 (2010－B2－10－G04)
11	大口径环氧玻璃钢管	连云港中复连众复合材料集团有限公司 (2010－B2－11－D01)	田超凯 (2010－B2－11－G01) 王思超 (2010－B2－11－G02) 张毅莉 (2010－B2－11－G03) 田　丰 (2010－B2－11－G04) 徐建英 (2010－B2－11－G05)
12	兆瓦级风电叶片部件低成本快速成型技术	中材科技风电叶片股份有限公司 (2010－B2－12－D01)	孟弋洁 (2010－B2－12－G01) 卢家骐 (2010－B2－12－G02) 翟　辉 (2010－B2－12－G03) 邢亚娟 (2010－B2－12－G04) 王洪博 (2010－B2－12－G05)
13	大直径生料库无粘结后张拉预应力结构技术	中国中材国际工程股份有限公司 (2010－B2－13－D01)	毛风涛 (2010－B2－13－G01) 吉同宁 (2010－B2－13－G02) 朱建平 (2010－B2－13－G03) 魏旺来 (2010－B2－13－G04) 邹　斌 (2010－B2－13－G05)
14	立体颗粒复合纹理布料技术的研制	广东东鹏陶瓷股份有限公司 (2010－B2－14－D01)	邝志均 (2010－B2－14－G01) 曾　权 (2010－B2－14－G02) 曾立华 (2010－B2－14－G03) 黄　涛 (2010－B2－14－G04) 管霞菲 (2010－B2－14－G05)

续表

序号	项目名称	主要完成单位及证书编号	主要完成人及证书编号
15	5 000 t/d 熟料生产线窑操作优化系统	河南同力水泥股份有限公司 (2010－B2－15－D01)	张浩云（2010－B2－15－G01） 孔德强（2010－B2－15－G02） 任永刚（2010－B2－15－G03） 郭　辉（2010－B2－15－G04） 李建军（2010－B2－15－G05）
16	多向层级颗粒布料仿石纹抛光砖（九龙壁）	佛山市嘉俊陶瓷有限公司 (2010－B2－16－D01)	陈耀强（2010－B2－16－G01） 王常德（2010－B2－16－G02） 张国洲（2010－B2－16－G03） 于俊生（2010－B2－16－G04） 龙潜东（2010－B2－16－G05）
17	干粉釉料一次布料成型陶瓷砖的研制	广东金意陶陶瓷有限公司 (2010－B2－17－D01)	孟庆娟（2010－B2－17－G01） 钟礼丰（2010－B2－17－G02） 杨贤标（2010－B2－17－G03） 刘飞东（2010－B2－17－G04） 黄伟丹（2010－B2－17－G05）
18	脱硫石膏气流煅烧工艺及控制系统设计	北新集团建材股份有限公司 (2010－B2－18－D01)	杨小东（2010－B2－18－G01） 张羽飞（2010－B2－18－G02） 周建中（2010－B2－18－G03） 刘永肖（2010－B2－18－G04） 任有欢（2010－B2－18－G05）
19	水泥窑用轻质耐碱耐火浇注料(GL－11NL)的研制与应用	通达耐火技术股份有限公司 (2010－B2－19－D01)	李燕京（2010－B2－19－G01） 冯　良（2010－B2－19－G02） 姚维东（2010－B2－19－G03） 窦青荣（2010－B2－19－G04） 陶贵华（2010－B2－19－G05）
20	一体化闭冷型射水抽气装置	中材节能发展有限公司 (2010－B2－20－D01)	董兰起（2010－B2－20－G01） 胡希栓（2010－B2－20－G02） 李成波（2010－B2－20－G03） 王　林（2010－B2－20－G04）
21	三维立体挤压布料技术生产瓷质砖的研制－侏罗纪印象系列	佛山石湾鹰牌陶瓷有限公司 (2010－B2－21－D01)	林　伟（2010－B2－21－G01） 路明忠（2010－B2－21－G02） 陈国海（2010－B2－21－G03） 姚青山（2010－B2－21－G04） 黄　迪（2010－B2－21－G05）
22	高效窑外分解回转窑	华新水泥股份有限公司 (2010－B2－22－D01)	李叶青（2010－B2－22－G01） 胡贞武（2010－B2－22－G02） 陶守宝（2010－B2－22－G03） 李永忠（2010－B2－22－G04） 邵　利（2010－B2－22－G05）
23	建筑遗产保护与关键产品开发	浙江芳华文化艺术有限公司 (2010－B2－23－D01)	王卿芳（2010－B2－23－G01） 黄菊丹（2010－B2－23－G02） 王韬华（2010－B2－23－G03） 王元园（2010－B2－23－G04） 王保根（2010－B2－23－G05）

续表

序号	项目名称	主要完成单位及证书编号	主要完成人及证书编号
24	铝钢板的研制	上海华源复合新材料有限公司（2010－B2－24－D01）	郭　鹿（2010－B2－24－G01） 曹继明（2010－B2－24－G02） 李裕权（2010－B2－24－G03） 吴吉龙（2010－B2－24－G04）
25	玻璃熔窑湿法脱硫烟气排放优化技术	深圳市凯盛科技工程有限公司（2010－B2－25－D01） 蚌埠玻璃工业设计研究院（2010－B2－25－D02）	王　彬（2010－B2－25－G01） 茆令文（2010－B2－25－G02） 汤红运（2010－B2－25－G03） 张志刚（2010－B2－25－G04） 陈国梁（2010－B2－25－G05）
26	利用煤矸石在新疆高寒地区一次烧成陶瓷砖	新汶矿业集团（伊犁）泰山阳光新型建材有限公司（2010－B2－26－D01）	董　林（2010－B2－26－G01） 董振江（2010－B2－26－G02） 从凤杰（2010－B2－26－G03） 张　娟（2010－B2－26－G04）
27	防火防爆玻璃幕墙冷弯钢（铝饰面）型材	广东金刚玻璃科技股份有限公司（2010－B2－27－D01）	吴从真（2010－B2－27－G01） 张坚华（2010－B2－27－G02） 张明罡（2010－B2－27－G03） 黄向阳（2010－B2－27－G04） 林文卿（2010－B2－27－G05）
28	微晶造纸整体设备	晶牛微晶集团股份有限公司（2010－B2－28－D01）	王长林（2010－B2－28－G01） 李聚垠（2010－B2－28－G02） 修彦红（2010－B2－28－G03） 苗春鹏（2010－B2－28－G04） 王德贵（2010－B2－28－G05）
29	双面布线之电熔鞍型塑质管件及其制造方法	南塑建材塑胶制品（深圳）有限公司（2010－B2－29－D01）	李振声（2010－B2－29－G01） 王文笔（2010－B2－29－G02）
三等奖			
1	隔热耐酸衬里 NS－R16 的研发与应用	通达耐火技术股份有限公司（2010－B3－01－D01）	焦成梁（2010－B3－01－G01） 曹国来（2010－B3－01－G02）
2	SRD 开关磁阻电动机及调速系统	安徽博隆节能电器有限公司（2010－B3－02－D01）	吴升赋（2010－B3－02－G01） 刘晓红（2010－B3－02－G02） 刘邦杰（2010－B3－02－G03）
3	保温节能铝塑板构件	佛山市顺德区宝丽雅塑铝复合板材有限公司（2010－B3－03－D01）	韦健发（2010－B3－03－G01） 陈启智（2010－B3－03－G02） 王濯垣（2010－B3－03－G03）
4	混凝土预制方涵	大连东马混凝土构件有限公司（2010－B3－04－D01）	马海东（2010－B3－04－G01） 马国昌（2010－B3－04－G02） 于　萍（2010－B3－04－G03）
5	户外用竹塑复合型材	安徽森泰塑木新材料有限公司（2010－B3－05－D01）	唐道远（2010－B3－05－G01） 张　勇（2010－B3－05－G02） 吴泽霞（2010－B3－05－G03）
6	脱硫嵌缝石膏与脱硫粘结石膏的研制	北新集团建材股份有限公司（2010－B3－06－D01）	邓　嫔（2010－B3－06－G01） 冯菊莲（2010－B3－06－G02） 周建中（2010－B3－06－G03）

续表

序号	项目名称	主要完成单位及证书编号	主要完成人及证书编号
7	用工业废渣生产砼高效 782－Ⅲ型速凝剂	焦作市筑王水泥有限责任公司（2010－B3－07－D01） 河南省建筑设计研究院有限公司（2010－B3－07－D02）	王智祥（2010－B3－07－G01） 楮金照（2010－B3－07－G02） 王庆华（2010－B3－07－G03）
8	混凝土管材平台振动成型生产工艺及设备	朝阳市天龙大型水泥管道（集团）有限公司（2010－B3－08－D01）	赵湘晖（2010－B3－08－G01） 赵博平（2010－B3－08－G02） 董湘阳（2010－B3－08－G03）
9	预制混凝土衬砌管片生产工艺技术及自动化生产线	西安凝远水泥制品有限责任公司（2010－B3－09－D01）	李军奇（2010－B3－09－G01） 王冀平（2010－B3－09－G02） 张　峰（2010－B3－09－G03）
10	利用新型干法线批量生产中热硅酸盐水泥	永登祁连山水泥有限公司（2010－B3－10－D01）	李生钰（2010－B3－10－G01） 王兴社（2010－B3－10－G02） 刘　锋（2010－B3－10－G03）
11	罗克迪系统铝型材	力尔型材有限公司（2010－B3－11－D01）	杨拥民（2010－B3－11－G01） 杨拥彬（2010－B3－11－G02） 刘西周（2010－B3－11－G03）
12	新型环保合成树脂瓦的成套关键技术	安徽鸿路钢结构（集团）股份有限公司（2010－B3－12－D01）	沈友信（2010－B3－12－G01） 王静峰（2010－B3－12－G02） 陈道政（2010－B3－12－G03）
13	暖气热水器	北新集团山东潍坊建筑陶瓷厂（2010－B3－13－D01）	黄建房（2010－B3－13－G01） 许书冠（2010－B3－13－G02）
14	1.5 MW/40.3 m 风力发电机叶片研制	上海玻璃钢研究院有限公司（2010－B3－14－D01）	张锦南（2010－B3－14－G01） 李海涛（2010－B3－14－G02） 王金海（2010－B3－14－G03）
15	铝管对接焊式铝塑管技术研发	安徽汉福管业有限公司（2010－B3－15－D01）	姚发征（2010－B3－15－G01） 姚　彬（2010－B3－15－G02） 牛艳清（2010－B3－15－G03）
16	免压蒸 PHC 管桩水泥	宁波科环新型建材股份有限公司（2010－B3－16－D01） 中国建筑材料科学研究总院（2010－B3－16－D02）	马国宁（2010－B3－16－G01） 俞枢根（2010－B3－16－G02） 刘　云（2010－B3－16－G03）
17	建材装备企业物流管理系统	中国建材装备有限公司（2010－B3－17－D01）	孟庆林（2010－B3－17－G01） 左大勇（2010－B3－17－G02） 杨　蕾（2010－B3－17－G03）
18	多级落差布料仿石纹抛光砖（魔方石）	佛山市嘉俊陶瓷有限公司（2010－B3－18－D01）	陈耀强（2010－B3－18－G01） 王常德（2010－B3－18－G02） 张国洲（2010－B3－18－G03）
19	全抛防滑釉面砖的研制	广东金意陶陶瓷有限公司（2010－B3－19－D01）	孟庆娟（2010－B3－19－G01） 钟礼丰（2010－B3－19－G02） 钟艳梅（2010－B3－19－G03）

续表

序号	项目名称	主要完成单位及证书编号	主要完成人及证书编号
20	ZL轻质砂浆内外组合保温系统	上海中绿建材有限公司 （2010－B3－20－D01）	施金华（2010－B3－20－G01） 苏宇峰（2010－B3－20－G02） 傅旗康（2010－B3－20－G03）
21	软质纱卷绕及退解工艺的改进	泰山玻璃纤维有限公司 （2010－B3－21－D01）	程　涛（2010－B3－21－G01） 张海刚（2010－B3－21－G02） 史建军（2010－B3－21－G03）
22	具有新型加热系统的大型玻璃钢模具设计技术	北京玻钢院复合材料有限公司 （2010－B3－22－D01）	李义全（2010－B3－22－G01） 李秀芬（2010－B3－22－G02） 周正亮（2010－B3－22－G03）
23	金刚石工具预合金粉的开发	北京中材人工晶体研究院有限公司 （2010－B3－23－D01）	张景鑫（2010－B3－23－G01） 周连科（2010－B3－23－G02） 孟继承（2010－B3－23－G03）
24	水泥销发系统的研发与应用	淮海中联水泥有限公司 （2010－B3－24－D01）	刘　彬（2010－B3－24－G01） 王　峰（2010－B3－24－G02） 邹士忠（2010－B3－24－G03）
25	压气连接器	河南中材环保有限公司 （2010－B3－25－D01）	成庚生（2010－B3－25－G01） 苗鹰育（2010－B3－25－G02） 鞠省伟（2010－B3－25－G03）
26	辊压机远程服务系统	成都利君实业股份有限公司 （2010－B3－26－D01）	何亚民（2010－B3－26－G01） 魏　勇（2010－B3－26－G02） 徐智平（2010－B3－26－G03）
27	玻璃纤维覆膜滤料产品的研发	洛阳洛玻玻璃纤维有限公司 （2010－B3－27－D01）	李　群（2010－B3－27－G01） 付平子（2010－B3－27－G02） 段建设（2010－B3－27－G03）
28	水泥企业综合信息化系统关键技术研究与应用	山东东华水泥有限公司 （2010－B3－28－D01）	王少林（2010－B3－28－G01） 王　勇（2010－B3－28－G02） 王进虚（2010－B3－28－G03）
29	KDMC粉尘预分离气箱脉冲袋式除尘器	江苏科宝机械制造有限公司 （2010－B3－29－D01）	童金秋（2010－B3－29－G01） 韩金国（2010－B3－29－G02） 王学森（2010－B3－29－G03）

C类：技艺工法类

序号	项目名称	主要完成单位及证书编号	主要完成人及证书编号
一等奖			
	电动物流车的研制	泰山玻璃纤维有限公司 （2010－C1－01－D01）	程　涛（2010－C1－01－G01） 张海波（2010－C1－01－G02） 尚　前（2010－C1－01－G03） 王敬军（2010－C1－01－G04） 刘　华（2010－C1－01－G05）

续表

序号	项目名称	主要完成单位及证书编号	主要完成人及证书编号
二等奖			
1	应用于回转机械的大型焊接齿圈	中材建设有限公司 (2010—C2—01—D01) 中材重型机械有限公司 (2010—C2—01—D02)	施连章(2010—C2—01—G01) 鲁凤鸣(2010—C2—01—G02) 黄继全(2010—C2—01—G03) 张树广(2010—C2—01—G04) 孙学成(2010—C2—01—G05)
2	针刺毡边料综合利用	中材科技股份有限公司 (2010—C2—02—D01)	李爱民(2010—C2—02—G01) 邓志刚(2010—C2—02—G02) 杨　溪(2010—C2—02—G03) 张　文(2010—C2—02—G04) 吴志强(2010—C2—02—G05)
3	回转窑筒体不正常窜动调整的操作工法	苏州中材建设有限公司 (2010—C2—03—D01)	夏　毅(2010—C2—03—G01) 程　金(2010—C2—03—G02)
4	水泥窑预热器纳米陶瓷内筒的应用	天瑞集团水泥有限公司 (2010—C2—04—D01)	贾华平(2010—C2—04—G01) 周建奇(2010—C2—04—G02) 牛晓锁(2010—C2—04—G03) 陈丙武(2010—C2—04—G04) 袁启亮(2010—C2—04—G05)
5	改变石灰石矿山开采方法、充分利用矿山资源	广州市珠江水泥有限公司 (2010—C2—05—D01)	胡乾威(2010—C2—05—G01) 李勇庆(2010—C2—05—G02) 谭志飞(2010—C2—05—G03) 黄森伦(2010—C2—05—G04) 张国文(2010—C2—05—G05)
6	聚氨酯发泡层压机 90°V 形模板设计	武汉中轻机械有限责任公司 (2010—C2—06—D01)	王红军(2010—C2—06—G01) 邱宏历(2010—C2—06—G02) 曾　红(2010—C2—06—G03) 严敏秀(2010—C2—06—G04) 李代武(2010—C2—06—G05)
三等奖			
1	14 嘴回转式包装机下料控制系统和自动灌注系统	中国葛洲坝集团股份有限公司水泥厂装运车间 (2010—C3—01—D01)	李锦国(2010—C3—01—G01) 田圣乔(2010—C3—01—G02) 陈　泉(2010—C3—01—G03)
2	网络版档案管理系统研发	泰山玻璃纤维有限公司 (2010—C3—02—D01)	张瑞跃(2010—C3—02—G01) 张慧英(2010—C3—02—G02) 贾　惠(2010—C3—02—G03)
3	地脚螺栓加工工艺改进	江苏鹏飞集团股份有限公司 (2010—C3—03—D01)	贲道春(2010—C3—03—G01) 范　玉(2010—C3—03—G02) 蔡庆兰(2010—C3—03—G03)
4	建筑节能玻璃产业化开发	云南明泰玻璃股份有限公司 (2010—C3—04—D01)	王凤鸣(2010—C3—04—G01) 张荣林(2010—C3—04—G02) 顾凤英(2010—C3—04—G03)

续表

序号	项目名称	主要完成单位及证书编号	主要完成人及证书编号
5	窑尾预热器和窑头喷煤系统改造	金刚（集团）白山水泥有限公司（2010－C3－05－D01）	张明江（2010－C3－05－G01） 赵锡文（2010－C3－05－G02） 付广宇（2010－C3－05－G03）
6	巷道扩刷爆破方法的应用	天津矿山工程有限公司（2010－C3－06－D01）	尚凤川（2010－C3－06－G01） 马荣玖（2010－C3－06－G02） 侯志鹏（2010－C3－06－G03）
7	窑尾缩口防结皮技术改造	中材亨达水泥有限公司郁南分公司（2010－C3－07－D01）	崔　锦（2010－C3－07－G01） 李小明（2010－C3－07－G02） 张宝民（2010－C3－07－G03）
8	锡槽内有害气体含量的测定及控制	洛阳玻璃股份有限公司技术研发中心（2010－C3－08－D01）	李晓青（2010－C3－08－G01） 王国强（2010－C3－08－G02） 张乃明（2010－C3－08－G03）
9	水泥粉磨辊压机打散分级机筛分板的技术革新	宁夏青铜峡水泥股份有限公司（2010－C3－09－D01）	武宝君（2010－C3－09－G01） 吴　昊（2010－C3－09－G02） 贾海跃（2010－C3－09－G03）
10	HORO磨系统国产化改造	中材汉江水泥股份有限公司（2010－C3－10－D01）	王树生（2010－C3－10－G01） 田建科（2010－C3－10－G02） 郭德福（2010－C3－10－G03）
11	隧孔爆破技术、自充气式空气间隔器联合使用	葛洲坝老河口水泥有限公司采石车间（2010－C3－11－D01）	蒋德权（2010－C3－11－G01） 莫吉勇（2010－C3－11－G02） 赵新应（2010－C3－11－G03）
12	斗式提升机下部结构改进	芜湖起重运输机器有限公司（2010－C3－12－D01）	晋心斌（2010－C3－12－G01） 袁仁杰（2010－C3－12－G02） 胡智勇（2010－C3－12－G03）
13	水泥混合材掺量快速检测方法	国投新登郑州水泥有限公司（2010　C3　13－D01）	王宏伟（2010－C3－13－G01） 雷丰收（2010－C3－13－G02） 凌金辉（2010－C3－13－G03）
14	窑尾回灰仓技改项目	河南省豫鹤同力水泥有限公司（2010－C3－14－D01） 河南省建材设备有限责任公司（2010－C3－14－D02）	冯士国（2010－C3－14－G01） 朱瑞琴（2010－C3－14－G02） 王庆荣（2010－C3－14－G03）
15	熟料连续取样器的设计与使用	天瑞集团水泥有限公司（2010－C3－15－D01）	贾华平（2010－C3－15－G01） 牛晓锁（2010－C3－15－G02） 陈丙武（2010－C3－15－G03）
16	劣质原燃材料生产优质熟料的成功应用	郏县中联天广水泥有限公司（2010－C3－16－D01）	林金利（2010－C3－16－G01） 夏耀文（2010－C3－16－G02） 孙立军（2010－C3－16－G03）

关于"2010 年'中国建研院 CABR 杯'华夏建设科学技术奖"获奖项目的公告

(2010) 华夏奖字第 010 号

2010 年"中国建研院 CABR 杯"华夏建设科学技术奖评审、公示工作已经结束。经华夏建设科学技术奖励委员会审定，获奖项目共 86 项，其中一等奖 10 项，二等奖 26 项，三等奖 50 项。

现予公告。

附：2010 年"中国建研院 CABR 杯"华夏建设科学技术奖获奖项目名单

华夏建设科学技术奖励委员会

二〇一〇年十二月二十七日

附：

2010 年"中国建研院 CABR 杯"华夏建设科学技术奖获奖项目名单

序号	项目名称	主要完成单位	主要完成人	获奖等级
1	超高层建筑钢一混凝土组合结构关键技术研究	中国建筑科学研究院、中国建筑第八工程局、中国国际贸易中心工程部、中建一局建设发展公司、北京香江兴利房地产开发有限公司	徐培福、肖从真、王翠坤、薛彦涛、孙建超、肖绪文、廖顺雨、马　昕、王　滔、徐自国、田春雨、翟传明、高华杰、颜　锋、陈迎昌	一
2	CCTV 主楼结构施工过程仿真技术即施工模拟分析、变形预调、施工监测的应用	中国建筑股份有限公司、中国建筑科学研究院、清华大学、华东建筑设计研究院有限公司、中建三局建设工程股份有限公司、中建一局集团建设发展公司、中建钢构有限公司	王祥明、张　琨、彭明祥、毛志兵、杨晓毅、肖　南、郭彦林、王翠坤、刘军进、许立山、姜文伟、戴立先、张　鹏、余　渊、陈振明	一
3	《工程结构可靠性设计统一标准》GB50153—2008	中国建筑科学研究院、中国铁道科学研究院、铁道部第三勘察设计院集团有限公司、中交公路规划设计院有限公司、中交水运规划设计院有限公司、水电水利规划设计总院、水利部水利水电规划设计总院、大连理工大学、西安建筑科技大学、上海交通大学	袁振隆、史志华、陈基发、李云贵、邸小坛、刘晓光、李铁夫、张玉玲、赵君黎、杜廷瑞、贡金鑫、姚继涛、沈义生、雷兴顺、鲍卫刚	一
4	大跨径桥梁混凝土结构服役性能及其提升技术的研究	江苏省苏通大桥建设指挥部、东南大学、江苏省建筑科学研究院有限公司、江苏省交通科学研究院股份有限公司	孙　伟、缪昌文、吴寿昌、郭正兴、冯凌云、吴晓明、张云升、刘加平、蒋金洋、秦鸿根、刘建忠、赵　健、张亚梅、洪锦祥、万红燕	一
5	隔震减振新技术在广东科学中心的应用与研究	广州大学、广东科学中心、中南建筑设计院股份有限公司、浙江东南网架股份有限公司、广东省建设工程质量安全监督检测总站、鸿印隔震制振（汕头）有限公司、湖南湘银河传感科技有限公司、新蒲建设集团有限公司、广东水利电力职业技术学院	张季超、周福霖、易　和、李　霆、陈原、宋建军、周观根、乔军志、陈建志、刘轶、杨国荣、李宏胜、王可怡、许　勇、张建林	一

续表

序号	项目名称	主要完成单位	主要完成人	获奖等级
6	青岛海湾大桥建设工程项目管理信息系统	山东高速青岛公路有限公司、易建科技（北京）有限公司、清华大学	姜言泉、邵新鹏、张建平、于天胜、周和、张国庆、周　毅、文爱华、马成果、刘洪欣、姜　丽、胡振中、吴大鹏、李洪东、许　艺	一
7	《建筑给水排水设计手册》第二版（上、下册）	中国建筑设计研究	赵　锂、陈耀宗、刘振印、赵世明、王峰、王耀堂、马信国、王冠军、杨　澎、郭汝艳、朱跃云、刘巍荣、唐祝华、李天如、赵力军	一
8	城市污水处理氧化沟工艺技术、过程控制与设备成套化研究	清华大学、北京工业大学、国祯环保节能科技股份有限公司	施汉昌、彭永臻、王　淦、胡洪营、王淑莹、罗　彬、刘艳臣、侯红勋、席劲瑛、杨庆、施慧明、谢荣焕、高守有、王颖哲、王志强	一
9	工程建设标准对国民经济和社会发展影响研究	住房和城乡建设部标准定额研究所、中国社会科学院数量经济与技术经济研究所、中国科学院数学与系统科学研究院、哈尔滨工业大学管理学院、北京交通大学、清华大学经管学院、中冶集团建筑研究总院、中国水利水电科学研究院、中国石化经济技术研究院、中国建筑标准设计研究院	王志宏、李　铮、王　超、李大伟、王芬、陈国义、林常青、史富文、张　宏、李雪松、汪寿阳、杨翠红、沈利生、张守健、王元丰	一
10	大型公共建筑人员疏散模型与疏散引导系统研究	中国建筑科学研究院、上海宝星灯饰电器有限公司、中国科学技术大学	李引擎、刘文利、肖泽南、李　强、宋卫国、姜　宁、唐　海、潘　悦、王婉娣、马剑、房志明	一
11	民用建筑能效测评标识研究与应用	中国建筑科学研究院、住房和城乡建设部科技发展促进中心、河南省建筑科学研究院、上海建筑科学研究院、深圳建筑科学研究院、四川建筑科学研究院	梁俊强、徐　伟、郝　斌、邹　瑜、吕晓辰、程　杰、周　辉、刘幼农、宋业辉、郭梁雨、栾景阳、叶　倩	二
12	中国城市发展问题观察	中国城市规划设计研究院、中国城市规划学会、国务院政策研究室、中国社会科学院社会学所、中国社会科学院财政与贸易经济研究所	邵益生、石　楠、王静霞、杨保军、陈全生、陆学艺、杨之刚、周长青、张　菁、陈光金	二
13	地铁隧道区间双扇防护密闭隔断门研制	中国建筑标准设计研究院	徐　胜、张瑞龙、陈华明、袁代光、刘铮、卢屹东	二
14	混凝土耐久性标准化试验及评价方法研究	中国建筑科学研究院	冷发光、丁　威、张仁瑜、周永祥、田冠飞、赵霄龙、王　晶、纪宪坤、何更新、王元、韦庆东、鲍克蒙	二
15	国家汶川地震灾后恢复重建农村建设专项规划	中国建筑设计研究院、四川省城乡规划编制研究中心	赵　辉、方　明、高黄根、单彦名、冯新刚、陈　玲、高　潮、李　宏、高宜程、陈涛、岳　波、陈　亮	二
16	特大型城市区域绿地系统规划与建设技术研究	同济大学、上海市绿化和市容管理局、华东师范大学、上海市园林科学研究所、上海市规划和国土资源管理局、安徽农业大学	刘滨谊、张　浪、刘　颂、蔡永立、崔心红、金云峰、李　静、姚　凯、王　鹏、温全平、姜允芳、朱　义	二

续表

序号	项目名称	主要完成单位	主要完成人	获奖等级
17	单桥侧独塔斜拉弯桥结构设计施工技术研究	天津城建设计院有限公司、天津第三市政公路工程有限公司、天津市政公路设备工程有限公司	韩振勇、张振学、井润胜、崔志刚、汤洪雁、洪　全、孙建勋、郭会国、杨冬云、徐建、邬朝霞、司振清	二
18	钢结构三维施工详图的技术研究与CAD/CAM软件开发	建研科技股份有限公司	马恩成、夏绪勇、陈玉林、张晓龙、晋娟茹、张　欣、朱　恒、郭玉江、陈岱林	二
19	固体废弃物填埋场堆体稳定性评价及加固措施研究	深圳市下坪固体废弃物填埋场、浙江大学岩土工程研究所	王克虹、詹良通、梁顺文、李智勤、冯勇、陈云敏、黄晓军、邱昭雯、孟　了、兰吉武、朱家如、陈　石	二
20	深层地下结构开发关键技术研究	华东建筑设计研究院有限公司、上海交通大学、同济大学	王卫东、汪大绥、周建龙、翁其平、陈锦剑、李晓军、柳　献、李进军、宋青君、沈健、徐中华、吴江斌	二
21	超高性能混凝土（UHPC）与自密实混凝土（UHP－SCC）的研发应用及其超高泵送技术	中国建筑股份有限公司、广州市建筑集团有限公司、中国建筑第四工程局有限公司、中建三局建设工程股份有限公司、高科技专家委员会清华大学分会、中联重工科技发展股份有限公司、广东粤群混凝土有限公司、广州市城市建设开发有限公司	叶浩文、冯乃谦、毛志兵、卢遵荣、张琨、顾国荣、徐立斌、向小英、张杰华、戴彬彬、刘付钧、周正富	二
22	大吨位轮式起重机吊臂伸缩与控制核心技术研究与应用	长沙中联重工科技发展股份有限公司	张建军、郭纪梅、颜　颢、陈　嘉、许俭波、刘永赞、胡廷江、胡奇飞、李英智、龙可游	二
23	富煤缺水区火电厂直接空冷钢一混凝土混合结构体系关键技术研究与国产化	中国电力工程顾问集团公司、西安建筑科技大学、中国电力工程顾问集团西北电力设计院、中国电力工程顾问集团东北电力设计院、中国电力工程顾问集团华北电力设计院工程有限公司	白国良、赵春莲、李晓文、陈祖茂、李红星、杨　眉、朱丽华、袁　泉、朱佳宁、张颖、王彦宏、冉　颢	二
24	超高层全现浇钢筋混凝土筒中筒结构施工综合技术	中国建筑一局（集团）有限公司	孙德明、薛　刚、杨雁翔、沈小峰、王楠、何　勇、孔德泉、夏海余、陈海明、杜新平、李　铁、张　军	二
25	建筑变形测量规范（JGJ8—2007）	建设综合勘察研究设计院有限公司、上海岩土工程勘察设计研究院有限公司、西北综合勘察设计研究院、南京工业大学、深圳市勘察测绘院有限公司、中国有色金属工业西安勘察设计研究院、北京市测绘设计研究院、武汉市勘测设计研究院	王　丹、陆学智、张肇基、潘庆林、王双龙、王百发、刘广盈、张凤录、严小平、欧海平、戴建清、谢征海	二
26	透水混凝土生态地坪系统成套技术研究	中国建筑股份有限公司、中国建筑一局（集团）有限公司	宋中南、石云兴、吴月华、薛　刚、霍亮、耿文占、罗　兰、张　涛、李艳稳、华成谋、邓明胜、廖　娟	二
27	北京市城市干道及信号交叉口通行能力研究	北京市城市规划设计研究院、北京工业大学	叶以农、杨孝宽、张　宇、徐　林、汪洋、林　静、付晶晶、张万超	二

续表

序号	项目名称	主要完成单位	主要完成人	获奖等级
28	国家标准《实验动物设施建筑技术规范》	中国建筑科学研究院、中国医学科学院实验动物所、北京实验动物管理办公室、浙江省实验动物质量监督检测站、中国动物疫病预防控制中心、中国建筑技术集团有限公司、暨南大学医学院实验动物中心、军事医学科学院试验动物中心	王清勤、赵　力、秦　川、李根平、张益昭、许钟麟、萨晓英、李引擎、曾　宇、王荣、田克恭、田小虎	二
29	中南集团建筑业管理信息系统	中南控股集团有限公司	陈小平、张亦华、黄如福、陈国增	二
30	预应力钢一混组合桥梁新工艺及其应用	深圳市中南工程科技有限公司、北京市市政专业设计院有限责任公司、中铁二局第五工程有限公司、深圳市桥博市政工程技术有限公司	李　勇、陈宜言、聂建国、余志武、王锋、蒋光全、方秦汉、刘念琴、刘四田、李朝永、杜宏彪、唐　勇	二
31	福州市古树名木保护技术研究	福州市园林科学研究院	徐　炜、吴隆生、刘向国	二
32	江苏21世纪人居家园战略规划研究	江苏省城市发展研究所	周　岚、宋如亚、陈浩东、朱东风、崔曙平、于　春、何培根、肖　屹	二
33	《游泳池给水排水工程技术规程》CJJ122—2008	中国建筑设计研究院	赵　锂、赵　昕、高　峰、杨世兴、傅文华、周　蔚、王耀堂、周克晶	二
34	杭州市道路停车监管和服务诱导系统	杭州市数字城管信息处置中心	李圣权、何　江、高广安、周　洋、荀征楠、沈　瑶、房立洲	二
35	奥运村绿色建筑技术研究与应用	国奥投资发展有限公司、北京城建设计研究总院有限责任公司、北京天鸿圆方建筑设计有限责任公司、北京城建集团有限责任公司、清华大学、北京首都开发控股（集团）有限公司	刘　京、徐亚柯、蔡　放、李先庭、肖燃、刘　安、孙清华、王德荣、安卫华、石文星、金　焱、王　宏	二
36	快速公交（BRT）应用技术研究	北京城建设计研究总院有限责任公司、杭州市公共交通集团有限公司、常州市公共交通集团公司、大连公交客运集团有限公司	王文红、郭可佳、徐晓冬、沈　勇、王山川、陶宇龙、高桂桂、鲍小奎、丁　强、尚德申、张　磊、韩　峰	二
37	北京城市发展模型	北京市城市规划设计研究院	龙　瀛、杜立群、茅明睿、何莲娜	三
38	大跨度钢屋盖制作安装施工技术	中国建筑第八工程局有限公司、中建工业设备安装有限公司、中建八局第一建设有限公司	谢刚奎、王玉岭、周洪涛、秦家顺、陈建定、吴聚龙、张红波、戴耀军	三
39	大型蒸汽管网水力热力耦合计算模型及应用研究	山东建筑大学	田贯三、李恩山、李兴泉、张增刚、高鲁锋、于　畅、王　洋、崔永章	三
40	空调系统现场检测通用测试模块的开发与研究	中国建筑科学研究院、北京建筑工程学院	曹　勇、宋业辉、宋　波、于　丹	三
41	光纤健康监测技术在广东科学中心中的研究与应用	广州大学、广东科学中心、河南红旗渠建设集团有限公司、中南建筑设计院股份有限公司、浙江东南网架股份有限公司	张季超、邓雪松、李宏胜、谭均挠、朱文正、杨国荣、王可怡、许　勇	三

续表

序号	项目名称	主要完成单位	主要完成人	获奖等级
42	缓粘结预应力综合技术研究	中国京冶工程技术有限公司、中冶建筑研究总院有限公司	吴转琴、李佩勋、范蕴蕴、尚仁杰、刘景亮、曾昭波、张　强、李　谦	三
43	基于光纤光栅的结构健康监测与损伤检测关键技术研究	沈阳建筑大学、大连理工大学	孙　丽、李宏男、梁德志、任　亮、伊廷华、姚　敬、张　宇、李　兵	三
44	结构抗震混合试验方法研究	中国建筑科学研究院	程绍革、王亚勇、赵鹏飞、史铁花、白雪霜、尹保江、张自平、王　菁	三
45	超高层建筑10 kV高压垂吊式电缆研发与敷设安装技术	中建工业设备安装有限公司、中国建筑第八工程局有限公司、远东电缆有限公司	陈洪兴、谢刚奎、张成林、汪传斌、丁锐、陈国科、杨廷文、芮立平	三
46	建筑绿色施工技术研究与应用	中天建设集团有限公司	蒋金生、楼永良、卢国豪、张益堂、方旭慧、陈　忠、徐　伟、刘玉涛	三
47	工程项目特殊用途钢材焊接技术研究	广东省工业设备安装公司	张广志、李　琦、黄伟江、林　辉、刘智勇、魏成权、张卫东、朱筱玲	三
48	高陡岩石边坡加固与复绿综合防护施工技术	广东省第一建筑工程有限公司	陈守辉、丘秉达、孙旭敏、马天洲、李伟刚、满　毅、邝耀	三
49	QEM热量分摊系统	山东联强节能科技有限公司	吕传玉、于宝军、李凤鸣、刘庆堂	三
50	建筑机电节能设计研究	中国建筑设计研究院、全国智能建筑情报网、北京国安电气总公司、北京林业大学工学院	欧阳东、黄吉文、董玉安、韩　宁、赵世明、宋孝春、陈　琪、吕　丽	三
51	高精度岩土热物性测试仪的研究与开发	中国建筑科学研究院	朱清宇、杨纯华、沈　亮、吕晓辰、肖龙、魏　峥	三
52	居住建筑节能综合改造关键技术研究与综合示范	上海市房地产科学研究院、上海市建筑建材业市场管理总站、上海市浦东新区建材管理署	张　冰、赵为民、张德明、古小英、王君若、方霞珍、孙生根、杨　靖	三
53	硬泡聚氨酯保温装饰一体化外墙外保温系统及其施工方法	万华节能建材股份有限公司、烟建集团有限公司、烟台市建筑设计研究股份有限公司	刘　钢、孙国春、于明武、王炳凯 文爱武、宋修晶、刘祥臣、汪俊波	三
54	膨胀玻化微珠轻质砂浆及生产应用技术	北京华伟佳科技有限公司	刘伟华、叶　伟、罗淑湘、严建华、易永红	三
55	高层建筑塑料窗雷击试验研究	中国建筑金属结构协会塑料门窗委员会、大连实德集团有限公司、广西地凯科技有限公司、中建国际（深圳）设计顾问有限公司、沈阳军区建筑设计院	李兴林、闫雷光、王东生、张金生　程先胜、易序彪、孟凡军、薛一心	三
56	排水管道噪声检测室及测试方法	北京建筑工程学院、北京市建设工程物资协会	吴俊奇、杨海燕、王文海、许　萍、黄忠臣、韩　芳、徐　丽、秦纪伟	三
57	七里海地质公园前期地质开发保护与利用技术研究	天津华北地质勘察局地质研究所、天津华北地质勘察局	段焕春、宋小军、秦　磊、张宝华、石文学、詹华明、刘景兰、姚慧敏	三
58	桩基质量缺陷防治的关键技术研究	温州中城建设集团有限公司、浙江大学建筑工程学院	朱　奎、徐日庆、郭　印、朱剑锋、陈林、叶长青、陈中华、潘三豹	三
59	城市密集建筑区、明暗挖结合立体交叉洞室群地铁车站修建技术	中铁隧道集团有限公司、中铁隧道集团二处有限公司、中铁隧道集团勘测设计院有限公司	李治国、朱鹏飞、郭卫社、洪开荣、杨延伟、肖红渠、李志军、吕建英	三

续表

序号	项目名称	主要完成单位	主要完成人	获奖等级
60	超大特长隧道全比例火灾试验研究	上海市隧道工程轨道交通设计研究院、上海长江隧桥建设发展有限公司、上海市消防局、上海亚泰消防工程有限公司、同济大学	曹文宏、戴晓坚、郑晋丽、王　曦、申伟强、张　旭、季倩倩、胡　峥	三
61	新型连续梁用抗震支座（力分布式）的研究、设计和实施	上海市城市建设设计研究院、上海公路投资建设发展有限公司、武汉艾尔格桥梁新技术开发有限公司、株洲时代新材料科技股份有限公司	周振兴、闫兴非、陈巧珊、马韩江、周良、沈桂平、吴成亮、陈忠海	三
62	无背索独斜塔斜拉桥钢箱梁悬拼施工技术研究	天津第三市政公路工程有限公司	阎学成、韩振勇、贾明浩、胡　跃、陈勇、任师魁、王　峰、田少刚	三
63	级配碎石振动成型设计方法、路用性能及施工技术研究	天津市市政工程研究院、石家庄环城公路建设指挥部办公室	周卫峰、李彦伟、唐秀明、赵永祯、桂增俭、石　鑫、成子满、孟庆营	三
64	城市道路水泥混凝土路面再生利用技术的研究	合肥工业大学、合肥市重点工程建设管理局	扈惠敏、李德章、柳炳康、葛　斌、詹炳根、李宏卓、朱朝辉、杨　伟、	三
65	城市供水行业绩效关键指标研究	清华大学、北京首创股份有限公司	傅　涛、潘文堂、常　杪、韩　伟、钟丽锦、梁相钦、薛　磊、彭丽娟	三
66	饮用水原水流化填料生物预处理技术	广东鑫都环保实业有限公司	丁扣林、刘国庆、沈　立、葛克刚、凌宏卫、肖仲斌、陆金辉、郑毕华	三
67	沈阳市优质安全饮用水保障关键技术研究	沈阳建筑大学	傅金祥、赵玉华、潘　俊、唐玉兰、马兴冠、由　昆、张吉库、袁雅姝	三
68	卵形消化池新技术应用研究	北京市市政工程设计研究总院、北京城市排水集团有限责任公司、北京市市政四建设工程有限责任公司	何　彬、陈希林、马　谦、田国伟、马福利、陈　怡、袁晓东、王乃震	三
69	江苏省集约型园林评价体系研究	苏州科技学院	志　强、洪亘伟、夏　健、王雨村、王丽萍、屠苏莉、陈　蓓	三
70	天然气燃烧利用过程优化途径的研究	中国市政工程华北设计研究总院	项友谦、王　启、刘贺明、及　鹏、刘彤、赵自军、刘凤国	三
71	上海市城市安全战略规划研究	上海市城市规划设计研究院	金忠民、王　洵、张　雁、汪铁骏、王芸、王　莉、杨文耀、倪　嘉	
72	北京城市道路空间合理利用指南研究	北京市城市规划设计研究院	李　伟、高　扬、冯斐菲、黄　斌、盖春英、史　亮、陈蓬勃、薛忠燕	三
73	城市规划信息系统空间数据标准	湖北省建设信息中心、武汉市城市规划信息中心武汉市规划局	占世良、张文彤、童纯跃、李宗华、邹江、赵中元、彭明军、周海燕	三
74	道路隧道设计规范	上海市隧道工程轨道交通设计研究院、上海市消防局、上海市地下建筑设计研究院	申伟强、曹文宏、乔宗昭、陈　鸿、王曦、杨志豪、郑晋丽、郭志清	三
75	《镇（乡）村建筑抗震技术规程》JGJ161－2008	中国建筑科学研究院、北京工业大学、长安大学、福建省抗震防灾技术中心、广州大学	葛学礼、王毅红、张小云、苏经宇、周云、朱立新、潘　文、池家祥	三
76	《城镇供热厂工程项目建设标准》（建标 112－2008）	中国市政工程华北设计研究总院、中元国际工程设计研究院、城市建设研究院	吕国良、廖荣平、王　淮、熊维镕、李春林、江绍辉、杨　健	三、

续表

序号	项目名称	主要完成单位	主要完成人	获奖等级
77	YDQ26×25－7液压顶升平桥	中国建筑科学研究院建筑机械化研究分院、廊坊凯博建设机械科技有限公司、东北电业管理局烟塔工程公司	王东红、李志国、卢宏伟、田学坤、庞桂新、朱远江、吴　臻、薛　宏	三
78	大型管道智能施工机械手关键技术研究	沈阳建筑大学	李　斌、罗继曼、李　伟、刘　剑、蔺任志、王　丹、李秋发、邹彩侠	三
79	施工企业综合项目管理信息系统	广东同望科技股份有限公司	刘洪舟、邓小姝、张铁成、李胜旗、赵军、颜　毅、喻国军、许显成	三
80	基于数字电视家银通平台的城市管理违法停车自助处理系统研究与应用	杭州市数字城管信息处置中心	齐同军、王赟萃、戴　旭、张　燕、周梁、平建军、李　楠、童振华	三
81	哈尔滨市供水管网数字化管理及优化分析系统	哈尔滨工业大学、哈尔滨供排水集团有限公司	袁一星、关伟平、高金良、王　强、赵明、马　悦、吴晨光、孟丽莉	三
82	建设事业IC卡密钥管理系统V2.0	中外建设信息有限责任公司、住房和城乡建设部IC卡应用服务中心	王　辉、杜　昊、周　欣、马　虹、申绯斐、杨　辉、林　宇、张永刚	三
83	建筑能耗及室内温湿度远程监测技术的应用研究	浙江省建筑科学设计研究院有限公司、浙江建科建筑节能科技有限公司	林　奕、罗辉联、李海波、曾宪纯、李蓉樱、张伟东、庄仁剑、王建奎	三
84	核电常规岛项目管理平台	中国建筑第二工程局有限公司	李景芳、王瑞堂、席国栋、程慧敏、吴荣、胡立新、李　政、曹　众	三
85	国家机关办公建筑及大型公共建筑能耗监测平台研发	深圳市建筑科学研究院有限公司	叶　青、刘俊跃、那　威、熊咏梅、任中俊、祝书丰、郭永聪、刘　芳	三
86	苏州数字城市三维基础平台系统工程	苏州市城市规划编制（信息）中心苏州科技学院	高苏新、袁　铭、潘　吉、刘争齐、李新佳、李　宏、蒙立坤、陈继山	三

关于王卫星等399名同志专业技术职务任职资格的通知

住房和城乡建设部人力资源开发中心：

经部工程技术（科研）系列高级专业技术职务评审委员会2010年11月30日评审，王卫星、丁传波2名同志具备享受教授、研究员待遇的高级工程师职务任职资格。

经部建筑学专业高级专业技术职务评审委员会2010年11月4日评审，姚晓哲、陈筱军、蔚翠荣、陈劲松4名同志具备高级建筑师职务任职资格；刘杉、张维伶、陈阳、王迺音、陈中华、任丽萍、李楠楠、孔令坤、武晓雨、闫海河、李涛、赵梅、李姚生、钟奇燕、张锦英、马尚文、朱志莹、陈军、杨飞鹏、秦岭、习皓、徐婷、强宁、朱萌、潘悦、张云生、孙昱、吕娜、杨永峰、辛钰、乔大治、孙世富、李保卫、薛艳梅、海俊、果雨暄、李亚星、陈欣伟、杨光、刘焱、张兼、赵彤、李慧、邹杨、肖杨、李淼、吕轩、谭喆48名同志具备建筑师职务任职资格；肖侠、徐欣2名同志具备工程师职务任职资格。

经部建筑结构专业高级专业技术职务评审委员会2010年11月2日评审，李黎明、魏星、王琤、邓尤贵、郭海霞、李永双、张吉柱、高炜、吕晓静、梁文胜10名同志具备高级工程师职务任职资格；马立博、秦东、张晓亮、邱洪仓、莫非、贾淑敏、刘进一、张鹏、杜鹏、李晗、许剑峰、赵军伟、哈裴、付立立、史文辉、李小宁、孙洁、张志明、张祎、张琳、陈翠、石一祎、崔倩、谢亚卓、徐业聪、杨斯哲、赵卫、张亚亮、崔蕾、李红玲、刘元、陈谨、郑红华、杨高起、崔小连、王世猛、李红良、张晨晨、张旭、王建光、白凡玉、王菁丽、王琳琳、于广、宫欣、阿拉腾仓、王伟、朱恒、刘立军、王建华、安鹏飞、张雷、王晓冬、董延涛、陈伟、孙亚欣、岳彦博、张炜、王占江、龚鹏、马金凤、于冬62名同志具备工程师职务任职资格。

经部电气自控专业高级专业技术职务评审委员会2010

年10月26日评审，赵利、王春雷、郭文荣、谭玲、王海红等5名同志具备高级工程师职务任职资格；何健、刘晶、裴明哲、彭丽君、吴磊、邢蕾、黄金生、龚小亮、戚艳亮、王艳乔、许宁、刘海丽、宁雅冬、徐岩、周梓晗、肖帅、吴旭媛、谷攀峰、王德帅19名同志具备工程师职务任职资格。

经部建筑给排水专业高级专业技术职务评审委员会2010年11月5日评审，李肸强、崔岩、司政、李新艳4名同志具备高级工程师职务任职资格；李惠玲、张洪奎、张冰舰、郭立珍、洪宇、马媛、宋肖肖、卢晟、张红、曹璐、郭亮、刘泳、王鹏、刘迎、刘永杰、郑海洋、杨正军17名同志具备工程师职务任职资格。

经部暖通空调专业高级专业技术职务评审委员会2010年11月19日评审，尹蕊蕊、宋小涵、左辉3名同志具备高级工程师职务任职资格；王冬梅、王文良、杜静芳、张伟、吴桐、姚海兵、曾志平、谢丹、武艺、郭方俊、徐立涛、王茜、刘旭、张波、王丹、杨红、张闻斯、李姣、王勇丽、曾涛、汪滢、赵艳、汪郑邦、张彦丛、祁伟丽、程慧敏、李妍、宋尧、凌通、马爽、刘蕊、胡梦雅32名同志具备工程师职务任职资格。

经部工程管理专业高级专业技术职务评审委员会2010年11月13日评审，何建娥、赵文斌、刘文柱、王锡军、马云新、周林生、王建平、孟书斌、高建明、王永胜、李雪松、茹玉龙、董智猛、张闻喜、蔡山涛、郭新房、邱平启、芦文江、李树民、曹继辉20名同志具备高级工程师职务任职资格；尤志强、蔡成功、毛立志、徐敬贤、吴田清、周春伟、郝丽娟、陈亮、张鹤朋、郭建才、宗小萌、张计攀、高芳、杜文燕、田永巍、仲丛利、程凯森、梁宇、薛洪松、韩竹青、郭志明、邓得新、胡宏飚、丛欣江、彭飞、吴雷、皮涛、朱大鹏、王磊、赵国、李鹏飞、何少春、李涛、刘禹、樊洪臣、刘兴旺、何小飞、崔建鹏、刘小团、邹建磊、关飞、李东、张豫京、郜可忠、张德欣、刘觉利、王舒雯、王洪涛、马作成、邵奇、张庚、王学彬、刘文华、许诚、王峥、何雷、张玮豪、屈哲、冯彬、李志勇、王培、杜卫华、周月娥、樊凯、孙继臣、刘新识、贾红刚、杜长青、马明、刘连春、李宗胜、赖天涯、高锋、杨志欣、赵春鹏、包博、陈连义、延汝萍、曹雷、李强、赵增林、黄成立、孙长安、穆扬、赵亮、魏真真、黄雪辉、马义华、吉力、张美瑞、高春谊、李成华、那眉、宋更、王卫波、赵博、李骁轩、张岩钢、胡毅、刘远100名同志具备工程师职务任职资格。

经部工程经济专业高级专业技术职务评审委员会2010年10月27日评审，冷彩娟同志具备高级工程师职务任职资格；程丙虎、倪韬2名同志具备高级经济师职务任职资格；王虹、盛芬芬、王小雪、张洪利、张寿坤、朱强、张宁、仲苏平、崔潇潇、富妍10名同志具备工程师职务任职资格。

经部计算机专业高级专业技术职务评审委员会2010年10月28日评审，朱戈、黄业茂、王文婷、王雁昆、冯光豪、耿艳妍6名同志具备工程师职务任职资格。

经部市政给排水与环卫工程专业高级专业技术职务评审委员会2010年10月19日评审，李岩、陈彦、刘民3名同志具备高级工程师职务任职资格；张帆、张忻、陈然、王岚、张健、黄春雷、刘树模7名同志具备工程师职务任职资格。

经部城市规划与风景园林专业高级专业技术职务评审委员会2010年10月29日评审，任京燕、张静2名同志具备高级工程师职务任职资格；鲍晚楠、张连荣、谭璐、姜鹏、刘岩、张凤、解翠乔7名同志具备城市规划师职务任职资格；郝振燕、单美娜、杜平、牛静、姚勋、丁尚、尚书静7名同志具备工程师职务任职资格。

经部市政结构与道路桥梁专业高级专业技术职务评审委员会2010年10月19日评审，李文卫、冷冰峰2名同志具备高级工程师职务任职资格；冯尘、刘晓晨、纪国睦、蔡硕果、李钊、代宇勇、李峻岭、仲照红、张文震、陈悦、石邵卿、丁桂付、王华、王宝义、董杰、王刚16名同志具备工程师职务任职资格。

经部市政电气专业高级专业技术职务评审委员会2010年10月19日评审，郭锐同志具备工程师职务任职资格。

经部科技管理专业高级专业技术职务评审委员会2010年11月22日评审，史敬华同志具备高级工程师职务任职资格；姚培、续晨2名同志具备工程师职务任职资格。

经部岩土工程专业高级专业技术职务评审委员会2010年11月3日评审，夏长华、张科2名同志具备工程师职务任职资格。

经部建筑机械专业高级专业技术职务评审委员会2010年11月2日评审，陈茜、孙五明2名同志具备高级工程师职务任职资格。

二〇一〇年十二月二十四日

关于贾娟娟等20名同志专业技术职务任职资格的通知

各有关单位：

经住房和城乡建设部人力资源开发中心建筑学专业初级专业技术职务评审委员会2010年11月4日评审，贾娟娟、尹雅洁、赵敬海3名同志具备助理建筑师职务任职资格；张伟、吴玉琪、李晓利3名同志具备助理工程师职务任职资格。

经住房和城乡建设部人力资源开发中心电气自控专业初级专业技术职务评审委员会 2010 年 10 月 26 日评审，刘玉萍、安海明、张松、武静、高巍、丁学鹏 6 名同志具备助理工程师职务任职资格。

经住房和城乡建设部人力资源开发中心城市规划和风景园林专业初级专业技术职务评审委员会 2010 年 11 月 2 日评审，贾香菲同志具备助理工程师职务任职资格。

经住房和城乡建设部人力资源开发中心工程管理专业初级专业技术职务评审委员会 2010 年 11 月 13 日评审，马章坤、李庆军、刘学利、姚玉春 4 名同志具备助理工程师职务任职资格。

经住房和城乡建设部人力资源开发中心工程经济专业初级专业技术职务评审委员会 2010 年 10 月 27 日评审，李清荣、朱怡 2 名同志具备助理工程师职务任职资格。

经住房和城乡建设部人力资源开发中心科技管理专业初级专业技术职务评审委员会 2010 年 11 月 22 日评审，董虹同志具备研究实习员职务任职资格。

2010 年度建筑材料科学技术奖评审结果公示

2010 年度中国建筑材料联合会·中国硅酸盐学会建筑材料科学技术奖评审结果公示

根据《中国建筑材料联合会·中国硅酸盐学会建筑材料科学技术奖管理办法》的规定，现将经评审委员会评审通过的 2010 年度“中国建筑材料联合会·中国硅酸盐学会建筑材料科学技术奖”建议授奖项目进行公示，其中科技进步类一等奖 6 项、二等奖 12 项、三等奖 12 项。自公示之日起，任何单位和个人对公示的项目有异议的，应以真实身份在 2011 年 1 月 15 日前书面向奖励工作办公室提出，以便进行核实、查证和异议处理。奖励工作办公室按规定对异议人身份予以保密。

（奖励工作办公室　联系地址：100831　北京市海淀区三里河路 11 号中国建筑材料联合会科技部）

科技进步类

序号	项目名称	建议等级	主要完成单位	主要完成人
1	日产 5 000 t 生产线 TRM5341 生料辊磨的研制及应用	一	天津水泥工业设计研究院有限公司	刘　箴、柴星腾、刘子河、聂文海、王振中、张彦杰、刘英杰、石国平、胡　斌、邹延阳、董金利、申占民、尚桂来、曾　荣
2	大型生料立式磨粉磨技术的研究及装备开发	一	合肥水泥研究设计院　合肥中亚建材装备有限责任公司	邓小林、张志宇、叶卫东、袁凤宇、王国庆、华兆林、谭风林、屠　威、梅宏伟、方　庆、周　飞、孟永勇、张伟丽、张新江、李金荣
3	固体工业废弃物生产蒸压砖关键设备与成套技术的开发及应用	一	福建海源自动化机械股份有限公司	李良光、王　琳、陈忠霖、廖永辉、吴维萍、林希平、陈　远、李林峰、刘芳文、孙杰辉、林项武、林福官、王玉珠、刘胜辉、向　勇
4	水泥生产环境负荷生命周期评价理论与应用研究	一	北京工业大学　北京市琉璃河水泥有限公司　北京新北水水泥有限责任公司	崔素萍、龚先政、姜德义、刘文彦、赵向东、王志宏、高　峰、兰明章、王亚丽、赵　雍、赵启刚、关生林、狄向华、陈文娟、王　为
5	地震灾区建筑垃圾资源化与抗震节能房屋建设科技示范	一	中国建筑材料科学研究总院　同济大学　西安墙体材料研究设计院	姚　燕、肖建庄、李清海、张　雄、崔　琪、肖　慧、赵　平、白国良、张永娟、权宗刚、路关生、张盛东、翁端衡、孙　蓓、田　军
6	复合材料高速船艇船体设计和建造技术	一	深圳市海斯比船艇科技发展有限公司　北京玻钢院复合材料有限公司　哈尔滨工业大学复合材料与结构研究所	施　军、曾　青、王　嵘、赫晓东、高红成、胡照会、王荣国、施　波、孙超明、林伟东、张福玮、李直蔓、周跃平、陈　淳、刘红影

续表

序号	项目名称	建议等级	主要完成单位	主要完成人
7	工程陶瓷力学性能评价技术系列国家标准及应用	二	中国建筑材料科学研究总院 中国科学院上海硅酸盐研究所 中国建筑材料检验认证中心有限公司	包亦望、蒋丹宇、万德田、周丽玮、邱 岩、马眷荣、陈 璐、张 伟、陈调娣、刘小根
8	干挂空心陶瓷板的开发	二	咸阳陶瓷研究设计院福建华泰集团有限公司武汉理工大学	苑克兴、刘西民、吴国良、成智文、吴建峰、鲁雅文、陈岚波、马养志、赵常青、才秀明
9	纤维增强柔性石墨橡胶复合板（垫）的开发	二	浙江国泰密封材料股份有限公司	孙锦龙、吴益民、沈铁伟、王仕江、李俞明、章佳红
10	端面条纹监测技术在浮法玻璃生产过程控制中的应用开发	二	燕山大学	刘世民、于栋利、冯志军、秦国强、许世清、李东春
11	3.0 MW 海上风力发电机风轮叶片产业化技术开发	二	连云港中复连众复合材料集团有限公司	乔光辉、刘卫生、黄辉秀、阮秀芝、武莉萍、王彤兵、菅 兵、徐 阳、徐希亮
12	浮法玻璃熔窑节能技术集成与工程应用	二	中国建材国际工程有限公司 蚌埠玻璃工业设计研究院 天壕节能科技有限公司 清华大学	彭 寿、马立云、王宗伟、左泽方、葛承全、吴 晓、唐 淳、吴 飞、张 冲、程玉东
13	水泥窑尾电收尘器改为袋收尘技术开发与应用	二	天津水泥工业设计研究院有限公司	李志军、张晓梅、王作杰、肖家祥、靳 爽、喻宏祥、郭志伟、李 勇、于浩波、周建奇
14	新型外置式油缸梁柱结构陶瓷砖液压机的开发	二	佛山市恒力泰机械有限公司	韦峰山、彭沪新、黄卫华、余锐平、温怡彰、韦发彬、陈保伟、黄远江、李奕和、黄定洪
15	用脱硫石膏制造石膏板的关键工艺技术和装备	二	北新集团建材股份有限公司中国新型建筑材料工业杭州设计研究院	王 兵、张乃岭、周建中、张羽飞、施存有、方文仓、张文民、肖文昭、冯菊莲、方耀良
16	玻璃窑用熔铸耐火材料生产技术优化集成	二	瑞泰科技股份有限公司都江堰瑞泰科技有限公司	冯中起、龙希成、陈 龙、周章怀、胡晨曦、李庆元、张 鑫、唐海亮、罗凯、刘通权
17	汽车用高性能盘式陶瓷刹车片的研制及产业化	二	山东隆基机械股份有限公司	张海燕、于增明、杨成瑞、刘兆亮、王晓莲、逄 军
18	热中子探测用玻璃闪烁体	二	中国建筑材料科学研究总院	朱永昌、高祀建、滕伟锋、关 铭、刘 峻、刘海波、欧阳世翕
19	SCD1400、SCD1600 熟料槽式输送机的开发	三	上饶中材机械有限公司	彭明德、梁云玲、刘志福、王爱民、周敏虎
20	石膏模快速成形卫生陶瓷的研究开发	三	咸阳陶瓷研究设计院山东美林卫浴有限公司	马养志、成智文、赵常青、才秀明、梁振海
21	聚羧酸混凝土减水剂的分子结构设计和工业化制备技术	三	中国矿业大学（北京）	王栋民、熊卫峰、左彦峰、宋涛文、武增礼
22	离心电熔制法制造大口径不透明石英玻璃异型管的开发	三	辽宁工业大学山西省运城市永保石英制品有限公司	张士轩、张士波、孙贵宝、王保同、孙 锋
23	6 000 t/d 水泥生产线窑头冷却器及袋收尘系统研制	三	合肥水泥研究设计院	梁宏灿、毛志伟、王 琦、杨如顺、宋立华
24	真空树脂导入成型技术在大型玻璃钢船艇上的应用	三	威海中复西港船艇有限公司	吴忠友、苗会文、李 年、李 林、冉高华
25	PCC 水泥基渗透结晶型防水材料	三	北京东方雨虹防水技术股份有限公司	熊卫锋、丁鲁之、贾建军、段文锋、王会元

续表

序号	项目名称	建议等级	主要完成单位	主要完成人
26	水泥生产过程气体分析系统开发	三	合肥水泥研究设计院	王建民、李林桃、许荣康、田　野、卜明豪
27	中水及回收水在混凝土中的应用研究	三	北京东方建宇混凝土科学技术研究院　北京新奥混凝土有限公司　北京新航建材有限公司	王安岭、路来军、刘桂兰、赵明凯、段遵莉
28	JGY2－1614 辊压机开发	三	唐山盾石机械制造有限责任公司	于九洲、朱凤春、李冬雪、王　东、庚小东
29	SLK 高细粉分级机流场特性及结构特征研究	三	绵阳西金科技发展有限公司西南科技大学	李双跃、任朝富、刘继光、韩敬东、欧阳康
30	FPP 预粉磨技术与设备研发	三	江苏飞鹏重型设备有限公司	王华业、王　燕、张嘉程、何立春、陈　翔

2011 中国建设英才年鉴

第三部分

机构部分

住房和城乡建设部领导及下设机构

住房和城乡建设部部长、部党组书记：姜伟新
住房和城乡建设部副部长、部党组成员：仇保兴
住房和城乡建设部副部长、部党组成员：陈大卫
住房和城乡建设部副部长、部党组成员：齐骥
住房和城乡建设部副部长、部党组成员：郭允冲
中央纪委驻住房和城乡建设部纪检组组长、部党组成员：杜鹃
总经济师：李秉仁
总规划师：唐凯

内设机构：

办公厅　　综合财务司
政策法规司　　科学技术司
标准定额司　　建筑市场司
质量安全司　　城乡规划司
城市建设司　　房地产业司
村镇办　　外事司
人事教育司　　机关党委

派驻机构：

中央纪委监察部驻部纪检组监察局
审计署建设建材审计局

其他机构：

稽查办公室　　离退休干部局

事业单位

中国城市规划设计研究院

中国城市规划设计研究院（简称中规院）是住房和城乡建设部直属科研机构，是全国城市规划研究、设计和学术信息中心。具有国家城市规划、工程咨询甲级资质，市政工程设计专业甲级资质，建筑设计工程甲级资质，建筑智能化集成甲级资质，旅游规划设计甲级资质，建设项目水资源论证甲级资质，承包境外市政工程勘测、咨询、设计和监理项目资质。

中规院是国务院学位委员会批准的城市规划与设计硕士学位授予单位，原人事部批准设置博士后科研工作站；是中国城市规划学会、中国城市交通规划学术委员会、中国地理信息系统协会城市地理信息系统专业委员会、全国城市规划科技情报网等学术团体的挂靠单位；是中国国际工程咨询公司的成员单位和国家外专局批准的城市规划境外培训单位；是住房和城乡建设部指定的全国城市规划标准规范技术的归口单位；住房和城乡建设部城市交通工程技术中心、住房和城乡建设部地铁和轻轨研究中心、住房和城乡建设部城市水资源中心以及住房和城乡建设部城市供水水质监测中心均设在中规院。中规院已同20多个国家和地区的有关学术机构建立了联系，是国际住房与城市规划联盟的团体会员，是世界银行的注册咨询机构。

中规院倡导并实践“求实、严谨、活跃、进取”的院风。现有员工550多人，有201人担任高级专业技术职务。多年来，中规院在为国家政策服务、为住房和城乡建设部服务，在业务拓展、技术进步、经济收益、深化改革和党建与精神文明建设等方面都取得了可喜的成绩，保持了快速、持续、健康、协调发展。以工作认真、成果及时、观

点鲜明、资料翔实，出色地完成了住房和城乡建设部交办的各项任务。经过长期的实践积累，中规院已形成了一套完整有效的设计、科研管理程序与方法，特别是近几年在科技进步、学科专业门类开拓、人才素质培养和技术手段、技术装备等方面得到持续发展，在观念、技术、方法等方面不断创新，不断取得新的突破。自 1982 年恢复建院以来，共承担了科研、规划设计、行业标准规范、咨询等各类任务 4 000 余项，获国家和部级奖励的科研成果 50 余项，省、部级优秀规划设计奖 180 余项，覆盖了规划研究、设计和咨询的所有专业领域，项目遍及全国各地，并已成功涉足国外进行规划设计咨询。

中规院将继续深化改革，求实创新，努力将中规院建设成为具有国际竞争力的综合咨询机构，为促进我国城市规划事业的全面发展作出更大的贡献！

地址：北京车公庄西路 5 号

邮编：100044

传真：8610-58322000，58323000

电子信箱：caupd@China. com，caupd@caupd. com

综合办公室：58322222

科技业务处：58323333

总工程师室：58322071

规范办公室：58322072

人事教育处：58322098

党委办公室：58322041

计划财务处：58322111

国际合作部：58322211

城乡规划研究室（研究一室）

承担住房和城乡建设部下达的指令性任务，为部制定有关政策进行前期调研并提出相关的意见、建议，为部的决策提供技术支撑；承担重点科学研究项目，对城市规划行业带有全局性、综合性和长期性的问题进行超前和基础研究；承担和参与重要项目技术方法的探索和创新，为院规划设计业务提供技术服务。

主任：王凯

电话：010-58322151

城市设计研究室（研究二室）

承担和参与院下达的重要城市设计、详细规划项目及相关的招投标任务；承担有关城市设计、详细规划领域的科研课题，跟踪研究国内外城市设计领域的发展动态和最新技术成果，进行有关理论、方法和技术的研究；为院各业务所室城市设计、详细规划工作提供技术支持；承担有关的对部服务工作。

主任：朱子瑜

电话：010-58322181

国际城市规划研究室（研究三室）

承担为部服务、科研和社会公益工作；从事国外城市规划有关理论、方法和技术研究与国际合作研究；跟踪研究国际城市规划发展动态和趋势，开展国外城市规划信息的专题研究等。国际合作发展部主要职能是组织和管理境内外专业培训、考察和国际会议；负责院外事工作；拓展国际市场，管理境外项目及境内项目的国际合作；安排和管理院接收的境外访问学者、专家和研究生。

副主任：黄鹭新

电话：010-58322211

城市规划设计所

承担国土规划、区域规划、城镇体系规划、城市总体规划、分区规划、详细规划、各种专业规划的咨询任务，城市规划体系、程序、方法的研究，城市设计及居住区规划方面的研究，城市规划有关技术标准、技术法规的研究。

近年来完成了一批有影响的各类规划设计研究项目，如济南、呼和浩特、柳州等市的空间战略规划或总体规划，西安、沈阳、株洲等国家级高新技术开发区规划，在重庆江北区 CBD、昆明主城核心区和北京市金融街环境设计等国际方案征集中中标，主持编制了《城市居住区规划设计规范》（国标）和《城市规划编制办法》（部标），在国家十五科技攻关项目“居住区及其环境的规划设计”中中标。

所长：邓东

电话：010-58322302

城市与区域规划设计所

承担区域规划、城镇体系规划、城市发展战略研究、城市总体规划、分区规划、详细规划和城市设计等各类规划的咨询和设计任务；开展区域与城市发展策划、建设项目的评估、预可行性研究等工作。

近年来承担和完成了全国城镇体系规划、杭州市城市发展战略规划研究、丽江市城市总体规划、北京大栅栏地区保护、整治与发展规划设计、湖南长株潭城市群区域规划项目等一批有影响的项目。

所长：朱波；副所长：张险峰

电话：010-58322401

城市规划与历史名城规划研究所

基于城市规划理论、文化遗产保护等基础研究，承担的规划设计项目涉及城市发展战略规划、城市总体规划、分区规划、详细规划、城市设计等各个领域，同时具备规划体系、城镇化发展、历史名城保护政策和技术标准研究力量。

近期承担并完成了广州、南京城市发展战略研究、北京旧城 25 片历史文化保护区规划（具体承担了其中景山等 8 片）、清东陵、清西陵总体规划等一批有影响的项目，负责主编的《历史文化名城保护规划规范》（国标）已完成并上报待批。

所长：张兵；副所长：郝之颖

电话：010-58322501

城市建设规划设计研究所

主要承担城镇体系规划、城市总体规划、分区规划、详细规划、城市建设规划、各类开发园区规划、各种专项规划等方面的咨询、设计和研究任务。

近年来主要完成的项目有：哈尔滨、佛山、湖州、南京河西区、长春绿园区城市空间发展战略，顺德市域城镇体系规划，黄山市城市总体规划，丽水市行政中心区城市设计等一批国内有一定影响的项目；参加了北京市空间发展战略、珠三角城镇群协调发展研究等；正在进行中的科研项目有北京市代征地、城市设计的立法调研，科技部城市用地集约利用研究等科研项目。

所长：张全；副所长：朱力

电话：010-58322601

城市环境与景观规划设计研究所

承担城市发展战略规划、城镇体系规划、城市总体规划等方面的咨询、规划设计和研究任务，以承担城市分区规划、详细规划、景观规划、城市设计和景观建筑工程设计为特色。

近年来承接和完成了海南省城镇体系规划、广东省汕头市城市总体规划、海南博鳌水城旅游区总体规划（亚洲论坛）、海口市城市总体规划纲要招标（中标）、成都市城市发展战略规划、成都市城市总体规划、浙江台州市“绿心”景观规划设计、海南七仙岭温泉旅游度假区规划设计、海口西海岸城市新区控制性详细规划等一批有影响的规划设计项目。

所长：易翔；副所长：彭小雷

电话：010-58322701

城市与乡村规划设计研究所

承担与乡村规划建设有关的科学技术研究、政策研究和标准规范研究，承担住房和城乡建设部下达的乡村建设规划有关任务；承担县域村镇体系规划、镇规划、村庄规划及与乡村发展相关的规划编制工作；承担城市规划领域的各类规划设计与研究工作。

所长：蔡立力

电话：010-58322801

城市规划与住房研究所（居住区规划设计研究中心）

承担住房政策研究，为国家、住房和城乡建设部拟订相关法律法规、部门规章和政策提供技术支持；承担与住房和居住区规划建设有关的国家技术标准规范、规划编制办法和基础性科学技术研究；承担住房和城乡建设部下达的有关指令性任务，研究总结各层次城乡规划编制中落实住房政策和建设目标的相关措施和技术方法；承担各类住房和城乡规划技术服务和咨询工作。

所长：卢华翔

电话：010-58322901

城市交通研究所（住房和城乡建设部城市交通工程技术中心，住房和城乡建设部地铁与轻轨研究中心）

业务涉及交通规划、交通工程、公共运输、市政工程、城市规划设计、经济与财务分析等领域。进行城市交通政策、技术标准、技术法规的研究，主要研究方向有：城市交通战略和政策、综合交通体系、城市交通与土地利用、城市轨道交通技术、公共运输、交通信息技术、城市道路与交通工程设计、停车技术等。

先后完成了天津、杭州、成都、济南、珠海、株洲等许多大城市的综合交通规划，北京、宁波、厦门、郑州等城市轨道交通网络规划，北京、厦门等城市公交线网专项规划，上海人民广场、深圳市罗湖口岸综合枢纽规划，北京市王府井商业中心区交通咨询，哈尔滨中央大街步行系统交通组织规划等。主办了我国城市交通领域唯一的专业科技期刊《城市交通》和城市交通网站（www.Chinautc.com）。

所长：赵杰；副所长：殷广涛、张国华

电话：010-58323101

工程规划设计所

承担生态环境、基础设施、城市公共安全、城市综合防灾、小城镇发展等课题研究和规划设计任务；进行有关工程专业方面的国家标准、规范等的编制；承担区域规划、城市总体规划、详细规划、城市设计、城市发展战略等城市规划设计和研究任务。

近年来承接了各类城市规划和工程专项规划设计任务，如西宁市总体规划、青海省城镇体系规划、杨凌生态示范区建设规划、汕头龙湖东区排水改造规划等，并进行了大量城市生态环境、公共安全等方面的研究，取得了良好的信誉。

所长：谢映霞；副所长：洪昌富

电话：010-58323301

城市水系统规划设计研究所（住房和城乡建设部城市水资源中心、住房和城乡建设部城市供水水质监测中心）

承担与城市水开发、利用、保护和管理有关的科研、规划及咨询，城市水系统规划，给水、排水、节水、污水处理与再生利用、垃圾处理等方面的工程规划、设计、咨询和研究，水环境保护规划、水域景观规划、防洪规划，水质检验与评价，城市水管理信息系统开发等。建立城市水信息系统、管理系统，作为国家城市供水水质监测网的牵头机构，定期或随机抽检国家站所在城市的供水水质及相关的净水材料、设备的质量，组织城市供水企业资质论证和审核中有关水质的审查工作；组织编制、修订城市供水水质标准及水质检测规划、规范等。

近期完成的研究和设计项目有：湘江水资源开发利用与保护战略规划、青岛市城市水资源可持续开发利用与生态环境发展策略、中国城市水资源可持续开发与利用、北方地区城市发展及其用水研究、供水价格研究（亚洲银行援助项目）、城市供水信息管理系统（联合国开发计划署援助项目）等。

副所长：孔彦鸿

电话：010-58323402

风景园林规划研究所

专门从事风景名胜区规划、城市景观设计、特色城市规划、城市园林绿地与生态系统专业规划设计、研究及咨询工作；承担有关标准法规方面的研究。主要业务范围包括：国家重点与省级风景名胜区总体规划与详细规划、省级风景区体系规划、各类旅游规划、特色城市总体规划与发展战略规划、城市园林绿地与生态系统规划，城市景观设计、各类城市公园、人居环境、世界遗产地、各类游憩娱乐地规划设计、高速公路景观规划设计、自然地域大地景观规划等。

近年来完成了国家计委、自然科学基金会、住房和城乡建设部以及各地人民政府委托的大量规划设计、科研与标准规范成果，如贵州省风景名胜区体系规划、沈大高速公路景观规划、北海银滩旅游度假区规划、湘江生态经济带总体规划等。

所长：贾建中

电话：010-58323501

城市规划学术信息中心（旅游规划研究中心）

进行国内外城市规划学术研究，成为全国城市规划学术信息中心。建设和维护全国城市规划行业数据库及信息系统，通过中国城市规划行业信息网（www.china-up.com）提供权威资讯服务；编辑出版《国外城市规划》《城市规划通讯》和《每周信息》等刊物。

旅游规划研究中心的主要职能是承接以旅游规划为核心的规划设计项目，主要为区域与城市旅游规划、旅游度假与游憩环境规划设计和风景旅游与城市景观规划设计。近期完成了一批旅游规划设计项目，如无锡市旅游发展、拉萨市旅游发展、福建武夷山旅游发展的总体规划，山西晋中市（平遥古城）旅游规划，大连安波度假区详细规划等。

中心主任：秦凤霞；副主任：周建明

电话：010-58323801，58323601

建筑设计所（北京国城建筑设计公司）

业务范围：承担各类城市详细规划、城市设计；承担各类公共建筑设计和居住区的规划与建筑设计。

近年来完成的项目主要有：新疆昌吉世纪花园国家康居示范工程规划与设计、绵阳市园艺行政中心详细规划，北京世纪天桥商厦、北京大运村运动员公寓、国家信访局干部培训中心、北京平谷医院综合楼建筑设计等。

所长（总经理）：李利

电话：010-58323701

深圳分院

顺应深圳经济特区的建设与发展，深圳分院于 1984 年设立，主要任务是承担当地政府和有关部门委托的城市规划体系内不同层面、不同专项的设计任务（包括规划设计、建筑设计和市政工程设计）。20 年来，承担了深圳经济特区城市总体规划、科技工业园总体规划、罗湖旧城改建规划、福田中心区规划、沙头角分区规划、梧桐山风景区总体规划、皇岗口岸总平面规划、东莞松山湖科技产业园规划、深圳 2030 城市发展策略、深圳城市规划标准与准则、法定图则等数百项重要的规划设计任务，为深圳市和珠三角地区的城市规划、建设与发展作出了积极贡献，并多次获得中国住房和城乡建设部和省市优秀规划设计奖。

分院院长：尹强；副院长：范钟铭、王明昌、朱荣远

电话：0755-83037501

E-mail：upd0001@public.szptt.net.cn

地址：深圳市福田区深南大道 7006 号万科富春东方大厦 26 楼

邮编：518040

上海分院

承担上海、华东以及经院统筹安排的其他地区的区域规划与城镇群规划、城镇体系规划、城市战略规划、城市总体规划、城市设计、详细规划、乡村规划、城市交通与市政工程规划、城市发展咨询等各类城乡规划设计、咨询任务，开展城乡规划领域学术与技术研究。

常务副院长：郑德高；副院长兼总规划师：蔡震

电话：021-51780301

地址：上海市延安中路 1135 弄 5 号楼

邮编：200040

海南分院

业务范围：承担当地政府和有关部门委托的城市规划设计工作（包括规划设计、建筑设计和市政工程设计）。

院长：易翔（兼）

电话：0898-66775885

地址：海口市华海路中房青年公寓 A 座 804

邮编：570003

厦门分院

业务范围：承担当地政府和有关部门委托的城市规划设计工作（包括规划设计、建筑设计和市政工程设计）。

院长：谢映霞（兼）；副院长：李金卫

电话：0592-5090342

地址：厦门市思明区槟榔路 1 号 8A—8B 室

邮编：361012

汕头分院

业务范围：承担当地政府和有关部门委托的城市规划设计工作（包括规划设计、建筑设计和市政工程设计）。

院长：张全（兼）；副院长兼总工程师：罗赤

电话：0756-2232545

地址：珠海市香洲区人民东路湖湾里一街28号

邮编：519000

西部分院

承担重庆及西部地区区域规划与城镇群规划、城镇体系规划、城乡统筹规划、城市战略规划、城市总体规划、城市设计、详细规划、乡村规划、城市交通与市政工程规划等各类城乡规划设计、咨询任务。

常务副院长：朱波（兼）；副院长：商静、谢从朴

地址：重庆市北部新区高新园星光大道68号天王星C座10楼

邮编：401121

中国建筑工业出版社

中国建筑工业出版社，创建于1954年，作为建设领域的专业科技出版社，一直肩负着弘扬建筑文化、传播建设科技的社会责任和历史使命，为社会和行业奉献了数以万计优秀图书。1993年、1998年建工社两次被中宣部、新闻出版署表彰为“优秀图书出版单位”“全国优秀出版社”，2008年荣获首届“中国出版政府奖”先进出版单位奖，2009年被新闻出版总署评为一级图书出版单位，授予“全国百佳图书出版单位”荣誉称号。

建工社致力于建筑学、城镇规划与设计、园林景观、室内设计、装饰装修、结构岩土、建筑施工、建筑工程经济与管理、房地产开发管理、建筑设备、建筑材料、市政工程、环境工程、工业设计、艺术、旅游等方面学术著作、应用图书、工具书、教材、标准规范以及电子出版物的出版。建立了遍布全国的专业出版物代理连锁经营系统，并与全世界近50家出版社建立了密切的合作关系，引进、推出了大量的高质量建筑图书，享誉国内外。

建工社把为社会和行业提供最好、最有价值的产品和服务作为永恒的核心价值观。力争成为“最受人尊敬的出版社”——这是建工出版人矢志不渝追求的理想境界。

中国建筑工业出版社

社址：北京百万庄住房和城乡建设部北配楼

邮编：100037

网址：http://www.cabp.com.cn

社长总编办公室：主要承担日常生产经营的协调管理，发挥领导参谋助手的作用。

电话：010-58337028

Email：cabp@cabp.com.cn

第一图书中心：

主要负责建筑学、城市规划与设计、景观设计、室内设计类图书；《建筑师》杂志。

电话：010-58337095

传真：010-58337111

Email：lxz@cabp.com.cn

第二图书中心：

主要负责建筑结构、岩土工程、建筑材料、房地产类图书

电话：010-58337120

传真：010-58337124

Email：xdq@cabp.com.cn

第三图书中心：

主要负责外版图书的引进与内版图书的推出以及标准、定额、法规类图书的编辑出版工作。

电话：010-58337160

Email：xjg@cabp.com.cn

第四图书中心：

主要负责建筑艺术、旅游、艺术设计、家装等综合类图书及年鉴、年刊等。

电话：010-58337186

传真：010-58337172

Email：ldx@cabp.com.cn

第五图书中心：

主要负责市政建设、给水排水、暖通空调、小城建设、建筑节能、道路桥梁、交通工程、风景园林与景观类的图书。

电话：010-58337188

Email：yrh@cabp.com.cn

第六图书中心：

主要负责建筑施工、设备安装、建筑经济与管理、工程造价、建筑材料、建筑机械、建设监理类图书。

电话：010-58337210

传真：010-58337209

Email：liuj@cabp.com.cn

教材中心：

主要负责高校、高职高专、中职学校用教材；部人教司指定的培训教材；教辅、教参以及教学课件。

电话：010-58933820

传真：010-88378526

Email：jiaocai@cabp.com.cn

数字出版社中心：

主要负责数字出版物的开发、制作、营销。

电话：010-58337282

传真：010-58337275

Email：SZCB@cabp. com. cn

出版部：

主要负责书稿的封面、版式设计、校对以及图书印装出版的全部工作。

电话：010-58337293

Email：wyb@cabp. com. cn

发行部：

主要负责面向全国发行本社出版物、并对新华书店系统及专业销售渠道进行管理等工作。

电话：010-58337346

传真：010-58337345

Email：ljy@cabp. com. cn

中国建筑书店：

以销售本版建筑图书为主，是拥有建筑类图书品种最多的专业书店，是出版社为广大读者提供优质服务，反馈市场信息的窗口。

电话：010-58933745

传真：010-68347877

Email：chengw@cabp. com. cn

上海工作室：

主要开发上海地区的选题资源，广泛联络上海及周边地区的作译者。

地址：上海制造局路 130 号（园林大厦）11 楼北 1105 室

邮编：200023

电话：021-63120938、53074678

传真：021-53074238

Email：shgzs@cabp. com. cn

华南工作室：

主要开发华南地区的选题资源，广泛联络广州、深圳两大都市及周边地区的作译者。

地址：广州市中山大道东部工业园建中路 16 号楼 4 层

邮编：510665

电话：020-85520257、85525295

传真：020-85520257

Email：hngzs@cabp. com. cn

住房和城乡建设部标准定额研究所

住房和城乡建设部标准定额研究所的前身是国家计委基本建设标准定额研究所，成立于 1983 年，1988 年隶属住房和城乡建设部改为现名，是住房和城乡建设部直属的正司局级、由国家财政拨款的公益型科研事业单位。

全所内设 9 个处：综合处、发展研究处、工程标准处、产品标准处、造价研究处、可行性研究处、经济参数处、出版处、信息处（工程建设标准定额资料馆）。现负责住房和城乡建设部主管的工程建设技术标准、工程项目建设标准与用地指标、建筑工业与城镇建设产品标准、全国统一经济定额、建设项目可行性研究与项目评价方法参数的研究和组织编制与具体管理工作；负责归口“三新核准”的技术审查和建筑工业产品质量认证的具体工作；负责住房和城乡建设部所属 12 个专业标准归口单位、4 个标准化技术委员会和建设领域国际标准化组织（ISO）国内的归口管理工作，以及标准定额的出版发行和信息化管理工作。

自建所以来，先后研究和组织编制了工程建设技术标准 280 余项，建筑工业与城镇建设产品标准 820 余项。研究和组织编制了《工程建设标准体系》（城乡规划、城镇建设、房屋建筑部分）、《工程项目建设标准体系》《建筑节能标准体系》《城市轨道交通产品标准体系》。研究和主编了《建设工程工程量清单计价规范》，研究和组织编制了全国统一安装、市政、园林、仿古建筑和房屋修缮工程预算定额 64 册。研究和组织编制了《建设项目经济评价方法与参数》第一版、第二版、第三版和《投资项目社会评价方法》《房地产开发项目经济评价方法》，并与有关部门、单位联合研究并制订了各行业的项目经济评价实施细则 20 余项和研究并测算公布了 150 个子行业财务评价参数。完成了《工程建设标准化战略问题研究》《工程建设标准化“十一五”专题规划》《WTO“后过渡期”对我国工程建设标准体系的影响和对策研究》《建设工程新技术、新产品应用的标准化战略研究》等前瞻性、战略性研究报告。组织出版各类标准、定额 1 360 余项。建立了工程建设标准定额资料馆，收集了国内标准 5 000 余册。筹建了国家工程建设标准化信息网和所网站。研究开发了“工程建设标准全文信息检索系统”（光盘）。承担 ISO 成员国义务，组织完成了 200 多项国际标准审查投票，组织或参加了多次国际标准工作会议。还先后与联合国开发计划署、联合国工业发展组织、世界银行、亚洲开发银行、英国海外开发署等十几个国家、地区和国际组织的相关机构进行了合作与交流，研究完成了“中国投资项目评价”和“中国投资项目经济评价”等援助合作项目。此外还分别与中国工程建设标准化协会、中国建设工程造价管理协会编辑出版了《工程建设标准化》和《工程造价管理》杂志。

多年来，标准定额研究和组织编制工作荣获多项国家或部门奖项。其中，《建设项目经济评价方法与参数》（第一版）荣获国家科技进步二等奖；《建设工程工程量清单计价规范》荣获华夏建设科技进步二等奖；《投资项目社会评价研究》荣获国家计委科技进步二等奖；《土地影子价格研究与测算》荣获国家教委科技进步三等奖。27 项工程建设技术标准荣获国家或部门科技进步奖；9项建筑工业与城镇建设产品标准荣获国家质量技术监督局科技进步奖；《中国社会折现率研究与参数测算》《基础设施建设投资效果评价体系》荣获全国优秀工程咨询成果一等奖。

联系方式：
地址：北京市海淀区三里河路9号
邮编：100835
传真：010-58934565
网址：www. risn. org. cn

组织机构：

综合处：

负责综合协调和文秘、人事、劳资、财务、行政后勤、退休干部以及开发创收管理工作。

电话：58933850/58934014

发展研究处：

负责工程建设与产品标准化、工程造价与定额、建设项目可行性研究与项目评价的发展趋势、发展规划等战略性、前瞻性研究和有关政策、法规制度的研究以及所事业发展规划的研究工作；负责建设工业产品质量认证、新技术认可和无标产品认证的研究工作。

电话：58934348

工程标准处：

负责工程建设技术标准、工程项目建设标准和建设用地指标有关政策、法规制度的研究和工程建设技术标准、工程项目建设标准和建设用地指标的研究与编制以及具体技术管理工作；参与相关技术法规的制定和标准实施与监督工作。

电话：58933472/58934739

产品标准处：

负责城镇建设、建筑工业产品标准有关政策、法规制度的研究和城镇建设、建筑工业产品标准的研究与编制以及具体技术管理工作；负责部管行业的国际标准化组织（ISO）国内归口的管理工作；参与城镇建设、建筑工业产品标准的实施与监督工作。

电话：58933985/58934679

造价研究处：

负责工程造价管理有关政策、法规制度的研究和建设全过程工程造价计价依据的研究与编制以及具体技术管理工作；参与工程造价计价依据的实施与监督工作。

电话：58934015/58933051

可行性研究处：

负责建设项目可行性研究与评价方法有关政策、法规制度的研究和可行性研究与项目评价方法的研究与编制以及具体技术管理工作；参与项目评价方法的实施与监督工作。

电话：58934016/58934656

经济参数处：

负责建设项目评价参数有关政策、法规制度的研究和评价参数的研究与编制以及具体技术管理工作；参与项目评价参数的实施与监督工作。

电话：58934017/58933304

出版处：

负责标准、造价与定额和建设项目可行性研究与评价图书出版发行的规章制度的研究、制订工作；组织我部发布的工程建设标准、产品标准、造价与定额、建设项目可行性研究与评价及相关出版物的出版发行工作。

电话：58934084/58934343

信息处：

负责标准、造价与定额、建设项目可行性研究与评价等相关业务的信息化工作；负责住房和城乡建设部工程建设标准定额资料馆和所网站以及所外事工作。

电话：58933910

中国城市出版社

中国城市出版社创立于1987年5月，是住房和城乡建设部主管的中央级出版社，是我国目前唯一一家专门面向城市、广泛联系城市、竭诚为城市各职能部门工作服务的出版机构。世界70%的人口和财富集中在城市，中国城市出版社的出版方向是立足于城市、集中为城市建设与城市发展服务，为我国广大城市管理与建设者奉献大量优秀精品图书，以期为加速我国城市化进程、构建和谐社会、建设可持续发展和创新型城市提供服务。

二十多年来，中国城市出版社坚持正确的出版导向，以“二为”和“三贴近”为方针和原则，以“营造都市人的精神家园，力推城市文化精品图书”为己任，坚持高品位、高质量的出版策略，强化自己的特色和品牌，出版了《光耀寰宇—第29届奥运圣火火炬传递城市全书》《中国城市发展报告》《北京奥运公共艺术（系列）》《园林城市与和谐社会》《中国当代青年风景园林师作品集》等城市题材书籍；此外，也推出了卡耐基经典（系列）、《空杯心态》《局外人》《石钟山自选集》《团队执行》《人性的优点全集》等社会经济文化方面的精品图书，这些优秀图书。深受读者欢迎，在图书界享有盛誉。

中国城市出版社主办的《驾驶园》杂志是全国汽车行业的中央级社科类期刊，于1989年创刊，面向全国发行。该刊版面新颖，设有本刊特稿、司机评车、驾驶天地、维修保养、红绿灯下、信息窗口、法律顾问等20余个栏目，集政策指导、知识普及、信息传递、趣味休闲于一体，图文并茂、可读可用，是以汽车企业、机动车驾驶、管理、维修人员及公安交警为主要读者对象的期刊。

目前，中国城市出版社已拥有一支经验丰富、敬业创新的编辑发行队伍，在图书的选题策划、装帧设计及推广发行上形成了自己独特的风格。我们愿与社会各界人士携手合作，为促进我国图书出版事业的繁荣发展贡献新的更大的力量。

地址：北京市海淀区太平路甲 40 号 D 座
邮编：100039
社长办公室电话：010-52732059
总编室电话：010-52732057
发行部电话：010-63289949/63454857/63400635
传真：010-63421488
投稿电子信箱：city _ editor@sina. com
发行部电子信箱：zgcsfx@sina. com
总编室电子信箱：citypress@sina. com
网址：http://www. citypress. cn

住房和城乡建设部政策研究中心

住房和城乡建设部政策研究中心（中国城乡建设经济研究所）是住房和城乡建设部直属的软科学研究机构；其主要职能是为住房和城乡建设部领导提供决策咨询和政策建议；接受地方政府和企业委托，提供政策咨询及市场调研服务；承担研究生培养和建设领域人才培训工作。作为国家级权威研究机构，政研中心直接参与了有关政策的前期调研、运行分析和起草论证等工作，并拥有雄厚的研究力量和一批国内外和相关领域中的知名专家，在现有研究人员中，有正高职称 5 人，其中 3 人为享受国务院特殊津贴的专家；副高职称 7 人；拥有博士学位的研究人员 8 人。

政研中心掌握有我国建设领域历史及现状的大量数据资料，各城市房地产业及房地产市场的最新信息，与各社会领域、各研究机构的优秀专家保持有密切的合作关系；拥有接受社会委托，提供政策及市场咨询服务的资质和能力，在区域规划、城市战略、企业市场调研、市场信息分析等方面形成了大量研究成果。

政研中心（城乡所）与中国社会科学院研究生院城乡建设经济系为系所合一机构，拥有国家认可的正规研究生教育资格和正规学位授予资格，目前拥有博士生导师 1 名，硕士生导师 9 名，在中国社会科学院招房地产、城乡建设、公用事业等专业的博士、硕士研究生；并受住房和城乡建设部委托，与中国人民大学、清华大学合作，承担面向全国建设系统招收和培养建设领域公共管理硕士（MPA）的工作。

中心领导成员：

主任：陈淮

副主任：王珏林　秦虹

机构设置：

办公室：58933439

财务室：58934089

科研处：58934029

教育培训处（社科院城乡系）：58934029

综合研究处：58934144

战略研究处：58933935

建筑业研究处：58934076

城市建设与管理研究处：58933425

房地产研究处：58933996

住宅研究处：58933935

厨房卫生间研究所：58933674

住房和城乡建设部信息中心

住房和城乡建设部信息中心是部直属事业单位，法人代表倪江波。

主要职能：

负责住房和城乡建设部电子政务系统、行业业务监管系统、信息化基础设施的建设、管理与技术服务工作；

负责住房和城乡建设部政府门户网站、中国工程建设信息网、中国住宅与房地产信息网和住房和城乡建设部机关通讯的管理与服务工作；

负责住房和城乡建设部管行业统计的具体工作，以及行业信息与信息技术咨询、交流、培训和《中国建设信息》编辑出版等工作；

承担国家和行业信息化应用推广、技术研究和标准规范编制等任务。

机构设置：

住房和城乡建设部信息中心设综合处、财务处、应用处、通讯处、系统处、信息与培训部、咨询部、编辑部和住房和城乡建设部 IC 卡应用服务中心。

工作简况：

参与制定和实施建设行业信息化发展规划和基本管理制度；建设和管理住房和城乡建设部信息化基础设施系统、建设行业业务监管系统，主要有“中华人民共和国住房和城乡建设部政府门户网站”（www. mohurd. gov. cn）、

"中国工程建设信息网"（www.cein.gov.cn）、"中国住宅与房地产信息网"（www.realestate.gov.cn）、"全国住房公积金监管信息系统""全国城市规划监管信息系统""全国重点风景名胜区监管信息系统"和"中华人民共和国住房和城乡建设部机关办公自动化系统"等。

参与和制定建设行业标准体系和若干国家与行业的标准规范，主要有《建筑及居住区数字化技术应用》《工程建设标准体系》《城市基础地理信息系统技术规范》《全国重点风景名胜区遥感监测技术规范》《全国城市规划遥感监测技术规范》《城市市政监管信息化单元网格划分与编码》《城市市政监管信息化部件和事件分类与编码》和《城市市政监管信息化地理编码》《建设事业集成电路（IC）卡应用技术》等。

承担了国家"十五"科技攻关计划项目的科研课题，主要有《建筑业信息化应用示范研究》《城市数字化标准规范研究》《建筑市场与交易管理信息系统》《住宅与房地产管理系统》和《风景名胜区保护监管信息系统》等。承担科技部"十五"国家高技术研究发展计划（863 计划）《数字城市空间信息管理与服务系统及应用示范》和《城市和风景区遥感监测示范工程》等课题。正在开展国家"十一五"科技支撑计划

项目的《城市数字化关键技术研究与示范》项目、《数字社区服务示范工程》和《数字旅游服务示范工程》等课题的前期工作。住房和城乡建设部信息中心所承担的科研项目部分研究成果曾荣获住房和城乡建设部华夏建设科技二、三等奖；住房和城乡建设部政府门户网站曾连续两年被评为"中国优秀政府门户网站"，并荣获信息产业部信息化推进司评选的"网上应用示范单位"称号；《中国建设信息》曾被评为住房和城乡建设部优秀期刊。

资质资格：

住房和城乡建设部信息中心具有中华人民共和国国家质量监督检验检疫总局颁发的中华人民共和国组织机构代码证（代码为：40000926-6）、国家事业单位登记管理局颁发的事业单位法人证书（证书号为：事证第110000000283）、中华人民共和国国家发展和改革委员会颁发的收费许可证（证号为：B11180011）和北京市工商行政管理局颁发的广告经营许可证（许可证号为：京海工商广字第 0200 号）。

联系方式：

综合处：58933909/58934577

财务处：58933466/58934577

应用处：58934216/58934577

通讯处：58934114/58934577

系统处：58934215/58934215

信息部：58934941/58933575/58933171

咨询部：58934999/58934255

编辑部：58933473/58934945/58933829

IC 卡服务中心：88370856/88370850/88378668

地址：中国北京市三里河路 9 号

邮编：100835

中国建筑文化中心

中国建筑文化中心是住房和城乡建设部直属科研事业单位。1997 年经中编办批准成立。中国建筑文化中心始终以弘扬、传播中国建筑文化为己任，以竭诚为建设行业服务为目标，始终奉行诚信社会、广交朋友的原则，扎实做好每一件事，精心打造品牌。通过推进内部改革，提高自身素质，整合社会资源，开拓业务空间，在很短的时间里，实现了由创业到发展的转变。到目前为止，中国建筑文化中心已经形成了国际交流、会议论坛、行业培训、技术咨询、展览展示、模型制作、城市雕塑管理、建筑图书阅览与展示等多方位传播建筑文化、服务建设行业的能力。

建筑文化中心网站问题请拨打咨询电话：88082052

网站合作请拨打咨询电话：88082052

网站技术支持请发邮件：pigloo@126.com

网址：http：//www.chinacon.com.cn

地址：北京市海淀区三里河路 13 号

邮编：100037

传真：68352219

电话：88082052

住房和城乡建设部科技发展促进中心

住房和城乡建设部科技发展促进中心成立于 1994 年 7 月，是经中央机构编制委员会、住房和城乡建设部批准成立的住房和城乡建设部直属科研事业单位，主要职能是推进建设行业科技成果转化和建筑节能工作。具体负责政策研究与咨询，科技成果评估与推广，承担科技项目研究开发、示范工程管理以及华夏科学技术奖和绿色建筑创新奖的组织评审与管理，开展技术交流、咨询、培训等。

2006 年 9 月 19 日住房和城乡建设部建人函〔2006〕

257号文批准，依托住房和城乡建设部科技发展促进中心成立建筑节能中心。主要职责是：接受住房和城乡建设部委托承担建筑节能相关政策、法规研究制定，技术研究开发以及建筑节能示范工程管理和技术推广工作，开展建筑节能国际合作与交流。建筑节能中心设行业发展处和项目合作处。

服务宗旨

创建一流的国家建设科技成果推广转化中心与建筑节能中心，推广先进、成熟、适用的新技术和新产品，跟踪国内外建设领域科技发展趋势和最新研究成果，培育和扶植一批领先的技术、产品和企业，整合、配套开发和推广具有先进水平的成套技术，以可靠的质量、良好的服务和高效的工作，满足行业发展的需要。

科技中心了解国家政策和建设行业科技发展导向、掌握先进的技术和产品的研究开发动态，与国内知名专家有良好的工作关系，具有集成、整合建设行业科技成果的能力，形成了覆盖全国大部分地区的推广网络，通过较强的市场运作能力和丰富的国内国际合作经验，为建设行业提供综合性的优质服务。

核心业务

以推动建筑节能和绿色建筑发展为核心业务，带动“四节一治”（节能、节水、节地、节材与环境治理）技术进步，促进建设事业科技成果向现实生产力转化。

建筑节能

开展建筑节能服务、供热改革等建筑节能相关政策和标准研究；组织建筑能耗统计和相关数据的汇总、分析和发布；组织建筑节能推广技术公告和技术目录的编制；承担建筑能效测评标识管理，住房和城乡建设部/财政部可再生能源建筑应用示范项目、住房和城乡建设部/科技部可再生能源与建筑集成示范工程项目、住房和城乡建设部供热改革与建筑节能等项目的管理；组织实施建筑节能示范工程；开展建筑围护结构、用能设备与系统、可再生能源利用、既有建筑节能改造等相关技术的研究与咨询服务。

绿色建筑

承担绿色建筑技术的研究开发和推广应用，承担绿色建筑示范工程的评审、验收等项目管理，绿色建筑创新奖的评审、发布，组织实施绿色建筑评价标识工作，提供绿色建筑工程设计方案咨询服务。

科技成果推广

归口管理行业建设科技成果评估工作，负责全国建设行业科技成果推广项目的评审、发布；组织住房和城乡建设部“技术公告”的编制和实施；组织华夏建设科学技术奖的评审和发布；组织实施科技示范工程项目和产业化基地项目；开展新型房屋建筑结构体系技术、新型建材和管道工程应用技术、环卫工程技术的研究开发与推广；组织开展建设行业新技术、新产品的交流、人才培训和咨询等技术服务；编辑发行《建设科技》杂志。

国际合作

开展与国外境外政府机构和企业间以及国际组织间的技术交流合作，组织开展交流研讨活动，承担国际合作项目。

组织机构

中心主任：杨榕（兼《建设科技》总编）

副主任：谢鸿昌、梁俊强

节能中心副总工：杨西伟（兼《建设科技》常务副总编）

下设机构：

1. 综合财务处

负责人：李剑英　住房和城乡建设部南配楼414＃

电话：010-58934206

传真：010-58934406

2. 评估推广处

负责人：高立新　住房和城乡建设部南配楼509＃

电话：010-58933150

传真：010-58934358

3. 工程示范处

负责人：张峰　住房和城乡建设部南配楼510＃

电话：010-58934324

传真：010-58934279

4. 培训咨询处

负责人：赵力勃　住房和城乡建设部南配楼508＃

电话：010-58934398

传真：010-58933892

5. 行业发展处

负责人：郝斌　住房和城乡建设部南配楼411＃

电话：010-58934229

传真：010-58934232

6. 项目合作处

负责人：张小玲　住房和城乡建设部南配楼412＃

电话：010-58933245

传真：010-58933102

7. 环卫工程技术办公室

负责人：许利峰　住房和城乡建设部南配楼507＃

电话：010-58934798

传真：010-58934253

8. 新型房屋建筑结构体系办公室

负责人：任民　住房和城乡建设部南配楼415＃

电话：010-58934135

传真：010-58934406

9. 华夏建设科学技术奖工作办公室（绿色建筑创新奖励办公室）

负责人：辛萍　中国建筑文化中心Ｂ座408＃

电话：010-88083350

传真：010-88082212

10. 绿色建筑评价标识管理办公室

负责人：宋凌　住房和城乡建设部南配楼204＃

电话：010-58933934

传真：010-58933924

11.《建设科技》杂志编辑部

电话：010-88082200

传真：010-88082202

全国白蚁防治中心

全国白蚁防治中心是住房和城乡建设部直属的事业单位，行使组织、指导与推动全国白蚁防治和研究的行业管理的职能，并直接从事白蚁防治与科研工作。

主要职能为：

受部委托，承担白蚁防治行业政策法规的前期研究及行业政策规范、技术标准的编制任务。

受部委托，开展白蚁防治行业调研和行业统计，收集、整理和分析国内外相关信息资料，建立和完善国家级白蚁防治行业网络和信息数据库。

受部委托，负责对白蚁防治管理规范与技术标准贯彻执行情况的检查指导，督促引导从业单位建立健全白蚁防治质量安全保证体系。

开展蚁害控制对策与技术创新研究，组织对行业相关产品与科研成果的评估与论证，推广应用新技术、新设备、新药物，并提供相关的咨询服务，定期发布相关信息。

组织、指导、参与建立国家级蚁害控制示范项目和国家级重点项目的白蚁防治业务；受部委托，开展全国白蚁防治专业人员职业技术与岗位培训；组织开展国内外技术信息交流与科技合作；组织开展有益于全国白蚁防治事业的其他活动，完成部交办的其他任务。

全国白蚁防治中心聘请国内外著名学者、专家担任顾问，管理与研究人员均具有高级职称，技术力量雄厚，能开展白蚁防治科学研究、白蚁防治技术开发、培训与技术咨询，并能承接国内外重大的房屋建筑（文物古迹）、水库堤坝、地下电缆、经济林木等白蚁防治与城市害虫防治工程。同时是农业部批准的农药登记卫生杀虫剂药效试验认证单位，能进行各类白蚁防治药物药效的试验和检测。

全国白蚁防治中心下设办公室、科技教育办公室、白蚁防治科、白蚁药物管理科、信息部、国际协作部和福建办事处。

全国白蚁防治中心有办公大楼和研究室 1 800 余平方米。

全国白蚁防治中心法定代表人石勇及全体职员愿为全国白蚁防治工作提供热忱的服务。

地址：浙江杭州莫干山路 695 号

邮编：310011

电话：0571-88835063/88081248/88185365

传真：0571-88071061

网址：www.qgby.com

电子信箱：qgbyfz@hzcnc.com

住房和城乡建设部机关服务中心

住房和城乡建设部机关服务中心（对外称住房和城乡建设部机关服务局）为住房和城乡建设部机关直属单位，全面负责部机关后勤服务保障工作，受部委托承担部机关后勤行政管理工作，承办部领导交办的其他工作。

联系电话：010-58933225

住房和城乡建设部干部学院

住房和城乡建设部干部学院是部唯一直属专门从事建设系统党政领导干部和专业技术干部教育培训工作的单位，位于北京市朝阳区惠新南里 6 号。学院成立于 1980 年，1992 年 6 月经部批准设立住房和城乡建设部电教中心，1997 年 5 月经部批准设立住房和城乡建设部直属机关党校。学院每年培训建设系统各级领导干部和专业技术干部近万人。

【学院职能】住房和城乡建设部干部学院是部属正司级事业单位，是住房和城乡建设部对系统内各级党政领导干部和专业技术干部进行继续教育培训的重要基地。其主要职责是：①承担系统内厅局级领导干部、处级领导干部、科级干部的政策业务培训和领导能力培训；②作为住房和城乡建设部机关党校承担中央党校中央国家机关分校党员处级干部的政治理论培训；③承担系统内专业技术干部有关新技术、新规范等业务能力的培训；④承担系统内执业资格的考前培训；⑤为地方建设系统提供专题业务技术培训；⑥参加部业务司有关课题项目的研究工作；⑦承担建设系统与国外相应部门机构的教育培训合作。

【指导思想】认真贯彻学习党的十七大精神，高举中国特色社会主义伟大旗帜，坚持以邓小平理论和“三个代表”重要思想为指导，深入贯彻落实科学发展观，科学调整办学思路，转变观念，转换机制，实行差异化竞争策略，充分发挥自身优势，紧紧围绕住房和城乡建设部中心工作，开发系列精品课程，全面提高教育培训质量和能力，形成自身办学特色，培育核心竞争力，不断推进干部学院科学发展，为部机关服好务，为地方建设行政主管部门服好务，为行业发展服好务，为企业发展服好务，逐步把干部学院建设成为全国住房和城乡建设系统领导干部培训的重要基地。

【内设机构】学院内设党校工作部、党政干部培训部、专业干部培训部、考前培训与远程教学部、招生与会议服务部、教学管理与研究开发部、办公室和财务部等职能部门，现有专、兼职教师150人，其中教授144人、副教授6人。兼职教师由部机关有关业务司局领导和高校、科研、设计、施工单位的知名专家、教授组成。根据教学需要还会聘请社会有关知名学者来院授课。

【教学培训】学院建立多层次、多规格、多渠道、面授与函授以及网络课堂并举的办学格局，采取独立、合作、送教上门等培训方式，围绕住房和城乡建设部中心工作，以及业务司局的重点工作，开展培训工作。每年完成的培训班次包括：中央党校中央国家机关分校党员处级干部理论研修班、系统内厅局级及处级党政干部培训班、专业技术干部新技术、新规范学习班、执业资格考前培训班等各类培训班100多项，培训各类干部近万人。学院接受地方建设系统干部的专项培训要求，曾应广西壮族自治区、广东、湖南、贵州、浙江、青海等省的要求，为其举办建设系统干部的专题培训班，受到各地好评。另外还与国外机构合作开展出国培训，并为越南培训建设系统领导干部。

学院坚持以“勤学求是，知行合一”作为院训，培养行业中高级管理人才和专业技术人才，打造自身的教职工团队，团结一致，努力学习，锐意改革，积极创新，秉承“质量第一，服务至上”的原则，竭诚做好“四个服务”，积极探索成人教育规律，帮助学员设计培训课程，实现人生理想。

住房和城乡建设部人力资源开发中心

住房和城乡建设部人力资源开发中心系经中央机构编制委员会批准，于1994年2月成立的住房和城乡建设部直属全民所有制事业单位。下设办公室、档案管理部、人事代理部、人才交流部、培训部、信息开发部6个职能部门。

主要职责：住房和城乡建设部中心工作，具体承担建设行业人事制度改革与人力资源的开发与研究服务工作；负责部机关、部属单位及行业企事业单位下岗分流人员的服务与管理；负责流动人员人事关系的转接与人事档案的保管；为各类企事业单位和社会团体提供全方位的人事代理服务；组织人才培训与人事政策咨询；承办住房和城乡建设部及行业专业技术人员职称申报及组织评审；负责建设人才市场和城市用工信息网络的开发与服务，收集、发布人才供求信息；开展人才交流，为推进建设行业人才资源社会化和资源配置市场化服务；开展国际间的人才交流与合作等。

中国建设人力资源网 www.mochr.com 是住房和城乡建设部人力资源开发中心开发的建设行业唯一一家全国性人事人才工作服务网站。

主要服务项目：

人事代理	职称评审	猎头服务
档案管理	单位招聘	政策咨询
人才培训	个人求职	人才派遣

各部室联系方式

办公室：
电话：010-58934879/88083868
传真：010-58933003
E-mail：office@mochr.com

档案管理部：
电话：010-58934949/58934367/88082790
传真：010-58933003
E-mail：office@mochr.com　xieb@mochr.com

人事代理部：
电话：010-58934970/88083168
传真：010-88083168
E-mail：daili@mochr.com　yuy@mochr.com

人才交流部：
电话：010-58934184/88082738/88082755
传真：010-88082739
E-mail：jiaoliu@mochr.com　sunl@mochr.com

培训部：
电话：010-58934806/88082729
传真：010-58934652
E-mail：peixun@mochr.com　chengh@mochr.com

信息开发部：
电话：010-88083048

E-mail：mochr@mochr.com　gsq@mochr.com
办公地址：北京市海淀三里河路甲 11 号　中国建材大厦二层 201—209 室
通讯地址：北京市海淀区三里河路 9 号
邮政编码：100835

全国市长培训中心

全国市长研修学院概况

全国市长研修学院（原名全国市长研究班办公室，1991 年更名）成立于 1983 年，是全国市长培训工作的常设机构，系住房和城乡建设部直属司局级事业单位。在中共中央组织部、住房和城乡建设部、中国科学技术协会联合组成的全国市长培训工作领导小组的领导下，其主要职责是负责全国设市城市的市长、分管城乡建设工作的副市长和直辖市的区长、副区长及相关领导干部的培训工作，培训的主要内容是城乡规划建设管理，培训的目标是提高市长们管理现代化城市的能力和水平。

全国市长培训工作源于 80 年代初期，为适应改革开放和城市现代化建设的需要，在时任国务院副总理万里同志的倡导下，于 1983 年 10 月创办了第一期全国市长研究班。25 年来，在党中央、国务院的高度重视和中央领导同志的亲切关怀下，共举办全国市长研究班 44 期、市长专题研究班 15 期，培训市长、副市长和直辖市的区长、副区长以及部分市委书记 3 000 余人。

全国市长研修学院坚持“为城市服务、为市长服务”的宗旨，坚持理论与实际相结合组织教学和研讨，全国市长研究班曾被誉为“当代中国的‘黄埔军校’”和“新时期抗大”。自创办以来，据不完全统计，有“新华通讯社”、《人民日报》、“中央电视台”、“中国新闻社”、《光明日报》、《瞭望周刊》（国内国外版）等 60 余家新闻单位和国外及香港地区的报刊都做了大量的采访和报道，并以其时代的创举赢得城市领导的欢迎和社会的好评，引起国内外的普遍关注。

全国市长研修学院目前主要开展全国市长研究班、市长专题研究班和国（境）外专题研究班三种班次，长短结合，根据市长需要，有计划的分期分批举办各类研究班。在努力办好全国市长研究班和专题研究班的同时，受地方政府和其他部门的委托，还协助地方举办城乡规划建设管理领导干部培训班，培训城市领导干部 500 余人。同时，对 40 余座城市开展了城市规划建设管理专家咨询活动。此外，积极探索扩大培训范围，加强市长及领导链的专业能力培训建设，使市长培训发挥更大的效能。目前，“城乡规划县长专题研究班”及“大型工矿区企业领导人规划建设管理专题研究班”已纳入市长培训工作范畴。在京外建立了沈阳建筑大学全国市长培训教学基地，形成了培训总部与基地建设相结合的模式。

教学内容紧密围绕党和政府有关城乡发展工作的方针、政策以及城乡规划建设管理中的热点、难点问题，组织开展城乡规划建设管理等有关专业知识的培训与教学，开展城乡工作经验交流和问题对策研究，并进行培训课程设计开发。目前，已开发市长培训课程 130 多门。教学形式以课堂讲授、案例教学、互动式教学和研究式教学为主，并安排了相应的教学考察和课题研究。此外，还在内部局域网上建立市长研究班主页，提供学习交流和研究的电子平台。

师资队伍建设坚持专兼结合、以兼为主的方针，选聘具有较深理论功底和丰富实践经验的国家机关领导、市长以及高等院校、科研单位等国内外一流的专家学者。李岚清、吴官正、李铁映、钱学森、费孝通、冯之浚、马洪等领导，以及吴良镛、周干峙、张锦秋、邹德慈、钱易、江亿等院士都曾为市长们授课。在动态管理的基础上，市长培训已建立了 200 多人的高素质师资队伍。在教材建设方面，先后多次组织编写培训教材，已初步形成了基本教材、辅助教材、授课讲义和案例教材相结合的教材体系。

全国市长研修学院下设办公室（党委办公室）、教务处、教研处、对外合作处、城市发展研究所、市长之家宾馆 6 个内设机构。全国市长研修学院教学楼即市长之家宾馆，建筑面积近 9 000 平方米，融教学、研究、旅居于一体。

市长培训工作是全国干部教育培训工作的重要组成部分。实践证明，加强市长理论素质和专业知识的培训，对提高市长管理现代化城市的能力和水平，推动中国城市健康发展和加速城市化、城市现代化进程具有十分重要的作用。全国市长研修学院已经成为城市领导干部培训的基地，城市问题咨询研讨的中心，开展国际合作培训交流的窗口。

展望未来，我国城镇化正处于快速发展时期，市长培训工作仍然任重而道远。全国市长研修学院将按照胡锦涛同志关于市长培训工作两次重要批示精神和党中央关于大规模培训干部、大幅度提高干部素质的总体要求，勇于开拓创新，认真贯彻落实科学发展观，努力把市长培训工作做得更好。

办公室（党委办公室）

主要职责：

负责全国市长培训中心的行政后勤、党务、人事劳资、财务工作。

部门领导：

主任：赵庆友

副主任：江竞　张海荣

教务处

主要职责：

负责全国市长研究班学员招生工作；教学计划的实施；学员学籍管理工作；教学考察活动计划安排；组织编辑、出版、发行《市长谈城市》（全国市长研究班论文集）。

部门领导：

处长：卢军

教研处

主要职责：

负责编制教学计划，选聘教师并建立市长培训教师数据库；与国内外研究机构合作，开展有关课题研究；组织、编写市长培训教材；图书资料管理及数字化建设。

部门领导：

处长：宓志坚

副处长：周林洁

对外合作处

主要职责：

负责国（境）外市长及其他培训合作、非培训项目合作；负责国内计划外培训合作及对外研究咨询、办学等非培训项目合作。

部门领导：

处长：余池明

国际项目部

主要职责：

国际项目部是全国市长培训中心负责国际培训和咨询项目开发的项目组工作机构，主要负责与国际组织、外国政府、外国机构、外国企业在市长培训领域、经济领域的国际合作工作；开展中国城市建设和城市经济发展方面的国际合作项目，为地方出国培训项目、出国考察项目提供咨询服务。

项目部主任：谢宝东

项目部副主任：张建顺、王萍

城市发展研究所

主要职责：

负责承办地方委托的培训，通过咨询、研讨、课题等活动，积极开展市长培训后续服务。

部门领导：

所长：苏会泽

副所长：高红

市长之家宾馆

主要职责：

负责市长培训期间的各项后勤保障和服务工作。

部门领导：

总经理：贾如庆

副总经理：李兵

中心联系方式

通讯地址：北京市朝阳区惠新南里2号院

邮政编码：100029

电话：010-64922233

传真：010-64928482

网址：www.mayortraining.org

电子邮箱：web@mayortraining.org

住房和城乡建设部执业资格注册中心

住房和城乡建设部执业资格注册中心于1996年4月经中央机构编制委员会办公室批准成立，正式组建于1996年12月，是住房和城乡建设部直属事业单位。中心编制50人，现有40人，内设10个处室：办公室、计划财务处、考试处、注册处、教育处、国际联络处、综合研究与协调处、注册城市规划师管理办公室、建造师办公室、物业管理师办公室。

在住房和城乡建设部的直接领导下，作为全国注册建筑师管理委员会、全国勘察设计注册工程师管理委员会、全国城市规划执业制度管理委员会、全国物业管理师制度管理委员会的办事机构，主要承担注册建筑师、勘察设计注册工程师、注册城市规划师、建造师的考试、注册、继续教育和国际交流工作，以及物业管理师的考试、注册工作，协调并指导各地、各专业委员会开展执业资格相关工作。

注册中心以“科学、规范、公正、严明”为工作准则，以“服务于政府、服务于执业人员”为工作理念，认真贯彻落实《行政许可法》，长远规划，突出重点，努力提高执业资格考试工作质量，加强注册管理工作规范化建设，确保继续教育质量，积极稳妥推进与国际或地区间执业资格交流和互认，努力为住房和城乡建设部执业资格制度建设与发展作出积极的贡献。

地址：北京市海淀区甘家口21号楼二层

邮编：100037

电话：010-68313380

传真：010-68313556

网址：http://www.pqrc.org.cn

Email：zczx@pqrc.org.cn

中国建设报社

《中国建设报》注重实用、服务、可读，融权威性、指导性、知识性为一体。《中国建设报》创刊于1987年元月，由住房和城乡建设部主管，是全国住房和城乡建设领域唯一综合性日报，是经国务院批准、国家发改委指定的建筑工程招标公告发布媒体，是住房和城乡建设部刊登法规、规范、标准等的主要媒体。

《中国建设报》围绕住房和城乡建设部的中心工作开展新闻宣传报道，在着力做好住房保障、房地产市场监管及住房公积金监管等方面宣传报道的同时，报道内容还涵盖城乡规划、城市建设、村镇建设、工程建设和建筑业、房地产业、市政公用业、工程勘察设计咨询业、建材装饰、工程机械等领域。

《中国建设报》在宣传、贯彻党和国家关于住房和城乡建设领域的方针政策、统一建设系统广大干部职工的思想认识，特别是在促进各地建设工作、加强宏观调控等各项具体措施的贯彻落实等方面发挥了积极的作用。

《中国建设报》以典型报道见长，多次荣获“中国新闻奖”“全国人大好新闻奖”“全国政协好新闻奖”“中国产业经济好新闻奖”“中国经济报刊好新闻奖”“北京建设好新闻奖”等国家级和省部级奖项。

中国建设报现任领导集体

社长、党委书记：刘士杰

总编辑、副社长：翟建

党委副书记、纪委书记：赵国强

副总编辑：王宝林

报社地址：北京市海淀区车道沟8号院5号楼（信弘大厦）B座

邮政编码：100089

报社总机：010-51555511

网址：www.chinajsb.cn

住房和城乡建设部住宅产业化促进中心

住房和城乡建设部住宅产业化促进中心（简称住宅中心），其前身是住房和城乡建设部住宅产业化办公室，成立于1998年7月。按照住房和城乡建设部的工作要求，住宅中心统一管理、协调和指导全国有关住宅产业化方面的工作，并提供相应的技术咨询和技术服务。致力于全面推进中国住宅产业现代化，以满足广大居民不断改善居住状况的需求，实现住宅产业建设从粗放型向集约型的根本转变，提高中国住宅建设的综合质量，实现住宅发展的经济效益、环境效益、社会效益。

主要工作有：

研究建立中国住宅建设成套技术体系，促进住宅技术的更新换代和住宅产品的结构调整，负责提出住宅产业技术发展建议和规划。

负责国家康居住宅示范工程的组织实施、技术指导和经验推广工作。

负责全国住宅性能认定的组织管理和技术指导、监督、检查工作，负责3A级住宅和国家住宅试点（示范）工程的性能认定工作。

负责建立住宅部品体系评价与认定制度并组织实施，定期提出住宅建设中淘汰和限制使用的落后技术与产品，适时予以公布。

负责住宅产业化基地的建立和日常管理工作。

开展住宅产业化方面的国际合作、国际交流，承担国际合作开发和技术推广项目的组织实施。

组织住宅产业化方面的信息宣传活动，开展信息咨询服务。

[国家康居住宅示范工程]

按照国家推进住宅产业现代化的方针政策，住房和城乡建设部于1999年开始实现国家康居示范工程。国家康居住宅示范工程是以住宅小区为载体，以推进住宅产业现代化，提高住宅质量为总目标，通过示范小区引路，加速科技成果转化，提高住宅建设综合质量和整体效益，带动相关产业的发展。国家康居住宅示范工程把推广应用先进适用的住宅成套技术作为重点，逐步建立和完善住宅技术体系；把提高住宅功能质量、环境质量作为前提，满足广大居民不断改善居住条件和居住环境的需求；把住宅装修一次到位作为基本要求，提高住宅建设集约化水平；把住宅示范工程作为样板，引导住宅产业现代化的发展。国家康居住宅示范工程自1999年启动以来，截至目前共有55个居住小区列入计划，分布在19个省、市、自治区，已取得了良好的示范效果。

[商品住宅性能认定制度]

为了适应完善社会主义市场经济体制和实行住宅商品化的需要，促进住宅技术进步，提高住宅功能质量，规范商品住宅市场，保障住宅消费者的利益，住房和城乡建设部自1999年7月起开始建立并推行住宅性能认定制度。我中心受住房和城乡建设部委托，负责具体组织实施全国商品住宅性能认定工作。

住宅性能须由具备资格的专家委员会和认定机构，依据统一颁布的住宅性能标准，按照规定的程序进行评审和认定。住宅性能认定是在分别考察住宅的适用性能、安全性能、耐久性能、环境性能之后作出的综合评价。凡是通过性能认定的住宅统称为“A 级住宅”。A 级住宅分为 1A、2A、3A 三个等级，标志分别为 A、AA、AAA。1A 是经济适用型住宅；2A 是舒适型住宅；3A 是高舒适度住宅。A 级住宅不仅品质可靠，而且符合节约能源、资源，保护环境的可持续发展原则。

凡通过 A 级住宅预审的房地产开发项目，可以优先从中国工商银行获得住房建设贷款或居民购房按揭贷款。同时，中国人民保险公司也已经开办了针对 A 级住宅的质量保证保险业务。

[住宅部品体系评价与认定]

为了适应住宅建设的技术进步与创新，引导住宅部的产业化发展，提高住宅建设质量和效益，我中心正积极组织并建立住宅部品体系评价与认定制度。组织编制结构、外围护、内装、厨卫、设备、智能化、小区配套 7 大部品体系的分类和各类住宅部品评价认定技术标准，开展新型住宅建筑体系与新技术的评价认定工作。为保证国家康居示范工程的实施效果，根据住房和城乡建设部《国家康居示范工程实施大纲》和《商品住宅性能认定管理办法》的要求，对申报用于国家康居住宅示范工程选用部品和产品，组织专家进行资格评审认定。评审工作每年进行两次。通过认定的部品与产品颁发证书，汇编成《国家康居住宅示范工程选用部品与产品目录》，并负责编制住宅建设中淘汰和限制使用落后技术与产品目录，适时予以发布。

[住宅产业化基地]

国家住宅产业化基地以住宅部品、部件、技术集成的生产企业为载体，依托对住宅产业现代化具有积极推动作用、技术创新能力强、产业关联度大、技术集约化程度高、有市场发展前景的企业建立住宅产业化基地。通过基地的建立，培养和发展一批住宅产业的骨干企业，发挥现代工业生产的规模效应，在地区和全国的住宅产业发展中起到示范和带动作用。在全国拟建立若干个可带动本地区并能辐射周边地区乃至全国的，具有地域特征的国家住宅产业化基地。国家住宅产业化基地应具有对住宅建筑体系和住宅部品的研究开发、应用技术集成、工业化生产与协作配套、市场开拓与集约化供应以及技术扩散与推广应用的能力和效用。国家住宅产业化基地的建立应符合国家住宅产业现代化的总体要求，具有导向性、先进性和示范性，分为住宅建筑体系和住宅部品体系两类产业化基地。

[国际合作与交流]

住宅中心成立以来积极开展住宅产业化领域的国际合作与交流，引进国外高新技术，承担国际合作开发项目，先后与美国、加拿大、日本等国家，在技术交流、专项技术研究及合作项目等方面开展广泛的接触与合作。

其成果有：

中美住房合作项目是住房和城乡建设部同美国政府开展的合作项目。住宅中心作为住宅产业分项具体承担单位，负责并组织在住宅技术管理体系、住宅技术与产品、住宅产品市场等方面同美方政府、企业及中介机构进行交流与合作。

中加建筑节能项目是外经贸部、住房和城乡建设部与加拿大国际开发署的合作项目。住宅中心作为项目执行单位，在建筑节能政策、标准制定、信息传播、示范工程等方面与加方进行广泛的合作。

中日住宅部品认定与住宅性能认定制度的合作研究项目，是住房和城乡建设部与日本国土交通省开展的 JICA 合作项目，住宅中心作为项目主要执行机构，在住宅性能、部品认定的程序、内容、制度等方面开展广泛的交流，承担大量政策研究、标准制定工作。

中加住房及相关领域合作项目是，住房和城乡建设部与加拿大抵押贷款和住房公司（CMHC）签署了一项在住房及相关领域进行合作的谅解备忘录。我中心是其中贸易和投资分会的负责单位。

住宅中心与英国、德国、法国、丹麦、瑞典、俄罗斯、澳大利亚等国在住宅建设领域建立了广泛而密切的联系和合作关系。

《住宅产业》期刊

《住宅产业》期刊是目前国内唯一的住宅产业专业刊物。立足于面向百姓，面向未来，推进住宅产业现代化，大力贯彻国务院〔1999〕72 号文件《关于推进住宅产业现代化提高住宅质量的若干意见》，以传递住宅产业发展最新动态，探讨住宅产业发展趋势、面临问题以及相关对策，促进中国住宅产业现代化发展为己任。《住宅产业》期刊采用独特的视角、灵活多样的文体，宣传相关政策法规，引导产业发展，反映行业动态，推介最新技术，为我国住宅产业的发展与创新提供信息资讯服务，为政府部门决策提供参考。

《住宅产业》期刊也是中国住宅产业会员网的网刊，住宅产业会员网会员涵盖住宅产业政府主管部门、房地产开发、规划设计、承包商、住宅部品生产、信息系统集成、金融保险等相关企事业单位，目前注册会员已有 8 000 多家。《住宅产业》期刊每月 25 日发行，主刊 46 页。

[中国住宅产业网]

中国住宅产业网是由住房和城乡建设部住宅产业化促进中心主办的国内最权威的住宅产业专业网站。网站自 2000 年创建，随时跟踪国家发布住宅产业方面的政策、法规及与之相关的内容，全面报道我国住宅产业发展趋势，业外动态及专业人士论坛等。突出指导性、应用性、市场性、服务性，同时，中国住宅产业网与《住宅产业》期刊形成媒体互动，形成网站信息量大、涉及面广、访问量高的特点。

网址：www. chinahouse. gov. cn

www. chinahouse. com. cn

主任：刘灿

副主任：梁小青

联系电话：010-58934485
传真：010-58934697
邮政编码：1000835
联系地址：北京市海淀区三里河路9号

建筑杂志社

建筑杂志社（原名建设部建设杂志社）是中华人民共和国住房和城乡建设部唯一直属期刊出版直属事业单位，所辖《城乡建设》杂志（月刊）和《建筑》杂志（半月刊），分别由邓小平同志和朱德元帅题写刊名。其中《城乡建设》杂志创刊于1956年，《建筑》杂志创刊于1954年。两刊发行量大，覆盖面广，长期以来在中国建设行业享有盛誉，是全国建设系统指导工作、交流经验的重要舆论阵地，是展示两个文明建设成果与企事业发展的重要窗口。

地址：北京三里河路九号
邮编：100835
电话：010-68315217（办公室）
010-58933705（《城乡建设》编辑部）
010-58934867（《建筑》编辑部）
010-58933849（策划部）
010-58933647（总编室）
010-58933034（发行部）
010-58934564（信息部）
010-58934867（记者部）
网址：http://www.zgjs.cn
社长：王理
总编：贾衍邦
副社长副总编：胡兰

住房和城乡建设部城乡规划管理中心

住房和城乡建设部城乡规划管理中心自1999年正式成立以来，在部党组正确领导下，在规划司的具体指导下，遵照部里对规划中心的职能要求，做了大量工作，较好地完成了部领导交办的任务和职责内的其他各项工作。

规划中心为住房和城乡建设部直属事业单位，由住房和城乡建设部授权代行部分政府职能，为住房和城乡建设部履行的行政职能提供行政技术支撑和服务。其主要职能有：

（1）配合部有关司局，承办由国务院审批的省域城镇体系规划、城市总体规划在上报国务院之前的有关技术审查工作及批复后的实施检查监督工作；

（2）承办由住房和城乡建设部核定的各省（自治区）人民政府审批的城市总体规划中的规划人口和用地规模的审核工作；

（3）负责组织对申请国家历史文化名城专项补助资金项目的审查及实施情况的检查、监督工作；

（4）负责组织开展有关城市化、城乡发展及城乡规划方面的政策、法规的研究，信息的收集、整理与分析；

（5）负责城市规划与重点风景名胜区动态监测的实施和日常工作，组织制定相关标准、规范、规程，提出动态监测报告；

（6）承办住房和城乡建设部交办的其他任务。

目前，规划中心在编人员18人，规划中心工作人员在专业配置、年龄结构、工作经验等方面已经初步形成了较好的层次结构。全体工作人员在中心领导的带领下，相互团结协作，工作积极努力，组成了一支专业水平较高、敬岗爱业、富有效率的工作团队。

规划中心自成立以来，根据我部交付的职能，开展了以下工作：

（1）规划的前期技术审查。组织专家进行国务院审批城市总体规划的前期技术审查，已完成77个城市本轮规划审查批复。

（2）中小城市总体规划的规模核定。与国家发改委、国土部会商，现已完成260个城市总体规划的规模核定工作（有些城市已核定两轮）。

（3）城市规划动态监测。根据中央、国务院领导和部党组加强城市规划监管的有关指示，规划中心从2002年下半年研究并提出了利用遥感技术对城乡规划实施情况进行动态监测的方案和工作程序。

（4）组织参与城乡规划政策、技术研究。先后组织、参与了一批有关城乡规划管理体制、城乡规划政策、法规以及编制等方面的研究工作。

（5）参与完成国务院资源枯竭型城市转型试点、三峡库区地质灾害治理、土地市场清理整顿等领导交办事项。

（6）参与国家历史文化名城保护的有关工作，以及配合城乡规划司完成其他工作。

联系电话：010-58934766（办公室）
传真：010-58933827
地址：北京市三里河路九号
邮编：100835
网址：http://www.mohurd.gov.cn/cxgh

附：

各省市建委、建设局联系方式

单位	地址	办公室电话
1 北京市		
北京市建设委员会	北京市宣武区广莲路1号建工大厦B座	63952266/63985530
北京市市政管理委员会	北京市西城区西单北大街80号	66011993
北京市规划委员会（首都规划建设委员会）	北京市西城区南礼士路60号	68022994/68020689　88073106/88073107
北京市水务局	海淀区玉渊潭南路5号	68556618
北京市园林绿化局（首都绿化委员会办公室）	北京市德外北三环中路19号	62041199/62045967
北京市交通委员会	宣武区广安门内大街317号	63044253/63033264
2 天津市		
天津市建设管理委员会	天津市和平区南京路131号	23304555
天津市市容环境管理委员会	天津市河西区围堤首107号	28455011
天津市规划局	天津市和平区西康路54号	23354589
天津市国地资源和房屋管理局	天津市和平区曲阜道84号	23145234/23191884
3 上海市		
上海市建设和交通委员会	上海市大沽路100号	63582726
上海市城市规划管理局	上海市大沽路100号	23116019
上海市房屋土地资源管理局	上海市北京西路99号	63193137
上海市水务局	上海市大沽路100号	62475884
上海市绿化管理局	上海市制造局路130号	63216701
上海市市政工程管理局	上海市徐家汇路579号	63048445
上海市城市交通管理局	上海市大沽路100号	23115130
4 重庆市		
重庆市建设委员会	重庆市渝中区长江一路58号	63852577
重庆市规划局	重庆市江北区电测村237号	67959751
重庆市国地资源和房屋管理局	重庆市渝中区人和街99号	63651289/63654132
重庆市园林局	重庆市渝中区鹅岭正街179号	89068600
重庆市市政管理委员会	重庆市渝中区人和街104号	89034996
5 河北省		
河北省建设厅	石家庄市维明南大街37号	87092703/87094689
6 山西省		
山西省建设厅	太原市府东街1号	3070380
7 内蒙古自治区		
内蒙古自治区建设厅	呼和浩特市新华大街63号3号楼	6945598
呼和浩特市建设委员会	呼和浩特市锡林南路卷烟厂南	5968617
8 黑龙江省		
黑龙江省建设厅	哈尔滨市南岗区东大直街308号	53622822
哈尔滨市建设委员会	哈尔滨市松北世纪大道1号东配楼6楼	86772708
哈尔滨市城市规划局	哈尔滨市松北区世纪大道1号市政府大厦东四楼	86772523

续表

单位	地址	办公室电话
9 吉林省		
吉林省建设厅	长春市贵阳街 287 号	2752555
长春市城乡建设委员会	长春市绿园区普阳街 85 号	7602418/7602310
10 辽宁省		
辽宁省建设厅	沈阳市和平区太原北街 2 号	23448611
沈阳市城乡建设委员会	沈阳市沈河区北站路 138 号	22565020/22565022
大连市建设委员会	大连市西岗区人民广场 1 号	83609637/83631422
11 山东省		
山东省建设厅	济南市经五路小纬四路 46 号	87935571
济南市建设委员会	济南市经七纬二公和街 2 号	86918425
青岛市建设委员会	青岛市东海西路 47 号	85720001
12 江苏省		
江苏省建设厅	南京市北京西路 70 号 14 幢	83303037
南京市建设委员会	南京市广州路 185 号	83707638/83278221
13 安徽省		
安徽省建设厅	合肥市环城南路 28 号	2871218/2871219
合肥市建设委员会	合肥市阜南路 51 号	2672192
14 浙江省		
浙江省建设厅	杭州市省府路省府大院 2 号楼	87052812
杭州市建设委员会	杭州市长生路 9 号	87066455
宁波市城市建设委员会	宁波市解放南路 208 号	87191003/87191004
15 福建省		
福建省建设厅	福州市北大路 242 号	87616694
厦门市建设与管理局	厦门市厦禾路 362 号建设大厦	2201615
厦门市国地资源与房地产管理局	厦门市莲岳路 156-158 号松柏大厦	5108070
厦门市规划局	厦门市斗西路 2099 号电控大厦七楼	2024287
厦门市市政园林局	厦门市湖滨南大厦 11、19、20 楼	5181021
16 江西省		
江西省建设厅	南昌市省政府大院北二路	6262826
17 河南省		
河南省建设厅	郑州市金水大道 102 号	6226896
18 湖北省		
湖北省建设厅	武汉市武昌区中南路 14 号	68873011
武汉市建设委员会	武汉市江岸区台北路云林街 38 号	85732232
19 湖南省		
湖南省建设厅	长沙市解放中路 88 号	2212943
20 广东省		
广东省建设厅	广州市东风中路 305 号	83133620
广州市建设委员会	广州市府前路 1 号 3 楼	83124810
深圳市建设局	深圳市振华东路 8 号设计大厦 8 楼	83787998
深圳市规划局	深圳市红荔路 8009 号	83949000/83949001
21 广西壮族自治区		

续表

单位	地址	办公室电话
广西壮族自治区建设厅	南宁市金湖路 58 号	2260019
22 海南省		
海南省建设厅	海口市海府路 59 号	65333050
23 云南省		
云南省建设厅	昆明市西昌路 209 号	4142550
昆明市房产管理局	昆明市护国北路 78 号	3137312
24 贵州省		
贵州省建设厅	贵阳市延安西路 2 号	5954489
25 四川省		
四川省建设厅	成都市人民南路四段 36 号	85568209
成都市建设委员会	成都市八宝街 111 号	86697175
成都市房管局	成都市人民中路一段 28 号	86279771
26 西藏自治区		
西藏自治区建设厅	拉萨市当热西路 1 号	6833618
27 陕西省		
陕西省建设厅	西安市新城广场省政府大楼 9 层	87294019
西安市城乡建设委员会	西安市后宰门 51 号	87452145
西安市规划局	西安市莲湖区劳动南路 178 号	84799093
28 甘肃省		
甘肃省建设厅	兰州市中央广场 1 号	4609736
29 宁夏回族自治区		
宁夏回族自治区建设厅	银川市文化西街 69 号	5023012/5065235
30 青海省		
青海省建设厅	西宁市五四大街 5 号	6145781
31 新疆维吾尔自治区		
新疆维吾尔自治区建设厅	乌鲁木齐市中山路 45 号	2817700
乌鲁木齐市建设委员会	乌鲁木齐市新民西街 88 号	4625576
乌鲁木齐市市政市容管理局	乌鲁木齐市扬子江路 19 号	5860498
32 新疆生产建设兵团		
新疆生产建设兵团建设局	乌鲁木齐市光明路 15 号	2821175

北京市及各区建委、建设局地址电话

单位	地址	咨询电话
北京市东城区房管局	北京市地安门东大街 88 号	010-84014947
北京市西城区房管局	北京市西安门大街 115 号	010-66184506
北京市崇文区房管局	北京市东花市南里二区 3 号楼	010-67122090 拨 0
北京市宣武区房管局	北京市鸭子桥路 29 号	010-83975114
北京市朝阳区房管局	北京市姚家园路石佛营东里 128 号院	010-85839922
北京市海淀区建委	北京市双榆树北里 22 号	010-82618228
北京市丰台区建委	北京市丰台镇大井东里甲 2 号	010-63812840
北京市石景山建委	北京市八角西街 66 号	010-68838208
北京市通州区建委	北京市新华南路 196 号	010-52118577/78

续表

单位	地址	咨询电话
北京市大兴区建委	北京市兴政街29号	010-69261295/69261320
北京市门头沟区建委	北京市新桥南大街48号	010-69828118/269
北京市房山区建委	北京市良乡西路3号	010-89368814/89352214
北京市顺义区建委	北京市府前东街甲25号	010-69444169/69448840
北京市昌平区建委	北京市昌平区南环东路10号	010-80111095
北京市平谷区建委	北京市府前街32号	010-69966332
北京市怀柔区建委	北京市开放路33号行政综合服务中心	010-69681073/69687490
北京市密云区建委	北京市环新路32号	010-69042534
北京市延庆区建委	北京市东外大街89号	010-69148075
北京市亦庄开发区	北京市荣华中路15号	010-67865572/67880083
北京市房屋权属登记事务中心	北京市和平里北街2号	010-64409000/1195

天津市及各区建委、建设局地址电话

单位	地址	咨询电话
天津市和平区建设管理委员会	天津市和平区沙市道1号	022-23310780/23317886
天津市河北区建设管理委员会	天津市河北区昆纬路39号	022-27382828
天津市河西建设管理委员会	天津市河西区马场道185号	022-23278001
天津市河东建设管理委员会	天津市河东区北十五经路9号	022-24387895
天津市红桥区建设管理委员会	天津市红桥区勤俭道子牙河桥北政府院内	022-26373609
天津经济技术开发区	天津市海泰大厦913	022-83715900
天津港保税区管委会规划建设局	天津港保税区通达广场1号	022-84906165
天津市津南区建设管理委员会	天津市津南区咸水沽镇体育场路15号	022-28391847
天津市塘沽区建设管理委员会	天津市塘沽区大连道1558号	022-65270683
天津市大港区建设管理委员会	天津市大港区振兴路12号	022-25991129
天津市东丽区建设管理委员会	天津市东丽区利津路114号	022-24391128
天津市西青区建设管理委员会	天津市营建路26号	022-27390997
天津市北辰区建设管理委员会	天津市北辰区京津公路北辰公园内管理办公室	022-26829803
武清县城乡建设管理委员会	天津市武清区雍阳东道9号	022-29341748/29342648
宝坻区城乡建设管理委员会	天津市宝坻区建设路120号	022-29241440/29242832
宁河县城乡建设管理委员会	宁河县建设管理委员会4楼	022-69591620
蓟县城乡建设管理委员会	天津市蓟县迎宾路26号	022-29142691
静海镇城乡建设管理委员会	天津市静海镇胜利路41号	022-28942376

上海市及各区建委、建设局地址电话

单位	地址	咨询电话
上海长宁区建设和交通委员会	上海长宁路599号5楼	021-22050000
上海市黄浦区建设和交通委员会	上海市黄浦区延安东路300	021-33134800
上海长宁区建设和交通委员会	上海长宁路599号5楼	021-22050000
上海市卢湾区建设和交通委员会	上海市卢湾区斜土路668号	021-53525670
上海市静安区建设和交通委员会	上海市静安区武宁南路192	021-62312030
上海市虹口建设和交通委员会	上海市虹口区飞虹路518号	021-5658888
上海市闸北区建设和交通委员会	上海市闸北区莘松路555号	021-64982500

续表

单位	地址	咨询电话
上海市普陀区建设和交通委员会	上海市普陀区大渡河路 1668 号	021-52564588
上海市杨浦区建设和交通委员会	上海市杨浦路宁国路 129 号	021-65207699
上海市浦东新区建设和交通委员会	上海市浦东新区世纪大道 2001 号 5 号	021-28282802
上海市宝山区建设和交通委员会	上海市泰和路 145 号 1 号楼	021-56173859
上海市嘉定区建设和交通委员会	上海市博乐南路 111 号	021-69989782
上海市青浦区建设和交通委员会	上海市青浦区城中北路 155 号	021-59728047
上海市南汇区建设和交通委员会	上海市南汇区惠南镇人民西路 188 号	021-58021615
上海市奉贤区建设和交通委员会	上海市南桥城乡路 333 号	021-67185820
上海市崇明县建设和交通委员会	上海市崇明县城桥镇人民路 138 号	021-69614849
上海市金山区建设和交通委员会	上海市金山新城龙山路 555 号	021-57922455

重庆市及各区建委、建设局地址电话

单位	地址	咨询电话
渝中区建委招标办	渝中区四贤巷 3 号青鸟大厦 6 楼	63701240
江北区建委招标办	江北区金港新区 16 号	67742154
渝北区建委岗位培训中心	渝北区龙顺街 12 号	67823852
沙坪坝区建委建管科	沙坪坝区渝碚路 99-9 号	86565858
大渡口区建委招标办	大渡口区政府西楼 584 室	68907070
南岸区建委招标办	南岸区正联大厦 19 楼	62988383
巴南区建委招标办	巴南区龙洲湾龙海大道 200 号	66218873
九龙坡区建委招标办	九龙坡区直港大道 17 号建设大厦 13 楼招标办	61577221
北碚区建委建管科	北碚区双元大道 196 号	68864728
万州区建设工程造价管理站	万州区白岩路 256 号顺达公寓 3 楼	85762362
涪陵区建设工程造价管理站	涪陵区太极大道 15 号	7237113/772379363/72379366
黔江区建设工程造价管理站	黔江区城西八路 58 号	79236838
潼南县建设工程造价管理协会	潼南县桂林街道金佛路 68 号	44576256
江津区建委建管科	江津区杨嗣桥路 1 号	47545578
万盛区建委建管科	万盛区勤俭路 23 号	48262016
万盛区建委建管科	武隆县巷口镇仙女路 7 号	77726606
长寿区建委建管科	长寿区校园路 23 号	40245681
丰都县建委建管科	丰都县三合镇商业二路 323 号	70702748
石柱县建委建管科	石柱县南宾镇万寿大道 27 号	73376165
彭水县建委建管科	彭水县高家台居委 4 号	78492009/78448395
秀山县建委建管科	秀山县中和镇广场路	76670913
垫江县建委	垫江县桂溪镇人民西路 40 号	74515672
忠县建委招标办	忠县忠州镇香山路 23 号	54240832
城口县建委	城口县葛城镇小南街 5 号	59909999
巫溪县建委招标办	巫溪县城乡镇宁河街 66 号	51523559
巫山县建委招标办	巫山县峡镇广东中路 327 号建委大楼	57687701/57682573
合川区建设委员会	合川苏家街建委 41 号	42823664
开县建筑管理站	开县新城建委办公大楼 7 楼	87403118

续表

单位	地址	咨询电话
梁平县建设委员会	梁平县梁山镇人民东路	53221641
大足县建设委员会	大足县龙岗办事处北环西路 2 号	43726604
云阳县建设工程招标投标管理办公室	云阳县云江大道 1181 号建委办公楼	55169863
奉节县建设工程交易中心	奉节县永安路 58 号	56529716
永川区建设工程招标投标办公室	永川区开发区学府大道 333 号建委大楼 4 楼	49821625
南川区建设工程交易中心	南川区南大街大车大道	71426918
酉阳土家族苗族自治县建设委员会	酉阳土家族苗族自治县钟多镇桃花源中路 110 号	75557140
綦江县建设工程交易所	綦江县古南镇龙角路 4 号	85892626
双桥区建设和市政管理委员会	双桥区双龙西路 41 号	43332236
荣昌县建协建设工程交易所	荣昌县昌元镇莲花路 41 号	46733165
铜梁县建筑管理站	铜梁县巴川镇白龙大道 138 号	45693136
璧山县建设委员会	璧山县璧城街道东林寺大道 1 号	41424020
北部新区招标办	北部新区金渝大道 66 号 401 室	67463587
	石桥铺科园一路 166-1＃16 楼	68629014

黑龙江省及各区建委、建设局地址电话

单位	地址	咨询电话
哈尔滨市建设委员会	哈尔滨市松北区世纪大道 1 号东 6 楼	0451-86772708
齐齐哈尔市建设局	齐齐哈尔市建华区新明大街 38 号	0452-2796177
牡丹江市建设局	黑龙江省牡丹江市景福街 45 号	0453-6171643
大庆市建设局	黑龙江省大庆市东风路 19 号	0459-6293626
绥化市建设局	绥化市建设大厦 609 室	0455-8317015
大兴安岭地区行署建设局	黑龙江省大兴安岭加格达奇	0457-2120787

吉林省及各区建委、建设局地址电话

单位	地址	咨询电话
长春市城乡建设委员会	长春市绿园区普阳街 85 号	0431-7602418/7602310
吉林市城乡建设委员会	吉林市船营区北大街八号	0432-2456897
延边州建设局	中国吉林省延吉市河南街 1088 号	0433-2870611
四平市建设局	四平市铁西建设大厦	0434-3231147
通化市建设局	通化市柳河县柳河大街 550 号	0435-7211286
白城市建设局	白城市洮北区文化东路 59-6 号	0436-3236427
松原市建设局	松原市郭尔罗斯大路 89 号	0438-2124883
白山市建设局	吉林省白山市滨江东街 5 号	0439-3224714

辽宁省及各区建委、建设局地址电话

单位	地址	咨询电话
大连市城乡建设委员会	大连市人民广场 1 号	0411-8363142
鞍山市建设委员会	鞍山市铁东区南胜利路 36 号	0412-2228340
锦州市建设委员会	锦州市中央南街 45 号	0416-3880973
铁岭市建设委员会	铁岭市新区金沙江路 28 号	0410-4844823
盘锦市建设委员会	辽宁省盘锦市兴隆台区惠宾大街 112 号	0427-2824706
葫芦岛市城乡建设委员会	葫芦岛市龙警街 12 号	0429-3103234

山西省及各区建委、建设局地址电话

单位	地址	咨询电话
太原市住房和城乡建设厅	太原市建设北路 85 号	0351-3580000
朔州市建设局	朔州市朔城区	0349-2023762/2030343
晋中市住房公积金管理中心	榆次区安宁大街 18 号	0354-3028037
阳泉市建设局	阳泉市桃南东路	0353-6668000
长治市建设管理局	长治市英雄中路 81 号	0355-6242003
晋城市住房和公积金管理局	晋城市文昌东街 1626 号安居小区	0356-2124503/2124505
山西省临汾市住房公积金管理中心	山西省临汾市鼓楼东大街扁担巷小区 12 号楼	0357-2580664

河南省及各区建委、建设局地址电话

单位	地址	咨询电话
郑州市城乡建设委员会	郑州市郑东新区商务内环路 29 号	0371-67188900
洛阳市城乡建设委员会	河南省洛阳市洛南新区政府大楼 9 层	0379-63225799
平顶山市住房和城乡建设局	平顶山市新城区长安大道建设大厦	0375-2633608
鹤壁市住房和城乡建设局	淇滨大道	0392-3386038
焦作市住房和城乡建设局	焦作市站前路 88 号	0391-3557200
濮阳市住房和城乡建设局	濮阳市人民路 33 号	0393-8957653
许昌市住房和城乡建设局	许昌市建安大道东段财政综合大楼 6 楼	0374-2676207
漯河市住房和城乡建设局	漯河市泰山路北段	0395-3105111
三门峡市住房和城乡建设局	三门峡市崤山路东段	0398-2886119
南阳市住房和城乡建设局	河南省南阳市卧龙区工业南路 719 号	0377-63167501
商丘市住房和城乡建设局	商丘市神火大道 116 号	0370-3390777
信阳市住房和城乡建设局	信阳市行政路 19 号	0376-6686018
周口市住房和城乡建设局	柒壹路东段	0394-8289932
驻马店市住房和城乡建设局	天山大道北段	0396-2621205
济源市住房和城乡建设局	沁园路第二行政区	0391-6633637

安徽省及各区建委、建设局地址电话

单位	地址	咨询电话
合肥市城乡建设委员会	安徽省合肥市阜南路 51 号	0551-2673488
芜湖市住房与城乡建设委员会	芜湖市九华中路 4 号	0553-3819971
蚌埠市住房和城乡建设委员会	蚌埠市中荣街 120 号	0552-2044465
淮南市住房和城乡建设委员会	—	0554-6644226
马鞍山市住房和城乡建设委员会	安徽马鞍山市花雨路 5 号	0555-2330191
淮北市城乡建设委员会	淮北市相山路 4 号	0561-3022575
黄山市建设委	—	2353183
宿州市建设委员会	六安市环城路（政务服务中心）	0564-3378289
宣城市建委	—	0563-3022620
滁州市建设委员会	琅琊路	0565-2326313
巢湖市住房和城乡建设委员会	安徽省巢湖市健康东路	
池州市住房和城乡建设委员会	—	0566-2021062
亳州市住房和城乡建设委员会	蕉城区魏武大道 145 号	0558-5122782

浙江省及各区建委、建设局地址电话

单位	地址	咨询电话
绍兴市信息中心	市胜利西路163号市政府大院内	0575-85085576/85085568
金华市	金华市双龙南街801号	
温州市住建委	飞霞南路896号建设大厦	0577-88825902
余姚市建设局	余姚市南滨江路218号	0574-62704942
慈溪市建设局	慈溪市三北大街458号	0574-63029049
宁波市建设委员会	宁波市解放南路208号建设大厦	0574-87191003
嘉兴市	南湖区中环南路花园路口	0573-82872088
湖州市发展和改革委员会	吴兴区仁皇山路行政中心二号楼	0572-2880531
丽水市开发建设管理委员会	连都区外解放街	0578-2271772
舟山市城乡建设委员	会舟山新城海天大道681号7号楼	0580-3066258

湖南省及各区建委、建设局地址电话

单位	地址	咨询电话
长沙市住房和城乡建设委员会	岳麓大道218号市政府二办公楼10楼	0731-88665911
株洲市建设委员会	株洲市新华西路3号	—
湘潭市住房和城乡建设局	湘潭市雨湖区大湖路迎宾大楼	0731-5234001-1001
衡阳市建设局	衡阳市船山路28号建设大厦	8294151
岳阳市建设局	湖南省岳阳市南湖大道	0730-8357128
益阳市规划局办公室	益阳市康复北路83号	0737-4221327
娄底市住房和城乡建设局	—	0738-8313453
常德市住房和城乡建设局	湖南省常德市武陵大道中段88号	0736-7719759
湖南省郴州市建设工程交易中心	郴州市香雪西路	0735-2155810
永州市规划建设局	湖南永州市河东逸云路1号市政府大楼5楼	0746-8323163
怀化市市住房和城乡建设局	中国湖南省怀化市鹤城区迎丰中路	0745-2712953
湖南详细土家族苗族自治州建设局	湖南吉首市武陵东路32号	0743-8730448
张家界市住房和城乡建设局	湖南省张家界市子午路28号	0744-8223959

江苏省及各区建委、建设局地址电话

单位	地址	咨询电话
南京市住房和城乡建设局	南京市鼓楼区广州路185号	025-83707638
常州市城乡建设局	常州市行政中心2号楼A座	85682030
苏州市住房和城乡建设局	竹辉路养蚕里贸易市场二楼	0512-65109046
南通市建设局	南通市崇川区青年西路26号	0513-83512711
淮安市建设局	淮安市北京北路112号	0517-83661611
盐城市城乡建设局	盐城市解放南路150号	0515-88423711
环境保护局	中国江苏省泰州市人民东路31号	0523-6241497

福建省及各区建委、建设局地址电话

单位	地址	咨询电话
福州市市住房和城乡建设局	福州市五一中路54号	83354289（值班室）
漳州市建设局	漳州市胜利东15-1建设大厦一楼	0596-2930030
泉州市市住房和城乡建设局	中国福建省泉州市丰泽街建设大厦	0595-22177523
莆田市住房和城乡建设局	莆田市荔城区延寿路1786号	0594-2692659

续表

单位	地址	咨询电话
三明市住房和城乡建设局	三明市新市中路208号	8599902
龙岩市住房和城乡建设局	龙岩市数字龙岩建设办公室	0597-2320128
厦门市建设管理服务中心	厦门市厦禾路362号建设大厦3-4楼	0592-8129114
宁德市住房和城乡建设局	宁德市闽东中路12号	0593-2923777
南平市住房和城乡建设局	南平市闽江路	0599-8732269

广东省及各区建委、建设局地址电话

单位	地址	咨询电话
广州市住房和城乡建设局	越秀区广仁路1号2层19	020-83124802
韶关市住房和城乡建设局	韶关市风度北路125号市政府大楼13楼市信息中心	0751-8877718
深圳市住房和城乡建设局	深圳市设计大厦316	83788067/83788939
珠海市住房和城乡建设局	田洋二巷4号，斗门区	0756-6191125
汕头市市住房和城乡建设局	汕头市中山路213号	0754-88566366
佛山市住房和城乡建设局	佛山市禅城区南堤路28号	0757-82286949
江门市住房和城乡建设局	江门市农林东路14号	0750-3273803
茂名市住房委员会	油城六路2号	0668-2911976
湛江市住房和城乡建设局	湛江市赤坎湾南路20号	0759-3198718
肇庆市住房和城乡建设局	肇庆市城中路49号市府大院36栋	0758-2239752
惠州市住房和城乡规划建设局	惠州市下埔路16号	0752-2117186
梅州市住房和城乡建设局	梅州市新中路政府大楼二楼	0753-2188852
汕尾市住房和城乡建设局	广东省汕尾市建设路	0660-3325659
河源市住房和城乡规划建设局	广东省河源市新市区沿江东路规划建设大厦	0762-3337166
阳江市住房和城乡建设局	广东省阳江市江城区石湾北路	0662-3428800
清远市住房和城乡建设局	广东省清远市清城区北江二路	07633-375984
东莞市市住房和城乡建设局	广东省东莞市莞城区莞龙路	0769-22209188
中山市住房和城乡建设局	广东省中山市市辖区中山四路1号	0760-88389039
潮州市住房和城乡建设局	广东省潮州市湘桥区潮州大道	0768-2393326
揭阳市住房和城乡建设局	揭阳市榕城区临江北路	0663-8291691
云浮市住房和城乡建设局	广东省云浮市云城区星岩二路	0766-8839206

广西省及各区建委、建设局地址电话

单位	地址	咨询电话
玉林市住房和城乡建设委	玉林人民东路775号	0775-2828108
南平市住房和城乡建设局	南平市闽江路	0599-8732269
桂林建设规划局	桂林市临桂路12号	0773-2850195
贵港市建设规划委员会	贵港市解放路121号	0775-4214829

湖北省及各区建委、建设局地址电话

单位	地址	咨询电话
武汉市建设委	新华路268号	027-85809343
黄石市城乡建设委员会	湖北省黄石市杭州路23号	0714-6259902
襄樊市建设委员会	湖北省襄樊市樊城区建华路103号	0710-3220704

续表

单位	地址	咨询电话
十堰市建设委员会房改办	人民北路	0719-8662145
宜昌市住房和城乡建设委员会	宜昌市夷陵路93#	0717-6449287
鄂州市住房和城乡规划建设委员会	中国湖北省鄂州市鄂城区明塘后路2号	0711-3222389
荆门市建设委员会	荆门市象山一路17号	0724-2333722
孝感市城乡建设委员会	中国湖北省孝感市孝南区交通西路交通大道262号建设大厦	0712-2314358
黄冈市建设委员会	黄冈市黄州区体育路3号	0713-8351305
咸宁市建设委员会	湖北省咸宁市市辖区温泉路55号	0715-8255446
随州市建设委员会	随州市沿河大道105号	0722-3222423
恩施土家族苗族自治州	湖北省恩施市东风大道	0718-8222466
仙桃市建设委员会	仙桃大道中段20号	0728-3332988
潜江市建设委员会	章华南路99号	0728-6955952
天门市建设委员会	中国湖北省天门市四牌楼街58号	0728-5222380
神农架林区建设局	湖北省神农架林区松柏镇常青路52号	0719-3332367

贵州省及各区建委、建设局地址电话

单位	地址	咨询电话
贵阳市建设局	贵阳市中华中路166号	0851-5820817/5816586
遵义市建设局	遵义市政府大楼五楼	0852-3119168
安顺市建设局	贵州省安顺市东路48号	0853-3222241
都匀市建设局	贵州省黔南布依族苗族自治州都匀市迎宾路	0854-4916150
凯里市建设局	黔东南苗族侗族自治州凯里市博物馆西路广场路	0855-8060876
铜仁市建设局	铜仁市东太大道	0856-5223056
毕节市建设局	毕节市解放路	0857-8282506
六盘水市建设局	六盘水市钟山区钟山大道钟山西路	0858-8322110
兴义市建设局	柯沙路兴义市黔西南布依族苗族自治州	0859-3223364

海南省及各区建委、建设局地址电话

单位	地址	咨询电话
海口市住房和城乡建设局	海口市滨海大道长滨路海口市第二办公区15号楼	0898-68724538
三亚市住房和城乡建设局	三亚市河东路182号	0899-88275956
琼海市住房和城乡建设局	海南省海口市海府路59号海南省建设厅	0898-65367287

江西省及各区建委、建设局地址电话

单位	地址	咨询电话
南昌市城乡建设委员会	南昌市红谷滩行政二路市政府大楼	0791-3884167
萍乡市建设局	江西省萍乡市跃进北路98号	0799-6333149
江西省新余市住房和城乡建设委员会	新余市仙来中大道146号	0790-6442140
赣州市城乡规划建设局	江西省鹰潭市林荫东路四号	0797-8212513
吉安市规划建设局	吉安市北门街13号	0796-8222811
上饶市城乡规划局	饶市凤凰大道20号设计大厦十楼	0793-8179818

青海省及各区建委、建设局地址电话

单位	地址	咨询电话
西宁市城乡规划建设局	西宁市五四大街 13 号（二十一世纪大厦三楼）	0971-6127651
海西州住房和城乡建设局	—	0977-8223002

甘肃省及各区建委、建设局地址电话

单位	地址	咨询电话
兰州市城市建设管理委员会	兰州市城关区萃英门 2 号	0931-8463901
平凉市建设局	平凉市军分区 26 分部院内	0933-8712215
庆阳市建设局	庆阳市西峰区世纪大道广场西南侧	0934-8087877
天水市建设局	天水市秦城区环城西路	0938-8213282
张掖市建设局	张掖市大衙门街 56 号	0936-8215424
酒泉建设局	酒泉市新城区世纪大道 55 号	0937-2611061
嘉峪关市建设局	迎宾西路 9 号	0937-6315646
白银市建设局	纺织路建设大厦 413 号	0943-8221564
金昌市建设局	金昌市新华路 82 号	0935-8212503

内蒙古自治区及各区建委、建设局地址电话

单位	地址	咨询电话
呼和浩特建委	呼和浩特市新城区新华大街 1 号	0471-6945598/6944650
包头市建委	包头市青山区团结大街 33 号	0472-5159294
呼伦贝尔市规划局	呼伦贝尔市海拉尔区满洲里路 22 号	0470-8292603
巴彦淖尔市建委	内蒙古巴彦淖尔市临河区富源大厦	
乌海市建委	乌海市海勃湾区科技大厦	0473-2060778
赤峰市建委	赤峰市新城区玉龙大街	0476-5890128
鄂尔多斯市建设委员会	鄂尔多斯市康巴什新区鄂尔多斯市建设委员会大楼（康巴什新区正阳街康盛路）	0477-8580092
锡林郭勒盟	锡林郭勒锡林浩特华油大街	0479-8222775

广西省及各区建委、建设局地址电话

单位	地址	咨询电话
济南市建设委员会	济南市市中区公和街 4 号	0531-86918425
青岛市建设委员会	青岛市市南区澳门路 121 甲东门	0532-85720001
淄博市建设委员会	淄博市张店区人民西路建行东邻创业房产 315	0533-2300504
德州建设局	山东省德州市长河大道 187 号	0534-2239616
烟台市住房和城乡建设局	烟台市莱山区观海路 23 号	0535-6816533
济宁市建设委员会	济宁市红星东路 40	0537-2317685
新泰安建设局	泰安市府前街 1149 号	0538-7222078
临沂市建设局	临沂市兰山区陶然路 161 号	0539-8110905
菏泽市建设局	菏泽市中华路 1369 号	0530-5160078
滨州市建委	滨州市渤海九路 539 号	0543-3325687
菏泽市建设局	东营区府前大街 98	0546-8338253
威海市建委	威海市区光明路 149 号	0631-5233204

续表

单位	地址	咨询电话
枣庄市建设委员会	枣庄市振兴中路 14 号	0632-3319041
日照市规划建委	日照市东港区济南路 269 号	0633-8899001
莱芜市建设局	莱芜市文华北路建设大厦	0634-8899666

陕西省及各区建委、建设局地址电话

单位	地址	咨询电话
西安市城乡建设委员会	西安市后宰门 51 号	029-87278262
宝鸡市城市建设局	宝鸡市公园路 88 号	0917-3673638
铜川市住房和城乡建设管理局	铜川市新区长虹北路 6 号	0919-3185702
耀州区建设局	耀州区长虹北路 6 号新区正阳路九号市政 3 号楼	3185910
延安市住房和城乡建设规划局	—	0911-2556127
榆林市城乡建设规划局	陕西省榆林市航宇路	0912-3367035
安康市城市规划建设局	安康市汉滨区新城办巴山西路 175 号	0915-3213114

四川省及各区建委、建设局地址电话

单位	地址	咨询电话
成都市城乡建设委员会	成都市八宝街 111 号 6-7 楼	028-86632515
自贡市规划和建设局		0813-8206273
德阳市规划和建设局	德阳市庐山路与黄河路交汇处	0838-2552851
绵阳市建设局	绵阳市涪城路 76 号	0816-2223503
广元市建设局	广元市利州东路	0839-3266750
遂宁市建设局	四川省遂宁市小北街 37 号　遂宁市渠河中路 999 号	0825-2223571
内江市建设局	内江市大桐街 99 号	0832-2023295
乐山市	市中区滨河路 97 号	0833-2134404
宜宾市	宜宾市中山街 142 号市委大院	0831-8237574
广安市	四川省达州市通川区会仙桥街 55 号	0818-2155999
雅安市建设局	雅安市临江路	0835-2254106
巴中市市规划和建设局	巴中市江北大道中段 160 号	0827-5261300
凉山州	阿坝县洽唐东街 4 号	0837-2482244
凉山建设局	凉山西昌市龙眼井街 150 号	0834-3223363

云南省及各区建委、建设局地址电话

单位	地址	咨询电话
昆明市住房和城乡建设局	昆明市东风东路 17 号市政府一号楼 14 楼	0871-3135166/3102938
昭通市住房和城乡规划建设局	云南省昭通市昭阳区太平街道办事处	0870-2129081
楚雄彝族自治州建设局	楚雄市双建路 48 号	0878-3012102
红河州建设局	红河蒙自县	0873-3730772
丽江市建设局	丽江市香格里大道	0888-5165179/5160965
文山州建设局	云南文山开化中路建设大厦	0876-2192452
普洱市建设局	普洱市思茅区民航路 18 号	0876-2192453
西双版纳州住房和城乡建设局办公室	—	0691-2133125

协会学会

中国市长协会

中国共产党十一届三中全会拉开了中国改革开放的序幕，也给中国城市发展带来了前所未有的机遇。1949年中国只有城市132个，1978年增加至193个，30年仅增加61个，而从1979—1988年仅10年时间，城市数就达到434个，增加了241个，相当于前30年增加量的4倍。此外，城市人口规模、城市中非农业人口比重、城市区域以及城市自身层次都有迅猛的发展。

中国城市飞速发展，让市长们迫切地感到了交流城市工作经验、加强城市间合作的必要性。1988年8月沈阳市、广州市、成都市、西安市、深圳市、太原市、郑州市、重庆市、昆明市、乌鲁木齐市等54个城市市长经商议，共同倡议成立中国市长协会，作为组织城市问题研究、市长交流研讨以及国际市长联络的常设机构。1988年，国务院批准成立中国市长协会。经过三年时间的筹备，1991年8月在北京召开了第一次市长代表大会，中国市长协会正式成立。

宗旨

为城市发展服务，为市长工作服务。

任务

1. 组织研究城市问题，为城市发展和市长工作提供参考；

2. 组织市长培训，加强城市管理者的学习能力，提高城市管理水平；

3. 组织研讨、出版，为城市和市长提供信息咨询服务；

4. 开展国际交流，加强外国城市、市长和国际组织的合作；

5. 向国务院和有关部委反映城市和市长的建议。

会员

中国市长协会会员由设市城市的市长、副市长及地级以上城市的区长、副区长和经批准的有关人员组成。

组织机构

市长代表大会是协会的最高权力机构，协会名誉会长、会长、执行会长、副会长、秘书长、副秘书长由大会选举产生。市长代表大会五年一届，已于1991年、1996年、2001年和2006召开四届。

中国市长协会会长联席会为协会重要的年度议事会议，由会长、副会长参加。

中国市长协会的常设办事机构为秘书处，设秘书长一名、副秘书长若干名。秘书处下设职能部门包括：办公室、国际部、国内部、编辑部、研究部、信息部；分支机构有女市长分会、广州联络处，以及若干工作机构。

女市长分会

中国市长协会女市长分会的前身为全国女市长联谊会，成立于1991年3月。中国市长协会于1991年8月成立后，全国女市长联谊会归口隶属于协会，改称中国市长协会女市长分会。

女市长分会会员由全国设市城市的正、副女市长以及直辖市的正、副女区长组成。分会会长、执行会长、副会长和秘书长由代表大会选举产生，常设机构为秘书处。

自成立以来，女市长分会围绕立会宗旨，根据女市长的特点和需求，有针对性地开展了卓有成效的工作，被女市长们誉为“娘家”。

中国房地产业协会

中国房地产业协会（简称中国房协）1985年9月20日成立，是从事房地产开发经营、市场交易、经纪中介、修建装饰、物业管理等企事业单位、地方房地产业协会及有关个人自愿参加组成的全国性行业非营利性社会组织，是在中华人民共和国民政部注册登记的具有法人资格的社会团体，业务主管部门是中华人民共和国住房和城乡建设部。

中国房协以加快发展房地产业，提高人民居住水平为宗旨，坚持为行业、企业改革发展服务，为政府决策服务的方针，协助政府加强行业管理，传达、贯彻执行国家的法规与方针政策，反映广大会员与企业愿望与要求，在政府与企业之间发挥桥梁与纽带作用。

中国房协目前拥有会员近 3 000 余家。中国房协的最高权力机构是会员代表大会，每四年召开一次。现任会长是原住房和城乡建设部副部长宋春华先生。秘书长是原住房和城乡建设部办公厅主任朱中一先生。中国房协第五届理事会会长、副会长、秘书长如下：

中国房协会长：宋春华

中国房协副会长兼秘书长：朱中一

中国房协副会长：王建林

中国房协副会长：刘希模

中国房协副会长：许家印

中国房协副会长：张建台

中国房协副会长：李英儒

中国房协副会长：陈士杰

中国房协副会长：陈兴汉

中国房协副会长：郁亮

中国房协副会长：胡葆森

中国房协每年举办一次全国性的住房发展论坛，并多次组织各类经验交流和各类研讨活动，向政府提出关于行业发展的经济、技术政策和法规等调查报告和建议，及时反映会员要求，协调会员关系，维护会员合法权益，推动企业经济联合和技术进步，提高全行业的整体素质和经济效益，社会效益。

中国房协对地方房协进行业务指导，努力开展有关行检行评，创优评优活动，推动行业发展和企业素质的提高。

中国房协专门设有培训中心，把帮助企业培训人才，提高企业素质作为自己的重要职责。每年均举办各类培训班，为企业培训了大量经营管理人员。

中国房协十分重视开展同国外和港澳台地区民间社团组织和房地产企业之间友好往来，积极发展经济、技术、学术等方面的交流合作，与美国、韩国房协等签订了友好合作协议，与 20 多个国家和地区的协会友人和企业家进行友好往来。

中国房协坚持“团结、创新、高效、奉献”“信诚勤勉、客观公正”的会风，在广大会员的支持下，勤奋工作，努力为房地产业的健康发展做出积极的贡献。先后两次被中国工业经济协会评为全国先进工业行业协会，被住房和城乡建设部授予“建设部先进社会团体”荣誉称号。

地址：北京市翠微南里 8 号楼

邮编：100036

电话：010-68161084

传真：010-68272800

网址：www. cncrea. com

中国勘察设计协会

性质和宗旨

中国勘察设计协会是根据 1984 年 11 月国务院批转国家计委《关于工程设计改革几点意见》中提出的“各地区、各部门要逐步成立勘察设计协会，组织技术交流和行业协作，以推动设计技术工作的开展”精神成立的。1988 年划归住房和城乡建设部领导。是全国性勘察设计行业管理的群众性组织。

协会的宗旨是：坚持四项基本原则和改革开放方针，贯彻执行国家的政策和法律，围绕提高工程投资效益、促进科技进步开展各项活动，在政府和会员单位之间发挥桥梁纽带作用，协助政府搞好行业管理，努力为会员单位服务，维护会员的合法权益，推动勘察设计事业的发展。概况勘察设计实行改革以来，勘察设计单位打破了部门和地区界限，扩大了业务范围，面向社会承担任务，开展以设计投标和以设计为主体的工程总承包，并与国外合作设计，由封闭型走向开放型，使勘察设计管理体制发生了巨大变化。为了适应形式要求，加强行业管理和协作，充分发挥勘察设计单位的作用，更好地为国家建设服务，由在京的勘察设计单位倡议，经国家科委党组于 1985 年 7 月正式批准成立中国勘察设计协会。

本协会现有团体会员 450 个，个人会员若干。

协会的主要活动包括：

1. 积极推动设计管理体制改革；
2. 大力促进技术进步；
3. 普及全面质量管理，宣传贯彻 GB/T—19000—ISO—9000；
4. 开展业务培训工作；
5. 办好协会刊物，传播信息；
6. 开展与国外同行的交流；
7. 参加评优工作；
8. 组织国际技术研讨活动。

组织机构

协会最高领导机构是会员代表大会，一般每四年召开一次。理事会是在会员代表大会闭会期间的领导机构。协会的办事机构为秘书处。

协会共设六个分会和七个专业委员会：中国勘察设计

协会工程勘察分会、中国勘察设计协会园林设计分会、中国勘察设计协会市政工程设计分会、中国勘察设计协会抗震防灾分会、中国勘察设计协会地下空间分会、中国勘察设计协会建筑设计分会、中国勘察设计协会工程设计计算机应用委员会、中国勘察设计协会技术经济委员会、中国勘察设计协会住宅设计委员会、中国勘察设计协会工程建设标准设计委员会、中国勘察设计协会设计体制改革委员会、中国勘察设计协会质量管理专业委员会、中国勘察设计协会建设项目总承包专业委员会。

全国除西藏、台湾外已成立了 29 个省级勘察设计协会；共有 17 个专业勘察设计协会。地方和部门专业协会，作为中国勘察设计协会的会员单位，既接受中国勘察设计协会的指导，还分别在本地区、本部门的社团机构领导下开展活动。

奖励表彰

协会成立以来，涌现一批工作积极、成绩突出，对协会发展作出了贡献的同志。1993 年 11 月经中国勘察设计协会常务理事会讨论同意，组织评选出 15 个先进协会和 79 名先进工作者，颁发了奖牌、奖状及证书，鼓舞了广大协会工作者，进一步促进协会工作更好地发展。

地址：北京市海淀区马神庙 1 号（核二院内科技楼）

邮编：100840

电话：吴奕良理事长　88023241

郑春源秘书长：88023243

王子牛副秘书长：88023283

齐继禄副秘书长：88023246

办公室：88023401/88023402（传真）

财务部：88023179

资信部：88023446

培训部：88023319/88023342

中国建设监理协会

中国建设监理协会，成立于 1993 年 4 月，是从事工程项目建设监理的各类企事业单位，自愿组成的全国性行业社会团体。协会的业务主管部门是中华人民共和国住房和城乡建设部。协会在政府和会员单位之间起桥梁纽带作用，贯彻执行政府有关法规、方针、政策，接受国家建设主管部门的指导，引导会员遵循“守法、诚信、公正、科学”的职业准则。积极反映会员单位的意见和要求，通过多种形式为会员服务，为繁荣社会主义市场经济，发展建设监理事业、提高我国建设水平，实现社会主义现代化宏伟目标作出积极贡献。

协会的主要任务是：

1. 组织研究建设监理的理论、方针、政策；

2. 协助政府建设行政主管部门制定建设监理法规和发展规划；

3. 承担政府建设行政主管部门交办的有关建设监理方面的工作；

4. 制定建设监理单位及其成员的职业行为准则和监理规范；

5. 研究、增进、增强会员的职业利益；

6. 开展监理业务的调研，向政府有关部门提供情况，协助会员开拓国内外监理市场；

7. 组织经验交流，开展业务培训；

8. 组织国内外信息交流，编辑出版监理书刊、资料，为会员提供信息服务；

9. 发展与各国同行业社团组织的联系，开展交流和监理业务合作活动。

会员代表大会是协会的最高权力机构，会员大会由各会员选派的代表组成，每三年召开一次。1996 年 10 月，协会召开第二次会员代表大会，选举产生的领导机构（第二届理事会）成员如下：

名誉会长：谭庆琏

顾问：姚兵、傅仁章

会长：谭克文

副会长：何俊新、蔡金墀、滕绍华、陆海平、杨焕彩、张三戒、毛亚杰、张胜利、魏铠房、李悟州、韩春仁、杜云生、何泊森

秘书长：陈玉贵

副秘书长：刘廷彦、雷艺君

秘书处是协会的长设办事机构，设：办公室、咨询部、培训部、联络部、信息部。协会的会员分为单位会员、团体会员和名誉会员三种。

近年来协会的主要活动有：

一是开展对外交流合作，采取请进来走出去的办法，加强与国外同行社团的联络，邀请 FIDIC 专家来华进行业务讲学，出席亚太地区有关会议；先后组团到美、欧、澳大利亚等国进行业务学习考察。

二是开展培训研讨活动，几年来，举办监理业务研讨班、总监理工程师培训班、工程质量控制培训班、工程检测仪器展示会、工程建设监理交流研讨会、规范化研讨会等。

三是开展宣传信息交流，编辑出版中国建设建理简讯（月刊），与住房和城乡建设部建设监理司、上海市建设委员会共同编辑出版《建设监理》杂志（双月刊），发行《全国监理工程师职业资格考试统编教材》及《考试复习大纲》汇编发行建设监理法规资料、会议资料。

四是参与业务主管部门制定《工程建设监理合同范

本》，甲级建设监理企业资质审批工作，开展建设监理市场调研活动，配合政府制定各类监理法规。

五是积极探讨协会办实体的路子，组建了北京中协诚建设监理有限责任公司。

地址：北京三里河路9号

邮编：100835

电话：010-68346598/68346832

传真：010-58934507

网址：中国工程监理与咨询服务网（http://www.zgjsjl.org/）

中国建筑金属结构协会

中国建筑金属结构协会（China Construction Mctal Structure Association）（缩写为CCMSA）于1981年8月经原国家建委批准在北京成立。

中国建筑金属结构协会是从事建筑钢门窗、铝门窗、幕墙、塑料门窗、建筑钢结构、采暖散热器、建筑模板脚手架、建筑扣件、建筑给排水设备生产及为本行业生产配套服务的产品和有关科研设计、大专院校等企业、事业单位自愿组成的跨部门、跨地区的全国性行业组织。

中国建筑金属结构协会是经国家民政部核准登记的全国性社会团体法人，是中国金属结构行业唯一的全行业协会。业务上受住房和城乡建设部指导、接受民政部监督管理。根据中华人民共和国的法律、法规，可同国内外相应组织签订有关经济、科技等交流与合作的协议、协定和其他文件。

中国建筑金属结构协会的宗旨是：高举邓小平理论伟大旗帜，坚持党在社会主义初级阶段的基本路线和纲领，贯彻改革开放的总方针，遵守国家宪法和法律，以经济建设为中心，在建立社会主义市场经济体制中，通过为政府服务、为行业服务、为企业服务、为市场服务，促进企业适应市场经济，加快企业转换机制，推动全行业的技术进步，提高产品的质量，增加经济效益，引导行业健康发展。

中国建筑金属结构协会的主要任务是：研究探讨我国建筑金属结构行业的改革和发展方向；根据国家建设事业的发展，提出本行业发展规划及相关技术政策的建议；认真贯彻政府有关经济技术政策和法律法规；协助政府部门制订、修订产品与工程技术标准；接受政府部门委托做好生产许可证、企业资质审查和产品质量认证的工作；承办政府部门委托的科技攻关工作，组织本行业开发新产品、新技术、新设备和新材料；组织国内外技术交流与合作。积极扶持出口企业走向国际市场；开发智力，培养人才。提高全行业的技术素质和经营管理水平；推动企业开展健康的竞争，积极促进会员间的横向联合；遵守有关法律、法规，维护会员单位的合法权益；向社会推荐、宣传名、优、新产品，积极为企业拓展市场；承办政府部门或会员的委托事项，当好企业与政府的桥梁和纽带。积极依据法律、法规兴办行业公益事业。

中国建筑金属结构的会员采取团体会员和个人会员制。各省、自治区、直辖市及国家各产业系统的凡从事建筑钢门窗、铝门窗、幕墙，塑料门窗、建筑钢结构、采暖散热器、建筑扣件、建筑模板脚手架及给排水设备生产企业；为本行业产品配套服务的相关产品生产企业及有关设计院、科研所、大专院校等企事业单位，承认本会章程，愿意参加本会工作，缴纳会费，均可提出书面申请，经本会常务理事会批准即成为中国建筑金属结构协会会员。协会现有近3 000个团体会员。

中国建筑金属结构协会设理事会。理事会理事由全国各省、自治区、直辖市建设厅行业主管部门或金属结构协会负责人、大专院校的代表、专家及金属结构企业的代表共406人组成。理事会是会员代表大会的执行机构。主要任务是：贯彻会员代表大会决议，决定协会工作任务，向会员代表大会报告工作，筹备召开会员代表大会等。协会设常务理事会，由167名资深人员组成，主要任务：是执行理事会的决议，提出理事会讨论的各种议案，领导协会秘书处和指导协会各专业委员会的工作。理事会设常设机构——秘书处。秘书处下设办公室、信息部、培训部、质量部、财务部、编辑部等工作部门。为了加强各项专业工作的开展，协会设立了若干个专业委员会和分会，这些专业委员会和分会分别是钢门窗委员会、铝门窗幕墙委员会、塑料门窗委员会、采暖散热器委员会、建筑钢结构委员会、建筑扣件委员会、建筑模板脚手架委员会、建筑给排水设备分会等。在协会的统一协调组织下分别负责本专业内协会章程所赋予的各项任务的组织与实施。

协会办公地点设在北京三里河路九号中国住房和城乡建设部院内。

地址：北京三里河路九号中国住房和城乡建设部院内

邮编：100835

电话：010-58934543/58934759/58934721

传真：010-58934721

中国出租汽车暨汽车租赁协会

中国城市出租汽车协会是经民政部登记，由城市出租汽车经营、管理者和相关单位自愿组成的具有法人资格的全国性社会团体。业务主管部门为中华人民共和国住房和城乡建设部。

宗旨：坚持四项基本原则，遵循党的“一个中心两个基本点”的基本路线，贯彻国家有关法律法规团结广大出租汽车经营者、管理者和相关人士，协助有关政府部门开展行业管理工作，加强横向联系为会员单位提供多种形式服务，维护会员的合法权益，促进我国城市出租汽车事业的发展。

历史及现状：中国城市出租汽车协会创建于1986年12月6日。纵观协会的发展历史，可分为两个时期：1986年12月6日至1993年5月为初创时期1993年5月至现在为发展提高时期。自1993年5月起协会的13位工作人员陆续列入住房和城乡建设部社团编制，与此同时协会与依托单位脱钩，在编人员和借调返聘人员共计31人的工资劳保全部由协会自支，向协会的自主、自立、自养迈出了可喜的一步。

主要活动：1. 组织交流经营管理经验，努力提高服务质量，树立行业良好形象。2. 开辟车源，争取优惠政策，扩大行业经营规模。3. 开展培训教育，提高行业整体素质。4. 开展行业调查，为政府主管部门提供行业基础资料。5. 办好《中国出租汽车报》，加强行业宣传工作。

领导机构：协会的最高权力机构是会员代表大会，按会章规定五年召开一次。会员代表大会选举产生理事会理事会是在会员代表大会闭会期间的领导机构，每届任期五年，每两年召开一次。理事会选举产生常务理事若干人组成常务理事会，每年如召开一次。协会设有理事长办公会，每年召开一次。加强协会自身建设。

办事机构：协会的办事机构（秘书处）在常务理事会领导下，由秘书长主持日常工作、副秘书长由常务理事会聘任。秘书处下设：办公室、企业管理咨询部、技术咨询部、配件服务部和中国出租汽车报社。

专业委员会：中国城市出租汽车协会广告委员会成立于1994年7月。委员单位由出租汽车行业的26家广告经营单位组成，广告委员会的主要任务是：开展对全国出租汽车广告业的调查研究，定期组织全国性出租汽车广告业务学术交流研讨，为会员单位提供各类广告信息。对全国出租汽车广告业的活动，进行纵横向协调，向有关部门反映会员单位的愿望和要求，推动出租汽车广告业的健康发展。

中国公园协会

宗旨：

团结和组织全国公园行业管理工作者，贯彻国家有关公园建设管理的方针、政策、法规，标准，继承并发扬中国园林的优良传统，加强国际间的交流与合作，吸收世界园林建设、管理先进经验，协助行政主管部门加强公园管理，提高全行业科学管理水平，促进城市园林绿化建设。加强调查研究，密切公园间的联系，集中反映会员的意见和建议，代表会员的利益，保护公园绿地。为改善生态美化环境，为人民群众提供休息和开展科学、文化活动的园地，促进人民身心健康，加强社会主义物质和精神文明建设作出贡献。

应日本公园绿地协会的邀请，中国公园协会访问日本，赴日期间受到日本园林界的热情接待。

中国公园协会在国际公园与康乐设施管理协会第十七届世界大会上被接纳为加盟会员。

中国公园协会与日本公园绿地协会在山东省威海市举办中国园林生态与文化研讨会。

主要任务：

宣传贯彻党和国家有关方针、政策、法规、标准，组织开展公园规划、建设和经营管理经验交流，互通信息，加强协作。举办全国性或地区性交流、研讨、讲座、培训以各种形式促进公园管理水平的提高。

开展有关科学技术、历史文化知识宣传，促进公园和德育，智育爱国主义宣传教育，加强对园林绿地、名胜古迹、园林奇特物种、城市生态环境的保护，制止侵占绿地和破坏绿化成果、自然文化遗产的行为。

组织拟定行规行约，维护会员合法权益。

调查了解各类公园的情况，反映会员的意见和要求，向行政主管部门提出意见和建议，提供行业发展情况和资料。

开展有关园林绿化发展规划，园林设计、营造，园林植物配置、栽培，户外康乐活动组织和公园经营管理等业务的咨询和技术服。

编辑出版有关信息资料和书刊。

办行政主管部门及其他团体委托事项，开展促进本行业发展的其他活动。

开展同国际同行业组织机构和专家间的交流，发展同有关国际组织和同行业工作者的友好联系，组织参加有关国际会议、展览、信息交流和合作等活动。

领导机构：

协会最高权力机构是会员代表大会。会员代表大会五年召开一次，必要时可提前或延期召开。

办事机构：

协会秘书处作为协会的常设办事机构，负责处理协会的文秘、编辑出版、组织管理、财务管理、对外联络等日常工作，指导和协调协会其他组织机构开展工作。秘书处根据工作需要聘请若干工作人员。

地址：北京市三里河路十三号建筑文化中心C座6012室

邮编：100037

电话：010-88082182

传真：010-88082181

中国安装协会

中国安装协会是依法成立的具有法人资格的全国性行业社团。业务主管部门为中华人民共和国住房和城乡建设部。

宗旨：

坚持社会主义方向，遵循国家发展国民经济的总方针，贯彻政府的政策法令，协助政府进行行业管理，反映企业的愿望，维护会员的合法权益，发挥政府与企业间的桥梁纽带作用，促进安装行业的发展，为实现社会主义现代化的宏伟目标服务。

会员：

1. 团体会员：凡专门从事线路、管道和设备安装工程，并具有一定资质的施工企业以及相关的设计、教育科技机构和社会团体、学术组织，承认协会章程，自愿提出申请，由秘书处审查认可，经常务理事会批准，即为协会团体成员。

2. 个人会员、顾问：凡在安装方面有研究的专家、学者、工程技术人员，经济管理人员以及富有实践经验的领导干部和技术工人，可由协会聘为顾问，同时具有会员资格。

主要活动：

1. 开展行业调查、制定行业发展规划
2. 制订安装企业升级标准及考核办法
3. 组织全国安装工程质量检查
4. 参与修订国家验收规范及计量工作定级升级办法
5. 组织和参与许可证发放的审查工作
6. 努力提高全行业的素质，做好职工培训工作
7. 积极为会员单位服务，大力推动安装业的技术进安装企业管理素质的提高
8. 编写出版刊物、资料
9. 开拓对外联络交流工作

组织机构：

1. 领导机构：中国安装协会的领导机构包括全体会员代表大会、理事会、常务理事会。协会的最高领导机构是全体会员代表大会，全体会员代表大会选举产生理事会，理事会按无记名投票方式选举常务理事若干人组成常务理事会，常务理事会每半年至一年召开一次，在理事会闭幕期间，执行理事会职权。

2. 办事机构：协会的常设办事机构为秘书处，其主要职责是贯彻执行理事会决议，拟定行业发展规划及年度活动计划；安排全国性会议与活动；发展会员；组织联络、协调各机构活动；经管协会财务；定期向常务理事会报告工作；处理日常事务。秘书处下设组织联络部、咨询部。协会的专职工作机构有：科学技术工作部、标准化工作部、职工培训部、物资信息部、经营工作部、计算机推广应用工作部、《安装》会刊编辑部。

经济实体：

1. 北京中安工贸公司
2. 上海中安工贸公司
3. 广东中安工贸公司

刊物：

1. 《安装》双月刊杂志
2. 《会讯》月刊

地址：北京市西城区南礼士路15号

邮编：100045

电话：010-68011450

传真：010-68011450

中国城市规划协会

中国城市规划协会是城市规划行业全国性社会团体，其英文名称为China Association of City Planing，缩写为“CACP”。1994年在国家民政部登记注册成立，业务主管部门为中华人民共和国住房和城乡建设部。

中国城市规划协会由团体会员、个人会员、名誉会员组成的社会团体。全国共有团体会员400多个，主要是城市规划、城市勘测行业的机构和地方城市规划协会。个人会员包括专家、社会知名人士和有关部门负责人。名誉会员为对中国城市规划事业作出贡献和给予物质、技术支援的海内外团体和个人。

中国城市规划协会的宗旨是遵守宪法、法律和国家有关方针政策，弘扬社会公德，维护会员合法权益，反映会员愿望，密切行业的横向联系，发挥行业与政府之间的纽带作用，促进行业建设与发展。

中国城市规划协会坚持为政府和会员单位服务的方针，依据章程广泛开展行业管理和交流。同时承担业务主管部门委托的行业管理职能，已分别承担了城市规划甲级设计单位资质评审和年检、部级优秀城市规划设计项目评选、城市规划技术公告征集、城市规划设计单位体制改革政策研究、注册规划师和行政管理法规培训等方面的具体组织与实施工作。

中国城市规划协会积极开展国际交流与合作，先后与法国、美国、加拿大等国的城市规划部门的有关机构建立了工作关系，进行了人员培训、业务交流与合作。

中国城市规划协会愿与国内外城市规划组织和机构建立广泛的合作关系，共同为城市规划事业的发展作出贡献。

业务范围：

1. 组织研究城市规划行业深化改革的有关问题，为政府主管部门制定行业发展规划和有关政策、法规、标准提出意见和建议；

2. 总结、交流和推广城市规划行业在改革与管理等方面的先进经验，总结、交流和推广全行业在科研、设计、新技术应用等方面的成果，向有关部门推荐优秀科技成果和论文，促进行业技术进步；

3. 组织开展各类城市规划咨询活动；

4. 编辑出版协会的刊物和信息资料；

5. 建立与国外城市规划民间组织的联系，开展与城市规划相关的国际交流活动；

6. 组织开展与城市规划相关的专业人才培训活动；

7. 及时向政府主管部门反映会员单位的意见和建议；

8. 承办政府主管部门委托的行业管理的具体工作，组织开展有益于本行业的其他活动。

主要领导成员

会长：赵宝江

常务副会长：邹时萌

副会长：陈晓丽、唐凯、王静霞、曹昌智、陈刚、柯焕章、夏丽卿、叶贵勋、任雨来、陈材倜、施红平、任致远

秘书长：王燕

组织机构

组织程序：会员代表大会——理事会——常务理事会

办公机构：秘书处，下设办公室、行业发展与协调部、技术开发与咨询部、宣传与培训部。

二级组织

1. 城市规划管理专业委员会
2. 城市规划设计专业委员会
3. 城市勘测专业委员会
4. 女规划师委员会
5. 城市规划信息工作委员会
6. 地下管线专业委员会

地址：北京三里河路13号中国建筑文化中心北座8层

邮编：100037

电话：010-88082180

传真：010-88082179

电子邮件：cacp@public. bta. net. cn

中国市政工程协会

中国市政工程协会是由全国市政工程企事业单位自愿组成，依法成立的全国性行业团体，业务主管部门为中华人民共和国住房和城乡建设部。

宗旨

坚持社会主义方向，贯彻执行党和政府的路线、方针和政策，协助政府实行行业管理，发展繁荣市政工程事业，在政府与企、事业之间起桥梁和纽带作用。

主要任务

1. 研究探讨我国市政建设事业发展方向的理论和方针政策，协助政府拟订行业发展规划。

2. 制定行规行约，维护会员单位的合法权益，教育职工热爱本行业，树立良好的职业道德。

3. 组织指导本行业技术和管理人才的培训，提高职工的素质。

4. 推动行业内部企、事业间横向经济联合与技术合作。协调行业内部和行业之间的经营开发、技术合作中的有关事宜。

5. 受政府委托，协助政府主管部门搞好行业管理工作。

6. 开展国内外市政行业有关资料的调查、搜集、整理和市政工程经济的理论研究工作，组织国内外市政工程技术经济情报和市场信息交流。

7. 发展与国际同行业民间经济组织的联系，开展技术经济合作。

8. 编辑出版刊物、资料开展有益于本行业的其他活动。

组织机构

（一）领导机构：协会的领导机构是理事会，在理事会闭幕期间由常务理事会代行职权。

（二）办事机构：协会的办事机构为秘书处，在常务理事会的领导下，由秘书长主持日常工作。秘书处下设办公室、技术质量部、信息部、培训工作部、实业部五个工作部门。

（三）专业委员会：协会下设12个分支机构，即市政施工专业委员会，市政设施管理专业委员会，市政建设综合开发专业委员会，沥青砼专业委员会，城市道路照明专业委员会，市政工程质量专业委员会，市政职工教育专业委员会，市政工程造价专业委员会，市政劳动专业委员会，市政工程经济工作委员会。市政科技专业委员会、城市照明专业委员会。

经济实体

四方市政工程咨询公司。

刊物

《中国市政》

地址：北京市海淀区增光路北沙沟101号

邮编：100037

电话：010-68319575

传真：010-68319575

中国建设工程造价管理协会

协会简介

中国建设工程造价管理协会，简称中价协，英译名：China Engineering Cost Association，缩写为CECA。成立于1990年7月，是经中华人民共和国住房和城乡建设部同意，民政部核准登记，登记证号为3369，具有法人资格的全国性社会团体。本协会是由从事工程造价咨询服务与工程造价管理的单位及具有注册资格的造价工程师和资深专家、学者自愿组成的全国性的工程造价行业协会。协会于2004年举行了第四次会员代表大会，选举产生了中国建设工程造价管理协会新一届理事会及理事长、副理事长、秘书长、副秘书长，名单如下：

协会顾问：杨思忠

理事长：张允宽

副理事长：屠锦敏、范魁元、徐金泉、毕孔耜、袁纽、李文绮、赵金立、马桂芝、彭维和、马军

秘书长：马桂芝（兼）

副秘书长：刘朝阳　刘巍　吴佐民

组织机构

一、领导机构——理事会由理事会选举产生常务理事68名，组成常务理事会，理事会闭会期间行使理事会职权。

二、常设机构

根据协会章程规定的职责任务，协会设5个职能部室，即资质注册部、教育培训部、科研信息部、期刊编辑部、办公室。

协会各部室职责如下：

（一）资质注册部

1. 接受住房和城乡建设部标准定额司委托，负责工程造价咨询单位资质的日常管理工作。

2. 接受住房和城乡建设部标准定额司委托，负责办理造价工程师初始注册、续期注册及变更注册等有关手续。

3. 协助住房和城乡建设部指导各省级、部门注册机构办理造价工程师初始注册及后期管理等工作。

4. 建立我国工程造价行业自律机制，规范行业执业行为，依法促进和保障工程造价行业健康发展，维护工程造价咨询单位及造价工程师的合法权益。

5. 协助住房和城乡建设部标准定额司起草、修订工程造价咨询行业和造价工程师注册管理的有关法规、资质标准和质量标准等。

6. 负责联系并组织工程造价行业“专家委员会”开展工作。

7. 做好协会会员的日常管理工作，并及时催交会费。

8. 根据协会章程，积极发展协会会员，为会员提供优质服务，维护其合法权益。

（二）教育培训部

1. 负责造价工程师继续教育的组织、管理、监督、检查工作。

2. 负责编制造价工程师继续教育长期规划和年度计划。

3. 负责组织造价工程师继续教育教材的编写及出版发行工作。

4. 负责组织造价工程师网络教育及课件制作工作。

5. 负责联系并组织“教育专家委员会”开展工作。

6. 负责组织造价工程师师资及高级造价专业人员培训。

7. 开展国际合作培训、交流和智力引进工作。

（三）科研信息部

1. 负责组织和实施工程造价行业科研课题的立项和研究工作。

2. 接受住房和城乡建设部标准定额司委托，负责工程造价计价依据等方面的基础建设工作，组织各行业专业委员会和工作委员会进行专业工程计价规范等编制工作。

3. 负责组织并建设工程造价价格信息系统。

4. 开展工程造价信息、软件和业务成果的交流工作。

5. 负责造价工程师考务及其师资建设工作。

6. 协助住房和城乡建设部编写造价工程师考试大纲和

考试培训教材。

7. 负责协会网站的日常维护和内部局域网的建设。

（四）期刊编辑部

1. 负责《工程造价管理》期刊的编辑、出版等工作。

2. 按《广告法》的规定及要求进行广告活动。

3. 做好期刊的发行工作。

4. 组织全国工程造价管理类期刊交流及优秀期刊评比工作。

（五）办公室

1. 协助协会领导处理日常行政事务。

2. 负责起草协会年度工作计划、工作总结及其他行政公文。

3. 负责制订协会的规章制度，并监督执行。

4. 负责协会召开的会议组织与会务工作。

5. 负责协会财务工作，负责编制、执行协会各类经费预算计划和年终决算。

6. 负责协会外事工作。

7. 负责协会日常的人事、劳资福利及文书档案工作。

8. 负责固定资产管理工作。

9. 负责党务、工会的日常工作。

三、分支机构

根据各专业建设工程造价管理工作的特点和需要，已成立了5个专业委员会和15个工作委员会

序号	专业委员会	办公地点	电话
1	化工专业委员会	北京朝阳区亚运村安慧里四区16楼	010-84885096/84885225
2	电力专业委员会	北京白广路二条一号	010-63415487
3	对外专业委员会	北京建国门外大街12号永安里外贸大楼803室	010-65674329
4	水运专业委员会	天津河西区大沽南路1472号	022-28348321
5	价格信息委员会	北京市复兴路12号	010-63981589

序号	工作委员会	办公地点	电话
1	铁路工作委员会	天津市河北区中山路10号	022-26184154
2	有色金属工作委员会	北京市复兴路12号	010-63981589
3	核工业工作委员会	北京市海淀区马神庙一号	010-68532029
4	煤炭工作委员会	北京和平里北街21号	010-64463720
5	水电工作委员会	北京西城区六铺炕	010-62041369
6	建行工作委员会	建外闹市口大街1号长安兴融中心2号楼	010-66276625
7	军队工作委员会	北京市海淀区太平路22号	010-66887072
8	石油化工工作委员会	北京市朝阳区惠新东街甲6号	010-64999699
9	冶金工作委员会	北京市东城区东四西大街46号	010-65268572
10	林业工作委员会	北京市东城区朝内大街130号	010-65130469
11	建材工作委员会	北京市西直门内北顺城街1号	010-62230490
12	公路工作委员会	北京市朝阳区八里庄100号	010-85865720
13	石油工作委员会	北京市西城区安德路112号	010-62387491
14	水利工作委员会	北京市白广路二条二号	010-63202688
15	电子工作委员会	北京市万寿路27号	010-68207846

四、地方造价协会

序号	单位名称	办公地点	联系电话
1	北京市建设工程造价管理协会	北京市朝阳区华西威里甲48号	010-67795003
2	天津市建设工程造价管理协会	天津市和平区岳阳道132号	022-23525031
3	河北省建设工程造价管理协会	石家庄市长安区槐北路310号	0311-5814086
4	内蒙古建设工程造价管理协会	呼和浩特市锡林南路12号	0471-6264661
5	山西省建设工程造价管理协会	太原市建设北路235号	0351-3172652
6	辽宁省建设工程造价管理协会	沈阳市沈河区大南街龙凤巷43-1号	024-24119225
7	吉林省建设工程造价管理协会	吉林长春同志街东中华路20-1号六楼	0431-8946848

续表

序号	单位名称	办公地点	联系电话
8	黑龙江省建设工程造价管理协会	哈尔滨市南岗区东大直街 308 号	0451-2353391
9	上海省建设工程造价管理协会	上海市东安路 271 弄广汇花苑 1 号楼 1301 室	021-4035598
10	江苏省建设工程造价管理协会	江苏省南京市虎踞北路 12 号	025-3732752
11	浙江省建设工程造价管理协会	杭州市莫干山路 693 号	0571-88064109
12	安徽省建设工程造价管理协会	合肥市宣城路 91 号	0551-2621490
13	福建省建设工程造价管理协会	福州市北大路 242 号	0591-7677113
14	江西省建设工程造价管理协会	南昌市贤士路 92 号	0791-8675575
15	山东省建设工程造价管理协会	济南市经四路小纬四路 46 号	0531-7910946
16	河南省建设工程造价管理协会	郑州市金水路 102 号	0371-6224329
17	湖北省建设工程造价管理协会	武汉武昌中南一路 47 号	027-87320898
18	湖南省建设工程造价管理协会	长沙市雨花石马铺 30 号	0731-5588252
19	广西省建设工程造价管理协会	广西南宁市东葛路 30 号 5 楼	0771-5875246
20	重庆省建设工程造价管理协会	重庆渝中路 2 区莱六坝外滩商城 4 号	023-63636781
21	四川省建设工程造价管理协会	成都星辉东路 8 号	028-83337355
22	云南省建设工程造价管理协会	昆明市西昌路 169 号	0871-4151167
23	陕西省建设工程造价管理协会	西安市建东街 13 号	029-82231650
24	甘肃省建设工程造价管理协会	甘肃省兰州市金昌路 79 号	0931-8853826
25	新疆省建设工程造价管理协会	乌鲁木齐市光明路 26 号建设广场 B 座 20 层 C 室	0991-8874298

地址：北京市朝阳区和平街和平西苑 20 楼 B 座 11 层　　电话：010-84272411
邮编：100013　　传真：010-84272411

中国动物园协会

性质和宗旨

中国动物园协会是由全国动物园、水族馆（包括有动物展区的公园）关心和支持动物园事业的社会团体及有关单位组成的全国性行业社团。业务主管部门为中华人民共和国住房和城乡建设部。

协会的宗旨是：贯彻国家有关动物园管理的方针政策，团结全国动物园、水族馆和有动物展区的公园及动物园工作者，协助政府加强动物园管理，提高行业管理水平。促进珍稀、濒危野生动物的保护和繁育；组织协调各动物园间的科学、技术交流活动，推动中国动物园事业的发展。为保护和合理利用动物资源，特别是珍惜、濒危动物的移地保护，为促进动物园的物质和精神文明建设作贡献。

概况

我国的动物园和公园展区截至 1994 年底共有 175 个，共饲养动物 600 多种，10 万余只。全国动物园的年游人量达到 1.1 亿余人次，居世界各国首位。随着我国动物园事业的迅速发展，国内动物园之间需要更多的交往，许多国际组织以及不少国家的动物园要求与我国动物园建立友好往来和业务关系。因此，要求建立一个全国性组织的呼声越来越高。1985 年 10 月，经原城乡建设环境保护部、国家体改委、中国科协同意，国家经委批准，正式成立中国动物园协会。

协会现有团体会员 171 个，顾问 12 名，外国团体和个人名誉会员若干。

协会的主要活动包括：

1. 管理、科研、饲养技术交流活动；
2. 国际交流与合作；
3. 科普与教育活动；
4. 科技咨询。

组织机构

协会的最高权利机构是会员代表大会，理事会是协会代表大会闭会期间的最高执行机构，常务理事会领导秘书处、管理委员会、科学技术委员会、编辑委员会、大熊猫繁殖技术委员会。

地址：北京市海淀区三里河路 9 号
邮编：100835
电话：010-88082188
传真：010-88082186

中国工程建设标准化协会

中国工程建设标准化协会（简称中国建设标协），英文译名：China Association for Engineering Construction Standardization（英文缩写 CECS），成立于 1979 年月 10 月，是由从事工程建设标准化工作的单位、团体和个人自愿组成的，具有社团法人资格的全国性社会团体，是从事工程建设标准化活动的专业性协会。本协会经住房和城乡建设部同意成立，民政部批准登记，属非营利性社会组织。协会组织机构代码：50000304－8，登记号：社证字第 4058 号。

本协会的宗旨是：以邓小平理论和“三个代表”重要思想为指导，坚持和落实科学发展观，遵守我国宪法、法律、法规和方针政策，按照完善社会主义市场经济体制和构建社会主义和谐社会的要求，坚持以服务为宗旨，反映标准化工作者的诉求，规范会员自律行为，团结和组织全国工程建设标准化工作者，积极开展工程建设标准化活动，促进工程建设标准化事业的发展，为全面建设小康社会贡献力量。

本协会的业务范围包括：

1. 宣传普及工程建设标准化知识；
2. 接受政府部门的委托，组织制订工程建设推荐性国家标准；
3. 组织制定和管理工程建设协会标准；
4. 组织会员参与工程建设国家标准、行业标准、地方标准的制订、审查、宣贯及有关的科学研究工作；
5. 接受委托，协助企业编制企业标准；
6. 组织开展工程建设标准化学术活动；
7. 组织开展工程建设标准化培训；
8. 编辑出版本协会会刊《工程建设标准化》和有关工程建设标准化的书籍、资料；
9. 组织开展工程建设标准化服务，包括工程建设标准化技术咨询、项目论证和成果鉴定，工程建设产品合格评定和推荐等；
10. 发展同香港、澳门特别行政区及台湾地区的相关民间组织的友好往来，组织开展工程建设标准化的国际合作和交流，参与国际标准化活动；
11. 兴办与工程建设标准化有关的经济实体，依法开展经营活动；
12. 维护工程建设标准化工作者的权益，向有关部门反映其意见和要求；
13. 为政府业务主管部门提供工程建设标准化信息和政策建议。

经过 20 多年的发展，本协会已成为在国内工程建设标准化领域具有重要影响的从事标准制修订、标准化学术研究、宣贯培训、技术咨询、编辑出版、信息服务、国际交流与合作等业务的专业性社会团体。已同许多国际、地区和国家的标准化组织建立了合作关系，在国际上有一定的影响力。

本协会设理事会和常务理事会，现为第六届理事会。第六届理事会共有理事 238 人，常务理事 79 人。第六届理事会的领导人员如下：

顾问：徐义屏

理事长：王德楼

副理事长：周锡全、袁振隆、袁纽、徐建、穆祥纯、俞衍升、岳清瑞、李国强、周泽平

秘书长：王德楼（兼）

副秘书长：国中河

本协会的日常办事机构为秘书处。秘书处下设办公室、技术标准部、教育培训部、咨询服务部、期刊编辑部。本协会还设有工作机构学术委员会，以及北京中建标网络技术有限公司和北京中建标图书有限公司等控股经济实体。

本协会现有分支机构 43 个，包括专业委员会 34 个，分会 9 个。分支机构的任务是：在相关的专业或行业范围内，具体开展本协会的各项业务工作，并发展本协会的单位会员和个人会员。分支机构名录如下表：

中国工程建设标准化协会的分支机构名录

登记号	分支机构名称	登记号	分支机构名称
4058-1	钢结构专业委员会	4058-23	建筑防水专业委员会
4058-2	木材及复合材结构专业委员会	4058-24	建筑给水排水专业委员会
4058-3	砌体结构专业委员会	4058-25	住宅修缮专业委员会
4058-4	结构设计基础专业委员会	4058-26	工业给水排水专业委员会
4058-5	混凝土结构专业委员会	4058-27	地基基础专业委员会
4058-6	工业炉砌筑专业委员会	4058-28	轻型钢结构专业委员会
4058-7	电气专业委员会	4058-29	抗震专业委员会

续表

登记号	分支机构名称	登记号	分支机构名称
4058-8	城市给水排水专业委员会	4058-30	城市交通专业委员会
4058-9	水运专业委员会	4058-31	施工安全专业委员会
4058-10	贮藏构筑物专业委员会	4058-32	建筑振动专业委员会
4058-11	防腐蚀专业委员会	4058-33	城市供热专业委员会
4058-12	湿陷性黄土专业委员会	4058-34	建筑施工专业委员会
4058-13	信息通信专业委员会	4058-35	石油化工分会
4058-14	防火防爆专业委员会	4058-36	石油天然气分会
4058-15	结构焊接专业委员会	4058-37	冶金分会
4058-16	高耸构筑物专业委员会	4058-38	机械分会
4058-17	管道结构专业委员会	4058-39	建材分会
4058-18	勘测专业委员会	4058-40	纺织分会
4058-19	铁道分会	4058-41	化工分会
4058-20	建筑物理专业委员会	4058-42	公路分会
4058-21	消防系统专业委员会	待批	建筑与市政工程产品应用分会
4058-22	建筑物鉴定与加固专业委员会	军队专属	基建营房专业委员会

协会办公地址：北京市海淀区三里河路 9 号
邮编：100835
协会各办事机构电话：
办公室：58934012（TeL/Fax）；
技术标准部：88375607（TeL/Fax）
教育培训部：88384430（TeL/Fax）
咨询服务部：68310764（TeL/Fax）
编辑部：58934102（TeL/Fax）
协会控股经济实体电话：
北京中建标图书有限公司：88375610
北京中建标网站技术有限公司：68364564/68369184

中国建筑装饰协会

简称：中装协
英文全称：China Building Decoration Association
简写：CBDA

中国建筑装饰协会经中华人民共和国民政部批准，成立于 1984 年 9 月，业务指导是中华人民共和国住房和城乡建设部，拥有直属会员企业 20 000 余家。协会秘书处设有 8 个工作部门，另有 8 个专业委员会，在全国各地有 126 个地方装饰协会，协会拥有《中国建筑装饰网》（www. ccd. com. cn）、《中国建筑装饰装修》和《中华建筑报》等国内外公开发行的一网一刊一报，及内部刊物 9 种，协会工作人员达 200 余人。20 年来，中国建筑装饰协会以促进行业生产力发展为目标，发挥了桥梁和纽带作用，在行业物质文明和精神文明建设方面，认真组织行业内活动。在行业标准、法规建设、组织行业调研、推动行业科技进步、参与行业管理、开展行业培训、组织国际交流等方面取得优异成绩，为规范行业行为、维护市场秩序、推动公平竞争、加强国际交流合作，做出了积极的贡献。在协会的努力下，中国建筑装饰行业 2005 年产值已达 9 600 亿元人民币，就业人数约 1 300 万人。

理事会成员

名誉会长：张恩树
会长：马挺贵
常务副会长：徐朋
副会长：朱兴良、叶远西、陈丽、薛景霞、王冶、丁欣欣、陈志达、冯林、魏光、丁域庆、王波
名誉副会长：汪家玉、谢建伟、陈国宏、张钧、黄恒
秘书长：王振东
副秘书长：王毅强、黄白
总建筑师：房箴
名誉会长：张恩树
会长：马挺贵
常务副会长：徐朋
副会长：朱兴良、叶远西、陈丽、薛景霞、王冶、丁欣欣、陈志达、冯林、魏光、丁域庆、王波
名誉副会长：汪家玉、谢建伟、陈国宏、张钧、黄恒
秘书长：王振东
副秘书长：王毅强、黄白
总建筑师：房箴

协会简况

2005年全国建筑装饰装修工程产值突破1万亿元人民币，一级建筑装修装饰工程施工专业承包企业851家，一级建筑幕墙工程施工专业承包企业137家，甲级建筑装饰工程设计企业493家，甲级建筑幕墙工程设计企业147家。通过ISO9000国际质量体系认证的企业412家。会员企业10 000余家，中国建筑装饰协会第六届理事会理事495位，常务理事208位。

主要业内活动

行业调研：建筑装饰行业在我国国民经济和社会发展中的地位和作用、家庭装饰消费需求、国内装饰企业改制、民营装饰企业建立现代企业制度等。

中国建筑装饰网：http://www.ccd.com.cn
E-mail：ccd@ccdinfo.com
地址：北京市海淀区三里河路21号甘家口大厦10层
电话：86-10-88382988，88382788
传真：86-10-88382988
邮编：100037

中国城镇供热协会

中国城镇供热协会是以全国各地供热企业为主体，有关设计、科研、院校、厂家参加的全国性行业社团，业务主管部门为中华人民共和国中国住房和城乡建设部。

宗旨：沟通政府主管部门与供热企业之间的联系，交流、传播经验，维护会员的合法权益，促进企业之间的横向联系，加强行业管理，推动集中供热事业的发展。

主要任务：

1. 宣传、贯彻党和国家的有关方针政策，反映行业的愿望和要求，争取国家有关部门对城镇供热事业的领导和支持。

2. 开展调查研究，收集、整理基础资料，为政府主管部门制订城镇供热技术经济政策、行业法规、规划等提供依据。接受政府主管部门委托，参与有关活动。

3. 组织交流和推广供热行业有科研、设计、施工、企业经验管理等方面的成果和经验。

4. 协调同行业间和相关行业的技术经济全作，培训技术、管理人才，对供热行业管理进行指导，促进技术进步，提高经营管理水平。

5. 开展技术咨询服务，接受政府主管部门委托，参与重大供热工程项目的审查和验收。组织本行业新工艺的技术鉴定。

6. 编辑出版协会刊物和信息资料。

7. 代表中国城镇供热行业参加国际同行业组织和国际技术、经验交流活动，邀请国外专家来华考察和讲学，选派人员出国考察和进修。与国外同行业进行技术合作，互惠互利，促进我国供热事业的发展。

8. 承担政府主管部门委托协会办理的事项，开展有益于本行业的其他活动。

会员：根据协会章程，凡从事城镇供热管理的企业单位，以及从事供热专业的教育、科研、设计、设备生产等单位，承认协会章程，履行会员义务，自愿申请，经理事会讨论批准，均可成为协会会员。凡热心于城镇供热事业并做出积极贡献的专家、学者、工程技术人员、政府部门工作人员，经理事会讨论批准，可聘为协会顾问或参加协会各专业委员会工作。

主要活动：按照协会章程，协会每两年举行一次会员大会。协会各部门每年都围绕政府工作重点，结合企业存在的问题，有的放矢组织多种形式的活动，从而帮助企业解决在发展过程中存在的问题，并及时向政府提供行业的各种信息。

领导机构：协会的领导机构包括全国会员大会、理事会、常务理事会以及理事会下设的技术委员会、秘书处、编辑出版部、技术咨询部、企业管理部、专用设备部。协会的最高领导机构是会员大会；会员大会选举理事会，理事会是协会的权力执行机构，设理事长一名，常务副理事长一名，副理事长和常务理事若干名。

中国城镇供热协会联系方式
名称：中国城镇供热协会
地址：北京市朝阳区红庙西大望路甲1号
邮编：100026
电话：010-65339565/65811346
传真：010-65811346
邮件：lacard@163.com cdhaqjf@sina.com
网址：http://www.china-heating.org.cn
http://heating.114news.com

中国城市公共交通协会

性质和宗旨

本协会是由全国城市公共交通企业及相关单位自愿组成依法成立的全国性行业社团。业务主管部门为中华人民共和国住房和城乡建设部。

本协会的宗旨是：贯彻执行国家有关方针、政策、协助政府主管部门开展行业管理工作，加强横向联系，为会员提供多种形式的服务。维护会员的合法权益，发挥联系企业与政府主管部门的桥梁纽带作用，加速城市公共交通事业的发展。

概况

本协会成立于 1992 年 8 月，于 1993 年 7 月 7 日召开成立大会。协会现有工作人员 5 人。

根据协会章程，凡从事城市公共交通及相关的企事业单位、社会团体，承认协会章程、履行会员义务，自愿申请，经理事会批准，均可接纳为团体会员。据 1994 年 7 月统计，现有会员单位 188 个。

协会的主要活动包括：

1. 组织公交企业进行调研和经验交流、召开研讨会，以推广在经营管理方面，科研、教育、改革方面的经验和成果；

2. 收集国内外城市公交方面的资料，为政府部门制定发展城市公共交通事业的方针、政策、法规等提供依据；

3. 采取多种形式为会员单位培训各类人员，指导、帮助企业改善经营管理；

4. 编辑出版协会刊物，向会员单位提供有关信息资料及技术咨询，并向全国公交企业推荐确实有效的新技术、新产品；

5. 组织开展国际技术、管理等方面的合作与交流活动。

组织机构

协会的最高权力机构为会员代表大会，理事会是在会员代表大会闭会期间的领导机构，协会的办事机构是秘书处。名誉理事长：侯捷，理事长：汪光焘，秘书长：林家宁、李秀。

协会下设两个专业分会：快速轨道交通委员会、城市轮渡委员会。

刊物

根据中国城市公共交通协会办事机构设置及其职责范围的规定，协会将编辑出版会刊。《中国公共交通》目前正在着手编辑出版。《供您参考》是协会主办的信息刊物，旨在快速传递国家和公交企业的重要信息，反映公交呼声，给领导提供决策参考。

中国城市公共交通协会

地址：中国　北京　朝阳区

电话：86-010-65581931

邮编：100025

中国城市环境卫生协会

中国城市环境卫生协会是由住房和城乡建设部主管、民政部登记，成立于 1992 年的全国性、行业性非营利社会组织，总部设在北京。

中国城市环境卫生协会会员由从事城市市容环境卫生管理、科研、设计、教育、咨询和服务机构，设备制造和销售、作业服务、设施建设和运营企业以及个人自愿结成。

中文名称：中国城市环境卫生协会

英文名称：China Association of Urban Environmental Sanitition

中文简称："中环协"

英文简称：CAUES

协会宗旨：

遵守国家法律、法规，执行国家政策，遵守社会道德风尚，通过多种方式服务于会员，反映会员的愿望，维护会员的合法权益，协助政府主管部门加强行业管理，严格行业自律，提高行业服务质量，培育和规范市容环境卫生服务市场，充分发挥党和政府联系广大环卫企业和环卫职工的桥梁纽带作用，促进全国城市市容环境卫生事业健康发展。

主要任务：

1. 制定行业管理、行业自律规范以及服务标准；

2. 参与制定国家行业发展规划；

3. 开展法律、法规和行业发展及其技术经济政策研究；

4. 培育和规范市容和环境卫生市场，维护会员合法权益；

5. 提供咨询和信息服务；

6. 评估、审查和推广新技术、新产品、新工艺以及科研成果；

7. 组织人员培训；

8. 开展国际交流与合作；

9. 承担业务主管部门和会员委托办理的有关事项。

主要刊物：

《中国城市环境卫生》为中国城市环境卫生协会会刊，是全国城市市容环境卫生行业的综合性内部刊物，中文双月出刊。

主要大型活动：

中国城市环境卫生协会年会

固体废物处理设备国际展览会

中国城市环境卫生协会的最高权力机构是会员代表大会，理事会是权力执行机构，常务理事会在理事会闭会期间行使理事会职权。理事会和常务理事会由会员代表大会选举产生。

工作部门：

秘书处

科学技术部

工程部

市场开发与管理部

信息管理部

专业委员会：

建筑垃圾管理专业委员会

车辆清洗管理专业委员会

市容环境卫生管理专业委员会

公厕建设管理专业委员会

生活垃圾处理专业委员会

联系方式：

办公地址：北京市西城区车公庄大街甲 4 号，物华大厦 7 层 A0708 房间

联系人：肖卫

电话：010-68002665

传真：010-68002667

秘书处邮政地址：北京市三里河路 9 号

邮政编码：100835

中国建设教育协会

中国建设教育协会成立于 1992 年，有近 600 家会员单位，隶属住房和城乡建设部，是经民政部注册具有法人资格的一级社会团体。该协会是由建设教育有关部门、单位、团体、机构自愿参加的非营利性的专业社会团体。在教育部、住房和城乡建设部的领导下，为全国建设教育工作服务，是政府联系企业、院校和培训机构的桥梁，是建设教育主管部门的参谋和助手。其英译名为：China Association of Construction Education，缩写为：CACE。

协会宗旨

本会的宗旨是根据党和国家的方针政策、法律法规，团结组织全国建设教育工作者开展学术研究、协作交流、专业培训、工作咨询和社会服务，积极推进建设教育教学改革，为提高建设系统职工队伍的素质，培养高质量的建设人才，为发展社会主义建设教育事业服务。

本会以邓小平理论、“三个代表”重要思想为指导，贯彻党的基本路线和《中华人民共和国教育法》，坚持“百花齐放，百家争鸣”方针和教育要面向现代化、面向世界、面向未来的指导思想，发扬实事求是、理论联系实际的作风，为行业的振兴与发展服务。

协会的主要业务与工作

1. 从建设事业实际出发，制定协会发展规划，开展学术理论研究，探索建设教育的规律和特点。

2. 对建设教育工作中共同关心的问题、教育改革与发展中的热点和难点问题，组织专题研讨，向领导机关提供咨询建议。

3. 与有关部门配合，积极开展建设教育改革试验、业务培训及咨询工作。

4. 指导会员单位的研究、协作活动，指导专业委员会开展活动。开展教育科研成果和教学成果的评估和优秀学术论文评选活动。

5. 组织研究、介绍国内外建设教育的动态和经验，开展国际学术交流活动。探索建设职业教育改革的理论与方法。推动建设职业教育教学的改革与发展。

6. 组织研究建设行业主要职业的能力特征，组织编写能力培训教程和教材。

7. 建立中国建设远程教育网，与有关单位合作，开展远程的学历教育与适应性的培训。

8. 编辑出版《中国建设教育》杂志，宣传党与国家关于人才队伍建设的方针与政策、住房和城乡建设部中心工作，提供国内外建设教育的动态和信息，开展学术与经验交流。

9. 向党和政府有关部门反映会员单位的意见和要求，维护会员单位的合法权益。

10. 表彰并奖励在建设教育事业的各项工作和本会活动中取得优秀成绩的单位和个人。

11. 兴办符合本协会宗旨的经济实体及其他社会服务事业。积极参与社会公益活动。

12. 加强与国内各专业教育协会、住房和城乡建设部内各专业学协会、各省市建设教育协会的合作与交流，探索共同发展的有效模式。

13. 接受建设教育等主管部门的委托，承担关于教育、教学管理，质量评估，资格认证，证书管理，教材编写和对外交流合作等工作。

14. 加强国际间的交流与合作，在已与德国、加拿大等国建立合作的基础上，加强与其他国家的合作交流。

组织结构图

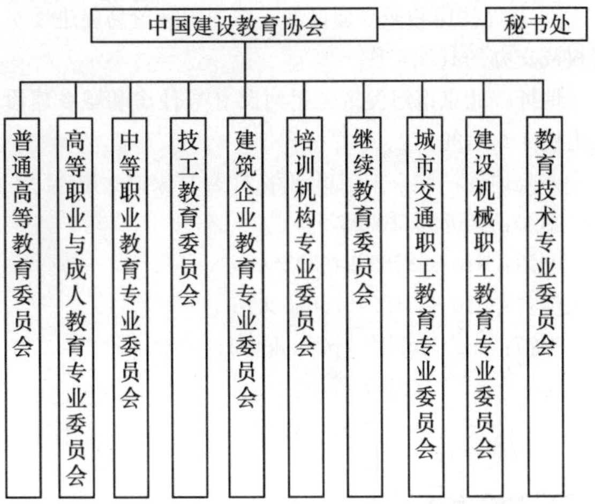

教育培训主要业绩

1. 协会与《国际建筑联盟》教育委员会合作，成功地举办了“建筑教育国际会议”。会议举办5天，共有400多位中外代表，仅国外代表220多人，是当时建设系统最大的国际会议。

2. 受住房和城乡建设部委托与英国驻华使馆文化委员会合作，在北京举办了为期10天的《国际工程项目高级研修班》，接受培训的学员来自全国22个省市共108人。

3. 受住房和城乡建设部人事教育司委托，进行“建设事业‘十一五’人才队伍建设规划”的前期研究（已结题），为制定“建设事业‘十一五’规划”中人才队伍建设规划提供了依据和建议。

4. 参加教育部正在进行的《学历证书与职业资格证书相互转换理论与实践的研究》的课题研究。

5. 受住房和城乡建设部人事教育司委托与德国赛德尔基金会和斯塔尔格鲁伯基金会等机构合作，培训中高等职业教育专业骨干教师，组织职业教育管理人员、职业院校校长赴德国进行培训与考察。开展建设类高中等职业教育改革试点，近20所院校参加此工作，教改的项目有楼宇智能化、汽车修理等与建筑相关的专业。

6. 受住房和城乡建设部城市建设司与人事教育司委托，得到德国经济合作部的支持，与德国水污染控制协会、德国斯图加特大学进行为期四年的合作。分别在中国和德国培训了水污染控制专业技术人员434人。经过近三年的连续培训，为中国污水处理行业培养了近30名高技能的工人，其中有10名工人两次赴德国进行培训并获得了德国技师资格考试合格证书。

7. 与英国有关机构合作，举办了《建筑纠纷与仲裁》高级研修班，培训了68人。

8. 受住房和城乡建设部委托，为西部举办了两期《中西部国际工程项目管理研修班》、一期《中西部小城镇规划高级研修班》共有587人参加了培训。

9. 与加拿大、美国、比利时、欧洲等有关单位合作培训了135人。

10. 经住房和城乡建设部有关部门批准，进行项目经理和监理工程师的培训，共培训了项目经理18 508人，监理工程师26 416人，相关专业的继续教育3 772人次。

其他

培训部电话：010-58934812

办公室：010-58934822

研究部：010-58933652

《中国建设教育》杂志：010-58933652 Email：ccden@263.net

通信地址：北京市海淀区三里河路九号北配楼416室

网址：http://www.ccen.com.

中国国际贸易促进委员会建设行业分会

中国国际贸易促进委员会建设行业分会，简称中国贸促会建设行业分会，同时使用中国国际商会建设行业商会的名称。中国贸促会建设分会的英文名称为Construction Industry Sub-council，China Council for The Promotion of International Trade，中国国际商会建设商会的英文名称为Construction Industry Commerce Chamber，China Chamber of International Commerce。

中国贸促会建设分会是由中国建设行业有代表性的人士、企业和团体组成的民间国际经济贸易组织。

中国贸促会建设分会的宗旨是：根据中华人民共和国的法律、法规和政策，参照国际惯例，开展促进中国与世界各国、各地区之间的贸易、投资和经济技术合作活动，增进中国建设行业同世界各国、各地区建设行业的相互了解与友谊。

中国贸促会建设分会在中华人民共和国住房和城乡建设部和中国国际贸易促进委员会的直接领导下开展工作，同各国、各地区有关组织和机构、国际组织签订促进贸易、投资和经济技术合作的协议、议定书和其他文件。

职责

1. 接待国外建设行业人士和代表团来访；组织中国建设行业代表团出国访问与考察，与有关国际组织、区域性组织及各国贸促机构和建设商协会开展交流与合作；组织、参加或与国外相应机构联合召开有关建设行业合作的国际会议；负责与国外对口组织在华设立的代表机构以及外国在华成立的商会进行联络；在境外设立商务代表；

2. 促进内地与香港、澳门特别行政区、台湾地区的经贸交流，为内地同香港、澳门特别行政区和台湾地区建设行业之间的交流与合作提供服务；

3. 参加国际贸易博览会和展览会；在境内主办建设行业和产品的展览会和博览会；

4. 收集、整理、传递和发布经贸信息；联系、组织经贸洽谈和技术交流活动；向国内外有关企业和机构提供经贸信息、咨询和资信调查等各类服务；编辑、出版刊物、电子出版物及其他出版物；

5. 开展国际交流和技术管理培训，促进行业科技进步，增强会员单位市场竞争的能力和实力；办理会员单位经贸调解业务，解决各种经贸纠纷；

6. 为会员企业和其他企业提供服务；向政府有关部门反映企业界有关情况和意见；研究建设领域的有关问题，向企业提供参考意见；

7. 办理住房和城乡建设部、中国国际贸易促进委员会授权或交办的其他工作。

地址：北京市海淀区三里河路 9 号住房和城乡建设部北附楼 419 房间

办公地址：北京市三里河路 21 号甘家口大厦 11 层

邮编：100835/100037

电话：010-68318949/6835502

传真：010-68318949/68352016

邮箱：ccpitbuild@ccpitbuild.org

中国建设文化艺术协会

协会宗旨

中国建设文化艺术协会宗旨：遵循两个文明一起抓的方针，充分发挥产业文化为生产建设服务，为人民生活服务的作用，弘扬中华民族文化、科技、艺术，陶冶职工情操，努力提高产业整体文化素质，促进祖国建设事业的发展。

主要任务：

会同住房和城乡建设部、国家建材局、国家测绘局、中国建设建材工会、中国建筑工程总公司等部门，组织开展全国性的产业文化艺术活动，驾驶国际间建设文化艺术交流，推动我国经济建设与文化科技事业同步发展。

历史沿革及现状：

中国建设文化艺术协会（以下简称文协）于 1984 年经原国家城乡建设环境保护部、中国建筑工会批准成立。建设文协由住房和城乡建设部、国家建材局中国建设建材工会、中国建筑工程总公司联合组建。现有理事 174 人，常务理事 41 人，各省、自治区、直辖市分会和计划单列市分会 32 个。文协成立至今已有 10 年的时间，第一届文协主席由中国建筑工会主席担任，第二届由国家建材局局长担任，第三届由住房和城乡建设部领导担任。

主要活动：

中国建设文协成立 10 年来，主要工作分为两个方面：①建设建材系统产业文化建设工作。即建筑艺术、环境艺术、装饰艺术等方面产业文化理论与生产实践相结合的研究，宣传，推广、普及、提高全民族建设文化水平，促进建设事业的发展。②开展建设建材系统职工文化活动，促进建设者自身文化素质、职业道德和生产技能的提高，以适应新时期社会主义建设事业发展的需要。

刊物：

《中国建设者》（原《中国建设文摘》），是该会创办的综合性刊物，创刊十年来《中国建设者》积极宣传先进单位和模范人物，开展群众性文化活动，对加强建设、建材系统社会主义精神文明建设起到了积极的推动作用，得到了中国住房和城乡建设部、国家建材局和各级领导同志的充分肯定及广大建设建材职工的喜爱。（1995 年 10 月 10 日，在北京人民大会堂召开了庆祝中国建设文化艺术协会、《中国建设者》杂志十周年大会）

中国建设体育协会

简介

中国建设体育协会 1987 年经住房和城乡建设部领导决定，开始筹建。1993 年 7 月经国家体育运动委员会批准，1993 年 10 月经住房和城乡建设部批准成立。它是全国建设系统职工的群众性体育组织。由建设系统的省级、计划单列市级单位的体育组织及部分大专院校，大、中型企事业单位的体育组织自愿结合组成。受住房和城乡建设部、国家体育运动委员会的领导和指导。

协会的宗旨

协会的宗旨是：发展和促进建设系统的群众性体育活动。坚持普及与提高并举，以普及为主；群众性体育活动与竞技活动结合，以群众性体育活动为主的方针；坚持“业余自愿”的原则，组织建设系统职工参加各种体育活动，培养职工勇敢、机智、乐观、进取、高尚的品质，丰富业余生活，增强职工体质，为促进社会主义物质和精神文明建设，振奋行业精神和发展中华民族的体育事业服务。

主要活动

推动本系统广大职工积极参加全民健身活动，成立了指导小组，举行了生势较大的启动式，1997年结合迎香港回归，举办了有三万多职工参加的百城中、长跑通讯赛，还及时总结、交流了部分基层开展群体活动的好经验。

在全国建设系统内举办了第一届乒乓球赛和第四届桥牌赛。组队参加全国行业体育舞蹈比赛，“96四维杯”登泰山比赛等大型群体赛事，均取得了一定的名词和成绩。

1996年组队参加全国第三届工人运动会，报名8个项目，有6个项目取得名次，男篮、足球分别夺得银牌和铜牌。组队参加全国毽球锦标、国际邀请赛，女队均获冠军。1997年组队参加全国八运会，虽只报了沙滩排球一个项目，但经过拼搏，终于在小组出现取得决赛权，实现了把中国建设体育协会的旗帜打进全国最高层次体育盛会的愿望。

接受国家体委委托，派出上海徐汇房产集团足球对去德国比赛交流，获得三胜一负的优异成绩。

推动系统内16个省（区、市）、计划单列市成立、筹建或恢复了地方体协工作。

组织机构

协会的最高权利机构为会员代表大会，每四年召开一次，选举产生理事会。理事会为会员代表大会闭会期间的领导机构，每届任期四年，1～2年召开一次。理事会选举常务理事若干人组成常务理事会，常务理事会设理事长人，副理事长若干人，常务理事会设理事长1人，副理事长若干人，秘书长1人。协会的办事机构为秘书处，由1名副理事长主持日常工作，秘书长协助办理。秘书处下设办公室、体育部和联络部。随事业的发展还将逐步成立若干专业委员会。

地址：北京市三里河路九号住房和城乡建设部大院内
邮编：100835
电话：010-58934767

中国电梯协会

中国电梯协会是以电梯（包括自动扶梯和自动人行道）的制造、安装、维修、经营、设计、研究和教学单位自愿结成的全国电梯行业的非营利性社会团体。

中国电梯协会的前身成立于1984年，当时隶属于中国建筑机械化协会。随着中国电梯行业的快速发展和协会的不断壮大，1991年经建设部批准，民政部审查登记，正式成立中国电梯协会。2002年底中国电梯协会会员单位约400家，其中电梯整机制造会员超过1/3，配套件生产会员约占1/3，安装和维保会员接近1/3，此外有科研院所、大专院校等会员10余家。协会会刊为《中国电梯》杂志。历史沿革及现状：中国电梯协会成立于1984年，当时隶属于中国建筑机械化协会建筑机械制造协会，1986年直接隶属于中国建筑机械化协会。1991年经中国住房和城乡建设部批准，民政部审查登记，正式成立中国电梯协会。

中国电梯协会是以电梯（包括自动扶梯和自动人行道）的制造、安装、维修、经营、设计、研究和教学单位自愿结成的全国电梯行业的非营利性社会团体。本协会宗旨：遵守宪法、法律、法规和国家政策，遵守社会道德风尚。以经济建设为中心，发挥政府与电梯企业间的桥梁和纽带作用，作好双向服务，推动我国电梯行业技术进步，提高电梯工业水平。

为了更好地转变政府职能，充分发挥行业协会的作用，2000年，住房和城乡建设部决定把行业管理的重点放在制定和执行宏观调控政策及相关的法律、法规以及培育市场体系和监督市场运行方面，而具体的行业管理工作委托给有关社团承担。委托中国电梯协会承担的工作有：

1. 根据国家经济社会发展规划和产业政策，开展调查研究，结合行业实际，提出行业发展规划设想（包括行业发展目标、质量、效益目标、技术发展、产品发展方向和重大关键技术、高新技术及重大新产品的开发、研制计划等内容），并对本行业的经济政策、管理办法及立法提出意见和建议。

2. 配合标准定额司提出并参与制定、修订电梯行业的各类标准（包括技术标准、质量标准等），组织推进本行业标准的贯彻实施。开展行检行评，宣传、促进质量监督工作。

3. 制定行规行约，建立行业和企业自律机制。监督执行行规行约，规范企业生产经营行为。

4. 贯彻执行电梯生产企业对电梯制造、安装、维修保养质量全面负责的“一条龙”管理责任制，督促企业坚持质量第一，确保电梯的安全运行。要结合国家对建筑市场、物业管理的要求，采取措施切实做到，无许可证企业不得生产电梯，禁止销售、采购不合格产品和无生产许可证企业生产的产品；在电梯经营活动中和电梯招投标过程中，督促企业遵守国家有关规定，遵循公开、公平、诚实信用和平等竞争的原则，禁止抬价、压价等不正当竞争，维护企业和用户的合法权益；组织开展用户对电梯质量的评价及监督；参与电梯安全事故的分析和处理。

5. 受政府部门或有关单位委托，对电梯行业内重大的投资、改造、开发项目的先进性、经济性和可行性进行前期论证、后评估等。

6. 开展电梯行业统计工作，收集、整理、发布行业信息，对统计资料进行研究和分析，为政府制定产业政策提供依据，为企业提供信息服务。

7. 组织人才、技术、职业培训，开展咨询。组织电梯行业国内、国际间的技术交流、技术协作活动，主办电梯及技术展览会、订货会。在有关部门的指导下，组织行业的科技力量，开展重大技术的攻关和重大新产品的开发研制，推广应用电梯行业科技成果，推荐行业内的高新技术产品和名牌产品。中国电梯协会将坚持改革开放，开拓进取，虚心学习国内外一切先进技术、先进管理并在全行业内进行交流推广，努力推动行业的技术进步和企业素质的提高，促进电梯企业为广大用户提供更先进的电梯产品和更良好的服务。

组织机构

中国电梯协会的最高权力机构是全体会员大会，大会选举产生的理事会是协会的领导机构，主要负责讨论制定协会的工作方针和活动计划。协会秘书处负责日常工作。协会按专业特点组建了设计制造专业委员会、安装专业委员会和维修专业委员会等分支机构。此外，协会的技术委员会、安全委员会、信息委员会（包括华东、南方、北方3个信息网）、编辑委员会等是由全行业专家组成的专门机构。

中国电梯协会秘书处

地址：河北省廊坊市金光道61号

邮编：065000

电话：0316-2311426/2012957

传真：0316-2311427

电子信箱：

网址：http://www.cea-net.org

中国风景名胜区协会

中国风景名胜区协会（China Landcape and Historic Sites Association）成立于1989年，是中国风景名胜区行业具有法人资格、非营利性的国家级（协会）社团。中国风景名胜区协会接受业务主管部门中华人民共和国住房和城乡建设部和社团登记管理机关中华人民共和国民政部业务指导和监督管理。现有会员单位300余家。中国风景名胜区协会秘书处总部设在中国北京。在2002年12月9日瑞士格兰德召开的IUCN第57次会议上，中国风景名胜区协会以国家非政府组织身份被正式接受为世界自然保护联盟（IUCN）会员。

中国风景名胜区协会的宗旨是为风景名胜区行业发展服务，为会员服务。坚定地贯彻执行国家有关方针、政策，遵守宪法、法律和法规，坚持走可持续发展道路；根据国家改革开放和经济建设的发展形势，为行业提供多种形式的服务。维护会员合法权益。发挥风景名胜区行业基层单位与政府部门间的桥梁纽带作用。团结和组织行业同仁，不断探索、创新、改善行业经营管理，促进国家风景名胜区事业健康、持续发展。

中国风景名胜区协会是由各级人民政府审定命名的全国各级风景名胜区为主体成员和有关部门及个人自愿参加依法成立的全国性行业社团，业务主管部门是中华人民共和国中国住房和城乡建设部。

中国风景名胜区协会历届会长、秘书长：

第一届中国风景名胜区协会会长：储传亨

秘书长：马纪群

第二届中国风景名胜区协会会长：李振东

秘书长：马纪群

第三届中国风景名胜区协会会长：赵宝江

秘书长：林家宁

协会宗旨

中国风景名胜区协会的宗旨是为风景名胜区行业发展服务，为会员服务。坚定地贯彻执行国家有关方针、政策，遵守宪法、法律和法规，坚持走可持续发展道路；根据国家改革开放和经济建设的发展形势，为行业提供多种形式的服务。维护会员合法权益。发挥风景名胜区行业基层单位与政府部门间的桥梁纽带作用。团结和组织行业同仁，不断探索、创新、改善行业经营管理，促进国家风景名胜区事业健康、持续发展。

协会职能

组织对行业基本情况和有关行业发展重大课题的调查研究，协助政府部门做好行业发展规划，产业政策以及技术政策等的编制和实施工作；紧随现代科技和现代经济发展，开拓资源保护和利用工作新领域，交流工作经验，互通信息，加强横向联系与合作；

维护会员的合法权益，开展和参与有益于本行业发展的各类活动；

组织风景名胜专业人才的开发工作，开展有关风景名胜区业务的专业培训和咨询服务；

组织有关风景名胜资源史料和风景名胜区工作经验材料的调查、收集、整理和出版，做好宣传舆论工作；

组织有关专家和有实践经验的同志，参与风景名胜资源保护、规划建设、经营管理的考评论证和科学研究活动；

积极开展与国外同行业组织的业务交流，参与有关技术和经济合作；

表彰、奖励对风景名胜区行业发展有重要贡献的单位和个人。

协会工作回顾

中国风景名胜区事业作为一项特殊的国家资源事业，经过二十多年的创业和发展历程，开创性地确立了自己的事业地位。目前，全国共有政府审定命名的风景名胜区700余处（暂未包括台湾省、香港特别行政区和澳门特别行政区），其中由国务院审定命名的国家重点风景名胜区187处；总面积超过国土面积的1%，构成了由国家级、省级、市（县）级三级相结合的风景名胜区管理体系。我国的风景名胜区管理体系与世界国家公园体系相对应，其自然与文化遗产在全世界具有“突出的普遍价值”的遗产资源中占有重要的地位。从1987年到今天由联合国教科文组织列入《世界遗产名录》的国家重点风景名胜区已有22处。这些极为珍贵的自然与文化遗产资源是中华民族历史与文明的精髓，也是大自然赋予人类的独特的不可再生的财富。这些自然与文化遗产资源构成了我国风景名胜区行业蓬勃发展的雄厚基础。

作为我国唯一的自然与文化遗产资源行业的社团组织，中国风景名胜区协会肩负着历史赋予的责任和使命。协会成立以来，在中国住房和城乡建设部和各级有关部门的关心支持下，根据中央和国务院及有关部门对国家级重点社团新的要求，在自养自律的原则下，始终遵循“科学规划、统一管理、严格保护、永续利用”的工作方针。进入新世纪以来，中国风景名胜区协会充分发挥自身的桥梁和纽带作用，为风景行业基层单位与政府主管部门间联系、沟通提供良好的服务，在自然与文化资源的可持续利用生物多样性、弘扬民族文化、丰富文化生活、促进旅游经济发展等方面发挥着不可替代的重要作用。

地址：北京市三里河路13号中国建筑文化中心C座800室

邮编：100037

电话：010-88082759，010-58934125（传真），
010-58934388（传真）

协会网址：http://www.fjms.net

E-mail：china_fjms@163.net

中国城市煤气协会

中国城市煤气协会（China Gas Association）成立于1988年5月，协会是在住房和城乡建设部指导下，以城市燃气企业为主体及有关单位自愿参加组成的社会团体，具有社团法人资格。现有会员单位近1 400个，并在26个省、自治区、直辖市建有省市城市煤气协会。协会下设秘书处、思想政治工作委员会、科学技术委员会、燃气具专业委员会、信息工作委员会、企业管理工作委员会、产品管理工作委员会和培训工作委员会。

中国城市煤气协会期望着加强与世界各国燃气界同行的联系，共同为燃气事业的发展做出新的努力。

协会成立于1988年，协会设理事会是协会权力执行机构。理事单位名额由会员代表大会选举产生。理事会由当选理事单位法定代表人或负责人组成。每届任期四年。

理事会设理事长一名，副理事长和常务理事若干名。

中国城市煤气协会现与法国、日本、丹麦、英国、美国、加拿大、意大利等国建立了友好往来。

中国城市煤气协会宗旨：为会员服务，反映会员单位的愿望，维护会员的权益，促进企业的横向联系，遵守国家的宪法、法律和法规，贯彻执行国家的有关政策，协助政府主管部门进行行业管理，发挥政府主管部门与企业间联系的桥梁纽带作用，加速燃气事业的发展。

会徽说明

会徽以蓝色代表燃气。整体采用方形图案象征城市。中心由英文“China Gas Association”（中国城市煤气协会）的三个英文缩写C、G、A组成，G和A紧紧相连，象征全国燃气行业紧密团结，相互依存，共同为发展我国的燃气事业而努力奋斗圆心中的火焰象征燃气事业蒸蒸日上，兴旺发达。

中国城市煤气协会（China Gas Association）成立于1988年5月，协会是在住房和城乡建设部指导下，以城市燃气企业为主体及有关单位自愿参加组成的社会团体，具有社团法人资格。现有会员单位近1 400个，并在26个省、自治区、直辖市建有省市城市煤气协会。协会下设秘书处、思想政治工作委员会、科学技术委员会、燃气具专业委员会、信息工作委员会、企业管理工作委员会、产品管理工作委员会和培训工作委员会。

中国城市煤气协会宗旨：为会员服务，反映会员单位的愿望，维护会员的权益，促进企业的横向联系，遵守国家的宪法、法律和法规，贯彻执行国家的有关政策，协助政府主管部门进行行业管理，发挥政府主管部门与企业间联系的桥梁纽带作用，加速燃气事业的发展。

中国城市煤气协会成立以来为中国燃气事业发展做出了努力，各工作部门组织了许多专业性、技术性会议，为燃气企业的技术和管理水平的提高作出了贡献，并在加强与各国煤气协会、和燃气企业的往来、合作上起到了沟通和联系的作用。中国城市煤气协会的工作，得到了中华人民共和国民政部（协会归口部门）和住房和城乡建设部（行政主管部门）的支持和肯定。

中国城市煤气协会期望着加强与世界各国燃气界同行的联系，共同为燃气事业的发展作出新的努力。

协会成立于1988年，协会设理事会是协会权力执行机构。理事单位名额由会员代表大会选举产生。理事会由当选理事单位法定代表人或负责人组成。每届任期四年。

理事会设理事长一名，副理事长和常务理事若干名。

中国城市煤气协会现与法国、日本、丹麦、英国、美国、加拿大、意大利等国建立了友好往来。

理事长：储传亨

中国城市煤气协会多次举办国际展览会、技术交流会、技术人员培训班，学习国际先进技术和经验，提高中国燃气技术人员的业务水平，推动中国燃气事业的发展。

中国燃气事业的发展采取多种气源、多种途径、因地制宜、合理利用能源的发展方针。目前拥有天然气、液化石油气等多种气源。

现代化的管理手段促进了燃气事业的迅速发展，引进国际先进设备，提高国内燃气设备自动化，向更快、更高、更好方向发展。

中国城市煤气协会联系方式

地址：北京市西城区西直门南小街22号
邮编：100035
电话：010-66205556/66205564/66205558
传真：010-66205554/66205557
邮件：cga@chinagas. org. cn
网址：http://www. chinagas. org. cn
http://chinagas. 114news. com

中国城镇供水排水协会

中国城镇供水排水协会（简称中国水协）英文译名为：China Urban Water Association（缩写为CUWA），其前身是成立于1985年的中国城镇供水协会。2006年9月，由中国土木工程学会水工业分会和中国市政工程协会城市排水专业委员会并入中国城镇供水协会后正式成立中国城镇供水排水协会。中国城镇供水排水协会是全国性、行业性、非营利性的社团组织，协会接受中国住房和城乡建设部、民政部的业务指导和监督管理。其业务范围涉及城镇供水、排水（包括污水处理和污水再生利用）及城镇节水等。协会的宗旨是：坚持四项基本原则，遵守宪法和法律，认真贯彻党和国家的方针政策，推进行业管理，维护会员合法权益，反映会员愿望，促进企业间的横向交流，为会员提供多种形式的服务，发挥政府主管部门与企业间联系的桥梁纽带作用，促进城镇供排水事业的发展。

中国水协的最高权力机构是会员

性质和宗旨：中国城镇供水协会是在住房和城乡建设部指导下，以城镇供水企业和地方城镇供水为主体以及相关单位或个人自愿参加组成的社会团体。协会的宗旨是：坚持四项基本原则，遵守宪法和法律，认真贯彻党和国家的方针政策，推进行业管理，维护会员合法权益，反映会员愿望，促进企业间的横向交流，为会员提供多种形式的服务，发挥政府主管部门与企业间联系的桥梁纽带作用，促进城镇供水事业的发展。

概况：我国城镇供水事业诞生于清朝后期，至今已有百余年历史。经过长期发展，特别是新中国成立以来，全国范围内的城市、县镇都已兴建了供水企业。中国城镇供水协会成立于1985年4月21日，设有基本团体会员、团体会员、个人会员、特邀会员和荣誉会员，现共有会员2 672个。

主要活动：

1. 积极、认真、扎扎实实地为会员服务。

（1）帮助企业探讨改革之路；

（2）积极推行工资改革；

（3）协助合理调整水价；

（4）积极配合中国住房和城乡建设部实施企业上等级工作；

（5）全力抓好经常性的工作。

2. 充分发挥桥梁纽带和参谋助手作用。

（1）配合中国住房和城乡建设部完善供水行业的法制建设；

（2）协助政府主管部门制定行业规划；

（3）积极开展国际交流与合作；

（4）举办供水、节水产品展销活动。

组织机构：中国水协的最高权力机构是会员代表大会，权利执行机构是理事会，秘书处是常设机构。协会下设专业委员会有：科学技术委员会、企业管理委员会、节约用水委员会、县镇供水委员会、思想政治委员会、编辑出版委员会、

经济实体及其他组织：1992年，中国水协与上海自来水公司所属上海给水设备工程公司联合组建了“华水新技术开发公司”。该公司的经营范围包括：城镇供水新技术、新产品开发；为供水企业技术改造、技术诊断提供咨询和劳务服务；称贷净水工程、管道工程设计施工任务；经销供水节水专用设备、器材，组织展销和产品定点加工。两年来业务不断扩展，经营效益初见成效，为协会扩大服务，增加财政收入创造了一个有效的途径。为了维护供水企业和广大用户的利益，促进供水、节水设备器材质量的不断提高，开辟优质产品的信息传递，中国水协在科学技术委员会和节约用水委员会下分别设置了供水、节水产品推荐办公室，开展优质产品推荐工作。

刊物：《城镇供水》是中国水协主办的综合性学术刊物，刊物的主要内容除供水技术的报道和专题探讨外，还有有关城镇供水的方针、政策、协会重大活动，供水企业的经营管理，国际城市供水技术发展，国际水界的活动以及普及性供水技术，企业管理等方面的资料。《供水节水报》是中国水协主办的会报，用于宣传有关城镇供水和城市节水的方针、政策、法规，报道城镇供水事业发展，中国水协重大活动，全国各地供水企业经营管理的成果和新动向，改革开放的举措与动态，刊登人物传记以及会员的文学艺术作品、供水企业间的文体活动。

地址：北京市三里河路9号
邮编：100835
电话：010-58934985/66411844

中国工程建设焊接协会

中国工程建设焊接协会，英文译名为 China Association of Engineering Construction Welding，缩写为 C. E. W. A. 。成立于 1984 年，业务主管部门是中华人民共和国住房和城乡建设部，1999 年由民政部重新核准登记，是国家民政部批准和注册的国家一级协会，协会登记号为 3199。

性质

协会是中央各部委、局、总公司有关焊接的施工单位、事业单位和技术专家、企业家自愿组成的协助政府有关部门促进工程建设焊接应用技术发展的全国性社会团体；

宗旨

协会以提高工程建设焊接技术水平，提高焊接工程质量，改善企业管理，提高经济效益为目的，加强各地区、各部门、各企事业单位的横向联系，接受政府部门、企业单位、社会团体和个人的委托提供信息技术咨询、培训和科研等项目，为会员单位服务，为政府主管部门服务，为四化建设作出贡献。同时，协会遵守宪法、法律、法规和国家政策，遵守社会道德风尚。

业务范围

1. 组织技术开发、技术交流以及技术咨询服务等服务工作；

2. 协助施工企业培训焊接技术干部、技术工人、管理人员，以提高工程建设焊接技术管理水平；

3. 编辑出版刊物及读物，介绍焊接技术发展的新动态及交流焊接施工经验；

4. 开展同国内外焊接专业团体和科学技术工作者的联系，组织技术交流活动。

简介

中国工程建设焊接协会，受国家中国住房和城乡建设部直接领导。现会员单位（企业）覆盖了全国 29 个省市及中央 20 个部委、集团、总公司。这些部门是：中国住房和城乡建设部、水利部、冶金工业系统、中国电力工业公司、中国石油天然气集团公司、中国石化集团公司、中国化学工程总公司、中国机械工业建设总公司、中国建筑总公司、中国水利水电总公司、中国有色金属总公司、中国船舶工业集团公司、中国船舶重工集团公司、中国铁路工程总公司、中国核工业建设集团、中国铁路建筑总公司、中国航天工业总公司、解放军总后勤部等；团体会员还有国内部分高等院校、科研单位及国内知名度高的焊机厂、焊接材料厂等。现有团体会员单位 400 多个，还领导着 12 个分支机构及国内 100 多个焊接培训中心。

本协会还与国家劳动部、中华全国总工会联合每两年举办一次全国焊工技术比赛，为培养焊接人才作出一定贡献。现与美国焊接学会、德国焊接学会、法国焊接学会、韩国大韩焊接学会……都有密切联系。

中国工程建设焊接协会自 1984 年正式成立以来，为发展中国焊接事业、促进工程质量的提高、促进市场繁荣做了大量有益的工作。为此本协会愿与世界各国焊接界、焊接组织广泛联系，进行技术交流、贸易洽谈、产品展销等活动。

刊物

《焊接技术》是中国工程建设焊接协会会刊，是与天津市焊接研究所合办的学术性杂志，国内外发行。

地址：北京市海淀区西土城路 33 号

电话：010-62278386/82227314

传真：010-82227314

邮编：100088

网址：http://www.cecwa.org.cn

E-mail：cecwacn@yahoo.com.cn

中国建设劳动学会

简介

中国建设劳动学会是全国建筑业、房地产业和城市建设各个行业劳动工资、劳动定额理论工作者和实际工作者参加的群众性学术团体，是中国劳动学会的团体会员。业务主管部门为中华人民共和国住房和城乡建设部。

概况

学会前身是 1984 年 11 月经原城乡建设环境保护部批准成立的中国建筑劳动定额研究会，1986 年中国建筑业联合会成立后，根据当时“一业一会”的精合神，将中国建筑劳动定额研究会归入中国建筑业联合会，更名为中国建筑业联会劳动研究会。鉴于建设行业劳动工资和劳动定额工作专业性强，业务涉及面广，民政部于 1993 年 1 月 27 日准予以中国建设劳动学会名称重新登记注册。学会会员分为个人会员和团体会员。据 1994 年统计，全国共有个人会员 8 400 余人，团体会员 82 个。

活动包括

1. 积极开展劳动定额、劳动工资制度的学术研究活动，适应建筑业改革的需要；

2. 配合行政贯彻党和国家的劳动工资政策，发挥了作为政府的参谋助手和政府与企业间的桥梁纽带作用；

3. 采取多种形式开展技术业务培训，提高了劳动工资干部队伍的素质；

4. 及时沟通情况，促进经验和信息交流。

组织机构

学会的领导机构包括全国会员代表大会、理事会、常务理事会以及工作委员会等。现任第三届理事会于1994年12月21日在洛阳市成立，共有理事113人：会长：许溶烈，秘书长：班树人。

据1991年统计，现全国共有省、市一级的建筑劳动研究会23个，地市一级的建筑劳动研究会45个。学会一直非常重视与地方学会的关系。为了沟通流学会工作经验，多次召开全国学术工作会议或直接参加地方的学术工作会与交议，密切了与地方学会的关系。

奖励与表彰

学会和原城乡建设环境保护劳动工资局，于1987年2月，共同决定开展表彰从事劳动定额工作在十年以上专业人员的活动，并由学会统一印制了荣誉证书。到目前为止，全国受表彰的劳动定额专业人员共有5 000余人。通过表对稳定劳动定额干部队伍，发扬热爱本职工作、忠于职守、任劳任怨、埋头苦干的优良作风，很有帮助。

学会宗旨

以经济建设为中心，坚持四项基本原则，贯彻改革开放的方针，在社会主义初级阶段理论指导下，组织开展建设行业劳动科学的理论、政策和实际问题的研究，宣传普及劳动工资和劳动定额知识，为促进建设行业劳动、工资、劳动定额、保险福利等各项制度的改革，调动职工的积极性和创造性，改善企业素质，提高经济效益服务。

中国建设劳动学会
联系人：许溶烈
电话：010-68393295
地址：北京市海淀区三里河路九号

中国城市规划学会

城市规划领域的全国性学术团体，其业务范围包括：就城市规划问题开展国际国内学术活动，推广先进技术，参与论证、咨询与决策，编辑出版学术刊物、专著、科普读物和其他出版物，开展继续教育，维护城市规划工作者合法权益，表彰奖励先进。学会的前身是1956年在北京成立的中国建筑学会城乡规划学术委员会，“文革”期间中断活动，1978年8月在兰州恢复重建，1986年1月经中国科协批准改称中国城市规划学会，1990年12月在四川什邡召开成立大会，1992年经中国住房和城乡建设部、民政部批准正式注册。历任理事长分别是王文克、曹洪涛、郑孝燮、吴良镛。学会下设组织、青年和编辑出版三个工作委员会，区域规划与城市经济、居住区规划、风景环境规划设计、历史文化名城规划、城市规划新技术应用、小城镇规划、国外城市规划、工程规划、城市生态规划建设、城市设计十个专业学术委员会。学会办事机构为秘书处，下设编辑部、咨询部和联络部。历任秘书长为安永瑜、周干峙、夏宗玕、石楠。学会会刊是《城市规划》《China City Planning Review》，同时还编辑出版《城市规划通讯》等书刊。

地址：北京三里河路9号
法人代表：夏宗玕
邮编：100037
电话：010-68335823/68349944-3888

中国土木工程学会

性质

中国土木工程学会是依法成立的跨行业、跨部门的全国土木工程科学技术工作者的全国性学术性群众团体，是中国科学技术协会的组成部分，挂靠在住房和城乡建设部。在中国住房和城乡建设部、铁道部、交通部指导下进行跨行业、跨部门、跨学科的土木工程领域学术活动。

中国土木工程学会成立于1912年，其前身是由我国近代杰出的工程师詹天佑先生创建的中华工程师会。著名桥梁及结构工程专家茅以升、李国豪教授历任本会理事长。学会拥有一大批从事土木工程建设的著名专家、教授、研究员和科技人员，为发展我国土木工程事业和不断提高科技水平而努力开展各项活动。

宗旨

以经济建设为中心，团结、组织广大土木工程科技工作者，坚持百花齐放、百家争鸣的方针，倡导严谨、求实的学风，促进土木工程科学技术的繁荣和发展，促进土木工程科学技术的普及和推广，促进土木工程科学技术与经济的结合，促进土木工程科技人才的成长和提高，为我国现代化建设服务。

主要任务

开展国内外学术交流；编辑出版科技书刊；开展民间国际科技合作与交流；对国家科技政策和经济建设中的重大问题发挥咨询作用，接受委托开展技术服务；开展继续教育和技术培训工作；普及科学知识，推广先进技术；举荐与表彰奖励优秀科技成果与人才；反映会员的意见和要求；举办为会员服务的事业和活动。

组织机构

本会下属14个专业分会、54个专业委员会、3个技术推广工作委员会。在31个省、直辖市、自治区（不包括港、澳、台地区）均设有地方学会组织。专业分会有：桥梁及结构工程分会、隧道及地下工程分会、土力学及基础工程分会、混凝土及预应力混凝土分会、计算机应用分会、防护工程分会、港口工程分会、市政工程分会、给水排水分会、城市公共交通分会、城市燃气分会、建筑市场及招标投标研究分会、住宅工程指导委员会、质量分会。

会员

凡承认本会《章程》并符合会员条件者均可申请入会。本会现设有个人会员（含荣誉会员、普通会员、学生会员、海外会员）和团体（单位）会员，个人会员总数近4万人，团体会员近400多个。

学术刊物

学会主办或参与协办的期刊共计15个，其中《土木工程学报》（月刊）是学会独立创办的综合性学术期刊。另外还有12个期刊是与其他学会联合主办，具体名单如下：《现代隧道技术》《城市道路与防洪》《城市公共交通》《城市公交规划与管理》《煤气与热力》《防护工程》《给水排水》《特种结构》《岩土工程学报》《建筑结构》《施工技术》《建筑科学与工程学报》。非公开发行的有2种：《建筑市场与招标投标》《地基处理》。

国际合作

本会加入了七个国际学术组织：国际桥梁及结构工程协会（IABSE）、国际土力学及岩土工程学会（ISSMFE）、国际隧道协会（ITA）、国际结构混凝土协会（FIB）、国际煤气联盟（IGU）、国际公共交通联会（UITP）、国际水环境联合会（WEF），为国家会员；还与9个国家和地区的13个学术团体签订双边合作协议；与世界上数十个学术机构和单位有友好往来。

詹天佑土木工程科技发展基金

本会于1993年设立“詹天佑土木工程科技发展基金”，得到海内外各界的捐助，用以支持学术和奖励活动。

北京詹天佑土木工程科学技术发展基金会。

2006年成立北京詹天佑土木工程科学技术发展基金会，主要资助、奖励工程领域内的科技创新事业。

中国土木工程詹天佑奖

本会设立的中国土木工程詹天佑奖（工程大奖），是经国家科技部首批核准、国家中国住房和城乡建设部认定的全国建设系统工程奖项。每年评选一次。此外，还设有优秀论文奖和高校优秀毕业生奖。

詹天佑土木工程科技奖优秀住宅小区金奖

中国土木工程学会住宅工程指导工作委员会和詹天佑住宅科技基金委员会自2004开始，每年先行进行詹天佑大奖住宅小区预评选和推荐工作，设立了大奖的优秀住宅小区金奖。旨在促进我国住宅建设水平和质量的提高。

秘书处

本会办事机构为秘书处

科技经济实体及其他组织：

北京中土建设技术开发公司、詹天佑土木工程科技发展基金管委会。

地址：北京市百万庄中国住房和城乡建设部内北附楼

邮编：100835

电话：68311313/68393166

传真：68393953

中国建筑学会

中国建筑学会成立于1953年10月，是一个学术性的群众团体。它的宗旨是：团结组织建筑科学技术工作者，面向现代化，面向世界，面向未来；促进科学技术的繁荣和发展，促进科学技术的普及和推广，促进科技人才的成长和提高，为加速实现我国四个现代化作出贡献。

中国建筑学会贯彻经济建设必须依靠科技进步、科技工作必须面向经济建设的方针，坚持百家争鸣，倡导科学道德和优良学风，积极开展活动。它的主要任务是：积极开展学术交流，组织重点学术课题的讨论和考察，活跃学术思想，提高学术水平；大力普及建筑科技知识，积极推广先进技术；为城乡建设和建筑业的协调发展进行决策咨询、技术咨询和技术服务；积极开展国际的学术交流活动，加强同国外的科技团体和科技工作者之间的友好往来；开展继续教育，推动知识更新，开展技术培训和青少年科技活动；编辑出版学术刊物和科普读物，举办为学术活动、科技普及和为科技工作者服务的事业；向党和政府反映科技工作者的意见和要求，维护科技工作者的合法权益；举荐人才，表彰奖励在学术交流、科技普及等活动中取得优异成绩的科技工作者。

中国建筑学会1955年以国家会员组织身份加入了国际建筑师协会；1989年又以同样身份加入了亚洲建筑师协会。

中国建筑学会迄今已发展个人会员10万余人，海外通讯会员59人，团体会员单位220个。中国建筑学会的最高领导机构是全国会员代表大会，每四年左右召开一次，在大会闭会期间理事会是执行机构，学会目前的第九届理事会是1996年11月选举产生的。学会组织机构设置有七个工作委员会，分别是：组织工作委员会、学术工作委员会、咨询工作委员会、科普工作委员会、财务工作委员会、编辑工作委员会、教育与职业实践工作委员会。下设22个分会、专业委员会。在全国，除台湾省以外的32个省、自治区（含香港特别行政区）、直辖市，都设立有建筑学会、土木建筑学会或建筑师学会。

中国建筑学会及所属分会、专业委员会出版的学术及科普刊物有：《建筑学报》《建筑结构学报》《建筑知识》《工程勘察》《建筑经济》《村镇建设》《工程抗震》《建筑电气》《暖通空调》《通风除尘》《施工技术》《室内》《岩土工程学报》。

中国建筑学会的办事机构设置有办公室、学术咨询部、国际部、《建筑学报》编辑部、《建筑结构学报》编辑部、《建筑知识》编辑部等六个部门。

中国建筑学会秘书处：

通讯地址：北京市三里河路9号中国住房和城乡建设部内

邮政编码：100835

电子信箱：asc@chinaasc.org

秘书处各部门联系方式：

综合部

T：010-88082224/25/26

F：010-88082223

Email：zhb@chinaasc.org

学术部、中国建筑学会科技培训中心

T：010-88082240/41/42

F：010-88082243

Email：xsb@chinaasc.org（学术部）

pxzx@chinaasc.org（培训中心）

国际部

T：010-88082239/37/38

F：010-88082222

Email：gjb@chinaasc.org

会员部

T：010-88082230/31

F：010-88082230

Email：wenhp@263.net

《建筑学报》杂志社有限公司

T：010-58933628/87

F：010-58933628

Email：aj@aj.org.cn

《建筑结构学报》杂志社有限公司

T：010-58933734/3573

F：010-58933734

Email：ascjgxb@126.com

《建筑知识》杂志社有限公司

T：010-58933732/3667

F：010-58933732

Email：aa@chinaasc.org

中国房地产估价师与房地产经纪人学会

中国房地产估价师与房地产经纪人学会（英文全称为China Institute of Real Estate Appraisers and Agents，英文缩写为CIREA）的前身是中国房地产估价师学会，成立于1994年8月，是由从事房地产估价、经纪工作的专业人士、机构及有关单位自愿结成的全国性行业组织。主要宗旨是：开展房地产估价、经纪方面的研究、教育和宣传，拟订并推行房地产估价、经纪执业标准、规则，加强自律管理及国际的交流与合作，不断提高房地产估价、经纪专业人员和机构的服务水平，维护其合法权益，促进房地产估价、经纪行业规范、健康、持续发展。主要业务范围是：组织房地产估价与房地产经纪的理论、方法及其应用的研究和交流；拟订并推行房地产估价、经纪执业标准、规则；协助行政主管部门举办全国房地产估价师、房地产经纪人执业资格考试；办理房地产经纪人执业资格注册；开展房地产估价与房地产经纪业务培训，对房地产估价师、房地产经纪人进行继续教育；建立房地产估价师和房地产估价机构、房地产经纪人和房地产经纪机构信用档案，开展房地产估价机构、房地产经纪机构资信评价；提供有关房地产估价与房地产经纪的技术支持服务；编辑出版房地产估价与房地产经纪方面的刊物和著作，建立有关网站，开展行业宣传；代表中国房地产估价、经纪行业开展国际交往活动；反映会员的意见、建议和要求，支持会员依法执业，维护会员合法权益；办理法律、法规规定和行政主管部门委托或授权的其他有关工作。

首任会长为周干峙先生（中国科学院院士、中国工程院院士、中国住房和城乡建设部原副部长），常务副会长为宋春华先生（全国政协委员、住房和城乡建设部原副部长），秘书长及法定代表人为柴强先生（经济学博士、研究员、博士生导师）。学会下设学术专业委员会、标准专业委员会、考试注册专业委员会、教育培训专业委员会、国际交流专业委员会。作为国民经济支柱产业的房地产业的重要组成部分，房地产估价、经纪广泛服务于社会经济的各个领域，与社会经济发展及社会大众的切身利益密切相关。

作为房地产估价、经纪领域的唯一全国性行业组织，中国房地产估价师与房地产经纪人学会自成立时起就肩负起了引领行业发展的重任，努力协助政府开展房地产估价、经纪行业管理工作，积极发挥了行业组织的自律管理作用，为行业发展和会员开展服务，包括：在建设部、原人事部的领导下，承担了历次全国房地产估价师执业资格考试（截止到2004年共8次）和全国房地产经纪人执业资格考试（截止到2004年共4次）；起草了国家标准《房地产估价规范》和《城市房屋拆迁估价指导意见》等技术法规；对房地产估价师普遍开展了继续教育；进行了多次一级房地产估价机构资质专家评审；委托并组织有关高等院校、科研机构开展了《中国房地产估价业与经纪业规范管理研究》《房地产估价机构、房地产经纪机构资信评价研究》等多项科研课题；出版了《房地产估价报告精选》等多部著作；组织专家对有关重大房地产估价案件进行了查处；开展了与国际测量师联合会（FIG）、美国估价学会（AI）、英国皇家特许测量师学会（RICS）等国际相关组织以及香港地产代理监管局、香港测量师学会等的交流与合作，并于2004年8月完成了首批共208名内地房地产估价师和香港测量师的资格互认。

单位名称：中国房地产估价师与房地产经纪人学会

通信地址：北京市三里河路15号中建大厦B座9001室

传真号码：010-88083156

邮政编码：100837

联系电话：010-8808315

专家委员会

历史文化名城专家委员会

第一批（26人）				
专家委员会职务	姓名	现职务职称	专业	工作单位
主任委员	周干峙	科学院院士、工程院院士、教授级高级建筑师	建筑学与城市规划	中国住房和城乡建设部
副主任委员	郑孝燮	顾问、教授	建筑学	中国住房和城乡建设部科学技术委员会
副主任委员	罗哲文	组长、教授	建筑学	国家文物局古建专家组
委员	吴良镛	科学院院士、工程院院士、教授	建筑学与城市规划	清华大学
	朱自煊	教授	建筑学	清华大学
	谢凝高	教授	经济地理	北京大学
	徐苹芳	研究员	考古	中国社会科学院考古所
	杨鸿勋	研究员	考古	中国社会科学院考古所
	王健平	顾问总工、教授级高工	城市规划	中国城市规划设计研究院
	安永瑜	顾问总工、教授级高工	城市规划	中国城市规划设计研究院
	傅熹年	工程院院士、研究员	建筑历史	中国建筑设计研究院建筑历史研究所
	李准	顾问总工、教授级高工	建筑学	北京市规划委
	黄景略	组长、教授级高工	考古	国家文物局考古专家组
	阮仪三	教授	城市规划	同济大学
	吴明伟	教授	建筑学	东南大学
	宿白	教授	考古	北京大学
	谢辰生	教授级高工	考古	国家文物局

续表

专家委员会职务	姓名	现职务职称	专业	工作单位
第一批（26人）				
委员	陈为邦	副主任、教授级高工	建筑学	中国住房和城乡建设部科学技术委员会
	王景慧	顾问总工、教授级高工	城市规划	中国城市规划设计研究院
	汪志明	副总、教授级高工	城市规划	中国城市规划设计研究院
	王瑞珠	教授	城市规划	中国城市规划设计研究院
	韩骥	教授级高工	城市规划	西安市规划局
	应金华	教授级高工	建筑学	四川省城乡规划院
	韩伟	所长、教授级高工	考古	陕西省考古研究所
	王世仁	研究员	古建筑保护	北京市古建研究所
	麦英豪	研究员	文物考古	广州市文化局
（第二批）（17人）				
	姓名	现职务职称	专业	工作单位
	曹昌智	巡视员、党组副书记、国家注册规划师、教授	城市规划	山西省建设厅
	赵冰	院长、教授	建筑学、城市规划	武汉大学城市建设学院
	张锦秋	总建筑师、教授级高级建筑师	建筑设计与城市设计	中国建筑西北设计研究院
	赵中枢	教授级高工	城市规划	中国城市规划设计研究院
	刘临安	教授	建筑历史与理论建筑文化遗产保护	西安建筑科技大学建筑学院
	杨大禹	副主任、教授	建筑学	昆明理工大学建筑学系
	蒋伯宁	总建筑师、教授级高级建筑师	建筑	广西建筑综合设计研究院
	黄汉民	首席总建筑师、教授级高级建筑师	建筑设计、传统建筑研究	福建省建筑设计研究院
	戚勇	院长、研究员	城市规划、建筑	长春市城乡规划设计研究院
	柴宝贵	总工程师、教授级高级城市规划师	城市规划	山东省城乡规划设计研究院
	朱光亚	教授	建筑历史与理论	东南大学
	陈荣	教授级高级规划师	城市设计与研究	深圳市城市规划设计研究院
	张能恭	总工程师、教授级高级规划师	城市规划	宁波市规划设计研究院
	冯容	委员、教授级高级规划师	城市规划设计评审、审查与城市规划管理	天津市规划委员会
	马武定	秘书长、教授	城市规划	厦门市规划委员会
	于亚滨	院长、书记、高级工程师	城市规划	哈尔滨市城市规划设计研究院
	陆元鼎	所长、教授	建筑历史与理论	华南理工大学建筑学院民居建筑研究所

城乡规划专家委员会

专家委员会职务	姓名	现职务职称	专业	工作单位
第一批（43人）				
委员	马裕祥	教授	区域规划	浙江大学
	王如松	研究员	环境生态	中国科学院
	王建平	顾问总工、教授级高级城市规划师	城市规划	中国城市规划设计研究院
	王建国	教授	城市设计	东南大学

续表

第一批（43人）				
专家委员会职务	姓名	现职务职称	专业	工作单位
委员	王景慧	顾问总工、教授级高级城市规划师	城市规划	中国城市规划设计研究院
	王瑞珠	顾问总工、教授级高级城市规划师	城市规划	中国城市规划设计研究院
	王静霞	院长、教授级高级城市规划师	城市规划	中国城市规划设计研究院
	毛其智	教授	城市规划	清华大学
	方鸿琪	教授级高级工程师	勘察	中国住房和城乡建设部勘测设计研究院
	平永泉	教授级高级城市规划师	建筑学	北京市规划委
	全永燊	主任、教授级高级城市规划师	城市交通	北京市交通工程研究中心
	齐康	教授	建筑学	东南大学
	吕斌	教授	城市规划	北京大学城市与区域规划系
	阮仪三	教授	建筑学	同济大学
	吴良镛	科学院院士、工程院院士、教授	建筑学与城市规划	清华大学
	吴志强	教授	城市规划	同济大学
	吴唯佳	教授	城市规划	清华大学
	宋春华	会长，教授级高级工程师	建筑学	中国建筑学会
	张庭伟	教授	城市规划	美国伊利诺州立大学
	李德华	教授	城市规划	同济大学
	周干峙	科学院院士、工程院院士、教授级高级建筑师	建筑学与城市规划	中国住房和城乡建设部
	陈为邦	副理事长、教授级高级城市规划师	城市规划	中国城市科学研究会
	陈秉钊	教授	城市规划	同济大学
	邹时萌	副会长、教授级高级城市规划师	城市规划	中国城市规划协会
	邹德慈	顾问、教授级高级城市规划师	城市规划	中国城市规划设计研究院
	郑孝燮	顾问、教授	建筑学	中国住房和城乡建设部科学技术委员会
	赵士修	委员、教授级高级城市规划师	建筑学	中国住房和城乡建设部科学技术委员会
	赵友华	市政协常委、教授级高级工程师	建筑学	天津市政协
	赵宝江	会长、教授级高级城市规划师	建筑学	中国城市规划学会
	洪立波	副院长、教授级高级工程师	测量	北京市勘察设计研究院
	胡序威	研究员	经济地理	中国科学院地理研究所
	柯焕章	教授级高级城市规划师	建筑学	北京市城市规划设计研究院
	夏丽卿	局长、教授级高级城市规划师	道路交通规划	上海市规划局
	高承增	委员、教授级高级工程师	建筑学	中国住房和城乡建设部科学技术委员会
	崔功豪	教授	经济地理	南京大学
	顾朝林	教授	经济地理	南京大学
	黄富厢	教授级高级城市规划师	城市规划	上海市城市规划设计研究院
	梁鹤年	院长、教授	城市规划	加拿大昆士大学城乡规划学院
	储传亨	会长、教授级高级城市规划师	土木工程	中国出租车和租赁协会
	韩骥	顾问、教授级高级城市规划师	城市规划	西安市政府
	樊康	副院长、教授级高级工程师	经济管理	中国建筑技术院
	戴蓬	市政协副主席、教授级高级工程师	城市建设	广州市政协
	魏心镇	教授	区域规划	北京大学
	周一星	主任、教授	城市地理，经济地理	北京大学地理科学研究中心
	沈玉芳	院长助理、教授	区域规划	华东师范大学长江流域发展研究院

续表

	姓名	现职务职称	专业	工作单位
二〇〇四年九月三日增补（2人）				
	姓名	现职务职称	专业	工作单位
	周一星	主任、教授	城市地理，经济地理	北京大学地理科学研究中心
	沈玉芳	院长助理、教授	区域规划	华东师范大学长江流域发展研究院
（第二批）（19人）				
	姓名	现职务职称	专业	工作单位
	赵洪才	教授级高级城市规划师	城市规划	城市建设研究院
	任致远	副会长、研究员级高级城市规划师	城市规划	中国城市规划协会
	于一丁	副院长兼总工、教授级高级规划师	城市规划	武汉市城市规划设计研究院
	雍嘉晰	教授级高级城市规划师	城市规划及城市建设	河北省建设厅
	雷翔	党委书记兼院长、教授级高级规划师	城市规划设计	广西建筑综合设计研究院
	严拱钦	主任、高级规划师	城乡规划	福建省建设厅科技委员会
	应金华	顾问总工程师、教授级高工	城乡规划	四川省城乡规划设计研究院
	卢比志	副院长、研究员	城乡规划	吉林省城乡规划设计研究院
	邢铭	副院长、教授级高级规划师	城市规划	辽宁省城乡建设规划设计院
	凌崇盛	理事长、高级规划师	城市规划	贵州省城市规划协会
	郑时龄	科学院院士、教授	建筑学	同济大学
	杨荣良	主任委员、教授级高工	城乡建设与环境保护立法和监督检查	重庆市人大城环委
	陈材倜	会长、高级工程师、注册规划师	城市规划	重庆城市规划协会
	王富海	院长、总规划师、教授级高级规划师	城市规划	深圳市城市规划设计研究院
	冯容	委员、教授级高级规划师	城市规划设计评审、审查与城市规划管理	天津市规划委员会
	王东	顾问总工程师、教授级高工	城市规划	北京市城市规划设计研究院
	宣祥鎏	高级城市规划师	城市规划设计	北京市规划委员会
	耿毓修	副会长兼秘书长、教授级高级规划师	城市规划	上海市城市规划协会
	许学强	教授	人文地理学	中山大学城市与区域研究中心

村镇建设专家委员会

专家委员会职务	姓名	现职务职称	专业	工作单位
（16人）				
专家委员会职务	姓名	现职务职称	专业	工作单位
主任委员	樊康	党委书记兼副院长、研究员	科技管理	中国建筑设计研究院
委员	傅崇兰	院长、研究员	城乡发展规划	中国社科院当代城乡发展规划院
	曹力群	主任、研究员	农村社会经济研究	农业部农村经济研究中心宏观经济研究室
	谢扬	副部长、研究员	农村发展	国务院发展研究中心农村经济研究部
	党国英	研究员	农村经济	中国社会科学院农村发展研究所
	陈秉钊	教授	城市规划	同济大学建筑与城市规划学院

续表

(16人)				
专家委员会职务	姓名	现职务职称	专业	工作单位
委员	叶齐茂	教授	村镇规划	中国农业大学人文与发展学院
	乔忠	教授	城镇管理与区域规划	中国农业大学
	袁中金	主任、教授	城乡规划	苏州科技学院城市与环境学系
	张文成	院长、高级工程师	管理	中国建筑设计研究院
	方明	主任、总规划师、高级规划师	城镇规划	中国建筑设计研究院 小城镇发展研究中心
	高潮	研究员	城市化、小城镇研究	中国建筑设计研究院
	刘淑英	教授级高级规划师	城市规划	广东省中山市小榄镇政府 规划建设办公室
	袁锦富	副总规划师、教授级高级规划师	城市规划	江苏省城市规划设计研究院
	刘伟业	总规划师、研究员级高级规划师	城乡规划	黑龙江省城市规划勘测设计研究院
	顾育成	董事长、高级工程师、 一级注册建筑师	建筑	上海江南建筑设计院有限公司

住宅建设与产业现代化技术专家委员会

(第一批)(29人)				
专家委员会职务	姓名	现职务职称	专业	工作单位
主任委员	宋春华	会长、高级建筑师	建筑学	中国建筑学会
副主任委员	李振东	会长、高级工程师	暖通	中国城镇供水协会
副主任委员	徐正忠	顾问总工、委员、研究员	工程结构	中国建筑科学研究院　中国住房 和城乡建设部科学技术委员会
委员	赵冠谦	全国设计大师、顾问总建筑师、 教授级建筑师	建筑学	中国建筑设计研究院
	顾启浩	教授级高级工程师	建筑学	中国建筑设计研究院
	陈燕	教授级高工	应用化学	中国建筑材料工业协会
	张菲菲	委员、教授级高级建筑师	规划	天津市规划委员会 天津市建委技术委员会
	赵士绮	主任委员、研究员级城市规划师	规划	中国环卫协会专家委员会
	吕振瀛	总建筑师	规划	中建科产业有限公司
	陶有生	教授级高工	建材	中国建筑材料工业协会
	刘德涵	主任委员、教授级高级建筑师	建筑学	全国居住区规划学术委员会
	林寿	理事长、教授级高工	施工技术	北京市建委城建科技促进会
	宋序彤	顾问总工、教授级高工	给排水	城市建设研究院
	王仲谷	教授	规划	同济大学建筑学院
	开彦	教授级高级建筑师	建筑学	中国建筑设计研究院
	方天培	研究员	计算机	中国建筑科学研究院
	窦以德	副理事长、教授级高级建筑师	建筑学	中国建筑学会
	袁镔	教授	建筑学	清华大学建筑学院
	王有为	副院长、教授级高工	工程结构	中国建筑科学研究院

续表

（第一批）（29人）				
专家委员会职务	姓名	现职务职称	专业	工作单位
委员	林应清	副局长、教授级高工	工民建	上海市住宅局
	秦铮	副总规划师、高级规划师	规划	中国房地产开发集团总公司
	姜红	教授级高工	工业自动化	中国建筑设计研究院
	刘永根	总工程师、高级建筑师	建筑学	深圳市住宅局
	徐建国	主任、高级工程师	工民建	江苏省建设厅住宅产业化促进中心
	姚燕	教授级高工	建材	中国建筑材料科学研究院
	刘晓钟	总建筑师、教授级高级建筑师	建筑学	北京市建筑设计研究院
	高崎	总工程师兼风景研究室主任、教授	风景园林	同济大学园林公司
	李世蓉	副院长、教授	土木工程	重庆大学建筑管理与房地产学院
	张素梅	院长、教授	工程结构	哈尔滨工业大学土木工程学院

（第二批）（25人）				
	姓名	现职务职称	专业	工作单位
	孔庆平	总经理、教授级高工	工程管理	中国海外集团有限公司
	梁章旋	院长助理、高级建筑师	建筑设计	福建省建筑设计研究院
	李忠富	所长、教授	建设与房地产的教学与科研	哈尔滨工业大学管理学院研究所
	宁崇瑞	总建筑师、教授级高工	建筑设计、规划	兰州有色冶金设计研究院有限公司
	智勇	教授	房地产投资经济与管理	贵州华城（集团）公司
	项祖荃	资深总建筑师、教授级高工	建筑设计	上海现代建筑设计（集团）有限公司
	胡军	副院长、高级建筑师	建筑规划	南京市民用建筑设计研究院有限责任公司上海分公司
	周显毅	副院长、教授级高工	建筑结构设计	重庆市设计院第二设计院
	叶青	院长、高级工程师	建筑设计	深圳市建筑科学研究院
	黄维纲	副总经理、教授级高工	建筑设计与工程管理	广州市城市建设开发有限公司
	王如荔	总建筑师、教授级高级建筑师	建筑设计、城市规划	广东省城乡规划设计研究院
	郭明卓	教授级高级建筑师	建筑设计	广州市设计院
	李长斌	主任、教授级高工	管理	大连市住宅产业化促进中心
	赵元祥	教授级高级建筑师	建筑学	天津市建筑设计院
	姚燕	院长、教授级高工	建筑材料	中国建材科学研究院
	陈音	总工、教授级高工	工程管理	当代集团
	董少宇	副院长、教授级高级建筑师	建筑学	中国建筑北京设计研究院
	周绪红	校长、教授	结构学	长安大学
	张文成	院长、高级工程师	暖通	中国建筑设计研究院
	曾捷	副院长、教授	给排水	中国建筑科学研究院设计院
	张树君	副总建筑师、教授级高级建筑师	建筑	中国建筑标准设计研究院
	成志国	总建筑师、教授级高级建筑师	建筑	北京住宅建筑设计院
	史勇	总工程师、教授级高工	建筑	北京锋尚房地产开发有限公司
	刘巍荣	教授级高工	给排水	中国兵器工业第五设计研究院
	王静霞	教授级高工	规划	中国城市规划设计研究院

有关建筑院校及设计机构

中国建筑设计研究院

中国建筑设计研究院前身是中央直属设计公司，成立于1952年。2000年经国务院批准成为科技型中央企业，隶属于国务院国有资产监督管理委员会管理。院有工程院院士2人，全国工程勘察设计大师6人，经国务院批准享受政府津贴的专家90余人；注册建筑师240余人，注册结构工程师210余人，注册城市规划师40余人，注册造价师30余人，注册咨询师50余人，注册监理师50余人，注册设备工程师180余人，注册电气工程师80余人，其他注册人员10余人；高级设计、研究人员1 100余人，中级技术人员900余人。2000年11月通过ISO9001国际质量体系认证。

院设有相应职能部门和建筑设计工程项目管理中心、建筑专业设计研究院、结构专业设计研究院、机电专业设计研究院、城镇规划设计研究院、环境艺术设计研究院；崔愷建筑设计工作室、李兴钢建筑设计工作室、陈一峰建筑设计工作室；同时设有中国建筑标准设计研究院、亚太建设科技信息研究院（建设部建设科技信息研究所）、建筑历史研究所、建筑与房地产经济研究所、建筑智能化设计研究所、小城镇发展研究中心、太阳能建筑技术研究所和建筑节能与新能源工程中心；还设有1个审图所和3个辅助生产部门。

院拥有18家一级公司（企业）；国家住宅与居住环境工程技术研究中心、国家城市给水排水工程技术研究中心、国家燃气用具质量检测中心、中国住房和城乡建设部城市煤气技术发展中心、建设部给水排水设备产品质量监督检验中心、建设部环境卫生工程技术研究中心、建设部环境卫生工程技术推广办公室、国家文物局重点科研基地和住宅实验室等国家级中心、实验室、基地设在该院。

中国建筑设计研究院是改革开放后第一批进入国际建筑市场并较早获得对外经营权的设计院之一。主营业务包括建筑工程设计与咨询、城市与小城镇规划、市政工程综合设计、城市燃气与工业煤气、污水与垃圾处理、道路桥梁设计、建筑智能化及系统工程设计、建筑标准设计、景观艺术设计、工程监理、工程总承包、房地产开发和居住工程、建筑标准、科技信息技术、建筑历史、建筑经济、建筑节能等以及与上述业务相关的科研工作。附属业务主要有：技术培训、技术服务、技术开发、技术转让等。基本形成了以建筑设计为主业，以城市建设规划、城市市政、建筑标准、建设信息、工程咨询、室内装饰、园林绿化、住宅研发、房地产为重点业务的集团化产业构架。

50多年来，中国建筑设计研究院先后在全国及世界上三十多个国家和地区完成了七千余项工程设计，成就了一大批质量上乘、富有影响力的时代精品，如北京火车站、中国美术馆、北京图书馆、北京国际饭店、深圳体育馆、中华人民共和国外交部大楼、北京万泉新新家园、湖州东白鱼潭小区、北京煤气厂扩建工程、天津引滦入津工程、西气东输工程、南水北调工程、2008北京奥运会国家主体育场、西直门交通枢纽工程、首都博物馆、莫斯科中国贸易中心等。1986—2005年，获得设计奖433项，其中国家级奖57项、省部级奖308项、国际奖8项。获得科研奖301项，其中国家级奖14项、省部级奖124项。先后主持或完成了一批国家“七五”、“八五”、“九五”重点科技攻关项目，如“2000年小康型城乡住宅科技产业工程”科技井发分项、建设部重点国际合作项目——“中国住宅新技术研究与培训中心”（JICA）项目、“大城市公共交通系统和轻轨交通方式的研究”、“中国城市市政公用事业‘十五’计划及2015年规划预测研究”、“污水净化和资源化技术研究”等，承担了多项国家“十一五”重点课题，积极配合国家重大工程建设，以大量的科技攻关成果为依托，积极参与行业国家政策和重大决策的制定和咨询，在推动技术与科研成果转化方面进行了不懈的努力。

中国建筑设计研究院是国家建筑行业中综合实力强、科技含量高、辐射范围广、具有全国影响力和国际竞争力的建筑设计与科研企业。秉承“科学管理、竭诚服务、精心设计、质量第一”的执业宗旨，并将充分利用设计与科研、人力与技术等优势，积极探索和开拓更广阔的业务市场，力争建成拥有自己知名品牌和国内领先、国际先进的世界一流科技型设计企业。

清华大学建筑设计研究院

清华大学建筑设计研究院建于1958年，为国家甲级建筑设计院。院现有工程设计人员260余人。其中国家一级注册建筑师60名，一级注册结构工程师54名，高级专业技术人员占60%以上，人才密集，专业齐全，人员素质高，技术力量雄厚，在国内外有良好的声誉和知名度。清华大学建筑设计研究院依托于清华大学广博深厚的学术资源，并作为建筑学院、土水学院等院系的教学、科研和实践相结合的基地，其设计与研究水平在国内名列前茅。

清华大学建筑设计研究院现有四个建筑工程设计所、四个由国家两院院士和国家设计大师领衔的工作室、建筑创作室、钢结构设计所、历史与文物保护设计研究所、工程软件室和水利水电工程设计所及交通工程设计所。

设计院成立40多年来，主要承担各类公共与民用建筑工程设计、城市设计、居住区规划与住宅设计、古建筑与文物保护设计、景观设计、室内设计、前期科研与建筑策划研究及工程咨询。由该院设计并建成的“北京菊儿胡同居住区”、“北京大学图书馆”、“清华大学图书馆”、“北京天桥剧场”等一批精品之作获得了很高的社会评价。近年来该院在生态建筑的设计方面也做了大量的研究工作，清华大学设计中心楼就是绿色办公建筑的一次成功实践。设计院在“国家大剧院”、“2008年奥运会的北京射击馆”、“北京科技大学柔道、跆拳道馆”和“北京飞碟靶场”等一系列在国内外设计竞赛中也取得了佳绩。近十多年来，获得国家级省部级优秀工程设计六十余项。由该院自主研发的TUS工程设计软件，也获得建设部优秀工程设计软件银质奖，受到许多用户的青睐。该院受全国注册建筑师管委会的委托，与建筑学院合作编纂完成了全国注册建筑师继续教育教材之三《建筑设计的生态策略》，与天津大学建筑设计研究院合作完成了教材之四《建筑经济》。

该院积极发展国际的交流与合作，目前与法国、美国、日本、德国、澳大利亚、加拿大、香港等十几个国家和地区的高等学校、科研机构及设计单位和业主有着良好的合作关系。

该院已获得中国（CNAR）和英国（UKAS）质量体系认证证书。

清华大学建筑设计研究院秉承清华大学“自强不息、厚德载物”校训精神，提倡“行胜于言”的优良院风，坚持“精心设计、创作精品、超越自我、创建一流”的奋斗目标，热诚地为国内外社会各界提供优质的设计咨询和服务。

中国建筑西南设计研究院

中国建筑西南设计研究院（CSWADI）始建于1950年，是中国同行业中成立时间最长、且设计规模和设计实力都名列全国设计院前列的大型综合甲级建筑设计院之一。建院50余年来，该院成功设计完成了近万项工程的设计任务，项目遍及我国各省、市、自治区及全球10多个国家和地区，是我国少数拥有独立涉外经营权并参与众多国外设计任务的优秀大型建筑设计院。

目前，院有各类专业技术人员1 000余人，其中教授级高级建筑师、教授级高级工程师30多人，高级建筑师、高级工程师200多人，国家一级注册建筑师、一级注册结构工程师200人，培养出国家工程设计大师4人（西南地区共5人）、四川省工程设计大师7人（全省共15人），国家有突出贡献的中青年专家和享受政府特殊津贴者20多人。

作为中西部最大的建筑设计院和四川省、成都市基本建设的重要国有骨干企业，该院以“精心设计、服务社会”为己任，坚持以繁荣建筑创作为宗旨，不断完善创新设计理念，力创建筑设计精品，在工程设计和科研方面获国家级、部级和省级以上优秀奖达400余项，并取得了国家优秀设计奖三金、三银、四铜的创优佳绩。50多年的设计耕耘，使西南院在博览文化建筑、体育建筑、医疗建筑、教育建筑、旅游建筑、居住建筑以及空间结构等设计领域展现出强有力的设计优势，而严格、规范的ISO9001质量体系认证管理更使该院的设计质量为业界广泛认同。

在加强生产经营、科技创新研发和内部管理工作的同时，该院亦彻底贯彻企业党建工作和企业文化建设精神的各项工作，提倡三个文明建设同步发展、共同进步。该院在改革发展中相继获得建设部“八五期间全国工程建设管理先进单位”、“精神文明先进单位”、“四川省民主管理先进单位”、“重点工程建设先进单位”、“最佳文明单位”以及国家“十五”期间科技进步先进集体等荣誉称号，并于2005年和2006年连续两次被亚洲建筑师协会评为“中国十大建筑设计公司”。

从1999年到2005年，该院设计生产呈现出持续稳定健康的发展态势，完成合同额近14亿、营业额13亿元，实现收入近10亿元，利税1.1亿元，大部分财务指标均实现了高幅增长，保持着国有资产优良的保值增值能力。

经营范围：建筑行业建筑工程、人防工程设计及相应的咨询与技术服务；市政公用行业给水、排水、燃气、热力、桥梁、隧道、风景园林等工程设计及相应的咨询与技术服务；智能化建筑系统工程设计及相应的咨询与技术服务；商物粮行业、通信铁塔等工程设计及相应的咨询与技术服务；城市规划设计；室内外装饰设计；建筑、公用工程科研试验项目；工程总承包及项目管理；工程监理。境外建筑工程的勘测、咨询、设计和监理项目，以及这些项目所需的设备、材料出口，对外派遣上述项目勘测、咨询、设计和监理劳务人员。

中国建筑东北设计研究院

中国建筑东北设计研究院（CNADRI）系国家大型综合建筑设计单位，始建于1952年，隶属于中国建筑工程总公司（CSCEC）。具有甲级设计资质，同时具有工程总承包、工程咨询、工程监理、装饰工程等甲（壹）级资质。经国家批准，享有对外经营权。

专业设置齐全，包括规划、建筑、结构、给排水、采暖通风、电气、电讯、动力、建筑经济、建材、勘察、岩土等专业。具有先进的技术装备，全部采用以三维参数化设计为基础的计算机辅助设计工具，大型应用分析和优化软件配备齐全。全院实行网络化管理，网络化工作平台和远程视频会议系统覆盖全院所有生产单位。

院部设有1个大师工作室和7个综合设计所、国际业务部及审图中心、咨询公司、装饰公司、岩土公司、监理公司、建材分院及房地产等公司。在首都及经济特区和沿海开放城市建立了北京、深圳、厦门、福州、大连、青岛和重庆分院；在东北地区设有长春分院。

现有职工一千余人。其中，国家建筑设计大师1人；享受政府特殊津贴的专家18人；国家级注册建筑师、工程师二百余人；教授级高工51人，高级建筑师和高级工程师219人，建筑师和工程师189人。

建院50多年来，共设计了18 000多项各类工业与民用建筑工程。工程涉及各行业，遍及国内27个省、市、自治区及欧亚、非洲等十几个国家和地区。先后荣获国家级优秀设计奖，省、部级优秀设计奖280余项。多年来，主编和参编了多项国家、省、市和行业设计规范和技术标准。在1992年由建设部和国家统计局联合成立的中国建设企业评价中心进行的首届“中国勘察设计单位综合实力百强”评比中该院名列第十三位，在建筑设计单位中名列第二。在以后进行的历届全国勘察设计单位综合实力评比中均位居百强之列，名列建筑设计单位前茅，在国内外建筑界享有较高的声誉。

在工程设计、技术咨询等方面全面贯彻GB/T19001—2000—ISO9001：2000标准，确保向业主提供合格满意的产品，以适应国内外市场的需要。

该院的质量方针是：精心设计　满足要求　热忱服务　终身负责　持续改进　顾客满意。

目前，全院正按照“十一五”规划的发展目标，走区域化、专业化、特色化的高端市场战略，朝着把东北院打造成业界综合竞争力最强，国内一流、国际知名的投资管理型、知识密集型、技术服务型的大型国际化的工程咨询企业集团的目标迈进。

北京市建筑设计研究院

北京市建筑设计研究院（简称BIAD），是与共和国同龄的大型国有建筑设计咨询机构。业务范围包括：城市规划、投资策划、大型公共建筑设计、民用建筑设计、室内装饰设计、园林景观设计、建筑智能化系统工程设计、工程概预算编制、工程监理、工程总承包等领域。

伴随着新中国的社会发展，BIAD在首都北京完成了许多重大项目的设计作品。如50年代象征新中国形象的人民大会堂、国家博物馆、民族文化宫、工人体育场；60～70年代体现我国自主科技实力的北京工人体育馆、首都体育馆和北京饭店工程；80年代体现改革开放的中国国际展览中心和第11届亚运会场馆；90年代完善国际大都市功能的北京首都机场2号航站楼、北京西客站、北京植物园温室、首都图书馆、西单文化广场；进入21世纪，BIAD正在进行着包括2008年部分奥运工程及北京首都机场3号航站楼、全国人大机关办公楼等标志性建筑的设计工作。

几年来，BIAD在全国范围内完成了一大批城市标志性建筑。如海南博鳌亚洲论坛、浙江中国美术学院、烟台市体育中心体育场、秦皇岛体育馆、重庆人民大厦、新疆体育中心、绵阳市政府办公楼、河南省体育中心体育场、西安国际金贸中心等项目。

BIAD与许多国家的著名设计公司保持着良好的合作关系，合作设计包括中国工商银行总行办公楼、北京顺义国际学校、深圳文化中心、国家大剧院、东方广场、LG大厦等工程。正在合作设计的项目包括国家体育馆、五棵松体育文化中心、国家会议中心、首都机场3号航站楼等项目。

改革开放以来，BIAD积极参与全国各地的经济建设，推动房地产业的健康发展。每年完成大量的民用建筑设计项目，累计完成设计面积超过1.2亿平方米。其中恒基中心、国际金融大厦、海淀剧院、投资广场、北京新闻文化中心、信远大厦等项目已成为北京城市新的地标建筑；而望京新城、北京现代城、万科星园、北京橘郡、万科西山庭院、深蓝华亭、颐源居、远洋山水、朗琴园、回龙观居住区均对房地产市场产生较大影响，成为明星楼盘。

BIAD始终将设计精品工程和保持技术领先作为自己的责任，从1977年以来至2006年，BIAD设计的工程获国家奖28项，获建设部奖171项，获北京市奖334项。科研获国家科技进步奖47项，获部科技进步奖68项，获北京市科技进步奖133项。获詹天佑土木工程大奖4项，在多年的工作过程中，BIAD逐步形成了一个优秀的设计团队，并集中了一大批优秀的建筑师和各个专业的工程师，截止到2006年12月31日，BIAD拥有正式员工1 520人，工程技术人员达1 367人。其中工程院院士1名，国家设计大师9名，突出贡献专家2名；教授级高工58人，高级建筑师和高级工程师465人，建筑师和工程师442人；一级注册建筑师197人，一级注册结构工程师127人，注册造价工程师9人。

BIAD自成立以来的50多年中，始终致力于向社会提供高品质的设计服务，在行业中享有极高声誉，并逐渐形成了“建筑服务社会”的企业核心理念。面临新世纪之初设计行业的严峻挑战，全院1 200名员工深刻认识到：只有进一步强化市场意识，切实尊重业主需求，通过整合全院乃至国内外优势资源，逐步提升设计作品的完成度，才能体现国家大型设计机构的综合竞争能力。

开放的BIAD愿与社会各界进行广泛合作，为创造人类美好的生活环境而不懈努力！

北京市勘察设计研究院

北京市勘察设计研究院（Beijing Geotechnical Institute）始建于1955年，是集勘察、测绘、设计、咨询、施工、科研为一体的中国国内的大型综合甲级工程勘察、咨询和研究单位。北京市勘察设计研究院拥有中国工程院院士1名，中国工程勘察大师4名，博士、硕士和具有中、高级职称的工程技术人员250余人，以及一批有突出贡献和享受政府津贴的国内一流专家、学科带头人。北京市勘察设计研究院每年平均承接各类工程任务1 000～1 200项，拥有工程勘察资料达6万余套，已完成建筑工程项目近30 000个，市政基础设施工程项目达3 000余个。先后获国家、部市级科技进步奖、优秀工程勘察奖和国家优秀工程勘察金、银、铜奖350多项次。荣获全国勘察设计百强单位、全国创建文明行业先进单位、全国工程勘察先进单位、首都文明单位标兵、首都有突出贡献先进集体等荣誉称号。企业的科技创新能力和市场竞争能力在国内同行业中名列前茅。

近年来，北京市勘察设计研究院在中国工商银行总部、中银大厦、北京东方广场、中国国家大剧院、中央电视台新台址、北京电视中心、国家奥运主体育场等重大建设项目中，与来自港澳台地区和美国、法国、加拿大、日本、韩国、新加坡等国际著名设计公司进行了良好和持续的合作。北京市勘察设计研究院的优秀工程质量、综合技术实力得到国际同行的普遍认可和尊重，树立了中国工程勘察行业良好的国际形象，为中国勘察行业走向世界做出了积极努力。

北京市市政专业设计院

北京市市政专业设计院成立于1984年，2002年改制为有限责任公司。经过20年的发展，现已成为集城市道路、公路、桥梁、给排水、建筑、天桥与地道、工程测量等多专业为一体的具有甲级设计资质和甲级工程咨询资质的设计单位。

该院“以人为本，注重人才”，拥有一支专业素质高、业务能力强、结构层次合理的专业技术队伍。全院设计及管理人员人手一台高配置计算机，并拥有MOSS工作站、扫描仪、彩色绘图仪、结构分析仪等设备，应用CAD出图率在1994年已达100%，是首都规划委员会首批通过的CAD辅助设计提前达标单位。

该院依托雄厚的技术优势、科学的管理、周到的服务，先后完成了工程设计及工程咨询项目1 000余项，工程地点遍及京、津、沪、冀、豫、粤、桂、苏、浙、琼、湘、川、渝、晋、鲁等地，业务范围涉及城市快速路、主干路、高速公路、城市立交、城市与公路桥梁、地铁轻轨桥梁与车站、人行天桥、地下通道、给水排水、水处理以及工业与民用建筑工程等。

其中完成的北京工程有：“京津塘高速公路”北京段十八里店立交及三、四环联络线、西南三环、西北三环道路、桥梁及雨污水工程；全封闭、全立交的京通快速路工程；二、三环快速道路系统改造工程；万寿路南延、太平桥大街、南北小街、圆明园西路、远大路、云岗路、宣武门内大街、南横街、地铁复八线市政工程；北京市沥青混凝土厂迁建工程；航天桥立交、花园桥立交、紫竹桥立交、积水潭桥立交等工程；北京市的人行过街天桥与人行地下通道设计，该院完成的数量约占70%。

在立足北京的同时，该院积极开拓国内国际市场，先后完成了广西北海市北海～铁山港一级公路、北海大道、疏港大道、银滩大道等城市快速路及主干路设计共计160公里、桥梁16座、给排水管线288公里；南京柳塘至东杨坊高速公路桥梁工程；海南环岛（东线）高速路桥梁工程；浙江上虞～三门一级公路桥梁工程；上海明珠线中山北路立交；上海明珠线跨苏州河立交工程；重庆较新线轻轨车站工程；湖南怀化舞水二桥特大桥工程；山西怀仁铁路立交；山东淄博柳泉路跨越济青高速路立交；同时还完成了巴基斯坦印度河KRAIRABAD大桥的施工图设计和卡拉奇JINNAH桥施工图变更设计等。

此外，该院还参与了《城市人行天桥与人行地道技术规范》的编制工作。

该院在工程设计和工程咨询中注重发挥技术优势，自行开发了20余项适用于不同专业的技术软件，并在工程设计中发挥了重要作用。其中《二、三维桥梁结构计算分析通用系统——ASBEST、98》计算软件获北京市第九届（2000年）优秀设计软件一等奖、第六届全国工程设计优秀软件铜奖，《排水管道“计算～绘图”一体化程序》软件获北京市第八届工程设计计算软件三等奖。

近几年，该院共获北京市市级优秀设计奖26项，市（部）级科技进步奖15项（其中2004年获得北京市第十一届优秀工程设计一二三等奖共计6项）。2004年再次通过ISO9001标准质量体系认证。

该院愿进一步加强与国内外同行的合作，本着“持续改进、追求卓越、创优秀设计；诚信守约、周到服务、让顾客满意”的质量方针，“设计产品合格率100%，设计产品优良率90%，创部、市级优秀设计，提供顾客满意的设计文件”的质量目标，竭诚为国内外广大业主服务，携手共建未来城市的康庄大道和幸福桥梁。

上海市房屋建筑设计院有限公司

上海市房屋建筑设计院成立于上世纪五十年代，重建于1987年3月，隶属于上海市房屋土地资源管理局，2004年改制为有限公司。建院20年来，已发展成为专业设置齐全，技术力量雄厚，集建筑规划、设计、房地产投资策划咨询、房屋工程研究与鉴定等多学科综合性甲级建筑设计研究院。

设计院擅长各类工业与民用建筑规划、设计、在旧区整治旧房改造、房屋质量检测、抗震鉴定及加固等方面拥有丰富的经验和良好市场信誉。近年来，在文化建筑研究、新技术开发、工程咨询、建设工程监理、软土地基加固处理、深基坑围护及房地产评估等领域拓展成绩显著。

设计院现有各类专业技术人员一百多人，中高级专业技术人员占85%以上，其中研究员、教授级高工、高级工程师40多名；高级规划师、规划师3名；英国皇家特许建造师2名；具有建筑、结构等各类专业国家注册工程师50多名；聚集了一大批在城市规划、建筑、结构、室内装潢、给排水、电气、采暖通风、市政工程、工程测量、计算机技术、房地产评估、工程经济管理等方面的专业技术人才。

设计院坚持“唯诚唯信，求精求新”的宗旨，坚持科学管理、技术创新。严格遵照ISO9001：2000质量目标实施管理，以严谨的科学态度，严格的管理、先进的技术和高度的社会责任感，为建设工程项目提供优质服务。

上海中建建筑设计院有限公司

上海中建建筑设计院有限公司，系建设部批准的拥有建筑设计甲级资质和装饰设计甲级资质的综合性设计院，前身为上海中建建筑设计院，成立于1987年，注册地为上海，原隶属于中国建筑工程总公司，于2003年11月改制为有限责任公司，主要业务包括建筑、规划设计，室内装饰设计和室外环境设计，以及相应的工程咨询。

上海中建建筑设计院有限公司管理体系健全，管理机制先进，人员配备高效精干。现有员工136人，其中高级工程师29人，一级注册建筑师8人，一级注册结构工程师10人，下设四个专业设计所、五个管理部门及两个驻外办事处、两个分公司。公司专业设置齐全，装备精良，始终以精心设计、优质服务为工作宗旨，并于二〇〇〇年八月通过了ISO9000质量体系认证。

上海中建建筑设计院有限公司长期面向海内外开展设计业务，先后与美国、加拿大、日本、意大利等国家和地区的著名设计公司合作设计了多项工程，并取得了良好的社会信誉。

近年来，上海中建建筑设计院有限公司先后完成建筑设计和装饰设计的建筑面积逾千万平方米，项目类型涉及酒店、办公楼、学校、医院、住宅小区、体育场馆、标准厂房及大型商业娱乐设施，并有多项设计荣获建设部、上海市及中国建筑工程总公司的各类奖项，良好的服务深得业主的好评。

上海中建建筑设计院有限公司将始终本着诚信敬业、创新进取精神，为繁荣中国建筑设计创作、提高建筑设计水平作出贡献。

上海中星志成建筑设计有限公司

上海中星志成建筑设计有限公司成立于 1997 年 1 月，为建设部认定的建筑工程综合甲级（证书编号：093132－sj）设计单位，为上海较有知名度的综合甲级设计公司，专业从事各类建筑工程设计及相关的景观设计、装修设计、工程咨询等业务。公司以丰富的建筑工程设计经验、杰出的设计作品和设计质量以及良好的服务口碑著称于业内。

公司现有员工 105 人，专业技术人员 97 人，大专以上学历占 92.4%，其中教授级高级工程师 2 人、上海市建设科学技术委员会委员 3 人、国家一级注册建筑师 7 人、国家一级注册结构工程师 9 人、国家注册设备和电气工程师共 5 人、高级工程师 12 人、工程师（含建筑师、结构师、设备工程师等）56 人。公司设有市场经营部、总师室、财务部、行政人事部、资料室五个职能部门，以及前期方案、建筑、结构、电气、给排水、暖通、景观、技术经济等八个设计部和专业。

公司自成立以来，承接了数百项建筑工程设计项目，涵盖办公、商业、酒店、住宅、别墅、学校、景观等类型，项目遍及全国多个省份。通过大量的建筑工程设计项目的工程实践，积累了丰富的建筑工程设计和建设经验，形成了完整的项目设计管理制度和符合 ISO19001—2000 要求的全面质量管理体系，保证了各项设计工作的有序进行，得到了业主及有关管理部门的好评。公司连续四年荣获上海市建设委员会、上海市住宅建设立功竞赛领导小组颁发的先进集体称号，多次接受建设部和上海市设计质量监督站的随机设计质量抽检，均获优良设计评定。2002 年上海“中星—海上名庭”住宅小区项目获全国“人居经典”建筑设计金奖和住宅创优设计优良奖。2002 年至今，公司设计的 20 多个项目分别荣获上海市优秀住宅设计二等奖、三等奖、创优奖、佳作奖、优良奖……

公司致力于市场开拓，注重产品质量、重视服务和业主的满意，积极推行 GB/T19001—2000 质量管理体系，并形成了完整而行之有效的设计质量全过程控制程序，确保各项设计工作高效、优质、有序地进行。无论项目大小，该公司均能提供高水准的设计成果和设计服务。

公司在经理室领导下将不断提高产品质量和管理水平，本着精心设计、信守合同、精益求精、热忱服务的宗旨，确保为业主提供满意的产品。

天津市建筑设计院

天津市建筑设计院（简称 TADI）创立于 1952 年，历经 50 多年历史沧桑，现已发展成为技术实力雄厚、人才济济的天津市最大的综合建筑设计单位。

TADI 现有员工俞千人，其中全国工程设计大师 3 人，国务院批准享受政府特殊津贴专家 15 人，人事部批准有突出贡献的中青年专家 2 人，天津市中青年授衔专家 4 人，正高级建筑（工程）师 40 人，高级建筑（工程）师 319 人，中级建筑（工程）师 347 人，并有国家一级注册建筑师 61 人，国家二级注册建筑师 45 人，国家一级注册结构工程师 75 人，国家级注册监理工程师 27 人，造价工程师 14 人。

TADI 具有国家建设部颁发的各类设计资质证书，其获得国家甲级设计资质证书的有：工程设计、智能建筑（系统工程）专项工程设计、工程总承包、设计咨询、设计监理。获得国家乙级设计资质证书的有：城市规划设计。经国家外贸部批准，具有对外经营权，是国际建筑工程咨询协会（菲迪克）会员单位。

TADI 设有建筑、规划、结构、给排水、暖通空调、电气照明、自动控制、广播通讯、经济技术分析、岩土工程、景观与环境设计和室内装修设计等专业。主要承接民用建筑设计、工业建筑设计、城市规划及居住区、住宅小区规划设计；承接民用与工业建筑项目的可行性研究、工程咨询、建设工程监理、工程项目总承包以及技术合作、技术成果转让等业务。承接境外工程的咨询、设计和监理、国外经济技术合作、智能建筑（系统工程）设计等业务。为更好地拓展业务，相继在海南、上海、广州、厦门、重庆等地成立分院。

TADI 工程技术人员积极进取，锐意创新，先后有 8 项设计获国家优秀设计奖，其中有三项获金质奖，近 200 项工程设计、科研和标准设计获得了建设部、市级优秀设计奖、优质工程奖及科研成果奖等奖项。其中：瑞秀花园住宅小区工程荣获国家2005年詹天佑大奖、优秀住宅小区金奖。近几年完成了天津奥林匹克中心体育场、天津市人民医院、天津医科大学总医院、保税区精品城、青年京剧团、泰达国际会展中心、泰达体育场、无锡体育中心和凤凰城商贸广场等一批大型重点公建项目，以其全新的设计理念和现代高新技术，展示了该院的技术实力和创新创优水平。由该院主编的《天津市钢结构住宅设计规程》的科研成果通过了国家级专家鉴定，它是国内第一部钢结构住宅设计规程，具有一定的独创性，达到国内领先水平。

TADI于1996年获得ISO9001国际质量体系认证，并于2002年4月4日率先实现GB/T19001—2000—ISO9001：2000标准转换。

TADI质量方针：为顾客设计好每一平方米的建筑，提供优质的设计全过程服务，科技领先，锐意创新，实现质量管理体系的持续改进，达到顾客满意。

广东省建筑设计研究院

广东省建筑设计研究院（GDADRI）成立于1952年，是我国最早成立的大型综合性工程勘察、设计、研发、咨询单位之一，具有国家颁发的工程勘察、建筑工程设计、市政公用工程设计、工程咨询、建筑装饰设计与施工、建筑智能化系统工程设计、工程建设监理（包括招标代理）、建筑（含市政）工程施工图审查等甲级资质以及城市规划编制、地下铁道建筑设计资质。法人代表院长何锦超、党委书记李鸿辉，经营负责人副院长王洪。

该院现有各类专业技术人员800余人，其中中国工程院院士1名，国家工程设计大师2名，经国务院批准享受政府津贴的专家16，教授级高工19名，高级职称人员218名，中、初级职称人员486名，国家各类执业注册人员142名，科研开发、设计技术力量雄厚，形成了由工程院院士、设计大师为学术带头人的高素质设计人才集团。该院现有9个综合建筑设计研究所，并设有市政工程、机电设备、机场等专业设计研究院（所）、勘察所、施工图审查中心、高级建筑结构分析中心，拥有地铁设计、工程监理、实业开发、环境艺术设计、岩土开发、工程咨询、造价咨询、工程检测等多家专业性公司，基本形成以建筑与市政工程设计为主业，城市规划、工程咨询、市内装饰、园林绿化、工程监理、工程代建、工程造价咨询、工程总承包、建筑技术研发等为重点的集团化产业构架。该院还拥有先进的技术设备，CAD技术的开发与应用以及信息化建设均位居全国工程勘察设计研发咨询行业前列。

多年来，该院完成的代表性工程设计有：北京钓鱼台国宾馆12号楼、广东国际大厦（63层）、广州新白云国际机场、中山大学肿瘤防治中心医疗科研楼、北京大学理科教学楼群、北京师范大学教学主楼、佛山丽日豪庭居住小区、广州万科四季花城、广东省博物馆新馆、广州大学城广州中医药大学、珠海市体育中心、深圳龙岗自行车赛场、佛山岭南明珠体育馆、深圳华润中心一期、广州市兴丰生活垃圾卫生填埋场。在计算机应用技术的研发方面也取得较多成果，如“广厦建筑结构CAD系统”等。

该院一贯注重设计质量，推行全面质量管理。1985年曾获全国“全面质量管理达标先进单位”，1997年通过了ISO9001国际质量认证，1998年被建设部授予“‘八五’期间全国工程建设管理先进单位”称号，2000年始至今连续7年获得广东省工商管理局颁发的“重合同、守信用”企业荣誉证书。上世纪八十年代以来，该院先后获得国家、部省级以上优秀设计、优秀勘察、优秀软件、科学技术奖等300多项次，其中国家优秀设计金奖二项，另外有三项工程分别获第一届、第三届、第五届中国詹天佑土木工程大奖。2006年获建设部“十五全国建设科技先进集体”称号。1993年进入全国勘察设计单位综合实力百强行列以来，该院建设工程设计质量一直得到各界的赞誉。

东莞市建筑设计院

东莞市建筑设计院始建于1977年，2003年4月改制为民营科技企业，是东莞市最早获得建设部批准的甲级设计院。该院技术力量雄厚、专业配套齐全、拥有现代化的设计、管理手段。目前、全院各专业技术人员和管理人员共150多人。其中博士1名、硕士4名；一级注册建筑师15名；高级工程师10名、工程师42名、助理工程师及技术员60名。并从知名大专院校及专业设计院聘请了10名客座建筑师。该院主要从事建筑工程设计（包括建筑、结构、给排水、消防、电气、暖通空调、管道煤气、预结算等专业）、建筑技术研发、工程安全鉴定、工程技术咨询、项目开发策划、城市规划、室内装饰设计及施工、工程监理、工程勘探测量等方面业务，形成了一条完善的“服务链”。

该院一贯坚持“客户第一、质量第一、服务第一”的原则，不断开拓，勇于进取，树立了良好的企业形象。为了提高产品质量，该院实行全面质量管理，从方案构思到施工图设计、校对、审核、审定，做到层层有人负责，处处有人把关。不断招纳有关专家，网罗各方人才，并把岗位培训制度化，使工程技术人员不断掌握新的建筑理论和先进的科学技术，提高业务水平。充分利用高校的技术资源，增强竞争能力，设立广州五山工作站。全面实现电脑辅助设计及管理，生产效率和产品质量有了较大的提高。为了提高服务质量，该院加强了职业道德教育，形成“顾客是上帝”的服务思想，礼貌待人、精心工作、热情服务。目前，该院下设建邦监理公司、建艺装饰公司、建厦室内设计事务所、建科技术研究所和大岭山、桥头、东坑、石排、横沥、中堂、虎门等多个办事处，并配备充足的交通和通讯工具，到全市各地都不超过半小时车程，随叫随到，服务到家，受到广泛好评。被市委、市政府授予“文明单位”称号。

近年来，该院吸引了大批英才加盟，设计水平和综合实力得到较大提高，具备了承接大型、复杂工程的实力和经验，特别是在预应力混凝土结构、网架结构、膜结构、减震加固技术方面取得了突破。该院承担了大量的不同类型工程设计项目，如虎门龙泉国际大酒店、常虎高速管理区、广西梧州中级人民法院、科技大楼、石龙广播电视大楼、市公检法建筑群、大朗体育馆、常平振兴购物广场、高埗中学综合楼、晟亿电子厂、桥头桥新工业区规划等。其中多项工程获省、市优秀设计奖项，受到各方好评；在氮化运住宅小区规划投标中，从省内外多名强手中脱颖而出，荣获第一名。

“逆水行舟，不进则退”，该院全体员工将团结一致，勤恳工作，将以一流的质量、一流的服务和良好的信誉为社会各界服务，为东莞市的现代化建设作出更大的贡献。

深圳市建筑设计研究总院第一设计院

深圳市建筑设计研究总院第一设计院原名深圳市建筑设计院，成立于 1982 年 3 月，是深圳市成立最早的市属综合甲级设计院，也是第一批建设部批准的国家综合甲级设计院。该院下设十余个设计所、概算室等对外设计咨询服务部门，以及总师室、贯标办、办公室、经营室、财务室等职能部门，主要从事各类民用及工业建筑设计、装饰工程设计、园林工程设计、城区规划、环境设计等业务。

该院广纳国际及国内高级专业人才，重视专业人才的培养及国际交流。现有职工 204 人，技术人员占职工总数的 83%，其中高级建筑师（工程师）95 人，博士后、博士 6 人，硕士 29 人，现有一级注册建筑师 16 人，一级注册结构工程师 11 人，注册设备师 6 人，技术力量雄厚，专业配套齐全。

该院坚持“优质、高效、创新”的宗旨，倡导与开发商合作发展的经营理念，创新设计让我们相识；优质服务让我们相知；良好的社会与经济效益让我们双赢，注重与开发商建立伙伴关系。24 年来，已完成设计项目近千项，包括高层和超高层大型综合楼宇、写字楼、酒店、住宅、别墅、学校、医院、影剧院、体育场、艺术馆、汽车站、直升机场、小区规划、工业区等。其中 28 项工程设计还获得了国家部委、广东省和深圳市的优秀工程设计奖，赢得社会各界的好评。

该院注重流程控制和质量管理，早在 1992 年就开始 ISO9001 国际标准的培训认证，是全国最早通过该标准的两家单位之一，而且是深圳市唯一一家获得质量管理先进奖的设计院。目前该院全面执行 ISO9000 系列标准，“精心设计、质量第一、优质服务、诚信为本”是该院的质量方针。该院是深圳市最早使用现代化图像手段表现建筑方案、实现局域联网设计、办公的设计单位之一。

近年来，正是凭借科学的管理体制，创新的设计理念及优质的后期服务，公司业务不断拓展。该院实现了经济效益和产品质量的历史性突破，项目遍布深圳及全国各地。

过去的 24 年，该院见证了特区的成长与辉煌，为特区建设作出了贡献。面对未来的机遇和挑战，公司全体员工将继续努力，为社会奉献更多更优秀的作品。

中南勘察设计院

中南勘察设计院（简称中勘院）创建于 1955 年，原为国家建筑工程部综合勘察院中南分院，1971 年隶属湖北省，是我国建立最早的重点勘察设计单位之一。

中勘院目前具有甲级工程勘察（综合类）、测绘、咨询、乙级工程设计资质。院下设各岩土技术所、建筑设计所、湖北中南岩土工程有限公司（一级地基与基础工程施工资质）、湖北中南工程建设监理公司（甲级资质）和湖北省岩土水资源工程技术开发公司（武汉东湖高新技术企业），并在深圳、湖北宜昌和河南信阳设有分院。

中勘院拥有一支技术过硬、专业性强的队伍。在现有 338 名职工当中，各类专业人才达 200 名，其中全国勘察设计大师 1 名，国家、省中青年有突出贡献的专家、教授级高级工程师和享受国家政府特殊津贴的 12 名，高级职称的 50 名，中级职称 76 名，以及各类执业资格注册取证人员50名。

在50年的发展历程中，中勘院承担的工程项目遍及全国各地和亚非地区，在业内享有盛誉。湖北武汉地区的标志性建筑物，从早期的黄鹤楼重建工程、高210米的武汉龟山广播电视塔，到近年的武汉国际会展中心、湖北剧院等，均由中勘院承担岩土工程勘察或施工任务。中勘院建筑物纠偏、深基坑支护、深井降水等技术力量在同行业中处于先进水平。

50年，弹指一挥间。从我国建立勘察专业起，中勘院即参加了我国工程测量、工程地质、供水水文地质勘察、岩土工程勘察、建筑地基基础设计等国家规范的编制，并有多项成果荣获国家发明奖，国家优秀工程勘察奖以及省、市级科学技术进步奖等。中勘院还参加了本行业各全国性协会、学会的领导工作，是中国工程勘察协会副理事长、全国建工勘察科技情报网中南站主任委员、中国工程咨询协会会员单位。由于中勘院在勘察设计领域中成绩显著、贡献突出，曾被建设部授予“全国工程勘察先进单位”。

改革与发展是企业的永恒主题，中勘院将一如既往励精图治，重铸辉煌。在着力推进现代企业制度建立的同时，发挥技术密集型优势，用先进的工程技术和现代的高效管理，努力创造最优的工程产品，服务于用户，回报于社会。

武汉市建筑设计院

武汉市建筑设计院创建于1952年10月1日，是新中国建国之初诞生的大型国营设计机构之一。原名武汉市设计公司，先后曾为国家城市建设部武汉城市建筑设计院、武汉市工业民用建筑设计院，1979年改现称，2002年加入中国中信集团公司，是持有甲级工程设计证书、甲级城市规划编制资质证书、甲级工程设计审查证书、甲级工程咨询证书、智能建筑系统工程设计证书，享有对外经营权的大型综合性建筑设计院。20世纪80年代，成为全国建设系统设计体制改革试点单位和全面质量管理（TQC）试点单位；1992年进入由建设部和国家统计局评定的“中国勘察设计单位综合实力百强”；1994年成为中国首家实现工程设计手段电脑化的设计单位；2000年通过ISO9001质量体系认证。

该院业务范围包括：城镇及小区规划，城市设计，各类民用建筑与工业建筑设计，风景园林设计，室内设计；技术咨询，施工图审查，工程监理，设计监理，地产估价，招标代理，项目管理，环境艺术工程，智能工程，系统集成技术；计算机软件开发，网络工程；建筑科学研究，建筑技术开发。该院人才荟萃，专业齐全，设备精良，技术先进。现有职工600人，专业技术人员550人，其中教授级高工32人，高级160人，中级170人。已有一级注册建筑师48人，一级注册结构工程师96人。设有6个设计所和7个分院（北京、深圳、珠海、海南、上海、浙江、重庆），并投资兴办外合作设计、施工图设计审查、工程监理、环境艺术、造价咨询、建筑智能化工程等多家科技型公司。该院50多年来，完成数十个国内外城镇规划设计，7 000多万平方米国内外建筑设计，设计活动遍及全国，远达亚洲、非洲、大洋洲、拉丁美洲20多个国家，并与美、日、德、奥、英、俄、法、新（加坡）等国及港澳地区开展了广泛的技术合作和人才交流。近20年来，贯彻“改革兴院，技术立院，科学管院，人才强院”的治院方针，实施“发展高新技术，争创名优设计”的名牌战略，获得长足发展，在国内外大型工程设计招标中中标200余项，获国家、部、省、市优秀设计奖200余项、科技进步奖80余项。设计作品有：武汉展览馆（原中苏友好宫）、中共武汉市委大楼（原中共中央中南局大楼）、晴川阁（复建）、武汉港客运大楼、武汉杂技厅、武汉世界贸易大厦、武汉新世界国贸大厦、瑞通广场、武汉国际证券大厦、上海浦东良友商厦、深圳中民时代广场、宜昌均瑶国际广场、海口金海岸罗顿大酒店、武汉香格里拉大饭店、武汉销品茂商城、武汉万达商业广场、武汉市人大常委会办公楼、武汉市政协办公楼、武汉图书馆新馆、武汉博物馆、湖北剧院、湖北省艺术馆、武汉青少年宫艺术综合楼、武汉琴台月湖文化艺术区（规划）、武汉体育中心、新江汉大学、湖北中医学院新校、武汉科技大学、武汉医疗救治中心、武汉妇幼医疗保健中心、汉口江滩公园、钢都花园、学府佳园、万科四季花城、福星城市花园、耀江、丽景湾、百步亭花园、深圳桃源小区、海口长信海景花园、海口奥林匹克花园、武汉可口可乐联合厂房、武汉NEC光电端机工厂、中粮江西米业18万吨蒸谷米厂、莫桑比克外交部大楼、加蓬参议院大厦、科特迪瓦“议员之家”宾馆、埃及中文学校、南非400套独立住宅、加纳军警营房、巴布亚新几内亚外交部大楼、老挝琅勃拉邦医院、巴哈马体育场、多米尼克体育场等。

该院贯彻《北京宪章》，弘扬“设计广厦千万间，人民安居尽欢颜”的企业精神，繁荣建筑文化，致力技术创新，严格质量管理，为社会奉献优秀设计和优质服务，为大众创造美好而公平的人居环境，创造可持续发展的现代城市与建筑。

成都市风景园林规划设计院

成都市风景园林规划设计院的前身是成都市园林局设计室，成立于 1981 年，主要从事城市乡镇风景园林规划设计，为提高城市园林景观设计水平，发展风景园林建设事业，于 1992 年扩编为成都市风景园林规划设计院。2003 年组建成都市风景园林绿化工程有限公司。

该院是中国风景园林学协会常务理事单位，成都市风景园林学会常务理事和规划设计专业委员会主任单位，是西南地区首先取得风景园林规划、设计专业资质认证单位，国家城市园林绿化企业二级资质。主要业务范围：风景园林规划、设计、策划、施工、监理、管护、园林建筑设计、建筑内外装饰、雕塑设计制作、花卉苗木租售、园林广告、技术咨询等风景园林绿化工程项目总承包。

20 多年来，该院立足成都，面向全国，从实际情况出发，充分利用风景园林技术优势，结合山丘河流、文物古迹、主要干道和大型公共建筑合理规划、设计风景园林，以河流、干道为骨架，以公园块状绿地和小游园点状绿地为重点，以广大社会单位绿化为基础，以近郊山丘河流、林盘林网绿化为外围，建设点、线、面、圈结合，城区与郊区结合，平面与立体结合，完成了具有蓉城特色的城市风景园林景观系统。完成了数百个大中型环境绿化建设项目的规划与设计、施工与监理。近期承接的主要项目有：四川大熊猫世界自然遗产成都片区保护规划，成都市、宜宾市、泸州市、绵竹市、大邑县、新津县、金堂县、双流县等绿地系统规划，成都府南河、沙河、成都市经济技术开发区、新疆高新技术开发区域、什邡市松林村景区环境规划与设计，朱德故里入口及核心区域、红四方面军纪念馆景区、新疆乌鲁瓦提、四姑娘山、崴螺山、青城山、都江堰、九寨沟、毕棚沟、龙水湖、二滩、龙池、卧龙、仙海等风景名胜区规划与设计，成都市城区各大公园或小游园、99 昆明世博会蜀风园、第六届中国花卉博览会四川园成都园、盐亭高山森林公园、二滩森林公园、遵义三阁公园、宜宾天池公园、泸州江北公园、乐至南塔公园、邛崃瓮亭公园、射洪天龙公园、浣花溪公园、九里堤南园、成都市生态健康廊道等环境景观规划与设计，新疆昌吉文化广场、射洪新世纪广场、置信未来广场、天府广场等环境景观规划与设计，海口市文化活动村、青城山高尔夫山庄、四川农行干部学校、西南石油技工学校、西南石油学院、泸州天立学校、成都聚星城、重庆东方家园、成都花园、齐盛花园、锦官新城等环境绿化设计，成都市一环路、成都市二环路、成都三环路立交桥、人民南路南延线、成都光华大道、蜀龙大道、成都现代工业港园区道路、西充环城大道、巴中回风大道、仪陇新县城城区主干道等道路绿化设计，成都野生动物园餐厅、义乌市天心园、塔子山九天楼、侨台房屋工程、大熊猫基地、动物园兽舍、劲草园等园林建筑设计，成都市城区各公园、泸州天立学校、双流艺术中学、天台山风景区、二滩风景区、金龙山庄等大门设计，成都沙河工程 A1 段、泸州天立学校、西南汽贸广场、重庆东方家园、成都花园、齐盛花园、石室中学、达州金兰小区、瀑布沟电站等绿化工程施工，府河音乐花园雕塑、朱德故里广场浮雕、资阳新华书店雕塑、棕北小区雕塑、金龙山庄雕塑、维信花园浮雕文化墙、岳府广场大型浮雕墙等雕塑设计与制作。成都市风景园规划设计院和成都市风景园林绿化工程有限公司的园林绿化事业方兴未艾。

设计是工程建设的灵魂，施工是优化设计的继续。该院的宗旨是："现代化的理念，高品位的设计，优质量的施工，最满意的服务"。有理由坚信：成都市风景园林规划设计院将会高速发展，对成都、对四川、对中国、对人类的城市与园林、社会与环境作出新的更大的贡献。

大卫国际建筑设计咨询有限公司

大卫建筑设计有限公司是经建设部批准成立的甲级勘察设计股份制公司，主要从事民用建筑的策划及设计，尤其对房地产开发及规划设计有较深入的研究。

该公司由国家一级注册建筑师申作伟先生为主创办。申作伟先生从事建筑、规划设计 20 年来，设计作品曾获全国性优秀设计奖 8 项，获山东省优秀设计奖 30 余项，先后历任山东省城乡规划设计研究院院长、中国居住区规划专业委员会委员等职，是首批国家一级注册建筑师、国家注册规划师，2003 年当选为山东省优秀建筑师。2004 年被评为"中国新本土居住设计名家"。

公司于 1998 年 10 月 18 日成立以来，团结奋进，以质量和服务求生存促发展，本着"真诚、责任、团结、奋进"的司训，在激烈的市场竞争中，赢得了较高的声誉，取得了丰硕的成果。公司由一批具有丰富设计经验的中青年设计师组成，他们精力充沛、思想活跃、业务精干、刻求精品，公司技术力量不断壮大。有近 10 项设计获优秀设计奖，数十篇论文在国家、省级刊物发表。8 年来，公司的业务网络不断拓展，实力日渐雄厚。完成了青岛新世纪广场、鲁能中心、东环国际广场、济南阳光 100 三期、齐鲁涧桥花园、临沂水榭华庭、重汽彼岸新都、日照环宇大厦、北京优山美地别墅、海南山海天别墅等一批精品设计项目，得到了社会各界的一致好评。公司每年组织业务骨干出国考察学习，吸收世界先进的设计理念，设计水平不断提高。公司不断完善内部管理机制，进行了 ISO9000 认证，请全国著名的团队工作坊训练专家为全体员工讲学等一系列措施，为员工提供了一个健康发展的环境。

该公司与美国 PI 国际建筑师事务所建立了长期战略合作关系、与加拿大 B+H 建筑设计事务所合作设计了山东电力集团公司的鲁能中心、与加拿大 PMA 建筑设计事务所合作设计了济南东环国际广场。具有丰富的国际合作经验。

大卫公司走过了蓬勃发展的 8 年，创造了显著的社会效益和经济效益，业务量不断充实，公司的社会影响力在不断扩大，在北京、海南、沈阳、重庆、四川、济南、青岛等地也有大批设计工程。公司立足于中国本土文化，又融汇了国际先进的理念，注重建筑设计的风格和韵律，以创建百年设计公司为奋斗目标，是一个朝气蓬勃的企业，随着业务的不断拓展，大卫公司愿与各界朋友携手共创明天伟业！

同济大学建筑设计研究院

同济大学建筑设计研究院成立于 1958 年，是全国知名的集团化管理的特大型甲级设计单位。持有国家建设部颁发的建筑、市政、桥梁、公路、岩土、地质、风景园林、环境污染防治、人防、文物保护等多项设计资质及国家计委颁发的工程咨询证书，是目前国内设计资质涵盖面最广的设计单位之一。

经过近 50 年的积累和进取，该院拥有了雄厚的设计实力、丰富的人力资源、先进的设计手段。全院现有职工 933 人，一级注册建筑师 112 名，一级注册结构工程师 146 名。1986 年以来该院共有近 200 项设计作品获奖。

作为一所国际著名高校设计单位，该院非常重视建筑教育。培养了一大批硕士生、博士生。此外，该院具备丰富的对外交流合作经验，曾成功的与来自美国、加拿大、德国、法国、西班牙等国的著名事务所合作，并互派员工交流学习。

按 ISO9001 标准建立的质量保证体系通过中国 SAC 和美国 RAB 双重认证。自 2001 年起，与中国人民保险公司签订了每年累计赔偿一亿元人民币的工程设计险合同。该院有能力提供顶尖的设计产品和一流的咨询服务。

山东建筑大学

山东建筑大学是一所以工科为主，以土木建筑学科为特色，工、理、管、文、法、农等学科交叉渗透、协调发展的多科性大学。学校坐落在文脉绵延、山水秀美的泉城济南。

1956 年，作为国家城市建设部在全国新建的 10 所土建类学校之一，济南城市建设学校宣告成立，并于 1958 年升格为本科院校。其后，学校历经山东建筑学院、山东省建筑工程学校、山东建筑工程学院等发展时期。1978 年，教育部正式批准山东建筑工程学院恢复本科办学；1997 年，学校通过原国家教委本科教学工作合格评价；1998 年，经国务院学位委员会批准获得硕士学位授予权；2006 年 2 月，教育部批准学校更名为山东建筑大学，学校发展进入了新的历史阶段。

学校办学基础好，设施先进，功能完善。学校现有新校、和平两个校区，总占地 143.57 万平方米，教学行政用房 34.37 万平方米，学生宿舍 13.95 万平方米；图书馆藏书 168 万册，电子图书 106 万册；各类运动场所面积 8.42 万平方米；教学仪器设备总值 15 185.71 万元；教学用计算机 3 463 台，多媒体和语音室座位 16 801 个；拥有便捷、安全、高速的校园网络。学校新校区 2004 年建成，生态型、数字化、园林式的校园成为广大青年学生学习成才的理想之地。

学校坚持人才强校战略，不断加强高水平人才的引进和培养，积极创造条件优化人才成长和发展环境，师资队伍稳定，结构合理，满足人才培养需要，发展趋势良好。学校现有专任教师 1 276 人，其中具有高级职务的教师占 41.85%，拥有硕士和博士学位的占 60.58%。学校有双聘院士 2 人，国家百千万人才工程一、二层次人员 1 人，享受国务院特殊津贴专家 12 人，山东省有突出贡献的中青年专家 7 人，博士生导师 15 人，硕士生导师 183 人，全国优秀教师 11 人，山东省级教学名师 4 人，山东省优秀教师 12 人，山东高校十大优秀教师 5 人。广大教师从严执教，严谨治学，为人师表，爱岗敬业。

学校主动适应区域经济和社会发展需要，适时调整和完善学科专业布局，形成了以本科教育为主、积极发展研究生教育的多层次办学格局。学校设有土木工程学院、管理工程学院、热能工程学院、市政与环境工程学院、艺术学院、建筑城规学院、机电工程学院、信息与电气工程学院、商学院、材料科学与工程学院、计算机科学与技术学院、理学院、法政学院、外国语学院、体育教学部15个学院（部）和成人教育学院。拥有42个本科专业，涉及6个学科门类的22个一级学科；拥有建筑学、土木工程、管理科学与工程3个硕士学位授权一级学科、31个硕士学位二级学科授权点，1个工程硕士培养领域。目前，学校面向全国29个省（市、自治区）招生，生源质量高。学校现有全日制在校生21 445人（其中硕士研究生494人，本专科生20 515人）。

学校始终坚持以人才培养为根本任务，以教学工作为中心，以教学质量为生命线，不断加大教学投入，强化教学管理，深化教学改革，基本建立起符合教育规律、满足经济社会发展需要、彰显学校特色的高素质人才培养体系，取得了一批较高水平的教学成果。目前，学校获省级优秀教学成果奖20项，其中一等奖2项。拥有国家级精品课程1门，省级精品课程4门，省级特色专业3个，省级基础实验教学示范中心2个。

学生创新实践能力强，综合素质高。2004年以来，学校学生参加“挑战杯”、电子设计、数学建模等各类竞赛活动，共获得省级以上奖励232项，其中国家级奖励90项，获得专利授权351项。毕业生受到社会广泛认可，就业率连续三年名列山东省高校前茅，学校先后被评为“全国建设人才培养工作先进单位”、“山东省就业工作先进集体”。办学51年来，学校为社会培养了10万余名高素质本专科毕业生，他们扎实苦干、锐意进取、遍及齐鲁、辐射全国，多已成为所在行业、部门的业务和管理骨干。在山东省评选的19位建筑大师和规划大师中，有9位毕业于该校。山东省各市建设系统管理及业务骨干约有50%是该校毕业生。广大建大毕业生以良好的素质、出色的表现为学校创出了品牌，赢得了很高的社会赞誉。

学校始终把学科建设作为培育核心竞争力的关键，确立了强化优势学科、支持基础学科、发展交叉学科、培育新兴学科的学科建设思路，整体水平稳步提高。目前学校拥有8个省级重点学科，3个省级重点实验室，5个省级工程技术研究中心，其中城市规划与设计学科被确定为“十一五”省级强化建设重点学科，并被省委省政府批准设立“泰山学者”岗位，成为山东省该学科唯一特设岗位，结构工程实验室为“十一五”省级强化建设重点实验室。学校主动面向经济建设主战场，大力开展科学研究与技术服务，在结构工程、能源综合利用、城市规划与建筑设计、智能化建筑等诸多研究领域均已形成自己的特色和优势，一批科技创新成果广泛应用于经济建设主战场，产生了显著的经济和社会效益。2004年以来，学校承担省部级以上科研项目147项，获省部级以上科技奖励21项，有70项成果获国家专利，发表论文3390篇，其中419篇被SCI、EI、ISTP收录，先后出版专著、教材279部，2006年科研经费达到4 500万元。科研工作的顺利开展对改善教学条件、提升教师水平、推进创新实践教学、提高人才培养质量发挥了积极的推动作用。

学校积极推进开放办学，先后与美国、英国、俄罗斯等10个国家的22所大学和科研机构建立了校际合作与科研协作关系。积极开展学者互访，40余名访问学者、留学人员回校工作，有10余名外籍专家和教师常年在校任教，并邀请外籍专家来校开展短期讲学和学术活动，拓宽了师生的学术视野。加强国际科研协作与交流，该校教师现承担多项国际间科研协作项目，举办（承办）了第四届国际可持续能源会议等多项国际学术会议。成功实施与维多利亚大学、奥克兰理工学院中外合作办学项目，开展本科生赴国外大学修读学分的学生交换项目，开辟了国际校际合作的新途径。

“十一五”期间，学校将继续秉承“以人为本、自强不息、经世致用、造福桑梓”的办学理念，进一步解放思想、求真务实、同心同德、干事创业，努力实现由外延发展为主向内涵提高为主的战略转变，为把学校建设成为办学水平较高，在国内外有一定影响的多科性大学而努力奋斗。

沈阳建筑大学

沈阳建筑大学曾隶属于建设部，2000年划归辽宁省管理，实行省部共建。建校历史可追溯到1948年成立的东北兵工专门学校。学校是以建筑土木学科为优势，集工、管、理、文、农、法等学科门类的多科性大学。

学校总占地面积1 832.7亩，建筑面积63.68万平方米。位于沈阳浑南新区的主校区占地面积1 428.6亩，建筑面积37.17万平方米。主校区规划设计体现了以人为本、与自然和谐共生的理念，规划布局合理，建筑形式现代、质朴、简练，功能设施齐全。教学区为网格式、具有东方文化底蕴的庭院组合，有利于资源共享和学科交流。一座长达756米的亚洲第一长廊将教学区、图书馆、实验区、办公区、生活区等巧妙地连接在一起，形成校园一道独特的风景。学校拥有开放式图书馆、国内首座建筑博物馆、多功能体育中心（包括：游泳馆、篮排球馆、乒乓球馆、体操馆、文娱馆）、方便快捷的校园网和有线电视网。

学校设有15个学院，现有教职工1 600余人，其中专任教师877人。专任教师中具有副高级以上技术职称的407人、硕士及以上学位459人。具有博士生导师资格11人，硕士生导师350人。学校目前有各类在校生23 000人，其中本科生15 800人、研究生1 500人。

学校为教育部批准的联合培养博士学位研究生工作单位，有1个联合培养博士点，6个一级硕士学位授权学科，30个硕士点，学校为工程硕士专业学位授权单位，在建筑与土木工程等6个工程领域招收工程硕士生。本科教育包括六大学科门类的35个专业，建筑学专业和土木工程专业分别通过了国家级的专业评估，均为辽宁省省级示范专业。学校招生范围覆盖31个省区，其中在11个省区进入一批次录取，在辽宁省有13个专业进入一批次录取。学校是教育部确定的培养高水平运动员试点单位之一。学校2002—2006年的本科毕业生初次就业率连续5年在辽宁省高校名列前茅。

“十五”期间，学校获得科技总经费12 623.5万元，累计科研立项1 000余项，其中国家和省部级近400项，115项科研成果获得国家和省部级奖励。学报（自然科学版）被教育部评为全国高校优秀科技期刊一等奖并于2005年被美国工程索引（EI）确定为核心刊源。2004、2005两年学生申请专利176项，列辽宁省高校之首。学校有6个省部级重点学科和6个省部级重点实验室。学校与20多个国家的40多所大学建立了校际交流或科研合作办学关系，是教育部选定的招收国内访问学者单位，是国务院确定的全国首批可以招收外国留学生学校。学校教学改革取得丰硕成果，“十五”以来，学校承担教改立项国家级8项，省部级69项。“十五”期间编写并出版教材、著作144部，教改成果获国家和省部级奖励56项。2005年被评为首届全国“优秀高等教育研究机构”。

学校高举邓小平理论的伟大旗帜，以“三个代表”重要思想为指导，以科学发展观为统领，坚持社会主义办学方向，坚持规模、结构、质量、效益协调发展，不断深化各项改革，求真务实，开拓进取，为把学校建设成为充满活力和具有创新能力的知名建筑大学而努力奋斗！

沈阳建筑大学城市建设学院

沈阳建筑大学城市建设学院是一所经教育部批准成立，由沈阳建筑大学以新机制和新模式举办的全日制本科普通高校（独立学院）。学院创建于2000年7月，初步形成了以城市建设、城市环境、城市管理为特色，工、管、文学科交叉渗透、协调发展的办学格局。

学院地处最具经济活力、东北装备制造业中心城市—辽宁省沈阳市。新校园位于沈阳市浑河南岸，占地800余亩，校舍总建筑面积8万多平方米，设施完备。目前在校生2 600余人。学院充分发挥沈阳建筑大学的办学优势和资源，选聘沈阳建筑大学优秀教师任教，2002年在辽宁省教育厅教学质量评估中名列前茅，2005年1月顺利通过教育部办学条件和教学工作检查。

学院根据社会发展需要设置专业，目前开设土木工程（含建筑工程方向、交通土建工程方向）、建筑环境与设备工程、给水排水工程、电气工程及其自动化、自动化、通信工程、计算机科学与技术、机械制造及其自动化、交通运输、物流工程、工程管理（工程概预算方向）、会计学、艺术设计等13个本科专业。

学院办学坚持以人为本，德才并重、特色办学，科学管理。坚持把学生培养成为德、智、体协调发展，具有一定的理论基础和创新意识，熟悉专业知识，实践能力较强，能够适应社会需求的高素质、应用型专门人才。学生学习期满，成绩合格颁发沈阳建筑大学城市建设学院本科毕业证书，加盖沈阳建筑大学城市建设学院印章，达到沈阳建筑大学学位授予标准的颁发沈阳建筑大学学士学位证书。学院设立多项奖学金，其中入学奖学金最高达10 000元。学院毕业生就业前景广阔，近三届毕业生初次就业率均列省同类院校前列。同时，学院现开设专业的所属相关学科在沈阳建筑大学均具有硕士学位授予权，学生毕业后可直接报考沈阳建筑大学进一步学习深造。

学院办学秉承“团结、勤奋、求实、创新”的校训，树优良学风，育　流人才，努力将学院建设成为省内一流、国内知名的独立学院。

西安建筑科技大学

西安建筑科技大学坐落在历史文化名城西安，南眺驰名中外的唐代大雁塔，北临举世闻名的明代长安城墙，环境优美，交通便利。学校总占地面积2 035.2亩，其中校本部面积697.8亩，东校区面积837.4亩。

西安建筑科技大学，原名西安建筑工程学院，于1956年由东北工学院、西北工学院、青岛工学院和苏南工业专科学校四所院校的土木、建筑、市政类系（科）合并而成，积淀了我国高等教育史上最早的一批土木、建筑、市政学科的精华，为我国著名的土建类院校之一，是国务院首批批准有权授予学士、硕士、博士学位的高等学府。1959年和1963年，曾先后易名为西安冶金学院、西安冶金建筑学院。

1994年3月8日经原国家教委批准，更名为西安建筑科技大学。经过50年的建设发展，已成为一所以土木、建筑及相关学科为特色，以工程学科为主体，理工科相互支撑，文、理、工、管、艺、法等学科有机融合的多科性教学研究型大学。

学校现设有 15 个院（系），44 个本科专业，现有一级学科博士学位授权点 4 个，二级学科博士学位授权学科、专业 19 个，硕士学位授权学科、专业 58 个，拥有高教硕士、工程硕士、风景园林硕士、建筑学硕士 4 个专业学位硕士授予权，拥有博士后流动站 4 个，陕西普通高等学校“名牌专业”11 个。

学校现有国家级重点学科 2 个，省部级重点学科 7 个，国家级科技成果研究推广中心 1 个，省部级工程研究和科技成果推广中心 4 个，省部级重点实验室 5 个。粉体工程研究所为国家“干法水泥回转窑预分解技术研究推广中心”。建筑设计研究院、城市规划设计院属国家甲级设计单位，建材设计研究院是国家建材乙级设计单位。校图书馆藏书 210.8 万册，中外文期刊 5 633 余种。学校现已建成了居国内先进水平与国际互联网相连的校园计算机网络，实现了与国际网络的资源共享。学校还有信息网络中心、教育技术中心、计算中心、物理检测中心及大学生活动中心，40 000 平方米的田径场、体操健美设施等文体活动场所。这一切为培养德、智、体全面发展的社会主义现代化建设者和接班人提供了良好的条件和环境。

学校现有教职工 2 356 余名，具有高级职称的教师、工程技术人员及研究人员 700 余名，其中，中国工程院院士 1 名。在校本、专科生 25 200 余名，博士、硕士研究生 3 200 余名，成人教育学生 7 000 余名。

近几年，学生第一志愿录取率和毕业生初次就业率均保持在全国高校前列。2006 年第一志愿录取率为 92.89%。2000 年，该校在教育部就业制度改革后的首次评比中，被评为“全国普通高等学校就业工作先进单位”。2002 年该校毕业生就业率高达 98.3%，位居陕西省普通高等学校（工科）第一名。2005 年该校在陕西、山西、山东、河南、河北、浙江等 18 个省第一志愿录取率达到 100%，本科毕业生初次就业率达到 98.64%，位居陕西省普通高校前列。

学校按照国家培养人才的目标和要求，积极开展素质教育，不断提高教学质量，理论联系实际，注意培养学生实事求是、独立思考、勇于创造的科学精神。学校为适应社会主义市场经济建设的需要，在本科生中推行主辅修专业和弹性学制等改革措施，同时还为大学生设立了各项奖学金等奖励制度。近几年来，该校大学生在国际大学生设计竞赛和论文评比中先后 6 次名列前茅，获得 10 余项奖励。特别是建筑学院学生连续五次在联合国教科文组织和国际建协组织的国际大学生建筑设计竞赛中获奖，在第十四届中获得最高奖联合国教科文组织奖，为该校和中国大学生争得荣誉。1999 年该校成功组织了第 20 届 UIA 国际建筑师大会大学生建筑设计竞赛，这在亚洲地区属首次承办，也开创了国际上首次由一所高校全面负责的先河。近年来该校还先后承担了黄帝陵整修总体规划与设计、黄土高原绿色建筑体系研究、高固气比水泥预热分解技术、无毒提金研究等数十项国家级重点规划设计任务及重点科技攻关项目，取得了一批具有国内外先进水平的科技成果，为该校赢得了良好的社会声誉，扩大了学校的对外影响。

改革开放以来，学校加强了对外学术交流与合作，先后与日本九州大学、日本大学、澳大利亚伍伦贡大学、美国多米里昂大学、法国波尔多建筑学院、乌克兰基辅建筑工程学院、韩国顺天大学、挪威科技大学等几十所海内外知名高等学府建立了校际合作关系。

并校 50 年来，西安建筑科技大学禀赋和弘扬“育材兴国、科技富民”的办学精神及“自强、笃实、求源、创新”的校训，为祖国培养了 4 万余名德才兼备的高级科技人才，为国家和地方提供了大量科研成果，为祖国高等教育事业、经济建设及社会发展作出了重要贡献。目前全校师生员工正乘科教兴国、西部大开发的春风，精神振奋，开拓前进，为将西安建筑科技大学办成国际知名国内高水平大学而努力奋斗。

浙江大学建筑设计研究院

浙江大学建筑设计研究院始建于 1953 年，是国家重点高校中最早成立的甲级设计研究院之一。现执有国家建筑工程设计、消防设计、建筑装饰设计、建筑专业咨询、施工图审查、建筑智能化系统工程设计、工程勘察（岩土工程）和市政公用（风景园林、道路、桥隧、给水、排水、环卫）等八项甲级证书，公路行业（公路）乙级证书。业务范围有高层、超高层的大型办公、宾馆、商业综合体、行政办公楼；学校校园规划与设计；影剧院、图书馆、博物馆等文化建筑；居住区规划与设计；体育建筑；医院类建筑；城市设计；智能建筑设计、室内设计；风景园林与景观设计；市政公用工程；岩土工程；幕墙设计等。

坚持“营造和谐、争创精品、建立品牌、接轨国际、有序发展”的办院方针，2000 年通过 ISO9001 质量体系认证。目前有五个综合设计所，三个专业设计所，以及岩土工程、市政交通、风景园林、建筑装饰、建筑幕墙、宁波六个分院组成，并在温州设立了分支机构。全院有一级注册建筑师、一级注册结构工程师近百名。建院以来坚持繁荣建筑创作、重视设计质量准则，积极参加市场竞争，并广泛开展国际学术交流与工程联合设计，与美国的 HOK、德国的 GMP、澳大利亚的 COX、PTW 等国际知名的设计公司进行合作。在历届优秀建筑设计评选中有 260 余项获得国家、部、省级优秀设计奖、优质工程奖及科技成果奖，取得了较好的社会声誉和经济效益，得到社会各界和建设单位的赞扬和好评。

东南大学建筑设计研究院

东南大学建筑设计研究院始建于1965年，属教育部、东南大学领导，是国内一流的著名设计院之一。

目前，全院共有289人，其中具有中、高级技术职称人员177人，国家一级注册建筑师35人，一级注册结构工程师35人，其他注册工程师、造价师23人。同时，该院工作场所、技术装备先进，拥有高校设计院理论水平高，科研能力强，学习气氛浓和追求不断创新的综合优势。

该院现有建筑行业建筑工程设计甲级，公路行业（公路）甲级，市政行业（道路、桥梁）甲级，文物保护规划与设计甲级，智能建筑（系统工程设计）甲级，电力行业（火力发电）乙级，市政行业（风景园林、排水）乙级等工程设计资质。

该院技术力量雄厚，专业配置齐全，下设：建筑设计创作所，建筑设计综合一、二、三所，规划设计所，建筑智能化设计所，热电工程设计研究所，交通工程设计分院，建筑经济所风景园林所、建筑遗产保护规划研究所及技术审查部。同时，为扩大经营范围，开拓国内外设计市场，在苏州和深圳两市分别建立了苏州分院和深圳分院，并与台湾启大建筑设计事务所合作注册成立了具有建筑工程综合甲级资质的江苏中大建筑工程设计有限公司。

该院建院以来，已在全国各地承接完成了数千项工程设计任务，尤其是改革开放以来，该院承接完成了南京国际展览中心、武汉大学人文科学馆、南京大学中美文化交流中心、周恩来纪念馆、沈阳“九·一八”纪念馆、吴健雄纪念馆、南京国际金融中心、江苏省游泳跳水馆、南师大新校区、东莞人民大会堂，与境外设计公司合作完成了南京丁山花园香格里拉酒店（五星级）、苏州吴宫喜来登大酒店（五星级）等数百项大型宾馆、度假村、商业中心、写字楼及文化、体育、纪念建筑，高等院校的建筑、规划设计任务。同时，还承接完成了沪宁高速公路南京连接线，江苏江都龙川大桥（江泽民主席亲题桥名）、昆山市石浦开发区热电厂一期工程、江苏阳光热电有限公司热电厂、南京长江二桥公园、东莞市行政文化中心广场等大量交通、热电和景观工程设计任务。

该院以“精心设计，勇于创新，讲究信誉，优质服务，持续改进，顾客满意”为质量方针，以“ISO9001—2000”标准为管理体系，取得了很好的信誉和社会效益。在历届国家和部委、省、市的优秀设计评选中，取得了优异的成绩，先后荣获各级优秀设计奖300多项，其中国家级银质奖3项，铜质奖3项，建设部优秀设计奖22项，教育部优秀设计奖62项，江苏省优秀设计奖40项，江苏省科技进步二等奖三项，江苏省优秀咨询奖9项。

东南大学建筑设计研究院是一个学习型、研究型、创新型、合作型不断追求进步，超越自我的团队。在当前的机遇和挑战面前，将更精、更美、更新作为不懈的追求目标，在竞争中提高，在竞争中发展，为国家的建设事业作出应有的贡献。

厦门大学建筑与土木工程学院

厦门大学建筑与土木工程学院是在原建筑系的基础上于2004年4月成立，现设有建筑系、土木工程系，并设有与学科联系密切的建筑设计研究院（甲级）。学院现有专任教师53人，其中教授10人、副教授18人，具有博士、硕士学位的教师49人。教师来源广泛、结构合理，年富力强，富有朝气和活力。建筑与土木工程学院现有设备齐全且较先进的建筑物理、建筑CAD、建筑造型、建筑材料、建筑力学、建筑测量、结构工程、土工等实验室；配备有专业教室、美术教室、多媒体专用教室、制图教室等教学场所；学院设有专用资料室，藏有专业中外文图书资料8000余册、中外文期刊近百种及相关声像资料。

同时，学院为在职教授、副教授配备相对独立的工作（研究）室，使得学院具备了良好的教学科研条件。建筑系创办于1987年，建筑学本科专业已于2003年通过“全国高等学校建筑学专业教育评估”，具有“建筑学学士”学位授予权。建筑学科1998年获得“建筑设计及其理论”专业硕士学位授权点，2005年获得建筑与土建学科工程硕士学位授权点，现已获得建筑学一级学科硕士学位授权点。土木工程系是厦门大学的老学科之一，曾于1938—1953年招生，培养了一批土木工程专业人才，曾在国内外具有相当影响。1999年学校申请并经教育部批准，恢复了该专业并开始招生，2003年获得“结构工程”硕士学位授权点，2005年获得建筑与土建学科工程硕士学位授权点。现已获得土木工程、力学两个一级学科硕士学位授权点。

学院在培养人才方面形成了以下特色：坚持以教学为中心，教学、科研与工程实践紧密结合，以科研和工程实践促进教学。多年来承担并完成了数十项工程项目的研究和设计工作，并有多项获省部级优秀设计一、二、三等奖，得到了社会的好评，取得了良好成果。这一切既提高了教师队伍的水平，也使学生在实践中掌握课本上学不到的知识。该院学生在全国大学生建筑设计竞赛中连续多年榜上有名，在国际区域性建筑设计竞赛中也曾取得优秀成绩；在每年举办的结构设计大赛中表现出色。

树立“综合素质教育”观念，不断充实、调整教学计划，并充分利用学校综合学科的优势，以“基础、技术、能力、理论、交叉”五个模块建立学科的培养体系，使教学质量逐步提高；坚持厚基础、强过程、重能力、多规格培养人才，既培养富有创造力的应用型的设计人才，专业化的建筑或房地产开发与经营管理人才；又培养建筑理论的研究型人才，使学生各施所长，受到了社会和用人单位的好评。

华南理工大学建筑学院

华南理工大学建筑学院建筑学系历史悠久，创建于1932年，为国家培养了大批合格的专业人才。是我国第一批通过评估的八所院系之一。经过70的发展，建筑学系已经成为我国南方建筑学教育、科研的重要基地。

1994年5月，建筑学系以优秀级通过全国高等学校建筑学专业评估，获得授予“建筑学学士学位”的资格。1995年11月，研究生教育以优秀级通过评估，获得授予“建筑学硕士学位”的资格。2000年建筑学专业本科和硕士生教育再次以优异的成绩通过国家级评估。2002年城市规划硕士研究生教育也以优秀成绩通过国家评估。

建筑学系设有两个博士学位授予点：建筑设计及其理论、建筑历史与理论；四个硕士学位授予点：建筑设计及其理论、建筑历史与理论、城市规划与设计和建筑技术科学。本科设有建筑学和城市规划两个专业。在校学生662人，其中本科生470人，博士、硕士研究生192人。

建筑学系师资队伍精干。建系之初积极迎聘了一批留学于欧、美、日的专家、教授，如陈伯齐、夏昌世、龙庆忠、谭天宋、符罗飞等在系中执教。这些专家、教授在五、六十年代，对华南地区的建筑教育、建筑设计作出了巨大贡献，在全国有较大影响。目前全系有教师70人，其中博士生导师8人，教授、副教授24人。教师共59人，形成老中青相结合的学术梯队。

建筑系设有四个实验室。亚热带建筑物理实验室：拥有建筑声、光、热方面的实验测试设备，满足教学实验和亚热带地区建筑技术的研究的需要。计算机辅助设计实验室：拥有CAAD各类设备，与国际计算机网络连接，供学生学习和教师进行CAAD和CAI方面的科研。视觉艺术实验室：拥有声像资料摄录、编辑、放映、照片、幻灯拍摄、冲放设备，提供视听电化教学条件。建筑模型实验室：拥有模型加工、制作设备，便于学生制作建筑设计模型。

建筑学系教师积极开展科学研究工作。成立了建筑与城市设计研究所、东方建筑文化研究所、城市规划与环境研究所和建筑技术科学研究所，主要开展亚热带地区建筑设计、城市规划设计、风景园林规划设计、古建筑民居保护修复设计、建筑防灾、建筑声学、通风、隔热、节能以及建筑CAD等方面的研究。近年来承担着国家自然科学基金、广东省自然科学基金、社会人文科学基金等研究项目以及一批省市横向科研项目，取得一批先进的科研成果。

建筑学系积极与国外及港澳台地区学校开展学术交流合作。每年邀请国外知名学者来系作学术报告及交流；派出教师学术访问或进修；参加和举办国际学术会议；开展双边合作研究项目等。联系较密切的学校有：美国德德州工业大学建筑系、瑞士苏黎世技术大学建筑系、法国巴黎维尔曼建筑学院、澳洲墨尔本皇家理工学院建筑经济系、香港大学建筑系、香港中文大学建筑系、香港城市大学等。

土木工程系作为组成原华南工学院建立时的六个学系之一，其办学的历史更为悠久，最早可追溯到1933年时的广东省立襄勤大学工学院的建筑工程系，1938年合并到国立中山大学。1952年院系调整时，中山大学土木系、岭南大学土木系、华南联合大学和广东工业专科学校的土木系合并，组成原华南工学院的土木工程系。建系至今已有70年的历史。

土木工程系从50年代起，原应聘在中山大学、岭南大学等校任教的一批留欧．美等国家的专家和教授，如陈永龄、桂铭敬、方棣棠、梁绰余、陈锦松、周履、陆能源、朱士宾、邝正文、罗崧发、朱福熙和凌崇光等便在系任教（后陈永龄、桂铭敬两教授先后调离）。他们对现土木工程系的教学、科研和师资的培养等方面作出了巨大的贡献，产生了深远的影响，为土木工程系的发展打下了坚实而良好的基础。

土木工程系现设有土木工程（原建筑工程）、水利水电工程2个本科专业，有结构工程博士学位授予权和结构工程、工程力学和岩土工程3个学科的学位授予权。土木工程、水利水电工程两个本科专业均面向全国招生。近年来，每年招收博士生约20名，招收硕士研究生约70名。此外，土木工程专业是该校获准招收工程硕士的14个学科之一，每年招收工程硕士研究生约60名。

土木工程系从50年代初华南工学院建校起至今已为国家培养了一大批土建结构设计、施工和管理方面的高级技术人才，其中包括中国科学院院士张佑启，中国工程院院士容柏生等结构大师。土木工程系的毕业生分布全国，尤其在华南与港澳地区，有较大的影响，获得良好声誉，其中不少已成为政府建设部门的领导、知名的专家、学者。

中国矿业大学建筑工程学院

中国矿业大学建筑工程学院具有悠久的办学历史。前身为成立于1909年的焦作路矿学堂土木工程科，1950年成立中国矿业学院土木工程系，1996年成立建筑工程学院。学院拥有雄厚的教学科研师资实力，目前已形成以中青年骨干为主体的学术梯队，全院共有教师105人，有2位“长江学者奖励计划”特聘教授，20位教授，14位博士生导师，35位副教授，教师队伍中有博士、硕士学位的占大多数。

学院现设有四个本科专业，即土木工程、建筑学、建筑环境与设备工程和工程管理，其中，土木工程专业为“江苏省高等学校品牌专业建设点”。拥有土木工程一级学科博士后科研流动站；具有岩土工程、结构工程和工程管理学科博士学位授予权；在岩土工程、结构工程、工程管理、建筑设计及其理论、桥梁与隧道工程、减灾防灾与防护工程等学科具有硕士学位授予权；同时拥有建筑与土木工程、工程项目管理两个领域的工程硕士学位授予权。

学院岩土工程（原矿山建设工程）为首批国家级重点学科、“九五”及“十五”“211工程”重点建设学科，目前国家已投入2 000多万，用于高水平研究条件和平台的建设。在岩土工程学科获准设立“长江学者奖励计划”特聘教授岗位，目前国内岩土工程学科上岗的两位特聘教授（赵坚教授、余海岁教授）均受聘于该院。

建筑工程学院现设道桥与地下工程系、结构工程系、建筑学系、建筑环境与设备工程系等系科；设有岩土工程研究所、岩石力学与土力学研究所、工程管理研究所、建筑结构与材料研究所、结构加固研究所、土木工程软件开发中心等研究机构；拥有建设监理咨询中心、建筑材料检测中心、建筑环境与土木工程研究所等院属企业以及地下工程、建筑结构、建筑材料、爆破与支护、道路与桥梁、建筑模型、岩石力学与土力学、计算机等实验室及图书资料室。

建筑工程学院科学研究和技术服务领域包括岩土工程、道路工程、桥梁工程、基坑工程、隧道工程、基础工程、矿井建设、特种结构、结构物耐久性理论与加固技术、建筑（构筑）物平移技术、工程项目管理、区域规划、建筑设计、景园设计、室内设计等。近5年来有8项科研成果获得国家级奖励，30多项获得省部级奖励，其中21项科研成果达到国际领先或先进水平。多年来，建筑工程学院与企业界、政府、研究机构、大学间建立有良好的合作关系，与国内外60多设计院、建筑施工企业、研究院所签订了产学研合作协议、建立了学生实习基地和各类奖励和资助基金；一些研究院、大学的院士、教授、研究员以及政府市长等技术官员受聘学院的兼职教授，为学院面向社会、面向经济建设办学营造了良好的外部环境。

学院努力加强国际交流与合作，近几年来，先后向美国、加拿大、澳大利亚、日本、法国、俄国、德国、英国、新加坡等国家选派教师达70多人次，邀请国外专家来院讲学达60多人次。从2004年起，学院与英国Nottingham大学采取“3＋1”联合培养模式，每年选送部分优秀本科生到诺丁汉大学攻读硕士学位。

悠久的办学历史，“人本、学术”的学院环境，“务本、进取”的学院精神、雄厚的师资力量，优良的办学条件，为人才培养、科学研究和社会服务奠定了坚实基础。建筑工程学院始终将人才培养工作放在首位，十分重视学生创新能力、实践能力和应用能力的培养。工作在工业与民用建筑、桥梁、公路、矿山、铁路、港口及政府部门从事管理、规划、咨询、设计、施工、勘测、监理、科研、教学等工作的历届毕业生以其良好的综合素质和实干的精神赢得了社会的广泛好评。面向新世纪，建筑工程学院制订了新的发展目标：将建筑工程学院建设为以建筑工程为主体以岩土工程为基础、以地下工程为优势，在土木建筑领域专业门类齐全，并跨相关学科、专业领域，能够培养一流高级技术和管理人才的有特色、有影响、有水平、有活力、有潜力的人才培养、科学研究和社会服务基地。

河南省建筑工程学校

河南省建筑工程学校（其前身为河南建筑工程学院）、河南省建筑职工大学创办于1956年，是河南省省属学校中建校最早的、唯一的建设类学校，目前隶属于河南省建设厅。2000年6月被教育部命名为国家级重点中等职业学校，2003年被评为河南省职业教育先进集体。目前形成一种集普通高等职业教育，“3＋2”分段制高等职业教育，普通中专教育，成人高等教育，同济大学专科、本科、硕士生网络教育，重庆大学专科、本科学分制网络教育，天津城建学院函授教育以及建设行业十大员、项目经理、营造师、农民工等各类专业技术培训教育为一体的多元化现代职教办学模式。

学校坐落在河南省的省会—绿城郑州，门前是宽阔的中原路，环境优美，交通便利。校园面积为 8 万平方米，实训基地 5 万平方米，建筑面积为 6.5 万平方米，主要有综合教学楼、办公楼、实验楼、礼堂、食堂、澡堂和 300 米环行跑道、足球场、篮球场、排球场和羽毛球场等；学校拥有与国际互联网相连的校园网和闭路电视教学与管理系统，有多媒体教室、微机室、电教室、语音室和电子阅览室及建材、土工、电子电工、给水与排水、物理、化工等 20 余个实验室和实训场地，图书馆藏书 20 余万册。学校还拥有设计室、建筑工程材料检测站，建筑装饰公司和建筑实习基地等一批教学辅助部门。

学校被河南省首批成为再就业培训定点学校、高级职业技能鉴定和一级继续教育中心。学校教职工 300 余人，其中副教授以上 50 余人，讲师 100 余人，形成了以副教授为龙头，以讲师为骨干的结构合理的专业师资队伍，目前在校生 12 300 余人。

学校建校几十年来，为建筑业提供了上万名优秀人才，他们已成为河南建筑业的中坚力量。学校毕业生可参加各类对口升学继续深造，亦可由学校推荐工作。

学校新购土地 600 亩构筑新校区，积极深化教育教学改革，转变教育思想和教育观念，树立职业教育意识努力探索面向 21 世纪、以培养实用型人才为目标，以市场需求为导向的社会主义职业教育体系。

2010年建设行业大事记

序号	时间	事件	影响
1	1月14日	全国铁路建设工作会议在广州召开	敲定全年全国铁路建设目标，确保完成7 000亿元投资任务
2	3月22日	成都至重庆铁路客运专线（重庆段）建设动员大会在重庆市举行	成渝铁路客运专线通过与其他客运专线和城际铁路相衔接，成为全国铁路快速客运网的重要组成部分
3	4月13日	住房和城乡建设部召开了电视电话会议，就加快保障性住房建设、遏制部分城市房价过快上涨作出部署	会议指出，2010年保障性安居工程建设目标是：建设保障性住房300万套，各类棚户区改造住房280万套，扩大农村危房改造试点范围
4	4月14日	国务院常务会议规定，二套房贷款首付比例提高到50%	将对投机性房地产起到部分抑制作用
5	4月17日	国务院发布关于坚决遏制部分城市房价过快上涨的通知	
6	4月27日	发改委下发10项重点节能工程首批投资	10项重点节能工程包括建筑节能、绿色照明、政府机构节能以及节能技术服务体系建设等
7	4月30日	上海世界博览会开幕	
8	5月14日—17日	中央召开新疆工作座谈会	中央提出对推进新疆跨越式发展和长治久安作出重大战略部署
9	7月1日	沪宁城际高速铁路开通运营	
10	7月8日	美国《财富》公布世界500强企业	中国铁道建筑总公司、中国中铁股份有限公司、中国建筑集团总公司、中国交通建设集团有限公司、中国冶金科工集团公司5家中国建筑企业上榜
11	7月26日、27日	2010年北京上半年经济形势分析会召开	刘淇强调，要完善政策性住房体系，全面推进棚户区改造工程，坚持加大政府对中低收入群众住房保障的力度不动摇
12	8月15日	第五届泛北部湾经济合作论坛在广西南宁开幕	中国政府未来3～5年内将对广西境内铁路、公路、机场、桥梁、发电场和水库等基础设施进行全面升级，计划投入1.5万亿元人民币巨资支持广西经济发展
13	9月14日	2009年度中国建筑装饰百强企业名单公布	
14	9月17日	加快保障性安居工程建设工作座谈会在北京召开	实施保障性安居工程，关系人民群众切身利益与社会和谐稳定，关系经济平稳较快发展和房地产市场稳定健康发展
15	9月29日	多部委出台“巩固楼市调控措施”	首套房贷款首付比例调整到30%，三套及以上房贷暂停
16	11月5日	迪斯尼与申迪集团签协议	标志上海迪斯尼项目正式启动
17	12月19日	成渝经济区区域规划获发改委审批通过	成渝两地经济加快发展，将对西南乃至西部地区产生巨大的辐射带动作用
18	12月21日	中央农村经济工作会议召开	会议指出预算内固定资产投资重点用于农业农村基础设施建设，土地出让收益重点投向农业土地开发、农田水利和农村基础设施建设

建设英才

（拼音排序索引）

房地产业：

B

毕宏波 …… (103)
边华才 …… (103)

C

蔡恒星 …… (103)
蔡穗声 …… (103)
曹建军 …… (104)
曹 天 …… (104)
岑伟栋 …… (104)
常 贵 …… (104)
常开华 …… (104)
陈定杰 …… (104)
陈丰跃 …… (105)
陈淮军 …… (105)
陈继军 …… (105)
陈建铭 …… (105)
陈 力 …… (105)
陈 丽 …… (105)
陈 亮 …… (106)
陈 岭 …… (106)
陈毛银 …… (106)
陈明朗 …… (106)
陈清华 …… (106)
陈荣岁 …… (106)
陈顽强 …… (107)
陈维辉 …… (107)
陈伟峰 …… (107)
陈兴汉 …… (107)
陈玉民 …… (107)
陈岳林 …… (108)
陈志贵 …… (108)
程 宏 …… (108)
程孝义 …… (108)
崔书君 …… (109)
崔占钦 …… (109)

D

戴国圣 …… (109)
丁生义 …… (109)
董 奇 …… (109)
董廷之 …… (110)
杜葆华 …… (110)
杜宏图 …… (110)
段红焦 …… (110)

F

范广臣 …… (110)
范恒超 …… (110)
范茂胜 …… (110)
方 明 …… (111)
冯 晖 …… (111)

G

甘 鹏 …… (111)
皋玉凤 …… (111)
高冲平 …… (111)
高国安 …… (112)
高会臣 …… (112)
高 昆 …… (112)
耿建明 …… (112)
顾云昌 …… (112)
郭丛拔 …… (112)
郭大宏 …… (113)
郭 浩 …… (113)
郭佳峰 …… (113)
郭树理 …… (113)

H

韩德明 …… (113)
韩 恺 …… (114)
郝建秀 …… (114)
何建材 …… (114)
何玉云 …… (114)
洪 刚 …… (114)
胡葆森 …… (114)
胡越高 …… (115)
黄昌平 …… (115)
黄光权 …… (115)
黄红云 …… (115)
黄怒波 …… (115)
黄 全 …… (115)
黄世再 …… (116)
黄天泓 …… (116)
黄文仔 …… (116)
黄玉蛟 …… (116)
黄祖渊 …… (116)
霍得立 …… (116)

J

季顶天 …… (117)
贾云植 …… (117)
姜 芳 …… (117)
姜 仕 …… (117)
姜照柏 …… (117)
蒋志红 …… (117)
金惠明 …… (118)
金利华 …… (118)

K

孔繁昌 …… (118)
邝正平 …… (118)

L

赖海民 …… (118)
蓝 春 …… (119)
黎光德 …… (119)
李爱萍 …… (119)
李春光 …… (119)
李存财 …… (119)
李德福 …… (120)
李德文 …… (120)
李 峰 …… (120)
李贵灵 …… (120)
李桂新 …… (120)
李海煜 …… (121)
李 明 …… (121)
李清溢 …… (121)
李 特 …… (121)
李 伟 …… (121)
李县民 …… (122)
李晓明 …… (122)
李鑫东 …… (122)
李 燕 …… (122)
李 勇 …… (122)
李 政 …… (123)
郦铁飞 …… (123)
梁开亮 …… (123)
梁 鹏 …… (123)
廖建国 …… (123)
林宝明 …… (124)
林起昌 …… (124)
林玉潮 …… (124)
林哲生 …… (124)
刘承玮 …… (124)
刘道锋 …… (124)
刘 军 …… (125)
刘升东 …… (125)
刘诗来 …… (125)
刘世军 …… (125)
刘述振 …… (125)
刘文武 …… (125)
刘小波 …… (125)
刘晓齐 …… (126)
刘新生 …… (126)
刘 尧 …… (126)
刘耀文 …… (126)
刘禹川 …… (126)
刘云江 …… (127)
鲁鸿宙 …… (127)
吕 剑 …… (127)
栾世平 …… (127)
罗建忠 …… (127)
罗欣桂 …… (127)

M

毛学明 …… (128)
孟 华 …… (128)

N

倪建达 …… (128)
牛福朝 …… (128)

O

欧阳祥山 …… (129)

P

庞文剑 …………………… (129)
Q
齐建湘 …………………… (129)
钱 伟 …………………… (129)
乔秋林 …………………… (130)
R
任金荣 …………………… (130)
S
申仕禄 …………………… (130)
沈玉兴 …………………… (130)
施纯贤 …………………… (130)
施勇智 …………………… (131)
石 峰 …………………… (131)
石克荣 …………………… (131)
史国民 …………………… (131)
史立香 …………………… (131)
史万奎 …………………… (131)
宋革委 …………………… (131)
苏 波 …………………… (132)
苏玉霞 …………………… (132)
孙德明 …………………… (132)
孙中占 …………………… (132)
T
谭 斌 …………………… (133)
谭承国 …………………… (133)
谭晓春 …………………… (133)
汤秋云 …………………… (133)
唐光明 …………………… (133)
唐绍钦 …………………… (134)
田 波 …………………… (134)
田 华 …………………… (134)
田 清 …………………… (134)
田志友 …………………… (134)
涂玉水 …………………… (135)
W
万雯娟 …………………… (135)
汪文有 …………………… (135)
王 建 …………………… (135)
王建树 …………………… (135)
王健林 …………………… (135)
王久方 …………………… (136)
王 君 …………………… (136)
王立和 …………………… (136)
王清志 …………………… (136)
王生坤 …………………… (137)
王天也 …………………… (137)
王小荣 …………………… (137)
王永红 …………………… (137)
王 宇 …………………… (137)
王 云 …………………… (138)
王振安 …………………… (138)
温继根 …………………… (138)
吴泉水 …………………… (138)
X
肖浩燃 …………………… (138)
肖基成 …………………… (138)
谢利卿 …………………… (139)
谢铁牛 …………………… (139)
谢振品 …………………… (139)
熊 浩 …………………… (139)
熊庆安 …………………… (139)
熊泽英 …………………… (140)
徐朝军 …………………… (140)
徐束萍 …………………… (140)
徐文忠 …………………… (140)
徐彦平 …………………… (140)
许家印 …………………… (140)
许俊杰 …………………… (140)
许铭生 …………………… (141)
许忠勇 …………………… (141)
Y
闫作利 …………………… (141)
严信平 …………………… (141)
颜家伟 …………………… (142)
杨 凡 …………………… (142)
杨 毫 …………………… (142)
杨建萍 …………………… (142)
杨克藩 …………………… (142)
杨 秋 …………………… (143)
杨晓初 …………………… (143)
杨秀林 …………………… (143)
杨越斌 …………………… (143)
殷 能 …………………… (143)
银 康 …………………… (144)
尹建国 …………………… (144)
尤振宇 …………………… (144)
余春明 …………………… (144)
郁伟东 …………………… (144)
袁占和 …………………… (144)
岳 冰 …………………… (145)
岳 峰 …………………… (145)
Z
曾树云 …………………… (145)
曾云枢 …………………… (145)
张爱青 …………………… (145)
张 辉 …………………… (145)
张剑东 …………………… (146)
张金林 …………………… (146)
张敬国 …………………… (146)
张 恺 …………………… (146)
张起运 …………………… (147)
张三货 …………………… (147)
张四海 …………………… (147)
张同生 …………………… (147)
张为耕 …………………… (147)
张 伟 …………………… (147)
张锡麟 …………………… (147)
张晓盈 …………………… (148)
张信志 …………………… (148)
张秀明 …………………… (148)
张 勇 …………………… (148)
张志成 …………………… (148)
张子玖 …………………… (149)
章家禄 …………………… (149)
章庆洪 …………………… (149)
赵 明 …………………… (149)
赵 昱 …………………… (150)
郑会伦 …………………… (150)
郑 兴 …………………… (150)
钟 华 …………………… (150)
钟 杰 …………………… (150)
周洪丽 …………………… (150)
周 科 …………………… (151)
周明森 …………………… (151)
周仕强 …………………… (151)
周锡科 …………………… (151)
周夏龙 …………………… (151)
周兴夫 …………………… (152)
周岳勤 …………………… (152)
朱宝良 …………………… (152)
朱华忠 …………………… (152)
朱新泉 …………………… (152)
朱元更 …………………… (153)
诸一军 …………………… (153)
邹丽华 …………………… (153)
邹锡昌 …………………… (153)
建筑工程：
A
安 英 …………………… (154)
B
卞圣洲 …………………… (154)
C
蔡永太 …………………… (154)
曹广晶 …………………… (154)
曹海华 …………………… (154)
曹松林 …………………… (155)
曹晓峰 …………………… (155)
曹晓岩 …………………… (155)
陈帮之 …………………… (155)
陈保勋 …………………… (155)
陈 波 …………………… (155)
陈鄂生 …………………… (156)
陈 飞 …………………… (156)
陈福生 …………………… (156)
陈 刚 …………………… (156)
陈洪才 …………………… (156)
陈华元 …………………… (157)
陈继松 …………………… (157)
陈建华 …………………… (157)
陈景华 …………………… (157)
陈九霖 …………………… (157)
陈莉茜 …………………… (158)
陈庆梓 …………………… (158)
陈书利 …………………… (158)
陈书明 …………………… (158)
陈银生 …………………… (158)
陈永根 …………………… (158)
陈兆喜 …………………… (159)
陈振江 …………………… (159)
陈之洪 …………………… (159)
陈志成 …………………… (159)
谌万里 …………………… (159)
程建平 …………………… (159)
程俊祥 …………………… (160)
程理财 …………………… (160)
程裕祥 …………………… (160)
程占华 …………………… (160)
崔凤祥 …………………… (160)
崔建跃 …………………… (160)
崔树江 …………………… (161)
D
戴捷崇 …………………… (161)
戴康福 …………………… (161)
党培旺 …………………… (161)

邓水根 ……………… (162)
董国峰 ……………… (162)
杜鹤鸣 ……………… (162)
杜兴文 ……………… (162)
杜亚林 ……………… (162)
杜兆兴 ……………… (162)
多吉罗布 …………… (163)
F
范喜哲 ……………… (163)
方胜利 ……………… (163)
冯　义 ……………… (163)
付志凯 ……………… (163)
G
甘　洪 ……………… (164)
高　淳 ……………… (164)
高红星 ……………… (164)
高志广 ……………… (164)
葛惠永 ……………… (164)
葛　涛 ……………… (164)
耿　冰 ……………… (165)
宫克石 ……………… (165)
巩向坤 ……………… (165)
谷献生 ……………… (165)
关鸿发 ……………… (165)
官家培 ……………… (165)
郭秀春 ……………… (166)
H
韩定海 ……………… (166)
韩风险 ……………… (166)
韩立君 ……………… (166)
韩平元 ……………… (166)
韩一彬 ……………… (167)
郝克俭 ……………… (167)
何国纯 ……………… (167)
何青春 ……………… (167)
何耀光 ……………… (167)
洪可柱 ……………… (167)
侯义宏 ……………… (168)
胡成高 ……………… (168)
胡刚锋 ……………… (168)
胡家定 ……………… (168)
胡黎明 ……………… (168)
胡依静 ……………… (168)
胡忆东 ……………… (169)
扈淮波 ……………… (169)
黄海年 ……………… (169)
黄怀宝 ……………… (169)
黄小毛 ……………… (169)
黄兆飞 ……………… (170)
黄　铮 ……………… (170)
J
吉忠达 ……………… (170)
季加铭 ……………… (170)
贾树国 ……………… (170)
江建端 ……………… (170)
江　津 ……………… (171)
蒋清林 ……………… (171)
蒋庆德 ……………… (171)
金普庆 ……………… (171)
金宗明 ……………… (172)
K
康宝华 ……………… (172)
康承业 ……………… (172)
孔小阳 ……………… (172)
L
赖振元 ……………… (172)
冷双德 ……………… (173)
李　安 ……………… (173)
李宝元 ……………… (173)
李保国 ……………… (173)
李保琪 ……………… (173)
李昌宇 ……………… (173)
李长建 ……………… (174)
李存虎 ……………… (174)
李德元 ……………… (174)
李国庆 ……………… (174)
李洪仁 ……………… (174)
李华喜 ……………… (175)
李建新 ……………… (175)
李金海 ……………… (175)
李奎炎 ……………… (175)
李明堆 ……………… (175)
李全立 ……………… (175)
李森平 ……………… (175)
李深恩 ……………… (176)
李书学 ……………… (176)
李伟斌 ……………… (176)
李伟民 ……………… (176)
李卫刚 ……………… (176)
李　文 ……………… (177)
李　文 ……………… (177)
李希元 ……………… (177)
李　雄 ……………… (177)
李　旭 ……………… (177)
李仰东 ……………… (178)
李永春 ……………… (178)
李永利 ……………… (178)
李　渝 ……………… (178)
李云岱 ……………… (178)
李运丁 ……………… (179)
梁　平 ……………… (179)
梁　旺 ……………… (179)
梁　振 ……………… (179)
林锦胜 ……………… (179)
林进挺 ……………… (180)
林祖培 ……………… (180)
刘宝华 ……………… (180)
刘崇智 ……………… (180)
刘海山 ……………… (180)
刘华军 ……………… (181)
刘怀远 ……………… (181)
刘季林 ……………… (181)
刘金虎 ……………… (181)
刘　军 ……………… (181)
刘俊禄 ……………… (181)
刘美产 ……………… (182)
刘其武 ……………… (182)
刘庆元 ……………… (182)
刘太平 ……………… (182)
刘兴华 ……………… (182)
刘永红 ……………… (183)
刘运武 ……………… (183)
刘志远 ……………… (183)
陆秋虹 ……………… (183)
陆提峥 ……………… (183)
陆拥军 ……………… (184)
栾宏源 ……………… (184)
罗克佐 ……………… (184)
罗　艳 ……………… (184)
罗应生 ……………… (184)
M
马连平 ……………… (184)
马似鹏 ……………… (185)
马伟荣 ……………… (185)
马晓平 ……………… (185)
马　云 ……………… (185)
麦建波 ……………… (185)
毛兴祥 ……………… (186)
穆光福 ……………… (186)
N
倪旭东 ……………… (186)
P
普武德 ……………… (186)
Q
钱永祥 ……………… (186)
秦国政 ……………… (187)
秦尚玉 ……………… (187)
卿兴旺 ……………… (187)
裘宝华 ……………… (187)
R
饶东平 ……………… (187)
任卫红 ……………… (187)
S
邵特跃 ……………… (188)
沈长全 ……………… (188)
沈德法 ……………… (188)
石世平 ……………… (188)
史国权 ……………… (188)
史明辉 ……………… (188)
史铁桥 ……………… (189)
宋小刚 ……………… (189)
宋兆峰 ……………… (189)
苏锁成 ……………… (189)
孙长征 ……………… (189)
孙富钢 ……………… (189)
孙海疆 ……………… (190)
孙吉龙 ……………… (190)
孙浦华 ……………… (190)
孙玉民 ……………… (190)
T
谭建辉 ……………… (190)
汤　明 ……………… (191)
唐保良 ……………… (191)
唐秀西 ……………… (191)
唐志成 ……………… (191)
陶盛发 ……………… (191)
陶卫中 ……………… (192)
田庆民 ……………… (192)
田执祥 ……………… (192)
屠　杰 ……………… (192)
W
万晓林 ……………… (192)
汪志成 ……………… (193)
王柏欢 ……………… (193)

王当强 ……………………（193）
王定水 ……………………（193）
王贵友 ……………………（193）
王　弘 ……………………（194）
王厚良 ……………………（194）
王　虎 ……………………（194）
王惠民 ……………………（194）
王家福 ……………………（194）
王甲辰 ……………………（194）
王建中 ……………………（195）
王　健 ……………………（195）
王景信 ……………………（195）
王俊峰 ……………………（195）
王力志 ……………………（195）
王立东 ……………………（196）
王立平 ……………………（196）
王麦对 ……………………（196）
王茂海 ……………………（196）
王培君 ……………………（196）
王　启 ……………………（197）
王庆瑜 ……………………（197）
王森林 ……………………（197）
王世超 ……………………（197）
王　顺 ……………………（197）
王五星 ……………………（197）
王小明 ……………………（198）
王小玉 ……………………（198）
王秀春 ……………………（198）
王训明 ……………………（198）
王　勇 ……………………（198）
王　勇 ……………………（198）
王玉田 ……………………（199）
王跃斌 ……………………（199）
王贞国 ……………………（199）
王志文 ……………………（199）
旺贻鄂 ……………………（199）
魏宏芝 ……………………（200）
吴本仁 ……………………（200）
吴才龙 ……………………（200）
吴　驰 ……………………（200）
吴奉明 ……………………（200）
吴惠生 ……………………（201）
吴　杰 ……………………（201）
吴　旭 ……………………（201）
吴亚军 ……………………（201）
吴翊良 ……………………（201）
吴治冕 ……………………（202）
武　汛 ……………………（202）
X
夏友滨 ……………………（202）
肖昌文 ……………………（202）
肖　明 ……………………（202）
肖尤加 ……………………（202）
肖跃文 ……………………（202）
熊青林 ……………………（203）
徐关兴 ……………………（203）
徐建标 ……………………（203）
徐鹏强 ……………………（203）
徐亦辉 ……………………（203）
徐　征 ……………………（204）
许光校 ……………………（204）
许吉武 ……………………（204）
许明华 ……………………（204）
许世臣 ……………………（204）
许扬明 ……………………（204）
Y
严介和 ……………………（205）
杨俭存 ……………………（205）
杨　杰 ……………………（205）
杨镜璞 ……………………（205）
杨开森 ……………………（205）
杨　雷 ……………………（206）
杨青山 ……………………（206）
杨天举 ……………………（206）
杨　伟 ……………………（206）
姚子辉 ……………………（206）
叶林富 ……………………（206）
于金涛 ……………………（207）
于立新 ……………………（207）
于天恩 ……………………（207）
余朝樟 ……………………（207）
俞　明 ……………………（207）
俞小平 ……………………（208）
Z
张财国 ……………………（208）
张福钢 ……………………（208）
张贵林 ……………………（208）
张恒祥 ……………………（209）
张　厚 ……………………（209）
张嘉根 ……………………（209）
张金华 ……………………（209）
张景志 ……………………（209）
张利宁 ……………………（210）
张鹏飞 ……………………（210）
张　平 ……………………（210）
张起瑞 ……………………（210）
张润斌 ……………………（210）
张　树 ……………………（210）
张太清 ……………………（211）
张向洪 ……………………（211）
张　勇 ……………………（211）
张云峰 ……………………（211）
张志英 ……………………（212）
张治国 ……………………（212）
张忠言 ……………………（212）
赵光明 ……………………（212）
赵怀建 ……………………（212）
赵怀利 ……………………（213）
赵　健 ……………………（213）
赵立国 ……………………（213）
赵士兵 ……………………（213）
赵向东 ……………………（213）
郑炳旭 ……………………（214）
郑国民 ……………………（214）
郑宏舫 ……………………（214）
郑三辰 ……………………（214）
郑增虎 ……………………（214）
钟祝平 ……………………（214）
周凤学 ……………………（215）
周　鹏 ……………………（215）
周　伟 ……………………（215）
周文波 ……………………（215）
朱海伦 ……………………（215）
朱宏魁 ……………………（216）
朱继文 ……………………（216）
朱家祥 ……………………（216）
朱九洲 ……………………（216）
朱梦河 ……………………（216）
朱奕霏 ……………………（216）
祝向军 ……………………（217）
建筑材料：
B
班光习 ……………………（217）
包柏青 ……………………（217）
薄永明 ……………………（217）
C
陈凤君 ……………………（218）
陈光正 ……………………（218）
陈海兵 ……………………（218）
陈　鹏 ……………………（218）
陈伟明 ……………………（219）
崔恒全 ……………………（219）
崔向东 ……………………（219）
D
刁奎麟 ……………………（219）
窦宝荣 ……………………（220）
杜　杰 ……………………（220）
杜双华 ……………………（220）
F
范建军 ……………………（220）
方中武 ……………………（220）
冯海龙 ……………………（220）
冯　俊 ……………………（220）
冯旭东 ……………………（221）
G
甘　军 ……………………（221）
高铁中 ……………………（221）
耿宝童 ……………………（221）
顾兴钧 ……………………（222）
H
韩宪保 ……………………（222）
何智慧 ……………………（222）
黄建民 ……………………（222）
黄俊峰 ……………………（222）
黄灵强 ……………………（223）
J
贾欣武 ……………………（223）
姜红星 ……………………（223）
K
孔祥智 ……………………（223）
L
黎昌林 ……………………（223）
李福中 ……………………（224）
李和昌 ……………………（224）
李　旗 ……………………（224）
李天宝 ……………………（224）
廖新荣 ……………………（224）
林清忠 ……………………（225）
刘　钢 ……………………（225）
刘　焓 ……………………（225）
刘建荣 ……………………（225）
刘晓宪 ……………………（225）
刘旭峰 ……………………（226）
刘永华 ……………………（226）

陆仁军 …………………… (226)
鹿凡伟 …………………… (226)
吕胜军 …………………… (226)
吕月珍 …………………… (227)
罗全起 …………………… (227)
Q
乔绪宾 …………………… (227)
邱广艳 …………………… (227)
R
任　里 …………………… (227)
S
沈正华 …………………… (228)
时一春 …………………… (228)
史立军 …………………… (228)
宋国强 …………………… (228)
苏洪财 …………………… (229)
孙碧庆 …………………… (229)
孙金元 …………………… (229)
T
唐朝军 …………………… (229)
陶佩贞 …………………… (230)
佟兆启 …………………… (230)
W
王　锋 …………………… (230)
王家文 …………………… (230)
王　林 …………………… (230)
王明泉 …………………… (230)
王绍庭 …………………… (231)
王晓辉 …………………… (231)
王永森 …………………… (231)
王占府 …………………… (231)
魏志光 …………………… (231)
吴亚德 …………………… (232)
吴岳明 …………………… (232)
武爱军 …………………… (232)
X
夏　君 …………………… (232)
徐百合 …………………… (232)
徐昌学 …………………… (233)
Y
阳　晴 …………………… (233)
杨成敏 …………………… (233)
杨文军 …………………… (233)
杨学夫 …………………… (234)
于世良 …………………… (234)
余长福 …………………… (234)
Z
张凤虎 …………………… (234)
张根凤 …………………… (234)
张建军 …………………… (235)
张　俊 …………………… (235)
张克勇 …………………… (235)
张起翔 …………………… (235)
张人为 …………………… (236)
张瀛月 …………………… (236)
张有理 …………………… (236)
张育武 …………………… (236)
张志法 …………………… (236)
赵世庆 …………………… (236)
郑爱民 …………………… (237)
郑元和 …………………… (237)
周志文 …………………… (237)
朱寿会 …………………… (237)
勘察设计：
C
曹德辰 …………………… (238)
常海龙 …………………… (238)
陈崇光 …………………… (238)
陈　鸿 …………………… (238)
陈凯峰 …………………… (239)
陈田忠 …………………… (239)
陈跃中 …………………… (239)
程绍杰 …………………… (239)
崔　骏 …………………… (239)
崔利国 …………………… (240)
D
登琨艳 …………………… (240)
丁志良 …………………… (240)
F
方冠富 …………………… (240)
G
高　栋 …………………… (240)
高志强 …………………… (240)
郭　潇 …………………… (241)
H
韩春刚 …………………… (241)
韩海令 …………………… (241)
韩　阳 …………………… (241)
韩永会 …………………… (242)
侯向群 …………………… (242)
胡　瑛 …………………… (242)
黄　瑾 …………………… (242)
黄俊强 …………………… (242)
黄贤忠 …………………… (242)
J
江欢成 …………………… (243)
蒋鸿兴 …………………… (243)
L
李开友 …………………… (243)
李启业 …………………… (243)
李世华 …………………… (243)
李彦坡 …………………… (244)
梁　伟 …………………… (244)
林文棋 …………………… (244)
林　昭 …………………… (244)
刘　亮 …………………… (244)
刘鹏飞 …………………… (245)
刘卫东 …………………… (245)
刘永泉 …………………… (245)
陆远刚 …………………… (245)
吕晓村 …………………… (245)
M
马清运 …………………… (245)
闵家驹 …………………… (245)
N
年　江 …………………… (246)
Q
钱国桥 …………………… (246)
乔全生 …………………… (246)
全科政 …………………… (246)
S
尚伟平 …………………… (246)
沈济黄 …………………… (247)
沈小克 …………………… (247)
束卫东 …………………… (247)
孙成群 …………………… (247)
孙振波 …………………… (247)
T
唐大权 …………………… (248)
W
王宏斌 …………………… (248)
王基文 …………………… (248)
王建国 …………………… (248)
王　炯 …………………… (248)
王润晓 …………………… (248)
王伟鸣 …………………… (249)
王文勇 …………………… (249)
王争鸣 …………………… (249)
吴　涛 …………………… (249)
吴奕良 …………………… (250)
伍克强 …………………… (250)
X
夏祖讽 …………………… (250)
向　华 …………………… (250)
熊绍辉 …………………… (250)
徐继武 …………………… (251)
徐建伟 …………………… (251)
徐林宝 …………………… (251)
许振长 …………………… (251)
Y
杨继友 …………………… (252)
尹纲领 …………………… (252)
尤琼銮 …………………… (252)
俞亚明 …………………… (252)
袁家军 …………………… (252)
Z
张　敏 …………………… (253)
张所庆 …………………… (253)
张泽高 …………………… (253)
赵济安 …………………… (253)
朱轶俊 …………………… (253)
邹积薪 …………………… (253)
邹　哲 …………………… (254)
建筑装饰：
A
安正杰 …………………… (254)
C
曹成学 …………………… (254)
陈　刚 …………………… (254)
陈国宏 …………………… (255)
陈庆春 …………………… (255)
陈　昊 …………………… (255)
陈永战 …………………… (255)
陈忠平 …………………… (255)
程龙赋 …………………… (255)
D
笪鸿鹄 …………………… (255)
丁海富 …………………… (256)
丁　辉 …………………… (256)
丁洁民 …………………… (256)
杜安省 …………………… (256)
段咏涛 …………………… (256)
F
方　彦 …………………… (257)

冯　林 ……………… (257)
付天鹏 ……………… (257)
G
高维新 ……………… (257)
古享林 ……………… (257)
郭　兵 ……………… (257)
郭长军 ……………… (258)
郭　辉 ……………… (258)
郭奎章 ……………… (258)
H
韩桂茂 ……………… (258)
韩鹏飞 ……………… (258)
杭　炜 ……………… (258)
何　宁 ……………… (259)
何　烨 ……………… (259)
黄贵军 ……………… (259)
黄进发 ……………… (259)
黄庆文 ……………… (259)
黄　彦 ……………… (260)
黄志同 ……………… (260)
J
贾淑芳 ……………… (260)
Q
瞿宝林 ……………… (260)
L
李保能 ……………… (260)
李慈雄 ……………… (261)
李广荣 ……………… (261)
李建忠 ……………… (261)
李杰峰 ……………… (261)
梁雪林 ……………… (261)
梁志天 ……………… (261)
林观彦 ……………… (262)
林文俊 ……………… (262)
林新达 ……………… (262)
林芝群 ……………… (262)
刘慧永 ……………… (262)
刘年新 ……………… (263)
刘自明 ……………… (263)
卢彩金 ……………… (263)
卢伟光 ……………… (263)
芦忠友 ……………… (263)
M
马海平 ……………… (264)
毛国鑫 ……………… (264)
N
倪　林 ……………… (264)
O
欧阳茜 ……………… (264)
P
彭桂华 ……………… (264)
R
阮小伟 ……………… (264)
S
上官光锡 …………… (265)
邵天胜 ……………… (265)
沈立东 ……………… (265)
宋立宏 ……………… (265)
苏景昌 ……………… (265)
苏晓梅 ……………… (265)
孙宝宏 ……………… (266)
T
谭英宏 ……………… (266)
堂　杰 ……………… (266)
W
汪家玉 ……………… (266)
汪锡明 ……………… (266)
王福涛 ……………… (267)
王国宇 ……………… (267)
王　杰 ……………… (267)
王金来 ……………… (267)
王松青 ……………… (267)
王　涛 ……………… (267)
王　玉 ……………… (268)
魏俊友 ……………… (268)
闻爱平 ……………… (268)
吴秉琪 ……………… (268)
吴建红 ……………… (268)
吴　晞 ……………… (268)
吴　杨 ……………… (269)
X
徐文卫 ……………… (269)
Y
杨海生 ……………… (269)
杨年坤 ……………… (269)
杨寿波 ……………… (269)
杨有诗 ……………… (270)
姚小东 ……………… (270)
叶大岳 ……………… (270)
叶东鲁 ……………… (270)
叶盛芦 ……………… (270)
游文庆 ……………… (270)
余国令 ……………… (271)
郁万恒 ……………… (271)
袁翼锋 ……………… (271)
袁煜昊 ……………… (271)
Z
张爱勇 ……………… (271)
张庆波 ……………… (271)
张卫东 ……………… (272)
张志龙 ……………… (272)
周程万 ……………… (272)
朱建国 ……………… (272)
朱力庆 ……………… (272)
朱兴良 ……………… (272)
竺国领 ……………… (273)
城乡规划：
B
白德懋 ……………… (273)
C
仓慧勤 ……………… (273)
曹伯虎 ……………… (273)
曹　景 ……………… (274)
陈　鹰 ……………… (274)
D
董乃传 ……………… (274)
杜雷功 ……………… (274)
G
高文杰 ……………… (274)
H
胡国光 ……………… (275)
黄晶涛 ……………… (275)
L
李　斌 ……………… (275)
李怀峰 ……………… (275)
李津莉 ……………… (275)
李　俊 ……………… (276)
李　昱 ……………… (276)
刘伟杰 ……………… (276)
陆　引 ……………… (276)
罗　玲 ……………… (276)
M
马忠良 ……………… (277)
Q
秦　川 ……………… (277)
S
申作伟 ……………… (277)
W
王　灏 ……………… (277)
王　晖 ……………… (277)
王明杰 ……………… (277)
X
徐　辉 ……………… (278)
Y
杨　挺 ……………… (278)
叶明志 ……………… (278)
Z
张　淮 ……………… (278)
郑向阳 ……………… (278)
周长林 ……………… (279)
朱雪梅 ……………… (279)
风景园林：
C
曹　旭 ……………… (279)
陈耀光 ……………… (279)
陈摇东 ……………… (280)
H
黄先友 ……………… (280)
J
贾华勇 ……………… (280)
江美平 ……………… (280)
L
李春友 ……………… (280)
刘二强 ……………… (281)
S
孙发政 ……………… (281)
W
王明荣 ……………… (281)
吴万青 ……………… (281)
X
许宝稳 ……………… (282)
Z
朱育帆 ……………… (282)
周永卓 ……………… (282)
庄仲强 ……………… (282)
建设监理：
C
陈立群 ……………… (283)
程志虎 ……………… (283)
F
冯之楹 ……………… (283)
G
高建学 ……………… (283)
H

胡金元 …………………（283）
黄培元 …………………（284）
黄　勇 …………………（284）
L
李明华 …………………（284）
李培坤 …………………（284）
李宗华 …………………（284）
刘秉良 …………………（285）
刘凤鸣 …………………（285）
M
马桂芝 …………………（285）
马文翰 …………………（285）
S
孙育民 …………………（286）
W
王　辉 …………………（286）
X
熊广忠 …………………（286）
许溶烈 …………………（286）
Z
张立华 …………………（286）
赵景孔 …………………（287）
周铁军 …………………（287）
朱兆芳 …………………（287）
訾诚亮 …………………（287）
建设咨询：
A
安英杰 …………………（288）
B
白乃鹏 …………………（288）
C
蔡　明 …………………（288）
乘　展 …………………（288）
D
丁崇好 …………………（288）
丁紫钢 …………………（289）
端应华 …………………（289）
F
扶伟聪 …………………（289）
G
顾德鱼 …………………（289）
郭　嵩 …………………（290）
H
杭伯安 …………………（290）
胡惠良 …………………（290）
黄建国 …………………（290）
J
蒋松凯 …………………（290）
Q
瞿敏伟 …………………（291）
L
李　凡 …………………（291）
李　良 …………………（291）
李玲龙 …………………（291）
梁光鸿 …………………（292）
刘宪生 …………………（292）
M
马　聪 …………………（292）
马国友 …………………（292）
马　新 …………………（292）
马雄承 …………………（292）
N
倪慎敏 …………………（293）
S
孙爱民 …………………（293）
T
陶　洁 …………………（293）
W
汪　澄 …………………（294）
王春龙 …………………（294）
王苏锋 …………………（294）
吴美蓉 …………………（294）
X
谢邦珠 …………………（294）
徐冬喜 …………………（295）
徐红英 …………………（295）
薛　铮 …………………（295）
Y
晏志勇 …………………（295）
杨　玲 …………………（295）
杨群力 …………………（296）
尹树元 …………………（296）
Z
周连杰 …………………（296）
周　义 …………………（296）
朱立岩 …………………（297）
朱其棕 …………………（297）
朱翌友 …………………（297）
朱　跃 …………………（297）
建设教育：
C
曹华先 …………………（297）
曹万林 …………………（297）
陈晓军 …………………（298）
陈兴汉 …………………（298）
D
邓小山 …………………（298）
杜时贵 …………………（298）
段进宇 …………………（299）
F
符里刚 …………………（299）
符宗荣 …………………（299）
付　林 …………………（299）
G
高天虹 …………………（300）
高永昭 …………………（300）
高宗祺 …………………（300）
顾奇伟 …………………（300）
桂立平 …………………（301）
郭粤梅 …………………（301）
H
胡晓元 …………………（301）
黄小军 …………………（301）
J
季　翔 …………………（301）
姜　涌 …………………（302）
L
李国强 …………………（302）
李慧民 …………………（303）
李吉善 …………………（303）
李丽娟 …………………（303）
李麟章 …………………（303）
李　宙 …………………（303）
刘海波 …………………（303）
刘吉臻 …………………（304）
刘　杰 …………………（304）
刘　军 …………………（304）
M
孟禹辰 …………………（304）
Q
齐　康 …………………（304）
秦佑国 …………………（305）
R
任南琪 …………………（305）
S
师武军 …………………（305）
石文星 …………………（305）
孙前元 …………………（306）
孙伟民 …………………（306）
T
谭忠富 …………………（306）
唐胜利 …………………（306）
陶连金 …………………（306）
W
王德华 …………………（307）
王晓航 …………………（307）
魏清泉 …………………（307）
温小明 …………………（307）
文海家 …………………（308）
吴　泽 …………………（308）
X
许华春 …………………（308）
薛素铎 …………………（308）
Y
杨卓舒 …………………（308）
伊　洪 …………………（308）
易　军 …………………（309）
殷惠光 …………………（309）
袁　文 …………………（309）
Z
张　瀑 …………………（309）
张绍纲 …………………（310）
张　扬 …………………（310）
朱　光 …………………（310）
庄惟敏 …………………（311）
建设科技：
C
蔡庆华 …………………（311）
曹金海 …………………（311）
曹亮功 …………………（312）
曹全有 …………………（312）
曹亚东 …………………（312）
陈　彬 …………………（312）
陈国栋 …………………（313）
陈韶章 …………………（313）
陈　硕 …………………（313）
陈伍胜 …………………（313）
陈志华 …………………（313）
程大章 …………………（314）
D
邓春意 …………………（314）
邓少林 …………………（314）
董亚利 …………………（314）
杜克荣 …………………（314）

段先念 ………………（315）
段孝宁 ………………（315）
F
付汉江 ………………（315）
傅礼铭 ………………（315）
G
光求旺 ………………（316）
贵　忠 ………………（316）
H
黄　健 ………………（316）
J
季智敏 ………………（316）
蒋克武 ………………（316）
金管德 ………………（317）
金　磊 ………………（317）
L
赖恒亮 ………………（317）
李登满 ………………（317）
李丰凡 ………………（318）
李鹤鹏 ………………（318）
李明东 ………………（318）
李维新 ………………（318）
李学勤 ………………（318）
李永毅 ………………（319）
刘京喜 ………………（319）
刘　军 ………………（319）
刘双珉 ………………（319）
罗羽林 ………………（319）
M
马兴瑞 ………………（320）
梅　萌 ………………（320）
莫志禄 ………………（320）
牟仁平 ………………（320）
P
彭少杰 ………………（321）
Q
乔聚甫 ………………（321）
R
茹鹏孝 ………………（321）
S
申永琴 ………………（321）
T
谭　锋 ………………（321）
W
王金书 ………………（322）
王向宏 ………………（322）
王　馨 ………………（322）
王秀春 ………………（322）
王亚戈 ………………（323）
韦　战 ………………（323）
吴保承 ………………（323）
吴国发 ………………（323）
吴华明 ………………（323）
X
肖建华 ………………（324）
肖跃进 ………………（324）
徐　斌 ………………（324）
徐延峰 ………………（324）
薛黎明 ………………（325）
Z
张德胜 ………………（325）
张国强 ………………（325）
张建义 ………………（325）
张录斌 ………………（325）
张林银 ………………（326）
张　翼 ………………（326）
赵景耀 ………………（326）
朱天社 ………………（326）
建设管理：
C
曹　磊 ………………（326）
陈　钦 ………………（327）
陈继国 ………………（327）
陈切顺 ………………（327）
陈一龙 ………………（327）
陈兆龙 ………………（327）
陈之泉 ………………（328）
D
丁志诚 ………………（328）
董俊明 ………………（328）
段维鹏 ………………（328）
F
范集湘 ………………（329）
方世杰 ………………（329）
G
盖文生 ………………（329）
勾学武 ………………（329）
谷自修 ………………（329）
顾爱斌 ………………（330）
郭建平 ………………（330）
H
韩永宁 ………………（330）
胡宏哲 ………………（330）
黄安中 ………………（330）
黄金星 ………………（331）
黄文江 ………………（331）
黄云贵 ………………（331）
J
江　卫 ………………（331）
K
柯文进 ………………（331）
L
李保田 ………………（332）
李成伟 ………………（332）
李汉国 ………………（332）
李焕军 ………………（332）
李继华 ………………（333）
李建宏 ………………（333）
李廷树 ………………（333）
李绣宽 ………………（333）
李振州 ………………（333）
林玉锁 ………………（334）
刘富富 ………………（334）
刘家文 ………………（334）
刘甲荣 ………………（334）
刘建锋 ………………（334）
刘建生 ………………（335）
刘小平 ………………（335）
刘征敏 ………………（335）
陆国俊 ………………（335）
陆金龙 ………………（335）
罗庆全 ………………（336）
罗秀芬 ………………（336）
M
马德良 ………………（336）
毛　勇 ………………（336）
S
桑　洪 ………………（337）
师红真 ………………（337）
史国安 ………………（337）
舒　凌 ………………（337）
司国晨 ………………（337）
宋大忠 ………………（338）
宋清晖 ………………（338）
苏伟宪 ………………（338）
孙光亮 ………………（338）
孙克华 ………………（338）
孙良勇 ………………（339）
孙荫环 ………………（339）
T
汤志强 ………………（339）
田连平 ………………（339）
W
汪林朋 ………………（339）
汪旭光 ………………（339）
王大为 ………………（340）
王德修 ………………（340）
王化冰 ………………（340）
王若雄 ………………（340）
王世宾 ………………（340）
王　伟 ………………（341）
王　勇 ………………（341）
王有康 ………………（341）
王云泉 ………………（341）
王　周 ………………（341）
温国明 ………………（341）
文俊杰 ………………（342）
吴传清 ………………（342）
吴建国 ………………（342）
吴小伟 ………………（342）
X
向久长 ………………（342）
肖忠明 ………………（343）
邢　巖 ………………（343）
熊　刚 ………………（343）
熊之舟 ………………（343）
徐　放 ………………（343）
许东坤 ………………（344）
许燕群 ………………（344）
Y
闫忠建 ………………（344）
严华明 ………………（344）
杨　燕 ………………（344）
杨玉科 ………………（345）
杨　哲 ………………（345）
杨正强 ………………（345）
姚　泓 ………………（345）
姚　华 ………………（345）
於如桂 ………………（345）
Z
张河浩 ………………（346）
张金池 ………………（346）
张金龙 ………………（346）
张仁一 ………………（346）

张世礼 ………………… (346)
张　伟 ………………… (347)
张元清 ………………… (347)
赵　刚 ………………… (347)
郑海军 ………………… (347)
周启双 ………………… (347)
朱仁财 ………………… (348)
朱守琛 ………………… (348)
朱新华 ………………… (348)
庄成茂 ………………… (348)
兹留柱 ………………… (348)
邹　毅 ………………… (349)
建设服务:
C
蔡叙群 ………………… (349)
陈爱芝 ………………… (349)
陈道宝 ………………… (349)
陈陆文 ………………… (350)
陈其斌 ………………… (350)
陈玉琳 ………………… (350)
D
戴锦林 ………………… (350)
董振东 ………………… (350)
杜诗良 ………………… (350)
G
高建军 ………………… (351)
高彦明 ………………… (351)
宫本兴 ………………… (351)
H
洪秀时 ………………… (351)
J
姜锡肇 ………………… (351)
降铁巩 ………………… (352)
阚春凤 ………………… (352)
K
孔繁军 ………………… (352)
孔新宁 ………………… (352)
L
李保华 ………………… (352)
李典龙 ………………… (353)
李庚银 ………………… (353)
李慧萍 ………………… (353)
李耀均 ………………… (353)
梁锡武 ………………… (353)
凌晓明 ………………… (354)
刘合炳 ………………… (354)
刘伟宏 ………………… (354)
刘志旺 ………………… (354)
卢艳霞 ………………… (354)
M
马永虎 ………………… (355)
孟力沛 ………………… (355)
缪旭波 ………………… (355)
P
潘生勤 ………………… (355)
潘伟光 ………………… (355)
庞永宁 ………………… (356)
Q
钱兴福 ………………… (356)
R
任洪斌 ………………… (356)
任沁新 ………………… (356)
任义宇 ………………… (356)
S
石　柯 ………………… (357)
孙立山 ………………… (357)
孙玉培 ………………… (357)
T
谭国柱 ………………… (357)
谭丽丽 ………………… (357)
W
王安安 ………………… (358)
王富林 ………………… (358)
王　会 ………………… (358)
王纪年 ………………… (359)
王孟堂 ………………… (359)
王小明 ………………… (359)
王兴志 ………………… (359)
王彦博 ………………… (359)
王　禹 ………………… (359)
魏国强 ………………… (360)
魏季宁 ………………… (360)
文　标 ………………… (360)
吴延海 ………………… (360)
X
肖培良 ………………… (360)
徐火根 ………………… (361)
徐茂海 ………………… (361)
Y
闫维明 ………………… (361)
杨　磊 ………………… (361)
杨　龙 ………………… (361)
杨绍祥 ………………… (361)
杨智勇 ………………… (362)
叶学礼 ………………… (362)
于　凡 ………………… (362)
俞国平 ………………… (362)
袁昌玉 ………………… (362)
袁　文 ………………… (363)
Z
曾文芳 ………………… (363)
张爱林 ………………… (363)
张爱民 ………………… (363)
张金福 ………………… (363)
张勤俊 ………………… (364)
张三梅 ………………… (364)
张世山 ………………… (364)
张　樹 ………………… (364)
张伟雄 ………………… (364)
张文华 ………………… (365)
张毅刚 ………………… (365)
赵子正 ………………… (365)
郑玉昕 ………………… (365)
周军威 ………………… (365)
朱法华 ………………… (365)
朱　林 ………………… (365)
朱守琛 ………………… (366)
综合:
B
鲍莉萍 ………………… (366)
边万根 ………………… (366)
C
蔡金华 ………………… (366)
陈敦松 ………………… (366)
陈立仁 ………………… (367)
陈少波 ………………… (367)
陈小平 ………………… (367)
陈　鹰 ………………… (367)
陈振文 ………………… (367)
迟　迅 ………………… (368)
D
戴皓光 ………………… (368)
丁立权 ………………… (368)
杜科湖 ………………… (368)
F
方启超 ………………… (368)
方清海 ………………… (369)
G
高建华 ………………… (369)
高密田 ………………… (369)
高仕军 ………………… (369)
葛永品 ………………… (369)
H
胡宜昌 ………………… (370)
黄国新 ………………… (370)
黄银荣 ………………… (370)
J
江秉才 ………………… (370)
江妙敏 ………………… (370)
金朝水 ………………… (371)
金　涛 ………………… (371)
K
康献堂 ………………… (371)
匡纯国 ………………… (371)
匡全明 ………………… (371)
L
雷晓曦 ………………… (372)
李成岗 ………………… (372)
李清楠 ………………… (372)
李　勇 ………………… (372)
李玉田 ………………… (373)
廖翊畅 ………………… (373)
林志高 ………………… (373)
刘成山 ………………… (373)
刘更申 ………………… (373)
刘兢海 ………………… (373)
刘智强 ………………… (374)
刘作仁 ………………… (374)
吕金祥 ………………… (374)
罗广和 ………………… (374)
骆宪炳 ………………… (374)
M
马如仁 ………………… (374)
马士杰 ………………… (374)
孟繁凯 ………………… (375)
孟晓苏 ………………… (375)
苗建国 ………………… (375)
N
聂士印 ………………… (375)
聂筑梅 ………………… (375)
O
欧阳天良 ……………… (376)
P
潘超文 ………………… (376)

彭刚国 ………………… (376)
蒲 薇 ………………… (376)
Q
戚金兴 ………………… (376)
钱先明 ………………… (376)
S
沈永财 ………………… (377)
石明德 ………………… (377)
宋艾芳 ………………… (377)
宋建荣 ………………… (377)
宋均昌 ………………… (377)
宋 琦 ………………… (378)
宋尚龙 ………………… (378)
宋玉庆 ………………… (378)
宋振群 ………………… (378)
孙国太 ………………… (379)
孙宏斌 ………………… (379)
孙 伟 ………………… (379)
孙永刚 ………………… (379)
T
唐律明 ………………… (379)
田 雄 ………………… (379)
W
王恩学 ………………… (380)
王国庆 ………………… (380)
王金生 ………………… (380)
王立国 ………………… (380)
王 璐 ………………… (380)
王 民 ………………… (381)
王仁果 ………………… (381)
王晓华 ………………… (381)
王 衍 ………………… (381)
王玉锁 ………………… (381)
卫 平 ………………… (382)
魏牛庚 ………………… (382)
魏仕度 ………………… (382)
文 荣 ………………… (382)
吴建功 ………………… (383)
吴炯声 ………………… (383)
吴绍福 ………………… (383)
吴燕信 ………………… (383)
武汉玺 ………………… (383)
X
向克坚 ………………… (384)
谢永健 ………………… (384)
徐 健 ………………… (384)
薛乐群 ………………… (384)
Y
闫少春 ………………… (385)
晏 平 ………………… (385)
杨广俊 ………………… (385)
杨 铿 ………………… (385)
杨孙西 ………………… (385)
杨晓东 ………………… (385)
杨英能 ………………… (386)
杨志豪 ………………… (386)
于 文 ………………… (386)
余宝琳 ………………… (386)
余海江 ………………… (386)
Z
曾海明 ………………… (387)
曾庆香 ………………… (387)
张百启 ………………… (387)
张国标 ………………… (387)
张纪伍 ………………… (387)
张静静 ………………… (387)
张林森 ………………… (388)
张庆庚 ………………… (388)
张桑铭 ………………… (388)
张松洲 ………………… (388)
张运新 ………………… (388)
赵鸿富 ………………… (389)
郑桂泉 ………………… (389)
郑继坤 ………………… (389)
周成辉 ………………… (389)
周海兵 ………………… (389)
朱培坤 ………………… (390)

中国水利水电建设股份有限公司

董事长：范集湘

研究生学历，高级经济师，享受国务院政府特殊津贴专家。现任中国水利水电建设集团公司总经理（法定代表人）、中国水利水电建设股份有限公司董事长、党委书记。兼任中国非洲友好协会副会长、中国经济社会理事会常务理事、国家水电可持续发展研究中心管委会副主任、中国水力发电工程学会副理事长、中国国际经济交流中心理事、中国企业联合会／中国企业家协会理事、中国电力企业联合会常务理事等职务，2010年被聘为中国国际贸易促进委员会建设行业分会理事。

获得“中国优秀施工企业家”、“中国电力行业优秀企业家”、“中国国际投资贸易洽谈会跨国公司杰出人物”、“全球华商领袖”、“四川省有突出贡献的优秀专家”等荣誉称号。具有高级职业经理人、壹级项目经理、水利水电一级建造师、造价工程师、建筑工程招标评标专家、监理工程师执业资格。

公司简介：

中国水利水电建设股份有限公司（简称“中国水电”）创建于20世纪50年代初，是由国务院国资委监管的大型中央企业，是中国水利水电建设行业的领军企业。经过半个多世纪的发展，中国水电已成长为以水利建筑工程为核心业务，以基础设施建设、电力投资建设与经营、房地产开发等相关业务为支撑，活跃于国内与国外相关建筑市场的综合型大型跨国企业集团。目前，中国水电在中国大陆设有18个全资子公司、9个控股公司、1个参股公司，在亚洲、非洲、大洋洲、南美洲等近50个国家和地区设有59个驻外机构，在职员工13万余人。

中国水电承担了中国近70%的水利水电建设任务，先后参与建设了长江三峡等一大批世界瞩目的巨型水电站和特大型、大型水利水电工程，累计完成水电装机容量1.3亿千瓦。

在全球，中国水电在48个国家有在建项目200多个，在建项目合同总额超过160亿美元。许多被所在国称之为“地标”的大型、超大型公共基础设施项目由中国水电建设完成，如：刚刚落成的苏丹麦洛维水电工程等。目前，中国水电在全球最大225家国际工程承包商排名中跻身前50强。

SINOHYDRO, well-known as “China’s first brand in hydropower construction”, is a large central State Owned Enterprise founded in 1950s. Now, SINOHYDRO has become a large diversified enterprise group active in the global market of engineering & construction, power investment, real estate development, electrical and mechanical plant fabrication and installation. SINOHYDRO has 18 subsidiaries, 9 holding companies and 1 share-holding company in Mainland China, over 59 overseas branches and representative offices in Asia, Africa, Oceania and South America. Its total employees amount to over 130,000.

SINOHYDRO has constructed many famous hydro-related projects in China. By far, it completed nearly 70% domestic mega and medium scale hydropower stations with a total installed capacity over 130,000MW.

SINOHYDRO has more than 211 projects under construction overseas; total contract value is over USD 16 billion dollars. Many projects completed by SINOHYDRO have become the landmarks in the host countries or worldwide, for instance: the recent completed Merowe Hydropower Station in Sudan. Now, SINOHYDRO Corporation ranks 55th on the ENR list of Top 225 International Contractors.

马来西亚巴贡项目

苏丹麦洛维大坝俯瞰

2010年12月15日，股份公司承建的缅甸耶瓦水电站举行工程竣工发电庆典

2010年9月7日，刚果(金)总统卡比拉为中国水电承建的五十年庆典大桥竣工剪彩

四川省房地产业协会

会长简介：杨燕　马志强

会长杨燕：出生于1944年11月，汉族，四川成都人，中共党员，大学本科毕业高级建筑师，曾任中共四川省纪委常委、四川省监察厅副厅长，四川省建设厅党组副书记（正厅级）、副厅长、四川省建设厅顾问，四川省政协地方专业委员会副主任；现任中房协顾问、中国土木工程学会住宅工作指导委员会副主任、中国建设行业管理英才大会组委会副主席、中国国际贸易促进委员会建设行业分会副会长、四川省贸促会第四届委员会委员、四川省社会组织促进会副会长、被商务部信用评级与认证中心授予“诚信中国·创新发展突出贡献人物”荣誉称号。

常务副会长马志强：曾任中共凉山州纪委副书记、四川省建设厅办公室主任、厅党组成员、中共四川省纪委驻省建设厅纪检组组长、省建设厅机关党委书记、省建设厅巡视员（正厅级），四川省政治研究会副会长；现任四川省建设系统政治工作研究会会长（经省委组织部批准）、四川省企业联合会、四川省企业家联合会常务理事，四川省建设系统信息学会荣誉会长。

杨燕同志和马志强同志是四川省乃至全国建设系统和房地产业协会的知名人士，在行业内有较高知名度和较大影响力。

杨燕　会长

协会简介：

马志强　常务副会长

四川省房地产业协会成立于1993年，由全省房地产开发、估价、经纪、物管等企事业单位和相关科研机构、大专院校、专家学者组成。省房协秘书处内设综合服务部、业务管理部、培训部、编辑部，财务部。下设房地产综合开发、物业管理、房地产交易及产权、房改、房地产估价、房屋拆迁、房地产金融、房地产经纪咨询、白蚁防治、房地产法律、房屋安全鉴定、住宅环境建设等12个专业委员会及住房公积金管理、乐山市、南充市三个直属分会，与全省21个市州的地方房协建立了挂钩关系，并在全省59个扩权强县试点县（市）和青川县设立了联络处，建立健全了服务机制。

多年来，四川省房地产业协会坚持以邓小平理论和“三个代表”重要思想为指导，认真贯彻落实科学发展观，深入学习贯彻国务院办公厅《关于加快推进行业协会商会改革和发展的若干意见》，全面履行“提供服务、反映诉求、规范行为”的基本职能，坚持深入开展行业调查研究，积极向政府及有关部门反映行业、会员诉求，提出行业发展意见和建议；参与研究、制定相关法规、宏观调控及产业政策；推进行业诚信自律建设，制定并组织实施行业道德准则，建立完善行业自律性约束机制，开展“诚信评价”活动；收集、发布行业信息，开展法律、政策、技术、管理、市场咨询服务；开展职业继续教育和岗位职业资格培训，提高全行业职工业务素质和职业道德；建立和完善规章制度，加强协会秘书处自身建设，提高服务能力；积极配合政府职能转变，认真做好政府交办和委托的各项工作；办好会刊，积极宣传国家房地产业政策，树行业新风；为政府、为企业牵线搭桥，开拓市场，组织国内国际交流与合作做了大量的卓有成效的工作，为推动四川省房地产业持续健康发展作出了积极的贡献。

四川省房协的出色工作得到了政府有关领导和部门的充分肯定，受到了会员单位和社会各界的广泛好评，多次荣获国家、省相关部委、有关部门的表彰。2004年2月，四川省房协被四川省建设厅授予“省级建设社团先进单位”称号；同年12月，被国家民政部授予“全国先进民间组织”称号，成为民政部表彰的四个全国房地产业协会之一；2006年被中国房地产业协会授予“全国房地产行业先进协会”；在2008年的抗震救灾中省房协党支部被四川省建设厅机关党委授予“抗震救灾先进基层党组织”，被四川省民政厅授予“四川省‘5·12’抗震救灾先进社会组织”；2010年2月，四川省房地产业协会荣获民政部授予的“先进社会组织”和“社会组织深入学习实践科学发展观活动先进单位”荣誉称号。7月，四川省房地产业协会党支部荣获省“四川省住房和城乡建设厅2008—2010年度先进基层党组织”称号。2010年12月，商务部信用评级与认证中心授予四川省房地产业协会“诚信中国.信用建设特别贡献单位”称号 。

四川省房地产业协会2010年常务理事扩大会主席台

杨燕会长在山西太原开会期间喜逢中房协刘志峰会长（左三）

马志强常务副会长率团参加中国房地产（澳门）论坛

杨燕会长参加西部地区第六届房地产业协会联席会议

四川省房地产业协会副会长及部分企业家座谈会

杨燕会长率团参加“三北”及中西部地区房协联席会议

东阳市鹏宏置业有限公司

董事长：吕月珍

工作简历：

1969—1976年	贵阳市南明区中曹办事处	
1976—1988年	贵阳市蔬菜公司中曹菜站	经理
1988—1998年	贵阳市金刚石砂轮厂	厂长
1998年至今	浙江超硬磨具有限公司	董事长
2009年至今	东阳市中小企业担保有限公司	董事长
	辽宁超能电动汽车有限公司	董事长
	丹东日月鑫置业有限公司	总经理
2010年至今	东阳市鹏宏置业有限公司	董事长

社会兼职：

中国国际贸易促进委员会建设行业分会副会长
中国女企业家协会常务理事
中国妇女报社协作理事会副理事长
国知联合科学技术中心委员会委员
中国机床协会超硬分会常务理事
浙江省全国总商会主席团主席
浙江全国总商会主席团主席
浙江省磁性材料协会常务理事
东阳市工商联副会长
东阳市信用促进会副会长

出席第四届中加经贸合作论坛

所获荣誉：

中国经济女性年度突出成就人物
中国百名杰出女企业家
中国工商业巾帼标兵
中国行业著名专家
国知联合科学技术中心专家
浙江省十大经营管理大师
浙江省关爱员工优秀企业家
第十三届人大代表
优秀女企业家
三八红旗手
东阳市劳动模范

与中国管理科学研究院常务副院长卢继传合影

第十届全国人大常委会副委员长顾秀莲为吕月珍颁奖

第四届中加经贸合作论坛——企业家洽谈

与保育钧在一起

《中国百名女企业家》交流酒会

中国古今集团

董事局主席：李春友

浙江温岭人，清华大学博士、高级工程师、高级工艺美术师、中国世纪专家、世界石雕石结构艺术大师，中共党员、市党代表、政协温岭市委常委、中国古今集团董事局主席、浙江古今园林建筑研究院院长、香港新远东国际集团董事长、《良言警句》、《奥运格言》等著作作者、中国奥运经济研究会理事、省企业家协会理事、市石雕学会理事长、市石雕商会名誉会长、市总商会副会长、台州市工商联常委、中国国际贸易促进委员会建设行业分会副会长、中国领导科学研究院院士、中国风景园林学会会员、中国考古学会会员、校外优秀辅导员、联合国教科文卫组织专家组成员、香港社会科学院名誉院长、中国书画院名誉院长、中国当代文学研究会特邀编委、中国经济研究院高级研究员、世界文化艺术研究中心高级研究员、中国专家评审联合会副会长、中国国际行业战略咨询协会首席专家、国际科学研究院终身客座教授、国际科学研究院中国分院院长兼国际建筑研究部副主任，荣获鲁班传人奖、杰出民营企业家、年度经济风云人物、爱国报国全国先进模范个人、共和国杰出贡献人物、中国诚信企业家、世界名人风云人物、联合国世界十大新闻封面人物、中国仿古建筑行业最具权威人物、共和国的脊梁、中华百业杰出人物、时代楷模、百名共和国创业功勋人物、中国百名科学发展杰出人物、中国杰出企业领袖人物、中华之魂十大功勋人物、第六、七、八、九、十届中国时代十大新闻人物、最具社会责任感杰出艺术家、中国建设行业百名管理英才、中国经济建设功勋企业家等荣誉。

集团简介：

中国古今集团创立于1979年，是一家拥有古建园林、古建施工设计、文物修缮、雕塑艺术、城市绿化、历史文化遗产保护、铁路、高速公路、港口码头、物流、市政工程、医药研发、农业、林业、动物养殖、矿产开发、世界荒岛资源开发、援助即将被海水淹没的岛国等的集团化、规模化、规范化、国际化、多元化集团，系国家园林古建筑一级资质企业，古建筑维修保护、近现代建筑维修保护一级企业。拥有国内古建界最完整的产业链，在中国古建筑行业具有深远影响力，是中国古建筑龙头企业，目前，共有高中级专家600多名（其中，园林、古建、绿化等各类工种技师200多名，建造师60多名），艺人11600多人、员工40000多人，被誉为古建筑人才的“摇篮”与“孵化器”。

30多年来，中国古今集团一路高奏凯歌，步步腾飞，荣获中国建筑业500强企业、中国古建技术十大品牌企业、全国优秀建筑企业、中国最具生命力百强企业、中国城市建设十大杰出企业、中国仿古建设标杆企业、中国仿古建筑行业品质信誉第一品牌、中国古建筑学会副会长单位、爱国报国先进模范单位、AAA级信用企业、浙商理事会主席企业、浙江省最佳雇主企业、浙江省民营经济自主创新示范基地、建筑业重点骨干企业、投资先进企业、建筑业十强专业企业、纳税大户、浙商明日之星企业、浙江省伯乐奖、省工商联副会长单位、享有对外经营权企业、杭州台州商会会长企业、浙江省企业发展研究会会长单位等多项荣誉。

中国四大九龙壁之一
——普陀山法雨寺青石浮雕九龙壁

董事局主席李春友在雕塑实验室

部分雕塑作品

革命烈士纪念馆石雕像

中国佛学院

填补国际园林建筑史上空白的全系石结构建筑

——雁荡山果盒亭

东辉阁

雷峰塔

上海泰燕实业投资有限公司

董事长：张根凤

中国国际贸易促进委员会建设行业分会副会长、世界杰出华商协会副会长、中国改革开放30年十大新锐人物、中国爱国女企业家、清华大学同学会副会长上海会长、上海市知名私营企业家、湖北蕲春上海同乡会会长。

现任上海泰燕实业投资有限公司董事长、华涌船舶发展有限公司董事长，上海铭燕国际贸易有限公司总经理、辽宁广燕彩钢制造有限公司董事长。

企业介绍：

上海泰燕实业投资有限公司总部设在上海，早期是以船舶、桥梁、低合金板为主，多种经营为辅，面向全社会的物资流通企业。公司宗旨：信誉第一、质量第一、服务至上、争创一流。年销售品种钢50万吨左右，常年储备船用、Q345B等钢板2万吨左右，销售额25亿元左右。并于2002年通过BV 2000版ISO质量体系认证。

经过多年的艰辛努力，公司已逐步形成具有一定的经营特点和销售网络且具有一定知名度的公司。“靠诚信取信于人，靠服务让人满意”是我们的经营理念。

公司在董事长张根凤的带领下已连续6年蝉联上海市百强私营企业50强。主要经营造船用钢板，并且是中国船舶公司定点采购单位，年销售船板五十余万吨。2007年的销售业绩达到15.8亿元，更值得一提的是2008年在全球经济普遍萧条的情况下，公司依旧保持着有效的业绩增长，销售额达到近24亿元。公司也积极参与一些国家和地方的大的工程项目供材。例如：黄浦江引水工程、外滩人民英雄纪念碑、浦东机场、哈尔滨太阳桥等项目。

泰燕实业投资有限公司不失时机的投入巨资，开发位于南汇惠南镇听潮路段的泰燕花苑，获得了很大的成功，为公司赢得了很高的评价，创下了良好口碑。

华龙港区

近年来公司凭借前瞻性思考，创造性实践，使公司由早期从事专精的事业，逐步走向以投资、房地产、船舶配件、彩涂钢板、桥梁码头为主，多种经营为辅的全新企业模式。公司投资开发湖北蕲春华龙国际港口物流园区，目前正在立项申报审批中。

于此同时智慧的泰燕人深刻的感受到全球经济的一体化是未来的趋势，大宗商品和能源产品必将成为未来金融贸易的主流产品。公司又与上海石油交易所合作，取得了特约授权服务机构的席位，为在原油类商品交易上率先奠定了扎实的基础。

荣誉只属于过去，过去的荣誉是企业领导人的英明决策下，员工们的踏实、自信、不断进取以及社会各界的认可是密不可分的泰燕人时刻牢记只有不断地脚踏实地开拓奋进才会有更美好的明天。

领导的关心，将激励公司立足行业，面向世界为中心，愿与社会各界共创美好的未来。

辽宁广燕彩钢制造有限公司

西丰隆达制铁厂房

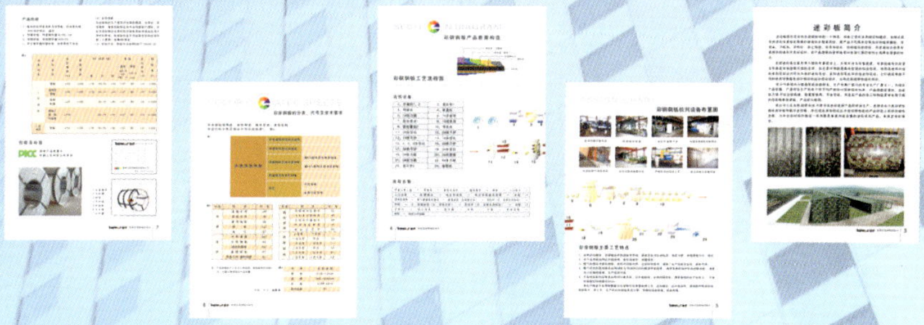

一号生产线:

清河特钢厂房

二号生产线:

铁法矿务局机械加工厂房

铁岭市劳模中心

开原赢德厂房

成品车间

天保建设集团有限公司

董事长：李保田

汉族，1955年10月出生，河北省涿州市人，工程师，大专学历，中共党员，现任天保集团党委书记、董事长；涿州市人大常委会常委；中国国际贸易促进委员会建设行业分会副会长。

1973年8月至1974年12月任涿县南马公社政府职员；1974年12月至1978年2月在石家庄27军服役，任基建班班长；1980年2月至1989年3月任涿州市南马建安公司副总经理；1989年4月至1998年3月任涿州市南马建安公司总经理；1993年9月至1996年4月任涿州市南马经联社社长兼建安公司总经理；1998年3月至2004年10月任涿州市天马建筑工程有限公司董事长兼总经理，期间，1996年4月至2000年12月任涿州市松林店镇人民政府副镇长；2004年10月至2008年12月任涿州市天马建工集团有限公司董事长；2008年12月至今任天保建设集团董事长。

作为天保建设集团有限公司的创始人，李保田赢得了良好的社会信誉，先后取得了各级政府及行政主管部门授予的各种荣誉，被涿州市人民政府授予"捐资助教先进个人"称号；连续被中共涿州市委授予"优秀中国特色社会主义事业建设者"、"双好企业经营管理者"称号；被保定市人民政府授予"保定市安全生产'迎国检'先进个人"、"市优秀企业家"称号、"敬老奉献先进个人"、"民营经济年度人物优秀奖"、"保定市优秀科技工作者"称号、"保定市劳动模范"；被中共保定市委授予"全市抗震救灾优秀共产党员"称号；被河北省总工会授予"全省工会促进再就业先进个人"称号；被河北省建筑业协会授予"省工程建设QC小组活动优秀管理者"称号；被河北省人民政府授予"第四届河北省优秀中国特色社会主义事业建设者"、"优秀企业管理者"、"省劳动模范"；被中国住建部评为"全国建筑业优秀企业家"等称号。

企业简介：

天保建设集团有限公司始建于1984年，拥有房屋建筑施工总承包一级、园林古建专业承包一级、钢结构工程专业承包一级、建筑装修装饰工程承包一级，起重设备安装、幕墙、园林绿化、市政公用工程、文物保护等九项国家级资质。

天保集团改革创新、励精图治，经过二十余年的拼搏进取，现已发展成为集建筑施工、房地产开发、建筑设计、建材供应、劳务输出、海外工程总承包于一体的多元化大型企业集团，下设6个控股子公司，分别为天保房地产开发有限公司；天保集团涿州市天港建筑体系有限公司；天保集团涿州建材供应有限公司；天保集团涿州建筑有限公司；北京天马建筑设备租赁有限公司；天保集团涿州设计院有限公司。并先后在北京、天津、山西、内蒙古、成都、秦皇岛、安哥拉、沙特阿拉伯成立分支机构，现有分公司11个、项目经理部60个，职工总数达5000余人。

天保集团推行科学化，规范化的管理模式，是ISO9001质量管理体系标准、ISO14001环境管理体系标准、GB/T28001职业健康安全管理体系标准三标一体的企业。集团始终坚持"规范管理、精心施工、创建精品、奉献业主"的永恒主题，为社会奉献了一座座建筑精品，先后荣获"国家金桥奖"、"北京市长城杯奖"、"省安济杯奖"、"北京军区优质工程"、"省用户满意工程"、"省样板文明工地"、"省级文明工地 "等150余项工程管理奖项。

天保集团完善的管理体制、精良的管理团队，使企业实现了跨越式发展，企业的总产值从2008年的20.4亿元上升至2009年的40.2亿元，纳税额在涿州市民营企业排名第一，位居河北省建筑行业第7位。企业的社会信誉和地位稳步提高，连续多年获得"全国建筑业先进企业"、"全国工程建设质量管理优秀企业"、"省百强民营企业"、"省建筑业排头兵企业"、"省先进建筑施工企业"、"省质量信得过示范企业"、"省百家知名民营企业"、"省信用优良企业"、"省建筑业诚信企业"、"省五一奖状"、"省AAA劳动关系和谐企业"、"纳税大户"等200余项管理奖项。

天保新城

天保明珠

鸟瞰灰色

天保郦景

董事长个人荣誉

临沂市石化总公司

总裁：武汉玺

1959年11月生于山东省临沂市兰山区，大专文化。现任临沂市石化总公司总裁，临沂市政协常委，临沂市工商联党委副书记，中国国际贸易促进委员会建设行业分会副会长。

临沂市石化总公司成立于1993年。初创时的临沂市石化总公司，共有几台加油机和数名员工，业务单纯、规模不大。武汉玺带领全体员工，凭着丰富的企业管理经验和敢于拼搏、百折不挠的精神，在市场经济的大潮中，开始了艰难的创业。经过10余年的努力，临沂市石化总公司已由初创时的一家小型私营企业发展成为拥有资产3.6亿元、年营销额5.6亿元，集石化购销、工业园、房地产和汽车销售、汽车驾驶员培训等多种经营为一体的中型民营企业。

武汉玺同志在谋划企业发展大计的同时，想到的是对社会的回报。1997年，他投资23万元为家乡银雀山办事处东墩村所有居民安装了自来水；1999年2月，他投资500万元，在东墩村兴建了塑料编织袋厂和工业园一处，安置下岗职工200多人，为当地政府缓解了下岗工人再就业的压力，促进了当地经济的发展；同年9月，他为抗洪救灾捐赠编织袋60余万条，折合人民币36万元；2000年，为解决家乡周边村庄的交通不便问题，又投资50万元，修建了一条长2300米的水泥路；在发展经济的同时，作为企业老板的武汉玺同志十分注重文化建设，为了市政府办好首届中国临沂书圣文化节，他一次向筹委会捐款50万元，受到了中央和省、市领导及社会各界的一致赞誉。由于贡献突出，武汉玺领导的临沂市石化总公司相继多次被评为山东省和临沂市先进民营企业单位，他本人亦被省、市授予"民营企业家"称号，并荣获"振兴沂蒙"劳动奖章、临沂市特殊贡献奖和临沂市优秀共产党员。并被中华全国工商业联合会评为诚信经营企业家，被中国企业促进会评为优秀民营企业家。

企业简介：

临沂市石化总公司始建于1993年8月，至今已有10余年的发展历史。主要经营石化产品、加油机、钢材、木材、煤炭、汽车、汽车装璜用品和汽车修理、工业园、房地产、汽车驾驶员培训、高科技全自动洗车美容及塑料编织袋品为一体的民营企业。

自1993年初，临沂市石化总公司由一个几个人的小型私营企业，以几台加油机经销柴油、汽油等石化产品起家，从小到大、从弱到强，逐步发展成为拥有固定资产3.6亿元，年经营销售额5.6亿元，实现利税5800万元的中型民营企业。目前已成为临沂大地上的一颗璀璨的明珠。

临沂市石化总公司现有固定员工369人，平均年龄低于28周岁，高级顾问2名，高级工程师5名，中级职称人员25名，初级职称人员62名，其中本科学历以上的有36人，中专、高中学历以上的有80人。总公司下设12个分支机构，其中加油中心（加油站）6处，液化气站2处，大型工业园两处（占地300亩），总公司设有办公室、财务部、业务部、销售部、生产部、综合发展部、车队、油库等职能办公部室8个。2004年初在临沂外环11路与解放路交汇处，投资5000多万元建起了临沂规模最大的驾驶员培训基地。

近年来，临沂市石化总公司在党的改革开放政策的指引下，坚持以毛泽东思想、邓小平理论和"三个代表"重要思想为指导，认真贯彻落实科学发展观，在临沂市委、市政府的正确领导下，团结一致、真抓实干，采用外强内硬的工作模式，使企业规模逐步发展壮大，经济效益年年提高，在社会上产生了较高的信誉和声誉。企业年年被山东省、临沂市评为"先进民营企业单位"，总裁武汉玺多次被省、市授予"民营企业家"称号。

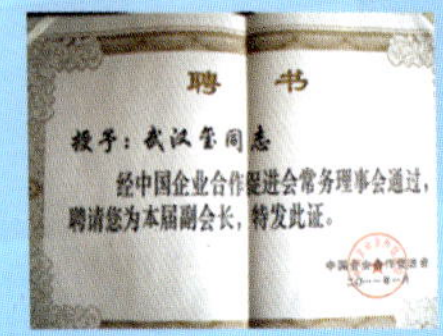

石化驾校简介：

石化驾校是由临沂石化总公司投资5000多万元兴建的一所高起点、高标准、高档次的驾驶员培训基地。学校位于临沂最繁华的解放路与临西十一路交汇处，是临沂距市区最近的一所驾校。学校总占地面积13万余平方米，环境优雅、设施一流、设备先进。

花园式校园内的假山池水独有苏州园林的风味，别具一格的训练场地，可以使每位学员轻松愉快的学好各项课程。学校现有各种教练车100多辆，同时可供800名学员学习；学校备有微机200台，理论全部实行微机教学；学校投资500多万元，安装了理论考试（科目）、倒桩考试（科目二）、九项考试（科目三）计算机考试系统，学员可不出学校完成各项考试；学校还设有娱乐室，篮球场、休息室，大、小餐厅等生活娱乐场所。学校通过严格把关、严格考核，招聘了一批素质高、作风正、业务精良的教练员队伍和管理人员队伍。学校开设全天班、夜间班、计时班、周末假期班、陪驾陪练班，满足不同层次学员的需求；学校备有班车接送，解决学员的奔波之苦，学校对每位学员的培训实行全程监控，因材施教，保证培训质量，向社会输送优秀人才。

规划中的新型建材市场简介：

随着市场建设的发展，临沂市批发市场已发展成为品种齐全，分类合理，年交易额位居全国同类市场前三位，成为重要的人流、物流、信息流、资金流中心。为了完善市场结构和大美临沂又好又快地发展，加快批发市场的改造提升，我公司拟在解放路与临西十一路交汇处的200亩出让地上（原石化驾校，各项手续齐全），建设新型建材新型建材交易市场。市场建成后，主要销售世界各国高科技、低碳环保、节能等新型建材和石材，以此推动市场提升改造、转型升级，把市场做专、做精、做强、做大。

在此处建设新型材料市场我公司有着得天独厚的条件。一是现在临沂的新型建材生产企业多数都集中在临沂西部工业园区，可以节约物流成本和运输时间；二是此处建设新型建材市场地理位置优越，交通便利。新型建材市场建成后，能够突出市场的规模化、专业化，并可以缓解市区的交通压力，具有良好的市场发展前景和可行性。

石化高科技园、物流工业园简介：

石化高科技园、物流工业园位于临沂批发城周边核心地段，交通便利，地理位置优越，临沂市石化总公司立足实际，抢抓机遇，大力创办科技园、工业园，兴建民营企业城。经过半年的努力，投资2000多万元的园区竣工，共建设钢结构厂房27座，建筑面积95800余平方米。通过全方位的拓宽招商引资渠道，先后有50余家企业进入了园区，其中有全国比较知名的“盼盼集团福源食品”、“曼宝过滤器制造有限公司”、“山东兰陵集团销售公司”、“专为南坊新区道路建设的天元混凝土搅拌站”等企业先后进驻科技园、工业园区，促进了企业经济发展，解决剩余劳动力1000多人。

江苏省紫光智能系统有限公司

董事长：牟仁平

1985年毕业于天津南开大学哲学系，现任江苏省紫光智能系统有限公司董事长、紫光软件无锡集团有限公司副总裁、紫光软件投资公司总裁、中国国际贸易促进委员会建设行业分会副会长、中国自动化建筑与楼宇自动化专业委员会理事、中国建筑业协会智能建筑分会会长。从2008年到2010年连续三年被评为全国优秀民营企业家、中国建设行业管理英才。

从下海做商人到成功开办企业不光靠自己的踏实勤劳，还靠一点一滴的积累，从起初做周界报警、安防发展到开发、研究智能化建筑到现在的物联网技术应用，始终用——正确认识自己是了解别人的前提，没有自知之明的人，不可能了解自己，更谈不上去了解别人，这样的座右铭警醒自己。

正确、敏锐的响应国家大力发展物联网技术应用政策，在物联网智能建筑业内属于领军人物。作为一名企业的领导者不仅对经营的业内知识有所钻研，毕业后又在北大经济系修完研究生和博士生，对国家的经济发展政策和经济状况有深刻的认识和了解，立志要把企业发展成高科技型。正是因为这样一个企业家创办了一个朝着，精、尖、科方向发展的企业；也正是因为这样一个企业家带领出了一批朝气蓬勃，富有创造力和专业核心技术的员工团队。

企业简介：

江苏省紫光智能系统有限公司是一家极富创新性的基于智能物联传感系统开发及应用的高新技术型企业，是江苏省软件企业，是行业内综合业务资质等级最高且种类最齐全公司之一，现已成为中国领先的物联网技术整体解决方案提供商和工程商。

公司成立于1999年，注册资金3200万元人民币。总部现有员工138人，下辖北京、深圳、上海、哈尔滨、无锡、昆山和南通7个分公司，形成覆盖华南、华中、华东、东北地区的市场。公司坚持以创新科技、深化品质的发展理念，为远距离智能无线身份识别、无线实时定位、无线数字传输、无线工业控制网络、智能无线传感器网络等提供了完整的解决方案，开启了物联网应用领域的广阔市场。

公司自主研发的物联网产品广泛应用于人员定位、环境监测、地下管网管理、绿色智能建筑的节能减排、票证管理、物流管理、资产管理、档案管理等领域。系列化的自主研发产品、成熟领先的行业整体解决方案，实现了公司业务的高速增长。还与科学技术厅合作建立了“智能建筑管理及分析系统工程技术研究中心”，在建设部指导下成立了生态智能建筑导入体系课题联合机构—智能建筑集成实验室，发挥示范带头作用，引领绿色生态智能建筑技术研发和产业发展，扩大了物联网的应用。

公司以一贯的高效、优质服务和重合同、守信誉的严谨作风，赢得了广大客户、行业主管部门的充分信赖，取得了各类资质及重合同守信用企业等荣誉称号，长期拥有AAA级信用等级证书。公司同时十分注重于与国内外一些著名IT企业真诚紧密的合作，并与Johnson controls、AVAYA、Cisco、IBM、honey well、Dell、Microsoft、ALC、CHUB、Schneider、Bosch等国际著名跨国企业建立了长期良好的合作关系，双方优势互补，合作共赢，共同推动中国产业发展。

公司一直奉行文化理念“自强不息·厚德载物”，并一直遵循着“文行忠信　恭宽敏慧”的格言，积极建设具有凝聚力和包容性的文化企业，一如既往地为客户提供选择范围更广泛、产品性能更优异、技术支持更完善快捷的服务。

企业资质

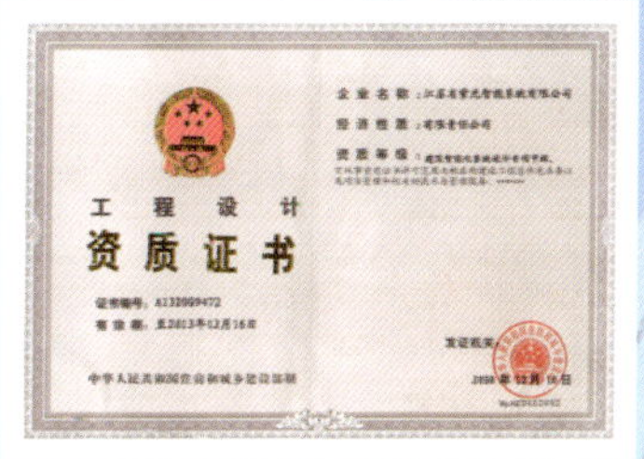
工　程　设　计
资　质　证　书
证书编号：A132009472
有 效 期：至2013年12月16日
发证机关：
中华人民共和国住房和城乡建设部

计算机信息系统集成企业
资　质　证　书
经审查，核定 江苏省紫光智能系统有限公司 的计算机信息系统集成企业资质为 叁 级，特发此证书。
证书编号：Z3320020090354
发证机关：

Certificate of Registration
nqa global assurance
兹证明
江苏省紫光智能系统有限公司
江苏省南京市鼓楼区定淮门12号15号楼南201室
的质量管理体系适用于
建筑智能化系统集成的设计、安装和服务
已经NQA根据标准
ISO 9001:2000
审核和注册
查询网址：www.snqa.com.cn
Managing Director
Certificate Number 20412
Date: 27 March 2006
Reissue Date: 12 July 2007
Valid Until: 27 March 2009
EAC Code: 17

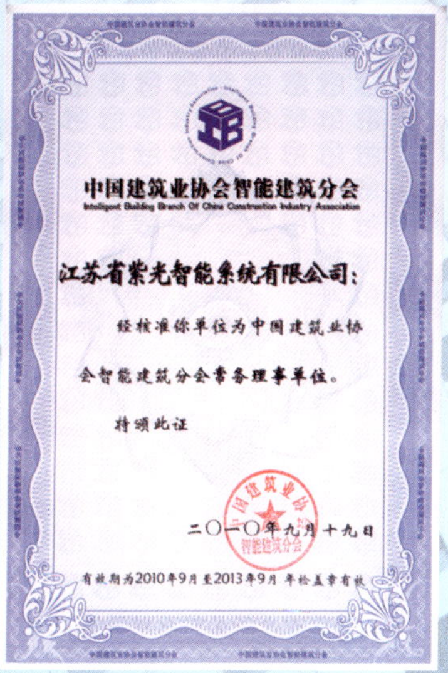
中国建筑业协会智能建筑分会
Intelligent Building Branch Of China Construction Industry Association
江苏省紫光智能系统有限公司：
经核准你单位为中国建筑业协会智能建筑分会常务理事单位。
特颁此证
二〇一〇年九月十九日
有效期为2010年9月至2013年9月 年检盖章有效

企业典型业绩介绍

1. 物联网技术应用：
紫光物联网建筑智能化解决方案
煤矿井下人员安全定位系统
地质灾害临灾检测系统
RFID 智能医疗管理系统
RFID 物流管理系统
基于物联网综合地下管网信息管理系统及控制中心
特殊环境下传感器防腐设计

2. 智能化系统工程：
海关总署办公楼智能化工程
中国证监会富凯大厦弱电工程
深圳市市民中心工程
2008 奥林匹克森林公园弱电智能化系统设计
南京奥林匹克体育中心智能化系统工程
广州大学城（小谷围岛）系统工程

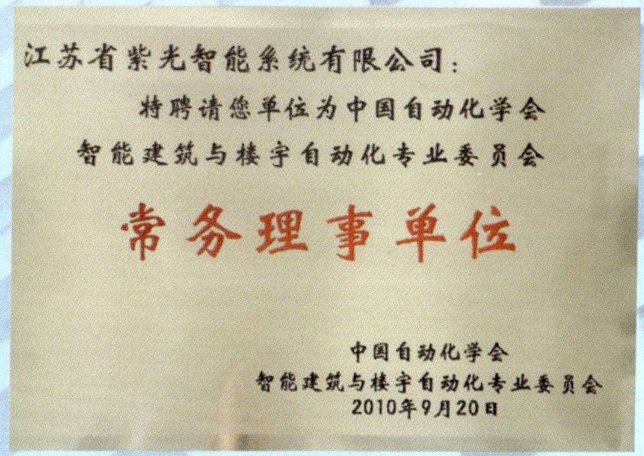
江苏省紫光智能系统有限公司：
特聘请您单位为中国自动化学会
智能建筑与楼宇自动化专业委员会
常务理事单位
中国自动化学会
智能建筑与楼宇自动化专业委员会
2010年9月20日

中国自动化学会常务理事单位

广州大学城系统工程

南京奥林匹克体育中心智能化系统工程

深圳市市民中心工程

江苏图书城

江东软件大厦

江阴体育中心

北京百环房地产实业有限公司

董事长：史立香

董事长　史立香

工作经历：

1980年9月—1993年7月　北京十三陵建设公司　副总经理
1993年7月—1994年8月　北京十三陵农场　党委委员、副场长
1994年8月—1998年11月　北京市十三陵建筑工程公司　总经理
1998年12月至今
中国国际贸易促进委员会建设行业分会　常务理事
北京市建筑业联合会　副会长
北京市果林协会　副会长
北京百环房地产实业有限公司　董事长

政治表现及主要贡献：

拥护中国共产党的领导，拥护社会主义制度，拥护党的改革开放政策，坚持四项基本原则，在言行上能自觉的和党中央保持一致。坚持学习马列主义、毛泽东思想、邓小平理论，学习贯彻“三个代表”重要思想，学习贯彻十七大精神。遵守党的纪律，遵守国家的法律法令。

1999年—2001年每年以50万元支持北京人大附中教育基金。北京交大附中15万元，北京市八中50万元人民币。

2000年—2001年捐助昌平区6名特困大学生，每人每年1万元，直至毕业。

2001年以投资1600万元人民币支持昌平十三陵镇政府建设12000平方米镇政府办公楼、一座冷库、一栋宿舍及购置健身器材等。

2002年先后资助昌平区一中16万元，二中16万元，昌平西部贫困山区18万元，实验中学10万元人民币。

为河北满城老家建希望小学一所、修建村级公路、投资文化体育建设，总投资达110余万元人民币。

任昌平区第一届、二届、三届人民代表。

任昌平区第一届、二届、三届政协委员。

2008年10月领导的北京百环房地产实业有限公司被评为昌平区十佳慈善企业。

公司简介：

百环花园

北京百环房地产实业有限公司由北京市建设委员会建筑业联合会于1993年7月8日创立，1997年12月8日改制为现代化的股份制企业。

经过十多年发展，百环已经发展成为以房地产开发为龙头，以旅游、项目管理、物业管理、高档酒店、现代农业、教育培训、工程监理为支柱的大型企业集团，百环总资产达60多亿元人民币。

百环主要全资和控股企业有北京百环房地产实业有限公司、北京百环饭店管理有限公司、北京百环建设工程项目管理有限公司、北京瑞发物业管理有限公司、北京百城建筑工程监理有限责任公司、北京百环科技有限公司、北京百环现代农业有限公司、漠河百环北极泉天然饮品有限公司、漠河百环北极生态旅游开发有限公司等。

百环现有员工600多人。具有研究生学历28人，大学本科学历326人。在职技术人员中有教授级高级工程师12人，北京市评审专家10人，高级经济师15人，高级会计师8人，中级技术人员56人。

百环家园

北京百环房地产实业有限公司自改制以来，先后开发建设了“百环公寓”、“百环花园”、“百环家园”、“百环饭店”、“汽贸大厦”等大型房地产项目，累计开发面积达200万平方米。

北京百环房地产实业有限公司为北京市2006年纳税千强企业。

百环目前正在投资运做百环家园公建项目、南三环草桥项目、昌平十三陵科技研发中心项目、哈尔滨超五星级酒店项目、昌平苹果主题公园项目、大兴安岭漠河旅游开发项目等。

北京百环房地产实业有限公司愿与社会各界朋友携手，又快又好地健康发展，共同开创和谐共赢的新篇章！

河南豫发置业有限公司

公司简介：

河南豫发置业有限公司成立于2000年7月，注册资金贰亿元人民币，国家综合房地产开发一级资质。

公司现拥有河南锦荣商贸有限公司、五指山裕发置业有限公司、郑州楷林置业有限公司等9家分、子公司。员工500余人，其中高级工程师10人，工程师60人，MBA6人，其他管理人员均具备专科以上学历，平均年龄35岁。实现了人才结构的专业化、年轻化。

公司秉承“诚信立业、务实进取”的经营理念，成立十年来，累计完成商品住宅、商业地产、旅游地产等各类建筑，目前开发量增加至110万平方米/年。在房地产和商业经营领域建立了良好的信誉度和知名度。经过十年的快速发展，公司现已成长为一家总资产逾30亿元，具有自身独特竞争优势的综合性房地产集团企业。

在自身不断发展壮大的同时，公司积极参与个性社会公益活动，在教育、文化、残疾人保障方面捐款捐物累计超过1500万元。

回顾过去，在各级政府和社会各界朋友的关怀、支持下，豫发置业各项事业取得了长足的发展；放眼未来，豫发人将在“争创一流业绩，倾情回报社会”的企业使命指引下，为社会、员工创造价值、再创辉煌！

大学南郡

二七国际轻纺城

五指山翡翠谷

锦荣商务大厦

航空港

翠园·锦荣世家

项目简介：

大学南郡住宅小区

大学南郡位于长江路与大学南路交汇处，总建筑面积约11万平方米。大学南郡位置优越，交通便利，规划布局合理，生活配套齐全。随着南水北调工程和周边城中村改造工程的陆续启动，区域居住条件日臻完善，投资升值潜力无限。

锦荣商贸城

锦荣商贸城位于繁华的火车站服务商圈东南主入口位置，总占地面积115亩，是中原地区占地面积最大的服装交易中心，营业铺位3000余间，商务写字间4800平方米，从业人员近20000人。经过8年的磨砺，已形成以现代楼宇式商场和铺面式市场相结合、立足中部、面向全国的专业服装批发市场。

锦荣商贸城一期占地面积40余亩，以铺面式为主，写字间为辅，经营种类涵盖郑州女裤、毛织、男装、牛仔、裤子、衬衣领带、针织内衣、婚纱照材等。目前，一期市场已经成为郑州集中度最高的中老年女装批发基地、郑州唯一的衬衫领带批发基地、郑州唯一的婚纱照材、影楼用品专业批发基地。

锦荣商贸城二期郑州裤业中心于2008年4月正式经营，是郑州唯一的裤业单品批发商场，建筑面积48000平方米，标准铺面800余间。郑州裤业中心是锦荣商贸城提高市场专业化水平，振兴郑州裤业发展的重要举措。

锦荣商贸城三期建筑面积23000平方米，一层主营牛仔，二层主营休闲男女装，三层主营婚纱照材与二期郑州裤业中心共同形成了中部地区规模最大的裤业单品批发市场。

随着郑州市二七商圈规划升级，未来的锦荣商贸城将建设成我市中心区建筑面积最大的服装交易建筑群。

二七国际轻纺城

项目位于大学路与南三环交汇处，是纳入省“十一五”纺织产业规划的三个服装工业园之一。一期占地面积220亩，总建筑面积38.1万平方米，也是郑州市重点建设的35个产业园区之一。园区内有两条十字交叉30米宽的市政道路，依据道路分布着仓储物流区、加工贸易区和服务管理区等功能分区。

五指山—翡翠谷

该项目占地93432平方米，2006年投资开发，共分两期建设。一期总建筑面积32000平方米，分为5种形态：独栋别墅、双拼别墅、个性化别墅、小型“TOWNHOUSE”、生态度假公寓。2007年被建设部授予“中国最佳原生态养生住宅”荣誉称号。

翡翠谷二期项目于2009年6月开发建设，保留原生态理念，继续营造品质与品牌等综合效应。

锦荣商务大厦

锦荣商务大厦位于郑州市经五路与纬三路交叉口，建筑面积27000平方米，集商务办公、四星级酒店等功能于一体，是公司总部所在地。

金晨嘉园项目

金晨嘉园是2010年公司在郑州北部开发的高档住宅小区，位于文化路北环交叉口，小区一期共占地约70亩，规划建筑面积21万平方米。目前已开工，预计2011年6月开盘。

郑州航空港区项目

“锦绣枣园”、“锦绣绿苑”位于郑州市航空港区，总占地面积700亩，小区配套建设写字楼、学校、星级酒店、特色商业街等，作为富士康整体生活配套区，省、市领导高度重视，在时间紧、任务重的情况下，我公司全体员工，加紧施工，保证质量，不到150天的时间，完成一期27万平方米开发量，目前已初步具备交房条件。施工速度创造了建筑行业的奇迹。

我公司安置富士康员工及拆迁户后，可在郑州航空港区置换土地1260亩，是新型航空城拥有土地面积最大的开发企业。未来三年，我公司在航空港区开发面积将达200万平方米。

翠园·锦荣世家

位于郑州市陇海东路301号，8栋多层，4栋小高层，总建筑面积63000平方米，曾荣获 “郑州市十大环境最美小区”称号。

国 瑞 地 产

公司简介：

北京国瑞兴业地产有限公司于1999年进军北京房地产市场，10年时间发展成为一家大型综合性多地性企业。公司由一批多年从事地产开发的管理和技术精英组成，对地产项目的策划、开发、施工、销售、招商有着丰富经验，年开发能力达300万平方米，年营业额达80亿～120亿元，成为地产界知名企业。

公司开发的百万平方米国瑞城，60万平方米富贵园等几大名盘在京城倍受追捧。2007年公司相继推出了国瑞花市商业街、沈阳国瑞东方商城，2008年推出国瑞购物中心、富贵园购物中心等商业项目，受到社会各界的广泛关注，成功铸就了国瑞地产的品牌。公司在沈阳、重庆、石家庄、廊坊、郑州、广东、海南等地设立各项目公司，并开发了一系列商业住宅项目。此外，公司已经发展成为下设国瑞物业公司、国瑞商业管理有限公司等子公司的综合性企业。

公司以“变革、规范、发展”为发展战略，全面推行规范化管理，理顺管理架构、简化管理流程，提高工作效率。以“打造精品社区、树立品牌形象”为宗旨，集合品位、个性、多元化为开发理念，把一个个魅力尽显的精品楼盘奉献给消费者。规范的管理，过硬的产品，加之优秀的服务，使国瑞地产连续荣获“中国建筑文化斗拱奖”，“区域经济推动力国际典范工程”，“2007年中国成长百强企业”，“2008北京房地产品牌价值10强”等殊荣，2010年被聘为“中国国际贸易促进委员会建设行业分会副会长单位”。

在变革中发展，在发展中创新，国瑞地产打下了更加稳固的发展基础，获得了更多的发展机遇，也必将为社会的发展贡献更多的力量。

海口龙城半岛

经典项目

北京星城置业有限公司

董事长：章金福

章金福先生出生在马来西亚，长久居住新加坡。

他人生的座右铭：“做人不但要讲诚信，还要心存善心，多为他人着想，做事要认真负责，不怕困难，坚持到底，对社会要有责任心，关注社会公益，不应为私利而损害别人，但求贡献永无休止”。2004—2009年被中国北京华商协会评为中国经济诚信之星企业，2010年被中国中华民族发展促进会授予中华之魂——中国十大杰出人物。2004—2009年先后被中国北京华商协会聘请为副会长、中国工商会理事、2006—2011年被世界杰出华商协会聘请为理事，被中国北京归国华侨联合会聘请为顾问，被北京房地产商会聘请为理事单位副会长。2010年被中国国际贸易促进委员会建设行业分会聘请为理事、国际交流中心顾问。2001年被美国国会邀请参加美国总统布什的就职典礼；2008年被台湾邀请参加马英九就职典礼；2010年6月被中国国际贸易促进委员会邀请陪同中国国家主席胡锦涛参加在美国和加拿大举办的中美、中加国际商务高峰论坛会；2010年8月被中国国际贸易促进委员会邀请陪同中国国家总理参加在俄罗斯举办的第五届中俄经济工商界高峰论坛。

北京星城置业有限公司是章金福先生于2001年投资6000万美元兴建的总建筑面积达15万平方米具有国际水准的集国际高档公寓、高档写字楼、大型综合性商场并具备楼中花园、游泳池、高尔夫球场、大型停车场为一体的楼群，被北京市定为北京地标型建筑，曾接待过巴布亚新几内亚国家总理索马雷，韩国前总统金大中等国际政要，新加坡泛太平洋资源有限公司在巴布亚新几内亚建设的“油棕种植园”项目，是在章金福先生与巴布亚新几内亚国家总理索马雷20多年友谊的基础上，为了在有生之年报效祖国，同时促进中国与巴新两国之间的经济发展，被巴布亚新几内亚国家列为国家农业发展长远发展规划和油棕重点发展规划内的大型长远资源开发海外农林综合开发型项目，该项目于2005年开始筹办，项目长远规划为37万公顷，其中项目第1期发展规划为6万公顷，租赁期90年，项目正式生产后林木深加工产品可创利润1.3亿美元，油棕种植3万公顷，经营39年可创利润30亿美元，年平均利润7500万美元，中国农业部农垦局对本项目相当重视，有意参加项目建设，并指定中国海南橡胶研究所编写项目建议书，并联系有实力的农垦集团公司参与项目发展。

与巴布亚新几内亚总理索马雷

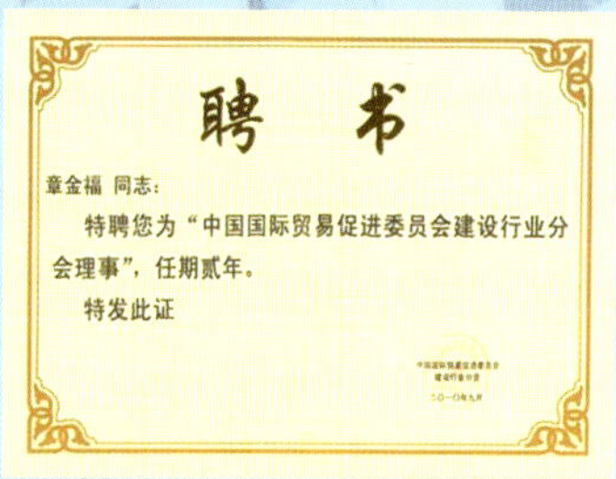

聘　书

章金福 同志：

特聘您为“中国国际贸易促进委员会建设行业分会理事”，任期贰年。

特发此证

中国经济精英论坛联席会

荣誉证书

章金福同志：

在首届中国经济精英论坛年会暨诚信人物征评活动中，被授予“中国经济诚信之星”荣誉称号。

特颁此证

北京星城置业有限公司

中太建设集团

董事局主席：李文健

中太建设集团董事局主席、党委书记。

廊坊市工商联合会（商会）副会长，廊坊市政协常务委员，河北省建筑企业协会副会长，河北省机械设备协会副会长，河北省建筑材料协会副会长，河北省造价协会副会长，河北省房地产业协会副会长，中国国际贸易促进委员会建设行业分会常务理事，中国施工企业管理协会理事等职务，曾先后荣获全国建设系统劳动模范、全国优秀施工企业家、河北省优秀企业家、河北省优秀党务工作者、河北省第二届“百名杰出企业家”、河北省企业改革模范、河北经济十大风云人物、廊坊十大新闻人物等30多项荣誉称号。

2008年6月，廊坊市委副书记吴晓琳（左）代表中华全国总工会授予中太建设集团“抗震救灾重建家园‘工人先锋号’”荣誉称号

中太建设集团股份有限公司是1985年由中国人民解放军基建工程兵352团集体转业的建筑施工企业。在部队期间，曾奉中央军委命令，出国参加抗美援越。在老挝的战时状态下，修筑了从中国边境至老挝的上寮“朗勃拉邦省”至媚公河的新西县公路和从中国边境至老挝的丰沙里县公路等国防战备公路，并执行运送抗美援越战备物资任务。历时3年多回国。曾先后在河北、陕西、云南、新疆、北京、天津等地执行国防施工任务和参加国家的重大项目建设。

2004年由国企改制为中太建设集团股份有限公司。公司具有国家住房和城乡建设部核准的房屋建筑工程施工总承包特级资质和国家对国外承包工程资格。同时具有市政公用工程施工总承包一级、建筑装饰装修工程专业承包一级、钢结构工程专业承包一级、机电设备安装工程专业承包一级、城市及道路照明工程专业承包一级、地基与基础工程专业承包一级、土石方工程、管道工程、建筑幕墙工程专业承包一级、消防设施工程专业承包一级、防腐保温、金属门窗、工程专业承包一级等17项一级资质。是一个集建筑机电安装、土石方、装饰装修、钢结构施工、市政道桥施工、消防工程、建筑与工程设计、土地测量、工程担保及劳务等为一体的综合性特大型企业集团。

集团公司常年职工人数70000余人；拥有各类专业技术人员3500人，其中高中级职称人员1380余人，建造师500余人。公司是ISO9001：2000、EMS、OSHMS三个管理体系认证单位。公司生产经营性固定资产46亿元，各种机械设备16000余台件，技术装备率4.2万元／人，动力装备率7.8千瓦／人，年生产能力500亿元。

集团公司坚持“打中太牌、走全国路、谋海外财”的发展战略，紧跟国家建筑行业发展的形势，以科学发展观为指导，坚持自主创新，注重培育企业的核心竞争力。形成了资源集中、专业结构合理、管理模式先进的综合性特大型企业集团的发展格局。集团公司下设9个工程局，拥有包括钢结构公司、劳动服务公司、建筑设计公司等10个控股子公司、6家参股公司、两个全资子公司、140个土建分公司、20个专业分公司，在北京、天津、上海、重庆、广州、四川、武汉、西安、长沙、苏州、浙江等29个直辖市、省、自治区及利比亚、俄罗斯、澳大利亚、沙特、阿联酋设立了办事处和分公司。在国内外承建了大量的工业、商业及民用建筑和国防科研、轻工食品、市政环保及水利发电、卫星发射基地等国家、地方重点建设工程项目，有1100多个工程被评为优质优良工程。先后荣获河北省“十大精品工程”、“安济杯”、湖北省“黄鹤杯”、“总参优质工程”、“用户满意工程”、“文明工地”等400多个奖项。企业综合实力大幅提升，2009年、2010年连续两年跻身中国建筑行业百强企业。

2008年5月25日，中共中央总书记、国家主席、中央军委主席胡锦涛在中央书记处书记、中央办公厅主任令计划，中央书记处书记、中央政策研究室主任王沪宁的陪同下，亲临中太建设集团考察工作，对公司的创新、和谐发展给予了高度评价。集团公司连续多年被国家、省、市评为“重合同守信用单位”、“AAA级资信企业”、“纳税信用等级企业A级”企业和工程质量、安全管理先进单位。先后荣获了“全国重合同守信用单位”、“全国先进施工企业”、“全国用户满意施工企业”、“全国‘安康杯’竞赛优胜企业”、“全国厂务公开民主管理先进单位”、“全国企业文化建设优秀单位”、“全国就业和社会保障先进民营企业”、ENR“中国承包商60强”和被全国工商联授予“全国工商联系统抗震救灾先进集体”、中华全国总工会授予“全国抗震救灾重建家园工人先锋号”及中共中央、国务院、中央军委联合授予“全国抗震救灾英雄集体”等500多项荣誉称号。

中太建设集团总部办公楼——中太大厦

中太建设集团承建的重庆海棠晓月商住楼

中太建设集团承建的霸州K金大酒店

中太建设集团承建的广东佛山新境界花园

美 丽 集 团

董事长：欧阳祥山

董事长　欧阳祥山

汉族，湖北云梦人。湖北省第九届政协委员，湖北省光彩促进会副会长，湖北省工商联常委；广东省湖北商会会长，深圳湖北企事业协会副会长，中国国际贸易促进委员会建设行业分会常务理事。

1978年3月至1994年8月在广东省军区、广东武警边防总队，1994年8月因家庭贫困转业，主动放弃公职，成为武警系统自谋职业第一人。转业十几年来，历任深圳梅林铸造厂厂长、深圳市银山实业有限公司总经理、香港丰润集团办公室主任、副总经理、香港鸥富集团总裁，现任深圳市美丽集团有限公司董事长兼总裁。

欧阳祥山个人曾获得“华商之星”、“全国地产首脑”、“中国企业十大管理英才”、“深圳地产推动人物”、“中国房地产业突出人物奖”、“深港地产民营品牌人物”、“湖北光彩事业特别贡献奖”、“湖北驻深单位招商引资工作先进个人”等荣誉。

欧阳祥山一直怀着感恩社会、回报桑梓的拳拳之心，不断为家乡和贫困地区的教育尽心尽力，捐资4300多万元为家乡修建公路、改造电网、修建云梦公园和云梦博物馆，为服役过的部队捐资捐物近800万元，另外还为中华基金“育才图书室”工程向西藏、内蒙100多所中小学送去8万册图书和数百台电脑。

集团简介：

集团办公室

深圳市美丽集团有限公司，历经16年发展，实现了跨越式发展，逐步形成了集高科技产业投资、文化创意产业、大型商业服务、旅游商业经营、股权投资、物业管理、教育投资等于一体的综合性大型民营企业集团。目前集团经济实力雄厚，总资产达数十亿元，年均创利税过亿元，近年来向社会捐资捐款捐物达到5000多万元。

目前，美丽集团共有员工1230人，共有子公司、控股和参股公司10余家。在“做中国最有价值的国际化企业”的愿景指引下，美丽集团追求“创造、分享、包容、超越”的企业文化，提倡个人价值、企业价值与社会价值的和谐提升，企业品牌知名度和美誉度不断升华。多年来，集团曾荣获过数十项全国性及省、市的各种表彰，连续获得“中国最具竞争力企业”、“深港地产民营品牌企业”、“深圳市最具成长性企业”等殊荣。2010年，美丽集团又荣获“深圳经济特区30周年杰出贡献企业” 的称号，并入围“2010深圳企业100强”。

美丽集团以“客观对事、真诚待人”为本，迎合市场，开拓创新，超越自我，持续发展，逐步完成从优秀到卓越的跨越，立志打造基业长青的百年品牌。

龙华商业中心

项目简介：

龙华商业中心：美丽集团将美丽AAA花园自有商业、办公物业整合打造了在深圳龙华具有绝对地位的深圳“龙华商业中心”，是龙华唯一的情景式休闲、娱乐、购物、品牌商业购物中心，对改变目前龙华商业“散、小、低、杂”的现状和消费理念，以及提升龙华商业区位的价值起到引领和促进的作用。

十二橡树庄园

文博宫：文博宫是中国唯一跨越五个历史朝代的建筑融合体和南中国最大的仿古集群式建筑群，是目前国内单项面积最大、集展销、鉴定和拍卖为一体的古玩珠宝艺术品交易中心，涵盖“文化＋科技”、“文化＋旅游”和“文化＋金融”的文化创意新模式，建构集工艺制作、艺术沙龙、创作体验、展示交易、休闲旅游为一体的综合性文化产业链。

十二橡树庄园：该项目为高端别墅住宅项目，项目名称源于美国经典名著《飘》，寓意了一种追求自由、浪漫和美好生活的理想主义生活愿景。项目建筑以北美风情为主，同时吸取欧式建筑元素与精萃，典雅而豪华，被评为珠三角最美景观别墅，搜房网“最受网友关注地产”，并在2009年中国房地产高峰论坛中获得年度创新大奖。

美丽193之国

美丽193之国：该项目座落于深圳罗湖凤仪山南麓，以世界193个主权国家最具代表性的建筑为原型摹本，根据规划将建设成汇聚各国建筑特点的在国内乃至全球最具特色的旅游文化大街，这里将会成为闻名全球的“万国建筑博览会”，其中规划兴建的温莎堡国际大酒店也将是深圳最大最豪华的酒店。

中际联盟国际招标有限公司

总裁：卢艳霞

2004年起开始成立自己的公司，现任中际联盟国际招标有限公司总裁、中国中金国际投资集团有限公司总裁、中国国际贸易促进委员会建设行业分会常务理事。在银行管理、公司治理、国际贸易等方面有丰富的经验及广泛的人脉资源。

在社会改革、行业竞争日益激烈的形势下，充分意识到信息资源的重要性，在整合完善现有资源、保持自有优势特色稳定发展的同时，坚持改革创新，认为只有不拘于常规，才能激发创造力，勇于抛掉传统固有的框架，相信任何东西都有改革的余地，“敢于对过去告一个段落，才有信心掀开新的一章”。

总裁　卢艳霞

公司简介：

中际联盟国际招标有限公司是经国家工商总局批准设立的专业招标机构，注册资金5000万人民币，主要从事货物、工程和服务项目的招标。公司各类招标资质齐全、专业人才聚集、招标设施完善、服务水平一流、招标业绩显著，是国内最具实力的招标代理机构之一。为各类项目提供招标服务。公司严格遵循《中华人民共和国招标投标法》和《中华人民共和国政府采购法》的规定，坚持“公开、公平、公正”和“诚实信用”原则，奉行“用户第一，服务至上”的宗旨，切实保障国家利益以及招投标当事人的合法权益。拥有专业的招标网站(http://www.zjlmzb.com)，使用先进的招投标管理系统软件，建立了完善的专家信息库和供应商信息库。具有一流的基础设施和办公条件，拥有固定的营业场所2000平方米，主要有开展招标代理业务所需的办公室、开标大厅、评标会议室、专家休息室、供应商业务准备室等基础设施，建立了信息网络系统、广播音响系统、监控系统等，配有各种现代化的办公设备。代理招标的范围有城市基础设施建设、教育、科研、卫生、文化、体育、社会福利、生态环保等诸多领域，涉及机械加工、冶金、航空、煤炭、轻工、电子、化工、金融、制药、通信、电力、农业、农机、水利、交通等行业。为各行业提供包括各类招标代理、工程咨询、项目管理、项目投资、造价咨询、信息咨询、技术服务、货物进出口、技术进出口、融资咨询、国际贸易等业务的全方位专业化服务。

目前中际联盟国际招标有限公司以自身的资产投入能力、业务专业化的执行能力、管理层的组织渗透能力、服务的高效创新能力，为企业创收的同时回报于社会。

总裁卢艳霞与德国Anderten K_lte + Klima GmbH公司签订采购合同

中际联盟的团队

中际联盟的团队

北京市神工建筑工程有限责任公司

董事长：刘宝华

董事长　刘宝华

汉族，1955年1月出生。现任北京市神工建筑工程有限责任公司董事长。自1976年开始任钳工班长，多次进行技术革新。其中他制作的振动筛，解决了脆性，提高了内应力；他还对从西德进口的粉碎机进行制作技术改造，使机器寿命由原来的半年延长到2年；把西德进口的弯道天车由原来的封闭式变成裸露式，解决了电击穿和短路问题。他在化工六厂工作期间，机器设备的技术难题都给出了完美的解决方案。就是他这种遇到问题总能不断探求、坚持不懈的“钻”劲使得他攻克了一个又一个技术上的难题。于1995年元月筹建神工建筑公司，2月24日北京市神工建筑工程有限责任公司正式成立。刘宝华现任北京市神工建筑工程有限责任公司任董事长、建设行业管理英才大会副理事长。他在经营神工建筑公司期间，进行节能环保喷漆房的技术研发，并于2006年9月27日获取了国家专利局的《节能环保喷漆房》的专利证书，为节能减排工作作出了突出贡献。2006年初，他开办了北京市神州大地太阳能灯具厂，专门从事太阳能光伏产品的应用开发和生产销售。为我国绿色能源产业的发展作出了突出贡献。2008年配合贾庆林主席出访斯洛文尼亚、克罗地亚等地，受到贾主席亲切接见。

企业简介：

北京市神工建筑工程有限责任公司始建于1995年2月，2000年12月经市建委批准为建筑二级资质企业。北京市神工建筑工程有限责任公司是一支设备精良、技术过硬的生力军。

公司经营范围以房屋建筑工程为主，行业主管为通州区建委，办公总部位于北京市通州区北苑南路20号。

公司组织机构上设董事会、下设六部二室，下有五个项目经理部。

公司现有职工1348人，其中有职称人员152人，工程系列人员122人，高工5人，工程师33人，有二级资质的项目经理12人。

公司注册资金2900万元，净资产为3928万元，有主要机器设备248台（套），网络化办公设备6台（件）。公司自成立以来承建了运通康乐园工程、运河苑渡假村附属工程、新华联小区共9栋楼房和幼儿园等多个小区的建筑工程。多次被评为优质工程，并荣获“守信企业”的称号。

公司自1995年始承建群体住宅小区工程以及单位1万平方米以上工程，年施工能力11万平方米，合格率一直保持100%，优良率70%以上。

西藏百益集团

董事长：鲁鸿宙

1969年出生，汉族。现任百益集团董事长，中国国际贸易促进委员会建设行业分会常务理事。

1992年进入西藏拉萨市开始创业。

1994年创设经营拉萨百货大楼家电部。

1996年创立西藏百益商贸有限公司。

1997年创办西藏百益电器有限公司，成为西藏市场唯一的国际国内各大电器品牌的独家代理商，年交易额达1500余万元。

2002年开办拉百超市（百益集团连锁超市前身）标志着向连锁超市行业迈出了第一步。

其后几年，百益大楼，百益百货，百益大型商务酒店，火车站商业地产的开发，无不见证着他的商业智慧，同时一步步将百益集团坚实发展为多元化产业健康发展的企业。

鲁鸿宙董事长作风民主、办事果断。决策前他能集思广益、博采众长、虚心听取各经营管理成员的意见，并深入实际进行市场调查和可行性研究，一旦决策则意志坚定、雷厉风行，不达目标誓不放弃，因此公司始终沿着正确方向，保持快速稳定增长。

鲁鸿宙本人于2008年10月被评为“第八届全国创业之星”受到党和国家领导人的亲切会见。

董事长 鲁鸿宙

百益百货

百益大楼

百益商务国际

集团简介：

百益集团创建于1992年，在集团董事长的领导下，百益集团始终秉承“开拓市场求生存，抢抓机遇促发展”的经营思路，现已发展包括百益百货、连锁超市、商务国际会所、地产、物流、酒店等实体在内的多元化产业集团。现集团旗下共有西藏百益商贸有限公司，西藏百益房地产开发有限公司，西藏百益物流有限公司，四川佰益超市管理有限公司，拉萨百益百货和林芝百益商贸有限公司共六家分公司。集团公司先后荣获2006年度、2007年度、2008年度、2009年度及2010年度“西藏自治区商务系统先进集体”称号。2007年被国家商务部评为“全国商务系统先进集体”称号。

廊坊市交通公路工程有限公司

全设施资质、公路养护一类、二类（甲级）资质

总经理：陈切顺

现任廊坊市交通公路工程有限公司一公司总经理。在专业上，先后参与和主持建设了30多项路桥建设工程，其中21项获省优工程，一项获全国优质工程，一项获河北省质量评比第一名，两项获“河北省建筑工程安济杯奖”；连续六年获交通运输局嘉奖并荣立三等功一次，多次被评为廊坊市、市直工委、交通运输局优秀共产党员、十大优秀党员标兵、青年岗位能手、安全生产工作先进个人。2010年4月被中国国际贸易促进委员会建设行业会评为“2009中国建设行业百名管理英才”，并当选为中国国际贸易促进委员会建设行业分会常务理事。2010年8月10日，他还被推选为河北省第十三届运动会火炬手，圆满完成了省运会火炬传递任务。

总经理　陈切顺

公司简介：

廊坊市交通公路工程有限公司注册成立于1996年，为廊坊市交通运输局下属企业。公司现有职工781人，注册资金18360万元，固定资产34000万元，拥有各类大中型公路工程施工机械设备600余台（件）。公司具有公路工程施工总承包一级资质、市政公用工程施工总承包一级资质、公路路基、路面、桥梁、隧道工程专业承包一级资质、公路交通工程专业承包交通安全中心试验室获得乙级试验室资质。

廊坊市交通运输局工程一处处长陈切顺在承建的廊沧高速东淀特大桥工地检查指导质量安全工作并组织召开专题会议场景

公司主要负责公路工程施工、市政工程施工、建筑材料销售、工程设备租赁等。几年来先后被建行授予AA级客户，农行授予AAA级客户，2009年公司在银行授信额度共计达6.4亿元。公司在2003年1月通过了ISO9001质量管理体系认证、2009年12月通过了ISO14001环境管理体系、OHSAS18000职业健康安全双体系认证，实现了三位一体的管理目标。

工程一处承建的廊沧高速东淀特大桥如长虹卧波，初展雄姿场景

近两年度主要经营指标

2008年，公司中标工程8项，签定合同7.85亿元；完成产值6.3亿元；一次交验合格率100%。2009年，公司中标工程9项，签订合同12.7亿元；完成产值11.2亿元；一次交验合格率100%。公司承建的工程项目先后被河北省建筑协会评为河北省建筑工程安济杯奖、省优市政公用建设工程、被市建设局评为“龙河杯”奖；几年来被中国农业银行等多家商业银行连续评为“AAA”级信用客户。连续五年被河北省工商管理协会授予“重质量守信誉单位”，连续三年获得“市级文明单位”，被廊坊市地税、国税局评为“2007—2008年度纳税信用等级A级”。面对新世纪，公司将竭诚与新老朋友一起不断拓宽发展领域，为创造一个和平、合作、发展的新世界作出自己的贡献。

工程一处承建的廊沧高速东淀特大桥工程项目充分发挥党员突击队先锋模范带头作用场景

内蒙古大业投资集团有限公司

董事长：刘兢海

汉族，1964年1月出生于内蒙古鄂尔多斯市杭锦旗一个普通的农民家庭。系内蒙古大业投资集团有限责任公司公司创始人，时任董事长。

刘兢海董事长先后被评为“全国百佳模范新闻人物、全国工程建设优秀企业家、爱心助学光荣使者、扶贫助学优秀民营企业家”等荣誉称号。并先后担任“中国建设行业政策研究委员会委员、中国建设行业管理英才大会副理事长、鄂尔多斯市第二届政协委员、锡林浩特市第八届政协常委、鄂尔多斯市杭锦旗政协副主席、鄂尔多斯市建设行业协会常务理事、内蒙古环保节能行业协会常务理事”等社会职务。

中阿合作论坛期间刘兢海董事长（右一）与阿拉伯国家联盟工商业联合会领导合影

公司简介：

内蒙古大业投资集团是在2000年创立的鄂尔多斯市大业建筑有限公司的基础上组建成立的大型企业集团公司，旗下拥有建筑施工、房地产开发、水务投资、水泥制造、城市基础建设投资、建筑租赁、商砼销售、石材生产等数十家大型全资及控股子公司。在册员工600多名，生产建设高峰期，临时用工人数达8000余人。

集团公司先后被评选为“中国民营企业500强、内蒙古建设行业10强企业、全国工程建设优秀施工企业、中国成长发展企业、中国诚信企业、爱心助学明星企业、捐资助学优秀企业”等多项荣誉称号，受到党和政府各级领导的高度赞誉，被誉为“内蒙古建设行业的一面旗帜”。

集团公司目前主要成员企业有鄂尔多斯市大业建筑有限责任公司、鄂尔多斯市大业房地产开发有限责任公司、锡林浩特市金河房地产开发有限责任公司、锡林浩特市威力斯置业有限责任公司、锡林浩特中联金河水泥有限公司、锡林浩特市金河水业投资发展有限责任公司、锡林浩特市金河商品混凝土有限责任公司、锡林浩特市金河建筑材料租赁有限责任公司、锡林浩特市金河物业管理有限责任公司、正镶白旗双力实业（水泥）有限公司、正镶白旗金河石材有限公司、鄂尔多斯市大业建筑有限责任公司锡林郭勒盟分公司等多家规模以上企业。其中集团参股企业——锡林浩特市中联金河水泥有限责任公司为中国建材股份有限公司（香港证券交易所H股上市公司HK3323）旗下中联水泥的成员企业。

“十一五”期间（2006—2010年），集团公司坚持以“项目投资为中心、科学管理为重心、多元化发展为核心”的战略发展思路，“十二五”期间（2011—2015年），集团公司将继续坚持这一战略发展思路，进一步巩固基础建设产业、建材制造产业、水资源产业为核心的三大支柱产业，不断延伸产业链，提升产品竞争力。“十二五”期间，集团公司将有计划的向新型能源产业、新型建材产业等高新技术产业进军，初步形成以基础建设产业、建材制造产业、水资源产业为核心的产业集群，进一步加强企业区域竞争力，充分发挥集团资本优势、产业优势、市场优势，培育一至两个品牌产品、培育一至两家上市公司，努力实现更高水平、更大规模的持续发展和稳步跨越，将集团公司打造成管理科学、持续发展、受人尊敬的知名现代企业。

锡林浩特市三号湖整体鸟瞰图

哈尔滨嘉天地产股份有限公司

董事长：桑洪

董事长　桑洪

1949年10月生人，硕士研究生学历，高级工程师。1968年12月22日入党。

1973年8月—1976年12月　广东省华南理工大学　焊接专业；

1976年12月—1990年12月　电子工业部第39研究所　研究室副主任；

（其中：1988年3月—1990年12月　哈尔滨工业大学焊接硕士研究生）

1990年12月—1993年6月　哈尔滨电子仪表总公司　副总经理（副局级）；

1993年1月—1995年3月　保利哈尔滨科技公司　总经理；

1995年12月至今　哈尔滨东力房地产开发有限责任公司　董事长；

1995年3月—2006年1月　哈尔滨动力科技贸易股份有限公司　董事长；

2000年6月—2006年6月　哈尔滨动力设备股份有限公司　副总经理；

2001年1月—2010年9月　哈尔滨哈电地产置业股份有限公司　总经理、董事长；

2010年9月至今　哈尔滨嘉天地产股份有限公司　总经理、董事长。

桑洪同志主要业绩

桑洪同志于2001年1月亲手创建了哈尔滨哈电地产置业股份有限公司。他带领公司秉承“以人为本，追求卓越”的理念，以“让老百姓住上好房子，过上好日子”为企业目标，先后开发建设了红平小区、永平小区五街区、乐强小区、乐民小区、乐福小区、乐松小区、乐东小区、乐安小区等一大批面向普通老百姓的经济适用型住宅小区，竣工住宅面积近200万平方米，使2万多户普通百姓的居住条件得到了改善。2003年以来，他带领公司以哈市香坊区旧城区改造为重点，倾力打造了哈尔滨“乐松商圈”，建设了具有浓郁欧洲风情的巴黎商业广场和哈市单体最大的美式Shopping Mall——乐松购物广场等重大项目，极大地改善了城市面貌，推动了哈尔滨经济发展。

2010年开工建设的团结镇“国家级小城镇”建设项目

2010年9月哈电置业完成转型，桑洪同志创建了嘉天地产股份有限公司。桑洪同志始终坚持强化企业管理机制，担负起社会责任，坚持关注民生，贴近老百姓的开发路线。2010年开发建设的团结镇“国家级小城镇”建设项目正在进行中。

哈尔滨乐松商圈标志性建筑“乐松购物广场”

根据国家统计局的统计，2002—2005年哈电置业公司房屋开竣工面积和销售量连续三年位居全国房地产开发企业百强之列。与此同时，桑洪带领的哈电置业公司以开放的眼光和国际化的视角，在哈尔滨率先引入世界著名零售企业——“家乐福”，实现了与世界500强的对接。公司建设的乐松广场也因大量引入节能环保设计理念而成为中国内地首批获得美国绿色建筑委员会（USGBC）建筑节能环保设计（LEED）银牌奖的建筑作品。除此之外，乐强小区、乐福小区、乐松小区分别获得了地方政府与行业组织颁发的多个奖项，公司也连续多年被哈尔滨市政府授予“守合同重信用企业”和“财源骨干企业”的称号，也是哈尔滨仅有的12家“蓝牌”诚信房地产企业，并在国家信息化测评中心（CECA）举行的全国企业信息化500强测评活动中，连续四年获得“中国企业信息化500强”荣誉称号。公司董事长、总经理桑洪先生热爱社会公益及慈善事业，2010年桑洪先生被哈尔滨市政府授予“光彩企业家”称号，同时也连续两年被评为黑龙江省地产风云人物，并担任了哈尔滨房地产商会的会长。

哈电置业开发建设的哈尔滨远大商务公寓

浙江万隆房地产有限公司

董事长：朱元更

朱元更，出生于1953年3月，浙江湖州人，中共党员，大专学历，高级工程师。

现任浙江万隆房地产有限公司董事长、北京金鸿房地产开发有限公司董事长、浙江嘉鸿电子科技开发有限公司董事长、江苏省兴化市嘉鸿房地产开发有限公司董事长、浙江省书协副主席。湖州市政协委员、市书协主席、市商会副会长、市文联副主席。

1986年8月至今任浙江万隆房地产有限公司董事长以来，一贯以实事求是的科学态度，从事房地产开发、经营、管理理论研究与实践，具有高度的超前意识和驾驭市场的能力及丰富的经营、管理、决策经验，公司各项业务蒸蒸日上，目前已拥有四家直属企业，资产达几亿的多元化企业，使企业成为省二级资质开发企业、市级纳税大户，多年来被评为先进集体、经济效益显著企业、湖州十大品牌房产。他个人也曾荣获中国优秀企业家、中国集体建筑企业家、浙江省乡镇建筑优秀企业家、优秀党员、市劳动模范和先进工作者。编撰"以质量为中心，视客户为第一"的论文刊登于《北京房地产开发报》、《中国建筑杂志》等全国性报刊上。书法作品曾多次在全国、省市获奖，出版了《当代书法家精品集》系列·朱元更卷，作品被日本、韩国、美国及港澳台地区的华侨友好人士收藏。

董事长　朱元更

公司简介：

公司创建于1988年8月，具有省二级开发资质。公司多年来以稳定求发展，不断拓宽经营领域，1994年进入北京王府井路段开发的金隆基大厦，总投资为4.1亿元人民币，总面积达4.6万平方米，将该大厦打造成展现湖州房产实力的精品工程。1995年建起集办公、购物、餐饮、住宿、娱乐为一体的综合性大楼万隆大厦，开办了跨行业的三产服务行业。公司各项业务蒸蒸日上，现已拥有四家直属企业，资产达几亿元的多元化企业。2001年建起的万隆公寓，以其独特的风格、完善的配套和颇具升值潜力的区位优势再一次赢得市场。当前在市场竞争激烈的情况下，公司合理调整产业结构，实施多元化战略，2003年在江苏省兴化市投资开发房地产项目——嘉鸿豪庭，总投资4亿多元，总面积为36万平方米，一期、二期、三期工程已销售完毕，四期工程正处于施工阶段。目前在吴兴区西山工业园区投资1.6亿元的DVD-R可录光盘项目，该项目投产后将会给企业增加新的经济效益增长点。

公司连续多年被市府命名为"重合同守信用单位"，1992年至2003年获得信用AAA级企业、市级纳税大户、1994年获得全国首次三产普查最大服务企业和先进集体、2003年荣获湖州市十大品牌房产称号、2004年被中国企业家协会评为中国优秀企业。

万隆房产公司近年来代表性工程：

嘉鸿豪庭

是一个新兴的现代水景小区，建筑形态有多层住宅小区、小高层住宅、联排别墅、双拼别墅等，为人们提供了多样性的置业选择。依水而筑亲水平台、小径驳岸、绿树草坪。营造滨水生态绿化环境。推窗见景，步移景异，柳岸花语浸染层层水景，清新自然。水在人旁，人在城中。嘉鸿豪庭融建筑、园林、绘画艺术为一体，力求将经济效益、社会效益与环境效益做到完美统一。

太湖万隆花苑

地处太湖旅游度假区，山青水秀、空气清新，自然条件十分优越。区域规划十分先进，发展潜力巨大。得天独厚的居住环境，与城市保持适当的距离，使得太湖万隆花苑更具价值，也成就了众多追求高品质生活的人士。

万隆公寓

小高层建筑，高品位的居住环境，完美的户型设计是我们追求的目标。万隆公寓以其欧洲建筑风格、古典的三段式建筑外观、优异的品质、舒适的周边环境为每一位成功人士构筑一个完美的生活空间。

嘉鸿电子

位于湖州市吴兴区西山工业园区，经国家新闻出版署批准成立的一家光盘生产企业。项目投产后，对促进经济效益和文化产业的发展具有重大意义。

嘉鸿豪庭住宅小区

富　邦　集　团

董事长：刘付明

董事长　刘付明

1953年9月生，内蒙古丰镇市人，现任呼和浩特市富邦集团有限公司董事长，回民区、呼市两级人大代表，呼市建筑业协会副会长，回民区、乌兰察布市呼市分会商会副会长，丰镇市实验中学名誉校长。1990年担任呼和浩特市焦化厂建安公司经理期间，被建设部评为全国先进单位；内蒙古自治区成立40周年大庆时，被呼和浩特市人民政府授予先进工作者称号；1993年调市城建局下属的兴宝房地产公司担任副总经理，在开发改造海西路全过程中，成绩突出，受到海西人民的一致好评；1995年在改造内蒙古丰镇旧城区时，获丰镇市政府嘉奖。1998年1月根据党的十五大民营企业的好政策，他自己创建了现在的富邦集团。他还时刻不忘回报社会，尤其是在捐资助学、公益事业等方面成绩卓著，被称赞为“爱心大使”，他先后被评为呼市及自治区“劳动模范”，呼市“优秀企业家”、“十佳市民荣誉称号。曾先后陪同党和国家领导人习近平、李克强，出访也门、埃及，出席并参加了政府性组织的经济论坛，各界峰会等。

企业简介：

富邦商厦

呼市富邦集团是由现任集团董事长刘付明先生于1998年创建的民营企业，走过了十年的风雨历程，现已成为内蒙地区知名的集团公司。企业从创始至今，一贯坚持“诚信、务实、创新、发展”的经营理念，富民兴邦的指导思想，历经磨砺，为自己开辟了一条既有自身特色又能适应市场可持续发展道路，打造了自己的品牌和企业文化，旗下现辖属5个子公司、3个管理公司和5个职能部门，以房地产开发为主，集建筑安装、土建施工、物业管理、投资创业、法律咨询、商业餐饮、医疗卫生服务、规模化养殖为一体化的现代化综合性集团公司。

目前企业注册资金7900万元，资产总额8亿元，员工上千人，中级以上职称的管理人员150多人，年产值超亿元，近几年来累计上交国家税金逾千万元，是呼市商界一颗耀眼的明珠。

富邦大厦

鉴于企业对社会的卓越贡献，企业先后被国家有关部委，地方各级政府及社会团体评选并授予纳税先进单位、呼市工会工作先进集体，社会治安综合治理工作先进集体、先进单位、文明单位、守合同重信用单位、安全单位、模范职工之家、工会工作实绩考核先进单位，先进基层党支部、双爱双评活动先进单位、“AAA”级诚信单位、呼和浩特市公民道德建设演讲赛最佳支持奖、先进乡镇街道个体私营企业、计划生育先进集体，内蒙古首届国际草原节、呼和浩特市第五届昭君文化节支持单位奖，抗击非典最佳支持单位，百佳文明诚信单位、全市推广厂务公开工作先进单位、全市工会系统防止非典型肺炎先进基层工会组织、全市安康杯竞赛先进单位、中国企业诚信建设示范单位、职业道德建设先进单位、2003年度全市民营企业安排就业十强单位、内蒙古自治区百佳诚信私营企业、十佳诚信单位、全市安康杯竞赛优胜企业、内蒙古民营企业百强企业、全国价格信用建设单位等荣誉称号和奖励。

富邦商务中心

上海申奥工程有限公司

董事长：顾爱斌

董事长　顾爱斌

汉族，1954年出生，上海人，工商管理硕士，高级管理咨询师。上海体育场地建设开发有限公司、上海申奥工程有限公司总经理，上海运动草坪景观工程有限公司董事长；中国建筑协会体育建筑专业委员会委员、上海市发改委所属咨询专家库专家、上海市体育场馆协会、上海市汽车摩托车协会副秘书长。曾于1978年和1979年被上海市体委评为“市体育先进工作者”；1993年被成都路高架指挥部予以“记功表彰”，1998年被上海市政府实事办公室授予“建筑功臣”的称号；2005年被建设部中国建筑文化中心、中国建设报社、中国管理科学院等单位评为“2005年中国建设行业百名管理英才”；2007被中国工程建设市场监督协会授予“全国工程建设优秀企业家”，同年被中国市场调查研究中心和中国企业信用评价管理中心授予“中国诚信优秀企业家称号”。在工作期间曾写下数十篇论文和有关文章，发表在《建筑学报》、《发现》等部和市级杂志上，其中“略论八运会场馆建设特点”一文，被选为1999年国际建筑协会第20届世界建筑师大会体育与休闲设施建设与管理报告作书面交流，并参加2002年首届知识经济“创新杯”中国人文社科成果优秀论文大赛获一等奖，2003年被《发现》杂志社，中国管理科学研究学术委员会入选《中国当代思想宝库》。《谈体育建筑的个性》一文，在“2004年管理、调研、实战、创新优秀学术成果论文”评选活动中被评为一等奖。2006年，在《发现》杂志上发表了约一万字的《谁先吃到奶酪》一文，2008年，在中共中央党校《理论前沿》杂志上发表了约一万字的《敢问路在何方》一文。此外，在2000年受上海市体育局的委托，主持编辑并出版发行《上海体育建筑》一书。

公司简介：

浙江(萧山)体育中心室外2片400米、室内1片200米塑胶田径场，由上海申奥工程公司于2003—2004年承建，并经中国田联验收，质量优良.

公司成立于1994年10月，注册资金人民币800万元，为上海体育场地建设开发有限公司的直属全资子公司，归上海市体育局——上海东亚（集团）有限公司领导。是上海市第一家获得市建委颁发的“体育场地施工”专业资质证书的单位，目前为体育设施专业施工贰级；装饰、装修专业施工贰级；钢结构专业施工叁级；安装专业施工叁级。目前是“中国建筑学会体育建筑专业委员会”、“中国田径协会场地器材委员会”“中国网球协会场地器材委员会”、“中国游泳协会装备委员会”会员单位。

公司针对市场的需求，围绕体育场馆产业链的思路，开发了体育场馆的照明、音响、计时计分设备；座椅、游泳馆水循环系统和固定（开启）钢结构屋盖，公司一贯奉行“质量第一，信誉为本”的宗旨，充分发挥“拼搏、奉献、争创一流”的企业精神，在实践中，锻炼了一支具有丰富的体育场地设计、施工和管理经验的队伍，培养了一批体育场地建设的专业人才，曾承建了中华人民共和国第八届、第九届、第十届运动会等上海和周边省、市的专业竞赛、训练场馆；上海的各大专院校、高中、初中、及其它各类学校的体育场地；全国各地各类的体育场地设施。先后承接了标准塑胶网球场500多片，各类标准塑胶田径场60多片，各类篮、排球场400多片及标准曲棍球场、棒垒球场、门球场、保龄球馆、壁球房以及体育馆灯光照明、显示屏、座椅等工程项目。其中，包括可供“ATP”、“大师杯”网球公开赛和国际、国内网球比赛使用的网球场和符合国家田径协会、上海市田径协会比赛、训练要求的田径场，以及被上海市质监站评定为优良工程的大跨度钢结构工程、装潢项目和篮、排球场地。近年来，公司与其它单位共同开发了弓式预应力钢结构，该项技术已先后获得中国、美国、俄罗斯、欧洲等十七国的发明专利，并成功运用于我国第一个开启式游泳馆，位于重庆万州的上海五桥游泳馆以及上海长征镇全民健身中心游泳馆、上海海关专科学校游泳馆、上海临港大酒店网球馆和北京钓鱼台国宾馆、南京五台山网球馆等数十片场馆，并承接了大量天然草坪、人造草坪运动场地的工程项目，并获得了相关验收证书。2007年公司针对市场需求，开发高尔夫球场工程并创立了专业的设计、施工团队，取得了显著的业绩，在行内留下了良好的口碑。

上海旗忠村森林网球中心室内训练比赛场地6片、室外训练比赛场地18片.由上海申奥工程公司于2005年承建.

本公司注重企业自身素质的培养和提高，近年来通过了GB/T19001-2000（ISO9001）：2000的国家质量管理体系认证。并获得了上海市工商局评审的“重合同、守信用AA级单位”，获得了中国市场学会工作委员会颁发的“中国诚信经营示范单位”，中国质量诚信促进会授予的“AAA”级质量诚信会员单位”和被中国企业联合会、中国企业家协会入选为中国优秀企业数据库，2006年4月被中国新闻评价中心在首届中国最具竞争力品牌调查活动年度排行榜中荣获“全国标准规范运动场地建设示范单位”的奖牌。2007年7月，被中国企业信用评估管理中心、中国市场调查研究中心授予“中国质量无投诉、工程无缺陷诚信企业”，同年7月中国工程建设市场监督协会授予“全国工程建设优秀施工企业”、2007年12月被CHC全国高科技质量监督促进委员会授予“全国质量管理优秀施工企业”的荣誉称号。2010年3月被CHC全国高科技质量监督促进委员会授予“中国著名品牌”。2010年5月被中国市场研究中心授予“中国体育场地建设企业十强”。2010年7月被中国工程建设管理协会授予“全国AAA级信用施工示范单位”。

上海仙霞网球中心主赛场1片、室外场地8片，已承办了ATP网球赛，由上海申奥工程公司于1997年承建.

长虹塑料有限公司

董事长：郑元和

浙江乐清人，党员，任长虹塑料有限公司董事长。中国国际贸易促进委员会建设行业分会常务理事；中国塑料加工业协会副会长；中国塑协塑料配线器材专委会理事长。

在乐清塑料配线器材业界，郑元和是个不同凡响的名字。他倡导的质量“零缺陷”理念不仅将其一手打造的长虹塑料有限公司推进行业内众多腕级品牌之列，而且带动了整个塑料配线器材行业共同发展。

他具有高瞻远瞩经济头脑，早在1997年就带领销售团队介入外贸，参加各种展会，宣传产品。使得外贸的订单年年超出内贸。经过20多年的发展，产品已销往100多个国家和地区。

2008年全球经济震荡，郑元和敏锐的直觉已提前探测到这次金融危机的来临，2007年初就制定了新的企业战略规划，使得企业立于不败之地，并且在危机中他坚持不降薪、不裁员，给企业员工一个安定温暖的家。

也正是由于他具有这种超凡的能力，危机时，各个企业都在紧缩银根，按兵不动，有的甚至卖掉机器，以求自保。他却看到危机后面巨大商机，在公司大势进行改革，不仅购进17台节能型注塑机，而且引进国外先进技术——热流道模具进行生产，使得公司产量、质量得到大幅度提升，2009年一开年，订单就陆陆续续飞来，到2010年就一发不可收，使2010年产值从2009年2.3亿元，一举飞跃为4亿元。

郑元和以他深邃的洞察力及高瞻远瞩的智慧在经济浪潮中，乘风破浪勇往直前，犹如一颗明珠在中国大地上活力四射！

董事长　郑元和

厂　区

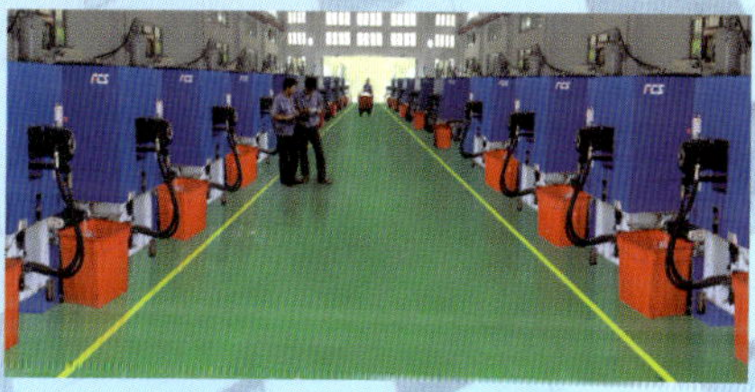

车　间

公司简介：

长虹塑料有限公司创办于20世纪80年代末，厂址座落于乐清柳市新光工业园区，近临104国道、甬台温高速公路；南靠七里港和温州机场，北依著名风景区雁荡山麓。水陆空交通十分便利。公司产值2009近3亿元。属全国无区域企业；公司为中国国际贸易促进委员会建设行业分会常务理事单位，中国塑料加工工业协会副会长单位；中国塑料加工工业协会配线器材专业委员会理事长单位；温州塑料协会副会长单位。

公司占地面积21800平方米、建筑面积32000平方米，是专业生产“尼龙捆扎带、钢钉线卡、定位片、压线帽、接线端子、号码管、缠绕管、冷压端头、电表箱”等。

公司主要商标“CHS”被认定为“中国驰名商标”；主要产品尼龙扎带被浙江省人民政府认定为“浙江省名牌产品”。在国内同行业中率先通过了ISO9001国际质量体系认证、ISO14000环境管理体系认证、“AAA”标准化良好行为认证、二级计量检测体系认证、国家二级安全标准化认证、美国UL认证、挪威船级室DNV认证、欧共体CE认证等方面的产品认证。公司所有产品都通过了ROSH及卤素环保测试。

公司始终坚持以“用户为中心”的思想来对待客户，把“保证客户的成功”作为营销工作的第一要务。产品已销往：欧洲、北美州、南美州、大洋州、非州、亚州等100多个国家和地区，本公司始终坚持“以质量求生存、信誉求发展”的宗旨，不断开拓进取，不断改革、完善企业的经营和管理理念，使企业得到了迅猛的发展。

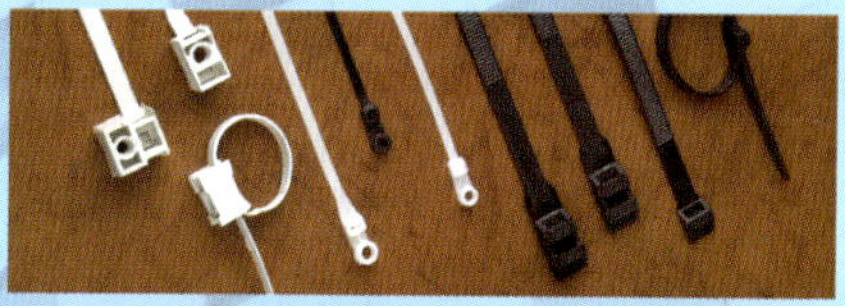

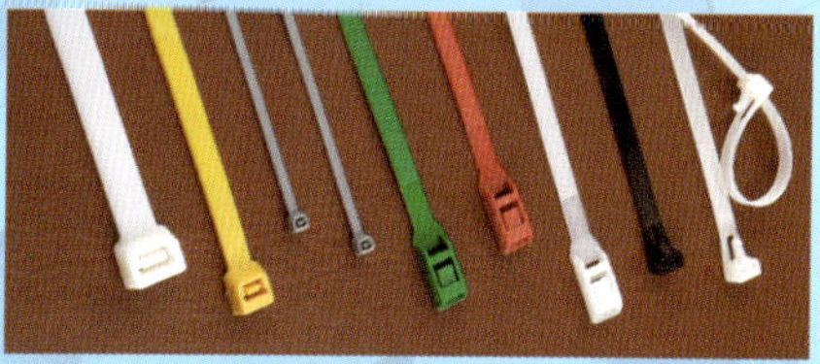

产品简介：

长虹塑料有限公司是专业生产“尼龙捆扎带、钢钉线卡、定位片、压线帽、接线端子、号码管、缠绕管、冷压端头、电表箱”等“CHS”牌塑料制品的名牌企业。公司现有大型注塑机80多台，并拥有国内外著名企业生产的先进设备，为制造高品质的产品提供了硬件保证。

公司非常注重产品质量，1998年在同行业中率先通过了ISO9001质量管理体系认证；2007年通过了美国“UL”认证；同年通过了挪威船级社的认证；2008年又通过了“AAA”级标准化良好行为企业认证、省级“计量检测体系”认证；同年7月份又通过了ISO9001质量管理体系换版认证及ISO14001环境管理体系认证；2008年底又通过了国家二级安全质量标准化认证。公司全系列产品已通过RoHS指令的检验，2010年5月全系列公司产品又通过SGS公司化学六项测试。近几年，通过公司各部门的通力配合和努力，产品质量得到很高的提升，已经连续十多年没有发生过质量事故，在国内同行业当中，产品质量屈指可数。

公司“CHS”商标牌号已经在国内、香港、意大利、英国、韩国、俄罗斯、葡萄牙、伊朗、叙利亚、比利时、荷兰、卢森堡、法国、西班牙、德国、波兰、美国17个国家和地区正式注册，随着市场的不断开拓，“CHS”将会在更多的国家或地区注册。

衷心希望以“CHS”牌产品为纽带，让大家了解长虹塑料，认可“CHS”品牌，让“CHS”走出国门，走向世界！

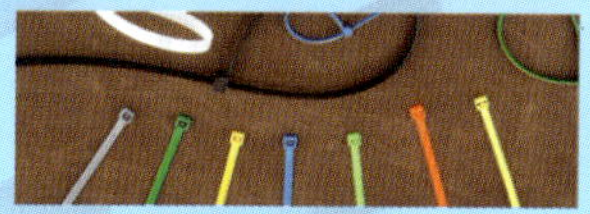

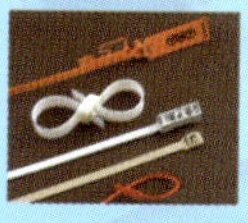

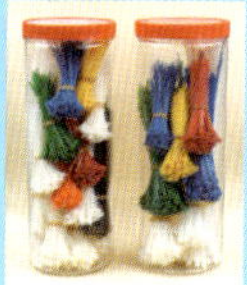

江苏柏鹤化工集团

集团董事长：包柏青

集团董事长　包柏青

汉族，1961年12月出生于江苏武进区，南京理工大学经管学院EMBA工商管理硕士学位、高级工程师、高级管理师，现任江苏柏鹤化工集团董事长。多次以中小企业家代表身份随国家领导人出访美国、加拿大、澳大利亚、新西兰、韩国、日本、埃及、南非等国进行考察和学习。

集团简介：

江苏柏鹤化工集团创建于1986年5月，目前主要研发、生产、经营不饱和聚酯树脂、饱和聚酯树脂、丙烯酸树脂等特种树脂及汽车涂料、水性塑料涂料、镜背涂料、玻璃涂料等各种功能涂料。拥有年产各种功能涂料2万吨，树脂3万吨的生产能力。

江苏柏鹤·复旦大学联合涂料技术中心、江苏省功能涂层材料工程技术研究中心、江苏柏鹤涂料有限公司省级企业技术中心、江苏省专用不饱和聚酯树脂工程技术研究中心、常州市企业技术中心。到目前为止，获得授权专利8项，发明专利受理申请16项，多项技术通过了江苏省新产品鉴定和科技成果鉴定，其中二十余项新产品属国内领先，填补国内空白，7项达到国际先进水平，被鉴定为国家重点新产品，10项被评为江苏省高新技术产品。

1999年通过了英国劳氏ISO9002：1994质量管理体系认证，2009年通过英国劳氏ISO9001：2008认证，2009年通过了华厦认证中心ISO14001：2004环境管理体系认证，部分树脂产品获中国船级社（CCS），中国渔检的工厂认可及挪威（DNV）船检认证。属下实体企业均为江苏省高新技术企业，多年被评为AAA级企业。

以“诚信、合作、学习、创新”为企业精神，奉行“同心同德、共创未来”的发展理念，与顾客携手共进，共同谱写美好未来。

前　方　集　团

董事长：陈小平

现任前方集团有限公司董事长，中国国际贸易促进委员会建设行业分会常务理事，金华市人代会代表，市劳动模范，市十大杰出青年，市优秀中国特色社会主义事业建设者，市企业联合会副会长等。

陈小平同志自担任浦江县中山皮鞋厂副经理起，至今担任前方集团董事长十多年来，坚持“产业化发展、集约化经营、一体化管理”的方针，着力调整经营结构，创新经营业态，转变增长方式；不断强化集团公司战略规划、投资决策功能、资本运营功能、监督指导功能、协调运作功能；不断提高集团公司外部适应能力和内部整合资源能力，通过组织创新、经营创新和服务创新，以工贸一体化为依托，加快传统密集型产业向高精尖产业的转换，着力推进集团产业化进程，不断做强做大前方集团产业，为经济和社会繁荣发展作出应有的贡献。

董事长　陈小平

公司简介：

前方集团有限公司成立于2001年12月26日，位于有着中国书画之乡、水晶之都、挂锁中心、绗缝家纺名城美誉的浙江浦江，地址：浦江县班班大道8号，注册资金5500万元。公司总资产逾5亿元，年纳税超千万元。是一家集生产制造、房地产开发、技术服务和国际贸易为一体的多行业、多方位的集团公司。集团先后获得浙江省工商局“守合同重信用”单位信用“AA”级企业、中国人民银行金华市百佳守银行信用企业、中国建设银行浦江县支行AAA级信用企业、金华市知名商号、金华市优秀企业金星奖、浙江省名牌产品、浙江省著名商标、浙江省最具成长性中型企业100佳、全国五一劳动奖状等殊荣。

复合材料

新晶都

南京爱邦钢铁有限公司

总经理：於如桂

1964年7月26日出生，籍贯江苏金湖，中共党员。南京大学高级工商管理（EMBA）硕士，中国人民大学、美国南加州大学、澳门科技大学工商管理（MBA）硕士。世界杰出华商协会副理事长，中国建设行业管理英才大会副理事长，江苏省人力资源学会副会长，江苏省工商联钢铁贸易业商会副会长，南京市青年商会副会长，南京大学EMBA联合会执行秘书长、校友会副会长，南京市慈善总会常务理事。2005年中国优秀民营企业自强创业先锋、2005年度成长苏商五十强、2006年度江苏省青春创业风云人物、2006年度中国诚信企业家、社会主义荣辱观践行典范、首届南京市优秀青年企业家、中国和谐社会杰出企业家、南京大学EMBA杰出学员、首届长三角杰出青商、2009中国建设行业百名管理英才、2010全球华商百业十大领军人物、全国明星企业家......

1981年10月至1983年10月，金湖县农机配件五厂采购员、副厂长；

1983年10月至1986年4月，中国人民解放军83202部队服役；

1986年4月至1990年6月，金湖供销合作社副主任；

1990年6月至1995年5月，宝应物资中心总经理；

1995年5月至1998年8月，江苏共同商社董事长；

1998年12月至2000年2月，金湖华东物资有限公司总经理；

2000年2月至今，江苏华东钢铁有限公司总经理；

2002年6月至今，南京爱邦钢铁有限公司总经理；

2005年9月至今，江苏爱邦传媒有限公司董事长。

座右铭：

人生只有一次，将如飞而逝，只有爱的成功、投行的成功、合作的成功、资源整合的成功，基业才能长青，人生才能快乐！

让终身学习和全民运动成为时尚，让社会公益成为风尚。

总经理　於如桂

企业简介：

南京爱邦钢铁有限公司，优惠供应并加工配送建筑、加工、制造用钢材，可为用户与钢厂联合开发新品种。业务范围以南京为中心向全国各地辐射，曾为多项国家重点工程组织材料供应。

爱邦钢铁多次蝉联南钢钢材销售十强企业、江苏钢材营销企业五十强、全国百强钢材营销企业；2005年度江苏省发展民营企业杰出贡献单位；2005年度第二届中国民营企业百强创新先锋；2006年中国企业诚信经营示范单位；江苏省质量、服务、信誉AAA级优秀企业；2007中国金属材料流通行业领军企业；中国100家最具发展潜力品牌企业；全国明星企业；苏商500强。企业资信等级AAA级。

董事长於如桂荣获2005年度“成长苏商五十强”、2006年度江苏省“青春创业风云人物”、“2006年中国诚信企业家”、首届南京市优秀青年企业家、中国和谐社会杰出企业家、2009中国建设行业百名管理英才、首届长三角杰出青商、2010全球华商百业十大领军人物、全国明星企业家。

爱邦钢铁本着“遵纪守法、信守承诺、优质服务、合作共赢”的服务和经营宗旨，广泛寻求联营和合作伙伴，联合开发销售市场，努力构建集商流、物流、资金流、信息流为一体的大型虚拟式集团。

四川建设集团有限公司

董事长：李永春

汉族，党员，四川建设集团有限公司天津分公司、北京分公司董事长兼总经理。

1990年7月毕业于四川大学工业与民用建筑专业。

1990年9月至1996年12月在四川省仪陇县建筑总公司沈阳分公司先后任质检员、技术员、施工员、施工队长、项目经理；

1997年2月至2002年6月在广安都发建筑劳务有限公司先后任项目经理、生产科长、公司副经理；

2002年7月至2005年9月任北京田华五公司富力城项目部经理，承担总承包工程施工；

2005年3月，任四川建设集团有限公司天津富力城项目部经理，承担总承包工程施工；

2006年3月任四川建设集团有限公司天津公司经理；

2007年1月任四川建设集团有限公司北方总部总经理；

2007年创建仪陇永春（国际）劳务开发有限公司；

2007年度被授于四川省第六届“创业之星”称号；

2007年度由中国高峰论坛组织委员会、中国企业国际发展协会授予“中国杰出企业家，中国创新先进单位”；

2008年5月随全国政协主席贾庆林出访奥地利、斯洛文尼亚、克罗地亚（中国企业家代表团）；

2009年1月任四川建设集团有限公司天津分公司董事长、总经理兼任四川仪陇永春（国际）劳务开发有限公司董事长、总经理；

2009年6月配合全国人大委员长吴邦国出访美国、加拿大（中国企业家代表团）；

2010年6月随国家主席胡锦涛出访加拿大、美国（中国企业家代表团）。

董事长　李永春

公司简介：

四川建设集团有限公司是由五个子公司、十一个分公司组成的房屋建筑总承包一级施工企业。集团公司注册资本10314.1万元，从业员工4600余人，中等专业以上学历的占38%，其中具有中、高级技术职称的398人，拥有大中型机械设备688台（件），总功率59808千瓦。经营范围：房屋建筑工程、市政公用工程、园林古建筑工程、送变电工程、公路工程、公路路基工程、水利水电工程、建筑装修装饰工程、建筑幕墙工程等。已通过GB/T19001—2000质量管理体系，GB/T24001—1996环境管理体系和GB/T28001—2001职业健康安全管理体系认证，并具有境外承包工程经营权。业务遍及全国近二十个省、市、自治区年施工产值达10亿元以上。

集团公司凭借雄厚实力，近几年转战南北，业绩辉煌。近几年先后承建了重庆“丰泽园”小区、贵州水泥厂、重庆涪陵水泥厂、华蓥煤矿水泥厂、岳池国家粮库、华蓥石林宾馆、华蓥山广场、广渝高速公路黄麻渡大桥、北京“富力城”住宅小区、北京“毕森园”住宅小区、北京“常青园”住宅小区、北京“回龙观公交”住宅小区、天津“富力城”住宅小区、唐山“容和景苑”住宅小区等，参与承建新疆哈密油田、青海格尔木油田、贵州火车站、国道108线、318线、成南高速公路等工程。公司以“造福人类，服务大众、对业主负责，让用户满意”为宗旨，讲信誉、求质量、保进度，工程一次合格率100%，优良率72%，深受业主好评和信赖。2001年和2004年两次被省政府授予“劳动开发龙头企业”，连续三年获四川省建筑业协会授予的“四川省建筑业最佳企业”、省统计局授予的“四川省建筑企业综合实力100强”、省工商局连续10年授予的“重合同守信誉企业”、四川省农业银行连续4年授予“信誉等级AAA企业”等荣誉称号。

代表性工程项目：

已完工工程：

1.2003年至2007年12月共完成房屋建筑总承包施工北京富力城二期、三期、唐山容和景苑、天津富力城一期、北京宣武区南纬路35号公建总建筑面积425576.69平方米，工程总造价833386079.3元。

2.2008年4月至2009年9月完成内蒙古四季青城一期地上28层（局部21层）、七层裙房、地下二层，建筑面积74055平方米，合同价款9805.4万元。

在施工程：

1.唐山张思庄项目：A区第一标段，建筑面积35602.1平方米，合同价款36314100元；A区西标段，建筑面积72731.77平方米，合同价款76358231.08元。D区，建筑面积103037.3平方米，合同价款108194051元。

2.呼市水岸小镇施工A-2#-8#、C1、2#楼，建筑面积297688.89平方米，合同价款213913445元。

3.鄂尔多斯双骏金融大厦，建筑面积111423.82平方米，合同价款152038200元。

4.天津星耀五洲澜海庄园147-180、182-197#楼，建筑面积54860.67平方米，合同价款90653343元。枫情阳光城155#楼底商8、9#、156#楼底商1-8#、11-13#、17-19#及地下车库工程，建筑面积68705.46平方米，合同价款114035849元。星耀五洲北美版块155#楼底商10、13、15、16、18、19、20、22、23、25#及156#楼底商9、10、14、15、16、20#，建筑面积30043.64平方米，合同价款52319369.21元。

四川煌歌房地产开发有限公司

总经理：黄昌平

现任四川煌歌房地产开发有限公司总经理、四川省房地产业协会副会长、大竹县诗词楹联协会名誉会长等职务。

1992年毕业于达县高级中学。

1993年入伍，成为空军飞行员，1998年2月转业。

1998年3月组建力丰实业有限公司，任董事长；4月任雪丹广告装饰有限公司董事长。

2002年11月至今，出任四川煌歌房地产开发有限公司副董事长兼总经理。

2002年12月至今，任四川煌歌集团有限公司副董事长兼总经理。

总经理　黄昌平

公司简介：

四川煌歌房地产开发有限公司成立于2002年，主要从事房地产开发。多年来，公司以“立足西部，夯实基础，面向全国，运营城市未来”为发展战略，以“以人为本，诚信至上，锐意进取，创造价值，回报社会”为企业经营理念，各类专业人才配备齐全，职工队伍整体素质较高，具有较强的上进心和开拓进取、努力拼搏的团队精神。

近几年，公司在成都开发建设了新禧苑、永安佳居、龙心苑、煌歌小区等共计33万平方米；在大竹县开发建设的“煌歌·城市之星”旧城改造项目，占地面积195亩，总建筑面积76万平方米，总投资约16亿元；在达州市开发建设“书香雅筑”、“御景上城”等商住项目，占地80余亩，总建筑面积33.3万平方米，总投资约7亿元。

“创造价值，关注民生，回报社会”是公司的核心价值观。公司积极支持教育事业，踊跃参与各种社会公益活动，近几年，捐资助学、扶贫济困达200余万元；先后承办了“煌歌杯”各类大型体育赛事和大型文艺演出，举办各类专题讲座；资助贫困学生数十名。5·12汶川大地震发生后，公司迅速行动，奉献爱心，共捐款捐物100多万元。

企业连续多年被评为“重合同守信用单位”，2002年至2007年被评为AAA级企业；2006年被四川省扶贫基金会评为栋梁工程扶贫助学先进单位；2007年被四川省教育厅、四川日报社评为“四川省尊师重教先进集体”；被达州市房地产总评榜评审委员会评为“2007年专业、诚信、实力优秀房地产开发企业”；2007年被中华当代文学学会等授予“发扬企业文化全国先进单位”。

煌歌·城市之星

成中投资集团股份有限公司

总裁：程孝义

现任成中投资集团副董事长兼总裁，四川宜宾成中房地产开发集团有限公司董事长。成中集团及下属的成中房产公司近几年取得了突飞猛进的发展，2010年实现产值15亿多元，利税突破1亿元。2008年到2010年，成中房产公司开发面积近200万平方米，其中"春江盛景"项目荣获"2010中国土木工程詹天佑奖"，"春江盛景A区"和"天福南苑A区"获得"天府杯"，金凤凰花园获得"全国和谐人居经典项目奖"，多个项目被评为省级结构优质工程和文明施工标准化工地，成中房产公司连续12年荣获省级"守合同重信用企业"称号，获得了"四川省房地产开发先进企业"等多项荣誉，程孝义获得"中国青年五四奖章"、"四川房地产优秀企业家"等数项殊荣。

总裁　程孝义

公司简介：

成中投资集团股份有限公司（简称成中集团）总部设在万里长江第一城宜宾，地处川、滇、黔三省边界地区。创建于1992年，经国家工商行政管理总局核准，登记为无行政区划企业名称，属国家房屋建筑总承包一级资质企业、房地产开发一级资质企业，是全国"重合同守信用企业"、"全国建设系统企业文化建设先进单位"，获得"中国AAA级诚信房地产企业"称号。

成中集团秉承"成中，忠诚到永远"的企业精神，立足实业发展，结合企业自身的特点，引入先进的理念、人才、技术、产品，培育企业核心竞争力，寻求企业在效益、风险控制和可持续发展有效均衡条件下的发展。今天，成中集团已发展成拥有建筑施工、房地产开发、物业管理、林农产业、酒店服务等多个全资子公司的集团企业，现有员工3000余名。

集团一直保持平稳发展的势态，总资产已由成立初期负债20.8万元发展为目前拥有总资产17亿多元，2010年实现产值15亿多元，利税突破1亿元。

成中集团以"建一个和谐企业和一个对社会负责任的百年企业"为目标，抓住建筑业、房地产、物业服务等主业，加强打造企业诚信品牌、企业精品年建设，打造物业服务品牌；以注重社会责任，和谐企业建设为根本，创造更大的经济效益和社会效益。

春江盛景A区

太阳岛

城中央

柳州市桂海建筑工程有限责任公司

董事长：杨开森

现任广西省柳州市桂海建筑工程有限责任公司董事长兼总经理。在广西建筑联合会和建造师分会分别任理事和副会长，并担任柳州市建筑联合会常务理事、柳州市私协理事、柳州高新分会会长。

自1992年至今，从事管理工作近20年，先后担任企业的经理、总经理、董事长等职务。1995年，被广西省桂平市政府授予“桂平市十佳企业家”称号，1996年获“广西优秀建筑企业家”称号，2006年和2007年连续两年获“广西建筑业优秀经理”称号，2007年被评为“中国建设行业百名管理英才”。

董事长　杨开森

公司简介：

柳州市桂海建筑工程有限责任公司于2001年成立，是私营企业。主项资质是房屋建筑工程施工总承包二级，增项资质专业土方工程二级，专业防水工程二级。公司现有一、二级建造师和二、三级项目经理等78人。高、中、初级工程技术职称176人。2002年通过了国家认证委的ISO9000质量管理体系和ISO18000职业健康安全管理体系认证。

多年来，他领导企业在激烈的市场竞争中自主创新，管理创新，坚持以诚信为主，信守承诺，认真贯彻，积极落实，严格执行公司质量管理方针和安全管理目标。企业连续几年在工程产值、纳税总额在柳州市同行同等级企业中名列前茅。几年来，已完成和在建的工程有柳州市润和时代广场（64150平方米）、香江天第园（46116平方米）、金都汇（42943平方米）等市县的138项工程，承接工程面积90万平方米，总造价4.8亿元。2005年至2007年每年完成产值2亿多元，每年实现利税600多万元。

领导班子

1992年至2000年，他在广西桂平市第六建筑工程公司任职期间，不断更新专业知识，提高管理水平和质量安全意识，把工程质量安全生产作为企业的生命线。1992年至1998年，在广西柳州市承建的工程中没有安全生产死亡事故，没有工程质量事故，承建的工程合格率为100%，优良率在50%以上。28项优良工程；柳州市“龙城杯”金杯奖2项，银杯奖4项，铜杯奖2项，“双优”工程20项，广西区优质工程6项；1995年至1997年，他领导的企业获得广西柳州市“安全生产、优良工程”特别奖；1999年获“广西建筑先进施工企业”；2001年至2008年，获得柳州市“龙城杯”、“优质工程”奖2项；获柳州市和广西区“安全文明工地”8项；2006年获“广西建筑先进施工企业”、“广西安全生产先进单位”、“广西工程建设质量管理优秀企业”；2007年获“广西建筑业先进施工企业”、“广西工程建设安全生产先进单位”；连续6年分别被广西区工商局、柳州市工商局和市私协评为“重合同守信用”和“先进私营企业”、“诚信私营企业”。

花旗大厦

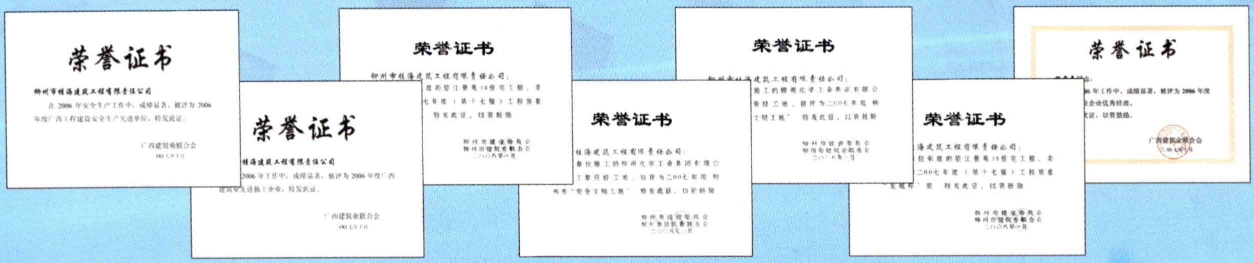

中国中材国际工程股份有限公司
Sinoma International Engineering Co.,Ltd.

中材国际是中国的上市公司。主要从事水泥、玻璃、风力发电等领域技术装备工程系统集成服务。公司拥有完整水泥工程产业链，具有自主知识产权的新型干法水泥生产线技术达到国际先进水平。公司海外业务遍及美国、法国、西班牙、意大利、沙特等60多个国家，国际市场份额达36%，居全球首位。沙特市场是中材国际重要海外市场之一。目前，中材国际以交钥匙总承包模式在沙特签订了9条水泥生产线，其中包括3条日产万吨的水泥生产线和6条日产5000吨水泥生产线。目前已有2条日产万吨水泥生产线和3条日产5000吨水泥生产线顺利投产并获得业主颁发的最终验收证书。中材国际愿意与沙特朋友一起为沙特水泥、玻璃等领域的发展作出贡献。

Sinoma International Engineering Co.,Ltd is a publicly listed company, majoring in integrated services of technology、equipment、engineering system in areas such as cement、glass、wind power generation. Our company has a complete industrial chain of cement engineering, and NDP(new dry process) technology with autonomous intellectual property ascends to international advanced level. The overseas business covers more than 60 countries such as America、France、Spain、Italy、Saudi Arabia, enjoying an international market share of 36% which leads the globe. The market of Saudi Arabia is one of the most important one in overseas market. Currently, Sinoma has contracted 9 cement production lines in Saudi Arabia in the mode of turn-key general contracting, including three 10000tpd cement production lines and six 5000tpd ones. Up to now, two 10000tpd lines and three 5000tpd lines have been put into production smoothly and obtained the final acceptance certificate issued by the Employers. Sinoma is devoted to make contribution to the development of cement and glass industries in Saudi Arabia jointly with friends from Saudi Arabia.

沙特RCC日产5000吨水泥生产线总承包项目
RCC 5000TPD Cement EPC Project in Saudi Arabia

沙特SCC2条日产10000吨水泥生产线总承包项目
SCC2X10000TPD
Cement Production Line EPC Project In Saudi Arabia

沙特SPCC日产5000吨水泥生产线总承包项目
SPCC 5000TPD Cement EPC Project in Saudi Arabia

沙特CCC日产5000吨水泥生产线总承包项
CCC 5000 TPD cement EPC Project in Saudi Arabia

HONXIN
鸿鑫幕墙
提升建筑价值
十余年专业幕墙经营，到上百个经典案例，
再到几百人的专业团队，无不见证了鸿鑫人在幕墙领域的专心、诚心与恒心。
专业的事专家做，专业幕墙，还是鸿鑫。
北京 · 长河大厦
北京 · 光华路SOHO
锡林浩特 · 机场航站楼
多次荣获“中国建筑工程鲁班奖”
· 幕墙设计甲级 · 幕墙施工壹级 · 装饰设计甲级 · 装饰施工壹级
全国统一服务电话：800-810-3336 网址：www.honxin.com.c